KLASSIKER DER GESCHICHTSSCHREIBUNG

PHAIDON

HERODOT
NEUN BÜCHER DER GESCHICHTE

Nach der Übersetzung von
Heinrich Stein
Bearbeitet und ergänzt von
Wolfgang Stammler

PHAIDON

1. Auflage 1984
2. Auflage 1984

© Copyright by Phaidon Verlag, Essen
Gesetzt aus der 9,5 Punkt Bembo
Satzherstellung: Typobauer, Scharnhausen
Druck und Bindung:
Mohndruck Graphische Betriebe GmbH, Gütersloh
ISBN 3 88851 035 X

Inhalt

Erstes Buch: Kleio 7
Zweites Buch: Euterpe 113
Drittes Buch: Thaleia 200
Viertes Buch: Melpomene 278
Fünftes Buch: Terpsichore 359
Sechstes Buch: Erato 416
Siebentes Buch: Polyhymnia 477
Achtes Buch: Urania 577
Neuntes Buch: Kalliope 638

Anhang

Anmerkungen 697
Bibliographie 769
Zeittafel 774
Inhaltsübersicht über das Werk 776

ERSTES BUCH

Kleio

Herodot, aus Halikarnassos, gibt hier Bericht von allem, was er erkundet hat, damit der Menschen Taten nicht in Vergessenheit geraten und auch die großen und wunderbaren Werke nicht, die von den Hellenen und Barbaren vollbracht wurden. Vor allem aber soll man erfahren, um welcher Ursache willen sie gegeneinander in Krieg geraten sind.

1. Da behaupten bei den Persern die Gelehrten, Phoiniken hätten den Zwist verursacht. Diese wären vom Roten Meer[1], wie es genannt wird, herabgezogen an das diesseitige Meer und hätten sich niedergelassen in dem Lande, darin sie auch jetzt noch wohnen, und weite Seefahrten unternommen, und indem sie ägyptische und assyrische Waren in viele Länder brachten, seien sie unter andern auch nach Argos gekommen. Argos nämlich war derzeit noch in allen Stücken der vornehmste Staat im Lande der Hellenen. Dort angelangt, hätten die Phoiniken angefangen, ihre Waren feilzubieten. Am fünften oder sechsten Tage, als sie schon fast alles verkauft hätten, sei eine große Schar Frauen zu ihnen hinab an den Strand gekommen, unter ihnen auch Io, des Königs Inachos Tochter (ebenso heißt sie auch bei den Hellenen), seien an das Heck des Schiffes getreten und hätten von den Waren gekauft, was ihr Herz begehrte. Währenddessen aber hätten sich die Phoiniken untereinander verabredet und seien über die Frauen hergefallen. Die meisten hätten sich noch durch die Flucht gerettet, aber Io und einige hätten sie ergriffen, auf das Schiff geschleppt und nach Ägypten[2] entführt.

7

ERSTES BUCH

2. So sei die Io nach Ägypten gekommen, erzählen die Perser
in Abweichung von den Hellenen, und damit hätten die Unbil-
den ihren ersten Anfang genommen. Danach, erzählen sie
weiter, seien gewisse Hellenen, – den Namen wissen sie nicht
anzugeben, es mögen aber wohl Kreter[3] gemeint sein, – bei der
Stadt Tyros in Phoinikien gelandet und hätten von dort des
Königs Tochter Europa entführt. So sei ihnen denn Gleiches
um Gleiches vergolten worden. Danach aber hätten sich die
Hellenen eines neuen Verbrechens schuldig gemacht, indem
sie mit einem Langschiff[4] ins Kolcherland nach Aia am Phasisfluß[5] hinaufgefahren seien, wo sie erst die sonstige Absicht
ihres Unternehmens ausgerichtet und darauf des Königs Tochter Medeia geraubt hätten. Nun hätte zwar der Kolcherkönig
einen Boten zu den Hellenen geschickt und Sühne für den
Raub und Auslieferung seiner Tochter gefordert. Es sei ihm
aber geantwortet worden, es sei ihnen ja auch keine Sühne
gegeben worden für den Raub der Io; deshalb würden auch sie
die Sühne verweigern.

3. Ein Menschenalter[6] danach, erzählen sie, als Priamos Sohn
Alexandros davon gehört habe, sei ihn die Lust angekommen,
sich ein Weib aus dem Hellenenland zu rauben, voll Zuver-
sich, er werde ungestraft davonkommen, ebenso wie jene, und
habe die Helena geraubt. Da hätten die Hellenen beschlossen,
vorerst nur eine Botschaft hinzusenden, um die Helena zurück-
zufordern und Sühne zu verlangen für den Raub. Auf diese
Botschaft hätten ihnen jene den Raub der Medeia vorgehalten,
sich selber aber nicht zu Buße und Auslieferung verstehen
wollen und verlangt, andere sollten ihnen gerecht werden.

4. Bis dahin jedoch sei es noch bei gegenseitigen Entführun-
gen geblieben; nunmehr aber hätten die Hellenen ein schweres Unrecht auf sich geladen. Denn diese hätten als erste eine
Kriegsfahrt nach Asien unternommen, nicht die Perser nach
Europa. Weiberraub sei in ihren Augen ein Unrecht, aber um
der Geraubten Willen nach Rache zu rufen, eine Torheit;
vielmehr sei es weise, sich darum gar nicht zu kümmern. Denn
keine würde sich doch entführen lassen gegen ihren eigenen

8

KLEIO

Willen. Darum, sagen die Perser, hätten sie selber den Raub
ihrer Weiber unbeachtet gelassen, die Hellenen hingegen hätten um eines hellenischen Weibes willen einen großen Heereszug aufgeboten und seien nach Asien gezogen und hätten das
Reich des Priamos zerstört. Und erst von jener Zeit an hätten
sie immer die Hellenen als ihre Feinde angesehen. Denn die
Perser betrachten Asien mit allen Völkern, die darin wohnen,
als ihre Verwandten, Europa aber und die Hellenen als selbständig für sich.

5. So erzählen die Perser den Hergang und finden in der
Zerstörung Ilions den Grund ihrer Feindschaft gegen die Hellenen. Wegen der Io aber stimmen die Phoiniken nicht mit den
Persern überein. Nicht als Räuber hätten sie diese nach Ägypten geführt, sondern in Argos habe sie sich mit dem Herrn des
Schiffs eingelassen, und als sie ihre Schwangerschaft gemerkt
habe, sei sie aus Scheu vor ihren Eltern und aus eigenem
Willen, damit es nicht offenbar würde, mit den Phoiniken
davongefahren.

So erzählen Perser und Phoiniken. Ich aber will nicht sagen,
daß es so oder anders zugegangen sei, sondern ich will den
nennen, von dem ich aus eigener Kunde weiß, daß er zuerst
mit den Feindseligkeiten gegen die Hellenen begonnen hat,
und nachdem ich von ihm geredet habe, will ich weitergehen
in meiner Erzählung und die Wohnsitze der Menschen gleichermaßen beschreiben, und zwar die kleinen und die großen.
Denn diejenigen, die einst groß waren, sind meist klein geworden, die aber zu meiner Zeit groß waren, die sind vordem klein
gewesen. Darum, weil ich weiß, daß menschliches Glück niemals Bestand hat, will ich beider in gleicher Weise gedenken.

6. Kroisos[7] war ein Lyder von Geschlecht, des Alyattes Sohn,
und herrschte über die Völker diesseits des Halys, der von
Mittag her zwischen den Syriern und Paphlagonen fließt und
nordwärts in den Pontos Euxeinos[8], wie man jenes Meer nennt,
sich ergießt. Dieser Kroisos war von allen Barbaren, von denen
wir wissen, der erste, der sich etliche Hellenen unterwarf, die

ihm Zins zahlen mußten, andere aber sich zu Freunden machte. Er unterwarf sich die Ioner, Aioler und die Dorier in Asien, zu Freunden aber gewann er die Lakedaimonier. Vor der Zeit des Kroisos waren alle Hellenen frei gewesen. Denn was die Heerfahrt der Kimmerier[9]anlangt, die lange vor Kroisos bis nach Ionien hinabkamen, so war das keine Unterwerfung der Städte, sondern nur ein räuberischer Überfall.

7. Die Regierung aber, die zuvor bei den Herakliden lag, war an das Haus des Kroisos, die sogenannten Mermnaden, übergegangen, und zwar auf folgende Weise. Kandaules[10] – die Hellenen nennen ihn Myrsilos – war Tyrann von Sardis, ein Nachkomme des Alkaios, eines Sohnes des Herakles. Denn Agron, Ninos' Sohn und Enkel des Belos, eines Sohnes des Alkaios, war aus dem Geschlecht der Herakliden der erste König von Sardis, Kandaules aber, des Myrsos Sohn, der letzte.[11] Diejenigen aber, die vor Agron über dieses Land geherrscht hatten, stammten von Lydos, Atys' Sohn, von dem auch das ganze Volk der Lyder, das vorher Maionen hieß, seinen Namen hat. Von diesen waren die Herakliden mit der Regierung betraut worden, die sie infolge eines Götterspruchs erhalten hatten. Sie stammten ab von einer Sklavin des Iardanos und dem Herakles, und regierten durch zweiundzwanzig Geschlechter, fünfhundertfünf Jahre lang, in stetiger Folge von Vater und Sohn, bis auf Myrsos' Sohn Kandaules.

8. Dieser Kandaules war ganz vernarrt in Liebe zu seinem Weib und glaubte, er besäße das schönste Weib der Welt. Und weil von seinen Leibwächtern keiner so hoch in seiner Gunst stand wie Gyges, Daskylos' Sohn[12], und dieser sein Vertrauter war in allen wichtigen Sachen, sprach er auch zu ihm von seines Weibes Schönheit und pries sie über die Maßen. Und es währte nicht lange – denn beschieden war sein Untergang –, da sprach er zu Gyges: »Ich fürchte, Gyges, du glaubst nicht, was ich dir von meines Weibes Schönheit sage; denn des Menschen Ohr ist ungläubiger als sein Auge. Sieh zu, daß du sie einmal nackt erschauest.« Jener aber schrie auf und rief: »O Herr! Welch unverständig Wort! Meine Gebieterin soll ich

nackt erschauen? Mit dem Gewande legt das Weib zugleich
die Scham von sich ab. Die Sprüche der Weisheit sind längst
erfunden; auf sie soll man merken, und einer lautet: Schaue
jeder auf das Seine! Ich glaube ja gewiß, daß sie die schönste ist
von allen Weibern, und bitte dich, daß du nichts Verbotenes
von mir verlangst.« Mit solcher Rede suchte er sich zu erwehren; denn ihm graute, es könnte ihm ein Unglück daraus
entstehen. Doch jener erwiderte: »Nur guten Mutes, Gyges!
Hege keine Furcht weder vor mir, als wolle ich dich versuchen
mit diesem Vorschlag, noch vor meinem Weibe, daß dir von
ihr etwas zuleide geschehe. Denn ich richte die Sache gleich
anfangs so ein, daß sie es gar nicht merken soll, daß du sie
schauest. Ich verberge dich in unserem Schlafgemach hinter
der offenen Tür. Gleich nach mir kommt auch mein Weib, um
sich zur Ruhe zu legen. Nahe der Tür steht ein Sessel; darauf
legt sie beim Entkleiden ihre Gewänder ab. Da kannst du sie in
aller Ruhe beschauen. Schreitet sie aber vom Sessel zum Lager
und wendet dir den Rücken zu, dann gib acht, wenn du durch
die Tür hinausgehst, daß sie dich nicht erblicke.«

10. So konnte Gyges sich nicht entziehen und gab nach. Als
es nun an der Zeit schien, sich schlafen zu legen, führte ihn
Kandaules in das Gemach, und gleich nach ihm kam auch sein
Weib. Und Gyges beschaute sie, wie sie eintrat und wie sie ihre
Gewänder ablegte. Als sie ihm aber den Rücken zuwandte und
zum Lager schritt, da duckte er sich hinter der Tür hervor und
schlüpfte hinaus. Und dabei nahm sie ihn wahr und erkannte
wohl, daß ihr Mann es angestiftet hatte; aber so sehr sie sich
schämte, schrie sie doch nicht auf und verriet sich nicht. Ihr
Herz aber sann auf Rache an Kandaules. Denn bei den Lydern
und wohl bei allen Barbaren ist es selbst für einen Mann eine
große Schande, wenn er nackt erblickt wird.

11. Zunächst also sagte sie nichts und verhielt sich still. Aber
gleich am folgenden Tag zog sie die treuesten ihrer Diener ins
Vertrauen und ließ Gyges rufen. Er dachte nicht, daß sie von
dem Geschehenen etwas wüßte, und kam; denn auch sonst
pflegte er sich einzufinden, sooft die Königin nach ihm ver-

ERSTES BUCH

langte. Als er vor sie trat, sprach sie zu ihm: »Gyges, unter zwei
Wegen, die vor dir liegen, gebe ich dir die Wahl, ob du dich zu
dem einen wenden willst oder zu dem andern. Entweder du
tötest Kandaules und nimmst mich mit der Herrschaft über die
Lyder in Besitz, oder du stirbst hier gleich auf der Stelle, damit
du nicht in allem dem Kandaules zu Willen seiest und hinfort
nicht schauest, was du nicht schauen darfst. Kurz, entweder
jener stirbt, der dies angestiftet, oder du, der mich nackt gesehen und getan hat, was sich nicht gebührt.« Gyges erschrak erst
über diese Worte, dann bat und flehte er, sie solle ihn nicht
zu solcher Wahl zwingen. Doch es half ihm nichts, er sah, daß
ihm wahrlich nichts übrig blieb, als seinen Herrn zu morden
oder selber zu sterben. So wählte er das eigene Leben. »Du
zwingst mich«, sprach er zur Königin, »den eigenen Herrn zu
töten gegen meinen Willen. So laß mich nun auch wissen, auf
welchem Wege wir ihn treffen sollen.« Da antwortete sie und
sprach: »Vom selben Orte soll der Angriff geschehen, wo er
mich nackt vor deine Blicke gestellt hat, und der Tod treffe ihn
im Schlaf.«

12. Wie sie nun den Anschlag vorbereitet hatten und es
Abend wurde, – denn Gyges wurde mittlerweile nicht fortge-
lassen, und es gab kein Entrinnen: er oder Kandaules mußte
sterben –, folgte er der Königin in die Kammer. Da legte sie
ein Schwert in seine Hand und verbarg ihn hinter derselben
Tür. Und als Kandaules schlief, trat Gyges hervor, tötete ihn
und gewann sich die Königin zugleich mit dem Königsthron.
So erzählt es auch Archilochos aus Paros[13], der zu der gleichen
Zeit lebte, in dreifüßigen Jamben.

13. So erhielt Gyges die Königsherrschaft und das delphini-
sche Orakel bestätigte sie. Denn als die Lyder sich über den
Verrat an Kandaules entrüsteten und unter Waffen standen,
einigten sich des Gyges Anhänger mit dem übrigen Volk
darauf, daß er regieren solle, sofern das Orakel ihn zum König
erklärte, wo nicht, solle er den Thron zurückerstatten an die
Herakliden. Und da das Orakel zustimmte, wurde er König.
Nur verkündete die Pythia auch dies noch, die Herakliden

würden an den Nachkommen des Gyges im fünften Geschlecht[14] gerächt werden. Aber die Lyder und ihr König achteten nicht auf dieses Wort, bevor es sich erfüllt hatte.

14. So gewannen die Mermnaden das Königtum, das sie den
Herakliden geraubt hatten. Und Gyges, nachdem er König
geworden war, entsandte nach Delphi nicht wenige Weihgeschenke. Denn was silberne Geschenke sind, stehen von ihm
sehr viele in Delphi; aber außer diesen weihte er auch Goldgerät in großer Menge. Darunter ist eine Gabe besonders erwäh-
nenswert, nämlich sechs Mischkrüge[15] aus Gold. Sie stehen
im Schatzhaus der Korinthier und wiegen dreißig Talente.[16]
Jenes Schatzhaus gehört in Wahrheit nicht den Korinthiern,
sondern dem Kypselos, Eetions's Sohn. Dieser Gyges ist, soviel
wir wissen, der erste von den Barbaren gewesen, der in Delphi
Weihgeschenke stiftete, außer Midas, Gordios' Sohn, einem
König der Phrygen. Denn dieser hat seinen Königsstuhl geschenkt, auf dem er vor dem Volk Recht zu sprechen pflegte,
ein schauenswertes Stück, und der Stuhl steht an demselben
Ort, wo die Mischkrüge des Gyges stehen. Die Delpher aber
nennen das Gold- und Silbergerät, das Gyges gestiftet hatte,
nach dem Namen des Stifters das Gygadische. Während seiner
Herrschaft unternahm er Kriegszüge in die Gebiete von Miletos und Smyrna, und von Kolophon nahm er die Unterstadt
ein. Sonst aber hat er in den achtunddreißig Jahren seiner
Regierung[17] nichts Großes vollbracht.

15. So will ich auch nicht mehr von ihm sagen, sondern
seines Sohnes gedenken, des Ardys, der nach ihm regiert hat.
Der nahm Priene ein und überzog die Milesier mit Krieg, und
während seiner Regierung geschah es, daß die Kimmerier, die
von den nomadischen Skythen aus ihrer Heimat verdrängt
worden waren, nach Asien herüberkamen und Sardis eroberten, mit Ausnahme der Burg.

16. Neunundvierzig Jahre[18] regierte Ardys. Auf ihn folgte
sein Sohn Sadyattes und regierte zwölf Jahre[19], und auf Sadyattes folgte sein Sohn Alyattes. Dieser führte Krieg gegen Kyaxares, des Deïokes Enkel, und verjagte die Kimmerier aus Asien.

Auch eroberte er die Stadt Smyrna, eine Pflanzstadt Kolophons, und zog gegen die Klazomenier. Von diesen jedoch kam er nicht heim, wie er es gewünscht hatte, sondern nach schwerer Niederlage. Und was er sonst noch in seiner Regierung vollbracht hatte, davon ist folgendes das Wichtigste.

17. Er hatte von seinem Vater einen Krieg übernommen gegen die Milesier, und bedrängte die Stadt mit Streifzügen auf folgende Weise. Jedes Jahr zur Zeit, wenn die Früchte auf dem Felde gereift waren, brach er mit Heeresmacht in ihr Gebiet; unter Schalmeienklang und Saitenspiel, mit männlichen und weiblichen Flöten[20] zog er einher. Und wenn er in das milesische Gebiet kam, so riß er nicht etwa die Häuser auf den Gütern nieder oder verbrannte sie oder brach die Türen ein, nein, die ließ er unversehrt; er begnügte sich damit, die Bäume und die Feldfrucht zu vertilgen, und kehrte dann wieder heim. Denn die Stadt zu belagern, wäre vergeblich gewesen, weil die Milesier das Meer beherrschten. Die Häuser aber ließ er deswegen stehen, damit die Milesier imstande blieben, ihre Felder zu bestellen und zu bebauen, und damit er nachher auch wieder etwas zum Zerstören vorfände.

18. So führte er den Krieg elf Jahre, und in dieser Zeit erlitten die Milesier zweimal eine schwere Niederlage, zuerst in einer Schlacht auf ihrem eigenen Boden bei Limeneïon, und zum andernmal in der Ebene des Maiander. Aber sechs Jahre von diesen elf regierte noch Sadyattes und führte also so lange die Kriegszüge ins milesische Land; denn dieser hatte auch den Krieg begonnen. Während der andern fünf aber, die auf die sechs folgten, führte sein Sohn Alyattes den Krieg, den ihm der Vater hinterlassen hatte, mit allem Eifer fort. Und in dieser Bedrängnis fanden die Milesier keine Hilfe bei den Ioniern; nur allein die Chier[21] standen ihnen aus Dankbarkeit bei, weil ihnen vordem auch die Milesier in ihrem Streit mit den Erythraiern geholfen hatten.

19. Endlich im zwölften Jahre, als die Lyder wiederum die Saaten in Brand steckten, begab es sich, daß der Wind die Flamme an den Tempel der Athena, die den Beinamen ›die

Assesische‹ führt, trieb, und der Tempel niederbrannte. Dies
beachteten die Lyder anfänglich nicht weiter; als sie aber heimkehrten, verfiel ihr König in eine Krankheit und konnte nicht
genesen. Da riet ihm jemand, oder er fand es selbst am besten,
nach Delphi zu schicken und den Gott um die Krankheit zu
befragen. Die Pythia aber verweigerte seinen Boten den Spruch,
bis die Lyder den Tempel wieder aufgebaut hätten, den sie bei
Assesos im Lande der Milesier in Brand gesteckt hatten.

20. So habe ich die Sache von den Delphern selbst gehört.
Die Milesier aber fügen noch folgendes hinzu. Periandros,
Kypselos' Sohn, der mit Thrasybulos, dem damaligen Tyrannen von Milet, innig befreundet war, bekam Kunde von der
Antwort, die dem Alyattes vom Orakel erteilt wurde, und ließ
sie durch einen Boten dem Thrasybulos hinterbringen, damit
er seine Sache danach einrichten könnte. So erzählen die Milesier den Hergang.

21. Als nun Alyattes jene Antwort vernahm, schickte er
sogleich einen Herold nach Milet, um mit Thrasybul und den
Milesiern einen Stillstand zu machen auf so lange Zeit, bis er
den Tempel gebaut hätte. Inzwischen traf jener, der schon von
allem genau unterrichtet war und des Königs Absicht erkannte,
folgende Anstalten. Er ließ alles Getreide in der Stadt, sein
eigenes wie das der einzelnen Bürger, auf dem Markt zusam-
mentragen und gebot den Einwohnern, sobald er das Zeichen
gäbe, sollten sie allesamt miteinander Trinkgelage abhalten
und in festlichem Jubel von Haus zu Haus ziehen.

22. Dies tat und gebot er, damit der Herold seinem König
melden sollte, er habe einen großen Kornhaufen aufgeschüttet
und das Volk bei Schmaus und Trank gesehen. Und so geschah
es. Denn wie der Herold dies gesehen und seines Königs
Auftrag an Thrasybul bestellt hatte und wieder nach Sardis
zurückkehrte, kam es zum Frieden, und das geschah, wie ich
vernommen habe, eben nur aus diesem Grunde. Denn Alyattes
hatte gemeint, es müßte in Milet harte Hungersnot herrschen
und das Volk in dem äußersten Elend verschmachten, und nun
kam sein Bote aus der Stadt zurück und berichtete ihm ganz

ERSTES BUCH

das Gegenteil. So schloß er mit ihnen einen Frieden darauf, daß sie fortan einander Gastfreunde sein wollten und Verbündete, und er baute der Athena in Assesos zwei Tempel statt eines und genas von seiner Krankheit. Dies ist die Geschichte von des Alyattes Krieg mit Milet und Thrasybulos.

23. Jener Periandros,[22] der dem Thrasybul den Orakelspruch kundgetan hatte, war des Kypselos Sohn und Tyrann von Korinth. Von ihm erzählen die Korinthier und gleichermaßen auch die Lesbier, daß ihm bei seinen Lebzeiten ein großes Wunder begegnet sei, daß nämlich Arion aus Methymna auf einem Delphin übers Meer nach Tainaron getragen wurde. Dieser Arion war einer der besten Kitharsänger seiner Zeit, und unseres Wissens war er der erste, der den Dithyrambos erfand, benannte und in Korinth aufführen ließ.

24. In Korinth, bei Periander, brachte er die meiste Zeit seines Lebens zu, bis ihn einst das Verlangen ergriff, nach Italien und Sicilien zu fahren. Dort gewann er große Reichtümer, und da er wieder heimzukehren gedachte nach Korinth, mietete er in Tarent ein Fahrzeug korinthischer Männer, weil er diesen am meisten vertraute, und fuhr damit ab. Aber draußen auf dem Meer machten die Schiffer einen Anschlag gegen ihn und wollten ihn hinauswerfen und sich seiner Schätze bemächtigen. Wie er dies merkte, fing er an zu bitten: die Schätze wolle er ihnen gerne hingeben, nur sollten sie sein Leben schonen. Aber das rührte sie nicht; sie verlangten, wenn er sich selber töten würde, wollten sie seinen Leichnam auf dem Lande bestatten, wo nicht, sollte er auf der Stelle ins Wasser springen. In solcher Bedrängnis bat er, wenn es denn so sein müßte, so möchten sie es ihm doch nachsehen, daß er sich im vollen Schmuck auf das Hinterdeck stelle und einen Gesang anstimme; nach dem Gesang, versprach er, wolle er sich selber töten. Da überkam sie das Verlangen, den besten aller Sänger zu hören, und sie zogen sich in die Mitte des Schiffes zurück. Er aber legte seinen vollen Schmuck an, ergriff die Kithar und sang das Hohe Lied, und wie er es beendet hatte, warf er sich, so wie er stand, im vollen Schmuck hinab ins Meer. Und jene

16

fuhren weiter nach Korinth, ihn aber, erzählt man, nahm ein Delphin auf den Rücken und trug ihn bis nach Tainaron. Da stieg er ans Land und wanderte nach Korinth in seinem Schmuck, und als er dorthin kam, erzählte er alles, was ihm begegnet war. Aber Periandros glaubte ihm nicht, sondern nahm ihn in Gewahrsam und hielt ihn zurück, und gab acht auf die Schiffer. Als sie nun angekommen waren, ließ er sie holen und forschte sie aus über Arion. Und wie sie erzählten, daß er sich wohlbehalten in Italien aufhielte und sie ihn guter Dinge in Tarent verlassen hätten, da trat Arion vor sie hin, in demselben Aufzug, in dem er ins Meer gesprungen war, und sie entsetzten sich und konnten es nicht leugnen. So erzählt man in Korinth und Lesbos, und es steht bei Tainaron eine Weihgabe des Arion aus Erz, nicht eben groß, die einen Menschen auf einem Delphin darstellt.

25. Alyattes, der lydische König, hatte also den Krieg gegen die Milesier beendet und starb nach einer Regierung von siebenundfünfzig Jahren. Auch er hat, als der zweite seines Hauses, in Delphi eine Gabe geweiht, nachdem er von der Krankheit genesen war: einen großen Mischkrug von Silber und dazu einen Untersatz aus verlötetem Eisen, der unter allen Weihgaben in Delphi schauenswert ist, ein Werk jenes Glaukos aus Chios, des einzigen Erfinders der Eisenlötung.

26. Auf Alyattes folgte sein Sohn Kroisos im Alter von fünfunddreißig Jahren. Die ersten Hellenen, die er mit Krieg überzog, waren die Ephesier. Damals geschah es, daß die Ephesier, als sie von ihm bedrängt wurden, ihre Stadt der Artemis weihten, indem sie ein Seil vom Tempel bis zur Mauer zogen. Der Raum zwischen der alten Stadt, die damals belagert wurde, und dem Tempel beträgt sieben Stadien.[23] Nach den Ephesiern suchte Kroisos auch die anderen Ioner und Aioler heim, einen nach dem andern unter immer neuen Vorwänden und Beschuldigungen, wie er sie gerade finden mochte, schweren oder nichtigen.

27. Und nachdem er sich alle Hellenen in Asien untertänig und zinsbar gemacht hatte, gedachte er weiter eine Flotte zu

ERSTES BUCH

bauen und auch die Inseln anzugreifen. Schon war alles bereit
zum Bau der Schiffe, da kam, nach dem einen Bericht, Bias von
Priene nach Sardis, nach anderen war es Pittakos von Mytilene,
und machte durch ein einziges Wort dem Schiffbau ein Ende.
Kroisos nämlich fragte ihn, was es Neues gäbe bei den Hellenen. Da antwortete er: »Die Leute auf den Inseln kaufen Rosse
in großer Menge, und beabsichtigen gegen dich, o König, und
gegen Sardis ins Feld zu ziehen.« Und Kroisos glaubte, er
spräche im Ernst, und rief: »O daß die Götter ihnen dies in den
Sinn gäben, auszuziehen gegen die Söhne der Lyder auf Rossen!« Jener aber versetzte und sprach: »O König, ich sehe, du
möchtest gar gern einmal die Leute von den Inseln als Reiter
hier auf dem Festlande fassen, weil dir der Sieg gewiß scheint,
und mit Recht. Aber jene? Was, glaubst du, müssen sie sehnlicher wünschen, seit sie von deiner Absicht gehört haben, Schiffe
gegen sie zu bauen, als einmal die Lyder auf dem Meere zu
fassen und Rache zu nehmen für die Hellenen auf dem Festlande, die du zu deinen Knechten gemacht hast?« Dieses Wort,
erzählt man, habe dem König sehr gefallen und ihm zutreffend
geschienen, so daß er seinen Sinn änderte und abließ vom
Schiffsbau und mit den Ionern auf den Inseln einen Freundschaftsbund schloß.

28. Darauf verging eine Zeit, und er hatte sich fast alle
unterworfen, die diesseits des Halys wohnen, außer den Kiliken und Lykiern, und Sardis wurde reich und herrlich.

29. Darum kamen alle Weisen aus dem Hellenenland, die zu
dieser Zeit lebten, nach Sardis, der eine um dieser, der andere
um einer andern Sache willen. Es kam aber auch Solon[24] aus
Athen, der den Athenern auf ihr Geheiß Gesetze gegeben hatte
und nun auf zehn Jahre außer Landes umherreiste, vorgeblich,
um die Welt zu besehen, in Wahrheit aber, damit er nicht
genötigt würde, von den Gesetzen, die er für sie geschrieben
hatte, irgendeines wieder aufzuheben. Denn sie selber durften
das nicht, sondern hatten sich mit schweren Eiden gebunden,
während zehn Jahren nach den Gesetzen zu leben, die ihnen
Solon geben würde.

KLEIO

30. Aus diesem Grund also und auch, um die Welt zu sehen, war Solon außer Landes gegangen und nach Ägypten zu Amasis gekommen. So kam er nun auch nach Sardis zu Kroisos und wurde von dem König in seiner Königsburg gastlich aufgenommen. Am dritten oder vierten Tage führten ihn die Diener auf des Königs Geheiß durch die Schatzkammern und zeigten ihm all die Pracht und Herrlichkeit. Und nachdem er alles gesehen und nach Gefallen beschaut hatte, stellte ihm Kroisos die Frage und sprach: »Lieber Gastfreund von Athen, der Ruf deiner Weisheit ist auch zu uns gekommen, und man hat uns oft erzählt von deiner Wanderung, wie du viele Länder besucht habest aus Schaulust und Wißbegierde. Darum möchte ich gern von dir hören, ob du schon einen Menschen gesehen hast, der der glückseligste war von allen?«

So fragte er, weil er selber der glückseligste der Menschen zu sein glaubte. Aber Solon redete ihm nicht zu Gefallen, sondern blieb bei der Wahrheit, und sprach: »Ja, o König, den Athener Tellos.« Über diese Antwort verwunderte sich Kroisos und rief lebhaft: »Und weswegen hältst du Tellos für den glückseligsten?« Solon erwiderte: »Zum einen sah Tellos seine Vaterstadt in Wohlfahrt, besaß edle und brave Söhne und erlebte es, daß ihnen allen Kinder erwuchsen und gediehen. Zum andern war er, nach unserm Maßstab, ein begüterter Mann, und beschloß sein Leben mit einem rühmlichen Tode. Denn als es zur Schlacht kam zwischen den Athenern und ihren Nachbarn in Eleusis, eilte er herbei, half die Feinde zurückschlagen und fand einen schönen Tod, und das athenische Volk bestattete ihn da, wo er gefallen war, und erwies ihm große Ehre.«

31. Wie nun Solon das Leben von Tellos als ein vielbeglücktes pries, reizte er den König nur noch mehr, so daß er noch einmal fragte, wen er nach jenem als den glückseligsten kenne; denn er glaubte gewiß, Solon werde ihm wenigstens die zweite Stelle zuweisen. Aber jener sagte: »Kleobis und Biton. Sie waren Argeier ihres Stammes, besaßen gerade so viel, wie sie bedurften, und dazu eine so große Stärke des Leibes, daß sie beide in den Kampfspielen Preise gewannen. Und so erzählt

ERSTES BUCH

man von ihnen, daß sie einst am Fest der Hera in Argos, bei
dem ihre Mutter von einem Zweigespann zum Tempel hinaufgefahren werden mußte, als die Rinder nicht zur rechten Zeit
vom Felde hereinkamen und die Stunde drängte, sich selber
das Joch auflegten und den Wagen mit der Mutter bis zum
Tempel hinaufzogen, fünfundvierzig Stadien weit. Und nachdem sie dies getan hatten, wurde vor den Augen der festlichen
Menge ihnen der schönste Tod zuteil, und die Gottheit offenbarte an ihnen, daß der Tod für den Menschen besser sei als das
Leben. Denn als die Männer sich um sie herum versammelten
und ihre Stärke priesen, die Frauen aber ihre Mutter glücklich
priesen über solche Kinder, da trat die Mutter, hocherfreut
über die Tat und über das Lob, vor der Göttin Bild und flehte,
daß sie ihren Söhnen Kleobis und Biton, die sie so hoch geehrt
hatten, das Schönste verleihen möchte, was ein Mensch erlangen kann. Nach diesem Gebet begingen sie das Opfer und
hielten das Festmahl, und danach legten sich die Jünglinge im
Heiligtum nieder zum Schlaf und standen nicht wieder auf,
sondern fanden dort ihres Lebens Ziel. Die Argeier aber ließen
Bilder von ihnen machen und weihten sie in Delphi als Bilder
von Männern, die große Tugend bewiesen hatten.

32. So teilte Solon der Glückseligkeit zweiten Preis diesen
zu. Kroisos aber entrüstete sich und rief: »O Gastfreund von
Athen, und unsere Glückseligkeit mißachtest du so, daß du
mich selbst schlichten Bürgern nicht gleichstellen magst?«

Da antwortete Solon und sprach: »O Kroisos, ich weiß, daß
alles Göttliche erfüllt ist von Eifersucht und Zerstörungswut,
und du fragst mich nach des Menschen Glück! Wie vieles mag
er erleben in der langen Zeit seines Lebens, das er sich nicht
wünscht, wie vieles erleiden! Denn bis zu siebzig Jahren stecke
ich seines Lebens Grenze. Siebzig Jahre aber ergeben zwanzigtausend und fünftausend und zweihundert Tage, ohne Schalt-
monat. Soll aber je das andere Jahr um einen Monat länger
werden, damit die Jahreszeiten eintreffen nach der Ordnung,
so kommen zu den siebzig Jahren noch fünfunddreißig Schalt-
monate und diese Monate ergeben noch einmal tausend und

fünfzig Tage. Und von allen diesen Tagen, die in den siebzig
Jahren enthalten sind, zwanzigtausend und sechstausend und
zweihundert und fünfzig, ist, was der eine bringt, immer verschieden von dem, was der andere bringt. So ist der Mensch, o
Kroisos, nichts als Zufall. Ich sehe ja deinen großen Reichtum
und daß du Herr bist über viele Menschen; aber was du von
mir hören willst, das kann ich noch nicht von dir sagen, bis ich
erfahre, du habest dein Leben glücklich geendet. Ist doch der
Reiche um nichts glückseliger als der, welcher nur die Notdurft des Tages hat, sofern ihm nicht auch beschieden ist, im
Besitz aller Güter glücklich das Leben zu beschließen. Viele
grundreiche Menschen sind unselig, und viele, die arm sind,
sind glücklich. Wer nur sehr reich aber unselig ist, der übertrifft den Glücklichen nur in zwei Stücken, diese aber den
Reichen und Unseligen in vielen Stücken. Jener ist imstande,
eine Begierde zu befriedigen und einen großen Schaden, der
ihm zustößt, leichter zu ertragen; dieser aber übertrifft jenen
darin, daß er zwar Schaden und Begierden nicht so leicht wie
jener erträgt, aber davor bewahrt ihn eben sein Glück, hingegen ist er frei von Krankheit, von Leiden, gesegnet an Kindern
und schön von Gestalt, und wenn er zu allem diesem auch sein
Leben wohl beschließt, so ist er eben derjenige, nach dem du
fragst, der es verdient, glückselig zu heißen. Aber solange er
noch nicht gestorben ist, halte dein Urteil zurück, und nenne
ihn noch nicht glückselig, sondern nur glücklich. Daß ein
Mensch dies alles auf einmal erlange, ist unmöglich, wie auch
kein Land für sich selber in allem genug hat, sondern wohl das
eine hat, aber das andere entbehrt, und jenes Land das beste ist,
welches das meiste besitzt. Ebenso reicht auch kein einzelner
Mensch für sich selber aus: das eine Gut hat er, des andern
ermangelt er. Wer aber die meisten Güter hat bis zu seinem
Ende und so sein Leben in Wohlgefallen beschließt, den, o
König, halte ich würdig, so genannt zu werden. Schau bei
jedem Ding auf sein Ende, wie es ausgeht. Schon vielen hat
Gott das volle Glück vor Augen gehalten und sie doch von
Wurzel aus umgestürzt.«

ERSTES BUCH

33. Aber der König fand wohl kein Gefallen an dieser Rede, sondern entließ ihn mit Geringschätzung, und er hielt den für einen Tor, der gegenwärtiges Glück nicht beachtet, sondern bei jeglichem Ding auf das Ende hinweist.

34. Gleich danach traf Kroisos eine schwere Rache von Gott, wahrscheinlich darum, weil er sich selber für den glückseligsten aller Menschen gehalten hatte. In der Nacht, während er schlief, trat ein Traumbild an sein Lager und kündete ihm nach der Wahrheit all das Unglück, das ihn betreffen sollte an seinem Sohn. Er hatte aber zwei Söhne, davon war der eine ein Krüppel, denn er war taubstumm. Der andere aber war in allem der erste unter seinen Gespielen; Atys war sein Name. Und eben von diesem Atys deutete das Traumbild dem König, daß er ihn verlieren würde, getroffen von eiserner Lanzenspitze. Und als er erwachte und es mit sich erwog, geriet er über diesen Traum in Furcht und gab dem Sohne sogleich ein Weib, und während er ihn vorher über das Heer der Lyder gesetzt hatte, ließ er ihn fortan nicht mehr ausziehen in Krieg, sondern ließ alle Lanzen und Speere und dergleichen Kriegsgerät aus den Sälen hinausschaffen und in die Kammern bringen, damit ihm nicht eines von der Wand auf den Sohn herabfiele.

35. Und gerade zu der Zeit, als sein Sohn die Gattin freite, kam ein Mann nach Sardis, belastet mit Schuld und unrein an Händen, ein Phryger aus königlichem Geschlecht. Der ging hinein in den Palast des Kroisos und bat, ihn nach dem Landesbrauch zu reinigen.[25] Und Kroisos reinigte ihn. Diese Sühne wird bei den Lydern ähnlich vollzogen wie bei den Hellenen. Nachdem er die Sühnebräuche vollzogen hatte, forschte er den Mann nach Herkunft und Namen und fragte: »Mann, wer bist du und aus welchem Ort Phrygiens kommst du und setzest dich an meinen Herd? Welchen Mann oder welches Weib hast du erschlagen?« Und jener antwortete: »O König, Gordios ist mein Vater, des Midas Sohn, und man nennt mich Adrastos. Weil ich meinen Bruder ohne Absicht erschlug, bin ich hier, verstoßen vom Vater aus Haus und Gut.« Da sprach Kroisos zu ihm: »So bist du befreundeter Männer Sproß und kamst zu

KLEIO

Freunden, und es soll dir hier an nichts fehlen, solange du
in unserm Hause bleibst. Trage dein Unglück mit Geduld, so
wird es dir frommen.« Und er lebte fortan im Hause des
Kroisos.

36. Nun geschah es um dieselbe Zeit, daß auf dem Olympos
im mysischen Lande ein Wildschwein sich zeigte, ein gewaltiges Tier, das vom Gebirge herniederkam und die Felder der
Myser verwüstete. Schon oftmals waren sie ausgezogen, um es
zu erlegen, aber sie hatten ihm nie etwas anhaben können,
sondern litten ihrerseits unter seinem Unwesen. Endlich kamen
ihre Boten zum König und sprachen: »O König, ein gewaltiges
Tier, ein Schwein, ist gekommen in unser Land, das die Felder
verwüstet, und wir können es nicht erlegen. So bitten wir dich,
schicke uns deinen Sohn und erlesene Jünglinge mit den Hunden, damit wir das Land von ihm befreien.« Aber Kroisos
erinnerte sich seines Traumes und gab ihnen auf ihre Bitte die
Antwort: »Auf meinen Sohn müßt ihr verzichten, den schicke
ich euch nicht; denn er ist erst jüngst vermählt und sein Herz
ist bei seinem Weibe. Ich will euch aber auserlesene Lyder
mitsenden und alles Jagdzeug und will ihnen gebieten, daß sie
mit allem Fleiß euch helfen, das Tier zu töten.«

37. Dies war seine Antwort, und die Myser gaben sich damit
zufrieden. Währenddessen trat aber der Sohn des Königs zu
ihnen herein, der von ihrer Bitte gehört hatte, und da der
König sich weigerte, auch ihn mitzusenden, wandte der Jüngling sich zu ihm und sprach: »Vordem, mein Vater, war es
meine Freude und mein Stolz, auszuziehen in Krieg und Jagd
und mich hervorzutun. Jetzt aber hältst du mich von beidem
fern, obwohl du weder Feigheit noch Mutlosigkeit an mir
bemerkt hast. Wie darf ich jetzt die Augen aufschlagen, wenn
ich den Markt besuche oder wieder heimkehre, was werden
meine Mitbürger von mir denken, was mein junges Weib? Was
für einen Gatten wird sie in mir sehen? Nein, laß mich ziehen
zur Jagd oder beweise mir, daß es so besser ist für mich.«

38. Kroisos antwortete ihm: »Nicht weil ich Feigheit an dir
gefunden habe, mein Sohn, oder sonst etwas Mißfälliges, tue

ERSTES BUCH

ich so, sondern ein Traumbild ist mir im Schlaf erschienen und
hat mir gesagt, daß du nicht lange mehr leben würdest; eine
Eisenspitze würde dich töten. Um dieses Traumbildes willen
hab ich dich so schnell vermählt und lasse ich dich nicht
ausziehen zu den Unternehmungen und achte darauf, dich zu
behüten, solange ich lebe, und dem Schicksal zu entreißen. Bist
du doch mein einziger Sohn. Denn den andern, den tauben,
kann ich nicht rechnen.«

39. Der Jüngling antwortete: »Nicht zu verargen ist es dir,
mein Vater, daß du nach solchem Traumgesicht über mich
wachest; doch darf ich dir wohl zeigen, was du nicht merkst,
sondern worin du dich irrst in Ansehung des Traumes. Du
sagst, das Traumbild kündete dir meinen Tod durch eine Eisenspitze. Hat aber ein Eber Arme oder eine Eisenspitze, die du
fürchtest? Ja, hätte es dir gesagt, ich würde umkommen durch
einen Zahn oder ein ander Ding, das dem gleicht, dann müßtest du tun, wie du tust; aber es sagte, durch eine Eisenspitze.
Weil wir also nicht gegen Männer zu kämpfen haben, so laß
mich ziehen.«

40. Kroisos erwiderte: »Ja, mein Sohn, ich muß dir gewissermaßen Recht geben, wie du den Traum erklärst. So will ich
denn meine Meinung ändern und dir gestatten, auszuziehen
zu der Jagd.«

41. Hierauf ließ Kroisos den Phryger Adrastos rufen und
sprach zu ihm: »Adrastos! Als du von einem bösen Schicksal
betroffen wurdest, für das ich dich nicht schelte, habe ich dich
gereinigt und halte dich seitdem gastlich in meinem Hause
und biete dir jeglichen Unterhalt. Darum, weil du schuldig
bist, mir Gutes mit Gutem zu vergelten, so bitte ich dich, über
meinen Sohn zu wachen, der nun auszieht zur Jagd, daß nicht
unterwegs Räuber über euch kommen und euch Schaden zufügen. Außerdem solltest du auch selber, meine ich, hinziehen,
wo du dich hervortun kannst durch deine Taten; denn wahrlich, das ist deines Hauses Art, und stark bist du obendrein.«

42. Adrastos antwortete: »O König, ich wäre nicht mitgezo-
gen zu einem solchen Kampf; denn auf wem solches Unglück

liegt, dem ziemt es nicht, unter glückliche Genossen sich zu
mischen, auch wünsche ich es nicht, und aus vielen Gründen
hielte ich mich zurück. Nun aber verlangst du es, und ich muß
dir zu Willen sein – denn wohl bin ich schuldig, dir Gutes zu
erwidern –, so bin ich bereit, es zu tun, und du darfst vertrauen,
dein Sohn, den ich behüten soll, wird dir, soviel am Hüter liegt,
unversehrt nach Hause zurückkehren.«

43. Solches erwiderte er dem Kroisos, und danach zogen sie
aus, wohl versehen mit erlesenen Jünglingen und mit Hunden,
und kamen auf den Olympos und suchten das Tier. Als sie es
gefunden hatten, umstellten sie es im Kreis und bewarfen es
mit Speeren. Da wirft der Fremde, der eben erst vom Mord
gereinigte, der Mann mit Namen Adrastos (›Unentrinnbare‹),
auch seinen Speer auf den Eber, fehlt aber und trifft des Kroisos
Sohn. So erfüllte dieser, von der Eisenspitze durchbohrt, des
Traumes Verkündung. Es rannte aber ein Bote, dem Kroisos
das Geschehene zu melden, und kam nach Sardis und erzählte
den Kampf und des Sohnes Ausgang.

44. Kroisos war außer sich über des Sohnes Tod, aber noch
bitterer klagte er, daß ihn der getötet hatte, den er selber des
Mordes gesühnt. Und ergrimmt, wie er war, ob des Unglücks,
rief er Zeus, den Gott der Sühne, zum Zeugen an über das, was
ihm vom Gastfreund widerfahren war, und wiederum Zeus als
Gott des Herdes und der Freundschaft, jenen, weil er den
Fremdling in sein Haus aufgenommen und ahnungslos den
Mörder seines Sohnes genährt hatte, den Gott der Freundschaft aber, weil er ihn als Wächter mitgesandt und nun den
ärgsten Feind in ihm gefunden hatte.

45. Bald darauf kamen die Myser mit der Leiche, und hinter
ihr folgte der Mörder. Der trat vor die Leiche, streckte die
Hände hin, übergab sich dem Kroisos und bat, ihn zu töten
über dem Toten, und klagte über sein früheres Mißgeschick
und daß er nun zu jenem auch noch den unglücklich gemacht
habe, der ihn entsühnt hatte. Darum könne er nicht weiter
leben. Als Kroisos dies hörte, jammerte ihn der Anblick des
Mannes, so groß auch sein eigenes Leid war, und sprach zu

ERSTES BUCH

ihm: »O Gastfreund, du gibst mir volle Buße, daß du dich selber des Todes schuldig erkennst. Aber nicht du bist mir an diesem Unglück schuld, wenn du auch, ohne es zu wollen, der Täter warst, sondern wohl einer der Götter, der mir schon lange kund gab, was mich betreffen sollte.« Darauf bestattete Kroisos seinen Sohn mit gebührenden Ehren. Als Adrastos aber, der Sohn des Gordios und Enkel des Midas, der Mörder seines eigenen Bruders und auch Mörder dessen, der ihn gereinigt hatte, erkannte, daß er von allen Menschen, von denen er wußte, der tiefunglücklichste sei, erstach er sich selber über dem Grabe.

46. Zwei Jahre saß Kroisos still in großer Trauer um seinen Sohn. Danach aber, weil König Astyages, des Kyaxares Sohn, von Kyros, des Kambyses Sohn, gestürzt worden war, und der Perser Macht zunahm, ließ er ab von seiner Trauer und erwog, wie er ihrem Wachsen Einhalt gebieten könne, ehe sie zu groß würden. Und indem er solches vorhatte, beschloß er sogleich, die Orakel zu erproben, sowohl die hellenischen wie das libysche, und sandte Boten hierhin und dorthin, die einen nach Delphi[26], andere nach Abai[27] im Lande Phokis, noch andere nach Dodone[28], etliche auch sandte er zu Amphiaraos, zu Trophonios[29] und zu den Branchiden[30] im milesischen Land. Dies sind die hellenischen Orakel, an die Kroisos schickte, um sie zu befragen. Er schickte aber auch nach Libyen zum Orakel des Ammon. Und es war seine Absicht, die Orakel auf ihre Wahrhaftigkeit zu prüfen. Denn wenn er fände, daß sie die Wahrheit wüßten, so wollte er ein zweitesmal zu ihnen senden und sie befragen, ob er den Krieg gegen die Perser unternehmen solle.

47. Damit er sie nun erprobte, gab er den Lydern, die er ausschickte, den Befehl, daß sie von dem Tage an, an dem sie von Sardis abreisten, die Tage zählen und am hundersten Tage sich zu dem Orakel wenden sollten mit der Frage, was Kroisos, der Lyder König, Alyattes' Sohn, zu eben dieser Zeit tue. Die Antworten der Orakel sollten sie sich aufschreiben lassen und ihm überbringen. Was nun die übrigen Orakel gesprochen

haben, davon wird nichts berichtet. Als aber die Boten auch
nach Delphi kamen und in das heilige Gemach traten, um das
Orakel zu befragen, da antwortete ihnen die Pythia in sechsmaßigem Tone wie folgt:

Ja, ich zähle den Sand und kenne die Maße des Meeres,
Merk den Gedanken des Tauben, und höre die Sprache des
Stummen.
Duft stieg auf mir zu Sinnen der hartumschildeten Kröte,
Welche gemenget in Erz mit Lammfleisch eben gekocht
wird;
Untergebreitet ist Erz,und Erz von oben als Hülle

48. Diesen Spruch der Pythia ließen sich die Lyder aufschreiben und machten sich dann gleich wieder auf den Weg nach
Sardis. Und als auch die andern Gesandten sich einfanden mit
ihren Sprüchen, entfaltete Kroisos die Schriften eine nach der
andern und prüfte sie; aber es gefiel ihm keine, bis er den
delphischen Spruch vernahm; diesen pries er als richtig und
erkannte, daß einzig das Orakel in Delphi ein Orakel sei, denn
dieses allein hätte gefunden, was er an jenem Tage getan habe.
Denn als er die Boten an die Orakel ausgesandt hatte, hatte er
sich beim Warten auf den bestimmten Tag etwas ausgedacht,
was herauszufinden und zu erraten unmöglich sei. Er zerschnitt nämlich mit eigener Hand eine Schildkröte und ein
Lamm in Stücke und kochte sie zusammen in einem ehernen
Kessel mit ehernem Deckel.

49. Das war der Spruch, den Kroisos aus Delphi erhalten
hatte. Vom Orakel des Amphiaraos weiß ich nicht zu sagen,
was es den Lydern weissagte, nachdem sie den Brauch des
Tempels erfüllt hatten; denn niemand berichtet davon, außer
daß Kroisos glaubte, auch dieser besitze ein untrügliches
Orakel.

50. Danach beging König Kroisos dem Gott von Delphi ein
Fest mit großen Opfern. Er ließ je dreitausend Tiere von jeglicher Art, die man zu Opfern nimmt, schlachten, schichtete
einen großen Scheiterhaufen und verbrannte darauf teils mit

ERSTES BUCH

Gold, teils mit Silber überzogene Ruhebetten und goldene Schalen, auch purpurne Mäntel und Röcke. Denn er hoffte, sich den Gott dadurch günstiger zu stimmen. Auch gebot er allen Lydern, zu opfern, jeder nach seinem Vermögen. Und als das Opferfest zu Ende war, ließ er unsägliches Gold einschmelzen und daraus Halbziegel herstellen, jeden von sechs Handbreiten in der Länge, drei Handbreiten in der Breite, und eine Handbreite hoch, hundertsiebzehn an der Zahl, und davon vier aus gereinigtem Golde, je zweieinhalb Talente schwer, die andern aber aus weißem Golde, je zwei Talente schwer. Auch das Bild eines Löwen ließ er fertigen aus gereinigtem Golde, zehn Talente an Gewicht. Dieser Löwe ist später, als der Tempel zu Delphi niederbrannte[31], von den Halbziegeln, auf welchen er stand, herabgefallen und liegt jetzt im Schatzhaus der Korinthier, sechseinhalb Talente an Gewicht; denn dreieinhalb Talente waren abgeschmolzen.

51. Als Kroisos diese Geschenke hatte fertigen lassen, schickte er sie nach Delphi und fügte noch andere hinzu, nämlich zwei Mischkrüge von ansehnlicher Größe, einen goldenen und einen silbernen. Der goldene stand rechts, wenn man in den Tempel eintrat, der silberne links. Aber auch sie wurden von ihrem Platz gerückt zu der Zeit, als der Tempel niederbrannte; der goldene steht jetzt im Schatzhaus der Klazomenier und wiegt achteinhalb Talente und zwölf Minen, der silberne aber steht an der Ecke des Vorhauses und faßt sechshundert Amphoren. Jährlich am Fest der Theophanien füllen ihn die Delpher mit Mischtrank. Die Delpher sagen, er sei ein Werk des Samiers Theodoros, und ich glaube es, denn es ist offenbar keine gewöhnliche Arbeit. Auch silberne Fässer sandte der König, vier an der Zahl, die im Schatzhaus der Korinthier liegen, und zwei Sprenggefäße, ein goldenes und ein silbernes. Auf dem goldenen steht eingeschrieben, daß die Lakedaimonier sagen, es sei ihre Stiftung; das ist aber falsch. Denn auch dieses ist ein Geschenk des Kroisos, und jene Inschrift hat ein Bürger in Delphi darauf gesetzt, der sich den Lakedaimoniern gefällig erweisen wollte. Ich weiß seinen Namen, will ihn aber nicht

28

nennen. Der Knabe, durch dessen Hand das Wasser fließt, ist eine Gabe der Lakedaimonier, aber von den beiden Sprenggefäßen keines. Noch andere Weihgeschenke, die nicht bezeichnet sind, hat Kroisos mit jenen zusammen geschickt, darunter gewisse rundliche Gußwerke von Silber und ein goldenes Frauenbild, drei Ellen hoch, von dem die Delpher sagen, es stelle die Frau dar, die dem Könige das Brot bereitete.[32] Außerdem hat er noch Halsgeschmeide seiner Gattin und ihren Gürtel gestiftet.

52. Dies waren seine Gaben für Delphi. Dem Amphiaraos[33] aber, von dessen Tugend und von dessen Schicksal er gehört hatte, weihte er einen ganz goldenen Schild, desgleichen auch einen goldenen Speer, dessen Schaft und Spitzen gleichermaßen aus reinem Gold gearbeitet waren. Noch zu meiner Zeit befanden sich beide Stücke in Theben, im Tempel des ismenischen Apollon.

53. Den Lydern aber, die diese Gaben zu den Tempeln bringen sollten, trug Kroisos auf, die Orkael zu befragen, ob er gegen die Perser in den Krieg ziehen oder ob er sich noch ein Heer verbünden solle. So war die Frage. Und beide Orakel kamen in ihrem Urteil auf die gleiche Antwort, indem sie Kroisos verkündeten, wenn er gegen die Perser in Krieg zöge, würde er ein großes Reich zerstören, und ihm rieten, er solle die mächtigsten unter den Hellenen aussuchen und ihre Freundschaft gewinnen.

54. Als die Boten mit dieser Antwort zu Kroisos kamen und sie ihm mitteilten, freute er sich sehr, denn er faßte daraus eine gewisse Hoffnung, daß er des Kyros Reich zerstören würde, und sandte abermals nach Delphi, ließ sich die Zahl der Bürger nennen und beschenkte jeden mit zwei Goldstücken. Zum Dank dafür verliehen die Delpher ihm und seinem Volk auf ewige Zeit den Vorrang unter den Fragenden, Freiheit von Steuern und einen Ehrensitz bei den Spielen, und stellten es jedwedem Lyder, der es begehrte, frei, ein Bürger von Delphi zu werden.

55. Aber nachdem Kroisos die Delpher beschenkt hatte, fragte er zum drittenmal; denn seit er das Orakel für wahr

ERSTES BUCH

befunden hatte, wurde er nicht müde, zu fragen. Seine Frage
aber war, ob seine Herrschaft noch lange Zeit bestehen würde.
Und die Antwort der Pythia war:

> Aber wenn einst ein Maultier beherrscht als König die
> Meder,
> Dann, zartfüßiger Lyder, entflieh zum steinichten Hermos[34],
> Halte nicht Stand und scheue dich nicht, ein Feiger zu
> heißen.

Über diesen Spruch freute sich Kroisos noch viel mehr als
über die anderen; denn, meinte er, niemals würde ein Maultier
statt eines Menschen über die Meder herrschen, und folglich
würden weder er noch seine Kinder je das Reich verlieren.

56. Hierauf begann König Kroisos mit Eifer herauszufinden,
welche wohl die mächtigsten wären unter den Hellenen, damit
er diese zu Freunden gewönne. Und er fand, daß die Lakedaimonier und die Athener die vornehmsten seien, diese vom
ionischen, jene vom dorischen Stamme. Denn dies waren die
Hauptstämme, von denen der eine zum pelasgischen[35], der
andere zum hellenischen Volk gehörte, und jener war niemals
gewandert, dieser aber viel umhergezogen. Nämlich zur Zeit
des Königs Deukalion bewohnte er das phthiotische Land,
unter Doros aber, Hellen's Sohn, das Land am Ossa und Olymp,
das Histiaiotis heißt, und als er von den Kadmeiern aus Histiaiotis verdrängt wurde, wohnte er in Pindos und hieß nun
Makneder. Und von da zog er weiter ins Land der Dryoper
hinüber, und aus Dryopis endlich in die Peloponnes und hieß
nun Dorier.

57. Welche Sprache aber die Pelasger redeten, vermag ich
nicht genau zu sagen. Darf man aber von jenen aus schließen,
die noch jetzt von den Pelasgern übrig sind, die oberhalb der
Tyrrhener die Stadt Kreston bewohnten und vordem nahe den
jetzigen Doriern ihre Sitze gehabt haben (nämlich in der Landschaft, die jetzt Thessaliotis heißt), und die übrig sind von
jenen Pelasgern, die einst, nachdem sie bei den Athenern wohn-

ten, sich in Plakia und Skylake am Hellespont niedergelassen haben, und von allen sonstigen Ortschaften, die ehemals pelasgisch waren, aber nun nicht mehr so genannt werden: wenn man, sage ich, daraus schließen darf, so waren die Pelasger barbarischer Zunge. Und sofern es sich ebenso mit dem ganzen pelasgischen Stamme verhielt, muß das attische Volk, das vordem pelasgisch war, mit der Umwandlung in Hellenen zugleich auch seine Sprache geändert haben. Denn weder die Krestoniaten reden mit irgendwelchen ihrer Umwohner die gleiche Sprache noch auch die Plakiener, wohl aber diese mit jenen, und damit beweisen sie, daß sie dieselbe Mundart, die sie bei der Einwanderung in diese Gegenden mitbrachten, noch jetzt bewahren.

58. Dagegen hat der hellenische Stamm von seinem Ursprung an immer dieselbe Sprache geredet; das halte ich für gewiß. Aber nachdem er sich von dem pelasgischen abgesondert hatte, war er erst noch schwach und hat sich von ganz kleinen Anfängen zu einem großen Volk entwickelt, zumal weil sich die Pelasger und viele andere barbarische Stämme mit ihm vermischten. Früher wenigstens, scheint mir, ist auch der pelasgische Stamm, solange er noch nicht hellenisch geworden war, niemals sonderlich groß und mächtig gewesen.

59. Von diesen Stämmen erfuhr König Kroisos, daß der attische unterdrückt und gespalten war durch Peisistratos, Hippokrates' Sohn, der um diese Zeit Herr über Athen war. Einst nämlich, als Hippokrates dem Fest in Olympia beiwohnte als ein einfacher Bürger, war ihm ein wundersames Zeichen geschehen. Er hatte sein Opfer gebracht, die Kessel voll von Fleisch und Wasser waren aufgesetzt, aber noch brannte kein Feuer; da fingen sie plötzlich an zu kochen und überzulaufen. Zufällig war der Lakedaimonier Chilon zugegen und schaute das Zeichen. Der riet dem Hippokrates, kein Weib zu nehmen und mit ihr Kinder zu zeugen; wenn er aber bereits ein Weib hätte, solle er sie heimschicken, und hätte er einen Sohn, so solle er ihn verstoßen. Hippokrates aber, so wird erzählt, habe dem Rate nicht folgen wollen, und so sei ihm danach eben jener

ERSTES BUCH

Peisistratos geboren worden, der später, als das Volk an der
Küste mit dem Volk in der Ebene in Streit lag, jenes unter
Megakles, Alkmeon's Sohn, dieses unter Lykurgos, dem Sohn
des Aristolaides, es darauf absah, sich zum Tyrannen des Landes zu machen, und darum eine dritte Partei unter sich sammelte.[36]Und nachdem er sich einen Anhang gewonnen hatte und
als Führer des Bergvolkes galt, machte er einen Anschlag. Eines
Tages brachte er sich selbst und den Maultieren seines Wagens
etliche Wunden bei, kam so auf den Markt gefahren und tat so,
als sei er eben den Händen seiner Feinde entronnen, die ihn auf
der Fahrt aufs Land hätten umbringen wollen, und bat das Volk,
ihm eine Schutzwache zu geben. Er hatte sich aber schon vorher
als Heerführer gegen Megara einen Namen gemacht, indem er
Nisaia einnahm und andere große Taten vollbrachte. So ließ sich
das Volk in Athen von ihm betören und erlas für ihn etliche aus
den Männern des Landes, die nun zwar nicht seine Speerträger
wurden, aber seine Keulenträger; denn sie trugen hölzerne
Keulen und waren sein Gefolge. Mit diesen erhob er sich, besetzte die Burg und wurde Fürst über Athen. Aber er änderte
nichts an den bestehenden Ämtern, ließ auch die Rechte und
Gesetze unverändert, sondern regierte die Stadt nach dem herkömmlichen Brauch und richtete sie schön und trefflich her.

60. Aber nicht lange danach taten sich die Anhänger des
Megakles und des Lykurgos zusammen und vertrieben ihn. So
hatte Peisistratos zum erstenmal die Herrschaft über Athen
gewonnen, und, weil sie noch nicht festgewurzelt war, wieder
verloren. Aber diejenigen, die ihn vertrieben hatten, gerieten
aufs neue in Zwist miteinander, und als Megakles von seinem
eigenen Anhang bitter gekränkt wurde, ließ er Peisistratos
entbieten, ob er seine Tochter zum Weibe nehmen und wieder
Fürst werden wolle. Peisistratos war dazu bereit und nahm den
Vorschlag an. Um ihn aber zurückzuführen, schlugen sie einen
Weg ein, der, wie ich finde, die allergrößte Einfalt beweist.
Denn von jeher hat sich doch der hellenische Volksstamm von
den Barbaren durch größeren Verstand und weniger törichter
Befangenheit unterschieden; und doch gebrauchten damals

diese Männer gegen die Athener, die unter den Hellenen an Witz und Klugheit für die ersten galten, folgende List. Im paianischen Gau lebte ein Weib namens Phye, die war vier Ellen weniger drei Finger groß und von schönem Wuchs. Dieses Weib kleideten sie in volle Waffenrüstung, stellten sie auf einen Wagen, unterwiesen sie, sich aufs schönste darzustellen, und fuhren dann mit ihr in die Stadt. Und Herolde liefen voraus, die in der Stadt verkünden und rufen mußten: »Athener, nehmt den Peisistratos willig bei euch auf, denn Athena ehrt ihn vor allem Volk, indem sie selbst ihn zurückführt auf ihre eigene Burg.« So riefen sie auf allen Straßen, und sofort lief das Gerücht durch die Gaue, daß Athena den Peisistratos zurückführe, und die Leute in der Stadt glaubten, das Weib sei die Göttin selber, beteten das Menschenkind an und ließen den Peisistratos herein.

61. So gewann Peisistratos die Herrschaft zurück. Darauf heiratete er des Megakles Tochter, wie er ihm versprochen hatte. Weil er jedoch schon erwachsene Söhne hatte, und zudem das Haus der Alkmeoniden[37] in dem Gerücht stand, daß es von einem Fluch beladen sei, und er deshalb von der jungen Frau keine Kinder haben wollte, so pflegte er den Umgang mit ihr nicht auf die natürliche Weise. Anfangs hielt sie es geheim, später aber vertraute sie es der Mutter an, die sie darum befragt haben mochte oder auch nicht, und diese wieder sagte es ihrem Manne. Dieser erzürnte heftig darüber, daß ihm solche Schmach von Peisistratos widerführe, ging sogleich und versöhnte sich mit seinen Anhängern. Jener aber merkte, was man gegen ihn betrieb, verließ das Land und begab sich nach Eretria. Dort hielt er Rat mit seinen Söhnen, und da Hippias sich mit seiner Meinung durchsetzte, daß sie sich wieder in den Besitz der Herrschaft setzen müßten, begannen sie, Beiträge zu sammeln von denjenigen Staaten, die ihnen von früher her zu Dank verpflichtet waren, und erhielten von vielen große Summen Geldes; am reichlichsten gaben die Thebaner. Danach, um es kurz zu sagen, verging einige Zeit und alles war von ihnen zur Rückkehr vorbereitet. Denn auch

ERSTES BUCH

Kriegsvolk aus Argos in der Peloponnes war als Söldner zu
ihnen gestoßen, und aus Naxos hatte sich ein Mann aus freiem
Antrieb ihnen angeschlossen. Lygdamis war sein Name; der
brachte Geld und Mannschaft und erwies sich voller Eifer.
62. So brachen sie im elften Jahre von Eretria auf und zogen
heim. Der erste Ort, den sie in Attika besetzten, war Marathon.
Und wie sie dort ihr Lager aufschlugen, kamen ihre Anhänger
aus der Stadt zu ihnen heraus, und anderes Volk aus den Gauen
strömte zu, dem ein Herr lieber war als die Freiheit, und
sammelte sich dort. Aber die Athener in der Stadt kümmerte es
nicht, weder damals, als Peisistratos das Geld sammelte, noch
auch später, als er Marathon besetzte. Erst als die Nachricht
kam, Peisistratos sei von Marathon aufgebrochen und rücke
gegen die Stadt vor, da endlich boten sie alles Volk auf und
zogen den Heimkehrenden entgegen. Beim Tempel der Athena
Pallenis begegneten sich die Heere und lagerten einander gegenüber. Dort geschah es, daß auf göttliches Geheiß ein Weissager
aus Akarnanien, Amphilytos, zu Peisistratos trat und zu ihm in
Hexametern sprach:

Siehe, das Netz ist geworfen, es breitet sich weithin das Garn
aus.
Eilend dringen herzu durch die Mondnacht Scharen der
Thune.

63. So sprach der gottbegeisterte Seher. Und Peisistratos
begriff des Spruches Sinn, glaubte an die Verheißung und
führte rasch sein Heer hervor. Nun hatten die Athener eben ihr
Frühmahl genommen, und nach dem Mahle hatten sich etliche von ihnen dem Würfelspiel zugewandt oder schliefen. Da
fiel Peisistratos mit seinem Haufen über sie her und schlug sie
in die Flucht. Und wie sie flohen, ersann er einen andern Rat,
damit sie sich nicht wieder sammeln, sondern zerstreut bleiben sollten. Er ließ seine Söhne die Pferde besteigen und dem
Heer vorauseilen. Als sie die Flüchtigen eingeholt hatten, verkündeten sie ihnen in ihres Vaters Namen, sie sollten sich nicht
fürchten, sondern heimgehen ein jeder in sein Haus.

KLEIO

64. So taten die Athener, und Peisistratos gewann die Stadt
zum drittenmal. Nun befestigte er sich in der Herrschaft mit
zahlreichem Kriegsvolk und durch die Einkünfte an Geld, die
ihm teils aus Attika selbst, teils vom Flusse Strymon zugingen.
Und er nahm die Söhne derjenigen Athener, die im Lande
geblieben und nicht sofort geflohen waren, als Geiseln und
brachte sie nach Naxos. Denn auch diese Insel unterwarf er
sich mit Gewalt und gab sie an Lygdamis. Und zu all dem
entsühnte er auch die Insel Delos, wie die Sprüche es geboten,
auf folgende Weise. Er ließ die Toten rings um den Tempel, so
weit das Auge reichte, ausgraben und an einen andern Teil der
Insel bringen. So also herrschte Peisistratos über Athen. Von
den Athenern aber war ein Teil in der Schlacht gefallen, andere
mit den Alkmeoniden hatten das Land geräumt.

65. Dies erfuhr Kroisos von den Athenern und ihren damaligen Umständen. Von den Lakedaimoniern aber vernahm er,
daß sie sich aus einer großen Bedrängnis befreit und bereits die
Tegeaten im Kriege besiegt hätten. Unter den Königen Leon
und Hegesikles nämlich waren die Spartiaten in allen Kriegen
erfolgreich, nur gegen die Tegeaten hatten sie kein Glück.
Auch hatte es, noch vor dieser Zeit, bei ihnen daheim schlimm
gestanden um Gesetz und Recht, schlimmer fast als bei irgendwelchen der Hellenen, und mit den Fremden hatten sie keinerlei Verkehr. Daß sie aber schließlich doch noch zu Ordnung
und Gesetz gelangten, war auf diese Weise geschehen. Einst
kam ein angesehener Mann aus Sparta, Lykurgos, nach Delphi
zum Orakel, und wie er eben in den Tempel eintrat, sprach die
Pythia folgende Worte:

Bist, Lykurgos, gekommen, zu meinem gesegneten Hause,
Liebling des Zeus und der andern, soviel den Olympos
bewohnen.
Weiß nicht, soll ich als Gott oder soll ich als Mensch dich
verkünden.
Aber ich meine, wohl mehr noch als Gott dich zu künden,
Lykurgos.

ERSTES BUCH

Manche erzählen dazu noch, daß Pythia ihn auch die Verfassung gelehrt hatte, die jetzt in Sparta besteht. Die Lakedaimonier dagegen behaupten, Lykurgos habe, als er Vormund war über Leobotes, seinen Neffen und König in Sparta, diese Satzungen aus Kreta geholt. Denn gleich nachdem er Vormund geworden war, änderte er alle Gesetze und sorgte für ihre Einhaltung. Dann setzte er auch die Heeresordnung fest, bildete die Enomotien, Triekaden und Syssitien und bestellte die Ephoren und Geronten.[38].

66. Auf diese Weise kamen die Lakedaimonier zu einer guten Verfassung. Dem Lykurgos aber haben sie nach seinem Tod einen Tempel gebaut und erwiesen ihm große Verehrung. Und weil sie in einem fruchtbaren Lande wohnten und die Volkszahl nicht gering war, stiegen sie schnell empor und gediehen zu Wohlstand. Da wurden sie bald des Friedens müde, und, weil sie sich stärker dünkten als die Arkader, fragten sie in Delphi an, ob sie wohl ganz Arkadien gewinnen könnten. Aber die Pythia antwortete ihnen:

Forderst Arkadien? Forderst zuviel, ich kann es nicht geben.
Zahlreich wohnen im Lande die eichelverzehrenden Männer.
Diese verwehren es dir; ich selber neid es dir nimmer.
Tegea will ich dir geben, mit stampfendem Fuße zu tanzen,
Auch ein schönes geebnetes Feld, mit der Schnur es zu messen.

Auf diese Antwort hin ließen sie ab von den andern Arkadern, wandten sich gegen Tegea und nahmen gleich Fesseln mit; denn sie vertrauten dem gleisenden Spruch und gedachten, die Tegeaten zu knechten. Aber sie unterlagen im Kampf, und alle, die von ihnen gefangen wurden, mußten das Feld der Tegeaten abmessen mit der Schnur und mit Frucht bestellen. Dabei trugen sie die Fesseln, die sie selber mitgebracht hatten. Diese Fesseln sind noch bis auf meine Zeit in Tegea erhalten geblieben; sie hingen im Tempel der Athena Alea.[39]

67. So kämpften sie in den früheren Kriegen stets mit Unglück gegen die Tegeaten. Aber zur Zeit des Kroisos, als Anaxandrides und Ariston Könige in Sparta waren, hatten sie bereits die Oberhand gewonnen, und zwar auf folgende Weise. Weil sie immerfort von den Tegeaten besiegt wurden, schickten sie nach Delphi und fragten, welches Gottes Gunst sie für sich gewinnen sollten, um die Tegeaten im Kampf zu überwinden. Die Pythia beschied sie, sie müßten die Gebeine des Orestes, des Sohnes des Agamemnon, zu sich holen. Nun gelang es ihnen aber nicht, das Grab des Orestes ausfindig zu machen, und sandten darum noch einmal zum Gott und ließen fragen, wo denn Orestes begraben läge. Auf diese Frage gab ihnen die Pythia folgende Antwort:

Da wo Tegea liegt in Arkadiens ebenem Lande,
Weht ein gedoppelter Wind durch die Kraft des gewaltigen Zwanges,
Schlag und erwidernder Schlag, und Weh liegt über dem Wehe;
Allda ruht Agamemnons Sohn in belebender Erde.

Aber auch auf diesen Bescheid waren sie noch immer weit entfernt, ihn zu finden, trotz alles Forschens, bis endlich Lichas ihn fand, einer aus der Zahl der dreihundert Spartiaten, die den Namen »Wohltäter« führen. Diese »Wohltäter« sind die ältesten Ritter, die jährlich aus dem Verband der Ritter ausscheiden. Es sind jedesmal fünf, die während des Jahres, in dem sie ausscheiden, im Dienst des Staates umherreisen, dieser hierhin, jener dorthin, und niemals rasten dürfen.

68. Einer von diesen Männern war also Lichas, der das Grab zu Tegea fand durch Zufall zugleich und durch List. Da nämlich der Verkehr mit Tegea um diese Zeit frei und offen war, kam er dorthin und ging in eine Schmiede, wo er zuschaute, wie man das Eisen trieb, und sich darüber verwunderte. Der Schmied aber, wie er sein Staunen gewahrte, hielt inne von der Arbeit und sprach zu ihm: »Du verwunderst dich, lakonischer Fremdling, über die Bearbeitung des Eisens? Wie würdest du

ERSTES BUCH

gestaunt haben, hättest du gesehen, was ich gesehen habe! Ich wollte mir dort auf dem Hofe einen Brunnen graben, und wie ich grub, stieß ich auf einen Sarg, der war sieben Ellen lang. Nun mochte ich nicht glauben, daß es vorzeiten Menschen gegeben habe von größerem Wuchse, als die jetzigen sind; darum öffnete ich den Sarg und fand, daß der Tote gleich lang war wie der Sarg, und nachdem ich ihn gemessen hatte, schüttete ich ihn wieder zu.« So erzählte der Mann genau nach der Wahrheit. Lichas aber dachte über die Sache nach und fand, das müßte, nach dem Orakelspruch, der Leib des Orestes sein. Er deutete nämlich so. Die beiden Blasbälge, die er beim Schmied gesehen hatte, seien die Winde, der Amboß und der Hammer seien der Schlag und der Widerschlag, das getriebene Eisen aber das Weh, das auf dem Wehe liegt; denn den Menschen zum Unheil sei ja das Eisen erfunden. So also dachte er bei sich, und als er wieder nach Sparta kam, teilte er seine Entdeckung mit. Da taten sie, als habe er sich einer Missetat schuldig gemacht, stellten ihn vor Gericht und verwiesen ihn des Landes. Er aber ging nach Tegea, erzählte dem Schmied sein Mißgeschick und bat, er möchte ihm den Hof vermieten. Jener weigerte sich anfangs, zuletzt aber ließ er sich doch dazu bewegen. Nun richtete sich Lichas dort häuslich ein, öffnete das Grab, sammelte die Gebeine und eilte damit nach Sparta. Und von dieser Zeit an, so oft sie im Krieg aufeinander trafen, gewannen die Lakedaimonier um vieles die Oberhand. Auch hatten sie den größten Teil der Peloponneses sich schon unterworfen.

69. Nachdem nun Kroisos dies alles erfahren hatte, schickte er Gesandte nach Sparta, um ihnen Geschenke darzubringen und sie um einen Waffenbund zu bitten. Als diese dort ankamen, sprachen sie, wie Kroisos ihnen aufgetragen hatte: »Kroisos, der Lyder und anderer Völker König, hat uns gesandt und spricht zu euch also: ›Wisset, ihr Lakedaimonier, daß der Gott mich beschieden und mir geraten hat, ich solle mir den Hellenen zum Freunde gewinnen. Nun vernehme ich, daß ihr Lakedaimonier die vornehmsten seid unter den Hellenen. So ent-

38

biete ich euch, nach dem Spruch des Gottes, daß ich euer Freund sein will und Waffengenosse ohne Trug und List.«« So lautete seine Botschaft. Die Lakedaimonier, welche auch von dem Spruch gehört hatten, der Kroisos zuteil geworden war, freuten sich über die Gesandtschaft der Lyder und schlossen mit ihnen einen Eidesbund, daß sie einander Gastfreunde und Waffengenossen sein wollten. Denn auch schon vorher war ihnen Freundliches von Kroisos widerfahren. Sie hatten nach Sardis geschickt und Gold kaufen wollen zu dem Bild des Apollon, das jetzt auf dem Thornax im lakonischen Lande steht; aber Kroisos wollte ihnen das Gold nicht verkaufen, sondern schenkte es ihnen umsonst.

70. Aus diesem Grund nahmen die Lakedaimonier die Verbündung bereitwillig an, aber auch darum, weil er gerade sie vor allen Hellenen sich zu Freunden erwählte, und waren bereit zu kommen, sobald er sie riefe. Sie ließen aber auch einen Mischkrug fertigen aus Erz, so groß, daß er dreihundert Amphoren faßte, von außen um den Rand mit allerlei Bildwerk[40] verziert, und sandten ihn dem König als Gegengabe. Dieser Krug ist aber nicht nach Sardis gekommen, und man erzählt davon zweierlei Ursachen. Die Lakedaimonier sagen, als er auf der Fahrt nach Sardis in die Nähe von Samos gelangte, seien die Samier, die davon Kunde erhalten hatten, auf Langschiffen herangekommen und hätten ihn geraubt. Die Samier aber erzählen, die Männer, die ihn darbringen sollten, hätten sich verspätet, und als sie erfuhren, daß Sardis und Kroisos schon in Feindeshand seien, hätten sie den Krug in Samos verkauft; die Käufer aber, einfache samische Bürger, hätten ihn ins Heraion gestiftet. Es ist aber auch möglich, daß die Verkäufer daheim in Sparta erzählten, er sei ihnen von Samiern geraubt worden. Dies ist die Geschichte von dem Mischkrug.

71. Kroisos aber, der den wahren Sinn des Spruches nicht begriffen hatte, rüstete sich zu einem Kriegszug nach Kappadokien[41] und beabsichtigte, Kyros und der Perser Macht zu stürzen. Und während er seine Rüstungen betrieb, kam ein Lyder,

Sandanis genannt, der auch vordem schon für einen klugen Mann gegolten hatte, nunmehr aber durch diesen Rat sich einen großen Namen unter seinem Volk erwarb, zum König und sprach zu ihm: »O König, du rüstest dich zum Krieg gegen Männer, die lederne Hosen tragen und deren ganze Kleidung von Leder ist, die nicht essen, soviel sie begehren, sondern soviel sie haben, denn ihre Heimat ist ein rauhes Land; die auch nicht Wein trinken, sondern Wasser, und auch keine Feigen zu essen haben noch sonst etwas Gutes. Wenn du sie besiegst, was willst du denen rauben, die nichts besitzen? Wenn du aber besiegt wirst, so bedenke, wieviel du verlierst! Denn haben sie einmal unsere Güter gekostet, so werden sie daran festhalten und sich nicht mehr vertreiben lassen. Vielmehr danke ich den Göttern, daß sie den Persern nicht in den Sinn geben, auszuziehen gegen die Lyder.« So sprach er; aber Kroisos hörte nicht auf seine Rede. Es haben aber die Perser, vor der Zeit, als sie die Lyder unterwarfen, tatsächlich nichts gewußt von Wohlleben und Üppigkeit.

72. Die Kappadoken heißen bei den Hellenen Syrier. Vor der Herrschaft der Perser waren sie den Medern untertan, damals aber dem Kyros. Denn die Grenze zwischen dem medischen Reich und dem lydischen war der Fluß Halys, der von einem Gebirge in Armenien kommt und dann zuerst durch das Land der Kiliken, nachher aber rechts an den Matienern, links an den Phrygen vorüberfließt, worauf er sich nach Norden wendet und zwischen den syrischen Kappadoken auf der rechten und den Paphlagonen auf der linken Seite hindurchfließt. So schneidet dieser Strom fast das ganze diesseitige Asien ab, vom Meer gegenüber Kypros bis hinauf zum Pontos Euxeinos, und diese Strecke bildet den Hals des ganzen Erdteils. Ein rüstiger Wanderer braucht nur fünf Tage für diesen Weg.[42]

73. Gegen das Land Kappadokien zog Kroisos mit Heeresmacht, einmal aus Begierde, sein eigenes Reich damit zu vergrößern, besonders aber weil er auf den Spruch des Orakels fest vertraute und den Kyros züchtigen wollte für das, was er Astyages angetan hatte. Diesen Astyages nämlich, den König von

Medien, Kyaxares' Sohn und Kroisos' Schwager, hatte Kyros
besiegt und sich untertänig gemacht. Des Kroisos Schwager
aber war er folgendermaßen geworden. Von den nomadischen
Skythen war ein Teil mit den andern in Streit geraten und ins
medische Land entwichen, wo damals König Kyaxares herrschte, Phraortes' Sohn und Enkel des Deïokes. Dieser erzeigte sich
anfangs gegen die Skythen als seine Schützlinge freundlich, ja
er hielt sie so hoch, daß er ihnen etliche Knaben anvertraute,
die ihre Sprache und ihre Kunst im Bogenschießen erlernen
sollten. So verging eine Zeit. Die Skythen zogen allezeit auf
Jagd und brachten immer etwas heim, bis es sich einstmals
begab, daß sie nichts erlegten, sondern mit leeren Händen
zurückkamen, und Kyaxares, offenbar ein Mann von jähzorni-
gem Gemüt, sie darum mit harten Worten strafte. Sie aber,
durch die Züchtigung schwer gekränkt, beschlossen, einen der
Knaben, die sie unterwiesen, zu schlachten, das Fleisch herzurichten, eben wie sie das Wildbret zu bereiten pflegten, und es
Kyaxares darzubringen, als sei es Jagdbeute, dann aber rasch
sich aufzumachen nach Sardis zu König Alyattes, des Sadyattes' Sohn. Und so geschah es. Kyaxares und seine Tischgenossen aßen von dem Fleisch, und die Skythen flüchteten sich in
den Schutz des Alyattes.

74. Als Kyaxares daraufhin ihre Auslieferung forderte, Alyattes sie aber nicht ausliefern wollte, entbrannte ein fünfjähriger
Krieg zwischen Lydern und Medern, in dem häufig die Meder
über die Lyder, häufig aber auch die Lyder über die Meder den
Sieg gewannen, bis es einmal zu einer Art von Nachtkampf
zwischen ihnen kam. Schon ins sechste Jahr nämlich hatten sie
den Krieg mit gleichem Glück geführt; da geschah es, als sie
wieder aufeinander trafen und die Schlacht schon entbrannt
war, daß der Tag sich plötzlich in Nacht[43] verwandelte. Thales
aus Milet hatte diesen Wandel des Tages den Ionern vorausgesagt und eben jenes Jahr zuvor bestimmt, in welchem er
geschah. Als die Lyder und die Meder aber sahen, daß der Tag
sich in Nacht verwandelt hatte, beendeten sie den Kampf und
beeilten sich, miteinander Frieden zu schließen. Diejenigen

ERSTES BUCH

aber, die den Frieden vermittelten, waren Syennesis[44], der Fürst
der Kiliken, und Labynetos[45], der König von Babylon. Diese
brachten den Vertrag zuwege und bewirkten zudem eine wech-
selseitige Verschwägerung; denn auf ihren Rat hin gab Alyattes
seine Tochter Aryenis dem Astyages, Kyaxares' Sohn, zur Gattin, weil ohne feste Verbindung auch Verträge keinen festen
Bestand zu haben pflegen. Die Art aber, wie diese Völker
Verträge schließen, ist dieselbe wie bei den Hellenen, nur daß
sie sich noch außerdem die Haut des Armes ritzen und einer
des andern Blut lecken.

75. Diesen Astyages hatte Kyros, obgleich er seiner Mutter
Vater war, bezwungen und sich untertan gemacht. Die Ursache davon will ich nachher erzählen. Kroisos aber war darüber
gegen ihn aufgebracht und hatte eben deswegen die Orakel
befragen lassen, ob er gegen die Perser in Krieg ziehen sollte,
und als dann das trügerische Orakel kam, legte er es sich zu
seinen Gunsten aus und überzog das Gebiet der Perser mit
Heeresmacht. Als er zum Halys kam, führte er sein Heer auf
den Brücken, die sich dort befanden, über diesen Fluß. So sage
ich; bei den Hellenen aber ist die Sage verbreitet, daß Thales
aus Milet es ihm hinübergeführt habe. Es heißt nämlich, Kroisos habe nicht gewußt, wie er das Heer hinüberbringen sollte,
weil die Brücken, die jetzt dort sind, damals noch nicht gestanden hätten, und so habe Thales, der im Lager zugegen war, es
herzurichten gewußt, daß der Fluß nicht nur links vom Heer,
sondern auch rechts vorüberfloß. Das machte er nämlich so.
Von einem Ort oberhalb des Lagers ließ er einen tiefen Graben
ziehen und so führen, daß er die Form eines Halbmondes
darstellte, damit der Fluß, an jenem Ort aus seinem alten Bett
abgeleitet, das gelagerte Heer rückwärts umfaßte, und dann
am Lager vorüber wieder in sein früheres Bett fiele. Und
wirklich, wie der Fluß sich auf diese Weise geteilt hatte, ließ er
sich von beiden Seiten durchschreiten. Etliche behaupten sogar, das alte Strombett sei gänzlich trockengelegt worden. Doch
dies lasse ich nicht gelten, denn wie wären sie auf dem Rückweg wieder hinübergekommen?

KLEIO

76. Als nun Kroisos über den Halys gezogen war, kam er an
einen Ort in Kappadokien, der hieß Pteria. Dies ist der stärkste
Platz in diesem Land, nicht weit von der Stadt Sinope am
Pontos Euxeinos entfernt. Da lagerte er sich und verheerte die
Äcker der Syrier, eroberte die Stadt Pteria und verkaufte die
Einwohner und eroberte auch alle anderen Städte ringsum
und vertrieb die Syrier, die ihm doch nichts zuleide getan
hatten, aus dem Lande. Mittlerweile hatte Kyros sein Heer versammelt und war ausgezogen gegen Kroisos, und alle Völker,
die auf seinem Wege wohnten, mußten mit ihm ziehen. Ehe er
aber aufbrach, schickte er Boten zu den Ionern und versuchte,
sie von Kroisos abzuwenden; die Ioner aber wollten nicht auf
ihn hören. Als er nun herankam und Kroisos gegenüberlag,
stießen die Heere aufeinander, und es entbrannte eine gewaltige Schlacht, bei der es viele Tote gab auf beiden Seiten, und
erst als die Nacht hereinfiel, ließen sie ab und hatte keiner
gesiegt.

77. So tapfer hatten beide gestritten. Kroisos aber fand, daß
sein Heer zu schwach sei an Zahl, und wirklich war das Heer,
mit dem er die Schlacht geliefert hatte, um vieles kleiner als das
Heer des Kyros. Daher brach er am folgenden Tag, als Kyros
nicht wieder angriff, mit seinem Heer auf und wandte sich
zurück nach Sardis. Es war seine Absicht, die Ägypter aufzubieten nach dem Bundesvertrag – denn auch mit Amasis von
Ägypten hatte er sich verbündet, früher noch als mit den
Lakedaimoniern – und die Babylonier zu Hilfe zu rufen, die
auch seine Verbündete waren – ihr König aber war zu der Zeit
Labynetos – und endlich auch den Lakedaimoniern zu entbieten, daß sie sich einfänden zur gesetzten Zeit. Und nachdem er
diese alle vereinigt und sein eigenes Heer wieder gesammelt
hätte, wollte er nach Beendigung des Winters gleich mit Früh-
lingsanbruch gegen die Perser ausrücken. Das war sein Vorhaben, und als er nach Sardis kam, sandte er Boten umher bei
seinen Bundesgenossen und ließ ihnen ansagen, daß sie sich in
Sardis sammeln sollten auf den fünften Monat. Das gegenwärtige Heer aber, das gegen die Perser gestritten hatte, soweit es

ERSTES BUCH

fremdes Kriegsvolk war, löste er auf. Denn er dachte nicht im entferntesten daran, daß Kyros, nach so gleichem Ausgang ihres Kampfes, es wagen sollte, auf Sardis zu ziehen.

78. Während er so überlegte, erfüllte sich plötzlich die Vorstadt von Sardis mit Schlangen, und die Pferde verließen alsbald ihre Weide, gingen hin und fraßen die Schlangen. Und als Kroisos dies sah, erkannte er, daß es ein Wunderzeichen sei, was es denn auch war, und sandte sogleich und ließ die Telmesseer[46] befragen, die sich auf Zeichendeutung verstanden. Die Boten gingen und erfuhren von den Telmesseern, was das Zeichen verkündete, aber sie konnten es dem Könige nicht mehr melden; denn noch ehe sie auf ihrer Rückfahrt nach Sardis gelangten, war Kroisos gefangen. Die Telmesseer hatten gedeutet, daß ein fremdes Heer in das Land des Königs einbrechen und die Bewohner des Landes unterjochen würde, denn die Schlange sei ein Kind der Erde, das Roß aber ein Krieger und ein Fremdling. Diese Antwort erteilten die Telmesseer dem König, als er schon gefangen war, ehe sie noch wußten, wie es mit Sardis und ihm selber stünde.

79. Denn als Kroisos nach der Schlacht bei Pteria abgezogen war und Kyros von dessen Absicht erfuhr, heimzuziehen und sein Heer aufzulösen, hielt er es für gut, eilends gen Sardis aufzubrechen, bevor sich der Lyder Streitmacht zum zweitenmal gesammelt hätte. Diesen Plan führte er rasch entschlossen aus, so daß er selber Kroisos die Botschaft brachte von seinem Einbruch ins lydische Land. Da geriet Kroisos in große Not; denn entgegen seiner Erwartung war es nun ganz anders gekommen, als er gedacht hatte. Dennoch führte er seine Lyder hinaus zur Schlacht. Es war aber zu dieser Zeit kein Volk in Asien tapferer und streitbarer als das lydische. Sie kämpften zu Pferde, führten lange Speere und waren tüchtige Reiter.

80. So trafen sie aufeinander in der großen kahlen Ebene vor der Stadt Sardis, durch die der Hyllos strömt zusammen mit anderen Flüssen und sich mit diesen allen in den größten ergießt, den Hermos, der vom heiligen Berg der Dindymenischen Mutter[47] herabkommt und bei der Stadt Phokaia ins

Meer mündet. Als nun Kyros die Lyder in Schlachtordnung erblickte, ergriff ihn die Furcht vor ihrer Reiterei und handelte deshalb so, wie ihm Harpagos, ein medischer Mann, geraten hatte. Er ließ alle Kamele, die seinem Heer mit Lebensmitteln oder Gerät folgten, zusammentreiben, ihnen die Lasten abnehmen und Männer aufsitzen in Reitertracht, die dem andern Heere voraufziehen mußten gegen des Kroisos Reiterei, hinter ihnen das Fußvolk, und hinter dem Fußvolk alle Reiter zu Pferde. Als nun alle in Reih und Glied standen, ermahnte er sie, keinen der Lyder zu verschonen, sondern zu töten, was ihnen in den Weg träte, nur Kroisos sollten sie nicht töten, auch nicht, wenn sie ihn griffen und er sich zur Wehr setze. Die Kamele aber stellte er deshalb gegen die Pferde, weil das Pferd vor dem Kamel scheut und weder sein Anblick noch seinen Geruch ertragen kann. Und eben darauf war die List gestellt, daß Kroisos seine Reiterei nicht sollte gebrauchen können, zumal diese sein ganzer Stolz und seine Hoffnung war. Und wirklich, als sie in der Schlacht aufeinander stießen und die Rosse Witterung bekamen von den Kamelen und sie erblickten, machten sie kehrt, und Kroisos Hoffnung war dahin. Gleichwohl verloren die Lyder selber noch nicht den Mut, sondern als sie die Sache merkten, sprangen sie von den Pferden ab und rückten zu Fuß gegen die Feinde an. So kämpften sie eine Zeitlang, und viele wurden auf beiden Seiten erschlagen; endlich mußten die Lyder die Flucht ergreifen und wurden in die Burg zurückgedrängt, und die Perser lagerten sich gegen die Burg.

81. Da schickte Kroisos, weil er glaubte, die Belagerung würde noch eine lange Zeit dauern, aus der Burg neue Boten zu seinen Verbündeten. Denn die, welche er zuvor gesandt hatte, sollten die Bundesgenossen auf den fünften Monat nach Sardis bestellen; jetzt aber ließ er um möglichst rasche Hilfe gegen seine Belagerer bitten.

82. Diese Botschaft kam auch nach Lakedaimon. Nun traf es sich aber, daß zu eben dieser Zeit die Spartiaten selber eine Fehde mit den Argeiern um die Landschaft Thyrea austrugen.

ERSTES BUCH

Dieses Thyrea gehörte zwar zum Gebiet von Argos, aber die Lakedaimonier hatten es davon losgerissen und sich zugeeignet. Zu Argos gehörte auch das Land nach Westen zu bis Malea, ferner die Insel Kythera und die übrigen Inseln der Peloponnes. Als nun die Argeier herbeizogen, um ihr Land zu verteidigen, das man ihnen entreißen wollte, und es zu einer Verhandlung kam, einigte man sich darauf, daß nur dreihundert auf jeder Seite kämpfen sollten, und wer von beiden siegte, dem sollte das Land gehören, die Heere aber sollten abziehen, jedes in sein Gebiet, und dem Kampf nicht beiwohnen, damit sie nicht, wenn sie die ihrigen unterliegen sähen, ihnen zu Hilfe eilten. Darauf zogen sie fort; nur die Auserwählten aus beiden Teilen blieben zurück und begannen den Kampf. Aber der Sieg wollte sich nicht entscheiden. Zuletzt, als die Nacht hereinbrach, waren von den sechshundert Männern nur noch drei übrig, von den Argeiern Alkenor und Chromios, von den Spartiaten Othryades. Da liefen die beiden Argeier, als hätten sie den Sieg gewonnen, nach Argos, Othryades aber, der Lakedaimonier, zog den gefallenen Argeiern die Waffen ab, trug sie in das Heerlager und blieb auf seinem alten Platz. Am nächsten Tag fanden sich beide Seiten wieder ein, um den Ausgang zu erfahren, und wollten beide Sieger sein, die einen, weil von den ihrigen mehr am Leben geblieben seien, die andern, weil sie darauf hinwiesen, daß jene geflohen seien, ihr Mann aber den Platz behauptet und den Toten der andern die Waffen geraubt habe. Am Ende kam es vom Zank zu Streit und Kampf, es wurden auf beiden Seiten viele getötet, aber die Lakedaimonier behielten den Sieg. Von dieser Zeit an schoren sich die Argeier das Haupthaar glatt ab[48], während sie es vordem lang tragen mußten, und machten ein Gesetz und belegten es mit einem Fluch, nicht eher sollte ein Argeier sich das Haupthaar wieder wachsen lassen und ihre Weiber goldenen Schmuck tragen, bis sie Thyrea wiedergewonnen hätten. Die Lakedaimonier hingegen machten es bei sich zu einem Gesetz, künftig langes Haar zu tragen, während sie bis dahin kurzes Haar getragen hatten. Von jenem einen aber, dem Othryades, der von den dreihun-

46

dert allen übriggeblieben war, erzählt man, er habe sich geschämt, nach Sparta zurückzukehren, nachdem seine Genossen alle gefallen waren, und hätte sich darum in Thyrea das Leben genommen.

83. Solche Kämpfe hatten die Spartiaten damals zu bestehen, als der Bote aus Sardis ankam und sie aufforderte, dem belagerten Könige zu Hilfe zu eilen, und waren dennoch gleich dazu bereit. Schon waren sie gerüstet und die Schiffe standen fertig, da kam eine zweite Botschaft, die Burg der Lyder sei gefallen und König Kroisos in Gefangenschaft. So ließen sie tief betrübt von ihrem Zug ab.

84. Sardis[49] war auf folgende Weise genommen worden. Es war schon der vierzehnte Tag der Belagerung, als Kyros Reiter durch das Heerlager reiten ließ und eine Belohnung aussetzte für denjenigen, welcher zuerst die Burg erstiege. Da machte das ganze Heer einen Sturm, aber vergeblich. Nun war da ein Mann aus dem Volk der Marder[50], Hyroiades war sein Name; der versuchte es auf einer Seite der Burg, wo man keine Wächter aufgestellt hatte, weil man nicht fürchtete, daß die Burg auf dieser Seite, wo sie jäh abfällt und unangreifbar ist, eingenommen werden könnte. Auch hatte vorzeiten ein König von Sardis, Meles, den Löwen[51], den ihm sein Kebsweib geboren, allein um diesen Teil der Burg nicht herumgetragen. Die Telmesseer hatten ihm nämlich geweissagt, Sardis werde uneinnehmbar sein, wenn er ihn ganz um die Mauer herumtragen würde. Und so hatte ihn Meles auch überall um die Mauer getragen, wo die Burg angreifbar war, nur jenen Teil hatte er außer acht gelassen, weil er sie für unangreifbar und abschüssig hielt. Es ist dies die dem Tmolos[52] zugewandte Seite der Burg. Nun hatte jener Marder Hyroiades tags zuvor gesehen, wie ein Lyder dort hinabstieg und sich den Helm wieder holte, der ihm hinabgerollt war, und hatte es wohl gemerkt und beobachtet. Und wie er nun an dieser Seite hinaufgestiegen war, folgten ihm alsbald andere nach. Da war die Burg verloren und wurde die ganze Stadt zerstört.

85. Kroisos selber hatte folgendes Schicksal. Einer seiner

Söhne, den ich oben erwähnt habe, war sonst wohlgestaltet, nur daß er stumm war. In der Zeit seines Glücks hatte der König alles mögliche getan, ihn zu heilen, und allerlei Wege versucht. So hatte er auch den Gott in Delphi darum befragen lassen, aber von der Pythia diesen Bescheid erhalten:

Lydischer Mann, weitherrschender Fürst, gar törichter Kroisos!
Wolle die Stimme nicht hören, die sehnlich gewünschte, im Hause
Je des redenden Sohn. Viel besser, es bliebe dir immer
Unerfüllt, denn er spricht dir zuerst am Tage des Unheils.

Als nun die Burg genommen war, wollte schon ein Perser, der den König nicht erkannte, ihn niederstoßen, und Kroisos, der ihn kommen sah, war ihm nicht ausgewichen, da es ihm in seiner Not gleichgültig war, ob er den Tod erlitte. Da geschah es, daß dem stummen Sohn, als er den Perser andringen sah, in der Angst und Not die Stimme sich löste, und er schrie: »Mensch, töte den Kroisos nicht.« Das war das erste Wort, welches er sprach, und fortan redete er sein Leben lang.

86. So eroberten die Perser Sardis und nahmen Kroisos selber gefangen. Vierzehn Jahre hatte er regiert, vierzehn Tage war er belagert worden, und hatte, nach dem Worte des Orakels, einem großen Reich das Ende bereitet, nämlich seinem eigenen. Die Perser aber nahmen ihn und führten ihn vor Kyros. Dieser ließ einen großen Scheiterhaufen errichten und Kroisos in Ketten gebunden darauf setzen, und neben ihm zweimal sieben lydische Knaben.[53] Vielleicht wollte Kyros den Göttern damit das Erstlingsopfer bringen oder auch ein Gelübde erfüllen, oder auch hatte er erfahren, daß Kroisos ein gottesfürchtiger Mann sei, und wollte nun sehen, ob ihn ein Gott vom Feuertod erretten würde, und hatte ihn deshalb auf den Scheiterhaufen setzen lassen. Als nun Kroisos, so erzählt man, oben auf dem Scheiterhaufen stand, mitten in so großer Not, erinnerte er sich, wie prophetisch jenes Wort gewesen war, das Solon einst zu ihm gesprochen hatte, daß keiner

glückselig sei, solange er noch lebe. Und wie ihm dies in den Sinn kam, seufzte er nach langem Schweigen tief auf und rief dreimal den Namen: »Solon!« Kyros, der den Ruf vernahm, hieß die Dolmetscher hingehen und ihn fragen, wer der sei, welchen er riefe. Und als sie zu ihm traten und fragten, schwieg er anfänglich, und erst, als sie in ihn drangen, erwiderte er und sprach: »O hätte jener Mann zu allen Fürsten reden mögen! Ich würde vieles darum gegeben haben.« Auf diese dunkle Rede fragten sie ihn abermals nach dem Sinn dieser Worte und ließen nicht ab, sondern setzten ihm zu, bis er ihnen endlich erzählte, wie vorzeiten Solon aus Athen ihn besucht und alle seine Herrlichkeit geschaut habe, sie für nichts geachtet habe, und daß alles, was ihm von Solon vorausgesagt worden, eingetroffen sei, obwohl er nicht über ihn besonders, sondern über das menschliche Leben allgemein und namentlich über Menschen, die sich selber für glücklich hielten, gesprochen habe. Während Kroisos dies erzählte, wurde der Holzstoß angezündet und brannte schon rings an den Enden. Als aber Kyros von den Dolmetschern hörte, was Kroisos geantwortet hatte, wandte sich sein Sinn und er bereute, daß er, selber nur ein Mensch, einen andern Menschen, der ihm an Glück und Herrlichkeit nicht nachgestanden hatte, lebendig dem Feuer übergäbe, und es wurde ihm bange vor der Vergeltung, denn er bedachte, daß es im menschlichen Leben nichts Beständiges gäbe. So befahl er, das brennende Feuer eilends zu löschen und Kroisos herabzuführen samt denen, die mit ihm waren. Und man versuchte das Feuer zu löschen, konnte aber seiner nicht mehr Herr werden.

87. Da erhob Kroisos seine Stimme – erzählen die Lyder –, als er des Kyros Sinnesänderung vernahm und wie er bemerkte, daß jedermann am Feuer löschte, sie es aber nicht mehr dämpfen konnten, und rief den Apollon an: wenn ihm je eine seiner Gaben willkommen gewesen sei, solle er ihm jetzt zu Hilfe eilen und ihn erretten aus dieser Not. So flehte er weinend zu Apollon. Und siehe, am hellen und stillen Himmel zog sich plötzlich ein Gewölk zusammen, ein Wetter brach los, ein

ERSTES BUCH

Regenschauer prasselte herab, und der Brand erlosch. Da erkannte Kyros, daß Kroisos ein gottesfürchtiger und guter Mann war, und ließ ihn herabführen vom Scheiterhaufen und fragte ihn: »Sage mir, Kroisos, wer hat dich geheißen, mein Land zu überziehen und mein Feind zu werden, statt mein Freund?« Und jener antwortete: »O König, ich tat dies dir zum Heil, mir selber zum Unheil. Schuld daran ist der Hellenengott, der mich antrieb zum Krieg. Denn wer wäre so töricht, daß er Krieg wählte statt Frieden? Im Frieden bestatten die Söhne ihre Väter, im Kriege hingegen die Väter die Söhne. Doch es war wohl der Götter Wille, daß es so geschehen sollte.«

88. Nun ließ ihn Kyros von den Ketten lösen und neben sich setzen. Er erwies ihm große Achtung und betrachtete ihn mit Staunen, er und alle die um ihn waren. Kroisos aber war in sich gekehrt und schwieg. Als er sich danach umwandte und sah, wie die Perser die Wohnungen der Lyder ausraubten, sprach er: »O König, darf ich dir sagen, was ich denke, oder muß ich schweigen zu dieser Zeit?« Und da Kyros befahl, getrost zu sagen, was er zu sagen wünschte, fragte er: »Was treibt dort das viele Volk mit so großem Eifer?« »Es plündert deine Stadt«, erwiderte jener, »und raubt deine Schätze.« »Nein«, versetzte Kroisos, »nicht meine Stadt, nicht meine Schätze plündern sie, denn davon ist nichts mehr mein, sondern das Deine rauben und schleppen sie fort.«

89. Diese Worte gingen Kyros zu Herzen. Er ließ die andern wegtreten und fragte Kroisos, was er Schlimmes bei der Sache fände. Da sagte jener: »Weil mich die Götter dir zum Knecht gegeben haben, achte ich es für meine Pflicht, daß ich dir mitteile, wo ich besseren Rat weiß. Wisse, die Perser sind von Natur verwegenen Sinnes, aber sie sind arm an Besitz. Wenn du nun zulässt, daß sie plündern und sich große Güter erwerben, so mußt du dich vor ihnen vorsehen, daß nicht der, welcher das meiste gewonnen hat, sich gegen dich empöre. Gefällt dir nun mein Rat, so tue folgendes. Stelle von deinen Leibwächtern etliche als Wächter an alle Tore, damit sie denen,

50

die herauskommen, die Schätze wieder abnehmen und ihnen sagen, man müsse sie dem Zeus als Zehnten darbringen. So wirst du ihnen nicht verhaßt werden, als nähmest du ihnen die Schätze gewaltsam ab, sondern sie werden erkennen, daß du recht tust und es willig hergebe.«

90. Kyros hörte diese Worte mit großem Gefallen, denn er fand den Rat vortrefflich und lobte ihn sehr und befahl den Leibwächtern, zu tun, wie Kroisos geraten hatte. Darauf sprach er zu ihm: »Da du als ein königlicher Mann bereit bist, dich in wackeren Taten und Reden zu erweisen, wohlan, so fordere eine Gunst, die ich dir sogleich gewähren will.« »O Herr«, erwiderte jener, »willst du mir eine große Gnade tun, so erlaube, daß ich dem Gott der Hellenen, den ich am höchsten von allen Göttern verehrt habe, diese Fesseln zusende und ihn fragen lasse, ob es sein Brauch sei, diejenigen zu täuschen, die ihm Gutes erweisen.« Und da Kyros fragte, was er dem Gott vorzuwerfen habe, daß er solche Bitte täte, erzählte ihm Kroisos all sein Vorhaben und die Antworten der Orakel und sprach vor allem von seinen Weihgaben, und wie ihn das Orakel zum Kriege gegen die Perser verleitet habe. Nachdem er dies alles erzählt hatte, bat er von neuem, daß er dieses dem Gott vorhalten dürfe. Lächelnd antwortete ihm Kyros: »Dies sei dir gewährt, wie alles, was du sonst je begehren magst.«

Da sandte Kroisos etliche Lyder nach Delphi und trug ihnen auf, die Fesseln auf des Tempels Schwelle niederzulegen und zu fragen, ob er sich nicht schäme, daß er durch seine Sprüche Kroisos verleitet habe, gegen die Perser zu ziehen, als würde er des Kyros Macht ein Ende bereiten, von der ihm nun solche Erstlingsbeute erwachsen sei; und dabei sollten sie auf die Ketten weisen und endlich auch fragen, ob denn Undankbarkeit Brauch sei bei den hellenischen Göttern.

91. Und die Lyder zogen hin und richteten den Auftrag aus. Die Pythia aber, wie man erzählt, antwortete ihnen und sprach wie folgt: »Seinem Schicksal kann niemand entfliehen, selbst nicht ein Gott. Kroisos aber hat seines fünften Vorfahren[54] Sünde gebüßt, der im Dienste der Herakliden stand und, von

ERSTES BUCH

Weiberlist verführt, seinen Herrn erwürgt und sein Reich an sich gebracht hatte ohne alles Recht. Apollon Loxias[55] hatte gewollt, daß Sardis erst zu Zeiten der Nachkommen des Kroisos und nicht schon zu Lebzeiten von Kroisos zu Fall kommen solle, aber er vermochte die Geschicke nicht abzuwenden. Aber soviel die Schicksalsgöttinnen zuließen, hat er zu seinen Gunsten erreicht und vollbracht. Denn um drei Jahre hat er die Einnahme von Sardis hingehalten, und Kroisos soll wissen, daß er um soviel Jahre später gefangen worden ist, als ihm zunächst beschieden war. Zweitens ist der Gott ihm zu Hilfe geeilt, als er im Feuer brannte. Was aber den Spruch anlangt, der ihm erteilt wurde, so ist des Kroisos Klage ohne Grund. Loxias verkündete ihm, wenn er gegen die Perser in Krieg zöge, würde er ein großes Reich zerstören. Da hätte er vorsichtig sein und noch einmal senden sollen und fragen, welches Reich gemeint sei, des Kyros oder sein eigenes. Aber Kroisos verstand den Sinn des Spruches nicht und fragte auch nicht ein zweites Mal; so möge er sich selber die Schuld geben. Und den letzten Spruch, den ihm Loxias über das Maultier erteilte, auch diesen hat er nicht verstanden. Das Maultier war aber dieser Kyros; denn seine Eltern waren nicht gleichen Stammes und die Mutter von edlerer Abkunft als der Vater. Sie war eine Mederin und Astyages', des Mederkönigs, Tochter, der Vater aber war ein Perser und jenen untertan und in allen Stücken geringer und hatte seine Gebieterin zum Ehegemahl.« Solche Antwort gab Pythia den Lydern, und als sie damit nach Sardis kamen und Kroisos sie vernahm, erkannte er, daß es seine eigene Schuld war und nicht die des Gottes.

92. So erging es mit Kroisos' Reich und mit der ersten Unterjochung Ioniens.

Von Kroisos gibt es in Hellas außer den genannten noch viele andere Weihegeschenke. In Theben in Boiotien befindet sich ein goldener Dreifuß, den Kroisos dem ismenischen Apollon gestiftet hat; in Ephesos sind die goldenen Kühe und die meisten Säulen von ihm; im Tempel der Pronaia[56] in Delphi ein großer goldener Schild. Diese Weihstücke waren noch bis

52

auf meine Zeit vorhanden, andere hingegen sind verlorengegangen. Wieder andere, die er den Branchiden im Gebiet von Milet gestiftet hat und die denen in Delphi an Gewicht gleich und auch sonst ähnlich sind, wurden, wie ich höre, von den Persern nach dieser Zeit geraubt und nach Susa gebracht. Von diesen Gaben hat Kroisos die in Delphi und die im Tempel des Amphiaraos aus seinem eigenen Vermögen, als Erstteil seines väterlichen Erbes gestiftet, die andern aber aus dem Vermögen eines ihm feindseligen Mannes, der, bevor Kroisos zur Regierung kam, sein Widersacher gewesen war und sich bemüht hatte, dem Pantaleon das Königreich zuzuwenden. Dieser Pantaleon war ein Sohn des Alyattes und Bruder des Kroisos, aber von einer anderen Mutter. Kroisos' Mutter nämlich stammte aus Karien, die Mutter des Pantaleon aber war eine Ionerin. Als nun Kroisos nach dem Willen seines Vaters den Thron bestieg, ließ er jenen Widersacher auf dem Walkerkamm zu Tode martern, das Vermögen des Mannes aber, das er schon früher den Göttern versprochen hatte, weihte er damals auf die besagte Weise an die oben genannten Orte. Soviel von den Weihgaben.

93. Merkwürdigkeiten, die verdienten, beschrieben zu werden, wie sie wohl andere Länder haben, hat das lydische Land nicht, den Goldsand ausgenommen, der vom Berge Tmolos herabgespült wird. Aber ein Bauwerk hat es aufzuweisen, das außer den ägyptischen und babylonischen Werken nicht seinesgleichen hat. Dies ist das Grabmal des Alyattes, des Vaters von Kroisos, das im Grundbau aus großen Steinblöcken, im übrigen aus Erdschutt besteht und aufgeführt ist von den Marktleuten, den Handwerkern und den öffentlichen Dirnen. Oben auf der Höhe des Males standen noch zu meiner Zeit fünf Tafeln, und darin waren Schriften gehauen, die Auskunft darüber geben sollten, welchen Teil des Baues jede der drei Gruppen habe herrichten lassen, und als man es berechnete, fand man, daß der Anteil der Dirnen der größte war. Bei dem gemeinen Volk in Lydien halten sich nämlich die Töchter insgemein feil und sammeln sich damit eine Mitgift, bis sie heiraten, und statten sich selber aus. Der Umfang des Males

ERSTES BUCH

beträgt sechs Stadien und zwei Plethren,[57] die Breite dreizehn Plethren. Nahe dem Grabmal ist ein großer See, der nie versiegt, wie die Lyder sagen. Er heißt Gygessee. Soviel hiervon.

94. Die Sitten der Lyder sind den hellenischen ähnlich, nur daß sie ihre Töchter Unzucht treiben lassen. Sie sind unseres Wissens die ersten gewesen, die Münzen aus Gold und Silber prägten und gebrauchten, und sind auch die ersten Krämer gewesen. Auch wollen sie die Spiele, die jetzt bei ihnen und bei den Hellenen im Brauch sind, erfunden und gleichzeitig mit dieser Erfindung das Land Tyrrhenien besiedelt haben.[58] Sie erzählen die Sache so. Zu der Zeit, als Kotys, Manes' Sohn, ihr König war, kam eine große Teuerung über das ganze Land. Eine Weile hielt das Volk geduldig aus; als aber kein Ende war, sannen sie darauf, wie sie sich dagegen helfen könnten, und erfanden allerlei Mittel. Und so wurden in dieser Zeit das Würfelspiel, das Knöchelspiel, das Ballspiel und alle andern Arten von Spielen erfunden, mit Ausnahme des Brettspiels; denn dessen Erfindung halten sich die Lyder nicht zugute. Mit diesen Spielen erwehrten sie sich des Hungers, indem sie an dem einen Tag spielten, um ihre Eßlust vergessen zu machen, am andern aßen sie und ließen das Spiel und erhielten sich auf diese Weise achtzehn Jahre am Leben. Zuletzt aber, als die Not nicht abließ, sondern sie immer härter bedrängte, teilte der König alles Volk in zwei Gruppen und warf das Los über sie: die eine sollte bleiben, die andere aber auswandern. Und über den Teil, dem das Los zufiel zum Bleiben, verordnete er sich selbst als Fürsten, über den andern aber, der ausziehen sollte, seinen Sohn Tyrrhenos. Diese zogen hinab nach Smyrna, und nachdem sie sich dort Schiffe gebaut hatten, nahmen sie all ihr nötiges Gerät hinein und fuhren davon, um sich Unterhalt und Land zu suchen. So zogen sie an vielen Völkern vorüber und kamen endlich zu den Ombrikern, wo sie Städte gründeten und bis auf diesen Tag wohnen. Sie nannten sich aber nicht mehr Lyder, sondern nach dem Namen des Königssohnes, der sie hinausgeführt hatte. So hießen sie fortan Tyrrhener.

KLEIO

95. Nachdem wir nun berichtet haben, wie die Inder unter die Herrschaft der Perser gebracht wurden, wendet sich nunmehr unsere Erzählung Kyros zu, um zu erforschen, wer er war, da er des Kroisos Reich niederwarf, und auf die Perser, wie sie zur Herrschaft über Asien gelangt waren. Und ich will es so niederschreiben, wie einige Perser die Sache erzählen, die nicht darauf aus sind, die Gesichte des Kyros prahlerisch zu erhöhen, sondern die Wahrheit zu erzählen. Ich könnte aber dazu noch drei andere Lesarten[59] mitteilen, in denen diese Geschichte erzählt wird.

96. Fünfhundertzwanzig Jahre[60] herrschten die Assyrier über das obere Asien. Da waren die ersten, die von ihnen abfielen, die Meder. Diese kämpften mit ihnen um ihre Freiheit und scheinen sich wacker gehalten zu haben, bis sie die Knechtschaft abwarfen und frei wurden. Und ihnen taten es die anderen Völker nach, so daß alle Völker Asiens frei und selbständig wurden. Aber es währte nicht lange, so fielen sie wieder in Fürstengewalt. Es lebte nämlich unter den Medern ein kluger Mann, Deïokes, Phraortes' Sohn. Dieser Deïokes wollte sich zum Tyrannen machen und erreichte das auf folgende Weise. Damals wohnten die Meder noch verstreut in Dörfern, er aber stand in dem Dorf, in dem er wohnte, schon lange in gutem Ansehen. Nun begann er noch eifriger als vorher, sich um Recht und Ordnung zu bemühen. Gewalt und Unrecht waren damals in Medien weit verbreitet und er wußte wohl, daß die Gerechten dem Rechtlosen stets verhaßt sind. Als die Meder in seinem Dorf seine Bemühungen wahrnahmen, wählten sie ihn zum Richter über sich, und weil er es auf die Herrschaft absah, erwies er sich als ein gerader und gerechter Richter und gewann großes Lob bei seinen Mitbürgern, so daß die Leute in den andern Dörfern, als sie vernahmen, daß Deïokes allein nach dem Gesetz urteilte, während sie vorher von ungerechten Urteilen betroffen worden waren, gerne und willig zu ihm kamen, damit er auch ihre Sachen richten möchte, und zuletzt nur ihm allein vertrauen wollten.

97. Und weil es bekannt wurde, daß seine Urteilssprüche

55

ERSTES BUCH

wahr und gerecht seien, strömte immer mehr Volk herbei, und
er erkannte, daß man ihn nicht mehr entbehren könnte. Da
wollte er nicht mehr wie früher vor dem Volke sitzen und
Recht sprechen, und weigerte sich fortan, das Richteramt aus-
zuüben; denn er habe keinen Nutzen davon, wenn er seinen
Nachbarn den ganzen Tag über Recht spreche und darüber
sein eigenes Geschäft versäume. Da Raub und Gewalt hierauf
noch viel ärger als zuvor in den Dörfern verübt wurden, versammelten sich die Meder an einem Ort und hielten Rat
miteinander und besprachen sich über ihre Lage. Es waren
dabei, scheint mir, vor allem die Freunde des Deïokes, die sich
folgendermaßen äußerten: »Wahrlich, wenn dies so weiter
geht, können wir nicht länger unser Land bewohnen. Laßt uns
darum einen von uns zum König wählen. So wird das Land
Frieden und Ruhe haben, und wir können uns wieder zu
unseren Geschäften wenden und werden nicht vor der Gewalt
aus unserer Heimat weichen müssen.« So etwa sprachen sie
und redeten einander zu, sich unter einen König zu beugen.

98. Und da sie auch sogleich Rat hielten, wen sie über sich
zum König haben wollten, nannten alle den Deïokes und
rühmten ihn laut, und alle stimmten überein, daß er ihr König
sein sollte. Und als er verlangte, daß sie ihm ein Haus bauen
sollten, wie es einem König gebühre, und ihm eine Leibwache
geben, da gehorchten sie ihm und bauten ihm ein großes und
festes Haus an dem Ort im Lande, den er dazu anwies, und
erlaubten ihm, sich aus dem ganzen Volk Leibwächter auszuwählen. Als er so die Macht in Händen hatte, zwang er die
Meder, sich in einer einzigen Stadt anzusiedeln, und alle Sorge
darauf zu richten, sich aber um die umliegenden Dörfer nicht
mehr zu kümmern. Und weil die Meder auch dazu willig
waren, ließ er große und starke Mauern aufführen, immer je
einen Mauerring innerhalb des andern, und ließ diese Burg, die
jetzt Agbatana[61] heißt, so herrichten, daß immer der innere
Ring über den nächstäußeren ein wenig hinausragt und zwar
jeweils um die Höhe der Zinnen. Daß dem so ist, liegt wohl
auch an dem Ort selbst, der ein Hügel ist, doch war es auch in

KLEIO

dieser Weise beabsichtigt. Es sind zusammen sieben Ringe und
in dem innersten stehen die Königsburg und die Schatzhäuser.
Die größte Mauer ist an Umfang ungefähr wie die Ringmauer
von Athen. Und die Zinnen des ersten Rings sind weiß, beim
zweiten sind sie schwarz, beim dritten purpurn, beim vierten
blau, beim fünften mennigrot. So sind bei fünf Ringen die
Zinnen mit Farbe bemalt, bei den beiden letzten aber sind die
einen mit Silber, die andern mit Gold überzogen.

99. Solche Mauern baute sich Deïokes rings um seinen
Palast, das andere Volk aber mußte sich draußen um die Burg
Häuser bauen. Nachdem alles fertig gebaut war, führte er jene
Ordnung ein, die auch die nachfolgenden Könige behielten,
daß niemand zum König eingehen durfte, sondern aller Verkehr mit ihm durch Boten geschah, und keiner den König zu
Gesicht bekam. Außerdem galt es als schimpflich, in Gegenwart des Königs zu lachen und vor ihm auszuspeien. Er umgab
sich mit solcher Majestät, weil er befürchtete, daß seine Jugend-
freunde, die mit ihm aufgewachsen waren und ihm an Herkunft und Tüchtigkeit nicht nachstanden, bei seinem Anblick
vor Neid gekränkt würden und sich wider ihn empörten; wenn
er sich aber ihrem Anblicke entzöge, würden sie ihn für einen
Mann von ganz besonderer Art halten.

100. Nachdem er diese Anordnungen getroffen und seine
Herrschaft befestigt hatte, hielt er mit Strenge auf Recht und
Gesetz. Hatte jemand eine Klage, so schrieb er sie auf und
sandte sie zu ihm hinein, dann sprach der König das Urteil und
sandte es hinaus. So hielt er es mit Recht und Gericht. Wenn er
erfuhr, daß jemand Gewalt oder Frevel übte, pflegte er den
Täter vor sich zu fordern und ihn zu bestrafen nach der Größe
seiner Missetat; und er hielt sich Späher und Lauscher in
seinem ganzen Reich.

101. Deïokes hat aber nur allein die medischen Stämme zu
einem einigen Volk verbunden und beherrscht, nämlich die
Busen, Paretakener, Struchaten, Arizanten, Budier und Mager.
Denn aus soviel Stämmen besteht das Volk der Meder.

102. Deïokes Sohn war Phraortes, und als Deïokes nach

ERSTES BUCH

dreiundfünfzigjähriger Regierung[62] starb, folgte ihm dieser auf dem Thron. Phraortes aber begnügte sich nicht mit der Herrschaft über die Meder, sondern zog gegen die Perser zu Felde. Diese waren die ersten, die er angriff, und die ersten, die er den Medern untertänig machte. Als er nun zwei Völker hatte, die beide stark waren, griff er auch die anderen Völker Asiens an, eines nach dem andern. Als er zuletzt auch die Assyrier mit Krieg überzog, nämlich diejenigen, die in Ninos wohnten und vorzeiten über alle herrschten und damals zwar alle ihre Bundesgenossen verloren hatten, jedoch für sich allein noch kräftig genug waren, wurde er im Kampfe mit ihnen erschlagen, nachdem er zweiundzwanzig Jahre lang regiert hatte, und mit ihm ging zugleich der größte Teil seines Heeres zugrunde.

103. Nach Phraortes' Tod folgte ihm sein Sohn Kyaxares.[63] Dieser soll noch viel kriegerischer gewesen sein als seine Vorfahren. Auch war er der erste, der die Völker Asiens in Regimenter unterteilte und jede Waffenart für sich getrennt ordnete: die Speerträger, die Bogenschützen und die Reiter; denn vorher war alles ohne Unterschied miteinander vermischt. Dies ist jener König, der mit den Lydern kämpfte, als mitten in der Schlacht der Tag sich in Nacht wandelte, und der ganz Asien jenseits des Halys zu seinem Reiche schlug. Darauf sammelte er alle, die er unterworfen hatte, und zog gegen Ninos, um seinen Vater zu rächen und die Stadt zu zerstören. Schon hatte er die Assyrier in einer Schlacht besiegt und sich vor Ninos gelegt, da zog eine gewaltige Heerschar der Skythen heran unter ihrem König Madyes, Protothyes' Sohn. Die waren in Asien eingebrochen, nachdem sie die Kimmerier aus Europa vertrieben hatten und die Flüchtigen verfolgten, und waren so ins medische Land gekommen.

104. Vom Maiotissee bis zum Phasisfluß sind es nur dreißig Tage Weges für einen rüstigen Wanderer, und aus dem kolchischen Land ist es nicht mehr weit hinüber ins medische, nur das Volk der Saspeiren liegt dazwischen; hat man deren Gebiet durchwandert, so ist man schon in Medien. Aber die Skythen waren nicht auf diesem Wege eingedrungen, sondern waren

auf den oberen, viel längeren Weg ausgebogen, wo sie das kaukasische Gebirge zur Rechten hatten. Zwischen diesen Skythen und den Medern kam es zu einer Schlacht, in der die Meder geschlagen wurden und die Herrschaft über Asien verloren.

105. Die Skythen aber überzogen ganz Asien und drangen weiter nach Ägypten vor und waren schon im palästinischen Syrien, als der König von Ägypten, Psammetich[64], ihnen entgegenkam und sie mit Geschenken und Bitten dazu brachte, nicht weiter vorzudringen. Als sie aber auf dem Rückweg nach Askalon[65] in Syrien kamen, zog zwar der größere Teil des Heeres an der Stadt vorüber, ohne Schaden anzurichten, einige Nachzügler aber plünderten das Heiligtum der Himmlischen Aphrodite Urania.[66] Es ist, wie ich erfuhr, von allen Heiligtümern dieser Göttin, so viele sie deren hat, das älteste. Denn auch das kyprische hat von jenem seinen Ursprung, wie die Kyprier selber sagen, und das in Kythera[67] ist von Phoiniken gegründet worden, die aus diesem Teile Syriens herstammten. Jene Skythen nun, die den Tempel in Askalon geplündert hatten, und deren Nachkommen wurden von der Gottheit mit der Weibskrankheit heimgesucht. Und eben diesem Frevel schreiben es die Skythen zu, daß die Krankheit bei ihnen herrsche, und daß die Fremden, die in ihr Land kämen, die Kranken, die sogenannten Enareer,[68] in so elendem Zustande fänden.

106. Achtundzwanzig Jahre herrschten die Skythen über Asien, und das ganze Land wurde infolge ihres Übermutes und ihrer Gewalttätigkeit wüst und leer. Denn abgesehen davon, daß sie jeglichem Volk einen Zins auferlegten und sich zahlen ließen, streiften sie in den Ländern umher und beraubten die Einwohner, bis Kyaxares und die Meder einmal eine große Anzahl von ihnen zum Gastmahl einluden, sie trunken machten und erschlugen. So kamen die Meder wieder zur Macht und herrschten soweit wie zuvor, eroberten auch Ninos (wie ich in anderen Geschichten umständlicher erzähle) und brachten die Assyrier, außer Babylon und seinem Gebiet, unter ihre Herrschaft.

ERSTES BUCH

107. Danach starb Kyaxares und hatte vierzig Jahre regiert, eingerechnet die Zeit, als die Skythen herrschten, und es folgte ihm sein Sohn Astyages.[69] Diesem wurde eine Tochter geboren, die er Mandane nannte. Einst träumte ihm von dieser Tochter, daß sie so viel Wasser ließe, daß sie seine Hauptstadt damit erfüllte, ja ganz Asien überschwemmte. Da berief er die Mager zu sich, die sich auf Traumdeutung verstanden, und als sie ihm alles nach der Wahrheit deuteten, erschrak er und gab die Tochter, nachdem sie mannbar geworden war, keinem der Meder, die ihm ebenbürtig waren, zum Weibe, sondern suchte sich einen Perser von gutem Hause und friedsamer Sinnesart mit Namen Kambyses aus. Dem gab er sie, obgleich er ihn um vieles geringer hielt als einen Meder aus mittlerem Stande.

108. Und im ersten Jahre ihrer Ehe begab es sich, das Astyages abermals ein Gesicht sah, und es war, als wüchse ein Weinstock aus seiner Tochter Schoß, und der Weinstock wuchs und breitete sich über ganz Asien. Nachdem er auch um dieses Gesicht die Traumdeuter befragt hatte und die Zeit herankam, da seine Tochter gebären sollte, ließ er sie aus dem Perserlande holen und hielt sie unter seiner Obhut; denn er wollte das Kindlein nicht leben lassen, weil ihm die Mager nach dem Traumgesicht geweissagt hatten, daß seiner Tochter Sohn König werden würde an seiner Statt. Das wollte er verhüten und ließ, als Kyros geboren war, den Harpagos rufen, der ihm verwandt war und der vertrauteste unter den Medern, und sprach zu ihm: »Harpagos, ich will dir etwas auftragen, was du ja nicht gering achten sollst, sondern hüte dich, daß du nicht anderen zuliebe mich hintergehst und danach dich selber unglücklich machst. Nimm diesen Knaben hier, den Mandane geboren hat, trag ihn in dein Haus und töte ihn, und danach begrabe ihn, wie du magst.« Harpagos antwortete: »Nie zuvor, mein König, hast du gesehen, daß ich dir ungehorsam war, und so will ich auch in Zukunft in keinem Stücke wider dich fehlen, sondern wenn dies dein Wille ist, so ist es meine Pflicht, ihn getreulich auszuführen.«

109. So sprach er, nahm das Knäblein, das schon zum Tode

60

geschmückt war, trug es weinend in sein Haus und erzählte seinem Weibe alles, was Astyages zu ihm geredet hatte. »Und was gedenkst du nun zu tun?« fragte sie. »Nicht das, was mir Astyages befohlen hat«, erwiderte er. »Mag er auch ärger rasen und wüten als jetzt, so will ich doch nicht nach seinem Willen handeln und ihm ein Werkzeug sein zu solcher Mordtat. Aus vielen Gründen darf ich das nicht tun. Erstens ist das Kind mir verwandt, Astyages aber ist schon bei Jahren und hat keinen männlichen Sproß. Wenn er nun stirbt und die Regierung an seine Tochter fällt, deren Sohn er jetzt durch mich umbringen lassen will, droht mir dann nicht die allergrößte Gefahr? Nein, der Knabe muß zwar sterben um meiner Sicherheit willen, aber einer von des Astyages eigenen Leuten muß der Mörder werden, keiner von den meinigen.«

110. So sprach er und sandte sogleich einen Boten zu einem der Rinderhirten des Königs, von dem ihm bekannt war, daß sein Weidegebiet dazu am tauglichsten war und auf Gebirgen voll reißender Tiere lag. Mitradates hieß der Mann, sein Weib aber, die auch eine Sklavin des Königs war, hieß Kyno (›Hündin‹) auf hellenisch, in medischer Sprache aber Spako. Denn Hund heißt auf medisch Spax. Die Gegend, wo dieser Hirt seine Rinderherden weidete, ist der Fuß des im Norden von Agbatana nach dem Pontos Euxenios zu gelegenen Gebirges. Denn dort, gegen das Land der Saspeiren hin, ist das medische Land sehr gebirgig und hoch, ganz mit Wäldern überdeckt, das übrige medische Land hingegen ist durchweg eben. Als nun der Rinderhirt auf den Befehl hin rasch und willig herbeieilte, sprach Harpagos zu ihm: »König Astyages befiehlt dir, dies Knäblein zu nehmen und auszusetzen auf dem Gebirge, wo es am wildesten ist, damit es dort einen schnellen Tod finde. Er hat mir zugleich befohlen, dir zu sagen, daß du, sofern du es nicht tötest, sondern es irgendwie am Leben erhältst, des ärgsten Todes sterben sollst. Und ich soll darauf sehen, daß es wirklich ausgesetzt wird.«

111. Als der Hirte dies gehört hatte, machte er sich mit dem Knäblein auf den Weg und kam in seine Hütte. Nun fügte es

sich wundersam, daß auch sein eigenes Weib der Niederkunft nahe war und eben damals, als er zur Stadt ging, ein Kind gebar. Beide waren umeinander in Sorgen gewesen, er, weil er mit Bangen an seines Weibes Niederkunft dachte, und sie, weil Harpagos ihren Mann hatte rufen lassen, was er doch sonst nicht zu tun pflegte. Da er nun wiederkam und an ihr Lager trat und sie ihn unverhofft vor sich stehen sah, fragte sie, weshalb Harpagos ihn so eilig habe kommen lassen. Darauf erzählte er: »Liebes Weib! Als ich zur Stadt kam, mußte ich sehen und hören, was ich lieber nicht gesehen haben wollte und wünschte, es wäre unserer Herrschaft nicht widerfahren. Wie ich nämlich zum Hause des Harpagos kam, erscholl drinnen ein solches Weinen und Klagen, daß ich erschrak, und wie ich rasch eintrat, sah ich im Hause ein Knäblein offen hingelegt, zappelnd und weinend und war geschmückt mit Gold und gekleidet in bunte Gewänder. Als Harpagos mich sah, befahl er mir, das Knäblein geschwind zu nehmen und auszusetzen im Gebirge mitten unter die wilden Tiere. Astyages ließe mir dieses befehlen, sagte er, und bedrohte mich gewaltig, wenn ich es nicht täte. So nahm ich das Kind und trug es mit mir fort und meinte, es gehöre einem Knechte. Wie hätte ich auch seine wahre Abkunft erraten mögen? Doch verwunderte es mich, daß es so geschmückt war in Gold und Gewändern, und dazu noch der laute Jammer im Hause des Harpagos. Wenig später aber erzählte mir der Diener, der mich aus der Stadt geleitete und mir das Kindlein übergab, auf dem Wege die ganze Sache, daß es nämlich Mandanes Sohn sei, der Tochter des Astyages, und des Kambyses, Kyros' Sohn, und daß es auf Astyages' Gebot sterben solle. Nun sieh, hier ist es!«

112. Bei diesen Worten enthüllte der Hirte das Kind und zeigte es ihr. Und als sie sah, wie groß und schön es war, fing sie an zu weinen, umfaßte ihres Mannes Knie und drang in ihn, es doch ja nicht auszusetzen. Er aber sagte, er könne nicht anders; denn es würden Kundschafter kommen von Harpagos, um nach dem Kinde zu sehen, und er würde eines grausamen Todes sterben müssen, wenn er dem Befehl nicht nachkäme.

KLEIO

Da nun die Frau ihren Mann mit Bitten nicht zu bewegen vermochte, versuchte sie es auf andere Weise: »Kann ich dich nicht überreden es nicht auszusetzen, und müssen sie durchaus ein ausgesetztes Kind sehen, so will ich dir einen Vorschlag machen. Auch ich habe geboren, aber ein totes Kind. Dies nimm und setze es aus, das Kind aber von Astyages' Tochter wollen wir aufziehen als unser eigenes. So wird man dich keiner Verfehlung gegen deinen Herrn bezichtigen können, und wir selber sind nicht schlecht beraten. Denn unser totes Kind wird auf königliche Art bestattet werden und der andere, der da lebt, wird sein Leben nicht verlieren.«

113. Dem Hirten gefiel dieser Rat gar wohl, und er tat so. Den Knaben, den er mitgebracht hatte, um ihn zu töten, übergab er seinem Weib, seinen eigenen aber, den toten, legte er in das Gefäß, in dem er den andern hergebracht hatte, schmückte ihn mit all dem Schmuck des andern und trug ihn hinaus ins Gebirge an die ödeste Stätte. Und als der dritte Tag kam, nachdem er den Knaben ausgesetzt hatte, ging der Hirte in die Stadt und ließ als Wächter einen seiner Hirtenknechte zurück, kam in des Harpagos Haus und meldete, daß er bereit sei, den Leichnam des Kindes vorzuweisen. Und Harpagos schickte die getreuesten seiner Diener, und sie sahen und bestatteten das Kind des Rinderhirten. So war nun dieses begraben; das andere aber, das später Kyros genannt wurde, nahm des Hirten Weib zu sich und zog es auf, nannte es aber nicht Kyros, sondern mit einem andern Namen.

114. Zehn Jahre war der Knabe alt, als ein Zufall entdeckte, wer er war. Er spielte eines Tages in dem Dorfe, wo die Herden standen, mit andern Knaben seines Alters am Wege. Und die Knaben in ihrem Spiel wollten einen König über sich setzen und ihre Wahl fiel auf ihn, den Hirtensohn, wie man ihn nannte. Da hieß er die einen Häuser bauen, andere bestellte er zu seinen Dienstmannen. Einer sollte des Königs Auge sein und ein anderer die Botschaften zu ihm hereinbringen; kurz, er wies jedem sein Amt und Geschäft zu. Nun war aber unter den spielenden Knaben auch ein Sohn des Artembares, eines vor-

nehmen Meders. Der wollte nicht tun, was ihm Kyros auftrug. Darum ließ ihn Kyros von den andern Knaben ergreifen und züchtigte ihn mit harten Geißelschlägen. Kaum war er losgelassen, so lief er heftig erbost über die unwürdige Behandlung zur Stadt hinab und klagte dem Vater alles, was ihm Kyros angetan hatte, nannte ihn aber nicht Kyros, denn so hieß er damals noch nicht, sondern den Sohn des Hirten des Astyages. In großem Zorn ging Artembares mit seinem Knaben gleich zum König und klagte über diese schmähliche Behandlung. »O König«, rief er, »sieh, wie wir von deinem Knecht, des Rinderhirten Sohn, beschimpft worden sind!« und zeigte dabei den Rücken seines Knaben.

115. Als Astyages dies hörte und sah, wollte er dem Knaben um des Ansehens seines Vaters willen Recht schaffen, sandte hin und ließ den Hirten mit seinem Sohne holen. Als beide vor ihm standen, wandte er sich zu Kyros und sagte: »Du also, eines geringen Mannes Sohn, hast dich erdreistet, dem Sohn jenes Mannes, der bei mir in hohen Ehren steht, solche Schande anzutun?« »Herr«, antwortete der Knabe, »das habe ich ihm mit Fug und Recht getan. Die Kinder im Dorfe, unter denen auch er war, hatten mich im Spiel zu ihrem Könige gemacht, weil ich ihnen dazu am geeignetsten erschien. Die anderen Knaben haben auch getan, was ich ihnen auftrug, nur er allein wollte mir nicht gehorsam sein und sich fügen, bis er seine gerechte Strafe dafür bekam. Habe ich unrecht gehandelt, wohl, hier bin ich.«

116. Als der Knabe so sprach, gingen dem König mit einemmal die Augen auf, daß er ihn erkannte. Denn das Antlitz erschien ihm an Gestalt wie sein eigenes und die Rede zu frei und kühn für den Sohn eines Knechtes. Auch stimmte das Alter des Knaben mit der Zeit seiner Aussetzung überein. Tief betroffen blieb er eine Zeitlang sprachlos. Endlich, nachdem er sich wieder etwas gesammelt hatte, wandte er sich zu Artembares, den er zu entfernen wünschte, um mit dem Hirten alleine zu reden, und sprach zu ihm: »Artembares, ich werde diese Sache so ordnen, daß du und dein Sohn euch nicht beklagen

sollt.« Hiermit entließ er jenen und ließ Kyros durch den Diener in die inneren Gemächer führen. An den Hirten aber, der nun ganz allein bei ihm geblieben war, richtete er die Frage, woher er den Knaben bekommen habe und von wem? Jener antwortete, es wäre sein leiblicher Sohn, und die Mutter lebe noch jetzt in seinem Hause. Da verwarnte ihn der König, er berate sich übel und habe wohl Lust nach harter Folter, und rief bei diesen Worten die Diener, die ihn ergreifen sollten. Da endlich, als man ihn schon zur Folter führte, gestand er die Sache, wie sie war, und erzählte alles von Anbeginn nach der Wahrheit, und als er damit fertig war, bat er den König um Gnade und Verzeihung.

117. Da der Hirte ihm offen die Wahrheit sagte, besänftigte sich Astyages' Zorn, aber um so heftiger war sein Groll gegen Harpagos. Diesen ließ er gleich zu sich fordern und fragte ihn: »Sage mir doch, Harpagos, auf welche Weise hast du jenen Knaben zu Tode gebracht, den meine Tochter geboren hatte, und den ich dir damals übergab?« Harpagos, der die Anwesenheit des Hirten bemerkte, fürchtete, überführt und ertappt zu werden. Er flüchtete sich daher nicht in eine Lüge, sondern sagte: »O König! Nachdem ich das Kind empfangen hatte, ging ich mit mir zu Rate. Ich wollte gern nach deinem Willen handeln, und doch auch, ohne gegen dich zu fehlen, weder vor deiner Tochter noch vor dir selber die Schuld an seinem Tode tragen. Ich entschied mich darum so. Ich ließ den Hirten dort rufen und übergab ihm das Kind und sagte ihm, es sei dein Gebot, es zu töten. Und in diesem Stücke log ich nicht, denn so war dein Gebot. Aber ich übergab es ihm mit dem Auftrag, es auf einem öden Berge auszusetzen und bei ihm zu wachen, bis es tot wäre, und bedrohte ihn mit den größten Strafen, sofern er es nicht so ausrichtete. Nachdem er aber gehorchte und das Kind tot war, schickte ich die getreuesten meiner Eunuchen und ließ nachsehen und es bestatten. So, mein König, ist die Sache geschehen, und dieses Ende hat der Knabe gefunden.«

118. So bekannte Harpagos die Wahrheit. Der König aber ließ ihn den Groll nicht merken, den er um des Geschehenen

willen gegen ihn trug, sondern erzählte ihm die Sache, wie er
sie vom Hirten gehört hatte, und beschloß seine Erzählung,
indem er sagte, der Knabe lebe und er sei froh, daß es so
gekommen sei. »Denn«, sagte er, »das Unrecht, das ich dem
Knaben zugefügt habe, lag mir schwer auf der Seele, und daß
mir meine Tochter darum gram wurde, empfand ich auch
nicht ohne bitteren Kummer. Da sich nun aber sein Schicksal
zum Guten gewendet hat, so sende mir deinen Sohn als Gespielen für den Knaben und komme selber, um mit mir zu speisen;
denn ich will für die Rettung des Knaben den Göttern, denen
solches gebührt, ein Opfer darbringen.«

119. Als Harpagos diese Worte vernahm, verneigte er sich
vor dem König. Froh darüber, daß sein Ungehorsam einen so
guten Ausgang nahm und er mit Huld und Gnade zur Tafel
geladen wurde, eilte er heim und schickte seinen Sohn – es war
sein einziger und ungefähr dreizehn Jahre alt – und gebot ihm,
ins Haus des Königs zu gehen und zu tun, was jener ihm sagen
würde, und in der Freude seines Herzens erzählte er seiner
Frau alles, was ihm begegnet war. Als aber sein Knabe zum
Hause des Königs kam, ließ ihn Astyages schlachten und die
Glieder zerteilen und das Fleisch zum Teil kochen, zum Teil
auch braten, alles fein zurichten und bereit halten. Und zur
Stunde des Mahles, als Harpagos und die anderen Gäste sich
einfanden, wurden den übrigen Gästen und dem Könige selbst
Tische mit Hammelfleisch angerichtet, dem Harpagos aber
alles Fleisch seines eigenen Kindes, ohne Haupt, Finger und
Zehen, die getrennt in einem verhüllten Korbe lagen. Als
Harpagos sich gesättigt zu haben schien, fragte ihn der König,
ob ihm das Gericht geschmeckt habe, und da jener versicherte,
es habe ihm trefflich geschmeckt, brachten die Diener, die
dazu bestellt waren, das Haupt des Knaben mit den Händen
und Füßen in dem verdeckten Korb, traten zu Harpagos und
sagten, er möchte aufdecken und nehmen, was ihm beliebte. Er
tat, wie sie sagten, deckte auf und erblickte die Überreste seines
Kindes, entsetzte sich aber über den Anblick nicht, sondern
hielt sich gefaßt. Da rief ihm Astyages zu, ob er erkenne, von

KLEIO

welchem Wild er gegessen habe. Er antwortete, er erkenne es
wohl und nehme gern alles hin, was sein König tue. So sprach
er und nahm zusammen, was vom Fleisch noch übrig war, und
ging heim in sein Haus, um dort die Reste seines Sohnes zu
bestatten.

120. Dies war die Strafe, die der König an Harpagos übte.
Über Kyros aber berief er dieselben Mager zu Rate, die ihm
damals seinen Traum gedeutet hatten, und als sie kamen und er
sie noch einmal nach der Bedeutung des Traumes fragte, wie-
derholten sie ihre Auslegung und sagten, der Knabe wäre mit
Sicherheit König geworden, wenn er das Leben behalten und
nicht zuvor gestorben wäre. »Nun wohl«, sagte Astyges, »der
Knabe ist geboren und lebt, und da er auf dem Lande auf-
wuchs, haben ihn die Knaben seines Dorfes zu ihrem König
gemacht, und er hat alle Anordnungen getroffen wie ein richtiger König. Er hat sich Leibwächter genommen, Türhüter und
Einmelder angestellt und alles andere, was ein Herrscher
braucht, eingerichtet. Nun sagt mir, was haltet ihr von all dem,
worauf will es deuten?« Da antworteten ihm die Mager: »Wenn
der Knabe noch lebt und König geworden ist, ohne Absicht
und Vorbedacht, so mache dir seinetwegen keine Sorge und sei
guten Mutes. Denn er wird nicht zum zweitenmal König
werden. Schon manche Orakelsprüche haben sich auf unbedeutende Ereignisse bezogen, und was ein Traum sagt, ist oft
wenig von Belang.« »Ja«, fiel der König ein, »auch ich sehe die
Sache durchaus so an wie ihr, daß der Traum sich erfüllt hat,
indem der Knabe König geheißen wurde, und daß mir keine
Gefahr mehr von ihm droht. Dennoch aber erwäget wohl und
ratet mir, was das sicherste sein möchte für mein Haus und für
euch.« Darauf antworteten jene: »O König! auch für uns selber
ist es gewiß von großem Wert, daß deine Herrschaft bestehen
bleibe. Denn im andern Falle, wenn sie auf diesen Knaben
übergeht, der ein Perser ist, kommt sie in fremde Hand; dann
werden wir als Meder gering geachtet von den Persern, da wir
ihnen fremd sind. So lange du aber herrschst, der du aus unserem Volke bist, haben auch wir unser Teil an der Herrschaft

und bekleiden hohe Ehren durch dich. Darum haben wir allen Grund, auf dein Heil und deine Herrschaft bedacht zu sein, und würden dir alles zuvor sagen, sofern wir jetzt in dieser Sache eine Gefahr für dich sähen. Nun hat sich ja aber das Traumgesicht in so geringfügiger Weise erfüllt; darum sind wir getrosten Mutes und raten dir desgleichen. Den Knaben aber sende weg von deinem Antlitz ins Perserland zu seinen Eltern.«

121. Über diese Antwort war Astyages froh, ließ Kyros rufen und sprach zu ihm: »Mein Kind, eines Traumbildes wegen, das nichts bedeuten sollte, habe ich Unrecht an dir getan, aber dein gutes Glück hat dich errettet. So zieh nun hin in Frieden ins Land der Perser, und ich will dir ein Gefolge mitgeben. Dort aber wirst du einen Vater finden und eine Mutter, die anders sind als der Hirte Mitradates und sein Weib.«

122. Mit solchen Worten wurde Kyros von ihm entlassen. Als er heimkehrte ins Haus seiner Eltern, wurde er von ihnen gastlich aufgenommen, als sie aber erfuhren, wer er war, da herzten und küßten sie ihn voller Freuden, denn sie meinten, er wäre längst tot, und ließen sich erzählen wie er gerettet wurde. Und er erzählte es ihnen und sagte, früher habe er es nicht gewußt, sondern sich in einem sehr großen Irrtum befunden, unterwegs aber habe er seine ganze traurige Geschichte erfahren. Gewußt habe er nämlich nur, daß er der Sohn eines Rinderhirten des Astyages sei, seit der Reise von dort hierher aber habe er die ganze Geschichte von seinen Begleitern erfahren. Aufgezogen worden sei er, so erzählte er, von der Frau des Rinderhirten; er konnte diese nicht genug loben, und es war in seiner Erzählung alles immer die Kyno. Die Eltern aber griffen diesen Namen auf, damit in den Augen der Perser ihr Sohn auf noch wunderbarere Weise am Leben geblieben schiene, und sie streuten die Kunde aus, eine Hündin habe den ausgesetzten Kyros ernährt. Von dort ist diese Kunde ausgegangen.

123. Als aber Kyros zum Mann heranwuchs und unter den Altersgenossen der tapferste und beliebteste war, suchte sich Harpagos an ihn mit Geschenken anzuschließen in dem

Wunsch, sich an Astyages zu rächen. Denn als Privatmann sah er keine Möglichkeit, sich an Astyages zu rächen. Kyros aber sah er heranwachsen und machte ihn zu seinem Verbündeten, indem er die Geschicke des Kyros mit den eigenen verglich. Noch vorher aber war folgendes von ihm ins Werk gesetzt worden. Weil Astyages unfreundlich gegen die Meder war, hatte Harpagos sich mit jedem einzelnen der vornehmen Meder in Verbindung gesetzt und ihn überredet, man müsse Kyros an die Spitze stellen und der Herrschaft des Astyages ein Ende bereiten. Als dies ausgeführt und bereit war, wollte nun Harpagos dem Kyros, der bei den Persern lebte, seine Meinung kundtun. Da aber die Straßen bewacht wurden, ersann er folgendes. Er besorgte sich einen Hasen, schnitt ihm den Leib auf, doch ohne die Eingeweide zu zerreißen, und legte ihm einen Brief hinein, in dem er geschrieben hatte, was ihm gut schien; nachdem er des Hasen Leib wieder zugenäht und dem treuesten seiner Haussklaven wie einem Jäger ein Jagdnetz gegeben hatte, entsandte er ihn zu den Persern, nachdem er ihm mündlich aufgetragen hatte, wenn er Kyros den Hasen gebe, hinzuzufügen, er solle ihn mit eigener Hand zerlegen und keiner solle bei ihm sein, wenn er es tue.

124. So geschah es. Kyros empfing den Hasen und schnitt ihn auf, nahm den Brief, den er darin fand, und las ihn. Er lautete: »O Sohn des Kambyses! Du stehst in der Götter Obhut, sonst wärest du nicht mehr zu so hohem Glück emporgestiegen. So räche dich nun an Astyages, der dein Mörder ist, denn nach seinem Willen wärest du tot. Daß du aber noch lebst, das danke den Göttern und mir. Denn ich denke, es ist dir schon lange bekannt, sowohl das, was man mit dir getan hat, als auch das, was ich von Astyages habe erleiden müssen, indem ich dich nicht umbrachte, sondern dem Rinderhirten übergab. Willst du nun tun, wie ich dir rate, so sollst du Herr werden über alles Land, über das jetzt Astyages gebietet. Bewege die Perser, daß sie abfallen und mit dir ausziehen gegen die Meder. Wenn mich dann Astyages zum Obersten des Heeres gegen dich bestellt, so wird geschehen, was du begehrst, oder er bestellt

ERSTES BUCH

einen anderen vornehmen Meder, so geschieht es nicht minder. Denn diese werden die ersten sein, die von ihm abfallen und gemeinsam mit dir ihn zu stürzen versuchen. Darum, weil hier bei uns alles bereit ist, tue, wie ich dir rate, und tu es bald.«

125. Als Kyros diesen Brief gelesen hatte, ging er mit sich zu Rate, wie er es am klügsten anstellen sollte, die Perser zum Abfall zu bringen, und fand einen Weg, der ihm der beste schien. Er nahm einen Brief und schrieb darin nach seinem Sinn; darauf berief er alle Perser zusammen, öffnete vor ihnen den Brief und las ihnen, daß ihn Astyages zum Heerführer über sie bestelle, und sagte: »So gebiete ich euch, o Perser, daß ihr euch alle hier einfindet, ein jeglicher mit einer Sichel.« So gebot er ihnen. Er hatte aber von den vielen Stämmen der Perser nur einige wenige berufen und brachte sie zum Abfall von den Medern, nämliche diese, von denen die anderen Perser alle abhängig sind: die Pasargaden, die Maraphier und die Maspier. Von diesen sind die Pasargaden die vornehmsten, zu denen auch das Haus der Achaimeniden gehört, aus dem das Königsgeschlecht der Perseiden hervorgegangen ist. Andere Perserstämme sind die Panthialaier, Derusiaier und Germanier. Diese alle sind Ackerbauern, die übrigen, nämlich die Daer, Marder, Dropiker und Sagartier, sind Nomaden.

126. Als sie alle mit den Sicheln zur Stelle waren, befahl Kyros den Persern, ein gewisses Feld an einem Tage zu roden. Es gab nämlich in Persien eine Gegend, etwa achtzehn bis zwanzig Stadien im Geviert, die ganz mit Dornen bewachsen war. Nachdem sie diese Arbeit getan hatten, gebot er ihnen, sich am folgenden Tag wieder einzufinden, aber sauber gewaschen. Er hatte nämlich mittlerweile sämtliche Ziegen, Schafe und Rinder seines Vaters zusammentreiben lassen. Die ließ er jetzt schlachten und alles zurichten zu einem Festmahl für das Volk mit Wein und Speisen in reicher Fülle. Am folgenden Tag, als die Perser kamen, mußten sie sich auf einer Wiese lagern, und Kyros gab ihnen zu essen. Und als sie gesättigt waren, fragte er sie, was ihnen besser gefiele, wie sie es tags zuvor gehabt oder wie sie es jetzt hätten. Da riefen sie, das sei

70

KLEIO

ein großer Unterschied, denn der vorige Tag hätte ihnen nichts als Mühsal gebracht, der heutige nichts als Gutes. Auf diese Antwort begann Kyros, ihnen die ganze Sache offen darzulegen. »Hört, ihr Perser«, redete er zu ihnen, »ich will euch sagen, wie es mit euch steht. Wollt ihr mir folgen, so sollt ihr Gutes genießen wie heute, und noch anderes mehr, ohne alle Sklavenarbeit; wollt ihr mir aber nicht folgen, so warten euer unsägliche Mühen so wie die gestrige. Darum folget mir und macht euch frei. Denn mich selber halte ich dazu bestimmt durch göttliche Fügung, daß ich diese Sache unternehmen soll, euch aber achte ich für Männer, die den Medern in keinem Stücke nachstehen, vor allem nicht im Kampfe. Darum zögert nicht, sondern erhebt euch gegen Astyages.«

127. Da waren die Perser, nachdem sie nun einen Führer gefunden hatten, gern bereit und machten sich frei; denn schon lange ertrugen sie nur mit Unmut die Herrschaft der Meder. Als aber Astyages hörte, daß Kyros sie dazu anstiftete, sandte er Boten und ließ ihn rufen. Kyros aber befahl dem Boten, seinem Herrn wieder zu melden, er würde früher zu ihm kommen, als ihm lieb sein würde. Auf diese Antwort rief Astyages alle Meder zu den Waffen und bestellte zu ihrem Heerführer, als hätte ein Gott seinen Sinn betört, eben jenen Harpagos, nicht bedenkend, welches Leid er diesem Manne angetan hatte. Als es aber mit den Persern zur Schlacht kam, kämpfte von den Medern nur der Teil, der nicht um die Sache wußte, etliche aber gingen über zu den Persern, die meisten aber waren unlustig zum Kampf und ergriffen die Flucht.

128. Als Astyages von der schmählichen Niederlage seines Heeres erfuhr, rief er drohend: »Aber Kyros soll es mir dennoch büßen!« Daraufhin ließ er die Mager, die Traumdeuter, die ihn beredet hatten, Kyros zu entlassen, an Pfähle schlagen, und bewaffnete alle Meder, die in der Stadt zurückgeblieben waren, gleich ob jung oder alt. Mit ihnen zog er hinaus und wurde in der Schlacht besiegt. Das ganze Heer ging verloren, Astyages selbst aber wurde gefangengenommen.

129. Wie nun Astyages gefangen war, trat Harpagos vor ihn,

ERSTES BUCH

höhnte und verspottete ihn mit vielen kränkenden Worten und fragte ihn unter anderem, wie ihm der Wechsel gefiele, daß er nun von einem König zu einem Knecht geworden sei zum Lohn für jenes Mahl, als er ihn das Fleisch seines Kindes hatte essen lassen. Da blickte jener zu ihm auf und fragte, ob er denn sich selber als Verdienst zurechne, was doch Kyros allein vollbracht hätte. Harpagos erwiderte, gewiß, denn er habe es dem Kyros geschrieben und vorgeschlagen, und so sei es auch billig für sein Werk zu achten. Da bewies ihm Astyages, daß er der törichteste und ungerechteste unter allen Menschen sei. Der törichteste, weil er einen andern mit der Macht bekleidet habe; denn wenn dies alles durch ihn selbst geschehen sei, so hätte er ja selber König werden können; der ungerechteste aber, weil er um jenes Mahles willen die Meder in Knechtschaft gestürzt habe. Denn hätte durchaus ein anderer mit dem Königtum bekleidet werden sollen und er selber es nicht länger behalten, so wäre es doch billiger gewesen, einem Meder diese Würde zuzuwenden als einem Perser. Nun aber seien die Meder ohne ihre Schuld aus Herren zu Knechten geworden, die Perser aber, zuvor der Meder Knechte, seien jetzt ihre Herren!

130. Astyages also wurde so seines Königreiches entsetzt, nachdem er fünfunddreißig Jahre lang geherrscht hatte; die Meder aber mußten sich den Persern beugen wegen seiner Härte, nachdem sie über das oberhalb des Halys liegende Asien hundertundachtundzwanzig Jahre geherrscht hatten, abgesehen von der Skythenherrschaft. In späterer Zeit jedoch reute es sie, daß sie dies getan hatten, und sie fielen von Dareios ab, verloren aber die Schlacht und wurden wieder unterworfen.[70]

Seit der Zeit der Empörung der Perser unter Kyros waren also die Perser Herren von Asien. Kyros tat Astyages nichts zuleide, sondern ließ ihn bei sich wohnen, bis er starb.

Dies ist die Geschichte von Kyros' Geburt, Kindheit und Thronbesteigung. Darauf überwand er, wie ich schon vorher erzählt habe, auch Kroisos, der die Feindseligkeiten eröffnet hatte. So herrschte er über ganz Asien.

72

KLEIO

131. Von den Sitten und Gebräuchen der Perser ist mir folgendes bekannt. Bilder, Tempel und Altäre zu errichten, ist bei ihnen nicht Brauch, sondern diejenigen, die dergleichen tun, schelten sie Toren, wahrscheinlich deshalb, weil sie sich ihre Götter nicht, wie die Hellenen, in Menschengestalt vorstellen. Wenn sie dem Zeus opfern, pflegen sie auf die höchsten Berge zu steigen und nennen den ganzen Himmelskreis mit dem Namen dieses Gottes.[71] Auch opfern sie der Sonne,[72] dem Mond,[73] der Erde, dem Feuer, dem Wasser und den Winden.[74] Nur diesen allein opfern sie von Alters her, sie haben aber dazu auch noch den Dienst der Urania von den Assyriern und Arabiern angenommen. Bei jenen heißt diese Aphrodite Mylitta, bei den Arabiern Alilat, die Perser aber nennen sie Mitra.[75]

132. Das Opfer für die genannten Götter geht bei den Persern so vor sich. Wollen sie ein Opfer darbringen, so errichten sie keinen Altar, noch zünden sie ein Feuer an, brauchen auch kein Weihguß, noch Flöte, noch Kranz, noch Weihkörner, sondern wer einem dieser Götter opfern will, der bekränzt sich die Tiara, meist mit einem Myrtenzweig, führt sein Tier an einen reinen Ort und betet zu dem Gott. Er darf aber nicht für sich allein um Segen flehen, sondern bittet um Heil für alle Perser insgesamt und für den König; denn unter allen Persern ist auch er selber einbegriffen. Danach zerlegt er das Opfer und kocht das Fleisch, bereitet eine Decke von dem zartesten Gras, am liebsten von Dreiblatt, und schüttet alles Fleisch darüber, dann tritt ein Mager herzu und spricht darüber einen Segensspruch, eine Art Lied vom Ursprung der Götter, wie sie sagen. Ohne einen Mager dürfen sie kein Opfer verrichten. Nach kurzer Zeit trägt der Opferer das Fleisch mit sich fort und tut damit nach seinem Gefallen.

133. Von allen Tagen pflegen sie ihre Geburtstage am meisten zu feiern. An diesen muß das Mahl reichlicher sein als sonst. Da lassen die Reichen ganze Rinder, Pferde, Kamele und Esel, in Öfen gebraten, auftragen, die Dürftigen begnügen sich mit Kleinvieh. Es gibt wenig Hauptgerichte, dagegen viele Zugerichte, die aber eines nach dem andern aufgesetzt werden.

ERSTES BUCH

Und daher sagen die Perser, daß die Hellenen mit den Hauptge-
richten aufhörten noch ehe sie satt seien, da ihnen nach dem
Mahl nichts Ordentliches mehr vorgesetzt würde; denn sie
würden noch nicht aufhören zu essen, wenn man ihnen nur
etwas Rechtes vorsetzen wollte. Dem Wein sind sie sehr zugetan, aber in Gegenwart eines andern zu speien oder Wasser zu
lassen, sei gegen die Sitte. Dagegen pflegen sie im Rausch über
die wichtigsten Dinge zu beschließen; aber tags darauf, wenn
sie nüchtern sind, legt ihnen der Herr des Hauses, bei dem sie
Rat halten, die Sache noch einmal vor, und wenn sie ihnen
dann in der Nüchternheit noch gefällt, so handeln sie danach;
gefällt sie ihnen aber nicht, so lassen sie es. Wenn sie dagegen
eine Sache nüchtern vorberaten haben, beschließen sie darüber noch einmal im Rausch.

134. Begegnen sie einander auf der Straße, so erkennt man
bald, ob die Begegnenden gleichen Standes sind. Denn sie
begrüßen sich nicht, sondern küssen einander auf den Mund;
ist aber der eine auch nur um ein weniges geringer, so küssen
sie sich auf die Wangen, ist er aber von viel geringerem Stande,
so wirft er sich vor dem andern nieder und küßt ihm die Füße.
In ihrer Achtung halten sie, abgesehen von ihnen selbst, diejenigen am höchsten, die ihnen am nächsten wohnen, nach diesen
diejenigen, die darauf folgen, und so entsprechend der Entfernung weiter, so daß sie diejenigen am geringsten achten, die am
weitesten von ihnen entfernt wohnen. Früher aber, als die
Herrschaft noch bei den Medern war, geboten auch die Völker
eines über das andere, die Meder nämlich über alle zusammen
und über die nächsten, diese wieder über ihre Nachbarn, und
jene weiter über ihre Anwohner, eben wie es die Perser halten
mit der Achtung, denn ihr Machtbereich hat sich sehr weit
ausgedehnt.

135. Fremde Sitten nehmen die Perser bereitwillig an wie
kein anderes Volk. Tragen sie doch sogar medische Tracht, weil
sie ihnen mehr als die eigene gefiel, und im Kriege ägyptische
Panzer, und jede Art von Lust und Wohlgenuß, davon sie
hören, ahmen sie eifrig nach, ja sie treiben auch Knabenliebe

nach hellenischem Beispiel. Jeglicher nimmt sich zahlreiche
Ehefrauen und kauft sich darüber hinaus noch Kebsweiber in
noch viel größerer Zahl.

136. Für Mannestugend gilt, nächst der Tapferkeit im Kampf,
wenn einer viele Söhne aufzuweisen hat, und wer die meisten
aufweist, dem sendet der König alljährlich Geschenke. Denn
in die Menge setzen sie die Stärke. Ihre Söhne unterweisen sie,
vom fünften bis zum zwanzigsten Lebensjahr, nur in drei
Stücken: im Reiten, im Schießen und darin, wahrhaftig zu sein.
Vor dem fünften Jahr kommt der Knabe nicht vor die Augen
des Vaters, sondern weilt bei den Frauen. Dies geschieht deshalb, damit, wenn er im ersten Alter stirbt, der Vater sich nicht
um ihn zu härmen habe.

137. Das ist ein Brauch, den ich lobe, aber auch dieser, daß
selbst der König um eine Ursache allein keinen töten läßt, und
auch niemand von den andern Persern einen Diener auf einen
einzigen Grund hin auf eine unheilbare Weise straft, sondern
er prüft und überlegt zuerst, und nur wenn er findet, daß seine
Übeltaten zahlreicher und größer sind als die Dienste, die er
geleistet hat, läßt er seinen Zorn an ihm aus. Den eigenen Vater
oder die eigene Mutter, behaupten sie, hätte noch nie einer
umgebracht, und wenn dergleichen geschähe und man forschte
nach, so würde es sich ganz gewiß erweisen, daß es unterge-
schobene Kinder gewesen seien oder außereheliche. Denn es
sei gegen die Natur, daß echte Eltern jemals durch ihr eigenes
Kind getötet würden.

138. Ferner dürfen sie über alles, was sie nicht tun dürfen,
auch nicht reden. Für das schimpflichste gilt ihnen das Lügen,
an zweiter Stelle Schulden machen, und dies aus vielen Gründen, besonders aber weil sie sagen, wer Schulden habe, der
könne nicht anders, der müsse auch lügen. Wer im Volk den
Aussatz oder den weißen Ausschlag hat, der darf nicht in die
Stadt kommen, noch mit anderen Personen verkehren. Sie
sagen, wer damit behaftet sei, der habe sich gegen die Sonne
versündigt. Wird aber ein Fremder davon befallen, so treiben
sie ihn aus dem Lande, und dulden auch keine weißen Tauben,

weil sie dieselbe Ursache an ihnen finden. Sie dürfen in keinen Fluß urinieren oder speien, noch sich darin die Hände waschen, und verwehren es auch jedem anderen, sondern erweisen den Flüssen hohe Ehrfurcht.

139. Auch findet sich bei ihnen ein besonderer Umstand, den die Perser selbst nicht wahrgenommen haben, wohl aber wir, nämlich daß ihre Namen, angepaßt den Personen und ihrem vornehmsten stattlichen Wesen, alle auf denselben Buchstaben ausgehen, den die Dorer San, die Ioner aber Sigma benennen. Gibst du darauf acht, so wirst du finden, daß sämtliche Namen der Perser mit diesem Buchstaben enden, und zwar ausnahmslos.

140. Soviel kann ich aus sicherer Kenntnis von ihnen berichten. Das Folgende aber über die Toten erzählt man wie ein Geheimnis und nicht klar und offen, daß nämlich eines Persers Leichnam nicht eher bestattet werden dürfe, als bis er von einem Vogel oder Hunde zerfleischt worden sei.[76] Daß es die Mager so halten, weiß ich gewiß, denn sie tun es ganz offen. Soviel aber ist ausgemacht, daß die Perser den Leichnam mit Wachs überziehen, bevor sie ihn in die Erde legen. Die Mager unterscheiden sich durch ihre Sitten erheblich von der übrigen Menschheit, insbesondere auch von den ägyptischen Priestern. Diesen ist es ein Greuel, etwas Lebendiges zu töten, außer zum Opfer, die Mager hingegen töten Wesen aller Art, außer Hund und Mensch, mit eigener Hand, und rechnen es sich sogar als großes Verdienst an, einerlei ob sie Ameisen vertilgen oder Schlangen und was sonst alles kriecht und fliegt.[77] Doch mögen sie es damit halten, wie sie es von jeher gehalten haben! Ich will jetzt wieder zu der vorigen Geschichte zurückkehren.

141. Nachdem die Lyder von den Persern unterjocht worden waren, sandten die Ioner und Aioler zu Kyros nach Sardis und erboten sich, daß sie sich ihm zu gleichen Bedingungen unterwerfen wollten wie dem Kroisos. Als jener aber die Botschaft vernommen hatte, erzählte er den Gesandten eine Fabel: »Es war einmal ein Fischer, der blies den Fischen, die er im Meere

schwimmen sah, auf der Flöte und meinte, sie sollten zu ihm
herauskommen aufs Land. Als sich seine Hoffnung nicht erfüllte, nahm er ein Netz, warf es aus und fing eine große Menge
Fische und zog sie heraus. Da sah er sie springen und sprach zu
ihnen: Hört jetzt nur auf, vor mir zu tanzen, denn als ich euch
die Flöte blies, daß ihr tanzen und herauskommen möchtet, da
wolltet ihr nicht.« Diese Fabel erzählte Kyros den Ionern und
Aiolern, weil die Ioner damals, als er sie hatte bitten lassen, daß
sie von Kroisos abfallen sollten, nicht auf ihn hören wollten,
jetzt aber, nachdem er die Herrschaft glücklich an sich gebracht hatte, willig waren, ihm zu gehorchen. Darum gab er
ihnen diese Antwort, weil er voll Zornes gegen sie war. Als aber
die Nachricht davon in die Städte der Ioner kam, umgaben sie
ihre Städte mit Mauern und kamen alle zusammen nach Panionion.[78] Nur die Milesier kamen nicht. Denn mit diesen hatte
Kyros unter den alten Bedingungen der Lyder einen Vertrag
geschlossen.

142. Diese Ioner, denen die Bundesstätte von Panionion
gehört, hatten ihre Städte in einer Landschaft angelegt, wo
Himmel und Wetter so günstig sind wie nirgends auf Erden,
soweit wir sie kennen. Denn weder die Landstriche, die oberhalb liegen, noch die unterhalb liegen, können sich darin mit
Ionien vergleichen, jene, weil sie unter Kälte und Nässe, diese,
weil sie unter Hitze und Dürre zu leiden haben. Sie reden aber
nicht die gleiche Sprache, sondern viererlei Mundarten.[79] Die
erste Stadt nach Süden zu ist Miletos, nach dieser kommen
Myus und Priene, alle drei in Karien gelegen und von gleicher
Mundart, folgende aber liegen in Lydien: Ephesos, Kolophon,
Lebedos, Teos, Klazomenai und Phokaia. Diese haben in ihrer
Sprache nichts gemein mit den zuvor genannten, unter sich
aber reden sie dieselbe Sprache. Von den drei Städten, die nun
noch übrig sind, liegen zwei auf Inseln, Samos und Chios, eine
auf dem Festland, das ist Erythrai. Von diesen haben die Chier
und Erythraier dieselbe Mundart, die Samier aber wieder eine
andere für sich, so daß es im ganzen vier verschiedene Mundarten sind.

ERSTES BUCH

143. Von diesen Ionern hatten die Milesier nichts zu befürchten aufgrund des Vertrages, den sie mit Kyros geschlossen hatten, ebenso diejenigen, die auf den Inseln wohnten, denn damals waren die Phoiniken noch nicht den Persern untertänig, und die Perser selber fuhren nicht zu Meer. Daß aber diese Ioner sich einstens abgetrennt hatten von den andern, hatte nur den einen Grund, weil das ganze Hellenenvolk damals noch schwach, der ionische Stamm jedoch weitaus am schwächsten und unbedeutendsten war; denn außer Athen hatte er keine andere namhafte Stadt. Darum verschmähten die Athener und die übrigen Ioner diesen Namen und wollten nicht Ioner genannt werden, und noch heute finde ich, schämen sich die meisten dieses Namens. Jene zwölf Städte dagegen waren auf den Namen stolz und gründeten für sich allein ein Bundesheiligtum, das sie Panionion benannten, und beschlossen, keinen der anderen Ioner daran teilhaben zu lassen. Außer Smyrna hatte aber auch keine Stadt um Zutritt gebeten.

144. Ähnlich verwehren die Dorier aus den Fünfstädten, früher Sechsstädte genannt, den benachbarten Doriern den Zutritt zu dem triopischen Heiligtum und schließen sogar diejenigen unter ihnen, die sich gegen die Ordnung des Heiligtums vergehen, von der Teilnahme aus. In den Kampfspielen zu Ehren des triopischen Apollon nämlich pflegten sie von jeher für die Sieger eherne Dreifüße auszusetzen, wer sie aber gewann, der durfte sie nicht mit sich fortnehmen aus dem Heiligtum, sondern mußte sie dort dem Gott weihen. Als nun einmal ein Mann aus Halikarnassos, Agasikles mit Namen, den Sieg errungen hatte, kümmerte er sich nicht um den Brauch, sondern trug den Dreifuß heim und hing ihn auf an seinem eigenen Hause. Aufgrund dieses Vorfalles schlossen die fünf Städte Lindos, Ialysos, Kameiros, Kos und Knidos die sechste Stadt Halikarnassos von der Teilnahme aus und straften sie damit.

145. Die Ioner haben aber, wie ich glaube, nur gerade deshalb zwölf Städte gebildet und nicht mehr zulassen wollen, weil sie auch zu der Zeit, als sie noch in der Peloponnes

wohnten, aus zwölf Teilen bestanden, eben wie auch jetzt die Achaier, die die Ioner von dort vertrieben haben, aus zwölf Teilen bestehen. Nämlich, von Sikyon her angefangen, zuerst Pellene, danach Aigeira am nie versiegenden Fluß Krathis[80], nach dem auch der Fluß in Italien benannt worden ist, dann Bura und Helike, wohin die Ioner sich flüchteten, als sie in der Schlacht gegen die Achaier unterlagen, ferner Aigion, Rhypes, Patrai, Pharai, Olenos an dem großen Fluß Peiros, Dyme und Tritaia, die als einzige von diesen Städten im Inneren des Landes liegt. Dies sind jetzt die zwölf Teile der Achaier, vormals aber der Ioner, die eben aus diesem Grund einen Bund von zwölf Städten gestiftet haben.

146. Denn zu behaupten, daß diese Ioner mehr ionisch seien als die andern Ioner oder von edlerem Stamme, das wäre sehr einfältig. Denn ein nicht geringer Teil von ihnen sind Abanten aus Euboia, die mit Ionien nicht einmal im Namen etwas gemein haben, und außerdem sind Minyer aus Orchomenos unter sie gemischt und Kadmeier, Dryoper, ein ausgewanderter Teil der Phoker, Molosser, Pelasger aus Arkadien, sowie Dorier aus Epidauros und noch sonst vielerlei Stämme. Diejenigen aber von ihnen, die vom Prytaneion in Athen ausgezogen sind und sich für die edelsten Ioner halten, haben keine Frauen in die Ansiedlung mitgebracht, sondern karische Weiber genommen, deren Väter sie erschlagen hatten. Um dieser Bluttat willen stifteten jene Weiber unter sich den Brauch und gelobten ihn durch Eidschwur und überlieferten ihn auf ihre Töchter, daß sie niemals mehr an einem Tisch mit ihren Männern essen wollten, noch sie mit Namen rufen, weil sie ihre Väter und Männer und Söhne erschlagen und sie ungeachtet dessen danach zu ihren Weibern gemacht hätten. So war der Brauch in Miletos.

147. Und zu ihren Königen wählten die einen von ihnen Lykier, Nachkommen des Glaukos, des Sohnes des Hippolochos, andere Kaukonen aus Pylos, Nachkommen des Kodros, des Sohnes des Melanthos, etliche auch beide zugleich. Freilich halten sie fester an ihrem Namen als die übrigen Ioner, und

ERSTES BUCH

so mögen sie immerhin reine Ioner heißen. Das sind aber alle die, die von Athen herstammen und das Fest der Apaturien[81] begehen, und dieses Fest begehen alle, außer den Ephesiern und Kolophoniern. Diese sind die einzigen Ioner, die es nicht begehen, und zwar wegen einer Bluttat, wie sie vorgeben.

148. Jenes Panionion aber ist ein heiliger Ort, nördlich von Mykale gelegen und von der Gemeinschaft der Ioner dem helikonischen Poseidon geweiht. Mykale ist ein Vorsprung des Festlandes, der westwärts gegen Samos zu hinabzieht. Dort pflegten sich die Ioner aus ihren Städten zu versammeln und das Fest zu begehen, das sie Panionia nennen.

149. Soviel von den ionischen Städten. Folgende aber sind die aiolischen: Kyme, auch Phrikonis genannt, Larisa, Neonteichos (›Neuburg‹), Temnos, Killa, Notion, Aigiroessa, Pitane, Aigaiai, Myrina, Gryneia. Dies sind die ursprünglichen Städte der Aioler, eine aber, Smyrna, ist davon losgerissen durch die Ioner. Denn anfangs waren dieser Städte auf dem Festland auch zwölf gewesen. Das Land, in dem sich diese Aioler niedergelassen haben, ist zwar fruchtbarer als das ionische, aber es erfreut sich nicht eines so schönen Klimas.

150. Aus Smyrna aber sind sie auf folgende Weise verdrängt worden. Die Stadt hatte Männer aus Kolophon aufgenommen, die bei einem Streit mit ihren Mitbürgern unterlegen waren und aus ihrer Stadt hatten weichen müssen. Diese kolophonischen Flüchtlinge nahmen einstmals die Gelegenheit wahr, als die Smyrnaier dem Dionysos außerhalb der Mauer ein Fest begingen, verschlossen ihnen die Tore und bemächtigten sich der Stadt. Als darauf die Aioler alle gegen sie heranzogen, kam es zu einem Vergleich, daß die Ioner alles fahrende Gut herausgeben, die Aioler ihnen hingegen die Stadt überlassen sollten. Die bisherigen Bewohner von Smyrna wurden daraufhin auf die elf Städte verteilt und erhielten dort das Bürgerrecht.

151. Dies also sind die aiolischen Städte auf dem Festland, zu denen noch die Städte auf dem Gebirge Ide kommen, die für sich getrennt sind. Von den Inselstädten aber liegen fünf auf Lesbos[82], – die Einwohner der sechsten, Arisba, sind von den

Methymnaiern, ungeachtet des gemeinsamen Stammes, in die Knechtschaft verkauft worden –, eine auf Tenedos und eine andere auf den sogenannten Hundertinseln.[83] Von diesen hatten die Lesbier und Tenedier ebensowenig zu befürchten wie die Ioner auf den Inseln. Die anderen Städte aber taten sich zusammen und beschlossen, in allem nach dem Beispiel der Ioner zu handeln.

152. Als die Gesandten der Ioner und Aioler nach Sparta kamen – und man betrieb diese Sache sehr eilfertig –, wählten sie aus ihrer Zahl den Pythermos aus Phokaia, um für sie alle das Wort zu führen. Dieser legte einen Purpurmantel[84] an, damit recht viele Spartiaten, wenn sie davon hörten, herbeikämen, trat vor sie hin und bat sie in einer langen Rede um Hilfe und Beistand. Dennoch hörten die Spartiaten nicht auf ihn, sondern versagten ihre Hilfe. So kehrten die Gesandten wieder heim. Aber obwohl die Lakedaimonier die ionische Gesandtschaft abgewiesen hatten, schickten sie doch etliche Männer auf einem Fünfzigruderer aus, wahrscheinlich um auszukundschaften, wie es mit der Macht des Kyros und der Ioner stünde. Als diese nach Phokaia kamen, sandten sie den Angesehensten unter ihnen mit Namen Lakrines nach Sardis, um Kyros im Namen der Lakedaimonier zu entbieten, daß er sich nicht unterstehen solle, eine hellenische Stadt anzutasten; sie würden das nicht dulden.

153. Auf diese Rede des Boten, erzählt man, wandte sich Kyros zu den anwesenden Hellenen und fragte sie, was denn das für Leute seien, die Lakedaimonier, und wie groß ihr Volk, daß sie ihm solches entbieten ließen. Und nachdem er Bescheid bekam, antwortete er den Spartiaten und sagte: »Vor solchen Leuten habe ich mich noch nie gefürchtet, die inmitten ihrer Stadt einen Ort ausgewählt haben, wo sie zusammenkommen und mit Eidschwüren einer den andern betrügen. Sofern ich aber gesund bleibe, sollen sie noch zu schwatzen bekommen und zwar nicht von den Nöten der Ioner, sondern von ihren eigenen.« Diese verächtlichen Worte sprach Kyros gegen alle Hellenen gerichtet, weil sie Märkte haben und Handel treiben.

ERSTES BUCH

Denn bei den Persern gibt es weder das eine noch das andere. Danach übergab Kyros die Stadt Sardis dem Perser Tabalos, die Goldschätze aber von Kroisos und der übrigen Lyder vertraute er einem Lyder namens Paktyas zur Aufbewahrung an. Dann brach er auf und zog nach Agbatana und führte Kroisos mit sich. Um die Ioner aber kümmerte er sich noch nicht. Denn noch stand ihm Babylon und das baktrische Volk im Wege sowie die Saken und die Ägypter. Gegen diese gedachte er selber zu Felde zu ziehen, gegen die Ioner aber wollte er einen anderen Heerführer senden.

154. Kaum aber war Kyros von Sardis fortgezogen, wiegelte Paktyas das lydische Volk gegen Tabalos und Kyros auf, ging hinab ans Meer, und weil er alles Gold aus Sardis in seiner Hand hatte, dingte er Kriegsvolk um Sold und überredete die Anwohner des Meeres, daß sie mit ihm auszogen. Mit diesen zog er hinauf gegen Sardis, drängte Tabalos zurück in die Burg und belagerte ihn.

155. Als Kyros dies auf seinem Wege erfuhr, sprach er zu Kroisos: »Sage mir, Kroisos, wo soll das mit diesen Dingen hinaus? Die Lyder werden nicht aufhören, wie es scheint, mir und sich Verdruß zu bereiten. Ich sorge, es möchte das vernünftigste sein, sie allesamt als Sklaven zu verkaufen. Denn ich sehe wohl, daß ich gehandelt habe wie einer, der den Vater erschlägt und die Söhne verschont. So auch ich, indem ich dich, der du bei den Lydern viel mehr giltst als ein Vater, gefangen wegführe, ihnen selbst aber die Stadt überließ und mich danach noch wundere, daß sie mir abtrünnig geworden sind.« So sprach er offen und aufrichtig. Kroisos aber erschrak, denn er fürchtete, daß er alles Volk aus Sardis fortführen würde, und antwortete ihm: »Freilich, o König, du hast wohl Recht. Doch gib nicht in allem deinem Zorn nach und zerstöre nicht eine alte Stadt, die ohne Schuld ist an dem Früheren wie an dem Gegenwärtigen. Denn das Frühere war mein Werk, und ich habe es mir aufs Haupt geladen. Was aber jetzt geschieht, ist des Paktyas Schuld, in dessen Hand du Sardis gegeben hast; ihn also laß es büßen. Den Lydern aber mögest du dich gnädig erweisen,

und damit sie nicht wieder abfallen und gefährlich werden,
rate ich dir, folgendes zu tun. Sende hin und verbiete ihnen
alles Kriegsgerät und laß sie Röcke tragen unter den Mänteln
und hohe Schuhe und befiehl ihnen, daß sie ihre Söhne dazu
erziehen, die Zither und die Harfe zu spielen und Handelsleute
zu sein. So wirst du, o König, alsbald sehen, daß sie aus Männern zu Weibern geworden sind, und wirst ihre Empörung
nicht mehr zu fürchten haben.«

156. So riet ihm Kroisos; denn er hielt dies für die Lyder
noch erträglicher, als daß sie verknechtet und verkauft würden,
und meinte, wenn er nicht einen ernstlichen Vorschlag machte,
so würde er des Königs Sinn nicht wenden können. Auch
befürchtete er, die Lyder würden, nachdem sie der gegenwärtigen Gefahr entronnen wären, später einmal sich wieder gegen
die Perser erheben und dabei zugrunde gehen. Kyros aber ließ
sich den Rat gefallen, besänftigte seinen Zorn und stimmte
ihm bei. Darauf rief er den Meder Mazares und trug ihm auf,
mit den Lydern entsprechend dem Rat des Kroisos zu verfahren, alle anderen aber, die mit ihnen gegen Sardis gezogen
seien, in die Knechtschaft zu verkaufen, den Paktyas selber
aber sollte er ihm unbedingt lebendig zur Stelle schaffen.

157. So gebot er von seinem Marsch aus und zog weiter in
das Land der Perser. Als Paktyas aber erfuhr, daß ein Heer
gegen ihn heranrückte und schon nahe sei, erschrak er und
entwich nach Kyme. Als nun der Meder Mazares mit einem
Teil von Kyros' Heer nach Sardis kam und Paktyas mit seinem
Anhang nicht mehr antraf, zwang er erst die Lyder, sich Kyros'
Geboten zu fügen. Und so geschah es, daß die Lyder ihre ganze
Tracht und Lebensweise ändern mußten. Danach schickte er
nach Kyme und verlangte, sie sollten ihm den Paktyas ausliefern. Die Kymaier aber beschlossen, zuvor bei den Branchiden
göttlichen Rat einzuholen. Dort bestand nämlich von Alters
her ein Orakel, das die Ioner und Aioler zu befragen pflegten.
Der Ort liegt im Gebiet von Milet, oberhalb des Hafens
Panormos.

158. Dorthin also schickten die Kymaier und ließen fragen,

wie sie mit Paktyas verfahren sollten, um den Göttern wohlgefällig zu sein. Es wurde ihnen geantwortet, sie sollten ihn ausliefern. Als die Kymaier diese Antwort vernahmen, waren sie dazu bereit und wollten ihn schon ausliefern, wenn nicht ein angesehener Bürger der Stadt, Aristodikos, Herakleides' Sohn, der dem Spruch nicht traute und einen Bertrug der Boten argwöhnte, sie noch zurückgehalten hätte. Es wurden also andere Boten gesandt, unter ihnen auch Aristodikos, um noch einmal wegen Paktyas zu fragen. Als sie zu den Branchiden kamen, wurde Aristodikos auserwählt, die Frage zu stellen. Er sprach: »Herr, es kam zu uns Paktyas der Lyder und flehte um unseren Schutz, um nicht eines gewaltsamen Todes durch die Perser zu sterben. Nun fordern ihn die Perser heraus und dringen in die Kymaier, ihn auszuliefern. Aber so sehr wir uns auch fürchten vor der Perser Macht, haben wir uns doch bis jetzt nicht darauf verstehen wollen, unseren Schützling herauszugeben, bevor du uns nicht deutlich zu erkennen gibst, was wir tun sollen.« So war die Frage. Der Gott aber beschied sie wie zuvor, sie sollten Paktyas an die Perser ausliefern. Da tat Aristodikos, was er sich für diesen Fall schon vorher ausgedacht hatte. Er ging um den Tempel herum und scheuchte die Sperlinge und alles Gevögel, das im Tempel genistet hatte, auf. Da erhob sich aus dem Innern des Tempels eine Stimme gegen ihn und rief: »Frevler, was unterstehst du dich, meine Schützlinge aus dem Tempel zu vertreiben?« Aber Aristodikos ließ sich nicht beirren, sondern versetzte: »O Herr! deine eigenen Schützlinge behütest du so eifrig, aber den Kymaiern rätst du, den ihrigen zu verraten?« Worauf jener abermals erwiderte: »Freilich rate ich euch so, auf daß ihr durch solchen Frevel um so schneller verderbet und künftig das Orakel nicht mehr um Auslieferung von Schützlingen befragt!«

160. Als die Kymaier diesen Bescheid hörten, wollten sie weder Paktyas ausliefern und sich dadurch ins Verderben bringen, noch wollten sie belagert werden, indem sie ihn bei sich behielten, sondern sandten ihn fort nach Mytilene. Als Mazares aber die Mytilenaier auffordern ließ, Paktyas herauszuge-

ben, waren sie dazu um einen gewissen Preis bereit; genau kann
ich ihn nicht sagen, weil der Handel nicht zustande kam, denn
als die Kymaier von der Absicht Mytilenes erfuhren, sandten
sie ein Schiff nach Lesbos und brachten Paktyas hinüber nach
Chios. Aber die Chier rissen ihn aus dem Tempel ihrer Stadtgöttin Athena und lieferten ihn aus. Als Preis dafür erhielten
sie die Landschaft Atarneus gegenüber von Lesbos. So bekamen die Perser den Paktyas in ihre Gewalt und hielten ihn in
Gewahrsam, um ihn vor Kyros zu stellen. Bei den Chiern aber
verging seitdem eine lange Zeit, ehe ein Bürger von den Früchten des Landes Atarneus irgendeinem Gotte Weihkörner hin-
schüttete oder Opferkuchen buk, sondern alles, was das Land
hervorbrachte, wurde von jeglichen Opfern ferngehalten.

161. Nachdem Paktyas von den Chiern ausgeliefert worden
war, zog Mazares gegen diejenigen, die an der Belagerung des
Tabalos teilgenommen hatten. So verheerte er Priene und verkaufte die Einwohner, darauf zog er durch die ganze Ebene des
Maiander und desgleichen auch durch das Gebiet von Magnesia und überließ beide seinem Heer zur Plünderung. Aber bald
danach verfiel er in eine Krankheit und starb.

162. Nach seinem Tode folgte ihm Harpagos als neuer Heerführer nach. Auch er war Meder, derselbe, den der Mederkönig
Astyages zu dem Greuelmahl geladen hatte und der Kyros zu
seinem Reich verholfen hatte. Dieser Mann war jetzt von
Kyros zum Heerführer bestellt worden und begann, nachdem
er in Ionien angekommen war, die Städte zu unterwerfen,
indem er Schutt um sie aufwerfen ließ. Erst trieb er die Bürger
in die Stadt zurück, darauf schüttete er Wälle um die Mauern
und belagerte sie darin.

163. Die erste Stadt, die er auf diese Weise angriff, war
Phokaia. Diese Phokaier haben zuerst unter den Hellenen
weite Seefahrten unternommen, und sie sind es, die das adriatische Meer, Tyrrhenien, Iberien und Tartessos[85] entdeckt haben.
Sie fuhren aber nicht auf Rundschiffen, sondern auf Fünfzigruderern.[86] In Tartessos hatten sie die Freundschaft des Königs
Arganthonios gewonnen, der achtzig Jahre über Tartessos

ERSTES BUCH

geherrscht und volle hundertzwanzig Jahre gelebt hatte. Er war ihnen so günstig gesonnen, daß er ihnen vorschlug, sie sollten Ionien verlassen und in seinem Lande Wohnung nehmen, wo es ihnen gefiele, und als er sie dazu nicht bewegen konnte und von ihnen erfuhr, wie der Meder bei ihnen so mächtig würde, gab er ihnen Geld, um davon ihre Stadt mit einer Mauer zu befestigen, und gab ihnen wohl sehr reichlich. Denn die Mauer hat nicht wenige Stadien im Umfang und ist durchweg aus großen, wohlgefügten Steinen errichtet.

164. So hatten die Phokaier ihre Mauer hergerrichtet. Als aber Harpagos gegen sie anrückte und sie einschloß, ließ er ihnen sagen, daß es ihm genügen würde, wenn sie eine einzige Zinne ihrer Mauer einreißen und ein einziges Gebäude dem Könige übergeben würden.[87] Die Phokaier aber, die die Knechtschaft haßten, ließen ihm antworten, sie wollten einen Tag darüber ratschlagen und ihm dann Bescheid geben; inzwischen, so lange sie ratschlagten, sollte er mit seinem Heere von ihrer Stadt abziehen. Harpagos erwiderte, er wisse wohl, was sie im Schilde führten, dennoch gestatte er ihnen, sich zu beraten. Während Harpagos sich also mit seinem Heer zurückzog, zogen die Phokaier ihre Fünfzigruderer zu Meer, trugen Kinder, Weiber und alles Gerät hinein, dazu auch die Bildnisse aus den Tempeln und die anderen Weihgaben, außer was Erz oder Stein oder Malerei war, stiegen danach selber ein und fuhren nach Chios. Phokaia aber, das von seinen Einwohnern verlassen war, besetzten die Perser.

165. Die Phokaier begehrten nun von den Chiern die Inseln zu kaufen, die Oinussen[88] (›Weininseln‹) genannt werden; aber die Chier fürchteten, daß die Phokaier dort einen Handelsplatz gründen wollten und ihre eigene Insel darüber den Handel verlieren würde, und verweigerten den Kauf. Darum richteten die Phokaier die Fahrt nach der Insel Kyrnos[89], wo sie zwanzig Jahre zuvor auf einen Orakelspruch hin eine Stadt des Namens Alalia erbaut hatten. Denn König Arganthonios war um diese Zeit schon tot. Aber bevor sie dahin abfuhren, wandten sie die Fahrt noch einmal zurück nach Phokaia, erschlugen dort die

86

persische Besatzung, in deren Obhut Harpagos die Stadt gegeben hatte, und nachdem sie alle getötet hatten, verfluchten sie
dann durch feierliche Beschwörung jeden Mitbürger, der sich
von der Auswanderung nach Kyrnos ausschließen würde, und
versenkten außerdem einen Klumpen Eisenerz ins Meer und
schworen, nicht eher wollten sie wieder nach Phokaia kommen, als bis dieses Erz wieder zutage treten würde. Als sie aber
nach Kyrnos abfuhren, fühlte mehr als die Hälfte der Bürger
eine solche Sehnsucht und ein solches Heimweh nach ihrer
Stadt und nach ihren Wohnungen im Lande, daß sie den
Schwur vergaßen und nach Phokaia umkehrten. Die anderen
aber, die an dem Schwur festhielten, brachen von den Oinussen auf und kamen nach Kyrnos.

166. Dort wohnten sie zusammen mit denen, die sich schon
früher dort niedergelassen hatten, fünf Jahre lang, und bauten
ihren Göttern Tempel. Da sie aber gegen alle Nachbarn umher
Raub und Plünderung übten, und darum die Tyrrhener und
Karchedonier gemeinsam gegen sie zum Kampfe rüsteten,
jede mit sechzig Schiffen, bestiegen auch die Phokaier ihre
Schiffe, sechzig an Zahl, und trafen mit ihren Feinden im
Sardonischen Meer zusammen. Dort errangen sie zwar einen
Sieg, aber einen kadmeiischen[90], wie man zu sagen pflegt.
Denn vierzig ihrer Schiffe gingen zugrunde, die übrigen zwanzig aber verloren die Schiffsschnäbel und waren zum Kampfe
nicht mehr tüchtig. So fuhren sie heim nach Alalia, nahmen
ihre Kinder, Weiber und alle ihre Habe, soviel die Schiffe
tragen konnten, hinein, verließen die Insel Kyrnos und fuhren
nach Rhegion.[91]

167. Die Mannschaft von den zerstörten Schiffen aber wurde
zum größten Teil von den Karchedoniern[92] und Tyrrhenern
aufgefangen und unter sich verteilt. Von denen, welche die
Tyrrhener erhielten, fiel der größte Teil den Agyllaiern zu.
Diese führten ihre Gefangenen hinaus vor ihre Stadt und steinigten sie.[93] Daraufhin geschah es, daß in Agylla jeder, der an
dieser Stätte vorüberkam, wo die gesteinigten Phokaier lagen,
selbst verstümmelt oder gelähmt wurde. Den Schafen und

ERSTES BUCH

Zugtieren erging es dabei ebenso wie den Menschen. Da beschlossen die Agyllaier, die Schuld zu sühnen[94], und fragten darum in Delphi. Die Pythia gebot ihnen zu tun, was die Agyllaier bis zum heutigen Tage beibehalten haben, nämlich den Toten reichliche Spenden darzubringen und Kampfspiele, Ringkämpfe und Wagenrennen abzuhalten. Dieses Ende fand der eine Teil der Phokaier, die anderen aber, die nach Rhegion geflüchtet waren, zogen von dort aus und eroberten eine Stadt im oinotrischen Land, die jetzt Hyele[95] heißt, und ließen sich dort nieder. Denn von einem Mann aus Poseidonia waren sie belehrt worden, die Pythia hätte mit ihrem Orakelspruch den Heros Kyrnos[96], nicht die Insel Kyrnos gemeint. Das also war das Schicksal der Stadt Phokaia in Ionien.

168. Die Teïer aber machten es ähnlich wie die Phokaier. Denn nachdem Harpagos ihre Mauer durch einen Schuttwall bezwungen hatte, stiegen sie alle in die Schiffe und fuhren davon nach Thrakien und ließen sich dort nieder in der Stadt Abdera, die schon vor dieser Zeit von Timesios aus Klazomenai gegründet worden war. Dieser aber hatte sich seines Werkes nicht lange erfreut, weil ihn die Thraken wieder verjagt hatten. Darum wird er jetzt in Abdera von den Teïern als ein Heros geehrt.

169. Diese beiden Städte sind von den Ionern die einzigen, welche die Knechtschaft nicht ertragen wollten, sondern lieber ihre Heimat verließen. Die übrigen aber, außer den Milesiern, setzten sich zwar gegen Harpagos zur Wehr, wie es auch die ausgewanderten getan hatten, und hielten sich alle wacker im Kampf um ihre Städte, aber da sie besiegt wurden und sich ergeben mußten, blieben sie im Lande und zahlten die Abgaben, die ihnen auferlegt wurden. Die Milesier aber, wie ich schon früher erzählt habe, hatten sich mit Kyros vertragen und verhielten sich still. So war nun Ionien zum zweitenmal unterworfen worden. Als aber Harpagos die Ioner auf dem Festland besiegt hatte, gerieten auch die anderen Ioner auf den Inseln in Furcht und ergaben sich dem Kyros.

170. Als die Ioner in solcher Not waren und sich trotzdem

beim Panionion sammelten, da, so höre ich, hat Bias, ein Mann aus Priene, den Ionern einen höchst nützlichen Vorschlag gemacht; hätten sie ihm gehorcht, so wäre es ihnen möglich gewesen, am meisten unter allen Griechen zu Wohlstand zu kommen. Bias meinte nämlich, die Ioner sollten in gemeinsamem Heereszug aufbrechen, nach Sardo segeln und dann eine einzige Stadt aller Ioner gründen; so würden sie, frei von Knechtschaft, zu Wohlstand kommen, indem sie die größte aller Inseln bewohnten und über andere herrschten. Wenn sie in Ionien blieben, sagte er, sähe er nicht, wie sie in Freiheit leben könnten. Dies war der Rat des Bias von Priene, erteilt, als die Ioner bereits vernichtet waren; brauchbar aber, bevor Ionien vernichtet wurde, war auch der Rat des Thales aus Miletos, der seiner Herkunft nach Phoinike[97] war. Er riet, die Ioner sollten ein einziges Beratungshaus haben und dies solle auf Teos sein – Teos nämlich sei der Mittelpunkt von Ionien –, die anderen bewohnten Städte aber sollten darum nicht weniger ihre Einrichtungen behalten, wie wenn sie besondere Gemeinden wären.[98]

171. Diese beiden Männer hatten ihnen also in dieser Weise ihre Ansichten mitgeteilt. Harpagos aber unternahm nach der Unterwerfung Ioniens einen Feldzug gegen die Karer, Kaunier und Lykier, wobei er Ioner und Aioler mit sich führte. Die Karer sind einst von den Inseln her aufs Festland eingewandert. Vorzeiten nämlich saßen sie auf den Inseln, hießen Leleger und waren dem Minos untertan, dem sie aber nie einen Zins zahlten, soweit ich davon in die alten Zeiten hinauf habe Kunde erlangen können, sondern sie mußten die Mannschaften stellen für seine Schiffe, wenn er es verlangte. Während sich nämlich Minos viel Land unterworfen hatte und glückliche Kriege führte, standen sie zu jener Zeit in höchstem Ansehen unter allen Völkern. Drei Erfindungen stammen von ihnen, die die Hellenen übernommen haben. Die Karer haben als erste Federbüsche auf die Helme gesetzt und Wappen auf die Schilde gemalt und Handgriffe an den Schilden befestigt. Denn vordem trugen alle ihre Schilde ohne solche Handgriffe, son-

ERSTES BUCH

dern handhaben sie mittels lederner Tragbänder, die um den Hals und über der linken Schulter lagen. Später, nach Verlauf einer langen Zeit, wurden die Karer durch Dorier und Ioner von den Inseln vertrieben und gingen hinüber aufs Festland. Solches erzählen die Kreter von ihrer Herkunft. Aber die Karer selber lassen es nicht gelten, sondern sie glauben, daß sie vom ersten Anbeginn auf dem Festland heimisch gewesen seien und daß sie ihren jetzigen Namen von jeher unverändert geführt hätten, und berufen sich auf das alte Heiligtum des karischen Zeus in Mylasa, zu dem nur die Myser und die Lyder als ihre Brüder Zutritt hätten, denn Lydos und Mysos, so sagen sie, seien die Brüder des Kar gewesen. Diese also haben Anteil an dem Heiligtum; diejenigen jedoch, die von anderem Volkstum sind, aber die gleiche Sprache wie die Karer reden, die haben keinen Anteil.

172. Die Kaunier sind, wie mir scheint, Urbewohner; sie selbst jedoch behaupten, aus Kreta zu stammen. Ihre Sprache kommt der des karischen Volkes nahe, oder vielleicht ist es umgekehrt; das kann ich nämlich nicht genau entscheiden. Sie haben Bräuche, die von denen der anderen Menschen und von denen der Karer sehr verschieden sind. Ihnen gilt es nämlich als das Schönste, in Gruppen, nach Alter und Freundschaft getrennt, zum Trunk zusammenzukommen, Männer, Frauen und Kinder. Bei ihnen waren Heiligtümer fremder Götter angelegt worden; danach aber, als sie ihnen mißfielen, beschlossen sie, nur noch an die Götter der Väter zu glauben. So legten alle Kaunier, die in jüngerem Alter standen, ihre Waffen an, schlugen mit den Speeren die Luft und setzten dies bis auf kalyndikisches Gebiet fort, wobei sie sagten, jetzt trieben sie die fremden Götter aus.

173. Das sind so ihre Sitten. Die Lykier stammen ursprünglich aus Kreta, wo vor Zeiten nur Barbaren wohnten. Dort gerieten einst die Söhne der Europa, Sarpedon und Minos, in Streit darüber, wer von beiden König sein sollte. Minos behielt die Oberhand und vertrieb Sarpedon samt seinen Anhängern. Die Vertriebenen aber wandten sich nach Asien in die Land-

schaft Milyas. Denn das Land, worin jetzt die Lykier wohnen, gehörte früher den Milyern, die damals Solymer hießen. Solange nun Sarpedon ihr Fürst war, führten sie denselben Namen, den sie mitgebracht hatten und mit dem sie auch heute noch von ihren Nachbarn benannt werden, nämlich Termilen. Als aber von Athen Lykos, Pandions Sohn, gleich jenem von seinem Bruder Aigeus vertrieben, zu Sarpedon ins Land der Termilen kam, wurden sie mit der Zeit nach seinem Namen Lykier genannt. Ihre Sitten sind teils kretisch teils karisch, doch haben sie einen besonderen Brauch, worin sie sich von allen anderen unterscheiden. Sie nennen sich nämlich nach ihren Müttern, nicht nach ihren Vätern, und fragst du einen nach seiner Herkunft, so wird er sein Geschlecht von der Mutterseite her angeben und seiner Mutter Mütter aufzählen. Hat eine Frau des Landes einen Knecht zum Ehemann genommen, gelten die Kinder als Freigeborene; nimmt aber ein Mann des Landes, und wäre er auch noch so vornehm, ein fremdes Weib oder ein Kebsweib, so werden die Kinder unehelich.

174. Von diesen Völkern ließen sich die Karer durch Harpagos unterwerfen, ohne irgendeine rühmliche Tat vollbracht zu haben, weder sie selbst, noch die Hellenen, die in ihrem Lande wohnen. Es sitzen aber dort außer anderen auch die Knidier, die einst von Lakedaemon dorthin gekommen sind. Deren Land erstreckt sich nach der einen Seite ins Meer, und dieser Teil heißt Triopion und beginnt auf der anderen Seite an der Landenge von Bybassos, auf der Nordseite wird es von dem keramischen Meerbusen begrenzt, nach Süden hin aber von der See bei Syme und Rhodos. Auf diese Weise ist das ganze knidische Land, bis auf einen schmalen Streif, von Wasser umflossen. Jenen Streifen nun, etwa fünf Stadien breit, hatten die Knidier vor, zu durchstechen, und zwar eben zu jener Zeit, als Harpagos Ionien eroberte, und wollten ihr Land zu einer Insel machen und es gänzlich abtrennen; denn da, wo ihr Gebiet ins Festland übergeht, liegt die Enge, die sie durchgraben wollten. Und schon waren sie mit vielem Volk an der Arbeit. Weil aber die Arbeiter, wenn sie die Felsen zerschlu-

ERSTES BUCH

gen, an allen Teilen des Leibes verwundet wurden, besonders
aber an den Augen, und weil sie sahen, daß es auffällig oft und
auf unnatürliche Weise geschah, schickten sie nach Delphi
und ließen nach der Ursache dieser Widerwärtigkeit fragen.
Darauf gab ihnen die Pythia, wie die Knidier selbst erzählen,
folgende Antwort in dreimaßigem Tone.

Verschanzt des Landes Enge nicht, noch grabt sie ab!
Gefiel es Zeus, so hätt zur Insel ers gemacht.

Auf diesen Bescheid der Pythia hin standen sie ab vom
Durchstich und ergaben sich dem heranrückenden Harpagos
ohne Kampf.

175. Oberhalb der Stadt Halikarnassos, mitten im Lande,
saßen die Pedaser. Bei diesen pflegt, so oft ihnen und ihren
Umwohnern ein Mißgeschick begegnen will, die Priesterin
der Athena einen starken Bart zu bekommen. Schon dreimal
hat sich dies ereignet. Diese waren die einzigen in Karien, die
Harpagos eine Zeitlang widerstanden und ihm viel zu schaffen
machten, weil sie sich auf einem Gebirge mit Namen Lida
verschanzt hatten, und wurden erst später bezwungen.

176. Als aber Harpagos mit seiner Heeresmacht in die Ebene
des Xanthos einbrach, zogen die Lykier gegen ihn aus und
stritten wie Helden, wenige gegen viele. Da sie aber überwältigt wurden und in die Stadt zurückweichen mußten, brachten
sie Weiber und Kinder, ihre Habe und ihr Gesinde hinauf in
die Burg, zündeten sie an und ließen sie alle miteinander
verbrennen. Darauf schwuren sie sich gemeinsam einen gewaltigen Eid, machten einen Ausfall und fochten und starben allesamt. Von dem Volk, das jetzt in Xanthos wohnt und für
lykisch gelten will, ist der größte Teil eingewandert, ausgenommen achtzig Familien. Denn diese waren zu jener Zeit zufällig
außer Landes gewesen und so dem Untergang entronnen. Auf
diese Weise bekam Harpagos die Stadt Xanthos in seine Gewalt
und auf ähnliche Weise auch die Stadt Kaunos; denn auch die
Kaunier taten ungefähr dasselbe wie die Lykier.

177. So unterwarf Harpagos das untere Asien, das obere aber

Kyros selbst, der alle Völker, eines nach dem anderen, sich untertänig machte und keines verschonte. Doch will ich nicht von ihnen allen reden, sondern nur von denjenigen, die ihm die meiste Mühe bereiteten und besonders würdig sind, beschrieben zu werden.

178. Nachdem nun Kyros die Völker des Festlandes alle unter seine Gewalt gebracht hatte, wollte er auch die Assyrier unterwerfen. Dort in Assyrien[99] gibt es ja wohl noch viele andere große Städte, aber die namhafteste und stärkste Stadt und, seitdem Ninos zerstört worden war, auch der Sitz ihres Königreichs war Babylon. Sie liegt in einer großen Ebene und ist ein Viereck, und jede Seite des Vierecks ist einhundertzwanzig Stadien lang. Das sind zusammen vierhundertachtzig Stadien, und so groß ist also der Umfang der Stadt.[100] Wir kennen aber keine Stadt, die so prächtig gebaut wäre. Zunächst umzieht sie ein tiefer, breiter und wassergefüllter Graben und hinter dem Graben eine Mauer; die ist fünfzig königliche Ellen breit und zweihundert Ellen hoch.[101] Die königliche Elle aber ist noch um drei Fingerbreiten größer als die gewöhnliche.

179. Hier muß ich auch noch berichten, wozu man die Erde aus dem Graben verwendet und auf welche Weise man die Mauer errichtet hat. Während sie den Graben aushoben, machten sie sogleich aus der Erde, die sie herausbrachten, soviel Ziegel, als nötig waren, und brannten sie in Öfen. Hierauf mauerten sie zuerst die Ränder des Grabens, danach die Mauer selbst auf die gleiche Weise, indem sie anstatt des Mörtels heißes Erdharz nahmen und auf dreißig Schichten Ziegel je eine Schicht Rohrgeflecht dazwischenstopften. Oben auf der Mauer an beiden Rändern bauten sie einstöckige Türme, je zwei einander gegenüber. Zwischen den Türmen blieb soviel Raum, daß ein Viergespann hätte rings um die Mauer herumfahren können. Tore hat die Mauer im ganzen hundert, die alle aus Erz sind, desgleichen auch die Pfosten und Oberschwellen. Nun liegt acht Tagereisen von Babylon eine andere Stadt, Is ist ihr Name. Dort fließt ein nicht großer Fluß, der auch densel-

ERSTES BUCH

ben Namen trägt, nämlich Is, und ergießt sich in den Euphrat. Im Wasser dieses Flußes Is werden zahlreiche Klumpen Erdharz mitgeführt, und daher stammt das Erdharz für den Bau der Mauer zu Babylon.

180. Auf diese Weise wurde also die Stadt mit Mauern umgeben. Die Stadt zerfällt in zwei Teile. Denn mitten durch sie hindurch fließt ein breiter, tiefer und reißender Strom, der Euphrat heißt. Dieser entspringt in Armenien und ergießt sich ins Rote Meer.[102] Bis hinab zu diesem Strom auf beiden Seiten zieht sich die Mauer mit ihren Armen, und wo die Arme an das Wasser stoßen, biegen sie ein und ziehen weiter an beiden Ufern entlang als Mauerwälle von gebrannten Ziegeln. Die innere Stadt, die voll ist von Häusern zu drei und vier Stockwerken, wird durchschnitten von Straßen, die alle in gerader Linie verlaufen, nicht bloß die Hauptstraßen, sondern auch die Querstraßen, die zum Fluß hinabführen. Da, wo diese Straßen auf den Mauerwall am Fluß stoßen, waren kleine Pforten eingelassen, und zwar so viele, wie es Querstraßen gab. Auch diese Tore waren aus Erz und führten gleichfalls zum Fluß.

181. Diese ganze Mauer umgibt die Stadt wie ein Panzer. Innerhalb davon aber läuft noch eine zweite Mauer herum und ist nicht viel schwächer als die erste, aber geringer an Umfang. In der einen Hälfte der Stadt war nämlich die Königsburg, umgeben von einer großen und starken Ringmauer, in der anderen stand noch zu meiner Zeit das Heiligtum der Zeus Belos mit ehernen Toren, ein Viereck, zwei Stadien lang und ebenso breit. In der Mitte dieses Heiligtums ist ein fester Turm errichtet, ein Stadion lang und ein Stadion breit, und auf diesem Turm steht ein zweiter Turm und auf diesem wieder ein anderer und so weiter, bis zu acht Türmen. Außen um diese Türme ist eine Stiege gebaut, auf der man an ihnen hinaufsteigt, und wenn man bis zur Mitte hinaufgestiegen ist, findet man einen Ort zur Rast und Sitze zum Ausruhen. Oben auf dem letzten Turm steht ein großes Tempelhaus, und in dem Tempel steht ein großes Bett, mit schönen Decken belegt, und davor ein goldener Tisch. Aber kein Götterbild ist darin aufge-

stellt. Nachts darf sich dort kein Mensch verweilen, außer einem Weib, das sich der Gott aus allen Weibern des Landes auserlesen hat. So sagen die Chaldaier, die Priester dieses Gottes sind.

182. Diese Priester erzählen auch, was ich jedoch nicht glauben mag, der Gott käme selber jeweils in den Tempel und schlafe auf dem Ruhebett. Dasselbe erzählen die Ägypter in dem ägyptischen Theben. Auch dort pflegt ein Weib im Tempel des thebaischen Zeus zu schlafen. Es heißt, diese beiden Frauen hätten niemals mit einem sterblichen Manne Umgang. Das gleiche gilt auch in Patara in Lykien von der Priesterin des Gottes, wenn dieser erscheint. Denn dort gibt es nicht immer ein Orakel. Wenn aber der Gott erscheint, wird die Frau während der Nacht mit ihm eingeschlossen.[103]

183. Außer diesem steht noch ein anderer Tempel unten in jenem Heiligtum zu Babylon. Darin ist ein großes Sitzbild des Zeus von Gold, und vor dem Bild steht ein großer goldener Tisch, und golden sind auch der Schemel und der Stuhl. Achthundert Talente Gold, sagen die Chaldaier, seien darauf verwendet worden. Außerhalb dieses Tempels steht ein Altar von Gold. Es befindet sich dort auch noch ein anderer großer Altar, auf dem ausgewachsenes Kleinvieh dargebracht wird; denn auf dem goldenen dürfen sie nur Jungtiere opfern, die noch saugen. Und auf dem größeren Altare verbrennen die Chaldaier alljährlich tausend Talente Weihrauch, dann nämlich, wenn sie das Fest des Gottes begehen. Auch stand damals noch innerhalb des Tempels das Bild eines Mannes, zwölf Ellen hoch, voll und ganz aus Gold. Ich selber habe es nicht gesehen, sondern berichte, was die Chaldaier sagen. Schon König Dareios, Hystaspes' Sohn, trachtete nach diesem Bild, doch vermaß er sich nicht, es fortzunehmen. Xerxes aber, sein Sohn, nahm es fort und ließ den Priester, der ihm verbot, es anzutasten, töten. So reich also ist dieser Tempel in Babylon ausgeschmückt, in dem sich auch noch viele andere Weihgeschenke befinden.

184. Über dieses Babylon haben viele Könige geherrscht,

ERSTES BUCH

über die ich in den assyrischen Geschichten berichten werde
und davon, von welchen die Mauern und die Tempel ausge-
baut und ausgeschmückt worden sind. Unter ihnen waren aber
auch zwei Königinnen. Von diesen hat die ältere, die um fünf
Menschenalter vor der anderen gelebt hat und Semiramis[104]
hieß, durch die Ebene Dämme aufführen lassen, ein staunens-
wertes Werk. Denn vordem pflegte der Strom sich über die
ganze Ebene zu ergießen.

185. Die andere Königin aber, die spätere, ihr Name war
Nitokris[105], war nicht so töricht wie die frühere gewesen. Diese
hinterließ nicht nur Denkmäler, die ich nachher beschreiben
will, sondern weil sie sah, wie mächtig das Reich der Meder
geworden ist und daß sie keinen Frieden halten konnten,
sondern andere Städte eroberten, darunter auch Ninos, traf sie
Vorsichtsmaßregeln gegen sie, soviel sie konnte. Zunächst ließ
sie den Euphratstrom, der mitten durch die Stadt der Babylonier fließt und vordem einen geraden Lauf hatte, oberhalb der
Stadt durch Gräben, die sie ziehen ließ, so mannigfach hin und
her wenden, daß er eines der assyrischen Dörfer, Arderikka ist
sein Name, dreimal auf seinem Lauf berühren mußte. Und
wenn einer jetzt vom diesseitigen Meere her nach Babylon
reist und den Euphrat hinabfährt, so kommt er in dreitägiger
Fahrt dreimal an demselben Dorf vorbei. Und außer diesem
Werk ließ sie ferner entlang den beiden Seiten des Stromes je
einen Damm aufschütten, der hinsichtlich seiner Größe und
Höhe staunenswert ist, und weit oberhalb Babylons ein Bek-
ken graben für einen See, ganz nahe am Fluß hin, bis auf das
Grundwasser tief, vierhundertzwanzig Stadien im Umfang.
Von der Erde aber, die man ausgrub, ließ sie Dämme an den
Ufern des Stromes aufschütten. Und als der See gegraben war,
ließ sie Steine herbeischaffen und eine Mauer rund um die
Ränder des Sees ziehen. Beides aber, daß sie den Strom so stark
krümmte und daß sie das Becken überall bis auf Grundwasser-
tiefe aushob, tat sie deshalb, damit der Fluß, sich in vielen
Krümmungen brechend, langsamer fließe und die Schiffswege
nach Babylon gewunden seien und man noch den großen

Umweg um den See machen müsse. Auch tat sie dies in jener
Gegend des Landes, wo die Zugänge zu ihm lagen und der
kürzeste Weg aus dem Mederlande herführte, damit die Meder
auf dem Strom keinen Handelsverkehr trieben und so ihre
Unternehmen erführen.

186. So schützte sie Babylon auch durch Wasseranlagen,
benützte diese zugleich aber noch für einen anderen Zweck.
Da nämlich die Stadt aus zwei Teilen besteht, die der Fluß
voneinander trennt, mußte unter den früheren Königen jeder,
der aus dem einen Teil hinüber wollte in den anderen Teil, auf
einem Schiff übersetzen, und das war, wie ich glaube, ziemlich
beschwerlich. Auch hierfür schaffte jene Königin Rat und
schuf sich, als sie das Becken für den See graben ließ, mit
demselben Werk zugleich noch ein anderes Denkmal. Sie ließ
mächtige Steinblöcke zurichten, und als diese fertig standen
und das Becken gegraben war, leitete sie dort alles Wasser des
Stromes hinein, und während sich das Becken damit füllte und
das alte Strombett ausgetrocknet war, ließ sie zunächst die
Uferränder am Fluß in der Stadt und die Treppen, die von den
Pforten zum Fluß hinabführten, mit gebrannten Ziegeln auf-
mauern, und zwar auf dieselbe Weise wie die Stadtmauern;
dann ließ sie aus den Steinen, die sie hatte brechen lassen, etwa
in der Mitte der Stadt eine Brücke bauen und die Steine mit
Eisen und Blei verbinden. Über diese Brücke legte man bei
Anbruch des Tages viereckige Bohlen, auf denen die Babylonier hinübergingen, nachts aber wurden die Bohlen weggenommen, damit sie nicht zur Nachtzeit hinüberziehen und
einander bestehlen konnten. Als nun das ausgegrabene Becken
durch das Wasser des Flusses zu einem vollen See geworden
und der Bau der Brücke beendet war, leitete sie den Euphrat
wieder aus dem See zurück in sein altes Bett. Nun sah das Volk,
daß das Becken, indem es zu einem Sumpf wurde, mit gutem
Bedacht gegraben war, und für die Einwohner der Stadt war
eine Brücke hergerichtet.

187. Dieselbe Königin ersann auch folgenden Trug. Über
einem der Tore der Stadt, wo das Volk am meisten aus- und

ERSTES BUCH

einging, unmittelbar über dem Durchgang, ließ sie sich ein
Grabmal bauen und auf das Grabmal eine Schrift einhauen,
die folgendermaßen lautete: »Sollte dereinst von den Königen
Babylons, die nach mir kommen, einer in große Geldnot geraten, so öffne er das Grab und nehme soviel Geld, wie er glaubt,
zu brauchen. Er soll es aber nicht daraus nehmen, wenn er
nicht in Geldnot ist; denn das würde ihm nicht bekommen.«
Und keiner tastete das Grab an, bis das Reich an Dareios fiel.
Den verdroß es, daß er das Tor nicht benutzen sollte und daß
da ein Schatz läge und selber zu sich einlüde, und er sollte ihn
nicht nehmen. Er konnte aber das Tor nicht benutzen, weil
sonst, wenn er hindurchfuhr, ein Leichnam über seinem Haupte
gewesen wäre. So ließ er das Grab öffnen und fand zwar keinen
Schatz, aber den Leichnam und eine Inschrift, welche sagte:
»Wärest du nicht unersättlich in Geldgier und schnöder
Gewinnsucht voll, du würdest die Laden der Toten nicht
öffnen.«

188. Solche Geschichten erzählt man von dieser Königin.
Der Sohn dieser Frau war es, gegen den Kyros jetzt zu Felde
zog. Er hieß wie sein Vater Labynetos und war König der
Assyrier. Wenn aber der persische Großkönig in den Krieg
zieht, versieht er sich zu Hause reichlich mit Speisen und
Herdenvieh und führt sogar sein Trinkwasser mit sich aus dem
Fluß Choaspes, der bei Susa fließt, denn nur aus diesem trinkt
der König, aus keinem anderen Fluß. Wohin er immer zieht,
dahin folgen ihm vierräderige Maultierwagen in großer Zahl,
die in silbernen Gefäßen abgekochtes Wasser aus jenem Fluß
mitführen.

189. Als nun Kyros auf seinem Zug gegen Babylon zum Fluß
Gyndes[106] kam, der vom matienischen Gebirge herab durch das
Gebiet der Dardaner fließt und in einen andern Strom, den
Tigris, mündet, der an der Stadt Opis vorbei sich ins Rote Meer
ergießt, und Kyros diesen Fluß, der so breit ist, daß man mit
Schiffen hinübersetzt, überschreiten wollte, da sprang ihm
eines der heiligen weißen Rosse aus Übermut hinein und
wollte durchschwimmen, aber der Strom ergriff es, riß es unter

Wasser und trug es mit sich fort. Über diesen Frevel erzürnte Kyros in höchstem Maße und bedrohte ihn, er wolle ihn so klein machen, daß hinfort selbst Weiber ihn durchschreiten könnten, ohne das Knie naß zu machen. Und er unterbrach den Zug nach Babylon, teilte sein Heer in zwei Teile und stellte sie in langen Reihen an den beiden Ufern des Flusses auf; darauf maß er an jedem Ufer je hundertachtzig schnurgerade Gräben ab, nach den verschiedensten Richtungen hin, wies jedem seinen Ort an und befahl ihnen zu graben. Obgleich nun aber eine so große Menge bei dieser Arbeit war und das Werk schnell vonstatten ging, so verbrachten sie doch darüber die ganze Sommerzeit.

190. Nachdem Kyros sich in dieser Weise an dem Fluß Gyndes gerächt hatte, indem er ihn in dreihundertundsechzig Gräben zerteilte, und als der neue Frühling anbrach, zog er nun gegen Babylon. Die Babylonier rückten aus der Stadt heraus und traten ihm entgegen. Als er nahe an der Stadt war, griffen sie ihn an, aber sie verloren die Schlacht und wurden zurückgeworfen in ihre Mauern. Weil sie jedoch zuvor schon erkannt hatten, daß Kyros keinen Frieden hielt, und weil sie sahen, wie er jegliches Volk bekämpfte und keines verschonte, und sich darum mit Kornvorräten für viele Jahre versehen hatte, sorgten sie sich nicht um die Belagerung, wohingegen Kyros in Bedrängnis geriet, weil er trotz der langen Zeit mit seiner Unternehmung nicht vorankam.

191. Ob ihm nun ein anderer in dieser Not den Ratschlag gab, oder ob er selber erkannte, was da zu tun wäre, genug, er versuchte es auf folgende Art. Er führte das Heer von der Stadt hinweg und stellte einen Teil an der Einmündung des Stromes in die Stadt auf und einen anderen Teil weiter unterhalb, wo der Strom die Stadt verläßt, und befahl ihnen, sobald sie sähen, daß das Flußbett gangbar würde, es zu durchqueren, und auf diesem Weg in die Stadt einzudringen. Nach dieser Anordnung zog er selber mit dem kampfuntüchtigen Teil des Heeres hinauf zu jenem See, und als er dort ankam, tat er dasselbe, was vorzeiten die babylonische Königin mit dem Fluß und mit

dem See getan hatte. Er leitete den Fluß durch einen Graben in den See, der damals nur ein Sumpf war, und während der Fluß abnahm und sank, bewirkte er, daß man das alte Bett durchschreiten konnte. Und durch das Flußbett drangen nun die Perser, die Kyros am Flußufer aufgestellt hatte, in Babylon ein; denn das Euphratwasser reichte ihnen jetzt höchstens bis zur Hälfte des Schenkels. Wenn nun die Babylonier vorher erfahren oder gemerkt hätten, was Kyros beabsichtigte, hätten sie die Perser nicht in die Stadt hereinkommen lassen, sondern ihnen ein schimpfliches Ende bereitet. Denn sie hätten nur alle Pforten am Fluß verschließen und die Mauerdämme besetzen müssen, so hätten sie ihre Feinde wie Fische in der Reuse gefangen. So aber fielen die Perser unversehens über sie her. Weil aber die Stadt so groß war, hatten sie, wie die Einwohner erzählen, die äußeren Enden schon eingenommen, ohne daß die Leute inmitten der Stadt etwas von dem Unglück wußten. Denn weil es ein Festtag war, führten sie noch Reigen auf und schmausten und waren guter Dinge, bis sie es endlich mit Schrecken erfuhren. So wurde Babylon zum erstenmal eingenommen.

192. Von dem großen Reichtum der Babylonier gibt neben vielem anderen, was ich zeigen kann, vor allem folgende Beobachtung eine gute Anschauung. Da nämlich das ganze Land, über das der Großkönig gebietet, außer der Steuer, die es zahlt, auch noch je einen Teil hergeben muß zum Unterhalt des Königs und seines Kriegsheeres, ernährt ihn das babylonische Land allein vier Monate lang im Jahr, das ganze übrige Asien zusammen acht Monate, so daß sein Reichtum einem Drittel von ganz Asien entspricht. Diese Provinz – die Perser nennen eine Provinz eine Satrapie – ist von allen persischen Provinzen die reichste und einträglichste. So nahm Tritantaichmes, Artabazos' Sohn, dem der König diese Provinz übergeben hatte, täglich an Silber eine volle Artabe ein. Die Artabe ist ein persisches Maß und übertrifft den attischen Medimnos um drei attische Choiniken.[107] An Pferden besaß er für seine Person, ohne die Kriegsrosse, achthundert Beschäler und sech-

KLEIO

zehntausend Stuten, je einen Hengst auf zwanzig Stuten, und
von indischen Hunden unterhielt er eine so große Zahl, daß
vier ansehnliche Dörfer der Ebene ohne jede andere Abgabe
allein verpflichtet waren, für diese das Futter zu liefern. So
reich waren die Einkünfte des babylonischen Statthalters.

193. Im Land der Assyrer regnet es nur wenig, und dies
wenige reicht nur hin, um die Wurzel der Saat zu nähren, zum
Wachstum aber und zur Reife kommt sie durch Bewässerung
aus dem Fluß. Denn da der Fluß nicht, wie in Ägypten, die
Äcker überschwemmt, muß man das Wasser mit Menschenhand und Hebewerken hinaufbringen. Das ganze Land um
Babylon ist wie das ägyptische von Gräben durchschnitten,
von denen der größte schiffbar ist und vom Euphrat nach
Südosten läuft bis zu einem anderen Strom, dem Tigris, an dem
die Stadt Ninos lag. Kein Land von allen, die wir kennen, ist so
ergiebig an Korn wie dieses, während es im übrigen auf Fruchtbäume wie Feigenbäume, Ölbäume und Weinstöcke gänzlich
verzichten muß. Aber für die Frucht der Demeter ist es so gut
geeignet, daß es in der Regel bis zu zweihundert Körner liefert
und, wenn es sich einmal selber übertrifft, sogar bis zu dreihundert. Die Blätter des Weizen- und Gerstenhalmes werden dort
leicht vier Finger breit. Welch baumhohe Stauden aus Hirse
und Sesam hier wachsen, ist mir wohl bekannt, aber ich
schweige lieber davon; weiß ich doch, daß Leuten, die nicht in
Babylon gewesen sind, auch das schon sehr unglaubwürdig
vorkam, was ich von den Feldfrüchten erzählt habe. Öl haben
sie nur das, welches sie aus Sesam bereiten. Aber Palmbäume
finden sich überall in der Ebene; die meisten tragen Früchte,
aus denen sie Speisen, Wein und Honig bereiten. Sie behandeln sie, wie man die Feigenbäume behandelt, zumal auch
darin, daß sie die Frucht solcher Palmen, die wir Hellenen die
männlichen nennen, an die datteltragenden Palmen anbinden,
damit die Wespe in die Dattel eindringe und sie reifen mache
und die Palmfrucht nicht abfalle. Denn die männlichen Palmbäume tragen, ebenso wie die wilden Feigenbäume, Wespen in
ihrer Frucht.

ERSTES BUCH

194. Was mir aber, außer der Stadt, in diesem Lande am merkwürdigsten erscheint, das will ich nunmehr beschreiben. Die Schiffe, die auf dem Fluß nach Babylon hinunterfahren, sind ganz und gar aus Leder und dabei kreisrund. In Armenien, oberhalb Assyriens, machen sie die Schiffsrippen aus Weiden und umspannen sie außen mit einer Decke von Häuten, die gleichsam den Boden des Schiffes darstellen, dessen Form rundlich ist wie ein Schild. Danach wird es ganz mit Stroh aufgefüllt, beladen und den Strom hinabgelassen. Die Ladung besteht zumeist aus Wein in Palmholzfässern. Gelenkt wird das Schiff mit zwei Steuerrudern und von zwei Männern, die darin aufrecht stehen, von denen der eine sein Ruder einwärts zieht, während der andere das seine nach außen stößt. Diese Schiffe sind teils überaus groß, teils auch kleiner, die größten tragen wohl fünftausend Talente. In jedem Schiff ist ein lebendiger Esel, in den größeren mehrere. Denn wenn sie in Babylon angelangt sind und ihre Ladung verkauft haben, schlagen sie unverzüglich das Schiffsgerippe mit dem Stroh an den Meistbietenden los, packen die Häute auf die Esel und wandern heim ins armenische Land. Denn den Fluß wieder hinauf zu fahren ist ganz unmöglich wegen seiner starken Strömung, und dies ist auch der Grund dafür, daß sie die Schiffe nicht aus Balken, sondern aus Häuten herrichten. Kommen sie mit ihren Eseln nach Armenien zurück, so bauen sie sich wieder neue Schiffe auf dieselbe Art.

195. Ihre Kleidung ist ein leinener Rock, der bis auf die Füße reicht; darüber ziehen sie einen zweiten Rock von Wolle und ein weißes Mäntelchen als Umwurf. Die Schuhe, die dort im Gebrauch sind, haben Ähnlichkeit mit den boiotischen Pantoffeln. Das Haupthaar lassen sie lang wachsen, binden es zusammen und salben sich den ganzen Leib mit Myrrhen. Jedermann trägt einen Siegelring und einen geschnitzten Stab, der oben mit einem Apfel, einer Rose oder Lilie oder einem Adler oder sonst einer Figur verziert ist. Einen Stock ohne ein solches Wahrzeichen zu tragen, wäre gegen die Sitte. So viel über ihre äußere Erscheinung.

KLEIO

196. Von ihren Bräuchen ist folgender der gescheiteste, der sich, wie ich höre, auch bei den illyrischen Enetern[108] finden soll. Einmal in jedem Jahre wurden in jedem Dorf alle Mädchen, die in das mannbare Alter gekommen waren, zusammengeholt und auf einem Platz versammelt. Um sie im Kreis herum scharten sich die Männer. Dann rief sie ein Herold auf und verkaufte sie, eine nach der anderen, zuerst die schönste von allen. War diese um schweres Gold verkauft, so bot er eine andere aus, die nach jener die schönste war. Es galt aber bei jedem Verkauf als Bedingung, daß der Käufer das Mädchen heiraten mußte. Da überboten sich die heiratslustigen Babylonier, die sehr vermögend waren, gegenseitig und kauften sich die schönsten vorweg. Der gemeine Mann aber, der sich eine Frau suchte, sah nicht auf die Schönheit der Gestalt, sondern nahm sich das Gold und eines von den weniger schönen Mädchen. Wenn nämlich der Herold mit dem Verkauf der schönsten Mädchen zu Ende war, rief er die häßlichste auf, oder wenn eine darunter mißgestaltet war, und schlug sie dem zu, der sie für den geringsten Preis ehelichen wollte. Das Geld wurde vom Erlös der schönen Jungfrauen genommen, und so verheirateten gewissermaßen die schönen Mädchen die häßlichen und krüppelhaften. Auch durfte keiner seine Tochter geben, wem er wollte, auch kein Käufer sein Mädchen wegführen ohne Bürgen, sondern er mußte erst versprechen und dafür Bürgen stellen, daß er sie zu seinem ehelichen Weibe machen würde. Passten sie aber nicht zueinander, so mußte er das Gold zurückgeben. Auch aus anderen Dörfern konnte jedweder kommen und sich eine Frau erstehen. Das war ihr schönster Brauch, der sich aber nicht bis auf unsere Zeit erhalten hat, sondern sie haben dafür etwas Neues eingeführt. Denn seitdem sie durch die Eroberung in Elend und Armut geraten sind, gibt das gemeine Volk aus Mangel am allernotwendigsten seine Töchter zur Unzucht feil.

197. Ein anderer Brauch ist nächst dem der klügste. Weil sie keine Ärzte haben, bringen sie ihre Kranken auf den Markt; dann kommen die Leute herzu, und wer selber ein solches

Übel gehabt hat wie der Kranke, oder wer einen anderen daran hat leiden sehen, der bespricht sich mit dem Kranken und rät ihm dieselben Mittel, wodurch er selber von dem Übel geheilt wurde oder einen anderen hat genesen sehen. Niemand darf an dem Kranken schweigend vorübergehen, ohne erst zu fragen, was ihm fehle.

198. Die Toten bestatten sie in Honig, und ihre Klagelieder sind ähnlich wie die ägyptischen. Hat ein Babylonier mit seinem Weibe Verkehr gehabt, zündet er ein Räucherwerk an und setzt sich dabei nieder, und an einer anderen Stelle tut sein Weib dasselbe; wenn es danach Tag geworden ist, baden sie sich beide und rühren keinerlei Gefäß an, bevor sie sich gebadet haben. Ebenso halten es auch die Araber.

199. Der häßlichste Brauch bei den Babyloniern ist hingegen dieser. Jedes Weib des Landes muß in ihrer Lebenszeit einmal im Heiligtum der Aphrodite niedersitzen und sich dort an einen Fremden hingeben. Viele, die im Stolz auf ihren Reichtum es verschmähen, sich unter die anderen zu mengen, fahren in verdeckten Wagen zum Tempel und stehen dort, und eine zahlreiche Dienerschaft folgt ihnen nach. Zumeist aber sitzen sie im Umkreis des Tempels mit einem Kranz von Stricken ums Haupt. Es sind viele Frauen, und die einen kommen, die anderen gehen. Zwischen ihnen hindurch laufen schnurgerade Gassen nach jeglicher Richtung, in denen die Fremden hindurchschreiten und auswählen. Hat sich ein Weib erst einmal dort niedergesetzt, so kehrt sie nicht eher in ihr Haus zurück, bis einer der Fremden ihr ein Geldstück in den Schoß wirft und ihr außerhalb des Heiligtums beiwohnt. Wenn er ihr das Geld zuwirft, darf er nur sagen: »Im Namen der Mylitta, komm!« (so heißt nämlich bei den Assyriern die Aphrodite), und mag das Geldstück groß oder klein sein, sie wird es gewiß nicht zurückweisen; denn das steht ihr nicht zu, weil das Geld der Göttin gehört. Dem ersten aber, der es ihr zuwirft, folgt sie und dabei ist ihr keiner zu gering. Nachher aber, wenn sie der Göttin ihre Schuldigkeit getan hat und sie wieder heimgekehrt ist in ihr Haus, wird man ihr einen noch so hohen Preis

KLEIO

bieten können, man wird sie hinfort nicht mehr gewinnen.
Diejenigen nun, die von schöner und hoher Gestalt sind, kommen bald nach Hause, aber die unschönen müssen lange Zeit
warten, weil sie das Gesetz nicht erfüllen können; etliche
müssen wohl drei oder vier Jahre warten. Ein ähnlicher Brauch
wie dieser wird auch hier und da auf Kypros geübt.
200. Dies sind die Sitten und Bräuche, die sich bei dem
babylonischen Volk finden. Drei Stämme von ihnen leben nur
von Fischen, die sie nach dem Fang an der Sonne dörren,
darauf in einen Mörser tun, mit Keulen zerstoßen und danach
durch ein feines Tuch sieben. Daraus rührt sich, je nach seinem
Belieben, der eine einen Fladen an, ein anderer bäckt es wie
Brot.

201. Als Kyros auch dieses Volk unterworfen hatte, trachtete
er ferner danach, auch die Massageten unter sich zu bringen.
Diese gelten als ein großes und streitbares Volk, und wohnen
gen Osten und Sonnenaufgang, jenseits des Flusses Araxes,
gegenüber den Issedonen. Auch halten einige sie für ein skythisches Volk.
202. Vom Fluß Araxes sagen die einen, er sei größer als der
Istros, andere sagen, er sei kleiner. Zahlreiche Inseln sollen in
ihm liegen, so groß etwa wie die Insel Lesbos, und von Menschen bewohnt sein, die sommers allerlei Wurzeln ausgraben
und sich davon ernähren, im Winter aber von Baumfrüchten
leben, die sie nach der Reife gesammelt und aufbewahrt haben.
Sie haben auch noch andere Bäume bei sich, die ganz besondere Früchte tragen. Wenn viel Volk zusammen ist, zünden sie
ein Feuer an, setzen sich im Kreis herum und werfen die
Früchte ins Feuer. Wenn dann der Geruch der verbrennenden
Früchte ihnen in die Nase steigt, werden sie berauscht[109] wie
die Hellenen von ihrem Wein und werfen immer noch mehr
Früchte ins Feuer, so daß sie immer berauschter werden und
zuletzt aufspringen zum Tanz und zu singen anfangen. So
erzählt man von ihrer Lebensweise. Was aber den Fluß anbelangt, den Araxes[110], so entspringt dieser im Lande der Matie-

ERSTES BUCH

ner, ebenso wie der Gydes, den Kyros in dreihundertsechzig Gräben zerteilte. Er mündet in vierzig Armen, die alle außer einem in Sümpfen und Morästen enden; an ihren Ufern sollen Menschen wohnen, die von rohen Fischen leben und sich in Robbenfelle kleiden. Nur jene eine Mündung des Araxes fließt durch offenes Land in das Kaspische Meer. Das Kaspische Meer besteht ganz für sich, das mit keinem anderen Meer zusammenhängt. Denn alles Meer, das die Hellenen befahren, und das Meer jenseits der Säulen, das sogenannte atlantische, sowie das Rote Meer, diese alle sind eigentlich nur ein einziges Meer.[111]

203. Hingegen ist das Kaspische ein besonderes Meer für sich. Seine Länge beträgt für Ruderfahrt fünfzehn Tage, seine Breite, da wo sie am größten ist, acht Tage. An seiner Westseite entlang zieht sich der Kaukasos, an Ausdehnung das größte, an Höhe das steilste aller Gebirge, und wird bewohnt von vielen verschiedenartigen Volksstämmen, die sich fast alle von den wilden Bäumen des Waldes ernähren. Darunter, sagt man, seien Bäume mit merkwürdigen Blättern, die sie zerreiben und mit Wasser mischen und sich damit Bilder auf ihre Kleider malen, und diese Bilder vergehen nicht beim Waschen, sondern halten so lange, wie auch die Wolle hält, als wären sie von Anbeginn miteingewirkt. Die Begattung unter diesen Menschen, erzählt man, geschehe vor aller Augen wie beim Herdenvieh.

204. Im Westen also wird dies sogenannte Kaspische Meer vom Kaukasos begrenzt, im Osten aber, gegen Sonnenaufgang, schließt sich eine Ebene von unabsehbarer Weite an, und von dieser Ebene bewohnen nicht den kleinsten Teil eben jene Massageten, gegen die Kyros in den Krieg zu ziehen gedachte. Es waren viele und gewichtige Gründe, die ihn zu diesem Unternehmen ermunterten und anreizten, vor allem seine Herkunft, wonach er mehr zu sein glaubte als ein Mensch, und ferner das Glück, das ihn in seinen Kriegszügen begleitete. Denn kein Volk, gegen das er seine Waffen richtete, vermochte ihm zu entrinnen.

KLEIO

205. Nun herrschte damals bei den Massageten nach dem Tod ihres Königs seine Witwe als Königin; Tomyris war ihr Name. Zu dieser sandte Kyros und warb um sie, als wünschte er sie zur Gemahlin. Sie aber erkannte wohl, daß er nicht um sie warb, sondern um das Reich der Massageten, und wies ihn ab. Als ihm diese List nicht gelang, zog er mit seiner ganzen Heeresmacht zum Fluß Araxes und erhob offenen Krieg gegen die Massageten, indem er Brücken schlug über den Fluß, um das Heer darauf hinüberzuführen, und Türme errichtete auf den Schiffen, die zum Übersetzen dienten.

206. Während er noch an den Vorbereitungen war, sandte ihm Tomyris einen Boten, und der Bote sprach zu ihm: »Laß ab, Mederkönig, von deinem Bemühen. Weißt du doch nicht, ob es dir nützen würde, wenn du es vollbringst. Nein, laß ab und bleibe König über das Deine, und laß es dich nicht verdrießen, daß auch wir über das Unsere herrschen. Willst du aber unserem Rat nicht folgen und keinen Frieden halten und verlangt es dich so sehr danach, die Massageten anzugreifen, so spare dir die Mühe, den Strom durch Türme zu befestigen. Wir Massageten wollen uns drei Tage Weges vom Fluß zurückziehen, dann komm herüber in unser Gebiet. Willst du aber lieber uns in dein Gebiet einlassen, so ziehe du dich drei Tagereisen weit zurück.« Als Kyros dieses vernommen hatte, berief er die vornehmsten der Perser zusammen und legte ihnen allen die Sache vor, damit sie ihm rieten, was er tun solle. Und sie stimmten darin überein, daß er Tomyris und ihr Heer in seinem Land erwarten sollte.

207. Nur Kroisos, der Lyder, der auch anwesend war, fand den Rat nicht gut, sondern gab einen anderen, der jenem ganz zuwiderlief. »O König«, sprach er, »schon einmal habe ich dir versprochen, da Gott mich in deine Hand gegeben, daß ich allen Schaden, den ich gewahren würde, nach Kräften von deinem Hause abwenden wolle. Nun sind mir meine Leiden, so bitter sie waren, zu einer Lehre geworden. Meinst du, du seiest unsterblich und ebenso das Heer, das du befehligst, so ist es umsonst, dir meinen Rat zu sagen. Erkennst du aber, daß du

107

ERSTES BUCH

ein Mensch bist und über Menschen gebietest, so wisse zuvor, daß die Menschenschicksale sich wie in einem Kreise drehen, der nie zuläßt, daß immer die gleichen Menschen im Glück stehen. Was aber diese Sache anbelangt, über die wir beraten, so habe ich eine ganz andere Meinung als diese Männer. Lassen wir die Feinde in unser Land, so mußt du entweder befürchten, daß du unterliegst und zugleich dein ganzes Reich verlierst; denn falls die Massageten siegen, werden sie nicht heimwärts fliehen, sondern vordringen in deine Länder. Ober aber du siegst, so ist dein Sieg nicht so groß, als wenn du die Massageten drüben in ihrem eigenen Lande überwindest und die Flüchtigen verfolgst. Denn ich setze hier dasselbe wie dort, daß du nach deinem Sieg über die Feinde rasch vordringen wirst auf das Gebiet der Tomyris. Und abgesehen davon, wäre es nicht eine unleidliche Schmach, wenn Kyros, Kambyses' Sohn, fliehen sollte und das Feld vor einem Weibe räumen? So rate ich, hinüberzugehen und vorzurücken so weit, wie jene vor uns weichen, danach aber es mit einer List zu versuchen, damit wir sie besiegen. Die Massageten wissen nämlich, wie ich höre, noch nichts von persischem Wohlleben und kennen keine großen Genüsse. Deshalb rate ich, reichliches Vieh für sie zu schlachten, und damit ein Mahl herzurichten in unserem eigenen Lager, mit unvermischtem Wein in vielen Krügen und Speisen mannigfachster Art. Wenn ihr das getan habt, müßt ihr den untauglichen Teil des Heeres dort zurücklassen und mit den anderen wieder zum Fluß zurückkehren. Denn wenn mich nicht alles täuscht, werden die Feinde beim Anblick eines so reichen Mahles sich ihm zuwenden; wir aber können uns dann in großen Taten erweisen.«

208. So stand ein Rat gegen den anderen. Kyros aber entschied sich nicht für den ersten, sondern für des Kroisos Rat und ließ Tomyris sagen, sie möchte sich zurückziehen, er gedächte, sie drüben in ihrem Lande aufzusuchen. Und sie zog sich ihrem Versprechen gemäß zurück. Da übergab Kyros den Kroisos in die Hand seines Sohnes Kambyses, dem er das Reich hinterlassen wollte, mit der ernstlichen Mahnung, diesen Mann

108

KLEIO

zu ehren und ihm Gutes zu erweisen, auch wenn der Übergang ins Land der Massageten nicht zum Heile geriete, und nachdem er den Sohn ermahnt hatte, schickte er sie beide nach Persien, er selber aber ging mit seinem Heer über den Fluß.

209. In der folgenden Nacht, als er jenseits des Flusses im Land der Massageten schlief, erschien ihm ein Traumbild, und es träumte ihm, er sähe den ältesten von Hystaspes' Söhnen mit Flügeln an den Schultern, und der eine Flügel überschattete Asien, der andere Europa. Nun war von den Söhnen des Hystaspes, der ein Sohn des Arsames und aus dem Hause der Achaimeniden war, Dareios der älteste und stand damals in einem Alter von etwa zwanzig Jahren; er war in Persien zurückgeblieben, weil er noch zu jung zum Kriege war. Als Kyros erwachte, dachte er über das Traumbild nach, und weil es ihm doch bedeutsam schien, ließ er Hystaspes rufen, nahm ihn beiseite und sprach zu ihm: »Hystaspes! es hat sich erwiesen, daß einer deiner Söhne gegen mich und meinen Thron einen Anschlag schmiedet, und ich will dir auch sagen, wie mir dies zu sicherer Kenntnis gekommen ist. Siehe, ich stehe in der Hut der Götter, und sie künden mir jegliche Gefahr, die mich bedroht, voraus. So sah ich in dieser Nacht im Schlaf deinen ältesten Sohn mit Flügeln an den Schultern, und mit dem einen Flügel beschattete er Asien, mit dem anderen Europa. Dies Gesicht läßt mich nicht zweifeln, daß er Arges gegen mich betreibt. Darum eile, daß du nach Persien kommst, und sorge dafür, daß du mir deinen Sohn vor Gericht stellst, sobald ich dieses Volk bezwungen habe und wieder heimkehre.«

210. So sprach Kyros, weil er glaubte, daß Dareios sich gegen ihn erheben wollte. Aber die Gottheit wollte ihm nur offenbaren, daß er selber dort im Massagetenlande sterben und sein Reich übergehen würde an Dareios. Hystaspes aber erwiderte ihm und sprach: »O König! möge es niemals einen Perser geben, der auf Empörung sinnt wider dich; lebt aber ein solcher, so sterbe er sogleich! Bist du es doch, der uns Perser aus Knechten zu Freien gemacht und aus Unterwerfung zur Herrschaft über alle erhoben hat. Kündet dir ein Traumgesicht, daß

ERSTES BUCH

mein Sohn Aufruhr gegen dich erheben will, so geb ich ihn in deine Hand, daß du mit ihm tust nach deinem Gefallen.«

211. So antwortete Hystaspes und kehrte eilig über den Araxes zurück ins Land der Perser, um seinen Sohn Dareios in Gewahrsam zu halten, bis der König komme. Kyros aber rückte weiter vorwärts und entfernte sich einen Tagemarsch weit vom Araxes. Dort tat er, wie ihm Kroisos geraten hatte. Als er sich darauf mit dem rüstigen Teil des Heeres zum Fluß zurückzog und nur die Kampfuntauglichen dort blieben, kam ein Drittel des Massagetenheeres herzu und erschlug die Zurückgebliebenen, so sehr sie sich auch wehrten, allesamt und saßen, als sie das hergerichtete Mahl erblickten, gleich nieder und aßen, bis sie von Speise und Wein voll waren, und verfielen in Schlaf. Da kamen die Perser über sie, erschlugen eine große Anzahl von ihnen, noch viel mehr aber fingen sie lebendig, darunter auch ihren Anführer, der Königin Sohn Spargapises.

212. Als es der Königin zu Ohren kam, wie es dem Heer und ihrem Sohn ergangen war, schickte sie einen Herold zu Kyros und ließ ihm sagen: »O Kyros, der du unersättlich nach Blute dürstest, rühme dich nicht deines Erfolges! Mit der Frucht des Weinstocks, die euch selbst wahnsinnig macht, wenn ihr sie trinkt, so daß üble Worte in euch emporsteigen, während der Wein in den Körper hinabfließt – mit diesem Gift hast du meinen Sohn betört und überwältigt, aber nicht mit der Faust im offenen Kampf. Nun höre meine Rede, denn ich rate dir zum Guten. Gib mir den Sohn heraus und weiche aus diesem Land ungestraft, nachdem du an dem dritten Teil der Massageten deine Lust gebüßt. Wo nicht, so schwöre ich dir beim Helios, dem Herrn der Massageten, fürwahr, so unersättlich du nach Blute dürstest, ich will dich dessen satt machen.«

213. Kyros jedoch achtete nicht auf diese Botschaft. Spargapises aber, der Königin Sohn, bat, als die Wirkung des Weines nachließ und er sein Unglück erkannte, den König, ihn von den Fesseln zu befreien. Diese Bitte wurde ihm gewährt. Aber kaum war er frei und seiner Hände mächtig, tötete er sich selber.

214. So war sein Ende. Tomyris aber, weil Kyros auf ihre Worte nicht gehört hatte, sammelte alle ihre Macht und griff ihn an. Diese Schlacht, finde ich, ist von allen Schlachten, die je unter den Barbaren geliefert worden, die gewaltigste gewesen, und sie nahm, wie ich höre, diesen Verlauf. Anfangs, so heißt es, beschossen sie einander aus der Ferne, darauf, als sie alle Pfeile verschossen hatten, fielen sie übereinander her, Mann gegen Mann, mit Speeren und Schwertern. So kämpften und rangen sie lange Zeit, und es wollte kein Teil weichen, bis endlich die Massageten siegten. Dabei fiel der größte Teil des Perserheeres, und Kyros selber fand den Tod, nachdem er im ganzen neunundzwanzig Jahre lang König gewesen war. Tomyris aber füllte einen Schlauch mit Menschenblut und suchte unter den erschlagenen Persern nach Kyros' Leiche, und als sie ihn gefunden hatte, tat sie sein Haupt in den Schlauch, den Leib aber schändete sie, und rief dabei: »Obgleich ich lebe und dich in der Schlacht besiegt habe, hast du mir doch großes Leid zugefügt, als du meinen Sohn mit List zu Fall brachtest. Dich aber will ich, wie ich gedroht habe, in Blut ersättigen.«

Über das Ende des Kyros sind viele Erzählungen im Schwange; davon bin ich derjenigen gefolgt, die mir am glaubwürdigsten schien.

215. Die Massageten sind in Kleidung und Lebensweise den Skythen ähnlich. Sie kämpfen zu Pferd und zu Fuß, denn sie verstehen sich auf beiderlei Kampf, sind zugleich Bogenschützen und Speerkämpfer und führen die Streitaxt. Bei ihnen sind Gold und Erz im Gebrauch. Aus Erz fertigen sie die Speere, Pfeile und Streitäxte; mit Gold schmücken sie die Hauben, Gürtel und Achselbänder. Desgleichen panzern sie ihre Rosse mit ehernen Brustharnischen, hingegen Zügel, Gebiß und Kopfgeschirr sind von Gold. Eisen und Silber ist ihnen fremd, auch findet es sich nicht in ihrem Lande, aber Gold und Erz in Fülle.

216. Was ihre Sitten betrifft, so nehmen sie zwar alle je ein Weib, aber sie leben mit ihnen in Weibergemeinschaft. Denn was die Hellenen von den Skythen erzählen, das tun nicht die

ERSTES BUCH

Skythen, sondern die Massageten. Wenn einem von ihnen die Lust nach einem Weibe ankommt, hängt er seinen Bogen draußen an ihren Wagen und kommt zu ihr ohne Scheu. Sie wissen zwar nichts von einer bestimmten Grenze des Lebensalters, aber sobald einer von ihnen gar zu alt wird, kommen alle seine Verwandten zusammen, schlachten ihn zusammen mit sonstigem Vieh, kochen das Fleisch und verschmausen es. Dies gilt ihnen als das glückseligste Ende. Stirbt aber einer an Krankheit, so verspeisen sie ihn nicht, sondern begraben ihn und klagen um ihn, daß es ihm nicht beschieden war, geschlachtet zu werden. Äcker bestellen sie nicht, sondern leben von ihren Herden und von Fischen, die sie in großer Menge im Araxes fangen, und ihr Getränk ist Milch. Von den Göttern verehren sie allein den Helios, dem sie Pferde opfern. Und der Sinn dieses Opfers ist, daß sie dem schnellsten der Götter das schnellste unter allen Geschöpfen darbringen.

ZWEITES BUCH

Euterpe

1. Als Kyros tot war, wurde Kambyses König. Er war der Sohn des Kyros und der Kassandane, der Tochter des Pharnaspes. Diese war vor Kyros gestorben, und er hatte darum ein großes Leid getragen und auch allen seinen Untertanen geboten, um sie zu trauern. Dieser Frau und des Kyros Sohn war Kambyses. Die Ioner und Aioler achtete er für Knechte seines Hauses, und da er gegen Ägypten zog, führte er neben seinen anderen Untertanen auch die Hellenen mit, soviele ihrer unter seiner Macht waren.

2. Früher, vor der Regierung des Psammetichos, hielten sich die Ägypter für das älteste Volk. Seitdem aber Psammetichos als König nachgeforscht hatte, welches Volk das älteste wäre, meinen sie, die Phryger seien noch älter als sie, sie aber älter als die anderen. Als nämlich Psammetichos durch seine Nachforschung in keiner Weise zu ermitteln vermochte, welche die ältesten Menschen seien, ersann er folgenden Weg. Zwei eben geborene Kinder gemeiner Leute gab er zu einem Hirten unter die Herden und gebot ihm, sie folgendermaßen zu halten: Niemand sollte vor ihnen ein Wort sprechen, in einsamer Hütte abgesondert sollten sie liegen; zu gewisser Zeit sollte er Ziegen hinzubringen, sie mit deren Milch sättigen und sie mit allem Notwendigen versorgen. Solches tat und gebot Psammetichos deshalb, weil er wissen wollte, welche Sprache die Kindlein, wenn die Zeit ihres unverständlichen Lallens vorüber sei, zuerst würden verlauten lassen. Und so geschah es. Zwei Jahre hatte der Hirt sie so gehalten, da begab es sich eines Tages, als er

ZWEITES BUCH

die Tür öffnete und zu ihnen eintrat, daß die Kinder auf ihn zueilten, die Hände entgegenstreckten und riefen: »Bekos!« Als der Hirt dies zum erstenmal hörte, schwieg er noch darüber; da aber das Wort sich öfters wiederholte, wenn er kam und sie versorgte, meldete er es seinem Herrn und brachte auf sein Verlangen die Kinder vor ihn. Da hörte es Psammetichos selber. Nun ließ er forschen, bei welchem Volk das Wort ›Bekos‹ gesprochen würde, und fand, daß die Phrygen damit das Brot benennen. Hieraus schlossen die Ägypter und gaben zu, daß die Phrygen älter seien als sie. So habe ich die Geschichte von den Priestern des Hephaistos[1] in Memphis gehört. Es gibt aber Hellenen, die außer vielen anderen Torheiten auch erzählen, Psammetichos habe die Kinder zu einigen Weibern in Pflege gegeben, denen er zuvor die Zunge hätte ausschneiden lassen.

3. So erzählte man von der Erziehung der Kinder. Ich habe aber in Memphis[2] auch noch anderes gehört, wo ich mich mit den Priestern des Hephaistos besprach, und habe mich auch aus eben diesem Grunde nach Theben und Heliopolis gewendet, weil ich mich überzeugen wollte, ob ihre Angaben mit denen in Memphis übereinstimmten. Gelten doch die Heliopoliten für die unterrichtetsten Leute in Ägypten. Was ich da über die Götter vernommen habe, will ich hier nicht berichten, außer ihre Namen, denn ich glaube, alle Menschen wissen davon gleichwenig, und wenn ich etwas davon erwähnen sollte, so tu ich es nur, weil ich um der Erzählung willen nicht anders kann.

4. Was aber menschliche Dinge sind, so erzählen sie davon übereinstimmend folgendes. Die Ägyptier hätten als erste von allen Menschen das Jahr erfunden, indem sie die Jahreszeiten in zwölf Teile zerlegten und auf das Jahr verteilten, und dies wollten sie von den Gestirnen entnommen haben.[3] Auch ist ihre Jahresrechnung meines Erachtens klüger als die hellenische, weil die Hellenen in jedem dritten Jahr einen Monat einschalten müssen, um mit der Zeit auszukommen[4], während die Ägyptier, die die zwölf Monate zu je dreißig Tagen rech-

EUTERPE

nen, in jedem Jahr nur fünf Tage über die Zahl zufügen, und
doch trifft bei ihnen der Kreis der Zeiten nach jedem Umlauf
wieder auf denselben Tag. Auch die Namen der zwölf Götter,
sagen sie, hätten die Ägyptier zuerst gebraucht, und die Hellenen hätten sie von ihnen angenommen. Ebenso hätten sie
zuerst den Göttern Altäre und Bildnisse und Häuser geweiht
und Bilder in Stein gehauen. Und das meiste hiervon bewiesen
sie durch Tatsachen. Der erste König Ägyptens aus dem Geschlecht der Menschen sei Min gewesen. Zu dessen Zeit sei
noch ganz Ägypten außer dem Bezirk von Theben ein Sumpf
gewesen, und nichts habe von dem Land hervorgeragt, das jetzt
unterhalb des Moirissees liegt, zu dem man vom Meer den
Strom aufwärts sieben Tage lang zu fahren hat.

5. Das, was sie von ihrem Lande sagten, fand ich wohlbegrün-
det. Denn es muß jeder, der es sieht, auch wenn er es zuvor
nicht gehört hatte, wenn er nur Einsicht besitzt, alsbald erkennen, daß dasjenige Ägypten, wohin die Hellenen Schiffahrt
treiben, für die Ägyptier ein zuerworbenes Land   ist und ein
Geschenk des Stromes, und auch noch drei Tagesfahrten weit
stromaufwärts gilt dasselbe von dem Land, obwohl man mir
von diesem Land nichts dergleichen berichtete. Denn mit der
Beschaffenheit des ägyptischen Landes steht es folgendermaßen. Zunächst, wenn du noch auf der Anfahrt und noch eines
Tages Lauf vom Lande entfernt bist und das Senkblei wirfst, so
bringst du Schlamm herauf und findest dich doch auf elf
Klaftern[5] Tiefe. So beweist schon dieser Umstand, daß die
Anschlämmung des Landes sich so weit hinaus erstreckt.

6. Zum andern hat Ägyptens Küste eine Breite von sechzig
Schoinen[6], nämlich was wir Ägypten nennen, vom plinthineti-
schen Busen bis zum Serbonissee, an dem sich das Kasische
Gebirge entlangzieht; von diesem See an gerechnet sind es
sechzig Schoinen. Denn alle Menschen, die arm sind an Ackerland, haben ihren Boden nach Klaftern gemessen, die weniger
Armen nach Stadien, die Reichen nach Parasangen, die es aber
in großer Fülle besitzen, nach Schoinen. Eine Parasange hat
dreißig Stadien, der Schoinos aber, das ein ägyptisches Maß ist,

ZWEITES BUCH

hat sechzig Stadien. Somit hätte Ägypten am Meer entlang eine Ausdehnung von dreitausendsechshundert Stadien.

7. Von da ab bis Heliopolis ins Mittelland hinauf ist Ägypten breit und dabei flach, wasserreich und schlammig. Geht man vom Meer aufwärts nach Heliopolis, so ist die Wegeslänge gleich dem Weg, der vom Altar der Zwölfgötter in Athen nach Pisa zum Tempel des olympischen Zeus läuft. Wer nachrechnet, wird finden, daß diese beiden Wege an Länge nur wenig verschieden sind, nicht mehr als fünfzehn Stadien. Denn dem Weg von Athen nach Pisa mangeln nur fünfzehn Stadien, sonst wäre er fünfzehnhundert Stadien lang[7], der aber vom Meer bis Heliopolis erreicht diese Zahl.

8. Von Heliopolis weiter hinauf ist Ägypten schmal. Denn auf der einen Seite zieht sich ein zu Arabien gehörendes Gebirge in der Richtung von Nord nach Süd bis zum sogenannten Roten Meer. In ihm befinden sich die Steinbrüche, aus denen man die Steine zu den Pyramiden bei Memphis gebrochen hat. Dort, bei der angegebenen Grenze, hört das Gebirge auf und biegt um und wendet sich, wie gesagt, zum Roten Meer. Wo es seine größte Breite hat, beträgt, wie man mir sagte, die Reise von Ost nach West zwei Monate. Auf seinen östlichen Grenzen soll Weihrauch wachsen. Soviel von diesem Gebirge. Es verläuft aber auf der libyschen Seite Ägyptens noch ein zweites Gebirge, ebenfalls felsig, in dem die Pyramiden stehen. Es ist ganz mit Sand verschüttet, gleichwie der Teil des arabischen Gebirges, der sich gegen Süden erstreckt. Also von Heliopolis hinauf ist das Land nicht mehr sehr ausgedehnt, soweit es zu Ägypten gehört, sondern etwa vierzehn Tagesfahrten weit hinauf ist Ägypten, soweit es eben reicht, nur schmal. Was inmitten der genannten Gebirge liegt, ist zwar ebenes Land, wo es aber am engsten ist, schien mir die Weite vom arabischen zum sogenannten libyschen Gebirge nicht mehr als ungefähr zweihundert Stadien zu betragen. Von da ab ist Ägypten wieder breit.

9. Die Fahrt von Heliopolis nach Theben dauert neun Tage, der Weg aber zu Lande beträgt einundachtzig Schoinen, das

116

EUTERPE

sind viertausendachthundertsechzig Stadien. Stellt man diese
Stadien zusammen, so beträgt die Meeresbreite Ägyptens, wie
schon vorher gerechnet, dreitausendsechshundert Stadien. Wie
groß aber die Strecke vom Meer ins Mittelland bis Theben ist,
das will ich nunmehr angeben: sie beträgt sechstausendein-
hundertundzwanzig Stadien. Von Theben bis zu der Stadt
Elephantine sind es tausendfünfhundert Stadien.

10. Von dem größten Teil des hier beschriebenen Landes
behaupteten die Priester, wie ich auch selbst gesehen habe, daß
es ein den Ägyptiern zuerworbener Boden sei. Denn alles Land
zwischen den obengenannten Gebirgen oberhalb Memphis
ist, wie ich deutlich erkannte, einst ein Meerbusen gewesen,
gerade wie das Gebiet um Ilion, wie Teuthrania, die Gegend
bei Ephesos und die Ebene des Maiandros, sofern man so
Kleines mit Großem vergleichen darf. Ist doch von den Flüssen, die jene Länder angeschlämmt haben, keiner hinsichtlich
seiner Größe auch mit nur einem Mündungsarm des Nils zu
vergleichen, der deren doch fünf hat. Es gibt aber auch noch
andere Flüsse, die, wenngleich nicht so groß wie der Nil, doch
Erstaunliches zuwege gebracht haben. Ich nenne nur den Acheloos, einen Fluß, der durch Akarnanien strömt und sich dann
ins Meer ergießt; dieser hat bereits die Hälfte der echinadi-
schen Inseln in festes Land verwandelt.

11. Nun liegt auch in Arabien nicht weit von Ägypten ein
Meerbusen, der sich aus dem Roten Meer ins Land hineinzie-
zieht. Er ist sehr lang und schmal, wie ich gleich zeigen will.
Zuerst die Länge der Fahrt. Beginnt man sie vom innersten
Winkel des Busens, so braucht man bis ins offene Meer vierzig
Tage bei Ruderfahrt; die Breite aber, da wo sie am größten ist,
beträgt nur eine halbe Tagesfahrt. Flut und Ebbe wechseln dort
den ganzen Tag. Ein solcher Meerbusen ist, meine ich, einst
auch Ägypten gewesen, nämlich der Busen, welcher sich vom
nördlichen Meer aus auf Aithiopien zu hineinzog, während
jener vom Südmeer sich nach Syrien herauf erstreckt, so daß sie
fast mit ihren Enden aneinander stießen und nur durch einen
geringen Streifen Landes getrennt blieben. Angenommen, der

ZWEITES BUCH

Nil würde seine Gewässer in den arabischen Busen lenken, was könnte diesen hindern, durch einen solchen Strom binnen zwanzigtausend Jahren vollgeschlämmt zu werden? Ja ich glaube, die Zuschlämmung würde auch schon in zehntausend Jahren geschehen können. Wo wäre denn wohl in der langen Zeit, die bis auf meine Tage verflossen ist, ein Meerbusen, und wäre er noch viel größer als dieser, nicht durch einen Strom von solcher Größe verschlämmt worden, der so gewaltig arbeitet?

12. So glaube ich denen gern, die solches von Ägypten behaupten, und stimme ihnen aus eigener Einsicht durchaus zu, nachdem ich gesehen habe, daß Ägypten weiter hinausliegt als das angrenzende Land, daß sich Muscheln auf den Bergen finden und sich Salzkruste auf dem Boden bildet, die selbst die Pyramiden zerfrißt, daß von allen Gebirgen Ägyptens nur dasjenige oberhalb Memphis mit Sand bedeckt ist und überdies das Land weder dem angrenzenden arabischen noch dem libyschen ähnlich ist, auch nicht dem syrischen (denn Syrer bewohnen denjenigen Strich Arabiens, der am Meer liegt), sondern einen schwarzen und brüchigen Boden hat, weil es eben nur Morast und Schlamm ist, den der Strom aus Aithiopien herabgeführt hat; wogegen Libyen, wie wir wissen, einen rötlichen und sandigen, Arabien und Syrien aber einen mehr tonigen und felsigen Boden haben.

13. Aber die Priester beriefen sich vor mir noch auf ein anderes Zeugnis über die Entstehung des Landes, darauf nämlich, daß zu Zeiten des Königs Moiris der Strom auch dann schon das Land unterhalb von Memphis zu überschwemmen vermochte, wenn er nur acht Ellen gestiegen war; und doch war Moiris noch nicht neunhundert Jahre[8] tot, als die Priester mir dieses sagten. Heutzutage aber muß der Strom um wenigstens fünfzehn bis sechzehn Ellen steigen, um sich über das Land zu verbreiten. Daher glaube ich, wenn das Land unterhalb des Moirissees und namentlich das Delta in solchem Verhältnis an Höhe zunimmt und in gleichen Maßen wie bisher anwächst, und der Nil es dann nicht mehr überspülen

118

EUTERPE

kann, so wird in aller Zukunft den Bewohnern dieser Landstriche eben dasjenige widerfahren, was sie den Hellenen vorausgesagt haben. Da ihnen nämlich gesagt wurde, daß alles hellenische Land nur durch Regen befruchtet werde, nicht durch fließende Gewässer wie das ihrige, erklärten sie, daß die Hellenen sich dereinst einmal in ihrer schönsten Hoffnung betrogen finden und arge Hungersnot zu leiden haben würden. Womit sie sagen wollten: wenn der Gott der Hellenen einmal keinen Regen senden würde, sondern lange Dürre, so müßten sie dem Hunger erliegen, denn es gebe für sie keine andere Hoffnung auf Wasser als vom Himmel.

14. Sicher haben darin die Ägyptier ganz Recht. Doch will ich nun auch den Ägyptiern sagen, wie es mit ihnen steht. Angenommen, was ich schon oben gesagt habe, das Land unterhalb Memphis – und dies ist eben das in Zunahme stehende – wüchse weiter in die Höhe nach dem Maße der verflossenen Zeit, was anderes haben die Einwohner dann zu gewärtigen als Hungersnot, da doch kein Regen auf das Land fallen, noch der Strom mehr über die Äcker treten kann? Jetzt freilich ernten sie die Frucht des Bodens müheloser als alle anderen Menschen und auch als die übrigen Ägyptier. Sie brauchen nicht unter Mühsal Furchen zu brechen mit der Pflugschar, nicht zu hacken, noch sonst wie andere Leute sich um die Aussaat zu plagen. Von selber kommt der Strom und wässert ihnen den Acker, und sowie er ihn bewässert hat, fällt er zurück; dann streut jedermann den Samen in sein Feld und treibt die Säue darauf; die treten ihm den Samen ein; ist das getan, so wartet er bis zur Mahd, läßt von den Säuen[9] die Frucht ausstampfen und bringt sie in die Scheuer.

15. Wollten wir uns aber in unserer Meinung über Ägypten nach den Ionern richten, die da sagen, nur das Delta sei Ägypten, nämlich von der sogenannten Warte des Perseus die Küste entlang bis zu den Pökeleien bei Pelusion[10], eine Strecke von vierzig Schoinen, vom Meer aber binnenwärts reiche es bis zur Stadt Kerkasoros, wo sich der Nil spaltet und teils gen Pelusion, teils gen Kanobos fließt, alles andere Land aber von Ägypten

ZWEITES BUCH

gehöre einerseits zu Libyen, andererseits zu Arabien: wollten wir dieser Meinung folgen, so ließe sich dartun, daß die Ägyptier vorzeiten kein Land besessen haben. Denn eben das Delta ist ja, wie die Ägyptier selber erklären und wie auch ich glaube, herabgeschwemmt und sozusagen erst neuerdings zutagegekommen. Hatten sie also nicht einmal ein Land, wozu denn ihr eitler Glaube, sie wären das älteste Volk der Erde? Wozu der Versuch mit den Kindlein, welche Sprache sie zuerst vernehmen lassen würden? Nein, ich glaube, die Ägyptier sind nicht erst mit dem Lande entsprungen, das die Ioner Delta nennen, sondern sind schon immer dagewesen, seitdem es ein Menschengeschlecht gegeben hat, und in dem Maße, wie das Land wuchs, zogen ihrer viele allmählich landabwärts, während nicht minder viele sitzen blieben. Wenigstens führte vorzeiten nur die Landschaft Theben den Namen Ägypten, und deren Umfang beträgt nur sechstausendeinhundertzwanzig Stadien.

16. Ist diese unsere Ansicht richtig, so irren sich die Ioner über Ägypten. Ist aber ihre Meinung die richtige, so zeige ich, daß die Hellenen wie die Ioner selbst nicht rechnen können, wenn sie sagen, die ganze Erde bestehe aus drei Teilen: Europa, Asien und Libyen. Da müßten sie ja noch einen vierten Teil[11] hinzusetzen, nämlich das Deltaland Ägyptens, sofern es weder zu Asien noch zu Libyen gehört. Jedenfalls bezeichnet dann nicht, wie sie annehmen, der Nil die Scheide zwischen Asien und Libyen, sondern da er sich an der Spitze dieses Delta zerteilt, müßte es in der Mitte zwischen Asien und Libyen liegen.

17. Die Meinung der Ioner lassen wir nun beiseite, unsere eigene aber von dieser Sache lautet folgendermaßen. Unter Ägypten verstehen wir das ganze Land, soweit es von Ägyptiern bewohnt wird, ebenso wie Kilikien von Kiliken und Assyrien von Assyriern bewohnt wird. Eine Grenzscheide zwischen Asien und Libyen kennen wir in Wahrheit nicht, außer das Gebiet der Ägyptier. Wollen wir uns nun aber nach dem richten, was bei den Hellenen gilt, so müssen wir annehmen, daß ganz Ägypten, das bei Katadupa und der Stadt Elephantine

EUTERPE

anfängt, halbiert ist und an beiden Namen teilhat, indem die eine Hälfte zu Libyen, die andere zu Asien gehört. Denn von den Katadupa-Fällen bis zum Meer teilt der Lauf des Nil Ägypten in zwei Hälften. Bis zur Stadt Kerkasoros fließt er ungeteilt, von da ab spaltet er sich in dreifacher Richtung. Die eine wendet sich nach Osten, das ist der pelusische Arm; die zweite nach Westen, das ist der kanobische Arm. Geradaus aber nimmt der Nil folgende Richtung. Er trifft mit seinem Strom gerade auf die Spitze des Delta, teilt es und geht mitten hindurch ins Meer, und dieser Arm führt die größte Wassermenge mit sich und ist der bekannteste; er heißt der sebennytische. Dann gibt es noch zwei Arme, die sich von dem sebennytischen absondern und ins Meer münden; von diesen heißt der eine der saitische, der andere der mendesische Arm. Dagegen sind der bolbitische und der bukolische keine natürlichen Mündungsarme, sondern gegrabene.

18. Als Zeugnis dafür, daß Ägypten diese Ausdehnung hat, wie ich darlege, kann ich auch noch den Orakelspruch anführen, den der Gott Ammon einst gegeben hat. Ich erfuhr ihn erst, als ich meine Meinung über Ägypten bereits hatte. Denn die Einwohner der Städte Marea und Apis in dem an Libyen grenzenden Teil Ägyptens hielten sich selber für Libyer, nicht für Ägyptier, und da ihnen das Gesetz des heiligen Dienstes zu hart war und sie sich des Kuhfleisches nicht enthalten wollten, sandten sie zu Ammon und stellten ihm vor, daß sie und die Ägyptier nichts miteinander hätten; denn da sie außerhalb des Deltas wohnten und in allen Stücken von jenen abwichen, wünschten sie auch in der Wahl ihrer Speise frei zu sein. Aber der Gott gewährte ihnen solches nicht, denn Ägypten reiche soweit, wie der Nil austrete und das Land bewässere, und Ägyptier seien alle die, die von Elephantine abwärts wohnen und vom Wasser dieses Flusses trinken. So lautete der Spruch. Nun überflutet der Nil, wenn er anschwillt, nicht das Delta allein, sondern auch einige Teile der Landschaften, die man sonst zu Libyen und Arabien rechnet, beiderseits wohl auf zwei Tagereisen, mitunter auch weiter oder nicht so weit.

ZWEITES BUCH

19. Aber über des Stromes besondere Art habe ich weder von den Priestern noch von sonst einem etwas erfahren können, und hätte mir doch gern noch von ihnen sagen lassen, wie es geschieht, daß der Nil von der Sommersonnenwende an hundert Tage lang mit Hochwasser herabkommt, und nach Ablauf dieser Zeit wieder zurücktritt und seine Höhe sich mindert, so daß er die ganze Winterszeit hindurch bis wieder zur Sommersonnenwende niedrigen Stand hat.[12] Hierüber gelang es mir nicht, von einem Ägyptier etwas zu erfahren, obgleich ich bei ihnen herumfragte, was wohl die Ursache sei, daß der Nil so gänzlich abweiche von der Art der anderen Flüsse. Davon begehrte ich die Ursache zu wissen, und außerdem, weshalb dieser Strom als einziger keinen frischen Luftzug mit sich führe.

20. Dagegen haben etliche Hellenen, die sich durch ihre Weisheit hervortun wollten, dreierlei Ursachen von diesem Hochwasser aufgestellt. Davon erachte ich zwei nicht einmal der Erwähnung für würdig, nur daß ich sie kurz angeben will. Nach den einen[13] nämlich sollen die etesischen Winde die Ursache sein, daß der Fluß anschwillt, indem sie ihn hindern, ins Meer hinauszuströmen. Nun haben die Etesien schon öfters nicht geweht und der Fluß steigt doch. Überdies müßte, wenn die Etesien die Ursache wären, es auch allen anderen Flüssen, deren Lauf den Etesien entgegen ist, ähnlich ergehen und sich so verhalten wie der Nil, ja noch mehr, insofern sie kleiner sind und eine schwächere Strömung haben. Und solche Flüsse gibt es viele in Syrien wie in Libyen, bei denen doch nichts derartiges eintritt wie beim Nil.

21. Noch unverständiger als die eben gesagte ist die zweite Erklärungsweise[14], die sich noch wunderlicher anhört: nämlich der Nil verhalte sich deswegen so, weil er aus dem Ozean herfließe, der Ozean aber die ganze Erde umströme.

22. Am meisten für sich hat unter den drei Ursachen die dritte[15], und ist dabei doch die irrigste. Denn auch ihre Erklärung, der Nil entströme von schmelzendem Schnee, ist ganz verkehrt. Strömt er doch aus Libyen mitten durch Aithiopen-

land und nach Ägypten hinein. Wie mag er denn von Schnee
herkommen, wenn er doch aus den heißesten Ländern fließt
nach Gegenden, die zum großen Teil kälter sind als jene? Nein,
dafür, daß es gar nicht denkbar ist, daß er von Schnee entstehe,
bieten sich für denjenigen, der über solche Dinge zu urteilen
vermag, mancherlei Anzeichen dar, zuerst und besonders die
warmen Winde, die von jenen Gegenden her wehen, zum
andern, daß das Land allezeit frei ist von Regen und von Eis,
während doch auf Schnee notwendig nach fünf Tagen Regen
fallen muß, so daß es in jenen Ländern, wenn es dort schneite,
auch regnen müßte. Drittens die von der Sonnenglut ge-
schwärzten Menschen und die Habichte und Schwalben, die
sich dort das ganze Jahr hindurch aufhalten, und die Kraniche,
die auf der Flucht vor dem Winter im Skythenland in jene
Gegenden ziehen, um dort zu überwintern. Fiele auch nur der
geringste Schnee in jenem Lande, das der Nil durchströmt und
wo er seinen Anfang hat, so könnte, ohne Zweifel, von alledem
nichts geschehen.

23. Jener aber, der vom Ozean spricht, hat seine Erklärung
angeknüpft ans Fabelhafte und dadurch jeder Prüfung entzogen; denn ich für mein Teil weiß nichts vom Ozean als einem
wirklichen Fluß, sondern erachte, daß Homer oder sonst einer
der alten Dichter den Namen erfunden und in die Dichtung
eingeführt hat.

24. Ist es aber nur billig, daß derjenige, der die früheren
Meinungen verwirft, auch selber seine Ansicht über das Uner-
klärte darlegt, so will ich sagen, was meines Erachtens die
Ursache dafür ist, daß der Nil im Sommer anschwillt.[16] Im
Winter wird die Sonne von ihrer gewöhnlichen Bahn durch
die Stürme abgedrängt und wendet sich nach dem inneren Teil
Libyens. Hiermit ist auf kürzestem Wege alles gesagt. Denn
welchem Lande diese Gottheit am nächsten ist und über welchem sie steht, das muß natürlich am meisten nach Wasser
lechzen, und alle Flüsse, die dort entspringen, müssen
versiegen.

25. Soll ich aber die Sache erklären, verhält es sich so. Wäh-

ZWEITES BUCH

rend die Sonne den oberen Teil von Libyen durchläuft, tut sie
folgendes. Weil die Luft in jenen Gegenden all die Zeit über
klar ist und der Boden heiß und die kalten Winde blasen, übt
die Sonne dort bei ihrem Durchgang die gleiche Wirkung aus
wie im Sommer, wo sie mitten am Himmel ihre Bahn hat: Sie
zieht das Wasser zu sich hinauf, und wenn sie es aufgezogen
hat, stößt sie es wieder ab nach den südlichen Gegenden hin.
Da fangen es die Winde auf, zerstreuen es und machen es
wieder flüssig. Und darum sind natürlich diejenigen Winde,
die von dorther wehen, der Südwind und Südwestwind, die
regenreichsten von allen. Und mich dünkt, die Sonne läßt
nicht einmal alles Wasser, was sie jährlich vom Nil an sich
zieht, jeweils wieder fallen, sondern behält davon auch einiges
bei sich. Nimmt die Strenge des Winters ab, so kehrt die Sonne
in die Mitte des Himmels zurück, und von da ab zieht sie
Wasser von allen Flüssen gleichermaßen an. Bis dahin nämlich
haben sie vollen Strom, da reichliches Regenwasser zufließt
von dem Regen und den Gießbächen des Landes; kommt aber
der Sommer, wo die Regengüsse aufhören und die Sonne die
Flüsse aufsaugt[17], so werden sie klein. Und der Nil, der kein
Regenwasser empfängt und überdies von der Sonne aufgesogen wird, muß natürlich, und zwar er allein unter den Flüssen,
um diese Zeit viel kleiner werden, als er im Sommer ist. Denn
im Sommer wird er wie alle Gewässer aufgesogen, im Winter
aber leidet er allein. So ist es, meine ich, die Sonne, die dieses
bewirkt.

26. Die Sonne aber ist nach meiner Ansicht auch davon die
Ursache, daß die Luft in jenen Strichen trocken ist, weil sie ihre
Bahn durchglüht. So kommt es, daß in den oberen Teilen
Libyens ein ewiger Sommer herrscht. Angenommen aber, die
Ordnung der Jahreszeiten wäre umgekehrt und wo jetzt Nord-
wind und Winter stehen, da wäre der Stand des Südwindes und
des Mittags, dagegen wo jetzt der Südwind steht, da stände der
Nordwind, dann würde, meine ich, die Sonne vom Winter und
Nordwind aus der Mitte des Himmels abgedrängt und über die
oberen Teile Europas hingehen, wie sie jetzt über den oberen

124

EUTERPE

Teil Libyens geht, und würde, wie ich glaube, auf diesem Wege über ganz Europa hin dem Istros tun, was sie jetzt dem Nil tut.

27. Daß aber vom Nil keine kühlen Lüfte wehen, erkläre ich daher, daß eben von sehr heißen Gegenden überhaupt nichts herweht, ein Luftstrom aber nur von sehr kalter Gegend herzukommen pflegt.

28. Doch stehe es damit, wie es steht und wie es von je gestanden hat. Was aber die Quellen des Nils betrifft, so vermaß sich keiner von all den Ägyptiern, Libyern und Hellenen, mit denen ich davon gesprochen habe, sie zu kennen, außer in Ägypten in der Stadt Sais der Schreiber des Tempelschatzes der Athena[18]. Und auch dieser schien mir nur zu scherzen, als er behauptete, er kenne sie genau. Er sagte nämlich, es stünden zwischen der Stadt Syene im Lande Thebens und der Stadt Elephantine zwei Berge mit spitz auslaufenden Gipfeln, von denen der eine Krophi, der andere Mophi hieße. Mitten zwischen diesen Bergen strömten die Quellen des Nils aus unergründlicher Tiefe, wobei die eine Hälfte des Wassers nach Ägypten nordwärts fließe, die andere südwärts gegen Aithiopien. Daß die Quellen unergründlich seien, habe einst ein König von Ägypten, Psammetichos, erprobt, indem er ein Tau habe flechten lassen, viele tausend Klafter lang, und es hinabgelassen und doch keinen Grund erreicht habe. Mit diesen Worten, sofern sie wahr sind, gab der Schreiber, wie ich sie verstehe, zu erkennen, daß es in jener Gegend starke Strudel und eine Gegenströmung gibt; denn weil das Wasser sich an den emporragenden Felsen bricht, konnte das Senkblei nicht auf den Grund kommen. Sonst vermochte ich von keinem etwas zu erfahren.

29. Doch habe ich noch folgendes so weit hinauf, als nur möglich war, erkundet, indem ich bis zur Stadt Elephantine selber als Augenzeuge gekommen bin, von da ab aber durch Nachfragen mich weiter unterrichtet habe. Von der Stadt Elephantine an geht der Weg steil aufwärts. Da muß der Reisende sein Schiff von beiden Seiten mit Tauen ziehen lassen wie einen Stier. Reißt das Schiff los, so führt es die Gewalt des

Stromes jählings hinab. So geht die Fahrt vier Tage lang, und der Lauf des Nils windet sich in diesem Teil hin und her wie der Maiander. Die Strecke, die man auf diese Art zurücklegen muß, ist zwölf Schoinen lang. Danach gelangt man in eine flache Ebene; dort umfließt der Nil eine Insel, und die Insel heißt Tachompso. Oberhalb Elephantine wohnen schon Aithiopen und ebenso auf der einen Hälfte der Insel, auf der anderen aber Ägyptier. Auf die Insel folgt ein großer See, an dessen Ufer nomadische Aithiopen hausen. Hat man den See durchschifft, gelangt man wieder ins Bett des Nils, der sich in denselben ergießt. Darauf steigt man aus und setzt seine Reise zu Fuß entlang dem Fluß fort, vierzig Tage lang. Denn aus dem Nil ragen scharfe Klippen und sind viele Felsbänke, durch die man nicht hindurchfahren kann. Nach der vierzigtägigen Wanderung steigt man wieder in ein anderes Fahrzeug und fährt zwölf Tage, dann kommt man in eine große Stadt; die heißt Meroë[19] und soll die Mutterstadt der übrigen Aithiopen sein. Die Einwohner verehren von den Göttern allein den Zeus und den Dionysos, denen sie große Ehren erweisen. Auch haben sie ein Orakel des Zeus, und nur wenn dieser Gott ihnen durch Sehersprüche gebietet, ziehen sie zu Felde, und nur dahin, wohin er befiehlt.

30. Fährt man von dieser Stadt weiter hinauf, gelangt man in der selben Zeit, die man von Elephantine bis zur Mutterstadt der Aithiopen braucht, zu den ›Überläufern‹. Der Name dieser Überläufer lautet Asmach, und dieses Wort bedeutet in unserer Sprache soviel wie ›Leute, die sich dem König zur Linken stellen‹. Es waren vierundzwanzig Myriaden aus dem ägyptischen Kriegerstand, die zu den Aithiopen entwichen waren aus folgender Ursache. Zur Zeit des Königs Psammetichos hielten sie die Wacht in der Stadt Elephantine gegen die Aithiopen, in Daphnai bei Pelusion gegen die Arabier und Assyrier und in Marea gegen die Libyer. Noch jetzt stehen die Wachen der Perser, wie einst unter Psammetichos, in Elephantine und in Daphnai. Nun hatten jene Ägyptier drei Jahre lang die Wacht gehalten, und niemand kam, sie zu erlösen; so berieten

sie sich miteinander und wurden alle einmütig, abzufallen von Psammetich, und zogen fort nach Aithiopien. Psammetichos aber, als er es hörte, setzte ihnen nach, und wie er sie eingeholt hatte, drang er in sie mit vielen Worten und bat sie, sie möchten nicht ihre väterlichen Götter noch ihre Kinder und Weiber verlassen. Da soll einer von ihnen auf sein Schamglied gewiesen und ihm erwidert haben, wo dieses wäre, da würden sie auch Kinder und Weiber haben. So kamen sie nach Aithiopien und gaben sich unter die Hand des Aithiopenkönigs, und dieser hinwieder belohnte sie damit, daß er ihnen gewisse Aithiopen, mit denen er in Streit geraten war, hingab, um sie auszutreiben und ihr Land einzunehmen. Und seit jener Zeit, da sich Ägyptier unter den Aithiopen niederließen, haben die Aithiopen ägyptische Lebensart gelernt und mildere Sitten angenommen.

31. So ist, abgesehen von seinem Lauf in Ägypten, der Nil über eine Strecke von vier Monaten Schiffs- und Landreise bekannt. So viele Monate nämlich kommen heraus, wenn man zusammenrechnet, wie lange Zeit[20] einer zur Reise von Elephantine bis zu den »Überläufern« braucht. Er fließt aber von Westen und Sonnenuntergang her. Von dort ab weiter hat niemand sichere Kunde; denn das Land ist der Hitze wegen nicht bewohnt.

32. Doch habe ich folgendes von Kyrenaiern gehört, die behaupteten, sie hätten auf einer Fahrt zum Orakel des Ammon mit dem König der Ammonier Etearchos eine Unterredung gehabt; dabei sei unter anderem das Gespräch auch auf den Nil geraten, wie doch niemand seine Quellen kenne. Da habe Etearchos erzählt, es seien einmal Nasamonen zu ihm gekommen. Dies ist eine libysche Völkerschaft, die an der Syrte und eine nicht weite Strecke ostwärts von der Syrte wohnt. Diese hätten auf sein Befragen, ob sie eine nähere Kunde über die öden Teile Libyens besäßen, erzählt, wie sich einstmals bei ihnen zu Lande verwegene Menschen gefunden hätten, Söhne von angesehenen Männern, die in ihrer Jugend allerlei seltsame Dinge unternommen und unter anderem ein-

mal fünf von ihnen ausgelost hätten, die die Wüsten Libyens erforschen und womöglich weiter hinaus als die Früheren etwas Neues entdecken sollten. Denn in demjenigen Teil Libyens, der am nördlichen Meer liegt, von Ägypten an bis zum Vorgebirge Soloeis, wo Libyen aufhört, in diesem ganzen Gebiet wohnen Libyer und libysche Völkerschaften, außer was Hellenen und Phoiniken innehaben. Oberhalb des Meeres aber und der Meeresanwohner landeinwärts ist das Land der wilden Tiere, und noch weiter oben, jenseits dieser Wildnis, ist Sand und furchtbarste Dürre und völlige Wüste. Jene jungen Leute also, von ihren Genossen ausgesendet, zogen, mit Wasser und Speisen wohl versehen, anfangs durch den bewohnten Landstrich, darauf kamen sie in die Wildnis, und nach dieser durchwanderten sie die Wüste in Richtung Westen. So ging es viele Tage lang durch eine weite Sandwüste; endlich erblickten sie eines Tages Bäume in einer Ebene, und wie sie hinzueilten und von den Früchten der Bäume aßen, kamen kleine Männer über sie, die an Leibesgestalt noch unter dem Durchschnitt waren, und führten sie fort. Es verstanden aber weder die Nasamonen die Sprache dieser Männer, noch diese die Sprache der Nasamonen. Man führte sie durch gewaltige Sümpfe, bis sie endlich in eine Stadt gelangten, deren Bewohner alle so klein waren, wie ihre Führer, und von schwarzer Farbe. Bei der Stadt floß ein großer Strom von Westen her nach Sonnenaufgang, und in ihm befanden sich Krokodile.

33. So viel mag von der Erzählung des Etearchos hier mitgeteilt sein, aber auch dies noch, nach dem Bericht der Kyrenaier, daß er sagte, die Nasamonen seien heimgekehrt, und die Menschen, zu denen sie gekommen seien, wären allesamt Zauberer. Von dem Fluß aber, der dort vorbeiströmt, vermutete schon Etearchos, es könnte der Nil sein, und in der Tat muß man es so annehmen. Denn der Nil fließt aus dem Innern Libyens und teilt Libyen in zwei Hälften, und fließt, wie ich vermute, indem ich aus dem Bekannten das Unbekannte herleite, in gleicher Himmelsrichtung wie der Istros. Denn der Istros, der seinen Ursprung im Land der Kelten und bei der Stadt Pyrene hat,

EUTERPE

geht in seinem Lauf mitten durch Europa. Die Kelten aber wohnen außerhalb der Säulen des Herakles in der Nähe der Kynesier, die von allen Bewohnern Europas am weitesten westlich wohnen. Indem also der Istros ganz Europa durchströmt, mündet er zuletzt in den Pontos Euxeinos, da wo Istria liegt, eine Pflanzstadt der Milesier.

34. Während aber der Istros, weil er durch bewohnte Länder fließt, von vielen gekannt wird, vermag niemand etwas zu sagen über die Quellen des Nils, weil derjenige Teil von Libyen, den er durchströmt, unbewohnt ist und öde; soweit aber durch Nachfrage zu erfahren war, habe ich seinen Lauf beschrieben. Zuletzt kommt er nach Ägypten. Nun liegt Ägypten ungefähr dem gebirgigen Kilikien gegenüber, von wo ein rüstiger Wanderer in geradem Wege nach der Stadt Sinope am Pontos Euxeinos fünf Tage braucht, und Sinope liegt der Ausmündung des Istros gegenüber. So meine ich, hat der Nil, indem er ganz Libyen durchströmt, einen ähnlichen Lauf wie der Istros.

35. Soviel vom Nil. Ich will mich aber bei dem ägyptischen Land länger verweilen, weil es mehr wunderbare Dinge und erstaunliche Werke enthält als jedes andere Land, und ich deshalb mehr davon zu melden habe. Wie der Himmel bei ihnen von sonderlicher Art ist und ihr Strom eine andere Natur hat als die übrigen Flüsse, so sind auch fast alle Sitten und Gebräuche der Ägyptier der Lebensweise der anderen Menschen entgegengesetzt. Bei ihnen sitzen die Weiber zu Markt und handeln, die Männer aber bleiben zu Hause und weben, und macht man anderswo den Einschlag des Gewebes von oben, so machen ihn die Ägyptier von unten. Lasten tragen die Männer auf den Köpfen, die Weiber auf den Schultern. Beim Wasserlassen stehen die Weiber und sitzen die Männer. Die Notdurft des Leibes verrichten sie in den Häusern, die Speise aber nehmen sie auf den Straßen und sagen dazu, im Verborgenen müsse man tun, was unziemlich sei, aber notwendig, öffentlich aber, was nicht unziemlich sei. Den Priesterdienst versieht kein Weib[21], weder einem Gott noch einer Göttin,

ZWEITES BUCH

sondern nur Männer, bei Göttinen wie bei Göttern. Ihre Eltern zu unterhalten, sind die Söhne nicht gezwungen, wenn sie nicht wollen, wohl aber die Töchter, auch wenn sie nicht wollen.

36. Anderswo lassen die Priester der Götter ihr Haupthaar lang wachsen, in Ägypten scheren sie es[22]. Bei anderen Menschen ist es Brauch, daß bei einer Trauer diejenigen, die es zunächst betrifft, sich das Haupt scheren, die Ägyptier hingegen lassen bei Todesfällen das Haar wachsen an Haupt und Kinn, während sie sonst glattgeschoren sind. Andere Menschen leben abgesondert von ihren Tieren, die Ägyptier leben mit ihren Tieren zusammen. Die anderen leben von Weizen und Gerste, für einen Ägyptier aber wäre dies eine große Schande. Sie bereiten sich ihr Brot aus Dinkel, das manche Spelt nennen. Den Brotteig kneten sie mit den Füßen, den Lehm dagegen mit den Händen, womit sie auch den Kot aufnehmen. Das Schamglied lassen andere, wie es von Natur ist, sofern sie nicht etwa die ägyptische Sitte angenommen haben, denn die Ägyptier beschneiden es. Kleider trägt der Mann je zwei[23], das Weib nur eines. Die Ringe und Taue der Segel bindet man anderswo außen an, die Ägyptier innen. Beim Schreiben und Rechnen führen die Hellenen die Hand von links nach rechts, die Ägyptier von rechts nach links und sagen dennoch, sie schrieben nach rechts, die Hellenen aber nach links. Sie haben zwei Schriften in Gebrauch, wovon die eine die heilige, die andere die gemeine heißt.[24]

37. Gottesfürchtig sind sie über die Maßen, mehr als alle anderen Menschen. Dabei beobachten sie folgende Bräuche. Sie trinken nur aus ehernen Gefäßen, die sie jeden Tag scheuern, nicht etwa an dem einen oder anderen, sondern an allen Tagen. Sie tragen Kleider von Leinen, die immer frisch gewaschen sind, worauf sie besonders achten. Auch das Schamglied beschneiden sie nur der Reinlichkeit wegen, weil sie es höher achten, rein zu sein als schön. Die Priester rasieren sich jeden Tag den ganzen Leib, damit, wenn sie den Göttern Dienst tun, keine Laus noch sonst ein Ungeziefer sich an ihnen

finde. Das Gewand der Priester ist nur von Leinen, ihre Schuhe
von Byblos; ein anderes Gewand dürfen sie nicht anlegen, auch
nicht andere Schuhe. Zweimal am Tag und zweimal in der
Nacht baden sie sich in kaltem Wasser, und solche frommen
Bräuche üben sie noch fast unzählbar viele. Doch genießen sie
auch manchen Vorteil. Von ihrem eigenen Gut verbrauchen sie
nichts und verzehren sie nichts, heilige Speisen werden für sie
gekocht, an Rindfleisch und Gänsefleisch haben sie reiche
Fülle jeden Tag. Auch Rebenwein wird ihnen gereicht. Nur
Fische dürfen sie nicht essen.[25] Bohnen zieht man überhaupt
nicht im Land, und die da wachsen, genießt man weder roh
noch gekocht. Die Priester ertragen nicht einmal ihren Anblick, weil sie sie für unreine Früchte halten. Den Dienst der
Götter versieht nicht nur jeweils ein Priester, sondern viele[26],
darunter einer als Oberpriester, und falls einer von ihnen stirbt,
tritt sein Sohn an die Stelle.

38. Die Stiere halten sie dem Epaphos[27] heilig und lassen sie
darum vor dem Opfer prüfen. Findet nämlich der Beschauer
auch nur ein einziges schwarzes Haar an ihnen, so erklärt er sie
für nicht erlaubt. Bei dieser Prüfung läßt der dazu bestellte
Priester das Tier aufrecht stehen und auf den Rücken legen,
und zieht ihm auch die Zunge heraus, um zu sehen, ob sie rein
sei von den vorgeschriebenen Merkmalen, die ich anderswo
anzeigen will; schließlich besichtigt er auch die Haare des
Schwanzes, ob sie in der gewöhnlichen Art gewachsen sind.
Hat das Tier von alledem nichts an sich, so versiegelt er es,
indem er ein Byblosblatt um die Hörner wickelt, Siegelerde
aufstreicht und seinen Ring eindrückt[28]; dann erst führt man es
fort. Wer aber einen ungezeichneten Stier schlachtet, muß es
mit dem Tode büßen.

39. Dies ist die Weise, wie das Tier geprüft wird; das Opfer
aber begehen sie so. Sie führen das gesiegelte Tier an den
Altar[29], wo sie opfern wollen, und zünden ein Feuer an, spren-
gen Wein auf den Altar und über das Opfertier, schlachten es
unter Anrufung des Gottes und schneiden den Kopf ab. Den
Leib des Tieres häuten sie, aber das Haupt, über dem sie allerlei

ZWEITES BUCH

Verwünschungen hersagen, bringen sie dahin zum Verkauf,
wo ein Markt ist und hellenische Händler im Lande weilen,
sind aber keine Hellenen zur Hand, so werfen sie es in den
Fluß. Die Verwünschung besteht darin, daß sie sagen, so ihnen,
die das Opfer bringen, oder dem ganzen Lande Ägypten ein
Unglück beschieden sei, solle es auf dies Haupt kommen. Was
nun die Häupter der Opfertiere anlangt und die Besprengung
des Weins, so beobachten alle Ägyptier bei allen Opfern die
gleichen Bräuche, und aus diesem Grund wird nie ein Ägyptier
von dem Haupt irgendeines lebenden Wesens essen.

40. Dagegen geschieht die Ausweidung der Opfertiere und
die Verbrennung bei jedem Opfer auf eine besondere Art. Ich
will aber nur angeben, welche Gottheit sie für die höchste
halten, und für welche sie das feierlichste Opferfest begehen.
Die größte Göttin der Ägyptier ist nämlich die Isis. Bei dem
Isisopfer wird nach der Abhäutung des Stieres gebetet, der
ganze Magen herausgenommen, Eingeweide und Fett aber
daringelassen. Die Schenkel, das Steißbein, die Schulterstücke
und den Hals schneiden sie ab. Darauf füllen sie den Rumpf
des Stieres mit reinen Broten, mit Honig, Rosinen, Feigen,
Weihrauch, Myrrhen und sonstigen Gewürzen und verbrennen ihn damit unter Zuguß reichlichen Öles. Vor dem Opfer
fasten sie, und während die Opferstücke brennen, erheben alle
eine Wehklage. Nach Beendigung der Klage schmausen sie,
was vom Opfer übriggeblieben ist.

41. Die erlaubten Stiere und Stierkälber werden von allen
Ägyptiern geschlachtet, hingegen die Kühe dürfen sie nicht
schlachten, sondern sie sind der Isis heilig.[30] Denn das Bild der
Isis stellt ein Weib dar mit Kuhhörnern, eben wie bei den
Hellenen die Io[31] gezeigt wird, und alle Ägyptier gemeinsam
halten die Kühe in Ehren, weit mehr als die anderen Herden-
tiere. Und eben deshalb wird ein ägyptischer Mann oder ein
ägyptisches Weib nicht leicht einen Hellenen auf den Mund
küssen oder eines Hellenen Messer, Gabel oder Kessel gebrauchen, ja selbst nicht von dem Fleisch eines erlaubten Stieres
kosten, das mit einem hellenischem Messer geschnitten ist.

132

EUTERPE

Die Rinder, die gestorben sind, bestatten sie auf folgende Art.
Die Kühe werfen sie in den Fluß, die Stiere scharren sie außerhalb der Stadt ein, jedoch so, daß ein Horn oder auch beide hervorragen zum Merkzeichen. Sind die Leichen verfault und ist die bestimmte Zeit herangenaht, so kommt von einer Insel namens Prosopitis eine Baris und besucht alle Städte Ägyptens. Diese Insel liegt im Delta und hat einen Umfang von neun Schoinen. Auf dieser Insel liegt außer vielen andern Städten auch diejenige Stadt, von wo die Schiffe kommen, die die Gebeine der Stiere fortholen. Sie heißt Atarbechis und besitzt ein hochverehrtes Heiligtum der Aphrodite. Aus dieser Stadt ziehen viele Leute im Lande umher, jeweils nach den verschiedenen Städten, graben die Knochen aus, führen sie fort und setzen sie alle an demselben Ort bei. Und wie die Stiere, so bestatten sie auch das übrige Vieh, wenn es stirbt. Denn auch mit diesem müssen sie es so halten und dürfen es nicht töten.

42. Alle, die ein Heiligtum des thebaiischen Zeus[32] bei sich im Lande haben oder zum thebaiischen Bezirk gehören, enthalten sich der Schafe und opfern Ziegen. Die Ägyptier nämlich verehren keineswegs alle in gleichem Maße dieselben Götter, außer der Isis und dem Osiris, welcher Dionysos sein soll: diese beiden verehren sie alle gleichermaßen. Diejenigen hinwieder, die ein Heiligtum des Mendes haben oder zum mendesischen Bezirk[33] gehören, enthalten sich der Ziegen und opfern Schafe. Die Thebaier und alle, die nach ihrem Beispiel sich der Schafe enthalten, erzählen vom Ursprung dieses Brauches folgendes. Einstmals begehrte Herakles durchaus den Zeus zu schauen, jener aber wollte sich nicht schauen lassen, bis er zuletzt, weil Herakles nicht abließ, darauf zu dringen, einem Widder das Fell abzog, es herrichtete und sich umlegte, das Haupt aber abschnitt und sich vorhielt, und sich dergestalt vor Herakles sehen ließ. Daher stellen die Ägyptier das Bild des Zeus widderköpfig dar, und von ihnen haben es die Ammonier angenommen, die von Ägyptiern und Aithiopen herstammen und auch in bezug auf ihre Sprache zwischen beiden stehen. Auch ihren Namen, glaube ich, haben die Ammonier daher genommen;

ZWEITES BUCH

denn Amun nennen die Ägyptier den Zeus. Dies ist also die Ursache dafür, daß die Thebaier keine Widder opfern, sondern sie heilig halten. Nur an einem Tage, am Fest des Zeus[34], töten sie einen einzigen Widder, häuten ihn ab und bekleiden damit in gleicher Weise das Bild des Zeus, darauf bringen sie ein anderes Bild, das des Herakles, herzu, und sobald das geschehen ist, erheben alle, die am Tempel sind, die Wehklage um den Widder und bestatten ihn danach in einer heiligen Lade.

43. Von Herakles sagte man mir, er sei einer der zwölf Götter, aber über jenen anderen Herakles, von dem man in Hellas weiß, habe ich nirgends in Ägypten etwas erfahren können. Daß jedoch die Ägyptier nicht von den Hellenen den Namen des Herakles erhalten haben, sondern vielmehr die Hellenen von den Ägyptiern, und zwar diejenigen, die dem Sohn des Amphitryon den Namen Herakles beigelegt haben, dies entnehme ich aus vielerlei Anzeichen, besonders aber daraus, daß beide Eltern jenes Herakles, Amphitryon und Alkmene[35], durch ihre Ahnen aus Ägypten herstammen, und zum andern, daß die Ägyptier erklären, daß ihnen die Namen des Poseidon und der Dioskuren unbekannt seien, die sie denn auch nicht unter die anderen Götter aufgenommen haben. Nun müßten sie aber doch sicherlich, wenn sie von den Hellenen den Namen irgendeiner Gottheit gelernt hätten, gerade von jenen Göttern eine Kenntnis haben; übten sie doch schon damals Seefahrt und gab es doch auch, wie ich meine und annehmen muß, unter den Hellenen schon Seefahrer, so daß gerade die Namen dieser Götter den Ägyptiern noch eher hätte bekannt werden müssen als der des Herakles. Es ist aber Herakles ein uralter Gott der Ägyptier. Und wie sie selber angeben, sind von der Zeit, da von den acht Göttern die zwölf Götter gezeugt wurden, zu denen sie eben auch Herakles zählen, bis auf die Zeit des Königs Amasis siebzehntausend Jahre verflossen.

44. Ich wollte jedoch über diese Dinge Gewißheit erlangen von denen, die imstande wären, sie mir zu geben, und so bin ich auch zu Schiff nach Tyros in Phoinikien gefahren, weil man

mir sagte, dort befände sich ein angesehenes Heiligtum des Herakles.[36] Ich sah es und fand es kostbar ausgeschmückt mit vielen Weihgaben, darunter zwei Säulen, die eine aus reinem Gold, die andere aus Smaragdstein, so groß, daß sie nachts einen hellen Schein gibt. Und als ich mit den Priestern sprach und sie fragte, wie lange es her wäre, daß ihr Tempel gebaut worden sei, fand ich, daß auch diese mit den Hellenen nicht übereinstimmten; denn sie sagten, der Tempel sei zugleich mit der Stadt Tyros gegründet worden, und Tyros stünde schon zweitausenddreihundert Jahre. Doch sah ich zu Tyros ein anderes Heiligtum des Herakles, der dort der Thasische genannt wird, und da ich auch nach der Insel Thasos kam, sah ich dort ein Heiligtum des Herakles, das von den Phoiniken errichtet worden war, als sie auf der Suche nach der Europe die Stadt Thasos gegründet hatten. Und das ist wohl um fünf Geschlechter eher geschehen, als jener Herakles, der ein Sohn des Amphitryon ist, in Hellas geboren wurde. Alle diese Nachrichten beweisen deutlich, daß Herakles ein alter Gott ist. Darum meine ich, handeln diejenigen Hellenen am vernünftigsten, die zweierlei Heiligtümer des Herakles bei sich gegründet haben und dem einen opfern als einem Unsterblichen mit dem Beinamen Olympios[37], dem andern aber als einem Heros Totenspenden darbringen.

45. Wie die Hellenen überhaupt viele unbedachte Dinge erzählen, so berichten sie auch ein törichtes Märchen von Herakles. Dieser, sagen sie, kam einst nach Ägypten; da führten ihn die Ägyptier in feierlichem Aufzug hinaus, hatten ihn bekränzt und gedachten ihn dem Zeus zu opfern. So lange hielt er sich auch still; wie sie aber am Altar Hand an ihn legten, um das Opfer einzuweihen, da setzte er sich zur Wehr und erschlug sie alle. Ich meine nun, daß die Hellenen, die solches erzählen, mit der Art und den Sitten der Ägyptier ganz unbekannt sein müssen. Dürfen dieselben doch nicht einmal Tiere opfern, außer Schweinen, Stieren und Stierkälbern, sofern diese rein sind, und Gänse: Wie dürften sie also gar Menschen opfern?[38] Und überdies, wie ginge das an, daß Herakles allein,

ZWEITES BUCH

zumal damals, wo er noch, wie sie ja sagen, ein Mensch war, viele Tausende von Menschen erschlagen hätte? Soviel will ich hiervon gesagt haben; mögen mir Götter und Heroen darüber nicht zürnen!

46. Daß die oben genannten Ägyptier keine Ziegen oder Böcke schlachten, hat diesen Grund. Die Mendesier rechnen den Pan unter die acht Götter, die, wie sie glauben, älter sind als die zwölf Götter. Nun stellen die Maler und Bildhauer den Pan, eben wie bei den Hellenen, ziegenköpfig und ziegenfüßig dar, nicht etwa, weil sie ihm solche Gestalt zuschreiben, er gilt ihnen vielmehr den andern Göttern gleich; den Grund aber, weshalb sie ihn so darstellen, mag ich nicht gern sagen. Sie halten zwar alle Ziegen heilig, jedoch mehr die männlichen als die weiblichen, und deren Hirten stehen in höherem Ansehen als die Hirten anderer Tiere. Ein bestimmter Ziegenbock aber wird ganz besonders verehrt. Stirbt dieser, so trägt der ganze mendesische Gau große Trauer um ihn. Nun heißt der Bock, ebenso wie Pan, auf ägyptisch Mendes. Und in diesem Gau ist zu meiner Zeit das Wunder geschehen, daß sich ein Bock mit einem Weibe vor aller Augen begattete. Dies ist allen Menschen bekannt.

47. Das Schwein halten die Ägyptier für ein unreines Tier. Hat darum einer im Vorübergehen ein Schwein berührt, so eilt er rasch zum Fluß und spült sich mit allen Kleidern darin ab. Ebenso dürfen die Schweinehirten, obgleich sie eingeborene Ägyptier sind, als einzige kein Heiligtum des Landes betreten. Auch würde keiner ihnen eine Tochter zur Frau geben oder von ihnen nehmen, sondern sie heiraten nur untereinander. Allen übrigen Göttern darf das Schwein nicht geopfert werden, nur der Selene und dem Dionysos opfert man es am Tag des Vollmondes zur selben Zeit und kostet dann auch von dem Fleisch. Weshalb sie aber an allen anderen Festen die Schweine verabscheuen und sie nur an diesem opfern, darüber erzählen die Ägyptier eine Geschichte. Ich weiß sie wohl, ich scheue mich aber, sie zu erzählen. Wenn sie der Selene Schweine opfern, gehen sie so zu Werke. Nachdem sie das Tier geschlach-

EUTERPE

tet haben, legen sie die Schwanzspitze, die Milz und das Darmnetz zusammen, umwickeln es rasch mit allem Speck vom Bauch des Tieres und verbrennen es im Feuer; das übrige Fleisch essen sie, aber nur an dem Vollmondstag, an dem das Opfer stattfindet, an einem andern Tage würden sie nicht mehr davon kosten. Die dürftigen Leute formen und backen ihrer Armut wegen Schweine aus einem Teig und bringen sie als Opfer dar.

48. Dem Dionysos schlachtet jeder Ägyptier am Abend des Festes ein Ferkel vor seiner Haustür und gibt es dann dem Sauhirten, der es ihm verkauft hat, damit er es wieder forttrage. Im übrigen begehen sie das Dionysosfest fast in allen Stücken durchaus wie die Hellenen, nur ohne Chöre, und an Stelle der männlichen Glieder haben sie etwas anderes eingeführt, nämlich Puppen mit einem Fadenzug, etwa eine Elle groß, die von Weibern von Dorf zu Dorf getragen werden. Dabei hebt und senkt sich das Glied, das nicht viel kleiner ist als der ganze Leib. Voraus zieht ein Pfeifer, dahinter die Weiber, und besingen den Dionysos. Weshalb die Puppe ein größeres Glied hat und nur diesen Teil des Leibes bewegt, darüber erzählt man eine heilige Sage.

49. Eben diese Feier, meine ich, war dem Melampus[39], Amytheons Sohn, nicht unbekannt, sondern wohl bekannt. Denn er ist es, der den Hellenen von dem Namen des Dionysos, seiner Festfeier und dem Umzug des Gliedes die erste Kunde zugebracht hat. Genaugenommen hat er freilich die Sache vorgebracht, ohne sie noch ganz begriffen zu haben, sondern erst die Weisen, die nach ihm kamen, haben sie ausführlicher offenbart. Den Phallos aber, der dem Dionysos zu Ehren feierlich herumgetragen wird, hat schon Melampus eingeführt, und von diesem haben die Hellenen gelernt, zu tun, was sie tun. Und ich behaupte, daß Melampus als ein kluger Mann sich zunächst die Kunst der Weissagung angeeignet hat und danach viele Bräuche, darunter auch den Dienst des Dionysos, die ihm aus Ägypten her bekannt waren, ohne viel daran zu ändern, bei den Hellenen eingeführt hat. Denn das vermag ich nicht zu

glauben, daß der ägyptische Dienst nur zufällig mit dem hellenischen übereinstimmt. Sonst müßte er ja der hellenischen Weise entsprechen und auch nicht erst so spät bei ihnen eingeführt sein. Auch kann ich nicht annehmen, daß die Ägyptier diesen oder irgendeinen andern Brauch von den Hellenen übernommen hätten. Seine Kunde aber vom Dienst des Dionysos hat Melampus, wie ich glaube, vom Tyrier Kadmos und seinen Begleitern erhalten, die mit jenem aus Phoinikien in das Land einwanderten, das jetzt Boiotien heißt.

50. Überhaupt sind fast alle Namen der Götter den Hellenen aus Ägypten zugebracht worden. Denn daß sie vom Ausland hergelangt sind, das weiß ich genau durch meine Nachforschung, und daß sie aus Ägypten stammen, erscheint mir wenigstens sehr wahrscheinlich. Denn mit Ausnahme des Poseidon und der Dioskuren, von denen dies schon vorhin gesagt wurde, und von der Hera, der Hestia, der Themis, den Chariten und Nereïden sind die Namen aller übrigen Götter von Alters her bei den Ägyptiern im Lande einheimisch. Ich sage, was die Ägyptier selber sagen. Die übrigen Götter aber, deren Namen sie nicht kennen wollen, sind, meine ich, von den Pelasgern benannt worden, bis auf den Poseidon. Diesen Gott haben sie durch die Libyer kennengelernt; denn nur die Libyer sind von Anfang an im Besitz seines Namens gewesen und verehren diesen Gott von jeher. Was aber die Heroen anlangt, so ist gewiß, daß die Ägyptier ihnen keinerlei Dienst erweisen.

51. Dieses nun und sonstiges, was ich noch melden will, haben die Hellenen von den Ägyptiern angenommen. Dagegen die Bilder des Hermes mit stehendem Glied darzustellen, haben sie nicht von den Ägyptiern gelernt, sondern von den Pelasgern, von denen es zuerst die Athener angenommen haben, von den Athenern aber die übrigen Hellenen. Zu der Zeit nämlich, als die Athener schon zu den Hellenen gezählt wurden, siedelten sich bei ihnen im Lande Pelasger an, die man deshalb nun auch anfing, für Hellenen zu achten. Jedermann, der in den Dienst der Kabeiren eingeweiht ist, einen Dienst, den die Samothraken von den Pelasgern angenommen haben,

EUTERPE

versteht, was ich sage. Denn in Samothrake saßen vormals eben jene Pelasger, die sich bei den Athenern niedergelassen hatten, und von ihnen haben die Samothraken diesen Geheimkult. Also unter allen Hellenen sind die Athener die ersten gewesen, die nach dem Beispiel der Pelasger die Bilder des Hermes mit stehendem Glied darstellten. Die Pelasger aber erzählten darüber eine heilige Geschichte, die in den Mysterien auf Samothrake offenbart wird.

52. Bei allen Opfern beteten die Pelasger, wie man mir in Dodona[40] gesagt hat, zu den Göttern, ohne irgendeinem Gott eine Benennung oder einen Namen beizulegen, denn davon hatten sie noch nichts vernommen. Götter aber nannten sie sie darum, weil sie alle Dinge in schöne Ordnung gebracht und alle Gaben nach ihrem Willen verteilt hätten. Erst später, nach langer Zeit, kamen von Ägypten her die Namen der Götter zu ihrer Kunde, außer dem Namen des Dionysos; denn diesen erfuhren sie noch viel später. Hernach fragten sie wegen dieser Götternamen in Dodona an. Denn das dortige Orakel gilt unter allen in Hellas für das älteste und war damals noch das einzige. Als nun die Pelasger in Dodona fragten, ob sie die fremden Namen annehmen sollten, hieß das Orakel es gut, und von dieser Zeit ab riefen sie bei ihren Opfern die Götter mit ihren Namen an. Von den Pelasgern aber haben später die Hellenen den Brauch angenommen.

53. Die Herkunft der einzelnen Götter aber, oder ob es sie immer schon gab und von welcher Gestalt sie sind, wußten sie sozusagen erst seit gestern oder vorgestern. Denn ich glaube, Hesiod und Homer haben nur vierhundert Jahre vor mir gelebt, nicht früher. Diese aber sind es doch, die den Hellenen ihr Göttergeschlecht geschaffen, ihnen ihre Namen gegeben, die Ämter und Tätigkeiten unter ihnen verteilt und ihre Gestalten beschrieben haben. Die Dichter aber, von denen man meint, daß sie vor Homer und Hesiod gelebt hätten, haben meines Erachtens erst nach ihnen gelebt.[40a]

Hiervon behaupten das erste die Priesterinnen in Dodona, das andere, das von Hesiod und Homer, sage ich selber.

ZWEITES BUCH

54. Über die Orakel, sowohl das in Hellas als das in Libyen, wissen die Ägyptier folgendes zu berichten. Die Priester des Zeus in Theben behaupteten, einst seien zwei Priesterinnen von phoinikischen Männern aus Theben entführt worden, und von diesen sei, wie sie gehört hätten, die eine nach Libyen, die andere nach Hellas verkauft worden. Diese Frauen hätten zuerst die Orakel bei den genannten Völkern gestiftet. Da ich die Priester fragte, woher sie dies so genau wüßten, erwiderten sie, daß sie den Frauen mit großem Eifer nachgeforscht und sie zwar nicht aufzufinden vermocht, später aber über sie dasjenige erfahren hätten, was sie mir erzählten.

55. Solches hörte ich von den Priestern in Theben. Dagegen erzählen die Priesterinnen in Dodona folgendes. Zwei schwarze Tauben seien einst von Theben in Ägypten aufgeflogen und davon die eine nach Libyen, die andere aber zu ihnen gekommen, wo sie sich auf einem Eichbaum niedergelassen und mit Menschenstimme gerufen habe, es müsse hier ein Orakel des Zeus gestiftet werden. Dies hätten sie als einen Befehl des Gottes angesehen und ihn ausgeführt. Die andere Taube aber, die nach Libyen geflogen sei, gebot den Libyern, ein Orakel des Ammon zu gründen. Auch dies gehört dem Zeus. So erzählten in Dodona die Priesterinnen, von denen die älteste Promeneia, die zweite Timarete, die jüngste Nikandra hieß. Die übrigen Dodonaier, die am Tempel dienen, bestätigten das.

56. Meine Meinung darüber ist diese. Haben in Wahrheit die Phoiniken jene heiligen Frauen entführt und die eine nach Libyen, die andere nach Hellas verkauft, so ist, glaube ich, diese letztere an die Thesproter im jetzigen Hellas verkauft worden, das aber damals Pelasgien hieß, und hat dort als Sklavin unter einer wirklichen Eiche ein Heiligtum des Zeus gegründet, wie es ja auch nur natürlich war, daß sie, die zu Theben Dienerin im Tempel des Zeus gewesen war, auch dort, wo sie hinkam, seiner eingedenk blieb. Als sie dann die hellenische Sprache gelernt hatte, richtete sie ein Orakel ein und erzählte, daß ihre Schwester nach Libyen von denselben Phoiniken, die auch sie verkauft hätten, verkauft worden sei.

EUTERPE

57. Tauben aber, vermute ich, wurden die Frauen von den
Dodonaiern darum genannt, weil sie fremd waren und ihre
Sprache ihnen wie die Stimme eines Vogels erschien. Später,
sagen sie, hätten die Tauben mit Menschenstimme geredet,
nämlich als die Rede der Frau ihnen verständlich wurde. So
lange sie aber in fremder Sprache redete, klang es ihnen wie
Vogelstimme. Denn wie sollte wohl eine Taube sich mit Men-
schenstimme vernehmen lassen? Indem sie ferner sagen, die
Taube sei schwarz gewesen, lassen sie erkennen, daß es eine
Ägyptierin war.

58. Die Arten der Weissagung im ägyptischen Theben und
in Dodona sind auch wirklich einander ähnlich. Auch die
Kunst, aus Opfern zu weissagen, stammt aus Ägypten. Was
aber Festversammlungen, festliche Aufzüge und Darbringun-
gen sind, so haben die Ägyptier sie zuerst veranstaltet, und von
ihnen haben es die Hellenen gelernt. Dafür gilt mir als Beweis,
daß sie ohne Zweifel dort schon seit sehr langer Zeit stattfinden, die hellenischen aber erst seit kurzem aufgekommen sind.

59. Ihre Festversammlungen halten die Ägyptier nicht nur
einmal im Jahr ab, sondern häufig[41], am häufigsten und am
liebsten in der Stadt Bubastis[42] zu Ehren der Artemis und in
Busiris[43] zu Ehren der Isis. Denn dort ist das größte Heiligtum
der Isis und die Stadt liegt mitten im Delta; Isis aber ist der
ägyptische Name für Demeter. Drittens versammeln sie sich in
der Stadt Sais zur Festfeier der Athena, viertens in Heliopolis
zu Ehren von Helios, fünftens in Buto zu Ehren der Leto und
sechstens in Papremis zu Ehren des Ares.

60. Auf der Fahrt nach Bubastis machen sie es folgendermaßen. Da fahren Männer und Weiber zusammen, und von beiden in jedem Kahn eine große Menge. Etliche der Weiber
lärmen mit Klappern, Männer blasen auf Pfeifen, so lange die
Fahrt dauert, die andern alle singen dazu und klatschen mit
den Händen.[44] Bringt sie aber die Fahrt zu einer anderen Stadt,
nähern sie sich mit ihren Fahrzeugen dem Ufer und machen
folgendes. Die einen Frauen tun, was ich angegeben habe,
andere aber verspotten laut rufend die Frauen in dieser Stadt,

ZWEITES BUCH

wieder andere tanzen, ja manche springen auf und zeigen die Blöße. So treiben sie es bei jeder Stadt am Fluß. Kommen sie endlich nach Bubastis, so begehen sie das Fest mit großen Opferschmäusen, und des Rebenweines wird an diesem einen Feste mehr genossen als im ganzen übrigen Jahr. Es strömen da zusammen, allein was Männer und Weiber sind, ohne die Kinder, wohl an die siebenhunderttausend Menschen, wie die Einwohner behaupten.

61. So ist der Brauch bei diesem Fest; wie sie aber in Busiris das Fest der Isis begehen, habe ich schon früher beschrieben. Nach dem Opfer nämlich erheben alle die Wehklage, Männer und Frauen, gar viele Tausende von Menschen. Um wen sie klagen, wäre mir eine Sünde, zu nennen.[45] Alle Karer aber, die in Ägypten leben, treiben es noch weiter; sie zerschneiden sich sogar das Antlitz mit Messern, und daraus ersieht man, daß sie Fremdlinge sind, nicht eingeborene Ägyptier.

62. Bei der Versammlung in Saïs[45a], in einer bestimmten Nacht während der Festzeit, zündet jedermann unter freiem Himmel rings ums Haus zahlreiche Lampen an. Als Lampen dienen Schalen voll Salz und Öl, oben schwimmt der Docht. Das Licht brennt die ganze Nacht. Davon hat das Fest den Namen ›Lampenbrennen‹. Auch wer nicht zu dieser Festversammlung kommt, nimmt doch die Festnacht wahr und zündet seine Lampen an, und so brennen die Lichter nicht allein in Saïs, sondern in ganz Ägypten. Weshalb gerade diese Nacht zu Licht und Ehre gekommen ist, davon berichtet eine heilige Sage.[46]

63. In Heliopolis[47] und Buto[48] verrichtet man bei der Zusammenkunft bloße Opfer. In Papremis[49] wird es mit dem Opfer und der Feier wie überall gehalten. Wenn sich aber die Sonne zum Untergang neigt, bleiben einige Priester in emsigem Tun um das Gottesbild beschäftigt, die Mehrzahl aber steht mit Holzkeulen am Eingang des Tempels. Ihnen gegenüber steht ein Haufe von mehr als tausend Männern, die ein Gelübde erfüllen wollen, auch diese alle mit Stöcken bewehrt. Das Gottesbild, das in einem kleinen hölzernen und übergoldeten

142

Hause steht, schaffen sie schon tags zuvor in ein anderes heiliges Gemach. Nun beginnen die wenigen Priester, die bei dem Bild geblieben sind, den vierräderigen Wagen, der das Haus mit dem Bild trägt, hineinzuziehen, die anderen am Tor des Heiligtums suchen ihnen den Eingang zu wehren; die, welche das Gelübde getan haben, eilen dem Gott zu Hilfe, schlagen auf sie los, jene setzen sich zur Wehr, es entsteht ein hitziger Kampf, die Stöcke fahren nieder auf die Köpfe und viele sterben sogar an den Wunden. Die Ägyptier freilich behaupten, es sterbe kein einziger. Den Ursprung dieser Festfeier erzählen die Eingeborenen folgendermaßen. Einst wohnte in diesem Tempel die Mutter des Ares. Dieser, fern von ihr aufgewachsen, kam, zum Manne gereift, herbei und begehrte Umgang zu pflegen mit seiner Mutter; aber die Diener der Mutter, die ihn nie zuvor gesehen hatten, wollten ihn nicht einlassen, sondern wiesen ihn zurück. Da holte er sich Leute aus einer anderen Stadt, richtete die Diener übel zu und drang hinein zu seiner Mutter. Davon, erzählt man, sei es Brauch geworden, dem Ares zu Ehren jene Schlägerei bei dem Fest zu veranstalten.

64. Auch haben die Äyptier zuerst mit Strenge darauf gehalten, daß niemand in einem Heiligtum mit Weibern Umgang pflege oder nach solchem Umgang ungereinigt ein Heiligtum betrete. Fast alle anderen Menschen nämlich, außer den Ägyptiern und Hellenen, verkehren mit Weibern innerhalb der Heiligtümer oder betreten sie gleich danach, ohne sich zuvor gewaschen zu haben, weil sie meinen, die Menschen seien darin gleich dem Vieh. Sähe man doch das Vieh und allerlei Vögel sich in den Häusern der Götter wie in den heiligen Hainen begatten, und das würden doch die Tiere nicht tun, wenn es der Gottheit mißfallen würde. So suchen sie ihr Tun zu rechtfertigen, das mir nicht gefallen mag.

65. Die Ägyptier aber beobachten in ihrer großen Sorge um den Dienst der Götter auch den folgenden Brauch. Obgleich Ägypten an den Grenzen Libyens liegt, ist es doch nicht sonderlich reich an Tieren; aber alle, die es dort gibt, gelten als heilig, und einige werden in den Häusern gehalten, zusammen mit

den Menschen, andere nicht. Wollte ich nun erklären, aus
welchem Grund man die Tiere heilig hält[50], so müßte ich mich
einlassen in die göttlichen Dinge, davon ich doch die größte
Scheu hege, zu sprechen. Selbst das, was ich davon oben erwähnt habe, habe ich nur aus Not gesagt. Sie halten es aber mit
den Tieren folgendermaßen. Es sind für alle Tiere Wärter
bestellt, Männer und Frauen der Ägyptier, die für den Unterhalt der Tiere sorgen und zwar getrennt für jedes Tier, und
deren Amt jeweils vom Vater auf den Sohn übergeht. Die
Einwohner der Städte bezeugen ihnen ihre Ehrfurcht auf folgende Weise. Nach einem Gebet an die Gottheit, dem das Tier
heilig ist, scheren sie ihren Kindern den ganzen Kopf oder die
Hälfte oder auch nur ein Drittel, und wägen das Haar gegen
Silber ab, und soviel die Haare wiegen, zahlen sie der Wärterin,
die dafür Fische kauft und sie in kleinen Stücken den Tieren
zum Fraße reicht. Darin besteht ihr Unterhalt. Tötet jemand
eines dieser Tiere mit Vorsatz, so muß er sterben, tut er es ohne
Vorsatz, so zahlt er die Strafe, die ihm die Priester auferlegen.
Wer aber einen Ibis oder einen Sperber tötet, muß sterben,
mag es mit oder ohne Absicht geschehen sein.

66. So viele Tiere auch mit den Menschen zusammenleben,
es würden ihrer noch viel mehr werden, wenn es nicht den
Katzen folgendermaßen erginge. Haben die Weibchen geboren, so gehen sie nicht mehr zu den Männchen, diese dagegen
suchen sich zu begatten und finden keine Gelegenheit dazu. So
verfallen sie auf eine List: Sie rauben oder entwenden den
Katzen ihre Jungen und töten sie, jedoch ohne sie zu fressen.
Dann kommen die Weibchen, die ihre Jungen verloren haben
und nach anderen verlangen, wieder zu den Männchen, denn
dieses Tier liebt es, Junge zu haben. Bricht aber eine Feuers-
brunst aus, zeigen die Katzen ein merkwürdiges Benehmen.
Dann stellen sich die Leute auf, der eine hier, der andere dort,
und geben nur acht auf die Katzen, ohne an das Löschen zu
denken, aber jene schlüpfen doch durch oder setzen über die
Leute weg und springen hinein ins Feuer. Geschieht dergleichen, dann tragen die Leute großes Leid. Stirbt in einem Hause

EUTERPE

eine Katze, scheren sich die Bewohner alle die Brauen, stirbt
aber ein Hund, so scheren sie den ganzen Leib und das Haupt.

67. Die Katzen werden nach ihrem Tod nach Bubastis in
heilige Gräber[51] gebracht und dort, nachdem sie eingelegt
wurden, beigesetzt, die Hunde bestatten sie jeder in der eigenen Stadt in heiligen Laden. Und ebenso wie die Hunde werden auch die Ichneumons beigesetzt. Die Spitzmäuse und die
Sperber schafft man nach der Stadt Buto, die Ibisse nach Her-
mopolis. Die Bären, die nur selten vorkommen, und die Wölfe,
die nicht viel größer sind als Füchse, begräbt man da, wo man
sie tot findet.

68. Die Krokodile sind folgendermaßen geartet. Die vier
kältesten Monate hindurch frißt das Tier nichts, und obgleich
ein Vierfüßler, ist es doch sowohl ein Wasser- als auch ein
Landtier. Denn es legt und brütet Eier auf dem Lande und
verbringt den größten Teil des Tages auf dem Trockenen,
hingegen die ganze Nacht im Fluß, weil dann das Wasser
wärmer ist als die freie Luft und der Nachttau. Von allen
Tieren, die wir kennen, wird dieses aus dem kleinsten zum
größten. Denn die Eier, die es legt, sind nicht viel größer als
Gänseeier, und nach dem Maß des Eies ist auch das Junge[52].
Dann wächst es aber und wird bis zu siebzehn Ellen lang und
darüber. Es hat Augen wie Schweinsaugen, große Zähne und
Hauer nach dem Maß des Leibes. Unter allen Tieren ist es das
einzige, das keine Zunge hat. Auch kann es den Unterkiefer
nicht bewegen, sondern bringt den oberen Kiefer auf den
unteren, was auch kein anderes Tier tut. Es hat starke Klauen
und auf dem Rücken eine schuppige, undurchdringliche Haut.
Im Wasser ist es blind, aber in freier Luft sieht es sehr scharf.
Da es viel im Wasser lebt, ist der Rachen inwendig voll von
Blutegeln. Alle andern Vögel und Tiere weichen ihm aus, nur
der Trochilos hält mit ihm guten Frieden. Der tut ihm aber
auch einen großen Dienst. Wenn das Krokodil nämlich aus
dem Wasser aufs Land steigt, spannt es den Rachen auf, und das
tut es fast immer gegen Westen zu, dann hüpft ihm der Trochilos ins Maul und schnappt darin die Blutegel weg. Das Kroko-

145

ZWEITES BUCH

dil läßt sich das gern gefallen und tut dem Vogel nichts zu Leide.

69. Ein Teil des ägyptischen Volkes hält die Krokodile für heilig, andere nicht, sondern verfolgen sie wie Feinde. Besonders heilig hält man sie in Theben und am Moirissee. In diesen beiden Landschaften unterhält man je ein auserwähltes Krokodil, das ganz zahm gemacht ist, dem sie Ohrgehänge aus Glasfluß und Gold in die Ohren tun und Ringe um die Vorderfüße legen, auch besondere Speisen und Opfer darreichen und es auf das allerbeste pflegen, so lange es lebt. Stirbt es, so wird der Leichnam eingelegt und in heiligen Gräbern beigesetzt.[53] In der Gegend von Elephantine dagegen gilt es nicht für heilig, sondern wird sogar gegessen. Der Name des Tieres ist nicht Krokodil, sondern Champsa. Den Namen Krokodil haben ihm die Ioner beigelegt, die es an Gestalt den Eidechsen verglichen, die bei ihnen in den Feldmauern sitzen.

70. Die Jagd des Tieres betreibt man auf viele und mannigfache Arten, davon ich nur eine beschreiben will, die mir die merkwürdigste scheint. Der Jäger steckt einen Schweinsrükken als Köder auf einen Angelhaken und wirft ihn mitten in den Strom, er selber steht am Ufer mit einem lebendigen Ferkel, das er schlägt. Sobald das Krokodil die Stimme des schreienden Ferkels hört, fährt es darauf zu, trifft den Rücken und schluckt ihn hinab. Nun zieht man es ans Land, wo der Jäger ihm zuerst die Augen mit Lehm zuschmiert. Gelingt ihm dies, so wird er leicht mit ihm fertig, sonst kostet es viel Mühe.

71. Die Flußpferde gelten nur im Gau von Papremis für heilig, nicht im übrigen Ägypten. Dieses Tier ist ein Vierfüßler, hat gespaltene Hufen, eingedrückte Nase, eine Mähne wie ein Pferd, hervorstehende Hauzähne, Schwanz und Stimme des Pferdes, und ist so groß wie der größte Stier. Die Haut ist so dick, daß man sie trocknet und Lanzenschäfte daraus fertigt.

72. Auch leben Fischottern in dem Fluß, die für heilig angesehen werden. Ebenso gelten unter den Fischen der sogenannte Schuppenfisch und der Aal als heilig, nämlich beide dem Nil[54], unter den Vögeln aber die Fuchsgans.[55]

EUTERPE

73. Auch gibt es noch einen heiligen Vogel, der Phoinix[56] genannt wird. Ich habe ihn selber nicht gesehen, sondern nur sein Bild, weil er nur selten nach Ägypten kommt, je einmal in fünfhundert Jahren, wie die Heliopoliten sagen, und zwar jedesmal dann, wenn sein Vater gestorben ist. In Größe und Aussehen ist er folgendermaßen beschaffen, sofern sein Bild ihm gleicht. Das Gefieder ist teils goldfarbig, teils hochrot, im Umriß und an Größe kommt er dem Adler am nächsten. Sie erzählen von diesem Vogel eine merkwürdige Sache, mir scheint sie aber nicht glaubhaft. Sie sagen nämlich, er bringe von Arabien her seines Vaters Leichnam, in Myrrhen eingelegt, und bestatte ihn im Tempel des Helios, und das mache er so. Zuerst forme er sich ein Ei aus Myrrhe, gerade so groß, daß er es ungefähr zu tragen vermag, und versuche es so lange, bis er findet, daß er es tragen kann. Darauf höhle er das Innere des Eies aus, lege den Vater hinein und verstreiche das Loch mit neuer Myrrhe. Das Ei mit dem alten Vogel zusammen sei nun so schwer wie vorher. Damit fliege er nach Ägypten und trage es in den Tempel des Helios[57]. Solches erzählt man von diesem Vogel.

74. Bei Theben gibt es heilige Schlangen, die dem Menschen keinerlei Leid zufügen, klein von Gestalt, mit zwei Hörnern oben auf dem Kopf.[58] Ihre Leichen werden im Heiligtum des Zeus beigesetzt, denn diesem Gott sollen sie heilig sein.[59]

75. In Arabien, nicht weit von der Stadt Buto, liegt eine Gegend, in die ich gereist bin, um zu erfahren, was es mit den geflügelten Schlangen auf sich habe. Da sah ich eine unsäglich große Menge von Schlangenknochen und Gerippen. Es waren ganze Haufen, große, weniger große und noch kleinere in großer Zahl.[60] Die Gegend, wo sie aufgeschüttet liegen, ist ein enges Gebirgstal, das sich auf eine große Ebene öffnet, und diese Ebene stößt an die Ebene von Ägypten. Die Schlangen, erzählt man, kommen, wenn der Frühling anhebt, aus Arabien nach Ägypten geflogen, aber jene Vögel, die Ibisse, ziehen ihnen entgegen bis zu der Talenge und lassen sie nicht hinein ins Land, sondern vertilgen sie. Und dies sei eben die Ursache,

ZWEITES BUCH

sagen die Arabier, daß die Ibisse bei dem ägyptischen Volk in so hohen Ehren stünden, und auch die Ägyptier bestätigen es.

76. Der Ibis[61] hat dieses Aussehen. Die Farbe ist tiefschwarz, die Beine wie die des Kranichs, der Schnabel ist stark gebogen, an Größe ist er ungefähr wie der Vogel Krex. So sehen die schwarzen Ibisse aus, die Schlangentöter. Eine andere Art hingegen, die sich unter den Menschen aufhält – es gibt nämlich zwei Arten – ist am Kopf und am ganzen Nacken hinab kahl, von weißem Gefieder, außer am Kopf, Nacken und an der Spitze der Flügel und des Steißes, welche Teile alle tiefschwarz sind. Beine und Schnabel sind wie bei der ersten Art. Die Schlangen aber haben dasselbe Aussehen wie die Wasserschlangen. Die Flügel sind nicht gefiedert, sondern sind ganz ähnlich wie die Flügel der Fledermaus.

Soviel von den heiligen Tieren.

77. Was aber die Ägyptier selber betrifft, so wenden diejenigen, die in den ackerbauenden Teilen des Landes wohnen, einen besonderen Fleiß auf die Kunde der Vorzeit und sind darum unter allen Menschen, die ich darauf geprüft habe, am besten unterrichtet. In ihrer Lebensweise halten sie folgende Ordnung. Einmal in jedem Monat, drei Tage nacheinander, gebrauchen sie um der Gesundheit willen Brechmittel und Klistiere, um den Körper zu reinigen, weil sie glauben, daß alle Krankheiten der Menschen aus ihrer Nahrung entspringen. Aber auch im übrigen sind sie neben den Libyern die gesündesten Menschen, und das verdanken sie nach meiner Meinung dem Klima ihres Landes, das das ganze Jahr über ohne Wechsel ist. Denn eben in dem Wechsel der Dinge, besonders aber des Klimas, liegt die größte Ursache der menschlichen Krankheiten. Ihre Nahrung ist Brot, das sie aus der Dinkel bereiten und Kyllestis nennen. Der Wein, den sie trinken, wird aus Gerste gemacht, denn Reben wachsen nicht in ihrem Land.[62] Fische dörren sie zum Teil an der Sonne und essen sie ungekocht, andere salzen sie ein und essen sie aus der Lake. Von den Vögeln legen sie Wachteln, Enten und das kleinere Geflügel in Salz und verzehren sie ungekocht. Aber alle andere Arten von

148

EUTERPE

Geflügel und Fischen, allein die heiligen ausgenommen, essen sie gebraten oder gekocht.

78. Beim Gastmahl in reichen Häusern, wenn das Mahl beendet ist, trägt einer in einem Sarg ein hölzernes Bild umher, in Gestalt und Farbe ganz einem Toten ähnlich[63], ein bis zwei Ellen groß, zeigt es jedem Tischgenossen und spricht dabei: »Schau her auf diesen, auf daß du trinkest und fröhlich seist; denn wenn du tot bist, wirst du sein wie dieser.« So halten sie es bei ihren Trinkgelagen.

79. Fremde Sitten lassen sie nicht zu, sondern halten sich an die alten Satzungen ihrer Väter. Auch haben sie mancherlei achtenswerten Brauch, so unter anderem eine gewisse Gesangsweise, den Linos, der auch in Phoinikien, auf Kypros und noch anderswo gesungen wird[64], aber bei jedem Volk seinen besonderen Namen hat. Er ist genau derselbe Gesang, den die Hellenen singen und den sie Linos nennen; weshalb ich mich, wie über viele andere Dinge sonst, die ich in Ägypten gefunden habe, sehr verwunderte, woher sie den Namen des Linos erfahren haben könnten. Denn das ist ausgemacht, daß sie das Lied seit Alters singen. Der Linos heißt auf ägyptisch Maneros, und sie erzählen von ihm, er sei der einzige Sohn des ersten ägyptischen Königs gewesen und früh gestorben, weshalb man ihm zu Ehren solche Klagelieder singe, und dies sei ihre erste und einzige Sangesweise gewesen.

80. Die Ägyptier haben noch etwas mit den Hellenen gemein, freilich nur mit den Lakedaimoniern. Wenn jüngere Leute älteren begegnen, so weichen sie vor ihnen aus dem Weg und machen ihnen Platz, und wenn sie nahe kommen, so erheben sie sich von ihrem Sitz. In einem anderen Brauch sind sie keinem anderen ähnlich, daß sie nämlich auf den Straßen einander nicht mit Worten begrüßen, sondern sich tief verneigen und dabei die Hände bis zu dem Knie herabsenken.

81. Ihre Kleidung ist ein linnener Rock mit Franzen um die Schenkel, die sogenannte Kalasiris; darüber tragen sie ein weißes wollenes Gewand als Überwurf. Doch gehen sie nicht mit wollenen Kleidern in die Tempel und lassen sich auch nicht

ZWEITES BUCH

darin begraben; das wäre sündhaft. Sie stimmen hierin mit den sogenannten Orphikern und Bakchikern überein, die Ägyptier und Pythagoreier sind.[65] Wer zu diesem geheimen Brauch gehört, darf nicht in wollenen Kleidern bestattet werden. Über den Ursprung dieser Sitte erzählt man eine heilige Sage.

82. Ferner haben die Ägyptier herausgefunden, welcher Gottheit jeder Monat und jeder Tag heilig ist und welches Schicksal einem jeden Menschen, je nachdem, an welchem Tag er geboren ist, in seinem Leben beschieden werde, auf welche Art er sterben und von welcher Natur und Eigenschaft er sein werde.[66] Diese Regeln haben sich die hellenischen Dichter beflissen zunutze gemacht. Zeichen von dem Zukünftigen haben die Ägyptier mehr beachtet als alle anderen Menschen zusammen. Nämlich wenn ein Zeichen geschieht, so schreiben sie es auf und achten auf den Ausgang, und wenn dann späterhin einmal wieder solch ein Zeichen geschieht, so erwarten sie, daß es denselben Ausgang haben werde.

83. Mit ihrer Seherkunst verhält es sich so. Sie steht keinem Menschen zu, sondern nur gewissen Göttern. So haben sie ein Orakel des Herakles, des Apollon, der Athena, der Artemis, des Ares, des Zeus, aber keines von allen hat ein solches Ansehen wie das der Leto in der Stadt Buto. Die Weissagungen sind jedoch nicht überall dieselben, sondern untereinander verschieden.

84. Die Heilkunst ist so verteilt, daß jeder Arzt nicht mehr als nur je eine Krankheit zu heilen versteht. Daher ist alles voll von Ärzten. Da gibt es besondere Ärzte für die Augen, für den Kopf, für die Zähne, für den Bauch und für die inneren Krankheiten.

85. Nun von ihrer Totentrauer und Bestattung. Stirbt in einem Hause eine Person von einiger Bedeutung, so pflegt sich die ganze Frauenschar des Hauses sogleich das Haupt oder auch das Gesicht mit Kot zu bestreichen, worauf sie den Toten daheim lassen und wehklagend in den Straßen der Stadt umherlaufen, das Gewand unter dem Busen gegürtet, mit bloßen Brüsten, und zugleich mit ihnen alle Weiber ihrer Sippe. Und

EUTERPE

auch die Männer ihrerseits erheben Wehklage, den Oberleib entblößt wie die Frauen. Erst danach tragen sie die Leiche des Verstorbenen fort, um sie einlegen zu lassen.

86. Dafür gibt es eine besondere Klasse von Leuten, die sich auf diese Kunst verstehen. Diese zeigen denen, die ihnen die Leiche bringen, gewisse Musterbilder von Toten, aus Holz gefertigt und menschenähnlich gemalt, so viele, wie es Arten des Einbalsamierens gibt. Davon benennen sie die kostbarste nach demjenigen, den ich bei solcher Sache eine Scheu habe, zu nennen. Eine andere, die sie nach jener vorzeigen, ist schon geringer und wohlfeiler; am billigsten ist die dritte. Dabei fragen sie, nach welcher von diesen drei Arten die Leiche bereitet werden solle, und die Verwandten, nachdem sie mit ihnen über den Preis verhandelt haben, kehren heim und lassen die Leiche zurück. Nun machen sich die Leute in ihrer Werkstatt daran, sie einzubalsamieren.[67] Bei der kostbarsten Weise verfahren sie so. Zuerst holen sie mit einem gebogenen Eisen das Gehirn durch die Nasenlöcher heraus, und zwar einen Teil auf diesem Wege, das übrige mittels gewisser Flüssigkeiten, die sie hineingießen. Darauf machen sie mit einem scharfen aithiopischen Stein einen Einschnitt an der Weiche entlang, entleeren geschwind die ganze Bauchhöhle und spülen sie aus, erst mit Palmwein und dann noch einmal mit zerriebenen Kräutern. Hiernach füllen sie den Leib mit unvermischten zerstoßenen Myrrhen, mit Kasia und den anderen wohlriechenden Sachen, nur den Weihrauch ausgenommen, und nähen ihn wieder zu. Wenn dies getan ist, legen sie die Leiche in Natronlauge[68], siebzig Tage lang. Länger darf sie darin nicht liegen. Sind die siebzig Tage vorüber, waschen sie den Toten und umwickeln ihn ganz und gar mit Bandstreifen von feiner Leinwand, die sie zuvor mit Gummi bestreichen, das in Ägypten meistens an Stelle des Leimes gebraucht wird. Nun holen ihn die Angehörigen wieder ab, legen ihn in ein menschenähnliches hölzernes Bild[69], das sie dazu haben machen lassen, verschließen ihn darin und verwahren ihn in einer Grabkammer, wo er aufrecht an der Wand steht.[70]

ZWEITES BUCH

87. Dies ist die kostbarste Art der Leichenbereitung. Wird aber die mittlere Art begehrt, um den Aufwand zu meiden, so gehen sie so zu Werke. Sie füllen ihre Spritzen mit dem Öl des Zedernbaums und fahren damit in den Leib des Toten, jedoch ohne ihn aufzuschneiden und auszuleeren, sondern sie spritzen es durch den Gang des Gesäßes hinein, verschließen ihm den Ausfluß, und legen die Leiche auf die bestimmten Tage ein. Am letzten Tage lassen sie das Zedernöl wieder ausfließen.[71] Dies hat aber solche Kraft, daß es den Bauch und die Eingeweide ganz aufgelöst mit herausbringt. Das Fleisch aber wird vom Natron aufgelöst, so daß von dem Toten nichts bleibt als die Haut und die Knochen. Danach geben sie die Leiche, ohne noch weiteres an ihr zu tun, zurück.

88. Die dritte Art endlich ist für die Ärmeren. Dabei spülen sie nur den Bauch mit Rettigöl aus, legen die Leiche siebzig Tage ein und lassen sie dann gleich wieder abholen.

89. Die Frauen angesehener Männer werden nach ihrem Tode nicht gleich zur Einbalsamierung fortgegeben, desgleichen auch nicht solche von besonderer Schönheit oder höherem Ansehen, sondern erst nachdem sie drei bis vier Tage gelegen haben. Das geschieht, damit die Balsamierer mit den Körpern der Frauen keinen Unfug treiben. Denn es soll einmal ein solcher von seinem Gesellen verraten und dabei ertappt worden sein, wie er eine frische Weiberleiche mißbrauchte.

90. Findet man einen toten Menschen, gleichviel ob einen Ägyptier oder einen Fremden, der von einem Krokodil erfaßt worden oder durch den Fluß selber sein Leben verloren hat, so sind die Einwohner derjenigen Stadt, wo er ans Land getrieben wurde, verpflichtet, die Leiche einlegen zu lassen, sie aufs beste herzurichten und in heiligen Gräbern beizusetzen. Und keiner darf sie antasten, weder von den Angehörigen noch von den Freunden, sondern die Priester des Nils selber bestatten sie eigenhändig, als sei es mehr als eine Menschenleiche.

91. Hellenische Bräuche nachzuahmen, wäre ihnen ein Greuel, und nicht bloß diese, sondern überhaupt die Bräuche irgendeines fremden Volkes. So halten es wenigstens alle übri-

EUTERPE

gen Ägyptier. Nur im thebaiischen Gau, nahe bei Neapolis in
der ansehnlichen Stadt Chemmis, steht ein Heiligtum des
Perseus, des Sohnes der Danaë, auf seinen vier Seiten von
Palmbäumen umgeben, mit einer steinernen Torhalle von ansehnlicher Größe, vor der zwei große Steinbilder stehen. Innerhalb der Mauer ist ein Tempel und in dem Tempel ein Bild des
Perseus. Die Einwohner dieser Stadt geben vor, daß Perseus
sich oftmals bei ihnen sehen lasse, bald hier oder da in ihrem
Land, bald auch drinnen im Tempel; auch würde mitunter sein
abgetragener Schuh gefunden, zwei Ellen lang, und wenn dies
geschehe, so komme reicher Segen über das ganze ägpytische
Land. So erzählen sie, und ehren den Perseus nach hellenischem Brauch, indem sie Kampfspiele veranstalten in jeglicher
Art[72], wobei sie die Sieger mit Vieh, Mänteln und Häuten
belohnen. Ich fragte sie, was es damit auf sich hätte, daß Perseus sich nur bei ihnen zu zeigen pflege und warum sie Kampfspiele abhielten, was doch sonst nicht die Art der übrigen
Ägyptier sei. Da antworteten sie, daß Perseus in ihrer Stadt
heimisch sei. Denn Danaos und Lynkeus seien Chemmiten
gewesen und von da nach Hellas ausgewandert, und von diesem abwärts führten sie das Geschlecht bis auf Perseus.[73] Dieser aber sei einstmals aus derselben Ursache, die auch von den
Hellenen erzählt wird, nämlich weil er das Haupt der Gorgo
aus Libyen holen wollte, nach Ägypten und in ihre Stadt gekommen und habe dort alle seine Verwandten erkannt, und sei
eben darum nach Ägypten gekommen, weil ihm schon vorher
seine Mutter von der Stadt Chemmis erzählt habe. Das Wett-
spiel aber feierten sie ihm, weil er es selber so verordnet habe.

92. Alle diese Sitten findet man bei den Ägyptiern oberhalb
der Niederungen. Die Bewohner der Niederungen halten es
zwar im übrigen wie die anderen Ägyptier, so auch darin, daß
sie, eben wie die Hellenen, jeder nur ein Weib haben; aber um
sich billiger zu ernähren, haben sie noch besondere Einrichtungen. Sobald der Strom seinen hohen Stand erreicht und die
Ebenen überschwemmt hat, wachsen im Wasser Lilien in großer Menge, welche die Einwohner Lotos nennen. Diese schnei-

153

ZWEITES BUCH

den sie ab und trocknen sie an der Sonne, darauf zerstoßen sie die mohnähnlichen Körner, die inmitten des Lotos sitzen, und bereiten daraus einen Brotteig, den sie am Feuer rösten. Auch die Wurzel der Pflanze ist eßbar; sie hat einen angenehm süßlichen Geschmack, ist rundlich von Gestalt und groß wie ein Apfel. Es findet sich in dem Fluß auch noch eine andere Art Lilien, den Rosen ähnlich, deren Frucht in einem besonderen Kelch sitzt, der daneben aus der Wurzel herauswächst und der einer Wespenwabe sehr ähnlich sieht. Darin sitzen eßbare Körner von der Größe eines Olivenkerns in großer Zahl, die frisch oder getrocknet gegessen werden. Die Byblosstaude[74], die in den Niederungen wächst, raufen sie aus, wenn sie jährig wird. Den oberen Teil schneiden sie ab und verbrauchen ihn zu anderen Dingen, den übrigen unteren Teil aber, etwa eine Elle lang, verzehren sie. Wollen sie ihn aber besonders schmackhaft genießen, so dämpfen sie ihn zuvor im glühend heißen Bratofen. Etliche leben auch nur von Fischen, die sie nach dem Fang ausnehmen, an der Sonne dörren und, sobald sie getrocknet sind, verspeisen.

93. Diese Fische, die in großen Scharen zusammenleben, kommen in den Flußarmen nicht häufig vor, sondern halten sich gewöhnlich in den Seen auf. Aber zur Zeit der Brunst ziehen sie in Scharen hinaus ins Meer, voran die Männchen, die von ihrem Samen lassen, dahinter die Weibchen, die ihn aufschnappen und davon befruchtet werden. Sind sie also im Meer trächtig geworden, kehren sie zurück, jegliche an ihren alten Ort. Dabei schwimmen aber nicht mehr die Männchen voraus, sondern nun ist die Führung bei den Weibchen, die scharenweise vorausschwimmen und dabei ebenso tun wie vorher die Männchen: nämlich von ihren Eiern, die klein sind wie Hirsekörner, lassen sie immer wieder einige fallen, und die Männchen hinter ihnen verschlucken sie. Diese Körnlein aber sind Fische, und was davon übrig bleibt und nicht verschlungen wird, das gibt die junge Fischbrut. Bei allen Fischen, die beim Auszug ins Meer gefangen werden, findet sich die linke Seite des Kopfes abgeschabt, hingegen bei denjenigen, die bei

154

EUTERPE

der Rückkehr gefangen werden, die rechte Seite. Das hat folgenden Grund. Sie streichen hart an der linken Seite des Landes hin, wenn sie hinabziehen ins Meer, und ebenso, wenn sie wieder heraufkommen, an derselben Seite immer ganz nahe und dicht am Ufer hin, um ja nicht in der Strömung den Weg zu verfehlen. Wenn aber der Nil anfängt zu steigen, so füllen sich zuerst die Brüche und Lachen längs des Ufers von dem durchsickernden Wasser, und sobald dies geschehen ist, so wimmeln sie von kleinen Fischen. Und ich meine zu erkennen, woher dies kommt. Nämlich ein Jahr vorher, sobald der Nil gefallen ist, gehen die Fische, nachdem sie ihre Eier in den Schlamm gelegt haben, mit dem letzten Wasser fort. Kommt dann nach Ablauf der Zeit das Wasser zurück, so entstehen aus den Eiern alsbald die Fischlein. Soviel von den Fischen.

94. Ihr Salböl[75], das sie Kiki nennen, bereiten die Bewohner der Niederungen aus der Frucht der Sillikyprien. Diese Pflanze, die in Hellas von selber wild wächst, wird dort an den Ufern des Stromes und der Seen entlang gesät und trägt eine reichliche, aber übelriechende Frucht, die gesammelt und entweder zerstampft und ausgepreßt oder geröstet und ausgekocht wird. Das abfließende Öl ist fett und zur Lampe nicht minder nutzbar als das Baumöl, nur daß es übel riecht.

95. Gegen die ungeheure Menge der Mücken schützen sie sich mit allerhand Mitteln. Diejenigen, die oberhalb der Niederungen wohnen, steigen auf ihre Türme und sind da während des Schlafes geborgen; denn wegen der Winde können die Mücken nicht so hoch fliegen. Die aber in den Niederungen wohnen und keine Türme haben, helfen sich auf andere Weise. Jeder Mann besitzt dort ein Zugnetz, womit er tagsüber Fischfang treibt, nachts aber stellt er es rings um seine Lagerstatt, schlüpft hinein und schläft darunter. Denn wenn er sich in einem Mantel oder in ein Leintuch eingewickelt niederlegt, stechen die Mücken hindurch, aber durch das Netz versuchen sie es gar nicht.

96. Ihre Lastschiffe bauen sie aus dem Holz eines Dornbaumes[76], der an Gestalt dem kyrenaiischen Lotos sehr ähnlich ist,

155

ZWEITES BUCH

und dessen Harz als Gummi dient. Aus diesem Baum schneiden sie Bretter, etwa zwei Ellen lang, schichten sie aufeinander, wie man Ziegeln legt, und verfestigen die Lagen durch dicht eingetriebene lange Pflöcke, die durch all die Bretter hindurchgehen. So setzen sie das Floß zusammen. Über die äußeren Seiten der Bretter legen sie Querriegel. Spanten hat so ein Schiff nicht. Inwendig werden die Fugen mit Byblos ausgestopft. Das Schiff hat nur ein Steuer, das bis durch den untersten Boden hindurchgeht. Der Segelbaum ist von Dorn, die Segel aus Byblos. Stromauf können diese Schiffe nicht fahren, außer bei scharfem Wind; man schleppt sie vom Ufer aus hinauf. Für die Fahrt stromabwärts dient ein Gestell von Tamariskenholz, mit Schilfgeflecht überzogen, und ein Stein von etwa zwei Talenten Gewicht mit einem durchgebohrten Loch. Das Gestell läßt man an einem Tau vor dem Schiff treiben, den Stein aber hinter dem Schiff an einem anderen Tau nachschleppen. Dann treibt das Gestell durch die Wucht der Strömung rasch zu Tal und zieht die Baris[77] nach – so heißen nämlich diese Fahrzeuge –, der Stein aber, der hinten in der Tiefe nachschleppt, gibt der Fahrt die Richtung.[78] Solche Schiffe gibt es eine große Menge, und manche tragen eine Last von vielen tausend Talenten.

97. Zu der Zeit, wenn der Nil das Land überschwemmt hat, sieht man nur noch die Städte hervorragen, ähnlich den Inseln im Aigaischen Meer. Dann wird ganz Ägypten zu einer weiten See, aus der nur noch die Städte herausragen. Dann halten sich die Schiffe nicht mehr im Bett des Stromes, sondern gehen mitten durch die Ebene. Fährt man zu dieser Zeit von Naukratis hinauf nach Memphis, kommt man ganz nahe bei den Pyramiden entlang, während sonst die Fahrt an der Spitze des Delta bei der Stadt Kerkasoros vorbeiführt. Nach Naukratis aber fährt man vom Meer und von Kanobos herauf durch die Ebene bei der Stadt Anthylla und der Stadt des Archandros vorbei.

98. Anthylla ist eine ansehnliche Stadt, die, seitdem die Perser über das Land herrschen, jeder König seiner Gemahlin,

EUTERPE

der Königin, zu eigen gibt, damit sie von dort das Geld zu ihren
Schuhen nehme. Die andere Stadt, scheint mir, hat ihren Namen Archanderstadt von des Danaos Schwiegersohn Archandros, einem Sohn des Phthios und Enkel des Achaios. Doch
mag es auch wohl ein anderer Archandros sein, nach dem sie
benannt ist, aber gewiß ist der Name nicht ägyptisch.

99. Was ich bis hierher berichtet habe, ist alles meine eigene
Wahrnehmung, Meinung und Forschung gewesen. Nunmehr
aber werde ich Geschichten erzählen, die ich von den Ägyptiern gehört habe, werde jedoch auch einiges hinzufügen, was
ich selber gesehen habe.

Von Min, dem ersten König Ägyptens, erzählen die Priester,
daß er das Land abgedämmt habe, auf dem die Stadt Memphis
steht. Denn weil der Fluß ehedem seinen Lauf entlang dem
sandigen Gebirge auf der libyschen Seite hatte, ließ dieser
König etwa hundert Stadien oberhalb von Memphis einen
Damm aufwerfen und zwang den Fluß zu der Einbiegung auf
der Südseite der Stadt, das alte Bett aber legte er trocken und
bewirkte, daß der Fluß fortan inmitten der beiden Gebirge in
einen Kanal strömte. Diese Biegung des Flusses wird noch jetzt
von den Persern fleißig bewahrt und behütet, damit der Damm
nicht durchbreche, und alle Jahre aufs neue befestigt. Denn
gelänge es dem Nil, an dieser Stelle durchzubrechen, stünde
ganz Memphis in Gefahr, überflutet zu werden. Nachdem also
das abgedämmte alte Bett trocken gelegt war, habe dieser Min,
der erste König, dort eine Stadt gegründet, die jetzt Memphis
heißt. Es liegt nämlich auch Memphis in dem schmalen Teil
Ägyptens. Außerhalb, um die Stadt herum, grub er vom Fluß
aus einen See nach Norden und nach Westen, denn die Seite
nach Osten wird vom Fluß selber begrenzt. Auch habe dieser
König innerhalb der Stadt das Heiligtum des Hephaistos erbaut, das groß und wohl wert ist, beschrieben zu werden.[79]

100. Auf diesen König folgten dreihundertdreißig Könige,
deren Namen mir die Priester aus einem Buch vorlasen.[80]
Unter so vielen Menschengeschlechtern waren achtzehn Aithiopen und ein ägyptisches Weib, die übrigen waren ägypti-

157

sche Männer. Die Königin hieß wie jene Königin von Babylon Nikotris. Von ihr erzählten die Priester, sie habe um ihres Bruders willen, der vor ihr König war und den die Ägyptier ermordeten, wodurch sie selber auf den Thron gelangte, viele Ägyptier durch eine List umgebracht, um seinen Tod zu rächen. Sie ließ nämlich einen Saal unter der Erde bauen, über die Maßen groß, und gab vor, daß sie ihn einweihen wolle, in ihrem Herzen aber dachte sie anderes. Sie richtete ein großes Gastmahl aus und lud dazu alle diejenigen, von denen sie wußte, daß sie die Hauptschuldigen waren an dem Mord, und als sie saßen und schmausten, öffnete sie einen verborgenen großen Kanal und ließ den Fluß über sie herein. Mehr wußten sie von dieser Königin nicht zu erzählen, außer dem einen, daß sie nach dem Gelingen ihres Anschlages aus Furcht vor der Strafe eine Kammer mit Asche gefüllt und sich da hineingestürzt habe.

101. Die anderen Könige, sagten sie, hätten sich nicht durch Bauten hervorgetan, oder sich sonst einen rühmlichen Namen gemacht, nur der letzte unter ihnen, Moiris[81], habe sich ein Denkmal geschaffen, nämlich die nördliche Vorhalle am Tempel des Hephaistos, und einen See graben lassen, dessen Umfang in Stadien ich nachher anzeigen will, und darin zwei Pyramiden erbaut, deren Größe ich zugleich mit dem See beschreiben werde. So große Werke habe dieser Moiris geschaffen, die anderen alle aber kein einziges.

102. Darum schweige ich von diesen und erzähle von demjenigen, der nach ihnen regierte und Sesostris[82] hieß. Von diesem sagten die Priester, er wäre der erste gewesen, der mit Langschiffen hinausfuhr aus dem arabischen Busen und sich alle Völker am Roten Meer[83] untertänig machte, bis er zuletzt in ein Meer kam, das wegen der Untiefen nicht mehr schiffbar war. Und als er von dort heimgekommen war, sammelte er ein großes Heer. Damit zog er durch das Festland und bezwang alle Völker, die er auf seinem Weg antraf. Und wo er tapfere Männer fand, die nicht von ihrer Freiheit lassen wollten und hart darum stritten, ließ er in ihrem Lande Tafeln aufrichten, und auf die Tafeln

EUTERPE

ließ er seinen Namen und seine Heimat schreiben und daß er dies Volk durch seine eigene Stärke bezwungen habe. Wo er aber die Städte ohne Kampf und Mühe eroberte, ließ er dasselbe auf die Tafeln schreiben[84] wie bei den tapferen Völkern, dazu aber malte er noch eine weibliche Scham, um ihre Feigheit kundzutun.

103. So zog er also durch das Festland, zuletzt von Asien hinüber nach Europa, wo er die Skythen und die Thraken bezwang. Aber weiter als bis zu diesen, glaube ich, ist das ägyptische Heer nicht gekommen; denn nur in deren Land finden sich solche Tafeln aufgestellt, über sie hinaus aber nicht mehr. Von dort bog er ab und wandte sich zurück und gelangte an den Phasis. Da kann ich nun nicht mit Gewißheit sagen, ob König Sesostris selber einen Teil seines Heeres ausgesondert und dort zurückgelassen hat, um sich in dem Lande anzusiedeln, oder ob etliche seiner Krieger, überdrüssig des Hin- und Herziehens, am Phasis zurückgeblieben sind.

104. Denn die Kolcher sind Ägyptier, das ist gewiß. So hatte ich selber schon vermutet, noch bevor mir andere davon erzählten, und weil mir daran lag, es zu wissen, befragte ich beide. Aber die Kolcher erinnerten sich mehr an die Ägyptier als diese an die Kolcher; doch sagten die Ägyptier, sie glaubten, daß die Kolcher vom Heer des Sesostris herstammten. Ich selber aber habe es erstens daher vermutet, weil sie von dunkler Farbe und kraushaarig sind. Freilich kann dies allein noch nichts beweisen, denn das sind andere auch. Zweitens aber und vornehmlich daraus, weil allein unter allen Völkern die Kolcher, Ägyptier und Aithiopen sich von Alters her zu beschneiden pflegen. Denn die Phoiniken und die Syrer in Palaistina[85] geben selber zu, daß sie diesen Brauch von den Ägyptiern gelernt haben, und die Syrer am Thermodon und am Parthenios mit ihren Nachbarn, den Makronen, wollen ihn vor nicht langer Zeit erst von den Kolchern gelernt haben. Diese sind die einzigen Völker, die sich beschneiden, und eben diese, wie man sieht, ahmen hierin den Ägyptiern nach. Ob aber die Aithiopen den Brauch von den Ägyptiern angenommen ha-

ZWEITES BUCH

ben, oder diese von jenen, das kann ich nicht sagen; es ist eben bei beiden ein uralter Brauch. Die anderen aber lernten ihn kennen, während sie nach Ägypten Handel trieben. Dafür habe ich einen starken Beweis in dem Umstand, daß diejenigen Phoiniken, die in Hellas verkehren, sich nicht mehr an die ägyptische Weise halten, sondern ihre Kinder unbeschnitten lassen.

105. Nun will ich aber auch noch etwas anderes von den Kolchern erzählen zum Zeichen dafür, daß sie den Ägyptiern ähnlich sind. Beide haben dieselbe Art und Weise in der Herstellung von Leinwand, und ebenso ist die ganze Lebensart und Sprache bei beiden ähnlich. Zwar heißt die kolchische Leinwand bei den Hellenen die sardonische, während die, die aus Ägypten kommt, die ägyptische genannt wird.

106. Von den Tafeln, die König Sesostris in den Ländern errichten ließ, sind die meisten nicht mehr da, aber im palästinischen Syrien habe ich sie selber noch gesehen mit der angezeigten Schrift darauf und der weiblichen Scham. Auch sind in Ionien zwei Bilder dieses Königs in Felsen eingehauen, eines am Weg von Ephesos nach Phokaia, das andere am Weg von Sardis nach Smyrna.[86] An beiden Orten ist das Bild eines Mannes eingehauen, viereinhalb Ellen hoch mit einem Speer in der Rechten und einem Bogen in der Linken, und dem entspricht auch die übrige Rüstung, die halb ägyptisch halb aithiopisch ist. Von der einen Schulter über die Brust hin bis zur anderen Schulter sind Worte eingehauen in der heiligen Schrift der Ägyptier, und die Worte lauten: »Ich habe dieses Land mit meinen Schultern mir gewonnen.« Wer er aber sei und woher, ist nicht zu erkennen, er hat es aber an einem anderen Ort kundgetan. Etliche zwar, die diese Bildnisse gesehen haben, vermuten, daß sie den Memnon[87] darstellen; das ist aber ein großer Irrtum.

107. Als nun dieser König Sesostris heimzog und viel Volk aus all den Ländern, die er bezwungen hatte, mit sich führte und auf der Heimfahrt nach Daphnai kam, das bei Pelusion liegt, lud ihn – erzählten die Priester – sein Bruder, dem er so

lange die Obhut des Landes befohlen hatte, mitsamt seinen Söhnen zu einem Gastmahl, ließ aber draußen um das Haus herum Holz aufschichten und Feuer daran legen. Und wie Sesostris dies gewahrte, ging er alsbald mit seiner Frau zu Rate; denn auch diese führte er mit sich. Die riet ihm, er solle von seinen sechs Söhnen zwei nehmen und sie als eine Brücke über das Feuer legen; so könnten sie selber darüber wegschreiten und sich retten. Und so tat Sesostris: zwei der Söhne verbrannten im Feuer, die übrigen aber mit ihrem Vater entkamen.

108. Wie nun Sesostris nach Ägypten zurückkam, bestrafte er seinen Bruder, jenes Volk aber, das er aus den besiegten Ländern mitgeführt hatte, gebrauchte er folgendermaßen. Jene ungeheueren Steine, die zu seiner Zeit in das Heiligtum des Hephaistos gebracht worden sind, ließ er durch sie herbeischleppen. Sie mußten alle die Kanäle, die jetzt in Ägypten sind, graben und machten so ohne ihren Willen das Land, das vordem durchgehend gangbar war für Rosse und Wagen, dazu unbrauchbar. Denn von jener Zeit an ist Ägypten für Rosse und Wagen unwegsam geworden und das machen die Gräben, die es in großer Zahl und nach jeglicher Richtung durchziehen. Der Grund aber, daß der König das Land so durchschneiden ließ, war folgender. Alle Einwohner, deren Städte nicht am Fluß lagen, sondern mitten im Land, gerieten jedesmal, wenn der Fluß zurückfiel, in Wassernot und mußten das brackige Wasser trinken, das sie aus den Brunnen schöpften. Für sie ließ der König die Gräben ziehen.

109. Dieser König soll auch das Land unter alle Ägyptier ausgeteilt haben, so daß jeder ein gleichgroßes viereckiges Stück Ackerland bekam, und darauf eine jährliche Steuer verordnet haben, die sie in den Schatz des Königs zahlen mußten. Wenn es nun geschah, daß der Strom von einem Acker ein Stück wegriß, ging der Mann zum König und zeigte an, was ihm begegnet war. Dann sandte der König Leute, die nachsehen und ausmessen mußten, um wieviel der Acker kleiner geworden war, damit der Mann forthin nur von dem Rest die verordnete Steuer zu entrichten habe. Und hieraus, dünkt

ZWEITES BUCH

mich, ist die Feldmeßkunst entsprungen, von Ägypten aber ist sie zu den Hellenen gekommen. Aber die Sonnenuhr, den Sonnenzeiger und die zwölf Teile des Tages haben die Hellenen von den Babyloniern gelernt.[88]

110. Dieser Sesostris hat auch als einziger von allen ägyptischen Königen über Aithiopien geherrscht. Als Denkmäler hat er die steinernen Bilder vor dem Hephaistostempel hinterlassen. Davon sind zwei, der König selber und seine Frau, je dreißig Ellen hoch, die vier anderen aber, des Königs Söhne, sind zwanzig Ellen hoch. Als lange Zeit danach König Dareios sein eigenes Bild vor diesen Bildern aufstellen wollte, widersetzte sich der Priester des Hephaistos dagegen und sagte, daß Dareios noch nicht solche Taten vollbracht hätte wie der Ägyptierkönig Sesostris, der nicht weniger Völker bezwungen habe als er, darunter auch die Skythen, die Dareios nicht zu bezwingen vermochte. So dürfe er auch sein Bild nicht aufrichten vor den Denkmälern, die sich jener gestiftet hatte, es sei denn, daß er noch größere Taten vollbrächte. Und Dareios, erzählt man, ließ sich diese Rede gefallen und stand ab von seinem Vorhaben.

111. Nach dem Tod des Sesostris, erzählten sie, folgte ihm in der Regierung sein Sohn Pheros.[89] Dieser tat sich durch keinerlei Kriegszug hervor. Es widerfuhr ihm aber, daß er erblindete; und zwar aus folgender Ursache. Es geschah nämlich zu seiner Zeit, daß der Strom höher anschwoll als jemals zuvor, bis zu achtzehn Ellen, und als er die Felder überschwemmte und sich ein Sturmwind erhob und ein Gewoge entstand, ergriff der König in seinem Frevelmut einen Speer und warf ihn mitten in die Strudel des Wassers, worauf er sogleich an den Augen erkrankte und blind wurde. Die Blindheit dauerte zehn Jahre lang. Im elften Jahr aber kam ein Spruch vom Orakel in Buto, daß die Zeit seiner Heimsuchung erfüllt sei: Er solle seine Augen netzen mit dem Harn einer Frau, die keinen anderen Mann erkannt habe als nur ihren eigenen, dann würde er wieder sehend werden. Zuerst versuchte er es mit seiner eigenen Frau, aber das Augenlicht kam nicht wieder, danach mit

allen anderen Frauen der Reihe nach, solange bis er wieder sehend wurde. Da ließ er alle Frauen, an denen er es versucht hatte mit Ausnahme derjenigen, durch deren Harn ihm das Augenlicht wiedergegeben wurde, in eine Stadt namens Erythrabolos zusammenbringen und die Stadt anzünden und sie allesamt darin verbrennen. Jene eine aber, durch die er sehend wurde, behielt er als seine Frau. Zum Dank für seine Heilung stiftete er Gaben in alle namhafte Tempel, darunter sind vornehmlich erwähnungswert die ansehnlichen Werke, die er dem Tempel des Helios geweiht hat, nämlich zwei steinerne Spitzsäulen, jede ein einziger Stein, hundert Ellen hoch und acht Ellen breit.

112. Auf diesen, so erzählten sie weiter, folgte als König ein Mann aus Memphis, dessen Name in hellenischer Spache Proteus[90] hieß. Noch jetzt ist ihm ein schöner und herrlich geschmückter Platz in Memphis heilig, der vom Tempel des Hephaistos gegen Süden zu gelegen ist. Rings um diesen Platz wohnen Phoiniken aus Tyros, und diese ganze Gegend heißt ›das Lager der Tyrier‹. Auf diesem Platz steht ein Tempel, der heißt ›der Tempel der fremden Aphrodite‹.[91] Ich vermute aber, daß es ein Tempel der Helena ist, der Tochter des Tyndareos, erstens, weil mir erzählt worden ist, daß Helena bei Proteus gelebt habe, vor allem aber, weil er nach der fremden Aphrodite benannt ist. Denn soviele Tempel der Aphrodite es sonst noch gibt, hat doch keiner den Zunamen ›der fremden‹.

113. Als ich sie darüber befragte, erzählten mir die Priester die Geschichte der Helena wie folgt. Als Alexandros[91a] die Helena aus Sparta geraubt hatte und mit ihr heimfuhr, erfaßten ihn im Aigaiischen Meer widrige Winde und verschlugen ihn ins ägyptische Meer, und da die Winde nicht nachließen, kam er nach Ägypten in die kanobische Mündung des Nils, nach Taricheiai (›Pökelei‹). Dort stand am Ufer ein Tempel des Herakles, der noch jetzt da steht. Wenn sich in diesen Tempel ein Sklave flüchtet und sich mit den heiligen Malen bezeichnen läßt und sich damit dem Gott zu eigen gibt, so darf ihn keiner antasten, wer auch immer sein Herr sei. Und dieser

ZWEITES BUCH

Brauch besteht unverändert fort, wie er von Anfang gewesen war, bis auf meine Zeit. Als nun einige Diener des Alexandros von diesem Brauch des Tempels erfuhren, fielen sie von ihm ab und begaben sich in den Schutz des Gottes; hier erhoben sie aus Rachbegier Klage gegen ihn vor dem Priester und vor Thonis, dem Aufseher dieser Mündung, und machten die ganze Sache kund, wer die Helena sei und wie Alexandros sich gegen Menelaos vergangen habe.

114. Als Thonis solches vernahm, sandte er eilends einen Boten hinauf nach Memphis an König Proteus und ließ ihm sagen: »Es ist ein Fremdling hier angelangt, ein Teukrer seines Stammes, der argen Frevel im Lande der Hellenen verübt hat. Denn seines Gastfreundes Weib hat er betört und mit vielen Schätzen entführt und ist damit von den Winden hierher verschlagen worden an dein Land. So befiehl, ob wir ihn unversehrt ziehen lassen sollen oder ihm abnehmen, was er mit sich führt?« Da ließ ihm Proteus entbieten: »Hat der Mann gegen seinen Gastfreund gefrevelt, so ergreift ihn, wer er auch sein möge, und führt ihn zu mir herauf, daß ich höre, was er wohl sagen mag.«

115. Da nahm Thonis den Alexandros gefangen und hielt seine Schiffe zurück, ihn selber aber führte er hinauf nach Memphis und mit ihm zugleich die Helena und die Schätze und dazu auch die Flüchtlinge. Wie sie nun alle zur Stelle waren, fragte Proteus den Alexandros nach seinem Namen und seiner Herkunft. Da hub jener an und nannte ihm sein ganzes Geschlecht und den Namen seiner Heimat und erzählte ihm, von woher er komme. Als ihn darauf Proteus fragte, woher er die Helena habe, und er sich in seiner Antwort hin und her wand und die Wahrheit nicht sagen wollte, überführten ihn die Diener, die sich in des Gottes Schutz gestellt hatten, und erzählten alle seine Missetaten. Und Proteus gab ihnen zuletzt diesen Bescheid und sprach: »Wäre es mir nicht eine teure Sache, daß ich keinen Fremdling töten lassen will, soviele ihrer schon von den Winden an dies Land getrieben wurden, gewiß, ich würde jenen Hellenen an dir rächen, dem du nichtswürdig-

ster der Menschen die gastliche Pflege vergolten hast mit der
ruchlosesten Bosheit, daß du deines Wirtes Ehegemahl ver-
führtest und, als wäre dir das nicht genug, ihren Sinn betörtest
mit trüglichem Wahn und sie heimlich entführtest wie ein
Dieb. Aber auch solches genügte dir noch nicht, sondern du
plündertest auch sein Haus. Da ich aber ernstlich darauf halte,
keinen Fremdling zu töten, so wisse: Dies Weib und die Schätze
gebe ich dir nicht heraus, sondern will sie bewahren für deinen
hellenischen Gastfreund, bis daß er selber kommt, sie abzuho-
len, dir aber und deinen Fahrgenossen gebiete ich, in drei
Tagen aus meinem Lande zu weichen und einen anderen Hafen aufzusuchen, wo nicht, so soll euch geschehen wie Feinden.«

116. Auf diese Weise, behaupteten die Priester, sei Helena zu
Proteus gekommen. Und diese Erzählung, meine ich, muß
auch dem Homer zu Ohren gekommen sein. Da sie aber in
seine Dichtung nicht gleichermaßen paßte wie die andere
Sage, der er denn auch gefolgt ist, so hat er sie zwar wissentlich
ausgelassen, jedoch dabei deutlich gemacht, daß er auch diese
andere Sage kenne. Man merkt es an der Art, wie er in der Ilias
– und sonst ist er nirgends darauf zurückgekommen – die
Irrfahrt des Alexandros erzählt, daß er nämlich mit Helena
unter anderem auch nach Sidon in Phoinikien verschlagen
wurde. Er gedenkt dessen im Lied von des Diomedes Helden-
preis in folgenden Versen:[92]

»Wo die Gewänder ihr lagen, gar reich und zierlich gefertigt,
Werke sidonischer Frauen, die selber der Held Alexandros
Her von Sidon geführt, durchschiffend die Weite des
Meeres,
Damals zugleich, als er Helena führte, die edle, zur Heimat.«

In diesen Versen gibt er zu erkennen, daß ihm des Alexandros Irrfahrt nach Ägypten bekannt war. Denn Syrien grenzt
an Ägypten, und die Phoiniken, denen die Stadt Sidon zuge-
hört, liegt in Syrien.

117. Aber auch das zeigen diese Verse, daß die Kyprien[92a]

ZWEITES BUCH

nicht von Homer, sondern von einem andern gedichtet sind.
Dort nämlich, in den Kyprien, steht, daß Alexandros mit Helena schon am dritten Tag von Sparta nach Ilion gelangte »bei
frischem Hauch und glattem Meer«, während er in der Ilias
sagt, daß er mit Helena vom Wege abgetrieben worden sei.
118. Doch genug von Homer und dem kyprischen Gedicht.
Als ich aber die Priester darüber befragte, was die Hellenen von
dem Krieg um Ilion erzählen, ob es nur eitel erdichtet wäre
oder nicht, da gaben sie mir dieses zur Antwort und wollten es
erfahren haben von Menelaos selber, den sie darüber befragt
hätten. Nach dem Raub der Helena sei ein großes Hellenenheer in das teukrische Land gefahren, um Rache zu nehmen für
Menelaos, und nachdem es dort ans Land gestiegen und sich
gelagert hätte, seien Abgesandte, darunter auch Menelaos selber, nach Ilion auf die Burg gegangen, um die Auslieferung der
Helena zu verlangen nebst den Schätzen, die Alexandros heimlich entführt habe, und dazu auch Buße zu fordern für solche
Missetat. Auf dieses Verlangen hin beteuerten die Teukrer
gleich damals und ebenso später mit Schwur und ohne Schwur,
sie hätten weder die Helena noch die angesprochenen Schätze,
sondern das wäre alles in Ägypten, und es schiene nicht gerecht, sie büßen zu lassen für das, was Proteus, der König in
Ägypten, in seinem Besitz halte. Die Hellenen aber glaubten,
sie würden verspottet, und belagerten die Stadt, bis sie ihrer
mächtig wurden. Als sie aber in der eroberten Burg die Helena
nicht fanden, sondern wieder dasselbe zu hören bekamen wie
früher, glaubten sie nun dem, was man ihnen zuerst gesagt
hatte, und ließen Menelaos selber zu Proteus ziehen.
119. Der kam nach Ägypten und fuhr hinauf nach Memphis,
und wie er dort alles nach der Wahrheit erzählte, nahm ihn
Proteus freundlich auf und gab ihm Helena unverletzt wieder
und mit ihr auch alle seine Schätze. Er aber vergalt den Ägyptiern dieses Gute mit Bösem. Denn da ihn widrige Winde an
der Abfahrt hemmten und es damit kein Ende nehmen wollte,
verfiel er auf ein abscheuliches Mittel. Er griff zwei Knaben
ägyptischer Männer und brachte sie dar als ein Blutopfer. Als

EUTERPE

diese Untat ruchbar wurde und das Volk gegen ihn ergrimmte und ihn zu fassen suchte, entwich er mit seinen Schiffen und fuhr nach Libyen. Wohin er sich von da weiter gewandt hatte, wußten die Ägyptier nicht zu berichten. Von diesem allem, sagten sie, hätten sie das eine erfragt und sich erzählen lassen, das andere aber, das sich in ihrem eigenen Lande begeben habe, sei ihnen genau bekannt.

120. So erzählten die ägyptischen Priester. Ich stimme dem, was sie von der Helena sagten, zu, weil ich meine, wäre sie in Ilion gewesen, so hätte man sie den Hellenen zurückgegeben, mochte Alexandros zustimmen oder nicht. Denn so sinnbetört, denke ich, war doch Priamos nicht und auch nicht sein übriges Haus, daß sie ihre eigenen Kinder und ihre Stadt hätten aufs Spiel setzen wollen, bloß damit Alexandros die Helena als Gattin behielte. Aber nehmen wir auch an, sie hätten sich zunächst so entschieden. Später aber, als bei jedem Kampf mit den Hellenen viele Troer erschlagen wurden und Priamos selber jedesmal zwei oder drei Söhne oder noch mehr in der Schlacht verlor, sofern man hierin den Dichtern glauben darf, unter solchen Umständen, meine ich, würde Priamos die Helena den Achaiern ausgeliefert haben, auch wenn sie seine eigene Gemahlin gewesen wäre, wenn er hoffen durfte, dadurch der Bedrängnis ledig zu werden. Auch war ja nicht etwa Alexandros sein Nachfolger im Reich, so daß er für den greisen Priamos die Regierung geführt hätte, sondern Hektor, höher an Alter und Mannestugend als jener, sollte nach des Vaters Tod das Reich bekommen, und der durfte doch dem Frevel des Bruders nicht geduldig zuschauen, um dessentwillen zumal er selber wie alle anderen Troer so großes Unheil zu erleiden hatte. Aber freilich, sie konnten die Helena nicht herausgeben[93], und ob sie gleich darin die Wahrheit redeten, wollten es ihnen die Hellenen nicht glauben. Und das geschah, wie ich es mir erkläre, darum, weil die Gottheit es so wollte, auf daß die Troer durch ihren gänzlichen Untergang den Menschen offenbaren sollten, daß schwerem Unrecht auch schwere Strafe nachfolgt von den Göttern. Das ist, was ich davon denke.

167

ZWEITES BUCH

121. Auf Proteus, erzählten sie weiter, folgte König Rhampsinitos. Dieser hat die westliche Vorhalle am Tempel des Hephaistos erbaut und gegenüber dieser Halle zwei Bilder, jedes fünfundzwanzig Ellen hoch, aufgestellt.[94] Davon nennt das Volk das eine, das nach Norden zu steht, den Sommer, das andere nach Süden zu den Winter, und welches sie Sommer nennen, das beten sie an und erweisen ihm Ehren; dem anderen aber, dem Winter, tun sie das Gegenteil. Dieser König, erzählt man, besaß soviel Geld und war so reich, daß keiner der Könige, die nach ihm kamen, ihn darin übertreffen oder auch nur erreichen konnte. Um diesen Schatz sicher zu verwahren, ließ er sich eine Kammer bauen von Stein, deren eine Wand an die äußere Seite seines Hauses stieß. Aber der arglistige Baumeister richtete es so ein, daß von den Steinen dieser Wand einer ohne große Mühe von zwei Männern oder auch von einem allein herausgenommen werden konnte. Als die Kammer fertig war, tat der König all sein Geld hinein. Nach einiger Zeit fühlte der Baumeister sein Lebensende herannahen und rief seine zwei Söhne zu sich. Er erzählte ihnen, wie er aus Sorge für sie, daß sie reichlich zu leben hätten, beim Bau der königlichen Schatzkammer eine List angewandt habe, und beschrieb ihnen alles genau, wie der Stein herauszunehmen sei, gab ihnen die Maße und ermahnte sie, diese wohl zu verwahren; so würden sie des Königs Kämmerer sein. Darauf starb der Vater, und die Söhne gingen ohne Säumen nachts zum Hause des Königs, fanden den Stein, hoben ihn ohne Mühe heraus und nahmen sich eine Menge von dem Geld. Als der König eines Tages in die Schatzkammer ging, sah er mit Verwunderung, daß von dem Geld in den Gefäßen vieles fehle, und wußte doch nicht, wem er die Schuld geben sollte; denn die Siegel an der Tür waren unverletzt und das Gemach verschlossen gewesen. Als er aber zum zweiten- und drittenmale aufschloß und jedesmal fand, daß das Geld weniger wurde, weil die Diebe nicht abließen, ihn zu bestehlen, ließ er Schlingen machen und rings um die Gefäße legen, in denen das Geld war. Als nun die Diebe wie bisher kamen und der eine hineinkroch und nahe an

das Gefäß herantrat, saß er gleich fest in den Schlingen. Da
merkte er die Not, in die er geraten war, rief geschwind den
Bruder herbei, sagte ihm, wie es mit ihm stünde, und hieß ihn
eilends hineinkriechen und ihm den Kopf abschneiden; denn
wenn er da gefunden und erkannt würde, würde er auch ihn
mit sich ins Verderben ziehen. Der Bruder fand den Vorschlag
gut, tat ihm nach seinem Willen, fügte darauf den Stein wieder
ein, und eilte mit dem Kopf des Bruders nach Hause. Als es Tag
wurde und der König zu seinem Schatz ging, entsetzte er sich;
denn siehe, da hing der Leib des Diebes in der Schlinge, aber
ohne Kopf, und die Kammer war unversehrt und zeigte weder
Eingang noch Ausgang. Da ließ der König, weil er sich die
Sache nicht zu deuten wußte, den Leichnam des Diebes an der
Mauer aufhängen, stellte Wächter dazu, und befahl ihnen,
wenn sie einen darum weinen und klagen sähen, sollten sie ihn
ergreifen und vor ihn führen. Wie nun der Tote da hing, ging es
seiner Mutter sehr zu Herzen, und sie redete zu dem anderen
Sohn, der noch übrig war, und drang in ihn, daß er irgendwie
den Leib des Bruders lösen und herbeischaffen solle, und
drohte, wenn er es nicht täte, so wollte sie hingehen zum König
und ihn verraten, daß er die Schätze habe. Da sie ihm so hart
zusetzte und sich nicht beruhigen ließ, verfiel er auf eine List.
Er rüstete einige Esel, belud sie mit Schläuchen voll Wein und
trieb sie vor sich her. Und als er bei den Männern vorüberkam,
die den Leichnam hüteten, riß er an zwei oder drei der zuge-
bundenen Schlauchzipfel, so daß sie aufgingen und der Wein
herausfloß. Da schlug er sich das Haupt mit großem Geschrei
und tat, als wüßte er nicht, ob er sich zu diesem oder zu jenem
Esel zuerst wenden sollte. Die Wächter aber, wie sie den Wein
in Menge fließen sahen, nutzten die Gelegenheit, kamen mit
Gefäßen gelaufen und schöpften den verschütteten Wein hinein, worüber er sie alle schalt und sich gebärdete wie ein
Rasender. Sie aber trösteten ihn mit freundlichen Worten, bis
er besänftigt schien und von seinem Zorn abließ. Zuletzt trieb
er seine Esel von der Straße und fing an, sie wieder herzurichten. Dabei kamen die Wächter weiter mit ihm ins Gespräch,

ZWEITES BUCH

sie neckten ihn, er wurde heiter und schenkte ihnen noch einen der Schläuche dazu. Nun saßen sie an Ort und Stelle nieder und gedachten zu trinken, nahmen auch ihn dazu und sagten, er solle bleiben und mit ihnen trinken. Er ließ sich denn auch bereden und blieb, und weil sie ihm beim Trinken alle Freundlichkeiten erwiesen, gab er ihnen noch einen zweiten Schlauch, so daß sie dem Wein reichlich zusprachen und über die Maßen trunken wurden und eben da, wo sie getrunken hatten, in einen tiefen Schlaf verfielen. Als es finstere Nacht geworden war, löste er des Bruders Leichnam, allen Wächtern aber zum Schimpf schor er ihnen den Bart der rechten Backe[95], lud den Toten auf die Esel, trieb sie nach Hause und hatte somit seiner Mutter Willen ausgerichtet. Der König aber, als man ihm ansagte, der Leichnam des Diebes wäre gestohlen, geriet in großen Zorn, und weil er unbedingt herausbringen wollte, wer ihm solche Streiche gespielt hatte, mußte sich auf sein Geheiß, wie sie erzählen, was ich aber nicht glauben mag, seine eigene Tochter öffentlich darbieten und jeden Mann ohne Unterschied annehmen, zuvor aber, ehe sie ihn zuließ, sich von ihm den schlauesten und den ärgsten Streich erzählen lassen, den er je im Leben verübt hatte, und wenn einer käme und ihr die Geschichte des Diebes erzählte, sollte sie ihn greifen und festhalten. Und das Mädchen tat nach dem Geheiß ihres Vaters. Als nun der Dieb erfuhr, warum dies geschähe, gedachte er den König noch an listiger Verschlagenheit zu übertreffen und tat folgendes. Er schnitt einer frischen Leiche einen Arm nahe an der Schulter ab, nahm ihn unter den Mantel und ging damit hinein zur Tochter des Königs. Da stellte sie ihm dieselbe Frage wie den anderen, er aber antwortete: Sein schlimmster Streich sei gewesen, daß er seinem Bruder, der in des Königs Schatzkammer in einer Schlinge gefangen wurde, den Kopf abgeschnitten hätte, sein schlauester Streich aber, daß er die Wächter trunken gemacht und seines Bruders aufgehängten Leichnam heruntergeholt hätte. Als das Mädchen dies hörte, griff sie nach ihm, doch in der Dunkelheit reichte er ihr den Arm des Toten; den faßte sie und

EUTERPE

hielt ihn fest in der Annahme, sie hielte ihn selber am Arm, der
Dieb aber ließ ihn fahren, entwich aus der Tür und ging von
dannen. Als dem König auch dies gemeldet wurde, geriet er
außer sich über des Menschen Listigkeit und verwegenen Sinn,
zuletzt aber schickte er in alle Städte umher und ließ ihm Erlaß
der Strafe und große Belohnung verheißen, wenn er sich vor
des Königs Angesicht stellte. Der Dieb glaubte seinen Worten
und kam. Da habe ihn Rhampsinitos gewaltig bewundert und
ihm jene Tochter zur Frau gegeben als dem gescheitesten aller
Menschen. Denn den Ägyptiern, meinte er, gebühre der Preis
der Klugheit vor den andern Völkern, diesem aber vor den
Ägyptiern.

122. Daraufhin, erzählten sie, sei dieser König lebend hinab-
gestiegen an den Ort, den die Hellenen für den Hades[96] halten,
und hätte dort mit der Demeter Würfel gespielt und sie teils
besiegt, teils auch verloren, danach sei er wieder heraufgestie-
gen und hätte ein goldenes Handtuch als ihr Geschenk mit sich
gebracht. Während der Zeit dieser Niederfahrt zum Hades
und seiner Wiederkehr feierten die Ägyptier, wie sie sagten,
ein Fest. Ich weiß zwar, daß sie dieses Fest noch zu meiner Zeit
begingen, doch ob sie es aus dieser oder einer andern Ursache
begehen, vermag ich nicht zu sagen. Bei diesem Fest weben die
Priester an ein und demselben Tage einen Mantel. Sobald er
fertig ist, legen sie einem aus ihrer Mitte eine Binde um die
Augen, geben ihm den Mantel und bringen ihn auf den Weg,
der ins Heiligtum der Demeter führt, und kehren dann wieder
um. Dann kommen, wie sie sagen, zwei Wölfe und geleiten
den Priester, dem sie die Augen verbunden haben, ins Heiligtum der Demeter, das zwanzig Stadien von der Stadt entfernt
liegt, und führen ihn auch wieder aus dem Tempel an denselben Ort zurück.

123. Diese Erzählung der Ägyptier mag glauben, wem sie
glaubwürdig klingt. Meine Aufgabe ist weiter nichts, als alles
niederzuschreiben, was man mir mitgeteilt hat. Über die Unterwelt, meinen die Ägyptier, walten Demeter und Dionysos.[97]
Auch ist von ihnen zuerst gelehrt worden, daß des Menschen

ZWEITES BUCH

Seele unsterblich sei und daß sie, wenn ihr Leib vergeht, in ein anderes Tier einfahre, das eben entsteht, und nachdem sie durch alle Tiere des Landes und des Meeres und der Luft hindurchgegangen seien, dann wiederum in einen entstehenden Menschenleib einfahre; es dauere aber dreitausend Jahre, bis sie den Umlauf vollendet habe. Diese Lehre haben gewisse Hellenen[98], die einen früher, die anderen später, vorgetragen, als wäre es ihre eigene. Ich weiß ihre Namen, will sie aber nicht nennen.

124. Bis auf die Zeiten des Königs Rhampsinitos, erzählten sie weiter, herrschte in Ägypten überall Recht und Gesetz, und das Land blühte in Glück und Wohlstand. Der nachfolgende König Cheops aber erfüllte das Land mit allerlei Drangsal. Denn erst verschloß er alle Tempel und verbot ihnen alle ihre Opfer und Feste, danach zwang er alles Volk, ihm Frondienst zu leisten. Die einen mußten Steine aus den Steinbrüchen vom arabischen Gebirge bis zum Nil schleppen, und nachdem die Steine auf Schiffen über den Strom geschafft waren, mußten andere bereit stehen, sie zu nehmen und weiter zu schleppen bis zum libyschen Gebirge. So fronten jedesmal je hunderttausend Menschen drei Monate lang, und die Drangsal des Volkes währte zehn Jahre, zuerst beim Bau der Straße, auf der sie die Steine heranschafften, ein Werk, das mir ebenso gewaltig scheint wie der Bau der Pyramide[99] selbst. Denn die Straße ist fünf Stadien lang, zehn Klafter breit, ihre Höhe aber, wo sie am höchsten ist, beträgt acht Klafter, und ist hergerichtet aus geglätteten Steinen mit eingehauenem Bildwerk. An dieser Straße brachten sie zehn Jahre zu, ebenso an den unterirdischen Kammern auf der Anhöhe, wo die Pyramiden stehen. Denn diese Kammern baute er für sich als Grabstätte auf einer Insel, wozu er vom Nil her einen Graben hineinleitete.[100] Aber zwanzig Jahre vergingen über dem Bau der Pyramide selbst. Jede ihrer vier Seiten ist achthundert Fuß lang, und ebenso groß ist ihre Höhe. Sie besteht aus geglätteten Steinen, die aufs genaueste aneinander gefügt sind, und keiner dieser Steine hat weniger als dreißig Fuß.

EUTERPE

125. Gebaut wurde diese Pyramide gleichsam in Treppenstufen oder ›Kragen‹, wie einige andere es nennen, oder ›Altärchen‹. Nachdem sie dergestalt gebaut war, hob man die übrigen Steine mit gewissen Hebewerken, die aus kurzen Hölzern gefertigt waren, zunächst vom Boden auf die erste Stufenreihe. Dort legte man ihn in ein anderes Hebewerk, das auf dem ersten Absatz stand, und zog ihn weiter auf die folgende Stufe empor. Denn soviele Stufenreihen es gab, soviele Hebewerke wurden angewendet, oder sie hatten auch nur ein einziges, leicht tragbares Werk, das sie, nachdem der Stein herausgenommen war, auf die nächste Stufe hinaufbrachten. Mögen sie es nun so oder so gemacht haben, ich berichte nur, wie es erzählt wird. So wurden also die obersten Teile der Pyramide zuerst vollendet, danach die folgenden, ganz zuletzt die untersten am Boden. Auch steht an der Pyramide in ägyptischer Schrift verzeichnet, wieviel für die Bauleute ausgegeben wurde für Rettige, Zwiebeln und Knoblauch, und wenn ich mich recht erinnere, sagte der Dolmetscher, als er mir die Inschrift las, es wären tausendsechshundert Talente ausgegeben worden. Und wenn dies richtig ist, wieviel Geld muß dann erst aufgewendet worden sein für das Eisengerät der Bauleute, für ihre Nahrung und Kleidung, zumal sie an dem Bau erstens die angegebenen Jahre verbrachten und außerdem, wie ich meine, nicht weniger Zeit für das Brechen und Herbeischaffen der Steine und den Bau der unterirdischen Gruft benötigten.

126. So schlimm hätte es Cheops getrieben, daß er in seiner Geldnot die eigene Tochter feilgeboten und ihr eine gewisse Geldsumme auferlegt hätte, die sie damit erwerben sollte. Und die Tochter brachte nicht nur die Summe zusammen, die der Vater ihr aufgegeben hatte, sondern, weil sie sich auch selber ein Denkmal gründen wollte, bat jeden, der zu ihr kam, ihr einen Stein zu ihrem Bau zu schenken. Und von solchen Steinen, erzählten sie, wurde die mittlere der drei Pyramiden, die vor der großen Pyramide steht, erbaut, deren jede Seite eineinhalb Plethren[101] mißt.

127. Fünfzig Jahre soll dieser Cheops regiert haben, und als

173

ZWEITES BUCH

er starb, soll ihm sein Bruder Chephren in der Regierung
nachgefolgt sein. Aber auch dieser trieb es in allem wie sein
Bruder. So baute auch er eine Pyramide, die zwar nicht ganz so
groß ist wie die seines Bruders; denn diese habe ich selbst
gemessen. Sie hat keine Kammer unter der Erde[102], und es
fließt kein Wasser aus dem Nil hinein, wie in die andere, bei
der es durch einen gemauerten Kanal hineinfließt und eine
Insel bildet, auf der Cheops begraben sein soll. Chephren baute
aber die unterste Schicht aus buntem aithiopischem Stein,
blieb jedoch vierzig Fuß unter der Höhe der anderen, der
großen Pyramide, in deren Nähe sie steht. Beide nämlich stehen auf demselben Hügel, der etwa hundert Fuß hoch ist. Die
Regierung des Chephren[103] währte sechsundfünfzig Jahre.

128. So zählten die Ägyptier zusammen hundertsechs Jahre,
in denen sie alle Drangsal zu leiden hatten und die Tempel
nicht geöffnet wurden, sondern die ganze Zeit über verschlossen bleiben mußten. Darum hassen sie diese Könige und mögen ihre Namen nicht nennen, sondern nennen die Pyramiden
nach dem Hirten Philitis, der zu jener Zeit seine Herden in
dieser Gegend weidete.

129. Danach herrschte über das Land König Mykerinos[104],
Cheops' Sohn. Dem mißfielen seines Vaters Werke; er öffnete
wieder die Tempel und gab das Volk aus seinem großen Elend
frei, damit es wieder zu seiner Arbeit und zu seinen Festen zurückkehrte, und richtete ihre Sachen gerechter als alle anderen
Könige, weshalb sie ihn auch lobpreisen, mehr als irgendeinen
der Könige, die bisher über das Land geherrscht haben. Denn
alle seine Urteile waren gerecht, und begab es sich, daß einer
unzufrieden war mit seinem Spruch, so gab er ihm Ersatz aus
seinem Eigenen und besänftigte seine Seele. Aber obgleich er so
milde war gegen sein Volk, traf ihn doch großes Unglück. Zuerst
starb ihm seine Tochter, das einzige Kind seines Hauses. Da er
über die Maßen betrübt war und seiner Tochter eine Grabstätte
bereiten wollte, kostbarer als die anderen Gräber, ließ er eine
Kuh aus Holz machen, inwendig hohl und ganz überzogen mit
Gold, und da hinein wie in ein Grab legte er ihre Leiche.

EUTERPE

130. Diese Kuh wurde nicht unter der Erde verborgen, sondern war noch zu meiner Zeit in der Stadt Saïs zu sehen, wo sie in dem Königshaus in einem schönverzierten Gemach steht, und vor ihr verbrennen sie jeden Tag allerlei Räucherwerk, nachts aber brennt eine Lampe vom Abend bis zum Morgen. Nahe dieser Kuh in einem anderen Gemach stehen Bilder der Kebsweiber des Mykerinos, wie die Priester in Saïs sie nannten. Es sind übergroße Menschenbilder aus Holz, an Zahl etwa zwanzig, in nackter Gestalt.[105] Über das, was sie vorstellen, kann ich nichts angeben außer dem Gesagten.

131. Doch erzählen etliche von der Kuh und den großen Bildern folgendes. Weil Mykerinos, in Liebe entbrannt zu seiner Tochter, ihr gewaltsam beigewohnt habe, hätte sich das Mädchen aus Schmach erhängt und darauf der Vater sie in der Kuh beigesetzt, die Mutter aber hätte den Dienerinnen, die die Tochter an den Vater verraten hatten, die Hände abgehauen; darum zeigten ihre Bilder noch jetzt, was ihnen selber im Leben widerfahren sei. Doch das halte ich alles für eitles Geschwätz, zumal das von den Händen der Bilder; denn ich habe selber bemerkt, daß sie den Bildern mit der Zeit abgefallen waren. Auch konnte man sie noch zu meiner Zeit zu ihren Füßen liegen sehen.

132. Jene Kuh aber ist mit einer Purpurdecke verhüllt, nur Kopf und Nacken sind sichtbar und mit sehr dickem Goldblech überzogen; zwischen den Hörnern hat sie ein Bild der Sonnenscheibe aus Gold.[106] Sie steht nicht aufrecht, sondern liegt auf den Knien und ist so groß wie eine lebendige Kuh. Alle Jahre zur Zeit, wenn die Ägyptier um jenen Gott klagen, den ich bei solcher Sache nicht nennen mag, führen sie die Kuh hervor ans Licht. Denn man sagt, als sie starb, hätte sie ihren Vater gebeten, sie jährlich einmal die Sonne schauen zu lassen.

133. Nach dem Tode der Tochter widerfuhr diesem König, wie sie sagen, noch ein anderes Leid. Vom Orakel in Buto wurde ihm verkündigt, nur noch sechs Jahre würde er leben und im siebenten sterben. Darüber entrüstete er sich, sandte hin und strafte die Gottheit und führte Klage wider sie: sein

ZWEITES BUCH

Vater und sein Oheim, obgleich sie die Tempel verschlossen und die Götter vergessen, ja auch das Volk elend gemacht hätten, hätten doch lange Zeit gelebt, er aber, ein gottesfürchtiger Mann, solle so bald sterben. Da antwortete ihm das Orakel in einem zweiten Spruch, daß er eben dadurch sein Leben verkürze, weil er nicht getan habe, was ihm beschieden gewesen sei, zu tun. Denn hundertfünfzig Jahre lang sollte Ägypten heimgesucht werden; so sei es beschieden gewesen. Das hätten die beiden Könige vor ihm gewußt, er aber hätte es nicht gewußt. Auf diese Antwort begab sich Mykerinos in sein Schicksal. Er ließ aber viele Lichter machen und sie anzünden[107], sobald die Nacht kam. Dann trank er und ließ es sich wohl sein, ohne aufzuhören, bei Tag und bei Nacht, bald hier, bald dort, an den Seen und in den Hainen, überall, wo er sich am meisten zu vergnügen hoffte. Dies tat er aber darum, um das Orakel Lügen zu strafen, wenn er die Nächte in Tage verwandelte und also zwölf Jahre würden statt der sechs.

134. Auch dieser König hat eine Pyramide hinterlassen, die zwar um vieles kleiner ist als die seines Vaters, denn jeder ihrer vier Seiten fehlen noch zwanzig Fuß zu den dreihundert, sie ist aber zur Hälfte aus aithiopischem Stein. Diese Pyramide schreiben etliche Hellenen einer Buhlerin, der Rhodopis, zu, aber zu Unrecht, ja offenbar ohne auch nur einmal zu wissen, wer diese Rhodopis war. Denn sonst hätten sie ihr wohl nicht den Bau einer Pyramide zugeschrieben, die so viele tausend Talente gekostet hat, daß es sich sozusagen gar nicht ausrechnen läßt. Außerdem hat Rhodopis zur Zeit des Königs Amasis, nicht aber zur Zeit des Mykerinos gelebt. Denn erst viele Jahre nach jenen Erbauern der Pyramiden hat sie gelebt und ist ihrer Herkunft nach eine Thrakin gewesen und eine Sklavin des Samiers Iadmon, eines Sohnes des Hephaistopolis. Ihr Mitsklave war Aisopos, der Fabeldichter. Denn daß auch dieser dem Iadmon gehörte, zeigte folgender Umstand. Als die Delpher auf Rat des Orakels öffentlich aufriefen, wer das Bußgeld für des Aisopos Leben erheben wolle, da meldete sich keiner dazu außer Iadmons Enkel, der auch Iadmon hieß.

176

EUTERPE

135. Rhodopis aber kam nach Ägypten[108] durch den Samier Xanthos, der sie als Buhldirne dorthin brachte um des Erwerbes willen, und wurde um großes Geld freigekauft von dem Mytileneer Charaxos, Skamandronymos' Sohn und Bruder der Sappho, der Dichterin. Als sie frei wurde, blieb sie in Ägypten, wo sie sich durch ihren Liebreiz ein großes Vermögen erwarb, groß nämlich für eine Rhodopis, aber nicht groß genug, um für eine solche Pyramide auszureichen. Auch darf man ihr nach dem Zehnten ihres Vermögens, den jedermann noch heute sehen kann, keineswegs so großen Reichtum beimessen. Rhodopis nämlich wollte gern ein Andenken ihres Namens in Hellas hinterlassen durch ein Werk, das noch keiner ausgedacht und in einen Tempel gestiftet hätte, und es zu ihrem Gedächtnis nach Delphi weihen. So ließ sie von dem Zehntteil ihres Geldes eine Menge großer eiserner Bratspieße fertigen[109], soviel davon zu beschaffen waren, und gab sie nach Delphi, wo sie noch jetzt in einem Haufen hinter dem Altar beisammen liegen, den die Chier gestiftet hatten, gerade gegenüber dem Tempel. Es scheinen aber überhaupt die Buhlerinnen in Naukratis liebeshold gewesen zu sein. Denn so wie diese, von der hier gesprochen wurde, in so großen Ruf gekommen ist, daß wohl jedermann im Hellenenlande ihren Namen kannte, so wurde nach ihr eine andere, Archidike, in Hellas viel genannt und besungen, weniger freilich als jene erste. Als Charaxos, der die Rhodopis freigekauft hatte, nach Mytilene heimkehrte, wurde er von Sappho in einem Lied heftig gescholten. Damit genug von der Rhodopis.

136. Nach Mykerinos, erzählten die Priester, wurde Asychis[109a] König von Ägypten. Dieser baute im Hephaistosheiligtum die östliche Vorhalle, die überaus prächtig und weitaus die größte von allen ist. Denn es sind zwar alle Vorhallen mit eingehauenem Bildwerk geschmückt und bieten auch sonst allerlei baulichen Zierat, jene aber doch bei weitem das meiste. Da unter diesem König große Geldnot herrschte, entstand das Gesetz, daß, wenn einer Geld borgen wollte, er zuvor seines Vaters Leiche zum Pfand geben mußte. Außerdem wurde be-

ZWEITES BUCH

stimmt, daß der Verleiher in den Besitz der ganzen Familien-
gruft des Anleihers kommen sollte und daß, wenn der Pfandge-
ber sich weigerte, die Schuld zurückzuzahlen, zur Strafe weder
er selbst nach seinem Tod bestattet werden durfte, sei es in
seinem eigenen Erbbegräbnis, sei es in einem andern, noch
irgendeinen seiner Angehörigen darin bestatten durfte. Auch
soll dieser König, um seine Vorgänger zu übertreffen, zu seinem Gedächtnis eine Pyramide aus Ziegeln[110] erbaut haben, an
der sich eine in Stein gehauene Inschrift befindet, die folgendermaßen lautet: »Wolle mich nicht verachten gegen die Pyramiden aus Stein; denn ich bin ihnen voraus soviel als Zeus den
anderen Göttern. Denn man stach mit der Stange in einen See,
und was an der Stange hangen blieb an Lehm, das sammelte
man und strich Ziegeln davon und hat mich also erbauet.«

137. So Großes, sagten sie, hätte dieser König vollbracht.
Nach ihm hätte ein blinder Mann mit Namen Anysis[110a], aus
der Stadt Anysis regiert. Zu seiner Zeit fielen die Aithiopen
unter ihrem König Sabakos[110b] mit großer Macht in Ägypten
ein. Da machte sich der blinde König auf und entwich in die
Niederungen, der Aithiope aber beherrschte Ägypten fünfzig
Jahre[110c], und machte in dieser Zeit folgende Ordnung. Hatte
ein Ägyptier etwas verbrochen, so wollte er ihn nicht mit dem
Tode bestrafen, aber er verurteilte ihn, je nach der Größe des
Vergehens, dazu, den Boden bei der Stadt, wo der Verbrecher
heimisch war, aufzuschütten. Und so wurden die Städte noch
höher. Denn auch vorher waren sie schon aufgeschüttet worden von denen, die unter König Sesostris die Gräben gezogen
hatten, nun aber unter dem Aithiopen wurden sie zum zweitenmal noch viel mehr erhöht. Aber von allen anderen Städten hat
nach meiner Schätzung der Boden der Stadt Bubastis die höchste Aufschüttung erfahren. Dort ist ein Heiligtum der Bubastis,
die wir Hellenen Artemis nennen, das wert ist, beschrieben zu
werden. Es mögen ja wohl andere größer sein und kostbarer;
aber lieblicher anzuschauen ist keines.

138. Dies Heiligtum aber ist folgendermaßen angelegt. Außerhalb des Eingangs ist es eine Insel, gebildet von zwei Grä-

EUTERPE

ben, die vom Nil herkommen, aber nicht zusammenstoßen, sondern beide ziehen sich um das Heiligtum bis an den Eingang, der eine auf dieser, der andere auf jener Seite, jeder hundert Fuß breit und von Bäumen beschattet. Die Vorhallen haben eine Höhe von zehn Klaftern und sind mit sechselligen ansehnlichen Bildern verziert. Weil das Heiligtum inmitten der Stadt liegt, kann man bei dem Umgang überall von oben hineinschauen. Denn da die Stadt hoch aufgeschüttet wurde, das Heiligtum aber ganz unberührt geblieben ist, so wie es ursprünglich angelegt war, kann man von oben hineinsehen. Rings umher läuft ein Steinwall mit eingehauenen Bildern. Drinnen ist ein Hain von sehr hohen Bäumen gepflanzt, der einen großen Tempel umgibt, in dem das Bild der Göttin steht. Die Breite und Länge des Heiligtums beträgt auf beiden Seiten ein Stadion. Zum Eingang führt eine mit Steinen gepflasterte Straße, die ungefähr drei Stadien weit mitten über den Markt nach Osten läuft, etwa vierhundert Fuß breit und beiderseits von himmelhohen Bäumen eingefaßt. Sie führt zum Heiligtum des Hermes.

139. Daß der Aithiope endlich abzog, hatte nach der Erzählung der Ägyptier diese Ursache. Es war ein Traumbild, das ihn bewog, aus dem Lande zu weichen. Es träumte ihm nämlich, ein Mann träte an ihn heran und gäbe ihm den Rat, er solle die Priester in Ägypten zusammenrufen und alle in der Mitte durchschneiden. Als ihm dies Traumbild erschienen war, sagte er, daß ihm die Götter dieses nur darum zeigten, damit er sich an etwas Heiligem verginge und sich dadurch ein Unglück von Göttern oder Menschen zuzöge. Aber er wollte sich wohl hüten, es zu tun; auch wäre die Zeit schon erfüllt, die ihm nach dem Orakelspruch beschieden gewesen sei, über Ägypten zu herrschen und es danach wieder zu verlassen. Denn zu der Zeit, als er noch in Aithiopien war, hatten ihm die Orakel, die dort in Brauch sind, verkündet, es sei ihm beschieden, fünfzig Jahre Ägyptens König zu sein. Da diese Zeit nun voll war und auch das Traumgesicht ihn erschreckte, räumte Sabakos aus freien Stücken das Land.

ZWEITES BUCH

140. Nach dem Abzug des Aithiopen kehrte der Blinde aus der Niederung zurück, um das Land abermals zu beherrschen. Fünfzig Jahre hat er dort auf einer Insel gewohnt, die er aus Asche und Erde aufgeschüttet hatte. Denn wenn die Ägypter kamen, jeweils in der Reihenfolge, wie es ihnen befohlen war, um ihm in aller Stille Speisen zuzutragen, damit der Aithiope nichts merkte, so hieß er sie zu dieser Gabe auch noch Asche mitbringen. Diese Insel vermochte vor Amyrtaios kein Mensch ausfindig zu machen, sondern mehr als siebenhundert Jahre blieb sie den Königen, die vor Amyrtaios gewesen sind, unauffindbar. Sie heißt Elbo, und ihre Größe beträgt zehn Stadien im Geviert.

141. Nach diesem regierte der Priester des Hephaistos, Sethos. Dieser mißachtete den ägyptischen Kriegerstand, als würde er seiner nicht bedürfen, und außer mancherlei Kränkung, die er ihm zufügte, nahm er ihm auch die Äcker, die ihm unter den früheren Königen ausgesondert und zugeteilt waren, jedem Krieger zwölf Äcker. Und später, als Sanacharibos, ein König der Arabier und Assyrier, mit einem großen Heer gegen Ägypten zog, da weigerten sich die Krieger, ihm beizustehen. Der Priester aber in seiner Bedrängnis ging hinein ins Innere des Tempels und trat vor das Bild und klagte die Not, die ihn bedrohte, und während er noch wehklagte, überkam ihn ein Schlaf, und es träumte ihm, daß der Gott ihm nahte und ihn hieß, guten Mutes sein, er solle nur dem Heer der Arabier entgegengehen, denn es würde ihm kein Leid von ihnen geschehen; er selber würde ihm Helfer schicken. Und der Priester vertraute auf dies Traumgesicht, sammelte zu sich alle Ägypter, die willig waren, ihm zu folgen, und lagerte sich bei Pelusion, wo der Eingang des Landes ist. Es folgte ihm aber von den Kriegern nicht ein Mann, sondern nur Krämer, Handwerker und Marktleute. Als aber die Feinde dort anlangten, fielen Feldmäuse[111] bei Nacht über sie her und zerfraßen ihre Köcher und ihre Bogen und dazu auch die Handschlaufen der Schilde, so daß sie am folgenden Tag unbewehrt fliehen mußten und ihrer viele erschlagen wurden. Daher steht noch jetzt das Stein-

EUTERPE

bild dieses Königs im Tempel des Hephaistos und hält eine
Maus auf der Hand und redet in einer Inschrift: »Sieh her auf
mich, auf daß du gottesfürchtig werdest!«

142. Soweit erzählten die Ägyptier und ihre Priester und
zeigten auf, daß vom ersten König bis auf jenen Priester des
Hephaistos als dem letzten König dreihunderteinundvierzig
Menschengeschlechter vergangen und ebenso viele Oberpriester und der Könige gewesen seien.[112] Nun gelten dreihundert
Menschengeschlechter gleich zehntausend Jahren; denn drei
Menschengeschlechter sind hundert Jahre; und auf die übrigen einundvierzig Geschlechter, neben den dreihundert, kommen tausenddreihundertvierzig Jahre. So sind es also elftau-
senddreihundertvierzig Jahre, während deren, wie sie behaupteten, es keinen menschenartigen Gott gegeben habe; aber
auch vorher nicht noch nachher unter den späteren ägyptischen Königen sei es anders gewesen. Im Verlauf dieser Zeit,
sagten sie, sei viermal die Sonne an ihrem gewohnten Ort
aufgegangen. Wo sie jetzt niedergehe, von dort sei sie zweimal
aufgegangen, und von wo sie jetzt aufgehe, da sie sei zweimal
niedergegangen. Und in all dieser Zeit hätte sich nichts in
Ägypten geändert, weder in dem, was der Boden an Frucht
trage oder der Fluß ihnen gebe noch in den Krankheiten oder
in den Todesarten.

143. Als vordem einst Hekataios, der Geschichtsschreiber,
in Theben sein Geschlecht aufzählte[113] und seinen sechzehnten Ahnen als einen Gott ausgab, taten die Priester mit ihm
dasselbe, was sie auch mit mir taten, obgleich ich meinen
Stammbaum nicht aufzählte. Sie führten mich hinein in den
großen Tempelsaal und zeigten mir übergroße Menschenbilder aus Holz, so viele an Zahl, wie ich gesagt habe. Denn jeder
Oberpriester stellt dort bei seinen Lebzeiten sein Bild auf. Und
die Priester zählten und zeigten mir alle nacheinander, und
immer folgte der Sohn auf den Vater. So fingen sie beim Bild
des Letztgestorbenen an und gingen alle durch, bis sie es von
allen aufgezeigt hatten. Dem Hekataios aber, als er seinen
Stammbaum aufzählte und seinen sechzehnten Ahnen als Gott

181

ZWEITES BUCH

ausgab, stellten sie ihre Berechnungen dagegen und ließen es
nicht gelten, daß ein Mensch von einem Gott herstammen
könne. Ihre Gegenrechnung führten sie so, indem sie erklärten, jedes der Bilder bedeute ein Piromis, der von einem Piromis abstamme, und bewiesen dies an allen dreihundertfünfund-
vierzig Bildern, ohne ihr Geschlecht an einen Gott oder an
einen Heros anzuknüpfen. Piromis[114] aber bedeutet edelbürtig.

144. Alle nun, deren Bilder da standen, erklärten sie, seien
von dieser Art gewesen und weit verschieden von Göttern.
Dagegen seien diejenigen, die vor diesen Männern in Ägypten
geherrscht hätten, Götter gewesen[115], die zugleich mit den
Menschen das Land bewohnten, und es hätte immer nur einer
von ihnen die Macht besessen, der letzte dieser Herrscher aber
sei Oros, Osiris' Sohn, gewesen, den die Hellenen Apollon
nennen, der den Typhon gestürzt und darauf als der letzte über
Ägypten geherrscht habe. Osiris aber heißt auf hellenisch
Dionysos.

145. Nun gelten bei den Hellenen als die jüngsten Götter
Herakles, Dionysos und Pan. Hingegen ist bei den Ägyptiern
Pan einer der ältesten und gehört zu den ersten Göttern, welche die Achtgötter heißen, Herakles zu den zweiten, welche
die Zwölfgötter heißen, Dionysos zu den dritten, die von den
Zwölfgöttern abstammen. Was nun den Herakles angeht, so
habe ich bereits zuvor berichtet, wie viele Jahre die Ägyptier
von ihm bis auf König Amasis rechnen; von Pan ab rechnen sie
noch mehr, von Dionysos die wenigsten, und doch zählen sie
von diesem bis auf König Amasis fünfzehntausend Jahre, und
wollen dies alles ganz bestimmt wissen, weil sie die Jahre
immer zählen und aufzeichnen. Nun sind von jenem Dionysos, der für einen Sohn der Semele und Enkel des Kadmos
gehalten wird, bis auf meine Zeit nur etwa sechzehnhundert
Jahre, von Herakles aber, Alkmenes Sohn, nur etwa neunhundert Jahre vergangen, von Pan aber, dem Sohn der Penelope
(denn ihr und des Hermes Sohn ist Pan nach hellenischer
Sage), der noch jünger ist als der troische Krieg, nur etwa
achthundert Jahre.

EUTERPE

146. Da mag nun, was diese beiden[116] angeht, ein jeder derjenigen Nachricht folgen, die ihm glaubwürdiger erscheint. Was ich davon halte, habe ich ausgesprochen. Wenn diese beiden, nämlich Dionysos, der Sohn der Semele, und Pan, der Sohn der Penelope, sich ebenso unter den Hellenen hervorgetan hätten wie Herakles, Amphitryons Sohn, und wären dort bis in ihr Alter geblieben, so könnte man wohl sagen, auch diese wären wie jener Menschen gewesen, die nach jenen alten Göttern benannt worden seien. Nun erzählen aber die Hellenen von Dionysos, wie ihn Zeus gleich nach seiner Geburt in seine Hüfte eingenäht und nach Nysa gebracht habe, das oberhalb Ägyptens in Aithiopien liege, von Pan aber wissen sie überhaupt nicht anzugeben, wohin er nach seiner Geburt geraten ist. Woraus ich schließe, daß man in Hellas die Namen dieser Götter später erfahren hat als die der andern Göttern, daß man aber ihre Geburt in diejenige Zeit versetzte, als man zuerst von ihnen gehört hatte.

147. Dies ist das, was die Ägyptier selber erzählen. Von hier ab will ich nun alles berichten, was die anderen Menschen von der Geschichte dieses Landes erzählen und die Ägyptier als wahr bestätigten, doch soll auch einiges aus meiner eignen Wahrnehmung dazukommen.

Als die Ägyptier nach der Regierung des Priesters des Hephaistos wieder frei geworden waren – denn ohne König mochten sie nicht leben –, teilten[117] sie ganz Ägypten in zwölf Teile und setzten darin zwölf Könige[118] ein. Diese verbanden sich untereinander durch Heiraten und gründeten ihre Herrschaft auf den Vertrag, daß sie einander nicht verdrängen, noch einer dem anderen es zuvortun, sondern sie miteinander die beste Freundschaft halten wollten. Und diesen Vertrag schlossen sie deshalb und hielten ihn mit aller Strenge ein, weil gleich anfangs, als sie in die Herrschaft eintraten, ihnen verkündet worden war, wer von ihnen aus eherner Schale im Tempel des Hephaistos das Spendopfer brächte, der würde König werden über ganz Ägypten. Und sie kamen in allen Tempeln zum Opfer zusammen.

ZWEITES BUCH

148. Auch beschlossen sie insgemein, sich ein Denkmal zu gründen, und bauten darum das Labyrinth[119], das wenig oberhalb des Moirissees liegt, nicht weit von einer Stadt, die ›Krokodilstadt‹ heißt.[120] Ich habe es noch gesehen, und es übersteigt wirklich alle Worte! Denn wollte einer alles zusammenzählen, was die Hellenen an Mauern und Bauwerken zustandegebracht haben, so würde er finden, daß es dem Labyrinth an Größe der Arbeit wie an Höhe der Kosten nicht gleichkommt. Und dabei sind doch der Tempel in Ephesos[121] und der Tempel in Samos[122] ansehnliche Werke. Auch die Pyramiden waren schon über die Maßen groß, und jede einzelne von ihnen so groß wie viele und große hellenische Bauten zusammen. Aber das Labyrinth übertrifft auch noch die Pyramiden. Da sind zwölf Höfe, alle mit einem Dach überdeckt, deren Tore einander gegenüber liegen, sechs nach Norden, sechs nach Süden, und sind alle unter sich verbunden; von außen aber sind sie umschlossen von einer einzigen Mauer. Und die Gemächer drinnen sind zweifach, die einen unter der Erde, die anderen darüber oberhalb der Erde, dreitausend an der Zahl, tausendfünfhundert oben und ebensoviele unten. Die oberen habe ich selbst gesehen und bin hindurchgegangen und rede davon aus eigenem Anschauen, aber von den unteren habe ich nur erzählen hören; denn die ägyptischen Aufseher weigerten sich, sie mir zu zeigen, weil darinnen sowohl die Gräber der Könige wären, die das Labyrinth vorzeiten gebaut hatten, sowie auch die der heiligen Krokodile. So kann ich von den unteren Gemächern nur sagen, was ich gehört habe, die oberen aber habe ich selber gesehen und sie größer als Menschenwerk gefunden. Denn wenn man durch die Gemächer wandert und die gewundenen Wege durch die Höfe mit all der bunten Pracht geht, sieht man tausend Wunder. Da geht es von dem Hof in die Kammern, aus den Kammern in die Hallen und wieder aus den Hallen in andere Säle und aus den Sälen wieder in andere Höfe. Das Dach über allen diesen Räumen besteht aus Stein wie die Wände, und diese Wände sind bedeckt mit eingehauenem Bildwerk, und jeder Hof ist rings umstellt mit Säulen aus

EUTERPE

weißem, scharfgefügtem Stein. Wo das Labyrinth aufhört, hart an seiner Ecke, steht eine Pyramide[123], vierzig Klafter hoch mit großen eingehauenen Bildern, und zu dieser ist ein Weg unter der Erde hin angelegt.

149. Ist nun schon das Labyrinth ein so erstaunliches Werk, so erregt doch der sogenannte See des Moiris[124], neben dem es steht, noch größere Verwunderung. Sein Umfang beträgt sechzig Schoinen oder dreitausendsechshundert Stadien, ebensoviel wie die Küstenlänge des ganzen Landes Ägypten. Er erstreckt sich in der Länge von Nord nach Süd und mißt an seiner tiefsten Stelle fünfzig Klafter.[125] Daß er von Menschenhand angelegt und ausgegraben ist, gibt er selber zu erkennen. Denn ungefähr in seiner Mitte stehen zwei Pyramiden, beide fünfzig Klafter hoch über dem Wasser und ebenso tief unter dem Wasser, und oben auf jeder ist ein übergroßes Menschenbild aus Stein, das auf einem Thron sitzt.[126] Also haben die Pyramiden eine Höhe von hundert Klafter; hundert Klafter aber geben gerade ein Stadion von sechshundert Fuß, sofern ein Klafter sechs Fuß oder vier Ellen, und der Fuß vier Handbreiten, die Elle aber sechs Handbreiten mißt. Das Wasser in dem See hat nicht dort selbst seinen Ursprung, denn die Gegend ist erschreckend wasserarm, sondern ist aus dem Nil durch einen Kanal hineingeleitet und fließt sechs Monate in den See hinein und wiederum sechs Monate in den Nil hinaus. Und wenn es ausfließt, so bringt der See die sechs Monate hindurch Tag für Tag dem königlichen Schatz ein Talent Silber aus den Fischen, wenn es aber einfließt, nur zwanzig Minen.

150. Auch wollten die Leute dort wissen, daß der See unter der Erde hin einen Abfluß hätte in die libysche Syrte, am Gebirge oberhalb der Stadt Memphis entlang westwärts ins Binnenland hinein. Da ich aber nirgends die ausgegrabene Erde sah und mich darüber verwunderte, fragte ich die nächsten Anwohner des Sees, wo denn die ausgehobene Erde geblieben sei; und da sie mich darüber belehrten, wohin sie geschafft worden sei, so glaubte ich ihnen leicht. Wußte ich doch durch Erzählung, daß auch in Ninos, der assyrischen Stadt, einstmals

ZWEITES BUCH

dergleichen geschehen war. Diebe nämlich faßten den Plan, die großen, in unterirdischen Kammern wohlverwahrten Schätze des Königs Ninos herauszuholen. Sie begannen also von ihrer Wohnung aus einen Gang zu graben und richteten den Gang unter der Erde hin gerade auf die Königsburg, den Schutt aber, den sie aus der Grube heraufbrachten, den trugen sie nachts in den Tigres, der dort vorüberfließt, bis sie ihr Vorhaben erreichten. Ebenso hörte ich, hätte man auch beim Graben jenes Sees in Ägypten gehandelt, nur daß er nicht bei Nacht, sondern bei Tage gegraben wurde. Die Ägyptier nämlich schafften den Schutt in den Nil, der ihn bald hier und dorthin verstreute. Auf diese Weise soll der See ausgegraben worden sein.

151. Die zwölf Könige aber lebten in Frieden und Eintracht, bis einst, als sie im Tempel des Hephaistos ein Fest begingen und am letzten Tage des Festes sich anschickten zum Spendopfer, der Oberpriester ihnen die goldenen Schalen, aus denen sie zu spenden pflegten, herausbrachte, aber sich in der Zahl versah und ihnen nur elf darreichte, obwohl ihrer doch zwölf waren. Weil nun Psammetichos, der zuletzt in der Reihe stand, keine Schale hatte, nahm er seinen Helm vom Haupte, hielt ihn hin und spendete daraus. Der Helm war aus Erz, wie auch alle anderen Könige eherne Helme trugen und sie auch damals aufhatten. Psammetichos dachte nichts Arges, als er seinen Helm hinhielt. Aber die anderen gaben wohl acht, was er tat und ebenso darauf, was ihnen geweissagt worden, nämlich daß derjenige von ihnen, der aus eherner Schale spendete, Alleinherrscher über Ägypten werden würde. Dieser Weissagung eingedenk fanden sie es nicht gerecht, ihn zu töten; denn da sie es untersuchten, fanden sie, daß er es ohne allen Vorbedacht getan hatte, aber sie hielten es für ratsam, ihm den größten Teil seiner Macht zu nehmen und ihn in die Niederung zu verbannen, wo er sich jeder Verbindung mit dem übrigen Ägypten enthalten sollte.

152. Derselbe Psammetichos war schon früher vor dem Aithiopen Sabakos, der seinen Vater Nekos getötet hatte, nach

EUTERPE

Syrien entwichen[127]; nachdem aber der Aithiope wegen jenes Traumgesichtes abgezogen war, hatten ihn die Einwohner des saïtischen Gaues zurückgerufen. Und danach, als er König geworden, traf es ihn abermals, daß er wegen des ehernen Helmes vor den elf übrigen Königen in die Niederung entweichen mußte. Und weil er dies als eine schnöde Kränkung empfand, sann er auf Rache an seinen Vertreibern und sandte darum nach der Stadt Buto zum Orakel der Leto, das den Ägyptiern als das untrüglichste Orakel gilt. Da erhielt er den Spruch: »Rache würde kommen vom Meer, wenn eherne Männer erschienen.« Das schien ihm nun zwar unglaublich genug, daß eherne Männer kommen würden, ihm zu helfen. Aber nicht lange Zeit danach geschah es, daß ionische und karische Männer, die auf Raub ausgefahren waren, durch Sturmesnot an die ägyptische Küste verschlagen wurden und dort ausstiegen, und sie trugen eherne Rüstungen. Da ging ein Ägyptier in die Niederung und meldete es dem Psammetichos, und weil er nie zuvor erzgewappnete Männer gesehen hatte, so sagte er, eherne Männer seien vom Meer her gekommen und plünderten das Land. Da erkannte Psammetichos des Spruches Erfüllung und erwies sich freundlich gegen die Ioner und Karer und bewog sie mit großen Versprechungen, daß sie bei ihm in seinem Dienst blieben. So gelang es ihm, mit Hilfe der Ägyptier, die zu seiner Sache hielten, und seinen Dienstmannen die Könige zu stürzen.

153. Nun war Psammetichos Herr über ganz Ägypten[128], und erbaute dem Hephaistos in Memphis die südliche Vorhalle und für den Apis einen Hof, worin dieser, wenn er erscheint, gehalten wird, gegenüber der Vorhalle, rings mit Säulen umstellt und voll von Bildern, nur daß in dem Hof an Stelle der Säulen übergroße Menschenbilder stehen, zwölf Ellen hoch. Apis aber ist auf hellenisch Epaphos.

154. Den Ionern aber und den Karern, die ihm beigestanden waren, gab er Ortschaften, in denen sie wohnen sollten; die lagen einander gegenüber, nur durch den Nil getrennt, und man nannte sie ›Heerlager‹.[129] Dazu gab er ihnen noch anderes

ZWEITES BUCH

mehr, soviel er ihnen versprochen hatte, und schickte ägyptische Knaben zu ihnen, um die hellenische Sprache zu erlernen,
und von diesen stammen die jetzigen Dolmetscher in Ägypten
her. Lange Zeit wohnten die Ioner und die Karer an diesen
Orten. Sie liegen nur wenig unterhalb der Stadt Bubastis nach
dem Meere zu am pelusischen Nilarm. Später hat sie König
Amasis von dort weggeführt und in Memphis angesiedelt und
sie zu seiner Leibwache gegen die Ägyptier gemacht. Seit der
Zeit aber, daß diese Leute in Ägypten heimisch geworden sind
und durch unseren Verkehr mit ihnen, haben wir Hellenen
eine gewisse Kunde von allem, was sich in Ägypten von König
Psammetichos an und nach ihm zugetragen hat. Denn diese
waren die ersten Menschen fremder Zunge, die dort ansässig
wurden. An den Orten aber, die sie vormals bewohnten, waren
die Schiffswerften und die Ruinen der Wohnhäuser noch zu
meiner Zeit zu sehen.

155. So gewann Psammetichos Ägypten. Des Orakels in
Ägypten habe ich zwar schon häufig gedacht, es verdient aber,
daß ich noch besonders davon rede. Dieses ägyptische Orakel
ist der Leto zugehörig und befindet sich in einer großen Stadt
am sebennytischen Nilarm, wohin man bei der Auffahrt vom
Meer aus gelangt, und diese Stadt, wo das Orakel ist, heißt Buto
und ist schon vorhin von mir genannt worden. Dort in Buto
liegt ein Heiligtum des Apollon und der Artemis. Das Tempelhaus der Leto, worin das Orakel ist, hat eine beachtliche Größe
und Vorhallen von zehn Klaftern Höhe; was mich aber am
meisten in Erstaunen brachte von dem, was dort sichtbar war,
ist dieses. Es steht da innerhalb des heiligen Raumes ein Tempelhaus der Leto; das ist in Höhe und Länge aus einem einzigen Stein gemacht, und jede Wand ist so hoch als lang, nämlich
vierzig Ellen, zur Bedachung aber dient eine andere auflie-
gende Steinplatte, deren Gesims noch vier Ellen weit vorragt.

156. Darum war von allem Sichtbaren in diesem Heiligtum
das Tempelhaus für mich das staunenswürdigste, nächst diesem aber eine Insel mit Namen Chemmis. Sie liegt in einem
tiefen und breiten See neben dem Heiligtum in Buto, und die

EUTERPE

Ägyptier sagen, es sei eine schwimmende Insel. Ich selber sah sie weder schwimmen noch sich bewegen und war erstaunt, zu hören, daß es wirklich eine schwimmende Insel geben sollte. Auf dieser Insel steht ein großer Tempel des Apollon, und drei Altäre sind auf ihr errichtet, und es wachsen dort eine Menge Palmbäume und sonstige Bäume, fruchtbare und unfruchtbare, in großer Zahl. Auch geben die Ägyptier die Ursache dafür an, weshalb die Insel schwimme. Nämlich vorher sei sie nicht schwimmend gewesen, bis Leto, eine von den ersten acht Gottheiten, die in Buto wohnte, wo sie eben jenes Orakel hat, den Apollon von der Isis zur Verwahrung erhielt und ihn auch glücklich rettete, indem sie ihn damals auf jener Insel, die jetzt schwimmen soll, verbarg, als Typhon alles durchsuchte, um des Osiris Sohn ausfindig zu machen. Apollon und Artemis nämlich halten sie für Kinder des Dionysos und der Isis, Leto aber nur für ihre Pflegerin und Retterin. Auf ägyptisch heißt Apollon Oros, Demeter heißt Isis, Artemis aber Bubastis. Aus dieser Sage und nirgends anders her hat Aischylos, Euphorions Sohn, und zwar er allein unter den früheren Dichtern, es entnommen, daß er die Artemis zur Tochter der Demeter machte. Aus diesem Grund erzählen sie, sei die Insel schwimmend geworden.

157. Psammetichos regierte über Ägypten vierundfünfzig Jahre. Davon brachte er neunundzwanzig Jahre damit zu, daß er Azotos, eine große Stadt in Syrien, belagerte und berannte, bis er sie endlich eroberte. Diese Stadt Azotos hat von allen Städten, soweit wir wissen, die längste Belagerung ausgehalten.

158. Darauf wurde Nekos[130], Psammetichos' Sohn, König über Ägypten. Er begann zuerst den Kanal ins Rote Meer zu graben, den Dareios, der Perserkönig, später weiterführte.[131] Dessen Länge beträgt vier Tagesfahrten[132], und seine Breite ist so groß, daß zwei Dreiruderer nebeneinander darauf fahren können. Sein Wasser ist ihm vom Nil aus zugeleitet. Er beginnt ein wenig oberhalb der Stadt Bubastis, zieht an der arabischen Stadt Patumos vorüber und fällt ins Rote Meer. Zunächst durchschneidet er den an Arabien grenzenden Teil der ägypti-

ZWEITES BUCH

schen Ebene am Fuße des Gebirges, das oberhalb der Ebene
nach Memphis zu verläuft, worin sich die Steinbrüche befinden; an diesem Gebirge geht er eine lange Strecke fort von
Westen nach Osten. Dann wendet er sich von dem Gebirge
weg nach Süden in eine Spalte des Gebirges und zieht darin
hinab zum arabischen Busen. Aber auf dem kürzesten und
geradesten Weg vom nördlichen Meer hinüber zum südlichen
oder Roten Meer, nämlich vom Berge Kasion, der Grenzscheide Ägyptiens und Syriens, bis zum arabischen Busen sind
es genau tausend Stadien. Dies ist der geradeste Weg, aber der
Kanal ist um vieles länger, weil er mehr Krümmungen macht.
Hundertzwanzigtausend Menschen, die unter König Nekos
daran gruben, gingen darüber zugrunde. Mitten in der Arbeit
ließ Nekos aufhören, erschreckt durch einen Orakelspruch,
daß er dem Barbaren vorarbeite. Barbaren heißen nämlich bei
den Ägyptiern alle diejenigen, die nicht ihre Sprache reden.

159. Nachdem Nekos mit dem Kanalbau aufgehört hatte,
wandte er seinen Sinn auf Kriegszüge. Er ließ Dreiruderer
bauen, teils am nördlichen Meer, teils im arabischen Busen am
Roten Meer, deren Werften noch zu sehen sind und deren er
sich bediente, so oft er ihrer bedurfte. Zu Lande aber besiegte
er die Syrer in einer Schlacht bei Magdolos und gewann darauf
die syrische Stadt Kadytis. Das Gewand, in dem er diese Taten
vollbracht hatte, schickte er nach Branchidai im milesischen
Land und weihte es dem Apollon. Darauf, nachdem er im
ganzen sechzehn Jahre regiert hatte, starb er, und hinterließ das
Reich seinem Sohne Psammis.

160. Unter der Regierung des Psammis geschah es, daß
Abgesandte aus Elis zu ihm kamen, die sich rühmten, sie hätten
den Wettkampf in Olympia auf das gerechteste und schönste
eingerichtet, und meinten, daß selbst die Ägyptier, die doch die
klügsten von allen Menschen seien, es nicht besser zu machen
verstünden. Und als diese Männer sagten, warum sie nach
Ägypten gekommen seien, berief der König alle Ägyptier, die
in dem Ruf standen, die klügsten zu sein, zu sich. Diese kamen
zusammen und ließen sich von den Männern aus Elis erzählen,

EUTERPE

was sie alles bei dem Wettkampf zu beachten hätten. Und jene berichteten alles und fügten hinzu, wie sie gekommen seien, um sich belehren zu lassen, ob die Ägyptier etwas erfunden hätten, was noch gerechter sei als dies. Da berieten sich jene und richteten darauf die Frage an die Eleier, ob sie auch ihre Mitbürger teilnehmen ließen am Kampf. Allerdings, war die Antwort, jedweder, sei es einer von ihren Mitbürgern oder von den übrigen Hellenen, könne teilnehmen. Da erklärten die Ägyptier, mit dieser Satzung hätten sie alle Gerechtigkeit vermissen lassen; denn so könnte es nicht ausbleiben, daß sie ihre Mitbürger beim Wettkampf begünstigten und dem Fremden Unrecht täten. Wollten sie es wirklich nach Fug und Recht einrichten und seien sie deshalb nach Ägypten gekommen, so müßten sie den Kampf nur für fremde Kämpfer einrichten und keinem Eleier gestatten, mitzukämpfen. Solchen Rat erteilten die Ägyptier den Eleiern.

161. Psammis regierte nur sechs Jahre[133] über Ägypten, machte einen Kriegszug nach Aithiopien und starb gleich danach. Darauf folgte ihm sein Sohn Apries.[134] Der führte nächst Psammetichos, seinem Großvater, die glücklichste Regierung von allen Königen vor ihm und herrschte fünfundzwanzig Jahre lang, zog in dieser Zeit mit Heeresmacht gegen Sidon und kämpfte mit dem Tyrier zur See. Doch war ihm ein schlimmer Ausgang beschieden, und so kam er zu Fall aus einer Ursache, die ich umständlicher in den libyschen Geschichten erzählen will, hier aber nur so weit es notwendig ist. Apries nämlich hatte ein starkes Heer gegen die Kyrenaier gesandt und dabei eine schwere Niederlage erlitten. Das legten ihm die Ägyptier zur Last und fielen von ihm ab, weil sie glaubten, Apries hätte sie mit Vorbedacht in ein offenbares Unglück geschickt, um sie zu verderben, damit er künftig desto sicherer über die anderen Ägyptier herrschen könnte. Darüber erbittert, fielen sie offen von ihm ab, sowohl diejenigen, die zurückgekommen waren, als auch die Freunde der Umgekommenen.

162. Als Apries dies hörte, schickte er den Amasis[135] zu ihnen; der sollte sie beschwichtigen. Aber als er kam und ihnen

ZWEITES BUCH

Einhalt gebieten und sie davon abbringen wollte, trat einer der Ägyptier hinter ihn und setzte ihm einen Helm auf als Zeichen der Königswürde, wie er sagte. Daß dies dem Amasis nicht unlieb war, ließ er bald erkennen. Denn kaum hatten ihn die Aufrührer zu ihrem König gemacht, traf er Anstalten, gegen Apries zu ziehen. Der schickte auf diese Nachricht einen seiner Diener, einen angesehenen Mann mit Namen Patarbemis, und gebot ihm, Amasis lebendig herbeizubringen. Als nun Patarbemis hinkam und Amasis vor den König lud, hob jener, der eben zu Pferde saß, das Bein und ließ einen Wind und rief: den solle er dem Apries bringen. Aber Patarbemis ließ noch nicht ab, in ihn zu dringen, dem Befehl des Königs zu folgen und zu kommen. Er aber versetzte, dazu rüste er sich schon längst und Apries solle nicht zu klagen haben, denn er würde selber sich einstellen und auch noch andere mitbringen. Weil nun Patarbemis aus diesen Worten seine Absicht wohl erkannte und seine Kriegsvorbereitungen wahrnahm, ging er eilig davon, dem König zu melden, was gegen ihn im Werke sei. Als er aber zu Apries kam, ohne Amasis mitzubringen, ließ ihm jener in seinem Jähzorn und Unbedacht Ohren und Nase abschneiden. Wie nun die übrigen Ägyptier, die noch zu dem König hielten, sahen, daß der Angesehenste unter ihnen so schmachvoll mißhandelt worden war, säumten sie nicht länger, sondern schlugen sich zu den anderen und ergaben sich Amasis.

163. Als aber Apries auch dies vernahm, rüstete er seine Hilfsvölker und rückte aus gegen die Ägyptier, und es waren dreißigtausend karische und ionische Söldner, die er mit sich führte. Seine Königsburg stand zu Saïs, groß und schauenswert. So rückte Apries mit den Seinen gegen die Ägyptier, und Amasis mit den Seinen gegen die Fremden. Bei Momemphis[136] trafen beide Seiten aufeinander und schickten sich zur Schlacht.

164. Es gibt in Ägypten sieben Stände; die Priester, die Krieger, die Rinderhirten, die Sauhirten, die Krämer, die Dolmetscher und die Schiffer. In so viele Stände teilen sich die Ägyptier, und jeder Stand ist benannt nach seinem Beruf. Die

192

EUTERPE

Krieger heißen Kalasirier und Hermotybier und sind aus folgenden Gauen; denn ganz Ägypten ist in Gaue aufgeteilt.

165. Die Gaue der Hermotybier sind der busiritische, der saïtische, der chemmitische, der papremitische, eine Insel namens Prosopitis und halb Nathos. Aus diesen Gauen sind die Hermotybier, deren Zahl, als sie am größten war, sechzehn Myriaden betrug, und von diesen allen ist keiner eines Gewerbes kundig, sondern sie sind allein für den Kriegsdienst bestimmt.

166. Folgende aber sind die Gaue der Kalasirier, nämlich der thebaiische, der bubastitische, der aphthitische, der tanitische, der mendesische, der sebennytische, der athribitische, der pharabaïthitische, der thmuitische, der onuphitische, der anysitische, der myekphoritische. Der letztgenannte Gau liegt auf einer Insel gegenüber der Stadt Bubastis. Das sind die Gaue der Kalasirier, deren Zahl, als sie am höchsten war, fünfundzwanzig Myriaden betrug. Auch diese dürfen kein Gewerbe üben, sondern treiben ausschließlich die Kriegskunst, die der Sohn vom Vater erlernt.

167. Ob nun die Hellenen auch dies von den Ägyptiern angenommen haben, vermag ich nicht für gewiß zu entscheiden, da ich sehe, daß auch die Thraken, Skythen, Perser, Lyder und fast alle Barbaren diejenigen für geringer als die anderen Stammesgenossen ansehen, die ein Handwerk erlernen, dagegen für edel diejenigen achten, die sich mit keinem Handwerk befassen vor allem solche, die sich der Kriegskunst widmen. Alle Hellenen haben diesen Brauch angenommen, insbesondere die Lakedaimonier. Am wenigsten aber sind die Handwerker bei den Korinthiern verachtet.

168. Als Vorrechte vor den übrigen Ägyptiern, außer den Priestern, erhielt von den Kriegern jeder Mann zwölf abgesonderte Äcker steuerfrei zugewiesen. Der Acker hat hundert ägyptische Ellen im Geviert, und die ägyptische Elle ist gleich der samischen.[137] Dieses Vorrecht genossen alle, das andere aber in abwechselnder Reihenfolge. Je tausend Kalasirier und ebenso viele Hermotybier hatten je ein Jahr die Leibwache

193

ZWEITES BUCH

beim König, und diese empfingen, außer ihren Äckern, für jeden Tag noch außerdem jeder fünf Minen gebackenen Brotes, zwei Minen Rindfleisch und vier Kotylen Wein. Solches wurde denen gereicht, die jeweils die Wache hielten.

169. Als nun Apries mit seinen Hilfsvölkern und Amasis mit allen Ägyptiern bei Momemphis aufeinander stießen, kam es zur Schlacht, und so tapfer die Fremden auch fochten, mußten sie doch unterliegen, weil sie an Zahl viel geringer waren. Apries aber soll gemeint haben, selbst ein Gott könnte ihm das Reich nicht nehmen, so sicher glaubte er seiner königlichen Herrschaft zu sein. Und nun war er geschlagen, gefangen und fortgeführt nach Saïs in sein altes Haus, das nun aber des Amasis Königshaus war. Dort konnte er eine Zeitlang leben, und Amasis behandelte ihn freundlich; doch am Ende, als die Ägyptier murrten und meinten, er täte nicht recht, daß er ihrem und seinem ärgsten Feind Unterhalt gewährte, gab er nach und überantwortete ihn in die Hände der Ägyptier. Diese erwürgten ihn, seine Leiche aber setzten sie in der Grabkammer seiner Väter bei, im Tempel der Athena, dicht bei der heiligen Kammer, vom Eingang linker Hand. Innerhalb dieses Heiligtums haben die Saïten alle Könige beigesetzt, die aus diesem Gau stammen. Denn auch des Amasis Grabmahl steht dort, zwar weiter ab von der heiligen Kammer als das des Apries und seiner Vorväter, aber noch innerhalb des Tempelhofes. Es ist eine ansehnliche, steinerne Halle, geschmückt mit Säulen, die Palmbäume darstellen, und allem sonstigen Zierat. In dieser Halle steht ein zweifaches Türwerk, und eben zwischen diesem Türwerk befindet sich das Grab.

170. Auch die Gruft eines[138], den bei solcher Sache mit Namen zu nennen ich mir zur Sünde rechnen würde, befindet sich in Saïs in demselben Heiligtum der Athena, hinter dem Tempelhaus längs der ganzen Wand des Athenentempels. Innerhalb des heiligen Raumes stehen große Spitzsäulen aus Stein, und neben ihm ist ein See angelegt und mit schönen Steinen eingefaßt, nach meiner Schätzung so groß wie der See auf Delos, den man den ›radförmigen‹ nennt.

EUTERPE

171. In diesem See veranstalten sie nachts die Darstellung seiner Leiden, und das nennen sie einen Geheimdienst. Obgleich ich noch mehr davon weiß, wie es dabei zugeht, so schweige ich doch davon in Ehrfurcht. Auch über das Weihefest der Demeter, das die Hellenen Thesmophorien[139] nennen, schweige ich in Ehrfurcht, außer was sich ohne Sünde davon berichten läßt. Die Töchter des Danaos sind es gewesen, die diesen Weihedienst von Ägypten herüberbrachten und den pelasgischen Weibern mitteilten. Danach aber, als die Einwohner des Peloponnes vor den Doriern weichen mußten, verlor sich der Dienst; nur die Arkader bewahrten ihn, die in der Peloponnes sitzen blieben und nicht vertrieben wurden.

172. So wurde Apries gestürzt und kam das Reich an Amasis. Er stammte aus dem saïtischen Gau, aus einer Stadt namens Siuph. Anfänglich verachteten ihn die Ägyptier und hielten ihn nicht sehr hoch, weil er aus dem Volke stammte und aus keinem ansehnlichen Hause. Doch nachher wußte er sie auf eine kluge, gar nicht unfeine Art für sich einzunehmen. Unter den tausend Kleinodien, die er besaß, befand sich auch ein goldenes Fußbecken, in dem Amasis selbst und seine Tischgenossen sich jeweils beim Mahl die Füße wuschen. Dieses Becken ließ er einschmelzen und daraus ein Götterbild fertigen, das er in der Stadt an einem dazu passenden Ort aufstellte. Und alles Volk ging hin zu dem Bild und erwies ihm große Ehre. Da nun Amasis vernahm, was die Leute taten, rief er sie zusammen und offenbarte ihnen, daß das Bild aus dem Fußbecken gefertigt wäre, in das vordem die Ägyptier zu speien und zu harnen und ihre Füße abzuwaschen pflegten, und jetzt beteten sie es an! Und er sprach: »Ähnlich wie dem Fußbecken sei es auch ihm ergangen; denn sei er vorher ein gemeiner Mann gewesen, so sei er doch jetzt ihr König. So sollten sie auch ihn ehren und hoch halten.« Auf diese Art gewann er die Ägyptier, daß sie ihm willig dienten.

173. In seinen Geschäften aber hielt er es so. Frühmorgens bis zu der Zeit, wenn der Markt voll ist, verrichtete er mit Fleiß die anfallenden Geschäfte, dann aber begann er zu trinken und

ZWEITES BUCH

seine Kurzweil zu halten mit seinen Trinkgesellen und trieb Possen und Mutwillen. Darüber betrübten sich seine Freunde, ermahnten ihn und sprachen: »O König, du wahrest deine Würde schlecht, daß du dich wegwirfst mit schändlichem Tun. Ehrwürdig solltest du dasitzen auf ehrwürdigem Thron, und den ganzen Tag über den Geschäften obliegen. So wüßten die Ägyptier, daß sie beherrscht werden von einem großen Mann, und dein Name würde gepriesen werden. Nun aber tust du gar nicht, wie es einem König geziemt.« Er aber antwortete ihnen und sprach: »Wer einen Bogen hat, spannt ihn, wenn er ihn braucht, und hat er ihn gebraucht, so spannt er ihn wieder ab. Denn bliebe er alle Zeit gespannt, so müßte er brechen und wäre nicht mehr nütze, wenn es not ist. Ebenso steht es auch mit dem Menschen. Wollte er immer nur ernst und fleißig sein und nicht auch dem Scherz sein Teil geben, so würde er unvermerkt entweder von Sinnen kommen oder doch gänzlich erschlaffen. Und weil ich dies weiß, so gebe ich dem einen und dem anderen sein Teil.« So beschied Amasis seine Freunde.

174. Er soll aber auch schon früher, als er noch ein gewöhnlicher Mann war, dem Trunk und Scherz ergeben und ohne ernsten Fleiß gewesen sein. Gingen ihm einmal über dem Trinken und Wohlleben die Mittel zur Neige, zog er umher und stahl. Wenn dann die Leute ihn bezichtigten, er habe gestohlen, und er es leugnete, so führten sie ihn zu einer Orakelstätte, die gerade an dem Ort war. Da wurde er häufig von den Orakeln für schuldig befunden, oft aber auch freigesprochen. Als er nun König geworden war, tat er folgendes. Alle Götter, die ihn vom Diebstahl freigesprochen hatten, deren Tempel ließ er unbeachtet und gab nichts dazu, sie herzurichten, noch ging er hin, ihnen zu opfern, da sie nichts taugten und trügliche Orakel besäßen. Aber diejenigen, die ihn des Diebstahles überführt hatten, diese erkannte er als wahre Götter, die untrügliche Orakelsprüche erteilten, und wandte auf sie alle Fürsorge.

175. So baute er in Saïs der Athena eine wundervolle Vorhalle, die alle anderen an Höhe und Größe weit übertrifft; so

196

EUTERPE

mächtig, so kostbar sind die Steine. Ferner stellte er gewaltige Kolosse auf und männliche Sphinxe[140], über die Maßen groß, und ließ auch sonst noch Steine von ungeheurer Größe herbeischaffen zur Ausstattung des Tempels. Etliche ließ er aus den Steinbrüchen bei Memphis holen, die übergroßen aber von der Stadt Elephantine, die wohl an die zwanzig Tagesfahrten von Saïs entfernt ist. Was ich aber darunter am meisten bewundere, ist dies. Er ließ ein Tempelhaus aus einem einzigen Stein von Elephantine herbeiholen. Drei Jahre lang dauerte die Überführung, und es waren zweitausend Männer dazu bestellt, die lauter Schiffer waren. Von außen ist die Länge des Hauses einundzwanzig Ellen, die Breite vierzehn, die Höhe acht. Das sind die äußeren Maße des einsteinigen Tempelhauses, von innen aber ist die Länge achtzehn Ellen und zwanzig Fingerbreiten, die Höhe fünf Ellen. Es liegt am Eingang des Heiligtums; denn hineingezogen hat man es, wie man erzählt, deshalb nicht, weil der Baumeister einen Seufzer ausgestoßen haben soll, weil ihn die endlose Mühe verdroß und Amasis, dem dies zu Herzen ging, nicht zuließ, es noch weiter zu ziehen.

176. Auch bei allen anderen angesehenen Tempeln stiftete Amasis Werke, die um ihrer Größe willen schauenswert sind; so in Memphis den Koloß, der vor dem Hephaistostempel auf dem Rücken liegt, dessen Länge fünfundsiebzig Fuß beträgt. Auf demselben Sockel und aus demselben Stein gehauen stehen noch zwei weitere Kolosse, jeder zwanzig Fuß hoch, einer zur Rechten und einer zur Linken des großen. Ein anderer Steinkoloß von gleicher Größe befindet sich in Saïs, der ebenso liegt wie der zu Memphis. Auch den Tempel der Isis in Memphis hat Amasis erbaut, ein großes und schauenswertes Werk.

177. Niemals zuvor soll Ägypten so gesegnet gewesen sein in allem, was der Fluß dem Land und was das Land den Menschen bringt, wie zu der Zeit unter der Regierung des Amasis. Damals betrug die Zahl der bewohnten Städte zusammen zwanzigtausend. Auch hat Amasis bei den Ägyptern das Gesetz eingeführt, daß jeder ägyptische Mann alljährlich vor dem

197

ZWEITES BUCH

Verwalter seines Gaues angeben muß, wovon er lebt, und wer das unterläßt oder wer nicht nachweisen kann, daß er sich auf eine rechtschaffene Weise ernährt, der wird mit dem Tode bestraft. Dieses Gesetz hat Solon der Athener aus Ägypten übernommen und in Athen eingeführt.

178. Auch war Amasis ein Freund der Hellenen und erwies etlichen unter ihnen allerhand Gutes. So gab er denen, die nach Ägypten kamen, die Stadt Naukratis, um sich dort niederzulassen; denen aber, die sich nicht niederlassen wollten, sondern nur Schiffahrt dahin trieben, wies er Orte zu, wo sie ihren Göttern Altäre und Heiligtümer errichten durften. Das größte unter ihnen, das auch das angesehenste und besuchteste ist, heißt Hellenion und ist von folgenden Städten gemeinsam begründet worden: von den ionischen Städten Chios, Teos, Phokaia und Klazomenai, von den dorischen Städten Rhodos, Knidos, Halikarnassos und Phaselis und von der einzigen aiolischen Stadt Mytilene. Diesen Städten gehört das Heiligtum, und eben diese ernennen auch die Vorsteher des Handels; die anderen Städte, die sonst noch Anspruch darauf erheben, haben kein Recht dazu.

179. Ursprünglich war Naukratis der einzige Handelsort in Ägypten und keiner sonst. Und wenn jemand in einen der anderen Nilarme einfuhr, mußte er schwören, daß es nicht absichtlich geschehen sei, und nachdem er diesen Eid geschworen hatte, mit seinem Schiff in den kanobischen Arm fahren oder, wenn ihn widrige Winde daran hinderten, seine Waren in Lastkähnen um das Delta herum bis nach Naukratis schaffen. So großes Vorrecht genoß Naukratis.

180. Als die Amphiktyonen den Bau des jetzigen Tempels in Delphi für dreihundert Talente in Auftrag gaben – denn der vorhergehende war durch Zufall abgebrannt[141] – und auf die Delpher ein Viertel der Kosten zu zahlen entfiel, die deshalb in den Städten umherzogen, um dazu Gaben zu sammeln, bekamen sie in Ägypten dafür einen großen Beitrag. Amasis gab ihnen tausend Talente Alaunsalz, die Hellenen aber, die in Ägypten wohnten, zwanzig Minen Silber.

EUTERPE

181. Mit den Kyrenaiern machte Amasis Freundschaft und schloß ein Bündnis; ja er entschloß sich sogar, eine Gattin von dort zu nehmen, sei es, weil er Verlangen trug nach einem hellenischen Weib oder aus Vorliebe für die Kyrenaier. Genug, er heiratete ein Mädchen namens Ladike, die nach einigen die Tochter des Battos[142], nach anderen die des Arkesilaos, nach wieder anderen die des angesehenen Bürgers Kritobulos war. Es geschah aber oftmals, wenn Amasis bei ihr lag, daß er ihr nicht beiwohnen konnte wie seinen anderen Frauen, so daß er endlich zu ihr sagte: »Weib, du hast mich verzaubert. Auf der Stelle sollst du eines elenderen Todes sterben als je ein Weib.« Sie leugnete zwar, aber umsonst; Amasis ließ sich nicht besänftigen. Da gelobte sie der Aphrodite in Kyrene ein Standbild, wenn Amasis die nächste Nacht ihr beiwohnen könne; denn das war ihre einzige Rettung. Und als Amasis zu ihr ging, wurde Amasis mit ihr froh und seitdem jedesmal, wenn er zu ihr ging. Seit dieser Zeit war er ihr sehr zugetan. Ladike aber erfüllte der Göttin ihr Gelöbnis; sie ließ das Bild fertigen und sandte es nach Kyrene. Dort war es noch zu meiner Zeit erhalten und war außerhalb der Stadt Kyrene aufgestellt. Diese Ladike schickte Kambyses, nachdem er Ägypten erobert und ihre Herkunft erfahren hatte, ungekränkt nach Kyrene zurück.

182. Auch nach dem Hellenenlande stiftete Amasis Weihgaben, nämlich nach Kyrene ein vergoldetes Bild der Athena und sein eigenes gemaltes Bildnis, zum andern in Lindos der Athena zwei Bilder aus Stein und einen sehenswürdigen Panzer aus Linnen, schließlich in Samos der Hera zwei Bildnisse von sich aus Holz, die noch zu meiner Zeit in dem großen Tempel hinter der Tür standen. Nach Samos weihte er diese Gaben um der Gastfreundschaft willen zwischen ihm und Polykrates, Aiakes' Sohn, nach Lindos aber nicht einem Gastfreund zuliebe, sondern weil der Athenatempel in Lindos von den Töchtern des Danaos gegründet worden sein soll, die dort auf ihrer Flucht vor den Söhnen des Aigyptos landeten. Dies sind die Weihgeschenke des Amasis. Er eroberte auch Kypros[143], das bis dahin noch nie erobert worden war, und machte es zinsbar.

DRITTES BUCH

Thaleia

1. Gegen diesen Amasis also unternahm Kambyses, der Sohn des Kyros, einen Heereszug, und führte neben anderen Völkern, die ihm untertan waren, auch Hellenen mit sich, nämlich Ioner und Aioler. Der Grund des Kriegszuges war folgender. Kambyses hatte Amasis durch einen Gesandten um seine Tochter gebeten, und zwar auf das Anstiften eines Ägyptiers, der Amasis grollte, weil er einst, als Kyros ihn um den besten ägyptischen Augenarzt gebeten hatte, gerade ihn von allen ägyptischen Ärzten[1] in persischen Dienst gegeben und so von Weib und Kind gerissen hatte. Aus Groll darüber stachelte er Kambyses an, um des Amasis Tochter zu werben, weil er dachte, falls Amasis sie freigab, würde es ihm Kummer bereiten, wenn er sie aber versagte, so würde er sich mit Kambyses verfeinden. Amasis, in Sorge und Not vor der Perser Macht, wußte sich keinen Rat, ob er die Tochter geben oder verweigern sollte; denn er wußte nur zu gut, daß sie Kambyses nicht als ein Ehegemahl halten würde, sondern als ein Kebsweib.[2] Darum half er sich folgendermaßen. Es lebte noch eine Tochter des Apries, des früheren Königs, die einzige, die noch übrig war aus ihrem Hause, eine stattliche und schöne Jungfrau; Nitetis war ihr Name. Diese schmückte er mit reichem Gewand und Goldgeschmeide und entsandte sie ins Perserland, als wäre sie seine eigene Tochter. Bald danach aber, als Kambyses sie willkommen hieß und als Tochter des Amasis begrüßte, sprach die Jungfrau zu ihm: »O König, du merkst nicht, daß du von Amasis hintergangen worden bist. Er hat mich schön

200

THALEIA

geschmückt und wie seine eigene Tochter zu dir hergesendet. Ich bin aber in Wahrheit des Apries Tochter, der einst sein Gebieter gewesen und den jener ermordet hat, nachdem er sich gegen ihn mit Hilfe der Ägyptier empört hat.« Wegen dieses Wortes und dieses Anlasses geschah es, daß Kambyses in heftigen Zorn entbrannte und gegen Ägypten zog. So erzählen die Perser.[3]

2. Die Ägyptier aber, die den Kambyses gerne als einen der ihren betrachten, behaupten, eben jene Tochter des Apries sei seine Mutter gewesen. Denn der König, der um die Tochter des Amasis geworben habe, sei Kyros, nicht Kambyses gewesen. Doch darin irren sie sich. Auch kann es ihnen sicherlich nicht unbekannt sein (denn wenn irgend jemand weiß, was bei den Persern üblich ist, so wissen es die Ägyptier), daß erstens bei den Persern ein Bastard nicht König werden darf, sofern ein echter Sohn vorhanden ist, und daß zweitens Kambyses ein Sohn der Kassandane war, einer Tochter des Pharnaspes, eines Achaimeniden, und nicht der Ägyptierin. Aber sie verdrehen die Sache, weil sie mit dem Hause des Kyros gern verwandt sein möchten. So steht es hiermit.

3. Es gibt auch noch eine andere Sage, die ich aber nicht glauben kann. Es wird erzählt, daß einst eine Perserin die Frauen des Kyros besucht habe, und als sie neben Kassandane ihre Kinder stehen sah, schöne stattliche Knaben, war sie voller Bewunderung und erging sich in großem Lob über sie. Kassandane aber, die Gattin des Kyros, antwortete ihr und sprach: »Ja, obgleich ich ihm solche Söhne geboren habe, verachtet mich Kyros. Der Fremden aber, der Ägyptierin, erweist er alle Ehre.« So sprach sie voll Mißgunst gegen Nitetis. Da rief Kambyses, der ältere von den Knaben: »Nun wohl, liebe Mutter, so will ich, wenn ich ein Mann geworden bin, in Ägypten das Oberste zuunterst kehren und das Unterste zuoberst.« Das sprach er in einem Alter von etwa zehn Jahren, und die Frauen erstaunten über die Worte. Aber er bewahrte sie wohl in seinem Herzen, und als er Mann geworden war und König, da machte er den Kriegszug gegen Ägypten.

DRITTES BUCH

4. Auf diesem Kriegszug hat sich auch folgende Geschichte zugetragen. Unter den Söldnern des Amasis war ein Mann aus Halikarnaß namens Phanes, klug an Sinn und ein tapferer Krieger. Dieser grollte dem Amasis wegen irgendeiner Sache, ging auf ein Schiff, entwich aus Ägypten und beabsichtigte, zu Kambyses zu gehen und mit ihm zu reden. Weil er aber unter den Söldnern großes Ansehen genoß und von den Verhältnissen in Ägypten die genaueste Auskunft geben konnte, ließ Amasis ihn mit allen Mitteln verfolgen und schickte seinen treuesten Eunuchen mit einer Triere hinter ihm her. Der holte ihn auch ein und fing ihn in Lykien, brachte ihn aber gleichwohl nicht zurück nach Ägypten; denn Phanes überlistete ihn, indem er seine Wächter berauschte, und entfloh nach Persien. Als er zu Kambyses kam, traf jener eben die Anstalten zum Kriege, wußte aber nicht, wie er durch die Wüste kommen sollte. So offenbarte ihm nun Phanes, wie es um Amasis stand, und zeigte ihm, wie er ziehen müßte, wobei er ihm riet, er solle zum König der Arabier schicken und ihn um sicheren Durchzug bitten.

5. Denn nur durch Arabien ist der Zugang nach Ägypten offen. Von Phoinikien bis zum Gebiet der Stadt Kadytis[4] wohnen nämlich Syrer, die sogenannten Palästiner.[5] Kadytis ist eine ansehnliche Stadt, nicht kleiner als Sardis. Von dort bis zur Stadt Ianysos gehören die Handelsorte an der Küste dem arabischen König; dann folgt wieder syrisches Gebiet von Ianysos bis zum serbonischen See, neben dem sich der kasische Berg bis zum Meer hinzieht. Im serbonischen See, so geht die Sage, liege Typhon[6] begraben. Dort beginnt schon Ägypten. Jene Strecke nun von der Stadt Ianysos bis zu dem kasischen Berg und dem serbonischen See – es ist eine lange, drei Tagereisen weite Strecke – ist wasserlose Wüste.

6. Hier will ich etwas melden, was noch keiner wahrgenommen hat von denen, die nach Ägypten Schiffahrt treiben. Aus ganz Hellas und auch aus Phoinikien werden irdene Krüge voll Wein nach Ägypten eingeführt, zweimal in jedem Jahr, und doch bekommt man dort kaum je einen leeren Weinkrug zu

sehen. Wo bleiben sie denn? könnte man fragen. Auch das will ich berichten. Jeder Ortsvorsteher ist angewiesen, alle Krüge in seinem Ort zu sammeln und nach Memphis zu liefern, die Vorsteher in Memphis hinwieder sie mit Wasser gefüllt in eben jenen wasserlosen Strich von Syrien zu schaffen. Auf diese Weise kommt alles Geschirr, das jährlich nach Ägypten eingeführt und dort geleert wird, nach und nach in Syrien zusammen.

7. Durch diese Maßnahme haben die Perser bald nach der Eroberung des Landes den Weg nach Ägypten hergerichtet, indem sie ihn auf diese Weise reichlich mit Wasser versorgten. Damals aber war noch kein Wasser vorhanden, und Kambyses, unterrichtet durch den Mann von Halikarnaß, sandte Boten zum arabischen König, um ihn um sicheren Durchzug zu bitten. Seine Bitte wurde ihm gewährt, und sie schlossen ein Bündnis miteinander.

8. Solchen Treuebund aber halten die Araber heilig wie nur irgend ein Volk, und schließen ihn auf folgende Art. Wollen zwei sich Treue geloben, so tritt ein dritter Mann zwischen sie in ihre Mitte und macht mit einem scharfen Stein an der Innenseite ihrer Hände am Daumen entlang einen Schnitt in die Haut, darauf zieht er je einen Faden aus ihren Mänteln und bestreicht mit dem Blut sieben Steine, die vor ihnen liegen, unter Anrufung des Dionysos und der Urania. Danach überantwortet der, welcher den Bund stiftet, den Fremden oder, wenn es ein Stammgenosse ist, mit dem er den Bund schließt, den Stammgenossen seinen Freunden zur Treue; denn auch diese halten sich gebunden, den Vertrag zu ehren. Dionysos und Urania sind ihre einzigen Götter, und von ihrer Haarschur behaupten sie, daß sie der des Dionysos gleiche. Sie scheren nämlich ihr Haar rund um den Kopf bis an die Schläfen hinauf.[7] Den Dionysos nennen sie Orotalt, die Urania aber Alilat.

9. Nachdem also der arabische König mit den Boten des Kambyses den Vertrag geschlossen hatte, traf er folgende Anstalten. Er ließ Schläuche von Kamelhäuten mit Wasser füllen und alle seine lebenden Kamele damit beladen; darauf zog er mit

DRITTES BUCH

den Kamelen an die Wüste und erwartete dort das Heer des
Kambyses. So lautet die glaubwürdigere Erzählung; doch muß
ich auch die weniger glaubwürdige berichten, da sie nun einmal vorhanden ist. In Arabien gibt es einen großen Fluß namens
Korys, der in das Rote Meer mündet. Von diesem Fluß aus, so
lautet jene Erzählung, leitete der arabische König, nachdem er
aus Häuten von Rindern und anderen Tieren ein Schlauchrohr
hatte zusammennähen lassen, das bis in jene Wüste reichte,
mittels dieses Rohres das Wasser dorthin. In der Wüste aber
ließ er Gruben ausheben, um das Wasser aufzunehmen und zu
bewahren. Der Weg von dem Fluß bis zur Wüste beträgt zwölf
Tagesreisen, und der König soll das Wasser in drei Röhren zu
drei Stellen geleitet haben!

10. An dem pelusischen Nilarm stand Psammenitos, der
Sohn des Amasis, und erwartete Kambyses. Amasis selber war
nicht mehr am Leben, als er gegen Ägypten zog, sondern er
war gestorben nach einer Regierung von vierundvierzig Jahren.[8] Während dieser Zeit war ihm kein einziges großes Leid
widerfahren. Und als er gestorben und seine Leiche einbalsa-
miert worden war, wurde er im Tempel in dem Grabmal beigesetzt, das er sich selber erbaut hatte. Während der Regierung des Psammenitos aber geschah dem Volk ein großes
Wunderzeichen. Es fiel ein Regen über Theben im Ägyptier-
land, wo es weder vordem jemals geregnet hatte noch nachmals bis auf meine Zeit, wie die Thebaier selber sagen. Denn
im oberen Ägypten fällt überall kein Regen. Damals aber fielen
in Theben Regentropfen.

11. Die Perser lagerten nach ihrem Zuge durch die Wüste
nahe den Ägyptiern und schickten sich zur Schlacht. Da geschah
es, daß die ägyptischen Söldner, hellenische und karische Männer, aus Haß gegen Phanes, der ein fremdes Heer gegen Ägypten geführt hatte, an ihm Rache suchten durch folgende Tat.
Sie brachten die Kinder des Phanes, die er in Ägypten zurückgelassen hatte, ins Lager vor die Augen des Vaters und stellten ein
Mischgefäß zwischen die beiden Heere. Dann führten sie die
Kinder eines nach dem anderen herbei und schlachteten sie

über dem Gefäß, und als sie alle geschlachtet hatten, mischten sie Wein und Wasser hinzu und tranken alle von dem blutigen Trank. Hierauf begannen sie die Schlacht. Und nach heißem Kampfe, als auf beiden Seiten eine Menge Krieger gefallen waren, wandten sich die Ägyptier zur Flucht.

12. Da habe ich eine wundersame Sache gesehen, nachdem mir die Bewohner jener Gegend davon erzählt hatten. Die Gebeine derer nämlich, die in jener Schlacht[9] gefallen sind, liegen auf dem Schlachtfeld noch gesondert aufgeschichtet: hier die der Perser, dort die der Ägyptier, so wie sie damals gleich begraben wurden. Nun sind aber die Schädel der Perser so mürbe, daß man sie durchlöchert, wenn man sie auch nur mit einem kleinen Steinchen trifft, aber die der Ägyptier so hart, daß man sie kaum mit einem Stein zerschlagen kann. Das erklärten die Leute auf folgende Weise und fanden bei mir leicht Glauben. Die Ägyptier, sagten sie, scheren sich von erster Jugend an das Haupthaar, und an der Sonne wird der Schädel fest; und eben darum wird ihnen auch das Haupt nicht kahl; denn nirgends findet man weniger Kahlköpfe als in Ägypten. Dies also ist die Ursache, daß sie harte Schädel haben. Die Perser dagegen haben weiche, weil sie von Jugend an hohe Hüte aus Filz tragen und damit die Köpfe dem Sonnenlicht entziehen. So steht es hiermit. Und Ähnliches sah ich noch in Papremis bei jenen Leichen der Perser, die mit ihrem Führer Achaimenes[10], Sohn des Dareios, im Kampf gegen den Libyer Inaros gefallen sind.

13. Als die Ägypter von dem Schlachtfeld wichen, flohen sie in wirren Haufen und retteten sich hinter die Mauern von Memphis.[11] Da sandte Kambyses den Strom hinauf ein mytilenaiisches Schiff mit einem persischen Herold, um den Ägyptiern Frieden und Vertrag zu bieten. Doch als jene das Schiff zur Stadt heraufkommen sahen, stürmten sie aus der Stadt hervor, zerstörten das Schiff, zerrissen die Männer und trugen die Stücke auf die Burg. Danach wurde die Stadt berannt, bis sie sich endlich ergab. Darüber erschraken die angrenzenden Libyer und fürchteten, daß es ihnen wie den Ägyptiern ergehen könnte,

DRITTES BUCH

unterwarfen sich ohne Kampf, übernahmen die Zinspflicht
und sandten Geschenke. Und ebenso taten es die Kyrenaier
und Barkaier, aus gleicher Furcht wie die Libyer. Die Gaben,
die von den Libyern zugetragen wurden, nahm Kambyses
freundlich an, was aber von den Kyrenaiern kam, verschmähte
er, vermutlich weil es zu gering war, nämlich nur fünfhundert
Minen Silber; er nahm sie und warf sie mit eigener Hand
unter das Heer.

14. Neun Tage waren seit der Einnahme der Burg von Memphis vergangen; da, am zehnten, ließ Kambyses den König der
Ägyptier, Psammenitos – nur sechs Monate hatte sein Königtum gedauert – vor die Stadt hinausführen und ihn hinsetzen
mit anderen Ägyptiern; er wollte durch ein entehrendes Schauspiel seine Standhaftigkeit auf die Probe stellen. Er ließ des
Königs Tochter kleiden wie eine Magd und sandte sie hinaus
mit einem Krug, um Wasser zu holen. Mit ihr schickte er die
Töchter der vornehmsten Ägyptier und ließ auch sie kleiden
wie jene. So zogen die Jungfrauen vor ihren Vätern unter
Weheruf und Weinen einher, und alle Väter, wie sie ihrer
Kinder Elend erblickten, schrien laut auf und weinten mit
ihnen, nur Psammenitos, als er aufblickte und es wahrnahm,
neigte das Haupt zur Erde. Als die Wasserträgerinnen vorüber
waren, schickte Kambyses auch des Königs Sohn mit zweitausend ägyptischen Jünglingen gleichen Alters heraus, alle den
Nacken am Strick, den Mund im Zaum, und ließ sie zum Tode
führen, um mit ihrem Blut für die Mytilenaier zu büßen, die in
Memphis mit ihrem Schiff den Untergang gefunden hatten.
Denn so hatten die königlichen Richter gesprochen: Für jeden
Mann sollten zehn der vornehmsten Ägyptier den Tod erleiden. Als jener aber sie vorüberziehen sah und allen voran
seinen Sohn auf dem Weg zum Tode, und die anderen Ägyptier neben ihm weinten und außer sich waren vor Schmerz, tat
er dasselbe wie vorher bei seiner Tochter. Als auch diese vorübergeführt waren, begab es sich, daß einer seiner Tischgenossen, ein Mann von hohen Jahren, der alle seine Habe verloren
hatte und arm geworden war wie ein Bettler und bei dem

206

Kriegsvolk betteln ging, auch bei Psammenitos und den ägyptischen Männern, die da draußen vor der Stadt um ihn saßen,
vorüberging. Als Psammenitos ihn sah, schrie er auf und weinte,
rief den Namen des Freundes und schlug sich das Haupt.

Es standen aber Wächter dabei, die dem Kambyses berichten mußten, was Psammenitos jedesmal getan hatte. Da verwunderte sich Kambyses, sandte einen Boten und ließ ihn
fragen: »O Psammenitos, es fragt Kambyses, dein Gebieter,
warum du weder deine Stimme erhoben noch Tränen vergossen hast, als du deine Tochter im Elend und deinen Sohn zum
Tode schreiten sahst, hingegen dem Bettler, der doch, wie er
hört, dir gar nicht verwandt ist, solche Ehre erwiesen hast.« So
fragte er, jener aber antwortete: »O Sohn des Kyros, mein
eigenes Leid war zu groß, darum zu klagen, aber des Freundes
Geschick war der Tränen wert, denn verstoßen aus großem
und reichem Besitz ist er in Armut gefallen an der Schwelle des
Alters.« Dem König gefiel diese Rede, Kroisos aber, wie die
Ägyptier erzählen, – denn auch dieser war dem Kambyses
nach Ägypten gefolgt –, weinte, als er sie vernahm, und mit
ihm weinten alle Perser, die zugegen waren. Selbst Kambyses
war gerührt und befahl sogleich, den Sohn am Leben zu lassen,
ihn selber aber zu ihm herzuführen aus der Vorstadt.

15. Den Sohn fanden die Boten nicht mehr am Leben, er
hatte zuerst den Schwertschlag empfangen, den Psammenitos
aber holten sie herbei und stellten ihn vor Kambyses. Und er
blieb fortan bei dem König und erfuhr kein Leid. Hätte er nur
verstanden, sich ruhig zu verhalten, so würde er Ägypten als
Statthalter zurückerhalten haben. Denn die Perser pflegen die
Söhne der Könige stets in Ehren zu halten; selbst wenn die
Könige sich gegen sie empört haben, geben sie gleichwohl den
Söhnen die Herrschaft zurück. Daß sie es so zu halten pflegen,
läßt sich an vielen ermessen, zumal auch an Thannyras, dem
Sohn des Inaros, der die Herrschaft wiedererhielt, die sein
Vater besessen, desgleichen an Pausiris, dem Sohn des Amyr-
taios, der auch seines Vaters Herrschaft zurückbekam. Und
dies, obwohl keiner je den Persern größeres Unheil zugefügt

DRITTES BUCH

hatte als Inaros und Amyrtaios.[12] Weil aber Psammenitos sich gegen Kambyses verschwörte, erhielt er seinen Lohn; denn da es entdeckt wurde, daß er die Ägyptier gegen ihn aufwiegelte, mußte er Stierblut trinken und starb auf der Stelle.[13] Dies war sein Ende.

16. Von Memphis ging Kambyses nach Saïs, wo er etwas zu tun gedachte und auch wirklich tat. Sowie er nämlich eingetreten war in das Haus des Amasis, ließ er die Leiche jenes Königs aus ihrer Grabstätte[14] hervorholen, und als dies geschehen war, sie geißeln, die Haare ausraufen, sie durchstechen und auf alle Art mißhandeln.[15] Als man sie bis zur Ermüdung geschlagen hatte und der einbalsamierte Leichnam trotzdem nicht zerfiel, befahl Kambyses, sie zu verbrennen, obgleich dies nicht erlaubt war. Denn bei den Persern gilt das Feuer als ein Gott. Leichen zu verbrennen, ist bei beiden Völkern durchaus nicht Brauch, bei den Persern aus dem besagten Grunde, weil sie es für ungebührlich halten, einem Gott einen toten Menschen darzubieten; bei den Ägyptiern dagegen wird das Feuer angesehen als ein beseeltes Tier, das alles frißt, was es ergreift und, wenn es gesättigt ist, zugleich mit seiner Speise erstirbt. Tieren aber dürfen sie den Toten nicht hingeben, und eben darum balsamieren sie ihn ein, damit er nicht im Grab von den Würmern verzehrt werde. So war das, was Kambyses gebot, wider beider Völker Brauch. Zwar behaupten die Ägyptier, nicht Amasis sei verbrannt worden, sondern ein anderer Mann aus ihrem Volke, der an Leibesgestalt dem Amasis geglichen hätte; diesen hätten die Perser mißhandelt und gemeint, sie mißhandelten Amasis. Denn Amasis sei schon durch ein Orakel unterrichtet gewesen von dem, was ihm nach seinem Tode widerfahren sollte, und habe, um das drohende Unheil abzuwenden, jenen Menschen, der die Geißelung erlitt, nach seinem Tod in seiner Grabkammer nahe dem Eingang beisetzen lassen, seinen eigenen Leichnam aber dem Sohne aufgetragen, ganz hinten in der Kammer beizusetzen. Ich meine aber, daß solches Amasis wegen seiner Bestattung und wegen jenes Menschen niemals angeordnet hat, sondern dies nur eitles Prahlen der Ägyptier ist.

THALEIA

17. Danach plante Kambyses drei Kriegszüge gegen die Karchedonier, gegen die Ammonier und gegen die langlebigen Aithiopen[16], die auch in Libyen wohnen, aber an dem Südmeer. Gegen die Karchedonier beschloß er, die Flotte auszusenden, gegen die Ammonier einen Teil des Fußvolkes, aber zu den Aithiopen zunächst einmal Kundschafter, um den Sonnentisch[17], der sich im Land dieser Aithiopen befinden sollte, zu erkunden, ob es ihn dort in Wahrheit gäbe, und dabei auch alles übrige auszuforschen unter dem Vorwand, ihrem König Geschenke zu bringen.

18. Mit dem Sonnenstich soll es diese Bewandtnis haben. Nahe vor der Stadt soll eine Wiese liegen, bedeckt mit gekochtem Fleisch von vierfüßigen Tieren aller Art, das dort allnächtlich von den jeweils amtierenden Regierungsbeamten des Volkes in aller Stille niedergelegt wird, und am Tage tritt hinzu, wen es gelüstet, und ißt davon. Die Einwohner aber sollen behaupten, daß die Erde selber das Fleisch während der Nacht hervorbringe. Das sei der sogenannte Sonnentisch.

19. Als Kambyses sich entschlossen hatte, die Späher zu senden, schickte er Männer aus der Stadt Elephantine aus dem Stamm der Ichthyophagen (›Fischesser‹)[18], die die aithiopische Sprache verstehen. In der Zwischenzeit, bis diese kamen, gebot er der Kriegsflotte, gegen Karchedon auszufahren. Dagegen weigerten sich aber die Phoiniken; denn schwere Eide bänden sie, und es würde ihnen ein Frevel sein, ihre eigenen Kinder[19] zu bekriegen. Da nun die Phoiniken nicht wollten, waren die übrigen nicht stark genug, und so entgingen die Karchedonier der Knechtschaft. Denn Gewalt wollte Kambyses den Phoiniken nicht antun, erstens, weil sie sich aus freien Stücken den Persern unterworfen hatten, und ferner, weil auf ihnen seine ganze Seemacht beruhte. Außer ihnen hatten sich auch die Kyprier den Persern ergeben und an dem Kriegszug gegen Ägypten teilgenommen.

20. Als die Ichthyophagen aus Elephantine vor Kambyses erschienen, sandte er sie zu den Aithiopen und trug ihnen auf, was sie sagen sollten, und ließ sie Geschenke mitnehmen, ein

209

DRITTES BUCH

purpurnes Gewand, eine goldene Halskette und Armringe von Gold, ein alabasternes Gefäß mit Myrrhen und einen Krug voll Dattelwein.

Diese Aithiopen, zu denen Kambyses die Boten entsandte, sollen die größten und schönsten von allen Menschen sein. Man erzählt, daß sie in vielen Bräuchen von den übrigen Menschen abweichen, zumal auch hinsichtlich der Königswürde. Denn nur denjenigen Mann unter ihnen, der sich als der größte und stärkste erweist, halten sie für würdig, ihr König zu sein.

21. Als nun die Ichthyophagen dort anlangten, reichten sie dem König die Geschenke dar und sprachen dabei folgendermaßen: »Kambyses, der König der Perser, begehrt deine Freundschaft und dein Gastrecht und hat uns deshalb hergesendet, um mit dir zu reden, und bietet dir diese Dinge zum Geschenk, an denen er selber großen Gefallen hat.« Aber der Aithiope merkte wohl, daß sie als Späher gekommen waren, und sprach zu ihnen: »Weder darum hat euch der Perserkönig mit Geschenken zu mir gesendet, weil er ernstlich begehrte, mein Gastfreund zu werden, noch sagt ihr die Wahrheit, denn gekommen seid ihr, mein Land zu erspähen, noch ist jener ein gerechter Mann. Denn wäre er gerecht, so begehrte er nicht eines anderen Land außer dem seinigen, noch ein Volk in Knechtschaft zu bringen, das ihm kein Leid zugefügt hat. Nun aber gebt ihm diesen Bogen und kündet ihm diese Worte: ›Der König der Aithiopen rät dem König der Perser, daß er gegen die langlebigen Aithiopen nicht eher ausziehen solle, und zwar mit Überzahl, als bis die Perser Bogen von dieser Größe mit so leichter Mühe zu spannen vermögen wie wir; inzwischen aber soll er den Göttern dankbar sein, daß sie den Kindern der Aithiopen nicht in den Sinn geben, zu ihrem eigenen Lande noch fremdes zu gewinnen.‹«

22. Sprach's, löste seinen Bogen und gab ihn den Boten. Darauf nahm er das Purpurgewand und fragte, was das wäre und wie es gefertigt worden. Als die Ichthyophagen ihm von dem Purpur und der Färbung die Wahrheit sagten, da rief er:

THALEIA

»Trügerisch sind diese Menschen, trügerisch ihre Gewänder.« Ferner befragte er sie um den Goldschmuck, die Halskette und die Armringe, und da die Ichthyophagen ihm erzählten, wie sie gefertigt wären, so lachte er, denn er hatte sie für Fesseln angesehen, und sagte, bei ihm im Lande hätte man stärkere Fesseln. Zum dritten fragte er nach den Myrrhen, und nachdem sie ihm auch davon die Art der Bereitung und der Salbung beschrieben, urteilte er darüber ebenso, wie er über das Gewand geurteilt hatte. Als er aber zu dem Wein kam und seine Bereitung erfuhr und ihm das Getränk über die Maßen gefiel, fragte er, was ihr König esse, und welches wohl das höchste Alter sei, das ein Perser erreiche. Jene erwiderten, er äße Brot, und beschrieben, wie der Weizen angebaut wird, achtzig Jahre aber seien das höchste Lebensziel, das ein Mann erreichen könne. Da sagte der König, nun wundere es ihn auch gar nicht mehr, daß sie nur so wenige Jahre lebten, da sie ja Kot äßen; ja sie würden ihr Leben überhaupt nur deshalb so lange fristen, weil sie sich an dem Getränk (er meinte den Wein) erholten. In diesem Stück allein hätten die Perser etwas vor ihnen voraus.

23. Nun richteten die Ichthyophagen ihrerseits Fragen an den König über die Lebensdauer und Lebensweise der Aithiopen und erfuhren, daß die meisten es bis auf hundertzwanzig Jahre brächten, manche auch noch höher, daß gekochtes Fleisch ihre Speise sei und Milch ihr Getränk. Und als die Kundschafter über die Zahl der Jahre erstaunten, führte man sie zu einer Quelle, und als sie sich mit ihrem Wasser wuschen, wurde ihre Haut glänzender, gleichsam wie von Öl, und ein Duft ging von der Quelle aus wie von Veilchen. Von diesem Wasser berichteten die Kundschafter, daß es so leicht wäre, daß nichts darauf schwimmen könne, weder Holz, noch was leichter ist als Holz, sondern alles auf den Grund sinke. Sind diese Berichte wahr, so mögen jene Leute wohl darum so lange leben, weil sie dies Wasser[20] zu allem gebrauchen. Von der Quelle führte man sie in ein Gefängnis; da lagen alle Gefangenen in goldenen Fesseln. Denn Erz ist bei diesen Aithiopen das allerseltenste und kostbarste Metall. Und nachdem sie das

DRITTES BUCH

Gefängnis beschaut hatten, beschauten sie auch den sogenannten Sonnentisch.

24. Zuletzt besahen sie die Totenladen. Diese sollen aus Alabaster gefertigt sein, und zwar auf folgende Weise. Erst trocknen sie den Leichnam aus, sei es auf die ägyptische oder auf eine andere Weise, dann überziehen sie ihn mit Gips und bemalen ihn auf allen Seiten, damit die Gestalt so ähnlich wie möglich wird. Danach stellen sie eine hohle Säule darüber, die aus Alabaster gearbeitet ist. Alabaster wird nämlich dort in Menge gegraben und ist leicht zu bearbeiten. Durch die Säule, die ihn umfängt, bleibt der Tote sichtbar und verursacht keinen leidigen Geruch noch sonst irgend ein Ungemach, und zeigt alle Teile des Körpers gleich dem Verstorbenen. Diese Säulen behalten die Nächstverwandten ein Jahr lang in ihrem Hause, und während dieser Zeit geben sie dem Toten von jeder Mahlzeit etwas ab und bringen ihm Opfer dar; nachher aber schaffen sie ihn hinaus vor die Stadt und stellen ihn dort irgendwo auf.

25. Nachdem die Kundschafter alles gesehen hatten, kehrten sie heim und meldeten es dem König. Da entbrannte er in heftigem Zorn und brach sogleich mit seinem Heer auf, ohne für die Verpflegung Sorge zu tragen. Auch bedachte er nicht, daß er einen Zug an die äußersten Grenzen der Erde beginne, sondern rasend wie er war und völlig von Sinnen trat er auf die Nachricht der Ichthyophagen ohne Säumen den Kriegszug an mit all seinem Fußvolk, soviel er gerade zur Verfügung hatte; nur die Hellenen ließ er in Ägypten zurückbleiben.

Als er aber nach Theben kam, sonderte er aus dem Heer etwa fünfzigtausend aus, denen er auftrug, die Ammonier zu unterwerfen und als Sklaven zu verkaufen und das Orakel des Zeus zu verbrennen. Er selber zog mit dem übrigen Heer weiter gegen die Aithiopen. Aber noch hatte das Heer nicht den fünften Teil des Weges zurückgelegt, als schon alle Arten von Lebensmitteln, die es bei sich führte, verzehrt waren. Danach aßen sie die Zugtiere, bis es auch an diesen mangelte. Hätte nun Kambyses, als er dies wahrnahm, seinen Sinn geän-

212

dert und sein Heer zurückgeführt, so wäre er trotz dem anfänglich begangenen Fehler ein kluger Mann gewesen. Aber er kümmerte sich nicht darum, sondern zog immer weiter vorwärts. Solange die Leute noch etwas Grünes auf dem Felde fanden, fristeten sie damit das Leben; als sie aber in die Wüste kamen, verfielen sie auf einen furchtbaren Ausweg: Sie erlosten aus ihrer Reihe je einen von zehn und aßen ihn auf. Als Kambyses dies vernahm, geriet er in Furcht, sie möchten alle einander aufessen. Jetzt endlich gab er den Zug gegen die Aithiopen auf, kehrte um und kam wieder nach Theben, nachdem er einen großen Teil seines Heeres eingebüßt hatte; von Theben aber ging er hinab nach Memphis. Von dort entließ er die Hellenen nach Hause.

26. Solchen Ausgang nahm der Zug gegen die Aithiopen. Was aber die anlangt, die gegen die Ammonier ausgesandt waren und von Theben aus mit Wegführern dorthin aufbrachen, so weiß man nur, daß sie Oasis[21] erreicht haben, eine Stadt, die von Samiern bewohnt wird, von denen man sagt, daß sie aus der Phyle Aischrionie stammen. Die Stadt erreicht man von Theben in siebentägiger Wanderung durch lauter Sand. Die Gegend dort heißt in unserer Sprache ›Insel der Seligen‹. Bis dorthin soll das Heer gekommen sein; von da weiter weiß kein Mensch etwas von ihnen zu berichten, außer allein die Ammonier und die es von diesen gehört haben; denn sie sind weder zu den Ammoniern gekommen, noch sind sie heimgekehrt. Aber auch die Ammonier wissen nur folgendes zu berichten: Als das Heer von jener Stadt Oasis aus durch die Sandwüste gegen sie vorrückte und etwa bis zur Hälfte des Weges gekommen sei, hätte sich zu der Zeit, da sie das Frühmahl nahmen, der Südwind mit unmäßiger Heftigkeit erhoben und sie unter den Sanddünen, die er vor sich hertrieb, begraben und so sei das Heer verschwunden. Solches erzählen die Ammonier von diesem Heer.

27. Als Kambyses in Memphis angekommen war, erschien den Ägyptern der Apis, den die Hellenen Epaphos nennen. Und kaum war er erschienen, so legte das Volk seine schönsten

DRITTES BUCH

Gewänder an, und alles war voll von festlichem Jubel. Als Kambyses sie so jubeln sah, argwöhnte er, daß es ein Freudenfest sei über das Ungemach, das ihm widerfahren war, und ließ die Obersten der Stadt Memphis rufen. Als diese vor ihn traten, fragte er sie, warum das Volk während seines früheren Aufenthaltes in Memphis nichts dergleichen getan, sondern erst jetzt bei seiner Rückkehr und nachdem er einen ansehnlichen Teil seines Heeres eingebüßt hatte. Da erzählten sie ihm, daß ihnen ein Gott erschienen sei, der nur nach Verlauf einer langen Zeit zu erscheinen pflegte; und wenn dies geschähe, so wären die Ägyptier voller Freude und hielten Festtage. Aber als der König dies hörte, schalt er sie Lügner und strafte sie darum mit dem Tode.

28. Nun ließ er die Priester zu sich rufen; aber auch diese sagten dasselbe. Da rief er, daß er sich selbst davon überzeugen wolle, ob dem ägyptischen Volk ein zahmer Gott erschienen sei, und befahl den Priestern, den Apis herbeizuführen. Und jene gingen, ihn zu holen. Der Apis oder Epaphos muß aber von einer Kuh stammen, die nach der Zeit niemals wieder trächtig werden darf. Die Ägyptier sagen, daß ein Strahl vom Himmel niederfahre auf die Kuh und daß sie davon den Apis empfange und gebäre. Dies Kalb oder der Apis hat folgende Kennzeichen. Schwarz von Farbe trägt er auf der Stirn einen dreieckigen weißen Fleck, auf dem Rücken das Bild eines Adlers, im Schweif doppelte Haare, unter der Zunge das Bild eines Käfers.

29. Als nun die Priester den Apis herbeibrachten, zog Kambyses in seiner wütigen Art den Dolch, um ihn dem Apis in den Bauch zu stoßen, traf aber nur die Hüfte. Da lachte er und rief den Priestern zu: »O ihr elenden Wichte, sind Götter so geartet, daß sie Blut und Fleisch haben und das Eisen fühlen? Wahrlich, solcher Gott ist dieses Volkes würdig. Doch ihr sollt mich nicht umsonst verhöhnt haben.« Sprach's und befahl denen, die dazu bestellt waren, die Priester weidlich zu mißhandeln und jeden Ägypter zu töten, den sie bei der Festfeier anträfen. Da war das Fest zu Ende; die Priester erlitten ihre

214

THALEIA

Strafe, der Apis aber, dem die Hüfte getroffen war, verendete an
der Wunde im Heiligtum, wohin man ihn gelegt hatte, und die
Priester setzten ihn bei, ohne daß es Kambyses erfuhr.

30. Wie die Ägypter erzählen, verfiel der König um dieses
Frevels willen von dieser Stunde an in Raserei; er war aber auch
schon vorher nicht ganz bei Verstand. Sein erstes war, daß er
Smerdis, seinen Bruder, desselben Vaters und derselben Mutter
Sohn wie er, erwürgen ließ. Er hatte ihn aus Ägypten nach
Persien fortgeschickt aus Eifersucht, weil dieser als einziger den
Bogen des Aithiopen, den die Ichthyophagen mitgebracht hatten, etwa zwei Finger breit zu spannen vermochte, was keinem
der anderen Perser gelang. Als Smerdis nach Persien abgereist
war, hatte Kambyses in einer Nacht ein Traumgesicht, und es
träumte ihm, ein Bote käme aus Persien und meldete, daß
Smerdis auf dem Königsthron sitze und mit dem Haupt den
Himmel berühre. Darüber erschrak er und fürchtete, sein Bruder könnte ihn töten und an seiner Statt König werden, und
schickte einen Mann, dem er unter allen Persern am meisten
vertraute, den Prexaspes, nach Persien, um jenen zu töten.
Dieser ging hinauf nach Susa und tötete Smerdis, wie die einen
sagen, bei einer Jagd, zu der er ihn hinausgelockt habe, während andere berichten, daß er ihn aufs Rote Meer hinausgeführt und darin ersäuft habe.[22]

31. Dies war die erste Untat des rasenden Kambyses gewesen. Zum andern aber brachte er seine Schwester um, die ihm
nach Ägypten gefolgt war und die er zur Gattin genommen
hatte, obwohl sie seine rechte Schwester war. Mit dieser Heirat
aber hatte es folgende Bewandtnis. Die eigenen Schwestern zu
ehelichen, war damals bei den Persern noch nicht Brauch. Da
er nun zu einer seiner Schwestern[23] in Liebe entbrannte und sie
entgegen allem Herkommen ehelichen wollte, ließ er die
königlichen Richter rufen und stellte ihnen die Frage, ob irgend
ein Gesetz es guthieße, daß einer seine Schwester zur Frau
nehme. Diese königlichen Richter sind auserwählte Männer
aus dem Volk der Perser und bekleiden ihr Amt bis an ihren
Tod oder bis an ihnen ein Unrecht gefunden wird. Sie richten

DRITTES BUCH

über die Klagen der Perser und legen ihnen die väterlichen Gesetze aus, und von ihrem Urteil hängt alles ab. Diese gaben auf des Königs Frage ein Urteil, das zugleich recht war und gefahrlos, daß sie nämlich kein Gesetz fänden, das guthieße, wenn ein Bruder seine Schwester heiratete; aber ein anderes Gesetz hätten sie gefunden, das dem König der Perser die Freiheit gebe, zu tun, was er wolle. So hoben sie einerseits aus Furcht vor Kambyses das Gesetz nicht auf; um aber nicht durch Hartnäckigkeit ihr Leben aufs Spiel zu setzen, fanden Sie ein anderes Gesetz heraus, das der Geschwisterehe günstiger war. So heiratete Kambyses die Geliebte[24], und nicht lange, so nahm er noch eine zweite Schwester zur Frau. Von diesen beiden brachte er die jüngere, die ihn nach Ägypten begleitet hatte, um.

32. Von ihrem Tode gibt es, wie von dem des Smerdis, zwei verschiedene Geschichten. Nach hellenischer Erzählung ließ Kambyses einst einen jungen Löwen mit einem jungen Hund kämpfen. Unter den Zuschauern dieses Kampfes befand sich auch die Königin. Da nun das Hündlein unterlag, riß sich ein anderes Hündlein, sein Bruder, von der Kette los und sprang ihm bei, und da ihrer nun zwei waren, gelang es ihnen, das Löwenjunge zu überwältigen. Das gefiel dem König, aber jene, die neben ihm saß, fing an zu weinen. Kambyses bemerkte es und fragte, weshalb sie weinte. Sie antwortete, weil sie gesehen habe, wie das Hündlein seinem Bruder zu Hilfe gekommen sei; da habe sie an Smerdis gedacht und gemerkt, daß nun keiner mehr lebte, der ihn rächen könnte. Um dieses Wortes willen wurde sie von Kambyses umgebracht. So erzählen die Hellenen, hingegen die Ägypter folgendermaßen. Einst bei der Tafel habe sie einen Lattich genommen und abgeblättert und darauf ihren Mann gefragt, was schöner sei, der abgeblätterte Lattich oder der volle, und als er antwortete, der volle, habe sie ausgerufen: »Und doch hast du einst getan, wie ich mit diesem Lattich, als du des Kyros Haus entblößtest.« Da ergrimmte er und trat die Schwangere mit Füßen, so daß sie eine Fehlgeburt bekam und starb.

THALEIA

33. So wütete Kambyses gegen seine Nächsten, sei es, daß dies Rasen eine Folge seines Frevels am Apis war, oder eine andere Ursache hatte, wie ja vielerlei Krankheiten den Menschen heimsuchen. Schon von Geburt an soll er mit einem schweren Leiden behaftet gewesen sein, mit der heiligen Krankheit[25], wie sie etliche nennen. So war es denn auch gar nicht zu verwundern, daß bei einem so großem Gebrechen des Leibes auch die Seele nicht gesund geblieben war.

34. Aber auch die anderen Perser blieben von seiner Raserei nicht verschont. So erzählt man Folgendes von Prexaspes, einem Mann, den er in hohen Ehren hielt, der ihm die Botschaften hineintrug und dessen Sohn ihm den Wein einschenkte, was auch ein hohes Amt ist. Zu diesem sprach er eines Tages: »Sage mir doch, Prexaspes, was die Perser von mir halten, was sie von mir reden?« Jener erwiderte: »O Herr, in allen Stücken wirst du von ihnen ja hoch gepriesen, nur dem Wein, sagen sie, seiest du zu sehr ergeben.« Solches berichtete er ihm von den Persern. Aber jener fuhr heftig auf und rief: »Ei, lassen mich jetzt die Perser den Wein lieben, töricht und von Sinnen sein? So haben sie also früher gelogen!« Nämlich früher einmal, als er zu Rate saß mit gewissen Persern und auch mit Kroisos, richtete er die Frage an sie, was für ein Mann er ihnen zu sein schiene verglichen mit Kyros, seinem Vater. Da erwiderten sie: Er sei größer als sein Vater, denn er besitze alles, was jener besessen habe und habe dazu noch Ägypten und das Meer gewonnen. Aber bei diesem Urteil ließ es Kroisos, der auch zugegen war, nicht bewenden, sondern sagte: »O Sohn des Kyros, ich finde vielmehr, daß du deinem Vater nicht gleichkommst; denn du hast noch keinen solchen Sohn, wie jener ihn in dir hinterlassen hat.« Das gefiel dem Kambyses und er lobte das Urteil des Kroisos.

35. Daran dachte er jetzt und sprach im Zorn zu Prexaspes: »So erfahre denn, ob wahr ist, was die Perser von mir reden, oder ob sie selber mit solchen Reden nur ihre eigene Torheit beweisen. Sieh, dort steht dein Sohn in der Vorhalle; trifft ihn mein Schuß mitten ins Herz, so wirst du inne werden, daß die

DRITTES BUCH

Perser Unrecht haben; verfehle ich ihn aber, so magst du behaupten, daß die Perser Recht haben und ich von Sinnen sei.« Sprach's, spannte den Bogen und traf den Knaben, und als er zusammenbrach, ließ er ihn aufschneiden und die Wunde prüfen. Als nun die Pfeilspitze im Herzen gefunden wurde, lachte er und rief voll Freude dem Vater des Knaben zu: »Da siehst du doch, Prexaspes, daß nicht ich rase, sondern daß die Perser von Sinnen sind. Nun sage mir, hast du je einen so sicheren Schützen gesehen?« Prexaspes aber, der merkte, daß der Mann nicht bei Verstande war, und für sein eigenes Leben zitterte, antwortete ihm: »O Herr, ich glaube, sogar der Gott[26] selber würde so gut nicht treffen.« Bei einer anderen Gelegenheit ließ er zwölf der vornehmsten Perser ohne irgendeinen erheblichen Grund ergreifen und mit dem Kopf nach unten in der Erde vergraben.

36. Als nun Kroisos dieses Treiben bemerkte, meinte er, daß er ihn ermahnen müsse, und redete zu ihm: »O König, wolle nicht in allem deiner Jugend und deinem Herzen willfahren, sondern mäßige dich, gebiete dir Einhalt. Der Weise gedenkt auch der Zukunft, und wer klug ist, der handelt mit Vorbedacht. Du aber tötest deine Landesgenossen, ohne daß du eine Schuld an ihnen findest, und tötest selbst Kinder. Wenn du damit fortfährst, so hüte dich, daß die Perser dir nicht abtrünnig werden. Mir aber hat einst Kyros, dein Vater, ernstlich befohlen und aufgetragen, dich zu ermahnen und dir zu raten, was ich für gut befände.« So riet ihm Kroisos und meinte es gut; jener aber versetzte: »Wie, du wagst auch mir zu raten? Hast du dein eigenes Reich so wohl regiert? Hast du meinem Vater gut geraten, als du ihm sagtest, er solle über den Araxes ins Massagetenland ziehen, während jene in unser Land herüberkommen wollten? Wie dich selbst, indem du deinem Vaterland schlecht vorgestanden bist, hast du als Ratgeber Kyros zugrunde gerichtet. Doch, bei Gott, du sollst es büßen! Längst schon suchte ich eine Sache an dir zu finden.« Sprach's und faßte den Bogen, um ihn niederzuschießen, aber Kroisos sprang auf und lief hinaus. Da ihn der König nun nicht erschießen konnte, ließ er die

Diener ihn greifen und töten. Doch jene, die seine Art schon
kannten, versteckten den Kroisos und dachten, wenn es den
König gereute und er wieder nach Kroisos fragte, so wollten sie
ihn hervorholen und erhofften sich einen Lohn für seine Erhaltung; wenn er es aber nicht bereute, noch seiner begehrte, so
wollten sie ihn umbringen. Und es währte nicht lange, so
verlangte ihn später nach Kroisos, und die Diener, als sie es
merkten, meldeten ihm, daß Kroisos noch am Leben sei. Da
rief Kambyses, auch er freue sich, daß Kroisos noch lebe, aber
daß sie ihm das Leben erhalten hätten, würde er ihnen nicht
ungestraft hingehen lassen, sondern ihnen den Kopf kosten,
und ließ sie hinrichten.

37. Solche Raserei übte er vielfach an den Persern wie an den
Bundesgenossen, und in Memphis, wo er verweilte, ließ er alte
Grabmäler öffnen und beschaute die Toten.[27] So kam er unter
anderm auch in den Tempel des Hephaistos, und trieb seinen
Spott mit dem Bild dieses Gottes. Dieses hat nämlich eine ganz
ähnliche Gestalt wie die phoinikischen Pataïkosfiguren[28], die
die Phoiniken vorn am Bug ihrer Trieren zu führen pflegen.
Wer diese nicht gesehen hat, dem will ich nur sagen, daß sie
einen Pygmaien darstellen. Auch in den Tempel der Kabeiren
ging er, den sonst niemand betreten darf außer dem Priester,
und verhöhnte ihre Bilder nicht bloß, sondern ließ sie auch
verbrennen. Diese sind auch den Bildern des Hephaistos ähnlich, für dessen Söhne man die Kabeiren hält.

38. Darum glaube ich, daß Kambyses mit schwerem Wahnsinn behaftet war. Sonst hätte er sich wohl nicht unterstanden,
mit Heiligtümern und herkömmlichen Bräuchen seinen Spott
zu treiben. Denn ich meine, wenn man alle Völker aufriefe, sie
sollten sich aus allen Gesetzen, die sich fänden, die besten
auswählen, so würde jedes nach erfolgter Prüfung die seinigen
allen anderen vorziehen, so sehr hält jedes Volk seine eigenen
Gesetze für die besten. Darum kann man nicht annehmen, daß
jemand solche Dinge zum Gespött machen sollte, er sei denn
ein Wahnsinniger. Daß es alle Menschen so halten mit ihren
Bräuchen, läßt sich zumal aus Folgendem erkennen. König

DRITTES BUCH

Dareios ließ einstens Hellenen, die sich an seinem Hofe aufhielten, vor sich rufen und fragte sie, um welchen Preis sie sich dazu verstehen würden, die Leichen ihrer Eltern zu verzehren? Sie erklärten, das würden sie um keinen Preis tun. Darauf ließ Dareios Indier kommen aus dem Stamm der Kallatier[29], die ihre Eltern zu essen pflegen, und fragte sie in Gegenwart der Hellenen, denen ein Dolmetscher übersetzte, was gesprochen wurde, um welchen Geldpreis sie bereit sein würden, die Leichen ihrer Eltern zu verbrennen? Da schrien sie laut auf und riefen, er solle nicht so gottlos reden. So hat hierin jeder seine eigene Weise, und mir scheint, als habe Pindar in seinem Lied Recht, wenn er die Sitte einen König über alle nennt.

39. Zu der Zeit, als Kambyses nach Ägypten zog, machten auch die Lakedaimonier einen Heereszug nach Samos gegen Polykrates, den Sohn des Aiakes. Dieser hatte sich erhoben und zum Herrn über Samos gemacht[30] und anfänglich über die Stadt, die er in drei Teile geteilt hatte, gemeinsam mit seinen Brüdern Pantagnotos und Syloson geherrscht. Nach dieser Zeit hatte er den einen getötet, Syloson aber, den jüngeren, verjagt, und war Herr über ganz Samos geworden. Hierauf hatte er mit Amasis, dem König von Ägypten, Gastfreundschaft geschlossen, indem er ihm Geschenke sandte und andere von ihm erhielt. Bald dehnte sich die Macht des Polykrates weiter aus, und sein Ruf verbreitete sich durch Ionien und ganz Hellas. Denn wohin er auch auszog zum Krieg, überall war das Glück mit ihm. Und er hatte eine Flotte von hundert Fünzigruderern und ein Heer von tausend Bogenschützen. Er raubte und plünderte alle Welt und verschonte niemanden. Denn größeren Dank, sagte er, wisse ihm der Freund, wenn er ihm das Seine wiedererstatte, als wenn er ihm überhaupt nichts nähme. Viele Inseln hatte er unter seine Herrschaft gebracht und viele Städte auf dem Festland. Selbst die Lesbier, die mit ganzer Macht gegen ihn zogen, um den Milesiern zu helfen, überwand er im Seekampf und nahm sie gefangen, und in ihrer Gefangenschaft mußten sie den ganzen Graben ziehen, der um die Mauern von Samos läuft.

THALEIA

40. So großes Glück blieb seinem Gastfreund Amasis nicht verborgen und machte ihn besorgt. Als aber sein Glück immer weiter andauerte, schrieb er ihm folgenden Brief und sandte ihn nach Samos:

»So spricht Amasis zu Polykrates. Schön ist es, zu vernehmen, daß es dem Freund und Gastgenossen wohl ergeht. Mir aber mag dein großes Glück nicht gefallen, denn ich weiß, daß die Gottheit voll Eifersucht ist. Lieber ist mir, wenn nur ein Teil dessen, was ich beginne, mir oder dem, welchem ich wohl will, gelingt, ein anderer aber fehlschlägt, und ich in solchem Wechsel von Glück und Mißgeschick meine Tage hinbringe, als daß mir alles wohl gelinge. Denn noch habe ich von keinem gehört, dem alles wohlgelang und der nicht am Ende doch ein übles Ende nahm und ganz und gar zugrunde ging. So folge nun meinem Rat und sieh dich vor gegen die Gunst des Glücks, indem du folgendes tust. Sinne nach, was dir das teuerste ist, um dessen Verlust deine Seele am meisten sich betrüben würde, und hast du es gefunden, so wirf es fort so weit, daß es nimmer wieder in Menschenhand gelange. Und wenn auch dann noch nicht zu deinem Glück abwechselnd auch Mißgeschick dich trifft, so hilf dir zum zweitenmal mit dem, was ich dir hier geraten habe.«

41. Als Polykrates diesen Brief gelesen hatte, erkannte er, wie gut ihm Amasis rate, und überdachte, was unter seinen Schätzen ihm am meisten leid tun würde, wenn er es verlöre. Da verfiel er auf den Ring, den er trug. Es war ein goldener Siegelring mit einem Smaragd, ein Werk des Samiers Theodoros, des Sohnes des Telekles. Diesen Ring beschloß er, fortzuwerfen, und ließ dazu ein Fünfzigruderschiff bemannen, bestieg es und fuhr hinaus aufs Meer; in weiter Ferne von der Insel zog er den Ring vor aller Augen vom Finger und warf ihn in die See. Danach kehrte er heimwärts, begab sich in sein Haus und trauerte um den Verlust.

42. Am fünften oder sechsten Tage begab es sich, daß ein Fischer einen großen prächtigen Fisch fing, den er für wert hielt, dem Polykrates als Gabe darzubringen, und ging damit

221

DRITTES BUCH

zum Tor des Palastes und verlangte, vor Polykrates geführt zu werden. Das geschah, und er überreichte ihm den Fisch, indem er sagte: »O König, diesen Fisch, den ich gefangen habe, hielt ich für zu gut, um ihn auf den Markt zu bringen, obwohl ich von meiner Hände Arbeit leben muß, sondern meinte, nur dir stünde er zu und deiner Fürstenmacht; so bringe ich ihn dir zum Geschenk.« Jener freute sich über diese Worte und erwiderte: »Daran hast du gut getan, und ich bin dir zweifach dankbar, für deine Worte wie für deine Gabe, und ich lade dich bei mir zu Gast.« Das war dem Fischer eine große Ehre, und er kehrte heim. Als aber die Diener den Fisch zurichteten, fanden sie in seinem Bauch den Siegelring ihres Herren. Sie nahmen ihn eilends und trugen ihn voll Freude zu ihm und erzählten, wie sie ihn gefunden hätten. Er aber erkannte in der Sache eine göttliche Fügung, schrieb alles, was, er getan und was ihm begegnet war, in einen Brief und sandte ihn nach Ägypten.

43. Als Amasis den Brief gelesen hatte, erkannte er, daß niemals ein Mensch den anderen aus dem drohenden Unheil zu erretten vermöge und daß Polykrates, dem alles glücke, der sogar wiederfinde, was er von sich werfe, kein gutes Ende haben könne. So schickte er einen Boten nach Samos und sagte ihm das Gastrecht auf, damit er nicht um Polykrates wie um einen Freund trauern müsse, wenn dereinst ein schweres Unheil über ihn hereinbräche.

44. Gegen diesen Polykrates machten die Lakedaimonier, als er noch in seinem vollen Glück stand, einen Kriegszug. Ein Teil der Samier, die später auf Kreta Kydonia besiedelten, hatte sie zu Hilfe gerufen. Polykrates nämlich hatte ohne Wissen der Samier zu Kyros' Sohn Kambyses, der damals ein Heer gegen Ägypten sammelte, einen Boten geschickt und ihn bitten lassen, er möchte doch auch zu ihm nach Samos senden und Kriegsvolk fordern. Als Kambyses dies hörte, schickte er mit Freuden nach Samos und ließ Polykrates bitten, ihm eine Flotte mitzusenden gegen Ägypten. Da wählte Polykrates diejenigen von den Bürgern aus, die ihm am meisten aufrührerischer Pläne verdächtig schienen, und entsandte sie auf vierzig Trie-

222

THALEIA

ren[31] zu Kambyses und ließ ihm sagen, er solle sie nicht wieder heimkehren lassen.

45. Nun erzählen die einen, diese von Polykrates ausgesandten Samier seien gar nicht nach Ägypten gelangt, sondern während der Fahrt in der Nähe der Insel Karpathos[32] mit sich zu Rate gegangen und einig geworden, die Fahrt nicht weiter fortzusetzen; nach anderen Berichten aber seien sie zwar nach Ägypten gekommen, von dort aber, da man sie in Gewahrsam hielt, entwichen. Jedenfalls sind sie nach Samos heimgekehrt und Polykrates fuhr ihnen mit einer Flotte entgegen und lieferte ihnen eine Schlacht. In dieser siegten die Heimkehrenden und landeten auf den Inseln; weil sie dort aber in einer Feldschlacht unterlagen, fuhren sie nach Lakedaimon. Etliche berichten, die aus Ägypten Heimkehrenden hätten den Polykrates besiegt; doch das kann nach meinem Urteil nicht richtig sein. Denn wenn sie selber stark genug waren, den Polykrates zu besiegen, hätten sie nicht die Hilfe der Lakedaimonier anzurufen brauchen. Überdies ist es auch nicht wahrscheinlich, daß ein Mann, der über eine große Menge Söldner und einheimischer Bogenschützen verfügte, dem Häuflein der zurückkehrenden Samier unterlegen sein sollte. Und um sich der übrigen Samier zu versichern, hatte Polykrates deren Kinder und Weiber in die Schiffshäuser eingesperrt, die er in Brand zu stecken entschlossen war, wenn die Männer zu den Heimgekehrten übergingen.

46. Als die von Polykrates vertriebenen Samier nach Sparta kamen und dort vor die Oberen[33] des Landes hintraten, hielten sie eine lange Rede und baten eindringlich um Hilfe. Jene aber gaben ihnen zur Antwort, daß sie den ersten Teil ihrer Rede vergessen hätten, den letzten aber nicht verstünden. Später nun, als sie wiederum vor sie hintraten, sagten sie weiter nichts, sondern brachten einen Brotsack mit und sagten, der Sack bitte um Brot. Da erwiderten die Oberen, das mit dem Sacke hätten sie besser unterlassen, beschlossen aber doch, ihnen zu helfen.

47. Darauf rüsteten sich die Lakedaimonier und zogen nach Samos, wie die Samier sagen, um sich ihnen dankbar zu erwei-

DRITTES BUCH

sen, weil sie vormals auch ihnen Beistand geleistet hätten
gegen die Messenier; die Lakedamonier hingegen sagen, daß
sie den Zug nicht unternommen hätten, um den Samiern zu
helfen, sondern um Rache zu nehmen für den Raub des Mischgefäßes[34], das sie dem Kroisos hatten darbringen wollen, und
für den Raub des Panzers, den ihnen der ägyptische König als
Geschenk geschickt hatte. Denn auch diesen Panzer hatten die
Samier erbeutet, ein Jahr früher als das Mischgefäß. Er war von
Leinen mit vielen eingewirkten Bildern und verziert mit goldenen und baumwollenen Fäden; was ihn aber so bewunderns-
wert macht, sind die einzelnen Fäden des Gewebes; denn jeder
dieser feinen Fäden besteht wieder aus dreihundertundsechzig
Fäden, die alle deutlich zu sehen sind. Ganz ähnlich ist der
Panzer, den Amasis der Athena in Lindos geweiht hat.

48. Auch die Korinthier schlossen sich aus freien Stücken
dem Heereszug gegen Samos an. Denn auch an ihnen hatten
die Samier ein Menschenalter vor diesem Zug[35] um dieselbe
Zeit gefrevelt, als der Raub des Mischgefäßes geschah. Periandros[36], der Sohn des Kypselos, sandte nämlich dreihundert
Knaben, Söhne der vornehmsten Männer aus Kerkyra, nach
Sardis zu König Alyattes, der sie kastrieren lassen sollte.[37] Als
nun die Korinthier mit diesen Knaben in Samos landeten und
die Samier erfuhren, was mit den Knaben in Sardis geschehen
solle, rieten sie ihnen, sich zum Altar der Artemis flüchten, und
verwehrten es darauf den Korinthiern, die Schützlinge aus
dem Tempel zu reißen, und als den Knaben die Lebensmittel
entzogen wurden, veranstalteten sie ein Fest, das sie auch noch
bis auf den heutigen Tag auf dieselbe Art in Samos begehen.
Denn während der ganzen Zeit, während die Knaben im Schutz
der Göttin saßen, führten die Jungfrauen und Jünglinge jeden
Abend Reigentänze auf, und während des Tanzes wurden
Sesam- und Honigkuchen als Opfer dargebracht, die die Knaben aus Kerkyra wegnehmen und verzehren sollten. Das führte
man so lange fort, bis die korinthischen Wächter davonsegel-
ten und die Knaben zurückließen. Danach brachten die Samier
die Knaben nach Kerkyra zurück.

THALEIA

49. Hätte nun nach dem Tode von Periandros Freundschaft bestanden zwischen den Korinthiern und Kerkyraiern, so würden jene aus diesem Grund nicht an dem Zug gegen Samos teilgenommen haben. Aber seitdem sie sich auf der Insel niedergelassen haben, sind sie im Streit miteinander, obwohl dort die Kerkyraier Stammesgenossen der Korinthier sind. So behielten die Korinthier einen Groll gegen Samos.

Daß aber Periander die Söhne der vornehmsten Kerkyraier aussuchte und sie nach Sardis zur Beschneidung schickte, tat er aus Rache, weil zuvor die Kerkyraier gegen ihn eine abscheuliche Tat verübt hatten.

50. Nachdem nämlich Periandros den Tod seiner Gattin Melissa versehentlich herbeigeführt hatte, traf ihn zu diesem Unglück noch ein anderes. Er hatte von Melissa zwei Söhne[38], von denen der eine damals siebzehn, der andere achtzehn Jahre alt war. Diese ließ Prokles, der Vater ihrer Mutter und Tyrann von Epidauros, zu sich kommen und erwies ihnen als den Kindern seiner Tochter jegliche Liebe. Als er sie aber wieder von sich ließ und sie auf den Weg geleitete, sagte er zu ihnen: »Wißt ihr auch, Kinder, wer eure Mutter getötet hat?« Dieses Wort nahm sich der ältere von den beiden nicht zu Herzen, aber den jüngeren, der Lykophron hieß, kränkte es dermaßen, daß er bei der Heimkehr nach Korinth seinen Vater als den Mörder seiner Mutter nicht anreden wollte und auch, als jener an ihn die Rede richtete, nichts erwiderte, sondern auf alle Fragen die Antwort verweigerte, bis endlich Periandros in heftigem Zorn ihn aus dem Haus verstieß.

51. Darauf befragte er den älteren Sohn, was ihr Großvater mit ihnen gesprochen habe, und der Knabe erzählte, wie liebreich sie von ihm aufgenommen worden, erinnerte sich aber nicht mehr jener Worte, die Prokles beim Abschied zu ihnen gesprochen hatte, denn er hatte nicht auf sie geachtet. Periandros aber sagte, es könne gar nicht anders sein, der Großvater müsse ihnen etwas eingeflüstert haben, und ließ nicht ab, mit Fragen in ihn zu dringen. Da besann er sich endlich der Worte und wiederholte sie. Nun verstand Periander des Sohnes Beneh-

men, war aber entschlossen, ihm nicht nachzugeben, sondern sandte Boten zu denen, bei welchen der Verstoßene sich aufhielt, und verbot ihnen, dem Sohn ihr Haus zu öffnen. Wiesen ihn dann die einen ab, so wandte er sich zu einem anderen Haus, aber auch dort wurde er abgewiesen; denn sein Vater bedrohte alle, die ihn aufnahmen und zwang sie, ihn von sich zu stoßen, und so mußte er von einem Haus zum anderen ziehen, bis er zu dem Haus eines seiner Gespielen kam, wo man ihm als dem Sohn des Tyrannen, wenngleich mit großer Furcht, doch die Aufnahme gewährte.

52. Zuletzt ließ Periandros öffentlich verkünden: Wer den Sohn zu sich ins Haus aufnähme oder zu ihm spräche, der habe dem Apollon eine gewisse Geldsumme zu zahlen. Nun wollte keiner mehr mit ihm reden, noch ihn aufnehmen; auch war Lykophron selber nicht Willens, gegen das Verbot zu handeln, sondern trieb sich ruhelos in den Hallen von Korinth herum in Not und Entbehrung. Dort sah ihn Periandros drei Tage später, mit Schmutz bedeckt und abgehungert. Da rührte ihn das Erbarmen; sein Zorn schwand, er trat zu ihm und sprach: »O Kind, was ist dir nun lieber, das Leben, das du jetzt führst, oder die Teilnahme an der Herrschaft und an allem Herrlichen, was dir gehört, sobald du deinem Vater zu Willen bist? Bist du nicht mein Sohn und Fürst über Korinth, die reiche Stadt, und zogst doch solch Bettlerleben vor, aus Widerspenstigkeit und Groll gegen den, der es am wenigsten verdient? Denn wenn dabei ein Mißgeschick sich zugetragen hat, um das du mir gram bist, so hat es nur mich betroffen und ich trage sein größeres Teil, weil ich der Täter bin. Du aber hast nun gelernt, wieviel besser es ist, sich beneiden als sich bedauern lassen, und hast zugleich auch erkannt, was es taugt, gegen Eltern und Mächtigere zu grollen. So komm nun mit nach Hause.« Mit solchen Worten suchte ihn der Vater zu beschwichtigen. Aber der Sohn erwiderte darauf nichts, sondern sagte nur dies eine, daß der Vater dem Gott die Buße schulde, weil er mit ihm gesprochen habe. Da erkannte Periandros, daß des Sohnes Groll unheilbar und unbesiegbar war, rüstete ein Schiff und

sandte ihn fort von seinen Augen nach der Insel Kerkyra, die auch unter seiner Herrschaft stand. Darauf zog er gegen seinen Schwiegervater Prokles zu Felde, dem er die meiste Schuld gab an diesem Ärgernis, eroberte Epidauros und nahm ihn gefangen.

53. Nach der Zeit aber, als Periandros alt wurde und sich nicht mehr stark fühlte, die Herrschaft zu führen, sandte er nach Kerkyra und rief Lykophron heim, damit er ihm nachfolge in der Herrschaft. Denn der ältere Sohn schien ihm dazu nicht geeignet, sondern zu stumpfen Geistes. Aber Lykophron würdigte den Boten nicht einmal einer Antwort. Periandros liebte aber seinen Sohn; darum sandte er einen zweiten Boten, nämlich seine Tochter, des Sohnes Schwester, weil er hoffte, auf diese würde er am ehesten hören. Und sie sprach zu ihm: »Lieber, willst du, daß das Fürstentum an andere falle und des Vaters Gut verstreut werde in fremde Hände und nicht lieber kommen und beides selber besitzen? Komm mit nach Hause, laß ab, dich selbst zu strafen. Stolzer Eigensinn ist ein mißlich Gut. Heile nicht Leid mit Leid. Viele sind gerecht und tun doch lieber, was die Vernunft von ihnen fordert, und viele verloren auf der Suche nach dem Muttererbteil das Vatererbteil. König sein birgt Gefahren, denn viele begehren es, und dein Vater ist alt. Gib deine Güter nicht an andere hin.«

Mit diesen lockenden Worten redete sie ihm zu, wie es der Vater sie gelehrt hatte. Er aber erwiderte, er werde nimmer nach Korinth kommen, so lange er seinen Vater noch am Leben wisse. Als Periandros diese Antwort durch die Tochter vernahm, sandte er zum drittenmal einen Boten und erklärte, er wolle selber in Kerkyra wohnen, der Sohn aber solle nach Korinth kommen und die Regierung übernehmen. Dieser Vorschlag gefiel dem Sohn, und schon schickten sie sich an, zu reisen, der Vater nach Kerkyra, der Sohn nach Korinth, als die Kerkyraier die ganze Sache erfuhren, und weil sie nicht wollten, daß Periandros zu ihnen ins Land käme, erschlugen sie den Jüngling. Aus diesem Grund suchte Periandros Rache an den Kerkyraiern.

DRITTES BUCH

54. Die Lakedaimonier aber fuhren mit großer Heeresmacht nach Samos und berannten die Stadt. Und beim Sturm auf die Mauer hatten sie schon den Turm, der in der Vorstadt gegen das Meer zu steht, erstiegen, als Polykrates selber mit einem starken Haufen herbei eilte und sie wieder zurückwarf. Aus dem anderen Turm, der oberhalb der Stadt auf dem Grat des Gebirges sich erhebt, machten seine Söldner und die Bürger in großer Zahl einen Ausfall und hielten stand vor dem Andrang der Feinde, aber nur eine kurze Zeit, dann flohen sie wieder zurück, die Feinde aber drängten nach und machten sie nieder.

55. Hätten sich nun an diesem Tage alle Lakedaimonier so brav gehalten wie Archias und Lykopes, so wäre die Stadt genommen worden. Denn diese allein drangen zugleich mit den fliehenden Samiern ins Tor, fanden aber in der Stadt, da ihnen der Rückweg versperrt war, den Tod. Einen Enkel dieses Archias, der ebenfalls Archias hieß und ein Sohn des Samios war, habe ich selber im Dorf Pitane, wo er wohnte, besucht. Dieser hielt vor allen anderen Städten besonders die Stadt Samos in Ehren und erzählte, daß sein Vater deshalb Samios genannt worden sei, weil dessen Vater Archias in Samos ein ruhmvolles Ende gefunden habe; und die Samier, sagte er, hielte er darum hoch, weil sie seinem Großvater auf Staatskosten ein Grabmal hergerichtet hätten.

56. Nachdem also die Lakedaimonier vierzig Tage vor Samos gelegen hatten, und die Sache noch immer keinen Erfolg zeigen wollte, zogen sie heim nach dem Peloponnes. Es gibt jedoch auch noch eine andere Erzählung, die weniger glaubhaft klingt, daß nämlich Polykrates eine Menge samisches Geld habe prägen lassen, aber aus übergoldetem Blei, und den Lakedaimoniern angeboten habe, und daß jene um diesen Preis abgezogen seien. Dies war der erste Kriegszug nach Asien, den dorische Lakedaimonier machten.

57. Auch die Samier, die an dem Zug gegen Polykrates teilgenommen hatten, blieben nicht zurück, als die Lakedaimonier sich anschickten, sie zu verlassen, sondern fuhren nach Siphnos. Denn es fehlte ihnen an Geld, die Insel Siphnos aber

erlebte zu jener Zeit einen blühenden Wohlstand; ihre Einwohner waren reicher als alle die anderen Inseln durch die Gold- und Silbergruben, die auf der Insel waren. So groß war dieser Reichtum[39], daß vom Zehnten des Ertrages aus den Gruben eine Schatzkammer in Delphi gestiftet ist, die sich mit den reichsten vergleichen läßt, und dieser Ertrag wurde jedes Jahr unter die Bürger verteilt. Zu jener Zeit, als sie die Schatzkammer anlegten, befragten sie das Orakel, ob ihr Glück lange Bestand haben würde, und erhielten von der Pythia den Spruch:

Aber sobald sich in Siphnos erhebt ein weißes[40] Gemeinhaus,
Weiß sich umschließet der Markt, dann fehle nicht klügliche Vorsicht,
Hölzerne Rotte bedächtig zu spähen und rötlichen Herold.

58. In der Tat hatten sich aber die Siphnier zu jener Zeit ihren Markt und ihr Gemeinhaus aus parischem Stein prächtig hergerichtet. Nun wußten sie diesen Spruch nicht zu deuten, weder damals noch später, als die Samier kamen. Diese schickten nämlich, nachdem sie bei der Insel vor Anker gegangen waren, eine Gesandtschaft auf einem der Schiffe zur Stadt. Es waren aber zu dieser Zeit alle Schiffe mit Mennig rot angestrichen, und darauf eben zielte die Warnung der Pythia, die Siphnier sollten »vor der hölzernen Rotte sich hüten und vor dem rötlichen Herold«. Als die Gesandten zur Stadt kamen, baten sie, die Siphnier möchten ihnen zehn Talente leihen. Als dies die Siphnier ablehnten, begannen die Samier, das Land zu verwüsten. Auf diese Nachricht hin rückten die Siphnier zum Kampf heraus, wurden aber geschlagen. Ein großer Teil wurde von der Stadt abgeschnitten und so erzwangen sie von ihnen eine Summe von hundert Talenten.

59. Nun kauften sie von den Hermionern die Insel Hydrea und stellten sie unter den Schutz der Troizenier, während sie selber sich in Kydonia[41] auf Kreta niederließen. Sie waren zwar nicht mit solcher Absicht dorthin gefahren, sondern nur um

die Zakynthier von der Insel zu vertreiben. Aber sie blieben dort fünf Jahre lang und gediehen zu Wohlstand, so daß von ihnen die Tempel, darunter auch der Tempel der Diktynna[42], gebaut wurden, die jetzt in der Stadt sind; aber im sechsten Jahr verbanden sich die Aigineten mit den Kretern, überwanden sie in einer Seeschlacht und versklavten sie. Auch brachen sie die eberförmigen Bugspitzen der Schiffe ab und weihten sie in den Tempel der Athena auf Aigina. Dies taten die Aigineten aus Groll gegen die Samier. Denn vor dieser Zeit waren die Samier unter ihrem König Amphikrates nach Aigina gezogen und hatten dort viel Leid zugefügt, aber auch selbst erlitten. Daher der Groll.

60. Ich habe mich deshalb über die Samier so ausführlich ausgelassen, weil sie die drei größten Bauwerke geschaffen haben, die es in Hellas gibt. Erstens haben sie durch einen hundertundfünfzig Klafter hohen Berg einen Tunnel gebohrt, der am Fuße des Berges beginnt und nach beiden Seiten hin Mündungen hat. Seine Länge beträgt sieben Stadien, die Höhe und Breite je acht Fuß, und durch seine ganze Länge ist ein zweiter Kanal gegraben, zwanzig Ellen tief und drei Fuß breit, durch den das Wasser aus einer starken Quelle herbeigeführt und durch Röhren in die Stadt geleitet wird.[43] Der Baumeister dieses Tunnels war Eupalinos, Naustrophos' Sohn, aus Megara. Dies ist eines der drei Werke. Das andere ist eine Aufschüttung im Meer zum Schutz des Hafens, etwa zwanzig Klafter tief und mehr als zwei Stadien lang. Zum dritten haben sie den größten Tempel erbaut von allen, die ich kenne; dessen erster Baumeister war ein Samier der Insel, Rhoikos[44], Phileas' Sohn. Um dieser Werke willen habe ich mich etwas ausführlicher den Samiern gewidmet.

61. Gegen Kambyses, Kyros' Sohn, der noch immer in Ägypten blieb und dort wahnsinnige Taten verübte, empörten sich zwei Männer, Brüder aus dem Stamm der Mager. Den einen hatte Kambyses als Verwalter seines Hauses zurückgelassen, und eben dieser erhob sich gegen ihn, als er wahrnahm, daß

THALEIA

man den Tod des Smerdis verheimlichte und auch nur wenige
der Perser darum wußten und die meisten glaubten, er sei noch
am Leben. Eben hierauf baute er seinen Anschlag, als er den
Königsthron an sich zu reißen begann. Sein Bruder, der, wie
ich sagte, an der Empörung teilnahm, sah dem Smerdis, dem
Sohn des Kyros, den sein Bruder Kambyses hatte umbringen
lassen, überaus ähnlich, ja er hieß auch wie jener, nämlich
Smerdis. Den überredete der Mager Patizeithes, er selber würde
alles für ihn bereiten, und ging und setzte ihn auf den Thron.
Dann sandte er Herolde durch alle Länder, einen auch nach
Ägypten, dem Heer zu verkünden, es solle künftig dem Smer-
dis, Kyros' Sohn, gehorchen, nicht mehr dem Kambyses.[45]

62. Und die Herolde verkündeten es in allen Landen. Derjenige aber, der nach Ägypten bestellt war, traf Kambyses und
sein Heer in Syrien in der Stadt Agbatana; und als er unter sie
trat und ausrief, was ihm der Mager geboten hatte, und Kambyses hörte, was der Herold verkündete, glaubte er, es wäre wahr
und Prexaspes hätte ihn verraten, indem er den Smerdis nicht
getötet hatte, wie er es ihm aufgetragen hatte, und er richtete
den Blick auf ihn und rief: »Prexaspes, so also hast du den
Auftrag, den ich dir gegeben habe, ausgeführt?« Jener versetzte: »O Herr, das ist nicht wahr, daß Smerdis, dein Bruder,
sich gegen dich erhoben haben soll. Du wirst mit Smerdis
niemals einen Streit haben, weder einen großen, noch einen
kleinen. Habe ich ihn doch selber mit diesen meinen Händen
begraben, nachdem ich deinen Willen befolgt habe. Wenn die
Toten auferstanden sind, so sei gewärtig, daß auch Astyages,
der Mederkönig, sich gegen dich erheben wird. Bleibt aber
alles, wie es ist, so sei guten Mutes, es wird dir von jenem kein
Leid erwachsen. Nun rate ich, laß den Herold ergreifen, damit
wir ihn ausforschen, wer ihn gesandt hat, zu verkünden, daß
wir dem Smerdis als König gehorchen sollen.«

63. So sprach Prexaspes, und sein Rat gefiel dem König. Der
Herold wurde bald eingeholt und vorgeführt. Da fragte ihn
Prexaspes: »Mensch, du sagst, du kämest als Bote des Smerdis,
des Sohnes des Kyros. Wohlan, sage nun die Wahrheit, so

DRITTES BUCH

magst du in Frieden davon gehen. Hat Smerdis selber dir dieses aufgetragen, und hast du ihn mit deinen Augen leibhaftig gesehen, oder war es einer seiner Diener?« Jener antwortete: »Smerdis, Kyros' Sohn, habe ich nicht mehr gesehen seit der Zeit, als König Kambyses nach Ägypten zog, sondern es war der Mager, den Kambyses zum Hüter seines Hauses bestellt hat, der mir dies auftrug. Er sagte aber, daß es Smerdis, Kyros' Sohn, sei, der mir gebiete, euch dies zu verkünden.« So sagte der Herold ganz nach der Wahrheit. Da sprach Kambyses: »Prexaspes, du hast als braver Mann gehandelt, wie dir befohlen worden, und bist frei von Schuld; aber sage mir, wer mag der Perser sein, der sich gegen mich erhoben und sich den Namen Smerdis angemaßt hat?« Und jener antwortete: »Ich glaube, o König, daß ich es weiß. Die beiden Mager sind die Empörer, Patizeithes, den du als Verwalter deiner Güter zurückgelassen hast, und Smerdis, sein Bruder.«

64. Kaum hörte Kambyses den Namen Smerdis, durchfuhr ihn die Wahrheit dieser Worte und jenes Traumes, worin ihm einst geträumt hatte, es melde ihm einer, daß Smerdis sich auf den Königsthron setze und mit dem Haupt den Himmel berühre. Nun erkannte er, wie er ohne Grund seinen Bruder hatte umbringen lassen, und weinte um seinen Tod. Und nachdem er geweint und über all das Unglück geklagt hatte, sprang er aufs Pferd und beschloß, nach Susa zu eilen gegen den Mager. Und wie er aufspringen will, fällt der Knauf[46] seines Schwertes ab, und die entblößte Klinge fährt ihm in die Hüfte. So war er an derselben Stelle verwundet, wo er selbst zuvor den ägyptischen Gott Apis getroffen hatte, und da ihm die Wunde tödlich zu sein schien, fragte er nach dem Namen der Stadt und erfuhr, daß sie Agbatana hieß. Nun war ihm schon früher von dem Orakel in Buto geweissagt worden, in Agbatana würde er sein Leben beenden, und hatte deshalb gehofft, in der medischen Stadt Agbatana zu sterben, inmitten aller seiner Macht und hochbejahrt. Nun hatte aber das Orakel nicht jenes Agbatana, sondern das syrische gemeint. Wie er nun auf seine Frage den Namen der Stadt erfuhr, kam er wieder zu Verstand, so

THALEIA

sehr hatte ihn die Nachricht von dem Aufstand der Mager und seine Verwundung erschüttert. Er begriff den Sinn des Orakelspruchs und rief aus: »Es ist beschieden, hier soll Kambyses, Kyros' Sohn, sein Leben beenden.«

65. Weiter sagte er nichts. Aber etwa zwanzig Tage danach ließ er die angesehensten von den anwesenden Persern zu sich rufen und hielt eine Rede an sie: »Perser, es hat mich betroffen, daß ich euch offenbaren muß, was ich bisher am meisten zu verbergen suchte. Denn zu der Zeit, als ich in Ägypten war, sah ich im Schlaf ein Traumgesicht – o hätte ich es nie gesehen! –, und mir träumte, es käme ein Bote aus der Heimat und meldete, daß Smerdis auf dem Königsthron sitze und mit dem Haupt den Himmel berühre. Da erfaßte mich die Angst, mein Bruder möchte mich entthronen, und ich handelte mehr rasch als klug. Es liegt ja nicht in der Macht des Menschen, abzuwenden, was ihm einmal beschieden ist. Ich Tor entsandte Prexaspes nach Susa, damit er den Smerdis umbringe, und nachdem diese schreckliche Tat vollbracht war, lebte ich dahin ohne Furcht, und es kam mir nie in den Sinn, daß nach Smerdis' Beseitigung je ein anderer Mensch sich gegen mich erheben könnte. Aber gänzlich getäuscht über das, was mir bevorstand, bin ich ein Brudermörder geworden ohne alle Not und bin des Thrones dennoch beraubt. Smerdis der Mager war es, dessen Empörung mir die Gottheit in dem Traumgesicht offenbaren wollte. Die Sache ist geschehen, und Smerdis, Kyros' Sohn, dessen seid gewiß, ist nicht mehr unter den Lebenden; euer Reich ist in der Gewalt der Mager, des Verwalters meiner Güter und des Smerdis, seines Bruders. Der Mann, der mich am kräftigsten hätte schützen sollen gegen die schändliche Tat der Mager, der hat durch seinen nächsten Angehörigen einen ruchlosen Tod gefunden. Nun er aber dahin ist, drängt es mich vor allem anderen, da jetzt mein Leben sich zum Ende neigt, euch, Perser, meinen Willen kundzutun. So fordere ich denn, und rufe dafür die Götter unseres königlichen Hauses zu Zeugen, von euch allen, besonders aber von den Achaimeniden, die hier zugegen sind, daß ihr nicht dulden sollt, daß die

233

DRITTES BUCH

Herrschaft wieder an die Meder kommt, sondern, wenn sie mit
Arglist in ihren Besitz gelangt sind, daß sie ihnen wieder genommen werde mit Arglist durch euch; haben sie aber mit
Gewalt sich ihrer bemächtigt, daß ihr mit Gewalt sie an euch
zurückbringt in offenem Kampf. Und wenn ihr so tut, so möge
die Erde euch Frucht bringen und gesegnet seien eure Weiber
und eure Herden, und eure Freiheit möge bestehen auf alle
Zeit. Wenn ihr aber die Herrschaft nicht an euch zurückbringt,
noch es versucht, so soll euch das Gegenteil von allem diesem
treffen, und soll es mit jeglichem Perser einen gleichen Ausgang nehmen wie mit mir.« Und indem er so sprach, fing er an
zu weinen über sein ganzes Geschick.

66. Als die Perser aber ihren König weinen sahen, zerrissen
alle ihre Kleider von oben bis unten und erhoben eine große
Wehklage. Danach entzündete sich der Knochen und der
Wundbrand ergriff seinen Schenkel. So starb Kambyses, Kyros'
Sohn, nachdem er zusammen sieben Jahre und fünf Monate
regiert hatte[47], und hinterließ keine Kinder, weder einen Sohn
noch eine Tochter. Die Perser aber, die bei ihm waren, wollten
es nicht glauben, daß die Mager im Besitz der Herrschaft
seien, sondern waren überzeugt, daß Kambyses jene Worte
über den Tod des Smerdis aus Arglist gesprochen habe, um alle
Perser gegen Smerdis aufzuwiegeln. So beharrten sie in der
Meinung, daß Smerdis, Kyros' Sohn, auf dem Thron säße,
zumal auch Prexaspes heftig leugnete, der Mörder des Smerdis
zu sein. Denn nun, da Kambyses tot war, hielt er es für gefährlich, zu sagen, daß er mit eigener Hand des Kyros Sohn erwürgt
hatte.

67. Nach Kambyses Tod blieb der Mager, sich auf seine
Namensgleichheit mit Smerdis, dem Sohn des Kyros, stüt-
zend, in ruhigem Besitz der Königswürde während der sieben
Monate, die am achten Jahr des Kambyses noch fehlten, und
erwies in dieser Frist allen seinen Untertanen große Wohlta-
ten, so daß nach seinem Tode alle Bewohner Asiens ihn zurück-
wünschten, mit Ausnahme der Perser. Smerdis nämlich sandte
an alle Völker, die ihm untertan waren, Botschafter und ver-

hieß ihnen Freiheit vom Heeresdienst und Erlaß der Steuer auf drei Jahre.

68. Dieses hatte er gleich verkündet, nachdem er den Thron bestiegen hatte. Aber schon im achten Monat danach wurde er erkannt, und das geschah so. Otanes[48], Pharnaspes' Sohn, war einer der vornehmsten Perser an Geschlecht und Reichtum. Dieser faßte zuerst Verdacht gegen den Mager, daß er nicht Smerdis, des Kyros' Sohn, sei, sondern der, welcher er wirklich war, was er daraus entnahm, daß jener die Burg niemals verließ und keinen der angesehenen Perser vor sein Angesicht ließ. Darum tat Otanes folgendes. Seine Tochter Phaidyme war die Gemahlin des Kambyses gewesen, und jetzt hatte sie der Mager, und nicht bloß diese hatte er, sondern auch alle anderen Frauen des Kambyses.[49] Zu dieser seiner Tochter sandte Otanes und ließ sie fragen, wer der Mensch sei, bei dem sie schliefe, ob Smerdis, Kyros' Sohn, oder ein anderer. Sie ließ ihm antworten, sie kenne ihn nicht; denn den Smerdis, Kyros' Sohn, habe sie nie gesehen, und wer der sei, welcher ihr beiwohne, wisse sie nicht. Da sandte Otanes zum andernmale und ließ ihr sagen: »Wenn du Smerdis, Kyros' Sohn, nicht kennst, so befrage Atossa, wer der sei, welcher ihr und dir beiwohnt, denn sicherlich kennt sie doch ihren eigenen Bruder.« Darauf erwiderte ihm die Tochter: »Man läßt mich nicht zu Atossa, damit ich mich mit ihr unterhalte, noch bekomme ich eine der anderen Frauen zu sehen, die mit mir in diesem Hause wohnen. Denn gleich nachdem dieser Mensch, er sei, wer er sei, König geworden, hat er uns abgesondert voneinander, jede an einen besonderen Ort.«

69. Als Otanes dies vernahm, wurde er noch gewisser in seinem Glauben und sandte der Tochter eine dritte Botschaft zu, die so lautete: »O Tochter, da du aus einem edlen Hause stammst, so geziemt es dir, die Gefahr auf dich zu nehmen, die dein Vater dir auferlegt. Denn wenn es nicht Smerdis, der Sohn des Kyros ist, sondern der, den ich vermute, so darf er nicht straflos ausgehen, sondern soll es büßen, daß er dir beiwohnt und daß er über die Perser gebietet. So tu nun, wie ich dir sage.

DRITTES BUCH

Wenn er wieder bei dir liegt und du merkst, daß er in Schlaf gesunken ist, so betaste seine Ohren, und hat er wirklich Ohren, so wisse, daß du Smerdis' Gemahl bist, des Sohnes des Kyros; wo nicht, so ist es Smerdis der Mager.« Darauf antwortete die Tochter und ließ ihm sagen, sie begäbe sich in große Gefahr, wenn sie das täte; denn träfe es sich, daß er keine Ohren hätte, und würde sie dabei ertappt, während sie danach tastete, so würde er sie gewiß umbringen. Sie wolle es aber dennoch tun. Nun hatte aber König Kyros, Kambyses' Sohn, diesem Smerdis, dem Mager, einstens die Ohren abschneiden lassen wegen irgendeines schweren Vergehens. Phaidyme also, Otanes' Tochter, erfüllte, was sie ihrem Vater versprochen hatte. Als ihre Zeit kam, daß sie zum Mager gehen sollte, – denn abwechselnd, eine nach der anderen, gehen bei den Persern die Frauen zu ihren Männern –, ging sie zu ihm und schlief bei ihm. Und als er in festen Schlaf gesunken war, fühlte sie nach seinen Ohren. Da erkannte sie leicht und mühelos, daß dem Mann die Ohren fehlten, und als der Morgen kam, sandte sie zu ihrem Vater und berichtete ihm davon.

70. Jetzt zog Otanes den Aspathines und den Gobryas hinzu[50], die die Vornehmsten unter den Persern waren und denen er sein volles Vertrauen schenken durfte, und entdeckte ihnen die ganze Sache. Diese hatten auch schon selber vermutet, daß es sich so verhielte, und da nun Otanes es ihnen mitteilte, stimmten sie seinen Vorschlägen zu, und sie beschlossen, daß jeder von ihnen noch je einen Perser, dem er vertrauen könnte, in den Bund ziehen sollte. So führte ihnen Otanes den Intaphernes zu, Gobryas[51] den Megabyzos, Aspathines aber den Hydarnes. Als ihrer nun sechs waren, kam gerade Dareios, Hystaspes'[52] Sohn, aus Persien, wo sein Vater Statthalter des Königs war, nach Susa. Da beschlossen sie, auch ihn ins Vertrauen zu ziehen.

71. Diese sieben Männer kamen also zusammen, gelobten sich Treue und hielten Rat miteinander. Als es an Dareios war, seine Meinung zu sagen, sprach er: »Ich glaubte der einzige zu sein, der es wußte, daß der Mager es sei, der über uns herrscht,

236

THALEIA

und daß Smerdis, Kyros' Sohn, tot sei, und eben deshalb bin ich
in Eile gekommen, um zum Kampf gegen den Mager aufzuru-
fen. Da nun aber auch ihr darum wißt und nicht nur ich allein,
so rate ich, sofort zu handeln und nichts hinauszuschieben,
denn das wäre von Übel.« Darauf erwiderte Otanes: »O Sohn
des Hystaspes, du stammst von einem tapferen Vater, und ich
sehe, du erweist dich nicht minder kühn als dein Vater. Doch
übereile nicht kopflos unser Unternehmen, sondern erwäge es
mit mehr Ruhe. Erst müssen wir zahlreicher sein, bevor wir es
wagen dürfen.« Da sagte Dareios: »Ihr versammelten Männer,
wenn ihr Otanes' Rat befolgt, so wisset, daß ihr schmählich
verderben werdet. Denn es wird sich einer finden, der auf
eigenen Gewinn bedacht ist und es dem Mager verrät. Am
besten hättet ihr auf eigene Faust gehandelt. Da ihr nun aber
noch mehrere hinzugezogen und es auch mir anvertraut habt,
so lasset uns noch heute handeln, oder wisset, wenn ihr diesen
Tag verstreichen laßt, soll keiner mir zuvorkommen, mich zu
verraten, sondern ich selber hinterbringe es dem Mager.«

72. Als Otanes aber des Dareios Ungeduld bemerkte, antwortete er ihm und sprach: »Weil du uns zur Eile zwingst und
keinen Verzug gestattest, so sage selber, wie wir in die Königsburg kommen und Hand an sie legen können. Du weißt doch
selber, oder hast du es nicht gesehen, so höre es jetzt: überall
sind Wachen aufgestellt; wie können wir da hindurch kommen?« Darauf sprach Dareios: »Otanes, gar vieles läßt sich nur
mit Taten, nicht mit Worten sagen; anderes ist in Worten
möglich, aber es kommt nichts Rühmliches dabei zustande.
Wisset, an den Wachen, die sie aufgestellt haben, vorüber zu
kommen, damit hat es keine Not. Denn erstens, Männer unseres Ranges wird jeder der Wächter durchlassen, sei es aus
Scheu, sei es aus Furcht; auch habe ich den besten Vorwand,
daß man uns einläßt, indem ich sage, ich wäre eben aus Persien
angelangt und wolle dem König eine Meldung von meinem
Vater überbringen. Denn wo es nötig ist, eine Lüge zu sagen, da
lüge man. Denn beide, der Lügner und der Ehrliche, trachten
nach demselben Ziel; die einen lügen, wo sie hoffen, durch ihre

237

Lügen einen Vorteil zu erhaschen, die anderen bemühen sich, wahrhaftig zu sein, um mit Hilfe der Wahrheit ihrem Vorteil zu dienen und das Vertrauen der Menschen zu gewinnen. So streben beide auf verschiedenen Wegen nach demselben Ziel. Denn ohne Hoffnung auf Gewinn wäre wohl auch der Wahrhaftige ein Lügner und desgleichen der Lügner wahrhaftig.[53] Darum soll von den Torwächtern der, der uns gutwillig einläßt, bald seinen Lohn finden; wer aber uns den Weg vertritt, der sei uns wie ein Feind. Und dann hinein und zur Tat!«

73. Da nahm Gobryas das Wort und sprach: »Liebe Freunde, wann finden wir wohl je eine bessere Gelegenheit, die Herrschaft an uns zurückzubringen, oder, wenn wir dazu nicht imstande sind, zu sterben? Sollen wir Perser uns gebieten lassen von einem Meder, einem Mager, der zudem nicht einmal Ohren hat? Ihr alle, die ihr zugegen wart bei der Krankheit des Kambyses, erinnert euch, mit welchem Fluch er kurz vor seinem Tode uns Perser bedrohte, wenn wir nicht versuchten, die Herrschaft wiederzugewinnen. Damals waren wir ungläubig und meinten, Kambyses redete so aus Arglist. Darum sage ich, laßt uns tun, wie Dareios will, und nicht anders aus dieser Beratung gehen als von hier geradewegs zum Mager.« So sprach Gobryas, und alle pflichteten ihm bei.

74. Es fügte sich aber, daß eben während dieser Beratung[54] folgendes geschah. Die Mager waren mit sich zu Rate gegangen und hatten beschlossen, sich den Prexaspes zum Freund zu gewinnen wegen des Frevels, den ihm Kambyses angetan hatte, als er ihm den Sohn durch einen Pfeilschuß getötet hatte, und weil er allein um den Tod des Smerdis wußte, den er mit eigener Hand umgebracht hatte, und weil er ferner bei den Persern in hohem Ansehen stand. Alles dieses bewog sie, daß sie ihn rufen ließen und sich seiner Freundschaft versicherten, indem sie ihn mit Wort und Schwur verpflichteten, zu verschweigen und keinem Menschen zu verraten, welchen Betrug sie an den Persern verübt hatten, und versprachen ihm dafür alle nur denkbaren Belohnungen. Und als jener ihnen solches zugesagt hatte, und es ihnen damit gelungen war, forderten sie

THALEIA

von ihm noch ein anderes und sagten, sie wollten alle Perser vor die Königsburg zusammenrufen, dann sollte er auf einen Turm steigen und ihnen verkünden, daß es Kyros' Sohn Smerdis sei, der über sie herrsche, und kein anderer. Darum baten sie ihn deshalb, weil er beim Volk in hohem Vertrauen stand und schon oft versichert hatte, daß Smerdis, Kyros' Sohn, noch lebe, und geleugnet hatte, daß er ihn umgebracht habe.

75. Als Prexaspes sich auch hierzu bereit erklärte, riefen sie die Perser zusammen, stellten ihn auf einen Turm und geboten ihm, zum Volke zu reden. Er aber vergaß absichtlich, was sie von ihm begehrten, und erzählte des Kyros Herkunft und dessen Vorfahren der Reihe nach von Achaimenes an, und als er auf Kyros selber kam, erinnerte er sie an all das Gute, was dieser ihnen getan habe. Darauf offenbarte er die Wahrheit und sagte, daß er sie bisher verschwiegen habe, weil es gefährlich für ihn gewesen sei, sie zu entdecken; jetzt aber dränge ihn die Not dazu. Und er erzählte von Smerdis, des Kyros' Sohn, wie er selber von Kambyses gezwungen worden sei, ihn umzubringen, und daß die Mager es seien, die jetzt herrschten. Und nachdem er die Perser noch mit vielem Unheil bedroht hatte, sofern sie die Herrschaft nicht zurückgewönnen und nicht Rache übten an den Magern, stürzte er sich jählings hinab von dem Turm. So endete Prexaspes als ein aufrechter Mann, wie er es Zeit seines Lebens gewesen war.

76. Nachdem die sieben Männer also einig geworden waren, unverzüglich die Mager zu überfallen, machten sie sich nach einem Gebet auf den Weg und wußten noch nichts von dem, was sich mit Prexaspes zugetragen hatte. Sie hatten schon die Hälfte des Weges zurückgelegt, als sie es erfuhren. Nun traten sie abseits der Straße und hielten neuen Rat. Otanes drang eifrig darauf, mit dem Angriff noch zu warten, solange die Dinge noch gärten. Dareios hingegen mahnte, gleich hinzueilen und rasch auszuführen, was sie gemeinsam beschlossen hatten. Während sie noch hin und her stritten, bemerkten sie sieben Falkenpaare, die zwei Geierpaare[55] jagten und sie zausten und rissen. Bei diesem Anblick stimmten sie alle der

DRITTES BUCH

Meinung des Dareios zu, denn das Vogelzeichen hatte ihren Mut gestärkt, und schritten weiter zur Königsburg.

77. Als sie vor das Tor traten, geschah es, wie Dareios gesagt hatte. Die Wächter ließen sie voll Ehrfurcht vor ihnen als den Vornehmsten unter den Persern und nicht ahnend, daß sie dergleichen im Schilde führten, ein, und keiner tat eine Frage an sie; es war, als wenn ein Gott sie führte. Als sie aber in den Hof traten, stießen sie auf die Eunuchen, die das Amt hatten, die Botschaften hineinzutragen; diese fragten nach ihrem Begehren und schalten und bedrohten zugleich die Torhüter, die sie eingelassen hatten, und verwehrten ihnen den weiteren Zutritt. Da aber ermahnten sie einander, zogen ihre Dolche, stachen die Widersacher auf der Stelle nieder und stürmten hinein in den Saal.

78. Drinnen befanden sich eben zu dieser Zeit beide Mager und besprachen sich über die Tat des Prexaspes. Als sie nun wahrnahmen, wie die Eunuchen lärmten und schrien, liefen sie gleich wieder zurück, und weil sie gemerkt hatten, was vorging, wollten sie sich zur Wehr setzen. Der eine holte geschwind den Bogen von der Wand herunter, während der andere nach der Lanze griff. Nun begann der Kampf. Da aber die Feinde sie hart und dicht bedrängten, so war dem einen sein Bogen zu nichts nütze; der andere dagegen wußte sich ihrer mit seiner Lanze zu erwehren. Den Aspathines traf er in den Schenkel, den Intaphernes ins Auge, so daß dieser zwar nicht zu Tode kam, aber das Auge verlor. Inzwischen flüchtete der andere, da ihm sein Bogen nichts half, in eine Kammer, die an den Saal stieß, und wollte die Tür zuschließen, aber mit ihm zugleich drangen zwei von den sieben hinein, Dareios und Gobryas. Während nun Gobryas den Mager faßte und hielt, stand Dareios unschlüssig daneben, denn es war dunkel in der Kammer, und er fürchtete, den Gobryas zu treffen. Da rief ihm dieser zu, warum er so untätig dastünde und nicht zustieße. Jener versetzte: »Weil ich fürchte, dich zu treffen.« Da rief jener zurück: »Stoß nur zu, wenn auch durch beide.« Dareios gehorchte und es fügte sich, daß er den Mager traf.

240

THALEIA

79. So töteten sie die Mager und hieben ihnen die Köpfe ab. Die beiden Verwundeten ließen sie zurück, da sie zu entkräftet waren und auch den Palast bewachen sollten; die anderen fünf eilten fort mit den Köpfen der Mager und erhoben ein Schreien und Lärmen, riefen die anderen Perser herzu, erzählten ihnen, was sie getan hatten, und zeigten die Köpfe; zugleich brachten sie jeden Mager um, der ihnen in den Weg kam. Als die Perser die Tat der Sieben und den Betrug der Mager begriffen hatten, meinten sie, sie müßten dasselbe tun, zogen ihre Dolche und töteten alle Mager, die sie fanden; und hätte der Einbruch der Nacht ihnen nicht Einhalt geboten, hätten sie keinen Mager übriggelassen. Diesen Tag feiern die Perser allesamt als ihren höchsten Festtag und begehen ihn aufs feierlichste. Das Fest nennen sie ›Magermord‹. An diesem Tag darf kein Mager sich öffentlich sehen lassen, sondern sie müssen sich den Tag über in ihren Häusern halten.

80. Als darauf nach fünf Tagen sich die Unruhe gelegt hatte, hielten die Verschwörer Rat über die Verfassung des Reiches. Dabei wurden Reden gesprochen, die zwar etlichen Hellenen unglaublich scheinen, die aber doch gesprochen worden sind. Otanes riet, die Regierung an das ganze persische Volk zu übergeben und sprach folgendermaßen: »Ich halte dafür, daß nicht wieder ein einzelner von uns Alleinherrscher werden darf. Das wäre weder erfreulich noch gut. Ihr habt gesehen, wie weit sich Kambyses in seinem Übermut verstieg, und habt auch des Magers Übermut empfinden müssen. Wie kann denn auch Alleinherrschaft etwas Rechtes sein, wenn es ihr erlaubt ist, ohne Verantwortlichkeit zu tun, was sie will? Denn selbst wenn sie den besten aller Männer in dieses Amt stellte, würde er seiner früheren Gesinnung untreu werden. Denn aus der Fülle des Glückes, das er genießt, wird er überheblich, der Neid aber ist jedem Menschen angeboren; hat er erst diese beide, so hat er jegliche Schlechtigkeit beisammen. Denn bald aus Hochmut, weil er übersättigt ist, begeht er Verbrechen, bald aus Mißgunst. Und doch sollte ein Gewalthaber, der im Besitz aller Güter ist, frei sein von Mißgunst. Aber gerade das Gegen-

DRITTES BUCH

teil ist der Fall. Er beneidet die Besten um ihr bloßes Dasein und Leben, er freut sich über die schlechtesten unter den Bürgern und ist für Verleumdungen am empfänglichsten. Das Allerunpassendste ist: Wenn man ihn in maßvoller Weise bewundert, ärgert er sich, daß er nicht in hohem Maß geachtet wird; wenn ihm einer in hohem Maß Achtung erweist, ärgert er sich über ihn als einen Schmeichler. Was aber gerade das Wichtigste ist, will ich jetzt sagen: Er erschüttert die von den Vätern überkommenen Satzungen, er tut den Frauen Gewalt an und tötet ohne Richterspruch. Wenn dagegen die Menge herrscht, hat dies zunächst den allerschönsten Namen: Gleichheit vor dem Gesetz. Sodann tut sie von dem, was der Alleinherrscher tut, nichts. Sie besetzt die Ämter durch's Los und hält die Beamten für rechenschaftspflichtig. Sie bringt alle Beschlüsse vor die Gesamtheit. Ich bin also der Meinung, daß wir die Alleinherrschaft beiseite tun und das Volk zur Macht bringen; denn das Ganze liegt in der Vielheit!« Diese Meinung trug also Otanes vor.

81. Megabyzos aber empfahl, der Oligarchie die Macht zu geben. Er sprach folgendes: »Was Otanes sagte, als er die Alleinherrschaft beseitigt wissen wollte, das soll auch von mir als gesagt gelten. Wenn er aber rät, das Volk an die Macht zu bringen, hat er die beste Ansicht verfehlt. Denn im Vergleich mit der unnützen Masse gibt es nichts, was unverständiger und mehr zum Übermut geneigt wäre. Es wäre unerträglich, wenn Menschen, die dem Übermut eines Alleinherrschers entfliehen wollen, in den Übermut einer ungezügelten Volksmasse geraten würden. Der eine nämlich tut, wenn er etwas tut, es auf Grund seiner Einsicht, dem anderen ist es nicht einmal möglich, etwas einzusehen. Denn wie könnte einer Einsicht haben, der irgendetwas Schönes und Schickliches weder durch Belehrung kennengelernt noch gesehen hat, sondern vielmehr über die Dinge herfällt, sie ohne Überlegung vorwärtstreibt und darin einem Bergstrom gleicht? Diejenigen, die den Persern übel gesinnt sind, mögen jedenfalls das Volk heranziehen, wir aber wollen aus den besten Männern eine Genossenschaft

242

THALEIA

auswählen und ihr die Macht geben. Denn darunter werden auch wir selbst sein. Und die besten Männer müssen doch die besten Entschlüsse fassen.« Megabyzos also brachte diese Meinung vor, als dritter aber legte Dareios seine Meinung dar und sprach:

82. »Megabyzos scheint mir, was er hinsichtlich der Menge sagte, richtig gesprochen zu haben, was er hinsichtlich einer Oligarchie sagte, ist jedoch nicht richtig. Es liegen nämlich drei Möglichkeiten vor uns, und alle, von denen ich spreche, in ihrer besten Form: das Volk in seiner edelsten Form, Oligarchie und Monarchie. Ich behaupte, daß die letztgenannte weitaus hervorragt. Im Vergleich nämlich mit einem einzigen, und zwar dem besten Mann, dürfte nichts besser erscheinen. Wenn er eine solche Gesinnung an den Tag legt, dürfte er ohne Tadel die Menge leiten, während seine Ratschlüsse gegen feindselig gesinnte Männer so am besten verschwiegen bleiben. In einer Oligarchie dagegen pflegen unter den vielen, die der Gesamtheit gegenüber ihre Tüchtigkeit unter Beweis stellen wollen, starke persönliche Feindschaften zu entstehen. Weil nämlich jeder einzelne selbst den Wunsch hat, der Oberste zu sein und mit seinen Anschauungen durchzudringen, geraten sie untereinander in starke Feindschaften. Aus ihnen entstehen Parteiungen, aus den Parteiungen Mord, aus dem Mord pflegt es auf Alleinherrschaft hinauszulaufen, und darin zeigt es sich, um wieviel dies das beste ist. Wenn andererseits wieder das Volk herrscht, dann ist es unmöglich, daß nicht Schlechtigkeit entsteht. Wenn nun gegenüber dem Gemeinwesen Schlechtigkeit entsteht, entstehen zwar unter den Schlechten keine Feindschaften, vielmehr starke Freundschaften; denn die, die das Gemeinwesen schädigen, tun es gemeinsam, indem sie die Köpfe zusammenstecken. Derartiges geschieht, bis einer aus dem Volk hervortritt und dem Treiben dieser Leute ein Ende macht. Infolgedessen wird aber gerade dieser vom Volk bewundert, und bewundert, wie er ist, erscheint er nun als Alleinherrscher. Darin offenbart auch dieser, daß Alleinherrschaft das beste ist. Um mit einem einzigen Wort alles zusammenzufas-

DRITTES BUCH

sen: Woher ist uns die Freiheit gekommen, und wer hat sie gegeben? Vom Volk, von der Oligarchie oder von der Monarchie? Ich habe also die Überzeugung, daß wir durch einen einzigen Mann frei geworden sind und das bewahren müssen. Abgesehen davon dürfen wir die von den Vätern überkommenen Satzungen nicht beseitigen, weil sie gut sind. Denn das wäre nicht besser.«

83. Diese drei Meinungen lagen also vor, aber vier von den sieben Männern schlossen sich der letzten an. Als aber Otanes mit seiner Meinung, durch die er den Persern Gleichheit vor dem Gesetz zu schaffen bemüht war, unterlag, sprach er zu ihnen folgendes: »Männer, Genossen! Es ist ja doch offenbar, daß ein einziger von uns König werden muß, sei es, daß er sein Amt durch das Los erlangt oder daß wir die Wahl der Menge der Perser überlassen oder sei es auf irgendeine andere Art. Ich will jedenfalls mit euch nicht streiten. Weder will ich nämlich herrschen noch mich beherrschen lassen. Unter der Bedingung aber trete ich von der Herrschaft ab, daß ich künftig von keinem von euch beherrscht werde – weder ich selbst noch meine jeweiligen Nachkommen.« Als die Sechs sich nach diesen seinen Worten unter dieser Bedingung einigten, trat dieser nicht mehr gegen sie auf, sondern ging aus ihrer Mitte abseits. Auch heute noch besteht dieses Haus und ist das einzig freie unter den Persern. Es steht nur insoweit unter einer Herrschaft, als es dies selbst will, ohne die Gesetze der Perser zu übertreten.

84. Die übrigen aber gingen mit sich zu Rate, wie sie am besten den König bestellen sollten. Und sie beschlossen, wenn ein anderer unter den Sieben[56] zur Königswürde gelangte, so sollten Otanes und jeder seiner Nachkommen Ehrengaben empfangen, nämlich jedes Jahr ein medisches Gewand[57] und alles, was zur höchsten Ehrengabe der Perser gehört, weil jener zuerst den Anschlag gemacht und sie verbündet hatte. Für alle anderen aber sollte gelten, daß jeder von ihnen, ohne sich anmelden zu müssen, im Königspalast aus- und eingehen dürfe, wenn nicht gerade der König bei einem Weibe schliefe, und der König dürfe kein Gemahl nehmen außer von den Töch-

tern der Mitverschworenen. Über die Königswahl selber aber faßten sie folgenden Beschluß: Wessen Roß bei Aufgang der Sonne zuerst wiehere, wenn sie in der Vorstadt aufsäßen, der solle die Königsherrschaft haben.

85. Nun hatte Dareios zum Stallmeister einen schlauen Mann; Oibares war sein Name. Zu diesem sagte er, nachdem sie auseinandergegangen waren: »Oibares! wir haben über die Königswürde folgendermaßen beschlossen. Wessen Roß zuerst bei Aufgang der Sonne wiehert, während wir aufsitzen, der soll sie haben. Wenn du also einen klugen Rat weißt, so sag mir das Mittel, durch das wir diese Ehre gewinnen und kein anderer.« Da antwortete ihm Oibares: »O Herr! Wenn es nur daran liegt, ob du König werden sollst oder nicht, so sei getrost und guten Mutes, denn kein anderer als du wird König werden; so gewiß sind meine Mittel.« Dareios sagte: »Weißt du ein solches Mittel, so ist es Zeit, es anzurichten und nicht zu zögern, denn morgen früh soll es entschieden werden.« Nun tat Oibares folgendes. Als die Nacht kam, nahm er eine von den Stuten, die dem Rosse des Dareios besonders lieb war, führte sie hinaus vor die Stadt und band sie an, danach holte er auch den Hengst herbei, führte ihn des öfteren so nahe um die Stute herum, daß er sie streifte; zuletzt ließ er ihn aufsteigen.

86. Als der Morgen dämmerte, erschienen die sechs anderen, wie sie verabredet hatten, auf ihren Rossen, und ritten durch die Vorstadt, und da sie an die Stelle kamen, wo in der vergangenen Nacht die Stute angebunden gewesen war, lief das Roß des Dareios heran und wieherte. Und während das Roß noch wieherte, fiel ein Blitz aus heiterem Himmel und ein Donnerschlag. Und diese Zeichen[58], die über ihm geschahen, als wäre es so verabredet gewesen, bestätigten des Dareios Wahl, und die anderen sprangen von ihren Rossen, beugten sich vor ihm und beteten ihn an.

87. So erzählen die einen die List des Oibares; nach anderen aber – denn die Perser berichten es auf zweierlei Weise – faßte er mit der Hand in das Geschlechtsteil der Stute und verbarg sie darauf in den Hosen; als aber mit Aufgang der Sonne der

DRITTES BUCH

Ritt beginnen sollte, zog er sie hervor und hielt sie dem Roß des Dareios an die Nüstern, und wie es sie roch, begann es zu schnauben und zu wiehern.

88. So wurde also Dareios, Hystaspes' Sohn, zum König gewählt, und es waren ihm außer den Arabiern alle Völker Asiens untertan[59], die Kyros und nachher wiederum Kambyses unterworfen hatte. Die Arabier aber waren den Persern niemals als Knechte untertan, sondern waren ihre Gastfreunde geworden, als sie damals Kambyses gegen Ägypten Durchzug gewährten. Denn ohne Willen der Arabier hätten die Perser nicht nach Ägypten eindringen können. Zu seinen Frauen nahm Dareios zwei Perserinnen, die Töchter des Kyros, Atossa und Artystone, von denen die eine, Atossa[60], schon vorher die Frau ihres Bruders Kambyses und nachher des Magers gewesen war. Artystone[61] aber war noch Jungfrau. Ferner heiratete er noch eine Tochter des Smerdis, des Sohnes des Kyros, mit Namen Parmys.[62] Auch nahm er des Otanes Tochter[63] zur Frau, die den Mager entlarvt hatte. Und alles war erfüllt von seiner Macht und Herrlichkeit. Da ließ er zuerst eine steinerne Bildtafel anfertigen und aufrichten; darauf war ein Reiter dargestellt und eine Inschrift beigefügt, die lautete: »Dareios, Hystaspes' Sohn, hat sich zum König der Perser gemacht mit Hilfe seines Rosses (hier folgte der Name) und Oibares', seines Stallmeisters.«

89. Dies tat er in Persien. Danach[64] richtete er zwanzig Provinzen ein oder Satrapien[65], wie die Perser sie nennen, und setzte Statthalter über sie ein und verordnete, daß sie ihm Steuern zahlten. Mehrere benachbarte Stämme wurden zusammengefaßt, und auch über die nächste Nachbarschaft hinaus wurden die Stämme dieser oder jener Satrapie angeschlossen. Die Provinzen aber und den jährlichen Steuerzins[66] verteilte er auf folgende Weise. Für diejenigen, die Silber zahlten, war verordnet worden, das Talent in babylonischem Gewicht zu entrichten, die aber Gold zahlten, mußten es in euboischem Gewicht[67] entrichten. Das babylonische Talent entspricht achtundsiebzig euboischen Minen. Unter König Kyros nämlich

246

THALEIA

und später unter Kambyses gab es gar keine Steuerverordnung, sondern die Völker brachten freiwillige Gaben dar. Darum nennen die Perser den Dareios, weil er die Steuer auferlegt und anderes eingeführt hat, einen Händler, Kambyses aber einen Herrn und Kyros einen Vater, jenen, weil er mit allem einen Handel trieb, den anderen, weil er hart war und um ihr Wohl nicht sorgte, den dritten aber, weil er milde und nur auf ihre Wohlfahrt bedacht war.

90. Von den Ionern, den asiatischen Magneten, den Aiolern, den Kariern, Lykiern, Milyern und Pamphylern, die zusammen einen Steuerkreis bildeten, gingen vierhundert Talente Silber ein. Dies war der erste[68] der von ihm eingerichteten Kreise. Von den Mysern, Lydern, Lasoniern, Kabaliern und Hytennern fünfhundert Talente. Dies war der zweite Kreis.[69] Von den Hellespontiern zur Rechten der Einfahrt, von den Phrygern, den asiatischen Thraken, den Paphlagonen, Mariandynern und Syriern betrug die Steuer dreihundertundsechzig Talente. Dies war der dritte Kreis.[70] Von den Kiliken dreihundertsechzig weiße Rosse, je eines auf jeden Tag[71], und dazu fünfhundert Talente. Von diesen wurden hundertvierzig Talente auf die Reiterei verwendet, die das kilikische Land bewachte, die anderen dreihundertundsechzig kamen in die Hand des Dareios. Dies war der vierte Kreis.

91. Von der Stadt Posideion an, die Amphilochos, Amphiaraos' Sohn, an den Grenzen von Kilikien und Syrien gegründet hat, bis Ägypten, ausgenommen das Gebiet der Arabier, das steuerfrei war, wurden dreihundertundfünfzig Talente als Steuer erhoben. In diesem Kreis liegt ganz Phoinikien und das palästinische Syrien und Kypros. Dies ist der fünfte Kreis.[72] Von Ägypten und von den Libyern, die an Ägypten grenzen, und von Kyrene und Barke[73] (diese Städte waren dem ägyptischen Kreise angeschlossen) gingen siebenhundert Talente ein, abgesehen von dem Geld, das aus dem Moirissee von den Fischen einkam. Außer diesem Geld und dem gelieferten Getreide gingen weitere siebenhundert Talente ein. Nämlich für den Unterhalt der Perser, die auf der Weißen Burg wohnen, und

DRITTES BUCH

ihrer Söldner liefern sie hundertundzwanzigtausend Scheffel Getreide. Dies war der sechste Kreis.[74] Die Sattagyden, Gandarier, Dadiken und Aparyten, die zu derselben Gruppe gerechnet wurden, zahlten hundertsiebzig Talente. Dies war der siebte Kreis.[75] Von Susa und dem übrigen Land der Kissier kamen dreihundert. Dies war der achte Kreis.[76]

92. Von Babylon und dem übrigen Assyrien kamen ihm tausend Talente und fünfhundert verschnittene Knaben ein. Dies war der neunte Kreis.[77] Von Agbatana und dem übrigen medischen Land, von den Parikaniern und Orthokorybantiern vierhundertundfünfzig Talente. Dies war der zehnte Kreis.[78] Die Kaspier, Pausiken, Panthimather und Dareiten brachten zusammen zweihundert Talente auf. Dies war der elfte Kreis.[79] Von den Baktrianern bis zu den Aiglern betrug die Steuer dreihundertundsechzig Talente. Dies war der zwölfte Kreis.[80]

93. Von den Paktyern, den Armeniern und den angrenzenden Völkern bis zum Pontos Euxeinos wurden ihm vierhundert Talente entrichtet. Dies war der dreizehnte Kreis.[81] Von den Sagartiern, Sarangen, Thamanaiern, Utiern und Mykern und den Bewohnern der Inseln im Roten Meer, wo der König die sogenannten Vertriebenen wohnen läßt, von allen diesen betrug die Steuer sechshundert Talente. Dies war der vierzehnte Kreis.[82] Die Saken und Kaspier brachten zweihundertfünfzig Talente auf. Dies war der fünfzehnte Kreis.[83] Die Parther, Chorasmier, Sogder und Areier dreihundert Talente. Dies war der sechzehnte Kreis.[84]

94. Die Parikanier und die asiatischen Aithiopen brachten vierhundert Talente. Dies war der siebzehnte Kreis.[85] Die Matiener, Saspeiren und Alarodier mußten zweihundert Talente zahlen. Dies war der achtzehnte Kreis.[86] Den Moschern, Tibarenern, Makronen, Mossynoiken und Maren waren dreihundert Talente auferlegt. Dies war der neunzehnte Kreis.[87] Die Inder sind von allen Völkern, die wir kennen, das zahlreichste und so entrichteten sie auch eine größere Steuer als alle anderen, nämlich dreihundertundsechzig Talente Staubgold. Das war der zwanzigste Kreis.[88]

248

THALEIA

95. Das babylonische Silber, auf das euboische Talent umge-
rechnet, beträgt neuntausendachthundertachtzig Talente. Rechnet man das Gold dreizehnfach[89], so entspricht der Wert des
Staubgoldes gleich viertausendsechshundertachtzig euboiischen
Talenten. Dies alles zusammengenommen, beträgt die ganze
Summe, die für Dareios als jährliche Steuer aufgebracht wurde,
vierzehntausendfünfhundertsechzig Talente, ohne die kleineren Summen, die ich nicht einrechne.

96. Das war die Steuer, die Dareios aus Asien und einem
kleineren Teil Libyens zog. In der folgenden Zeit kam dazu
noch eine weitere Steuer von den Inseln und von den Völkern
Europas bis nach Thessalien. Dieses Steuergeld verwahrt der
König so, indem er es einschmilzt und in irdene Gefäße gießen
läßt. Ist so ein Gefäß voll, so wird die irdene Schale weggenommen. Wenn er Geld braucht, schlägt er davon ab, soviel er
gerade nötig hat.

97. Dies waren die Provinzen und die Steuerlasten. Nur
Persien habe ich nicht als steuerpflichtig aufgezählt; denn das
Land der Perser ist frei von jeglicher Abgabe. Dagegen kommen noch die Völker hinzu, die zwar nicht steuerpflichtig sind,
aber freiwillige Gaben bringen. Das sind die Aithiopen an den
Grenzen Ägyptens, die Kambyses auf seinem Zug gegen die
langlebigen Aithiopen unterworfen hatte, ferner die, welche
bei dem heiligen Berg Nysa wohnen und die Dionysosfeste
feiern. Diese beide zusammen brachten jedes Jahr Geschenke
bis auf meine Zeit dar, zwei Choiniken gediegenen Goldes,
zweihundert Stämme Ebenholz, fünf aithiopische Knaben und
zwanzig große Elefantenzähne. Die Kolcher gehörten auch zu
denen, die freiwillige Gaben darbrachten, wie ihre Nachbarn
bis zum Gebirge Kaukasis – denn bis dahin reicht der Perser
Macht, was aber vom Kaukasis weiter gen Norden wohnt, das
kümmert die Perser nicht mehr –, und brachten die bestimmten Gaben bis auf meine Zeit, alle vier Jahre hundert Knaben
und hundert Mädchen. Die Arabier schließlich brachten alljährlich tausend Talente Weihrauch. Dies sind die Geschenke,
die dem König dargebracht wurden, außer den Steuern.

DRITTES BUCH

98. Jene große Menge Goldes, von der die Inder dem König das Staubgold liefern, gewinnen sie auf folgende Weise. Derjenige Teil des indischen Landes, der gen Osten liegt, ist eine Sandwüste.[90] Denn von allen Völkern Asiens, von denen wir wissen und eine sichere Kunde haben, wohnen die Inder am weitesten gen Osten. Und was ostwärts der Inder liegt, ist eine öde Sandwüste. Es gibt aber viele Völker in Indien, die nicht alle dieselbe Sprache reden. Die einen sind Nomaden, die anderen nicht, andere wieder wohnen in den Niederungen des Flusses und essen rohe Fische, die sie von ihren Bambusbooten aus fangen. So ein Boot wird aus dem Absatz einer Bambusstaude[91] gefertigt. Diese Inder tragen eine Kleidung aus Binsen, die sie im Fluß schneiden und weich schlagen und daraus ein korbartiges Geflecht machen, das sie wie einen Panzer überziehen.

99. Ostwärts von diesen wohnen andere, die als Nomaden leben und sich von rohem Fleisch ernähren; sie heißen Padaier. Von ihnen wird folgender Brauch berichtet. Erkrankt einer aus ihrem Stamm, sei es Weib oder Mann, so kommen, wenn es ein Mann ist, seine nächsten Freunde und erwürgen ihn, weil sonst, wie sie sagen, die Krankheit sein Fleisch verzehre, so daß es ihnen verlorengeht. Und so sehr er leugnet, er sei gewiß nicht krank, lassen sie sein Leugnen doch nicht gelten, sondern würgen und verspeisen ihn. Und ist es ein Weib, die erkrankt ist, so verfahren mit ihr die Weiber, die ihr am nächsten sind, ebenso wie die Männer mit einem Mann. Wird aber einer sehr alt, so schlachten und verzehren sie ihn ebenfalls. Doch bringen es nicht viele von ihnen so weit, weil schon vorher jeder getötet wird, den eine Krankheit befällt.

100. Bei anderen Indern besteht folgender Brauch. Sie töten nichts Lebendiges, säen nichts, haben keine Häuser, sondern nähren sich vom Gras des Feldes. Dort wächst bei ihnen nämlich wild eine Pflanze, die Hülsenfrüchte von der Größe eines Hirsekorns trägt; diese sammeln, kochen und essen sie samt der Schote. Wird einer krank, so geht er in die Einöde und bleibt da liegen, und es sorgt sich keiner um ihn, ob er gestorben ist, noch ob er krank ist.

250

THALEIA

101. Alle diese Inder, die ich aufgezählt habe, begatten sich vor aller Augen wie das Herdenvieh und haben alle gleiche Hautfarbe wie die Aithiopen. Und ihr Same, womit sie zeugen, ist nicht wie bei den anderen Menschen weiß, sondern schwarz wie die Farbe der Haut. Von solcher Farbe ist aber auch der Same der Aithiopen. Diese Inder wohnen weiter ab von den Persern nach Süden hin, und sie sind zu keiner Zeit dem Dareios untertan gewesen.

102. Wieder andere der Inder wohnen nahe der Stadt Kaspatyros und dem Lande der Paktyer, nördlich von den anderen Indern, und haben eine Lebensweise wie die Baktrier; das sind die streitbarsten von den Indern und eben die, die auch nach dem Golde ausziehen. Dort nämlich liegt eine Gegend, die der Sand unbewohnbar macht, und in dieser Einöde und Sandwüste finden sich große Ameisen[92], nicht so groß wie Hunde, aber größer als Füchse. Man kann sie auch am Hofe des Königs sehen, die hier gefangen worden sind. Diese Ameisen graben sich Wohnungen unter der Erde und bringen dabei den Sand herauf, eben wie die Ameisen, die sich im Hellenenlande finden, denen sie auch ganz gleich sind an Aussehen. Der Sand aber, den sie heraufbringen, ist goldhaltig. Um ihn zu holen, ziehen die Inder in die Wüste, jeder mit einem Gespann von drei Kamelen, rechts und links ein männliches am Leitseil, in der Mitte ein weibliches, auf dem der Jäger reitet, und dazu wählt er mit Bedacht ein solches aus, das möglichst erst geworfen hat und junge Füllen daheim läßt. Denn ihre Kamele stehen den Pferden nicht nach an Schnelligkeit, und außerdem vermögen sie viel mehr Lasten zu tragen.

103. Die Gestalt der Kamele ist den Hellenen bekannt, und ich beschreibe sie darum nicht; doch will ich von einer Eigenschaft des Tieres berichten, die ihnen nicht bekannt ist. An den Hinterbeinen hat das Kamel vier Schenkel und vier Knie, und das Geschlechtsteil läuft zwischen den Hinterbeinen nach dem Schwanze zu.

104. So also gehen die Inder zu Werke und spannen sie die Kamele zusammen, wenn sie nach dem Golde ausziehen, und

DRITTES BUCH

richten die Fahrt so ein, daß sie gerade zur Zeit der brennendsten Hitze das Gold rauben; denn vor der Hitze verkriechen sich die Ameisen in die Erde. Nun brennt bei diesen Völkern die Sonne am heißesten zur frühen Morgenzeit, nicht wie bei den anderen um Mittag, sondern von Sonnenaufgang bis zu der Zeit, da man den Markt verläßt. Während dieser Stunden ist ihre Glut viel stärker als in Hellas zur Mittagszeit, so daß die Leute, wie man erzählt, die Zeit über im Wasser stehen. Um die Mittagszeit ist die Sonnenhitze bei den Indern ebenso stark wie bei den anderen Völkern, und wenn der Tag sich neigt, ist sie bei ihnen wie bei den anderen zur Morgenzeit; dann nimmt sie mehr und mehr ab, bis es endlich bei Sonnenuntergang ganz kühl wird.

105. Sobald nun die Inder an Ort und Stelle angelangt sind, füllen sie die Säcke, die sie mit sich führen, mit dem Sand und reiten dann so geschwind sie können heimwärts, denn die Ameisen erkennen sie sofort am Geruch und sind hinter ihnen her; so erzählen wenigstens die Perser. Sie sollen auch schneller sein als jedes andere Tier, so daß von den Indern keiner entrinnen würde, wenn sie nicht einen Vorsprung gewännen, während die Ameisen sich sammeln. Die beiden männlichen Kamele, welche nicht so rasch laufen könnten wie die weiblichen, binde man dann während der Verfolgung los, jedoch nicht beide zugleich; die weiblichen hingegen, die an ihre daheimgelassenen Jungen dächten, blieben unermüdlich. Auf diese Art gewinnen die Inder den größten Teil ihres Goldes, wie die Perser sagen; ein kleinerer Teil wird in ihrem Lande gegraben.

106. Überhaupt kann man sagen, daß die äußersten Teile der bewohnbaren Erde mit den kostbarsten Dingen ausgestattet sind, wogegen das Hellenenland sich eines Klimas erfreut, das wie kein anderes im schönsten Gleichmaß steht. So ist, wie eben bemerkt, ostwärts Indien das äußerste der bewohnbaren Länder; da sind zunächst die Tiere, Vierfüßler und Geflügel, um vieles größer als anderswo, ausgenommen allein die Rosse, die hinter den medischen oder sogenannten nesaiischen zurück-

THALEIA

stehen. Da findet man ferner das Gold in unendlicher Menge, teils in Gruben, teils herabgeführt von Flüssen, oder auch als Beute der Jagd, wie ich erzählte. Da wächst auf den Bäumen des Waldes eine Art Wolle, schöner und feiner als die der Schafe, und liefert den Indern ihre Kleidung.

107. Im Süden dagegen ist Arabien das äußerste der bewohnbaren Länder. Nur hier wächst der Weihrauch und nirgendwo sonst auf Erden, außerdem Myrrhe, Kasia, Kinamomon und Ledanon.[93] Dies alles aber, außer der Myrrhe, gewinnen die Arabier nicht ohne Mühe. Um Weihrauch zu sammeln, nehmen sie das Harz der Storaxstaude[94], das die Phoiniken nach Hellas ausführen, und räuchern damit. Denn die Bäume, auf denen der Weihrauch[95] wächst, werden von geflügelten Schlangen[96] bewacht, die, klein an Größe und buntfarbig an Aussehen, in großer Zahl jeden einzelnen Baum besetzt halten. Es sind eben jene Schlangen, die in großen Scharen nach Ägypten ziehen. Es gibt kein anderes Mittel, sie zu vertreiben, als den Rauch des Storax.

108. Auch die Arabier meinen, diese Schlangen würden die ganze Erde erfüllen, wenn es ihnen nicht so erginge, wie ich es von den Ottern weiß. Auch hat ja, wie es scheint, die göttliche Voraussicht, wie man es von ihrer Weisheit auch erwarten muß, solche Tiere, die feig an Mut und zugleich eßbar sind, allesamt fruchtbar gemacht, damit es uns nicht an Nahrung fehle, die gewaltigen aber und schädlichen Tiere dagegen wenig fruchtbar. So zum Beispiel der Hase: Alles stellt ihm nach, Tier und Vogel und Mensch, aber wie stark vermehrt er sich! Der Hase ist das einzige Tier, das noch empfängt, wenn es schon trächtig ist, so daß von den Jungen in seinem Bauch das eine bereits behaart, das andere noch kahl ist, während ein drittes sich erst in der Gebärmutter bildet und ein viertes endlich eben empfangen wird. So fruchtbar ist dies Tier. Dagegen die Löwin, als ein Tier von gewaltiger Stärke und Kühnheit, gebiert nur einmal in ihrem Leben und auch nur ein Junges; denn wenn sie gebiert, geht zugleich mit dem Jungen auch die Gebärmutter ab. Und das hat folgende Ursache. Wenn das

253

DRITTES BUCH

Löwenjunge in der Mutter sich zu regen beginnt, so zerkratzt
es die Gebärmutter mit seinen Klauen, die um vieles schärfer
sind als bei irgend einem anderen Tier; und je mehr es wächst,
um so tiefer reißt und bohrt es, so daß, wenn die Geburt
herannaht, sie ganz zerstört ist.

109. Ähnlich ist es mit den Ottern und geflügelten Schlangen in Arabien. Wenn sie sich in der Art der anderen Schlangen
fortpflanzten, könnten die Menschen nicht bestehen. So aber,
wenn sie sich paaren und das Männchen eben den Samen läßt
und zeugt, so packt das Weibchen seinen Hals, beißt sich fest
und läßt nicht los, bis es ihn durchgebissen hat. Auf diese Art
geht das Männchen zugrunde, aber auch das Weibchen muß
dafür büßen; denn die Jungen in seinem Bauch rächen den
Vater, indem sie ihm den Leib zerfressen und dann auskriechen. Die anderen Schlangen hingegen, die den Menschen
nicht schädigen, legen Eier und brüten eine große Menge
Junge aus. Die Otter lebt überall auf der Erde; die Schlangen
aber, obgleich sie beflügelt sind, halten sich beisammen und
finden sich nur in Arabien, nirgend sonst, weshalb man denkt,
daß sie sehr zahlreich seien.

110. Auf die beschriebene Art gewinnen die Arabier den
Weihrauch, anders aber die Kasia. Um Kasia zu gewinnen,
verhüllen sie mit Rindshäuten und anderen Fellen den ganzen
Leib und das Gesicht bis nahe an die Augen. Denn die Kasia
wächst in einem See von nicht großer Tiefe, aber an seinen
Rändern und in ihm hausen geflügelte Tiere, vergleichbar den
Fledermäusen, die schrecklich zischen und sich kühn zur Wehr
setzen. Vor diesen müssen sie ihre Augen hüten, wenn sie die
Kasia pflücken.

111. Noch seltsamer ist die Art, wie sie das Kinamomon[97]
sammeln. Wo es wächst und welches Land es hervorbringt,
wissen sie nicht zu sagen, sie meinen aber und mögen darin
auch Recht haben, es wachse in jenen Gegenden, wo Dionysos
erzogen wurde. Sie erzählen, daß diese trockenen Stengel, die
wir mit phoinikischem Namen Kinamomon nennen, von großen Vögeln in ihre Nester getragen würden, die aus Lehm an

schroffe Felsen angeklebt und für Menschen unzugänglich
seien. Darum gehen die Arabier mit einer List zu Werke. Sie
zerlegen die gefallenen Rinder, Esel und sonstiges Vieh in
möglichst große Stücke und schaffen sie in jene Gegend, legen
sie nahe zu den Nestern und gehen dann weit fort. Dann
kommen die Vögel herabgeflogen und tragen die Fleisch-
stücke hinauf in ihre Nester; diese können aber die Last nicht
tragen, brechen und stürzen herab. Da laufen die Arabier herbei und sammeln das Kinamomon, und von ihnen gelangt es in
die übrigen Länder.

112. Noch verwunderlicher aber ist die Art, wie man das
Ledanon gewinnt, das bei den Arabiern Ladanon heißt. Denn
es findet sich an dem stinkendsten Ort und ist doch selber
etwas sehr Wohlriechendes. Es findet sich in den Bärten der
Ziegenböcke und entsteht wie die klebrige Feuchtigkeit am
Holz. Es wird zu vielen Salben verwendet, und den Arabiern ist
es das liebste Räucherwerk.

113. Soviel über die Wohlgerüche, von denen das Land
Arabien einen wundersüßen Duft verbreitet. Außerdem findet
man dort zwei Arten von Schafen, die staunenswert sind und
nirgends sonst angetroffen werden. Die eine Art hat lange
Schwänze, mindestens drei Ellen lang. Ließe man zu, daß sie
diese Schwänze nachschleppen, so würden sie sich am Boden
wund reiben. Darum fertigen die Hirten, die sich alle soviel
aufs Zimmern verstehen, kleine Wägelchen an und binden
den Schwanz eines jeden Schafes auf je ein besonderes Wägelchen. Die andere Art der Schafe hat Schwänze, die wohl bis zu
einer Elle breit sind.

114. Im Südwesten ist Aithiopien das äußerste Land der
Erde. Dies trägt Gold in Menge und Elefanten von gewaltiger
Größe, da wachsen alle Arten von wilden Bäumen, da ist der
Ebenholzbaum, da leben die größten, die schönsten und die
ältesten Menschen.

115. Dies also sind die Grenzländer in Asien und in Libyen.
Von den Grenzländern Europas gen Westen vermag ich dagegen nichts Sicheres zu berichten. Denn das kann ich nicht

DRITTES BUCH

glauben, daß es einen Fluß gebe, den die Barbaren Eridanos[98] nennen und der in das Nordmeer fließe, von dem der Bernstein herkommen soll; auch weiß ich nichts von den Zinninseln[99], von denen das Zinn zu uns gebracht wird. Denn zum einen gibt schon der Name Eridanos zu erkennen, daß er hellenisch, nicht barbarisch ist, und von einem Dichter stammt, und ferner kann ich, trotz aller Mühe, von keinem Augenzeugen erfahren, ob jenseits Europas noch ein Meer liege.

Soviel jedoch ist gewiß, daß das Zinn ebenso wie der Bernstein[100] uns aus fernstem Lande zugeführt wird.

116. Auch dies ist gewiß, daß sich im Norden Europas weitaus das meiste Gold findet; wie es gewonnen wird, vermag ich wieder nicht zu sagen. Zwar geht die Sage, daß Arimaspen, einäugige Menschen, es den Greifen entwenden. Aber ich lasse mir nicht einreden, daß es Menschen gebe mit nur einem Auge und doch im übrigen aussehen sollen wie andere Menschen. Eines jedoch erkennt man daraus, daß die äußersten Länder, die die übrigen umschließen, etwas enthalten, was uns für das Kostbarste und Seltenste gilt.

117. Es liegt aber in Asien eine Ebene[101], die rings umschlossen ist von einem Gebirge, und das Gebirge hat fünf Spalten. Sie gehörte vordem den Chorasmiern und liegt an den Grenzen eben dieser Chorasmier, der Hyrkanier, Parther, Sarangen und Thamanaier; aber seitdem die Perser herrschen, gehört sie dem König. Von dem Gebirge, das sie umschließt, entströmt ein großer Fluß; Akes ist sein Name. Der war früher in fünf Arme geteilt und bewässerte die genannten Länder, indem sich aus jeder der fünf Bergspalten ein Arm ergoß. Seitdem diese aber den Persern untertan sind, hat sich ihre Lage verändert. Denn der König ließ die Bergspalten versperren und vor jeder Spalte eine Schleuse bauen; so ist dem Wasser der Ausfluß verschlossen, und die Ebene innerhalb des Gebirges bildet einen See, denn der Fluß strömt in sie hinein und hat nirgends einen Ausgang. Da sind nun die Leute, die vordem das Wasser benutzten und es nun nicht mehr benutzen dürfen, ständig in großer Not. Zwar sendet ihnen in der Winterzeit der Gott

256

THALEIA

Regen wie den anderen Menschen, aber im Sommer, wenn sie
die Saat von Hirse und Sesam bestellen, brauchen sie das
Wasser. Gewährt man es ihnen nicht, so ziehen sie, Männer
und Weiber, nach Persien, stellen sich vor die Pforten des
Königs und schreien und heulen; dann läßt der König für
diejenigen, die es am dringendsten benötigen, die Schleuse
öffnen, die zu ihrem Lande führt, und nachdem das Land
Wasser genug getrunken hat, wird diese Schleuse wieder
geschlossen und wieder eine andere geöffnet für diejenigen,
die es nach jenen am nötigsten haben. Und wie ich mir habe
erzählen lassen, läßt sich der König für das Öffnen der Schleu-
sen viel Geld zahlen neben der Steuer.

Soviel von diesen Dingen.

118. Einen von den Sieben, die sich gegen den Mager erhoben hatten, Intaphernes, ereilte bald nach ihrem Aufstand der
Tod wegen eines Frevels, den er verübte. Er wollte eines Tages
in die Königsburg eintreten, um mit dem König über eine
Sache zu sprechen. Denn so war ja auch das Gesetz: jeder der
Sieben sollte Zutritt haben zum König ohne Anmeldung,
sofern nicht gerade der König bei einer seiner Frauen liege.
Darum wünschte Intaphernes nicht, sich anmelden zu lassen,
sondern wollte als einer der Sieben eintreten. Aber der Torhüter und der Einmelder[102] widersetzten sich und sagten, der
König liege bei einer seiner Frauen. Das hielt Intaphernes für
eine Lüge, zog sein Schwert und hieb ihnen Ohren und Nasen
ab, reihte diese auf den Zügel seines Rosses, band sie ihnen um
den Nacken und ließ sie gehen.

119. In diesem Zustand zeigten sie sich dem König und
erzählten ihm die Ursache ihres Leides. Darüber geriet der
König in Furcht, daß die Sechs sich möglicherweise miteinander dazu verabredet haben, und ließ darum jeden einzeln zu
sich kommen und erforschte ihre Meinung, ob sie das Geschehene billigten. Als er nun erfuhr, daß Intaphernes ohne ihre
Zustimmung gehandelt hatte, ließ er ihn mit allen seinen
Söhnen und Verwandten ergreifen in der festen Meinung, daß
er mit seiner Sippe auf Empörung sinne, und ließ sie ins Gefäng-

nis zur Hinrichtung bringen. Da ging des Intaphernes Weib vor das Tor des Königs, um zu weinen und zu jammern, und hörte nicht eher auf, als bis der König sich ihrer erbarmte und einen Boten sandte und ihr sagen ließ: »O Weib, König Dareios gestattet dir, einen von deinen gefangenen Verwandten zu erlösen, den von allen du dazu erwählst.« Da überlegte sie und antwortete: »Nun wohl, will mir der König das Leben eines Verwandten schenken, so wähle ich aus allen meinen Bruder.« Als Dareios diese Antwort vernahm, verwunderte er sich, sandte noch einmal und ließ ihr sagen: »O Weib, der König fragt dich, warum du deinen Mann und Kinder sterben läßt und lieber deines Bruders Leben begehrst, der dir doch ferner steht als deine Söhne und nicht so teuer ist als dein Mann?« Da erwiderte sie: »O König, einen Mann mag ich noch wieder bekommen, so es Gott gefällt, und andere Kinder, wenn ich diese verliere; da mir aber Vater und Mutter nicht mehr leben, so kann ich auf keine Weise einen anderen Bruder bekommen. Daran dachte ich, als ich so sprach.« Dem König aber gefiel die Antwort so, daß er ihr zu Liebe nicht nur den einen freigab, für den sie bat, sondern auch ihren ältesten Sohn, alle anderen aber ließ er hinrichten. Auf diese Weise verlor gleich zu Anfang einer der Sieben das Leben.

120. Ungefähr zu der Zeit, als Kambyses krank war, ereignete sich folgendes. Oroites, ein Perser, schon von Kyros zum Statthalter über Sardis gesetzt, faßte in seinem Herzen den Entschluß zu einer abscheulichen Tat. Polykrates, der Samier, hatte ihn noch nie gekränkt, weder mit der Tat noch mit bösen Worten, ja er hatte ihn nie zuvor gesehen, und doch trachtete Oroites danach, ihn zu fangen und zu töten. Das geschah, wie die meisten erzählen, aus folgender Ursache. Einst saß Oroites mit einem anderen Perser namens Mitrobates, der im Bezirk von Daskyleion Statthalter war, vor der Tür des Königs; und wie sie miteinander sprachen, entstand unter ihnen ein Zwist, und sie stritten, wer von ihnen der Tapferste sei. Da verhöhnte ihn Mitrobates und rief: »Du willst ein Mann sein und hast doch dem König die Insel Samos nicht dazugewonnen, die so

THALEIA

nahe bei deiner Satrapie liegt und doch so leicht zu bezwingen ist, die einer der Eingeborenen während eines Aufstandes mit nur fünfzehn Mann in seine Hand gebracht hat und jetzt als ihr Tyrann beherrscht!« Als Oroites solchen Vorwurf hörte, fühlte er sich bitter gekränkt und dachte nicht etwa, sich an dem zu rächen, der ihm den Vorwurf gemacht hatte, sondern Polykrates auf jede nur denkbare Weise zu vernichten, um dessentwillen ihm die Kränkung widerfahren war. So wenigstens lautet die verbreitetste Erzählung.

121. Nach einer anderen, weniger verbreiteten soll Oroites einst einen Herold wegen irgendeiner Bitte nach Samos gesendet haben; die Sache selber, die es betraf, wird nicht gemeldet. Polykrates lag gerade auf seinem Ruhebett im Saale und hatte den Anakreon[103] aus Teos bei sich. Sei es nun aus Vorbedacht, weil er die Macht des Oroites gering achtete, oder auch daß der Zufall es so fügte, genug, während der Herold des Oroites eintrat und zu ihm redete, wandte sich Polykrates, der eben der Wand zugekehrt lag, weder nach ihm um, noch gab er ihm eine Antwort.

122. Das sind die beiden Ursachen, die man vom Tod des Polykrates erzählt, und jeder mag nun glauben, welche ihm gefällt. Genug, Oroites, der seinen Sitz in der Stadt Magnesia am Maiandros hatte, sandte den Lyder Myrsos, Gyges' Sohn, an Polykrates nach Samos mit einer Botschaft; denn es war ihm bekannt geworden, was jener im Sinn trug. Polykrates nämlich war, soweit wir wissen, der erste Hellene, der nach der Herrschaft des Meeres trachtete, wenn wir absehen von Minos, dem Knossier, und wer sonst etwa noch vor diesem das Meer beherrscht hat; von dem Geschlecht der Menschen aber, wie wir es nennen, war Polykrates der erste. Er wollte sich zum Herrn über Ionien und über die Inseln machen. Davon hatte Oroites Kunde erhalten und schickte ihm deshalb folgende Botschaft: »Also spricht Oroites zu Polykrates. Ich höre, daß dein Sinn nach hohen Dingen steht, daß du aber nicht Geld genug hast, um deine Absichten auszuführen. So tu nun, wie ich dir rate, und du wirst dich selber erhöhen und zugleich

auch mich erretten. Denn ich habe sichere Kunde, daß mir König Kambyses nach dem Leben trachtet. So hole mich fort von hier samt meinen Schätzen, von denen du die eine Hälfte für dich behalten, die andere aber mir lassen mögest; dann wirst du, soweit es vom Gelde abhängt, Herr von ganz Hellas werden. Wenn dir aber nicht glaubhaft erscheint, was ich dir von meinen Schätzen sage, so sende einen, der dir am ergebensten ist, damit ich sie ihm zeige.«

123. Dem Polykrates gefiel dieser Antrag und er war dazu bereit, denn es verlangte ihn sehr nach den Schätzen. Deshalb schickte er zunächst, um sie zu besehen, einen seiner Mitbürger, Maiandrios, des Maiandrios Sohn, der sein Schreiber war. Es war derselbe, der nicht lange nach dieser Zeit all den kostbaren und sehenswerten Schmuck, womit der Saal des Polykrates verziert war, in den Tempel der Hera gestiftet hatte. Als nun Oroites erfuhr, daß ein Kundschafter zu ihm kommen würde, füllte er acht Truhen mit Steinen bis nahe zum Rand, oben aber auf die Steine legte er Gold und verschloß die Truhen und hielt sie bereit. So sah sie Maiandrios, als er kam, und gab davon Polykrates Nachricht.

124. Dieser machte sich daraufhin selbst auf die Reise, ohne die Warnungen der Seher und seiner Freunde zu beachten. Auch seine Tochter hatte einen schrecklichen Traum gehabt: Sie sah ihren Vater hoch in den Lüften schweben, von Zeus gebadet und von der Sonne gesalbt. Wegen dieses Gesichtes wollte sie nicht zulassen, daß ihr Vater die Reise zu Oroites unternehme; ja noch als er bereits den Fünfzigruderer bestieg, weissagte sie ihm Unheil, und als er ihr drohte, sie sollte, wenn er glücklich heimkehre, noch lange Zeit Jungfrau bleiben, wünschte sie, daß sich das erfüllen möge; denn lieber wollte sie lange Zeit Jungfrau bleiben, als ihren Vater verlieren.

125. So mißachtete Polykrates jeglichen Rat und fuhr hinüber zu Oroites, begleitet von vielen seiner Freunde, darunter auch von Demokedes aus Kroton, Kalliphons Sohn, einem der geschicktesten Ärzte seiner Zeit. In Magnesia aber erlitt Polykrates einen schmählichen Tod, unwürdig des Mannes und

THALEIA

seiner stolzen Gesinnung. Denn außer den Tyrannen von Syrakus[104] verdient keiner der anderen hellenischen Tyrannen an
Glanz und Herrlichkeit mit ihm verglichen zu werden. Und
nachdem ihn Oroites umgebracht hatte auf eine Art, die ich
nicht beschreiben mag, ließ er ihn an den Pfahl schlagen, seine
Begleiter aber, sofern sie Samier waren, entließ er und verlangte nur, sie sollten ihm Dank wissen für ihre Befreiung, die
Fremden aber und die Sklaven ließ er nicht los, sondern hielt
sie als Sklaven bei sich. So erfüllte Polykrates, da er an dem
Pfahle hing, seiner Tochter Traumgesicht; denn er wurde gebadet von Zeus, sooft der Gott es regnen ließ, und wurde gesalbt
von der Sonne, als ihm die Feuchte aus dem Leibe quoll.

126. Das war das Ende des glückgesegneten Polykrates. Aber
nicht lange Zeit danach ereilte auch den Oroites die Strafe, die
er um jenen verdient hatte. Denn nach dem Tod des Kambyses
und der Regierung der Mager blieb er ruhig in Sardis, während
die Perser ihre Herrschaft durch die Meder verloren hatten,
ohne für ihre Sache irgend etwas zu tun; ja er ermordete
während dieser Wirren den Mitrobates, jenen Statthalter in
Daskyleion, der ihm den Vorwurf wegen des Polykrates gemacht
hatte, und desgleichen den Kranaspes, des Mitrobates Sohn,
die beide angesehene Männer waren unter den Persern, und
verübte noch sonstige Frevel aller Art. So ließ er unter anderem
einen Sendboten des Dareios, weil ihm die Botschaft verdrieß-
lich war, auf dem Heimweg auflauern, ihn töten und samt
seinem Roß heimlich auf die Seite schaffen.

127. Als Dareios zur Herrschaft gekommen war, gedachte er,
den Oroites für alle seine Missetaten zu züchtigen und besonders für den Mord, den er an Mitrobates und seinem Sohn
begangen hatte. Doch hielt er es nicht für ratsam, geradewegs
ein Heer gegen ihn zu senden, denn noch war das Reich nicht
befriedet; er selber saß erst seit kurzem auf dem Thron, und er
wußte, daß Oroites über eine nicht geringe Streitmacht gebot.
Er hatte eine Leibwache von tausend Persern und seine Satrapie
umfaßte Phrygien, Lydien und Ionien. Darum schlug Dareios
einen anderen Weg ein. Er berief die angesehensten Perser zu

sich und sprach zu ihnen: »Wer unter euch, Perser, will mir versprechen, diese Sache mit Klugheit auszuführen, ohne Gewalt und ohne Geräusch? Denn wo es der Klugheit bedarf, ist Gewalt nicht am Platze. Wer von euch also will mir den Oroites lebend zur Stelle bringen oder auch ihn töten? Er hat unserer Sache noch nie etwas genützt, sondern nur Böses getan. Zwei von uns, Mitrobates mit seinem Sohn, hat er aus dem Wege geräumt, und die von uns hingesandt werden, um ihn heimzurufen, läßt er umbringen. Unerträglich ist seine Frechheit. Darum muß er sterben, ehe er uns noch größeres Unheil bereitet.«

128. Auf diese Frage des Königs erklärten sich dreißig Männer bereit, die Tat zu vollbringen, und eiferten miteinander, wer es sein sollte. Da ließ sie der König das Los werfen, und das Los traf den Bagaios, Artontes' Sohn. Dieser ließ nun viele Briefe über allerhand Dinge schreiben und mit des Königs Ring versiegeln, und machte sich mit den Briefen auf den Weg nach Sardis. Dort angekommen und vor Oroites geführt, nahm er einen Brief nach dem anderen hervor und gab sie dem königlichen Schreiber, damit er sie vorlese. So einen königlichen Schreiber hat nämlich jeder Statthalter. Mit diesen Briefen aber wollte Bagaios die Leibwächter prüfen, ob sie etwa bereit wären, von Oroites abzufallen. Wie er nun wahrnahm, daß sie große Ehrfurcht vor den Briefen hatten und noch mehr vor dem, was in den Briefen geschrieben stand, reichte er einen anderen Brief hin, in welchem die Worte geschrieben waren: »Perser, euer König Dareios verbietet euch, dem Oroites als Leibwächter zu dienen.« Als sie das hörten, senkten sie die Speere vor ihm. Da faßte Bagaios Mut, weil er sah, daß sie dem Brief gehorchten, und gab dem Schreiber den letzten Brief; darin war geschrieben: »König Dareios gebietet den Persern in Sardis, den Oroites zu töten.« Kaum hatten die Leibwächter dies vernommen, so zogen sie ihre Schwerter und hieben Oroites nieder. So ereilte den Perser Oroites die Strafe für den Mord des Polykrates.

129. Was Oroites an Hab und Gut besaß, wurde hinaufge-

THALEIA

bracht nach Susa, und dort geschah es nicht lange Zeit danach, daß König Dareios auf der Wildjagd beim Absprung vom Pferde sich heftig den Fuß verrenkte, denn der Knöchel war aus den Gelenken gesprungen. Weil er nun schon früher gewohnt war, die berufensten ägyptischen Ärzte an seinem Hofe zu halten, so ließ er sich von ihnen behandeln. Diese suchten den Fuß durch gewaltsames Einrenken wieder einzurichten, machten aber das Übel nur schlimmer. Sieben Tage und sieben Nächte brachte der König unter Schmerzen schlaflos hin. Am achten Tage, als es noch immer so übel mit ihm stand, erzählte ihm einer, der zufällig früher in Sardis davon gehört hatte, von der Geschicklichkeit des Krotoniaten Demokedes. Der König befahl, ihn geschwind herbeizuholen. Man fand ihn irgendwo unter den Sklaven des Oroites, ganz verkommen, und führte ihn, so wie er war, herein zum König, Ketten schleppend und in Lumpen gehüllt.

130. Wie er also vor dem König stand und von ihm gefragt wurde, ob er sich auf die Kunst verstünde, wollte er sich nicht dazu bekennen, denn er fürchtete, wenn er sich offenbare, würde man ihn gar nicht mehr nach Hellas zurücklassen. Aber Dareios erkannte, daß er die Kunst wohl verstünde und nur eine Ausflucht suchte, und befal denen, die ihn hereingeführt hatten, daß sie Geiseln und Stacheln herbeibringen sollten. Da endlich bekannte er und sagte, gründlich verstünde er die Kunst zwar nicht, aber im Umgang mit einem Arzte habe er sich etliche geringe Kenntnisse darin erworben. Als sich aber der König ihm anvertraute, verschaffte er ihm durch hellenische Heilmittel wieder Schlaf und machte ihn in Kürze wieder gesund, da er schon gefürchtet hatte, der Fuß würde nie wieder gerade werden. Darauf beschenkte ihn Dareios mit zwei Paar goldener Fesseln. Da fragte er den König, ob er ihm etwa sein Unglück nun erst recht verdoppeln wolle zum Lohn dafür, daß er ihn gesund gemacht habe? Der König, dem diese Rede gefiel, ließ ihn zu seinen Frauen führen, und die Verschnittenen, die ihn begleiteten, sagten zu den Frauen, dies sei der Mann, der dem König das Leben wiedergegeben habe. Und

DRITTES BUCH

jede der Frauen schöpfte mit der Trinkschale von ihrem Golde in der Lade und beschenkte ihn damit, und so reichlich war die Gabe, daß Skiton, sein Diener, der ihn begleitete und die Goldstücke, die von den Schalen fielen, sammelte, sich einen ganzen Haufen Goldes zusammenlas.

131. Dieser Demokedes war auf folgende Weise aus Kroton zu Polykrates gekommen und ihm anvertraut worden. Er lebte in Kroton in Unfrieden mit seinem Vater, der ein Mann von harter Sinnesart war, bis er es nicht mehr ertragen konnte; da verließ er ihn und ging nach Aigina, wo er seine Kunst übte und schon im ersten Jahr alle anderen Ärzte übertraf, obwohl er ohne Instrumente war und keines der Werkzeuge besaß, die zur Kunst gehören. Im zweiten Jahr nahmen ihn die Aigineten für ihre Stadt um ein Talent in ihre Dienste, im dritten Jahr desgleichen die Athener um hundert Minen, im vierten Jahr Polykrates um zwei Talente. So kam er nach Samos. Und von diesem Mann hauptsächlich hat der Ruhm der krotonischen Ärzte seinen Ausgang genommen. Denn dies geschah eben zu der Zeit, als die krotonischen Ärzte für die besten in Hellas galten, die kyrenaiischen aber für die zweiten. Und um dieselbe Zeit standen die Argeier in dem Rufe, die ersten zu sein in der Musik.

132. In Susa aber besaß Demokedes, nachdem er den König geheilt hatte, ein großes Haus und aß am Tisch des Königs, und es ging ihm auch sonst nichts ab, nur daß er nicht in sein Vaterland zurück durfte. Und als die ägyptischen Ärzte, die den König vorher behandelt hatten, an den Pfahl geschlagen werden sollten, weil sie sich von einem hellenischen Arzt hätten übertreffen lassen, da erbat Demokedes des Königs Gnade für sie und erhielt ihnen das Leben, und ebenso errettete er einen Weissager aus Elis, der auch im Gefolge des Polykrates gewesen und unter den Sklaven ganz vergessen und verkommen war, vor dem Tod. Denn Demokedes stand beim König in hoher Gunst.

133. Nun begab es sich kurze Zeit danach, daß Atossa, Kyros' Tochter und des Königs Gemahl, ein Geschwür bekam auf der

264

THALEIA

Brustwarze, und das Geschwür brach auf und begann weiter zu fressen. Solange es noch kleiner war, hielt sie es aus Scham geheim und sagte keinem etwas davon. Als es aber schlimmer wurde, ließ sie Demokedes rufen und zeigte es ihm. Dieser versprach, er wolle sie heilen, ließ sie aber zuvor schwören, daß sie ihm dafür einen Gefallen erweisen sollte. Unziemliches werde er nicht von ihr verlangen.

134. Als sie nun durch seine Mittel wieder geheilt war, begann sie in einer Nacht, wie es ihr Demokedes eingegeben hatte, folgendermaßen zum König zu reden: »O König, so groß ist deine Macht, und doch sitzest du müßig und gewinnst den Persern kein neues Land, noch neue Macht hinzu. Ein Mann wie du, der noch jung ist an Jahren und über große Schätze gebietet, sollte hervortreten und etwas Großes vollbringen; so würden die Perser erkennen, daß ein Mann über sie herrsche. Ja zweifach wäre der Gewinn, nicht nur daß die Perser erkennen würden, daß ein Mann an ihrer Spitze stehe, sondern auch daß sie ihre Kraft verzehrten im Krieg und keine Zeit fänden, Anschläge gegen dich zu schmieden. Jetzt, solange du jung bist an Jahren, magst du wohl noch ein großes Werk vollbringen; denn wie die Kraft des Geistes zunimmt mit dem Leibe, so nimmt sie auch mit ihm ab, wenn er alt wird[105], und wird untüchtig zu jeglichem Werke.« So sprach sie, wie es ihr eingegeben worden war; der König aber erwiderte ihr: »Alles, was du mir da sagst, hatte ich schon selber vor, zu tun. Ich will eine Brücke schlagen von diesem Festland auf das andere und einen Heereszug machen gegen die Skythen, und das soll in Kürze vollbracht werden.« Da sagte Atossa: »Erwäge, o König, laß den Zug gegen die Skythen fürs erste; die werden dein sein, wann du willst. Nein, gegen die Hellenen solltest du ziehen. Man hat mir von den Frauen in Lakedaimon, Argos, Athen und Korinth erzählt; solche wünsche ich mir zu Dienerinnen. Auch hast du ja einen Mann, der besser als alle geeignet ist, dir überall im Hellenenlande ein Wegweiser und Führer zu sein, nämlich der, welcher deinen Fuß geheilt hat.« Dareios antwortete: »Wenn du meinst, daß wir es zunächst mit

265

DRITTES BUCH

den Hellenen versuchen sollen, so wird es ratsam sein, zunächst einmal mit dem Mann, von dem du sprichst, etliche Perser als Späher hinzuschicken, die alles erforschen und uns genaue Nachricht bringen sollen. Bin ich dann wohl unterrichtet, so werde ich sie angreifen.«

135. Sprach's, und gesagt getan. Kaum dämmerte der Tag, so ließ er fünfzehn angesehene Perser zu sich rufen und trug ihnen auf, unter der Führung des Demokedes die Küstenstriche in Hellas zu befahren; doch sollten sie darauf achten, daß Demokedes ihnen nicht entwische, sondern ihn auf jeden Fall wieder mitbringen. Hierauf ließ er Demokedes kommen und bat ihn, er solle seinen persischen Begleitern das ganze Hellenenland zeigen und dann zu ihm zurückkehren; seinen Hausrat möchte er mitnehmen zum Geschenk für seinen Vater und seine Brüder, es solle ihm später vielfach ersetzt werden; außerdem wolle er selber zu diesem Geschenk noch ein Lastschiff geben, mit Gütern aller Art beladen, das ihn begleiten solle. Dareios hatte, wie ich glaube, bei diesem Anerbieten nichts Böses im Sinn. Demokedes aber fürchtete, der König tue es, um ihn zu versuchen, und griff nicht hastig danach, die Gaben anzunehmen, sondern erwiderte, seine eigene Habe gedenke er da zu lassen, um sie bei seiner Rückkehr selber zu besitzen, das Lastschiff aber nehme er an, das ihm der König zur Beschenkung seiner Brüder geben wolle. Nachdem also Dareios auch ihm seinen Auftrag erteilt hatte, ließ er sie zur Meeresküste abreisen.

136. So zogen sie hinab nach Sidon in Phoinikien und rüsteten dort zwei Trieren aus und dazu ein großes Frachtschiff mit allerlei Gütern. Als alles bereit war, liefen sie aus gen Hellas. Dort besuchten sie die Ortschaften an den Küsten, besahen und verzeichneten sie, und als sie schon die meisten der namhaften Orte gesehen hatten, kamen sie auch nach der Stadt Tarent in Italien. Hier ließ Aristophilides, der Fürst der Tarentiner, aus Gefälligkeit gegen Demokedes nicht nur die Steuerruder von den medischen Schiffen nehmen, sondern auch die Perser selbst als Kundschafter ergreifen und einschließen. In

THALEIA

der Zwischenzeit aber, als jenen solches widerfuhr, entwich Demokedes nach Kroton, seiner Vaterstadt, und erst nachdem er dort angekommen war, ließ Aristophilides die Perser wieder frei und gab ihnen zurück, was er von den Schiffen entnommen hatte.

137. Da machten sich die Perser auf, dem Demokedes nachzusetzen, und fuhren nach Kroton, und als sie ihn dort unter dem Volk auf dem Markte fanden, wollten sie ihn greifen. Ein Teil der Einwohner war bereit, ihn hinzugeben aus Angst vor der Macht der Perser, die anderen aber griffen zu und schlugen auf die Perser los mit ihren Stöcken, während jene ihnen zuriefen: »Ihr Männer von Kroton, gebt acht, was ihr tut. Jener Mann, den ihr unseren Händen entreißen wollt, ist ein flüchtiger Diener des Königs. Wird der König solche Kränkung ruhig hinnehmen? Wie mag solche Tat euch zum Guten gedeihen, wenn ihr ihn uns entreißt? Werden wir nicht diese Stadt von allen zuerst mit Heeresmacht angreifen und zu versklaven suchen?«

Aber die Krotoniaten ließen sich durch solche Reden nicht einschüchtern. So kehrten die Perser ohne Demokedes und ohne das Frachtschiff, das sie mitgeführt hatten, nach Asien zurück; denn da sie ihres Führers beraubt waren, gaben sie es auf, das hellenische Land noch weiter zu besuchen und auszuforschen. Doch trug ihnen Demokedes, als sie abfahren wollten, noch auf, dem Dareios zu erzählen, daß Demokedes die Tochter des Milon[106] zum Weibe genommen habe. Denn Milons, des Ringers, Name war beim König hoch angesehen, und eben darum, glaube ich, hatte Demokedes diese Heirat eifrig betrieben und es sich viel kosten lassen, damit Dareios sehen sollte, daß er auch daheim in seiner Vaterstadt etwas gelte.

138. Die Perser aber wurden nach ihrer Abfahrt von Kroton mit ihren Schiffen an die Küste von Iapygien verschlagen und gerieten dort in Sklaverei, aus der sie Gillos, ein verbannter Tarentiner, freikaufte und heimbrachte zu König Dareios. Für diesen Dienst war der König bereit, ihm jegliche Bitte zu erfüllen. Da erzählte ihm Gillos von seinem Mißgeschick und

DRITTES BUCH

bat, er möchte ihm die Heimkehr nach Tarent gewähren. Um aber nicht das Land der Hellenen in Angst und Aufregung zu versetzen, wenn um seinetwillen eine große Flotte nach Italien führe, sagte er, es wäre ihm schon genug, wenn allein die Knidier die Heimführung übernähmen. Da nämlich die Knidier mit den Tarentinern befreundet waren, hoffte er durch sie am ehesten die Erlaubnis zur Heimkehr zu erlangen. Dareios schickte, um die Bitte zu erfüllen, einen Boten nach Knidos mit dem Befehl, sie sollten Gillos heimführen nach Tarent. Die Knidier gehorchten zwar dem Befehl, konnten aber die Tarentiner nicht dazu bewegen, und sie zu zwingen, stand nicht in ihrer Macht.

So war der Verlauf dieser Geschichten. Jene Perser aber waren die ersten gewesen, die aus Asien nach Hellas kamen, und daß sie es auskundschafteten, hatte nur diesen Grund, wie ich ihn erzählt habe.

139. Hierauf eroberte König Dareios Samos, die vornehmste unter allen Städten der Hellenen und Barbaren; und das geschah aus folgender Ursache. Zu der Zeit, als Kambyses, Kyros' Sohn, den Krieg gegen Ägypten unternahm, zogen viele Hellenen in jenes Land, teils, wie zu erwarten stand, als Söldner um des Erwerbs willen, einige aber auch bloß, um das Land kennenzulernen. Unter diesen war auch der aus Samos verbannte Syloson, Aiakes' Sohn und Polykrates' Bruder. Diesem begegnete dort ein seltsamer Glücksfall. Eines Tages hatte er sich einen hellroten Mantel umgelegt und wandelte darin auf dem Markte zu Memphis. Dort erblickte ihn Dareios, der damals nur ein Söldner des Kambyses und noch ohne sonderliches Ansehen war, und weil es ihn danach verlangte, den Mantel zu besitzen, trat er herzu und bot einen Preis. Syloson erkannte wohl seine große Lust zu dem Mantel und erwiderte darauf wie in einer göttlichen Eingebung: »Für Geld ist mir der Mantel nicht feil; muß es aber durchaus sein, so gebe ich ihn dir umsonst.« Damit war Dareios wohl zufrieden und ließ sich den Mantel geben.

140. Syloson aber hielt sich für sehr einfältig, daß er ihn so hingegeben hatte. Und es verging eine Zeit, Kambyses starb, es

geschah der Aufstand der Sieben gegen den Mager, und von den Sieben gewann Dareios das Königtum. Wie nun Syloson hörte, daß der Thron an eben jenen Mann gefallen sei, dem er damals in Ägypten auf seine Bitte hin das Gewand geschenkt hatte, machte er sich auf nach Susa und setzte sich in das Tor[107] des Königs und sagte, er sei ein Wohltäter des Königs.[108] Dies hörte der Torhüter und sagte es dem König. Der verwunderte sich und erwiderte: »Und wer von den Hellenen ist dieser Wohltäter, dem ich zu Dank verbunden wäre? Bin ich doch erst seit kurzem König, und kaum einer ist von ihnen zu uns heraufgekommen. Auch habe ich kein Darlehen von irgendeinem hellenischen Manne genommen. Doch führt ihn herein, daß ich höre, was es bedeutet.« So führte der Torhüter ihn herein und stellte ihn vor den König, und die Dolmetscher befragten ihn, wer er sei und was er getan habe, daß er behaupte, ein Wohltäter des Königs zu sein. Da erzählt Syloson die Geschichte mit dem Mantel, und daß er der Mann sei, der ihn dem König geschenkt habe. Da rief der König: »Also du bist jener treffliche Mann, der mich beschenkte, als ich noch keinerlei Macht besaß! War die Gabe auch gering, wohl, so verdient sie doch gleichen Dank, als sollte ich jetzt von jemand eine große empfangen. Ich schenke dir dafür Gold und Silber im Überfluß; es soll dich nie gereuen, daß du Dareios, Hystaspes' Sohn, Gutes erwiesen hast.« Da antwortete Syloson: »Nicht Gold noch Silber gib mir, o König, sondern hilf mir, daß ich Samos, meine Vaterstadt, wieder gewinne, die jetzt ein Knecht unseres Hauses besitzt, seitdem Polykrates, mein Bruder, durch Oroites das Leben verlor. Diese gib mir, aber ohne Blutvergießen und ohne Versklavung der Bewohner.«

141. Als Dareios diese Bitte vernommen hatte, entsandte er Otanes, einen der Sieben, mit einem Heer und befahl ihm, alles zu erfüllen, wie es Syloson begehrte. Und Otanes ging hinab ans Meer und schiffte sein Heer ein.

142. Nun gebot aber über Samos Maiandrios, Maiandrios' Sohn, dem Polykrates seine Herrschaft anvertraut hatte, sie zu verwalten. Dieser Mann hatte die Absicht gehabt, sich recht-

DRITTES BUCH

schaffen und brav zu erzeigen, aber sie war ihm vereitelt worden. Denn als er die Nachricht erhielt von des Polykrates Tod, ließ er einen Altar errichten für Zeus den Befreier und rings darum ein Stück Land abstecken, wie man es noch in der Vorstadt sieht; danach rief er alle Bürger der Stadt zusammen und sprach zu ihnen: »Mir ist, wie ihr wißt, das Zepter des Polykrates und alle seine Macht anvertraut, und so steht es jetzt bei mir, euer Herr zu werden. Was ich jedoch bei einem andern rüge, will ich selber nach Kräften vermeiden. Meinen Beifall hatte es nicht, daß Polykrates den Herrn spielte über seinesgleichen, noch würde ich es bei einem anderen loben. Doch jener hat sein Geschick erfüllt. Ich aber gebe die Herrschaft an das Volk zurück und verkünde gleiches Recht für alle. Für mich selber fordere ich nichts weiter, als daß mir aus dem Vermögen des Polykrates sechs Talente als Ehrengabe zuteil werden, und dazu begehre ich für mich und meine Nachkommen das Priestertum des Zeus des Befreiers; habe ich selber doch sein Heiligtum gegründet und bin ich doch der, welcher euch die Freiheit verleiht.« Das war seine Botschaft an die Samier. Es stand aber einer unter ihnen auf und sagte: »Nun wahrlich, du bist auch nicht der Mann, daß du über uns herrschen dürftest, da du von niedriger Herkunft bist und ein Lump dazu. Vielmehr sollst du uns Rechenschaft geben von dem Geld, das du dir angeeignet hast.«

143. Der solches sprach, galt unter ihnen als ein angesehener Mann und hieß Telesarchos. Maiandrios aber machte sich klar, daß, wenn er die Herrschaft hingäbe, ein anderer sich an seiner Stelle zum Tyrannen aufwerfen würde, und schlug es sich aus dem Sinn. Er begab sich zurück auf die Burg und ließ einen nach dem anderen dorthin rufen unter dem Vorwand, daß er ihnen Rechenschaft über das Geld ablegen wolle, ließ sie aber ergreifen und in Fesseln legen. Als er aber bald darauf in eine Krankheit fiel, ließ sein Bruder Lykaretos, der seinen Tod erwartete und sich der Herrschaft über Samos desto leichter zu bemächtigen hoffte, sämtliche Gefangenen umbringen, da sie allem Anschein nach ja doch nicht frei sein wollten.

THALEIA

144. Als nun die Perser mit Syloson in Samos landeten, setzte sich keiner gegen sie zur Wehr, sondern die Anhänger des Maiandrios und er selber zeigten sich bereit, die Insel in Frieden zu räumen. Otanes nahm diesen Vorschlag an und schloß den Vertrag; darauf ließen die vornehmsten unter den Persern sich Stühle bringen und setzten sich darauf nieder, gegenüber der Burg.

145. Nun hatte Maiandrios einen Bruder, der war ein Tollkopf; Charilaos war sein Name. Er saß gerade wegen irgendeines Vergehens in einem Verlies unter der Burg gefangen. Von dort aus hörte er alles mit an, was draußen vorging, und als er den Kopf hinaussteckte, sah er die Perser friedlich dasitzen. Da erhob er einen Lärm und rief, er wolle mit seinem Bruder sprechen. Dies vernahm Maiandrios, ließ seine Fesseln lösen und herbeiführen. Nun hob jener sogleich an, ihn zu schelten und zu beschimpfen und suchte ihn zu überreden, über die Perser herzufallen. »Du Feigling!« rief er, »mich läßt du im Verliese schmachten, und bin doch dein leiblicher Bruder und habe nichts verbrochen, das den Kerker verdiente; von den Persern aber läßt du dich ruhig von Herd und Heimat vertreiben und findest nicht den Mut, sie zu züchtigen, und dabei wäre es doch so leicht, sie niederzuwerfen! Wenn du dich aber wirklich so vor ihnen ängstigst, gib mir deine Mannen, ich will ihnen ihr Kommen bezahlen; dir aber gewähre ich sicheres Geleit, die Insel zu verlassen.«

146. Maiandrios nahm diesen Vorschlag an, und zwar, wie ich glaube, nicht etwa, weil er töricht genug war, zu meinen, daß seine Streitmacht die des Königs überwinden könnte, sondern vielmehr weil er es dem Syloson nicht gönnen wollte, daß er die Stadt so mühelos und unversehrt wieder in Besitz bekommen sollte. Darum wollte er zuvor die Perser reizen, damit die Macht von Samos gebrochen würde, ehe er es ihnen überlieferte. Denn das wußte er wohl, würde den Persern ein Leid geschehen, so würden sie es auch die Samier entgelten lassen, er selber aber könnte zu jeder Zeit ohne Gefahr von der Insel entweichen. Er hatte sich nämlich einen geheimen Gang

271

DRITTES BUCH

unter der Erde gegraben, der von der Burg bis an die Küste
hinabführte. Und so verließ er die Insel und fuhr davon. Mittlerweile hatte Charilaos die Söldner alle bewaffnet und führte
sie durch die plötzlich geöffneten Tore gegen die Perser, die auf
so etwas gar nicht gefaßt waren, sondern glaubten, es wäre
schon alles verglichen. Bei diesem Überfall wurden jene Perser
auf den Stühlen, alles Männer von hohem Rang, erschlagen.
Inzwischen eilte das übrige persische Heer herbei und bedrängte
die Söldner so hart, daß sie in die Burg zurückweichen mußten.

147. Als Otanes den schweren Verlust bemerkte, den seine
Leute erlitten hatten, kümmerte er sich nicht mehr um die
Befehle, die ihm Dareios bei der Abreise gegeben hatte, daß er
keinen Samier töten noch versklaven, sondern die Stadt unversehrt dem Syloson ausliefern sollte, sondern gebot den Truppen, sie sollten alles niedermachen, was ihnen in die Hände
fiele, groß und klein, ohne Unterschied. Da legte sich ein Teil
des Heeres vor die Burg und belagerte sie, die anderen aber
töteten, was ihnen in den Weg kam, einerlei ob in oder außerhalb den Tempeln.

148. Inzwischen war Maiandrios aus Samos entronnen und
fuhr nach Lakedaimon. Dort landete er und schaffte alle Kostbarkeiten, die er mit sich gerettet hatte, in die Stadt hinauf;
danach begann er sein Spiel. Er stellte zum öfteren Trinkgefäße
von Gold und Silber heraus und beschäftigte die Diener damit,
sie zu wischen und zu reinigen; dabei pflegte er dann selber mit
dem König von Sparta, Kleomenes, Anaxandrides' Sohn, ein
Gespräch anzuknüpfen und ihn unvermerkt bis zu seiner Wohnung heranzuführen. Jedesmal, wenn nun dort der König beim
Anblick der Gefäße in großes Staunen und in Verwunderung
geriet, bedrängte ihn jener, davon zu nehmen und zu behalten,
was ihm gefiele. Das hatte sich schon zwei- und dreimal wiederholt, aber Kleomenes bewies, wie rechtschaffen seine Gesinnung war. Denn er verschmähte die Geschenke des Mannes.
Da er aber einsah, daß dieser damit bei anderen seiner Mitbürger doch wohl Hilfe finden würde, trat er vor die Ephoren und
erklärte: es wäre für Spartas Wohl ratsam, daß der Fremdling

272

aus dem Peloponnes sich entferne; sonst würde er noch ihn selber oder sonst einen der Spartiaten zu etwas Schlechtem verführen. Die Ephoren folgten dem Rat und kündigten dem Maiandrios das Gastrecht.

149. Inzwischen wurde Samos von den Persern dem Syloson übergeben, aber leer von Männern. Später half jener Heerführer Otanes es wieder infolge eines Traumgesichts und einer Krankheit an den Geschlechtsteilen, die ihn befallen hatte, zu besiedeln.

150. Zur selben Zeit, als die Flotte gegen Samos ausgezogen war, empörten sich die Babylonier.[109] Sie hatten sich gut dazu vorbereitet. Denn während all der Zeit, als der Mager regierte und die Sieben sich gegen ihn erhoben, in dieser Unruhe und Verwirrung trafen sie in aller Stille die Anstalten für eine Belagerung. Als sie sich aber offen empörten, wählte sich ein jeder unter ihnen aus den Weibern seines Hauses außer seiner Mutter noch ein Weib nach seinem Gefallen, die anderen aber führten sie hinaus und erwürgten sie alle. Das eine Weib behielt ein jeder, damit es ihm die Speise bereiten, und sie erwürgten die anderen, damit sie ihren Vorrat an Speise nicht aufzehren sollten.

151. Als Dareios aber von dem Aufstand erfuhr, sammelte er seine ganze Heeresmacht gegen sie und belagerte ihre Stadt. Aber die Babylonier kümmerten sich nicht um die Belagerung, sondern stiegen auf die Zinnen der Mauer und verspotteten Dareios und sein Heer mit höhnenden Gebärden und Worten. Und einer unter ihnen rief: »Ihr Perser, was liegt ihr hier? Ziehet doch ab! Denn nicht eher werdet ihr unsere Stadt einnehmen, als bis die Maultiere Junge gebären.« Das sagte ein Babylonier, weil er meinte, ein Maultier würde niemals gebären.

152. So verging ein Jahr und sieben Monate, und es verdroß Dareios mit seinem ganzen Heer, daß sie die Stadt nicht nehmen konnten. Mit jeder List und jedem Mittel hatte er es bereits versucht; aber alles umsonst. So hatte er unter anderem

DRITTES BUCH

auch jene List gebrauchen wollen, mit der sie Kyros einst bezwungen hatte; aber die Babylonier waren gewaltig auf ihrer Hut, und es konnte ihm nicht gelingen.

153. Endlich, im zwanzigsten Monat, geschah dem Zopyros ein Zeichen. Dieser Zopyros[110] war ein Sohn jenes Megabyzos, der unter den Sieben gewesen war, die den Mager stürzten. Das Wunderzeichen aber war, daß eines seiner Maultiere, die ihm dazu dienten, das Brot zu holen, ein Junges warf. Als ihm dies gemeldet wurde, schien es ihm unglaublich, bis er selber das Junge gesehen hatte, und er verbot denen, die es gesehen hatten, daß sie keinem etwas davon sagen sollten. Als er die Sache bei sich erwog und auch an jenes Wort des Babyloniers dachte, erst wenn die Maultiere Junge brächten, würde die Feste fallen, folgerte er, daß Babylon jetzt zu Fall kommen würde, denn nicht ohne göttliche Eingebung habe jener das Wort gesprochen, ihm aber habe ein Maultier ein Junges geboren.

154. In diesem Glauben trat er zu Dareios und fragte ihn, ob ihm sehr viel an der Einnahme von Babylon gelegen sei. Und als er hörte, daß der König es sehnlich wünschte, ersann er einen Weg, wie er selber die Einnahme vollbringen und ihm das Verdienst zufallen würde. Denn tapfere Taten bringen bei den Persern große Ehre und erhöhen die Würde und das Ansehen eines Mannes. Er verfiel aber auf kein anderes Mittel, um die Stadt in seine Gewalt zu bringen, als sich selber zu verstümmeln und zu ihnen überzulaufen. Das tat er denn auch leichten Herzens und brachte sich eine unheilbare Verstümmelung bei. Er schnitt sich die Nase und die Ohren ab, schor sich das Haupthaar ringsum auf eine entehrende Weise und geißelte seinen Leib. So trat er vor Dareios.

155. Dareios aber war entsetzt, daß er den angesehensten Mann so entstellt sehen mußte, fuhr empor von seinem Sitz, schrie laut auf und wollte wissen, wer ihn verstümmelt habe und weshalb? Jener erwiderte: »O König! kein Mensch auf Erden lebt außer dir, der die Macht hätte, mir solches anzutun. Auch hat mir kein Fremder dies angetan, sondern meine eigene

THALEIA

Hand, weil ich es nicht ertragen wollte, daß die Assyrier ihren Spott treiben mit uns Persern.« Der König aber rief: »O Verwegener, du gibst der schlimmsten Tat den schönsten Namen, wenn du sagst, daß du um der Belagerten willen dir diesen unheilbaren Schaden angetan hast. Werden sich darum etwa die Feinde schneller ergeben? War es nicht Wahnsinn, sich so zu verstümmeln?« Da antwortete Zopyros: »Hätte ich dir meine Absicht zuvor gesagt, so hättest du es verhindert. Darum tat ich es auf eigenen Entschluß. Wenn du selbst es nur nicht fehlen läßt, so fällt Babylon in unsere Hand. Ich selber gehe jetzt gleich als Überläufer in die Feste und sage ihnen, daß du mir dieses angetan hast. Und ich hoffe, sie werden mir das glauben und mir ein Heer anvertrauen. Zehn Tage nach meinem Übergang in die Stadt stelle tausend Leute aus deinem Heere, an deren Verlust dir nichts gelegen ist, am sogenannten Tor der Semiramis[111] auf. Nach weiteren sieben Tagen stelle zweitausend Mann an dem sogenannten Tor von Ninos auf. Darauf laß zwanzig Tage vergehen, dann führe viertausend Mann vor das Tor der Chaldaier. Es dürfen aber weder die früheren noch diese letzten irgendwelche Waffen mit sich führen, außer ihren Dolchen. Diese allein mögen sie behalten. Wiederum nach zwanzig Tagen führe endlich das ganze Heer von allen Seiten zum Sturm gegen die Mauer, nur die Perser stelle vor das kissische Tor und vor das Belostor. Denn habe ich erst einmal Großes im Dienste der Babylonier vollbracht, werden mir die Babylonier gewiß die ganze Verteidigung und so auch die Torschlüssel anvertrauen. Das Weitere werde ich nachher mit den Persern schon besorgen.«

156. Danach machte er sich auf den Weg zum Tor der Stadt, und sah sich dabei oft um, wie ein rechter Überläufer. Als die Besatzungen auf den Türmen ihn herankommen sahen, kamen sie eilig herab von den Wachttürmen, öffneten den einen Torflügel ein wenig und fragten ihn, wer er sei und was er begehre. Er erklärte, er heiße Zopyros und käme als Überläufer zu ihnen. Da führten ihn die Torhüter vor die Versammlung der Stadt, und als er vor ihr stand, hob er an zu klagen und zu

erzählen, daß ihm dies alles von Dareios zugefügt worden sei, was er sich in Wirklichkeit selber angetan hatte, weil er ihm geraten habe, mit dem Heer abzuziehen, da sich ja doch weder Weg noch Mittel zeigten, die Stadt zu erobern. »Und nun«, rief er, »komme ich zu euch, Babylonier, euch zum Heile, für Dareios aber und sein Heer und für die Perser zum Verderben. Denn büßen soll er es, daß er mich so mißhandelt hat. Ich kenne alle seine geheimen Pläne.«

157. So sprach er. Und die Babylonier, als sie den angesehensten Mann unter den Persern an Nase und Ohren verstümmelt sahen, bedeckt mit Striemen und Blut, zweifelten sie nicht mehr an der Wahrheit seiner Worte und daß er gekommen sei, ihnen zu helfen, und gewährten ihm willig, was er wünschte; er wünschte aber die Führung eines Heeres. Und als er es erhalten hatte, handelte er gemäß der Absprache mit Dareios. Am zehnten Tage führte er das Heer der Babylonier hinaus, umzingelte die ersten Tausend, die Dareios hatte aufstellen sollen, und machte sie nieder. Da erkannten die Babylonier, daß seine Taten mit seinen Worten übereinstimmten, und waren in ihrer Freude bereit, alles zu tun, was er verlangte. Er aber wartete die bestimmten Tage ab, führte dann wieder eine Schar von Babyloniern hinaus und machte die Zweitausend nieder. Als sie nun auch diese Tat erfuhren, waren alle voll des Lobes über ihn. Und abermals führte er sie nach dem bestimmten Tage hinaus an den festgesetzten Ort, umzingelte die Viertausend und machte sie nieder. Als ihm nun auch dies gelungen war, galt er fortan alles bei ihnen, und sie ernannten ihn zum Obersten des Heeres und vertrauten ihm die Bewachung der Mauer an.

158. Als aber Dareios, wie sie verabredet hatten, ringsum die Mauer berennen ließ, da offenbarte Zopyros seine ganze List. Denn als die Babylonier auf die Mauer stiegen und den Ansturm des feindlichen Heeres abwehrten, öffnete inzwischen Zopyros das kissische Tor und das Belostor und ließ die Perser ein. Jener Teil der Babylonier, der dies sah, flüchtete sich nun in das Heiligtum des Zeus Belos; die anderen aber blieben jeder

THALEIA

auf seinem Posten, bis endlich auch sie erkannten, daß sie verraten waren.

159. So wurde die Stadt Babylon zum zweitenmal erobert. Und nachdem Dareios sich ihrer bemächtigt hatte, ließ er die Mauer um die Stadt niederreißen und alle Tore ausheben (denn bei der ersten Eroberung hatte Kyros keines von beiden getan), und ließ etwa Dreitausend der Vornehmsten an den Pfahl schlagen. Das übrige Volk aber durfte in der Stadt wohnen bleiben. Und Dareios sorgte dafür, daß sie wieder Weiber bekamen und Kinder zeugten; denn sie hatten ihre Weiber, wie zu Anfang erzählt worden, erwürgt, um Brot zu sparen. Er gebot den Nachbarvölkern, sie sollten jedes eine gewisse Zahl von Weibern nach Babylon liefern, so daß fünfzigtausend Weiber zusammenkamen. Und von diesen Weibern stammen die jetzigen Babylonier ab.

160. Nach Dareios Urteil aber hat nie ein Perser die Großtat des Zopyros übertroffen, weder von den späteren noch von den früheren, außer allein Kyros; denn mit diesem sich zu vergleichen, hat noch nie ein Perser sich unterstanden.[112] Und oftmals soll Dareios erklärt haben, er wollte lieber, daß Zopyros nicht so entstellt wäre, als noch zwanzig andere Städte wie Babylon gewinnen. Auch erwies er ihm hohe Gunst. Jedes Jahr sandte er ihm die ehrenvollsten Geschenke, verlieh ihm Babylon zu steuerfreiem Genuß auf Lebenszeit[113] und schenkte ihm auch sonst noch vieles mehr. Ein Sohn dieses Zopyros war jener Megabyzos, der in Ägypten gegen die Athener und ihre Bundesgenossen kämpfte, und wieder ein Sohn des Megabyzos war der Zopyros, der aus Persien nach Athen flüchtete.

VIERTES BUCH

Melpomene

1. Nach der Eroberung Babylons unternahm König Dareios seinen Zug gegen die Skythen.[1] Denn da Asien voll war von Männern und ihm das Geld in Fülle zufloß, überkam ihn das Verlangen, die Skythen heimzusuchen, die einst in das Land der Meder eingefallen waren und sie trotz ihrer Gegenwehr im Kampf besiegt und sich deshalb als erste eines Unrechtes schuldig gemacht hatten. Denn die Skythen haben, wie schon früher erzählt, die Herrschaft über Asien achtundzwanzig Jahre besessen. Indem sie nämlich den Kimmeriern nachsetzten, waren sie in Asien eingefallen und hatten die Herrschaft der Meder gestürzt, die vor diesem Einbruch der Skythen über Asien herrschten. Als aber die Skythen achtundzwanzig Jahre außer Landes gewesen waren und nach so langer Zeit dahin zurückkehrten, gerieten sie in einen Kampf, der nicht weniger hart war als der mit den Medern. Sie fanden ein ansehnliches Heer, das sich ihrer Rückkehr widersetzte. Denn die Weiber der Skythen hatten sich mit den Sklaven zusammengetan, als ihre Männer so lange fern blieben.

2. Die Skythen pflegen aber alle ihre Sklaven zu blenden[2] um der Milch willen, die sie folgendermaßen bereiten und trinken. Sie treiben den Stuten knöcherne Blasröhren, die ganz wie Pfeifen aussehen, von hinten ein und blasen mit dem Mund Luft hinein, und während der eine bläst, melkt der andere.[3] Sie sagen, sie täten dies darum, weil durch das Blasen die Adern der Stute anschwellen und deshalb das Euter herabhängen läßt. Ist die Milch gemolken, wird sie in hölzerne Kübel gegossen, die

Blinden werden reihenweise um die Kübel gestellt und schüt-
teln die Milch. Was sich dann oben absetzt, wird abgeschöpft
und gilt für das beste, was sich aber unten absetzt, gilt für
weniger gut. Aus diesem Grunde blenden die Skythen jeden
Sklaven, den sie fangen. Denn sie sind Nomaden, keine Ackerbauern.

3. Von diesen Sklaven und den Weibern war ihnen ein
junges Volk erwachsen, das, als es seinen Ursprung erfuhr, sich
der Rückkehr der Skythen aus dem Mederlande zu widersetzen suchte. Zuerst zogen sie einen breiten Graben[4] und schnitten das Land von den taurischen Bergen bis zum maiotischen
See ab, wo dieser am breitesten[5] ist. Danach, als die Skythen
doch ins Land zu dringen versuchten, stellten sie sich den
Skythen entgegen und bekämpften sie. Und so oft es zum
Kampf kam, vermochten die Skythen sie nicht zu besiegen, bis
endlich einer von diesen sprach: »Wie töricht sind wir, o
Skythen, daß wir mit unseren eigenen Sklaven kämpfen! Wenn
wir fallen, so mindert sich unsere Zahl, und wenn wir töten, so
verringern wir die Zahl unserer Diener! Nein, folgt meinem
Rat, lassen wir Speere und Bogen; jeder nehme seine Pferde-
peitsche und gehe damit auf sie los! So lange sie uns in Waffenrüstung sahen, hielten sie sich uns für ebenbürtig an Stand
und Abkunft; sehen sie uns aber nicht mehr in Rüstung, sondern die Peitschen in der Hand, so werden sie erkennen, daß sie
unsere Sklaven sind, werden sich besinnen und nicht mehr
Widerstand leisten.« Diesen Rat nahmen die Skythen an und
führten ihn aus.

4. Die Sklaven, über den Anblick betroffen, vergaßen den
Kampf und wandten sich zur Flucht. So waren die Skythen zur
Herrschaft in Asien gelangt und waren, von den Medern vertrieben, auf die gemeldete Art in ihr heimisches Land zurückgekehrt. Dafür gedachte sie nun Dareios zu züchtigen und
sammelte eine Heeresmacht gegen sie.

5. Wie die Skythen erzählen, ist ihr Volk von allen Völkern
das jüngste[6] und entstand auf folgende Art. Der erste Mensch,
der in dem Lande lebte, als es noch leer und öde war, hieß

VIERTES BUCH

Targitaos. Seine Eltern, sagen sie (ich glaube es zwar nicht, aber sie sagen so), waren Zeus und eine Tochter des Flußes Borysthenes. Targitaos wiederum zeugte drei Söhne, Lipoxais, Arpoxais und als jüngsten Kolaxais. Zu ihrer Zeit fielen vom Himmel goldene Geräte hernieder ins skythische Land, ein Pflug, ein Joch, eine Streitaxt und eine Trinkschale. Der älteste der drei Brüder, der sie zuerst erblickte, trat hinzu und wollte sie greifen, aber als er sich näherte, geriet das Gold in Glut, und er wich zurück. Da kam der zweite, aber das Gold tat wie vorher; es trieb sie beide durch seine Glut zurück. Als aber der jüngste herantrat, erlosch das Feuer, und er trug das Gold in sein Haus. Da erkannten die beiden älteren Brüder, daß diesem das ganze Reich gebühre, und gaben es ihm.[7]

6. Von dem Lipoxais nun sollen diejenigen Skythen abstammen, die Auchaten heißen, von dem zweiten der Brüder, Arpoxais, die Katiaren und Traspier, von dem jüngsten endlich, dem König, die Paralaten. Alle diese zusammen nennen sich Skoloten, d.h. Königliche. Skythen aber ist ein Name, den ihnen die Hellenen gegeben haben.

7. Solches erzählen die Skythen von ihrem Ursprung und rechnen seit der Zeit ihres Ursprunges, vom ersten König an bis zur Ankunft des Dareios, nur tausend Jahre und nicht mehr.[8] Jenes heilige Goldgerät halten ihre Könige in gewissenhafter Obhut und ehren es alljährlich mit großen Festen und Opfern. Während dieser Festzeit muß ein Mann unter offenem Himmel bei dem Golde wachen, und wenn er dabei einschläft, so überlebt er das Jahr nicht, wie die Skythen sagen; dafür empfängt er soviel Land, wie er an einem Tage zu Pferde umreiten kann.[9] Weil aber das Land so groß war, teilte es Kolaxais für seine Söhne in drei Königreiche und machte dasjenige zu dem größten, worin das Gold behütet wird. Auch behaupten sie, daß man weiter oberhalb ihres Landes, nördlich von ihren oberen Anwohnern, nicht weiter sehen noch weiter vordringen könne wegen der ausgeschütteten Federn, die die Erde und die Luft erfüllen und den Ausblick versperren.[10]

8. Solcherlei erzählen die Skythen über sich selber und über

280

MELPOMENE

das obere Land; anders aber die Hellenen am Pontos. Als
Herakles die Rinder des Geryones forttrieb[11], kam er in das
Land, das jetzt die Skythen bewohnen, damals aber noch men-
schenleer war. Von Geryones sagen sie, daß er außerhalb des
Pontos auf einer Insel nahe bei Gadeira wohnte, jenseits der
Säulen des Herakles, am Okeanos; Erytheia nennen die Helle-
nen die Insel. Vom Okeanos sagen sie zwar, er ströme von
Sonnenaufgang her um die ganze Erde herum, sie können es
aber nicht wirklich beweisen. Von dort also, erzählen sie, kam
Herakles in das jetzige Skythien, und da ihn Sturm und Frost
überfiel, hüllte er sich in die Löwenhaut und verfiel in Schlaf.
Während er schlief, verschwanden ihm die grasenden Rosse
vom Wagen weg auf eine unerklärliche Weise.

9. Als er aufwachte, spähte er nach ihnen, und da er alle Teile
des Landes durchstreifte, kam er endlich in das Land Hylaia.
Dort fand er in einer Grotte ein Zwitterwesen, halb Mädchen
halb Schlange, am oberen Teil des Leibes vom Gesäß an
gestaltet wie ein Weib, unten aber wie eine Schlange. Mit
Verwunderung betrachtete er sie, dann fragte er, ob sie herum-
irrende Rosse gesehen habe. Sie erwiderte, sie habe sie, werde sie
aber nicht herausgeben, bis er ihr beigewohnt habe. Und Herakles erfüllte ihr Begehren um diesen Preis. Doch sie zögerte
mit der Rückgabe, um recht lange seiner Liebe froh zu werden,
er aber verlangte die Rosse, um fortzuziehen. Zuletzt gab sie
die Rosse heraus. »Sie waren«, fügte sie hinzu, »hierher gekommen und ich rettete sie dir; auch hast du mir den Lohn dafür
gewährt; denn ich trage von dir drei Söhne. Nun sage an, was
soll ich mit diesen tun, wenn sie erwachsen sind? Soll ich sie
hier wohnen lassen – denn ich allein bin dieses Landes Herrin –,
oder soll ich sie zu dir schicken?« So fragte sie. Er aber erwiderte: »Wenn du siehst, daß deine Söhne zu Männern herangewachsen sind, so tue, wie ich dir sage, und du wirst nicht
fehlen. Derjenige, der von ihnen diesen Bogen so zu spannen
vermag und mit diesem Gürtel sich so umgürtet, dem gib das
Land, um darin zu wohnen, wem von ihnen es aber nicht
gelingt, was ich verlange, den sende aus dem Lande fort. Und

VIERTES BUCH

wenn du dies tust, so wirst du selber Freude erleben und wirst nach meinem Willen gehandelt haben.«

10. Und indem er so sprach, spannte er den einen Bogen, (denn er führte damals noch zwei mit sich), und zeigte ihr den Gürtel, darauf gab er ihr Bogen und Gürtel und zog fort. Der Gürtel aber trug oben am Ende, wo er sich schließt, eine goldene Trinkschale. Als die Knaben, die sie gebar, heranwuchsen, nannte sie den ältesten Agathyrsos, den zweiten Gelonos, den jüngsten Skythes, und vergaß nicht, was ihr Herakles aufgetragen hatte, sondern tat nach seinem Willen. Die beiden ältesten Söhne, Agathyrsos und Gelonos, waren nicht in der Lage, das Ziel zu erreichen, das ihnen aufgegeben wurde; darum wurden sie von ihrer Mutter aus dem Lande gestoßen und zogen fort. Aber Skythes, der jüngste, vollbrachte es und blieb im Lande. Und von diesem Skythes, dem Sohn des Herakles, stammen die Königsgeschlechter der Skythen ab, und um jener Trinkschale willen tragen die Skythen noch bis auf diesen Tag Trinkschalen an ihren Gürteln. Und das soll, wie sie sagen, für Skythes allein die Mutter zuwege gebracht haben. So erzählen die am Pontos wohnenden Hellenen.

11. Es gibt aber noch eine andere[12] Überlieferung, der ich selber am meisten zustimme. Dieselbe lautet folgendermaßen. Die nomadischen Skythen[13] wohnten früher in Asien, bis sie, in einem Kriege mit den Massageten hart bedrängt, aufbrachen und über den Fluß Araxes ins Land der Kimmerier zogen. Denn das Land, das jetzt die Skythen bewohnen, soll vor Zeiten den Kimmeriern gehört haben. Weil nun ein so großes Volk gegen sie heranzog, hielten die Kimmerier einen Rat, was sie tun sollten, und es trennten sich die Meinungen, und jeder Teil bestand mit Nachdruck auf der seinigen, doch besser war die Meinung der Fürsten. Nämlich des Volkes Meinung war, man müsse das Land verlassen und es sei nicht nötig, Leib und Leben zu wagen um der Scholle willen. Die Fürsten hingegen waren der Meinung, auszuharren in der Verteidigung ihres Heimatlandes. Und da keiner nachgeben wollte, weder das Volk den Fürsten, noch die Fürsten dem Volk, beschlossen die

einen, das Land kampflos den Eindringlingen zu überlassen und abzuziehen. Die Fürsten aber wollten lieber sterben und begraben liegen in ihrem eigenen Lande, als mit dem Volk zu fliehen, denn sie dachten daran, wie viel Gutes sie darin genossen hatten, und erwogen, wie viel Mißgeschick sie noch treffen könnte, wenn sie ihr Vaterland verließen. Darüber kam es zum Streit; beide Teile waren gleich zahlreich und kämpften miteinander, bis alle fielen, jeder durch des andern Hand. Und die Kimmerier begruben sie am Flusse Tyras, und das Grabmal ist noch dort zu sehen; dann brachen sie auf und zogen aus dem Land, und die Skythen fanden das Land leer und nahmen es in Besitz.

12. Darum finden sich auch noch jetzt im Lande der Skythen kimmerische Mauern und eine kimmerische Furt, ja auch ein Landstrich des Namens Kimmerien und der kimmerische Bosporos. Auch das gilt als sicher, daß die Kimmerier vor den Skythen nach Asien geflohen sind und dort die Halbinsel bebaut haben, wo jetzt die hellenische Stadt Sinope[14] liegt. Und bekannt ist auch, daß die Skythen ihnen nachgesetzt hatten, und als sie den Weg verfehlten, ins Mederland eingedrungen sind. Denn die Kimmerier nahmen die Flucht immer am Meer entlang, die Skythen aber hinter ihnen her wandten sich auf ihrem Weg ins Binnenland und behielten den Kaukasos zur Rechten, bis sie ins Land der Meder kamen. Dies ist die andere Nachricht, die von Hellenen und Barbaren gemeinsam erzählt wird.

13. Aristeas[15] aber, des Kaystrobios Sohn, ein Prokonnesier, hat in einer Dichtung behauptet, ergriffen von Phoibos sei er bis ins Land der Issedonen gewandert. Über den Issedonen wohnten die Arimaspen, Menschen mit nur einem Auge, über diesen die goldhütenden Greifen, und wieder über diesen die Hyperboreer bis hinab ans Meer. Und er erzählt, wie sich diese alle, außer den Hyperboreern, und zwar die Arimaspen zuerst, jeweils auf ihre Nachbarn warfen, und von den Arimaspen die Issedonen, von den Issedonen wieder die Skythen aus ihren Sitzen gestoßen wurden, und wie die Kimmerier, die am Süd-

VIERTES BUCH

meer[16] wohnten, vor dem Andrang der Skythen aus ihrem Lande flohen. Also erzählt auch dieser wieder anders als die Skythen von diesem Land.

14. Die Herkunft dieses Aristeas, der solches erzählt, habe ich schon gemeldet; ich will aber auch noch berichten, was ich über ihn in Prokonnesos und Kyzikos[17] vernommen habe. Aristeas, erzählt man dort, war einer der vornehmsten Bürger in Prokonnesos. Eines Tages ging er dort in eine Walkmühle und starb; da verschloß der Walker seine Werkstatt und eilte zu den Angehörigen des Toten, um sie zu benachrichtigen. Schon hatte sich die Kunde, daß Aristeas verstorben sei, durch die Stadt verbreitet, da trat ein Mann aus Kyzikos herzu, der eben von Artake[18] her angelangt war, und bestritt den Tod, denn Aristeas sei ihm auf dem Weg nach Kyzikos begegnet und habe mit ihm gesprochen. Inzwischen hatten sich die Angehörigen mit den nötigen Gerätschaften zur Mühle begeben und wollten die Leiche abholen und bestatten; als man aber das Haus öffnete, siehe, da war kein Aristeas zu sehen, weder tot noch lebendig. Erst im siebten Jahre danach erschien er wieder in Prokonnesos und verfaßte das Gedicht von den Arimaspen, wie es bei den Hellenen genannt wird. Danach verschwand er zum zweitenmal.

15. Solches erzählt man von ihm in jenen Städten. Folgendes aber ist, wie ich weiß, den Einwohnern von Metapontion in Italien[19] begegnet, und zwar, wie ich durch Berechnung in Prokonesos und Metapontion gefunden habe, zweihundertvierzig Jahre nach dem zweiten Verschwinden des Aristeas. Dieser nämlich erschien bei den Metapontinern, wie sie selber erzählen, und gebot ihnen, sie sollten dem Apollon einen Altar gründen, daneben aber ein Bild aufstellen und es benennen mit dem Namen des Aristeas von Prokonnesos; denn ihr Gebiet sei das einzige der in Italien wohnenden Hellenen, wohin Apollon gekommen sei, und dabei habe er selber den Gott begleitet; jetzt heiße er Aristeas, damals aber im Geleit des Gottes sei er ein Rabe gewesen.[20] So sprach er und verschwand. Da sandten die Metapontiner nach Delphi und befragten den Gott um die

284

Erscheinung des Menschen. Die Pythia gebot ihnen zu tun, wie es die Erscheinung verlangt hatte, es würde zu ihrem Glück sein. Und sie glaubten es und taten so. Darum steht jetzt ein Bild unter dem Namen des Aristeas nahe bei dem Altar des Apollon, rings umgeben von Lorbeerbäumen; der Altar aber steht auf dem Markt. Soviel von Aristeas.

16. Was nun nördlich jenes Landes liegt, von dem ich zu berichten begann, weiß keiner genau. Es hat mir auch keiner sagen können, der es gesehen hätte und behauptete, es zu wissen. Ist doch selbst Aristeas, von dem ich soeben gesprochen habe, wie er selber in seinem Gedicht bezeugt, nicht weiter gekommen als bis zu den Issedonen, sondern was er von dem erzählt, was weiter nördlich liegt, das hat er nur so gehört; denn er sagt, daß die Issedonen solches erzählten. Doch will ich, soweit meine Nachforschungen darüber reichen, das alles berichten.

17. An die Handelsstadt der Borystheneïten, die am meisten der Mitte zu liegt von der ganzen skythischen Seeküste, grenzen die Kallippiden[21], das sind hellenische Skythen; über diesen ein anderer Stamm, die Alazonen. Diese und die Kallippiden halten es im übrigen ganz wie die Skythen, bauen aber Getreide an und ernähren sich davon, sowie auch Zwiebeln, Knoblauch, Linsen und Hirse. Oberhalb der Alazonen wohnen Ackerbau-Skythen, die das Getreide für den Verkauf bauen, nicht für ihre Nahrung. Über diesen wohnen die Neuren. Nordwärts der Neuren ist unbewohntes Land, soviel wir wissen.

18. Dies sind die Völkerschaften am Fluß Hypanis[22] hinauf, westlich vom Borysthenes. Überschreitet man aber den Borysthenes, liegt vom Meer aus zuerst Hylaia.[23] Weiter nördlich wohnen die Acker-Skythen, denen die am Hypanis wohnenden Hellenen den Namen Borystheneïten geben, sie selber aber nennen sich Olbiopoliten. Diese ackerbauenden Skythen wohnen nach Osten zu drei Tagereisen weit bis zu einem Fluß, der Pantikapes[24] heißt, und nordwärts elf Tagefahrten den Borysthenes hinauf. Was dann folgt, ist weithin ödes Land. Jenseits von ihnen hausen die Androphagen[25], ein eigenes Volk

VIERTES BUCH

und nicht von skythischer Art. Noch weiter hinauf kommt dann eine wahre Einöde, ganz menschenleer, soviel wir wissen.

19. Wendet man sich aber von diesen ackerbauenden Skythen gen Osten über den Fluß Pantikapes hinaus, so kommt man schon zu nomadischen Skythen, die weder säen noch pflügen. All dieses Land ist baumlos, außer in der Hylaia. Das Gebiet dieser Nomaden erstreckt sich ostwärts vierzehn Tagereisen weit bis zum Flusse Gerrhos.[26]

20. Jenseits dieses Flusses folgen dann die sogenannten Königssitze. Da wohnt der vornehmste und größte Skythenstamm, der die anderen Skythen als seine Sklaven ansieht. Ihr Gebiet reicht nach Süden bis zum Land der Tauren, nach Osten bis an jenen Graben, den einst die Söhne der ›Blinden‹ gezogen haben, und bis an den Handelsplatz Kremnoi am maiotischen See; andere Teile ihres Gebietes erstrecken sich bis zum Fluß Tanaïs. Oberhalb dieser »königlichen Skythen«, nach Norden zu, wohnen die Melanchlainer[27], ein besonderes Volk und nicht von skythischer Abstammung. Über den Melanchlainern liegen Seen und ein ödes Land ohne Menschen, soviel wir wissen.

21. Jenseits des Tanais[28] ist nicht mehr skythisches Land, sondern das erste der durch das Los gewonnenen Gebiete gehört den Sauromaten[29] und erstreckt sich von der innersten Bucht des maiotischen Sees gen Norden auf eine Weite von fünfzehn Tagereisen, ein ganz und gar baumloses Land. Über diesen im zweiten Gebiet sitzen die Budinen; ihr Land ist überall mit Wald dicht überdeckt.

22. Jenseits der Budinen, nach Norden zu, ist erst ödes Land auf sieben Tagereisen, danach mehr ostwärts wohnen die Thyssageten, ein großes und eigenes Volk, die von der Jagd leben. Dicht neben ihnen, in denselben Gegenden, sitzt das Volk der Iyrken, die auch von der Jagd leben und sie folgendermaßen betreiben. Der Jäger steigt auf einen der Bäume, die überall in Menge das Land bedecken, und steht dort auf der Lauer; mit sich führt er ein Roß, das abgerichtet ist, sich auf den Bauch zu legen und niederzuducken, und einen Hund. Hat er das Wild

MELPOMENE

vom Baum aus erspäht, schießt er seinen Pfeil ab, springt auf
das Roß und verfolgt es. Der Hund folgt auch.

Noch weiter oben, aber mehr nach Osten zu, wohnen andere Skythen, die sich einst von den königlichen Skythen los-
gesagt haben und darum in jene Gegend fortgezogen sind.

23. Bis zu diesen Skythen ist das angezeigte Land durchgehend eben und tieferdig, dann aber steinig und uneben.[30] Wieder nach einer weiten Strecke durch dieses unebene Land
wohnen am Fuß hoher Gebirge Menschen, von denen erzählt
wird, daß sie gleich von Geburt an kahlköpfig seien; alle,
Männer und Weiber, haben eingebogene Nasen und lange
Kinnbacken, reden eine eigene Sprache, kleiden sich aber wie
die Skythen und nähren sich von Baumfrüchten. Pontikon
heißt der Baum, von dessen Frucht sie leben, und ist etwa so
groß wie ein Feigenbaum. Die Frucht, die er trägt, ist so groß
wie eine Bohne, hat aber einen Kern. Wenn sie reif ist, wird sie
in großen Tüchern durchgeschlagen; der dicke schwarze Saft,
der herausfließt, heißt Aschy. Diesen lecken sie oder trinken
ihn mit Milch gemischt. Aus der dicken zurückbleibenden
Masse aber formen sie Kuchen, die sie essen. Herdenvieh
haben sie nicht viel, denn ihre Weiden sind nicht von sonderlicher Güte. Jeder wohnt unter einem Baum, den er für den
Winter mit einem Schirm von weißem Filz umschließt, im
Sommer aber ohne den Filz.[31] Sie bleiben von jedermann
unbehelligt, denn man hält sie für heilig; auch besitzen sie
keinerlei kriegerisches Gerät. Sie schlichten den Streit der Nach-
barvölker, und wer sich auf der Flucht zu ihnen rettet, ist sicher
vor jedweder Kränkung. Sie heißen die Argippaier.

24. Bis hinauf zu diesen ›Kahlköpfen‹ hat man eine recht
klare Kenntnis über das Land und über die dort wohnenden
Völkerschaften. Denn bis zu diesen reisen oft skythische Leute,
und von diesen ist es nicht schwer, Kunde zu erhalten, wie
auch von den Hellenen in der Handelsstadt Borysthenes und
in den anderen Handelsorten am Pontos. Die Skythen, die bis
in jene Gegenden reisen, brauchen zu ihren Geschäften sieben
Dolmetscher in sieben Sprachen.

VIERTES BUCH

25. Was aber jenseits der ›Kahlköpfe‹ liegt, weiß keiner mit Gewißheit zu melden. Denn hohe unwegsame Gebirge[32] ragen auf, und niemand steigt hinüber. Es erzählen zwar die ›Kahlköpfe‹, obwohl ich es nicht glauben kann, auf jenen Bergen wohnten ziegenfüßige Menschen, und jenseits davon andere, welche die Hälfte des Jahres schliefen. Dies kann ich nun schon gar nicht annehmen. Nur von dem Lande ostwärts der ›Kahlköpfe‹ weiß man gewiß, daß es von den Issedonen bewohnt wird, dagegen nordwärts der ›Kahlköpfe‹ wie der Issedonen kennt man nichts, außer eben das, was jene davon erzählen.

26. Von den Issedonen werden folgende Bräuche berichtet. Stirbt einem der Vater, so kommen alle Verwandten herbei mit etlichem Vieh; dies schlachten sie, und nachdem sie das Fleisch zerschnitten haben, schneiden sie auch den verstorbenen Vater ihres Wirtes in Stücke, mischen alles Fleisch durcheinander und richten daraus ein Mahl an. Der Kopf aber wird, nachdem er von außen und innen entblößt und gereinigt worden ist, mit Goldblech überzogen und gilt ihnen fortan als ein heiliges Gerät, vor dem sie je einmal im Jahre ein großes Opferfest begehen. Dieses Fest feiert der Sohn zu Ehren des Vaters, wie die Hellenen ihre Totenfeste. Im übrigen gelten auch sie für harmlos, und die Weiber sollen bei ihnen die gleichen Rechte haben wie die Männer.

27. Von diesen also hat man noch Kenntnis. Daß aber weiter oberhalb von ihnen einäugige Menschen und goldhütende Greife hausen, ist nur eine Sage der Issedonen, die von diesen zu den Skythen gekommen ist und von den Skythen sich bei uns anderen verbreitet hat. Darum benennen wir sie mit einem skythischen Namen Arimaspen, denn ›arima‹ bedeutet in der skythischen Sprache ›eins‹, ›spu‹ aber das ›Auge‹.

28. Kalt und winterlich sind alle die Länder, die ich hier genannt habe. Acht Monate im Jahr herrscht ein Frost von unerträglicher Strenge. Gießt man in dieser Zeit Wasser aus, so entsteht kein Schmutz, wohl aber wenn du ein Feuer anzündest. Außerdem gefriert das Meer und der ganze kimmerische Bosporos, und die Skythen diesseits des Grabens ziehen in

Scharen auf das Eis und fahren mit ihren Wagen hinüber bis zum Land der Sinder.[33] So dauert der Winter ununterbrochen acht Monate lang. Während der anderen vier Monate herrscht dort Kälte.[34] Dieser Winter ist in seiner Art ganz anders als die Winter in anderen Ländern. Denn während der Zeit, wenn es regnen sollte, fällt nur wenig Regen, er ist kaum der Rede wert; aber im Sommer regnet es unaufhörlich, und wenn es anderswo Gewitter gibt, gibt es dort keine, hingegen im Sommer überaus heftige. Kommt einmal im Winter ein Gewitter, so staunt man darüber wie über ein Wunderzeichen. Und ebenso gilt ein Erdbeben, sei es im Sommer oder im Winter, in Skythien für ein Wunderzeichen. Die Pferde halten solchen Winter aus, aber Maultiere und Esel erliegen ihm gleich, während anderswo Pferden, wenn sie im Frost stehen, die Glieder erfrieren, Esel und Maultiere es aber aushalten.

29. Aus derselben Ursache, vermute ich, wachsen dort einer Art Rindvieh, der sogenannten stumpfen, keine Hörner. Und für diese Meinung kann ich mich auch auf einen Vers Homers berufen; er steht in der Odyssee und lautet:

Libyen auch, wo den Lämmern in Bälde die Hörner entsprießen.

Diese Bemerkung ist ganz richtig, daß nämlich in den heißen Gegenden die Hörner zeitig wachsen. Hingegen wo strenge Kälte herrscht, wachsen dem Rindvieh gar keine Hörner, oder sie wachsen nur langsam und kümmerlich.

30. Solche Wirkungen übt dort die Kälte. Auffällig aber ist es mir, beiläufig bemerkt (wie solche Abschweifungen ja auch von Anfang an in der Absicht meines Werkes liegen), daß im ganzen Gebiet der Eleier keine Maultiere gezeugt werden können, obgleich das Land weder kalt noch sonst eine Ursache davon zu erkennen ist. Die Eleier selber sagen, das sei die Folge einer Verwünschung, daß bei ihnen keine Maultiere gezeugt werden. Nähert sich dort die Zeit, wo die Stuten empfangen, so treibt man sie über die Grenze ins Gebiet der Nachbarn und läßt sie von den Eseln decken, und holt sie, sobald sie trächtig geworden, wieder heim.

VIERTES BUCH

31. Über die Federn, von denen die Skythen sagen, die Luft
sei damit erfüllt, und ihretwegen seien sie nicht imstande,
weder weiter ins Land hineinzusehen noch vorzudringen, habe
ich folgende Meinung. Höher hinauf in diesem Lande schneit
es immerzu, doch weniger im Sommer als im Winter, was ja
auch nur natürlich ist. Wer nun jemals einen dichten Schnee-
fall aus der Nähe gesehen hat, versteht, was ich sage. Der
Schnee nämlich sieht dann aus wie Federn. Und wegen jener
Strenge des Winters sind die nördlichen Striche dieses Erdteils
unbewohnbar. So meine ich, ist es nur ein Gleichnis für den
Schnee, daß die Skythen und ihre Umwohner von Federn
reden.

32. Aber von hyperboreischen Menschen wissen weder die
Skythen etwas, noch sonst eines der dort hausenden Völker,
außer eben allein die Issedonen. Ich denke aber, auch diese
wissen nichts davon, denn sonst wüßten es auch die Skythen,
ebenso gut wie sie von den ›Einäugigen‹ wissen. Wohl aber hat
Hesiod von Hyperboreern gesprochen, und desgleichen Homer
in den ›Epigonen‹, sofern dieses Gedicht wirklich von Homer
verfaßt ist.

33. Aber weitaus das meiste wissen die Delier davon zu
erzählen. Eine Opfergabe, sagen sie, eingebunden in Weizenstroh, werde von den Hyperboreern[35] zu den Skythen gebracht,
von den Skythen gelange sie dann von Volk zu Volk immer
weiter gen Westen bis zum adriatischen Meer; von hier wende
sie den Weg gen Süden, und die ersten Hellenen, die sie dort
erreiche, seien die Dodonaier, von denen sie herabgelange an
den malischen Busen und nach Euboia übersetze; da sende sie
Stadt um Stadt bis nach Karystos. Andros aber werde übergan-
gen; denn die Karystier brächten sie nach Tenos, die Tenier
endlich nach Delos. Auf diese Weise gelange die Opfergabe
nach Delos. Zuerst aber hätten die Hyperboreer zwei Jungfrauen mit der Opfergabe abgesendet; diese nennen die Delier
Hyperoche und Laodike. Und mit ihnen schickten die Hyperboreer um ihrer Sicherheit willen fünf Männer ihres Volkes als
Begleiter; Perphereer[36] heißen sie jetzt und genießen hohes

290

MELPOMENE

Ansehen in Delos. Da nun aber die Abgesandten nicht zu
ihnen heimkehrten, wurden die Hyperboreer bestürzt und
fürchteten, es könnten nun jedesmal ihre Boten ausbleiben;
darum bringen sie jetzt ihre Opfergabe in Weizenstroh gebunden bis an die Grenze ihres Landes und bitten und drängen ihre
Nachbarn, daß sie die Gabe weitergeben mögen bis zum nächsten Volk, und so kommt sie, wie die Delier sagen, von Volk zu
Volk gereicht, endlich nach Delos. Mir selber ist ein Brauch
bekannt, der sich mit diesem Opfer vergleichen läßt; nämlich
bei den Thraken und Paionen tragen die Weiber, wenn sie der
Artemis Basileia opfern, das Opfer nicht ohne Weizenstroh.

34. Jenen Jungfrauen aber aus dem Hyperboreerland, die in
Delos gestorben sind, weihen die delischen Mädchen und die
Knaben von ihrem Haupthaar; die Mädchen schneiden sich
vor der Hochzeit eine Locke ab, wickeln sie um eine Spindel
und legen sie auf ihr Grabmal. Dies liegt im Heiligtum der
Artemis zur linken Hand vom Eingang, worauf ein Ölbaum
steht. Die Knaben wickeln ihre Haare um ein grünes Reis und
legen es auf dasselbe Grab.[37] Solche Ehre erfahren diese beiden
Jungfrauen bei den Einwohnern von Delos.

35. Diese erzählen, daß auch zwei andere Jungfrauen, Arge
und Opis, von den Hyperboreern her jenen Weg durch dieselben Völker gezogen und nach Delos gelangt seien, noch früher
als Hyperoche und Laodike. Denn diese, sagen sie, seien gekommen, um der Eileithyia den Zins darzubringen, den sie für die
leichte Geburt gelobt hatten. Arge und Opis aber seien zu
gleicher Zeit mit den beiden Göttern Apollon und Artemis aus
dem Hyperboreerland gekommen und hätten andere Ehren
von ihnen erhalten, indem ihre Weiber für sie Gaben sammelten und dabei ihre Namen anriefen in dem Festlied, das ihnen
der Lykier Olen[38] gedichtet hatte. Und nach ihrem Vorbild
sängen nun auch die Bewohner der Insel und die Ioner Festlieder zu Ehren der Opis und Arge, riefen ihre Namen und
sammelten Gaben für sie. Dieser Olen war aus Lykien gekommen; von ihm sind auch die anderen alten Festlieder gedichtet,
die in Delos gesungen werden. Die Asche von den Opferschen-

VIERTES BUCH

keln, die auf dem Altar verbrannt werden, werde auf das Grab
der Opis und Arge gestreut. Dies Grab liegt hinter dem Artemision, nach Osten zu, ganz nahe dem Festsaal[39] der Keïer.

36. Soviel von den Hyperboreern. Denn die Sage von Abaris[40],
dem angeblichen Hyperboreer, übergehe ich. Er soll mit einem
Pfeil in der Hand über die ganze Erde gewandert sein, ohne je
etwas zu essen. Gibt es aber Menschen über dem Nordwind, so
gibt es auch welche über dem Südwind. Ich muß lachen, wenn
ich sehe, wie viele schon der Erde Umkreis gezeichnet haben
und noch keiner ihn mit rechtem Verstand dargestellt hat. Da
zeichnen sie den Okeanos rings um die Erde fließend und die
Erde kreisrund, wie mit dem Zirkel gedreht, und machen Asien
gleich groß wie Europa[41]. Ich will hier mit wenigen Worten die
Größe der beiden Erdteile und die Art, wie man sie zeichnen
muß, darlegen.

37. In Asien wohnen die Perser bis zum südlichen oder
sogenannten Roten Meer[42]; nördlich von ihnen folgen die
Meder, nach den Medern die Saspeiren, nach den Saspeiren die
Kolcher bis an das nördliche Meer, in den sich der Phasis[43]
ergießt. Diese vier Völker wohnen von Meer zu Meer.

38. Westwärts von ihnen erstrecken sich zwei Halbinseln
dieses Erdteils bis zum Meer; die will ich beschreiben. Die
eine[44] nimmt im Norden ihren Anfang beim Phasis, und zieht
den Pontos und den Hellespontos entlang bis Sigeion im Troier-
land, wo sie das Meer erreicht; im Süden beginnt sie am myrian-
drischen Busen in der Nähe des phoinikischen Landes und
erreicht beim Vorgebirge Triopion das Meer. Auf dieser Halbinsel wohnen dreißig Völkerstämme.

39. Dies ist die eine der beiden Halbinseln; die andere[44a]
zieht sich vom Perserland bis zum Roten Meer entlang, nämlich erst Persien selbst, dann Assyrien und hierauf Arabien, und
endigt, wenigstens der gewöhnlichen Ansicht nach, am arabischen Busen[45], in den Dareios den Kanal[46] aus dem Nil geführt
hatte. Und zwar dehnt sie sich von Persien bis Phoinikien als
ein weites flaches Land aus; von Phoinikien aber zieht sich
diese Halbinsel an unserem Meer entlang durch das palaistini-

sche Syrien und Ägypten, wo sie aufhört. Auf ihr wohnen drei Völkerschaften.

40. Dies sind diejenigen Teile Asiens, die vom Lande der Perser ab westwärts liegen. Hingegen wird das Land jenseits der Perser, Meder, Saspeiren und Kolcher auf der Ostseite begrenzt vom Roten Meer, auf der Nordseite aber vom Kaspischen Meer und dem Fluß Araxes[47], der gegen den Aufgang der Sonne fließt. Und bis zum Land der Inder wird dieser Teil Asiens bewohnt; von dort weiter nach Osten aber ist Wüste, und niemand weiß zu berichten, wie es beschaffen ist.

41. Dies ist die Gestalt und die Größe Asiens. Libyen aber gehört zu der zweiten Halbinsel; denn gleich nach Ägypten folgt Libyen. Zwar ist bei Ägypten diese Halbinsel nur schmal. Denn von unserem Meer hinüber zum Roten Meer ist nur ein Strich von hunderttausend Klaftern, das sind etwa tausend Stadien; aber jenseits dieser Enge ist das Land, das den Namen Libyen führt, sehr breit.

42. Darum wundere ich mich über die, die Libyen[48], Asien und Europa in drei Erdteile geteilt haben. Sind doch diese Teile nicht wenig unter sich verschieden. An Länge kommt Europa beiden zusammen gleich, und in der Breite, behaupte ich, können sie gar nicht mit ihm verglichen werden. Denn Libyen stellt sich selber als rings umflossen dar, außer an dem Stück, mit dem es an Asien grenzt. Der erste, soweit wir wissen, der dies aufgewiesen hat, war der ägyptische König Nekos.[49] Dieser König nämlich sandte, seitdem er davon abgelassen hat, den Kanal vom Nil in den arabischen Busen zu graben, von hier phoinikische Männer auf Schiffen aus und gebot ihnen, den Rückweg durch die Säulen des Herakles zu nehmen und so lange zu fahren, bis sie ins nördliche Meer und folglich nach Ägypten gelangten. Und die Phoiniken fuhren vom Roten Meere hinein ins Südmeer und durchquerten es, und als der Sommer zu Ende ging, richteten sie die Schiffe zur Küste, und wo sie dann gerade in Libyen landeten, da bestellten sie das Land und blieben dort bis zur Ernte. Dann mähten sie das Korn und fuhren weiter. Auf diese Weise fuhren sie zwei Jahre

VIERTES BUCH

lang, und erst im dritten bogen sie um die Säulen des Herakles und kamen nach Ägypten. Und sie erzählten, sie hätten, als sie Libyen umfuhren, die Sonne zur Rechten gehabt. Dieses nun mag ihnen ein anderer glauben, ich glaube es nicht.

43. So wurde dieser Erdteil zum erstenmal erforscht; zum zweitenmal aber von den Karchedoniern[50], wie sie behaupten. Denn der Achaimenide Sataspes, des Teaspis Sohn, hat die Umschiffung Libyens nicht vollbracht. Zwar war er dazu ausgesandt, aber er kehrte um, weil ihm Angst wurde vor der Weite der Fahrt und vor der Menschenöde, und erfüllte nicht, was ihm seine Mutter auferlegt hatte. Er hatte nämlich einer Jungfrau Gewalt angetan, einer Tochter des Zopyros, des Sohnes des Megabyzos, und König Xerxes wollte ihn um dieser Missetat willen an den Pfahl schlagen lassen, aber seine Mutter, eine Schwester des Königs Dareios, bat für ihn, indem sie sagte, sie wolle ihm eine Strafe auferlegen, die größer sei als die Strafe des Königs; er solle um Libyen herumschiffen, bis er auf der Umfahrt an den arabischen Busen käme. Auf das hin schenkte ihm Xerxes das Leben. Und Sataspes ging nach Ägypten, nahm dort ein Schiff und ägyptische Schiffer und fuhr zu den Säulen des Herakles und durch sie hinaus bis zu einem Vorgebirge in Libyen, das Soloeis heißt, und um dasselbe herum weiter gen Süden. So durchschiffte er ein weites Meer viele Monate lang und fand kein Ende; da wandte er endlich das Schiff und fuhr zurück nach Ägypten. Von da ging er zu König Xerxes und erzählte, wie sie weit in der Ferne zuletzt an kleinen Menschen mit Kleidern aus Palmblättern vorübergefahren seien, die, sobald das Schiff sich dem Lande näherte, ihre Städte verließen und sich ins Gebirge flüchteten; dann seien sie hineingegangen, hätten aber nichts darin zerstört, sondern nur etliche Tiere von den Herden genommen. Daß er aber Libyen nicht völlig umschifft hatte, dafür gab er als Grund an, daß das Schiff nicht hätte weiter fahren können, sondern auf eine Untiefe[51] gestoßen sei. Der König aber glaubte ihm nicht, daß er die Wahrheit sagte, sondern verhängte die erste Strafe über ihn und ließ ihn an den Pfahl schlagen, weil er nicht vollbracht hatte, was ihm

294

MELPOMENE

auferlegt worden war. Einer von den Verschnittenen dieses
Sataspes entrann, als er den Tod seines Herrn erfuhr, nach
Samos und führte große Schätze mit sich. Diese nahm ein
Mann in Samos an sich und behielt sie; ich weiß seinen Na-
men, aber ich will ihn verschweigen.

44. Von Asien ist ein großer Teil durch König Dareios entdeckt worden. Dieser wünschte nämlich zu wissen, wo der
Indos, ein Strom, der als einziger außer dem Nil noch Krokodile enthält, ins Meer fließt, und sandte darum auf Schiffen
Männer aus, denen er vertrauen konnte, daß sie nur Wahres
berichten würden.[52] Unter diesen Männern war auch Skylax
aus der Stadt Karyanda.[53] Von der Stadt Kaspatyros und dem
Land der Paktyer fuhren sie den Strom abwärts gen Osten bis
zum Meer hinab. Von dort fuhren sie weiter durchs Meer
westwärts und kamen im dreißigsten Monat an den Ort, von
wo jene Phoiniken, wie ich oben erzählt habe, auf Geheiß des
ägyptischen Königs Libyen umschifft hatten. Und nachdem
sie ihre Umfahrt auf diese Weise vollbracht hatten, unterwarf
Dareios die Inder seiner Herrschaft, und seine Schiffe befuhren fortan jenes Meer. Auf diese Weise hat man gefunden, daß
auch Asien, außer was gegen Sonnenaufgang liegt, ähnlich
beschaffen ist wie Libyen.

45. Hingegen weiß von Europa niemand, ob es vom Meer
umflossen ist, weder im Osten noch im Norden; man weiß
aber, daß es in der Länge den beiden anderen Erdteilen gleichkommt. Auch vermag ich mir nicht zu erklären, weshalb man
dieser einen Erde dreierlei Namen gegeben hat und zwar Frau-
ennamen, und zu ihren Grenzen den Nilstrom in Ägypten und
den Phasis im Kolcherland gemacht hat (an dessen Stelle einige
andere den maiotischen Strom, den Tanaïs, und die kimmerische Furt setzen). Auch vermag ich nicht die Namen derer zu
erkunden, die diese Abgrenzung eingeführt haben, und die
Frauen, von denen sie die Namen entnommen haben. Was
Libyen betrifft, so soll es nach Libya benannt sein, einem
eingeborenen Weib jenes Landes, wie die Mehrzahl der Hellenen annimmt, Asien aber nach dem Weib des Prometheus.

295

VIERTES BUCH

Diesen Namen jedoch nehmen die Lyder für sich in Anspruch, denn Asien sei nicht nach des Prometheus Weibe Asia, sondern nach dem Asias benannt, einem Sohn des Kotys und Enkel des Mannes, nach dem auch noch in Sardis der asische Stamm seinen Namen führe. Hingegen weiß kein Mensch, weder ob Europa vom Meer umflossen ist, noch woher es diesen Namen hat, noch kennt man den, der ihm den Namen gegeben hat, sofern wir nicht etwa annehmen wollen, der Erdteil habe seinen Namen von dem tyrischen Weib Europa bekommen. Dann wäre er also vorher ebenso namenlos gewesen wie die beiden anderen. Aber eben von diesem Weibe weiß man, daß es eine Asierin war und gar nicht in das Land gekommen ist, das jetzt von den Hellenen Europa genannt wird, sondern nur aus Phoinikien nach Kreta und von Kreta nach Lykien. Soviel will ich hierüber bemerkt haben und mich ansonsten an die überlieferten Namen halten.

46. Die Völker am Pontos Euxeinos, gegen die König Dareios zu ziehen gedachte, sind, mit Ausnahme der Skythen, überaus roh und ungebildet wie in keinem anderen Lande. Denn im Umkreis des Pontos können wir kein Volk namhaft machen, das sich hinsichtlich der Klugheit hervortäte, noch einen einzelnen Mann, der sich darin einen Ruf gemacht hätte, außer dem skythischen Volk und dem Anacharsis. Und auch dies skythische Volk übertrifft nur in einer Kunst alle anderen Völker, die wir kennen, während ich es im übrigen nicht sehr bewundere. Diese große Kunst besteht darin, daß kein Feind, den sie verfolgen, ihnen entkommt, und keiner sie einholen kann, wenn sie sich nicht einholen lassen wollen. Da sie nämlich weder feste Häuser haben noch Burgen, sondern sämtlich berittene Bogenschützen sind, die ihre Häuser mit sich führen, und nicht vom Ackerbau leben, sondern von Viehherden, und auf Wagen hausen, wie sollten sie da nicht unbesiegbar und unangreifbar sein?

47. Ihr Land ist aber dazu geeignet, wie auch ihre Flüsse. Das Land ist flach und eben, reich an Gras und wohlbewässert[54], und die Flüsse, die es durchströmen, sind zahlenmäßig nicht

viel geringer als die Kanäle in Ägypten. Ich will davon aber nur alle diejenigen nennen, die einen Namen haben und vom Meer aus beschiffbar sind. Diese sind der Istros mit fünf Mündungen, der Tyras, Hypanis, Borysthenes, Pantikapes, Hypakyris, Gerrhos und der Tanais[55], die folgendermaßen fließen.

48. Der Istros, welcher der größte aller uns bekannten Ströme ist, behält stets die gleiche Größe, sommers wie winters. Er ist unter den Flüssen im Skythenland der erste von Westen her, und daß er der größte ist, hat diese Ursache. Es fließen ihm mancherlei Flüsse zu, und diejenigen, die ihn groß machen, sind folgende.[56] Zuerst fünf, die durch skythisches Land strömen, der Porata, wie ihn die Skythen, oder Pyretos, wie ihn die Hellenen nennen, und weiter der Tiarantos, Araros, Naparis und Ordessos. Von diesen Flüssen ist der erste stark und ergießt sein Wasser auf der Ostseite in den Ister, der andere aber, der Tiarantos, ist weniger stark und mündet mehr im Westen, der Araros aber und der Naparis und der Ordessos liegen zwischen ihnen und münden alle in den Istros.

49. Diese Zuflüsse des Istros haben ihren Ursprung im skythischen Land, aber aus dem Gebiete der Agathyrsen fließt ihm der Maris zu, und von den Höhen des Haimos herab münden drei andere mächtige Flüsse nordwärts in ihn, der Atlas, der Auras und der Tibisis. Ferner fließen die durch Thrakien und durch das Gebiet der Krobyzen strömenden Flüsse, der Athrys, der Noës und der Artanes, in den Istros. Weiter aus dem Paionenland vom Gebirge Rhodope der Fluß Kios, der mitten durch den Haimos bricht. Aus dem Lande der Illyrier entströmt der Angros gen Norden in die triballische Ebene, wo er sich mit dem Brongos vereinigt, der Brongos aber mit dem Istros, der somit beide mächtige Zuflüsse auf einmal empfängt. Und aus dem Landstrich oberhalb der Ombriken fließen der Karpis und weiter der Alpis in nördlichem Lauf dem Istros zu. Denn der Istros strömt durch ganz Europa, vom Lande der Kelten anhebend, die nächst den Kyneten von allen Völkern Europas am weitesten nach Westen zu wohnen, und erst am Ende dieses Landes mündet er seitlich in das Skythenland.

VIERTES BUCH

50. Dadurch also, daß die besagten und noch viele andere Flüsse ihre Gewässer ihm zuführen, wird der Istros der größte der Ströme; denn an eigenem Wasser, eins gegen eins genommen, übertrifft ihn der Nil. Denn diesem fließt kein Fluß, kein Bächlein zu, das seine Fülle vermehrte. Daß aber der Istros zu jeder Jahreszeit in immer gleicher Stärke fließt, das, meine ich, erklärt sich auf folgende Weise. Winters ist er so groß, wie er eben ist, und wächst nur wenig über sein Maß hinaus. Denn Regen fällt in jenen Ländern zur Winterszeit sehr wenig, es ist alles nur Schnee. Kommt dann der Sommer, so schmelzen die gewaltigen Schneemassen, die während des Winters gefallen sind, und stürzen auf allen Seiten in den Istros. Und außer dieser Menge Schneewassers schwillt er zugleich durch häufige und heftige Regengüsse an. Denn während des Sommers regnet es in jenem Land. Nun zieht freilich die Sonne im Sommer mehr Wasser an als im Winter, aber in demselben Maße sind auch die Zuflüsse des Istros im Sommer größer als im Winter. Und da sich das eine gegen das andere ausgleicht und aufhebt, so erscheint der Strom in immer gleicher Größe.

51. Der Istros also ist einer von den Strömen der Skythen. Auf diesen folgt der Tyras, der von Norden kommt und seinen Ursprung in einem großen See hat, der das Land der Skythen vom Land der Neuren trennt. An seinem Ausfluß wohnen Hellenen, die sogenannten Tyriten.

52. Der dritte, der Hypanis, entspringt im skythischen Land aus einem großen See, an dessen Ufern ringsum wilde weiße Pferde weiden. Dieser See wird mit Recht die Mutter des Hypanis genannt. Aus diesem entspringt also der Hypanis, strömt dann als Süßwasserfluß auf einer Strecke von fünf Tagesfahrten schwach, von da an aber bis zum Meer vier Tagefahrten weit ist das Wasser überaus bitter. Es läuft ihm nämlich eine bittere Quelle von solcher Bitterkeit zu, daß sie, so klein sie ist, doch den Hypanis, einen der größten Ströme, mit ihrem Geschmack ganz und gar durchdringt.[57] Sie befindet sich auf der Grenze zwischen dem Land der Ackerbau-Skythen und der Alazonen. Sie heißt genau wie jener Ort, wo sie entspringt, auf

MELPOMENE

skythisch Exampaios, das heißt in unserer Sprache »Heilige Wege«. Auf der Höhe der Alazonen wenden sich Tyras und Hypanis in ihren Läufen einander entgegen, später aber biegen sie beide wieder ab und entfernen sich mehr und mehr voneinander.

53. Der vierte, der Borysthenes, ist neben dem Istros der größte unter diesen Strömen, ja, was Ertrag und Nutzbarkeit anlangt, ist er, nach meinem Urteil, der reichste, nicht nur von den skythischen, sondern von allen Strömen, nur den ägyptischen Nil allein ausgenommen; denn mit diesem besteht kein anderer den Vergleich. Aber von allen anderen ist der Borysthenes der nützlichste und reichste. Den Viehherden bietet er die schönsten und fruchtbarsten Weiden, Fische hat er von allen die besten und in größter Menge, sein Wasser ist lieblich zu trinken und fließt klar und rein, wohingegen das der anderen Flüsse unrein und trüb ist. An seinen Ufern sind die schönsten Saatfelder, und wo das Land nicht mit Aussaat bestellt wird, steht das dichteste Gras. An seiner Mündung bildet sich Salz von selber in Fülle. Dazu bietet er riesige Fische ohne Gräten zum Einsalzen, die sie Antakaien nennen, und viele andere wunderbare Dinge. Bis hinauf zum Lande Gerrhos[58], vierzig Tagefahrten aufwärts, weiß man, daß er von Norden her kommt; aber weiter hinauf kann niemand sagen, durch welcher Menschen Land er fließt; nur daß er aus einem öden Land in das Gebiet der ackerbauenden Skythen einfließt, ist gewiß. Dieser und der Nil sind die einzigen Ströme, von denen ich die Quellen nicht anzugeben vermag, ich meine aber auch, kein anderer der Hellenen. Da wo der Borysthenes auf seinem Laufe in die Nähe des Meeres kommt, vereinigt sich der Hypanis mit ihm, der in denselben seichten Busen mündet. Die zwischen beiden Strömen vorlaufende Landzunge heißt »Hippoleons Höhe«, auf der ein Tempel der Demeter steht. Jenseits des Tempels am Hypanis haben sich die Borystheneïten[59] angesiedelt.

54. Soviel von diesen Flüssen. Auf diese folgt als fünfter Fluß der Pantikapes, der ebenfalls von Norden her aus einem See

VIERTES BUCH

fließt. Zwischen ihm und dem Borysthenes wohnen die ackerbauenden Skythen. Er strömt durch die Hylaia und fällt danach
in den Borysthenes.

55. Der sechste Fluß ist der Hypakyris. Dieser entspringt aus
einem See, fließt mitten durch das Land der nomadischen
Skythen und mündet bei der Stadt Karkinitis ins Meer. Zur
Rechten liegen Hylaia und die sogenannte Achillesbahn.[60]

56. Der siebte Fluß, der Gerrhos, hat sich vom Borysthenes
an der Stelle abgezweigt, bis zu der man ihn kennt. Er hat
denselben Namen wie jene Landschaft, nämlich Gerrhos. Auf
seinem Weg zum Meer hinab bildet er die Grenzscheide zwischen dem Land der Nomaden und der königlichen Skythen.
Er mündet in den Hypakyris.

57. Der achte endlich, der Tanaïs, entströmt nördlich aus
einem großen See und ergießt sich in einen noch größeren, den
maiotischen See, der die Grenze bildet zwischen den königlichen Skythen und den Sauromaten. In diesen Tanaïs ergießt
sich noch ein anderer Fluß; der heißt Hyrgis.

58. Das sind die namhaften unter den Flüssen, womit Skythien ausgestattet ist. Das Gras aber, das für die Viehherden im
skythischen Lande wächst, wirkt auf die Galle wie keine andere
Grasart, soviele wir von ihnen kennen. Man kann dies sehen,
wenn man das Vieh aufschneidet.

59. So sind sie in den wichtigsten Dingen wohl bestellt; im
übrigen hat es mit ihren Bräuchen folgende Bewandtnis. Als
Götter verehren sie allein die folgenden: die Hestia vor allem,
danach den Zeus und die Ge, die sie für des Zeus Weib halten,
nach diesen den Apollon und die Himmlische Aphrodite, den
Herakles und den Ares. Diese Götter sind allen Skythen
gemeinsam, die sogenannten königlichen Skythen aber opfern
auch noch dem Poseidon. Die Hestia heißt auf skythisch Tabiti;
den Zeus nennen sie, nach meinem Urteil, ganz richtig Papaios,
die Ge Api, Apollon Goitosyros, die Himmlische Aphrodite
Argimpasa, Poseidon aber Thagimasadas. Den Göttern Bilder,
Altäre und Tempel zu errichten, ist nicht ihr Brauch, außer
dem Ares.

MELPOMENE

60. Ihre Art und Weise des Opferns ist überall und für alle Götter die gleiche. Man verfährt dabei folgendermaßen. Das Opfertier steht mit gebundenen Vorderfüßen da, hinter ihm der Opferer. Mit einem Ruck des Stricks, dessen Ende er in der Hand hält, bringt er das Tier zu Fall, und indem es stürzt, ruft er die Gottheit an, der er es opfert. Dann wirft er ihm rasch eine Schlinge um den Hals, steckt einen Stab hinein und dreht und würgt es zu Tode, ohne Opferfeuer, Vorweihe oder Spenden gemacht zu haben, sondern nachdem er es erwürgt und abgezogen hat, macht er sich gleich ans Kochen.

61. Da nun aber das skythische Land sehr arm an Holz ist, behelfen sie sich beim Kochen des Fleisches auf diese Weise. Sobald sie das Tier abgehäutet haben, lösen sie die Knochen aus dem Fleisch und tun es in Kessel, wie sie dortzulande üblich sind. Diese Kessel gleichen am meisten den lesbischen Mischkesseln, außer daß sie viel größer sind. In diese werfen sie das Fleisch und kochen es darin über einem Feuer, das sie aus den Knochen der Opfertiere herrichten. Fehlt es ihnen aber an einem Kessel, legen sie das Fleisch in den Magen des Tieres, gießen Wasser dazu und zünden die Knochen darunter an. Diese geben eine schöne Flamme, und in dem Magen findet das abgelöste Fleisch reichlichen Raum. So kocht sich ein Rind, oder was es sonst für ein Opfertier sein mag, wohl selber gar. Ist das Fleisch gekocht, bringt der Opfernde vom Fleisch und von dem Eingeweide die Erstlingsgaben dar und wirft sie von sich weg. Zum Opfern wählen sie außer dem übrigen Vieh vorwiegend Pferde.

62. In dieser Weise und mit solchen Tieren opfern sie allen übrigen Göttern; anders aber dem Ares. Diesem Gott ist in jedem ihrer Königreiche und darin wieder in jedem einzelnen Bezirk je ein Heiligtum errichtet, nämlich aufgeschichtete Haufen von Reisigbündeln, wohl drei Stadien lang und breit, aber nicht ebenso hoch. Obenauf ist ein ebenes Geviert hergerichtet; die Wände fallen auf drei Seiten steil ab, nur an der vierten ist ein Anstieg. Jedes Jahr schütten sie einhundertfünfzig Wagen voll Reisig zu, denn bei der rauhen Witterung sinkt

301

VIERTES BUCH

der Haufen immer etwas zusammen. Oben auf dem umgrenzten Platz steht ein uraltes eisernes Schwert, je eines in jedem Bezirk, und das ist das heilige Bild des Ares. Ihm begehen sie jährliche Feste mit Opfern von Weidevieh und Rossen, ja sie opfern ihm noch mehr als den übrigen Göttern. Von allen Feinden nämlich, die in ihre Hände fallen, opfern sie jeden hundertsten Mann, jedoch auf eine andere Weise wie die Tiere. Nachdem sie den Gefangenen Spendwein über die Köpfe gegossen haben, schneiden sie ihnen über einem Gefäß den Hals ab, tragen dann das Blut hinauf zum Reisighaufen und gießen es aus über das Schwert. Nur dieses bringen sie nach oben, unten aber neben dem heiligen Ort tun sie folgendes. Sie schneiden den geschlachteten Männern allen die rechte Schulter mitsamt dem Arm ab und werfen sie in die Luft, und nachdem sie dann noch das Opfer der übrigen Opfertiere verrichtet haben, gehen sie davon. Der Arm bleibt liegen, wo er niedergefallen ist, und ebenso der Leichnam an seinem Ort.

63. So halten sie es mit ihren Opfern. Schweine opfern sie gar nicht und pflegen sie auch nicht zu halten.

64. Mit ihren Sitten im Kriege steht es folgendermaßen. Hat ein Skythe den ersten Mann erlegt, so trinkt er von dessen Blut; von allen aber, die er im Kampfe tötet, bringt er seinem König die Köpfe. Denn nur wer einen Kopf vorzeigen kann, erhält einen Teil von der Beute, die sie gewinnen, sonst nicht. Den Kopf aber häutet er ab, indem er im Kreis um die Ohren einen Schnitt macht, darauf den Kopf faßt und herausschüttelt[61]; danach schabt er mit einer Ochsenrippe das Fleisch von der Haut und bearbeitet sie mit den Händen, bis sie weich und geschmeidig geworden ist, und nutzt sie forthin als Handtuch, indem er sie seinem Leibroß an die Zügel bindet und damit stolz tut. Denn wer die größte Zahl solcher Kopfhauttücher besitzt, gilt für den besten Mann. Viele auch nähen die Kopfhäute zusammen wie Ziegenfelle und fertigen weite Röcke daraus zum Überziehen. Andere wieder ziehen von dem rechten Arm ihrer erschlagenen Feinde die Haut herunter bis auf die Fingernägel und machen sich daraus Futterale für ihre Köcher. Die

302

MELPOMENE

Menschenhaut ist dick und glänzend zugleich und übertrifft an glänzender Weiße fast alle anderen Häute. Viele endlich ziehen auch ganze Menschen ab, spannen die Haut über ein Gestell von Hölzern und führen sie zu Pferde mit umher.

65. Aus den Schädeln selber aber, nicht von allen Erschlagenen, sondern nur aus denen der ärgsten Feinde, fertigen sie Trinkschalen. Erst sägen sie das ganze Stück unter den Augbrauen ab, dann reinigen sie das Innere des Schädels, und ist es ein armer Mann, so überziehen sie ihn nur außen mit Rindshaut und gebrauchen ihn so; ist er aber reich, so überziehen sie ihn zwar auch mit Rindshaut, überdies aber noch innen mit Goldblech, und benutzen ihn als Trinkbecher. Dasselbe tun sie auch dann, wenn sie mit einem ihrer Verwandten in Zwist geraten und ihn im Streit vor dem König besiegen. Kommen dann Gäste, denen sie eine Ehre erweisen möchten, so holen sie diese Schädel hervor und erzählen dabei, daß es zwar ihre Verwandten gewesen seien, diese sie aber mit Krieg überzogen hätten und ihnen unterlegen seien. Und das preisen sie als Heldentugend.

66. Einmal im Jahr mischt jeder Häuptling in seinem Gau einen Krug Wein, und davon trinken alle Skythen, die feindliche Männer erlegt haben; diejenigen aber, die keinen erlegt haben, dürfen nicht mittrinken und sitzen abseits, ohne daß man sie beachtet. Das ist für den Skythen die größte Schande. Hingegen erhalten alle, die besonders viel Feinde erlegt haben, zwei Trinkschalen und trinken aus beiden zugleich.

67. Es gibt viele Weissager unter den Skythen. Sie weissagen mit Hilfe zahlreicher Weidenruten. Solche Ruten bringen sie in großen Bündeln herbei, legen sie auf den Boden und sondern sie auseinander, so daß je eine Rute hinter der anderen in einer Reihe zu liegen kommt, und während sie ihren Spruch sagen, raffen sie die Ruten wieder zusammen und legen sie abermals in Reihe, jede für sich. Das ist die altherkömmliche Weise des Wahrsagens. Die Enareer oder die Mannweiber hingegen behaupten, ihre Weissagekunst von der Aphrodite zu haben. Sie bedienen sich dazu der Rinde des Lindenbaumes,

VIERTES BUCH

die sie dreifach spalten, die Streifen sich um die Finger wickeln und wieder lösen, und dabei ihre Sprüche sagen.

68. Verfällt ein König in Krankheit, so ruft er die drei ansehnlichsten Weissager zu sich, und die üben dann auf besagte Weise ihre Kunst. In der Regel lautet ihr Spruch dahin, daß ein Stammesgenosse, den sie namhaft machen, einen Meineid auf die königlichen Hausgötter geschworen habe. Bei diesen pflegen nämlich die Skythen immer dann besonders zu schwören, wenn sie den höchsten Eid tun wollen. Derjenige, der also des Meineides bezichtigt wurde, wird alsbald ergriffen und herbeigeschleppt. Die Weissager werfen ihm dann vor, daß er nach Auskunft ihres Orakels eidbrüchig geworden sei gegen des Königs Herdgötter, und darum der König von Schmerzen geplagt werde. Wenn der Angeklagte aber leugnet, läßt der König andere Weissager kommen und zwar in doppelter Zahl. Wenn auch sie ihn bei Befragung ihrer Wahrsagerkunst für meineidig halten, schneiden sie ihm sofort den Kopf ab. Sein Besitz wird dann unter die ersten Weissager verteilt. Sprechen ihn aber die hinzugekommenen Weissager los, so werden andere und wieder andere bestellt, und wenn dann die Mehrzahl den Mann losspricht, müssen die ersten Weissager selber das Leben lassen.

69. Und das geschieht auf folgende Weise. Man füllt einen Lastwagen mit Reisig und bespannt ihn mit Stieren, bindet den Weissagern die Füße zusammen, die Hände auf den Rücken, verstopft ihnen den Mund und steckt sie mitten in das Reisig; hierauf zünden sie es an, machen die Stiere scheu und lassen sie rennen. Da kommen dann oft die Stiere mitsamt den Wahrsagern in den Flammen um; oft aber entkommen die Stiere, ringsum versengt, nachdem die Deichsel abgebrannt ist. Auch um anderer Ursachen willen werden die Weissager auf die beschriebene Art verbrannt und werden Lügenweissager gescholten. Von denen, die der König tötet, läßt er auch die Söhne nicht leben; nur die Weiber bleiben verschont.

70. Schließen sie mit anderen einen Treuebund, geschieht dies folgendermaßen. In einen großen irdenen Becher gießen

sie Wein, stechen mit einem Pfriem oder ritzen mit einem Messer dem Schwörenden ein wenig die Haut und vermischen das Blut mit dem Wein, dann tauchen sie ein Schwert, Pfeile, eine Streitaxt und einen Wurfspeer in das Gemisch. Ist das geschehen, so sprechen sie schwere Flüche darüber und trinken danach aus dem Becher, und zwar die Schwörenden wie die Angesehensten aus ihrem Gefolge.

71. Die Gräber ihrer Könige sind im Lande der Gerrher. Dort graben sie, sobald ihr König gestorben ist, eine große viereckige Grube. Ist diese vorbereitet, nehmen sie den Toten, dem sie zuvor den Leib mit Wachs überzogen, den Bauch aufgeschnitten und ausgenommen und mit zerstoßenem Safran, Räucherwerk, Eppichsamen und Anis ausgefüllt und wieder vernäht haben, und führen ihn auf einem Wagen zu einem anderen Volksstamm. Und alle, die den Toten auf dieser Fahrt bei sich aufnehmen, machen es wie die königlichen Skythen. Sie schneiden sich ein Stück vom Ohr ab, scheren sich das Haupthaar ringsum und machen einen Einschnitt um den Arm, ritzen sich Stirn und Nase und stoßen sich Pfeile durch die linke Hand. Und von diesem Volk wird der Wagen mit der Königsleiche weiter zu einem anderen Volk geführt. Nachdem sie endlich mit der Leiche bei allen umhergezogen sind, gelangen sie ins Land der Gerrher, dem fernsten aller Völker, denen sie gebieten, und bei den Gräbern an. Da legen sie den Toten in das Grab auf eine Streu, stecken Speere in den Boden zu beiden Seiten des Toten, breiten Stangen darüber und überdecken das Ganze mit Binsengeflecht. In dem übrigen Raum des Grabes begraben sie eines seiner Kebsweiber, den Weinschenk, den Koch, den Roßknecht, den Kämmerling, den Einmelder, die sie alle zuvor erwürgt haben, dazu Rosse und sonst je ein Stück von allem Gerät, auch goldene Trinkschalen, aber keinerlei Silber oder Erzgerät. Danach schütten alle zusammen einen großen Hügel auf und wetteifern dabei, weil jeder sich bemüht, ihn recht groß zu machen.

72. Wenn das Jahr seinen Umlauf vollendet hat, tun sie wiederum folgendes. Sie nehmen von den übrigen Dienern die

VIERTES BUCH

geeignetsten – das sind eingeborene Skythen; jeder, den der König beruft, wird sein Diener; gekaufte Diener gibt es bei ihnen nicht – und erwürgen fünfzig davon und ebenfalls fünfzig Pferde, die sich durch Schönheit auszeichnen. Wenn sie ihnen die Bauchhöhle ausgeleert und gereinigt haben, füllen sie sie mit Spreu und nähen sie wieder zusammen. Sie stellen die Hälfte eines Rades, nach unten hängend, auf zwei Pfähle und die andere Hälfte des Rades auf zwei andere.[62] Nachdem sie auf solche Weise viele festgemacht haben, stecken sie durch die Pferde bis zu den Hälsen der Länge nach dicke Pfähle und heben sie auf die Räder. Von ihnen halten die vorderen Räder die Schultern der Pferde, die hinteren bei den Schenkeln die Leiber hoch. Beide Schenkel hängen in der Schwebe herab. Nachdem sie den Pferden Zügel und Zaumzeug angelegt haben, ziehen sie sie nach vorne an und binden sie dann an Pflöcke. Von den fünfzig erwürgten jungen Männern aber setzen sie jeden einzelnen auf sein Pferd, nachdem sie durch jede Leiche am Rückgrat entlang bis zum Nacken ein gerades Holz hindurchgezogen haben. Aus diesem Holz ragt von unten ein Stück hervor, das sie in einem Bohrloch des anderen, durch das Pferd gezogenen Holzes befestigen. Nachdem sie rings um das Grabmal derartige Reiter aufgestellt haben, ziehen sie ab.

73. So begraben sie ihre Könige. Wenn die anderen Skythen aber gestorben und danach auf Wagen gelegt sind, fahren sie ihre nächsten Angehörigen bei ihren Freunden umher. Von diesen aber nimmt jeder das Gefolge auf, bewirtet es gastlich und setzt dem Toten, wie auch den anderen, von allen Speisen vor. So werden die Privatleute vierzig Tage lang umhergefahren und werden dann begraben. Nach dem Begräbnis aber reinigen[63] sich die Skythen auf folgende Art. Nachdem sie sich die Köpfe gewaschen und gesalbt haben, machen sie mit dem Körper folgendes: Nachdem sie drei gegeneinander gekehrte Stangen aufgestellt haben, breiten sie darüber wollene Filzdecken aus, und nachdem sie sie möglichst dicht zusammengestopft haben, werfen sie aus einem Feuer glühende Steine in

306

MELPOMENE

eine Wanne, die inmitten des durch die Stangen und Filzdek-
ken gebildeten Raumes steht.

74. Nun wächst in ihrem Lande der Hanf, der ganz das
Aussehen von Flachs hat, nur daß er viel dicker und höher ist.
Er wächst von selbst, wird aber auch gesät; ja die Thraken
fertigen sich auch Tücher daraus, die den leinenen sehr ähnlich sind, und wer sich nicht genau darauf versteht, würde nur
schwer unterscheiden können, ob sie von Flachs oder Hanf
sind. Wer aber noch nie Hanf gesehen hat, wird meinen, es sei
Leinen.

75. Vom Samen dieses Hanfes nehmen die Skythen, wenn
sie unter das Filzzelt schlüpfen, und werfen ihn auf die glühro-
ten Steine; das gibt dann einen Qualm und einen Dampf, daß
kein hellenisches Schwitzbad dagegen ankommt. Die Skythen
fühlen dabei ein wohliges Behagen, daß sie vor Lust aufjubeln.
Es dient ihnen anstatt eines Bades; denn sie baden nicht im
Wasser. Nur ihre Weiber gebrauchen Wasser für eine Mischung
aus Zypressen-, Zedern- und Weihrauchholz, das sie an einem
rauhen Stein zerreiben. Damit bestreichen sie sich den ganzen
Leib und das Gesicht; denn das gibt ihnen einen lieblichen
Duft, und wenn sie am folgenden Tag das Pflaster herabneh-
men, haben sie eine reine und glänzende Haut.

76. Gegen fremde Sitten und Gebräuche hegen auch sie eine
heftige Abneigung, vor allem gegen hellenische, wie das Schicksal des Anacharsis[64] und später das des Skyles gezeigt hat. Als
nämlich erstens Anacharsis nach Besichtigung vieler Länder
und nach Bekundung seiner hohen Weisheit zu den Völkern
der Skythen kam und nach der Fahrt durch den Hellespont in
Kyzikos[65] landete – er fand nämlich die Kyzikener dabei, wie sie
der Göttermutter in ganz großartiger Weise ein Fest feierten –,
da hat Anacharsis der Göttin gelobt, er werde, wenn er wohlbehalten und gesund in sein Land heimkehre, ihr in gleicher
Weise opfern, wie er es die Kyzikener tun sah, und ihr ein
nächtliches Fest stiften. Als er aber ins Skythenland kam, begab
er sich heimlich in die sogenannte Hylaia – sie zieht sich am
Achilleuslauf entlang und ist in ihrer ganzen Ausdehnung von

307

VIERTES BUCH

großen Wäldern bedeckt – und feierte dort heimlich der Göttin das Fest, so wie er es in Kyzikos gesehen hatte; dabei hatte er die Pauke in der Hand und heilige Figuren umgehängt. Bei diesem Tun beobachtete ihn einer der Skythen und meldete es dem König Saulios. Dieser kam gleichfalls, und als er Anacharsis bei dieser Handlung sah, schoß er auf ihn und tötete ihn. Wenn einer über Anacharsis nachfragt, leugnen die Skythen, ihn zu kennen, weil er aus ihrem Land zu den Hellenen gereist ist und fremde Bräuche annahm. Wie ich aber von Tymnes[66], dem Verwalter des Ariapeithes, hörte, sei er ein Vatersbruder des Idanthyrsos, des Skythenkönigs, gewesen und ein Sohn des Gnuros, des Sohnes des Lykos, des Sohnes des Spargapeithes. Wenn also Anacharsis aus diesem Hause war, so soll man wissen: Er ist von seinem Bruder getötet worden. Idanthyrsos nämlich war ein Sohn des Saulios, Saulios aber war es, der Anacharsis getötet hat.

77. Doch habe ich auch noch eine andere Fassung der Erzählung gehört, die von den Peloponnesiern berichtet wurde, daß Anacharsis, von dem Skythenkönig abgesandt, ein Schüler der Hellenen geworden sei und nach seiner Rückkehr zu dem, der ihn abgesandt hatte, gesagt habe, daß alle hellenischen Stämme sich große Mühe gäben, in allen Dingen weise und erfahren zu werden, nur nicht die Lakedaimonier. Den Lakedaimoniern aber sei es gegeben, in verständiger Weise Rede und Antwort zu stehen. Aber diese Erzählung ist von den Hellenen nur erdichtet worden. Der Mann selbst wurde jedenfalls, wie früher gesagt, umgebracht. So schlimm ist es ihm also wegen fremder Bräuche und dem Umgang mit den Hellenen ergangen.

78. Viele Jahre später fand Skyles, der Sohn des Ariapeithes ein ähnliches Ende. Skyles war einer von den Söhnen des Skythenkönigs Ariapeithes; seine Mutter, ein Weib aus Istria, keine Eingeborene des Landes, hatte ihn in der hellenischen Sprache und Schrift unterrichtet. Als nun Ariapeithes durch die Arglist des Königs der Agathyrsen, Spargapeithes, sein Leben verlor, übernahm Skyles die Herrschaft seines Vaters

samt dessen Frau Opoia, einer Eingeborenen. Ein Sohn dieser Opoia und des Ariapeithes war Orikos. Als König der Skythen wollte Skyles keinerlei Gefallen an der skythischen Lebensweise finden, sondern aufgrund der Erziehung, die er genossen hatte, neigte er weit mehr der hellenischen Lebensweise zu. Darum machte er häufig mit seinen Skythen eine Heerfahrt zur Stadt der Borystheneïten. Diese sind, wie sie selber sagen, ihrer Herkunft nach Milesier. Dort ließ er dann immer das Gefolge draußen vor den Toren, er selber aber ging in die Stadt. Kaum war er innerhalb der Mauern und die Tore wieder verschlossen, vertauschte er die skythische Tracht mit der hellenischen und verkehrte darin mit den Einwohnern, ohne Leibwachen noch sonst einem Geleit; die Tore aber wurden bewacht, damit ihn kein Skythe in solcher Kleidung sehe. Und wie er in allem sich wie ein Hellene benahm, so opferte er auch den Göttern nach hellenischer Art. Nach Ablauf von einem oder zwei Monaten pflegte er dann seine skythische Tracht wieder anzulegen und fortzuziehen. Und dies wiederholte er oftmals. Auch hatte er sich ein Haus in der Stadt Borysthenes gebaut und die Tochter eines Bürgers darin heimgeführt.

79. Doch war ihm ein schlimmes Ende beschieden, und das traf ihn aus folgendem Anlaß. Es ergriff ihn das Verlangen, in den Dienst des bakchischen Dionysos eingeweiht zu werden. In dem Augenblick aber, als er im Begriff stand, die Weihe zu begehen, geschah ihm ein großes Wunderzeichen. Er besaß, wie ich vorhin erwähnte, in der Stadt der Borystheneïten auf freiem, rings umschlossenem Platz ein großes und kostbares Haus, um das im Kreis herum Sphinxen und Greifen aus weißem Marmor standen. In dieses Haus schlug der Gott seinen Blitz, und es brannte gänzlich ab. Skyles jedoch ließ sich dadurch nicht abschrecken, sondern vollbrachte die Weihe. Nun pflegen die Skythen die Hellenen zu verhöhnen wegen ihrer bakchischen Schwärmerei, weil es eine Unvernunft sei, sich einen Gott zu erdenken, der die Menschen zum Rasen verleite. Als daher Skyles in den Dienst des Bakcheios eingeführt wurde, sprach ein Borystheneïte zu den Skythen diese

VIERTES BUCH

spöttischen Worte: »Ihr Skythen verlacht uns, weil wir schwärmen und der Gott uns ergreift; nun hat aber eben derselbe Gott
auch euren König ergriffen. Er dient dem Bakchos und rast wie
wir. Wenn ihr mir das nicht glauben wollt, so kommt mit, ich
will es euch zeigen.« So gingen die Häuptlinge der Skythen mit
ihm, und er führte sie insgeheim auf die Mauer und verbarg sie
in einen Turm. Als aber Skyles in dem Festschwarm vorüberzog, und die Skythen ihn schwärmen sahen, entrüsteten sie
sich heftig, gingen hinaus und verkündeten ihrem Volke, was
sie gesehen hatten.

80. Als Skyles danach wieder zu seinen Völkern herauskam,
setzten die Skythen seinen Bruder Oktamasades, der von der
Tochter des Teres geboren war, an ihre Spitze und erhoben sich
gegen Skyles. Als dieser erfuhr, was gegen ihn geschehe und
warum es gemacht werde, flüchtete er nach Thrakien. Als Oktamasades dies erfuhr, zog er gegen Thrakien ins Feld. Als er am
Istros war, traten ihm die Thraker entgegen, und als sie im
Begriff waren, handgemein zu werden, schickte König Sitalkes
zu Oktamasades einen Boten mit folgender Nachricht: »Wozu
sollen wir einander auf die Probe stellen? Du bist doch der
einzige Sohn meiner Schwester und hast meinen Bruder bei
dir. Gib mir diesen wieder, und ich übergebe dir deinen Skyles,
mit dem Heer aber wollen wir beide uns in kein Wagnis
einlassen!« Diese Botschaft ließ ihm Sitalkes durch einen
Herold, den er schickte, sagen. Es lebte nämlich bei Oktamasades ein Bruder des Sitalkes als Flüchtling. Oktamasades ließ
dies gelten, gab seinen eigenen Oheim von Mutterseite Sitalkes
heraus und bekam dafür seinen Bruder Skyles. Sitalkes zog ab,
nachdem er seinen Bruder bekommen hatte, Oktamasades
aber schlug Skyles an Ort und Stelle den Kopf ab. So halten die
Skythen ihre eigenen Sitten hoch, und üben an denen, die sich
daneben fremde Bräuche aneignen, Vergeltung.

81. Ich war nicht imstande, die Menge der Skythen genau zu
erfahren, sondern ich bekam immer wieder verschiedene Angaben über die Zahl zu hören. Sie seien zwar sehr zahlreich, aber
nur wenige von ihnen seien wirkliche Skythen. Soviel jeden-

falls ist mir deutlich geworden: Zwischen den Flüssen Borysthenes und Hypanis liegt eine Gegend, die heißt Exampaios. Ich habe ihrer schon oben gedacht und erzählt, daß dort eine bittere Quelle sei, deren Wasser in den Hypanis fließt und ihn untrinkbar macht. In dieser Gegend steht ein Erzgefäß, wohl sechsmal größer als der Mischkessel an der Mündung des Pontos, den Pausanias[67], Kleombrotos' Sohn, dorthin gestiftet hat. Wer diesen jedoch noch nicht gesehen hat, dem will ich ihn folgendermaßen beschreiben. Das Erzgefäß im Skythenland faßt leicht sechshundert Amphoren[68], und die Dicke dieses skythischen Kessels beträgt sechs Fingerbreiten.[69] Von diesem Kessel erzählten die Eingeborenen des Landes, er sei aus Pfeilspitzen gefertigt. Einst nämlich hätten sie einen König namens Ariantes gehabt; der hätte die Zahl der Skythen erforschen wollen und darum allen Skythen befohlen, ihm jeder eine Pfeilspitze zu bringen, und mit dem Tode gedroht, wer ihm keine brächte. So sei ihm ein großer Haufe von Pfeilspitzen gebracht worden, und da er beschlossen habe, daraus ein Denkmal zu stiften, habe er davon jenes Erzgefäß herrichten und es in der Landschaft Exampaios aufstellen lassen. Soviel habe ich über die Volkszahl der Skythen gehört.

82. Merkwürdigkeiten bietet dies Land sonst nicht, nur daß es die größten und zahlreichsten Flüsse hat. Das eine aber, was außer den Flüssen und außer der Weite der Ebene noch Bewunderung verdient, soll hier auch noch erzählt werden. Am Ufer des Tyras auf einem Felsen zeigt man einen Fußstapfen des Herakles, ähnlich der Fußspur eines Mannes, aber zwei Ellen lang. Soviel hierüber. Ich will jetzt zu der Geschichte zurückkehren, die ich vorher begonnen habe.

83. Als König Dareios sich gegen die Skythen rüstete und Boten aussandte zu seinen Völkern und den einen gebot, Fußvolk zu stellen, den andern Schiffe, noch anderen eine Brücke zu schlagen über den thrakischen Hellespont, da drang sein Bruder Artabanos[70], Hystaspes' Sohn in ihn, er solle doch ja keinen Heereszug gegen die Skythen beginnen, und beschrieb

ihm, wie schwer es sei, ihnen beizukommen. Doch da er mit seinem Rat, so richtig er war, kein Gehör fand, ließ er davon ab, und der König brach, nachdem alles fertig und bereitet war, mit dem Heer von Susa auf.

84. Da bat ihn ein Perser, Oiobazos, er solle ihm von seinen drei Söhnen, die alle mitziehen sollten, einen zurücklassen, worauf der König erwiderte, da er sein Freund sei und seine Bitte so bescheiden, wolle er ihm alle Söhne daheimlassen. Darüber war Oiobazos sehr froh und meinte, seine Söhne seien nun der Kriegspflicht ledig. Aber der König befahl seinen Dienern, die Söhne des Oiobazos zu töten. So wurden sie dort zurückgelassen, aber tot.

85. Der König aber zog aus von Susa, und als er in die Nähe von Kalchedon und zum Bosporos kam, wo die Brücke geschlagen war, bestieg er ein Schiff und fuhr hinaus bis zu den sogenannten Kyaneen[71] Felsen, die sich nach der Sage der Hellenen vorzeiten bewegt haben sollen. Dort setzte er sich auf einen Vorsprung und betrachtete den Pontos. Und der ist auch wohl wert, betrachtet zu werden; denn unter allen Meeren ist keines so wundersam gestaltet. Seine Länge beträgt elftausendeinhundert Stadien, seine größte Breite dreitausenddreihundert Stadien[72], während die Mündung nur vier Stadien breit ist. Die Länge dieser Mündung aber, nämlich der Hals, der eben den Namen Bosporos führt, an dem die Brücke errichtet war, zieht sich einhundertzwanzig Stadien weit hinab bis zur Propontis.[73] Diese hinwieder, fünfhundert Stadien breit und tausendvierhundert Stadien lang, mündet in den Hellespont[74], der an seiner engsten Stelle nur sieben Stadien mißt, in der Länge aber vierhundert. Der Hellespont endlich fällt in den weiten Schlund des Aigaiischen Meeres.

86. Diese Maße habe ich folgendermaßen berechnet. Ein Schiff macht in der Regel in den langen Tagen ungefähr siebzigtausend Klafter, nachts aber sechzigtausend.[75] Nun fährt man von der Mündung bis zum Phasis, und das ist des Pontos größte Länge, in neun Tagen und acht Nächten. Das gibt hundertundelf Myriaden Klafter oder elftausendeinhundert Stadien. Hin-

MELPOMENE

gegen vom Land der Sinden bis zur Stadt Themiskyra am Fluß
Thermodon, was die breiteste Stelle des Pontos ist, fährt man in
drei Tagen und zwei Nächten. Dies gibt dreiunddreißig Myriaden Klafter, oder dreitausenddreihundert Stadien. So habe ich
die Maße des Pontos, des Bosporos und des Hellespontos
bestimmt und sie beschrieben, wie sie gestaltet sind. An demselben Pontos findet sich auch noch ein See, der sich in ihn ergießt
und nicht viel kleiner ist als er selber; er heißt Maiotis-See[76]
oder auch Mutter des Pontos.

87. Nachdem Dareios den Pontos betrachtet hatte, fuhr er
wieder zur Brücke, die ein Werk des Samiers Mandrokles war.
Und als er auch den Bosporos betrachtet hatte, ließ er zwei
Tafeln dort aufstellen von weißem Stein und in die eine mit
assyrischer[77], in die andere mit hellenischer Schrift die Namen
aller Völkerschaften eingraben, die er mit sich führte. Er führte
aber mit sich alle, die er beherrschte. Und als sie gezählt
wurden, waren es, ohne das Schiffsvolk, siebzig Myriaden[77a]
mit den Reitern; die Zahl der Schiffe aber, die man zusammengebracht hatte, war sechshundert. Diese Tafeln holten die
Byzantier später in ihre Stadt und verwendeten sie für den
Altar der Artemis Orthosia[78], bis auf einen Stein, der beim
Dionysostempel in Byzantion liegenblieb und voll war von
assyrischer Schrift. Der Ort aber, wo König Dareios die Brücke
hatte schlagen lassen, liegt nach meiner Vermutung genau
zwischen Byzanz und dem Tempel an der Mündung.[79]

88. Danach beschenkte König Dareios, weil er mit der Schiffsbrücke zufrieden war, ihren Baumeister, den Samier Mandrokles, mit reichlichen Gaben aller Art. Davon nahm Mandrokles
einen Teil und ließ dafür ein Bild malen, das den ganzen
Brückenbau darstellt und König Dareios auf einer hohen Schaubühne sitzend zeigt und auch sein Heer, wie es hinüberzog. Er
stiftete das Bild in den Tempel der Hera mit dieser Aufschrift:

Mandrokles weihte dir, Hera, das Bild zu der Brücke
Gedächtnis,
Welche mit Kunst er gefügt über des Bosporos Flut,

VIERTES BUCH

Rühmlichen Preis sich gewinnend und Ehre dem samischen Namen,
Weil das gelungene Werk König Dareios gefiel.

89. Dieses Denkmal stiftete sich der Erbauer der Brücke. Dareios aber zog hinüber nach Europa, nachdem er zuvor den Ionern befohlen hatte, den Pontos hinaufzufahren bis zum Istros und eine Brücke über diesen Strom zu schlagen und dort auf ihn zu warten. Denn die Flotte führten Ioner, Aioler und Hellespontier. So fuhr die Flotte zwischen den kyaneischen Felsen hindurch geradewegs zum Istros und den Strom hinauf zwei Tagesfahrten vom Meer, und legte dort eine Brücke über den Hals des Stromes, wo er sich in seine drei Mündungsarme spaltet. Dareios aber zog durch Thrakien bis zu den Quellen des Tearos und lagerte dort drei Tage.

90. Dieser Fluß wird von den Umwohnern wegen seiner Heilkräfte gepriesen. Er soll sich vor allem gegen die Krätze bei Menschen und Pferden als heilsam erweisen. Er entsteht aus achtunddreißig Quellen, die alle aus demselben Felsen strömen, und doch ist die eine kalt, die andere heiß. Der Weg dahin ist gleich weit von der Stadt Heraion, die in der Nähe von Perinthos liegt, und von Apollonia am Pontos Euxeinos, nämlich zwei Tagereisen. Der Tearos fällt in den Kontadesdos, der Kontadesdos in den Agrianes, der Agrianes in den Hebros, und dieser bei der Stadt Ainos ins Meer.[80]

91. Als König Dareios bei diesem Fluß sein Lager aufschlug, gefiel es ihm so gut, daß er eine Tafel errichten und darauf folgende Worte schreiben ließ: »Des Tearos Quellen geben von allen Flüssen das beste und schönste Wasser. Hierher kam auf seinem Zug gegen die Skythen der beste und schönste Mann von allen Menschen, Dareios, Hystaspes' Sohn, der Perser und des ganzes Festlandes König.« So lautete die Inschrift.

92. Von dort zog Dareios weiter und kam zu einem anderen Fluß; der heißt Arteskos[81] und fließt durch das Land der Odrysen. Dort tat der König folgendes. An einem bestimmten Platz sollte jeder Mann des Heeres im Vorübergehen einen Stein

314

niederlegen. Das taten sie, und als es weiterzog, blieben von den Steinen große Hügel zurück.

93. Ehe aber Dareios an den Istros gelangte, waren die ersten, die er mit Gewalt bezwingen mußte, die Geten, die an die Unsterblichkeit glauben. Denn die Thraken von Salmydessos[82] sowie die Kyrmianen und Nipsaier oberhalb der Städte Apollonia und Mesambria hatten sich ohne Schwertschlag unterworfen. Nur die Geten, die tapfersten und zugleich friedfertigsten unter den Thraken, boten ihm Widerstand, wurden aber rasch bezwungen.

94. Mit ihrem Glauben an die Unsterblichkeit hat es diese Bewandtnis. Sie glauben, sie stürben nicht, sondern wer umkomme, der fahre auf zum Gott Salmoxis[83] oder Gebeleïzis, wie einige ihn nennen. Alle vier Jahre entsenden sie einen aus ihrer Zahl, den das Los trifft, als Boten zum Salmoxis, um diesem zu sagen, was sie vom Gott begehren. Dies geschieht so. Einige stellen sich hin mit Wurfspeeren in der Hand, andere fassen den Mann, den sie entsenden wollen, an Armen und Beinen, schwingen ihn hoch in die Luft, und lassen ihn auf die Spitzen der Speere fallen. Wird er aufgespießt und stirbt, glauben sie, der Gott sei ihnen gnädig gestimmt, stirbt er aber nicht, so geben sie dem Boten schuld, weil er ein feiger Mann sei, und senden an seiner Stelle einen anderen aus. Ihre Aufträge aber geben sie ihm, wenn er noch lebt. Dieselben Thraken schießen auch, wenn es donnert und blitzt, mit Pfeilen zum Himmel hinauf und bedrohen den Gott und glauben, es gäbe keinen Gott außer dem ihrigen.

95. Wie ich aber von den Hellenen am Hellespont und Pontos erfahren habe, soll dieser Salmoxis ein Mensch und Sklave des Pythagoras, des Sohnes des Mnesarchos in Samos gewesen sein. Dann soll er freigeworden sein, sich dort ein großes Vermögen erworben haben und damit in sein Vaterland zurückgekehrt sein. Nun führten aber die Thraken ein ärmliches Leben und waren recht einfältig, Salmoxis hingegen war mit ionischer Lebensart vertraut und verstand sich auf Genüsse, die den Thraken zu fein waren; denn er hatte unter den

VIERTES BUCH

Hellenen gelebt, und das sogar bei einem der weisesten Männer von Hellas, dem Pythagoras. So richtete er sich einen Saal her, worin er die Vornehmsten des Volkes aufnahm wie in eine Herberge, gab ihnen reichlich zu essen und zu trinken und unterrichtete sie dabei, daß weder er noch sie, seine Trinkgenossen, noch auch ihre Nachkommen sterben, sondern an einen Ort gelangen würden, wo sie ewig in Freuden und Überfluß leben würden. Während er aber so tat und sprach, grub er sich ein Gemach unter der Erde, und als es fertig war, verschwand er aus der Mitte der Thraken, stieg hinab in das unterirdische Gemach und verweilte dort drei Jahre. Sie beklagten und betrauerten ihn wie einen Toten. Aber im vierten Jahr erschien er wieder vor ihnen, und nun glaubten sie alles, was er ihnen sagte.

96. So wird von ihm erzählt. Ich will, was man von diesem unterirdischen Gemach sagt, nicht bestreiten, glaube aber auch nicht recht daran. Mir scheint aber, daß dieser Salmoxis um viele Jahre früher als Pythagoras gelebt hat. Jedoch, sei er ein Mensch gewesen oder eine einheimische Gottheit bei den Geten, genug von ihm.

97. Als nun die Geten, die solchen Glauben ausüben, von den Persern überwältigt waren, leisteten sie ihnen Heeresfolge. Dareios aber zog weiter und kam mit dem Landheer an den Istros und führte es über den Fluß. Danach, als alle hinüber waren, befahl er den Ionern, die Schiffbrücke abzubrechen und ihm mit dem Schiffsvolk auf dem Festland zu folgen. Die Ioner wollten schon die Brücke abbrechen und den Befehl ausführen, da sprach der Führer der Mytilenaier, Koës, Erxandros' Sohn, folgende Worte zu Dareios, nachdem er ihn zuvor gefragt hatte, ob es ihm gefiele, anzuhören, was er ihm vorzutragen wünsche. »Du willst, o König«, sagte er, »mit Heeresmacht in ein Land eindringen, wo du keinen bestellten Acker und keine bewohnte Stadt finden wirst. Darum rate ich, laß die Brücke stehen an ihrem Ort und belasse zu ihrem Schutz diejenigen zurück, die sie geschlagen haben. Finden wir dann die Skythen und gelingt es uns nach Wunsch, so können wir zurückkehren;

im anderen Fall aber, wenn wir sie nicht finden können, bleibt uns wenigstens der Rückweg ungefährdet. Denn ich fürchte nicht, daß wir den Skythen im Kampf unterliegen könnten, sondern vielmehr, daß wir sie nicht finden könnten und auf solcher Irrfahrt einen Schaden nehmen. Nun könnte ja wohl einer sagen, so redete ich nur, weil ich zurückbleiben wolle. So wisse, o König, daß ich dir rate, wie es mir für deine Sache am besten scheint, will aber selber mitziehen und gedenke nicht, dahinten zu bleiben.« Der Rat gefiel dem König so wohl, daß er ihm folgendes antwortete: »Lieber Lesbier, wenn ich glücklich heimgekehrt bin in mein Haus, so laß dich ja bei mir sehen, damit ich dich mit guter Tat belohne für so guten Rat.«

98. So sprach er. Darauf schlug er sechzig Knoten in einen Riemen, berief die Fürsten der Ioner vor sich zum Rat und sprach zu ihnen: »Ihr Männer aus Ionien, wisset, daß ich die Absicht, die ich zuvor euch kundgetan habe wegen der Brücke, aufgebe; nehmt diesen Riemen und tut, wie ich euch sage. Sobald ihr mich gegen die Skythen aufbrechen seht, fanget an und löset die Knoten, je einen an jedem Tage, und bin ich in dieser Zeit nicht zurück und sind die Tage verflossen, welche die Knoten anzeigen, so fahret hin in euer Land. Bis dahin aber, so ist nunmehr mein Wille, sollt ihr die Brücke bewachen und mit allem Eifer und Fleiß sie erhalten und behüten. Wenn ihr dies tut, so werde ich euch großen Dank dafür wissen.« So sprach Dareios und zog eilends weiter.

99. Thrakien liegt weiter ins Meer hinaus als Skythien. Erst da, wo eine Meeresbucht das Land zurückdrängt, beginnt Skythien. Dort mündet auch der Istros, die Mündung nach Südosten gewendet. Jetzt will ich das Land vom Istros an, die Meeresküste des Skythenlandes selbst, zur Bestimmung seiner Größe schildern. Vom Istros an beginnt dieses eigentliche Skythien, nach Süden zu, und reicht bis zu einer Stadt namens Karkinitis.[84] Von dort an bewohnt das Land an demselben Meer entlang – es ist gebirgig und in den Pontos vorgeschoben – bis zur sogenannten rauhen Chersonnesos[85] das taurische Volk. Diese aber erstreckt sich in das nach Osten liegende

VIERTES BUCH

Meer. Von zwei Seiten ist das Skythenland vom Meer umgeben, im Süden und im Osten, ähnlich wie Attika. Ein ähnliches Gebiet bewohnen auch die Taurer vom skythischen Land, wie wenn in Attika ein anderes Volk und nicht die Athener die Spitze von Sunion bewohnten, die jedoch weiter ins Meer hineinragt, also die Strecke vom Dorf Thorikos bis nach Anaphlystos.[86] Ich vergleiche hier aber Großes mit Kleinem. Von solcher Art ist das taurische Land. Wer aber diese Gegend Attikas nicht umschifft hat, dem will ich es in anderer Weise klarmachen: Es ist, wie wenn von Iapygien ein anderes Volk, und nicht die Iapyger, sich das Stück vom brentesischen Hafen bis nach Taras[87] abgeschnitten hätte und die Spitze bewohnte. Mit diesen zwei Beispielen nenne ich vieles Ähnliche, dem sonst noch das taurische Land gleicht.

100. Jenseits des taurischen Landes, im Binnenland oberhalb der Tauren und ostwärts am Meer, wohnen Skythen, nämlich auf der Westseite des kimmerischen Bosporos und des Maiotis-Sees hinauf bis zum Fluß Tanaïs, der sich oben in den Winkel dieses Sees ergießt. Endlich vom Istros an ins Binnenland hinauf wird das Land der Skythen zuerst von den Agathyrsen begrenzt, darauf von den Neuren, darauf von den Androphagen und schließlich von den Melanchlainern.

101. Das skythische Land ist also, da es viereckig ist und zwei Seiten bis ans Meer herabkommen, nach allen Richtungen gleich, sowohl das, was sich ins Binnenland erstreckt, als auch das am Meer entlang liegende Stück. Denn vom Istros bis zum Borysthenes ist es eine Wegstrecke von zehn Tagen und vom Borysthenes bis zum Maiotissee sind es weitere zehn Tage. Das Stück vom Meer bis ins Binnenland zu den Melanchlainern, die über den Skythen wohnen, ist eine Wegstrecke von zwanzig Tagen. Die Tagereise ist von mir auf zweihundert Stadien berechnet.[88] So dürften die schräge Seite des Skythenlandes viertausend Stadien, und die gerade Linie, die ins Binnenland führt, ebensoviele Stadien betragen. Dieses Land ist also von dieser Größe.

102. Die Skythen aber machten sich klar, daß sie nicht

318

MELPOMENE

imstande seien, das Heer des Dareios allein in offener Schlacht
von sich abzuwehren; so schickten sie zu den Nachbarn Boten;
deren Könige kamen auch wirklich zusammen und berieten
sich, da ein großes Heer heranziehe. Es waren die Könige der
Taurer, Agarthyrser, Neurer, Androphager, Melanchlainer, Gelo-
ner, Budiner und Sauromaten zusammengekommen.

103. Von ihnen haben die Taurer folgende Sitten. Sie opfern
der Jungfrau die Schiffbrüchigen und diejenigen Hellenen, die
sie in ihre Hand bekommen, nachdem sie auf die hohe See
hinausgefahren sind, auf folgende Art. Nachdem sie die Weihen vollzogen haben, schlagen sie sie mit einer Keule auf den
Kopf. Die einen sagen nun, daß sie den Körper von dem steilen
Felsen herabwerfen[89] – denn auf einem steilen Felsen ist das
Heiligtum angelegt – und den Kopf auf einen Pfahl stecken,
die anderen stimmen hinsichtlich des Kopfes mit ihnen überein, doch sagen sie, der Leib werde nicht von dem steilen
Felsen geworfen, sondern in der Erde geborgen. Von dieser
Gottheit aber, der sie opfern, sagen die Taurer selbst, es sei
Iphigenie, die Tochter Agamemnons. Feinden, die sie in ihre
Hand bekommen, tun sie folgendes. Jeder schneidet einem den
Kopf ab und nimmt ihn mit nach Hause. Dann spießt er ihn
auf eine lange Holzstange und stellt ihn so auf, daß er weit über
das Haus, meist über den Rauchfang, emporragt. Sie behaupten, sie schwebten als Wächter des ganzen Hauses über die-
sem. Sie leben von Beutemachen und Krieg.

104. Die Agathyrsen[90] sind sehr weichliche Männer und tragen sehr viel Goldschmuck. Den Geschlechtsverkehr vollzie-
hen sie alle gemeinsam mit den Frauen, damit sie, wenn sie alle
einander Brüder und Verwandte sind, weder Neid noch Feindschaft untereinander haben. In allem übrigen halten sie es
ähnlich wie die Thraken.

105. Die Neuren haben skythische Sitten. Ein Menschenalter vor dem Kriegszug des Dareios traf es sie, daß sie vor
Schlangen ihr Land räumen mußten, von denen eine große
Menge bereits aus ihrer eigenen Erde kam und eine noch viel
größere von oben aus den Einöden über sie hereinbrach, so daß

VIERTES BUCH

die Not sie zwang, fortzuziehen und sich bei den Budinen anzusiedeln. Diese Leute möchte man für Zauberer halten; denn wie von den Skythen und den Hellenen im Skythenlande behauptet wird, verwandelt sich jeder Neure einmal im Jahr zum Wolf, aber nur auf wenige Tage, nach deren Ablauf er wieder sein voriges Wesen annimmt.[91] Ich kann so etwas nicht glauben, sie beharren aber dabei und beschwören es.

106. Die Androphagen (›Menschenfresser‹) haben die allerrohesten Sitten; sie kennen weder Recht noch Gesetz. Sie leben als Nomaden, ihre Tracht ist der skythischen ähnlich, aber sie reden eine eigene Sprache. Sie sind die einzigen unter jenen Völkerschaften, die Menschenfleisch essen.

107. Die Melanchlainer (›Schwarzmäntel‹) tragen alle schwarze Gewänder, wovon sie auch den Namen haben; sonst halten sie es wie die Skythen.

108. Die Budinen, ein mächtiger und zahlreicher Volksstamm, sind alles Leute mit hellblauen Augen und stark lichtrotem Haupthaar. Sie haben eine große Stadt, die Gelonos heißt. Ihre Mauer ist auf jeder Seite dreißig Stadien lang, von ansehnlicher Höhe und ganz von Holz. Auch die Häuser der Einwohner sowie die Tempel sind von Holz. In Gelonos nämlich gibt es Heiligtümer hellenischer Götter, die in hellenischer Weise hergerichtet sind mit Bildern, Altären und Gotteshäusern von Holz; auch feiern sie dem Dionysos jedes dritte Jahr ein Fest mit bakchischen Tänzen. Denn die Gelonen sind ursprünglich Hellenen, die einst aus den Handelsstädten am Meer fortgezogen sind und sich unter den Budinen niedergelassen haben. Auch ihre Sprache ist halb skythisch, halb hellenisch.

109. Die Budinen reden nicht die gleiche Sprache wie die Gelonen, haben auch eine andere Lebensweise. Denn als Eingeborene des Landes führen sie ein Nomadenleben und essen Fichtenzapfen, was sonst keines der dortigen Völker tut, die Gelonen hingegen, die ihnen weder an Aussehen noch an Farbe gleichen, bestellen den Acker, essen Brot, und betreiben Gartenbau. Von den Hellenen werden zwar auch die Budinen

MELPOMENE

Gelonen genannt, aber zu Unrecht. Ihr Land ist überall dicht bewachsen mit Waldungen aller Art. Inmitten des größten Waldes ist ein großer weiter See, umgeben von Sumpf und Röhricht. Darin fängt man Ottern, Biber und eine andere Art von Tieren mit viereckigen[92] Gesichtern, mit deren Bälgen man die Pelzröcke verbrämt und deren Hoden[93] gegen die Mutterbeschwerden helfen.

110. Von den Sauromaten[94] wird folgendes berichtet. Als die Hellenen mit den Amazonen Krieg führten – bei den Skythen heißen die Amazonen ›Oiorpata‹, was im Hellenischen »Männertötende« bedeutet, denn *Oior* heißt ›Mann‹ und *pata* ›töten‹ –, und in dieser Schlacht am Fluß Thermodon die Hellenen gesiegt hatten, fuhren sie, so wird erzählt, wieder heimwärts und führten auf drei Schiffen[95] alle Amazonen, die sie hatten lebendig fangen können, mit sich. Auf der Fahrt aber warfen sich die Amazonen über die Männer und stürzten sie ins Meer. Weil sie nun weder verstanden, mit Schiffen umzugehen, noch Steuer, Segel oder Ruder zu gebrauchen, wurden sie von Wind und Wellen umhergetrieben, bis sie endlich in den maiotischen See nach Kremnoi gelangten, im Lande der freien Skythen. Da verließen sie die Schiffe und wanderten solange landeinwärts, bis sie in bewohntes Land kamen, raubten die erste Roßherde, die ihnen begegnete, und streiften auf Beute im Skythenland umher.

111. Die Skythen aber konnten sich die Sache nicht erklären, denn Sprache, Tracht und Volk war ihnen fremd, und fragten sich verwundert, woher sie gekommen seien. Und weil sie meinten, es seien Männer im Jünglingsalter, kämpften sie mit ihnen, siegten und bemächtigten sich der Gefallenen. Da erkannten sie, daß es Weiber waren. Nun gingen sie mit sich zu Rate und beschlossen, keine von den Frauen mehr zu töten, sondern ihre jüngsten Männer zu ihnen hinauszuschicken, ungefähr ebensoviele, wie es Amazonen waren. Diese sollten sich in der Nähe von ihnen lagern und alles tun, was jene täten; würden sie aber angegriffen, so sollten sie nicht kämpfen, sondern vor ihnen zurückweichen, bis sie abließen, und dann

VIERTES BUCH

zurückkehren und wieder in ihrer Nähe lagern. Solches beschlossen die Skythen, weil sie wünschten, von diesen Amazonen Kinder zu bekommen.

112. Und die jungen Männer zogen hinaus und taten, was man sie geheißen hatte, bis die Amazonen merkten, daß sie in keiner schlimmen Absicht kamen und sie nicht weiter störten. So näherten sich die beiden Lager mit jedem Tage mehr und mehr. Dabei hatten die jungen Männer, genau wie die Amazonen, nur ihre Waffen und ihre Pferde und nährten sich wie jene von Jagd und Beute.

113. Nun pflegten die Amazonen um die Mitte des Tages sich zu zerstreuen, einzeln oder zu zweien, um weit getrennt voneinander ihre Notdurft zu verrichten. Als die jungen Skythen dies merkten, taten sie dasselbe. Und als einer von ihnen einmal eine Amazone allein antraf, machte er sich an sie heran und sie sträubte sich nicht, sondern war ihm zu Willen. Da sie einander nicht verstanden und sie nicht zu ihm reden konnte, bedeutete sie ihm mit der Hand, er solle am nächsten Tag wieder an denselben Ort kommen und noch einen anderen mitbringen, indem sie ihm mit Zeichen zu verstehen gab, es möchten ihrer zwei sein; sie würde auch noch eine mitbringen. Als der Jüngling zu seinen Genossen zurückkam, erzählte er ihnen von seiner Begegnung. Am anderen Tage ging er mit einem anderen an den Ort und fand dort die Amazone, die mit einer zweiten auf sie wartete. Und als die anderen jungen Leute davon hörten, machten sie auch die übrigen Amazonen vertraulich und zahm.

114. Nun vereinigten sie ihre Lager und wohnten beisammen, und jeder hatte die zum Weibe, mit der er zuerst Verkehr gehabt hatte. Die Männer konnten die Sprache der Weiber nicht erlernen, aber die Weiber erfaßten die Sprache der Männer, und so verstanden sie einander. Da sagten die Männer zu den Amazonen: »Wir haben noch Eltern und besitzen auch Güter. Laßt uns deshalb nicht länger ein solches Leben führen! Kommt, wir wollen zu unserem Volk ziehen und dort wohnen. Ihr sollt unsere Frauen sein und keine anderen.«

MELPOMENE

115. Aber jene erwiderten: »Wir würden mit euren Weibern nicht hausen können; denn wir haben anderen Brauch als sie. Wir schießen mit Bogen, werfen den Speer, reiten auf Rossen und haben die Arbeit der Weiber nicht gelernt. Eure Weiber dagegen sitzen auf ihren Wagen und tun Weiberwerk, ziehen nicht auf Jagd oder auf andere Beute. So würden wir nicht zueinander passen. Wollt ihr aber uns zu Weibern behalten und euch rechtschaffen erweisen, so geht hin zu euren Eltern und laßt euch geben, was euch gebührt von ihren Gütern, dann kommt und laßt uns allein für uns wohnen.« Die jungen Männer ließen sich überzeugen und taten dies. Als sie aber zurückkehrten und ihr Erbteil brachten, redeten ihre Weiber zu ihnen und sprachen: »Wir sind voll Furcht und Angst, daß wir an diesem Orte wohnen sollen, wo wir euch eurer Väter beraubt und eurem Lande viel Schaden zugefügt haben. Wenn ihr aber mit uns leben wollt, so laßt uns zusammen aus diesem Lande aufbrechen und jenseits des Tanaïs wohnen.«

116. Als die Jünglinge auch dazu bereit waren, gingen sie über den Tanaïs und zogen drei Tagesreisen ostwärts von diesem Strom und ebensoweit nordwärts vom maiotischen See, bis sie in das Land kamen, wo sie noch jetzt sitzen. Daher haben die Weiber der Sauromaten noch ihre alte Lebensweise, indem sie zusammen mit den Männern oder auch ohne sie zur Jagd ausreiten und in den Krieg ziehen und sich kleiden wie die Männer.

117. Die Sauromaten reden die skythische Sprache, aber fehlerhaft von Alters her, weil die Amazonen sie nicht recht gelernt hatten. Beim Heiraten beobachten sie folgenden Brauch. Kein Mädchen darf heiraten, bevor es einen Feind erlegt hat. Darum werden manche alt und sterben, ohne zu freien, weil sie das Gesetz nicht erfüllen konnten.

118. Es waren also die Könige aller dieser genannten Völkerschaften beisammen, als die Boten der Skythen kamen und ihnen berichteten, wie der Perser, nachdem er sich auf dem anderen Erdteil alles unterworfen habe, eine Brücke über den Hals des Bosporos gelegt habe und herübergezogen sei in den

VIERTES BUCH

diesseitigen Teil, wie er daraufhin die Thraken bezwungen habe und nun eine Brücke über den Istros schlage, um auch diesseits alles unter seine Gewalt zu bringen. »Darum haltet euch nicht abseits und lasset nicht zu, daß wir zugrunde gehen, sondern vereinigt euch mit uns, damit wir einträchtig den Angriff bestehen. Wenn ihr dies aber nicht tut, werden wir in unserer Bedrängnis das Land verlassen oder aber wir bleiben und machen unseren Frieden. Denn was sollen wir anderes tun, wenn ihr uns nicht beistehen wollt? Für euch aber wird danach die Gefahr nicht geringer sein. Denn des Persers Zug gilt euch nicht minder als uns, und wenn er uns unterworfen hat, wird er euch gewiß nicht verschonen. Das können wir euch leicht beweisen. Denn wenn er nur gegen uns heraufzöge, um uns zu vergelten, daß wir Persien einst unterjocht haben, so müßte er dabei alle anderen verschonen und würde aller Welt kundtun, daß er nur gegen die Skythen ziehen wollte und nicht gegen die anderen. Jetzt hat er aber, sobald er unseren Erdteil betrat, alle Völker, die ihm im Wege lagen, unterworfen, und hat bereits die Geten, unsere Nachbarn, und die anderen Thraken unter seine Hand gebracht.«

119. Auf diese Botschaft der Skythen hielten die Könige Rat, und es spalteten sich ihre Meinungen. Der Gelone, der Budine und der Sauromate stimmten zu und versprachen den Skythen ihren Beistand; hingegen die Könige der Agathyrsen, der Neuren, der ›Schwarzmäntel‹, der ›Menschenfresser‹ und der Taurer gaben ihnen folgende Antwort: »Hättet ihr nicht die Perser zuvor gekränkt und den Krieg begonnen, so würde das, was ihr jetzt begehrt, billig und gerecht erscheinen, und wir würden auf eure Worte hören und uns mit euch verbinden. Nun seid ihr aber ohne uns in der Perser Land eingefallen und habt über sie geherrscht, so lange der Gott es euch gewährte; und da nun derselbe Gott sie dazu treibt, vergelten sie euch das Gleiche. Wir aber haben damals jenen Leuten nichts zuleide getan und haben auch jetzt nicht die Absicht, den Streit zu beginnen. Sollten die Perser jedoch auch in unser Land einfallen wollen und uns zuvor beleidigen, so werden auch wir gegen sie ausziehen.

MELPOMENE

Bis dahin aber wollen wir in Frieden bei uns daheim bleiben. Denn wir glauben, daß die Perser nicht gegen uns ziehen, sondern gegen die, die sich des Unrechts gegen sie schuldig gemacht haben.«

120. Als die Skythen diese Antwort vernahmen, beschlossen sie, da ihnen jene nicht beistehen wollten, nicht in offener Feldschlacht zu kämpfen, sondern zurückzuweichen und alle Brunnen und alle Quellen zu verschütten und das Gras auf dem Felde zu vertilgen, das Heer aber in zwei Haufen zu teilen. Davon sollte der eine Teil unter König Skopasis zusammen mit den Sauromaten, wenn die Perser sich dahin wendeten, vor ihnen zurückweichen und die Flucht dem maiotischen See entlang geradeaus auf den Tanaïs richten, sobald aber der Feind umkehrte, ihn angreifen und verfolgen. Dies war das eine der drei skythischen Königreiche, das diesen Auftrag ausführen und diesen Weg nehmen sollte. Die beiden anderen aber, das große unter König Idanthyros und das dritte unter Taxakis, sollten sich vereinigen und zusammen mit den Gelonen und Budinen ebenso vor den Persern langsam zurückweichen, so daß sie ihnen immer um einen Tagesmarsch voraus wären, und während des Rückzuges tun, wie man beschlossen hatte, nämlich zuerst die Feinde geradewegs in die Gebiete derjenigen Völker lenken, die ihren Beistand versagt hatten, um auch diese in den Krieg zu verwickeln. Denn wenn sie sich nicht freiwillig in den Krieg mit den Persern begeben wollten, so sollten sie gegen ihren Willen dazu gezwungen werden. Danach sollten sie ihren Weg wieder in ihr eigenes Land zurückwenden, und wenn es ihnen ratsam schiene, sich auf die Feinde werfen.

121. Dies war ihr Plan. Darauf sandten sie die besten ihrer Reiter als Vortrab dem Heer des Königs entgegen. Die Wagen aber, auf denen ihre Kinder und Weiber wohnten, und ihre Herden, außer denen, die sie davon zu ihrem Unterhalte zurückbehielten, schickten sie fort und wiesen sie an, immerzu gegen Norden zu ziehen. So schafften sie diese fort.

122. Da mittlerweile ihr Vortrab etwa drei Tagereisen vom

VIERTES BUCH

Istros entfernt[96] auf die Perser gestoßen war, lagerte sich dieser Teil der Skythen einen Tagesweg vor ihnen und verwüstete alles, was auf den Feldern stand. Die Perser hingegen, sobald sie die Anwesenheit der skythischen Reiterei wahrnahmen, rückten auf der Spur der Weichenden immer weiter vor und verfolgten diesen einen Teil der Skythen, auf den sie gestoßen waren, in der Richtung nach Osten auf den Tanaïs zu. Und als die Skythen über den Tanaïs gingen, folgten ihnen auch die Perser, und so zogen sie durch das Gebiet der Sauromaten und kamen in das der Budinen.

123. All die Zeit über, wo sie durch skythisches und sauromatisches Gebiet zogen, fanden die Perser nichts zu zerstören, weil das Land wüst und verlassen war. Erst als sie in das Land der Budinen eindrangen, trafen sie die hölzerne Burg, aber verlassen von den Budinen und gänzlich ausgeräumt, und steckten sie in Brand. Als sie das getan hatten, ging es weiter auch durch dieses Land, immer auf der Spur der Feinde, bis sie in das Ödland kamen, das von keinerlei Menschen bewohnt wird und oberhalb des Budinenlandes sich sieben Tagereisen weit erstreckt. Oberhalb dieses Ödlandes wohnen die Thyssageten. Von diesen kommen vier große Flüsse, die durch das Gebiet der Maioten[97] strömen und sich in den Maiotissee ergießen; ihre Namen sind Lykos[90], Oaros[99], Tanaïs und Syrgis.[100]

124. Als Dareios in das Ödland kam, machte er Halt und ließ sein Heer am Fluß Oaros rasten. Danach begann er, acht große Burgen zu bauen, alle gleich weit, nämlich sechzig Stadien voneinander entfernt, von denen die Trümmer bis auf meine Zeit erhalten sind. Während er aber diesen Bau unternahm, gingen die vor ihm fliehenden Skythen oben herum und wandten sich zurück ins Skythenland. So verschwanden sie und kamen ihm nicht mehr zu Gesicht; da ließ Dareios die Burgen halbfertig stehen, kehrte um und zog nach Westen; denn er glaubte, dies wären alle Skythen und ihre Flucht ginge nach Westen.

125. Wie er nun im Eilmarsch das Skythenland erreichte, stieß er auf die beiden anderen Teile des skythischen Heeres

MELPOMENE

und begann sie alsbald zu verfolgen; sie aber wichen vor ihm zurück und hielten sich stets einen Tagesweg weit von ihm entfernt. Und da er nicht abließ, ihnen nachzusetzen, wandten sie ihre Flucht, wie schon vorher beschlossen worden war, zu denen, die ihnen die Hilfe verweigert hatten. Zuerst zogen sie ins Land der ›Schwarzmäntel‹ und brachten diese in Schrecken und Not durch den Einbruch des skythischen und darauf des persischen Heeres. Dann ging es weiter zu den ›Menschenfressern‹, und als sie auch diese aufgeschreckt hatten, wandten sie ihre Flucht ins neurische Land und von diesen weiter zu den Agathyrsen. Als diese aber sahen, daß ihre Grenznachbarn in Not und Schrecken vor den Skythen flohen, warteten sie nicht, bis sie auch ihnen ins Land fielen, sondern sandten einen Herold und warnten sie, ihre Grenzen nicht zu betreten, denn sie würden sich solchem Unterfangen mit aller Macht widersetzen. Gleichzeitig zogen sie an die Grenzen ihres Landes, um die Eindringenden abzuwehren. Die ›Schwarzmäntel‹ aber, die ›Menschenfresser‹ und Neuren setzten sich nicht zur Wehr, sondern vergaßen ihre Drohung und flüchteten voll Angst immer weiter nach Norden zu bis in das Ödland. Ins Land der Agathyrsen aber wagten die Skythen aufgrund ihrer Drohung nicht mehr einzudringen, sondern lenkten aus dem Gebiet der Neuren den Marsch der Perser wieder in ihr eigenes Land.

126. Das ging nun so eine geraume Weile und wollte kein Ende nehmen. Da schickte Dareios einen Reiter zu Idanthyros, dem Skythenkönig, und ließ ihm entbieten: »Weshalb fliehst du in einem fort, du wunderlicher Mann? Glaubst du dich stark genug, meiner Macht zu widerstehen, so halte an, mach dem Hinundher ein Ende und kämpfe. Fühlst du dich mir aber unterlegen, so halte ebenfalls an und komm zu mir, um deinem Herrn zu huldigen mit Erde und Wasser und mit mir zu reden.«

127. Hierauf ließ ihm der Skythenkönig erwidern: »Meine Lage ist so, o Perser. Niemals zuvor bin ich vor einem Menschen aus Furcht geflohen, so fliehe ich auch jetzt nicht vor dir. Was ich jetzt getan habe, ist nichts anderes, als ich im Frieden

VIERTES BUCH

gewohnt bin zu tun. Weshalb ich aber nicht sofort mit dir
kämpfe, auch davon erfahre den Grund. Wir haben keine
Städte, keine bebauten Felder, daß wir fürchten müßten, sie
würden erobert oder verheert. Wenn euch aber durchaus danach
verlangt, daß ihr mit uns kämpft, so haben wir ja die Gräber
unserer Vorfahren; sucht diese auf und wagt, sie zu zerstören,
dann werdet ihr erfahren, ob wir mit euch kämpfen werden um
dieser Gräber willen oder nicht. Bevor wir nicht Grund haben,
kämpfen wir nicht. Soviel vom Kampf. Als meine Herren aber
lasse ich nur Zeus gelten, meiner Väter Ahnen und Hestia, die
Königin der Skythen. Dir aber will ich an Stelle der Erde und
des Wassers andere Gaben senden, wie sie dir gebühren. Daß
du dich aber meinen Herrn genannt hast, das zahle ich dir
heim.«

128. Mit dieser Antwort wurde der Herold entlassen. Die
Könige der Skythen aber, von Zorn erfüllt, daß man gewagt
hatte, zu ihnen von Knechtschaft zu reden, entsandten den
einen Teil ihres Heeres unter Skopasis, bei dem die Sauromaten
standen, zu den Ionern, die an der Brücke des Istros Wache
hielten, um mit ihnen zu verhandeln. Die anderen aber, die
zurückblieben, beschlossen, nicht länger die Feinde hin und
her zuführen, sondern sie anzufallen, sooft sie auszögen, um
Getreide zu suchen. Und so lauerten sie den Nahrung suchen-
den Persern auf und taten, wie sie beschlossen hatten. Dabei
schlugen die skythischen Reiter jedesmal die persischen in die
Flucht und trieben sie vor sich her, bis jene auf ihr Fußvolk
trafen, und das Fußvolk ihnen zu Hilfe kam; erst vor diesem
wichen dann die Skythen zurück. Und solche Überfälle machten sie auch zur Nachtzeit.

129. Dabei war es etwas höchst Wunderliches, was bei diesen Angriffen den Persern eine Hilfe und zugleich den Skythen
hinderlich war: das war das Geschrei der Esel und der Anblick
der Maultiere. Denn das skythische Land, wie ich schon oben
gesagt habe, bringt weder Esel noch Maultiere hervor, ja es gibt
dort überall weder Esel noch Maultiere wegen der Kälte. Wenn
nun die Esel munter wurden und wieherten, so kam darüber

328

die Reiterei der Skythen in Verwirrung, und es geschah häufig, daß ihre Pferde mitten im Ansprengen, wenn sie den Eselsruf vernahmen, scheuten und stutzig wurden und die Ohren spitzten, weil sie nie zuvor solche Stimme gehört, noch die Gestalt gesehen hatten.

130. Doch dieser Vorteil des Krieges währte nur kurze Zeit. Nun aber kamen die Skythen, als sie die wachsende Unruhe bei den Persern sahen, auf folgenden Gedanken. Um die Perser noch länger in ihrem Lande festzuhalten und durch Mangel und Not zugrunde zu richten, ließen sie einen Teil des Weideviehs mit den Hirten zurück und zogen in eine andere Gegend; dann eilten die Perser herzu und nahmen das Vieh weg, und ein solcher Erfolg pflegte ihre Zuversicht wieder zu heben.

131. Das ging so eine Weile fort, bis endlich der König in Nöten war. Da schickten ihm die Skythen durch einen Herold ihre Gaben: einen Vogel, eine Maus, einen Frosch und fünf Pfeile. Die Perser fragten den Boten nach dem Sinn der Gaben, aber er entgegnete, er habe keinen anderen Auftrag als sie zu übergeben und darauf sich eilends zu entfernen; was sie bedeuteten, sollten die Perser selber herausfinden, wenn sie Verstand hätten.

132. Nun gingen die Perser darüber mit sich zu Rate. Dareios meinte, die Skythen wollten sich in seine Hand geben und zugleich Erde und Wasser darbringen, indem er die Gaben folgendermaßen deutete: die Maus lebe in der Erde und nähre sich von derselben Feldfrucht wie der Mensch, der Frosch lebe im Wasser, der Vogel vergleiche sich am meisten mit dem Pferde, mit den Pfeilen übergäben sie ihre Kriegsmacht. Aber dieser Auslegung trat Gobryas entgegen. Dieser Mann gehörte zu den Sieben, die den Mager gestürzt hatten. Er deutete den Sinn der Gaben folgendermaßen: »So ihr Perser nicht zu Vögeln werdet und auffliegt zum Himmel, oder zu Mäusen werdet und euch in die Erde verkriecht, oder zu Fröschen werdet und in die Seen springt, so werdet ihr nicht nach Hause zurückkehren, sondern erlegt werden von diesen Geschossen.«

133. So suchten sich die Perser die Bedeutung der Geschenke

VIERTES BUCH

zu erklären. Inzwischen war diejenige Abteilung der Skythen, die als erste den Auftrag hatte, den Maiotissee zu bewachen, später aber mit den Ionern zu verhandeln, an die Brücke gekommen und sagte zu ihnen: »Ihr Ioner, wir kommen, euch die Freiheit zu bringen, falls ihr unseren Worten folgen wollt. Wir hören, daß Dareios euch aufgetragen hat, nur sechzig Tage die Brücke zu bewachen, und wenn er in dieser Frist nicht wiederkäme, so solltet ihr abfahren in euer Land. Tut ihr das, so habt ihr gegen ihn und gegen uns eure Schuldigkeit getan. Wartet die aufgegebenen Tage und dann fahrt nach Hause.« Die Ioner versprachen, dies zu tun, und die Skythen eilten in ihr Land zurück.

134. Hier hatten sich, nach Übersendung der Geschenke, die anderen Skythen gegenüber den Persern mit Fußvolk und Reiterei aufgestellt, um ihnen eine Schlacht zu liefern. Während sie so standen, sprang plötzlich ein Hase auf und rannte durch ihre Reihen hinaus, und wie die Skythen den Hasen erblickten, liefen alle hinter ihm her, und es war ein wirres Laufen und Schreien. Da fragte König Dareios, warum die Feinde solchen Lärm verführten. Als man ihm sagte, sie liefen einem Hasen nach, wandte er sich zu seinen Vertrauten und rief: »Gewiß, diese Leute fürchten uns wenig; ja, nun sehe ich, Gobryas hat ihr Geschenk richtig gedeutet; jetzt stimme ich ihm bei. Aber nun ist guter Rat not, daß wir ohne Schaden wieder hinauskommen.« Darauf sprach Gobryas: »Mir war schon vorher durch ein Gerücht bekannt, wie schwer es wäre, diesem Volke beizukommen, und nun, seit ich hier bin und sehe, wie sie unser spotten, erkenne ich es vollends. Darum ist dies mein Rat. Sobald die Nacht hereinbricht und wir wie gewöhnlich die Nachtfeuer angezündet haben, täuschen wir die schwächsten unserer Leute, binden alle Esel an und ziehen fort, bevor noch die Skythen an den Istros eilen und die Brücke abbrechen, oder die Ioner etwas beschließen, was uns verderben könnte.«

135. So riet Gobryas, und als die Nacht kam, befolgte der König seinen Rat. Er ließ die Schwachen und alle, deren Leben

MELPOMENE

ihm wenig galt, im Lager zurück; ebenso ließ er dort alle Esel anbinden. Die Esel sollten schreien, diesen Soldaten aber gab er vor, er wolle mit dem rüstigen Teil des Heeres die Skythen überfallen, inzwischen sollten jene des Lagers hüten. Dieses trug er den Zurückbleibenden auf, dann ließ er die Feuer anzünden und machte sich eiligst auf den Weg zum Istros. Als die Esel die gewohnte Menge vermißten, schrien sie nur um so mehr, und die Skythen, die das Geschrei vernahmen, glaubten nicht anders, als daß die Perser noch am selben Ort stünden.

136. Als aber der Tag kam und die Zurückgelassenen sahen, daß Dareios sie verraten hatte, streckten sie die Arme aus zu den Skythen und sagten, wie es mit ihnen stand. Kaum aber hatten jene dies vernommen, setzten sie den Persern nach, geradewegs zum Istros. Nun war ja das Heer der Perser zum größten Teil Fußvolk und kannte die Wege nicht, und die Straßen waren nicht gebahnt, die Skythen aber waren zu Roß und kannten den kürzesten Weg. So geschah es, daß sie einander verfehlten, und die Skythen lange Zeit vor den Persern zur Brücke kamen. Hier erfuhren sie, daß die Perser noch nicht angelangt seien. Da sprachen sie zu den Ionern, die auf den Schiffen standen: »Ihr Ioner, die Zahl der Tage ist nun verflossen, und ihr tut nicht recht, daß ihr noch länger hier verweilt. Seid ihr bisher geblieben, weil ihr euch gefürchtet habt, nun so löset jetzt die Brücke und zieht eilends heim in Frieden und Freiheit, und wisset Dank den Göttern und den Skythen. Euren bisherigen Gebieter aber gedenken wir so zu demütigen, daß er niemals wieder ausziehen soll gegen irgend ein Volk zum Krieg.«

137. Nun hielten die Ioner Rat. Der Athener Miltiades[101], der Führer und Fürst der Einwohner der Chersonesos am Hellespont, war der Meinung, man solle den Skythen willfahren und Ionien von den Persern befreien. Histiaios[102] aus Milet dagegen meinte, daß jeder in seiner Stadt als Tyrann regiere, verdankten sie allein Dareios. Würde aber dessen Macht gebrochen, so würde er künftig nicht weiter in Milet regieren können, noch die anderen in ihren Städten, denn die Städte wür-

VIERTES BUCH

den sich alle lieber unter die Herrschaft des Volkes beugen als unter Tyrannenherrschaft. Als Histiaios diese Meinung aussprach, stimmten ihm gleich alle zu, während sie zuvor der Meinung des Miltiades beitraten.

138. Es standen von denen, die ihre Stimmen abgaben, folgende in Ansehen beim König. Erstens die Tyrannen der Hellespontier, Daphnis aus Abydos, Hippoklos aus Lampsakos, Herophantos aus Parion, Metrodoros aus Prokonnesos, Aristagoras aus Kyzikos, Ariston aus Byzantion; ferner aus Ionien Strattis aus Chios, Aiakes aus Samos, Laodamas aus Phokaia und Histiaios aus Milet, eben der, welcher sich gegen die Meinung des Miltiades ausgesprochen hatte. Unter den aiolischen war nur einer namhaft, Aristagoras aus Kyme.[103]

139. Nachdem diese Männer sich für die Meinung des Histiaios erklärt hatten, beschlossen sie außerdem noch folgendes: Sie wollten den nach der skythischen Seite zu gelegenen Teil der Brücke abbrechen, aber nur auf die Weite eines Bogenschusses, damit es schiene, als täten sie etwas, obgleich sie nichts taten, und damit es den Skythen nicht etwa in den Sinn käme, Gewalt zu gebrauchen, und wenn sie es doch täten, sie nicht in der Brücke ein Mittel fänden, über den Istros zu setzen. Während sie aber die Brücke abbrächen, wollten sie den Skythen sagen, sie würden alles tun, was ihnen erwünscht sein könnte. So beschlossen sie es, und Histiaios nahm für die anderen das Wort und sprach: »Ihr Skythen, erfreulich ist, was ihr uns bringt, und eure Mahnung kommt zu rechter Zeit. Und da ihr uns einen so guten Weg gezeigt habt, sind auch wir auf unserer Seite eifrig beflissen, euch zu dienen. Denn ihr seht, wir fahren die Brücke ab und wollen überall unser Bestes tun aus Liebe zur Freiheit. Während wir nun die Brücke abbrechen, könnt ihr in Ruhe die Feinde aufsuchen, und, wenn ihr sie gefunden habt, es sie entgelten lassen, wie sie es an uns und an euch verdient haben.«

140. Und abermals vertrauten die Skythen den Worten der Ioner. Sie kehrten um, die Perser zu suchen, verfehlten aber dabei aus eigener Schuld ihren Weg, weil sie die Roßweiden in

MELPOMENE

dieser Gegend verwüstet und die Wasserquellen verschüttet hatten; denn hätten sie das nicht getan, so hätten sie die Perser, wenn sie nur wollten, leicht finden können. So schlug ihnen gerade das zum Nachteil aus, was sie glaubten, so klug ersonnen zu haben. Denn sie zogen durch denjenigen Teil ihres Landes, wo sie Futter und Wasser für die Rosse fanden, und glaubten, durch solche Gegend müßten auch die Feinde ihre Flucht nehmen. Nun zogen aber die Perser genau auf ihrem alten Weg und fanden auch so nur mit Mühe die Stelle des Übergangs.[104] Es war Nacht, als sie dort ankamen, und weil sie die Brücke abgebrochen fanden, gerieten sie in große Angst und fürchteten, die Ioner hätten sie im Stich gelassen.

141. Nun war im Gefolge des Königs ein Ägyptier, der eine überaus starke Stimme hatte; den ließ Dareios auf den Uferrand des Flusses treten und nach Histiaios aus Milet rufen. Und Histiaios hörte gleich auf den ersten Ruf, brachte alle Schiffe herbei, die Truppen herüberzuholen, und fuhr die Brücke wieder auf.

142. So entkamen die Perser, und die Skythen, die sie suchten, waren zum zweitenmal fehlgegangen. Darum sagen sie von den Ionern: als freie Männer gäbe es in der Welt keine ärgeren Memmen und Feiglinge; aber als unfreie Männer seien sie die ergebensten und anhänglichsten Sklaven. So verächtlich urteilen die Skythen von den Ionern.

143. Dareios zog durch Thrakien bis zur Stadt Sestos auf der Chersones[105]; dort bestieg er ein Schiff und setzte über nach Asien, in Europa aber ließ er an der Spitze des Heeres den Perser Megabazos. Diesen Mann hatte Dareios einst vor den Persern durch folgenden Ausspruch geehrt. Er wollte Granatäpfel essen und hatte eben den ersten Apfel geöffnet, da fragte ihn sein Bruder Artabanos: was er wohl in so großer Mengen zu besitzen wünsche als Kerne in dem Apfel wären?[106] »So viele Megabazos möchte ich haben«, versetzte der König, »das wäre mir lieber als der Besitz von Hellas.« Und diesen Mann, den er so hoch stellte vor den Persern, ließ er als Feldhauptmann mit achtzigtausend Mann des Heeres zurück.

333

VIERTES BUCH

144. Eben dieser Megabazos hat sich durch ein treffendes Wort bei den Anwohnern des Hellespont ein unvergängliches Andenken gestiftet. Als er nach Byzantion kam und hörte, daß die Einwohner von Kalchedon sich um siebzehn Jahre früher als diejenigen von Byzantion[107] dort angesiedelt hätten, sagte er: »Dann müssen die Kalchedonier während all dieser Jahre blind gewesen sein; sonst hätten sie nicht die schlechtere Stelle zur Ansiedlung gewählt, wo sie die schönere nehmen konnten.« Dieser Megabazos blieb im Lande der Hellespontier stehen und bezwang alle, die sich den Persern nicht unterwerfen wollten.

145. Um diese Zeit[108] geschah noch ein anderer großer Heereszug nach Libyen[109], dessen Ursache ich erzählen will, nachdem ich zuvor erst folgendes erzählt habe.[110] Als einst von der Insel Lemnos die Nachkommen der Argonauten durch dieselben Pelasger vertrieben wurden, die auch die athenischen Weiber aus Brauron[111] raubten, da gingen die Vertriebenen zu Schiff und fuhren nach Lakedaimon, setzten sich dort auf den Berg Taygetos und zündeten ein Feuer an. Als die Lakedaimonier das sahen, schickten sie einen Boten, um zu erfragen, wer und von wo sie seien. Jene erwiderten dem Boten auf seine Frage, sie seien Minyer und Nachkommen der Helden, die einst auf der Argo gefahren seien; denn diese seien bei Lemnos gelandet und hätten sie dort gezeugt. Als die Lakedaimonier diese Rede vom Ursprung der Minyer vernahmen, sandten sie zum zweitenmal und fragten, was sie begehrten, daß sie zu ihnen ins Land gekommen seien und ein Feuer anzündeten. Darauf antworteten jene, weil sie von den Pelasgern aus ihrer Heimat vertrieben seien, kämen sie, wie recht und billig, zu ihren Vätern und begehrten, mit ihnen zu wohnen und Anteil zu haben an Land und Rechten. Und die Lakedaimonier beschlossen, ihren Wunsch zu erfüllen und sie aufzunehmen, und es bewog sie dazu besonders, daß die Tyndariden[112] auch auf der Argo mitgefahren waren. So nahmen sie die Minyer bei sich auf, gaben ihnen von ihrem Land und verteilten sie unter die Stämme. Daraufhin begannen die Mi-

334

MELPOMENE

nyer, sich von den Töchtern des Landes Weiber zu nehmen und ihre eigenen Töchter, die sie von Lemnos mitgebracht, anderen zu Weibern zu geben.[113]

146. Und es war noch nicht viel Zeit vergangen, so wurden die Minyer übermütig, indem sie an dem Königtum teilhaben wollten und auch sonst allerlei Ungebührliches taten. Darum beschlossen die Lakedaimonier, sie zu töten, griffen sie und warfen sie ins Gefängnis. Es pflegen aber die Lakedaimonier, wenn sie einen töten wollen, ihn nachts zu töten, niemals bei Tage. Als sie sich nun anschickten, die Minyer umzubringen, baten ihre Weiber, die in Sparta gebürtig und Töchter der vornehmsten Bürger waren, daß man sie in das Gefängnis einließe und ihnen erlaube, mit ihren Männern zu reden. Und man ließ sie zu den Männern ein, denn man erwartete keine Arglist von ihnen. Als jene aber im Gefängnis waren, gaben sie all ihre Kleidung den Männern und legten sich selber die Kleidung jener an. Darauf gingen die Minyer in den Weiberkleidern hinaus, und als sie auf diese Weise entronnen waren, setzten sie sich abermals auf den Taygetos.

147. Nun geschah es zur selben Zeit, daß Theras[114], Autesions Sohn, des Sohnes des Teisamenos, des Sohnes des Thersandros, des Sohnes des Polyneikes, ausziehen wollte aus Lakedaimon, um sich anderswo anzusiedeln. Dieser Theras war ein Kadmeier von Geschlecht, und da er ein Mutterbruder der Söhne des Aristodemos war, des Eurysthenes und Prokles, verwaltete er, während jene noch unmündig waren, das Königtum in Sparta als ihr Vormund. Danach aber, als seine Neffen herangewachsen waren und die Regierung an sich nahmen, fiel es ihm schwer, anderen zu gehorchen, nachdem er einmal die Herrschaft gekostet hatte, und wollte nicht länger in Lakedaimon bleiben, sondern erklärte, er wolle fortschiffen zu seinen Stammverwandten. Diese wohnten auf der Insel, die jetzt Thera[115] heißt, vor Zeiten aber Kalliste genannt wurde, und waren Nachkommen des Membliaros, des Sohnes des Poikiles, eines phoinikischen Mannes.[116] Denn damals, als Kadmos, Agenors Sohn, auszog, die Europa zu suchen, landete er bei der

335

VIERTES BUCH

Insel, die jetzt Thera heißt. Und sei es, weil die Insel ihm wohlgefiel, oder daß ihn etwas anderes dazu bewog, genug, er ließ dort mit anderen Phoiniken auch einen Mann aus seiner eigenen Sippe, den Membliaros, zurück. Und diese bewohnten die Insel Kalliste schon acht Menschenalter[117], als Theras von Lakedaimon dorthin kam.

148. Zu diesen also wollte Theras mit allerlei Volk aus den Stämmen auswandern und hatte die Absicht, bei ihnen zu wohnen, keineswegs aber sie zu vertreiben. Da nun jene Minyer, die aus dem Gewahrsam entronnen waren und auf dem Taygetos lagerten, von den Lakedaimoniern mit dem Tode bedroht wurden, bat Theras, man möchte ihres Blutes schonen, und nahm es auf sich, sie aus dem Lande zu führen. Damit waren die Lakedaimonier zufrieden. So fuhr Theras mit drei Dreißigruderern zu den Nachkommen des Membliaros, führte aber nicht alle Minyer mit sich, sondern nur eine geringe Zahl. Denn die meisten von ihnen wandten sich zu den Paroreaten[118] und Kaukonen, vertrieben sie aus dem Lande, teilten sich selbst in sechs Gruppen und gründeten die Städte Lepreon, Makistos, Phrixai, Pyrgos, Epion und Nudion. Davon wurden die meisten zu meiner Zeit von den Eleiern zerstört.[119] Jene Insel aber bekam den Namen Thera nach dem, der sie besiedelt hatte.

149. Sein Sohn aber weigerte sich, mitzufahren; da sagte der Vater: »Nun, so lasse ich dich zurück wie ein Schaf unter den Wölfen.« Darum nannte man den Knaben Oiolykos[120], und das war fortan sein Name. Und Oiolykos zeugte den Aigeus, nach dem die Aigiden benannt sind, ein großes Geschlecht in Sparta. Aber den Männern dieses Geschlechtes starben die Kinder vor der Zeit; darum folgten sie einem Gottesspruch und gründeten den Erinyen[120a] des Laios ein Heiligtum. Von da an blieben die Kinder am Leben. Eben dasselbe geschah auch in Thera den Nachkommen dieser Männer.

150. Soweit stimmen die Berichte der Lakedaimonier und Theraier überein, das Weitere aber erzählen allein die Theraier, nämlich so. Grinnos, Aisanios' Sohn, ein Nachfahre jenes Theras und König auf Thera, fuhr einst von seiner Stadt mit

336

einer Hekatombe[121] nach Delphi, und es begleiteten ihn etliche seiner Mitbürger, darunter auch Battos, Polymnestos' Sohn, ein Minyer aus dem Geschlecht der Euphemiden.[122] König Grinnos befragte den Gott um anderes, bekam aber von der Pythia den Spruch, er solle eine Stadt in Libyen gründen. Er aber antwortete und sprach: »Ich, o Herr, bin schon zu alt, und es fällt mir schwer, mich aufzumachen; aber hier sind jüngere Männer, gebiete einem von ihnen, es zu tun.« Dabei zeigte er auf Battos. Weiter geschah damals nichts, und als sie heimgekehrt waren, ließen sie den Spruch auf sich beruhen, denn sie wußten nicht, wo Libyen liegt, und wagten es nicht, ins Ungewisse eine Kolonie zu entsenden.

151. Nun geschah es, daß es während sieben Jahren in Thera nicht regnete, so daß alle Bäume im Lande verdorrten bis auf einen. Und als die Theraier den Gott darum befragten, gebot die Pythia ihnen wiederum die Ansiedlung in Libyen. Da sandten sie, weil sie sich vor der Not nicht anders zu retten wußten, Boten nach Kreta[123], um nachzufragen, ob dort jemand sei, der Libyen kenne. Die Boten zogen in Kreta von Ort zu Ort, bis sie zur Stadt Itanos kamen und dort einen Purpurfischer[124] mit Namen Korobios trafen, der ihnen erzählte, daß er einst vom Sturme verschlagen nach Libyen zur Insel Platea[125] gekommen sei. Diesen gewannen sie durch Geld, damit er mit ihnen nach Thera ginge. Nun sandten die Theraier zunächst erst Kundschafter aus, nicht viele an der Zahl; Korobios zeigte ihnen den Weg und führte sie nach der Insel Platea. Dort ließen sie ihn mit Lebensmitteln auf eine gewisse Zahl von Monaten zurück, sie selbst aber fuhren eiligst nach Hause, um den Theraiern Nachricht über die Insel zu geben.

152. Da sie aber über die verabredete Zeit hinaus wegblieben, gingen dem Korobios alle Lebensmittel zur Neige. Es traf sich aber, daß ein samisches Handelsschiff – Kolaios hieß der Mann, dem es gehörte – auf der Fahrt nach Ägypten auf die Insel Platea verschlagen wurde. Diesen Samiern erzählte Korobios die ganze Sache, und sie ließen ihm Lebensmittel auf ein Jahr. Darauf gingen sie wieder in See, um Ägypten zu errei-

VIERTES BUCH

chen, aber der Ostwind trieb sie ab und ließ nicht nach, bis sie über die Säulen des Herakles hinaus nach Tartessos kamen, und das war ihr Glück. Denn zu jener Zeit war dieser Handelsort noch unberührt[126], so daß sie aus ihren Waren einen Gewinn heimbrachten, größer als je ein Hellene, soweit wir davon wissen, heimgebracht hat, ausgenommen Sostratos, Laodamas' Sohn aus Aigina. Denn mit diesem kann sich kein anderer vergleichen. Und als Zehntel ihres Gewinnes legten die Samier sechs Talente beiseite. Davon ließen sie ein Erzgefäß nach Art eines argolischen Mischkessels fertigen. Rings um das Gefäß ragen Greifenköpfe empor. Und sie stifteten es ins Heraion und stellten es auf drei knieende Kolosse von Erz, die sieben Ellen hoch sind. Die Kyrenaier und Theraier wurden aber zuerst infolge jener Tat mit den Samiern herzlich befreundet.

153. Inzwischen waren die Theraier, die Korobios auf der Insel zurückgelassen hatten, wieder nach Thera gekommen und berichteten, daß sie eine Insel an der libyschen Küste besetzt hätten[127]. Nun beschlossen die Theraier, aus allen ihren sieben Ortschaften Männer hinzusenden, je von zwei Brüdern den einen, welchen das Los träfe, und ihr Führer und König sollte Battos sein. So schickten sie zwei Fünfzigruderer[128] nach Platea.

154. So erzählen die Theraier. Von hier ab stimmen die Theraier mit den Kyrenaiern überein, aber nicht in dem, was den Battos anlangt. Denn von diesem erzählen die Kyrenaier anders, nämlich so. In Kreta liegt eine Stadt Oaxos[129]; dort lebte vor Zeiten ein König Etearchos, der eine Tochter hatte mit Namen Phronime. Als die Mutter der Tochter gestorben war, nahm sich der Vater eine zweite Frau. Diese war kaum ins Haus gekommen, da meinte sie, sie müsse sich gegen die Phronime auch in der Tat als eine Stiefmutter erweisen, plagte und mißhandelte sie und ersann allerhand Ränke, und am Ende bezichtigte sie das Mädchen sogar der Unzucht. Sie wußte ihren Mann davon zu überzeugen, daß er es glaubte, und stiftete ihn zu einem bösen Anschlag gegen die eigene Tochter an. Es war gerade damals ein theraischer Kaufmann in Oaxos; Themison

338

war sein Name. Diesen machte sich Etearchos zum Gastfreund und ließ ihn versprechen und schwören, daß er ihm jeglichen Dienst erweisen wolle, den er von ihm verlangen würde. Nachdem jener den Schwur getan hatte, übergab ihm Etearchos seine Tochter und verlangte, er solle sie mit sich fortnehmen und ins Meer werfen. Über solche Tücke war Themison höchlich entrüstet. Er löste die Freundschaft, nahm das Mädchen an sich und fuhr mit ihr davon. Als er aber draußen auf dem Meer war, wollte er den Eidschwur, den er dem Etearchos geschworen hatte, erfüllen, band ihre Glieder mit Seilen und ließ sie hinab ins Meer, zog sie aber gleich wieder herauf und fuhr mit ihr heim nach Thera.

155. Hier nahm Polymnestos, ein angesehener theraiischer Mann, Phronime zu sich und behielt sie als sein Kebsweib. Und es kam die Zeit, da gebar sie ihm einen Sohn; der stotterte und stammelte und wurde deshalb Battos (›Stammler‹) genannt, wie die Theraier und Kyrenaier erzählen; ich denke aber, es war ein anderer Name, und den Namen Battos nahm er erst an, als er nach Libyen kam wegen des Spruches, den er in Delphi erhalten hatte und nach der Würde, die er dort gewann.[130] Denn Battos heißt bei den Libyern ›König‹, und eben darum, meine ich, sprach ihn die Pythia in ihrer Verkündigung in libyscher Sprache an, weil sie wußte, daß er einst in Libyen König sein würde. Sobald er herangewachsen war, ging er nämlich wegen seines Stotterns nach Delphi, und auf seine Frage hatte ihm die Pythia geantwortet:

›Battos, du kamst ob der Stimme; doch Phoibos Apollon gebietet,
Daß du nach Libyen ziehest, die herdenreiche zu bauen.«

In hellenischer Sprache würde der Anfang des Spruches lauten: »König, du kamst ob der Stimme.« Er aber versetzte und sprach: »Herr, ich kam zu dir, dich zu fragen ob der Stimme, du aber verlangst von mir, etwas anderes, Unmögliches zu tun. In Libyen soll ich mich anbauen? Hab ich denn die Macht, hab ich denn das Volk dazu?« Aber es half ihm nichts,

VIERTES BUCH

sie gab ihm keinen anderen Spruch, sondern kündete ihm genau wie zuvor; da ließ er sie und hörte sie nicht zu Ende, sondern fuhr davon nach Thera.

156. Bald darauf traf ihn eine Heimsuchung und mit ihm zugleich die anderen Theraier. Und da sie die Ursache nicht wußten, weshalb sie heimgesucht wurden, schickten sie darum nach Delphi. Da erhielten sie zur Antwort, sie sollten mit Battos Kyrene in Libyen gründen; dann würde es ihnen besser ergehen. Danach sandten sie Battos aus mit zwei Fünfzigruderern, und die Leute fuhren nach Libyen, wußten aber nicht, was sie anderes beginnen sollten, sondern kehrten wieder um nach Thera. Die Theraier aber schossen auf sie, als sie heranfuhren, und ließen sie nicht ans Land kommen, sondern befahlen ihnen, wieder abzufahren[131]. So mußten sie noch einmal hinfahren und ließen sich nieder auf einer Insel nahe bei Libyen; die hieß, wie schon oben gesagt wurde, Platea und soll so groß sein wie die jetzige Stadt Kyrene.

157. Hier wohnten sie zwei Jahre, und es wollte ihnen nichts gedeihen. Da fuhren sie alle außer einem, den sie zurückließen, nach Delphi, gingen zum Orakel und fragten nach Rat, denn sie wohnten nun in Libyen, und es erginge ihnen dennoch nicht besser. Da beschied sie die Pythia mit folgendem Spruch:

Wenn du besser als ich, der ich dort war, Libyen kennest,
Ob du sie nimmer gesehen, so muß ich der Weisheit
erstaunen.

Da sie solches vernahmen, schiffte Battos mit den Seinen wieder fort, denn der Gott bestand so lange auf ihrer Wanderung, bis sie nach Libyen selber gelangten, und als sie zu ihrer Insel kamen, holten sie den, den sie dort gelassen hatten, und siedelten um an einen Ort in Libyen, welcher der Insel gegenüberliegt; Aziris ist sein Name, und ist auf zwei Seiten umschlossen von herrlichen Berghängen, auf der anderen Seite aber strömt ein Fluß entlang.

158. Hier wohnten sie sechs Jahre. Im siebten folgten sie den Bitten der Libyer, die ihnen versprachen, sie an einen besseren

340

MELPOMENE

Ort zu führen, und zogen weiter nach Westen. Aber an der schönsten Gegend, Irasa[132] ist ihr Name, führten die Libyer sie zur Nachtzeit vorüber, und sie hatten die Tageszeit so abgepaßt, daß die Hellenen sie nicht sehen sollten, sondern führten sie bis zu einer Quelle, die dem Apollon heilig ist[133], und sagten: »Hier, Hellenen, ist gut wohnen, denn hier ist der Segen des Himmels.«

159. Solange nun Battos, der Gründer[134], lebte, der vierzig Jahre lang regierte, und desgleichen während der Zeit seines Sohnes Arkesilaos[135], der sechzehn Jahre regierte, wohnten die Einwohner Kyrenes nur in derselben Zahl, wie anfangs dorthin ausgewandert waren. Aber unter dem Dritten, unter Battos[136], genannt ›der Glückliche‹, ermunterte die Pythia alle Hellenen, hinzufahren und bei den Kyrenaiern in Libyen sich anzubauen; denn die Kyrenaier riefen dazu auf und versprachen die Austeilung des Landes. Der Spruch der Pythia lautete so:

Wer aber später nach Libyen gehet, dem lieblichen Lande,
Wenn sie die Äcker verteilt, den, sag ich, wird es gereuen.

Da strömte viel Volk herbei nach Kyrene[137]. Die Libyer aber in der Nachbarschaft und ihr König Adikran, denen viel Land entrissen wurde und allerhand Kränkung widerfuhr von den Kyrenaiern, sandten nach Ägypten und begaben sich unter die Herrschaft des ägyptischen Königs Apries[138]. Der sammelte ein Heer und schickte es gegen Kyrene. Und die Kyrenaier zogen aus und lagerten sich in der Gegend Irasa bei der Quelle Theste; da kam es zur Schlacht mit den Ägyptern, und die Kyrenaier gewannen den Sieg. Denn die Ägypter hatten sich zuvor noch nicht mit den Hellenen gemessen und achteten sie gering, daher erlitten sie eine so große Niederlage, daß nur wenige von ihnen nach Ägypten heimkamen. Darüber ergrimmten die Ägypter gegen Apries und fielen von ihm ab.

160. Diesem Battos folgte sein Sohn Arkesilaos.[139] Der geriet bald darauf in Zwist mit seinen Brüdern und stritt mit ihnen, bis sie ihn zuletzt verließen und fortzogen nach einer anderen Gegend Libyens und sich dort auf eigene Faust niederließen in

VIERTES BUCH

einer Stadt, die heute wie damals Barke[140] heißt. Und weil sie auch die Libyer zum Kampf gegen Kyrene aufgerufen hatten, zog Arkesilaos gegen diese Libyer zu Felde, die seine Brüder bei sich aufgenommen hatten und zugleich von ihm abgefallen waren. Da erschraken die Libyer und flohen vor ihm zu den anderen Libyern nach Osten, Arkesilaos aber setzte ihnen nach und kam bis an einen Ort in Libyen, der Leukon hieß. Hier beschlossen die Libyer, ihn anzugreifen, und schlugen die Kyrenaier so vernichtend, daß siebentausend Schwergerüstete umkamen. Nach dieser Niederlage fiel Arkesilaos in eine Krankheit, weil er Gift getrunken hatte, und wurde von seinem Bruder Haliarchos erdrosselt. Haliarchos aber kam um durch die List der Eryxo, der Frau des Arkesilaos.

161. Auf Arkesilaos folgte in der Herrschaft Battos, sein Sohn. Der war lahm und krummbeinig. Die Kyrenaier aber sandten wegen des erlittenen Unglückes nach Delphi, um das Orakel zu fragen, wie sie ihr Wesen ordnen sollten, daß es ihnen zur Wohlfahrt gediehe. Die Pythia riet ihnen, sich einen Gesetzgeber zu holen aus der Stadt Mantinea in Arkadien. Und auf ihre Bitte gaben ihnen die Mantineer ihren angesehensten Bürger mit Namen Demonax. Dieser Mann kam nach Kyrene und unterrichtete sich von allem; darauf teilte er zuerst die Bürger in drei Stämme und ordnete in den einen die Theraier mit ihrer Landbevölkerung, in den anderen die Peloponnesier und Kreter, in den dritten alles Volk von den Inseln.[141] Ferner forderte er für den König Battos Landgüter und Priestertümer zu eigenem Besitz[142], alles andere aber, was vordem die Könige besessen hatten, machte er zum Eigentum des Volkes.

162. Solange dieser Battos lebte, blieb es bei dieser Ordnung. Aber unter Arkesilaos, seinem Sohn, erhoben sich arge Wirren um die Vorrechte. Denn Arkesilaos, Battos' des Lahmen und der Pheretime Sohn, wollte sich nicht in die Ordnung fügen, die Demonax eingerichtet hatte, sondern verlangte seiner Vorfahren Rechte und Ehren zurück. Und da er einen Aufstand erhob und unterlag, floh er nach Samos[143], seine Mutter aber nach Salamis auf Kypros. In Salamis herrschte zu

342

MELPOMENE

dieser Zeit Euelthon[144], derselbe, der in Delphi das Räucherbekken gestiftet hat, ein schauenswertes Stück, das im Schatzhaus der Korninthier steht. Zu diesem wandte sich Pheretime und bat ihn um eine Heeresmacht, um sie heimzuführen nach Kyrene. Aber Euelthon gab ihr eher alles, nur keine Heeresmacht. So nahm sie, was er ihr bot, und sagte, auch das sei schön, schöner jedoch wäre es, ihr zu geben, was sie begehrte, nämlich eine Heeresmacht, und weil sie so bei jeder Gabe sagte, sandte ihr Euelthon als letztes Geschenk eine goldene Spindel und einen Rocken, auf dem auch Wolle stak, und da Pheretime auch hierbei dasselbe Wort wiederholte, ließ ihr Euelthon sagen, daß man Frauen nur mit solchen Dingen, aber nicht mit Heeresmacht beschenke.

163. Inzwischen warb Arkesilaos in Samos allerlei Volk, indem er eine Austeilung der Äcker versprach, und nachdem er eine große Zahl beisammen hatte, fuhr er nach Delphi, um beim Orakel wegen seiner Rückkehr anzufragen, und empfing von Pythia diesen Spruch:

»Auf vier Battos und vier Arkesilaos[145], acht Menschenalter lang, gewährt euch Loxias[146] zu herrschen in Kyrene; doch darüber, rät er, machet auch nicht den Versuch. Du aber, wenn du heimgekehrt bist in dein Land, halte dich still. So du aber den Ofen findest mit Töpfen gefüllt, brenne die Töpfe nicht, sondern schicke sie fort. Brennst du sie doch, so meide den rings vom Wasser umflossenen Ort. Wenn nicht, so wirst du sterben und mit dir der schönste der Stiere.«

164. Solches verkündete Pythia dem Arkesilaos. Er aber nahm das Volk, das er in Samos geworben hatte, und kehrte zurück nach Kyrene, und als er die Herrschaft wiedergewonnen hatte, beachtete er den Orakelspruch nicht, sondern suchte wegen seiner Vertreibung Rache an seinen Widersachern. Etliche von ihnen entwichen ganz aus dem Lande, andere aber bekam er in seine Hand und schickte sie nach Kypros, damit man sie dort umbrächte. Diese jedoch wurden von den Knidiern, an deren Küste das Schiff verschlagen wurde, gerettet und nach Thera geschafft. Wieder andere Kyrenaier hatten

VIERTES BUCH

sich in einen großen Turm geflüchtet, der dem Aglomachos
gehörte; Arkesilaos aber ließ um den Turm Holz aufschichten
und verbrannte sie darin. Da erkannte er, aber erst nach gesche-
hener Tat, daß der Spruch des Orakels eben darauf zielte, als die
Pythia ihm riet, wenn er die Töpfe im Ofen fände, sie nicht
auszubrennen, und räumte aus freiem Willen die Stadt; denn
er fürchtete sich vor dem Tod, der ihm geweissagt worden war,
und meinte, daß der »wasserumflossene Ort« eben die Stadt
Kyrene sein möchte. Nun hatte er zur Frau eine Verwandte, die
Tochter des Königs der Barkaier, der Alazeir hieß. Zu diesem
wandte er sich. Aber die Leute in Barke und gewisse kyrenaiische Flüchtlinge, die ihn damals dort auf dem Markt antrafen,
erschlugen ihn und zugleich seinen Schwiegervater Alazeir. So
erfüllte Arkesilaos sein Schicksal, weil er, sei es mit oder ohne
seinen Willen, gegen den Götterspruch gehandelt hatte.

165. Während der Zeit, als Arkesilaos in Barke lebte, wo er
selber das Unglück gegen sich heraufbeschwor, nahm Pheretime, seine Mutter, alle seine Rechte und Ehren in Kyrene wahr
und saß mit im Rate. Als sie aber von seinem Tode erfuhr,
ergriff sie die Flucht und begab sich nach Ägypten, wo ihr die
Verdienste zunutze kamen, die sich ihr Sohn um König Kambyses, Kyros' Sohn, erworben hatte. Es war nämlich eben dieser
Arkesilaos, der dem Kambyses die Stadt Kyrene übergab und
ihm zinspflichtig wurde. In Ägypten stellte sich Pheretime
unter den Schutz des Aryandes und verlangte seinen Beistand,
weil sie vorgab, daß ihr Sohn wegen seiner Treue gegen die
Perser den Tod erlitten habe.

166. Dieser Aryandes war noch von Kambyses zum Statthalter Ägyptens bestellt worden, fand aber in einer späteren Zeit
den Untergang, weil er sich anmaßte, es dem König Dareios
gleichzutun. Er hatte nämlich gehört und gesehen, daß Dareios sich ein Denkmal errichten wollte, wie es noch kein
König zustande gebracht hatte, und tat es ihm darin nach, bis er
zuletzt seinen Lohn empfing. Dareios wählte zur Prägung von
Münzen das allerfeinste Gold[147]. Dasselbe tat Aryandes als
Statthalter von Ägypten mit Silbermünzen, und so ist noch

344

jetzt das aryandische Silbergeld das allerreinste[148]. Als Dareios davon Kunde bekam, ließ er ihn hinrichten, aber unter einem anderen Vorwand, indem er ihn der Empörung beschuldigte.

167. Dieser Aryandes ließ sich damals aber durch Mitleid bewegen, Pheretime die ganze Streitmacht Ägyptens zu geben, das Fußvolk wie die Flotte. Über das Fußvolk setzte er den Maraphier Amasis zum Obersten, über die Flotte den Badres aus dem Stamme der Pasargaden[149]. Aber bevor er das Kriegsheer ausziehen ließ, schickte er einen Herold nach Barke und ließ fragen, wer der Mörder des Arkesilaos sei. Da nahmen die Barkaier allesamt die Tat auf sich, denn sie hätten viel Böses unter ihm zu leiden gehabt. Als Aryandes dies hörte, ließ er das Heer mit Pheretime ausziehen. Dies war die Ursache, die man zum Vorwand nahm. Meines Erachtens aber war es die wahre Absicht dieses Heerzuges, Libyen zu unterjochen. Denn in Libyen wohnen sehr viele und verschiedenartige Völkerschaften; von denen waren nur wenige dem König gehorsam, die meisten aber kümmerten sich gar nicht um ihn.

168. Die Wohnsitze der Libyer sind folgendermaßen verteilt. Von Ägypten aus kommen zuerst die Adyrmachiden, die meistens nach ägyptischem Brauch leben, aber ihre Tracht ist dieselbe wie bei den andern Libyern. Ihre Weiber tragen um beide Beine Ringbänder von Erz, und da sie das Haar voll und lang wachsen lassen, pflegen sie jede Laus, die sie fangen, erst selber wieder zu beißen, ehe sie sie fortwerfen. Das tut aber kein anderes Volk in Libyen. Auch haben sie allein die Sitte, dem König vor ihrer Hochzeit alle Jungfrauen vorzuführen, und die, welche ihm wohlgefällt, wird von ihm entjungfert. Das Gebiet der Adyrmachiden erstreckt sich von Ägypten bis zum Hafen Plynos.

169. An diese grenzen die Giligamen, deren Gebiet nach Westen zu bis zur Insel Aphrodisias[150] reicht. Noch diesseits dieser Insel liegt an der Küste die Insel Platea, wo sich die Kyrenaier angesiedelt hatten, und auf dem Festland die Häfen Menelaos und Aziris, wo die Kyrenaier wohnten. Dort nimmt auch das Silphion[151] seinen Anfang; es wächst von der Insel

VIERTES BUCH

Platea bis zur Mündung der Syrte. In ihren Sitten sind die Giligamen den anderen ähnlich.

170. Westwärts von den Giligamen folgen die Asbysten, die oberhalb Kyrene wohnen, aber nicht bis zum Meer hinabreichen; denn das Küstenland besitzen die Kyrenaier. Diese verstehen unter allen Libyern am besten die Kunst, mit Viergespannen[152] zu fahren, in ihren Bräuchen aber eifern sie meist den Kyrenaiern nach.

171. An die Asbysten stoßen weiter gegen Westen die Auschisen. Ihr Gebiet liegt oberhalb der Stadt Barke und zieht sich bei der Stadt Euhesperidai[153] zur Küste hinab. Mitten im Lande der Auschisen wohnt der kleine Stamm der Bakaler, deren Sitze bei Taucheira[154], einer Stadt im barkaiischen Gebiet, an die Küste stoßen. Ihre Bräuche sind dieselben wie bei den Libyern oberhalb Kyrene.

172. Westlich von den Auschisen wohnt das große Volk der Nasamonen, die zur Sommerszeit ihre Herden an der Küste lassen und hinaufsteigen ins Land Augila zur Dattelernte. Denn dort gibt es viele mächtige Palmbäume, die alle fruchttragend sind. Auch machen sie Jagd auf Heuschrecken, die sie an der Sonne dörren, darauf zermahlen und in einem Milchaufguß trinken. Weiber hat zwar jeder einzelne in großer Zahl, aber den Umgang mit ihnen pflegen alle Männer gemeinsam. Wer zu einer Frau will, der stellt seinen Stab vor ihre Tür und wohnt ihr bei, ähnlich wie bei den Massageten. Freit ein Nasamone sein erstes Weib, so ist es Brauch, daß sich die junge Frau in der ersten Nacht allen Hochzeitsgästen der Reihe nach hingibt, und jeder, der ihr beiwohnt, gibt ihr ein mitgebrachtes Geschenk. Mit den Eiden und der Weissagung halten sie es folgendermaßen. Sie schwören bei verstorbenen Männern ihres Volkes, die in dem Ruf großer Gerechtigkeit und Tugend stehen, indem sie das Grab eines solchen Mannes berühren. Wollen sie das Zukünftige wissen, so gehen sie zu den Grabmälern ihrer Vorfahren, sprechen ein Gebet und legen sich darauf nieder zum Schlaf, und was ihnen dann im Traum erscheint, daran halten sie sich. Wer einen Freundschaftsbund schließen

will, gibt dem anderen aus seiner Hand zu trinken und trinkt selber aus jenes Hand, und haben sie nichts flüssiges, so nehmen sie Staub vom Boden und lecken ihn auf.

173. An die Nasamonen stößt das Land der Psyller. Diese sind auf folgende Art zugrunde gegangen. Einst erhob sich der Südwind und trocknete ihre Wasserbehälter aus. Ihr Land aber, das ganz innerhalb der Syrte liegt, war arm an Wasser. Da hielten sie Rat und kamen überein, gegen den Südwind zu Felde zu ziehen (ich erzähle, was die Libyer erzählen), und als sie auszogen und in die Sandwüste kamen, fing der Südwind an zu blasen und begrub sie im Sand. So kamen sie um, und seitdem besitzen die Nasamonen das Land.

174. Oberhalb von ihnen, nach Süden zu, in dem tierreichen Land, wohnen die Garamanten, die jeden Menschen und jeden Verkehr mit Menschen meiden, auch keinerlei Kriegsgerät besitzen, noch sich auf Abwehr verstehen.

175. Diese wohnen also südlich der Nasamonen; an der Küste hingegen nach Westen grenzen an diese die Maken, die sich die Haupthaare ringsum glatt abscheren, außer auf dem Scheitel, wo sie einen hohen Schopf stehen lassen. Im Krieg hüllen sie sich zum Schutz in Straußenhäute. Durch ihr Land fließt der Kinyps[155], der vom sogenannten Hügel der Chariten entspringt, bis zu seiner Mündung ins Meer. Dieser ›Hügel der Chariten‹ ist dicht mit Gehölz bedeckt, während das andere vorgenannte libysche Land kahl ist. Er liegt zweihundert Stadien vom Meer entfernt.

176. Den Maken benachbart wohnen die Gindanen. Da tragen die Weiber um die Knöchel viele lederne Ringe. Das hat, wie man sagt, diesen Grund. Jedesmal, wenn ein Mann einem Weibe beiwohnt, legt sie sich ein solches Band um die Knöchel, und die, welche die meisten Bänder hat, gilt für die beste, weil sie von den meisten Männern geliebt wurde.

177. Vom Lande der Gindanen springt ein Küstenstrich vor ins Meer; dort wohnen die Lotosesser, deren einzige Nahrung die Frucht des Lotosbaumes[156] ist. Diese Frucht ist etwa so groß wie die des Mastixbaumes, an Süße aber kann man sie der

VIERTES BUCH

Frucht des Palmbaums vergleichen. Die Lotosesser bereiten sich daraus auch einen Wein.

178. Weiter an der Küste wohnen die Machlyer, die sich auch von der Lotosfrucht ernähren, jedoch nicht so ausschließlich wie die vorher genannten. Ihr Gebiet erstreckt sich bis zu einem großen Fluß, der Triton heißt und in den großen Tritonissee[157] mündet. In diesem See liegt eine Insel; Phla ist ihr Name. Von dieser heißt es in einem Spruch, daß sich dereinst Lakedaimonier auf ihr ansiedeln sollen.

179. Auch eine Sage wird von dem See erzählt, die folgendermaßen lautet. Als Jason unten am Berg Pelion die Argo gebaut hatte, tat er außer einer Hekatombe auch einen Dreifuß hinein und fuhr um den Peloponnes und wollte nach Delphi. Als er aber in die Gegend von Malea kam, erfaßte ihn ein Nordwind und verschlug ihn nach Libyen, und ehe er noch Land sah, geriet er zwischen die Untiefen des Tritonissees und wußte nicht wieder herauszukommen. In dieser Not, so geht die Sage, erschien ihm Triton und forderte den Dreifuß; dafür, sagte er, wolle er ihnen die Fahrt zeigen und sie unbeschädigt hinausführen. Und da Jason nach seinem Willen tat, zeigte ihnen Triton die Ausfahrt durch die Untiefen, den Dreifuß aber stellte er auf in seinem Heiligtum. Zuvor aber hatte er Jason und seinen Genossen auf diesem Dreifuß sitzend geweissagt und offenbart, was die Zukunft bringen würde, nämlich daß unfehlbar dereinst, wenn einer von den Nachkommen der Argonauten den Dreifuß wiederholte, hundert hellenische Städte rings um den Tritonissee gegründet würden. Als aber die Libyer, die dort wohnten, von dieser Weissagung hörten, nahmen sie den Dreifuß und verbargen ihn.

180. An die Machlyer grenzen die Auseer. Diese und die Machlyer wohnen an beiden Seiten des Tritonissees; der Fluß Triton scheidet ihr Gebiet. Die Machlyer tragen hinten langes Haupthaar, die Auseer vorne. Jährlich am Fest der Göttin Athena teilen sich die Jungfrauen in zwei Gruppen und kämpfen gegeneinander mit Steinen und Stöcken. Das ist, wie sie sagen, die herkömmliche Festfeier zu Ehren ihrer eingebornen

Gottheit, die wir Hellenen Athena nennen. Die Jungfrauen, die an den Wunden sterben, nennen sie Lügenjungfern. Vor Beginn des Kampfes begeht das ganze Volk folgenden Brauch. Man schmückt diejenige Jungfrau, die jeweils als die schönste gilt, mit einem korinthischen Helm und einer vollen hellenischen Rüstung, stellt sie auf einen Wagen und führt sie um den See. Womit sie aber früher, bevor sich Hellenen in ihrer Nachbarschaft angesiedelt haben, die Jungfrauen schmückten, weiß ich nicht zu sagen, ich vermute aber, man schmückte sie mit ägyptischen Waffen; denn von Ägypten, behaupte ich, haben die Hellenen ihren Schild und ihren Helm bekommen. Athena, sagen sie, sei des Poseidon und der Tritonis Tochter; da sie aber ihrem Vater grollte, habe sie sich an Zeus gewandt, und Zeus habe sie als seine Tochter angenommen. So erzählen sie. Die Weiber gehören allen gemeinsam; Ehen kennen sie nicht, sondern sie begatten sich wie das Vieh. Hat ein Weib ihr Kind großgezogen, kommen im dritten Monat danach die Männer zusammen, und wem von den Männern das Kind ähnlich sieht, der gilt als sein Vater.

181. Dies sind diejenigen nomadischen Libyer, die entlang der Meeresküste wohnen. Landeinwärts hinter ihnen liegt der tierreiche Teil Libyens. Jenseits des tierreichen Teils erhebt sich ein Sandstreifen[158], der sich von Theben[159] in Ägypten hinüberzieht bis zu den Säulen des Herakles[160]. Auf diesem Streifen, in Abständen von ungefähr zehn Tagereisen, findet man Salzstücke in Form von großen Klumpen zu Hügeln aufgeschichtet, und auf dem Gipfel jedes dieser Hügel, mitten aus dem Salz, schießt ein Strahl kalten und süßen Wassers empor[161], und um das Wasser wohnen die entlegensten Völker Libyens, die es nördlich der Wüste gibt. Die ersten, zehn Tagereisen von Theben entfernt, sind die Ammonier[162], deren Heiligtum von dem des thebaischen Zeus herstammt; denn auch in Theben ist das Bild des Zeus widderköpfig, wie ich schon früher berichtet habe. Sie haben auch noch ein anderes Wasser, das aus einem Quell entspringt. Dies ist während der ersten Morgenzeit lauwarm; zu der Zeit, wenn der Markt sich

VIERTES BUCH

füllt, ist es schon kühler; um Mittag ist es schon ganz kalt; dann wässern sie ihre Gärten. Danach neigt sich der Tag und die Kälte des Wassers nimmt wieder ab, bis die Sonne sinkt; da ist es schon lauwarm. Nun steigt die Wärme mehr und mehr, bis Mitternacht, dann kocht und siedet es, daß die Blasen steigen. Die Mitternacht geht vorüber, und das Wasser kühlt sich wieder bis zum Sonnenaufgang. Man nennt es den Sonnenquell.

182. Nach den Ammoniern, zehn Tagereisen weiter in demselben Sandstreifen, findet sich wieder ein Hügel und Wasser wie dort, und um den Hügel wohnen Menschen. Augila[163] heißt der Ort und ist derselbe, wohin die Nasamonen jährlich zur Dattelernte ziehen.

183. Von Augila zehn Tagereisen weiter ist abermals ein Salzhügel und Wasser und viele fruchttragende Palmen. Die Menschen, die dort wohnen, heißen Garamanten[164] und sind ein gewaltig großes Volk. Sie bringen Erde auf den Salzboden und bestellen ihn mit Früchten. Von hier ist der kürzeste Weg zu den Lotosessern, von denen man in dreißig Tagereisen dorthin gelangt. Hier finden sich auch die rückwärts weidenden Rinder, deren Hörner nach vorne niedergebogen sind, weshalb sie beim Weiden rückwärtsgehen müssen; denn vorwärts können sie nicht gehen, weil sie sonst mit den Hörnern in den Boden stoßen. Außer in ihrer Haut, die dick und zugleich geschmeidig ist, unterscheiden sie sich nicht von anderen Rindern. Diese Garamanten machen auf ihren vierspännigen Wagen Jagd auf die aithiopischen Höhlenbewohner. Diese Aithiopen nämlich sind die schnellfüßigsten von allen Menschen, die wir kennen. Sie ernähren sich von Schlangen und Eidechsen und ähnlichem Gewürm, und die Sprache, die sie reden, hat mit keiner anderen Sprache eine Ähnlichkeit, sondern ist wie das Gezisch der Fledermäuse.

184. Zehn Tagereisen von den Garamanten ist wieder ein Salzhügel und eine Quelle. Auch um ihn herum wohnen Menschen. Sie heißen Ataranten[165] und sind, soviel wir wissen, die einzigen Menschen ohne Namen. Insgesamt nämlich heißen sie Ataranten, die Einzelnen aber haben keine besonderen

MELPOMENE

Namen. Sie fluchen der Sonne, wenn sie allzusehr brennt, und überhäufen sie mit Schimpfnamen, weil sie verschmachten müssen vor ihrer Glut, die Menschen ebenso wie das Land. Und abermals nach zehn Tagen kommt wieder ein Salzhügel und eine Quelle mit Menschen darum herum. Und nahe dem Salzhügel steht ein Berg, der heißt Atlas, ist schmal und rund auf allen Seiten, und soll so hoch sein, daß man seine Gipfel nicht erschauen kann, weil sie immer von Wolken bedeckt seien, im Winter wie im Sommer. Und die Einwohner des Landes sagen, das sei die Säule, die den Himmel trage. Von diesem Berg haben sie auch ihren Namen; denn sie heißen Atlanten, und sollen nichts Lebendiges essen und auch keine Träume haben.

185. Bis zu diesen Atlanten weiß ich die Namen der Völker zu nennen, die auf dem Sandstreifen wohnen; aber von da an nicht mehr. Nur so viel weiß ich, daß der Streifen sich bis zu den Säulen des Herakles und jenseits von ihnen erstreckt, und daß auf ihm, zehn Tagereisen weiter, eine Salzgrube ist und Menschen wohnen, bei denen alle Häuser aus Salzstücken gebaut sind.[166] Denn in diesem Teil Libyens fällt schon kein Regen mehr; sonst würden auch die Salzmauern nicht bestehen können. Das Salz, das dort gegraben wird, ist teils weiß, teils purpurn. Jenseits aber des Sandstreifens, südwärts ins Land hinein, ist alles öde, kein Wasser, kein Tier, kein Regen, kein Baum, keine Spur von Feuchtigkeit.

186. Von Ägypten also bis zum Tritonissee[167] sind die Einwohner fleischessende, milchtrinkende Nomaden, die aber aus demselben Grunde wie die Ägypter sich des Kuhfleisches enthalten und keine Schweine ziehen. Den Genuß des Kuhfleisches versagen sich auch die kyrenaiischen Frauen um der ägyptischen Isis willen, ja sie fasten auch ihr zu Ehren und feiern ihr Feste, und die barkaiischen Frauen enthalten sich nicht nur des Kuhfleisches, sondern auch des Schweinefleisches.

187. Aber westwärts vom Tritonissee sind die Einwohner nicht mehr Nomaden und haben auch nicht dieselben Sitten.

VIERTES BUCH

So üben sie auch nicht denselben Brauch an den Kindern wie die Nomaden. Diese nämlich, ob alle, kann ich nicht sicher sagen, jedenfalls aber viele von ihnen pflegen den Kindern, sobald sie vier Jahre alt sind, mit dem Fett der Schafwolle[168] die Adern oben auf dem Kopf auszubrennen, etliche auch die Adern an den Schläfen. Damit wollen sie verhüten, daß sie nicht während ihres späteren Lebens unter dem Kopfschweiß[169] zu leiden haben. Diesem Verfahren rechnen sie es zu, daß sie so gesund sind. Und in der Tat sind die Libyer die gesündesten von allen Menschen, die man kennt. Ob gerade deshalb, kann ich nicht mit Gewißheit sagen; die gesündesten aber sind sie. Befällt die Kinder beim Brennen ein Krampf, so haben sie auch dafür ein Mittel: sie besprengen sie mit dem Harn eines Ziegenbockes; so werden sie wieder gesund. Ich berichte nur, was die Libyer selber erzählen.

188. Bei ihren Festopfern verfahren die Nomaden folgendermaßen. Erst schneiden sie als Voropfer ein Stück vom Ohr des Tieres ab und werfen es über ihre Hütte weg, dann drehen sie dem Tier den Hals um. Sie opfern aber nur der Sonne und dem Mond. Nur die Libyer am Tritonissee opfern hauptsächlich der Athena und nächst dieser dem Triton und dem Poseidon.

189. Die Kleidung und die Aigide an den Athenabildern haben die Hellenen den libyschen Frauen entnommen. Denn davon abgesehen, daß die Kleidung der Libyerinnen aus Leder ist und die Zotten an ihren Aigiden keine Schlangen, sondern aus Lederriemen geflochten sind, ist die Bekleidung in allem anderen ganz dieselbe. Ja, selbst der Name verrät, daß die Bekleidung der Pallasbilder[170] aus Libyen herstammt; denn die libyschen Frauen tragen über dem Kleid noch ein enthaartes Ziegenfell, das mit Krapp gefärbt und mit Zotten versehen ist, und eben von diesen Ziegenfellen (›Aigeen‹) haben die Hellenen die Aigiden benannt. Ich für mein Teil glaube auch, daß das laute Heulen bei den heiligen Handlungen aus Libyen stammt; denn die Libyerinnen können es sehr schön. Auch den Gebrauch des Viergespanns haben die Hellenen von den Libyern gelernt.

190. Bei der Bestattung der Toten verfahren die Nomaden ebenso wie die Hellenen. Die Nasamonen aber begraben sie sitzend und achten darauf, daß sie den Sterbenden aufrecht setzen und er nicht im Sterben auf dem Rücken liegt. Ihre Wohnungen bestehen aus zusammengefügten Hürden von Asphodelostengeln, deren Zwischenräume mit Binsen gefüllt sind, und lassen sich mitführen. Soviel von ihren Sitten.

191. Auf der Westseite des Flusses Triton stoßen an die Auseer bereits solche Libyer, die Ackerbau treiben und in festen Häusern wohnen; Maxyer[171] ist ihr Name. Sie tragen nur auf der rechten Seite langes Haupthaar, die linke Seite scheren sie ab. Den Leib bestreichen sie mit Mennig. Sie wollen aus Troia herstammen. Dieses Land sowie alles übrige libysche Land im Westen[172] ist viel tierreicher und bewaldeter als das der Nomaden. Denn das östliche Libyen, wo die Nomaden hausen, ist niedrig und sandig bis zum Fluß Triton; von da nach Westen ist das Land der Ackerbauer voll von Bergen, Wäldern und wilden Tieren. Denn da finden sich die riesigen Schlangen, die Löwen, Elefanten[173], Bären, Nattern, gehörnten Esel[174], die hundsköpfigen Menschen[175] und die Ohneköpfe mit den Augen auf der Brust (wie nämlich von den Libyern erzählt wird), die wilden Männer und die wilden Weiber[176] und sonst noch viele nicht erdichteten Tiere.

192. Von allen diesen Tierarten findet sich keine einzige im Lande der Nomaden, dagegen Pygargen[177], Zorkaden, Büffel, Esel, nicht die gehörnten, sondern solche, die nicht trinken; ferner Orygen, das ist eine Art Gazellen von der Größe eines Rindes, aus deren Hörnern die Arme der Phoinixleier gefertigt werden; kleine Füchse, Hyänen, Hystrichen, wilde Schafe, Diktyen, Schakale, Panther, Boryen, Landkrokodile, die etwa drei Ellen lang sind und ganz wie Eidechsen aussehen, Strauße und kleine einhörnige Schlangen. Außer diesen leben dort dieselben Tiere wie anderswo, nur keine Hirsche und keine wilden Schweine; diese beiden Tiere gibt es nirgendwo in Libyen. Von Mäusen gibt es dort drei Arten, erstens die soge-

VIERTES BUCH

nannten Zweifüßer, zweitens die Zegerien (ein libysches Wort, in unserer Sprache soviel wie ›Hügel‹), drittens Igel. Wo das Silphion wächst, kommen auch Wiesel vor, die den tartessischen sehr ähnlich sind. Das sind die Tierarten des Nomadenlandes, soweit wir davon haben Nachricht erlangen können.

193. Auf die Maxyer folgen die Zauecken, bei denen die Weiber auf Kriegszügen die Streitwagen führen.

194. Auf diese die Gyzanten, bei denen, außer dem reichlichen Bienenhonig, noch viel mehr künstlicher Honig bereitet werden soll von Leuten, die daraus ein eigenes Gewerbe machen. Sicher ist, daß jedermann in diesem Volk sich den Leib mit Mennig rötet und daß sie das Fleisch von Affen essen, die sich in großer Zahl auf ihren Bergen finden.

195. In ihrer Nähe liegt, wie die Karchedonier erzählen, die Insel Kyrauis. Sie ist zweihundert Stadien lang, aber sehr schmal, vom Festland aus leicht zu erreichen und voll von Ölbäumen und Weinreben. Auf ihr soll sich ein See befinden, aus dessen Schlamm die Töchter der Eingeborenen mit Vogelfedern, die sie mit Pech bestreichen, Goldstaub heraufholen. Ob dies der Wahrheit entspricht, weiß ich nicht; ich schreibe, wie es erzählt wird. Und ist nicht alles möglich? Sah ich doch selber, wie man auf der Insel Zakynthos[178] aus See und Wasser Pech heraufholte. Es gibt dort mehrere Seen. In dem größten, der siebzig Fuß lang und breit ist und eine Tiefe von zwei Klaftern hat, stoßen sie mit einer Stange hinab, an der oben ein Myrtenzweig befestigt ist, und holen damit ein Pech herauf, das wie Erdharz riecht, im übrigen aber besser ist als das pïerische[179] Pech. Sie schütten es in eine Grube nahe dem See, und sobald sie eine Menge beisammen haben, füllen sie es aus der Grube in die Krüge. Jedes Ding, das in den See fällt, geht unter der Erde weg und kommt im Meer, das ungefähr vier Stadien davon entfernt ist, wieder zum Vorschein. So mag denn auch das, was von der Insel an der libyschen Küste erzählt wird, wahr sein.

196. Die Kalchedonier wissen auch noch etwas anderes zu erzählen von einer bewohnten Gegend in Libyen, die außer-

halb der Säulen des Herakles liegt. Wenn sie dorthin kommen, sagen sie, und ihre Waren ausgeladen und am Strand ausgebreitet haben, kehren sie zurück auf ihre Schiffe und lassen eine Rauchsäule aufsteigen. Daraufhin kommen die Eingeborenen, sobald sie den Rauch bemerken, herab ans Meer, legen Gold für die Waren hin und ziehen sich wieder weit zurück. Dann gehen die Karchedonier ans Land und sehen nach, und wenn ihnen das Gold für die Waren ausreichend scheint, nehmen sie es und fahren davon, ist es aber nicht genug, so steigen sie wieder in die Schiffe und warten. Dann kommen jene und legen noch einiges Gold dazu, bis es ihnen genug ist. Und keine der beiden Seiten gebrauche Gewalt; weder rühren sie selbst das Gold an, bevor es dem Wert der Ware entspricht, noch jene die Waren, bevor diese das Gold an sich genommen haben.

197. Dies sind die libyschen Völker, die wir nennen können. Die meisten von ihnen kümmerten sich gar nicht um den Mederkönig, weder damals noch jetzt. Auch weiß ich von diesem Lande noch zu berichten, daß nicht mehr als vier Volksstämme darin wohnen, soweit uns bekannt ist, und daß zwei von diesen Volksstämmen eingeboren sind, zwei aber nicht, eingeboren nämlich die Libyer und Aithiopen, jene im Norden, diese im Süden Libyens, eingewandert aber die Phoiniken und Hellenen.

198. Aber auch die Güte des Bodens scheint mir in Libyen nicht vergleichbar mit Asien oder Europa zu sein, ausgenommen die Landschaft Kinyps (diesen Namen nämlich trägt sowohl das Land wie der Fluß), die es dem fruchtbarsten Boden gleichtut im Ertrag der Demeterfrucht und ganz und gar verschieden ist vom übrigen Libyen. Da sie schwarzen Boden hat und von Quellen durchrieselt ist, vermag ihr die Dürre nichts anzuhaben. Auch ein Übermaß an Regen, der in diesem Teil Libyens fällt, kann ihr nicht schaden, und im Ertrag der Feldfrucht erreicht sie dasselbe Maß wie das Land von Babylon. Aber auch das Gebiet der Euhesperiden ist reich gesegnet und bringt in den besten Jahren hundertfache Frucht, hingegen das am Kinyps das dreihundertfache.

VIERTES BUCH

199. Auch das kyrenaiische Land[180], das in diesem von Nomaden bewohnten Teile Libyens am höchsten aufragt, hat drei
verschiedene Erntezeiten[181], was höchst wunderbar ist. Zuerst
nämlich beginnen unten an der Küste die Früchte sich zu
füllen und bis zur Ernte zu reifen. Kaum aber sind diese eingebracht, drängt auch schon die Ernte im Mittelland oberhalb
des Küstenstrichs, in den Hügeln, wie man es heißt. Und ist
diese Mittelernte geborgen, reift und drängt schon wieder die
im Oberland. So hat man die erste Ernte eben getrunken und
gegessen, wenn die letzte beginnt. Die Fruchtzeit dauert bei
den Kyrenaiern acht Monate lang. Soviel davon.

200. Als nun das persische Heer, das Aryandes für Pheretime
bereitstellte, aus Ägypten nach Barke kam, lagerte es sich vor
die Stadt und forderte, man solle diejenigen herausgeben, die
schuld seien am Tod des Arkesilaos. Weil aber das ganze Volk
der Tat schuldig sein wollte, schlug es die Forderung ab. So
lagen sie neun Monate lang vor der Stadt, gruben Gänge unter
der Erde bis zur Mauer, und berannten sie mit aller Macht.
Aber die Gänge wußte ein Schmied mittels eines erzüberzoge-
nen Schildes ausfindig zu machen, den er überall im Umkreis
der Mauer an den Erdboden hielt. Da war es sonst überall ganz
still, an den Stellen aber, wo die Feinde gruben, erklang das Erz
am Schilde. Dann gruben die Barkaier an dieser Stelle einen
Gegengang und töteten die Perser in ihren Gruben. So entdeck-
ten sie die Gänge; die Angriffe aber schlugen sie ab.

201. So ging es eine lange Zeit, und es starben viele auf
beiden Seiten, ebensoviel Perser wie Barkaier. Endlich ersann
Amasis, der Oberste des Fußvolks, ein anderes Mittel; denn da
er sah, daß die Stadt nicht mit Gewalt einzunehmen war, wollte
er es mit List versuchen. In einer Nacht ließ er eine breite
Grube auswerfen und oben mit dünnen Brettern belegen, über
die Bretter ließ er Erde schütten und dem übrigen Erdboden
gleich machen. Mit Anbruch des Tages ließ er den Barkaiern
mitteilen, er wolle ihnen Vorschläge zum Frieden machen,
und da jene mit Freuden darauf eingingen, kam man endlich
überein und schloß einen Vertrag und beschwor ihn über der

356

verborgenen Grube. Der Vertrag solle nämlich so lange halten, wie diese Erde dort festläge, und er lautete dahin, daß die Barkaier dem König weiter Abgaben zahlen und die Perser nichts weiter gegen die Barkaier unternehmen wollten. Als dies beschworen war, kamen die Barkaier in gutem Vertrauen aus der Stadt heraus, öffneten alle Tore und ließen die Feinde, soviele ihrer wollten, herein. Da rissen die Perser die verborgene Bretterlage nieder und rannten in die Stadt. So meinten sie ihren Eid nicht zu brechen, weil sie geschworen hatten, es sollte der Vertrag so lange bestehen, wie die Erde bliebe, so wie sie derzeit war, und weil sie nun die Bretter zerbrochen hätten, bliebe auch der Vertrag nicht länger bestehen.

202. Darauf ließ sich Pheretime die Hauptschuldigen von den Persern ausliefern und ließ sie an Pfähle schlagen rings um die Mauer, ihren Frauen aber schnitt sie die Brüste ab und steckte auch diese rings an der Mauer auf. Alles andere Volk gab sie den Persern als Beute, mit Ausnahme der Nachkommen des Battos und derer, die an dem Mord nicht beteiligt waren; diesen übergab sie die Stadt.

203. So versklavten die Perser alle übrigen Barkaier und begaben sich mit ihnen auf den Heimweg, und als sie vor die Stadt Kyrene kamen, öffneten ihnen die Bürger die Tore zum Durchzug, weil sie einem bestimmten Götterspruch Genüge tun wollten. Während sie nun durchzogen, schlug Badres, der Führer der Flotte, vor, sie sollten die Stadt besetzen, aber Amasis, der Führer des Fußvolkes, ließ es nicht zu, weil sie nur gegen die hellenische Stadt Barke ausgesandt worden seien. Als sie aber hindurch waren und sich auf der Anhöhe des Zeus Lykaios lagerten, da reute es sie, daß sie die Stadt nicht besetzt hatten, und versuchten von neuem einzudringen; diesmal aber ließen es die Kyrenaier nicht zu. Da überfiel die Perser, ohne daß einer sie angriff, ein Schrecken, daß sie auf und davon liefen und etwa sechzig Stadien weiter ihr Lager aufschlugen. Dort traf sie ein Bote des Aryandes, der sie zurückrief. Nun baten sie die Kyrenaier um Lebensmittel für den Heimweg und erhielten sie und zogen fort nach Ägypten. Aber auf dem Wege

VIERTES BUCH

lauerten ihnen die Libyer auf, um ihre Kleidung und ihre Geräte zu rauben, und erschlugen alle, die zurückblieben und nachkamen, bis sie endlich in Ägypten anlangten.

204. Der fernste Ort in Libyen, den die Perser auf diesem Kriegszug erreichten, war Euhesperidai. Die Barkaier aber, die sie versklavt hatten, führten sie aus Ägypten hinauf zum König, und König Dareios gab ihnen im baktrischen Land ein Dorf, um sich dort anzusiedeln. Sie nannten das Dorf Barke, und es bestand noch zu meiner Zeit im Lande Baktrien.

205. Aber auch Pheretime brachte ihr Leben nicht zu einem guten Ende. Denn gleich, nachdem sie solche Rache an den Barkaiern geübt hatte und aus Libyen nach Ägypten zurückgekommen war, starb[182] sie eines elenden Todes: bei lebendigem Leibe wurde sie von Würmern zerfressen. Denn unbarmherzige Rachetat macht den Menschen bei den Göttern verhaßt.

So grausam, so groß war die Rache, die Pheretime, König Battos' Weib, an den Barkaiern nahm.

FÜNFTES BUCH

Terpsichore

1. Die Perser aber, die Dareios in Europa unter Megabazos' Führung zurückgelassen hatte, unterwarfen von den Städten am Hellespont zuerst Perinthos[1], das dem König den Gehorsam verweigerte. Diese Stadt war aber auch schon einmal von den Paionen hart mitgenommen worden. Diese Paionen[2], die am Strymon saßen, hatten nämlich einstmals von ihrem Gott ein Gebot empfangen, sie sollten gegen die Perinthier ausziehen; wenn die Perinthier sich ihnen gegenüber lagerten und sie laut mit ihrem Namen anriefen, sollten sie angreifen, wenn jene sie aber nicht anriefen, sollten sie auch nicht angreifen. Und die Paionen taten so. Die Perinthier lagerten vor den Toren ihrer Stadt, und auf ihre Herausforderung kam es zu einem dreifachen Zweikampf zwischen Mann und Mann, Roß und Roß, Hund und Hund. Und weil die Perinthier in diesem Kampf mit zwei Paaren siegten, fingen sie voll Freude an, den Paian[3] zu singen. Da meinten die Paionen, auf eben diesen Gesang habe ihr Gott gedeutet, und sprachen zueinander: »Nun erfüllt sich uns der Spruch, nun ist es an der Zeit.« Sie fielen über die singenden Perinthier her und schlugen sie so vernichtend, daß nur wenige am Leben blieben.

2. Solches war den Perinthiern vorzeiten von den Paionen widerfahren. Jetzt aber kämpften sie tapfer gegen die Perser unter Megabazos für ihre Freiheit, unterlagen aber der Überzahl und wurden bezwungen. Danach zog Megabazos mit seinem Heer durch Thrakien[4] und unterwarf dem König alle Städte und Stämme, die dort wohnen. Denn er hatte von Dareios den Befehl, Thrakien zu unterwerfen.

FÜNFTES BUCH

3. Die Thraken sind nach den Indern das größte Volk auf Erden, und hätten sie einen gemeinsamen König oder hielten sie einträchtig zusammen, so wären sie, glaube ich, unbesiegbar und weitaus das mächtigste aller Völker. Aber das ist bei ihnen unmöglich und wird auch nie dazu kommen, und eben deshalb sind sie schwach. In jeder Landschaft haben sie einen besonderen Namen, aber in Brauch und Sitte sind sie durchweg einander ähnlich, ausgenommen die Geten, die Trauser und die Stämme oberhalb der Krestonaier.

4. Von den Geten, die sich für unsterblich halten, und ihren Gebräuchen habe ich schon berichtet.[5] Die Trauser weichen von den Bräuchen der übrigen Thraken nur in ihrem Verhalten bei Geburt und Sterben ab. Um den Neugeborenen setzen sich die Angehörigen herum und klagen um ihn, wieviel Leiden er nun, da er geboren sei, werde ertragen müssen, und zählen dabei alle menschlichen Übel auf. Die Toten dagegen bestatten sie unter Lachen und Scherzen und sagen, nun sei er von all den Übeln erlöst und lebe in Glück und Wonne.[6]

5. Diejenigen aber, die oberhalb der Krestonaier wohnen, haben folgenden Brauch. Jeder von ihnen hält viele Frauen. Stirbt nun einer, so erhebt sich ein großer Wettstreit unter seinen Frauen und ein heftiges Eifern der Freunde, welche von ihnen am meisten von ihrem Manne geliebt wurde. Und welche dabei den Vorzug und den Preis gewinnt, die wird unter dem Loben und Rühmen der Männer und Frauen durch ihren nächsten Anverwandten auf dem Grab geschlachtet und ihre Leiche mit dem Manne bestattet. Die übrigen Weiber aber sind darüber tief betrübt, denn es ist für sie eine sehr große Schande.

6. Bei den anderen Thraken ist es Sitte, daß sie ihre Kinder in die Fremde verkaufen. Um die Mädchen kümmern sie sich nicht, sondern lassen sie frei verkehren, mit welchem Mann sie wollen; die verheirateten Frauen halten sie unter strenger Aufsicht und kaufen sie von den Eltern um vieles Geld. Brandmale[7] in die Haut geätzt, beweisen adliges Geblüt; wer keine Male hat, ist nicht edel. Müßig gehen gilt als rühmlich, den

TERPSICHORE

Acker zu bebauen als die größte Schmach; von Krieg und Beute zu leben, ist der schönste Ruhm. Dies sind ihre auffälligsten Sitten.

7. Als Götter verehren sie nur den Ares, den Dionysos und die Artemis; ihr Fürsten, aber nicht das Volk, verehren besonders hoch den Hermes, bei dem allein sie ihre Eide schwören und den sie ihren Stammvater nennen.

8. Die Bestattung geschieht bei den Reichen auf folgende Weise. Drei Tage lang stellen sie den Toten aus, und nachdem sie zuvor um ihn geklagt haben, schlachten sie allerhand Opfertiere und richten ein Mahl zu; darauf verbrennen sie die Leiche oder legen sie in die Erde und veranstalten einen Leichenschmaus; danach schütten sie den Grabhügel auf und halten allerlei Kampfspiele ab, wobei die größten Preise[8] auf dem Zweikampf stehen, je nach seiner Bedeutung. So bestatten die Thraken ihre Toten.

9. Über das Gebiet nördlich von diesem Land und seinen Bewohnern kann niemand Genaues sagen, sondern gleich jenseits des Istros zeigt sich nur endlose Wüste. Nur von einem einzigen Volk jenseits des Istros habe ich etwas erfahren können; man nennt es die Sigynner[9] und erzählt, daß es medische Tracht trage. Die Pferde seien am ganzen Leibe dick behaart bis zu einer Dicke von fünf Fingerbreiten, klein an Wuchs und mit eingedrückten Nasen; zum Reiten seien sie zu schwach, aber vor Wagen gespannt liefen sie sehr schnell, und die Einwohner führen deshalb auf Wagen. Das Gebiet dieses Volkes soll sich bis zu den Enetern am adriatischen Meer erstrecken. Ihren Ursprung führen sie auf die Meder zurück. Ich kann mir freilich nicht denken, wie es zugegangen sein soll, daß sie von Medien her dorthin eingewandert seien; aber möglich war ja alles in der langen Zeit. Was aber ihren Namen angeht, so weiß ich, daß Sigynna in der Sprache der Ligyer oberhalb Massalia Krämer, in der Sprache der Kyprier Wurfspeer bedeutet.

10. Nach thrakischer Sage ist jenseits des Istros alles voll von Bienen[10]; deshalb sei es unmöglich, dort weiter vorzudringen. Das scheint mir aber unglaubwürdig; denn die Biene ist be-

FÜNFTES BUCH

kanntlich ein Tier, das die Kälte nicht verträgt; ich meine vielmehr, daß die Länder im Norden aufgrund ihrer Kälte unbewohnt sind. Das also erzählt man sich von dem Land, dessen Küste damals Megabazos den Persern unterwarf.

11. Sobald Dareios über den Hellespont nach Sardis gekommen war, erinnerte er sich der guten Dienste, die sich Histiaios von Milet um ihn erworben hatte, und des Rates, den ihm Koës von Mytilene gegeben hatte. Er ließ sie zu sich nach Sardis rufen und stellte ihnen frei, sich etwas zu wählen. Nun war ja Histiaios schon Tyrann von Milet; darum begehrte er keine Tyrannis, sondern bat um die Landschaft Myrkinos im Gebiet der Edoner[11], wo er eine Stadt gründen wollte. Koës hinwieder, der kein Tyrann war, sondern ein gemeiner Mann, erbat sich die Herrschaft über Mytilene. Beide erhielten, was sie gewünscht hatten, und wandten sich nach den Orten ihrer Wahl.

12. Zur selben Zeit begab es sich, daß dem König Dareios eine seltsame Sache zu Gesicht kam, die ihn bewog, an Megabazos den Befehl zu schicken, er solle die Paionen bezwingen und aus ihren Sitzen in Europa nach Asien verpflanzen. Gleich nach seiner Rückkehr nach Asien kamen nämlich zwei Paionen, Pigres und Mantyas, die danach trachteten, Herrscher ihres Volkes zu werden, nach Sardis, und brachten ihre Schwester mit, ein großes und stattliches Mädchen. Sie warteten, bis der König einmal draußen vor der Lyderstadt zu Gericht saß; da schickten sie die Schwester, aufs schönste geschmückt, hinaus, um Wasser zu holen, und indem sie ging, trug sie auf dem Kopf den Krug, am Arm zog sie ein Pferd hinter sich nach und mit den Händen spann sie den Flachs. Als sie nun so vorüberzog, erweckte sie des Königs Neugier; denn was sie tat, war weder persische, noch lydische, noch überhaupt asiatische Sitte. Er befahl einigen seiner Diener, ihr nachzugehen und darauf zu achten, was das Mädchen mit dem Pferde tun würde. Als sie aber zum Fluß kam, tränkte sie zuerst das Pferd und füllte dann ihr Gefäß mit Wasser; darauf ging sie denselben Weg wieder zurück, das Gefäß auf dem Kopf, das Pferd am Zügel hinter sich und die Spindel in der Hand.

TERPSICHORE

13. Der König verwunderte sich über das, was ihm die Späher erzählten und was er selbst sah, und ließ das Mädchen herbeiführen. Da kamen auch ihre Brüder, die nicht weit davon auf der Lauer standen, und auf des Königs Frage, woher das Mädchen sei, antworteten sie, sie seien Paionen und das Mädchen ihre Schwester. Und als er wieder fragte, wer denn die Paionen seien, in welchem Lande sie wohnten und weshalb sie nach Sardis gekommen seien, erzählten sie, daß sie gekommen seien, sich ihm zu unterwerfen; ihr Land läge am Strymon, nicht weit vom Hellespont entfernt, und sie stammten von den Teukrern aus Troia.[12] Nachdem sie ihm dies alles auseinandergelegt hatten, fragte er sie, ob denn alle Weiber in ihrer Heimat so arbeitsam seien. Dies bejahten sie eifrig, denn für diese Frage hatten sie die Sache so angestellt.

14. Nun schrieb der König an Megabazos, den er als Heerführer in Thrakien gelassen hatte, einen Brief und trug ihm auf, er solle die Paionen aus ihrer Heimat wegführen und zu ihm herbringen, Männer, Weiber und Kinder. Den Brief brachte ein Reiter eilends an den Hellespont; dort ließ er sich übersetzen und kam zu Megabazos. Als dieser den Brief gelesen hatte, ließ er aus Thrakien Wegführer kommen und rückte gegen die Paionen aus.

15. Als diese aber davon hörten, scharten sie sich zusammen und zogen den Persern an der Meeresküste entgegen, in der Annahme, die Feinde würden von dieser Seite her in ihr Land einzudringen suchen, und hielten sich bereit, sie abzuwehren. Als aber die Perser erfuhren, daß die ganze Macht der Paionen unten an der Küste stünde und die Straße dort bewachte, wandten sie sich mit ihren Wegführern auf die obere Straße[13], und ehe es noch die Paionen bemerkten, überfielen sie ihre völlig unbewachten Städte und eroberten sie ohne Mühe. Kaum hatten die Paionen dies vernommen, zerstreuten sie sich und eilten ein jeder zu seiner Stadt und ergaben sich den Persern. So wurden von den Paionen die Siriopaionen[14] und die Paiopler[15] und die Bewohner bis zum Prasias-See aus ihren alten Wohnsitzen weggeführt und nach Asien verpflanzt.

363

FÜNFTES BUCH

16. Nur diejenigen, die am Gebirge Pangaion[16] und um den Prasiassee wohnten, sowie die Doberer, die Agrianen und die Odomanten, vermochte Megabazos nicht zu bezwingen. Er unternahm aber auch gegen diejenigen einen Versuch, die sich im See selber angesiedelt hatten auf Holzgerüsten, die auf hohen Pfählen mitten im See stehen und vom Lande her nur auf einer einzigen schmalen Brücke zugänglich sind. Die Pfähle unter den Gerüsten wurden anfänglich von allen Stammesgenossen gemeinsam eingerammt, später aber entstand der Brauch, daß jeder, der sich ein Weib nimmt – und sie heiraten viele Frauen – drei Pfähle vom Berge Orbelos[17] holen und einrammen muß. So besitzt jeder auf dem Gerüst seine eigene Hütte, in der er lebt, mit einer Falltür, die direkt in den See hinabführt. Die kleinen Kinder binden sie mit einem Strick am Beine fest, damit sie nicht hinunterfallen. Die Pferde und das Lastvieh füttern sie mit Fischen, von denen es so viele gibt, daß einer nur seinen leeren Korb an einem Strick durch die Falltüre hinabzulassen braucht; dann zieht er ihn nach gar nicht langer Zeit voll von Fischen herauf. Es gibt zwei Arten von Fischen: die eine nennen sie Papraken, die andere Tilonen.

17. Die gefangenen Paionen wurden nach Asien fortgeführt. Nachdem aber Megabazos die Paionen unterworfen hatte, schickte er sieben Perser, die neben ihm die Angesehensten im Heere waren, als Gesandte nach Makedonien[18], damit sie von Amyntas[19] Erde und Wasser für König Dareios fordern sollten. Vom See Prasias nach Makedonien ist es ein ganz kurzer Weg. Unmittelbar am See liegt das Bergwerk[20], aus dem in späterer Zeit König Alexandros täglich ein Talent Silber gewann, und jenseits des Bergwerks, überquert man den Berg Dysoros, ist man in Makedonien.

18. Als nun diese Gesandten dort ankamen und vor Amyntas geführt wurden und Erde und Wasser für König Dareios forderten, war er dazu bereit und lud sie auch bei sich zu Gaste, ließ ein prächtiges Mahl anrichten und nahm sie freundschaftlich auf. Nach dem Gastmahl aber, beim Trinken, fingen die Perser an und sagten: »Bei uns, o Freund, in Persien ist es Brauch,

TERPSICHORE

wenn wir ein großes Gastmahl geben, daß auch unsere Kebsweiber und Ehefrauen sich mit uns zu Tische setzen. Nun hast
du uns so freundlich aufgenommen und bewirtest uns so herrlich, willst auch König Dareios Erde und Wasser geben; wohl,
so tu auch nach unserem Brauch.« Darauf antwortete Amyntas: »Bei uns, o Perser, ist solches nicht Sitte, sondern sind die
Männer getrennt von den Frauen. Weil ihr als unsere Herren es
jedoch wünscht, wollen wir euch auch hierin zu Willen sein.«
So sprach er und gebot, die Frauen zu rufen. Diese kamen und
setzten sich in einer Reihe den Persern gegenüber. Beim Anblick der schönen Frauen wandten sich aber die Perser zu
Amyntas und riefen, solche Anstalt sei recht dumm; besser, die
Frauen wären gar nicht gekommen, als daß sie kämen, aber sich
nicht an ihre Seiten setzten, sondern ihnen gegenüber zum
Augenweh. So mußte denn Amyntas den Frauen befehlen, sie
sollten sich zu ihnen setzen, und die Frauen taten es. Die Perser
aber, die schon reichlich Wein getrunken hatten, fingen an,
den Frauen nach den Brüsten zu greifen, etliche sogar unterstanden sich, sie zu küssen.

19. Amyntas sah dem Treiben mit großem Verdruß zu, hielt
sich aber aus übermäßiger Furcht vor den Persern zurück. Sein
Sohn Alexandros hingegen, der auch zugegen war, ein Jüngling, der noch keine leidvollen Erfahrungen gemacht hatte,
konnte sich in seinem Unwillen nicht länger bezähmen. »Vater«, sprach er zu Amyntas, »du solltest dich deines Alters
wegen schonen. Geh und lege dich zur Ruhe, bleib nicht
länger hier beim Trinken. Ich selber will hier bleiben und den
Gästen mit allem dienen, was sich gehört.« Amyntas, der wohl
merkte, daß sein Sohn etwas Schlimmes im Schilde führte,
antwortete: »Mein Sohn, ich verstehe deine Rede aus deinem
Zorn. Du willst mich fortschicken und dann etwas Schlimmes
beginnen. Ich bitte dich, unternimm ja nichts gegen diese
Männer, mach uns nicht unglücklich, sieh es geduldig an. Was
mich betrifft, so hast du Recht; ich will fortgehen.« So sprach er
und ging.

20. Da sagte Alexandros zu den Persern: »Gastfreunde! Mit

FÜNFTES BUCH

diesen Frauen mögt ihr tun, ganz wie es euch gefällt, ob ihr bei
einigen von ihnen liegen wollt, oder bei allen. Ihr braucht nur
zu befehlen. Doch es wird bald Zeit, daß ihr euch schlafen legt;
mir scheint, ihr habt schon einen guten Rausch. So lasset nun,
wenn es euch beliebt, die Weiber gehen, damit sie sich baden;
nachher sollt ihr sie wieder haben.« Das waren die Perser wohl
zufrieden. Die Frauen gingen hinaus, und Alexandros schickte
sie zurück in ihre Gemächer; mit ihren Gewändern aber ließ er
eine gleiche Anzahl glattwangiger Jünglinge bekleiden, gab
ihnen Dolche, führte sie hinein zu den Persern und sprach zu
ihnen. »Nun, ihr Perser, haben wir euch nicht reichlich und
gastfrei bedient? Alles, was wir hatten und was wir auftreiben
konnten, haben wir euch vorgesetzt, und zuletzt haben wir
euch auch noch das Allergrößte, unsere eigenen Mütter und
Schwestern, hingegeben, woraus ihr erkennen möget, daß wir
euch jegliche Ehre erweisen, die euch gebührt. Berichtet dies
auch dem König, der euch hergeschickt hat, daß der Hellene,
sein Statthalter in Makedonien, euch wohl empfangen hat mit
Gastmahl und Ruhelager.« So sprach er und ließ sie niedersitzen, neben jeden Perser einen Makedonen, als wären es Frauen.
Und als die Perser sie anrühren wollten, wurden sie von ihnen
erstochen.

21. So kamen sie um, und mit ihnen ihr ganzes Gefolge.
Denn sie waren begleitet von Wagen, Dienern und all ihrem
Gerät. Dies alles war zugleich mit ihnen verschwunden. Nicht
lange danach, als von den Persern große Nachforschungen
nach dem Verbleib der Gesandten angestellt wurden, wußte
Alexandros sie zu beschwichtigen, indem er ihnen viel Geld
gab und seine Schwester Gygaia dem Perser Bubares vermählte,
dem Anführer der Perser, die nach den Vermißten forschen
sollten. So wurde von ihrem Tode nicht mehr geredet.

22. Daß die von Perdikkas abstammenden Könige Hellenen
sind, sagen nicht nur sie selber, sondern dies ist auch meine
Meinung, die ich an anderer Stelle beweisen werde. Sie sind
aber auch von den Hellenodiken, die in Olympia die Aufsicht
über die Kampfspiele haben, dafür erkannt worden. Als näm-

lich Alexandros am Wettkampf teilnehmen wollte und deshalb dorthin gekommen war, wollten ihn die anderen Hellenen, die mit ihm um den Preis laufen sollten, nicht zum Wettlauf zulassen, weil der Kampf nur für Hellenen sei, nicht für Barbaren. Als aber Alexandros bewies, daß er aus Argos herstammte[21], wurde er als Hellene anerkannt und bekam nach dem Wettlauf zusammen mit dem ersten den Sieg zugesprochen.

23. Soviel von dieser Sache. Megabazos aber war mit den gefangenen Paionen an den Hellespont gekommen, wo er übersetzte und weiter nach Sardis zog. Inzwischen war Histiaios schon damit beschäftigt, den Ort zu befestigen, den ihm Dareios auf sein Verlangen geschenkt hatte zum Lohn dafür, daß er ihm die Brücke bewacht hatte. Der Ort lag am Fluß Strymon und hieß Myrkinos. Davon erfuhr Megabazos, und als er mit den Paionen nach Sardis kam, redete er gleich mit Dareios und sagte: »O König! welche Torheit hast du da begangen, daß du diesem Hellenen, einem so gefährlichen und verschlagenen Manne, erlaubtest, sich eine Stadt in Thrakien zu gründen. Da sind unendliche Wälder, um Schiffe zu bauen und Ruder zu schnitzen, dazu auch Silbergruben. Ringsherum wohnen eine große Menge Menschen, Hellenen und Barbaren, die, wenn er sich an ihre Spitze stellt, seinen Befehlen folgen werden bei Tag und bei Nacht. Darum rate ich dir, gebiete dem Vorhaben des Mannes Einhalt, damit dir nicht ein Feind erstehe in deinem eigenen Lande. Laß ihn auf eine gute Art zu dir holen, und hast du ihn in deiner Hand, so sorge dafür, daß er nie mehr zu den Hellenen zurückkehre.«

24. Mit diesem Rat fand Megabazos bei Dareios ein williges Gehör, weil er deutlich sah, welche Folgen der Bau der Stadt haben mußte. Und alsbald ging ein Bote des Königs nach Myrkinos zu Histiaios und sprach zu ihm: »Histiaios! König Dareios läßt dir folgendes sagen: Wenn ich es recht bedenke, so finde ich keinen Menschen, der mir und meinem Reich treuer dient als du. Nicht Worte, sondern Taten haben mich davon überzeugt. Da ich nun große Dinge zu vollführen gedenke, so

FÜNFTES BUCH

eile und komm zu mir, damit ich sie mit dir berate.« Histiaios, der auf diese Worte vertraute und zugleich stolz war auf die Ehre, des Königs Berater zu werden, ging nach Sardis. Da sprach zu ihm der König: »Histiaios, daß ich dich zu mir beschieden habe, hat diesen Grund. Gleich nachdem ich aus Skythien zurückgekehrt war und du mir aus den Augen kamst, habe ich nichts so schnell vermißt und begehrt als deinen Anblick und dein Gespräch. Ich weiß, das kostbarste aller Güter ist ein kluger und treuer Freund. Nun hast du mir ja beides bewiesen in meinen eigenen Sachen, und ich kann es dir bezeugen. Darum bin ich froh, daß du gekommen bist, und mache dir einen Vorschlag. Laß Milet und deine neue Stadt in Thrakien, komm mit mir herauf nach Susa, besitze, was ich besitze, iß an meinem Tisch und sei mein Berater.«

25. So sprach Dareios zu ihm. Darauf setzte er Artaphernes, seinen Bruder von Vaterseite, zum Statthalter über Sardis, den Otanes aber machte er zum Feldherrn über das Heer an der Meeresküste. Daraufhin zog er fort nach Susa und führte Histiaios mit sich. Otanes aber war der Sohn des Sisamnes, eines Mitglieds des königlichen Gerichtshofes, den einst König Kambyses, weil er sich um Geld zu einem ungerechten Urteil verleiten ließ, hatte töten und ihm die Haut abziehen und aus der Haut Riemen schneiden und damit seinen Richterstuhl hatte beziehen lassen. Daraufhin hatte er den eigenen Sohn des Getöteten und Geschundenen zum Richter an Stelle seines Vaters bestellt und ihn ermahnt, nie zu vergessen, auf welchem Stuhle er sitze und richte.

26. Eben dieser Otanes, der Inhaber dieses Stuhles, nun aber des Megabazos Nachfolger in der Führung des Heeres, eroberte Byzantion und Kalchedon[22], desgleichen auch Antandros im troischen Lande und Lamponion, und nachdem er Schiffe von den Lesbiern bekommen hatte, eroberte er auch die Inseln Lemnos und Imbros, die damals noch von Pelasgern bewohnt waren.

27. Die Lemnier kämpften und wehrten sich zwar tapfer, mußten sich aber zuletzt doch ergeben. Die Überlebenden

TERPSICHORE

stellten die Perser unter die Herrschaft des Lykaretos, eines Bruders des Maiandrios, des Tyrannen von Samos, und dieser Lykaretos herrschte über sie bis an sein Lebensende. Otanes aber versklavte und unterwarf sie alle, weil er die einen beschuldigte, daß sie dem König gegen die Skythen keine Heeresfolge geleistet, die anderen, daß sie dem Heer auf der Rückkehr aus dem Skythenlande Schaden zugefügt hätten.

28. Das waren des Otanes Taten, die er vollbrachte, seitdem er an die Spitze des Heeres gestellt war. Danach hörte zwar die Not und Drangsal auf. Aber es währte nicht lange, da brach erneut ein Unheil über die Ioner von Naxos und von Miletos herein. Naxos war zu dieser Zeit die wohlhabendste und mächtigste Insel von allen, aber um dieselbe Zeit war auch Miletos zu seiner höchsten Blüte gelangt, die es je erreicht hat, ja es war die Zierde Ioniens, und war doch früher während zweier Menschenalter durch einen inneren Streit[23] schlimm zerrüttet gewesen, bis endlich die Parier die Parteien miteinander versöhnten. Denn diese hatten sich die Milesier aus allen Hellenen als Schiedsrichter ausgewählt.

29. Dabei verfuhren die Parier folgendermaßen. Als ihre angesehensten Männer nach Milet kamen und die Bürger der Stadt in ihrem Hab und Gut elend zugerichtet fanden, sagten sie, sie wollten auch das Land durchwandern. Das taten sie, und durchwanderten das ganze milesische Gebiet, und wo sie in dem verwüsteten Land einen wohlbestellten Acker fanden, da schrieben sie sich den Namen des Mannes auf, dem der Acker gehörte. Und nachdem sie auf diese Weise das ganze Land durchwandert und nur wenige Männer dieser Art gefunden hatten, hielten sie sofort nach ihrer Rückkehr in die Stadt eine Versammlung ab und bestimmten, daß diejenigen, deren Äcker sie wohl gepflegt gefunden hatten, die Stadt regieren sollten, weil ja anzunehmen sei, wie sie sagten, daß diese Männer auch öffentliche Angelegenheiten ebenso sorgsam pflegen würden wie ihre eigenen; den anderen aber, die vorher miteinander in Streit gelebt hatten, geboten sie, jenen zu gehorchen. So stifteten die Parier Frieden und Ordnung in Milet.

FÜNFTES BUCH

30. Diese beiden Städte wurden jetzt die Ursache dafür, daß Unglück über Ionien kam. Nämlich so. Aus Naxos wurden etliche der vornehmen Bürger, der ›Dicken‹[24], vom Volke vertrieben und wandten sich nach Milet. Hier war damals Aristagoras[25], Molpagoras' Sohn, der Schwager und Vetter jenes Histiaios, des Sohnes des Lysagoras, den Dareios in Susa zurückbehalten hatte, Regierungsverweser. Denn Histiaios war Tyrann von Milet und befand sich damals in Susa, als die Naxier, seine früheren Gastfreunde, nach Milet kamen. Diese baten nun den Aristagoras, ob er ihnen nicht einige Kriegsmacht geben würde, damit sie in ihr Vaterland zurückkehren könnten. Aristagoras überlegte im Stillen bei sich, daß er, wenn sie durch seine Hilfe in ihre Stadt zurückgeführt würden, dabei die Herrschaft über Naxos gewinnen könnte; aber er sprach zu ihnen nur von der Gastfreundschaft, die sie mit Histiaios verbände, und beschied sie folgendermaßen: »Ich selber bin zwar nicht imstande, euch eine Kriegsmacht zu geben, die stark genug wäre, euch gegen den Willen der Machthaber in Naxos heimzuführen. Denn wie ich höre, haben die Naxier achttausend Schilde und zahlreiche Langschiffe. Dennoch will ich die Sache mit allem Eifer ins Werk zu setzen versuchen und gedenke, es folgendermaßen anzufangen. Artaphernes, müßt ihr wissen, ist mein guter Freund, und Artaphernes ist ein Sohn des Hystaspes, ein Bruder des Königs Dareios, und gebietet über alle Völker und Städte an der Küste Asiens und hat ein großes Heer und viele Schiffe. Dieser Mann, denke ich, tut mir, was ich von ihm begehre.« Auf diese Rede hin drangen die Naxier in ihn, er möge die Sache fördern, so gut er könne. Auch solle er ihm Geschenke versprechen und daß sie selber für die Kosten des Heeres aufkommen wollten. Sie hofften nämlich, die Naxier würden, sobald sie vor Naxos erschienen, alles tun, was sie von ihnen verlangten, und desgleichen auch die auf den übrigen Inseln. Denn noch stand keine von diesen Kykladeninseln[26] unter Dareios.

31. Nun ging Aristagoras nach Sardis zu Artaphernes und erzählte ihm von der Insel Naxos, daß sie zwar nicht groß sei

an Umfang, aber schön, fruchtbar und nahe bei Ionien, und daß es darin viel Gold und Sklaven gäbe. »Nach dieser Insel«, sagte er, »solltest du einen Kriegszug machen, indem du die Flüchtlinge zurückführst, die von dort vertrieben worden sind. Und wenn du dies tust, steht dir von meiner Seite viel Geld bereit, abgesehen von den Aufwendungen für das Heer, die natürlich von uns bestritten werden müssen. Außerdem wirst du dem König Inseln hinzugewinnen, Naxos selbst und die anderen, die von jener abhängen, Paros und Andros und alle die übrigen sogenannten Kykladen. Von dort aus kannst du ohne große Mühe auch Euboia gewinnen; das ist eine große und reiche Insel, etwa so groß wie Kypros und leicht einzunehmen. Hundert Schiffe reichen aus, um diese alle zu bezwingen.« Darauf antwortete ihm jener: »Du erweist dem Hause des Königs einen guten Dienst mit so nützlichem Rat, und alles, was du von mir begehrst, gefällt mir sehr, nur nicht die Zahl der Schiffe. Nicht hundert Schiffe, sondern zweihundert sollen dir auf das Frühjahr bereitstehen. Doch muß auch der König es gutheißen.«

32. Hoch erfreut über diese Antwort kehrte Aristagoras nach Miletos zurück. Als Artaphernes aber den Vorschlag des Aristagoras nach Susa berichtet und auch die Zustimmung des Königs erhalten hatte, rüstete er zweihundert Trieren und einen gewaltigen Heerhaufen aus Persern und anderen Bundesgenossen und ernannte zum Feldherrn einen Perser aus dem Hause der Achaimeniden, Megabates[27], seinen und des Dareios Vetter. Mit dessen Tochter hat sich später der Lakedaimonier Pausanias, Kleombrotos' Sohn – vorausgesetzt, daß die Geschichte wahr ist – verlobt, weil es ihn danach verlangte, Alleinherrscher von Hellas zu werden. Diesen ernannte Artaphernes zum Feldherrn und sandte ihn mit dem Heer zu Aristagoras.

33. Megabates[28] aber, nachdem er sich in Milet den Aristagoras mit der ionischen Flotte und den Naxiern angeschlossen hatte, fuhr, wie er vorgab, nach dem Hellespontos, als er aber in die Nähe von Chios kam, richtete er die Fahrt auf Kaukasa[29],

FÜNFTES BUCH

von wo er gedachte, bei Nordwind nach Naxos überzusetzen. Doch durch folgenden Vorfall wurde verhindert, daß Naxos durch diesen Heereszug zugrunde ging. Als Megabates bei den Wachen auf den Schiffen die Runde machte und auf einem myndischen Schiff keinen Wachposten vorfand, wurde er sehr aufgebracht und gebot seinen Leibwächtern, sie sollten den Führer dieses Schiffes, Skylax war sein Name, herbeischaffen, ihn quer durch eine Luke der untersten Ruderreihe hindurchstecken und darin so festbinden, daß der Kopf außen und der Körper innen war. Als Skylax so gebunden lag, kam einer und hinterbrachte dem Aristagoras, wie Megabates seinen Gastfreund aus Myndos[30] zum allgemeinen Gespött mißhandeln ließe. Da ging jener zu dem Perser und tat Fürsprache für den Mann, aber sein Bitten war umsonst. So ging er selbst und löste Skylax aus den Fesseln. Das nahm nun wiederum Megabates sehr übel auf und entrüstete sich gegen Aristagoras, doch dieser erwiderte ihm: »Was geht dich diese Sache an? Hat dich nicht Artaphernes geschickt, daß du mir gehorchen sollst und fahren, wohin ich befehle? Was mengst du dich in fremde Dinge?« Megabates aber schickte in seiner Wut über diese Worte gleich in der nächsten Nacht ein Schiff mit einigen Leuten nach Naxos, um den Einwohnern zu verraten, was ihnen bevorstünde.

34. Die Naxier, die überhaupt nicht darauf vorbereitet waren, daß der Kriegszug gegen sie gerichtet war, brachten auf diese Kunde hin eiligst alles vom Lande herein in die Stadt, beschafften Lebensmittel für die Belagerung, besserten die Mauern aus und rüsteten sich zu dem bevorstehenden Krieg. Als nun die Feinde mit ihrer Flotte von Chios nach Naxos hinüberfuhren, fanden sie dort alles bestens vorbereitet und belagerten die Stadt vier Monate, bis alles Geld aufgezehrt war, das die Perser mitgebracht hatten. Weil aber auch Aristagoras selber schon viel aufgewendet hatte und die Belagerung immer noch mehr kostete, bauten sie den naxischen Flüchtlingen eine Burg und kehrten zurück nach dem Festland, ohne etwas ausgerichtet zu haben.

372

TERPSICHORE

35. Aristagoras konnte also nicht erfüllen, was er dem Artaphernes versprochen hatte. Auch drückte ihn der Aufwand für
das Heer, den er erstatten sollte, und fürchtete ferner, die
Herrschaft über Milet zu verlieren, weil sein Zug erfolglos
blieb und er mit Megabates in Streit lag. In seiner Bedrängnis
beschloß er, von den Persern abzufallen. Außerdem traf es sich,
daß eben zu dieser Zeit der Bote des Histiaios mit dem beschriebenen Kopf aus Susa angekommen war, der ihm die Weisung
brachte, daß er sich gegen den König erheben solle. Diese
Weisung hatte Histiaios, weil die Straßen bewacht wurden, auf
keinem anderen sicheren Wege an ihn schicken können; darum hatte er seinem treuesten Diener den Kopf abgeschoren
und Zeichen darauf geschrieben und gewartet, bis die Haare
wieder gewachsen waren. Dann schickte er ihn nach Milet und
trug ihm nichts weiter auf, als gleich nach seiner Ankunft in
Milet dem Aristagoras zu sagen, daß er ihm die Haare abscheren und dann den Kopf besehen möchte. Die Zeichen aber, wie
ich schon vorhin gesagt habe, wiesen auf Empörung. Und das
tat Histiaios, weil er seinen Zwangsaufenthalt nur schwer er-
trug und hoffte, wenn es zu einem Aufstand käme, würde man
ihn freigeben und an die Küste ziehen lassen. Würde sich aber
Milet nicht dazu entschließen, würde er niemals wieder dahin
zurückkommen.

36. In dieser Absicht also schickte Histiaios seinen Boten,
und da nun alles gleichzeitig[31] zusammenkam, beriet sich Aristagoras mit seinen Anhängern und offenbarte ihnen seine
Absicht und die Botschaft des Histiaios. Da waren alle derselben Meinung und rieten zum Aufstand, nur Hekataios[32], der
Geschichtsschreiber, warnte davor, sich gegen den König zu
erheben in Anbetracht der vielen Völker und der Größe der
Streitmacht, die er ihnen im einzelnen beschrieb. Als sie aber
auf diesen Rat nicht hörten, riet er ihnen zum andern, sie
sollten sehen, wie sie die Herrschaft zur See gewinnen könnten. Dies sei aber, wie er die Sache ansähe, bei der Schwäche der
milesischen Kriegsmacht nicht anders zu erreichen als dadurch, daß sie die Schätze im Tempel der Branchiden, die der

373

FÜNFTES BUCH

Lyderkönig Kroisos einst dorthin geschenkt hatte, von dort wegnähmen. Wenn sie das täten, sei er zuversichtlich, daß sie zur See die Oberhand gewinnen könnten, und die Schätze würden auf diese Weise zu ihrem eigenen Nutzen verwendet und fielen nicht den Feinden zur Beute. Ich habe schon in der ersten dieser Geschichten erzählt, wie groß diese Schätze waren. Dieser Vorschlag wurde jedoch nicht angenommen. Gleichwohl beschloß man, den Aufstand zu wagen. Einer von ihnen, Iatragoras, wurde nach Myus[33] abgeschickt zur Flotte, die dort nach dem Rückzug von Naxos lag, um die Truppenführer, die sich auf den Schiffen befanden, festzunehmen.

37. Durch die List des Iatragoras gelang der Anschlag, so daß er viele Heerführer gefangennahm, darunter Oliatos, Ibanolis' Sohn, aus Mylasa[34], Histiaios, Tymnes' Sohn, aus Termera[35], Koës, Erxandros' Sohn, dem König Dareios die Stadt Mytilene geschenkt hatte, und den Kymaier[36] Aristagoras, Herakleides' Sohn. Nun trat Aristagoras in offenen Aufstand gegen den König und versuchte jegliches Mittel, ihn zu bekämpfen. Zunächst aber erklärte er, um die Milesier zur Teilnahme an dem Aufstand zu bewegen, er lege seine Herrschaft nieder, und gab allen Bürgern gleiches Recht. Dasselbe tat er auch in den anderen ionischen Städten. Einige der Tyrannen verjagte er, andere, die auf den Schiffen ihrer Städte mit gegen Naxos gefahren waren und die er in seine Gewalt gebracht hatte, lieferte er den Städten aus, um sich ihnen freundlich zu erweisen, jeden in die Stadt, aus der er kam.

38. Da führten die Mytilenaier den Koës, sobald sie seiner habhaft geworden waren, hinaus vor die Stadt und steinigten ihn zu Tode. Die Kymaier aber und ebenso die meisten anderen gaben ihren Tyrannen frei. So wurde in allen Städten die Tyrannis abgeschafft. Aristagoras aber, nachdem er dies ausgerichtet und noch verordnet hatte, daß sie über jede Stadt einen Strategen[37] bestellen sollten, bestieg eine Triere und ging als Abgesandter nach Lakedaimon. Denn er mußte dafür sorgen, daß er irgendwo einen starken Bundesgenossen für sich gewönne.

374

TERPSICHORE

39. Zu Sparta war damals König Anaxandrides, Leons Sohn, nicht mehr am Leben, sondern schon gestorben[38], und Kleomenes, sein Sohn, war an seiner Statt König geworden, nicht als der Tüchtigste, sondern durch Geburt. Anaxandrides nämlich hatte seiner Schwester Tochter zur Frau und liebte sie von Herzen, aber sie gebar ihm keine Kinder. Und weil er kinderlos blieb, beriefen ihn die Ephoren vor sich und redeten mit ihm und sagten: »Wenn du selber nicht für deine Nachkommenschaft sorgen kannst, so dürfen wir es doch nicht ruhig mitansehen, daß das Haus des Eurysthenes mit dir ausstirbt. Darum sollst du dich von diesem Weibe, das dir keine Kinder gebärt, trennen und eine andere nehmen, und wenn du dies tust, werden es dir die Spartiaten danken.« Er aber antwortete ihnen, daß er weder das eine, noch das andere tun würde; auch wäre es ein übler Rat, daß sie ihm zumuteten, seine Frau, die sich in keiner Weise gegen ihn vergangen habe, zu verstoßen und eine andere zu freien. Darin wolle er ihnen nicht gehorchen.

40. Darauf hielten die Ephoren mit den Ältesten einen Rat und machten Anaxandrides folgenden Vorschlag. »Wir sehen«, sagten sie, »daß du von deinem Weibe nicht lassen willst. So tue nun, was wir dir vorschlagen wollen, und weigere dich nicht, diesen Rat zu befolgen, sonst könnten die Spartiaten Hartes über dich beschließen. Wir verlangen nicht, daß du dich von deiner Gattin trennst, gewähre ihr auch weiterhin alle Rechte wie bisher, aber nimm zu ihr noch eine andere, welche dir Kinder gebären kann.« Dies ließ sich Anaxandrides gefallen und hatte fortan zwei Frauen und zwei Hauswesen, was sonst in Sparta nicht üblich ist.

41. Es währte nicht lange, da gebar ihm die Frau, die er später hinzugenommen hatte, einen Sohn, eben jenen Kleomenes. Und es traf sich, nachdem diese den Spartiaten einen Erben des Königtums geboren hatte, daß auch die erste Frau, die so lange unfruchtbar gewesen war, schwanger wurde, als es schon zu spät war. Und obgleich sie wirklich schwanger war, erhoben die Verwandten der zweiten Frau, als sie davon hörten, ein heftiges Geschrei gegen sie und sagten, es wäre nur eitles

375

FÜNFTES BUCH

Geprahle und sie wollte wohl ein fremdes Kind unterschieben. Nun wurden auch die Ephoren mißtrauisch, und als die Zeit herankam, setzten sie sich um die Frau, während sie gebar, und bewachten sie. Sie aber gebar den Dorieus und wurde ein zweites Mal schwanger und gebar den Leonidas, und nach diesem den Kleombrotos. Andere sagen, Kleombrotos und Leonidas wären Zwillinge gewesen. Die andere Frau aber, Prinetades' Tochter und Enkelin des Demarmenos, die Kleomenes geboren hatte, gebar nicht wieder.

42. Kleomenes war, wie man erzählt, nicht bei rechtem Verstande, sondern vom Wahnsinn befallen. Dorieus aber war von allen Altersgenossen der erste und wußte wohl, daß aufgrund seiner Tüchtigkeit kein anderer als er das Königtum erhalten würde. Als nun aber Anaxandrides starb und die Lakedaimonier nach dem Herkommen Kleomenes als den ältesten zum Könige wählten, ärgerte er sich sehr, und weil er nicht unter Kleomenes als seinem König stehen wollte, bat er die Spartiaten um Mannschaften und wanderte aus, fragte aber in seinem Zorn nicht beim Orakel in Delphi an, welches Land er besiedeln sollte, und erfüllte auch die anderen Bräuche nicht. Wütend segelte er nach Libyen, wohin ihn Männer aus Thera führten, und ließ sich im besten Teil des Landes, am Flusse Kinyps nieder. Aber im dritten Jahre wurde er von dort durch die Maker, einem libyschen Volk, und die Karchedonier vertrieben und kehrte wieder nach der Peloponnes zurück.

43. Da gab ihm Antichares, ein Mann aus Eleon[39], nach den Sprüchen des Laïos[40] den Rat, er solle Herakleia in Sikelien gründen, denn das ganze Land des Eryx hätte einst Herakles für sich erworben und gehört darum den Herakliden. Auf diesen Rat hin begab sich Dorieus nach Delphi, um beim Orakel zu fragen, ob er das Land, wohin er sich rüste zu ziehen, einnehmen würde. Und als die Pythia ihm antwortete, er würde es einnehmen, nahm er dieselben Schiffe und dasselbe Volk, mit denen er nach Libyen gezogen war, und fuhr mit ihnen an der Küste Italiens entlang.

44. Nun begab es sich, wie die Einwohner von Sybaris erzäh-

len, daß sie eben zu dieser Zeit[41] selber mit ihrem König Telys gegen die Stadt Kroton ausziehen wollten, worüber die Krotoniaten in so große Angst gerieten, daß sie den Dorieus um seinen Beistand baten. Und da Dorieus ihrer Bitte nachgab, zog er mit ihnen zusammen gegen Sybaris und half ihnen, die Stadt zu erobern. Das erzählen die Sybariten von Dorieus und seinen Genossen. Die Krotoniaten aber sagen, daß ihnen kein Fremder in dem Kriege gegen Sybaris beigestanden habe, außer allein Kallias aus Elis, ein Seher aus dem Geschlecht der Iamiden, der von Telys, dem Fürsten in Sybaris, entlaufen und zu ihnen gekommen war, weil ihm die Opfer, die er gegen Kroton anstellte, kein günstiges Zeichen geben wollten. So erzählen diese.

45. Und beide Teile berufen sich für ihre Behauptung auf gewisse Zeugnisse, die Sybariten auf das Heiligtum und den Tempel an dem trockenen Flußbett des Krathis[42], die Dorieus, nachdem er Sybaris hatte erobern helfen, der Athena Krathia gestiftet habe. Und ein besonders deutlicher Beweis, meinen sie, sei der Tod des Dorieus, der nämlich umgekommen sei, weil er gegen die Weissagung gehandelt habe. Denn hätte er nichts anderes unternommen, sondern eben nur das ausgeführt, wozu er ausgezogen war, so würde er das erykische Land eingenommen und behauptet haben und nicht mitsamt seinem Heerhaufen umgekommen sein. Die von Kroton weisen hingegen auf die vielen Freigüter hin, die der Eleier Kallias in ihrem Gebiet geschenkt erhalten hatte und die seine Nachkommen noch zu meiner Zeit besaßen, wogegen Dorieus und seine Nachkommen nichts dergleichen bekommen hätten, da sie diesem, wenn er ihnen im Kriege mit Sybaris geholfen hätte, doch viel mehr geschenkt haben würden als jenem. Dies sind die Beweise, die beide Teile vorbringen. So mag denn jeder demjenigen Teil zustimmen, dem er Glauben schenkt.

46. Mit Dorieus zugleich fuhren auch noch einige andere Spartiaten als Kolonisten aus: Thessalos, Paraibates, Keleas und Euryleon. Diese wandten sich mit ihrer ganzen Schar nach Sikelien, wurden aber in einer Schlacht von den Phoiniken und

FÜNFTES BUCH

Egestaiern besiegt und erschlagen; nur Euryleon kam als einziger von den Führern mit dem Leben davon. Der sammelte, was von dem Heerhaufen noch übrig war, und besetzte Minoa[43], eine Pflanzstadt der Selinusier, und half den Selinusiern, ihren Tyrannen Peithagoras zu vertreiben. Später aber, nachdem er diesen gestürzt hatte, warf er sich selber über sie zum Tyrannen auf, beherrschte aber die Stadt nur kurze Zeit. Denn die Selinusier erhoben sich gegen ihn und erschlugen ihn am Altar des Zeus auf dem Markt, zu dem er sich geflüchtet hatte.

47. Mit Dorieus war aber auch ein Bürger aus Kroton ausgezogen und umgekommen, Philippos, der aus Kroton hatte weichen müssen, weil er sich mit einer Tochter des Königs Telys von Sybaris verlobt hatte. Da er aber um die Heirat betrogen wurde, fuhr er nach Kyrene und stieß von dort zu Dorieus mit seiner eigenen Triere, deren Mannschaft er selber unterhielt. Auch war er ein olympischer Sieger und unter allen Hellenen seiner Zeit der schönste Mann. Und um seiner Schönheit willen widerfuhr ihm bei den Egestaiern eine Ehre, wie sie kein anderer erfahren hat, daß sie ihm nämlich auf seinem Grab wie einem Heros ein Heiligtum errichteten und ihm Totenopfer darbringen.

48. So fand auch Dorieus seinen Tod. Hätte er sich aber darein gefügt, daß Kleomenes sein König war, und wäre er in Sparta geblieben, so würde er König von Lakedaimon geworden sein. Denn Kleomenes regierte gar nicht lange Zeit[44], sondern starb und hinterließ keine Söhne, sondern nur eine Tochter, die Gorgo hieß.

49. Aristagoras, der Tyrann von Milet, kam also nach Sparta zu der Zeit, als Kleomenes König war, und als er zu ihm ging, um mit ihm zu reden, trug er, wie man in Sparta erzählt, eine eherne Tafel mit sich, worauf der ganze Umkreis der Erde mit allen Meeren und Flüssen eingegraben[45] war. Und als er vor den König kam, sprach er zu ihm wie folgt: »Kleomenes, daß ich in so großer Eile hierher gekommen bin, soll dich nicht verwundern, denn mich zwingt unsere Not. Die Söhne der Ioner sind nicht mehr frei, sondern geknechtet, und das ist ein

378

TERPSICHORE

großer Schimpf und Schmerz in erster Linie für uns selbst, unter den übrigen aber vor allem für euch, da ihr die ersten seid unter den Hellenen. Darum flehe ich euch bei den hellenischen Göttern an, errettet die Ioner, eure Blutsverwandten, aus der Knechtschaft. Mit leichter Mühe kann euch dies gelingen. Denn die Barbaren sind schlechte Krieger, ihr aber steht in kriegerischer Tüchtigkeit obenan; auch kämpfen sie nur mit Bogen und kurzem Speer[46], und wenn sie zur Schlacht ziehen, tragen sie Hosen und auf den Köpfen spitze Hüte. So leicht sind sie zu besiegen! Und Schätze haben die Einwohner jenes Erdteils so viel, wie alle anderen zusammen nicht haben, Gold zuerst und Silber, Erz, bunte Gewänder, Lastvieh und Sklaven, was euch alles zufallen würde, wenn ihr nur wolltet. Ich will dir zeigen, wie sie wohnen. Hier neben den Ionern wohnen die Lyder in einem gesegneten Lande und sind über die Maßen reich an Silber.« Dabei wies er auf die mitgebrachte Tafel mit dem eingegrabenen Erdkreis. »An die Lyder«, fuhr er fort, »grenzen hier nach Osten die Phrygen, die wohl von allen Völkern, die ich kenne, die reichsten sind an Viehherden und Feldfrüchten. An die Phrygen grenzen die Kappadoken, die wir Syrier nennen. Deren Nachbarn sind die Kiliker; die reichen bis an dieses Meer hinab, wo hier die Insel Kypros liegt, und zahlen dem König fünfhundert Talente jährlichen Zins. Auf die Kiliker folgen die Armenier, die auch große Viehherden haben, und auf die Armenier die Matiener in diesem Lande hier, und an dieses stößt das Land der Kissier. Darin liegt am Fluß Choaspes die Stadt Susa, wo der Großkönig seinen Sitz hat und wo auch seine Schatzkammern liegen. Nehmt ihr die, so mögt ihr euch an Reichtum getrost mit Zeus selber messen. Wahrlich, ihr solltet für jetzt ablassen, euch um ein Land, das weder groß, noch sonderlich fruchtbar ist, mit den Messeniern zu schlagen, die euch doch gewachsen sind, und ebenso mit den Arkadern und Argeiern, die keinerlei Gold und Silber haben, um das zu kämpfen und zu sterben allein es sich lohnen würde. Es kostet euch nur wenig Mühe, so könnt ihr euch zu Herren über ganz Asien machen, und ihr zögert noch?«

379

FÜNFTES BUCH

50. So sprach Aristagoras zu Kleomenes. Jener aber erwiderte: »Gastfreund aus Milet! warte bis übermorgen, so will ich dir meine Antwort sagen.« Weiter kamen sie an diesem Tage nicht. Als aber der Tag kam, der für die Antwort bestimmt war, und sie wieder an dem verabredeten Orte zusammentrafen, fragte ihn Kleomenes, wieviele Tagereisen es von der ionischen Küste bis zum persischen König seien. Aristagoras, der doch sonst ein schlauer Mann war und jenen trefflich zu täuschen wußte, ließ sich hier überrumpeln. Denn da es ihm ernstlich darum zu tun war, die Spartiaten nach Asien zu führen, hätte er nicht die Wahrheit sagen dürfen. Er aber sagte sie doch, indem er erwiderte, drei Monate[47] bräuchte man, um dahin zu kommen, und wollte eben noch mehr von dem Weg erzählen, als ihm Kleomenes schnell in die Rede fiel und sagte: »Gastfreund aus Milet, mach dich aus Sparta fort, noch bevor die Sonne untergeht. Denn du bringst den Lakedaimoniern keine gute Botschaft, wenn du sie drei Monden Weges vom Meer ab ins Land hinaufführen willst.« So sprach er und ging nach Hause.

51. Da nahm Aristagoras einen Bittzweig und ging zum Haus des Kleomenes, trat hinein wie ein Schutzflehender und begehrte von Kleomenes, daß er ihn anhören solle, das Kind aber, das neben ihm stand, nämlich seine einzige Tochter Gorgo von acht bis neun Jahren, solle er zuvor hinausschicken. Jener aber erwiderte, er solle seine Sache nur vorbringen und sich durch das Kind nicht abhalten lassen. Nun fing Aristagoras an, ihm Geld zu bieten, wenn er ihm seine Bitte gewähren wolle, zuerst zehn Talente, und da Kleomenes es abschlug, bot er mehr und mehr, bis zu fünfzig Talenten. Da rief das Kind: »Vater, geh fort, sonst wird dich der Fremde noch bestechen!« Und Kleomenes, froh über die Mahnung des Kindes, ging hinaus in ein anderes Gemach, Aristagoras aber mußte aus dem Lande weichen und fand keine Gelegenheit mehr, den Weg zum Großkönig noch ausführlicher zu beschreiben.

52. Mit diesem Weg[48] verhält es sich nämlich so. Da sind überall königliche Rastplätze mit den schönsten Herbergen, und die ganze Straße läuft durch bewohntes und sicheres Land.

TERPSICHORE

Durch Lydien und Phrygien sind es zwanzig Stationen oder eine Entfernung von vierundneunzig und einer halben Parasange. Aus Phrygien gelangt man an den Fluß Halys[49], wo ein Paß ist, durch den man notwendig hindurch muß, um über den Fluß zu kommen, und an dem Paß steht ein großes Kastell. Jenseits davon führt der Weg durch Kappadokien bis zu den Grenzen Kilikiens in achtundzwanzig Tagereisen oder hundertvier Parasangen. An den Grenzen der Kiliken kommst du durch zwei Pässe und an zwei Kastellen vorüber, dann bist du in Kilikien, wo du drei Stationen oder fünfzehn und einen halben Parasangen Weges hast. Die Grenze zwischen Kilikien und Armenien bildet ein schiffbarer Strom, der Euphrat. In Armenien sind es fünfzehn Stationen, sechsundfünfzig und ein halber Parasange, und ein Kastell. Von dort kommt man ins Matienerland, dort sind es vierunddreißig Stationen oder hundertundsiebenunddreißig Parasangen. Durch dieses Land fließen vier schiffbare Ströme[50], die man nicht umgehen kann, sondern notwendig überschreiten muß, zuerst der Tigris, dann ein zweiter und ein dritter, die ebenfalls Tigris heißen, aber nicht ein und derselbe Fluß sind, noch aus demselben Land herkommen; denn der erste von ihnen fließt aus Armenien, der andere aus Matiene. Der vierte Strom ist der Gyndes, den Kyros vorzeiten in dreihundertsechzig Gräben zerteilt hat. Aus diesem Land geht man hinüber nach Kissia[51] und braucht elf Tagesmärsche oder zweiundvierzig und eine halbe Parasange bis zu dem Fluß Choaspes[52], der auch schiffbar ist. An diesem Fluß liegt die Stadt Susa. Dies sind also zusammen hundertelf Stationen, auf denen man auf der Reise von Sardis bis nach Susa Herberge macht.

53. Wenn nun diese Königsstraße nach den Parasangen richtig gemessen ist, und wenn ein Parasange dreißig Stadien macht, was wirklich der Fall ist, so sind es von Sardis bis zu der Memnonstadt[53], wie man sie nennt, vierhundertfünfzig Parasangen oder dreizehntausendfünfhundert Stadien. Und wenn man auf den Tag hundertundfünfzig Stadien Weges rechnet, benötigt man gerade neunzig Tage.

FÜNFTES BUCH

54. Der Milesier Aristagoras hatte also ganz Recht, als er zu dem Lakedaimonier Kleomenes sagte, der Weg zum Großkönig daure drei Monate. Will es einer aber noch genauer wissen, so will ich ihm auch das sagen. Man muß nämlich noch den Weg von Ephesos[54] nach Sardis hinzurechnen. Dann beträgt der Weg vom hellenischen Meer bis nach Susa (das ist nämlich die sogenannte Memnonsstadt) zusammen vierzehntausendundvierzig Stadien. Denn von Ephesos bis Sardis sind es fünfhundertundvierzig Stadien, und so wird der Weg von drei Monaten noch um drei Tage länger.

55. Als nun Aristagoras Sparta verlassen mußte, wandte er sich nach Athen, das sich seiner Tyrannen auf folgende Weise entledigt hatte.[55] Nachdem Hipparchos, Peisistratos' Sohn und ein Bruder des Hippias, des damaligen Tyrannen, von Aristogeiton und Harmodios, zwei Männern aus dem alten Stamm der Gephyraier, erschlagen wurde, nachdem er zuvor im Schlaf ein ganz deutliches Traumbild gesehen hatte, da standen die Athener noch weitere vier Jahre unter der Tyrannenherrschaft, und sogar noch drückender als zuvor.

56. Hipparchos hatte folgenden Traum gehabt. Ihm träumte in der Nacht vor dem Fest der Panathenaien[56], daß ein Mann, groß und schön von Gestalt, an sein Lager träte und folgende dunklen Worte zu ihm spräche:

Duld unerduldbares Leid, o Leu, mit geduldiger Seele.
Jeglicher Mensch, was er frevelt, des büßt er die schuldige Sühne.

Wegen dieses Traumes hat er sich gleich am folgenden Morgen mit den Traumdeutern beraten; das ist gewiß. Danach aber schlug er sich den Traum aus dem Kopf und begleitete den Festzug, bei dem er den Tod fand.

57. Die Gephyraier, zu denen die Mörder des Hipparchos gehörten, stammten nach ihrer eigenen Erzählung ursprünglich aus Eretria. Nach meiner Forschung aber waren sie Phoiniken und zwar aus der Zahl derjenigen Phoiniken, die einst mit

TERPSICHORE

Kadmos in das Land gekommen waren, das jetzt Boiotien heißt. Sie hatten sich im Gebiet von Tanagra niedergelassen, das ihnen durch Los zugefallen war. Von dort wurden sie, nachdem die Kadmeier schon zuvor durch die Argeier vertrieben worden waren, später von den Boiotern verdrängt und wandten sich nach Athen. Die Athener nahmen sie in ihre Bürgerschaft auf unter der Bedingung, daß sie sich von allerlei Dingen, die ich hier nicht weiter angeben möchte, fernhalten sollten.[57]

58. Jene Phoiniken aber, die mit Kadmos eingewandert sind und zu denen die Gephyraier gehörten, haben seit ihrer Ansiedlung in diesem Lande den Hellenen mancherlei Wissenschaften mitgebracht, darunter auch die Schriftzeichen[58], welche die Hellenen, wie ich glaube, vordem noch nicht hatten, und das waren anfänglich noch dieselben Zeichen, die auch bei allen Phoiniken in Gebrauch waren. Später aber, im Laufe der Zeit, veränderten sie zugleich mit ihrer Sprache auch die Gestalt der Schriftzeichen. Nun wohnten aber damals in vielen Orten um sie her ionische Hellenen. Diese erlernten von den Phoiniken die Schriftzeichen und gebrauchten sie mit geringen Abänderungen und führten darum, wie es auch nur recht und billig war, den Brauch ein, daß sie die Schriftzeichen, da sie durch Phoiniken zu ihnen ins Land gebracht worden waren, die phoinikischen nennen. So heißen auch die Bücher von Alters her bei den Ionern ›Häute‹, weil sie sich vorzeiten, als es noch wenig Byblosbücher gab, der Häute von Ziegen und Schafen zum Schreiben bedienten, wie ja auch heute noch viele Barbaren auf solchen Häute schreiben.

59. Ich habe auch selber im Tempel des ismenischen Apollon zu Theben in Boiotien kadmeiische Schriften gesehen; sie standen eingegraben auf etlichen Dreifüßen und waren in den meisten Stücken der ionischen Schrift ähnlich. Auf dem einen dieser Dreifüße stand geschrieben:

Amphitryon[59] hat dem Gotte geweiht mich von taphischer Beute.

FÜNFTES BUCH

Das wird wohl aus der Zeit des Laïos sein, der ein Sohn des Labdakos, ein Enkel des Polydoros und Urenkel des Kadmos war.

60. Ein anderer Dreifuß sagt in sechsmaßigem Ton:

Skaios, der Kämpfer der Faust, hat dir, Ferntreffer Apollon,
Als er den Sieg sich gewann, mich geweiht zum zierenden Kleinod.

Dieser Skaios war wohl der Sohn des Hippokoon, der zur Zeit des Ödipus lebte, des Sohnes des Laïos, sofern dieser ihn geweiht hat und nicht ein anderer, der den gleichen Namen führte wie Hippokoons Sohn.

61. Der dritte Dreifuß sagt auch in sechsmaßigem Ton:

König Laodamas hat mich, den Dreifuß, selber dem Gotte,
Dir, Scharfspäher Apollon, geweiht zum zierenden Kleinod.

Eben zu der Zeit, als dieser Laodamas, Eteokles' Sohn, über sie herrschte, wurden die Kadmeier durch die Argeier aus dem Lande verdrängt und wandten sich zu den Encheleern.[60] Die Gephyraier aber, die noch zurückblieben, mußten später vor den Boiotern nach Athen entweichen. Auch haben sie sich dort gewisse Heiligtümer gegründet, an denen die übrigen Athener keinen Anteil haben. Sie sind anders als die sonstigen Heiligtümer, so vor allem der Tempel und der Geheimdienst[61] der achaiischen Demeter.

62. Nachdem ich also das Traumgesicht des Hipparchos und die Herkunft der Gephyraier, zu denen seine Mörder gehörten, erzählt habe, muß ich nun aber auch noch die schon oben begonnene Erzählung wieder aufnehmen, wie nämlich die Athener von ihren Tyrannen befreit wurden. Da Hippias noch über sie herrschte und wegen der Ermordung des Hipparchos gegen sie erbittert war, versuchten die Alkmeoniden, die ihrer Stammeszugehörigkeit nach Athener waren und vor den Peisistratiden aus der Heimat hatten weichen müssen, gemeinsam mit den anderen vertriebenen Athenern mit Gewalt nach Athen zurückzukehren. Aber es gelang ihnen nicht, da sie bei diesem

TERPSICHORE

Versuch, Athen zu befreien, eine schwere Niederlage erlitten. Deshalb befestigten sie den Ort Leipsydrion nördlich von Paionia. Von hier aus setzten die Alkmeoniden alles gegen die Peisistratiden in Bewegung. Sie ließen sich von den Amphiktyonen mit dem Ausbau des Tempels[62], der jetzt in Delphi steht, damals aber noch nicht stand, beauftragen, und weil sie begüterte Leute waren und schon von ihren Vätern her in gutem Rufe standen, so führten sie den Tempel schöner aus, als beabsichtigt war, so daß sie unter anderem, obgleich sie sich nur verpflichtet hatten, den Tempel aus Porosstein[63] zu bauen, die Vorderseite aus parischem Marmor aufführen ließen.

63. Diese Männer verstanden es während ihres Aufenthaltes in Delphi, die Pythia, wie man in Athen erzählt, durch Geld dafür zu gewinnen, daß sie jedesmal, wenn Männer aus Sparta kamen, die in ihrer eigenen Sache das Orakel befragen wollten, diese aufforderte, sie sollten Athen befreien. Und als die Lakedaimonier immer den gleichen Ausspruch bekamen, entsandten sie einen angesehenen Mann ihrer Stadt, Anchimolios, Asters Sohn, mit einem Heerhaufen, um die Peisistratiden aus Athen zu verjagen, ungeachtet dessen, daß sie in sehr naher Gastfreundschaft zu ihnen standen, denn des Gottes Sache ging ihnen vor Menschensache. Anchimolios fuhr auf Schiffen übers Meer, landete bei Phaleron[64] und setzte seine Truppen ans Land. Die Peisistratiden aber, die schon vorher davon unterrichtet waren, riefen die Thessaler, mit denen sie einen Bund geschlossen hatten, zu Hilfe, und die Thessaler beschlossen einmütig, ihrer Bitte zu willfahren, und schickten ihnen tausend Reiter unter ihrem König Kineas. Nun gingen die Peisistratiden, nachdem sie diese Hilfe bekommen hatten, folgendermaßen zu Werke. Sie hieben alle Bäume auf der phalerischen Ebene um, so daß sie zum Reiten tauglich war, und sandten die Reiterei gegen das feindliche Heer. Diese unternahm einen plötzlichen Angriff auf die Lakedaimonier und machte viele nieder, darunter auch ihren Anführer Anchimolios, die übrigen aber trieb sie zurück zu ihren Schiffen. Dieses Ende nahm der erste Heereszug aus Lakedaimon. Und Anchimolios liegt

FÜNFTES BUCH

in Attika begraben zu Alopekai, nahe bei dem Heiligtum des Herakles in Kynosarges.[65]

64. Daraufhin rüsteten die Lakedaimonier ein größeres Heer und schickten es nach Athen, aber nicht wieder zu Meer, sondern zu Lande, unter der Führung des Königs Kleomenes, des Sohnes des Anaxandrides. Als dieser in das attische Land einfiel, traten ihnen zuerst die thessalischen Reiter entgegen, mußten aber bald weichen und verloren über vierzig Mann; da machten sich die übrigen auf und eilten rasch davon nach Thessalien. Kleomenes aber rückte in die Stadt ein und legte sich zusammen mit denjenigen Athenern, die frei sein wollten, vor die pelasgische Burg[66], worin die Tyrannen sich eingeschlossen hatten.

65. Die Lakedaimonier aber hätten die Burg niemals bezwungen – sie waren nämlich gar nicht für eine Belagerung gerüstet und außerdem waren die Peisistratiden[67] mit Speise und Trank wohl versehen – und so wären sie nach wenigen Tagen wieder nach Sparta abgezogen, wenn nicht ein zufälliger Umstand eingetreten wäre, der für die einen ein Unglück, für die anderen aber ein Vorteil war. Die Kinder der Peisistratiden wurden nämlich bei dem Versuch, sie heimlich außer Landes zu schaffen, gefangen, und dieser Zufall erschütterte ihre ganze Lage. Sie ergaben sich um den Preis der Kinder auf die Bedingung, die die Athener ihnen stellten, daß sie binnen fünf Tagen aus dem attischen Lande weichen sollten. Hierauf zogen sie von dort weg nach Sigeion[68] am Fluß Skamandros, nachdem sie sechsunddreißig Jahre lang über die Athener geherrscht hatten. Ihre Vorfahren stammten aus Pylos und waren Neliden und gleicher Herkunft wie das Geschlecht des Kodros und Melanthos[69], die vordem, obgleich sie Fremdlinge waren, die Königswürde in Athen erworben hatten. Aus diesem Grund und zum Gedächtnis daran hatte Hippokrates seinen Sohn nach dem Sohne des Nestor Peisistratos genannt.

So waren die Athener frei geworden. Alles aber, was sie nach ihrer Befreiung Denkwürdiges getan oder gelitten haben bis zu der Zeit, als Ionien von Dareios abfiel und der Milesier Arista-

TERPSICHORE

goras nach Athen kam und sie um Beistand anging, will ich erst noch erzählen.

66. War Athen schon vorher mächtig, so wurde es jetzt, nachdem es von der Tyrannenherrschaft befreit worden war, noch mächtiger. Nun standen dort zwei Männer in Macht und Ansehen, Kleisthenes, ein Alkmeonide, derselbe, der die Pythia gewonnen haben soll, und Isagoras, Tisandros' Sohn, zwar aus einem angesehenen Hause, dessen Ursprung ich aber nicht anzugeben weiß, nur daß diejenigen, die zu diesem Geschlechte gehören, dem karischen Zeus[70] opfern. Diese beiden Männer stritten miteinander um die Macht, und weil Kleisthenes in diesem Streit unterlag, schlug er sich auf die Seite des gemeinen Volkes. Hiernach schaffte er die Namen der vier Phylen ab, in die bisher die Athener eingeteilt waren – sie wurden nach den vier Söhnen des Ion: Geleon, Aigikores (›Ziegenhirt‹), Argades (›Landbauer‹) und Hoples (›Zeugmacher‹) genannt – und teilte das Volk in zehn Phylen[71], für die er die Namen von anderen Heroen entnahm, die im Lande heimisch waren, außer Aias, den er, obgleich er ein Fremder war, doch als Nachbarn und Bundesgenossen hinzunahm.

67. Kleisthenes folgte hierin, wie ich glaube, dem Beispiel seines Muttervaters Kleisthenes, des Tyrannen[72] von Sikyon. Als dieser nämlich mit Argos in Krieg geriet, verbot er den Rhapsoden in Sikyon, um den Wettpreis zu singen, und zwar wegen der homerischen Gedichte, weil darin fast nur Argos und die Argeier besungen werden. Und weil auch nahe an dem Marktplatz zu Sikyon ein heiliges Grab des Adrastos, des Sohnes des Talaos, stand, das auch jetzt noch da steht, wollte Kleisthenes diesen Adrastos als einen Argeier gerne aus dem Lande wegschaffen und ging darum nach Delphi und befragte das Orakel, ob er den Kult des Adrastos aus Sikyon hinausweisen dürfe. Die Phythia aber sagte in ihrer Antwort, Adrastos sei ein König der Sikyonier, er aber nur ihr Peiniger. Da es also der Gott nicht zuließ, ging er heim und sann auf ein Mittel, daß Adrastos von selbst aus dem Lande weichen sollte. Und als er meinte, das Mittel gefunden zu haben, sandte er nach Theben

FÜNFTES BUCH

in Boiotien mit der Bitte, daß er den Melanippos[73], Astakos'
Sohn, nach Sikyon überführen dürfte. Und als die Thebaner
ihm darin zu Willen waren, führte er den Melanippos herüber
nach Sikyon, wies ihm einen heiligen Platz zu, ganz nahe am
Prytaneion, und gründete dort sein Heiligtum an der sichersten Stelle der Stadt. Das tat er aber nur deshalb (denn auch
dieses muß ich erzählen), weil Adrastos den Melanippos bitter
haßte, der ihm seinen Bruder Mekisteus und seinen Schwiegersohn Tydeus erschlagen hatte. Und nachdem er diesem das
Heiligtum errichtet hatte, entzog er dem Adrastos seine Opfer
und Feste und gab sie dem Melanippos. Denn die Sikyonier
hatten dem Adrastos immer große Ehren erwiesen, weil ihr
Land vorzeiten dem Polybos gehörte, Adrastos aber der Tochtersohn des Polybos war, der ihm, als er ohne eigene Söhne
starb, seine Herrschaft hinterließ. Außer anderen Ehren, die sie
ihm erwiesen, feierten sie ihn auch noch besonders seines
leidvollen Geschickes wegen mit tragischen Chören, die sie
nicht dem Dionysos, sondern dem Adrastos zu Ehren aufführ-
ten. Diese Chöre nun wies Kleisthenes dem Dionysos zu, die
übrige Festfeier aber dem Melanippos.

68. So also war er mit Adrastos verfahren. Und damit die
Sikyonier nicht dieselben Namen hätten wie die Argeier, änderte
er ferner die Namen der dorischen Phylen, und übte dabei an
den Einwohnern von Sikyon einen rechten Spott. Er nahm
nämlich die neuen Benennungen vom Schwein und Esel, indem
er nur die Endungen hinzu tat, außer bei seiner eigenen Phyle,
die er nach seiner Herrschaft benannte. So hieß nun diese
Phyle Archelaer (›Volksherren‹), die drei andern aber die Hya-
ten (›Schweinelinger‹), Oneaten (›Eselinger‹) und Choireaten
(›Ferkelinger‹). Diese Phylennamen blieben in Sikyon in Brauch,
solange Kleisthenes über sie regierte, und nach seinem Tode
noch weitere sechzig Jahre lang. Nach dieser Zeit kamen sie
überein, die Namen wieder zu ändern in Hylleer, Pamphyler
und Dymanaten, außer diesen aber sollte eine vierte Phyle den
Namen Aigialeer führen, nach Aigialeus, dem Sohne des
Adrastos.

TERPSICHORE

69. Das hatte der Sikyonier Kleisthenes getan, und der Athener Kleisthenes, sein Tochtersohn, der auch nach ihm benannt war, tat es ihm nun nach, weil, wie ich glaube, auch er die Ioner verachtete und nicht wollte, daß die Athener dieselben Phylen hätten wie jene. Denn nachdem er das gemeine Volk der Athener, das vordem von allen Rechten und Ehren ausgeschlossen war, auf seine Seite gezogen hatte, gab er den Phylen neue Namen und vermehrte ihre Zahl. Statt der vier Vorsteher der Phylen verordnete er deren zehn, und zu je zehn verteilte er auch die Gaue auf die Phylen. Und nachdem er auf diese Weise das Volk für sich gewonnen hatte, war er seinen Widersachern weit überlegen.

70. Der unterlegene Isagoras versuchte es nun auf einem anderen Wege. Er rief den lakedaimonischen König Kleomenes herbei, der von der Belagerung der Peisistratiden her sein Gastfreund war und dem man auch nachsagte, daß er mit Isagoras' Frau vertraulichen Umgang hätte. Dieser schickte nun zunächst einen Herold nach Athen und ließ ihnen sagen, sie sollten Kleisthenes und mit ihm noch viele andere Athener, die ›Blutschuldigen‹, wie er sie nannte, aus der Stadt verweisen. So war es ihm von Isagoras eingegeben; denn mit jener Blutschuld waren nur die Alkmeoniden und ihre Genossen behaftet, er selbst aber und seine Freunde waren davon frei.

71. Mit jener »Blutschuld« verhielt es sich folgendermaßen. Es lebte vorzeiten in Athen ein Mann, Kylon[74] mit Namen, ein Sieger in den olympischen Spielen; der trachtete in seiner Hoffart danach, sich zum Tyrannen aufzuwerfen, sammelte um sich eine Schar von anderen Jünglingen seines Alters und versuchte, mit ihnen die Burg einzunehmen, konnte sie aber nicht behaupten und mußte sich schutzsuchend zu dem Bild der Göttin flüchten. Von dort wurde er zusammen mit seinen Genossen von den Vorstehern der Naukrarien[75], die damals in Athen die Amtsgeschäfte führten unter Zusicherung ihres Lebens hinweggeführt; daß sie aber doch ermordet wurden, das wird den Alkmeoniden angelastet. Dies hatte sich schon vor der Zeit des Peisistratos ereignet.

FÜNFTES BUCH

72. Als nun Kleomenes die Vertreibung des Kleisthenes und der Blutschuldigen fordern ließ, entfloh Kleisthenes ohne die anderen. Ungeachtet dessen erschien Kleomenes mit einem kleinen Heer in Athen und schickte als erstes siebenhundert athenische Familien, die ihm Isagoras bezeichnete, in die Verbannung. Danach versuchte er weiter, den Rat aufzulösen, und gedachte, das Regiment an dreihundert Anhänger des Isagoras zu übergeben. Weil sich aber der Rat[76] dieser Absicht widersetzte und sich nicht fügen wollte, besetzte Kleomenes mit Isagoras und seinem Anhang die Burg. Aber die übrigen Athener rotteten sich zusammen und belagerten sie zwei Tage lang; am dritten bedingten sich die Lakedaimonier freien Abzug aus und räumten das Land. Da erfüllte sich dem Kleomenes jenes Wort. Als er nämlich die Burg hinaufgestiegen war in der Absicht, sich ihrer zu bemächtigen, begab er sich zu dem Heiligtum[77] der Göttin, als wolle er beten, aber noch bevor er durch die Tür getreten war, erhob sich die Priesterin von ihrem Stuhl und rief: »Weiche zurück, lakonischer Fremdling, tritt nicht in den Tempel, denn kein Dorier darf ihn betreten.« Darauf antwortete er: »O Weib! ich bin ja kein Dorier, sondern ein Achaier[78]!« und kehrte sich nicht an das mahnende Wort, sondern übte Gewalt, und wurde dafür nun wieder daraus vertrieben mitsamt den Lakedaimoniern. Die übrigen aber wurden von den Athenern in Fesseln gelegt und hingerichtet, unter ihnen auch Timesitheos aus Delphi, von dessen Stärke und Kühnheit ich die größten Taten erzählen könnte. Diese also erlitten den Tod.

73. Nun riefen die Athener den Kleisthenes und die siebenhundert Familien, die Kleomenes verbannt hatte, wieder zurück, und schickten Gesandte nach Sardis, um mit den Persern ein Bündnis zu schließen; denn sie hielten es für sicher, daß es nun mit den Lakedaimoniern und Kleomenes zum Kriege kommen würde. Als die Gesandten nach Sardis kamen und ihre Sache vortrugen, wurden sie von dem Statthalter Artaphernes, Hystaspes' Sohn, gefragt, was für Leute sie wären und in welchem Lande sie wohnten, daß sie begehrten, sich mit den

Persern zu verbünden. Als sie ihm darauf antworteten, fertigte
er sie mit kurzen Worten ab und sagte, wenn die Athener dem
König Dareios Erde und Wasser gäben, so wolle er mit ihnen
einen Bund schließen, wo nicht, so sollten sie ihres Weges
gehen. Die Gesandten nahmen in ihrem Eifer, das Bündnis zu
schließen, die Verantwortung auf sich und sagten es zu. Als sie
aber heimkamen, wurden sie darum heftig gescholten.

74. Inzwischen sammelte Kleomenes, der sich durch Worte
und Taten von den Athenern schwer beleidigt fühlte, ein Heer
aus dem ganzen Peloponnes, ohne zu sagen, zu welchem Zweck.
Er wollte sich am Volk der Athener rächen und Isagoras, der
mit ihm aus der Burg abgezogen war, zum Tyrannen einsetzen.
Während er nun selber mit großer Heeresmacht bei Eleusis in
ihr Land einfiel, besetzten die Boioter entsprechend ihrer Verabredung die beiden äußersten Gaue Attikas, Oinoë[79] und
Hysiai, und auf der anderen Seite brachen auch die Chalkider
ein und verheerten das attische Land. So von allen Seiten
bedrängt, beschlossen die Athener, erst später es mit den Boiotern und Chalkidern aufzunehmen, und zogen mit ihrer Macht
gegen die Peloponnesier in Eleusis.

75. Als es nun zwischen den beiden Heeren zur Schlacht
kommen sollte, waren die Korinthier die ersten, die erkannten,
wie ungerecht ihr Krieg sei, und alsbald umkehrten und heimgingen. Ihnen folgte Demaratos, Aristons Sohn und wie Kleomenes ein König der Spartiaten, der mit jenem zugleich das
Heer aus Sparta herausgeführt hatte, bisher aber nicht mit ihm
uneins gewesen war. Dieser Zwiespalt war die Ursache dafür,
daß in Sparta ein Gesetz gegeben wurde, daß beim Auszug des
Heeres nicht, wie bisher, beide Könige zugleich mit ausziehen
dürften. Wenn aber der eine von ihnen daheim bleibe, solle
auch künftig je einer von den beiden Tyndariden[80] zurückbleiben. Denn vordem pflegten auch diese beiden als Helfer und
Beschützer von ihnen aufgeboten zu werden und das Heer zu
begleiten.

76. Als nun damals in Eleusis die übrigen Bundesgenossen
sahen, daß die Könige der Lakedaimonier unter sich nicht

FÜNFTES BUCH

einig waren und die Korinthier sie schon verlassen hatten, blieben sie auch nicht länger, sondern zogen heim. Dies war das viertemal, daß Dorier nach Attika gekommen waren, nämlich zweimal in feindlicher Absicht und zweimal zum Schutz der athenischen Demokratie. Zum ersten damals, als sie sich in Megara ansiedelten,und dieser Zug geschah wohl zu eben der Zeit, als König Kodros über die Athener herrschte. Zum zweiten und dritten Mal, als sie aus Sparta kamen, um die Peisistratiden zu vertreiben, und jetzt zum vierten Mal, als Kleomenes an der Spitze der Peloponnesier in Eleusis einfiel. Somit waren also zum vierten Male Dorier in attisches Gebiet eingefallen.

77. So hatte sich dieser Heereszug ruhmlos aufgelöst. Daraufhin wollten die Athener nun ihrerseits Rache nehmen und zogen zuerst gegen die Chalkider. Und die Boioter zogen aus an den Euripos[81], um den Chalkidern zu helfen. Als aber die Athener das sahen, beschlossen sie zuvor, erst diese anzugreifen, stießen auf sie und errangen einen großen Sieg; sie erschlugen viele Boioter und fingen ihrer siebenhundert lebendig. Und noch am selben Tag zogen sie hinüber nach Euboia, griffen die Chalkider an und besiegten auch diese und ließen dort viertausend Mann als Ansiedler[82] auf den Gütern der ›Rossezüchter‹[83] zurück; so hießen nämlich die reichen Chalkider. Alle aber, die sie lebendig gefangen hatten, legten sie zusammen mit den gefangenen Boiotern in Fesseln und hielten sie in Gewahrsam. Nach einiger Zeit ließen sie sie frei und zwar um ein Lösegeld von zwei Minen auf den Mann. Die Ketten aber, darin sie gelegen hatten, wurden auf der Akropolis aufgehängt und waren noch zu meiner Zeit an der Mauer zu sehen, die vom medischen Feuer geschwärzt ist, gegenüber dem westlichen Tempelhaus.[84] Von dem Zehntel des Lösegeldes ließen sie ein Viergespann aus Erz fertigen und stifteten es auf die Burg. Dort steht es am Eingang in den Vorhallen[85] der Burg zur linken Hand und trägt folgende Inschrift:

Als sie boiotisches Volk und das Volk von Chalkis geworfen
Nieder im Ringen des Kampfes, haben die Kinder Athens

TERPSICHORE

Jenen in düsterer Fessel von Eisen gedämpfet den Hochmut.
Aber die Rosse bekam Pallas als Zehntel davon.

78. So war nun Athens Macht groß geworden. Daraus mag
man erkennen, daß die Gleichheit in jeder Hinsicht etwas
Wertvolles und Schönes ist. Solange die Athener noch unter
Tyrannengewalt standen, konnten sie keinen ihrer Nachbarn
besiegen. Doch kaum waren sie frei, nahmen sie alsbald die
allererste Stelle ein. Und dies beweist eben, daß sie als Untertanen und Unterdrückte im Dienst eines Herren absichtlich
träge und unlustig waren im Kampf, während sie jetzt als
Freigewordene eifrig zu ihrem eigenen Nutzen arbeiteten.
79. Als daraufhin die Thebaner an Athen Rache suchten und
darum nach Delphi schickten, antwortete ihnen die Pythia,
daß sie aus eigener Macht die Rache nicht finden könnten, sie
sollten es aber vor die ›Vieltönende‹ bringen und Hilfe suchen
bei ihren ›Nächsten‹. Als die Boten heimkamen und der Spruch
vor dem versammelten Volk verkündet wurde und die Thebaner hörten, daß sie Hilfe suchen sollten bei ihren ›Nächsten‹, da
sprachen sie: »Wohnen uns denn nicht am nächsten die Tana-
graier und die Koronaier und die Thespier[86], die ja immer auf
unserer Seite kämpfen und uns getreue Hilfe in diesem Kriege
erweisen? Was brauchen wir denn diese zu bitten? Nein, das
kann des Spruches Sinn nicht sein!«
80. Während sie so miteinander berieten, sprach endlich
einer, der davon gehört hatte, zu ihnen: »Ich glaube zu verstehen, was der Orakelspruch meint. Asopos hatte, wie die Sage
geht, zwei Töchter, die Thebe und die Aigina.[87] Diese sind also
Schwestern und darum meine ich, der Gott will uns raten, daß
wir die Aigineten bitten sollen, unsere Helfer zu werden.« Weil
nun keiner die Sache besser zu erklären wußte, schickten die
Thebaner eilends nach Aigina und riefen sie auf zur Hilfe nach
dem Spruch des Gottes, weil sie ja ihre Nächsten seien. Als die
Aigineten aber die Bitte um ein Hilfsheer hörten, antworteten
sie, sie wollten ihnen die Aiakiden[88] mitgeben.
81. Doch die Thebaner, die im Vertrauen auf den Beistand

393

FÜNFTES BUCH

der Aiakiden den Kampf versuchten, wurden aber von den Athenern übel zugerichtet. Da schickten sie die Aiakiden nach Aigina zurück und baten um Menschen. Und die Aigineten, stolz geworden durch großen Wohlstand und alter Feindschaft eingedenk, die sie gegen die Athener hegten, trugen jetzt, auf die Bitten der Thebaner hin, den Athenern ohne Ansage den Krieg ins Land. Während diese nämlich noch gegen die Boioter kämpften, befuhren sie mit Langschiffen die attische Küste und rissen Phaleron nieder und desgleichen auch viele andere Ortschaften am Meer entlang, und kränkten mit dieser Tat die Athener schwer und tief.

82. Jene Feindschaft aber, die die Aigineten schon von früher her gegen die Athener gefaßt hatten, war aus folgender Ursache entsprungen. Als einst das Land der Epidaurier[89] keine Frucht hervorbringen wollte und sie darum in Delphi anfragten, gebot ihnen die Pythia, sie sollten der Damia und Auxesia[90] Standbilder errichten, dann würde ihnen geholfen werden. Und als die Epidaurier fragten, ob sie die Bilder aus Erz fertigen sollten oder aus Stein, und die Pythia antwortete, weder von dem einen noch von dem anderen, sondern von dem Holz eines zahmen Ölbaums, wandten sie sich an die Athener, daß sie ihnen gestatten möchten, einen Ölbaum zu fällen. Denn sie hielten die athenischen Ölbäume für die heiligsten.[91] Man sagt auch, es hätte zu jener Zeit nirgends auf Erden Ölbäume gegeben, außer in Attika. Jene waren bereit, es ihnen zu gewähren, nur sollten sie versprechen, daß sie alljährlich der Athena Polias und dem Erechtheus[92] ein Opfer darbringen wollten. Die Epidaurier willigten in diese Bedingung und erhielten, was sie begehrten, und nachdem sie aus den Ölbäumen Bilder geschnitzt und sie aufgestellt hatten, gab ihr Land wieder Frucht, und sie erfüllten fortan, was sie den Athenern versprochen hatten.

83. Nun waren aber zu jener Zeit und schon früher die Aigineten den Epidauriern in allen Belangen untertan gewesen, so daß sie auch, wenn sie ihre Rechtsstreitigkeiten schlichten lassen wollten, darum nach Epidauros hinübergehen muß-

394

ten. Seit dieser Zeit aber begannen sie Kriegsschiffe zu bauen und fühlten sich stark genug, von den Epidauriern abzufallen. Da diese nun ihre Gegner waren, suchten sie sie heim, weil sie die Herren des Meeres waren. Damals entführten sie auch jene Bilder der Damia und Auxesia, brachten sie fort auf ihre Insel und errichteten sie an einem Ort, der mitten in ihrem Lande liegt, etwa zwanzig Stadien weit von ihrer Stadt entfernt, und Oia heißt. An diesem Ort stellten sie die Bilder auf und ehrten die beiden Gottheiten fortan mit Opferfesten und mit Spottchören von Weibern, und es wurden für jede der beiden je zehn Männer bestellt, die die Chöre besorgen mußten. Diese Chöre höhnten und neckten keinen Mann, sondern nur die Frauen des Landes.[93] Auch die Epidaurier hatten solche Gottesdienste; außerdem haben sie auch Geheimkulte.

84. Seitdem nun diese Bilder entführt waren, wollten die Epidaurier nicht mehr leisten, was sie den Athenern versprochen hatten und als jene nach Epidauros sandten und sie mit Rache bedrohten, rechtfertigten sie sich und bewiesen ihre Unschuld; denn so lange sie die Bilder in ihrem Lande gehabt hätten, seien sie ihren Verpflichtungen nachgekommen; nun aber, da man sie ihnen geraubt hätte, seien sie nicht mehr dazu verpflichtet, sondern die Athener sollten es von den Aigineten einfordern, die ja die Bilder in Besitz hätten. Deshalb sandten die Athener nach Aigina und verlangten die Bilder zurück; die Aigineten aber erwiderten, sie hätten mit den Athenern nichts zu schaffen.

85. Wie nun die Athener erzählen[94], wurden von ihnen nach dieser Aufforderung etliche ihrer Bürger auf einer einzigen Triere hingesandt, die als Verordnete ihrer Gemeinde nach Aigina fuhren und die Bilder, weil sie ja aus ihrem Holz gemacht seien, von ihren Sockeln herunter zu heben suchten, um sie mit sich nach Hause zu nehmen. Da es ihnen aber auf diese Art nicht gelingen wollte, legten sie Stricke darum und begannen, sie damit herabzuziehen; aber während sie zogen, sei ein Donner über sie losgebrochen und mit dem Donner zugleich ein Erdbeben, so daß die Leute, die an den Standbildern zogen,

irrsinnig wurden und anfingen, sich einander wie Feinde zu erschlagen, bis von ihnen allen nur noch einer übrigblieb, der allein nach Phaleron heimkam.

86. So erzählen die Athener die Sache. Die Aigineten aber sagen, nicht nur auf einem Schiff seien die Athener gekommen; denn wäre es nur ein Schiff gewesen oder einige mehr, so hätten sie sich ihrer ohne Mühe erwehren können, auch wenn sie selber keine Schiffe gehabt hätten; sondern mit zahlreichen Schiffen seien die Athener gelandet, sie aber seien kampflos vor ihnen gewichen. Nur können sie nicht mit Gewißheit sagen, ob sie deswegen vor ihnen gewichen seien, weil sie sich zu schwach zum Seekampf fühlten, oder weil sie eine bestimmte Absicht damit verfolgten, die sie dann auch wirklich ausführten. Denn als die Athener sahen, daß sich ihnen keiner zum Kampf stellte, seien sie aus ihren Schiffen an Land gestiegen und hätten sich zu den Bildern begeben, und weil sie nicht imstande gewesen seien, sie von ihren Sockeln herunter zu heben, hätten sie versucht, sie mit Stricken von ihren Sockeln herabzuziehen, bis endlich beide Standbilder – was ich zwar nicht glauben kann, vielleicht aber glaubt es ein anderer – vor ihnen in die Knie gesunken seien; und in dieser Haltung seien sie bis zum heutigen Tag geblieben. So erzählen es die Aigineten von den Athenern. Sie selber aber, sagen sie, da sie vor dem Kriegszug der Athener zuvor gewarnt worden seien, hätten sich des Beistandes der Argeier versichert, und eben als die Athener auf Aigina gelandet waren, traf die Hilfe der Argeier, die heimlich von Epidauros herübergesegelt waren, bei ihnen ein, überfielen die ahnungslosen Athener und verlegten ihnen den Weg zu den Schiffen. Und zur selben Zeit brach auch der Donner über sie herein und das Erdbeben.

87. So erzählen gleichermaßen die Argeier und die Aigineten, und soviel geben auch die Athener zu, daß nur ein einziger von ihnen sich gerettet habe und nach Attika zurückgekommen sei, nur daß die Argeier behaupten, daß das attische Heer, davon jener eine übrig geblieben sei, von ihnen, die Athener aber, daß es durch die Gottheit vernichtet worden sei. Übri-

gens sei auch jener eine Mann nicht mit dem Leben davongekommen, sondern habe es auf folgende Art verloren. Da er nämlich nach Athen kam und das Unglück verkündete und die Frauen der ausgezogenen Männer es vernahmen, entrüsteten sie sich darüber, daß er als einziger von allen sich gerettet habe, nahmen den Mann in ihre Mitte und stachen ihn mit den Spangen ihrer Gewänder, wobei jede ihn nach dem Verbleib ihres Mannes fragte, bis er tot war. Diese Tat der Frauen erschien den Athenern noch schlimmer als die Niederlage, und da sie nicht wußten, wie sie die Frauen anders bestrafen sollten, befahlen sie ihnen, das ionische Gewand anzunehmen; denn bis dahin trugen die athenischen Frauen das dorische Gewand[95], das dem korinthischen sehr ähnlich ist. Anstatt dessen mußten sie fortan den linnenen Rock tragen, zu welchem sie keiner Spangen bedurften.

88. Genaugenommen ist diese Tracht ursprünglich nicht ionisch, sondern karisch. Denn die alte hellenische Frauentracht war überall ein und dieselbe, nämlich diejenige, die wir jetzt die dorische nennen.

Die Argeier aber und die Aigineten sollen aufgrund dieser Ursache auch den Brauch bei sich eingeführt haben, daß bei ihnen die Frauen ihre Spangen um die Hälfte größer machen ließen als damals üblich war, und in den Tempel jener beiden Gottheiten vornehmlich Spangen weihen sollten. Auch sollten sie beim Tempeldienst kein attisches Tongeschirr[96], noch sonst etwas aus Attika gebrauchen, sondern künftig nur aus solchen Töpfen trinken dürfen, die im Lande selbst gefertigt wären.

89. Seit jener Zeit also bis zu meinen Tagen trugen die argeiischen und aiginetischen Frauen wegen des Zwistes mit Athen größere Spangen als vordem, und die Feindschaft der Athener gegen die Aigineten war auf die erzählte Weise entsprungen. Darum waren jetzt die Aigineten, da die Boioter sie zu Hilfe riefen, eifrig bestrebt, ihnen zu helfen, denn sie dachten daran, was mit den Bildern geschehen war. Als sie nun die Küsten Attikas verheerten, und die Athener sich deshalb schon aufmachten, sie zu bekriegen, kam ihnen ein Spruch aus Del-

FÜNFTES BUCH

phi, daß sie nach dieser Übeltat der Aigineten noch dreißig Jahre lang sich still verhalten sollten, aber im einunddreißigsten Jahr, nachdem sie zuvor dem Aiakos einen heiligen Ort geweiht hätten, sollten sie den Krieg gegen Aigina anheben; so würde ihr Vorhaben gelingen. Wenn sie aber den Krieg sogleich begännen, würde ihnen in der Zwischenzeit viel Leid von den Feinden widerfahren, aber es würde ihnen auch vieles gelingen und am Ende würden sie die Aigineten dann doch unterwerfen[97]. Als die Athener diesen Spruch vernahmen, weihten sie dem Aiakos den heiligen Platz auf dem Markt, wo er noch jetzt besteht; daß sie aber noch dreißig Jahre sich gedulden sollten, nachdem sie solche Kränkung von den Aigineten erlitten hatten, war ihnen unerträglich. Und sie rüsteten sich zur Rache. Da geschah es, daß von den Lakedaimoniern eine Sache gegen sie angezettelt wurde[98], die sie an dem Heerzug hinderte.

90. Den Lakedaimoniern war es nämlich zu Ohren gekommen, welche Listen die Alkmeoniden bei der Pythia angewandt hatten und wie trügerisch sich die Pythia ihrerseits gegen sie und die Peisistratiden benommen hatte, und es verdroß sie diese Sache doppelt, erstens, weil sie ihre eigenen Gastfreunde aus ihrem Lande vertrieben hatten und zweitens, weil die Athener keinerlei Dank dafür bezeigten. Außerdem wurden sie noch durch die Orakelsprüche[99] beunruhigt, die ihnen viel Schlimmes von den Athenern voraussagten und von denen sie bisher nichts gewußt und nicht eher Kunde erhalten hatten, als bis sie Kleomenes nach Sparta gebracht hatte. Früher nämlich hatten die Peisistratiden diese Sprüche besessen und bei ihrer Vertreibung auf der Akropolis in Athen zurückgelassen, wo sie Kleomenes fand und an sich nahm.

91. Damals also, als die Lakedaimonier im Besitz der Sprüche waren und sie sahen, daß die Athener an Macht zunahmen und gar nicht willens waren, ihnen zu gehorchen, und weil sie bedachten, daß das attische Volk, wenn es frei wäre, dem ihrigen wohl gewachsen sei, aber unter der Hand eines Tyrannen schwach und willfährig sein würde, beschlossen sie, indem sie dies alles erwogen, Hippias, Peisistratos' Sohn, aus der Stadt

TERPSICHORE

Sigeion am Hellespont herbeizurufen. Und nachdem Hippias ihrem Ruf gefolgt war, beriefen sie auch die Boten ihrer Bundesgenossen zu sich und sprachen zu ihnen wie folgt: »Ihr Bundesgenossen! wir erkennen selbst, daß wir einen Fehler begangen haben. Denn verleitet durch gleisnerische Orakelsprüche haben wir Männer, die unsere nächsten Gastfreunde waren und die gelobten, Athen unter unsere Hand zu bringen, gleichwohl aus ihrer Vaterstadt vertrieben und die Stadt nachher dem undankbaren Volke übergeben, das, kaum von uns in Freiheit gesetzt und aus dem Joch erlöst, uns und unseren König mit Schimpf und Hohn aus dem Lande warf und nun hochmütig und prahlerisch geworden ist, wie das ihre Nachbarn, namentlich die Boioter und Chalkider, erfahren haben, aber auch bald noch mancher andere erfahren wird, wenn er sich nicht vorsieht. Da wir seinerzeit nun einmal den Fehler begangen haben, wollen wir jetzt zusammen mit euch hinziehen und unsere Rache an ihnen suchen, denn dazu haben wir den Hippias wie auch euch aus euren Städten kommen lassen, auf daß wir nach gemeinsamem Plan und mit gemeinsamer Macht ihn zurückführen nach Athen und ihm wiedergeben, was er durch uns verloren hat.«

92. So sprachen die Spartiaten. Aber den meisten der Bundesgenossen mißfiel ihre Rede, doch schwiegen die anderen. Nur Sokles aus Korinth erwiderte ihnen und sprach: »Wahrlich, nun wird der Himmel unter der Erde sein und die Erde hoch über dem Himmel und die Menschen werden ihr Wesen haben im Meer und die Fische da, wo zuvor die Menschen waren, wenn ihr Lakedaimonier euch anschickt, Freiheit und Gleichheit der Bürger aufzuheben und in den Städten wieder eine Tyrannenherrschaft zu errichten, was doch das Ungerechteste und Blutdürstigste ist, was es unter Menschen gibt. Ist das wirklich eure Meinung und erachtet ihr es für gut, daß Tyrannen über die Städte herrschen, wohl, so setzt zuerst bei euch selber einen solchen Tyrannen ein, und dann versucht, sie auch bei den anderen einzusetzen. Jetzt aber, da ihr solche Herrschaft noch nicht selber erprobt habt und auch sehr auf der

FÜNFTES BUCH

Hut seid, daß sie nur ja nicht bei euch in Sparta erstehen möge, handelt ihr schlecht an euren Bundesgenossen. Würdet ihr sie aus eigener Erfahrung kennen, so wie wir, wüßtet ihr uns Besseres anzuraten als jetzt.

Bei uns Korinthiern bestand nämlich einst folgende Verfassung: Es war eine Herrschaft weniger Männer und diese, aus der Familie der Bakchiaden[100], verwalteten die Stadt und heirateten nur untereinander.[101] Nun hatte einer dieser Männer, Amphion, eine Tochter mit Namen Labda, die war lahm, und weil sie keiner von den Bakchiaden heiraten wollte, bekam sie Eetion, Echekrates' Sohn, zur Frau; der stammte aus der Gemeinde Petra (›Fels‹), und war von seinen Vätern her ein Lapithe und Abkömmling des Kaineus.[102] Da ihm aber keine Kinder geboren wurden, weder von dieser noch von einer anderen Frau, machte er sich auf und ging nach Delphi, um das Orakel wegen seiner Nachkommenschaft zu befragen, und wie er in den Tempel eintrat, sprach die Pythia mit folgenden Worten zu ihm:

Eetion, man ehret dich nicht mit gebührenden Ehren.
Labda gebiert einen rollenden Fels; der stürzet danieder
Auf die Gebieter der Stadt und züchtigen wird er Korinthos.

Von dieser Weissagung an Eetion bekamen die Bakchiaden irgendwie Kunde. Sie hatten aber auch schon vorher einen Spruch über Korinth erhalten, den sie nicht deuten konnten; er zielte aber auf dasselbe wie der Spruch an Eetion und lautete so:

Hoch in der Felskluft brütet ein Aar: einen Löwen[103] gebiert er,
Reißend und mächtig an Kraft; der löset noch manchem die Glieder.
Dessen versehet euch wohl, Korinthier, die ihr am schönen Quell Peirene[104] wohnt und auf ragender Höhe Korinthos.

Dieser Spruch war ihnen so lange dunkel geblieben, bis sie den des Eetion erfuhren; da verstanden sie alsbald seinen Sinn,

400

TERPSICHORE

denn er sagte dasselbe wie jener. Doch schwiegen sie darüber, denn sie wollten das Kind des Eetion töten. Als Labda geboren hatte, schickten sie zehn aus ihrer Reihe in die Gemeinde, wo Eetion wohnte, um das Knäblein zu töten. Und die zehn gingen nach Petra, traten hinein in den Hof des Eetion und verlangten nach dem Kind. Und Labda, nichts ahnend von ihrer Absicht, sondern in der Meinung, sie verlangten nach dem Kind aus Freundschaft zu seinem Vater, brachte das Kind und legte es einem von ihnen in die Hände. Nun hatten sie aber zuvor auf ihrem Weg beschlossen, wer von ihnen das Kind zuerst empfinge, der sollte es gegen den Boden schleudern. Als aber Labda das Knäblein dem Manne darreichte und es auf seinen Händen lag, da fügte es ein Gott, daß es ihn anlächelte, und bei dem Anblick ergriff ihn ein Erbarmen, daß er es nicht zu töten vermochte, sondern es dem zweiten reichte und der zweite reichte es dem dritten und so alle zehn einer dem anderen, weil keiner es umbringen wollte. So gaben sie den Knaben an die Mutter zurück und gingen hinaus. Vor dem Tore aber blieben sie stehen und zankten miteinander, weil jeder dem anderen die Schuld gab, vornehmlich aber dem, der es zuerst empfangen und nicht getan hatte, wie es zwischen ihnen verabredet war. Nach einer Weile endlich beschlossen sie, wieder hineinzugehen und alle gemeinsam das Kind zu töten. Doch es sollte nun einmal aus diesem Sohn des Eetion Unheil erstehen für Korinth. Denn Labda stand drinnen nahe am Tor und hörte alles, was sie besprachen. Da geriet sie in Angst, sie möchten es anders beschließen und noch einmal kommen und das Kindlein nehmen und töten; darum ging sie und versteckte es an einem Ort, wo sie es am besten geborgen glaubte, in eine Lade; denn sie wußte, wenn sie wiederkehrten, um es zu suchen, so würden sie alles durchforsten. Und so geschah es auch. Sie kamen und suchten; da sie es aber nicht fanden, beschlossen sie, nach Hause zu kehren und denen, die sie gesandt hatten, zu sagen, daß sie alles getan hätten, was ihnen aufgetragen worden sei. Und sie gingen und sagten es so. Eetions Sohn aber wuchs heran und weil er dieser Gefahr

FÜNFTES BUCH

glücklich entgangen war, bekam er von der Lade (Kypsele)[105] den Namen Kypselos. Als Kypselos erwachsen war und in Delphi das Orakel befragte, erhielt er einen doppelt verheißungsvollen Spruch. Im Vertrauen darauf machte er einen Anschlag auf die Herrschaft Korinths und gewann sie. Der Spruch aber lautete folgendermaßen:

Glücklich fürwahr ist der Mann, der herab mir steiget zum Hause,
Kypselos, du, Eetions Sohn, des berühmten Korinthos
König, du selbst und die Söhne, doch nimmer die Söhne der Söhne.[106]

Das war der Orakelspruch. Und als Kypselos sein Ziel erreicht hatte, herrschte er sehr gewalttätig, verbannte viele Korinthier, raubte vielen ihr Vermögen und noch viel zahlreicheren das Leben. Nachdem dieser dreißig Jahre lang geherrscht und sein Leben zu einem glücklichen Ende geführt hatte, folgte ihm sein Sohn Periandros[107] nach. Der war anfänglich milder als sein Vater. Später aber, als er mit Thrasybul, dem Tyrannen von Milet, über Boten verkehrte, wurde er noch viel blutdürstiger als Kypselos. Er schickte nämlich einen Gesandten an Thrasybul und ließ ihn fragen, wie er die Dinge in seiner Stadt anstellen und einrichten solle, um ein sicheres und gutes Regiment zu führen. Da führte Thrasybul den Boten hinaus vor die Stadt, trat in ein Kornfeld und während er hindurchschritt und dabei den Boten fragte und sich immer von neuem erzählen ließ, in welcher Absicht er zu ihm hergekommen sei, schlug er alle Ähren ab, die er hervorragen sah und warf sie fort, bis er die Saat, wo sie am schönsten und dicksten stand, auf diese Weise verwüstet hatte. So wanderte er durch das Feld und entließ den Boten ohne ein einziges Wort des Rates. Als dieser nach Korinth zurückkehrte und Periandros begierig war, den Rat zu vernehmen, antwortete der Bote, daß Thrasybul ihm keinerlei Rat für ihn mitgegeben habe; das sei ja ein seltsamer Mann, ein Wahnsinniger, der sein eigenes Land verwüste; es wundere ihn, daß ihn sein Herr zu einem solchen Mann

402

TERPSICHORE

geschickt habe. Daraufhin erzählte er, was er von Thrasybul
gesehen hatte. Aber Periandros verstand genau, was Thrasybulos ihm riet: daß er alle, die unter den Bürgern hervorragten,
umbringen solle. Von dieser Stunde an beging er jede Grausamkeit an seinen Bürgern. Was Kypselos noch nicht getötet und
vertrieben hatte, das tötete und vertrieb nun Periandros. Eines
Tages ließ er alle korinthische Frauen um seines Weibes
Melissa[108] willen die Kleider ausziehen. Als er nämlich Boten
zu den Thesprotern an den Acheronfluß[109] schickte, um wegen
des niedergelegten Pfandes eines Gastfreundes das Totenorakel
zu befragen, erschien ihnen Melissa, verweigerte ihnen aber
jegliche Auskunft darüber, weder durch Worte noch durch
Zeichen, an welchem Ort das Pfand verborgen liege, weil sie
friere und nackt sei; denn die Gewänder, die er ihr mit ins Grab
gegeben habe, seien ihr nichts nütze, weil sie nicht verbrannt
wären. Das aber solle ihm ein Zeugnis sein, daß sie die Wahrheit rede: er habe die Brote auf den Ofen gelegt, als er schon
kalt war. Als Periander diese Antwort vernahm, zweifelte er
nicht an ihrer Wahrheit, denn er hatte der Melissa beigewohnt,
als sie schon tot war, und ließ sogleich durch einen Herold
ausrufen und befehlen, daß sich alle Frauen der Korinthier in
dem Tempel der Hera einfinden sollten. Und als die Frauen in
ihrem schönsten Schmuck wie zu einem Feste kamen, hatte er
seine Wachen heimlich aufgestellt, die den Frauen die Gewänder ausziehen mußten, den Freien wie den Dienerinnen. Die
Gewänder aber trug er zusammen in eine Grube, weihte sie der
Melissa und verbrannte sie. Nachdem er dies getan hatte und
danach zum andernmale sandte, da zeigte das Schattenbild der
Melissa den Ort an, wohin sie des Gastfreundes Pfand niedergelegt hatte. Nun sehet, ihr Lakedaimonier, so ist es mit Tyrannenherrschaft beschaffen, dies sind ihre Werke. Wir aber waren
schon damals sehr verwundert, als wir euch den Hippias herbeirufen sahen, jetzt aber wundern wir uns noch mehr, daß ihr
uns solches vorschlagt, und wir beschwören euch bei den
hellenischen Göttern, gebt den Städten keine Tyrannen. Wenn
ihr trotzdem darauf besteht, Hippias entgegen Recht und Billig-

403

FÜNFTES BUCH

keit wieder einzusetzen, so wißt, daß wir Korinthier euer Tun
nicht gutheißen.«

93. So sprach Sokles, der Abgeordnete Korinths. Hippias
aber antwortete ihm und rief dieselben Götter zu Zeugen, daß
die Korinthier vor allen, mehr noch als die anderen, die Peisistratiden dereinst zurückwünschen würden, wenn einst die
Tage kämen, wo sie unter den Athenern bitter zu leiden hätten.
Dies sagte er, weil er die Weissagungen genau kannte. Die
übrigen Bundesgenossen hatten zuerst geschwiegen; nachdem
sie aber den Sokles so frei und offen reden hörten, erhoben sie
alle ihre Stimme und fielen der Meinung des Korinthiers bei
und beschworen die Lakedaimonier, doch ja keine Neuerung
in einer hellenischen Stadt einzuführen.

94. So mußte man von dieser Sache abstehen. Dem Hippias
aber, als er wieder abreisen mußte, wurde von Amyntas, dem
König der Makedonen, die Stadt Anthemus[110] und von den
Thessalern die Stadt Iolkos[111] zum Geschenk angeboten. Er
aber nahm keine von beiden, sondern ging zurück nach Sigeion. Diese Stadt hatte vordem Peisistratos den Mytilenaiern
mit Waffengewalt entrissen und darauf zu ihrem Tyrannen den
Hegesistratos eingesetzt, seinen unehelichen Sohn, den er mit
einer Argeierin gezeugt hatte. Der aber besaß nicht in Frieden,
was ihm sein Vater gegeben hatte. Denn zwischen den Mytilenaiern in der Stadt Achilleion und den Athenern in Sigeion
war lange Zeit Fehde, weil jene das Land zurückverlangten, die
Athener aber es ihnen bestritten und ausführlich bewiesen,
daß die Aioler an dem Lande von Ilion keineswegs mehr
Recht besäßen als sie selber und alle anderen Hellenen, die
Menelaos in der Rache für den Raub der Helena beigestanden
hätten.

95. Während sie nun einander bekriegten, begab es sich
einstmals, als es wieder zu einer Schlacht unter ihnen kam und
die Athener obsiegten, daß der Dichter Alkaios auf der Flucht
sich zwar selber rettete, aber seine Waffen in den Händen der
Athener lassen mußte, die sie am Athenatempel zu Sigeion
aufhingen. Das beschrieb Alkaios in einem Lied und schickte

es nach Mytilene an seinen Freund Melanippos, um ihm sein Mißgeschick zu melden.

Den Streit aber zwischen den Mytilenaiern und Athenern schlichtete Periandros, Kypselos' Sohn, den sie darüber zum Schiedsrichter berufen hatten, indem er entschied, daß jede Seite behalten solle, was sie gerade besaß. So blieb Sigeion im Besitz der Athener.

96. Nachdem Hippias aber wieder aus Lakedaimon nach Asien gekommen war, begann er alles in Bewegung zu setzen, suchte den Artaphernes zur Feindschaft gegen die Athener aufzureizen, und betrieb es mit jeglichem Mittel, um Athen unter seine und des Dareios Gewalt zu bringen. Als die Athener von diesem Treiben erfuhren, schickten sie Boten nach Sardis an Arthaphernes und ließen ihm sagen, er solle doch nicht anhören, was ihre Verbannten zu ihm redeten. Er aber gebot ihnen, wenn sie sich vor Unglück bewahren wollten, so sollten sie den Hippias wieder bei sich aufnehmen. Aber die Athener wiesen dieses Ansinnen zurück und zeigten damit, daß sie zu offenem Krieg mit den Persern entschlossen waren.

97. Zu eben dieser Zeit[112] nun, als sie sich mit den Persern verfeindet hatten, kam der Milesier Aristagoras, nachdem er von König Kleomenes aus Sparta verwiesen worden war, nach der Stadt Athen als der mächtigsten von den anderen hellenischen Städten. Hier trat Aristagoras vor die Versammlung des Volkes und sprach zu ihm, wie er schon in Sparta geredet hatte, von den Reichtümern Asiens und vom Krieg mit den Persern, daß diese weder Schild noch Speer führten und leicht zu überwinden seien und fügte noch zu, daß ja die Milesier von Athen her stammten und es also nur recht und billig sei, daß die Athener ihnen in ihrer Not beistünden, zumal sie ja große Macht besäßen, und bat so dringend und versprach alles mögliche, bis es ihm gelang und er sie überredete. Es muß ja wohl leichter sein, viele zu täuschen als einen. Den einen Kleomenes von Lakedaimon hatte er nicht zu täuschen vermocht, aber bei den dreißigtausend Athenern[113] gelang es ihm. So beschlossen sie, den Ionern zwanzig Schiffe zu Hilfe zu schicken unter

FÜNFTES BUCH

Anführung des Melanthios, eines hochangesehenen athenischen Bürgers. Diese Schiffe aber waren der Anfang des Unheils für die Hellenen und Barbaren.

98. Aristagoras aber, der ihnen nach Milet vorausgefahren
war, faßte nach seiner Ankunft einen Entschluß, von dem zwar
für die Ioner kein Vorteil zu erwarten stand, aber darauf hatte
er es auch gar nicht abgesehen, sondern nur auf eine Kränkung
des Königs Dareios. Er schickte nämlich einen Mann nach
Phrygien zu den Paionen, die Megabazos als Kriegsgefangene
vom Fluß Strymon weggeführt hatte und die jetzt in einem
besonderen Landstrich und Ort in Phrygien wohnen mußten.
Zu diesen Paionen ging der Mann und sprach zu ihnen: »Paionen! mich sendet Aristagoras, der Tyrann von Milet, um euch
zu raten, wie ihr euch erlösen und retten könnt, sofern ihr
danach handelt. Ganz Ionien ist jetzt im Aufstand gegen den
König. So steht es euch jetzt frei, nach eurer Heimat zu entkommen. Wie ihr bis zur Meeresküste gelangt, müßt ihr selber
sehen, aber für das Weitere werden wir sorgen.« Die Paionen
nahmen den Vorschlag mit Freuden auf, erhoben sich mit
Weib und Kind und flohen hinab zum Meer, außer etlichen,
die verzagten und zurückblieben. Sie erreichten die Küste und
fuhren von da nach Chios und waren schon auf der Insel, als
zahlreiche persische Reiter erschienen, die ihnen dicht auf
dem Fuße nachgesetzt waren. Sie hatten sie aber nicht mehr
einholen können und schickten nun hinüber nach Chios und
ließen die Paionen zur Umkehr auffordern. Die Paionen aber
weigerten sich, wurden von den Chiern nach Lesbos übergesetzt und von den Lesbiern nach Doriskos[114] gebracht, von wo
sie zu Lande weiterzogen, bis sie nach Paionien kamen.

99. Als nun die Athener mit zwanzig Schiffen ankamen und
zugleich fünf Trieren der Eretrier mitbrachten, die aber nicht
den Athenern zuliebe mitzogen, sondern um den Milesiern
selbst ihren schuldigen Dank zu erweisen, weil diese ihnen
vormals im Krieg mit den Chalkidern getreulich beigestanden
hatten, während die Samier den Chalkidern gegen die Eretrier
und Milesier zu Hilfe kamen.[115] Nachdem auch die anderen

TERPSICHORE

Verbündeten zur Stelle waren, unternahm Aristagoras einen Angriff auf Sardis. Er selber zog jedoch nicht mit aus, sondern blieb in Milet und bestellte andere Männer zu Anführern der Milesier, seinen eigenen Bruder Charopinos und einen seiner Mitbürger mit Namen Hermophantos.

100. Mit dieser Streitmacht fuhren die Ioner nach Ephesos, ließen die Schiffe in der Nähe dieser Stadt bei Koresos und zogen mit einem starken Heer ins Land hinauf, geführt von wegkundigen Ephesiern. Sie marschierten am Fluß Kaystrios entlang, überschritten dann den Berg Tmolos und erreichten Sardis[116], und weil ihnen niemand in den Weg trat, besetzten sie die ganze Stadt mit Ausnahme der Burg[117], die Artaphernes selber mit einer nicht geringen Streitmacht beschützte.

101. So hatten sie zwar die Stadt gewonnen, kamen aber nicht dazu, sie auszurauben, und zwar aus folgender Ursache. Die meisten Häuser der Stadt waren aus Rohr gebaut und auch diejenigen, die aus Backsteinen waren, hatten Dächer von Rohr. Als nun eines von diesen Häusern von einem Kriegsmann in Brand gesteckt wurde, verbreitete sich das Feuer von Haus zu Haus und erfaßte die ganze Stadt. Da wurden die Lyder und alle Perser, die sich noch darin aufhielten, von den Flammen, die an allen Enden ringsum aufgingen, bedrängt, und da sie die brennende Stadt nicht mehr verlassen konnten, flüchteten sie sich alle auf den Markt zum Fluß Paktolos, der vom Tmolos herabströmt und Goldsand mitführt und mitten durch den Markt fließt, nachher aber in den Fluß Hermos fällt, der sich ins Meer ergießt. Zu diesem Fluß auf dem Markt kamen die Lyder und Perser gerannt und setzten sich dort notgedrungen zur Wehr. Als die Ioner jedoch sahen, wie die Feinde sich wehrten und andere in großen Mengen auf sie eindrangen, verzagten sie, zogen sich auf das Gebirge Tmolos zurück und marschierten von da, als die Nacht hereinbrach, wieder zu ihren Schiffen.

102. So brannte Sardis nieder und darin auch ein Tempel der Landesgöttin, der Kybebe[118], was nach dieser Zeit die Perser zum Vorwand nahmen, als sie später die Tempel der Hellenen

FÜNFTES BUCH

verbrannten. Inzwischen versammelten sich die persischen
Statthalter in den Provinzen diesseits des Halys, die schon
Kunde davon hatten, und rückten heran, um den Lydern beizustehen. Als sie aber die Ioner nicht mehr in Sardis fanden, eilten
sie ihnen nach und trafen sie bei Ephesos. Da stellten sich die
Ioner gegen sie zur Schlacht, erlitten aber eine schwere Niederlage. Die Perser töteten viele namhafte Ioner, unter ihnen auch
der Führer der Eretrier Eualkides, der in manchen Kampfspielen den Kranz gewonnen und vom Dichter Simonides[119] aus
Keos viel gepriesen worden war. Diejenigen aber, die aus der
Schlacht entrannen, zerstreuten sich und gingen in ihre Städte
zurück.

103. Bald nach diesem unglücklichen Kampf trennten sich
die Athener ganz von den Ionern, und obgleich Aristagoras zu
ihnen sandte und sie dringend bat, weigerten sie sich doch,
ihnen weiter zu helfen. Die Ioner aber, der athenischen Hilfe
beraubt, betrieben trotzdem den Krieg mit allem Eifer weiter,
da sie sich nun einmal so weit gegen Dareios vorgewagt hatten.
Sie fuhren mit ihren Schiffen nach dem Hellespontos und
brachten dort Byzanz mit all den andern Städten in ihre Gewalt; danach verließen sie ihn wieder und gewannen den größten Teil von Karien für ihren Bund. Auch die Stadt Kaunos, die
vordem ein Bündnis mit ihnen verweigert hatte, trat jetzt, nach
der Verbrennung von Sardis, auf ihre Seite.

104. Die Kyprier fielen ihnen alle, bis auf die Amathusier[120],
aus freien Stücken zu; denn auch diese befanden sich gegen die
Meder in Aufstand. Onesilos nämlich, ein jüngerer Bruder des
Königs Gorgos in Salamis und ein Sohn des Chersis, Enkel des
Siromos und Urenkel des Euelthon, hatte schon früher oftmals
seinen Bruder Gorgos zu überreden versucht, er solle sich vom
König lossagen, und als er nun vom Aufstand der Ioner erfuhr,
ließ er nicht ab, in ihn zu drängen, aber vergeblich. Darum
wartete er die Zeit ab, als Gorgos einmal die Stadt Salamis
verließ, und schloß mit denen, die ihm anhingen, die Tore
hinter ihm zu. So verlor Gorgos die Stadt und flüchtete sich zu
den Medern, Onesilos aber wurde Herr von Salamis und über-

TERPSICHORE

redete alle Kyprier, mit ihm zugleich von den Persern abzufallen; nur die Amathusier wollten nicht. Deshalb belagerte er ihre Stadt und schloß sie ein.

105. Mittlerweile war dem König Dareios gemeldet worden, daß Sardis von den Athenern und Ionern erobert und verbrannt worden sei, und daß der Anstifter dieser Vereinigung, der alles angezettelt und zuwege gebracht habe, der Milesier Aristagoras sei. Wie man erzählt, soll er zuerst – ohne der Ioner zu gedenken, weil er wohl wußte, daß diese der Strafe für den Abfall nicht entrinnen würden – gefragt haben, wer die Athener seien. Und nachdem man es ihm gesagt hatte, ließ er sich den Bogen reichen, legte einen Pfeil auf und schoß in die Luft gegen den Himmel und rief dabei: »O Zeus[121], gib, daß mir Rache werde an den Athenern!« Zugleich soll er einen seiner Diener beauftragt haben, ihm jedesmal, wenn er zu Tische saß, dreimal zuzurufen: »Herr, gedenke der Athener.«

106. Danach ließ er den Milesier Histiaios, den er schon seit langer Zeit bei sich festgehalten hatte, vor sein Angesicht rufen und sprach zu ihm: »Ich höre, Histiaios, daß der Mann, dem du an deiner Stelle die Regierung über Milet anvertraut hast, sich gegen mich empört. Er hat aus dem anderen Erdteil Männer gegen mich aufgeboten und mit diesen zugleich auch die Ioner – die es mir noch büßen sollen! – überredet, ihm zu folgen, und so habe ich durch ihn die Stadt Sardis verloren. Nun sprich, wie gefällt dir das? Wie kann das alles ohne dein Wissen und Wollen geschehen sein? Sieh dich vor, daß du dich am Ende nicht selber anklagen mußt!« Histiaios antwortete ihm: »O König! wie kannst du solches reden! Ich hätte wider dich einen Anschlag gestiftet, daraus dir ein Ärgernis erstehen könnte, ein großes oder ein kleines? In welcher Absicht sollte ich das tun, welche Not könnte mich dazu drängen? Habe ich nicht alles wie du selber? Hältst du mich nicht für würdig, an allen deinen Entschlüssen teilzunehmen? Nein, wenn mein Verwalter wirklich so gehandelt hat, wie du es sagst, so tat er es auf eigene Faust. Aber noch kann ich es nicht glauben, daß die Milesier und mein Verwalter gegen deine Macht in Aufruhr sein soll-

409

FÜNFTES BUCH

ten. Sind sie es aber doch und hat man dir die Wahrheit berichtet, so sieh, o König, wie töricht du beraten warst, als du mich von der Küste wegholtest. Wundern sollte es mich nicht, wenn die Ioner, seitdem ich ihnen aus den Augen gekommen bin, das getan haben, worauf sie schon lange ihr Trachten gerichtet hatten. Wäre ich in Ionien gewesen, so hätte sich keine Stadt auch nur gerührt. Darum laß mich geschwind nach Ionien gehen, so will ich dort alles wieder in seine Ordnung bringen und diesen Statthalter von Milet, der dies angestiftet hat, hierher in deine Hand liefern. Und wenn ich alles nach dem Willen geregelt habe, so schwöre ich dir bei den Göttern deines königlichen Hauses, nicht eher will ich das Kleid, darin ich nach Ionien hinabreise, wieder ablegen, als bis ich dir Sardo[122], die größte der Inseln, zinsbar gemacht habe.«

107. Mit diesen Worten suchte Histiaios ihn zu täuschen. Dareios aber folgte seinem Rat und ließ ihn ziehen, befahl ihm jedoch, sich nach der Erfüllung seines Versprechens bei ihm in Susa wieder einzufinden.

108. Während also die Nachricht über Sardis zum König gelangte, Dareios mit dem Bogen schoß und danach mit Histiaios verhandelte, und Histiaios von ihm entlassen zum Meer hinabreiste, begab sich folgendes. Als Onesilos, dem Herren von Salamis, während seiner Belagerung von Amathus gemeldet wurde, daß der Perser Artybios sich anschicke, mit einem großen Heer zu Schiff nach Kypros zu kommen, sandte er Boten zu den ionischen Städten und rief sie um Hilfe. Rasch entschlossen eilten die Ioner mit einer großen Flotte herbei. Als sie aber nach Kypros kamen, waren auch schon die Perser auf Schiffen von Kilikien herübergekommen und zogen zu Lande gegen Salamis,und die Phoiniken fuhren mit der Flotte um das Vorgebirge, das den Namen »Schlüssel von Kypros«[123] trägt.

109. Da beriefen die kyprischen Fürsten die Heerführer der Ioner zusammen und sprachen zu ihnen: »Ihr ionischen Männer, wir Kyprier geben euch die Wahl, ob ihr lieber die Perser angreifen wollt oder die Phoiniken. Wollt ihr zu Lande gegen die Perser kämpfen, so ist es jetzt an der Zeit, daß ihr von den

TERPSICHORE

Schiffen ans Land steigt und euch aufstellt, und daß wir auf
eure Schiffe gehen und gegen die Phoiniken kämpfen. Wollt
ihr aber lieber gegen die Phoiniken kämpfen, so sei es. Was ihr
auch wählt, sorgt nur dafür, so viel an euch ist, daß Ionien und
Kypros die Freiheit gewinnen.« Darauf antworteten ihnen die
Ioner: »Uns hat der Bund der Ioner hergeschickt zur Bewachung des Meeres, nicht aber damit wir den Kypriern unsere
Schiffe überlassen und selber zu Lande uns mit den Persern
schlagen. Wir werden versuchen, wohin wir gestellt werden,
uns als Männer zu zeigen. Ihr aber seid eingedenk der harten
Knechtschaft, die ihr von den Medern habt erleiden müssen,
und erweist euch als tapfere Männer.«

110. Als ihnen die Ioner dies zur Antwort gaben und das
Heer der Perser bis in die Ebene vor Salamis gekommen war,
ordneten die kyprischen Könige[124] ihr Volk zur Schlacht und
stellten den übrigen Feinden die Truppen der kyprischen
Stämme entgegen, die Kerntruppen der Städte Salamis und
Soloi aber den Persern. Dem persischen Heerführer Artybios
stellte sich Onesilos aus eigenem Entschluß gegenüber.

111. Da man ihm sagte, daß das Pferd des Artybios abgerichtet sei, sich gegen einen gerüsteten Mann steil aufzurichten,
sprach er zu seinem Schildträger, einem Karer, der ein tüchti-
ger Kriegsmann war und dazu einen herzhaften Mut besaß:
»Ich höre, daß des Artybios Pferd sich steil aufrichtet und mit
Hufen und Maul jeden niederwirft, auf den es anspringt. Darum überlege und sage mir sofort, gegen wen du deinen Stoß
richten willst, gegen das Pferd oder gegen Artybios selbst?«
Darauf antwortete sein Knappe: »Herr, ich bin bereit, beides zu
tun oder nur eines, ganz wie du befiehlst. Doch will ich dir
auch sagen, was mir für dich am zuträglichsten scheint: Ich
meine, daß es meinem Fürsten und Feldherrn nicht anders
geziemt als gegen einen Fürsten und Feldherrn zu kämpfen.
Denn wenn es dir gelingt und du erlegst einen solchen Mann,
so entsteht dir daraus großer Ruhm; und im anderen Fall, wenn
jener dich erschlägt, was Gott verhüten wolle, so ist selbst der
Tod von einer ebenbürtigen Hand nur ein halbes Unglück.

411

FÜNFTES BUCH

Uns Dienern hingegen geziemt der Kampf gegen andere Diener oder auch gegen ein Pferd. Wegen der Künste aber, die das Tier versteht, sei unbesorgt; ich verspreche dir, es wird sich hinfort nie wieder gegen einen Mann erheben.«

112. So sprach er, und die Schlacht begann zu Lande und zu Wasser. Die Ioner mit ihrer Flotte und vor allem die Samier hielten sich an diesem Tage besser als je zuvor und überwanden die Phoiniken. Zu Lande aber trafen die beiden Heere aufeinander und es entbrannte ein heftiger Kampf. Der Kampf der beiden Feldherrn verlief so. Als Artybios auf seinem Pferd gegen Onesilos ansprengte, schlug dieser, wie er es mit dem Schildknappen verabredet hatte, auf jenen selber los, und wie sich nun das Roß mit den Füßen gegen des Onesilos Schild aufbäumte, da traf es der Karer mit seinem Sichelschwert und hieb ihm beide Beine ab. So fiel der persische Heerführer zugleich mit seinem Pferd.

113. Während nun auch die anderen alle im Kampf standen, geschah es, daß Stesenor, der Tyrann von Kurion (dessen Einwohner von Argos herstammen sollen) mit seinem nicht gerade kleinen Haufen verräterisch die Schlacht verließ und es ihm gleich darauf die Streitwagen der Salaminier nachmachten. Nun hatten die Perser die Oberhand und die Kyprier mußten die Flucht ergreifen. Es wurden ihrer viele erschlagen, auch Onesilos, Chersis' Sohn, der den Aufstand angestiftet hatte, und der König von Soloi, Aristokypros, der Sohn jenes Philokypros, den Solon der Athener, als er Kypros besuchte, in einem Gedicht vor allen Tyrannen gepriesen hat.

114. Dem Onesilos schnitten die Amathusier, weil er sie belagert hatte, den Kopf ab und hingen ihn in Amathus über dem Tor auf. Es begab sich aber, als der Kopf da hing und schon hohl war, daß ein Bienenschwarm hineinfuhr und ihn mit Waben füllte. Darüber befragten die Amathusier den Gott und erhielten den Spruch, sie sollten den Kopf herunternehmen und begraben, dem Onesilos aber alljährlich opfern als einem Heros, so würde es ihnen zum Vorteil gereichen. Und die Amathusier taten das noch bis auf meine Zeit.

TERPSICHORE

115. Als aber die Ioner nach der Seeschlacht bei Kypros erfuhren, daß es mit der Macht des Onesilos zu Ende sei und daß alle kyprischen Städte außer Salamis belagert würden, Salamis aber von den Einwohnern an ihren früheren König Gorgos wieder ausgeliefert worden sei, kehrten sie rasch nach Ionien zurück. Von den Städten in Kypros widerstand Soloi am längsten der Belagerung, denn erst im fünften Monat nahmen die Perser sie ein, indem sie die Mauer rings untergruben.

116. So waren die Kyprier nach einjähriger Freiheit aufs neue geknechtet. Daurises aber, ein Schwiegersohn des Dareios, und zwei andere persische Heerführer, Hymaios und Otanes, die auch Schwiegersöhne des Dareios waren, verfolgten die Ioner, die gegen Sardis zu Feld gezogen waren, trieben sie in ihre Schiffe, und nachdem sie sie besiegt hatten, verteilten sie die Städte und zerstörten sie.

117. Daurises, der sich zu den Städten am Hellespontos wandte, eroberte Dardanos und weiter Abydos, Perkote, Lampsakos und Paisos[125], jeden Tag eine andere Stadt. Als er aber von Paisos weiter gegen Parion zog, kam ihm die Nachricht, daß die Karer mit den Ionern gemeinsame Sache gemacht hätten und von den Persern abgefallen seien. Da führte er sein Heer vom Hellespontos weg und zog nach Karien.

118. Die Karer erhielten davon Kunde, noch ehe er ankam, und sammelten sich bei den sogenannten »Weißen Säulen«[126] am Fluß Marsyas, der in der Landschaft Idrias entspringt und in den Maiander mündet. Als sie dort versammelt waren, wurden mancherlei Ratschläge erteilt, aber den besten machte, nach meinem Dafürhalten, Pixodaros, Mausolos'[127] Sohn, aus der Stadt Kindye, ein Schwiegersohn des kilikischen Königs Syennesis. Der riet, daß die Karer über den Maiander gehen und mit diesem Fluß im Rücken die Schlacht bestehen sollten; so würden sie keinen Ausweg zur Flucht haben und gezwungen sein, auszuhalten und sich noch tapferer zu zeigen, als sie an sich schon seien. Aber nicht dieser Rat wurde angenommen, sondern ein anderer, daß lieber die Perser den Fluß im Rücken haben sollten als sie selber, weil dann ja die Perser,

413

FÜNFTES BUCH

sobald sie sich zur Flucht wendeten und die Schlacht verloren hätten, in den Fluß fielen und nicht mehr heimkehren könnten.

119. Und die Perser kamen und gingen über den Maiander. Am Fluß Marsyas lieferten ihnen die Karer die Schlacht[128] und kämpften lange Zeit einen harten Kampf, zuletzt aber mußten sie vor der Übermacht erliegen. Da fielen von den Persern an die zweitausend Mann, aber von den Karern an die zehntausend. Die der Schlacht entrannen, mußten sich vor dem Feind nach Labraunda flüchten in das Heiligtum des Zeus Stratios (›Heergott‹)[129], einen großen heiligen Platanenhain. Diesem Zeus Stratios opfern, soviel wir wissen, nur die Karer.

120. Während sich die geflüchteten Karer dort berieten, wie sie sich noch retten könnten, ob sie besser führen, wenn sie sich den Persern ergäben, oder wenn sie Asien ganz verließen, da kamen, während sie noch ratschlagten, die Milesier mit ihren Bundesgenossen zu Hilfe herbei. Da ließen die Karer die Pläne, die sie eben noch beraten hatten, fallen und rüsteten noch einmal zu einem Kampf. Sie trafen mit den anrückenden Persern zusammen und fochten noch wütender als zuvor, wurden aber doch geschlagen. Es gab große Verluste, aber am schwersten wurden die Milesier getroffen.

121. Später jedoch machten die Karier diese Niederlage wieder gut und nahmen den Kampf noch einmal auf. Auf die Nachricht nämlich, daß die Perser gegen ihre Städte auf dem Anmarsch seien, legten sie einen Hinterhalt an die Straße bei Pedasos. Dahinein fielen die Perser bei Nacht und wurden mitsamt ihren Heerführern Daurises, Amorges und Sisamakes erschlagen; da verlor auch Myrsos, Gyges' Sohn, das Leben. Der Anführer des Hinterhaltes aber war Herakleides, des Ibanollis Sohn, aus Mylasa.[130]

122. Inzwischen hatte Hymaias, auch einer von denen, die den Ionern nach ihrem Zuge gegen Sardis nachgesetzt waren, sich zur Propontis[131] gewandt und die Stadt Kios[132] in Mysien eingenommen. Nachdem er diese bezwungen hatte, wurde ihm gemeldet, daß Daurises den Hellespont verlassen hätte, um gegen Karien zu ziehen; da ließ er von der Propontis ab,

TERPSICHORE

wandte sich mit seinem Heer nach dem Hellespont und bezwang alle Aioler im Lande Ilion, dazu auch die Gergithen, die
noch von den alten Teukrern übrig waren. Während dieser
Eroberungen wurde Hymaias von einer Krankheit befallen
und starb dort in der Troas.

123. Artaphernes aber, der Statthalter in Sardis, und Otanes,
der dritte Heerführer, die den Auftrag hatten, gegen Ionien
und das angrenzende Aiolien zu ziehen, eroberten in Ionien
die Stadt Klazomenai und in Aiolien die Stadt Kyme.[133]

124. So fielen die Städte in die Gewalt der Feinde. Der
Milesier Aristagoras aber offenbarte jetzt, wie kleinmütig sein
Herz war. Denn nachdem er Ionien in Verwirrung und Not
gebracht hatte und der Urheber so großer Erschütterungen
war, dachte er jetzt nur noch an Flucht. Er sah, daß es ihm
unmöglich würde, Dareios zu besiegen. Er berief also seine
Mitanführer zu einer Beratung und sagte, daß es besser sei, sich
eine Zufluchtsstätte zu sichern für den Fall, daß sie aus Milet
verjagt würden. Sie sollten ihm auch sagen, ob er von Milet aus
eine Kolonie in Sardo gründen solle oder auch in Myrkinos[134]
im Lande der Edonen, das Histiaios von Dareios zum Geschenk empfangen und zu befestigen unternommen hatte.

125. Da riet ihm Hekataios, Hegesandros' Sohn, der Geschichtsschreiber, er solle nach keinem der beiden Orte fortziehen, sondern sich lieber auf der Insel Leros[135] eine feste Burg
erbauen, in der er, wenn er aus Milet vertrieben würde, ruhig
leben könnte, um später einmal von dort aus nach Milet
zurückzukehren.

126. Dies war des Hekataios Vorschlag. Aristagoras aber
hielt es für das beste, sie nach Myrkinos zu führen. Er ließ
daher Milet in der Obhut des Pythagoras, eines angesehenen
Bürgers der Stadt, und fuhr mit allen, die ihm folgen wollten,
nach Thrakien und setzte sich an dem Ort fest, zu dem er
ausgezogen war. Als er aber einmal von dort auszog und eine
Stadt der Thraken belagerte, und die Thraken sich bereit zeigten, sie friedlich zu räumen, wurde er mitsamt seinem Heer
von ihnen erschlagen.[136]

SECHSTES BUCH

Erato

1. Während Aristagoras, der Ionien zum Aufstand getrieben hatte, ein solches Ende nahm, ging Histiaios, der Tyrann von Milet, nachdem er von König Dareios aus Susa entlassen worden war, nach Sardis. Dort bei seiner Ankunft vom Statthalter Artaphernes um seine Meinung gefragt, weshalb die Ioner sich wohl empört haben könnten, wollte er die Ursache nicht wissen, sondern tat verwundert über die Sache und redete so, als wäre ihm das alles noch neu und unbekannt. Artaphernes aber, der über die wahre Ursache des Aufstandes wohl unterrichtet war, erwiderte dem Heuchler: »Ich will dir sagen, Histiaios, wie es mit dieser Sache zugegangen ist: du hast den Schuh gemacht, und Aristagoras hat ihn angezogen«, und zielte mit diesen Worten auf den Aufstand.

2. Daraus erkannte Histiaios, daß der Statthalter um alles wußte, erschrak und entfloh gleich in der folgenden Nacht an die Meeresküste und hatte also den König Dareios betrogen. Denn er hatte ihm versprochen, er wolle Sardo, die größte Insel, für ihn erobern und ging nun, um die Ioner in ihrem Krieg gegen Dareios selber anzuführen. Als er aber nach Chios übersetzte, wurde er von den Einwohnern ergriffen und in Ketten gelegt aus Argwohn, daß er von Dareios geschickt worden sei und gegen sie etwas anzetteln wollte, bis sie die ganze Sache erfuhren und ihn freiließen.

3. Als er nun dort von den Ionern befragt wurde, weshalb er dem Aristagoras so dringend aufgetragen habe, sich gegen den König zu empören, und damit ein so großes Unglück über

ERATO

Ionien gebracht habe, entdeckte er ihnen die wahre Ursache
keineswegs, sondern erzählte ihnen, wie es des Königs Absicht gewesen sei, die Phoiniken aus ihrem Lande wegzuführ-
ren und in Ionien anzusiedeln und dafür die Ioner nach Phoinikien zu verpflanzen, und daß er deshalb dem Aristagoras
jene Botschaft gesandt habe. Das war aber des Königs Absicht
ganz und gar nicht gewesen, sondern Histiaios wollte nur die
Ioner damit in Angst setzen.

4. Danach schickte Histiaios Briefe an etliche Perser[1] in
Sardis, als hätten sie mit ihm schon früher über eine Empörung
verhandelt, und der Bote, dem er auftrug, sie hinzutragen, war
Hermippos, ein Mann aus Atarneus. Aber Hermippos über-
brachte die Briefe nicht an die, zu denen er geschickt war,
sondern ging und gab sie in die Hand des Artaphernes. Dieser
erfuhr daraus alles, was im Gange war, und befahl Hermippos,
er solle die Briefe des Histiaios den Persern überbringen, für
die sie geschrieben waren, die Antwortschreiben aber an Histiaios, die sie ihm aufgeben würden, solle er ihm selber zutragen.
So kam die Sache an den Tag, und es wurden viele Perser von
Artaphernes hingerichtet, und in Sardis war alles voll Bestürzung.

5. Histiaios aber, nachdem ihm diese Hoffnung fehlgeschla-
gen war, bat die Chier und ließ sich von ihnen nach Milet
zurückführen. Die Milesier waren froh, auch Aristagoras los zu
sein und empfanden, nachdem sie von der Freiheit gekostet
hatten, keine Lust, wieder einen Herren ins Land zu lassen. Als
er dennoch bei Nachtzeit mit Gewalt in die Stadt einzudringen
versuchte, wurde er von einem Milesier an der Hüfte verwundet und mußte, ausgestoßen aus seiner Heimat, nach Chios
zurückkehren. Von dort wandte er sich, da er die Chier nicht
bewegen konnte, ihm Schiffe zu geben, nach Mytilene, wo es
ihm gelang, die Lesbier zu überreden, ihm Schiffe zu stellen.
Sie bemannten acht Schiffe und fuhren mit ihm nach Byzantion, wo sie sich aufstellten und alle Schiffe, die aus dem Pontos
kamen, kaperten; nur die Schiffe solcher Städte, die bereit
waren, dem Histiaios zu gehorchen, ließen sie frei.[2]

417

SECHSTES BUCH

6. Gegen Milet zog mittlerweile eine große Streitmacht zu Wasser und zu Lande. Die persischen Heerführer[3] hatten sich nämlich zu einem gemeinsamen Heer vereinigt, kümmerten sich nicht um die kleineren Städte, sondern rückten auf Milet. Bei der Flotte aber zeigten die Phoiniken den größten Eifer zum Kampf und mit ihnen zugleich kamen die kürzlich bezwungenen Kyprier, die Kiliken und Ägyptier.

7. Als die Ioner von ihrem Anzug gegen Milet und das übrige Ionien vernahmen, beschickten sie ihren Bundesrat im Panionion, und der Rat[4] beschloß, keine Streitmacht zu Lande gegen die Perser aufzubieten, sondern die Mauern der Stadt Milet sollten von den Bürgern selbst verteidigt werden, sie selber aber wollten die ganze Flotte bis auf das letzte Schiff bereit machen und, sobald sie bereit sei, bei Lade[5], einer kleinen Insel vor der Stadt Milet, aufstellen und damit die Stadt von der Seeseite her verteidigen.

8. Nun erschienen die Ioner mit ihren bemannten Schiffen vor Lade und mit ihnen zugleich die Aioler von Lesbos. Sie nahmen folgende Aufstellung. Auf dem östlichen Flügel standen die Milesier mit achtzig Schiffen, ihnen folgten die Priener[6] mit zwölf und die Myesier[7] mit drei Schiffen, neben den Myesiern die Teier[8] mit siebzehn Schiffen und neben den Teiern die Chier mit hundert Schiffen; hierauf die Erythraier und Phokaier, jene mit acht, diese mit drei Schiffen; auf die Phokaier folgten die Lesbier mit siebzig und als die letzten auf dem linken Flügel die Samier mit sechzig Schiffen. Die ganze Zahl[9] aller dieser Schiffe zusammen, betrug dreihundertdreiundfünfzig.

9. Als nun auch die Schiffe der Barbaren, zusammen sechshundert, gegen Milet heranfuhren und zur selben Zeit die ganze Heeresmacht zu Lande bei ihnen war, erschraken die persischen Heerführer über die Zahl der ionischen Schiffe und fürchteten, es würde ihnen unmöglich sein, den Sieg gegen sie zu erringen, und würden Milet nicht nehmen können, wenn sie die Seeherrschaft nicht behielten, sondern würden vielmehr Gefahr laufen, sich die Ungnade ihres Königs zuzuzie-

hen. Darum beriefen sie die Fürsten der Ioner, die vom Milesier Aristagoras ihrer Herrschaften beraubt worden waren und sich zu den Persern geflüchtet hatten, so viel ihrer damals vor Milet standen, und sprachen zu ihnen: »Jetzt, ionische Männer, ist es an der Zeit, daß ihr euch um das Haus des Königs verdient machen könnt. Jeder von euch suche seine Landsleute vom Bund der anderen herauszulösen. Lasset sie wissen und versprecht ihnen, sie sollen um ihrer Empörung willen keine bösen Folgen befürchten, ihre Tempel und ihre Häuser sollen nicht verbrannt werden, und sie selber sollen es nicht schlimmer haben als zuvor. Wenn sie sich aber doch weigern und darauf bestehen, mit uns kämpfen zu wollen, so bedroht sie und verkündet ihnen, was ihnen auch gewiß geschehen wird: Unterliegen sie in der Schlacht, so werden sie in die Sklaverei verkauft, ihre Söhne werden verschnitten, die Töchter bis nach Baktra[10] verschleppt und ihr Land an andere gegeben.«

10. So sprachen sie und die ionischen Fürsten sandten in der Nacht ein jeder zu seinen Landsleuten und ließen es ihnen kundtun. Aber alle Ioner, an die diese Botschaft wirklich gelangte, blieben hartnäckig und wollten von solcher Untreue nichts wissen, denn jeder glaubte, der persische Antrag werde nur ihm gemacht.[11] Dies war gleich nach der Ankunft der Perser vor Milet geschehen.

11. Als hierauf die Ioner auf der Insel zusammentrafen und sich miteinander berieten und dieser und jener aufstand und vor ihnen redete, trat auch Dionysios, der phokaiische Führer, hervor und sprach zu ihnen: »Auf des Schermessers Schneide steht jetzt unser Schicksal, ionische Männer, ob wir künftig in Freiheit leben sollen oder in Knechtschaft als entronnene Sklaven. Wenn ihr nun willig seid, Mühsal und Entbehrung zu tragen, so werdet ihr zwar für den Augenblick Beschwerde haben, es wird euch aber gelingen, die Feinde zu besiegen und eure Freiheit zu behaupten. Wenn ihr aber in dieser Trägheit und Unordnung verharrt, so sehe ich keine Hoffnung für euch, sondern werdet dem König für euren Abfall büßen müssen. Darum folgt mir und vertraut euch meiner Führung. So ver-

SECHSTES BUCH

spreche ich euch, sofern nur die Götter uns gnädig sind, die
Feinde werden den Kampf nicht wagen, oder, wenn sie ihn
wagen, völlig unterliegen.«

12. Als die Ioner diese Worte hörten, gaben sie sich unter die
Führung des Dionysios. Der ließ nun alle Tage die Schiffe in
langer Reihe eines hinter dem anderen auffahren, dann übte er
die Ruderer zwischen den Schiffen hindurchzufahren[12], wobei
die Besatzung in Schild und Wehr sich aufstellen mußte, und
war dies geschehen, so hielt er die Schiffe den übrigen Tag auf
See vor Anker, so daß die Ioner den ganzen Tag über reichlich
zu tun hatten. Sieben Tage lang hielten sie es aus und taten
nach seinem Befehl; aber am achten, da sie solcher Mühen
bisher ungewohnt und von den Entbehrungen und der Sonnenglut schon ganz erschöpft waren, fingen sie an und sprachen
zueinander: »Gegen welchen Gott haben wir denn gesündigt,
daß es uns so ergehen muß? Wie möchten wir sonst so töricht
und von Sinnen sein, daß wir uns selber diesem phokaiischen
Prahler anvertrauen, der doch nur drei Schiffe zu uns stellt?
Seit er uns in seine Hand bekommen hat, geht er mit uns um,
daß es eine wahre Schande ist. Viele von uns sind schon krank,
viele werden es bald sein. Nein, statt solchem Elend wollen wir
doch lieber alles auf uns nehmen, was kommt, und lieber die
künftige Knechtschaft, wie hart sie auch sein mag, auf uns
nehmen, als von dieser gegenwärtigen uns peinigen lassen.
Hört! Wir wollen ihm fortan nicht mehr folgen.« So sprachen
sie und von Stund an wollte keiner mehr auf ihn hören, sondern sie schlugen sich auf der Insel Zelte auf, als wären sie ein
Landheer, hielten sich drinnen im Schatten und hatten keine
Lust mehr, auf die Schiffe zu gehen und sich zu üben.

13. Als die Befehlshaber der Samier sahen, was sich bei den
Ionern tat, nahmen sie den Rat des Aiakes[13], Sylosons Sohn, an,
den er ihnen früher auf Geheiß der Perser hatte sagen lassen, als
er sie bat, das Bündnis mit den Ionern aufzukündigen. Sie
bemerkten einesteils die große Unordnung bei den Ionern und
erkannten andererseits die Hoffnungslosigkeit, die Macht des
Königs zu überwinden. Sie wußten sehr wohl, daß, wenn sie

420

auch diese Flotte besiegten, an ihrer Stelle eine andere fünfmal so große kommen würde. Sie griffen also zu einem Vorwand, sobald sie die Unlust der Ioner bemerkten, und waren froh, auf diese Weise ihre Tempel und Häuser vor dem Untergang zu retten.[14] Aiakes aber, dessen Rat sie befolgten, war Sylosons Sohn und ein Enkel des Aiakes, und war als Herrscher von Samos von dem Milesier Aristagoras ebenso wie die anderen ionischen Tyrannen aus seiner Herrschaft verjagt worden.

14. Als nun die Flotte der Phoiniken heranfuhr und die Ioner in langer Reihe, ein Schiff hinter dem anderen, ihnen entgegenfuhren und beide Teile aufeinanderstießen und der Kampf anhob, da weiß ich nicht zu sagen, welche von den Ionern sich feige oder tapfer hielten. Denn sie beschuldigen sich gegenseitig. Man sagt aber, daß die Samier, wie sie es mit Aiakes verabredet hatten, plötzlich die Segel aufzogen, die Schlachtordnung verließen und nach Samos absegelten, bis auf Schiffe, deren Führer den Befehlen ihrer Obersten nicht folgen wollten, sondern blieben und kämpften, wofür sie auch später vom samischen Volk belohnt wurden. Es wurde ihnen nämlich eine Tafel gesetzt, auf der ihre und ihrer Väter Namen geschrieben standen und daß sie sich als tapfere Männer erwiesen hätten; diese Tafel steht heute noch auf dem Markt. Als die Lesbier die Flucht ihrer samischen Nachbarn bemerkten, taten sie dasselbe wie jene, und desgleichen auch die Mehrzahl der Ioner.

15. Von denen aber, die in der Schlacht blieben, wurden die Chier am härtesten bedrängt, denn sie fochten wie Helden und wollten nicht weichen. Sie waren, wie ich schon früher gesagt habe, mit hundert Schiffen zur Stelle, und auf jedem Schiff standen vierzig auserlesene Bürger als Besatzung. Obwohl sie sahen, daß die meisten ihrer Bundesgenossen sie verließen, wollten sie es diesen Feiglingen doch nicht nachtun, sondern mit den wenigen Verbündeten, die noch bei ihnen übrig waren, drangen sie hin und wieder mitten durch die Schiffe der Feinde, griffen sie an und kämpften, bis sie eine große Menge von ihnen genommen,zugleich aber auch die Mehrzahl ihrer

SECHSTES BUCH

eigenen Schiffe verloren hatten. Mit dem Reste entkamen sie nach ihrer Insel.

16. Diejenigen Chier aber, deren Schiffe zu arg beschädigt waren, flüchteten sich vor den Verfolgern an die Küste von Mykale, ließen ihre Schiffe dort stranden, stiegen aus und wanderten zu Fuß durch das Festland. Als sie aber auf ihrem Weg in das Gebiet von Ephesos kamen – es war schon Nacht und die Frauen feierten das Fest der Tesmophorien –, hielten die Ephesier, die von dem Unglück der Chier noch nichts gehört hatten, sie für Räuber, die ihre Weiber wegfangen wollten, fielen mit allem Volk heraus und erschlugen die Chier.[15]

17. Als Dionysios aus Phokaia erkannte, daß die Sache der Ioner verloren war, fuhr er mit den drei feindlichen Schiffen, die er gekapert hatte, nicht wieder nach Phokaia zurück, weil er voraussah, daß diese Stadt ebenso wie das übrige Ionien verknechtet werden würde, sondern richtete seine Fahrt direkt nach Phoinikien. Dort stieß er etliche Lastschiffe der Phoiniken in den Grund, machte reiche Beute und wandte sich dann nach Sikelien, wo er fortan Seeraub trieb, jedoch nicht gegen die Hellenen, sondern gegen die Karchedonier und Tyrrhenen.

18. Die Perser aber, nachdem sie die Ioner auf dem Meere besiegt hatten, belagerten die Stadt Milet zu Lande und zu Wasser, untergruben die Mauern und bedrängten sie mit allerlei Listen, bis sie endlich im sechsten Jahre seit dem Aufstand des Aristagoras die Stadt eroberten[16] und die Einwohner in die Sklaverei verkauften, so daß sich der Spruch erfüllte, der vordem über Milet ergangen war.

19. Als nämlich einst die Argeier in Delphi um Rat fragten, wie sie ihre eigene Stadt erhalten könnten, gab ihnen der Gott einen gemeinsamen Spruch, von dem nur ein Teil die Argeier betraf, ein Zusatz aber sich auf die Milesier bezog. Diesen ersten Teil will ich an einem späteren Ort anführen, wenn meine Erzählung auf die Argeier kommt; die Weissagung aber, die an die abwesenden Milesier gerichtet war, lautete:

Dann auch wirst du, Milet, du Stifterin übeler Werke,

ERATO

Vielen geraten zum Schmaus und zu rühmlicher Beute, und deine
Gattinnen waschen die Füße der Männer mit wallendem Haupthaar.
Unseres Tempels sodann zu Didyma[17] walten wohl andre.

Das widerfuhr jetzt den Milesiern, denn die meisten ihrer Männer wurden von den Persern erschlagen, die langes Haupthaar tragen, ihre Weiber aber und Kinder als Sklaven verkauft und das Heiligtum in Didyma mit dem Tempel und dem Orakel ausgeraubt und niedergebrannt. Die Schätze, die in diesem Tempel waren, habe ich schon öfters an anderen Orten dieser Geschichte erwähnt.

20. Die gefangenen Milesier wurden nach Susa geführt, wo ihnen König Dareios nichts antat, sondern sie am Roten Meer in der Stadt Ampe ansiedelte, wo der Tigris ins Meer fließt. Das Gebiet der Milesier nahe der Stadt und das ebene Land behielten die Perser für sich, das Bergland aber gaben sie den Karern in Pedasa zu eigen.

21. In dieser Not der Milesier erwiesen die Sybariten, die nach dem Verlust ihrer Stadt in Laos und Skidros wohnten, nicht die gleiche Anteilnahme. Denn als damals Sybaris[18] von den Krotoniaten erobert worden war, schoren sich die Milesier allesamt, alt und jung, das Haupthaar und trugen großes Leid um sie; denn diese beiden Städte waren innig miteinander befreundet, mehr als ich je von anderen Städten vernommen habe. Ganz anders aber die Athener, die ihren Schmerz um die Einnahme Milets auf mancherlei Art kundtaten, ja als Phrynichos[19] ein Schauspiel dichtete und aufführte, »Die Eroberung von Milet«, und alle Zuschauer dabei in Tränen ausbrachen, straften sie ihn mit tausend Drachmen, weil er sie an ihr eigenes Leid erinnert hatte, und verboten jedermann, dieses Schauspiel jemals wieder aufzuführen.

22. Den Samiern aber, die noch ein wenig besaßen, gefiel es keineswegs, wie sich ihre Anführer gegen die Meder verhalten hatten; sie gingen gleich nach der Seeschlacht mit sich zu Rate

SECHSTES BUCH

und wurden einig, sie wollten, bevor Aiakes als ihr Herr wieder
ins Land käme, auswandern[20] und sich lieber anderswo niederlassen, als bleiben und den Medern und Aiakes dienstbar sein.
Denn eben zu dieser Zeit schickten die Zanklaier[21] in Sikelien
nach Ionien und luden die Ioner ein, nach Calacta (›Schöne
Küste‹) zu kommen, wo sie eine ionische Stadt gründen wollten. Diese ›Schöne Küste‹, wie sie genannt wird, gehört den
Sikelern und liegt in demjenigen Teile Sikeliens, der nach
Tyrrhenien zu liegt. Aber von den Ionern folgten allein die
Samier diesem Ruf und fuhren hin, und mit ihnen zugleich die
entronnenen Milesier.

23. Aber auf dieser Fahrt begegnete ihnen Folgendes. Sie
waren bis zur Stadt der epizephyrischen Lokrer gekommen, als
eben die Zanklaier unter ihrem König Skythes vor einer Stadt
der Sikeler lagen, die sie erobern wollten. Da nun Anaxilaos,
der Tyrann von Rhegion[22], der zu jener Zeit mit den Zanklaiern
verfeindet war, dies erfuhr, ging er zu den Samiern und riet
ihnen, sie sollten die ›Schöne Küste‹[23] fahren lassen und lieber
die Stadt Zankle besetzen, die eben von Männern entblößt sei.
Die Samier folgten dem Rat und besetzten Zankle. Auf diese
Nachricht hin eilten die Zanklaier herbei, um ihre Stadt zu
retten, und riefen Hippokrates, den Tyrannen von Gela, als
ihren Bundesgenossen zu Hilfe. Dieser kam auch mit seinem
Heer zu Hilfe, ließ aber Skythes, den Herrscher von Zankle,
weil durch seine Schuld die Stadt verlorenging, sowie seinen
Bruder Pythogenes in Fesseln legen und nach der Stadt Inykos[24] bringen; auch an den übrigen Zanklaiern übte er Verrat,
indem er mit den Samiern gemeinsame Sache machte und
einen eidlichen Vertrag schloß. Zum Lohn für diesen Verrat
erlaubten ihm die Samier, daß er sich von allem Gerät und
allen Gefangenen in der Stadt die Hälfte und außerdem alles
Gut auf dem Lande der Zanklaier aneignen dürfe. Darauf ließ
er die meisten Zanklaier fesseln und hielt sie als seine Sklaven,
die vornehmsten aber, dreihundert an Zahl, gab er den Samiern
zur Ermordung. Doch taten dies die Samier nicht.

24. Skythes aber, der Herrscher von Zankle, entkam aus

Inykos und flüchtete nach Himera[25], von da ging er nach Asien und begab sich zu König Dareios. Dareios achtete ihn für den rechtschaffensten Mann von allen, die bisher aus Hellas zu ihm heraufgekommen waren; denn mit des Königs Erlaubnis kehrte er noch einmal nach Sikelien zurück und kam von dort auch wieder zum König und starb in Persien in hohem Alter und in großem Wohlstand.

25. So hatten sich die Samier der Herrschaft der Meder entzogen und waren mühelos in den Besitz der herrlichen Stadt Zankle gekommen. In Samos aber ließen die Perser nach der Seeschlacht von Milet den Aiakes, Sylosons Sohn, durch die Phoiniken wieder einsetzen zum Lohn und Dank für den großen Dienst, den er ihnen erwiesen hatte. Ebenso blieben die Samier, weil ihre Schiffe aus der Schlacht entwichen waren, als einzige von allen, die am Aufstand teilgenommen hatten, verschont, indem weder ihre Stadt noch ihre Tempel niedergebrannt wurden. Nachdem aber Milet gefallen war, fiel auch Karien bald darauf wieder in die Hand der Perser; etliche der Städte ergaben sich aus freien Stücken, die anderen wurden mit Gewalt bezwungen.

26. Während dies geschah, wurde dem Milesier Histiaios, der noch bei Byzantion lag und die ionischen Handelsschiffe, die aus dem Pontos kamen, wegfing, das Schicksal Milets berichtet. Da übergab er einem Mann aus Abydos, Bisaltes, Apollophanes' Sohn, den Befehl im Hellespont, er selbst aber fuhr mit den Lesbiern nach Chios, kämpfte mit der Landwehr der Chier, die ihn nicht einlassen wollte, an den sogenannten Koila (›Schluchten‹), tötete eine große Zahl von ihnen und setzte sich mit den Lesbiern auf der Insel in Polichne[26]fest, worauf er auch die übrigen Chier, die in der Seeschlacht so schwer gelitten hatten, bald überwältigte.

27. Wenn einer Stadt oder einem Volk großes Unglück widerfahren soll, so pflegt es der Gott vorher durch Zeichen kundzutun. Auch den Chiern waren vor diesen Ereignissen große Zeichen geschehen. So waren von einem Chor von hundert Jünglingen, den sie nach Delphi entsandt hatten, nur

SECHSTES BUCH

zwei wieder heimgekommen; die übrigen achtundneunzig hatte eine Seuche hingerafft. Zum andern war um dieselbe Zeit, kurz vor der Seeschlacht, über den Kindern in der Schule das Dach eingestürzt, wobei von hundertzwanzig Knaben nur ein einziger davonkam. Bald nach diesem Wahrzeichen des Gottes kam die Seeschlacht und warf die Stadt darnieder, und nach der Seeschlacht fiel auch noch Histiaios mit den Lesbiern über sie her, und weil sie schon geschwächt waren, brachte er sie mit leichter Mühe in seine Gewalt.

28. Von Chios aus zog Histiaios mit vielem ionischen und aiolischen Volk gegen Thasos.[27] Aber während er noch vor der Stadt Thasos lag, wurde ihm gemeldet, daß die Phoiniken von Miletos gegen die anderen ionischen Städte ausgefahren seien. Da ließ er von Thasos ab und führte eilends seine Streitmacht nach Lesbos, und weil dort sein Heer Hunger litt, ging er von dort aufs Festland hinüber, um in Atarneus[28] und in den Gefilden der Myser am Fluß Kaikos das Getreide zu mähen. Dort aber griff sie der persische Heerführer Harpagos, der sich eben in dieser Gegend mit einer nicht geringen Streitmacht aufhielt, nach der Landung an, fing den Histiaios lebendig und machte den größten Teil seines Heeres nieder.

29. Die Gefangennahme von Histiaios geschah folgendermaßen. Es war bei Malene im Lande Atarneus, wo der Kampf zwischen den Hellenen und Persern stattfand. Lange Zeit behaupteten beide Teile das Feld, bis die persische Reiterei hervorbrach und sich auf die Hellenen warf. Diese entschied den Sieg; die Hellenen aber wandten sich zur Flucht. Auf dieser Flucht verzagte Histiaios und ergab sich, um sein Leben zu retten; denn der König, so hoffte er, würde ihn um seiner Verfehlung willen nicht am Leben strafen. Ein Perser hatte ihn eingeholt und war eben im Begriff, ihn niederzustoßen, da tat er einen Ausruf in persischer Sprache und gab sich zu erkennen.

30. Wäre er nun, nachdem er gefangen und fortgeführt war, bis zu König Dareios gebracht worden, so glaube ich, hätte ihm der König kein Leid getan, sondern ihm seine Schuld vergeben. Aber eben deshalb und damit er nicht wieder entkäme und

426

noch einmal beim König groß würde, ließen Artaphernes, der Statthalter in Sardis, und Harpagos, der ihn gefangen hatte, als er durch Sardis geführt wurde, seinen Leib an den Pfahl schlagen, seinen Kopf aber einlegen und zum König nach Susa bringen.[29] Als der König dies erfuhr, bestrafte er sie dafür, daß sie ihn nicht lebend vor sein Angesicht gebracht hatten, und befahl den Kopf des Histiaios zu waschen, ihn schön zu schmükken und zu begraben als den eines Mannes, der sich um ihn und um die Perser großen Dank verdient hatte. Solch ein Ende nahm Histiaios.

31. Nachdem die persische Flotte den Winter über bei Milet gelegen hatte, stach sie im folgenden Jahr wieder in See und nahm mit leichter Mühe die Inseln nahe am Festland, Chios, Lesbos und Tenedos.[30] Und jedesmal, wenn sie eine erobert hatte, fingen die Barbaren, indem sie die Insel besetzten, die Einwohner wie Fische im Zugnetz. Bei einer solchen Fangjagd fassen sie einander bei den Händen und bilden eine Kette, die von der nördlichen Küste bis zur südlichen reicht und durchziehen so die ganze Insel und fangen alle Menschen weg.[31] Auf gleiche Art eroberten sie die ionischen Städte auf dem Festland, nur daß sie die Menschen nicht wie im Zugnetz fingen; denn das war dort nicht möglich.

32. Da erfüllten die persischen Heerführer die Ankündigungen, die sie den Ionern damals, als sie noch gegen sie im Felde standen, angedroht hatten. Denn sobald sie wieder im Besitz der Städte waren, wählten sie die schönsten Knaben aus und ließen sie verschneiden, sodaß sie ihre Mannheit verloren, und die schönsten der Jungfrauen ließen sie hinaufführen zum König. Und zu diesem allem noch verbrannten sie auch die Städte mit allen Tempeln. So gerieten die Ioner zum dritten Mal in Knechtschaft, nämlich das erste Mal durch die Lyder, das zweite und darauf das dritte Mal durch die Perser.[32]

33. Von Ionien aus segelte die Flotte nach dem Hellespontos und eroberte alle Orte auf seiner linken Seite, denn die auf der rechten Seite waren schon von den Persern zu Lande bezwungen. Auf der europäischen Seite des Hellespontos liegt zu-

SECHSTES BUCH

nächst die Chersonesos mit zahlreichen Städten, dann Perinthos, die festen Orte auf der thrakischen Küste, endlich Selymbria[33] und Byzantion. Die Byzantier und ihnen gegenüber die Kalchedonier warteten die Ankunft der Phoiniken gar nicht erst ab, sondern verließen ihre Heimat und flüchteten sich in den Pontos Euxeinos nach der Stadt Mesambria.[34] Die Phoiniken aber verbrannten alle diese Ortschaften und wandten sich weiter gegen Prokonnesos und Artake[35], und nachdem sie auch diese Städte mit Feuer verwüstet hatten, fuhren sie zurück nach der Chersonesos, um die übrigen Städte, die sie das erste Mal noch verschont hatten, zu zerstören. Kyzikos aber ließen sie ganz bei Seite; denn die Einwohner dieser Stadt hatten schon zuvor aus eigenem Willen mit dem Statthalter in Daskyleion, Oibares[36], Megabazos Sohn, einen Frieden gemacht und sich dem König unterworfen. Auf der Chersonesos wurden alle Städte, außer Kardia, von den Phoiniken bezwungen. Sie waren bis zu dieser Zeit unter der Herrschaft des Miltiades gewesen, eines Sohnes des Kimon und Enkels des Stesagoras.

34. Miltiades nämlich, Kypselos' Sohn, hatte diese Herrschaft vorzeiten auf folgende Art erworben. Die Dolonker, ein thrakisches Volk, die die Chersonesos bewohnten, schickten einstens, als sie von den Apsinthiern[37] angegriffen und hart bedrängt wurden, ihre Könige nach Delphi, um bei dem Gott wegen des Krieges um Rat zu fragen. Die Pythia gab ihnen die Antwort, sie sollten denjenigen Mann, der sie auf dem Rückweg vom Orakel zuerst als Gast aufnehmen würde, als Ansiedler in ihr Land berufen. Darauf zogen die Dolonker die heilige Straße[38] entlang durch das Gebiet der Phoker und Boioter, und da sie niemand einlud, wandten sie sich nach Athen.

35. Nun war damals in Athen die oberste Gewalt in der Hand des Peisistratos, aber neben ihm stand auch Miltiades, Kypselos' Sohn, in großem Ansehen. Er kam aus einem Hause, das Viergespanne hielt und von Aiakos aus der Insel Aigina herstammte, später aber athenisch geworden war, indem Philaios, Aias' Sohn, der erste aus diesem Hause war, der sich in

Athen niederließ. Dieser Miltiades saß eben damals in der Vorhalle seines Hauses, als er die Dolonker vorüberziehen sah, und weil sie nicht nach der Landesart gekleidet und mit Speeren bewaffnet waren, rief er sie an, und als sie zu ihm herantraten, entbot er ihnen Herberge und gastliche Pflege. Sie folgten seiner Einladung, und nachdem sie von ihm bewirtet worden, offenbarten sie ihm alles, was ihnen der Gott gesagt hatte, und baten ihn, dem Wort des Gottes zu folgen. Miltiades war auch gleich bereit, die Aufforderung anzunehmen, denn er ärgerte sich über die Herrschaft des Peisistratos und wollte ihr gern aus dem Wege gehen. Er begab sich sogleich nach Delphi und fragte, ob er tun solle, was die Dolonker von ihm begehrten.

36. Als die Pythia es guthieß, sammelte Miltiades, Kypselos' Sohn, der schon zuvor in Olympia mit einem Viergespann den Preis gewonnen hatte, alle Athener, die zu dem Zug Lust hatten, machte sich mit ihnen und mit den Dolonkern auf den Weg und besetzte das Land, und jene, die ihn hergerufen hatten, erhoben ihn zu ihrem König. Da war das erste, was er tat, daß er die Landenge der Chersonesos von der Stadt Kardia bis zur Stadt Paktye durch eine Mauer[39] absperrte, damit die Apsinthier nicht mehr ins Land fallen und es verwüsten könnten. Diese Enge ist sechsunddreißig Stadien breit, und von ihr ab hat die ganze Chersonesos eine Länge von vierhundertzwanzig Stadien.

37. Nachdem Miltiades auf diese Weise den Hals der Insel vermauert und den Apsinthiern den Weg versperrt hatte, begann er zuerst einen Krieg mit der Stadt Lampsakos.[40] Dabei geschah es, daß er in einen Hinterhalt der Lampsakener fiel und gefangen wurde. Als dies dem König Kroisos von Lydien zu Ohren kam, der große Stücke auf Miltiades hielt, ließ er den Lampsakenern mitteilen, daß sie den Mann freigeben sollten, sonst würde er sie ausrotten wie eine Fichte. Die Lampsakener wußten nicht recht, was Kroisos mit dieser Drohung sagen wollte, daß er sie ausrotten würde wie eine Fichte, bis zuletzt einer der Älteren es richtig verstand und ihnen kundtat, daß nämlich die Fichte der einzige Baum sei, der, einmal abge-

SECHSTES BUCH

hauen, keinen Sproß mehr treibt, sondern ganz und gar abstirbt. Da erschraken die Lampsakener vor König Kroisos so sehr, daß sie Miltiades freigaben und ihn ziehen ließen.

38. So entkam er mit Hilfe des Kroisos. Er starb kinderlos und vererbte seine Herrschaft und sein Vermögen auf Stesagoras[41], Kimons Sohn. Denn dieser Kimon und Miltiades waren die Söhne ein und derselben Mutter. Die Einwohner der Chersonesos ehren ihn seit seinem Tode mit einem Opferfest, wie man den ersten Gründer zu ehren pflegt, und veranstalten dabei Kampfspiele mit Pferden und Männern, bei denen kein Lampsakener mitkämpfen darf. Weil aber der Krieg mit Lampsakos noch dauerte, fand auch Stesagoras seinen Tod und hinterließ keine Kinder. Er wurde nämlich von einem Beil getroffen und zwar im Rathaus von einem Mann, der sich für einen Überläufer ausgab, aber eigentlich sein grimmiger Feind war.

39. Nach Stesagoras' Tod gaben die Peisistratiden seinem Bruder Miltiades, einem Sohn des Kimon, eine Triere und schickten ihn nach der Chersonesos, um die Herrschaft zu übernehmen. Die Peisistratiden hatten sich schon in Athen freundlich gegen Miltiades erwiesen, als seien sie an dem Tod seines Vaters ganz unschuldig gewesen, von dem ich an einem anderen Ort erzählen will. Als dieser Miltiades auf die Chersonesos kam, hielt er sich still zu Hause, um erst seinem Bruder Stesagoras die Totenehre zu erweisen. Und es versammelten sich überall aus allen Städten des Landes, als sie von seiner Trauer hörten, die angesehensten Männer und kamen in Scharen zu ihm, um mit ihm zu klagen und ihn zu trösten. Er ließ sie aber sofort ergreifen und gefangensetzen. So brachte er das Land in seine Gewalt. Er hielt fortan fünfhundert Mann Kriegsvolk in seinem Dienst und heiratete des Thrakenkönigs Oloros[42] Tochter Hegesipyle.

40. Dieser Miltiades[43], Kimons Sohn, war also erst kürzlich auf die Chersonesos gekommen, als er in eine Bedrängnis geriet, die noch schlimmer war als die, die ihn zwei Jahre zuvor betroffen hatte, als er vor den Skythen fliehen mußte. Die nomadischen Skythen nämlich, von König Dareios gereizt,

ERATO

hatten sich zusammengeschlossen und waren plündernd bis auf die Chersonesos vorgedrungen. Miltiades aber hatte ihre Ankunft nicht abgewartet, sondern war geflohen, bis die Skythen wieder abzogen und die Dolonker ihn zurückriefen. Dies also war zwei Jahre vor dem geschehen, was ihn jetzt betraf.

41. Als er hörte, daß die Phoiniken bei Tenedos stünden, belud er fünf Trieren mit seinen Schätzen, so viel er zur Hand hatte, und gedachte heimzufahren nach Athen. Von Kardia aus stach er in See und nahm die Fahrt durch den Schwarzen Meerbusen. Da geschah es, als er eben um die Spitze der Chersonesos bog, daß die Phoiniken seinen Schiffen begegneten.[44] Er selber rettete sich noch mit vier Schiffen auf die Insel Imbros, aber das fünfte fiel in die Gewalt der nachsetzenden Phoiniken. Der Führer eben dieses Schiffes war Metiochos, der älteste von des Miltiades Söhnen, aber nicht aus seiner Ehe mit Oloros Tochter, sondern von einer anderen Frau. Diesen nahmen die Phoiniken samt seinem Schiff gefangen, und als sie hörten, daß er der Sohn des Miltiades sei, führten sie ihn hinauf zum König und meinten, der König würde es ihnen mit großem Dank belohnen, weil vordem Miltiades den Ionern geraten hatte, zu tun, was die Skythen von ihnen begehrten, nämlich die Brücke abzubrechen und heimzufahren. Aber Dareios tat Metiochos, als ihn die Phoiniken zu ihm heraufführten, keinerlei Leid, sondern im Gegenteil viel Gutes. Er gab ihm Haus und Gut und eine Perserin zur Frau, und die Kinder, die sie ihm gebar, wurden als Perser gehalten. Miltiades aber gelangte von Imbros nach Athen.

42. In diesem Jahre verübten die Perser keine weitere Feindseligkeit gegen die Ioner, vielmehr geschah in demselben Jahre etliches, was ihnen sehr vorteilhaft war. Artaphernes nämlich, der Statthalter in Sardis, entbot Abgesandte zu sich aus den Städten der Ioner und zwang sie, untereinander Verträge abzuschließen, daß sie fortan gegenseitigem Recht unterworfen seien und nicht einander beraubten und bekämpften. Daneben ließ er auch ihr Land vermessen nach Parasangen, was ein persisches Maß ist von dreißig Stadien Länge, und verordnete

431

SECHSTES BUCH

nach diesem Maße die Steuern über jede Stadt. Und diese Steuern sind seit jener Zeit unverändert so geblieben[45], wie sie Artaphernes verordnet hat, und waren auch früher schon ungefähr dieselben gewesen. Das trug zum Frieden in Ionien bei.

43. Als aber das Frühjahr[46] kam, enthob der König alle anderen Heerführer ihres Amtes und schickte Mardonios, Gobryas' Sohn, hinunter ans Meer. Dieser brachte ein gewaltiges Heer mit, Landtruppen und Schiffe, und war ein junger Mann, der jüngst erst des Königs Dareios Tochter Artozostre geheiratet hatte. Er führte das Heer bis nach Kilikien; darauf stieg er zu Schiff und fuhr mit der Flotte weiter, während das Landheer unter anderen Führern zum Hellespontos zog. Als Mardonios auf dieser Fahrt an der Küste Asiens entlang nach Ionien kam, geschah etwas, das diejenigen Hellenen über die Maßen verwundern wird, die nicht glauben wollen, daß Otanes bei der Beratung der Sieben eine Volksherrschaft für die Perser gefordert habe. Mardonios setzte nämlich alle Tyrannen in den ionischen Städten ab und errichtete an ihrer Stelle eine Volksherrschaft. Darauf zog er eilends weiter zum Hellespont, und nachdem sich dort eine große Menge von Kriegsschiffen und ein großes Kriegsheer versammelt hatte, setzten sie auf den Schiffen über und zogen zu Lande weiter durch Europa. Ihr Zug richtete sich auf Eretria und Athen.

44. Sie nahmen diese Städte jedoch nur zum Vorwand; ihre Absicht war es, so viele hellenische Städte zu unterjochen, als ihnen nur möglich war. So unterwarfen sie zunächst mit Hilfe der Flotte die Thasier, die keine Hand gegen sie erhoben hatten, und mit dem Landheer machte Mardonios zu allen anderen auch noch die Makedonen tributpflichtig; denn alle Völkerschaften diesseits der Makedonen waren ihnen schon untertan. Von Thasos wandten sie sich hinüber zum Festland und fuhren an der Küste entlang bis Akanthos[47], und von dort aus fuhren sie um den Athos herum. Aber während dieser Fahrt brach ein Sturm aus Nordost mit großer unwiderstehlicher Gewalt über sie her, richtete die Schiffe arg zu und warf eine große Zahl von ihnen gegen den Berg Athos.[48] Dreihun-

ERATO

dert Schiffe, sagt man, sollen dort zugrunde gegangen sein und
mehr als zwanzigtausend Menschen. Denn weil das Meer um
den Athos her voller Meerestiere ist, wurden die einen von den
Seetieren verschlungen, andere wurden an den Felsen zer-
schmettert, wieder andere ertranken, weil sie nicht schwimmen konnten oder erstarrten vor Kälte. So übel erging es der
Flotte.

45. Mardonios aber wurde mit dem in Makedonien stehen-
den Landheer bei Nacht von den Brygern[49], einem thrakischen
Volksstamm, überfallen, die viele erschlugen und ihn selber
verwundeten. Zwar entgingen auch sie nicht der Unterjochung durch die Perser; denn nicht eher verließ Mardonios
diese Gegend, als bis er sie unter seine Gewalt gebracht hatte.
Nach ihrer Unterwerfung aber zog er sich zurück, weil seine
Landmacht durch die Bryger und die Flotte am Athos so
schwer gelitten hatte. So kehrte das Heer nach Asien zurück
und brachte wenig Ehre heim.

46. Im zweiten Jahr darauf sandte Dareios zuerst einen
Boten zu den Thasiern, die von ihren Nachbarn beschuldigt
wurden, einen Aufstand zu planen, und gebot ihnen, ihre
Mauer niederzureißen und ihre Schiffe nach Abdera zu bringen. Die Thasier[50] hatten nämlich nach ihrer Belagerung durch
Histiaios ihre reichen Einkünfte dazu benutzt, um Kriegsschiffe zu bauen und ihre Stadt mit einer starken Mauer zu
umgeben. Diese Einkünfte hatten sie vom Festland und von
den Bergwerken. Von den Goldgruben in Skaptesyle gewannen sie gewöhnlich achtzig Talente, und von denen auf Thasos
zwar weniger, aber doch so viel, daß sie für gewöhnlich jedes
Jahr von ihrem Besitz auf dem Festland und von den Gruben
zweihundert, und in den besten Jahren dreihundert Talente
einnahmen, zumal sie von ihren Feldern keinerlei Abgaben zu
zahlen hatten.

47. Die Gruben habe ich selber gesehen. Davon sind diejenigen die erstaunlichsten, die einst von den Phoiniken entdeckt
wurden, als sie unter Führung des Thasos diese Insel besiedelten[51], die nach eben diesem Thasos, dem Sohn des Phönix,

433

SECHSTES BUCH

benannt ist. Diese phoinikischen Gruben auf Thasos liegen zwischen einem Ort mit Namen Ainyra und einem anderen Ort mit Namen Koinyra, gegenüber der Insel Samothrake; es ist ein großer von den Goldgräben ganz umgewühlter Berg. Soweit hiervon. Die Thasier gehorchten dem Befehl des Königs, rissen ihre Mauern nieder und lieferten alle ihre Schiffe nach Abdera.

48. Danach suchte Dareios die Absichten der Hellenen zu erkunden, ob sie einen Krieg mit ihm wagen oder sich ergeben wollten, und schickte Herolde durch das Land der Hellenen, den einen hierhin, den anderen dorthin; Sie hatten den Auftrag, Erde und Wasser für den König zu fordern. Zugleich aber schickte er noch andere Herolde zu den tributpflichtigen Seestädten und ließ ihnen entbieten, daß sie Langschiffe und Fahrzeuge für die Pferde herrichten sollten.

49. Während die Städte rüsteten, kamen die Herolde nach Hellas. Da waren viele Hellenen auf dem Festland, die bereitwillig gaben, was der König von ihnen fordern ließ; auch alle Inseln, zu denen sie kamen, gaben es, unter ihnen auch die Aigineten. Aber kaum hatten die Aigineten dies getan, fielen gleich die Athener über sie her, weil sie meinten, daß sich jene nur aus feindlicher Absicht gegen sie dem König ergeben hätten, um sie gemeinsam mit dem Perser zu bekriegen. Mit Freuden benutzten sie dies als Vorwand, wandten sich nach Sparta und erhoben Klage gegen die Aigineten, daß sie am hellenischen Lande Verrat geübt hätten.

50. Auf diese Klage hin ging Kleomenes, Anaxandrides' Sohn und König von Sparta, hinüber nach Aigina, um die Hauptschuldigen gefangenzunehmen. Einige Aigineten widersetzten sich aber seinem Versuch, sie zu ergreifen, darunter vor allem Krios[52], Polykritos' Sohn, der ihn bedrohte, daß er keinen Aigineten ungestraft wegführen werde; denn nicht auf Geheiß der Gemeinde von Sparta tue er dies, sondern weil ihn die Athener mit Geld dazu bestochen hätten; sonst würde er wohl auch den anderen König mitgebracht haben. Das alles sagte er aber im Auftrag des zweiten spartanischen Königs Demaratos.

Als Kleomenes auf diese Art wieder von Aigina abziehen mußte, fragte er Krios nach seinem Namen, und als jener ihm sagte, wie er hieß, entgegnete ihm Kleomenes: »Nun wohl, du Widder, so wappne jetzt deine Hörner mit Erz, denn du wirst auf hartes Unglück stoßen.«

51. Demaratos, Aristons Sohn, war in Sparta geblieben und suchte inzwischen das Volk gegen Kleomenes aufzubringen. Auch er war ein König der Spartiaten, aber aus dem geringeren Hause. Zwar eigentlich geringer ist dies Haus sonst nicht, denn beide Häuser sind von demselben Stammvater, aber das des Eurysthenes steht in höheren Ehren wegen seiner Erstgeburt.

52. Denn die Lakedaimonier erzählen, und darin weichen sie von allen Dichtern ab, daß noch Aristodemos selbst, ihr König, Aristomachos' Sohn, des Sohnes des Kleodaios und Enkels des Hyllos, sie in dies Land geführt habe, wo sie jetzt wohnen, und nicht erst die Söhne des Aristodemos, und daß ihm nicht lange Zeit danach sein Weib Zwillinge geboren habe. Argeia war ihr Name, und sie soll Autesions Tochter gewesen sein, des Sohnes des Tisamenos, der ein Sohn des Thersandros und Enkel des Polyneikes war. Und Aristodemos soll noch die Geburt der beiden Knaben erlebt haben, gleich darauf aber von einer Krankheit befallen und gestorben sein, worauf die Lakedaimonier beschlossen, gemäß dem Herkommen den älteren der beiden Knaben zu ihrem König zu machen. Doch wußten sie nicht, welchen von beiden sie dazu erwählen sollten, da die Kinder einander an Aussehen und Größe völlig gleich waren. Nachdem sie also den älteren nicht herausfinden konnten oder auch schon früher, wandten sie sich an die Mutter und befragten sie darum. Diese aber antwortete, sie könne sie selber auch nicht unterscheiden. Sie wußte es zwar recht wohl, dachte aber, die Knaben würden auf solche Art wohl beide Könige werden. In dieser Not, da sie nicht wußten, was zu tun sei, schickten sie nach Delphi und ließen fragen, wie sie sich in dieser Angelegenheit verhalten sollten. Die Pythia gebot ihnen, beide Knäblein zu Königen zu nehmen, den älteren aber für den höheren zu achten. Auf diese

SECHSTES BUCH

Antwort wußten die Lakedaimonier noch immer nicht, wie sie den älteren ausfindig machen sollten, bis ihnen ein Messenier mit Namen Panites einen Rat gab. Sein Rat lautete, daß sie auf die Mutter achten sollten, welches Kind sie zuerst wüsche und nähre, und fänden sie, daß sie das jedesmal auf die gleiche Weise mache, so würden sie daraus alles entnehmen können, was sie suchten und wissen wollten; schwankte sie aber selbst und wechselte mit den Kindern, so sei offenbar, daß auch jene es nicht besser wisse, und sie müßten alsdann irgendeinen anderen Weg einschlagen. Die Lakedaimonier folgten diesem Rat, beobachteten die Mutter der Kinder des Aristodemos und fanden, daß sie den Erstgeborenen allemal vorzog beim Nähren und beim Waschen; denn sie wußte nicht, daß sie beobachtet wurde. Nun nahmen sie den einen Knaben, den die Mutter vorzog und ließen ihn als den Erstgeborenen auf öffentliche Kosten erziehen. Er erhielt den Namen Eurysthenes, der andere aber den Namen Prokles. Als sie zu Männern herangewachsen waren, blieben sie, wie man erzählt, obgleich sie Brüder waren, doch Zeit ihres Lebens einander verfeindet, und ebenso ihre Nachkommen bis auf diesen Tag.

53. So erzählen es die Lakedaimonier, abweichend von allen anderen Hellenen. Das Nachfolgende aber behaupte ich selber entsprechend der allgemeinen hellenischen Sage, daß nämlich diese Könige der Dorier bis hinauf zu Perseus, dem Sohn der Danaë, – wenn man von dessen göttlichem Vorfahren[53] einmal absieht – von den Hellenen mit Recht als Hellenen bezeichnet und beschrieben werden; denn sie wurden damals schon zu den Hellenen gerechnet. Daß ich aber nur sage ›bis hinauf zu Perseus‹, und nicht noch weiter aufwärts greife, tue ich darum, weil uns von Perseus kein sterblicher Vater überliefert ist wie Amphitryon bei Herakles. Demnach sage ich mit gutem Grund ›bis hinauf zu Perseus‹. Wer aber von Danaë, Akrisios' Tochter, noch weiter auf ihre früheren Vorväter zurückgeht, der wird finden, daß die Führer der Dorier nach ihrer eigentlichen Abstammung Ägyptier[53a] waren. Dies ist ihr Geschlecht nach hellenischer Sage.

ERATO

54. Nach dem aber, was die Perser erzählen, wäre erst Perseus selber, der eigentlich ein Assyrier war, ein Hellene geworden, nicht aber schon seine Vorfahren; die Vorväter[54] aber des Akrisios, die ja gar nicht mit Perseus verwandt waren, seien, eben wie die Hellenen erzählen, ägyptischen Ursprungs gewesen.

55. So viel von diesen Sachen. Weshalb sie aber, obgleich sie Ägyptier waren[55], und aufgrund welcher Taten[56] sie zu den königlichen Würden bei den Doriern gelangt sind, darüber haben schon andere berichtet und will ich deshalb schweigen. Was aber andere[57] noch nicht berührt haben, davon werde ich im folgenden reden.

56. Folgendes sind die Ehren und Vorrechte, welche die Spartiaten ihren Königen zuerteilt haben: Priestertümer, das des Zeus Lakedaimon und das des Himmlischen Zeus, sowie das Recht, mit Kriegsmacht auszuziehen gegen jedes beliebige Land, wobei kein Spartiate dagegen Einspruch erheben darf bei Strafe der Verfluchung für ihn und sein Geschlecht. Ferner daß, wenn das Heer zum Krieg auszieht, die Könige die ersten und bei der Rückkehr die letzen seien, und, während sie im Felde sind, eine Leibwache von hundert Auserlesenen[58] bei sich haben; daß sie bei den Kriegszügen so viel Vieh mitnehmen dürfen, wie sie wollen, und von jedem Opfertier die Häute und den Rücken für sich behalten.

57. Das sind ihre Rechte im Krieg. In Friedenszeiten aber genießen sie folgende Ehren. Wird ein Opferfest auf öffentliche Kosten gefeiert, sitzen die Könige als erste nieder zum Mahl und wird ihnen zuerst von den Speisen gereicht; außerdem erhalten beide von allem doppelt so viel wie alle anderen Festgenossen; beim Trinken gebührt ihnen der erste Becher, und die Häute der Opfertiere fallen ihnen zu. An jedem Neumondstag und an jedem siebten Tag des Monats muß beiden jeweils ein ausgewachsenes Opfertier zum Tempel des Apollon und dazu ein Scheffel Mehl und ein lakonisches Viertel Wein auf öffentliche Kosten geliefert werden. Bei allen Kampfspielen steht ihnen ein besonderer Ehrensitz zu. Ihnen gebührt

437

SECHSTES BUCH

es, diejenigen Bürger nach ihrem Gefallen zu ernennen, welche die Ehrenwirte anderer Staaten sein sollen. Auch erwählt jeder von ihnen zwei Pythier, das sind Männer, die gesandt werden, um den Gott in Delphi zu befragen, und die gemeinsam mit den Königen auf öffentliche Kosten gespeist werden. Können die Könige nicht an einer Mahlzeit teilnehmen, werden jedem von ihnen zwei Choiniken Mehl und eine Kotyle Wein ins Haus geschickt, nehmen sie aber teil, so wird ihnen von allem das doppelte Teil dargereicht, und den gleichen Vorzug genießen sie auch, wenn sie von einem Bürger zu Gast geladen werden. Sie nehmen die Sprüche, die der Gott erteilt, in Verwahrung; nur die Pythier sind mit eingeweiht. Das Richteramt steht allein den Königen in folgenden Angelegenheiten zu, nämlich über die Wahl eines Gatten für eine Erbtochter[59], sofern sie nicht schon von ihrem Vater einem Mann verlobt ist, und über die öffentliche Wege. Auch wenn jemand einen an Kindes Statt annehmen will, muß er dies vor den Königen erklären. Sie sitzen mit im Rat der achtundzwanzig Alten, und wenn sie nicht kommen, so üben ihre nächsten Anverwandte unter den Alten das Königsrecht aus, indem sie zwei Stimmen abgeben und dazu als dritte ihre eigene.[60]

58. Dies sind die Rechte und Ehren, die das spartanische Volk seinen Königen zu Lebzeiten erweist. Wenn sie aber gestorben sind, ehrt man sie auf folgende Weise. Reiter vermelden den Tod durch das ganze lakonische Land, in der Stadt selbst ziehen Weiber umher und schlagen auf einen Kessel, und auf dieses Zeichen hin müssen aus jedem Hause zwei Freie, ein Mann und ein Weib, bei Androhung schwerer Strafe die Zeichen der Totentrauer anlegen. Auch üben die Lakedaimonier beim Tod ihrer Könige eine Sitte, die sich ebenso bei den Barbaren in Asien findet, die zum größten Teil die gleichen Bräuche[61] beim Tod ihrer Könige beachten. Wenn nämlich ein König der Lakedaimonier gestorben ist, sind außer den Spartiaten auch die Perioiken[62] aus ganz Lakedaimon verpflichtet, in einer bestimmten Anzahl zur Totenklage herbeizukommen. Die vielen Tausende von Perioiken, Heloten und Spartia-

ten, Männer und Frauen zusammen, die dann versammelt
sind, schlagen sich eifrig an die Stirn und erheben ein unsägliches Wehgeschrei. Dabei rufen sie, gerade dieser letzte verstor-
bene König sei der allerbeste gewesen. Findet aber ein König
seinen Tod im Krieg, so fertigen sie von ihm ein Bildnis an und
tragen es auf einer schön geschmückten Bahre zum Grab hinaus. Nach der Bestattung darf während einer Frist von zehn
Tagen kein Markt abgehalten werden, noch auch das Volk sich
zu Ämterwahlen versammeln, sondern die ganzen Tage über
sind sie in Trauer.

59. Mit den Persern haben sie auch noch einen anderen
Brauch gemein. Wenn nämlich nach dem Tode eines Königs
ein anderer zur Regierung kommt, erläßt dieser Nachfolger
alles, was etwa ein Spartiate dem König oder der Öffentlichkeit
schuldet. So erläßt bei den Persern der König, der den Thron
besteigt, allen Städten die rückständige Steuer.

60. Auch mit den Ägyptiern haben die Lakedaimonier etwas
gemeinsam, nämlich daß bei ihnen die Herolde, Flötenbläser
und Köche jeweils die Kunst ihrer Väter erben, so daß der Sohn
eines Flötenbläsers wieder ein Flötenbläser, der Sohn eines
Kochs ein Koch, und der eines Heroldes ein Herold wird.
Diese werden nicht etwa durch andere, die sich mit Fleiß
darauf verlegen und sich durch helle Stimme hervortun, aus
ihrer Kunst verdrängt, sondern üben sie fort nach ihrer von den
Vätern ererbten Weise.

61. Damals also wurde Kleomenes, während er in Aigina
war und etwas Gutes für Hellas bewirken wollte, von Demaratos verleumdet, mehr aus Neid und Mißgunst als aus Mitleid
für die Aigineten. Darum überlegte er nach seiner Rückkehr
von Aigina, wie er Demaratos aus der Königswürde entfernen
könnte. Dabei machte er sich den folgenden Umstand zunutze, um ihm beizukommen. König Ariston hatte während
seiner Regierung in Sparta zweimal geheiratet, aber keine Kinder erhalten, und weil er die Ursache davon nicht bei sich
selber finden wollte, heiratete er zum drittenmal. Zu dieser
dritten Frau kam er auf folgende Weise. Er hatte in Sparta einen

Freund, mit dem er so vertraulich umging wie mit keinem anderen Bürger. Dieser Mann hatte eine Frau, die von allen Frauen in Sparta die allerschönste war. Sie ist es aber erst später geworden, nachdem sie anfänglich ziemlich häßlich gewesen war. Ihre Amme hatte nämlich wegen ihres häßlichen Aussehens und weil es reicher Leute Kind und doch so mißgestaltet war, und weil sie gewahrte, daß die Eltern des Kindes sich seines Aussehens wegen grämten, einen Rat ausgesonnen, wie der Sache abgeholfen werden könnte. Sie trug das Mädchen Tag für Tag in das Heiligtum der Helena, das an einem Ort namens Therapne[63] oberhalb des phoibëischen Heiligtums liegt. Dort stellte sie das Mädchen vor das Bildnis der Göttin und flehte zu ihr, sie möge doch das Kind von seiner Häßlichkeit befreien. Da soll einmal der Amme beim Verlassen des Tempels eine Frau erschienen sein und sie gefragt haben, was sie da im Arme trüge, und als sie erwiderte, es sei ein Kind, verlangte die Frau, das Kind zu sehen. Die Amme aber weigerte sich, weil ihr die Eltern verboten hätten, es niemandem zu zeigen. Da jene aber dennoch das Kind durchaus sehen wollte und die Amme erkannte, wie ernst es die Frau damit meinte, gab sie nach und ließ es sehen. Da strich die Frau dem Kind mit der Hand über den Kopf und sagte, es würde dereinst die schönste Frau in ganz Sparta werden. Und von dem Tage an wandelte sich seine Gestalt. Als aber die Zeit kam und das Mädchen mannbar wurde, nahm es Agetos, Alkeides' Sohn, eben jener Freund des Ariston, zur Frau.

62. Weil nun Ariston von Liebe zu dieser Frau entbrannt war, verfiel er auf eine List. Er gelobte dem Freund, dem die Frau gehörte, er wolle ihm von allen seinen Gütern irgendein Stück, das jener sich erwählen würde, zum Geschenk geben, und verlangte dafür das gleiche von dem Freund. Jener nahm ohne alle Sorge um seine Frau, weil ja Ariston selber eine Frau hatte, den Vorschlag an, und beide schwuren darauf einen Eid. Daraufhin gab ihm Ariston irgendein kostbares Stück, das jener sich aus seinen Schätzen erwählte, und wie dann die Reihe an ihn kam, da verlangte er, des Freundes Gattin mit sich

ERATO

fortzuführen. Dieser wandte dagegen ein, er habe ihm alles andere, nur nicht dies eine zugesagt; weil er aber durch den Eidschwur gebunden war und sich überlistet fand, mußte er sie hingeben.

63. Auf diese Weise führte Ariston, nachdem er sich von seiner zweiten Frau getrennt hatte, die dritte Frau heim. Sie gebar ihm noch vor der Zeit, ehe die zehn Monate voll waren, einen Sohn, eben jenen Demaratos. Er saß eben mit den Ephoren zu Rat, als ein Diener ihm die Nachricht brachte, daß ihm ein Sohn geboren sei. Weil er nun die Zeit wußte, wann er die Frau heimgeführt hatte, und die Monate an den Fingern herrechnete, schwor er und rief: »Das kann nicht mein Sohn sein.« Das hörten zwar die Ephoren, beachteten es aber nicht. Als der Knabe heranwuchs, bereute Ariston jenes Wort, denn er war sich ganz sicher geworden, daß Demaratos sein Sohn sei. Den Namen Demaratos (›vom Volk erbeten‹) legte er ihm deshalb bei, weil vor diesen Ereignissen die Spartiaten im Namen des ganzen Volkes sich an die Götter mit der Bitte gewandt hatten, daß dem Ariston, den sie höher achteten als alle anderen spartanischen Könige, ein Sohn geboren werden solle.

64. Nach einiger Zeit starb Ariston, und Demaratos kam zur Königswürde. Aber das Schicksal wollte, daß jener Umstand ruchbar wurde und Demaratos um seine Königswürde brachte. Dies geschah so. Schon damals, als er das Heer von Eleusis heimführte, war ihm Kleomenes bitter verfeindet worden, besonders aber jetzt, als dieser nach Aigina übergesetzt war, um die medisch gesinnten Aigineten zu bestrafen.

65. Um sich dafür an Demaratos zu rächen, sprach er sich mit Leutychides, des Menares Sohn und Enkel des Agis, der zu demselben Hause wie Demaratos gehörte[64], dahingehend ab, daß er ihn an Stelle des Demaratos als König einsetzen und danach mit ihm zusammen gegen Aigina ziehen wollte. Dieser Leutychides nämlich haßte Demaratos auf das bitterste aus folgendem Grund. Er hatte sich mit Chilons[65], des Sohnes des Demarmenos, Tochter Perkalos verlobt, aber Demaratos war ihm arglistigerweise zuvorgekommen, hatte die Perkalos ent-

441

SECHSTES BUCH

führt[66] und gefreit und jenen um seine Braut betrogen. Daraus also war die Feindschaft entsprungen, und auf Betreiben des Kleomenes erhob jetzt Leutychides eine eidliche Klage gegen Demaratos und behauptete, daß er kein Sohn des Ariston sei, sondern zu Unrecht als König über Sparta regiere. Und zum Beweis dieser Klage erinnerte er an jenes Wort des Ariston, das jener damals ausgerufen hatte, als ihm von seinem Diener die Geburt eines Knaben gemeldet wurde und er die Monate berechnete und darauf mit einem Eid[67] beteuerte, es wäre nicht sein Sohn. Auf diesen Ausspruch bezog sich Leutychides, um zu beweisen, daß er nicht Aristons Sohn und ganz zu Unrecht ein König in Sparta sei, und berief sich dabei auf das Zeugnis jener Ephoren, die damals neben Ariston gesessen und diese Worte von ihm gehört hatten.

66. Darüber erhob sich nun ein Streiten, bis endlich die Spartiaten einig wurden, das Orakel in Delphi darüber zu befragen, ob Demaratos wirklich ein Sohn des Ariston sei. Kleomenes, durch dessen Betreiben die Sache an die Pythia gebracht wurde, wußte den Kobon, Aristophantes' Sohn, einen vielvermögenden Mann in Delphi, auf seine Seite zu ziehen, und dieser Kobon überredete die Priesterin Perialla, daß sie so antworten sollte, wie es Kleomenes wünschte. Als nun die Boten kamen und ihre Frage an den Gott richteten, gab die Pythia den Bescheid, Demaratos sei nicht Aristons Sohn. In späterer Zeit jedoch kam dieser Betrug an den Tag. Da mußte Kobon aus Delphi weichen und die Priesterin Perialla wurde ihres Amtes enthoben.

67. Auf diese Weise ging Demaratos seiner Königswürde verlustig; daß er aber aus Sparta zu den Medern entwich, geschah wegen einer anderen Schmach, die ihm widerfuhr. Nachdem er nämlich seiner Würde als König enthoben war, waltete er eines Amtes, zu dem man ihn gewählt hatte. Da geschah es, als das Fest der Gymnopaidien[68] gefeiert wurde und Demaratos dem Spiel zuschaute, daß Leutychides, der damals schon seinen Platz als König eingenommen hatte, seinen Diener zu ihm schickte und ihn aus purem Hohn und Spott fragen

ließ, wie es denn schmecke, Beamter zu sein, nachdem man
erst König gewesen sei? Zornig über diese Frage erwiderte er:
Er selber habe schon beides erprobt, jener aber nicht; im übrigen aber werde aus dieser Frage für Lakedaimon tausendfaches
Weh oder auch ebensoviel Heil erwachsen. Nach diesen Worten verhüllte er sein Haupt und verließ das Theater. Zu Hause
traf er sofort Vorbereitungen für ein Opfer und brachte Zeus
einen Stier dar. Danach aber rief er nach seiner Mutter.

68. Als sie gekommen war, legte er ihr von den Eingeweiden
auf die Hände[69], flehte sie an und sprach: »O Mutter, ich flehe
dich an und beschwöre dich bei Zeus, dem Hüter dieses Hauses und bei den anderen Göttern, sage mir die Wahrheit, wer ist
eigentlich mein Vater? Leutychides behauptete bei unserem
Streit, daß du damals, als du zu Ariston kamst, schon von
deinem ersten Manne schwanger gewesen seist, etliche aber,
die noch törichter reden, sagen, du hättest mit einem der
Knechte, mit dem Eselhüter, Umgang gehabt und dieser sei
mein Vater. Darum bitte ich dich bei den Göttern, sage mir die
Wahrheit. Denn hast du getan, wie man erzählt, nun, so haben
schon viele andere Frauen desgleichen getan und nicht du
allein. Auch sagen viele Leute in Sparta, daß Ariston keine
Zeugungskraft besessen habe, denn sonst hätten ihm auch
wohl schon seine ersten Frauen Kinder geboren.«

69. So sprach er. Die Mutter antwortete ihm und sagte: »O
Sohn! Da du mich mit Bitten bedrängst, sollst du die ganze
Wahrheit vernehmen. Es war in der dritten Nacht, seitdem
mich Ariston in sein Haus geführt hatte, als eine Gestalt zu mir
kam, die dem Ariston ähnlich sah; die schlief bei mir und legte
mir danach die Kränze[70] ums Haupt, die sie mitgebracht hatte.
Und nachdem die Gestalt sich wieder entfernt hatte, kam
Ariston und fragte beim Anblick der Kränze, wer sie mir
gegeben. Ich antwortete: er selbst, und als er es leugnete, beschwor ich es mit einem Eide und sagte, es sei nicht fein von
ihm, daß er es leugne, wo er doch eben erst zu mir gekommen
sei, sich zu mir gelegt und mir danach die Kränze gegeben
habe. Wie er sah, daß ich darauf schwor, merkte er, daß sich bei

SECHSTES BUCH

der Sache etwas Wundersames ereignet haben mußte. Auch
zeigte es sich, daß die Kränze aus dem Heiligtum des Heros
Astrabakos[71] herrührten, das draußen am Eingang des Hofes
liegt, und zum anderen erklärten auch die Wahrsager, daß es
eben dieser Heros gewesen sein müßte. Da hast du nun alles,
mein Sohn, was du wissen wolltest. Entweder bist du von
diesem Heros gezeugt und Astrabakos, der Heros, ist dein
Vater, oder Ariston ist es; denn eben in jener Nacht habe ich
dich empfangen. Womit dich aber deine Widersacher am
meisten belasten, wenn sie behaupten, daß Ariston selber damals, als ihm deine Geburt gemeldet wurde, vor vielen Zeugen
gesagt habe, du seiest nicht sein Sohn, weil die rechte Zeit, die
zehn Monate noch nicht erfüllt seien, so wisse, daß Ariston aus
Unkenntnis dieser Dinge jenes Wort entschlüpft ist. Denn die
Weiber gebären auch nach neun und nach sieben Monaten
und nicht alle erfüllen die zehn Monate; ich aber habe dich
nach dem siebten geboren. Auch hat Ariston selber nicht lange
Zeit danach zugegeben, daß ihm das Wort nur aus Unbedacht-
samkeit entschlüpft sei. Was die Leute aber sonst von deiner
Abkunft erzählen, darauf darfst du nicht hören, denn du weißt
jetzt die volle und lautere Wahrheit. Von Eselhütern aber
mögen die Weiber des Leutychides und der anderen, die solches schwatzen, sich Kinder holen.«

70. So sprach die Mutter. Nachdem Demaratos erfahren
hatte, was er wissen wollte, rüstete er sich zur Reise und ging
nach Elis, gab aber vor, er wolle nach Delphi reisen und das
Orakel befragen. Die Lakedaimonier aber, die einen Verdacht
schöpften, daß er fliehen wollte, verfolgten ihn.[72] Da Demaratos aber bereits von Elis nach Zakynthos[73] übergesetzt war,
folgten sie ihm auf die Insel, griffen ihn und nahmen ihm seine
Diener weg. Ihn selbst aber wollten die Zakynthier nicht herausgeben. Von dort ging er nachher nach Asien hinüber zu
König Dareios. Der nahm ihn mit großen Ehren auf und gab
ihm Land und Städte.[74] Auf diese Weise und unter solchen
Schicksalen gelangte Demaratos nach Asien, nachdem er sich
zuvor in Lakedaimon mit Taten und Worten vielfachen Ruhm

erworben, ja einmal auch seine Vaterstadt durch einen Sieg geehrt hatte, den er in Olympia mit einem Viergespann gewann, was außer ihm keinem anderen König in Sparta zuvor gelungen war.

71. Nach der Absetzung des Demaratos übernahm Leutychides an seiner Statt die Königswürde. Sein Sohn war Zeuxidamos, oder, wie ihn etliche Spartiaten nannten, Kyniskos (›Hündlein‹). Dieser kam in Sparta nicht zur Regierung, denn er starb noch vor Leutychides, hinterließ aber einen Sohn, den Archidamos. Nachdem Leutychides seinen Sohn Zeuxidamos verloren hatte, heiratete er eine zweite Frau namens Eurydame, eine Schwester des Menion und Tochter des Diaktorides, die ihm keinen Sohn, sondern nur eine Tochter gebar, die Lampito, die er dem Archidamos, Zeuxidamos' Sohn, zur Ehe gab.

72. Aber auch Leutychides[75] beschloß sein Leben nicht in Sparta, sondern verbüßte die Strafe, die er an Demaratos verdient hatte. Er war mit einem spartanischen Heer nach Thessalien gezogen[76] und hätte dort alles unter seine Gewalt bringen können, ließ sich aber durch eine große Summe Geldes bestechen. Er wurde in seinem eigenen Lager ertappt, wie er auf einem vollen Geldbeutel saß, und darum vor Gericht gestellt. Er aber floh aus Sparta nach Tegea, wo er starb; sein Haus wurde niedergerissen.

73. Dies geschah jedoch erst später. Damals aber, als Kleomenes seinen Anschlag gegen Demaratos unternommen hatte, zog er gleich mit Leutychides zusammen gegen die Aigineten, gegen die er wegen der groben Beschimpfung einen fürchterlichen Groll hegte. Da hielten es nun die Aigineten, weil beide Könige zu ihnen ins Land kamen, nicht für ratsam, sich länger zu widersetzen, und wählten aus ihren Reihen zehn Männer, die reichsten und vornehmsten, darunter auch den Krios, Polykritos' Sohn, und Kasambos, Aristokrates' Sohn, die beide die größte Macht in Aigina ausübten. Diese führten sie mit sich weg und brachten sie nach Attika und vertrauten sie der Obhut der Athener an, die die schlimmsten Feinde der Aigineten waren.

SECHSTES BUCH

74. Aber es wurde bekannt, daß Kleomenes unehrliche Mittel gegen Demaratos angewandt hatte. Da ergriff ihn die Angst vor den Spartiaten, und er floh nach Thessalien, von wo er nach Arkadien ging und eine Empörung anstiftete, indem er die Arkader gegen Sparta aufwiegelte und sie viele Eide schwören ließ, daß sie ihm folgen wollten, wohin er sie führen würde. Vor allem wollte er die Oberhäupter der Arkader bewegen, sich in Nonakris zu versammeln, um sie dort beim Wasser des Styx[77] schwören zu lassen. Denn in dieser Stadt sollen die Wasser des Styx fließen, und in der Tat findet sich dort ein kleines Gewässer, das von einem Felsen in eine Talschlucht herabträufelt, und diese Schlucht ist rings von einer losen Mauer eingefaßt. Die Stadt Nonakris[78], wo sich diese Quelle befindet, liegt im arkadischen Lande nahe bei Pheneos.

75. Als die Lakedaimonier von diesem Treiben des Kleomenes vernahmen, gerieten sie in Furcht und riefen ihn zurück mit denselben Rechten, die er zuvor besessen hatte. Kaum aber war er heimgekehrt, wurde er vom Wahnsinn ergriffen, wie er denn auch schon vorher verstörten Geistes gewesen war. Jedem Spartiaten, der ihm in den Weg kam, schlug er mit seinem Stabe ins Gesicht. Darum legten ihn seine Angehörigen als einen Wahnsinnigen in den Stock. Als er nun eines Tages bemerkte, daß er mit dem Wächter ganz allein war, forderte er von ihm ein Messer. Da jener es ihm zunächst verweigerte, drohte er ihm mit seiner Rache, bis der Wächter, ein Helote, von dieser Drohung erschreckt, ihm ein Messer gab. Sobald er aber das Messer in die Hand bekam, fing er an, sich von den Waden herauf zu zerfetzen, indem er das Fleisch in lange Streifen von unten herauf bis zu den Schenkeln und von den Schenkeln weiter zu den Hüften und Weichen zerschnitt, bis er sich zuletzt auch den Bauch zerschlitzte und so zu Tode kam. Und dieses Ende nahm er, wie die meisten Hellenen sagen, deshalb, weil er die Pythia zu einer falschen Auskunft über Demaratos verleitet hatte, wie aber die Athener, abweichend von allen anderen, sagen, deshalb, weil er bei dem Einfall in Eleusis den Hain der Göttinnen verwüstet und endlich,

446

wie man in Argos erzählt, aus dem Grund, weil er eine Anzahl argeiischer Männer, die sich aus der Schlacht in das Heiligtum des Argos geflüchtet hatten, von dort weggeführt und niedergemacht, den Hain selber aber, ohne seiner Heiligkeit zu achten, in Brand hatte stecken lassen.

76. Weil ihm nämlich auf eine Anfrage beim Orakel in Delphi gesagt worden war, er würde Argos einnehmen, zog er mit den Spartiaten aus und kam an den Fluß Erasinos, der, wie man sagt, aus dem stymphalischen See[79] entspringt. Das Wasser dieses Sees ergieße sich nämlich in eine verborgene Schlucht und komme in Argos wieder zu Tage, und dort führe es bei den Argeiern den Namen Erasinos. Genug, als Kleomenes an den Fluß kam, schlachtete er ihm ein Opfer. Als aber die Opferzeichen gar nicht günstig für den Übergang waren, sagte er, daß er zwar den Erasinos darum rühmen müsse, weil dieser die Sache seiner Landsleute nicht verraten wolle, aber die Argeier würden darum ihrem Schicksal doch nicht entgehen. Darauf kehrte er um und zog nach Thyrea hinab, wo er dem Meer einen Stier zum Opfer schlachtete und dann auf Schiffen nach der Küste bei Tiryns und Nauplia[80] hinüberfuhr.

77. Auf diese Nachricht eilten die Argeier herab zur Küste und lagerten sich nahe bei Tiryns an einem Ort mit Namen Hesipeia den Lakedaimoniern gegenüber, gar nicht weit von ihnen entfernt. Da war ihnen nun vor einer offenen Schlacht nicht bange, aber sie fürchteten eine List, denn darauf zielte der Spruch, den die Pythia ihnen und den Milesiern gemeinsam[81] gegeben hatte, der folgendermaßen lautete:

Aber dereinst, wenn im Kampfe das Weib obsiegend dem Manne
Ihn austreibt und Ruhm sich gewinnet im Volke von Argos,
Bringet sie vielen der Frauen in Argos Tränen und Jammer.
Also redet wohl mancher hernach noch der kommenden Menschen:
›Tödlich traf ihn die Lanze, den gräulichen dreifachen Drachen.[82]‹

SECHSTES BUCH

Dies alles, was da zusammenkam, versetzte die Argeier in Furcht, und sie beschlossen, sich nach dem Herold der Feinde zu richten und zwar dergestalt, daß jedesmal, wenn der spartanische Herold den Lakedaimoniern einen Befehl bekanntgab, auch die Argeier diesem Befehl folgten.

78. Als Kleomenes aber merkte, daß die Argeier sich stets nach seinem Herold richteten, gab er den Befehl, wenn der Herold zum Frühstück riefe, sollten sie alle zu den Waffen greifen und auf die Argeier losgehen. Und so geschah es. Sie fielen über die Argeier her, als diese, dem Heroldsruf folgend, beim Frühmahl saßen, und erschlugen viele, belagerten aber einen noch größeren Teil, der sich in den Hain von Argos geflüchtet hatte.

79. Da ließ sich Kleomenes von gewissen Überläufern, die bei ihm waren, die Namen der im Heiligtum verschlossenen Argeier sagen, sandte einen Herold zu ihnen hinein und ließ jeden einzeln bei seinem Namen herausrufen, vorgebend, daß ihm das Lösegeld für sie schon gezahlt worden sei. Denn bei den Peloponnesiern beträgt das festgesetzte Lösegeld der Kriegsgefangenen zwei Minen für jeden Mann. So ließ Kleomenes etwa fünfzig Argeier einen nach dem anderen herausrufen und töten, ohne daß die anderen drinnen es merkten; denn in dem dichten Hain konnten sie nicht sehen, was mit denen draußen geschah, bis endlich einer auf einen Baum stieg und sah, was dort vorging. Da folgte keiner mehr dem Ruf.

80. Nun befahl Kleomenes allen Heloten, die zur Stelle waren, daß sie rings um den Hain Reisig aufhäufen sollten, und als dies geschehen war, steckte er den Hain in Brand. Erst jetzt, als der Hain schon brannte, fragte er einen der Überläufer, welchem Gott der Hain gehöre. »Dem Argos«[83], antwortete jener. Da entfuhr ihm ein schwerer Seufzer und er rief: »O weissagender Apollon, wie hast du mich doch betrogen, als du sagtest, ich würde Argos einnehmen. Ich vermute, dein Spruch ist schon erfüllt.«

81. Darauf ließ er den größten Teil des Heeres heimziehen nach Sparta, er selber mit tausend Auserlesenen zog zum Tem-

pel der Hera, um ihr zu opfern. Als er sich aber anschickte, auf dem Altare zu opfern, erhob der Priester dagegen Einspruch, weil kein Fremder dort opfern dürfe. Da ließ Kleomenes den Priester durch seine Heloten vom Altar fortführen und geiseln, vollbrachte das Opfer und kehrte darauf nach Sparta zurück.

82. Dort aber verklagten ihn seine Widersacher bei den Ephoren, daß er nur deshalb Argos nicht eingenommen habe, weil er sich mit Geld habe bestechen lassen, sonst wäre es ihm ein leichtes gewesen, die Stadt zu gewinnen. Auf diese Beschuldigung antwortete er – ob es Lüge oder Wahrheit gewesen war, kann ich nicht entscheiden –, daß er den Spruch des Gottes für erfüllt gehalten habe, nachdem er das Heiligtum des Argos eingenommen hatte, so daß er sich nicht getraut habe, die Stadt anzugreifen, bevor er nicht das Opfer befragt und erfahren habe, ob der Gott es erlauben oder verwehren wolle. Während des Opfers im Heratempel sei von der Brust des Bildes eine Feuerflamme aufgefahren, woraus er erkannt habe, wie die Sache in Wahrheit stünde, nämlich daß er Argos nicht einnehmen sollte; denn wäre die Flamme aus dem Haupte des Bildes gekommen, so hätte er gewiß die Stadt völlig erobert; da sie aber von der Brust ausging, so hätte er schon alles vollbracht, was der Gott ihm beschieden habe. So lautete seine Antwort. Und die Spartiaten fanden sie so glaubhaft und wahrscheinlich, daß ihm viel mehr Stimmen zufielen als seinen Widersachern.

83. Argos aber war leer geworden von Männern, so daß die Sklaven[84] dort zu Herren wurden und alles regierten und verwalteten, bis die Söhne der Erschlagenen herangewachsen waren. Diese verjagten die Sklaven und brachten die Stadt in ihre Gewalt zurück, jene aber, die Vertriebenen, überfielen die Stadt Tiryns und nahmen sie ein. Eine Zeitlang herrschte Frieden zwischen ihnen, bis ein Mann aus Phigalia[85] in Arkadien, Kleandros mit Namen, ein Weissager, zu den Sklaven kam und sie überredete, ihre Herren anzugreifen. Von da ab war lange Zeit zwischen ihnen Krieg, bis endlich die Argeier mit schwerer Mühe die Oberhand gewannen.

SECHSTES BUCH

84. Aufgrund dieser Schuld, sagen die Argeier, sei Kleomenes in Wahnsinn gefallen und elendiglich zugrunde gegangen. Die Spartiaten selber hingegen sagen, daß er nicht durch eine göttliche Heimsuchung wahnsinnig geworden sei, sondern durch Verkehr mit den Skythen hätte er sich daran gewöhnt, ungemischten Wein zu trinken, und daraus sei sein Wahnsinn entsprungen. Denn seit der Zeit, als König Dareios in ihr Land eingefallen sei, hätten die skythischen Nomadenstämme auf Rache gesonnen und Boten nach Sparta geschickt, um ihnen ein Bündnis anzutragen und sich mit ihnen zu verabreden, daß sie selber, die Skythen, am Phasisstrom[86] entlang den Einbruch nach Medien versuchen, die Spartiaten aber von Ephesos aus ins Land hinaufziehen und danach beide an einem Ort zusammenstoßen sollten. Als nun die Skythen wegen dieser Sache nach Sparta kamen, habe Kleomenes allzuviel mit ihnen verkehrt und bei solchem ungebührlichen Verkehr von ihnen gelernt, den Wein ungemischt zu trinken, und hierin finden die Spartiaten die Ursache seines Wahnsinns. Seit dieser Zeit, sagen sie selbst, sei es bei ihnen in Brauch gekommen, wenn sie einmal den Wein weniger gemischt trinken wollen, zu sagen: »Gieß skythisch zu.« So erzählen die Spartiaten von Kleomenes. Ich aber bin der Ansicht, daß dies die Strafe war für das, was er an Demaratos gefrevelt hatte.

85. Als aber die Aigineten vom Tod des Kleomenes hörten, schickten sie nach Sparta, um gegen Leutychides wegen ihrer Geiseln in Athen Klage zu erheben. Die Lakedaimonier bestellten darüber ein Gericht, und die Richter erkannten, daß die Aigineten von Leutychides ein schweres Unrecht erlitten hätten. Sie verurteilten ihn zur Auslieferung nach Aigina an Stelle der in Athen verhafteten Männer. Als die Aigineten schon im Begriffe waren, ihn nach Aigina abzuführen, sprach zu ihnen Theasides, Leoprepes' Sohn, ein Mann, der in Sparta großes Ansehen genoß: »Was habt ihr vor, ihr Männer von Aigina? Den König der Spartiaten wollt ihr wegführen, weil seine Mitbürger ihn an euch ausgeliefert haben? Wohl haben jetzt die Lakedaimonier im Zorn so geurteilt, aber seht zu, daß sie

450

nicht hernach, wenn ihr nach diesem Urteil handelt, euer Land in ein unrettbares Verderben stürzen.« Als die Aigineten dies hörten, ließen sie von ihrem Vorhaben ab und verglichen sich mit Leutychides darauf, daß er mit ihnen zusammen nach Athen gehen und ihnen dort ihre Leute wieder ausliefern solle.

86. Als aber Leutychides nach Athen kam und die Geiseln zurückforderte, die er ihnen anvertraut hatte, machten die Athener Ausflüchte und verweigerten ihnen die Rückgabe. Sie sagten, es seien zwei Könige gewesen, die ihnen die Männer zur Verwahrung gegeben hätten, deshalb stünde es ihnen nicht zu, sie dem einen ohne den anderen auszuliefern. Da redete Leutychides zu ihnen und sprach wie folgt: »Ihr Männer von Athen, tut das eine oder das andere, wie es euch gefällt. Denn wisset: Gebt ihr sie heraus, so tut ihr, was recht und fromm ist, gebt ihr sie nicht heraus, so tut ihr das Gegenteil. Ich will euch erzählen, was sich in Sparta einmal mit einem solchen anvertrauten Gut zugetragen hat. Man erzählt bei uns in Sparta, daß zur Zeit meines Großvaters ein Mann in Lakedaimon lebte mit Namen Glaukos, Epikydes' Sohn. Dieser Mann hatte sich, wie es heißt, in allen Stücken rühmlich hervorgetan und sich zumal wegen seiner Rechtschaffenheit einen großen Namen gemacht wie keiner von allen, die damals in Lakedaimon lebten. Es kam aber die Zeit, daß ihm Folgendes begegnen sollte. Ein Mann aus Milet kam nach Sparta, bat ihn um eine Unterredung und sprach zu ihm: ›Ich wohne in Milet und bin hierher gekommen, auf daß ich, o Glaukos, mich deiner Rechtlichkeit bediene. Denn weil im ganzen Hellenenlande und zumal auch bei uns in Ionien alles von deiner Rechtlichkeit redet, ging ich mit mir zu Rate und bedachte, wie doch Ionien allezeit von so vielen Gefahren umgeben, hingegen die Peloponnes in fester Sicherheit gegründet ist, und daß man Hab und Gut niemals im Besitz derselben Menschen bleiben sieht. Und indem ich solches bedachte und erwog, beschloß ich, die eine Hälfte meines ganzen Vermögens zu Geld zu machen und bei dir zu hinterlegen; denn ich bin davon überzeugt, daß es bei dir wohl aufgeho-

SECHSTES BUCH

ben sein wird. So empfange denn von mir dies Geld und nimm zugleich diese Wahrzeichen[87] und hebe sie auf, und kommt einer mit solchen Wahrzeichen und fordert das Geld zurück, so gib es ihm.‹ So sprach der Fremdling von Milet, und Glaukos nahm das Geld unter der verabredeten Bedingung. Und es verging eine lange Zeit, da kamen die Söhne jenes Mannes nach Sparta, suchten den Glaukos auf, wiesen die Wahrzeichen vor und forderten das Geld zurück. Er aber wies sie mit folgenden Worten ab: ›Ich erinnere mich der Sache gar nicht, und alles, was ihr sagt, kann sie mir nicht ins Gedächtnis zurückrufen. Sollte ich mich aber doch noch darauf besinnen, so will ich alles tun, was recht und billig ist: Habe ich es empfangen, so werde ich es euch richtig wiedergeben, habe ich es aber nicht bekommen, so werde ich gegen euch tun, wie es Brauch und Recht ist unter Hellenen. Wartet noch vier Monate, so sollt ihr meinen Bescheid haben.‹ Da kehrten die Milesier ganz enttäuscht und betrübt wieder heim, denn sie hielten das Geld für verloren. Glaukos aber machte sich auf und ging nach Delphi zum Orakel, und als er fragte, ob er das Geld durch einen Meineid an sich bringen solle, strafte ihn die Pythia mit folgenden Versen:

Glaukos, vernimm, Epikydes' Sohn! Wohl bringt dir zur Stunde
Mehr des Gewinns, daß du siegest mit Eid und das Geld dir erbeutest.
Schwöre denn! Ist doch der Tod auch dem Eidesgerechten beschieden.
Aber ein Sohn ist des Eides, der führet nicht Namen, nicht Hände
Sind ihm, noch Füße, doch fährt er behende dir nach und erhaschet
Endlich das ganze Geschlecht und das Haus und vertilgt es von Erden.
Aber des Eidesgerechten Geschlecht ist gesegneter nachmals.

452

Wie Glaukos diese Worte vernahm, bat er den Gott um
Verzeihung für seine Frage. Die Pythia aber gab ihm zur Antwort: den Gott versuchen und die Tat vollführen sei dasselbe.
Da ließ er die Milesier zu sich kommen und erstattete ihnen
das Geld. Und nun hört, Athener, weshalb ich euch diese
Geschichte erzählen wollte. Von diesem Glaukos lebt jetzt
kein Nachkomme mehr, weder Haus noch Herd wird nach
seinem Namen genannt, seine letzte Spur ist in Sparta ausgetilgt.[88] Darum sehe sich vor, wem ein Gut anvertraut ist, daß er
auf nichts anderes sinne, sondern es zurückerstatte, sobald es
gefordert wird.«

87. So redete Leutychides zu den Athenern; als sie aber
dennoch nicht auf ihn hörten, ging er nach Hause. Die Aigineten aber, die doch noch nicht einmal das frühere Unrecht
gebüßt hatten, das sie den Athenern zuliebe den Thebanern
zugefügt hatten, rüsteten sich, um ihrerseits an Athen Rache
zu nehmen, denn sie grollten den Athenern und glaubten,
Unrecht erlitten zu haben. Da nun eben die Athener ein Fest
auf Sunion zu feiern hatten, das nur alle fünf Jahre wiederkehrt[89], lauerten sie ihnen auf, fingen ihr Festschiff mit vielen
der vornehmsten Athener weg und legten die gefangenen Männer in Fesseln.

88. Nach dieser Kränkung zögerten auch die Athener nicht
länger, sondern setzten alles gegen die Aigineten ins Werk.
Nun lebte damals in Aigina ein angesehener Mann, Nikodromos, Knoithos' Sohn, der den Aigineten grollte, weil sie ihn
früher einmal von der Insel verbannt hatten. Als dieser erfuhr,
daß die Athener sich zu einem Schlag gegen die Aigineten
gerüstet hätten, verabredete er mit ihnen den Verrat von Aigina
und ließ sie wissen, an welchem Tage er die Sache unternehmen würde und auf welchen Tag sie ihm zur Hilfe kommen
sollten.

89. Darauf besetzte er, wie es unter ihnen abgesprochen war,
die sogenannte Altstadt. Aber die Athener kamen nicht zur
rechten Zeit; denn sie hatten nicht so viele Schiffe, um es mit
der Flotte der Aigineten aufnehmen zu können.[90] Noch wäh-

SECHSTES BUCH

rend sie aber die Korinthier baten, ihnen Schiffe zu leihen, ging
die Sache verloren. Die Korinthier, die um jene Zeit die besten
Freunde der Athener waren, gaben ihnen auf ihre Bitte zwanzig Schiffe, aber um einen Preis von fünf Drachmen für jedes
Schiff; denn umsonst durften sie nach ihrem Gesetze keine
geben. Diese Schiffe und ihre eigenen, zusammen siebzig,
bemannten die Athener und fuhren nach Aigina und als sie
hinkamen, war es um einen Tag zu spät.

90. Nikodromos hatte, weil die Athener zur bestimmten
Zeit nicht kamen, nebst einigen anderen Aigineten ein Schiff
bestiegen und sich geflüchtet. Diese bekamen von den Athenern Sunion als Wohnsitz angewiesen, von wo sie dann die
Aigineten auf der Insel mit Raub und Plünderung heimsuchten.

91. Dies geschah jedoch erst in späterer Zeit. In Aigina
hatten unterdessen die Reichen wieder die Oberhand über das
niedere Volk gewonnen, das sich unter Nikodromos gegen sie
empört hatte, und führten die Aufrührer, die sie in ihrer Gewalt hatten, hinaus, um sie zu töten. Dabei luden sie jene
Blutschuld auf sich, die sie trotz aller Opfer und Bemühungen
nicht sühnen konnten, sondern wurden, noch ehe sie sich die
Göttin versöhnen konnten, von der Insel vertrieben. Denn von
den siebenhundert Männern aus dem Volk, die sie gefangen
hatten und hinausführten, um sie umzubringen, machte sich
einer von den Fesseln los und flüchtete sich in die Vorhalle der
thesmophorischen Demeter, wo er die Ringe der Tür ergriff
und sich daran festhielt. Als sie ihn nun fortzuziehen versuchten, ihnen dies aber nicht gelang, hieben sie ihm die Hände ab
und schleppten ihn weg; die Hände aber blieben fest an den
Ringen hängen.[91]

92. Nachdem die Aigineten so gegen ihr eigenes Volk gewü-
tet hatten und die Athener herankamen, lieferten sie ihnen die
Schlacht mit siebzig Schiffen, wurden aber besiegt und riefen
abermals, wie schon früher, die Argeier zu Hilfe. Diese wollten
ihnen aber nicht mehr helfen, denn sie grollten ihnen, weil
aiginetische Schiffe, von Kleomenes dazu gezwungen, nach
Argolis gefahren waren und lakedaimonische Truppen ans

Land gesetzt hatten. Auch von sikyonischen Schiffen waren damals etliche Leute mit ans Land gegangen, und die Argeier hatten ihnen dafür eine Buße von tausend Talenten auferlegt, jeder Stadt fünfhundert. Die Sikyonier hatten ihr Unrecht erkannt und sich mit hundert Talenten von der Schuld gelöst, die Aigineten aber wollten sich nicht dazu bekennen, sondern gaben sogar eine freche Antwort. Darum sandte ihnen diesmal das Volk der Argeier keinen Mann zu Hilfe, aber auf eigenen Entschluß kamen etwa tausend Männer unter Führung des Eurybates, eines Mannes, der wohl geübt war im Fünfkampf.[92] Von diesen tausend kehrten die meisten nicht wieder heim, sondern wurden in Aigina von den Athenern erschlagen, und auch ihr Anführer Eurybates, der den Einzelkampf suchte und auf diese Weise drei Feinde erlegte, fiel von der Hand des vierten, des Sophanes aus Dekeleia.

93. Die Aigineten aber griffen mit ihren Schiffen die Athener an, während sie noch ungeordnet waren, besiegten sie und fingen vier ihrer Schiffe mitsamt der Mannschaft.

94. So waren also die Athener in einen Krieg mit Aigina geraten. Der Perserkönig indessen betrieb seine eigene Sache. Denn stets erinnerte ihn sein Diener, die Athener nicht zu vergessen, die Peisistratiden lagen ihm mit ihren Klagen gegen Athen im Ohr und er selber, der König, gedachte, da er nun einen Vorwand gefunden hatte, alle Hellenen, die ihm nicht Erde und Wasser geben wollten, zu unterjochen. Er enthob Mardonios, dem es bei seinem Zug so übel ergangen war, von dem Oberbefehl und ernannte zwei andere an seiner Stelle, die gegen Eretria und Athen ausziehen sollten, den Datis, einen Meder von Herkunft, und Artaphernes, einen Sohn des Artaphernes und Brudersohn des Königs. Diesen[93] trug er auf, daß sie die Einwohner von Athen und Eretria versklaven und zu ihm herauf vor sein Antlitz bringen sollten.

95. Diese neuen Heerführer zogen mit einem zahlreichen und wohlgerüsteten Kriegsvolk bis nach Kilikien, und während sie dort auf der aleïschen Ebene[94] lagerten, versammelte sich die gesamte Flotte, die die einzelnen Völkerschaften hat-

SECHSTES BUCH

ten stellen müssen und desgleichen auch die Lastschiffe für die Pferde, die der König im Jahr zuvor seinen tributpflichtigen Völkern herzurichten befohlen hatte. Auf diese brachten sie die Pferde, das Fußvolk aber auf die Kriegsschiffe, und fuhren mit sechshundert Trieren nach Ionien. Von Ionien aus richteten sie die Fahrt nicht am Festland entlang auf den Hellespont und Thrakien, sondern von Samos aus fuhren sie an Ikaros[95] vorüber, mitten durch die Inseln. Das taten sie, wie ich vermute, aus großer Furcht vor der Umfahrt um den Athos, wo sie im vergangenen Jahr so große Verluste erlitten hatten. Auch um der Insel Naxos willen, die noch nicht bezwungen war, mußten sie diesen Weg nehmen.

96. Als sich nun die Perser vom ikarischen Meer her dieser Insel näherten, die sie als erste erobern wollten, warteten die Naxier, in Erinnerung an die frühere Belagerung, den Angriff erst gar nicht ab, sondern flohen in die Berge. Die Perser aber machten alle, die sie noch fanden, zu Sklaven, verbrannten die Stadt mit den Tempeln und fuhren dann weiter zu den anderen Inseln.

97. Mittlerweile hatten auch die Delier ihre Insel verlassen und sich nach Tenos[96] geflüchtet. Datis aber, der vor der Flotte vorausfuhr, ließ sie, als sie in die Nähe von Delos kam, nicht dort vor Anker gehen, sondern gegenüber bei der Insel Rhenaia. Nachdem er erfahren hatte, wo die Delier sich befanden, schickte er einen Herold und ließ ihnen folgendes sagen: »Ihr heiligen Männer, warum seid ihr geflohen? Traut ihr mir so unfreundliche Absichten zu? Nein, so vernünftig bin ich schon selbst und habe zumal auch vom König den Befehl, daß ich den Ort, wo die beiden Götter geboren sind[97], in keiner Weise schädigen soll, weder ihn selbst, noch seine Bewohner. Kehrt also in euer Land zurück und bebaut die Insel.« Das ließ Datis den Deliern verkünden. Danach schüttete er dreihundert Talente[98] Weihrauch auf den Altar und verbrannte sie als ein Rauchopfer.

98. Nachdem Datis dies getan hatte, richtete er die Fahrt zuerst nach Eretria. In dem Heer, das er heranführte, befanden

456

sich auch Ioner und Aioler. Nach seiner Abfahrt von Delos aber ereignete sich ein Erdbeben auf der Insel, und dies war bis heute das erste und letztemal, wie die Delier sagten, daß Delos erschüttert worden sei. Der Gott wollte durch dieses Zeichen wohl auf das Unheil hinweisen, das über die Menschen kommen sollte. Denn während der Zeit, als Dareios, der Sohn des Hystaspes, und Xerxes, der Sohn des Dareios, und Artaxerxes, der Sohn des Xerxes, regierten, also innerhalb von drei Menschenaltern, hat Hellas mehr Unglück erleiden müssen als in zwanzig anderen Menschenaltern vor Dareios, teils durch die Perser, teils durch ihre eigenen Hauptstaaten[99], die miteinander um die Herrschaft stritten. So war es denn auch nicht zu verwundern, daß die Insel Delos erschüttert wurde, die bis dahin nie gebebt hatte. Auch in einem Orakel über die Insel war dies gesagt worden:

Delos auch will ich bewegen, so unbeweglich es daliegt.

Die Namen der persischen Könige aber bedeuten in hellenischer Sprache folgendes: Dareios ist in unserer Sprache der ›Täter‹, Xerxes der ›Krieger‹, Artaxerxes der ›große Krieger‹. So müßte man sie nennen, wenn man die Namen in unserer Sprache richtig ausdrücken wollte.[100]

99. Nach ihrer Abfahrt von Delos segelten die Barbaren zu den Inseln, von wo sie Kriegsvolk entnahmen und Kinder der Einwohner als Geiseln fortführten. Bei dieser Rundfahrt kamen sie auch vor Karystos[101], und weil die Einwohner dieser Stadt keine Geiseln stellen wollten und sich weigerten, gegen ihre Nachbarstädte in Krieg zu ziehen, womit sie nämlich Eretria und Athen meinten, belagerten die Perser ihre Stadt und verwüsteten ihr Land, bis sich die Karystier unter ihren Willen ergaben.

100. Als die Eretrier erfuhren, daß die persische Flotte gegen sie heransegle, wandten sie sich an die Athener um Beistand. Die Athener versagten ihnen die Hilfe nicht und wiesen ihnen als Helfer jene viertausend Ansiedler zu, die die Äcker der »Rossezüchter« in Chalkis für sich in Besitz genommen hat-

SECHSTES BUCH

ten. Nun zeigte sich aber, daß die Eretrier noch zu keinem vernünftigen Entschluß gelangt waren. Sie riefen zwar die Athener herbei, aber in ihrer Meinung gingen sie verschiedene Wege: Ein Teil wollte aus der Stadt hinauf in das Gebirge flüchten, andere hinwieder erhofften sich besonderen Lohn von den Persern und sannen auf Verrat. Als Aischines aber, Nothons Sohn, einer der angesehensten Bürger in Eretria, beide Pläne erfuhr, erklärte er den ankommenden Athenern die Lage der Dinge und riet ihnen, wieder heimzukehren, damit sie nicht mit ihnen zugrunde gingen.

101. Die Athener folgten seinem Rat, gingen nach Oropos hinüber und retteten sich. Die Perser aber landeten bei Temenos, Choireai und Aigilia[102] im Gebiet von Eretria, besetzten diese Orte und begannen sogleich, ihre Pferde auszuschiffen und sich zu einem Kampf mit den Feinden bereit zu machen. Die Eretrier aber beschlossen, ihre Stadt nicht zu verlassen und keine Schlacht zu liefern, bemühten sich jedoch, ihre Mauern zu verteidigen. Sechs Tage lang stürmten die Feinde mit aller Macht gegen die Mauern, und viele wurden getötet auf beiden Seiten. Am siebten Tage aber übten zwei angesehene Bürger, Euphorbos, Alkimachos' Sohn, und Philagros, Kyneos' Sohn, Verrat und ließen die Perser ein. Diese plünderten die Tempel, steckten sie als Vergeltung für die in Sardis verbrannten Tempel in Brand und machten die Einwohner zu Sklaven, wie König Dareios es ihnen befohlen hatte.

102. Nach der Bezwingung Eretrias warteten sie nur wenige Tage, dann fuhren sie voller Ungeduld und Hast nach Attika weiter, weil sie hofften, daß ihnen mit den Athenern dasselbe gelingen könnte wie mit den Eretriern. Weil nun Marathon in Attika für die Reiterei die passendste Gegend war und am nächsten bei Eretria lag, führte sie Hippias, Peisistratos' Sohn, dorthin.

103. Als die Athener dies erfuhren, eilten sie gleichfalls nach Marathon, angeführt von zehn Feldherrn[103], von denen der zehnte Miltiades war. Dessen Vater Kimon, Stesagoras' Sohn, hatte vor Peisistratos, Hippokrates' Sohn, aus Athen flüchten

458

müssen und während seiner Verbannung mit einem Viergespann einen Sieg in Olympia davongetragen, ebenso wie sein
mütterlicher Bruder, der gleichfalls einen solchen Sieg errungen hatte. Als er aber bei den nächsten Spielen in Olympia
abermals mit denselben Pferden den Sieg gewann, ließ er Peisistratos als Sieger ausrufen, der sich zum Dank dafür mit ihm
versöhnte und ihm die Rückkehr gestattete. Als er aber nach
dem Tod des Peisistratos noch einmal mit denselben Pferden in
Olympia einen Sieg errang[104], ließen ihn dessen Söhne in einer
Nacht beim Prytaneion überfallen und ermorden. Sein Grabmal liegt vor der Stadt, jenseits des sogenannten Hohlweges,
und diesem gegenüber liegt das Grabmal der Rosse, die dreimal in Olympia gesiegt hatten. Es hat zwar noch andere Rosse
gegeben, die ihnen darin gleichkamen, nämlich die des Euago-
ras, eines Mannes aus Lakedaimon, aber übertroffen worden
sind sie von keinen. Um jene Zeit befand sich von den Söhnen
des Kimon der ältere, Stesagoras, auf der Chersonesos im Hause
seines Oheims Miltiades, der jüngere aber, der nach dem Be-
siedler der Chersonesos Miltiades benannt war, lebte in Athen
im Hause seines Vaters.

104. Eben dieser Miltiades war jetzt ein Heerführer der
Athener, nachdem er von der Chersonesos wieder heimgekehrt und zweimal dem Tode entronnen war. Nämlich einmal,
als ihm die Phoiniken nachsetzten bis zur Insel Imbros und ihn
gern gefangen hätten, um ihn zum König hinaufzuführen.
Dann, als er den Phoiniken glücklich entronnen und in sein
Heimatland gelangt war und meinte, in Sicherheit zu sein,
hatte er mit seinen Feinden zu kämpfen, die ihn vor Gericht
führten und als Tyrannen der Chersonesos verklagten. Aber er
entkam auch ihnen und wurde dann nach der Wahl des Volkes
zu einem der Heerführer ernannt.

105. Diese Heerführer schickten zunächst, noch ehe sie aus
der Stadt auszogen, den Athener Pheidippides als Herold nach
Sparta, der ein Schnelläufer von Beruf war. Diesem Pheidippides begegnete es, wie er selber sagte und den Athenern berichtete, daß ihm am Berge Parthenion oberhalb Tegea der Gott

SECHSTES BUCH

Pan in den Weg trat, ihn bei seinem Namen anrief und ihm auftrug, an die Athener die Frage auszurichten, weshalb sie ihn so ganz vernachlässigten, da er ihnen doch freundlich gesinnt sei und ihnen schon oft geholfen habe und wohl auch noch helfen würde. Die Athener, die der Not glücklich entronnen waren, glaubten dieser Erzählung, gründeten dem Pan ein Heiligtum unterhalb der Akropolis und feiern ihn seit jener Botschaft mit jährlichen Opferfesten und einem Fackellauf.

106. Dieser Pheidippides wurde also damals nach Sparta geschickt und hatte unterwegs, wie er behauptete, jene Erscheinung des Pan. Er gelangte schon am zweiten Tag in Sparta an, trat dort vor die Oberen und sprach: »Ihr Lakedaimonier, vernehmet! Die Athener lassen euch bitten, ihr sollt ihnen zu Hilfe kommen und nicht zulassen, daß eine so alte Stadt im Lande der Hellenen in die Hände der Barbaren falle. Denn schon ist Eretria unterworfen und Hellas um eine ansehnliche Stadt ärmer geworden.« So lautete seine Botschaft. Und sie beschlossen, den Athenern zu helfen; nur war es ihnen nicht möglich, es sofort zu tun, weil sie das Gesetz nicht brechen wollten. Es war nämlich eben der neunte Tag des Monats und am neunten, sagten sie, würden sie nicht ausziehen, so lange der Mond nicht voll sei. Und so warteten sie bis zum Vollmond.[105]

107. Hippias aber, Peisistratos' Sohn, der die Perser nach Marathon führte, hatte in der Nacht zuvor ein Traumgesicht. Ihm war, als schliefe er bei seiner Mutter. Diesen Traum legte er sich so aus, daß er nach Athen zurückkehren, seine Herrschaft wieder gewinnen und hochbetagt in seinem Vaterlande sterben würde. Am folgenden Tage nach diesem Traumgesicht, auf der Fahrt nach Marathon, brachte er erst die Gefangenen aus Eretria auf eine Insel der Styreer, die Aigileia[106] heißt, dann ließ er die Schiffe bei Marathon vor Anker gehen, und nachdem die Barbaren an Land gegangen waren, stellte er sie zur Schlacht auf. Währenddessen kam ihn ein Niesen und Husten an, heftiger als gewöhnlich, wobei ihm, dem als alter Mann die Zähne schon etwas locker saßen, durch die Gewalt

des Hustens ein Zahn herausfiel in den Sand. Er wandte alle Mühe auf, ihn zu finden, aber es gelang ihm nicht. Da seufzte er und sprach zu den Umstehenden: »Dies Land ist nicht unser und wird uns auch nicht gelingen, es einzunehmen; denn das Teil, das mir zugedacht war, gehört nun dem Zahn.« So, meinte er, hätte sich sein Traumgesicht bereits erfüllt.

108. Inzwischen hatten sich die Athener am Tempel des Herakles aufgestellt, wo auch die Plataier mit ihrem Heer zu ihnen stießen. Die Plataier hatten sich nämlich freiwillig den Athenern ergeben, die um ihretwillen schon viel Not und Ungemach hatten bestehen müssen. Denn als die Plataier von den Thebanern einmal hart bedrängt wurden, wollten sie sich zuerst König Kleomenes, Anaxandrides' Sohn, und den Lakedaimoniern, die gerade in der Nähe standen, ergeben. Diese weigerten sich aber, sie aufzunehmen, und sprachen zu ihnen: »Wir wohnen zu weit ab und wären euch doch keine rechte Hilfe; denn bis unsereiner davon hörte, könntet ihr schon in die Knechtschaft verkauft sein. Nein, wir raten euch, gebt euch lieber an die Athener, die sind eure Nachbarn und wohl in der Lage, euch zu beschützen.« Diesen Rat gaben die Lakedaimonier nicht deshalb, weil sie es mit den Plataiern gut meinten, sondern weil sie wünschten, daß die Athener sich mit den Boiotern verfeinden und dadurch in gefährliche Händel geraten sollten. Die Plataier befolgten den Rat. Eines Tages, als die Athener eben den Zwölfgöttern ein Opfer darbrachten, kamen sie, setzten sich als Schützlinge der Götter am Altar[107] nieder und gaben sich den Athenern in die Hände. Als die Thebaner davon hörten, zogen sie gleich gegen die Plataier ins Feld. Die Athener eilten zu Hilfe und als die Schlacht schon beginnen sollte, legten sich die Korinthier ins Mittel, die zufällig in der Nähe waren, und da die beiden Parteien die Sache in ihre Entscheidung gaben, setzten sie die Landesgrenzen fest und schlichteten den Streit auf solche Bedingung, daß die Thebaner diejenigen Boioter, die nicht zum boiotischen Bund gehören wollten, gewähren lassen sollten. So entschieden die Korinthier und zogen von dannen. Weil aber die Thebaner auf die

SECHSTES BUCH

abziehenden Athener einen Angriff machten und dabei den Kürzeren zogen, überschritten die Athener die Grenze, die die Korinthier den Plataiern gesetzt hatten, und machten fortan den Fluß Asopos selber zur Grenze zwischen den Thebanern, Plataiern und Hysiaiern. Die Plataier also, die sich auf die geschilderte Art den Athenern ergeben hatten, kamen ihnen jetzt nach Marathon zu Hilfe.

109. Die Heerführer der Athener waren aber geteilt in ihrer Meinung. Die einen waren gegen einen Kampf, denn ihre Zahl sei zu gering, um dem medischen Heer erfolgreich Widerstand zu leisten; die anderen, darunter auch Miltiades, waren dafür. Als die Meinungen auseinandergingen und die schlechtere überwog, die elfte Stimme im Rat aber derjenige hatte, der durch das Bohnenlos zum Polemarchen (›Kriegsherr‹) der Athener gewählt war, (denn seit alters besaß in Athen der Polemarch gleiches Stimmrecht mit den Heerführern)[108], ging Miltiades zu ihm – es war diesmal der Aphidnaier Kallimachos Polemarch – und sprach zu ihm: »Bei dir, Kallimachos, steht es jetzt, ob du die Athener zu Sklaven machen oder sie befreien und dir damit ein Denkmal ewigen Ruhmes setzen willst, rühmlicher als selbst Harmodios und Aristogeiton. Denn so lange es Athener gibt, sind sie niemals in so großer Gefahr gewesen. Entweder sie beugen sich unter die Meder, dann fallen sie in die Gewalt des Hippias und ist ihr Schicksal besiegelt, oder die Stadt gewinnt den Sieg, dann kann sie leicht die mächtigste werden von allen hellenischen Städten. Wie es kommt, daß gerade in deiner Hand die Entscheidung in dieser Sache liegt, das sollst du jetzt von mir erfahren. Wir zehn Heerführer sind geteilter Meinung, die einen wollen kämpfen, die anderen nicht. Kämpfen wir nicht, so wird, fürchte ich, unter den Athenern ein Zwiespalt ausbrechen und ihr Denken so erschüttern, daß sie sich den Medern ergeben werden. Kämpfen wir aber, noch ehe sich zwischen den Athenern ein Riß auftut und sind uns die Götter gnädig gestimmt, können wir in dem Kampf siegen. Dies alles hast du allein jetzt zu entscheiden und hängt von deiner Stimme ab. Trittst du meiner Mei-

462

nung bei, so erhältst du das Vaterland in Freiheit und machst
die Stadt zur mächtigsten in Hellas; stimmst du aber denen zu,
die gegen eine Schlacht sind, so wirst du von all dem Guten, das
ich dir genannt habe, das Gegenteil erleben.«

110. Miltiades gewann mit diesen Worten die Zustimmung
des Polemarchen, und mit dessen Stimme war es entschieden,
daß man kämpfen wollte. Daraufhin überließen diejenigen
Heerführer, die für die Schlacht gestimmt hatten, jedesmal,
wenn der Tag des Oberbefehls an ihn kam, den Befehl dem
Miltiades, der ihn zwar annahm, aber die Schlacht nicht eher
lieferte, als bis er zur Führung an der Reihe war.[109]

111. Als nun dieser Tag kam, stellten sich die Athener in
folgender Schlachtordnung auf. Den rechten Flügel befehligte
der Polemarch Kallimachos; denn damals war es noch der
Brauch in Athen, daß der Polemarch den rechten Flügel
führte.[110] Auf diesen folgten die Phylen nach der Ordnung, wie
sie gezählt wurden, eine neben der anderen; ganz zuletzt auf
dem linken Flügel standen die Plataier. Seit dieser Schlacht
betet der Herold in Athen bei den großen Opferfesten, die alle
vier Jahre gefeiert werden, nicht nur für das Heil der Athener,
sondern auch für das der Plataier. Es zeigte sich aber, als die
Athener bei Marathon die Schlachtordnung aufstellten, daß
ihre Länge zwar der medischen gleichkam, die Mitte aber nur
wenige Glieder hatte, so daß hier die schwächste Stelle, auf den
beiden Flügeln hingegen die größte Stärke lag.

112. Als sie nun alles wohl geordnet hatten und das Opfer
günstig ausfiel, stürmten die Athener auf das Zeichen zur
Schlacht hin gegen die Barbaren vor. Der Abstand zwischen
den beiden Heeren betrug nicht weniger als acht Stadien. Als
die Perser sie im Laufschritt heranrücken sahen, bereiteten sie
sich auf ihren Empfang vor und meinten, es sei purer Wahnsinn und Selbstmord, daß sie in so geringer Zahl im Laufschritt
heranstürmten, ohne durch Reiter und Bogenschützen gedeckt zu sein.[111] Während sie diesen Gedanken noch nachhin-
gen, kamen schon die Athener heran und schlugen wacker auf
die Perser ein. Dies waren, soviel wir wissen, die ersten Helle-

SECHSTES BUCH

nen, die im Laufschritt angegriffen haben, und die ersten, die
den Anblick der medischen Tracht und der Männer in dieser
Tracht auszuhalten vermochten. Denn bis dahin war schon der
bloße Name Meder für die Hellenen ein Schrecken, wenn sie
ihn hörten.

113. Die Schlacht bei Marathon währte eine lange Zeit. In
der mittleren Schlachtreihe, wo die Perser selbst und die Saken
standen[112], gewannen die Barbaren die Oberhand, brachen
durch und verfolgten die Feinde landeinwärts. Auf den beiden
Flügeln aber siegten die Athener und die Plataier. Diese ließen
die geschlagenen Feinde fliehen, zogen ihre beiden Flügel
zusammen, wandten sich gegen diejenigen, die ihre Mitte durch-
brochen hatten und besiegten sie. Als die Perser die Flucht
ergriffen, setzten sie ihnen nach und trieben sie unter großem
Gemetzel bis ans Meer. Dort schrieen sie nach Feuer und
suchten die Schiffe zu fassen.

114. In der Hitze des Kampfes wurde der Polemarchos
erschlagen, nachdem er wacker gefochten hatte, und von den
Heerführern fiel Stesileos, Thrasyleos' Sohn; außerdem fiel
auch Kynegeiros[113], Euphorions Sohn, dem einer mit einem
Beil den Arm abschlug, als er ein Schiff hinten am Heck
festhalten wollte. Und noch viele andere angesehene Bürger
von Athen ließen dort ihr Leben.

115. Sieben Schiffe fielen auf diese Weise in die Hand der
Athener; mit den übrigen stachen die Barbaren wieder in See.
Nachdem sie die auf der Insel zurückgelassenen Sklaven aus
Eretria wieder an Bord genommen hatten, umfuhren sie das
Vorgebirge Sunion, um noch vor den Athenern in die Stadt zu
gelangen. Bei den Athenern lief das Gerücht um, daß die Perser
zu diesem Vorhaben durch eine Arglist der Alkmeoniden angestiftet worden seien, die die Sache mit ihnen abgesprochen und
ihnen, als sie schon wieder auf den Schiffen waren, mit einem
erhobenen Schild ein Zeichen gegeben hätten.

116. Während jene also um Sunion herumfuhren, eilten die
Athener, so schnell sie laufen konnten, zu ihrer Stadt und
erreichten sie auch noch vor der Ankunft der Barbaren; und

wie sie bei Marathon am Heiligtum des Herakles gelagert hatten, so schlugen sie auch jetzt wieder ihr Lager bei einem anderen Tempel des Herakles in Kynosarges[114] auf. Als die Barbaren mit ihren Schiffen auf der Höhe vor Phaleron angelangt waren, das zu der Zeit noch der Hafenort der Athener war, gingen sie dort vor Anker. Danach fuhren sie wieder heim nach Asien.

117. In dieser Schlacht bei Marathon sind von den Barbaren etwa sechstausendvierhundert Mann, von den Athenern hundertzweiundneunzig gefallen. Auch hat sich dort eine wunderbare Sache zugetragen, nämlich daß ein Athener, Epizelos, Kuphagoras' Sohn, während er in dem Getümmel focht und sich wacker hervortat, sein Augenlicht verlor, ohne jedoch an irgendeinem Teil seines Leibes durch Hieb oder Stoß verwundet worden zu sein, und von da an Zeit seines Lebens blind blieb. Er selbst soll diesen Vorfall folgendermaßen erzählt haben. Es war ihm, als wenn ihm ein großer, schwergerüsteter Mann entgegengetreten sei, dessen Bart den ganzen Schild überschattete; diese Erscheinung sei an ihm selbst vorübergegangen, habe aber seinen Nebenmann erschlagen. So soll Epizelos erzählt haben.

118. Als Datis mit der Flotte auf der Rückfahrt nach Asien in die Nähe der Insel Mykonos[115] kam, hatte er nachts ein Traumgesicht. Welcher Art dieser Traum war, wird nicht erzählt, er ließ aber, sobald der Morgen kam, die Schiffe durchsuchen, und als er in einem phoinikischen Schiff ein vergoldetes Bild des Apollon fand und bei seinen Nachforschungen erfuhr, aus welchem Tempel es geraubt worden war, fuhr er mit seinem Schiff nach Delos, deren Einwohner zu dieser Zeit schon wieder heimgekehrt waren, hinterlegte das Bild in dem dortigen Tempel und trug den Deliern auf, es nach Delion, das im Lande der Thebaner am Meer gegenüber Chalkis liegt, zurückzubringen. Darauf fuhr er weiter. Die Delier aber haben das Bild nicht zurückgebracht, sondern erst zwanzig Jahre später haben es die Thebaner selbst auf einen Götterspruch hin wieder nach Delion schaffen lassen.

SECHSTES BUCH

119. Die gefangenen Eretrier wurden von Datis und Artaphernes, als sie in Asien gelandet waren, nach Susa hinaufge-
führt. König Dareios aber hatte, ehe die Eretrier seine Gefangenen geworden waren, immer einen gewaltigen Zorn auf sie,
weil sie als erste mit allem Unrecht begonnen hatten. Als er
nun aber sah, wie sie als seine Gefangene vor ihn geführt
wurden, tat er ihnen nichts zuleide, sondern siedelte sie im
Lande Kissien auf seinem Landgut namens Arderikka an, zwei-
hundertzehn Stadien weit von Susa und vierzig Stadien von
jenem Brunnen entfernt, der dreierlei Dinge hervorbringt,
nämlich Erdpech, Salz und Öl, die man auf folgende Art aus
ihm heraufbringt. Man schöpft mit einem Schwengel, an dem
statt des Eimers ein halber Schlauch befestigt ist, hebt damit die
Flüssigkeit herauf und schüttet sie in einen Behälter, aus dem
sie sich nach drei Wegen jeweils in ein anderes Gefäß abson-
dert und verteilt.[116] Das Erdpech und das Salz gerinnt kurz
darauf, das Öl aber, das die Perser Rhadinake nennen, ist schwarz
und von üblem Geruch. Hier wurden die Eretrier von König
Dareios angesiedelt und sie wohnten noch bis auf meine Zeit
in dieser Gegend und bewahrten noch immer ihre eigene
Sprache. Das war das Schicksal dieser Eretrier.

120. Von den Lakedaimoniern aber waren nach dem Vollmond zweitausend nach Athen gekommen und zwar so schnell,
daß sie schon am dritten Tage von Sparta nach Attika gelangten. Und obwohl sie die Schlacht versäumt hatten, so verlangte
es sie doch danach, die gefallenen Meder zu sehen; sie zogen
hinüber nach Marathon und besichtigten sie. Da rühmten sie
die Athener und ihre Tat und kehrten wieder nach Hause
zurück.

121. Es kommt mir aber verwunderlich vor, und ich kann es
auch nicht glauben, daß die Alkmeoniden auf eine Verabredung hin den Persern wirklich mit dem Schild ein Zeichen
gegeben haben sollen, um die Athener unter das Joch der
Barbaren und des Hippias zu bringen, da sie ja noch mehr oder
doch in gleichem Maße ihren Tyrannenhaß an den Tag gelegt
hatten wie Kallias, des Phainippos' Sohn, der Vater des Hip-

ponikos. Dieser Kallias war nämlich der einzige Mann in Athen, der den Mut hatte, die öffentlich zur Versteigerung angebotenen Güter des aus Athen vertriebenen Peisistratos zu kaufen, und auch sonst hatte er sich ihm gegenüber immer feindselig gezeigt.

122. Diesen Kallias muß jeder – er ist dessen würdig – aus vielen Gründen im Gedächtnis haben. Zunächst nämlich, wie vorher gesagt, weil er als Mann eifrig darauf bedacht war, das Vaterland zu befreien. Ferner deswegen, was er in Olympia getan hat; dort siegte er mit seinem Pferd und wurde mit dem Viergespann Zweiter; in den Pythien hatte er früher gesiegt. Daher zeigte er sich gegen alle Hellenen mit verschwenderischer Pracht. Und als was für ein Mann hat er sich gegen seine drei Töchter gezeigt! Als sie nämlich zur Ehe reif waren, gab er ihnen eine ganz großartige Mitgift und erwies ihnen folgende Gunst. Wen von allen Athenern jede sich zum Mann wählen wollte, die gab er diesem Mann.

123. Ebenso haben auch die Alkmeoniden es diesem Kallias zuvor- oder doch gleichgetan in ihrem Tyrannenhaß. Darum finde ich es verwunderlich und kann diese Verleumdung nicht zulassen, daß solche Männer ein Schildzeichen erhoben haben sollten, die doch während all der Zeit, solange die Tyrannen herrschten, ihr Vaterland meiden mußten, und auf deren Betreiben die Peisistratiden aus ihrer Macht verdrängt worden sind. Nach meinem Urteil haben sie mehr für die Befreiung Athens getan als Harmodios und Aristogeiton. Denn diese beiden haben durch die Ermordung des Hipparchos die übrigen Peisistratiden nicht aus der Herrschaft gestoßen, sondern sie nur noch grausamer gemacht, die Alkmeoniden aber sind ohne Zweifel die Befreier gewesen, vorausgesetzt, daß sie wirklich die Pythia dazu anstifteten, den Lakedaimoniern die Befreiung Athens aufzugeben, wie ich zuvor erzählt habe.

124. Doch vielleicht haben sie aus irgendeinem Groll gegen das athenische Volk ihre Vaterstadt verraten wollen? Aber es gab ja in Athen keine Männer, die beim Volke mehr Ansehen genossen als sie und höher in Ehren standen. Darum ist gar

SECHSTES BUCH

kein Grund vorhanden, zu glauben, daß der Schild von diesen Männern und in solcher Absicht erhoben worden sein sollte. Daß er aber erhoben worden ist, ist nicht zu bestreiten, denn es ist wirklich geschehen; aber wer es getan hat, kann ich nicht sagen.

125. Die Alkmeoniden[117] waren zwar schon von alters her in Athen berühmt, durch Alkmeon aber und dann wieder durch Megakles erhöhte sich ihr Ansehen noch mehr. Jener Alkmeon nämlich, Megakles' Sohn, hatte sich den Boten des Kroisos[118], die jener nach Delphi zum Orakel sandte, hilfreich erwiesen und ihre Sache eifrig gefördert. Und als die Lyder ihrem Könige berichteten, welch trefflichen Dienst er ihnen geleistet habe, lud er ihn zu sich nach Sardis ein und beschenkte ihn mit Gold, so viel er davon an seinem eigenen Leib auf einmal heraustragen könne. Aber Alkmeon fügte zu dieser Gabe, so wundersam sie war, noch eine klug erdachte List. Als er in die Schatzkammer ging, in die man ihn wies, trug er einen großen Rock, und von dem Rock fiel ein tiefer Bausch über den Gürtel herab, und an den Beinen trug er hohe Stiefel, so breit wie er sie nur hatte finden können. So machte er sich über einen Haufen Goldstaub her, stopfte davon, so viel die Stiefel nur fassen mochten, neben die Beine, darauf füllte er sich den ganzen Bausch mit Gold und streute sich auch davon in die Haare seines Kopfes, ein anderes Teil endlich nahm er in den Mund und ging so hinaus aus der Schatzkammer, mühsam seine Stiefel schleppend, kaum noch einem Menschen ähnlich mit seinem vollgestopften Mund und aufgeschwelltem Leib. Kroisos mußte lachen, wie er ihn so sah, und ließ ihm nicht nur dies alles, sondern schenkte ihm noch ebensoviel dazu. So kam das Haus zu großem Reichtum, und Alkmeon, der nunmehr Viergespanne zu halten begann, gewann damit einen Sieg in Olympia.[119]

126. Im zweiten Menschenalter danach wurde ihr Haus durch Kleisthenes, den Tyrannen von Sikyon, noch weit berühmter in Hellas, als es vorher gewesen war. Dieser Kleisthenes war ein Sohn des Aristonymos, der ein Sohn des My-

ron und Enkel des Andreus war. Er hatte eine Tochter; die hieß Agariste. Diese Tochter beschloß er demjenigen zur Frau zu geben, der ihm als tapferster und edelster von allen Hellenen erschien. Darum ließ er in Olympia, als die Spiele waren und er auch selber mit einem Viergespann siegte, öffentlich verkünden: Wer sich von den Hellenen für würdig halte, der Schwiegersohn des Kleisthenes zu werden, solle sich am sechzigsten Tag oder auch früher in Sikyon einfinden; denn von dem sechzigsten Tage an gezählt in Jahresfrist werde Kleisthenes sich den Schwiegersohn küren. Da kamen alle Hellenen, die eine hohe Meinung von sich selber und von ihrem Geschlecht hatten, als Freier herbei. Und Kleisthenes ließ eigens für sie eine Laufbahn herrichten und einen Ringplatz.

127. Von Italien kam Smindyrides, Hippokrates' Sohn aus Sybaris, der glänzendste Freier, der erschien; denn zu jener Zeit stand auch Sybaris in seiner größten Blüte. Aus Siris[120] kam Damasos, der Sohn des sogenannten »weisen« Amyris. Diese kamen aus Italien. Vom ionischen Meerbusen aus Epidamnos[121] kam Amphimnestos, Epistrophos' Sohn. Aus Aitolien kam Males, Titormos' Bruder, jenes Titormos[122], der der stärkste Hellene war, aber vor den Menschen in das äußerste Ende des aitolischen Landes geflohen war. Aus der Peloponnesos kam Leokedes, der Sohn jenes Pheidon[123], des Argeierfürsten, der den Peloponnesiern Maß und Gewicht gegeben und sich eines Frevels erkühnt hat wie nie ein Hellene zuvor, indem er in Olympia die eleiischen Kampfrichter vertrieb und selber die Spiele ausrichtete. Dessen Sohn kam, und ferner von Arkadien Amiantos, Lykurgos' Sohn, aus Trapezus[124], und Laphanes, ein Azanier aus der Stadt Paios[125], der Sohn jenes Euphorion, der, wie in Arkadien die Sage geht, einstmals die Dioskuren in seinem Hause gastlich aufgenommen hatte und seit dieser Zeit für jedermann gastliche Herberge hielt; und aus Elis kam Onomastos, Agaios' Sohn. Diese kamen aus der Peloponnesos selbst. Aus Athen aber fanden sich ein Megakles, jenes Alkmeon Sohn, der bei Kroisos gewesen war, und außer ihm Hippokleides[126], Tisandros' Sohn, der reichste und schönste Mann Athens.

SECHSTES BUCH

Aus Eretria, das damals noch in Blüte stand, kam Lysanias; sonst aber keiner aus Euboia. Aus Thessalien kam einer aus dem Hause der Skopaden, Diaktorides aus der Stadt Krannon, und von den Molossern[127] kam Alkon. So zahlreich waren die Freier.

128. Als diese nun zum festgesetzten Tag erschienen, fragte Kleisthenes zuerst jeden nach seiner Vaterstadt und seiner Familie, danach behielt er sie bei sich ein ganzes Jahr und erprobte ihren Mannesmut, ihre Sinnesart, ihren Charakter und ihre Bildung, indem er mit jedem einzelnen sprach und mit allen zusammen. Er führte die Jünglinge hinaus zu den Ringspielen, um sie zu prüfen; vor allem aber suchte er sie zu erforschen bei den gemeinsamen Mahlzeiten. Dies tat er all die Zeit über, die er sie bei sich hielt, und pflegte sie dabei köstlich zu bewirten. Am besten von allen Freiern gefielen ihm die Athener und von diesen beiden besonders Hippokleides, Tisandros' Sohn, wegen seines mannhaften Wesens und weil er von seinen Vätern her mit den Kypseliden in Korinth verwandt war.

129. Als nun der Tag der Entscheidung kam, an dem der Hochzeitsschmaus gehalten und Kleisthenes selber sich aussprechen sollte, wen von allen er erwähle, ließ er hundert Rinder schlachten und ein Festmahl anrichten für die Freier selbst und für alle Einwohner von Sikyon. Als das Mahl zu Ende war, erhob sich ein Wettstreit unter den Freiern, wer von ihnen der Tüchtigste sei in Musik und geselliger Rede, und während sie so tranken, rief Hippokleides, der die Gesellschaft am meisten belustigte, dem Flötenspieler zu, er sollte ihm zu einer Tanzweise blasen. Das tat der Mann, und Hippokleides tanzte und mochte sich selber wohl damit gefallen, aber Kleisthenes, der ihm zusah, machte eine bedenkliche Miene. Hippokleides hielt nun eine Zeitlang an sich, nachher aber ließ er einen Tisch herbeibringen, und als der Tisch kam, vollführte er auf ihm zunächst lakonische Tänze, darauf wieder attische[128] und zuguterletzt stellte er sich mit dem Kopf auf den Tisch und ließ die Beine spielen. Dem Kleisthenes war es

ERATO

schon bei dem ersten und zweiten Tanz leid geworden, den Hippokleides wegen seines schamlosen Wesens zum Schwiegersohn zu nehmen; aber er hielt noch an sich und wollte nicht gegen ihn herausfahren. Wie er ihn aber so mit den Beinen hantieren sah, da konnte er sich nicht mehr halten, sondern rief: »Die Braut jedoch, o Sohn des Tisandros, hast du vertanzt«. Und Hippokleides erwiderte sogleich und rief: »Das bekümmert Hippokleides nicht.« Daher ist das Sprichwort gekommen.

130. Kleisthenes aber gebot Stille und sprach zu ihnen allen wie folgt: »Ihr Männer, die ihr um meine Tochter werbet! Da ihr mir alle wert seid und lieb, wollte ich, ich könnte euch allen zu Gefallen sein, ohne einem von euch den Vorzug zu geben und die anderen zu verwerfen. Aber weil es mir unmöglich ist, euch allen den Wunsch zu erfüllen, da ich nur über eine einzige Jungfrau zu beschließen habe, so gebe ich einem jeden von euch, dem ich diese Ehe versagen muß, ein Talent Silber zum Geschenk für die Ehre, die ihr mir erwiesen habt, indem ihr meine Tochter zur Ehe begehrtet, und wegen der langen Abwesenheit von zu Hause. Meine Tochter Agariste aber verlobe ich dem Megakles, Alkmeons Sohn, nach den Gesetzen der Athener.« Als sich Megakles bereit erklärte, die Verlobung einzugehen, galt dem Kleisthenes die Heirat für geschlossen.

131. So endete der Wettstreit der Freier und wurde der Name der Alkmeoniden überall groß im Lande der Hellenen. Aus dieser Ehe aber wurde jener Kleisthenes geboren, der die Phylen und die Volksherrschaft in Athen begründete und nach seinem Muttervater benannt war, dem Sikyonier Kleisthenes. Außer diesem zeugte Megakles noch den Hippokrates. Und dieser Hippokrates wiederum hatte einen Sohn Megakles und eine Tochter Agariste, die ihren Namen nach der Tochter des Kleisthenes trug. Diese Agariste wurde dem Xanthippos vermählt, dem Sohn des Ariphron, und als sie schwanger ging, sah sie nachts ein Traumgesicht und ihr träumte, sie hätte einen Löwen geboren, und wenige Tage danach gebar sie ihrem Manne den Perikles.[129]

SECHSTES BUCH

132. Miltiades aber, der schon vorher in Athen hoch in Ansehen gestanden hatte, stieg nach dem Sieg bei Marathon zu noch größerer Macht und Geltung auf. Da bat er die Athener, ihm siebzig Schiffe zu geben mit Kriegsmacht und Geld, verschwieg aber, gegen welches Land er ziehen wollte. Er sagte nur, wenn sie ihm folgten, würde er sie reich machen, denn er beabsichtige, sie in ein Land zu führen, aus dem sie ohne Mühe große Mengen Gold heimbringen sollten. Mit dieser Verheißung gewann er die Athener, daß sie ihm die Schiffe gaben.

133. Mit dieser Flotte fuhr Miltiades gegen Paros[130], indem er vorgab, daß die Parier zuvor an dem persischen Zug gegen Marathon mit Trieren teilgenommen hätten. Das sagte er jedoch nur als Vorwand; eigentlich trug er einen Groll gegen die Parier wegen Lysagoras, Tisias' Sohn, einen Parier, der ihn bei dem Perser Hydarnes verklagt hatte. Als er nun zu der Insel kam, trieb er die Parier in ihre Burg zurück, belagerte sie mit seinem Heer und ließ durch einen Herold, den er zu ihnen hineinschickte, hundert Talente fordern mit der Drohung, wenn sie das Geld nicht zahlten, so würde er nicht abziehen, bevor er ihre Stadt nicht erobert hätte. Aber die Parier hatten gar keine Lust, ihm irgendetwas zu zahlen, sondern dachten allein darauf, wie sie ihre Stadt vor ihm schützen könnten. Sie richteten sich also auf die Belagerung ein, und wo immer auch die Mauer eine schwache Angriffsstelle bot, wurde sie nachts noch einmal so hoch gebaut als sie vorher gewesen war.

134. Bis hierher sind sich alle Hellenen einig in der Erzählung; was sich danach weiter ereignete, davon berichten die Parier folgendermaßen. Als Miltiades sich keinen Rat mehr wußte, sei eine Kriegsgefangene namens Timo, eine Tempelwärterin der unterirdischen Götter[131], vor ihn getreten und habe ihm geraten, wenn er durchaus die Stadt erobern wolle, so solle er tun, was sie ihm sagen würde. So machte er sich gemäß ihrer Weisung auf den Weg nach dem Hügel vor der Stadt, übersprang dort die Tempelmauer der thesmophorischen Demeter, weil er das Tor nicht öffnen konnte, und wandte sich zum Inneren des Tempels, um dort irgendetwas zu tun; ich

weiß nicht, ob er von den unberührbaren Dingen etwas fortnehmen wollte oder sonst etwas vorhatte. Aber eben, als er zur
Tür des Tempels trat, überkam ihn ein jähes Schaudern, so daß
er auf demselben Weg zurückeilte. Doch wie er über die
Mauer hinabsprang, verrenkte er sich die Hüfte; andere erzählen, er habe sich das Knie verletzt.

135. So mußte er schwer angeschlagen wieder nach Athen
heimfahren, ohne Reichtümer mitzubringen für die Athener
und ohne Paros erobert zu haben. Sechsundzwanzig Tage lang
hatte er vor der Stadt gelegen und die Insel verwüstet. Als die
Parier erfuhren, daß Timo, die Tempeldienerin der Götter,
dem Miltiades den Weg gewiesen habe, wollten sie sie dafür
bestrafen und sandten, sobald sie von der Belagerung erlöst
waren, an den Gott zu Delphi und ließen ihn befragen, ob sie
die Tempelwärterin der Götter mit dem Tode bestrafen sollten,
weil sie den Feinden den Weg zur Eroberung der Stadt gewiesen und dem Miltiades das Allerheiligste, das doch vor Männern geheimgehalten würde, offenbart habe. Die Pythia aber
antwortete, sie sollten es nicht tun; Timo sei nicht schuldig,
denn weil es mit Miltiades ein übles Ende nehmen sollte, sei sie
ihm nur als Wegweiserin zu seinem Unglück erschienen.

136. In Athen aber wurde Miltiades nach seiner Rückkehr
von Paros von allen verschrien, insbesondere aber von Xanthippos, Ariphrons Sohn, der ihn vor das Gericht des Volkes forderte und ihn verklagte auf Leib und Leben, weil er die Athener böswillig hintergangen habe. Miltiades erschien zwar vor
Gericht, konnte aber seine Sache nicht selber führen, weil das
entzündete Bein ihn behinderte, sondern wurde, während er
vor dem Volk auf einem Bette lag, von seinen Freunden verteidigt, indem sie an viele Einzelheiten aus der Schlacht bei
Marathon und an die Eroberung der Insel Lemnos erinnerten,
wie er sie an die Athener gebracht und ihnen damit Rache
verschafft habe an den Pelasgern. Und so weit fiel das Volk ihm
zu, daß es ihn lossprach vom Tode, wegen seines Vergehens
aber strafte es ihn mit einer Geldbuße von fünfzig Talenten.[132]
Danach starb Miltiades am Wundbrand und an der Entzün-

SECHSTES BUCH

dung des Schenkels; die fünfzig Talente aber bezahlte Kimon, sein Sohn.

137. Die Insel Lemnos aber hatte Miltiades, Kimons Sohn[133], auf folgende Weise in seine Gewalt gebracht. Damals, als die Pelasger von den Athenern aus Attika vertrieben worden waren, ob nun zu Recht oder zu Unrecht, weiß ich nicht zu sagen, sondern kann nur berichten, was davon erzählt wird, nämlich daß Hekataios, Hegesandros' Sohn, sich in seinen Geschichten darüber ausgesprochen hat, indem er sagte ›zu Unrecht‹. Nachdem nämlich die Athener das Land gesehen hätten, das am Fuße des Hymettos lag und das sie den Pelasgern zur Besiedlung zugewiesen hätten als Lohn dafür, daß jene ihnen vorzeiten die Mauer oben um die Burg aufgeführt hatten[134] und nun sahen, daß dieses Land jetzt wohlbebaut war, nachdem es früher untauglich und wertlos war, seien sie neidisch geworden und lüstern auf das Land und hätten darum die Pelasger ohne jeglichen anderen Grund vertrieben. Die Athener selbst hinwieder behaupten, sie hätten sie mit Recht vertrieben, weil die Pelasger, nachdem sie sich dort unten am Hymettos niedergelassen hatten, von dort aus Feindseligkeiten gegen sie begangen hätten. Denn immer, wenn ihre Töchter und Knaben zum Neunbrunnen[135] gegangen seien, um Wasser zu holen – damals hätten nämlich weder sie noch die anderen Hellenen Sklaven gehabt –, hätten die Pelasger ihnen in frechem Übermut Gewalt angetan, und selbst das sei ihnen noch nicht genug gewesen, sondern sie hätten sogar einen Anschlag geplant, über die Athener herzufallen, und seien dabei ertappt worden. Die Athener hätten sich daraufhin viel edelmütiger gezeigt als jene; denn da sie die Pelasger bei dem Anschlag ertappt hätten, seien sie befugt gewesen, sie zu töten, hätten es aber doch nicht tun wollen, sondern sie nur des Landes verwiesen. So seien sie weggezogen und hätten sich etlicher anderer Orte, darunter auch der Insel Lemnos, bemächtigt.

138. Auf jene Art hat Hekataios die Sache erzählt, auf diese erzählen sie die Athener. Die in Lemnos wohnenden Pelasger beschlossen also, Rache zu üben an den Athenern, und weil sie

474

mit den athenischen Festen gut vertraut waren, beschafften sie sich einige Fünfzigruderer, fuhren nach Brauron[136] und lauerten den athenischen Frauen auf, die dort der Artemis ein Fest begingen; sie ergriffen eine große Zahl von ihnen, entführten sie nach Lemnos und hielten sie dort als ihre Kebsfrauen. Diese Frauen waren fruchtbar und gebaren viele Kinder und lehrten ihre Knaben die attische Sprache und die Sitten der Athener. Die Knaben aber wollten keinen Umgang mit den Knaben der pelasgischen Frauen haben, und wo einer von ihnen von einem pelasgischen Knaben geschlagen wurde, kamen sie alle herzu und standen einander bei; ja sie wollten auch, daß die pelasgischen Knaben ihnen gehorchten, und waren ihnen weit überlegen. Als das die Pelasger merkten, hielten sie untereinander Rat und fanden die Sache besorgniserregend, denn wenn schon die Knaben darüber einig würden, einander beizustehen gegen die Kinder der Ehefrauen, und sie schon jetzt zu beherrschen suchten, was würden sie erst als erwachsene Männer tun? Da beschlossen sie, die Knaben, die sie mit den attischen Frauen gezeugt hatten, zu töten, und mit den Knaben töteten sie zugleich auch ihre Mütter. Seit dieser Tat und der noch früheren, als die Frauen ihre eigenen Männer samt Thoas töteten, nennt man in Hellas jedes grausame Verbrechen eine »lemnische Tat«.

139. Den Pelasgern aber, die ihre eigenen Kinder und Weiber umgebracht hatten, wollte die Erde keine Frucht mehr tragen, und die Weiber und Herden waren nicht mehr so fruchtbar wie zuvor, bis sie in der Not des Hungers und des Kindermangels nach Delphi schickten, um Erlösung von ihrer Bedrängnis zu erlangen. Und als die Pythia ihnen riet, den Athenern eine Buße zu bieten, die jene selber ihnen bestimmen sollten, kamen die Pelasger nach Athen und erklärten sich bereit, Buße zu leisten für alle ihre Vergehen. Da richteten die Athener im Rathaus ein Ruhebett her, so schön sie nur konnten, mit Polstern und Teppichen, stellten davor einen Tisch, voll mit köstlichen Speisen aller Art, und forderten von den Pelasgern, sie sollten ihnen ihr Land in solchem Zustand über-

SECHSTES BUCH

geben. Darauf antworteten die Pelasger sogleich und sprachen: »Sobald ein Schiff mit Nordwind am selben Tage von eurem Land zu dem unsrigen gelangt, dann wollen wir es euch übergeben.« Denn sie meinten, das sei unmöglich, weil Attika von Lemnos weit ab gegen den Südwestwind gelegen ist.

140. Dies war vorzeiten geschehen. Aber viele Jahre später[137], als die Chersonesos am Hellespont unter die Herrschaft der Athener gekommen war, segelte Miltiades, Kimons' Sohn, zur Zeit der etesischen Winde von der Stadt Elaius auf der Chersonesos nach Lemnos[138] und forderte von den Pelasgern, die Insel zu verlassen, indem er sie an jenen Spruch erinnerte, von dem die Pelasger gemeint hatten, er würde sich niemals erfüllen. Die Einwohner von Hephaistia folgten der Mahnung; die Einwohner von Myrina[139] aber wollten die Chersonesos nicht als attisches Land gelten lassen und wurden belagert, bis auch sie sich ergaben. So wurde Lemnos von den Athenern unter Miltiades eingenommen.

SIEBTES BUCH

Polyhymnia

1. Als die Nachricht von der Schlacht bei Marathon zu König Dareios, Sohn des Hystaspes, gelangte, entbrannte sein Zorn noch heftiger gegen die Athener, auf die er schon vorher wegen ihres Angriffes auf Sardis[1] wütend war, und rüstete noch eifriger zu einem Krieg gegen die Hellenen. Sofort schickte er Boten in alle Städte und Länder, um ein Heer zu sammeln, das noch weit größer sein sollte als das frühere, dazu auch Kriegsschiffe, Pferde, Getreide und Fahrzeuge. Auf dieses Gebot hin erfüllte sich Asien drei Jahre lang mit Lärm und Getöse, denn man sammelte und rüstete die Tapfersten zum Krieg gegen Hellas. Aber im vierten Jahr[2] erhoben sich die Ägyptier, die von Kambyses unterjocht wurden, gegen die Perser und fielen ab. Da rüstete der König noch eifriger, um gegen beide gleichzeitig Krieg zu führen.

2. Während dieser Rüstung des Königs entstand unter seinen Söhnen ein heftiger Streit um die Regierung, weil er nach persischem Gesetz nicht in den Krieg ziehen durfte, ohne einen anderen König ernannt zu haben.[3] Es waren nämlich Dareios, noch ehe er König geworden war, von seiner ersten Gattin, des Gobryas[4] Tochter, drei Söhne geboren worden, nachher aber, als er schon König war, noch vier weitere von Atossa, des Kyros Tochter, und von jenen früheren war Artobazanes, von den späteren aber Xerxes der älteste. Diese rechteten, da sie nicht von derselbigen Mutter abstammten, um den Vorzug, Artobazanes, weil er der älteste sei von allen und weil es überall so gehalten werde, daß der älteste zur Regierung

SIEBTES BUCH

komme, Xerxes hinwieder, weil er Atossas Sohn sei und außerdem ein Enkel des Kyros, der den Persern die Freiheit erworben habe.

3. Dareios aber hielt noch zurück mit seinem Urteil. Nun traf es sich aber, daß zur selben Zeit Demaratos, Sohn des Ariston, nach Susa kam, nachdem er seines Königtums beraubt und freiwillig aus Sparta geflohen war. Als dieser Mann, so erzählt man, von dem Streit unter den Söhnen des Königs hörte, ging er zu Xerxes und riet ihm, er solle außer den anderen Gründen, die er vorgebracht habe, auch darauf hinweisen, daß er zu einer Zeit geboren worden sei, als sein Vater schon König war und über die Perser die Herrschaft führte, Artobazanes aber, als Dareios noch ein bloßer Bürger gewesen sei, und daß es darum weder billig noch gerecht sein würde, wenn nicht er, sondern ein anderer das Vorrecht erhielte. So werde es, fügte er hinzu, auch in Sparta gehalten, wenn von den Söhnen des Königs die einen vor seiner Regierung geboren seien, ein anderer aber später während seiner Regierung, daß diesem die Erbfolge gebühre. Xerxes benutzte diesen Rat, und der König erkannte sein Recht und bestellte ihn zu seinem Nachfolger. Ich meine aber, auch ohne diesen Rat wäre Xerxes ihm nachgefolgt; denn seine Mutter Atossa erreichte alles bei dem König.

4. Nachdem er die Thronfolge geregelt hatte, rüstete sich Dareios zum Krieg. Aber im folgenden Jahr nach diesen Geschichten und nach dem Aufstand der Ägyptier starb Dareios, nachdem er im ganzen sechsunddreißig Jahre regiert hatte[5], und es war ihm nicht mehr vergönnt, sich weder an den Ägyptiern für ihre Empörung noch an den Athenern zu rächen.

5. Als nun Xerxes nach Dareios' Tod zur Regierung kam, war er anfänglich gar nicht willens zum Krieg gegen die Hellenen, sondern sammelte seine Heeresmacht nur zum Zug nach Ägypten. Es lebte aber am Hofe ein Schwestersohn des Dareios, Mardonios, sein Vetter, der bei ihm den größten Einfluß von allen Persern besaß. Dieser Mardonios sprach folgende Worte zu ihm: »Herr, es gehört sich nicht, daß die Athener, die uns

478

POLYHYMNIA

Perser so viel Übles zugefügt haben, ohne Strafe ausgehen sollen. Du magst zwar ausführen, was du jetzt vorhast; doch wenn du Ägyptens Übermut gebändigt hast, mußt du gegen Athen ziehen, damit du dir einen rühmlichen Namen machst unter den Völkern und hinfort sich jedermann hüte, in dein Land einzubrechen.« Diese Begründung führte er immer wieder an, fügte aber die Bemerkung hinzu, welch herrliches Land Europa sei, wie reich an Fruchtbäumen[6] jeglicher Art und über die Maßen ergiebig, das zu besitzen kein Sterblicher würdig sei außer allein der König.

6. So sprach er aber nur als ein Mann von unruhigem Geiste und weil er selber Statthalter über Hellas werden wollte. Es gelang ihm schließlich auch, den König dazu zu überreden. Dabei half ihm noch etwas anderes. Aus Thessalien trafen Boten von der Familie der Aleuaden[7], den thessalischen Königen, ein, die den König zum Krieg gegen Hellas aufriefen und ihn dabei ihres Beistandes versicherten; außerdem riefen ihn auch die Peisistratiden, die dieselbe Sprache führten, ihn aber mit noch größerer Hoffnung reizten. Sie brachten einen Mann mit, der sich auf Sehersprüche wohl verstand und auch die Sprüche des Musaios geordnet hatte, Onomakritos[8] aus Athen, früher ihr Feind, damals aber mit ihnen ausgesöhnt. Weil er nämlich von Lasos aus Hermione dabei ertappt worden war, wie er dem Musaios einen falschen Spruch unterschob mit dem Inhalt, daß die Inseln[9] bei Lemnos im Meer verschwinden würden, wurde er von Hipparchos, dessen vertrauter Freund er bis dahin gewesen war, aus Athen verbannt. Dieser also war mit den Peisistratiden nach Susa heraufgekommen, und weil diese ihn so sehr rühmten, wurde er oft vor den König gerufen und trug ihm von seinen Sprüchen vor. Dabei verschwieg er aber alles, was den Barbaren ein Mißgeschick verkündete, sondern wählte nur Sprüche aus, die ihnen besonders Glück verhießen, z.B. vom Hellespont, der einst von einem Perser überbrückt werden sollte, und von dem bevorstehenden Feldzug des Xerxes. So drängten sie in ihn, dieser mit seinen Sprüchen, die Peisistratiden aber und die Aleuaden mit ihren Ratschlägen.

SIEBTES BUCH

7. Nachdem sich nun Xerxes zu einer Kriegsfahrt ins Hellenenland hatte überreden lassen, zog er im zweiten Jahr[10], das auf den Tod des Dareios folgte, zuerst gegen die Aufständischen, warf sie nieder und legte dem ganzen ägyptischen Lande noch weit härteren Frondienst auf als zuvor unter König Dareios, und verordnete darüber seinen Bruder Achaimenes, einen Sohn des Dareios, zum Statthalter. Dieser Achaimenes wurde dort in späterer Zeit von Inaros, Psammetichos' Sohn, einem Libyer, erschlagen.

8. Als daraufhin Xerxes nach der Unterwerfung Ägyptens den Heereszug gegen Athen ins Werk zu richten gedachte, berief er den Rat[11] der vornehmsten Perser ein, um ihre Meinungen zu hören und ihnen selber allen seine Absicht kundzutun. Als der Rat versammelt war, hielt er eine Rede an sie und sprach: »Nicht ich führe diesen Brauch zum erstenmal bei euch ein, sondern er ist mir überkommen, und darum will ich mich nach ihm richten. Wie mir von den Alten unter uns gesagt wird, haben wir noch niemals still gesessen seit der Zeit, als Kyros den Astyages gestürzt hatte und wir die Herrschaft der Meder an uns gebracht haben, sondern es ist so Gottes Wille, und uns selber gerät es zum Guten, daß wir vieles unternehmen. Wie viele Völker von Kyros und Kambyses und von Dareios, meinem Vater, bezwungen und unserem Reiche einverleibt worden sind, das wißt ihr selber und brauche ich euch nicht zu sagen. Seitdem aber der Thron an mich gekommen ist, war es meine Sorge, wie ich nicht hinter denen zurückbliebe, die vor mir diese Würde besessen haben, und wie ich nicht weniger als jene die Macht der Perser vermehren könne. So fand ich beim Nachsinnen, wie wir zugleich Ruhm und ein Land gewinnen können, nicht kleiner als dieses, das wir schon besitzen, und auch nicht geringer an Wert, vielmehr ergiebiger an Früchten jeder Art, und zugleich auch Rache üben und Vergeltung, und darum habe ich euch berufen, damit ich euch vorlege, was ich zu tun gedenke. Ich will eine Brücke schlagen über den Hellespont und ein Heer hinüberführen durch Europa bis zum Hellenenland, auf daß ich den Athenern alles

POLYHYMNIA

vergelte, was sie den Persern und meinem Vater angetan haben.
Ihr sahet schon meinen Vater Dareios sich zu diesem Kriege
rüsten, aber er ist gestorben und hat die Rache nicht vollbringen können. So will ich, um ihn und die anderen Perser zu
rächen, nicht ruhen, bis ich die Athener bezwungen und ihre
Stadt mit Feuer vertilgt habe, weil sie zuerst sich erkühnt
haben, mich und meinen Vater zu kränken. Denn zuerst sind
die Athener gemeinsam mit unserem Untertan Aristagoras aus
Milet nach Sardis gezogen und haben dort die heiligen Haine
und die Tempel in Brand[12] gesteckt. Und welche Übel sie uns
damals zugefügt haben, als wir unter Datis' und Artaphernes'
Führung ihr Land betraten, ist euch ja allen bekannt. Aus
diesen Gründen bin ich entschlossen, sie zu bekriegen. Aber
indem ich es erwäge, finde ich dabei auch großen Gewinn.
Denn wenn wir uns jene unterwerfen und dazu ihre Nachbarn,
die im Lande des Pelops[13], des Phrygers, wohnen, so dehnen
wir das persische Land bis zum Äther des Zeus aus. Dann wird
die Sonne kein Land mehr erblicken, das an das unsere grenzt,
sondern ich will mit euch durch ganz Europa ziehen und alle
Länder zu einem einzigen Lande vereinigen. Denn wie ich
höre, bleibt keine Stadt und kein Volk mehr übrig, das unseren
Waffen widerstehen könnte, nachdem wir jene, die ich genannt, aus dem Wege geräumt haben. So werden wir ihnen das
Joch der Knechtschaft auferlegen, beiden, den Schuldigen und
den Unschuldigen. Ihr aber vernehmt, was ihr tun sollt, damit
ihr mir wohlgefällig seid. Sobald ich euch die Zeit verkünde, zu
kommen, soll ein jeder von euch sich bei mir einfinden, und
wer dann kommt und bringt mir das bestgerüstete Kriegsheer,
den will ich auszeichnen mit meinen höchsten Ehrengaben. So
sollt ihr tun. Damit es jedoch nicht scheint, als beschlösse ich
allein nach eigenem Gutdünken, lege ich euch die Sache zur
Beratung vor, jeglichem unter euch soll es freistehen, seine
Meinung zu sagen.« Und damit schloß er seine Rede.

9. Da ergriff Mardonios das Wort und sprach: »O Herr! du
bist der beste aller Perser, nicht der früheren allein, sondern
auch der zukünftigen. Wie schön und wahr ist alles, was du zu

SIEBTES BUCH

uns gesprochen hast, besonders aber, daß du es nicht ertragen willst, daß die Ioner, die in Europa wohnen, dieses erbärmliche Volk, unser spotte. Denn es wäre doch arg, wenn wir die Saken und Inder, die Aithiopen und Assyrier und viele andere mächtige Völker, die uns nichts getan haben, bloß um unsere Macht zu mehren, uns untertan und dienstbar gemacht hätten, und ließen die Hellenen, die uns zuerst gekränkt haben, ungestraft. Was fürchten wir denn? Wo haben sie ein großes Heer? Wo sind ihre Geldmittel und Reichtümer? Kennen wir nicht ihre Kampfweise, kennen wir nicht ihre Armut? Haben wir nicht ihre Abkömmlinge unter unsere Gewalt gebracht, jene Ioner, Aioler und Dorier, die in unserem Lande seßhaft sind? Habe ich sie doch selber erprobt, damals, als ich auf deines Vaters Befehl gegen diese Männer einen Kriegszug machte. Da zog ich bis nach Makedonien, und es fehlte wenig, so wäre ich bis nach Athen gekommen, aber keiner trat mir zum Kampf entgegen. Und doch höre ich, daß sie gewohnt seien, Kriege zu führen auf die törichste Art, aus Unverstand und Ungeschick. Erst erklären sie sich den Krieg, dann suchen sie sich ein schönes, ganz ebenes Gelände aus, wo sie sich schlagen, so daß auch die Sieger nicht ohne größte Verluste ausgehen, geschweige denn die Besiegten, die völlig aufgerieben werden. Vielmehr sollten die Leute, da sie alle eine Sprache sprechen, ihre Händel durch Herolde und Boten miteinander austragen, oder durch irgendein anderes Mittel, nur nicht durch Schlachten. Wenn sie aber schon einander bekriegen müssen, sollte jede Partei zuvor herauszufinden suchen, an welcher Stelle die andere jeweils am verwundbarsten ist, und es damit versuchen. So aber konnten sie sich bei ihrer törichten Art, als ich damals bis Makedonien vordrang, gar nicht erst entschließen, gegen mich zu kämpfen. Wie aber sollte sich einer erkühnen, dir, o König, entgegenzutreten und gegen dich zu kämpfen, wenn du mit Asiens ganzer Heeresmacht und allen seinen Schiffen heranziehst? Ich denke, zu solcher Verwegenheit wird sich das Heer der Hellenen nicht versteigen. Sollte ich mich aber dennoch in meiner Meinung täuschen und ihre Torheit sie verleiten, uns

Widerstand leisten zu wollen, so werden sie erfahren, daß sich im Kampfe keiner mit uns messen kann. Doch wie dem auch sei, man muß alles versuchen. Denn nichts geschieht von selbst; nur wer wagt, wird auch gewinnen.«

10. Mit diesen Worten suchte Mardonios den Versammelten die Meinung des Königs schmackhafter zu machen. Als er geendigt hatte und die anderen Perser schwiegen und keine Einwände dagegen erhoben, ergriff Artabanos, Hystaspes' Sohn, voll Zuversicht, weil er des Königs Oheim war, das Wort und sprach: »So lange, o König, nicht Meinung gegen Meinung steht, ist es nicht möglich, die bessere zu wählen, sondern man muß sich mit der einen begnügen, die vorliegt. Stehen aber zwei gegeneinander, so mag man daraus die bessere erwählen, wie wir ja auch das lautere Gold nicht erkennen durch sich selbst, sondern das bessere erst herausfinden, wenn wir es an anderem Golde reiben. Ich riet schon deinem Vater Dareios, meinem Bruder, er solle nicht gegen die Skythen ziehen, weil es ein Volk sei ohne jegliche feste Sitze, er aber glaubte, er könne sich die Skythen, die Wanderhirten, unterwerfen, und mißachtete meinen Rat, unternahm den Kriegszug und kehrte wieder zurück, nachdem er viele brave Krieger verloren hatte. Du aber, mein König, willst gegen Männer ziehen, die noch um vieles besser sind als die Skythen, Männer, die zu Wasser wie zu Lande für die Tapfersten gelten. Darum halte ich es für meine Pflicht, dir zu zeigen, wie gefährlich diese Sache ist. Du sagst, du wollest über den Hellespont eine Brücke schlagen und dein Heer durch Europa nach Hellas führen. So laß uns einmal annehmen, du würdest zu Lande oder zu Wasser geschlagen, oder auf beiden zugleich. Denn die Männer gelten für streitbar, was sich auch daraus ermessen läßt, daß das große Heer, das unter Datis und Artaphernes nach Attika gezogen war, allein von den Athenern aufgerieben worden ist. Nehmen wir jedoch an, sie seien nur zu Wasser siegreich und würden mit ihren Schiffen nach dem Hellespontos fahren und die Brücke abbrechen, dann, o König, entstünde dir große Not. Ich erdenke das nicht etwa nur aus meinem eigenen Kopf, sondern

SIEBTES BUCH

ich weiß, welches Unglück uns damals um ein Haar betroffen hätte, als dein Vater eine Brücke über den thrakischen Bosporos und über den Istros schlug und hinüberzog ins Land der Skythen. Damals suchten die Skythen auf jede Weise die Ioner, denen die Bewachung der Isterbrücke befohlen war, dazu zu bringen, die Brücke abzubrechen. Hätte damals Histiaios, der Tyrann von Milet, der Meinung der anderen Fürsten zugestimmt und sich ihr nicht widersetzt, wären die Perser verloren gewesen. Ist es aber nicht schrecklich, auch nur anzuhören, daß alle Macht des Königs in der Hand eines einzigen Mannes gelegen hatte? Darum begib dich nicht ohne alle Not in so große Gefahr, sondern folge meinem Rat, entlasse für heute diese Versammlung, und bist du später immer noch dieser Meinung und hast du die Sache zuvor bei dir wohl erwogen, so gib ihnen kund, was du für das Beste hälst. Denn ich finde, sich wohl beraten ist der größte Gewinn. Denn wenn es auch mißglückt, so war doch der Ratschluß gleichwohl gut und ist nur dem Zufall unterlegen. Wenn sich einer aber schlecht beraten hat und das Glück ist ihm hold, so hat er nur einen guten Fund getan, sein Ratschluß aber war gleichwohl schlecht. Sieh die gewaltigsten unter den Tieren, wie Gottes Blitzstrahl sie erschlägt, denn ihr stolzes Gebaren ist ihm zuwider, aber die kleinen ärgern ihn nicht. Sieh, in die größten Häuser, in die höchsten Bäume schleudert er seine Blitze; denn Gott pflegt alles Große in den Staub zu werfen. So kann auch ein großes Heer erliegen vor einem kleinen, wenn Gottes Eifer erwacht und er eine Panik verbreitet oder einen Donner erdröhnen läßt, so daß es auf schmähliche Weise zugrunde geht. Denn Gott duldet nicht, daß sich etwas über ihn erhebt. Jedes Ding, das übereilt betrieben wird, bringt Fehler, die man meist mit schwerem Schaden büßen muß, hingegen geduldig warten bringt Vorteile, wenn es auch anfangs nicht so scheint; mit der Zeit wird man sie schon erkennen. Dies, o König, ist der Rat, den ich dir gebe. Du aber, Mardonios, Sohn des Gobryas, höre auf, geringschätzig von den Hellenen zu sprechen, denn sie verdienen die üble Nachrede nicht. Nur darum setzest du die

POLYHYMNIA

Hellenen herab, um den König zum Kriege gegen sie zu reizen, nichts anderes, dünkt mich, ist der Grund deines heftigen Eifers. Doch das bleibe uns fern! denn Verleumdung ist eine schlimme Sache[14]. Denn da sind zwei, die Unrecht tun, und einer, der Unrecht leidet. Der Verleumder tut Unrecht, indem er den beschuldigt, der nicht zugegen ist, und ebenso der, der der Verleumdung glaubt, noch ehe er es genau erforscht hat; der Abwesende aber erleidet von beiden Unrecht, von dem einen, daß er ihn verleumdet, und von dem anderen, daß er ihn für schlecht hält. Aber wenn denn durchaus gegen jene Männer gekämpft werden soll, wohl, so bleibe der König daheim im Perserland, wir beide aber wollen unsere Kinder zum Pfand setzen, und dann erlese dir alle Männer, die du willst, und nimm dir ein Heer, so groß wie du willst, und zieh mit ihnen aus. Und wenn du dann des Königs Sache so ausführst, wie du prahlst, so sollen meine Kinder den Tod erleiden und ich mit ihnen; wenn es aber ausgeht, wie ich voraussage, so sollen deine dasselbe erleiden, und du dazu, sofern du wiederkehrst. Weigerst du dich aber, auf diese Bedingung einzugehen, und führst trotzdem ein Heer gegen Hellas hinauf, so sage ich dir, es wird dereinst zu denen, die hier zurückgeblieben sind, von Mardonios eine Kunde kommen, daß er den Persern großes Unheil gebracht habe und sein Leichnam von Hunden und Vögeln irgendwo im athenischen oder lakonischen Lande zerrissen worden sei[15], wenn nicht zuvor schon auf seinem Wege. Dann wirst du erkannt haben, gegen welche Männer du dem König rätst, in Krieg zu ziehen.«

11. So sprach Artabanos. Aber Xerxes fuhr zornig auf und erwiderte ihm: »Artabanos, du bist meines Vaters Bruder, das rettet dich vor der gerechten Strafe für dein törichtes Geschwätz. Doch weil du feige bist und zaghaft, sollst du zu deiner Schmach nicht mit mir ausziehen gegen die Hellenen, sondern daheim bleiben mit den Weibern. Ich denke, daß ich auch ohne dich all mein Vorhaben vollbringen werde. Wahrlich, ich wäre nicht wert meiner Väter und Vorväter, des Dareios, Hystaspes, Arsames, Ariamnes, Teïspes, Kyros, Kamby-

ses, Teïspes, Achaimenes[16], wenn ich nicht Rache nähme an
den Athenern. Denn das weiß ich gewiß, mögen wir auch
Frieden halten, jene halten ihn nicht, sondern werden abermals in unser Land einfallen, wenn man aus ihren früheren
Taten schließen darf, als sie Sardis verbrannten und einen
Kriegszug nach Asien unternahmen. Zurückweichen ist für
beide Teile unmöglich, es gilt zu handeln oder zu leiden;
entweder wir müssen den Hellenen oder die Hellenen müssen
uns unterliegen, unsere Feindschaft läßt keine Versöhnung zu.
Und da uns zuerst Unrecht widerfahren ist, gebietet es unsere
Ehre, daß wir nunmehr auch Rache üben. Dann werde ich ja
wohl das Furchtbare, das mir jene Männer zufügen sollen,
kennenlernen, Männer, die einst der Phryger Pelops, ein Sklave
meines Vaters, so gründlich besiegt hat, daß Volk und Land bis
auf diesen Tag nach dem Namen ihres Bezwingers genannt
werden.«

12. Mehr wurde für diesmal nicht geredet. Als es aber Abend
war und der König über des Artabanos Mahnung nicht zur
Ruhe kam, bedachte er es die Nacht über von neuem und fand
nun, daß ein Kriegszug gegen die Hellenen ihm gar nicht
ratsam erschiene. So änderte er seine Meinung und schlief ein.
Da geschah es, wie die Perser erzählen, in dieser Nacht, daß er
ein Traumbild erblickte, und es war ihm, als träte ein großer
schöner Mann an sein Lager und spräche zu ihm: »So willst du,
Perser, deinen Sinn wenden und doch nicht gegen Hellas ziehen, und hast den Persern schon befohlen, ein Heer zu sammeln! Daran tust du nicht gut. Auch wird sich keiner finden,
der dir beistimmt. Du sollst auf diesem Wege bleiben, den du
am Tage beschlossen hast!« So sprach er und entschwebte.

13. Am nächsten Morgen achtete er nicht weiter auf diesen
Traum, sondern versammelte dieselben Perser wie zuvor, und
sprach zu ihnen: »Verzeiht mir, Perser, daß ich so bald meinen
Ratschluß ändere. Denn noch ist mein Geist zur vollen Reife
nicht gekommen[17], und die zu jener Sache raten, lassen mir
keine Ruhe. Als ich aber des Artabanos Rat vernahm, da brau-
ste zwar mein junges Blut plötzlich auf, daß ich gegen den

älteren Mann härtere Worte ausstieß als sich ziemte, jetzt aber habe ich den Irrtum erkannt und werde seinen Rat befolgen. Vernehmt also, daß ich mich entschlossen habe, keinen Kriegszug gegen die Hellenen zu unternehmen, und verhaltet euch ruhig.«

14. Als die Perser diese Rede hörten, waren sie voller Freude, neigten sich vor dem König und beteten ihn an. Aber in der Nacht, als er im Schlafe lag, trat dasselbe Traumbild an sein Lager und sprach zu ihm: »O Sohn des Dareios! So hast du doch vor den Persern den Kriegszug abgesagt und meine Worte, als gälte ich dir nichts, mißachtet! Wisse also! Wenn du nicht unverzüglich ausziehst, wird dir daraus folgendes erwachsen. So wie du in kurzer Zeit groß und gewaltig geworden bist, so wirst du auch in Bälde wieder klein und niedrig werden.«

15. Durch dieses Traumgesicht heftig erschreckt, sprang der König von seinem Lager und sandte einen Boten, um Artabanos zu rufen, und als er kam, sagte er zu ihm: »Artabanos! ich habe zwar anfangs Unrecht getan, als ich dich eines trefflichen Rates wegen mit kränkenden Worten gescholten habe, aber ich habe es bald bereut, und eingesehen, daß ich nach deinem Rat handeln müsse. Und doch vermag ich's nicht, so gern ich möchte. Denn seit ich meinen Sinn geändert habe, sucht mich ein Traumbild heim und widerrät es mir mit aller Strenge und hat mich eben noch darum bedroht. Wenn es nun ein Gott ist, der mir das Traumbild schickt, und ist es sein fester Wille, daß wir nach Hellas ziehen sollen, so wird derselbe Traum auch dir erscheinen und dir dasselbe anbefehlen wie mir. Und das wird, glaube ich, geschehen, wenn du dich mit meinem vollen Schmuck bekleidest und dich darin auf meinen Thron setzest und dich nachher auf meinem Lager niederlegst zum Schlafen.«

16. Artabanos jedoch zögerte, dem Befehl zu gehorchen, weil er sich nicht für würdig hielt, auf dem königlichen Thron zu sitzen.[18] Als er sich aber nicht entziehen konnte, so tat er es zwar schließlich, sagte aber zuvor noch folgendes: »Gleich hoch gilt mir, o König, selbst sich gut zu beraten und gutem

SIEBTES BUCH

Rate willig zu folgen. Bei dir trifft beides zu, aber schlechter
Leute Umgang leitet dich irre, wie man vom Meer erzählt, das
sonst den Menschen so nutzreich ist, daß es vor dem Andrang
der Winde sich nicht entfalten kann in seiner wahren Natur.
Als ich von dir die harten Worte hörte, schmerzte mich weniger noch die Kränkung, sondern vielmehr war es, daß du von
den beiden Meinungen, die vor den Persern geäußert wurden
und von denen die eine dem Hochmut schmeichelte, die andere aber ihn dämpfen wollte und vor einem unzufriedenen
Herzen warnte, das unersättlich nach immer neuer Macht
strebt, daß du von diesen Meinungen diejenige wähltest, die
die gefährlichere war für dich selber wie für die Perser. Nun
aber, da du dich zur besseren bekehrt hast und dem Zug gegen
die Hellenen entsagen willst, erscheint dir, wie du erzählst, ein
gottgesandtes Traumbild, das dir verbietet, das Heer wieder zu
entlassen. Aber auch hierin irrst du dich, mein Lieber, das ist
nicht von Gott. Denn welche Bewandtnis es mit den Traumge-
sichten hat, die die Menschen hin und wieder heimsuchen,
kann ich dich lehren, weil ich um viele Jahre älter bin als du.
Man pflegt nämlich im Traum zumeist Dinge zu sehen, die
einem am Tage begegnet sind. Nun haben wir uns dieser Tage
vor allem mit diesem Kriegszug befaßt. Sollte es sich aber doch
nicht so verhalten, wie ich es erkläre, sondern von einem Gott
kommen, so hast du schon alles gesagt, was dabei zu tun ist: es
muß auch mir erscheinen und mich mahnen, ganz so wie dich.
Doch muß es ihm gleich sein, wenn es nur überhaupt erscheinen will, ob ich mein Kleid trage oder deines, ob ich in meinem
Bette schlafe oder in deinem. Denn dieses Wesen, es sei nun,
was es sei, das dir im Schlafe erscheint, so einfältig wird es doch
wohl nicht sein, daß es um des Kleides willen glauben sollte,
mich zu sehen, wenn es dich sieht. Ob es aber meiner gar nicht
achten, noch mich seines Erscheines für wert halten und mich
nicht besuchen wird, weder wenn ich mein eigenes Kleid,
noch wenn ich deines trage, das eben ist es, was wir jetzt
erproben müssen. Denn sollte es wirklich wieder kommen,
dann würde auch ich glauben, daß es von Gott sei. Ist es also

dein Wille und ist es unumgänglich, daß ich jetzt in deinem
Lager schlafen soll, wohl, so will ich's tun und das Traumbild
möge mir erscheinen. Bis dahin aber bleibe ich bei meiner
Ansicht.«

17. Hierauf tat Artabanos, wie ihm befohlen war, denn er
hoffte, Xerxes seines Irrtums zu überführen. Er legte das Kleid
des Königs an und setzte sich damit auf den Königsthron, und
als er sich danach zur Ruhe legte und eingeschlafen war, kam
ihm dasselbe Traumbild, stellte sich ihm zu Häupten und
sprach: »Du also bist der Mann, der dem König so eifrig abrät,
gegen Hellas zu ziehen, und so besorgt um ihn tust? Doch das
soll dir nicht ungestraft bleiben, weder künftig noch jetzt, daß
du das Schicksal abzuwenden suchst. Dem König aber ist
schon kundgetan, was ihn erwartet, wenn er nicht hören will.«

18. Solche Drohung meinte Artabanos von dem Traumbild
zu vernehmen, und zugleich war es ihm, als wolle es ihm mit
glühenden Eisenstäben die Augen ausbrennen, daß er mit lau-
tem Schrei vom Lager sprang. Darauf setzte er sich beim König
nieder, beschrieb ihm das ganze Traumgesicht und schloß
seine Rede, indem er zu ihm sprach: »O König! weil ich in
meinem Leben schon oft gesehen habe, wie große Mächte
durch kleinere zu Fall kamen, konnte ich nicht gutheißen, daß
du in allen Dingen deinem jugendlichen Übermut nachgibst,
weil ich wußte, wie gefährlich es ist, vieles zu begehren. Denn
ich dachte an Kyros' Zug gegen die Massageten, wie übel er
verlaufen ist, und desgleichen an Kambyses' Zug gegen die
Aithiopen, und war auch bei des Dareios Zug gegen die Skythen dabei gewesen. Und weil ich dies alles wußte, war ich der
Meinung, du solltest dich friedlich halten, dann würde alle
Welt dich glücklich preisen. Nun kommt ja aber der Antrieb
von Gott, und über die Hellenen, scheint es, soll ein gottver-
hängtes Verderben hereinbrechen. So ändere auch ich meine
Meinung, du aber tu den Persern kund, was dich der Gott hat
wissen lassen, und heiße sie, deinen ersten Befehl auszuführen
und sich zu rüsten. Sorge nun, da der Gott es zuläßt, daß du es
an nichts fehlen läßt.«

SIEBTES BUCH

So wurden sie beide infolge des Traumgesichtes guter Zuversicht, und als der Tag kam, teilte Xerxes den Persern die Sache mit, und Artabanos, der vorher als einziger offen dagegen geredet hatte, sprach nunmehr offen dafür.

19. Als Xerxes hierauf schon entschlossen war, den Kriegszug zu machen, begegnete ihm ein drittes Traumgesicht, von dem die Mager[19], als sie davon erfuhren, erklärten, daß die ganze Erde und alle Menschen ihm untertan werden würden. Xerxes träumte nämlich, er sei bekränzt mit dem Reis eines Ölbaumes[20], und der Ölbaum überdecke mit seinen Zweigen alles Land, aber mit einemmal sei der Kranz von seinem Haupte wieder verschwunden. So deuteten die Mager den Traum. Die Perser aber, die vor dem König versammelt waren, zogen nun wieder fort, ein jeder in seine Provinz, und begannen mit allem Eifer zu tun, was ihnen befohlen war; denn jeden verlangte nach der verheißenen Belohnung. Der König sorgte so gründlich für seine Rüstung, daß kein Ort in Asien davon verschont blieb.

20. Denn volle vier Jahre[21] nach der vollständigen Unterwerfung Ägyptens sammelte und rüstete er das Heer, und erst im fünften Jahr zog er mit großer Heeresmacht in den Krieg. Es war das größte Heer, von dem wir wissen. Denn mit diesem verglichen erscheint das des Dareios gegen die Skythen als ziemlich klein, und ebenso auch das der Skythen, als sie auf der Verfolgung der Kimmerier ins Mederland einfielen und fast ganz Oberasien bezwangen und in Besitz nahmen, wofür sie Dareios danach züchtigen wollte. Vergleichen konnte sich damit auch nicht der sagenhafte Heereszug der Atriden nach Ilion, und noch vor dem troischen Krieg der Zug der Myser und Teukrer, die über den Bosporos nach Europa zogen und die Thraken allesamt unterwarfen und bis zum ionischen Meere hinab vordrangen, südwärts aber bis zum Fluß Peneios.[22]

21. Alle diese Kriegsfahrten und alle, die sonst noch geschehen sind, verdienen nicht mit diesem einen verglichen zu werden. Denn wo ist ein Volk in Asien, das Xerxes nicht gegen die Hellenen geführt hat? Wo ist ein Fluß, der nicht von ihnen

490

ausgetrunken wurde, wenn man von den großen Strömen absieht? Da mußten die einen Kriegsschiffe stellen, andere Fußvolk, noch andere Reiterei, einige mußten außer den Truppen auch noch die Schiffe stellen für die Pferde, oder Langschiffe für die Brücken, oder Getreide und Schiffe zugleich.

22. Zunächst aber, weil jene früheren bei der Fahrt um den Athos Schiffbruch erlitten hatten, wurde seit drei Jahren am Durchstich des Athos gearbeitet. Bei der Stadt Elaius[23] auf der Chersonesos lag eine Anzahl Trieren vor Anker. Von dort aus wurde eine große Menge Volk aus dem Heer nach dem Athos hinübergeführt, wo es unter Geiselhieben einen Graben ausheben mußte; dabei wurde es immer wieder von anderen abgelöst. Auch die Bewohner am Athos mußten beim Graben helfen. Zwei Perser, Bubares, Megabazos' Sohn, und Artachaies, Artaios' Sohn, leiteten das Werk. Der Athos ist ein großer und berühmter Berg, der bis zum Meere hinabreicht und von Menschen bewohnt ist. Wo dieser Berg zum Festland abfällt, bildet das Land gleichsam eine Halbinsel und eine Landzunge von etwa zwölf Stadien Breite. Es ist eine Ebene mit Hügeln von geringer Höhe, die sich vom Meer bei Akanthos bis hinüber zum Meer gegenüber von Torona hinzieht. Auf dieser Landenge, am Fuße des Athos, liegt die hellenische Stadt Sane. Diesseits dieser Stadt, nach der Seite des Athos, liegen noch andere Städte, Dion, Olophyxos, Akrothoon, Thyssos und Kleonai, die bisher zum Festland gehörten, aber damals nach der Absicht der Perser zu Inselstädten werden sollten.

23. Beim Graben verfuhren die Barbaren folgendermaßen. Bei der Stadt Sane zogen sie eine schnurgerade Linie und verteilten die ganze Strecke jeweils auf die einzelnen Völkerschaften. Als der Graben tief wurde, gruben nur die, die ganz unten standen, andere aber reichten die ausgegrabene Erde denen zu, die über ihnen auf Leitern standen, und diese wieder anderen, bis sie zu den obersten kam, die sie hinaustrugen und fortschafften. Da geschah es aber wohl bei allen, außer bei den Phoiniken, daß die steilen Ränder des Grabens einstürzten und ihre Mühe sich verdoppelte, und das konnte auch nicht ausblei-

SIEBTES BUCH

ben, weil sie die obere Öffnung nicht breiter machten als die untere. Die Phoiniken hingegen erwiesen sich auch hier wie bei anderen Arbeiten als geschickte Leute. Den Teil des Grabens, der ihnen zugefallen war, gruben sie nämlich oben doppelt so breit als der Graben selber werden sollte, und je tiefer sie kamen, desto mehr verengten sie ihn, so daß er zuletzt unten dieselbe Breite hatte wie bei den anderen. Auf einer Wiese richteten sie zugleich ihren Markt und Versammlungsplatz ein. Auch wurde ihnen reichlich gemahlenes Korn aus Asien zugeführt.

24. Ich aber finde, daß Xerxes diesen Graben nur aus Hochmut hat herrichten lassen, um daran seine Macht zu zeigen und seinem Namen ein Denkmal zu stiften.[24] Denn man konnte ja die Schiffe ohne alle Mühe über die Landenge hinwegziehen, und doch ließ er für das Meer einen Durchgang graben von solcher Breite, daß zwei Trieren unter Ruderschlag nebeneinander hindurchfahren konnten. Dieselben aber, die den Graben herrichten mußten, mußten auch eine Brücke über den Strymonfluß legen.

25. Außerdem ließ er auch Taue für die Brücken aus Byblos und aus Weißflachs[25] beschaffen durch die Phoiniken und die Ägyptier, und Korn für das Heer in Speichern aufschütten, damit das Heer und das Vieh auf dem Zug nach Hellas nicht Hunger zu leiden hätten. Zu diesem Zweck hatte er die passendsten Orte erkunden lassen und Anweisungen erteilt, wohin sie das Korn aus Asien in Lastschiffen und Fähren heranfahren sollten. Das meiste Korn kam nach einem Orte in Thrakien, Leuke Akte[26] (›Weißküste‹) genannt, anderes nach Tyrodiza bei Perinthos[27], wieder anderes nach Doriskos, nach Eïon am Strymon und nach Makedonien.

26. Während diese Arbeiten ausgeführt wurden, hatte sich das ganze Fußvolk gesammelt und setzte sich unter Xerxes in Marsch auf Sardis, von Kritalla aus, einer Stadt in Kappadokien, wohin das ganze Heer, das mit dem König auf dem Landweg ziehen sollte, sich hatte versammeln sollen. Wer von den Statthaltern nun den bestgerüsteten Heerbann dem König

zugeführt und dafür den verheißenen Ehrenlohn empfangen hatte, kann ich nicht sagen. Ich weiß nicht einmal etwas von einem derartigen Wettbewerb. Als sie darauf den Halys überschritten hatten und nach Phrygien kamen, gelangten sie auf dem Marsch durch dieses Land nach Kelainai[28], wo die Quellen des Maiandros entspringen und zugleich die Quelle eines zweiten Flusses, der nicht kleiner ist als jener und Katarraktes heißt. Dieser entspringt mitten auf dem Markt der Stadt Kelainai und fällt in den Maiandros. Auf diesem Markt hängt auch die Haut des Silenen Marsyas[29], von dem bei den Phrygen die Sage geht, daß Apollon ihm die Haut abgezogen und sie dort aufgehängt habe.

27. In dieser Stadt wurde der König von dem Lydier Pythios[30], Atys' Sohn erwartet. Dieser bewirtete das ganze Heer des Xerxes und ihn selbst auf das reichlichste und erbot sich auch, Geld beizusteuern für den Krieg. Als Xerxes dies Angebot vernahm, fragte er die umstehenden Perser, wer dieser Mann sei und wieviel Geld er besäße, daß er solches anbieten könne. Sie antworteten: »O König! dies ist derselbe Mann, der einst deinem Vater Dareios die goldene Platane und den goldenen Weinstock[31] geschenkt hat. Er ist auch jetzt noch, nächst dir, der reichste Mann, den wir kennen.«

28. Verwundert über diese letzten Worte, fragte der König selbst den Pythios, wieviel Geld er denn besäße. Jener antwortete: »O König! ich will dir mein Vermögen nicht verhehlen und auch nicht so tun, als ob ich es nicht wüßte; denn ich weiß es und werde es dir genau sagen. Denn gleich, nachdem ich erfuhr, daß du herabzögest an das hellenische Meer, beschloß ich, dir Geld zu geben für den Krieg. Und als ich nachrechnete, fand ich, daß ich an Silber zweitausend Talente besäße, an Gold aber vier Millionen Dareiosgulden weniger siebentausend. Und dies alles will ich dir schenken. Ich selber habe noch genug zum Leben von meinen Sklaven und von meinen Landgütern.«

29. Dem König gefiel diese Rede, und er erwiderte: »Mein lydischer Gastfreund! Seit der Zeit, als ich das persische Land verließ, bis auf diesen Tag war mir noch kein Mann begegnet,

der bereit gewesen wäre, mein Heer gastlich zu bewirten, und
der vor mein Angesicht gekommen und aus freiem Antrieb
sich erboten hätte, mir für diesen Krieg Geld anzubieten. Du
bist der einzige. Du hast mir das Heer reichlich bewirtet und
bietest mir nun eine große Summe Geldes an. Dafür zum Dank
will ich dich belohnen und ehren. Ich erkläre dich zu meinem
Gastfreund, und zu deinen vier Millionen Goldgulden will ich
die fehlenden siebentausend aus meinem Besitz hinzutun und
sie vollmachen, damit dir an den vier Millionen nichts mehr
mangele und deine Summe rund und voll werde. Behalte, was
du dir selber erworben hast, und bleibe, wie du dich gezeigt
hast, so soll es dich wahrlich nie gereuen, weder jetzt noch
später.«

30. So sprach der König, erfüllte sein Wort und zog weiter.
Er kam an der phrygischen Stadt Anaua[32] vorüber und an
einem See, aus dem man Salz gewinnt, und gelangte zu der
großen phrygischen Stadt Kolossai[33], wo der Fluß Lykos in
einen Erdschlund stürzt und darin verschwindet, bis er unge-
fähr fünf Stadien weiter wieder zutage tritt und auch in den
Maiander mündet. Von Kolossai aus erreichte das Heer bei der
Stadt Kydrara die Grenze zwischen Phrygien und Lydien. Eine
Inschrift auf einer von Kroisos errichteten Steintafel zeigt die
Grenze an.

31. Aber jenseits der Grenze, in Lydien, teilt sich die Straße.
Die eine führt links nach Karien, die andere rechts nach Sardis.
Wer auf dieser Straße zieht, muß notwendig über den Maian-
dros und an der Stadt Kallatebos vorbei, wo die Leute ein
Gewerbe treiben, indem sie aus dem Saft der Tamariske und
aus Weizenmehl einen Honig bereiten. Während Xerxes diese
Straße zog, erblickte er einen Platanenbaum, den er um seiner
Schönheit willen mit goldenem Schmuck behängte und einem
der »Unsterblichen« als Wächter anvertraute.

32. Tags darauf kam er in die Stadt der Lyder. Von dort sandte
er zunächst Herolde aus ins Hellenenland, um Erde und Wasser zu fordern, und um ihnen zu entbieten, daß sie Gastmähler
für den König bereiten sollten. Zu allen Hellenen sandte er sie

mit dieser Forderung, nur nicht nach Athen und Lakedaimon. Der Grund, weshalb er dies zum zweiten Male tat, war der, daß er hoffte, daß alle diejenigen Städte, die es Dareios zuvor verweigert hatten, es nun aus Furcht geben würden. Um dies sicher zu erfahren, sandte er die Herolde.

33. Daraufhin machte er sich auf den Weg nach Abydos. Denn mittlerweile hatte man eine Brücke über den Hellespont von Asien nach Europa gelegt. Zwischen den Städten Sestos und Madytos auf der Chersonesos am Hellespont erstreckt sich ein breiter Vorsprung zum Meer[34], gegenüber Abydos, wo nicht lange danach die Athener unter Xanthippos' Führung, des Sohnes des Ariphron, den Perser Artayktes, Statthalter in Sestos, fingen und lebendig ans Kreuz schlugen[35], eben jenen Artayktes, der, sooft er nach Elaius kam, mit Weibern ins Heiligtum des Protesilaos ging und dort mit ihnen Unzucht trieb.

34. Von Abydos zu diesem Küstenvorsprung hinüber wurden die Brücken gelegt von denjenigen, die dazu bestellt waren, von den Phoiniken die eine aus Weißflachs, von den Ägyptern die andere aus Byblos. Es sind sieben Stadien von Abydos zum gegenüberliegenden Ufer. Kaum war die Brücke gelegt, da kam ein gewaltiger Sturm, der alles zerschlug und zerriß.

35. Darüber erzürnte der König und befahl, dem Hellespont dreihundert Schläge mit der Geisel zu geben und ins offene Meer ein Paar Fußketten zu versenken. Ja ich habe sogar gehört, er habe zugleich auch Brandmarker geschickt, die dem Hellespont ein Brandmal aufdrücken sollten. Sicher ist jedoch, daß er befahl, es sollten die Peitscher ihre Schläge mit den barbarischen frevelnden Worten begleiten: »Du bitteres Wasser, diese Züchtigung verhängt dein Herr über dich, weil du dich gegen ihn vergangen hast, obwohl er dir nichts angetan hatte. Und Xerxes, unser König, wird über dich hinschreiten, ob du willst oder nicht. Die Menschen aber tun recht, daß sie dir nicht opfern, denn du bist ein Strom voll Schmutz und Salz.« So befahl er ihnen, das Meer zu strafen, den Männern

SIEBTES BUCH

aber, die über den Brückenbau verordnet waren, ließ er die Köpfe abschlagen.

36. Die Henker, denen dieses undankbare Amt oblag, gehorchten dem Befehl. Die Brücken aber wurden von anderen Baumeistern gebaut, und zwar auf folgende Weise. Sie stellten dreihundertsechzig Fünfzigruderer und Trieren in eine Reihe unter die eine Brücke, die nach der Seite des Pontos Euxeinos hin zu stehen kam, unter die andere dreihundertvierzig, und zwar die einen in schräger Richtung zum Pontos, die anderen quer zum Hellespont, um die Spanntaue zu tragen und hoch zu halten. Nachdem sie die Schiffe in eine Reihe gebracht hatten, warfen sie Anker aus von gewaltiger Größe, sowohl auf der einen Seite nach dem Pontos hin wegen der Winde, die von dort herauswehen, als auch auf der anderen nach Westen, dem aigaiischen Meere, zu wegen des West- und des Südwindes. Zwischen den Fünfzigruderern und Trieren ließen sie eine Öffnung, damit man mit kleinen Schiffen in den Pontos hinein- und herausfahren konnte. Danach legten sie die Taue darüber und spannten sie vom Lande aus mittels hölzerner Winden, aber nicht, wie das erstemal, jede der beiden Arten besonders, sondern über jede Brücke zwei Taue von Weißflachs und vier von Byblos. An Dicke und schönem Aussehen waren die Taue einander gleich, aber an Gewicht waren die aus Flachs verhältnismäßig schwerer; jede Elle davon wog ein Talent. Nachdem nun die Brücken soweit hergerichtet waren, schnitten sie aus großen Baumstämmen Bohlen, so lang wie die Brücke breit war, legten sie wohl gefügt nebeneinander über die gespannten Taue und verbanden sie miteinander, legten darüber weitere Bretter, fügten auch diese zusammen, schütteten Erde darüber und stampften sie fest. Endlich errichteten sie auf beiden Seiten der Brücke eine Blende, damit die Saumtiere und die Pferde das Meer unten nicht sahen und scheu würden.

37. Als nun der Brückenbau vollendet war und gemeldet wurde, daß auch die Arbeiten am Athos fertig seien sowie die Dämme an den Mündungen des Kanals gegen die Meeresflut, damit die Mündungen nicht verschüttet würden, und daß der

POLYHYMNIA

Kanal selber völlig hergerichtet sei, wollte sich das Heer, das in
Sardis überwintert hatte, mit Beginn des Frühlings nach Abydos in Bewegung setzen. Doch gerade, als es aufbrach, ent-
schwand die Sonne von ihrer Stelle am Himmel und wurde
unsichtbar, ohne daß ein Gewölk am Himmel war, bei ganz
hellem Wetter, so daß der Tag sich zur Nacht wandelte.[36] Als
Xerxes dies sah und beschaute, befiel ihn Sorge, und er fragte
die Mager, was dieses Zeichen bedeuten sollte. Sie erklärten,
daß der Gott damit den Hellenen das Verschwinden ihrer
Städte vorweise, denn der Sonnengott sei der Zukunftsweiser
der Hellenen, die Mondgöttin aber der der Perser. Über diese
Antwort war der König sehr froh und erhob sich zur Heerfahrt.

38. Gerade, als Xerxes das Heer aus der Stadt führen wollte,
kam der Lyder Pythios[37], erschreckt durch das Himmelszei-
chen und kühn geworden wegen seiner Geschenke, zu ihm
und sprach: »Ich bitte dich, Herr, du wollest mir eine Gnade
erweisen, die du mir leicht gewähren kannst, mir selbst aber
sehr viel bedeutet.« Der König, der jede andere Bitte erwartete
als die, die Pythios im Sinn hatte, antwortete, es solle ihm
gewährt sein, er möchte nur sagen, was er begehre. Da wurde
er getrosten Mutes und sprach: »O Herr! ich habe fünf Söhne,
und diese alle trifft das Los, mit dir ins Hellenenland zu ziehen.
So wollest du, o König, dich meines Alters erbarmen und mir
einen meiner Söhne vom Heerdienst freigeben, den ältesten,
damit er für mich und mein Vermögen Sorge trage. Aber die
anderen vier sollen mit dir ziehen, und es möge dir all dein
Vorhaben gelingen, daß du zufrieden heimkehrest.«

39. Der König aber erwiderte ihm darauf sehr zornig: »Elen-
der! ich selber ziehe aus in diesen Krieg und führe mit mir
meine Söhne, Brüder, Verwandte und Freunde, und du unterstehst dich, mir von einem deiner Söhne zu reden! Dabei bist
du doch nur mein Knecht, der mit seinem ganzen Hause samt
seinem Weibe mir nachfolgen sollte. So merke dir diese Lehre!
Es wohnt der Menschen Seele in ihren Ohren; hört sie Gutes,
so erfüllt sie den Leib mit Wohlgefühl, hört sie aber das Gegenteil, so braust sie auf. Damals, als du Gutes tatest und dich zu

497

SIEBTES BUCH

Gutem erbotest, konntest du dich nicht rühmen, deinen König
an Edelmut übertroffen zu haben. Jetzt aber, da du unver-
schämt geworden bist, sollst du dafür den Lohn empfangen,
jedoch nicht den gebührenden, sondern einen geringeren. Dich
und die vier Söhne rettet die Gastfreundschaft, die du mir
erzeigt hast, aber du büßest mir mit dem Leben des einen, an
dem dein Herz besonders hängt.« Und er befahl sogleich seinen Henkern, sie sollten aus den Söhnen des Pythios den
ältesten nehmen und seinen Leib mitten entzwei hauen und
die beiden Hälften an die Straße legen, eine zur Rechten und
eine zur Linken, damit das Heer zwischen ihnen durchzöge.
Und so geschah es.

40. Nun setzte sich das Heer in Marsch. Voran die Lastträger
und die Saumtiere, nach diesen ein gemischter Haufe von
allerlei Völkerschaften ungesondert durcheinander. Nachdem
von diesen die Hälfte und mehr vorüber war, blieb ein Zwischenraum, und dann kam der Zug des Königs. Diesem vorauf
zogen tausend[38] Ritter, erlesen aus allen Persern, darauf tausend Speerträger, auch diese aus allen Persern erlesen, die Speere
zur Erde gesenkt, nach diesen kamen zehn heilige Rosse, sogenannte nesaiische, prächtig geschmückt. Nesaiische heißen sie
nach einer großen Ebene in Medien mit Namen Nesaion, die
diese großen Pferde hervorbringt. Hinter den zehn heiligen
Pferden folgte der heilige Streitwagen des Zeus[39], gezogen von
acht weißen Rossen, und hinter diesen Rossen ging ihr Lenker
zu Fuß, die Zügel in der Hand, weil kein Mensch den Sitz
dieses Wagens betreten darf. Hinter ihm fuhr Xerxes selber auf
einem Streitwagen mit nesaiischem Gespann und neben ihm
sein Wagenlenker Patiramphes, des Persers Otanes' Sohn.

41. So zog Xerxes damals von Sardis aus. Sonst aber verließ
er, wenn es ihm gefiel, den Streitwagen und setzte sich in einen
geschlossenen Reisewagen. Nach ihm kamen Speerträger, die
besten und edelsten Perser, tausend Mann, die die Speere in der
üblichen Weise trugen, und auf diese wieder tausend Ritter,
erlesene Perser, und auf die Ritter zehntausend auserlesene
Soldaten zu Fuß. Davon hatten tausend an ihren Speeren unten

am Speerschaft goldene Granatäpfel und umschlossen die übrigen auf allen Seiten, die neuntausend aber in der Mitte hatten silberne Granatäpfel. Auch die mit den niedergesenkten Speeren hatten goldene Granatäpfel, diejenigen aber, die unmittelbar hinter dem König gingen, goldene Äpfel. Nach diesen Zehntausend folgten zehntausend persische Reiter. Hinter diesen war ein Zwischenraum von zwei Stadien gelassen, und dann kam alles übrige Volk bunt durcheinander.

42. Der Marsch ging von Lydien nach Mysien zum Fluß Kaikos[40], und von da weiter links am Gebirge Kane vorüber durch die Landschaft Atarneus zur Stadt Karene. Von hier ging es durch die Ebene von Thebe an der Stadt Adramytteion und an dem pelasgischen Antandron vorbei, worauf man das Gebirge Ide zur linken Hand ließ und in die Landschaft Ilias gelangte. Da geschah es, während das Heer eine Nacht am Fuße des Idegebirges rastete, daß ein Wetter mit Donnerschlägen und feurigen Blitzen niederging und eine große Menge Menschen erschlug.

43. Als aber das Heer zum Fluß Skamandros kam, dem ersten Fluß seit dem Aufbruch von Sardis, dessen Wasser ausging und nicht reichte, um das Heer und all das Vieh zu tränken, stieg Xerxes hinauf zur Burg des Priamos, denn es verlangte ihn, sie zu sehen. Und nachdem er sie besichtigt hatte und sich alles hatte erzählen lassen, was dort einst geschehen war, brachte er der ilischen Athena[41] ein Opfer von tausend Rindern dar, und die Mager spendeten den Heroen Trankopfer. Nachts darauf aber befiel ein Schrecken das Lager. Mit Tagesanbruch zog er weiter, links vorüber an den Städten Rhoiteion, Ophryneion und Dardanos, das an Abydos grenzt, zur Rechten vorbei an den teukrischen Gergithen.[42]

44. Als Xerxes in der Stadt Abydos eintraf, wollte er eine Heerschau veranstalten. Zu diesem Zweck war schon vorher auf seinen Befehl von den Abydenern auf einer Anhöhe[43] eigens für ihn aus weißem Stein eine hohe Schaubühne errichtet worden. Dort saß er nun und blickte hinab auf das Ufer, und wie er das Heer und die Flotte zugleich überschaute, verlangte

SIEBTES BUCH

ihn danach, ein Kampfspiel der Schiffe zu sehen. Und als sie kämpften und die Phoiniken aus Sidon[44] den Sieg gewannen, freute er sich über dieses Kampfspiel und an seiner Flottenmacht.

45. Als er aber den ganzen Hellespont mit Schiffen überdeckt sah und alle Gestade und alle Gefilde von Abydos mit Menschen erfüllt, pries er sich glücklich und fing kurz darauf an, zu weinen.

46. Das sah Artabanos, sein Oheim, der anfänglich so frei seine Meinung gesagt und widerraten hatte, gegen Hellas zu ziehen, und fragte den König, als er ihn weinen sah: »O König! wie sehr doch ist voneinander verschieden, was du jetzt tust und was du kurz zuvor getan hast. Erst priesest du dich glücklich, und jetzt weinest du.« Da antwortete ihm jener: »Ja, denn ein Weh überkam mich, als ich daran dachte, wie kurz doch das menschliche Leben ist. Denn von allen diesen, so groß ihre Menge ist, wird in hundert Jahren keiner mehr leben.« Und Artabanos antwortete und sprach: »Und doch ist anderes, was wir im Verlauf des Lebens zu leiden haben, noch beklagenswerter. Denn so kurz die Frist unseres Lebens auch ist, so ist doch keinem, weder von diesen noch von allen anderen Menschen, eine so vollkommene Glückseligkeit beschieden, daß er sich nicht des öfteren und nicht etwa einmal nur danach sehnen würde, lieber tot zu sein als zu leben. Denn die Leiden, die uns treffen, und die Krankheiten, die uns quälen, sie machen es, daß uns das Leben bei aller Kürze lang erscheint. Darum ist der Tod des Menschen die beste Zuflucht aus der Mühsal des Lebens, und der Gott, der uns des Daseins Süße zu kosten gab, läßt uns dabei auch seine Mißgunst fühlen.«

47. Xerxes aber entgegnete: »Ja, Artabanos, das menschliche Leben ist so, wie du sagst, doch schweigen wir davon, und laß uns jetzt in unserem Glück nicht des Leides gedenken, sondern sage mir: Würdest du, wenn dir jenes Traumgesicht nicht so leibhaftig erschienen wäre, noch deine erste Meinung hegen, ich solle nicht gegen Hellas ziehen, oder wärest du anderes Sinnes geworden? Antworte mir auf diese Frage ohne Rück-

halt!« Jener erwiderte: »O König, möchte das Traumgesicht, das mir erschienen ist, sich erfüllen nach unser beider Wunsch! Doch bin ich voll Angst und kann mich nicht fassen, denn ich habe viele Sorgen und sehe vor allem, daß zwei Feinde, die größten von allen, dich am meisten bedrohen.«

48. »Seltsamer Mann!« versetzte der König, »welches sind denn diese Feinde, die mir so gefährlich sind? Erscheint dir etwa mein Heer zu klein, und glaubst du, daß das hellenische viel größer sein werde als das unsrige, oder unsere Flotte schwächer als jene, oder gar beides zugleich? Denn wenn du findest, daß unsere Macht hierin nicht stark genug ist, können wir rasch noch ein zweites Heer sammeln lassen.«

49. »O König!« sprach Artabanos, »kein Verständiger wird dieses Heer mißachten, noch diese Schiffe, und behaupten, daß ihre Zahl zu gering sei. Vielmehr, wenn du eine noch größere Menge zusammen brächtest, würden dir jene zwei Feinde, die ich meine, noch viel gefährlicher werden. Diese beiden sind das Land und das Meer. Denn ich befürchte, es findet sich nirgends am Meer ein Hafen groß genug, wenn sich ein Sturm erhebt, um deine Flotte aufzunehmen und die Schiffe sicher zu bergen. Ein Hafen allein würde nicht einmal genügen, sondern du müßtest überall an der ganzen Küste welche finden, wo du entlang fährst. Weil du aber solche Zufluchtshäfen nicht hast, so bedenke, daß die Zufälle Macht haben über die Menschen und nicht die Menschen über die Zufälle. Soviel von dem einen Feind. Nun höre von dem anderen, von dem Land, auf welche Weise es dir bedrohlich ist. Wenn auch sonst nichts Feindseliges dir in den Weg tritt, so wird doch das Land selber mehr und mehr dein Feind, je weiter du vordringst, bei jedem Schritt, den du dich glücklich weiter stiehlst. Das Glück ist noch nie ein zuverlässiger Begleiter der Menschen gewesen. Doch nehmen wir an, daß nichts Widriges dir begegne, so meine ich, des Landes Weite wächst mit jedem Tag, und mit der Weite wird der Hunger kommen. Der aber ist der wahrhaft Tapfere, der im Rat furchtsam ist und jedes Mißgeschick einberechnet, beim Handeln aber verwegenen Mut zeigt.«

SIEBTES BUCH

50. Darauf antwortete ihm Xerxes: »Das mag wohl alles wahr sein, was du da redest. Aber du solltest auch nicht alles fürchten, und nicht alles Mögliche ängstlich erwägen. Denn wolltest du bei jedem Geschäft, das sich uns bietet, erst alles, was möglich ist, bedenklich erwägen, so kämest du nie zu einer Tat. Besser allen Gefahren herzhaft begegnen und von allem Schlimmen die Hälfte erleiden, als vor jedem Ding verzagen und nie ein Leid erfahren. Und wenn du jede Meinung bestreitest, selber aber den sicheren Weg nicht aufzuweisen vermagst, so stehst du nicht weniger in der Gefahr des Irrtums als der andere, der das Gegenteil behauptet. Das kommt auf eines hinaus. Kann aber der Mensch den rechten Weg überhaupt wissen? Das erscheint mir unmöglich. Darum glaube ich, daß dem rasch Entschlossenen in der Regel auch der Erfolg zufällt. Aber dem überall Bedenklichen, Zagenden wird es selten gelingen. Du siehst, zu welcher Macht das Perserreich gestiegen ist. Hätten die Könige, meine Vorfahren, gedacht wie du, oder hätten sie auf den Rat solcher Männer gehört, nie wäre es so groß geworden. Aber sie haben Großes gewagt und viel gewonnen. Denn großer Preis will nur um große Gefahr errungen werden. Ihnen eifern wir nach, und wie wir den Zug in der schönsten Zeit des Jahres beginnen, so werden wir auch erst zurückkehren, wenn wir ganz Europa bezwungen haben, ohne in Hungersnot geraten oder sonst einem Leid begegnet zu sein. Denn erstens führen wir reichliche Vorräte mit uns und zweitens werden wir die Nahrungsmittel von denen bekommen, deren Land und Volk wir durchziehen. Denn gegen Ackerbauern ziehen wir in Krieg, nicht gegen Hirtenvölker.«

51. Darauf sagte Artabanos: »O König! da wir uns also vor nichts fürchten sollen, so laß dir wenigstens einen Rat gefallen. Denn wo es sich um vieles handelt, sind auch viele Worte nötig. Kyros, Kambyses' Sohn, hat ganz Ionien, bis auf Athen, den Persern tributpflichtig gemacht. Ich rate dir, führe diese Ioner nicht gegen ihr Mutterland. Sind wir doch auch ohne sie stark genug, die Feinde zu überwinden. Denn ziehen sie mit uns, so müssen sie ihr Mutterland unterjochen helfen und

502

POLYHYMNIA

begehen ein schweres Unrecht, oder sie tun, was recht ist, und helfen ihm zur Freiheit. Tun sie unrecht, so nützt es uns nicht viel, tun sie aber, was recht ist, so sind sie imstande, dem Heer schweren Schaden zuzufügen. Gedenke auch des alten wahren Spruches, daß nicht mit dem Anfang zugleich das ganze Ende erscheint.«

52. Xerxes antwortete: »Von allem, was du vorgebracht hast, Artabanos, ist nichts so irrig wie das, daß du die Untreue der Ioner fürchtest. Haben wir doch gerade von ihnen den größten Beweis ihrer Treue, wie du selbst bezeugen kannst und auch die anderen, die unter Dareios gegen die Skythen gezogen sind, daß es nämlich in ihrer Hand lag, das Perserheer zu vernichten oder zu retten. Sie haben sich damals als ehrlich und treu erwiesen und mit nichts sich gegen uns vergangen. Außerdem haben sie in unserem Land Weib und Kind sowie ihr ganzes Hab und Gut zurückgelassen; da brauchen wir nicht zu fürchten, daß sie einen Aufstand versuchen werden. Laß also auch diese Furcht, sondern sei getrosten Mutes und verwahre mir mein Haus und meinen Thron. Denn dir allein will ich mein Zepter anvertrauen.«

53. Mit diesen Worten entließ er Artabanos nach Susa zurück. Danach rief er die Vornehmsten seiner Perser zu sich und sprach zu ihnen: »Perser! ich habe euch hierher gerufen, damit ich euch ermahne, euch als brave Männer zu erweisen, und der große und herrliche Ruhm, den sich die Perser mit ihren Taten zuvor erworben haben, nicht wieder verdunkelt werde. Mann für Mann und alle zusammen wollen wir miteinander das Unsrige tun. Denn auch der Preis, den es gilt, wird uns allen gemeinsam gehören. Darum befehle ich euch, seid standhaft in diesem Krieg und beweist eure ganze Kraft, denn die Männer, gegen die wir ausziehen, sollen tapfer sein. Werden wir ihrer Herr, so seid gewiß, nie wird ein anderes Volk uns zu widerstehen wagen. So laßt uns denn erst beten zu den Göttern, in deren Schutz unser Volk von je gestanden hat, und dann hinübergehen.«

54. So machten sie an diesem Tage alles fertig zum Über-

503

gang, am zweiten aber warteten sie bis zum Sonnenaufgang
und verbrannten inzwischen Räucherwerk aller Art auf den
Brücken und bestreuten den Weg mit Myrtenzweigen. Und als
die Sonne emporstieg, goß der König einen Trank aus goldener
Schale ins Meer und flehte zum Sonnengott, es möchte ihm
kein Mißgeschick begegnen, das ihn aufhalten könnte, Europa
zu erobern, bis er die äußersten Grenzen des Erdteils erreicht
habe. Nach diesem Gebet warf er die Schale in den Hellespont
hinab und dazu einen Mischkrug von Gold und einen persischen Säbel, einen sogenannten Akinakes. Ob er diese Gaben
ins Meer versenkte, um sie der Sonne zu weihen, oder ob er sie
dem Meer widmete als Buße, weil es ihn reute, daß er den
Hellespont hatte geiseln lassen, das vermag ich nicht gewiß zu
sagen.

55. Daraufhin begannen sie hinüberzuziehen. Auf der nach
dem Pontos zu gerichteten Brücke marschierte alles Fußvolk
und die Reiterei, auf der anderen, nach dem aigaiischen Meere
hin, die Lasttiere und der Troß. Den Anfang machten am
ersten Tag die Zehntausend, alle mit Kränzen geschmückt,
hinter ihnen die bunt zusammengewürfelten Truppen aus vielerlei Volksstämmen. Am folgenden Tage gingen zuerst die
Reiter und die mit den gesenkten Speeren hinüber, auch diese
bekränzt, dann die heiligen Rosse und der heilige Wagen,
darauf Xerxes selber, die Speerträger, die tausend Ritter, und
nach diesen das übrige Heer. Zugleich fuhren auch die Schiffe
zum anderen Ufer hinüber. Manche erzählen auch, der König
sei als letzter hinübergegangen.

56. Als Xerxes drüben in Europa war, schaute er dem Übergang des Heeres zu, das unter Geiselhieben hinübergetrieben
wurde. Sieben Tage und sieben Nächte lang zog es hinüber,
ohne Rast. Man erzählt, daß ein hellespontischer Mann zu
Xerxes, als dieser gerade den Hellespont überschritten hatte,
sagte: »Ach Zeus! warum erscheinst du in Gestalt eines Persers
und läßt dich Xerxes nennen statt Zeus und führest alles Men-
schenvolk heran, bloß um Hellas zu zerstören! Das könntest
du auch ohne dies vollbringen.«

POLYHYMNIA

57. Als sie nun alle drüben waren und sich in Marsch setzten, erschien ihnen ein großes Zeichen, das wohl leicht zu deuten war; aber Xerxes ließ es unbeachtet. Eine Stute gebar einen Hasen. Die Deutung aber lag nahe, daß Xerxes jetzt im Begriff war, mit allem Prunk und aller Pracht sein Heer nach Hellas hinüberzuführen, aber in voller Flucht, nur um sein Leben zu retten, an diesen Ort zurückkehren würde. Und schon früher, noch in Sardis, war ihm ein Wunderzeichen geschehen: ein Maultier hatte ein Maultier mit doppelten Geschlechtsteilen geboren, einem männlichen und einem weiblichen, und das männliche stand oberhalb. Aber er kümmerte sich weder um das eine noch um das andere, sondern zog weiter und mit ihm das ganze Heer.

58. Die Flotte aber fuhr aus dem Hellespont heraus und segelte in umgekehrter Richtung wie das Landheer, nämlich der Küste entlang nach Westen auf das sarpedonische Vorgebirge[45] zu; dort hatte sie Befehl, zu warten. Das Landheer hingegen wandte sich nach Osten und durchzog die Chersonesos, zur Rechten vorüber am Grabmal der Helle[46], der Tochter des Athamas, zur Linken an der Stadt Kardia, mitten durch eine Stadt namens Agora (›Markt‹). Von da bog es um den »Schwarzen Busen« und ging über den Melasfluß, der damals mit seinem Wasser für das Heer nicht ausreichte, sondern versiegte. Jenseits dieses Flusses, der nach dem der Meerbusen seinen Namen hatte, wandte sich das Heer nach Westen und zog vorüber an der aiolischen Stadt Ainos und dem stentorischen See und kam nach Doriskos.[47]

59. Das ist ein flacher Küstenstrich in Thrakien, eine weite Ebene, durchflossen von dem großen Flusse Hebros. Dort stand eine Königsburg, die auch den Namen Doriskos trug, in der eine persische Besatzung lag, die Dareios dort untergebracht hatte, als er gegen die Skythen zog. Diese Gegend schien Xerxes geeignet, sein Heer zu ordnen und zu zählen. Er ließ alle Schiffe nach Doriskos kommen und gebot ihren Führern, sie auf den Strand zu legen, nahe bei Doriskos, wo Sale, eine samothrakische Stadt, und Zone gegründet sind, und der von

SIEBTES BUCH

dem bekannten Vorgebirge Serreion[48] begrenzt wird. Die Gegend gehörte von alters her den Kikonen.[49] Hierher brachten sie die Schiffe, zogen sie auf den Strand und rasteten von der Fahrt. Der König aber ließ unterdessen das Heer in Doriskos zählen.

60. Wie groß nun die Zahl derer war, die jedes Volk zu dieser Musterung stellte, kann ich nicht genau angeben, denn das wird von keinem berichtet, aber die Gesamtzahl des Landheeres betrug nach der Zählung eine Million und siebenhunderttausend[50] Mann. Beim Zählen ging man folgendermaßen vor. Man stellte zehntausend Mann auf einen Ort zusammen, drängte sie so eng wie möglich aneinander und zeichnete dann um sie her eine Kreislinie. Dann ließ man die Leute wieder abziehen und führte auf der Kreislinie eine Feldmauer auf, so hoch, daß sie einem Mann bis an den Nabel reichte. In diesen Mauerring wurden dann immer wieder andere hineingeführt, bis das ganze Heer auf diese Weise ausgezählt war. Nach der Zählung wurde es aufgestellt, Volk für Volk.

61. Folgende Stämme nahmen an dem Feldzug teil.[51] Zuerst die Perser in folgender Rüstung: Auf dem Kopf trugen sie Tiaren[52], das sind ungesteifte Filzhüte, am Leib einen bunten Rock mit Ärmeln und darunter einen Harnisch mit eisernen Schuppen, die wie Fischschuppen aussahen[53], und an den Beinen Hosen; anstatt der metallenen führten sie geflochtene Schilde, unter denen die Köcher hingen. Sie hatten kurze Speere und große Bogen mit Pfeilen von Rohr; dazu ein kurzes Schwert, das am rechten Schenkel vom Gürtel herabhing. Ihr Oberbefehlshaber war Otanes, der Vater der Amestris, der Gemahlin des Königs Xerxes. Bei den Hellenen hießen sie früher Kephener[54], bei ihnen selbst aber und bei ihren Nachbarn Artaier.[55] Später aber, als Preseus, der Sohn der Danaë und des Zeus, zu Kepheus, Belos' Sohn, kam und dessen Tochter Andromeda heiratete und diese ihm einen Sohn gebar, den er Perses nannte und dort im Lande zurückließ, weil Kepheus ohne männliche Nachkommen war, wurden sie nach dem Namen dieses Perses benannt.

POLYHYMNIA

62. Die Meder waren in gleicher Weise ausgestattet wie die Perser, zumal diese Rüstung eigentlich medisch und nicht persisch ist. Ihr Führer war Tigranes aus dem Hause der Achaimeniden. Vorzeiten wurden sie von allen Arier[56] geheißen; nachdem aber Medeia, die Kolcherin, aus Athen zu diesen Ariern gekommen war, veränderten auch sie ihren Namen. So erzählen es die Meder selbst.

Die Kissier waren im übrigen wie die Perser gerüstet, nur trugen sie statt des Filzhutes Mitren.[56a] Ihr Führer war Anaphes, Otanes' Sohn.

Die Hyrkanier[57] waren wie die Perser ausgerüstet und standen unter der Führung des Megapanos, der nach der Zeit Statthalter in Babylon war.

63. Die Assyrier hatten als Kopfbedeckung teils eherne Helme[58], teils solche, die auf eine fremdländische Art geflochten waren, die sich schwer beschreiben läßt. Ihre Schilde, Speere und kurzen Schwerter waren den ägyptischen ähnlich. Dazu führten sie Holzkeulen mit eisernen Buckeln beschlagen bei sich und trugen Panzer aus Linnen. Bei den Hellenen heißen sie Syrier, bei den Barbaren aber Assyrier. Ihr Führer war Otaspes, Artachaies' Sohn.

64. Die Baktrier trugen eine Kopfbedeckung, die der medischen sehr nahe kam, aber Bogen von Rohr, wie sie dort üblich sind, und kurze Speere. Die Saken[59], ein skythischer Volksstamm, trugen auf dem Kopf eine Art Hüte, steif und oben spitz zulaufend; dazu trugen sie Hosen, führten ihre landesüblichen Bogen, ferner kurze Schwerter und außerdem noch Sagaren, das ist eine Art Streitäxte. Es sind eigentlich amyrgische Skythen, werden aber Saken genannt. Der Führer der Baktrier und Saken war Hystaspes, ein Sohn des Dareios und der Atossa, der Tochter des Kyros.

65. Die Inder, in Kleidern aus Baumwolle, führten Bogen und Pfeile aus Rohr, aber mit eisernen Spitzen. So war die Ausrüstung der Inder; ihr Heerbann aber stand unter dem Befehl des Pharnazathres, eines Sohnes des Artabates.

66. Die Arier führten medische Bogen, im übrigen waren sie

SIEBTES BUCH

ausgerüstet wie die Baktrier. Ihr Führer war Sisamnes, Hydarnes' Sohn.

Die Parther, Chorasmier, Sogder, Gandarier und Dadiken waren gerüstet wie die Baktrier. Anführer der Parther und Chorasmier war Artabazos[60], Pharnakes' Sohn, Anführer der Sogder Azanes, Artaios' Sohn, und Anführer der Gandarier und Dadiken Artyphios, Artabanos' Sohn.

67. Die Kaspier trugen Röcke aus Fellen, ihren landesüblichen Bogen aus Rohr und persische Schwerter. Ihr Führer war Ariomardos, Artyphios' Bruder.

Die Sarangen prangten in gefärbten Gewändern, trugen Stiefel bis zum Knie hinauf, Bogen und Speer nach Mederart. Der Führer der Sarangen war Pherendates, Megabazos' Sohn.

Die Paktyer trugen Pelzröcke, landesübliche Bogen und kurze Schwerter. Ihr Oberster war Artayntes, Ithamitres' Sohn.

68. Die Utier, Myker und Parikanier waren ausgerüstet wie die Paktyer. Folgende waren ihre Anführer: über die Utier und Myker Arsamenes, Dareios' Sohn, über die Parikanier Siromitres, Oiobazos' Sohn.

69. Die Arabier hatten eine Art langer Mäntel, die sie aufgegürtet trugen, und an der rechten Seite lange, rückschnellende Bogen. Die Aithiopen waren behangen mit Panther- und Löwenfellen. Ihre Bogen, aus Palmholzstreifen gefertigt, waren lang, nicht unter vier Ellen, die kleinen Rohrpfeile hatten oben statt des Eisens einen spitzen Stein, mit dem sonst auch die Siegel geschnitten werden. Auch führten sie Speere mit einem zugespitzten Gazellenhorn anstatt der Eisenspitze bei sich und Keulen, mit Buckeln beschlagen. Wenn sie in die Schlacht gingen, bestrichen sie sich den Körper zur Hälfte mit Gips, die andere mit Mennig. Die Arabier und die Aithiopen oberhalb Ägyptens wurden von Arsames angeführt, einem Sohn des Dareios und der Artystone, einer Tochter des Kyros, die Dareios am meisten von allen seinen Frauen geliebt hatte, und von der er ein Bildnis aus getriebenem Golde hatte anfertigen lassen. Die Arabier und die Aithiopen oberhalb Ägyptens führte also Arsames.

70. Aber die Aithiopen des Ostens – es zogen ja zwei Stämme mit in den Krieg[61] – waren den Indern zugeordnet. Sie unterschieden sich von den anderen in nichts, außer allein in Sprache und Haarwuchs. Denn die östlichen Aithiopen tragen glattes Haar, die aus Libyen aber sind so kraushaarig, wie man es sonst nirgend bei Menschen findet. Die Aithiopen aus Asien waren überwiegend ausgerüstet wie die Inder, nur trugen sie auf dem Kopf Kopfhäute von Pferden, die mitsamt den Ohren und der Mähne abgezogen waren. Die Mähne vertrat die Stelle des Helmbusches, und die Ohren wurden steif und gerade getragen. Zur Schildwehr dienten ihnen Kranichhäute.

71. Die Libyer kamen in ledernen Rüstungen, die Speere, die sie trugen, waren vorn angebrannt. Ihr Führer war Massages, Oarizos' Sohn.

72. Die Paphlagonen in dem Heer trugen Helme aus Flechtwerk; ihre Schilde waren klein, die Speere nicht lang; dabei führten sie noch Wurfspieße und kurze Schwerter. An den Füßen trugen sie landesübliche Stiefel, die bis zur Mitte des Beines reichten. Dieselbe Rüstung hatten auch die Ligyer, Matiener, Mariandyner und Syrier. Diese Syrier werden von den Persern Kappadoken genannt. Die Paphlagonen und Matiener wurden von Dotos, dem Sohn des Megasidros, befehligt, die Mariandyner aber, die Ligyer und Syrier von Gobryas, dem Sohn des Dareios und der Artystone.

73. Die Phrygen waren in ihrer Rüstung von den Paphlagonen nur wenig verschieden. Wie die Makedonen behaupten, wohnten die Phrygen vormals in Europa neben den Makedonen und hießen zu jener Zeit Brigen, später zogen sie nach Asien hinüber und veränderten mit dem Land zugleich auch ihren Namen und nannten sich Phrygen. Die Armenier, die Abkömmlinge der Phrygen sind, waren ebenso ausgerüstet wie jene. Über beide zusammen führte Artochmes, ein Schwiegersohn des Dareios, den Befehl.

74. Die Lyder waren in ihrer Bewaffnung den Hellenen sehr ähnlich. Ehemals hießen die Lyder Maionen, später änderten sie den Namen und nannten sich nach Lydos, dem Sohn des

SIEBTES BUCH

Atys. Die Myser trugen auf dem Kopf Helme, wie sie dort in Brauch sind, sowie kleine Schilde und Wurfspieße mit angebrannten Spitzen. Sie sind Abkömmlinge der Lyder, nach dem Berg Olympos aber heißen sie Olympiener. Der Führer der Lyder und Myser war Artaphernes, ein Sohn jenes Artaphernes, der zusammen mit Datis in Marathon einfiel.

75. Die Thraken hatten Fuchspelze um den Kopf; am Körper trugen sie einen Rock und darüber einen buntfarbigen langen Mantel, an den Füßen und Beinen Stiefel von Hirschleder. Dazu Wurfspieße, leichte Schilde und kleine, kurze Schwerter. Diese sind einst nach Asien gezogen und wurden seitdem Bithyner genannt; vorher, als sie noch am Strymon heimisch waren, von wo sie durch Teukrer und Myser verdrängt wurden, sollen sie, wie sie selbst sagen, Strymonier geheißen haben. Diese Thraken in Asien führte Bassakes, Artabanos' Sohn.

76. Die Pisider hatten kleine Schilde aus rohen Rindsfellen und je zwei Jagdspieße von lykischer Arbeit; auf dem Kopf trugen sie eherne Helme, und an den Helmen saßen Stierohren und Stierhörner von Erz und obenauf Helmbüsche. Die Beine waren mit purpurnen Lappen umwickelt. Bei diesem Volk gibt es ein Orakel des Ares.

77. Die Kabaler, ein maionischer Stamm, auch Lasonier genannt, trugen dieselbe Rüstung wie die Kiliken, die ich beschreiben will, wenn ich in der Reihenfolge auf dieses Volk zu reden komme. Die Milyer hatten kurze Speere und trugen mit Spangen befestigte Mäntel. Einige von ihnen führten lykische Bogen und trugen auf dem Kopf Hauben aus Tierfellen. Diese alle befehligte Badres, Hystanes' Sohn.

78. Die Moscher trugen auf dem Kopf Helme aus Holz, dazu kleine Schilde und kurze Speere mit langen Spitzen. Die Tibarener, Makroner und Mossynoiker zogen wie die Moscher gerüstet ins Feld. Die Moscher und Tibarener wurden von Ariomardos geführt, einem Sohn des Dareios und der Parmys, die eine Tochter des Smerdis und Enkelin des Kyros war, die Makroner aber und Mossynoiker von Artaykes, Cherasmis' Sohn, dem Statthalter in Sestos am Hellespontos.

510

POLYHYMNIA

79. Die Marer trugen auf dem Kopf ihre landesüblichen Helme aus Flechtwerk, dazu kleine lederne Schilde und Wurfspeere. Die Kolcher hatten Helme aus Holz, kleine Schilde aus rohen Rindsfellen, kurze Speere und Messer. Anführer der Marer und Kolcher war Pharandates, Teaspis' Sohn.

Die Alarodier und Saspeiren zogen in gleicher Rüstung ins Feld wie die Kolcher. Ihr Führer war Masistios, Siromitres' Sohn.

80. Die Bewohner jener Inseln[62] im Roten Meer, auf denen der König die sogenannten Verbannten angesiedelt hat, trugen ähnliche Kleidung und Rüstung wie die Meder. Diese Inselbewohner standen unter Mardontes, Bagaios' Sohn, der im Jahr darauf bei Mykale in der Schlacht zu Tode kam.

81. Das waren die Völker, die auf dem Festland mitzogen und zum Fußvolk gehörten. Dieses ganze Heer stand unter den Führern, die ich genannt habe, die es auch ordneten und auszählten und Hauptleute bestellten über tausend und über zehntausend; die Anführer der Hundertschaften und Zehnerschaften aber wurden von den Myriarchen, den Hauptleuten über zehntausend, bestellt.[63] Außerdem hatte jedes Volk und jede Abteilung noch einen Unterfeldherrn.

82. Die Oberbefehlshaber über diese und das gesamte Fußvolk waren Mardonios, Gobryas' Sohn, und Tritantaichmes, jenes Artabanos Sohn, der gegen den Kriegszug nach Hellas gesprochen hatte, beides Neffen des Dareios und Vettern des Xerxes; ferner Smerdomenes, Otanes' Sohn, Masistes, ein Sohn des Dareios und der Atossa, Gergis, Ariazos' Sohn, und Megabyzos, Zopyros' Sohn.

83. Das also waren die Heerführer über das gesamte Fußvolk, außer über die Zehntausend.[64] Denn Befehlshaber über die zehntausend auserlesenen Perser war Hydarnes, des Hydarnes Sohn. Diese Perser wurden deshalb die »Unsterblichen« genannt, weil jedesmal, wenn einer von ihnen durch Tod oder Krankheit ausschied, schon ein anderer Mann nachrückte, so daß die Zahl dieser Zehntausend immer gleich blieb. Die Ausrüstung dieser Perser war von allen Truppen die prächtig-

SIEBTES BUCH

ste. Sie waren auch die Tapfersten. Ihre Rüstung habe ich schon beschrieben; außerdem aber ragten sie durch reichen Goldschmuck hervor. In ihren Reisewagen führten sie ihre Kebsweiber mit sich und eine zahlreiche, schön gekleidete Dienerschaft, und der Vorrat für sie wurde abgesondert von dem übrigen Heer auf Kamelen und Saumtieren nachgeführt.

84. Viele Völker kämpften zu Pferde, aber nicht alle, sondern nur die folgenden: Zunächst die Perser, deren Reiter ebenso gerüstet waren wie ihr Fußvolk; nur trugen etliche unter ihnen auf dem Kopf getriebene Erz- und Eisenkappen.

85. Ferner gibt es noch einen Nomadenstamm, die Sagartier, auch der Sprache nach ein persisches Volk, in ihrer Ausrüstung halb persisch, halb paktyisch; diese stellten achttausend Reiter. Außer kurzen Schwertern haben sie keinerlei Waffen, weder aus Erz noch aus Eisen, sondern führen ein aus Riemen geflochtenes Seil. Damit ziehen sie in den Krieg und kämpfen auf folgende Weise. Sobald sie auf die Feinde stoßen, schleudern sie das Seil, das oben am Ende eine Schlinge hat[65], und was sie damit fangen, Mann oder Pferd, ziehen sie zu sich heran. Wer in die Schlinge gerät, muß sterben. Das ist die Kampfesweise dieser Leute. Sie waren den Persern zugeteilt.

86. Die Meder trugen dieselbe Rüstung wie beim Fußvolk, und ebenso auch die Kissier. Die Inder waren gerüstet wie beim Fußvolk; sie hatten schnelle Rosse zum Reiten und Streitwagen, bespannt mit Pferden und wilden Eseln. Die Baktrier waren ausgerüstet wie beim Fußvolk, ebenso auch die Kaspier und die Libyer, die alle Streitwagen führten. Ebenso waren auch die Parikanier ausgerüstet wie ihr Fußvolk. Die Arabier waren gerüstet wie ihr Fußvolk und ritten auf Kamelen, die an Schnelligkeit den Rossen in nichts nachstanden.

87. Diese Völker allein stellten die Reiterei. Ihre Zahl betrug achtzigtausend, nicht eingerechnet die Kamele und die Streitwagen. Diese alle waren in Abteilungen gegliedert; nur die Arabier wurden ganz hinten aufgestellt, damit die Pferde, die Kamele ja nicht ausstehen können, sie nicht sehen konnten.

88. Die Befehlshaber der Reiterei waren Harmamithres und

POLYHYMNIA

Tithaios, Söhne des Datis. Der dritte neben ihnen war Pharnuches, der aber krank in Sardis zurückgeblieben war. Beim Auszug von Sardis war ihm nämlich ein böser Unfall zugestoßen. Dem Pferd, auf dem er saß, sprang plötzlich ein Hund zwischen die Beine, so daß es sich hoch aufbäumte und ihn zu Boden warf. Nach dem Sturz begann er Blut zu speien, und die Krankheit ging in Schwindsucht über. Mit dem Pferd aber verfuhren seine Diener gleich so, wie er befohlen hatte: Sie führten es auf die Stelle, wo es seinen Herren abgeworfen hatte, und hieben ihm in den Kniegelenken die Beine ab. So war Pharnuches um seinen Oberbefehl gekommen.

89. Die Zahl der Trieren betrug tausendzweihundertundsieben. Folgende sind die Völker, die sie stellten: Zuerst die Phoiniken, die zusammen mit den Syriern in Palästina dreihundert stellten. Die Mannschaften waren folgendermaßen ausgerüstet: Auf dem Kopf trugen sie Helme, ähnlich in der Form wie die hellenischen, um den Leib linnene Panzer, und hatten randlose Schilde und Wurfspeere. Diese Phoiniken wohnten vor alters, wie sie selber sagten, am Roten Meer, von wo sie herübergekommen sind und seitdem an der syrischen Küste wohnen. Dieser Teil von Syrien und alles Land bis nach Ägypten hin wird Palästina genannt.

Die Ägyptier stellten zweihundert Schiffe. Sie trugen auf dem Kopf Helme aus Flechtwerk, hohle Schilde mit großen Rändern, Speere zum Schiffskampf und gewaltige Streitäxte; die meisten aber hatten nur Panzer und große Messer.

90. Die Kyprier stellten hundertfünfzig Schiffe. Die Könige hatten den Kopf mit Binden umwickelt, die anderen trugen Röcke, im übrigen aber waren sie gerüstet wie die Hellenen. Sie bestehen aus folgenden Völkerschaften. Einige kommen aus Salamis[66] und Athen, einige aus Arkadien, andere von der Insel Kythnos, wieder andere aus Phoinikien, ein Teil auch, wie die Kyprier selber sagen, aus Aithiopien.[67]

91. Die Kiliken stellten hundert Schiffe. Diese hinwiederum trugen auf dem Kopf Helme, wie sie nur in ihrem Land Brauch sind, statt der Schilde hatten sie Tartschen aus rohen Rindsfel-

SIEBTES BUCH

len und waren gekleidet in wollenen Röcken. Jeder von ihnen führte zwei Wurfspeere und ein Schwert von der Form beinahe der ägyptischen Messer. Früher war ihr Name Hypachaier; Kiliken sind sie nach dem Phoiniken Kilix[68], einem Sohn des Agenor, genannt worden.

Die Pamphyler stellten dreißig Schiffe und trugen hellenische Rüstung. Sie stammen von denen ab, die sich einst auf der Heimkehr von Troia unter der Führung des Amphilochos und Kalchas verstreuten.

92. Die Lykier stellten fünfzig Schiffe. Sie trugen Panzer und Beinschienen, Bogen aus Hartriegel mit ungefiederten Pfeilen aus Rohr sowie Wurfspieße; um die Schulter hing ein Ziegenfell, den Kopf bedeckte ein mit Federn umsteckter Filzhut, dazu trugen sie kurze Schwerter und Sicheln. Sie stammen aus Kreta und hießen eigentlich Termilen; den Namen Lykier haben sie von dem Athener Lykos, einem Sohn des Pandion.

93. Die Dorier in Asien stellten dreißig Schiffe. Sie trugen hellenische Rüstung und stammen aus der Peloponnes.

Die Karer stellten siebzig Schiffe. Sie waren im übrigen ausgerüstet wie die Hellenen, führten aber auch Sicheln und kurze Schwerter. Von ihrer früheren Benennung ist schon in den ersten Geschichten gesprochen worden.[69]

94. Die Ioner, in hellenischer Rüstung, stellten hundert Schiffe. So lange diese in der Peloponnes wohnten, in dem Land, das jetzt Achaia heißt, und bevor Danaos und Xuthos in die Peloponnes kamen, hießen sie nach hellenischer Sage Aigialeer und Pelasger.[70] Ioner hießen sie nach Ion, Xuthos' Sohn.

95. Die Inselbewohner[71], in hellenischer Rüstung, stellten siebzehn Schiffe. Ihrer Herkunft nach waren auch sie pelasgisch, sind aber Ioner genannt worden aus demselben Grund wie die von Athen abstammenden Ioner in den Zwölfstädten.

Die Aioler stellten sechzig Schiffe. Sie waren gerüstet wie Hellenen und hießen vorzeiten, nach hellenischer Sage, Pelasger.

Von den Hellespontiern waren die Abydener vom König mit dem Schutz der Brücken beauftragt worden und daheim

POLYHYMNIA

geblieben; alle anderen aber, die vom Pontos mit auszogen, stellten hundert Schiffe. Sie waren gerüstet wie Hellenen und sind Abkömmlinge der Ioner und Dorier.[72]

96. Auf allen diesen Schiffen waren Mannschaften der Perser, Meder und Saken. Die am besten segelnden Schiffe stellten die Phoiniken und von den Phoiniken die Sidonier. Alle diese Völkerschaften und ebenso auch die zum Fußvolk eingeteilten hatten alle noch besondere Anführer ihres eigenen Stammes, die ich aber nicht neben ihnen genannt habe, weil es mir für diese Geschichten nicht nötig scheint. Denn jeden Stammeshäuptling zu nennen, wäre überflüssig, zumal bei jedem Volk ebensoviele Anführer waren, wie das Volk Städte hatte, und weil sie nicht als Feldherrn mitzogen, sondern als einfache Soldaten. Die wirklichen Führer aber, die Oberbefehlshaber und die Kommandeure der einzelnen Stämme habe ich, soweit sie Perser waren, schon genannt.

97. Die Befehlshaber der Flotte waren Ariabignes, Dareios' Sohn, Pexaspes, Aspathines' Sohn, Megabazos, Megabates' Sohn, Achaimenes, Dareios' Sohn, und zwar befehligte Ariabignes, ein Sohn des Dareios und der Tochter des Gobryas, über die ionische und karische Flotte, Achaimenes, des Xerxes richtiger Bruder, über die ägyptische, und die beiden anderen über die übrige Flotte. An sonstigen Schiffen mit dreißig und fünfzig Rudern, an Kuttern und langen Transportschiffen für die Pferde fanden sich bei der Zählung dreitausend zusammen.

98. Von denen, die auf den Schiffen mitfuhren, waren außer den Flottenführern folgende die namhaftesten Männer: aus Sidon Tetramnestos, Anysos' Sohn, aus Tyros Matten, Siromos' Sohn, aus Arados Merbalos, Agbalos' Sohn, von den Lykiern Kyberniskos, Sikas' Sohn, aus Kypros Gorgos, Chersis' Sohn, und Timonax, des Timagoras Sohn, von den Karern endlich Histiaios, Tymnes' Sohn, Pigres, Hysseldomos' Sohn, und Damasithymos, Kandaules' Sohn.

99. Die übrigen Anführer nenne ich nicht, weil es unnötig ist, wohl aber die Artemisia, die ich hoch bewundere, weil sie als Frau in den Krieg gegen die Hellenen mitausgezogen ist.

SIEBTES BUCH

Nach dem Tod ihres Gatten hatte sie selber die Regierung
übernommen, und obgleich sie einen Sohn im Jünglingsalter
hatte und nicht mitzuziehen brauchte, war sie heldenhaft und
kühn genug, an dem Kriegszug teilzunehmen. Sie hieß, wie ich
schon sagte, Artemisia, eine Tochter des Lygdamis, und stammte
von Vaterseite her aus Halikarnaß, von Mutterseite aus Kreta.
Sie hatte die Führung über die Schiffe aus Halikarnossos, Kos,
Nisyros und Kalydna, zusammen fünf Schiffe, die von allen
Schiffen der Flotte, nächst den sidonischen, sich am rühmlichsten hervortaten, und unter allen Bundesgenossen gab sie dem
König immer den besten Rat. Die Bevölkerung in den genannten Städten, deren Anführerin sie war, ist, wie ich noch anfügen
will, rein dorischer Herkunft; denn die Halikarnassier sind aus
Troizen gekommen, die übrigen aber von Epidauros. So viel
von der Flotte.

100. König Xerxes aber wünschte, nachdem das Heer gezählt und aufgestellt war, selber hindurchzufahren und es zu
besichtigen. Das tat er. Auf einem Streitwagen fuhr er durch
das Heer, und bei jedem Volk, an dem er vorüberkam, ließ er
sich den Namen sagen, und die Schreiber mußten die Namen
aufschreiben, bis er sie alle gesehen hatte, Fußvolk und Reiter,
von einem Ende zum andern. Als er damit fertig war und die
Schiffe mittlerweile wieder im Wasser lagen, verließ er den
Wagen und bestieg ein sidonisches Schiff, setzte sich unter ein
goldenes Zelt und fuhr der Reihe nach am Zug der Schiffe
vorüber, wobei er, wie beim Landheer, nach allen fragte und sie
aufschreiben ließ. Die Führer der Flotte hatten die Schiffe etwa
vierhundert Fuß weit vom Strand entfernt ins Meer hinaus vor
Anker gelegt, alle in einer Reihe, mit der Spitze dem Lande
zugewandt, und die Mannschaft in voller Rüstung aufgestellt
wie zur Schlacht. Da fuhr der König zwischen den Spitzen der
Schiffe und dem Strand einher und besichtigte sie.

101. Als er danach wieder ans Land gestiegen war, ließ er
Demaratos[73], Aristons Sohn, der mit im Heer zog, herbeirufen
und sprach zu ihm: »Demaratos, ich möchte jetzt gerne eine
Frage an dich stellen, die mir im Sinn liegt. Du bist ja ein

516

POLYHYMNIA

Hellene und bist aus einer Stadt, die nach allem, was ich von dir und den anderen mich besuchenden Hellenen erfahre, weder die kleinste noch die schwächste ist von den hellenischen Städten. So sage mir: Werden die Hellenen standhalten und sich gegen mich zur Wehr setzen? Ich meine nämlich, wenn auch alle Hellenen und alle die anderen Völker, die nach Westen zu wohnen, sich zusammentäten, so sind sie doch nicht stark genug, um meiner Macht zu widerstehen, sofern sie nicht einträchtigen Sinnes sind. Doch möchte ich gern auch deine Meinung hören, wie du davon denkst.«

102. So sprach der König. Demaratos aber erwiderte ihm und sprach: »O König, soll ich dir die Wahrheit sagen oder dir nach dem Munde reden?« Der König befahl ihm, die Wahrheit zu sagen, er würde ihm darum nicht weniger lieb sein als zuvor. Da fing Demaratos an und sprach: »O König, wenn es denn dein Wille ist, daß ich dir die volle Wahrheit sage und nichts rede, was mich vor dir zum Lügner werden läßt, so höre. In Hellas ist von je die Armut eingeboren, die Tugend aber ist hinzuerworben als der Weisheit und der strengen Sitte Frucht. Mit Hilfe dieser Tugend hält es sich frei von Armut wie von Herrenmacht. So rühme ich nun zwar alle die Hellenen, die in jenen dorischen Landen heimisch sind, was ich aber weiter sagen will, das gilt nicht von ihnen allen, sondern allein von den Lakedaimoniern. Zum ersten nämlich, daß sie nie und nimmer auf dein Anerbieten hören, um Hellas in die Sklaverei zu bringen; zweitens werden sie dir im Kampf entgegentreten, auch wenn es geschähe, daß die anderen Hellenen alle zu deiner Sache hielten. Und frage nicht nach ihrer Zahl, ob sie auch dazu stark genug sind. Sie werden kämpfen, mögen tausend Mann ausgezogen sein oder weniger oder mehr.«

103. Als Xerxes diese Worte hörte, begann er zu lachen und erwiderte. »O Demaratos, was läßt du mich hören! Tausend Männer würden kämpfen gegen solch ein Heer? Sprich, du bist ja, wie du dich rühmst, einst König gewesen über diese Männer. Wärst du bereit, jetzt gleich auf der Stelle gegen zehn Männer zu kämpfen? Doch wenn es überall in eurem Staate so

SIEBTES BUCH

gilt, wie du erklärst, so müßtest du als ihr König nach eurem Brauch sogar die doppelte Zahl bestehen.[74] Denn wenn jeder von ihnen so stark ist wie zehn Männer aus meinem Heer, so verlange ich von dir, daß du so stark sein sollst wie zwanzig. Dann erst erwiese sich als richtig, was du behauptest. Wenn aber Leute von der Art und Größe wie du und die anderen Hellenen, die zu mir kommen, sich derart rühmen, so sieh zu, daß solche Reden nicht nur eitles Geschwätz sind. Denn überlege doch, was nach den Regeln der Wahrscheinlichkeit möglich ist. Wie ist es denkbar, daß tausend oder auch zehntausend, ja selbst fünfzigtausend, die außerdem alle gleichermaßen frei sind und nicht unter dem Befehl eines Einzelnen stehen[75], sich gegen ein so großes Heer sollten behaupten können? Denn angenommen, es seien ihrer fünftausend, so sind wir ja mehr als tausend gegen einen. Ja, wenn sie wie bei uns unter dem Befehl eines Einzigen stünden, würden sie vielleicht aus Furcht vor diesem sich tapferer halten als sie von Natur aus sind, und aus Angst vor der Peitsche gegen einen Feind anrükken, der ihnen an Zahl überlegen ist. Nun sie aber ihrem freien Willen überlassen sind, werden sie weder das eine noch das andere tun. Ich selber glaube vielmehr, es würde den Hellenen schwer werden, selbst bei gleicher Zahl mit den Persern allein den Kampf zu bestehen. Bei uns kommt das wohl vor, was du behauptest, aber auch nicht häufig, sondern nur selten; es finden sich deren unter meinen Speerträgern, die es mit drei Hellenen auf einmal aufnehmen würden. Die hast du noch nicht erprobt; daher redest du so viel Unsinn.«

104. Hierauf erwiderte Demaratos: »O König, ich wußte es gleich, daß dir meine Antwort nicht gefallen würde, wenn ich die Wahrheit sage. Weil du aber durchaus die reine Wahrheit hören wolltest, habe ich dir berichtet, was es mit den Spartiaten auf sich hat. Gleichwohl weiß keiner besser als du, wie zufrieden ich hier in meinen jetzigen Umständen bin und wie sehr ich jene hasse, die mich meiner angestammten Würde und Rechte beraubt und zu einem heimatlosen Flüchtling gemacht haben, während dein Vater mich bei sich aufgenommen und

mir Haus und Gut gegeben hat. Wie sollte ein vernünftiger Mann ein Wohlwollen, das ihm so offenkundig bewiesen wird, von sich stoßen, und es nicht vielmehr hoch und teuer halten? Ich maße mir nicht an, gegen zehn oder auch nur zwei Männer zu kämpfen, ja ich würde es ohne Not nicht einmal mit einem einzigen aufnehmen wollen. Wäre es aber Not, oder gälte es einen hohen Preis, so würde ich am liebsten gegen einen jener Männer kämpfen, die sich rühmen, sich mit drei Hellenen gleichzeitig zu messen. So sind auch die Lakedaimonier: Wenn sie einzeln kämpfen, stehen sie keinem an Tapferkeit nach, kämpfen sie aber vereinigt, so sind sie tapferer als jedes andere Volk. Denn obgleich sie frei sind, sind sie doch nicht in allem frei, über ihnen steht als ein Herr das Gesetz; das scheuen sie weit mehr, als dich die deinigen scheuen. Denn was es gebietet, das tun sie, und es gebietet ihnen stets dasselbe; daß sie vor keinem noch so großen Heer aus der Schlacht weichen sollen, sondern fest auf seinem Platz stehen und dort siegen oder sterben. Findest du, daß dies ein törichtes Geschwätz sei, so will ich fortan schweigen von dem anderen. Ich habe auch jetzt nur geredet, weil du es verlangtest. Es geschehe aber alles nach deinem Willen, o König.«

105. Das antwortete ihm Demaratos. Xerxes nahm es wie einen Scherz und zürnte ihm nicht, sondern entließ ihn gnädig. Darauf enthob er den Statthalter in Doriskos, den schon Dareios eingesetzt hatte, und setzte an seine Stelle einen anderen, Maskames, Megadostes' Sohn, und zog mit dem Heer weiter durch Thrakien auf Hellas zu.

106. Dieser Maskames, den Xerxes dort zurückließ, bewies sich als ein so wackerer Mann, daß Xerxes ihm jährlich Geschenke zusandte, weil er sich von allen Statthaltern, die er selber oder Dareios eingesetzt hatte, als der beste erwies. Ebenso handelte auch noch Xerxes' Sohn, Artaxerxes, gegenüber den Nachkommen des Maskames. Denn schon vor diesem Zug waren überall in Thrakien und am Hellespont Statthalter eingesetzt worden. Diese alle, sowohl die in Thrakien als die am Hellespont, sind später nach diesem Kriegszug von den Helle-

SIEBTES BUCH

nen vertrieben worden. Nur Maskames in Doriskos hat noch
keiner vertreiben können, so viele es auch schon versuchten.
Und darum werden ihm von dem jeweiligen persischen König
jene Geschenke übersandt.

107. Von denen aber, die von den Hellenen vertrieben wurden, hat König Xerxes keinen anderen für einen wackeren
Mann erkannt, als Boges, den Statthalter in Eion.[76] Diesen
rühmte er unaufhörlich und erwies seinen in Persien lebenden
Kindern hohe Ehren. Und in der Tat hatte Boges großes Lob
verdient. Denn als er von den Athenern unter Anführung des
Kimon, des Sohnes des Miltiades, belagert wurde[77] und ihm
ein sicherer Abzug und Rückkehr nach Asien angeboten wurde,
schlug er es aus, damit der König nicht von ihm glauben sollte,
er habe sich aus Feigheit das Leben gerettet, sondern hielt aus
bis zur äußersten Not, bis aller Vorrat in der Burg verzehrt war.
Da ließ er einen großen Scheiterhaufen errichten, tötete seine
Kinder, seine Gemahlin, seine Kebsweiber und Diener und
warf sie ins Feuer; darauf schüttete er alles Gold und alles
Silber, das sich in der Stadt befand, von der Mauer hinab in den
Strymon und stürzte sich danach selber in das Feuer. Darum
wird er mit Recht von den Persern gepriesen bis auf diesen
Tag.

108. Xerxes aber zog von Doriskos weiter nach Hellas, und
alle Völker, durch die er auf seinem Weg kam, mußten mit ihm
ziehen. Denn wie ich schon zuvor berichtet habe, war alles
Land bis nach Thessalien dem König unterworfen und zinsbar
gemacht worden, zuerst durch Megabazos und nachher durch
Mardonios. Auf diesem Weg kam er zunächst an den festen
Orten der Samothraken vorüber, von denen der letzte nach
Westen zu eine Stadt namens Mesambria ist. Auf diese folgt
Stryme, eine Stadt der Thasier. Zwischen diesen beiden fließt
mitten hindurch der Lisos, der damals nicht Wasser genug
hatte für Xerxes' Heer, sondern versiegte. Vor Zeiten hieß diese
Gegend Gallaike, jetzt heißt sie Briantike; genau gesagt, gehört
auch dieses Land den Kikonen.

109. Jenseits des ausgetrockneten Bettes des Lisos kam er an

520

einigen hellenischen Städten vorüber, nämlich an Maroneia[78], Dikaia und Abdera[79], und zugleich an einigen bekannten Seen, von denen der ismarische zwischen Maroneia und Stryme liegt, der bistonische aber bei Dikaia, in den sich zwei Flüsse[80] ergießen, der Trauos und Kompsantos. Bei Abdera kam Xerxes zwar an keinem nennenswerten See vorüber, dafür aber an dem Fluß Nestos, der ins Meer mündet. Über diese Gegenden hinaus führte ihn der Marsch an kleineren Städten auf dem Festland vorüber, deren eine an einem See liegt, etwa dreißig Stadien im Umfang, reich an Fischen und sehr salzig. Den trank allein das Zugvieh leer. Die Stadt, bei der er liegt, heißt Pistyros. Das waren die hellenischen Städte an der Meeresküste, die er auf seinem Wege zur linken Hand ließ.

110. Folgende aber sind die thrakischen Völker, durch deren Land er seinen Weg nahm: die Paiter[81], Kikonen[82], Bistonen, Sapaier[83], Dersaier[84], Edoner[85] und Satrer.[86] Von diesen mußten diejenigen, die an der Küste saßen, auf ihren Schiffen folgen, alle anderen aber, die im Binnenland wohnten, mußten sich bis auf die Satren dem Landheer anschließen.

111. Die Satrer nämlich sind noch niemals, soweit wir wissen, irgendeinem Menschen untertan gewesen, sondern behaupten als einzige von allen Thraken ihre Freiheit bis auf diesen Tag. Denn sie wohnen auf hohen Gebirgen, die mit großen Wäldern und mit Schnee bedeckt sind, und sind gewaltige Krieger. In ihrem Bezirk befindet sich auch das Orakel des Dionysos. Es liegt hoch oben im Gebirge; die Besser[87] aus dem Stamm der Satrer versehen den Priesterdienst an dem Heiligtum; eine Seherin gibt wie in Delphi die Sprüche. Sonst hat es nichts besonderes.

112. Und weiter zog Xerxes vorüber an den festen Orten der Pierer[88], von denen einer Phagres und ein anderer Pergamos heißt. Hier nahm er den Weg dicht an diesen Orten vorbei und ließ zur Rechten das große und hohe Gebirge Pangaion, das Gold- und Silbergruben enthält, die den Pieren und Odomanten gehören, vor allem aber den Satren.

113. Durch das Gebiet der paionischen Doberer und Paio-

SIEBTES BUCH

pler, die oberhalb des Pangaion auf der Nordseite wohnen, zog er nach Westen, bis er zum Fluß Strymon und zur Stadt Eion kam, wo damals jener Boges, von dem ich kurz vorher gesprochen habe, noch lebte und Statthalter war. Das Land rings um das Pangaiongebirge heißt Phyllis und erstreckt sich nach Westen zu bis zum Fluß Angites, der in den Strymon mündet, nach Süden aber bis zum Strymon selbst. Diesem Fluß brachten die Mager ein Opfer dar und schlachteten weiße Pferde.[89]

114. Nachdem sie mit solchen Riten und Opfern den Fluß beschworen hatten, zogen sie bei ›Neunwege‹[90], einem Ort im Lande der Edoner, über die Brücken, die sie dort über den Strymon geschlagen fanden. Als sie erfuhren, daß der Ort ›Neunwege‹ hieß, vergruben sie dort ebensoviele Knaben und Mädchen der Eingeborenen bei lebendigem Leibe in der Erde. Das ist wohl ein persischer Brauch, Menschen lebendig zu begraben. Denn wie mir erzählt wurde, hat auch Amestris, die Gemahlin des Xerxes, nachdem sie ein hohes Alter erreicht hatte, zweimal sieben Knaben vornehmer Perser zu einem Dankopfer für den Gott, der unter der Erde sein soll[91], vergraben lassen.

115. Als nun das Heer vom Strymon weiter zog, kam es westwärts in den ebenen Küstenstrich an der hellenischen Stadt Argilos vorüber. Die Gegend dort und weiter hinauf ins Land heißt Bisaltien. Von da zog er, den Meerbusen bei Posideion zur Linken lassend, durch die sogenannte Ebene des Syleus und an der hellenischen Stadt Stageiros vorbei bis nach Akanthos. Und alle diese Völkerschaften sowie die am Gebirge Pangaion mußten mit ihm ziehen auf gleiche Art, wie die oben genannten, nämlich die an der Küste wohnten, auf Schiffen, und die oberhalb der Küste wohnten, zu Lande. Die Straße aber, auf der König Xerxes sein Heer durch dieses Land geführt hatte, wird von den Thraken bis auf den heutigen Tag weder gepflügt noch beackert, sondern hoch in Ehren gehalten.

116. Als Xerxes nach Akanthos[92] kam, ließ er den Bürgern dieser Stadt Gastfreundschaft entbieten, beschenkte sie mit einem medischen Gewand und lobte sie; denn er sah ihren

522

POLYHYMNIA

kriegerischen Eifer und hörte von ihren Leistungen beim
Kanalbau.

117. Gerade als Xerxes in Akanthos weilte, begab es sich, daß
Artachaies, der die Aufsicht über den Kanalbau führte, ein
Achaimenide von Geschlecht und bei Xerxes wohl angesehen,
an einer Krankheit verstarb. Dieser Mann übertraf alle Perser
an Leibesgröße, denn an fünf königlichen Ellen fehlten ihm
nur vier Fingerbreiten[93], und besaß auch die stärkste Stimme.
Darum war der König sehr betrübt über seinen Tod und ließ
ihn mit großer Pracht zu Grabe tragen und bestatten, und das
ganze Heer mußte ihm einen Grabhügel schütten. Die Akan-
thier opfern diesem Artachaies nach einem Götterspruch wie
einem Heros und rufen ihn dabei mit Namen.

118. Diejenigen Hellenen, die das Heer bei sich aufnahmen
und den König bewirten mußten, gerieten dadurch in große
Bedrängnis, so daß sie darüber Haus und Hof verlassen mußten. Bei den Thasiern zum Beispiel, die für ihre Städte auf dem
Festland das Heer des Xerxes beherbergt und bewirtet hatten,
wies später Antipatros, Orges' Sohn, einer der vornehmsten
Bürger der Stadt, den sie dazu erwählt hatten, bei seiner Rech-
nungslegung nach, daß sie die Bewirtung vierhundert Talente
Silber gekostet hatte.[94]

119. Ganz ähnlich wie dieser machten auch in den anderen
Städten diejenigen, die dazu bestellt wurden, ihre Rechnung
auf. Die Bewirtung geschah nämlich auf folgende Weise, denn
sie war lange genug vorher angesagt worden, und man legte
großen Wert auf sie. Sobald die Bürger den Befehl der Herolde
vernahmen, die von Stadt zu Stadt zogen, wurde das Getreide
unter die Einwohner verteilt, die nun monatelang Weizen- und
Gerstenmehl mahlten; dann mästeten sie das schönste Vieh,
das sie um Geld auftreiben konnten, und fütterten Land- und
Wasservögel in Käfigen und Teichen zur Bewirtung des Heeres. Dann ließen sie aus Gold und Silber Trinkschalen und
Mischkrüge fertigen und alles andere Gerät, das auf die Tafel
kommt. Diese Gerätschaften waren aber nur für den König
und seine Tischgenossen gedacht, für das übrige Heer waren

SIEBTES BUCH

allein die Vorräte von Speisen bestimmt. Kam nun das Heer heran, wurde rasch ein Zelt aufgeschlagen, in dem der König Wohnung nahm, das andere Volk blieb unter freiem Himmel. Wenn dann die Zeit des Mahles kam, hatten die Wirte genug zu tun; die Gäste aber, nachdem sie sich satt gegessen und die Nacht dort verbracht hatten, brachen am nächsten Morgen wieder auf, nahmen aber das Zelt und alles Gerät mit fort und ließen nichts zurück.

120. Damals sprach Megakreon, ein Mann in Abdera, ein treffliches Wort. Er riet den Abderiten, sie sollten sich alle, Männer und Frauen, in ihren Tempeln zu den Füßen der Götter niedersetzen und zu ihnen flehen, sie in Zukunft vor der Hälfte des kommenden Unglücks zu bewahren, und ihnen für das vergangene von Herzen dafür danken, daß König Xerxes nicht zweimal am Tag zu speisen gewohnt sei. Denn wenn sie auch noch ein Frühmahl hätten anrichten sollen, ähnlich dem Mittagsmahl, so wäre ihnen nur die Wahl geblieben, entweder die Ankunft des Königs nicht abzuwarten, oder, wenn sie dablieben, elendiglich zugrunde zu gehen.

121. Die Hellenen führten also aus, was ihnen auferlegt wurde, so hart es sie auch traf. Dort in Akanthos entließ Xerxes die Flotte und befahl ihren Führern, sie sollten weiterfahren bis Therma[95] am thermaischen Meerbusen, der eben von dieser Stadt seinen Namen hat, und ihn dort erwarten. Denn er hatte erfahren, daß dorthin der kürzeste Weg war. Von Doriskos bis Akanthos war das Heer in drei Abteilungen marschiert. Davon marschierte die eine unter Mardonios und Masistes an der Meeresküste entlang neben der Flotte her, die zweite unter Tritantaichmes und Gergis zog mitten durchs Land, die dritte endlich unter Smerdomenes und Megabyzos, bei der Xerxes selber war, nahm ihren Weg zwischen den beiden anderen.

122. Nun fuhr die Flotte, nachdem sie Xerxes von sich entlassen hatte, durch den Kanal, der am Athos gegraben war, in den Meerbusen hinüber, an dem die Städte Assa, Piloros, Singos und Sarte[96] liegen. Aus allen diesen Städten wurden erst noch Mannschaften ausgehoben, und daraufhin die Fahrt auf

POLYHYMNIA

den thermaischen Golf und danach um das Vorgebirge Ampelos im Land der Toronaier gerichtet. Von den Städten, die die Flotte auf dieser Fahrt passierte, waren folgende hellenisch: Torone, Galepsos, Sermyle, Mekyberna, Olynthos[97], die alle Schiffe und Mannschaft stellen mußten. Der Name dieser Landschaft ist Sithonia.

123. Vom Vorgebirge Ampelos fuhr die Flotte geradewegs hinüber zum Vorgebirge Kanastraion, der höchsten Spitze von ganz Pallene.[98] Da stellten die Städte Poteidaia, Aphytis, Neapolis, Aige, Therambos, Skione, Mende und Sane wieder Schiffe und Mannschaft für die Flotte. Alle diese Städte liegen auf der Halbinsel Pallene, die vorzeiten Phlegra hieß. An dieser Halbinsel fuhr die Flotte entlang zu ihrem Bestimmungsort und hob dabei auch aus den Städten, die auf Pallene folgen und nahe beim thermaischen Meerbusen liegen, nämlich aus Lipaxos, Kombreia, Lisai, Gigonos, Kampsa, Smila und Aineia, Mannschaften aus. Das Land, wo diese Städte liegen, wird noch immer Krossaia genannt. Von Aineia, der letzten der aufgezählten Städte, erreichte die Flotte endlich den thermaischen Meerbusen und das Land Mygdonien, und gelangte auf der Fahrt nach Therma, wohin sie befohlen war, und zu den Städten Sindos und Chalestra am Fluß Axios, der Mygdonien abgrenzt von dem bottiaiischen Land, in welchem auf dem schmalen Streifen am Meere zwei Städte liegen, Ichnai und Pella.

124. Dort, zwischen dem Fluß Axios und der Stadt Therma und den anderen Städten, nahm die Flotte ihr Standlager und wartete auf den König, der mit dem Heer von Akanthos her den geraden Weg mitten durchs Land nach Therma eingeschlagen hatte. Auf diesem Weg kam er durch das paionische und krestonische Land zum Fluß Echeidoros, der im Land der Krestonaier entspringt, durch Mygdonien fließt und bei der Niederung am Fluß Axios ins Meer mündet.

125. Während dieses Marsches wurden die Kamele, die den Vorrat trugen, von Löwen angefallen, die des Nachts von den Gebirgen, wo sie sich aufhielten, heruntersteigen, aber kein anderes Saumtier und keinen Menschen antasteten, sondern

SIEBTES BUCH

ausschließlich die Kamele zerrissen. Ich wundere mich, was wohl die Löwen dazu getrieben haben mag, die anderen zu schonen und gerade die Kamele anzufallen, da sie doch dieses Tier niemals zuvor gesehen noch seine Kraft versucht hatten.

126. Übrigens gibt es in jenen Gegenden viele Löwen und auch wilde Ochsen, von denen die riesigen Hörner ins Land der Hellenen verkauft werden. Die Löwen finden sich nur zwischen dem Fluß Nestos, der durch das Gebiet von Abdera fließt, und dem Fluß Acheloos in Akarnanien. Nirgendwo im ganzen vorderen Europa ostwärts des Nestos, noch in dem übrigen Teil dieses Festlandes westwärts des Acheloos trifft man sie an, sondern nur in dem Strich zwischen diesen beiden Flüssen.

127. Als Xerxes in Therma angekommen war, ließ er das Heer dort ein Lager aufschlagen, und dieses Lager war so groß, daß es das ganze Land am Meer von der Stadt Therma und dem mygdonischen Land bis zu den Flüssen Lydias und Haliakmon bedeckte, wo sich beide zu einem Strom vereinigen und die Grenze zwischen dem bottiaiischen und dem makedonischen Land bilden. So weit erstreckte sich das Lager der Barbaren. Von den Flüssen aber, die ich genannt habe, hatte nur der Echeidoros, der aus dem Lande der Krestonaier entspringt, nicht Wasser genug, um das Heer zu tränken, sondern versiegte.

128. Als Xerxes von Therma aus die thessalischen Berge erblickte, den Olympos und den Ossa, die gewaltig hoch aufragten[99], und sich erzählen ließ, daß zwischen den beiden eine enge Schlucht sei, durch die der Peneios fließt, und vernahm, daß dort hindurch ein Weg nach Thessalien ginge, ergriff ihn der Wunsch, dort hinzufahren und die Mündung des Peneios zu sehen. Denn er beabsichtigte, mit dem Heer weiter hinauf durch das Land der oberen Makedonen den Weg ins Land der Perrhaiber zu nehmen, bei der Stadt Gonnos hinab, weil man ihm sagte, daß dies der sicherste Weg sei. Und so führte er seinen Plan aus, bestieg das sidonische Schiff, das er immer gebrauchte, wenn er irgendwohin fahren wollte, und ließ auch

für die anderen das Zeichen aufrichten, daß sie in See stechen sollten; das Landheer aber ließ er dort zurück. Als er nun hinkam und die Mündung des Peneios vor sich liegen sah, geriet er in großes Staunen, ließ die Wegführer rufen und fragte sie, ob man wohl den Fluß ableiten und anderswo ins Meer hinausführen könne.

129. Thessalien soll, wie die Sage geht, in alten Zeiten ein See gewesen sein, weil es auf allen Seiten von gewaltig hohen Bergen eingeschlossen ist. Denn auf der Ostseite schließt es der Berg Pelion ein und der Ossa, die beide mit ihren Seiten unterhalb aneinander stoßen, auf der Nordseite der Olymp, auf der Westseite der Pindos, auf der Südseite und nach Südwesten der Othrys. So liegt Thessalien mitten zwischen diesen Gebirgen tief eingesenkt. Unter den vielen Flüssen, die in das Talbecken hinabströmen, sind folgende fünf die bedeutendsten: der Peneios, der Apidanos, der Onochonos, der Enipeos und der Pamisos.[100] Die sammeln sich alle von den einschließenden Gebirgen in der Ebene, jeder mit einem besonderen Namen, und münden, zu einem einzigen Stromlauf vereinigt, durch jene enge Schlucht ins Meer. Von da an aber, wo sie sich vereinigen, behauptet allein der Peneios seinen Namen, so daß die anderen ihre Namen verlieren. In alten Zeiten nun, so sagt man, als die Talschlucht und die Mündung noch nicht bestanden, hatten jene Flüsse und außer ihnen auch der boibeische See[101] noch keine besonderen Namen, flossen aber gleichwohl wie jetzt und machten aus ganz Thessalien ein weites Meer. Die Thessaler selber behaupten, Poseidon habe die Schlucht gemacht, durch die der Peneios fließt, und darin haben sie recht. Denn wer glaubt, daß Poseidon die Erde beben mache, und daß die Risse und Spalten, die durch Erdbeben entstehen, das Werk dieses Gottes seien, und sieht jene Schlucht, der wird sagen müssen, sie sei von Poseidon gemacht. Denn es ist mir unzweifelhaft, daß der Spalt zwischen den Gebirgen durch ein Erdbeben entstanden ist.

130. Als nun Xerxes die Wegführer danach fragte, ob es für den Peneios noch einen anderen Ausweg ins Meer gäbe, wuß-

SIEBTES BUCH

ten sie ihm genau Bescheid zu sagen und antworteten: »Nein, o König, dieser Fluß hat keinen anderen Auslauf zum Meer als diesen allein; denn ganz Thessalien ist ringsum von Gebirgen umgeben.« Darauf soll der König gesagt haben: »Die Thessaler sind doch kluge Leute. Darum also haben sie bei Zeiten ihren Sinn geändert und sich vorgesehen, weil sie in einem Lande wohnen, das leicht zu nehmen und schnell zu erobern ist. Denn man bräuchte ja nur den Fluß durch einen Damm von der Talschlucht abzusperren und aus seinem jetzigen Bett weg auf ihr Land zu leiten, so würde bald ganz Thessalien bis an die Berge unter Wasser stehen.« Diese Worte zielten auf die Nachkommen des Aleuas, weil diese Thessaler die ersten unter den Hellenen gewesen waren, die sich dem König ergaben. Der König meinte nämlich, daß sie ihm die Freundschaft im Namen ihres ganzen Volkes entboten hätten.[102]

131. Der König kehrte hierauf nach Therma zurück. Danach verblieb er aber noch viele Tage in Pierien. Denn ein Drittel seines Heeres mußte erst die Wälder auf dem makedonischen Gebirge fällen, weil das ganze Heer dort ins Land der Perrhaiber hinüberziehen sollte. Nun waren auch die Herolde, die er zu den Hellenen entsandt hatte, um Erde und Wasser zu fordern, zurückgekommen, die einen mit leeren Händen, die anderen mit Erde und Wasser.

132. Und unter denen, die das Geforderte gegeben hatten, waren die Thessaler, die Doloper, die Eniener, die Perrhaiber, die Lokrer, die Magneter, die Malier, die Achaier von Phthia, die Thebaner und die übrigen boiotischen Städte außer Thespai und Plataiai.[103] Gegen diese Stämme und Städte schworen die übrigen Hellenen, die den Kampf mit den Barbaren aufnehmen wollten[104], einen heiligen Eid, mit dem sie gelobten, daß alle Hellenen, die sich den Persern ohne Not ergäben, ohne durch eine Niederlage dazu gezwungen zu sein, als Buße an den Gott in Delphi den Zehnten zu entrichten hätten.

133. Nach Athen und Sparta hatte Xerxes keine Herolde geschickt, um Erde zu fordern; denn das erstemal, als Dareios darum zu ihnen geschickt hatte, hatten die Athener die Boten

528

POLYHYMNIA

in die Grube, die Spartiaten aber in einen Brunnen hinabgesto-
ßen und dabei gesagt, daß sie dorther Erde und Wasser zum
König bringen sollten. Aus diesem Grund hatte Xerxes keinen
Herold an sie geschickt. Was für eine Strafe die Athener dafür
getroffen hat, daß sie so mit den Herolden verfuhren, weiß ich
nicht zu sagen, außer daß ihr Land und ihre Stadt verwüstet
worden ist. Doch ist das, wie ich glaube, nicht um dieser
Schuld willen geschehen.

134. Aber auf die Lakedaimonier fiel der Zorn des Talthybios, des Heroldes des Agamemnon. Dieser Talthybios nämlich hat ein Heiligtum in Sparta, und dort leben auch noch
seine Nachkommen, die Talthybiaden, denen alle öffentlichen
Botschaften aus Sparta als ihr Ehrenamt übertragen werden.
Nach dem Gesandtenmord wollte kein einziges Opfer, das die
Spartiaten veranstalteten, günstig ausfallen. Als dies eine lange
Zeit anhielt, gerieten die Lakedaimonier darüber in große Sorge
und Not.[105] Sie hielten viele Volksversammlungen ab und ließen durch den Herold ausrufen, ob etwa einer der Bürger
bereit sei, für Sparta den Tod zu leiden. Da erboten sich aus
freien Stük-ken zwei Spartiaten aus edlem Hause und mit die
reichsten Männer in Sparta, Sperthias, Aneristos' Sohn, und
Bulis, Nikolaos' Sohn, und nahmen es auf sich, dem Xerxes die
Schuld für die in Sparta umgebrachten Herolde des Dareios zu
büßen. So wurden die beiden Spartiaten ins medische Land
geschickt, um den Tod zu erleiden.

135. Solcher Mut dieser Männer verdient Bewunderung,
nicht minder aber auch die Worte, die ich von ihnen berichten
will. Als sie nämlich auf ihrer Reise nach Susa zu Hydarnes[106]
kamen, einem Perser von Geburt, der das persische Heer an der
kleinasiatischen Küste befehligte, nahm dieser sie gastlich auf,
lud sie zum Mahl und richtete dabei folgende Frage an sie: »Ihr
Männer von Lakedaimon, warum sträubt ihr euch denn so
gegen die Freundschaft des Königs? Schaut doch her auf mich
und meine Macht und erkennt, wie der König wackere Männer zu ehren weiß. So auch ihr, wenn ihr euch dem König
ergeben wolltet, denn ihr geltet bei ihm als tapfere Männer.

529

SIEBTES BUCH

Jeder von euch könnte von der Hand des Königs eine Herrschaft gewinnen über hellenisches Land.« Sie aber antworteten und sagten: »O Hydarnes! ungleich ist der Rat den du uns gibst. Denn was du uns rätst, davon hast du nur das eine Teil erprobt, das andere aber nicht. Was Knecht sein heißt, das ist dir wohl bekannt, aber die Freiheit hast du nie gekostet, ob sie süß sei oder nicht. Hättest du sie versucht, gewiß rietest du uns, nicht mit Speeren nur für sie zu kämpfen, sondern auch mit Beilen.«

136. So antworteten sie dem Hydarnes. Als sie aber nach Susa hinaufkamen und vor das Angesicht des Königs traten, und die Leibwächter verlangten, sie sollten niederfallen vor dem König und anbeten, und als diese sie dazu zwingen wollten, da sagten sie, daß sie das niemals tun würden, und wenn man sie gleich mit dem Kopf auf die Erde stieße; denn einen Menschen anzubeten, sei bei ihnen nicht Brauch, auch seien sie dazu nicht gekommen. Nachdem sie sich dieser Aufforderung erwehrt hatten, sprachen sie: »O König der Meder! uns schicken die Lakedaimonier, dir die Schuld für die in Sparta umgebrachten Herolde zu büßen«, und was sie sonst noch zu sagen hatten. Xerxes aber erwiderte in seiner Großmut, er wolle nicht handeln wie die Lakedaimonier, die durch den Mord an den Gesandten das Recht, das alle Völker heilig hielten, verletzt hätten. Er wolle nicht denselben Frevel begehen, sondern, ohne sie zu töten, die Lakedaimonier von der Blutschuld freisprechen.

137. Nach dieser Tat der Spartaner hörte der Zorn des Talthybios sogleich auf, obgleich Sperthias und Bulis wieder nach Sparta heimkehrten. Aber wie die Lakedaimonier erzählen, ist er lange Zeit danach, im Krieg der Peloponnesier und Athener, wieder aufgewacht. Ich sehe hierin eine der wundersamsten Fügungen. Daß nämlich der Zorn des Talthybios auf Gesandte fiel und sich nicht besänftigte, als bis er sein Ziel erreicht hatte, das war in der Ordnung. Daß er aber gerade die Söhne jener Männer traf, die um dieses Zornes willen zum Könige hinaufgegangen waren, nämlich des Bulis Sohn Nikolaos und des Sperthias Sohn Aneristos, jenen Aneristos, der die von den

POLYHYMNIA

Einwohnern von Tiryns besiedelte Stadt Halieis[107] erobert hat,
indem er mit einem vollbemannten Lastschiff hineinfuhr, das
war doch deutlich eine wunderbare Wirkung jenes Zornes.
Diese Männer nämlich waren von den Lakedaimoniern als
Gesandte nach Asien geschickt worden, wurden aber von dem
Thrakenkönig Sitalkes, Teres' Sohn, und dem Abderiten Nym-
phodoros, Pythes' Sohn, verraten und bei der Stadt Bisanthe am
Hellespont gefangengenommen, darauf nach Attika gebracht
und auf Geheiß der Athener hingerichtet, und mit ihnen zugleich auch der Korinthier Aristeas, Adeimantos' Sohn. Dies
geschah jedoch viele Jahre nach dem Zug des Königs. Ich kehre
nun wieder zu der früheren Erzählung zurück.

138. Es hieß zwar, der Kriegszug des Königs sei nur auf
Athen gerichtet gewesen, er sollte aber doch ganz Hellas treffen. Das wußten auch die Hellenen schon lange vorher, konnten sich aber nicht zu einem gemeinsamen Vorgehen entschließen. Einige hatten dem Perser Erde und Wasser gegeben und
waren getrosten Mutes, es würde ihnen vom Barbaren nichts
Schlimmes widerfahren. Andere aber, die es nicht getan hatten,
lebten in großer Furcht; denn es gab nicht Schiffe genug in
Hellas, um den Angriff auszuhalten, und im Volk wollte man
nichts vom Krieg wissen, sondern stand eher auf der Seite der
Perser.

139. Hier sehe ich mich nun gezwungen, offen meine Meinung auszusprechen, die zwar den meisten Menschen nicht
behagen wird; dennoch will ich nicht zurückhalten, was ich
selber als die Wahrheit erkenne.[108] Wenn die Athener damals,
erschreckt durch die herandringende Gefahr, ihr Land verlassen hätten, oder wenn sie es auch nicht verlassen hätten, sondern dageblieben wären, sich aber Xerxes ergeben hätten, so
hätte keiner zur See sich unterfangen, ihm entgegenzutreten.
Geschah das aber nicht, so mußten die Dinge zu Lande folgendermaßen verlaufen. Mochten sich die Peloponnesier auf dem
Isthmos auch mit noch so vielen Mauern umpanzert haben,
die Lakedaimonier wären doch von ihren Bundesgenossen im
Stich gelassen worden, nicht aus freiem Antrieb, sondern aus

Not, weil die Flotte der Barbaren Stadt um Stadt weggenommen hätte; dann wären jene verlassen und allein nach rühmlichen Kämpfen den Heldentod gestorben. So wäre es ihnen ergangen, oder aber sie hätten schon früher, nachdem sie die medische Gesinnung der übrigen Hellenen wahrgenommen hatten, sich mit Xerxes verständigt. In beiden Fällen wäre das Land der Hellenen unter die Gewalt der Perser gekommen. Denn was die Mauern über den Isthmos nützen sollten, wenn der König das Meer beherrschte, vermag ich nicht zu entdecken. Wer also sagt, daß die Athener die Retter von Hellas gewesen seien, der irrt gewiß nicht von der Wahrheit ab. Denn auf welche Seite diese sich stellten, dahin mußte die Waage sich neigen. Da sie sich nun dafür entschieden, daß Hellas in Freiheit bestehen sollte, so sind sie allein es gewesen, die alle jene anderen Hellenen, soweit sie nicht zu den Medern abgefallen waren, zum Kampf aufmunterten, und die, nächst den Göttern, den König zurückschlugen. Und selbst die schrecklichen Orakelsprüche aus Delphi konnten sie nicht dazu bewegen, Hellas zu verlassen, sondern sie blieben im Lande und faßten gegenseitig Mut, den Angriff des Feindes zu bestehen.

140. Die Athener hatten nämlich nach Delphi geschickt und wollten das Orakel befragen, und als eben ihre Boten beim Tempel den Brauch erfüllt hatten und ins Innere[109] eintraten und sich niedersetzten, da ließ sich die Pythia, Aristonike war ihr Name, folgendermaßen vernehmen:

Arme! was sitzet ihr hier? Auf, flieh an die Enden der Erde,
Fern von dem Haus und der rundlichen Stadt hochragenden
Spitzen.
Denn nicht bleibt ihr das Haupt, noch der Leib, noch unten
die Füße
Bleiben bestehn, noch die Hände, es bleibt auch nichts in der
Mitten
Übrig, es schwindet dahin. Denn nieder reißt sie der Flammen
Glut und des Ares' Gewalt, einstürmend auf syrischen
Wagen.

POLYHYMNIA

Doch nicht die deinen allein, viel andere Burgen zerstört er,
Wirft die gefräßige Glut auf vieler Unsterblichen Tempel.
Ach, die stehen schon jetzt voll niedertriefenden Schweißes,
Zitternd in Angst, von den Firsten herab ihrer Dächer
entrinnet
Schwärzliches Blut, vordeutend des Unheils sichres Ver-
hängnis.
Aber hinweg aus dem Haus! Ins Unglück füget die Seele.

141. Als die athenischen Boten diese Worte vernahmen,
wurden ihre Herzen traurig, und sie wollten fast verzagen über
das verkündete Unglück, da riet ihnen Timon, Androbulos'
Sohn, einer der angesehensten Männer in Delphi, sie sollten
einen Bittzweig nehmen und ein zweitesmal gehen und das
Orakel als Schutzflehende befragen. Und als die Athener dem
Rat folgten und sprachen: »O Herr, gib uns einen besseren
Spruch für unsere Vaterstadt, ehre diese Bittzweige, mit denen
wir hier vor dich treten, oder wir gehen nicht aus deiner
heiligen Stätte, sondern bleiben hier, bis wir sterben«, da verkündete ihnen die Seherin diesen zweiten Spruch:

Pallas müht sich umsonst, den Olympier Zeus zu erbitten,
Dringend mit vielen und flehenden Worten und klüglichem
Rate.
Aber ich künd dir ein anderes Wort, das mit Eisen gefestet.
Wenn auch alles den Feinden erliegt, was innen umschließen
Kekrops' Berg[110] und die Bucht des göttergeliebten Kith-
airon:
Eines vergönnet der Göttin der waltende Zeus, daß die Mauer
Werde, die hölzerne, nimmer bezwungen, zu rettendem
Schutze
Dir und dem Volk. So warte nicht still, bis der Feind von dem
Festland
Dringet herzu mit gewaltigem Heer und den reisigen
Scharen.
Wende dich, weiche zurück! du bietest ihm einst noch die
Stirne.

SIEBTES BUCH

Salamis, heilige! du wirst tilgen die Söhne der Weiber,
Sei es zur Zeit, wann Demeter sich streut oder wann sie sich
sammelt.

142. Dieser Spruch schien den Boten doch gelinder zu sein
als der frühere, und er war es auch. Sie ließen ihn aufschreiben
und reisten damit zurück nach Athen, traten dort vor das Volk
und lasen ihn vor. Da begann man zu forschen, was wohl der
Sinn des Spruches sei, und es wurden vielerlei Deutungen
vorgebracht, zwei Meinungen aber standen vor allem gegeneinander. Einige der älteren Bürger meinten nämlich, der Gott
verkünde, daß die Burg werde erhalten bleiben, weil diese vor
alters von einer Dornhecke umschlossen gewesen sei und sie
die hölzerne Mauer eben auf diesen Dornhag deuteten. Andere hinwieder behaupteten, der Gott weise auf die Schiffe hin,
und verlangten, man sollte nur diese instandsetzen und alles
andere lassen. Indem also diese unter der hölzernen Mauer
Schiffe verstehen wollten, fanden sie doch einen Haken in den
beiden letzten Versen im Spruch der Pythia:

Salamis, heilige! du wirst tilgen die Söhne der Weiber,
Sei es zur Zeit, wann Demeter sich streut oder wann sie sich
sammelt.

An diesen Worten stießen sich die Meinungen derer, die
unter der hölzernen Mauer Schiffe verstanden. Denn die
Spruchdeuter legten diese Worte so aus, daß sie, wenn sie sich
auf eine Seeschlacht rüsteten, bei Salamis würden geschlagen
werden.

143. Nun lebte aber damals in Athen ein Mann, der erst seit
kurzem zu Ansehen gekommen war: Themistokles[111] hieß er
und war ein Sohn des Neokles. Dieser Mann behauptete, die
Spruchdeuter legten die Sache nicht in allen Stücken richtig
aus; denn, sagte er, wenn jener Vers wirklich mit Absicht auf
die Athener gesagt sein sollte, so würde er, nach seinem Dafürhalten, nicht in so gelinden Worten ausgedrückt sein, und es
würde nicht lauten »Salamis, heilige!«, sondern »Salamis,
schreckliche!«, wenn nämlich den Bewohnern im Kampf um

POLYHYMNIA

sie der Untergang beschieden wäre. Vielmehr ziele der Ausspruch des Gottes auf die Feinde, wenn man ihn nur richtig verstünde, nicht auf die Athener, und darum rate er, sich auf einen Kampf mit der Flotte zu rüsten, denn das sei die hölzerne Mauer. Diese Meinung des Themistokles fand mehr Beifall bei den Athenern als die der Spruchdeuter, die rieten, sie sollten von der Ausrüstung der Flotte, ja überhaupt von jeglichem Widerstand ablassen, sondern aus dem attischen Land fortziehen und sich anderswo ansiedeln.

144. Auch schon früher einmal hatte Themistokles seinen Rat vor den anderen durchgesetzt, zum Glück für die Athener. Das war zu der Zeit, als sich im Gemeindeschatz viel Geld aus den Silbergruben in Laureion[112] gesammelt hatte und dieses Geld unter die Bürger verteilt werden sollte, zehn Drachmen pro Mann. Da bewog sie Themistokles, von dieser Verteilung abzustehen und von dem Geld zweihundert Schiffe zu bauen[113] für den Krieg, nämlich für den Krieg mit den Aigineten. Denn der Ausbruch dieses Krieges rettete ganz Hellas, indem er die Athener zwang, seemächtig zu werden. Die Schiffe wurden zwar nicht gebraucht, wozu sie gebaut worden waren, aber zum Glück für Hellas waren sie nun doch auf diese Weise beschafft worden und vorhanden. Und außer diesen schon früher gebauten sollten jetzt noch andere neue gebaut werden. Als nun jener Orakelspruch kam und sie darüber berieten, beschlossen sie, dem Rat des Gottes zu folgen und dem Angriff des Feindes auf das hellenische Land mit aller Macht zur See zu begegnen, zusammen mit allen Hellenen, die sich zu ihnen halten wollten. Das ist die Geschichte von den Orakelsprüchen, die die Athener erhielten.

145. Hierauf versammelten sich die besser gesinnten Hellenen, besprachen sich und gelobten einander Treue, und beschlossen zunächst vor allen Dingen, sämtliche Fehden und Feindschaften untereinander zu beenden. Denn es waren mancherlei Fehden im Gange, die größte aber war die zwischen den Athenern und den Aigineten. Als sie dann erfuhren, daß Xerxes mit seinem Heer in Sardis stünde, beschlossen sie,

535

SIEBTES BUCH

Kundschafter nach Asien auszusenden, um des Königs Macht zu erspähen, und eine Botschaft an die Argeier, um mit ihnen einen Waffenbund gegen den Perser zu schließen, ebenso nach Sizilien an Gelon, Deinomenes' Sohn, und nach Kerkyra[114] und Kreta, um Hilfe für das Hellenenland zu erbitten. Sie wollten versuchen, ganz Hellas zu einigen und zu gemeinsamem Handeln zu bewegen in Anbetracht der allgemeinen Gefahr, die sie alle bedrohte. Gelons Macht aber galt für sehr groß, für viel größer als irgendeine andere im Hellenenland.

146. Nachdem sie dies beschlossen und ihre Fehden beigelegt hatten, schickten sie zunächst drei Männer als Kundschafter nach Asien. Diese kamen nach Sardis und kundschafteten des Königs Heer aus, wurden aber darüber ertappt und von den Feldherren des Fußvolkes in die Folter gelegt. Sie waren schon gefaßt, zu sterben, und wurden zur Hinrichtung hinausgeführt, als Xerxes davon hörte. Er tadelte das Urteil der Feldherren, schickte einige seiner Leibwächter und befahl ihnen, wenn sie die Kundschafter noch am Leben träfen, sie vor ihn zu führen. Die fanden sie noch am Leben und brachten sie vor das Antlitz des Königs. Da fragte er sie, warum sie gekommen seien, und befahl danach den Leibwächtern, sie überall herumzuführen und ihnen alles Fußvolk und alle Reiterei zu zeigen, und nachdem sie alles sattsam besichtigt hätten, sie unversehrt ziehen zu lassen, wohin sie wollten.

147. Das befahl er aber, wie er hinzusetzte, deshalb, weil ja die Hellenen, wenn die Kundschafter getötet worden wären, nicht zuvor hätten erfahren können, daß seine Macht weit größer sei als ihr Gerücht, und den Feinden wenig damit geschadet wäre, wenn die drei Männer zu Tode kämen. So aber hoffte er, wenn sie nach Hellas zurückkehrten und die Hellenen von ihnen hörten, wie groß seine Macht sei, daß sie noch vor dem Kriegszug ihre Freiheit preisgeben würden und es der mühseligen Kriegsfahrt gegen sie gar nicht erst bedürfe. Ähnlich äußerte sich Xerxes auch ein anderesmal. Als er nämlich in Abydos war, sah er Schiffe vom Pontos her durch den Hellespont fahren, die nach Aigina und dem Peloponnes Getreide

536

POLYHYMNIA

brachten. Da waren seine Begleiter, wie sie hörten, es wären feindliche Schiffe, gleich bereit, sie wegzunehmen, und blickten auf zum König, seinen Befehl zu erwarten. Er aber fragte sie, wohin die Schiffe führen, und als sie antworteten: »Zu deinen Feinden, o Herr, um ihnen Getreide zu bringen«, entgegnete er und sprach: »Nun wohl, fahren wir nicht auch eben dahin, und haben uns mit allem versehen müssen und zumal auch mit Getreide? Bringen diese für uns noch mehr Vorrat hinzu, was schaden sie uns?«

148. So kehrten die Kundschafter, nachdem sie alles genau besichtigt hatten und wieder entlassen waren, nach Europa zurück. Die Hellenen aber, die einen Eidbund gegen den Perser geschlossen hatten, entsandten nach den Kundschaftern nochmals eine Botschaft nach Argos.[115] Wie dort die Dinge standen, davon erzählen die Argeier selber folgendermaßen. Von den Anschlägen der Barbaren gegen Hellas hätten sie schon gleich zu Anfang Kunde gehabt, und weil sie einsahen, die Hellenen würden sie auffordern, am Krieg gegen die Perser teilzunehmen, hätten sie nach Delphi geschickt, um den Gott zu befragen, was für sie das Beste sei. Erst kürzlich seien sechstausend Argeier von den Lakedaimoniern unter Kleomenes, Anaxandrides' Sohn erschlagen worden; das sei der Grund, warum sie des Gottes Rat begehrten. Darauf habe ihnen die Pythia folgendes geantwortet:

Deinen Umwohnern verhaßt, doch lieb den unsterblichen Göttern,
Sitze, nach innen verhaltend den Speer, sei ruhig und wachsam,
Schütze nur sorglich das Haupt; es errettet das Haupt dir die Glieder.

Solchen Spruch habe ihnen die Pythia schon vorher gegeben. Als nun später die Boten wirklich nach Argos kamen, dort vor den Rat hintraten und ihren Auftrag ausrichteten, hätten sie ihnen darauf erwidert, die Argeier seien dazu bereit, aber zuvor müßten sie mit den Lakedaimoniern auf dreißig Jahre

SIEBTES BUCH

einen Frieden schließen und an der Führung des gesamten Bundes den gleichen Anteil haben wie jene. Von Rechts wegen käme zwar ihnen allein die Führung zu, sie wollten sich aber mit der Hälfte begnügen.

149. Dies sei die Antwort ihres Rates gewesen; denn trotz der Warnung des Orakels, mit den Hellenen keinen Waffenbund zu schließen, sei ihnen gleichermaßen daran gelegen gewesen, einen dreißigjährigen Frieden zu erlangen, damit ihre Söhne in dieser Zeit zu Männern heranwüchsen; denn sie mußten befürchten, für den Fall, daß es zu keinem Frieden käme und sie zu dem früheren Unglück etwa noch eine zweite Niederlage träfe durch die Perser, in Zukunft den Spartiaten untertan zu sein. Die Boten aus Sparta hätten daraufhin geantwortet: was den Frieden anginge, so wollten sie darüber ihrem Volk berichten, bezüglich der Führung aber hätten sie Auftrag, ihnen zu antworten, daß sie in Sparta zwei Könige hätten, die Argeier aber nur einen[116], und deshalb unmöglich einen von beiden der Führung entheben könnten[117], wohingegen nichts dem im Wege stünde, daß neben ihren beiden auch der argeiische König im Rat eine Stimme bekäme. Eine solche Anmaßung der Spartiaten, sagen die Argeier, hätten sie nicht ertragen können; lieber wollten sie den Barbaren untertan sein, als den Lakedaimoniern den Vorrang einräumen. Und so ließen sie den Gesandten mitteilen, noch vor Sonnenuntergang das argeiische Land zu verlassen, sonst würde man sie als Feinde behandeln.

150. Soviel erzählen die Argeier selber von dieser Sache. Es geht aber darüber in Hellas eine andere Sage um. König Xerxes, erzählt man, schickte, bevor er den Zug gegen Hellas unternahm, einen Herold nach Argos, und dieser Herold kam und sprach: »Ihr Männer von Argos! König Xerxes läßt euch folgendes sagen. Wir Perser halten den Perses für unseren Stammvater, der von Perseus, dem Sohn der Danaë, und Andromeda, der Tochter des Kepheus, gezeugt worden ist. Demnach sind wir aus eurem Stamme, und es würde uns deshalb übel anstehen, wenn wir gegen unsere Stammeltern in Krieg ziehen

538

POLYHYMNIA

wollten. Dasselbe gilt auch für euch, wenn ihr anderen beistündet gegen uns, statt Frieden zu halten und ruhig daheim zu bleiben. Denn wenn es nach meinem Wunsch geht, werde ich kein Volk höher halten als euch.« Das hätten sich die Argeier gesagt sein lassen, und so hätten sie gleich damals nichts für sich gefordert, noch sich zu etwas erboten, sondern erst nachher, als die Hellenen sie zum Beistand aufforderten, Anteil an der Führung verlangt, weil sie wohl wußten, daß die Lakedaimonier ihnen das niemals zugestehen würden, und sie nur einen Vorwand suchten, um sich still zu halten.

151. Dazu passe auch, behaupten einige Hellenen, eine Geschichte, die sich viele Jahre später zugetragen hat. In Susa, der memnonischen Stadt, befanden sich damals in einer anderen Angelegenheit athenische Gesandte, nämlich Kallias, Hipponikos' Sohn, und einige andere. Nun traf es sich, daß zu eben dieser Zeit auch die Argeier eine Gesandtschaft nach Susa schickten[118], und an König Artaxerxes, Xerxes' Sohn, die Frage stellten, ob der Freundschaftsbund, den sie mit Xerxes geschlossen hätten, auch unter seinem Sohn fortdauern könne, oder ob sie von ihm als Feinde angesehen würden. Darauf habe König Artaxerxes erwidert, daß allerdings der Bund noch fortbestünde und daß ihm keine Stadt inniger befreundet sei als Argos.

152. Ob nun Xerxes wirklich den Herold mit jener Botschaft nach Argos geschickt hat und Gesandte der Argeier nach Susa hinaufgereist sind und bei König Artaxerxes wegen der Freundschaft angefragt haben, davon weiß ich nichts Genaues zu berichten, und enthalte mich auch, darüber etwas anderes zu sagen, als was die Argeier selber sagen. Das aber weiß ich: Wenn alle Menschen ihre Leiden und Nöte auf einen Fleck zusammenbrächten, um sie mit den Nachbarn auszutauschen, und würde jeder einen Blick auf die Nöte der anderen werfen, dann würde jeder von ihnen freudig wieder heimtragen, was er mitgebracht hat. So, meine ich, haben auch die Argeier noch nicht das Schlimmste getan. Doch ist es meine Pflicht, alles, was ich höre, zu berichten, aber daran glauben muß ich deswe-

SIEBTES BUCH

gen noch lange nicht. Das gilt für mein ganzes Geschichtswerk. Wird doch auch erzählt, die Argeier hätten, seitdem ihr
Kampf gegen Lakedaimon so übel stand, den Perserkönig zum
Krieg gegen Hellas aufgerufen, weil sie alles anderes lieber
erdulden wollten als diese Schmach. So viel von den Argeiern.

153. Andere Boten waren von den Bundesgenossen nach
Sizilien geschickt worden, um mit Gelon zu verhandeln, unter
ihnen Syagros, der Gesandte der Lakedaimonier.

Der Vorfahre dieses Gelon, der sich zuerst in Gela angesiedelt hatte, stammte von der Insel Telos[119] bei Triopion und war
damals, als Einwohner der Stadt Lindos auf Rhodos unter
Antiphemos die Stadt Gela[120] gründeten, zusammen mit ihnen
hingezogen. Dessen Nachkommen waren nach dieser Zeit
Weihepriester der unterirdischen Götter[121] geworden und behielten dieses Amt als erbliche Würde, nachdem es Telines,
einer ihrer Vorfahren, auf folgende Art erworben hatte. Bürger
aus Gela waren in einem Aufstand unterlegen und nach Makto-
rion, das oberhalb Gela liegt, geflohen; sie führte Telines wieder zurück, ohne alle Streitmacht, nur allein mit den Heiligtümern jener Götter. Woher er diese empfangen, oder ob er sie
selber an sich gebracht hatte, kann ich nicht sagen; jedenfalls
führte er im Vertrauen auf sie die Männer zurück unter der
Bedingung, daß seine Nachkommen Weihepriester der Götter
sein sollten. Mir ist auch das noch verwunderlich, nach dem,
was ich von dem Manne hörte, daß er ein so schwieriges
Unternehmen ausgeführt haben soll. Denn ich meine, solche
Taten kann nicht jeder beliebige Mann vollbringen, dazu gehört viel Mut und männliche Kraft; Telines aber war, wie die
Einwohner in Sizilien von ihm sagen, gerade das Gegenteil, ein
weibischer und weichlicher Mann.

154. Nach dem Tode des Kleandros, des Sohnes des Pantares,
der sieben Jahre Fürst in Gela gewesen und von einem Manne
aus Gela mit Namen Sabyllos erschlagen worden war, nahm
Hippokrates, Kleandros' Bruder, die Herrschaft an sich und
wurde Tyrann von Gela. Gelon aber, ein Abkömmling jenes
Weihepriesters Telines, war zusammen mit vielen anderen,

540

darunter auch Ainesidemos, Pataikos' Sohn, sein Leibwächter und wurde nicht lange danach aufgrund seiner Tapferkeit zum Führer der gesamten Reiterei ernannt. Denn als Hippokrates die Städte Kallipolis, Naxos, Zankle, Leontinoi[122], auch Syrakus und viele Orte der Barbaren belagerte, tat sich Gelon in allen diesen Kämpfen hervor. Von allen diesen Städten, die ich hier genannt habe, entzog sich keine einzige der Herrschaft des Hippokrates, mit Ausnahme der Syrakusier. Auch diese waren ihm am Fluß Eloros[123] im Kampf unterlegen, aber die Korinthier und Kerkyraier retteten sie noch[124] und stifteten einen Frieden, sie mußten dafür aber Kamarina[125] an Hippokrates herausgeben; denn ursprünglich gehörte Kamarina den Syrakusiern.

155. Nach dem Tod des Hippokrates, der ebenso lang wie sein Bruder Kleandros regiert hatte und in einer Schlacht gegen die Sizilier bei der Stadt Hyble[126] fiel, und nachdem die Bürger von Gela seinen Söhnen Eukleides und Kleandros nicht länger untertan sein wollten, warf sich Gelon zu ihrem Helfer auf und besiegte die Gelaier in einer Schlacht, gab aber jenen die Herrschaft nicht zurück, sondern behielt sie selber. Nach seinem geglückten Handstreich führte Gelon die sogenannten Grundherren von Syrakus, die vom gemeinen Volk und ihren eigenen Knechten, den Kyllyriern[127], wie sie hießen, vertrieben worden waren, aus der Stadt Kasmene nach Syrakus zurück und gewann auch diese Stadt. Denn als er gegen sie heranzog, ergab sich ihm das Volk in Syrakus mitsamt der Stadt.

156. Als er Herr von Syrakus geworden war, lag ihm nicht mehr so viel daran, über Gela zu gebieten, sondern er übertrug diese Stadt seinem Bruder Hieron. Er selber aber machte Syrakus groß und mächtig, und Syrakus bedeutete ihm alles. Schnell blühte die Stadt auf und hob sich empor. Zunächst nämlich führte er die Einwohner von Kamarina sämtlich nach Syrakus und machte sie zu Bürgern, ihre Stadt aber zerstörte er, dann tat er dasselbe mit mehr als der Hälfte seiner Landsleute in Gela. Ferner führte er von dem sizilischen Megara, das sich nach langer Belagerung in einen Frieden fügen mußte, die Reichen,

die den Krieg gegen ihn erhoben und deshalb eigentlich den Tod verdient hätten, nach Syrakus und machte sie zu Bürgern; die gemeinen Leute aber, die keine Schuld am Krieg traf und nicht Böses für sich befürchteten, führte er zwar auch nach Syrakus, verkaufte sie aber als Sklaven in die Fremde. In gleicher Weise behandelte er auch die sizilischen Euboier mit solchem Unterschied. Der Grund war in beiden Fällen, daß er das gemeine Volk für ausgesprochen unerfreuliche Mitbewohner ansah.

157. Auf diese Weise war Gelon ein großer Herrscher geworden. Als nun die Abgesandten der Hellenen nach Syrakus kamen, traten sie vor ihn und sprachen: »Wir sind von den Lakedaimoniern und ihren Bundesgenossen gesandt, um dich um Hilfe zu bitten gegen den Barbaren, von dessen Heereszug gegen Hellas du gewiß schon gehört hast. Nachdem er eine Brücke über den Hellespont gelegt hat, will der Perser von Asien her mit der gesamten Kriegsmacht des Morgenlandes Hellas überziehen. Zwar gibt er vor, er ziehe nur gegen Athen, aber seine Absicht ist, das ganze Hellenenland unter seine Hand zu bringen. Nun bist du ja groß an Macht, und weil du über Sizilien gebietest, gehört dir ein großer Teil des Hellenenlandes. Darum stehe nun denen bei, die um die Freiheit von Hellas kämpfen, und helfe uns, sie zu erhalten. Denn wenn ganz Hellas sich zusammen tut, gibt das ein großes Heer, dann sind wir stark genug, um dem Angriff zu begegnen. Wenn aber der eine Teil zum Feind abfällt, ein anderer den Beistand verweigert und nur wenige der hellenischen Sache treu bleiben, dann freilich besteht die Gefahr, daß ganz Hellas untergeht. Denn glaube nur ja nicht, daß der Perser, nachdem er uns im Kampf bezwungen und niedergeworfen hat, nicht auch zu dir kommen wird, sondern nimm dich davor in Acht. Hilfst du uns, so hilfst du dir selber. Gut beraten Ding nimmt für gewöhnlich auch ein gutes Ende.«

158. So sprachen sie zu Gelon. Dieser aber fuhr sie heftig an und sprach: »Anmaßend sind eure Worte, Hellenen, die ihr euch erkühnt, mich zum Kampf gegen den Barbaren zu for-

dern! Auch ich habe euch einst um Hilfe gebeten gegen ein Barbarenheer, als ich mit den Karchedoniern in Fehde lag und euch eifrig mahnte, den Tod des Dorieus, des Sohnes des Anaxandrides[128], an den Bewohnern von Egesta zu rächen, wofür ich euch versprach, daß ich euch helfen wollte, die Handelsorte zu befreien, von denen euch so großer Nutzen und Vorteil erwachsen ist: da wolltet ihr nicht kommen, weder mir zu Hilfe, noch zur Rache für Dorieus. Euretwegen wäre all dies Land jetzt im Besitze der Barbaren. Aber es wandte sich die Sache noch zum Guten und ist uns zum Heil geraten. Jetzt aber, wo der Krieg euch selber bedrängt, denkt ihr an Gelon. Doch trotz der Schmach, die ihr mir zugefügt habt, will ich nicht sein wie ihr, sondern bin bereit zur Hilfe und stelle zweihundert Trieren, zwanzigtausend Schwerbewaffnete, zweitausend Reiter, zweitausend Bogenschützen, zweitausend Schleuderer, zweitausend leichtgewaffnete Pferdeläufer, und erbiete mich, für ganz Hellas Getreide zu liefern auf so lange, bis wir den Krieg zu Ende gebracht haben. Aber dies alles verspreche ich nur unter einer Bedingung, nämlich daß ich Feldherr und Führer der Hellenen gegen den Barbaren werde; anders komme ich nicht und schicke auch keine anderen.«

159. Als Syagros diese Worte vernahm, konnte er sich nicht enthalten, sondern rief aus: »Wahrlich, laut würde der Pelopide Agamemnon[129] jammern, wenn er vernähme, daß wir Spartiaten die Führung verloren an Gelon und die Syrakusier! Nein, schlage dir das aus dem Kopf, daß wir jemals die Führung an dich überlassen werden, sondern wisse, wenn du den Hellenen beistehen willst, mußt du dem Befehl der Lakedaimonier gehorchen; weigerst du dich aber zu gehorchen, dann lasse deine Hilfe.«

160. Da machte ihnen Gelon, als er die ablehnenden Worte vernahm, seinen letzten Vorschlag. »O Gastfreund aus Sparta«, sprach er, »die Kränkung, die zum Herzen dringt, pflegt den Zorn daraus emporzutreiben. So hochmütig und stolz deine Rede auch war, werde ich mich nicht dazu hinreißen lassen, dir ebenso unfreundlich zu antworten. Weil ihr denn so fest auf

SIEBTES BUCH

die oberste Führung besteht, so darf auch ich gerechterweise darauf bestehen und mehr noch als ihr, da ich der Führer eines vielmal größeren Heeres und einer viel größeren Zahl von Schiffen bin. Da ihr dies aber so schroff ablehnt, will ich etwas von meiner ersten Forderung nachgeben. Wie nun, wenn ihr das Fußvolk führet und ich die Flotte? Wollt ihr aber lieber die Flotte führen, so will ich das Landheer nehmen. Entweder seid ihr damit zufrieden, oder ihr müßt ohne einen starken Bundesgenossen heimkehren.«

161. Das war Gelons Angebot. Aber ehe noch der Lakedaimonier ihm antwortete, kam ihm der Athener zuvor und sprach: »O König von Syrakus! nicht um einen Führer hat uns Hellas hergesandt, sondern um dich um ein Heer zu bitten. Du aber machst uns keine Aussicht, daß du uns eine Heeresmacht senden willst, sofern du nicht auch die Führung von Hellas bekommst, sondern allein auf den Oberbefehl steht dein Verlangen. Solange du die Führung des gesamten Heeres für dich beanspruchtest, konnten wir Athener uns still verhalten, weil wir wußten, daß der Lakone genügen würde, unser beider Recht gegen dich zu wahren. Jetzt aber, da du bloß den Befehl über die Flotte verlangst, laß dir gesagt sein: Wenn auch der Lakone es dir zugesteht, wir Athener gestehen es nicht zu. Denn zur See gebührt uns die Führung, sofern die Lakedaimonier sie nicht selber verlangen. Wollen diese sie nehmen, so wehren wir uns nicht dagegen, aber einem anderen überlassen wir sie nicht. Denn wozu hätten wir Athener uns die größte Seemacht unter den Hellenen geschaffen, wenn wir den Syrakusiern die Führung lassen sollten, wir Athener, ein uraltes Volk, die einzigen von den Hellenen, die nie ihre Heimat gewechselt haben. Hat doch auch der Dichter Homer gesagt, daß ein Athener nach Ilion zog, der wie kein anderer es verstand, ein Heer zu stellen und zu ordnen. Darum soll man uns nicht schelten, daß wir solche Rede führen.«

162. Gelon antwortete ihm und sprach: »O athenischer Gastfreund! ich sehe, Befehlshaber habt ihr, aber Gehorchende werden euch fehlen. Da ihr also in nichts nachgeben, sondern

alles behalten wollt, so macht euch nun eiligst wieder in eure
Heimat fort und meldet den Hellenen, es sei ihnen der Frühling aus dem Jahr genommen.« Damit wollte er sagen, wie der
Frühling der beste Teil des Jahres sei, so sei seine Streitmacht
der beste Teil des hellenischen Heeres; wenn Hellas mithin
seinen Beistand verliere, so sei das genauso, als wenn der Frühling aus dem Jahr genommen würde.

163. Weiter verhandelten die hellenischen Gesandten mit
Gelon nicht, sondern fuhren heim. Gelon war nun zwar in
Sorgen um die Hellenen, daß sie zu schwach sein könnten,
dem Perserkönig zu widerstehen; doch daß er, der Herrscher
von Sizilien, nach der Peloponnes kommen und sich unter den
Befehl der Lakedaimonier stellen sollte, diese Vorstellung erschien ihm unerträglich. Deshalb schlug er einen anderen Weg
ein. Als ihm nämlich gemeldet wurde, der Perser sei über den
Hellespont gegangen, schickte er sogleich Kadmos, Skythes'[130]
Sohn aus Kos, mit drei Fünfzigruderern nach Delphi und gab
ihm viel Geld und freundliche Weisungen mit, um dort zu
spähen und zu warten, wohin der Kampf sich neigen würde,
und wenn der König siegte, ihm das Geld zu geben, sowie Erde
und Wasser aus allen Ländern des Gelon; wenn aber die Hellenen siegten, so sollte er das Geld wieder heimbringen.

164. Dieser Kadmos hatte vor dieser Zeit von seinem Vater
die Herrschaft in Kos in gutem Zustand übernommen, dann
aber aus freien Stücken und ohne jegliche Not, aus bloßer
Rechtschaffenheit, in die Hände der Koer zurückgegeben und
war nach Sizilien gegangen, wo er die Stadt Zankle, deren
Name in Messene umgewandelt ist, den Samiern entriß und
sich dort niederließ. Diesen Kadmos also, der auf diese Weise
nach Sizilien gekommen war, wählte Gelon zu seinem Gesandten, da er ihn auch in anderen Fällen bereits für einen redlichen
Mann befunden hatte. Und er legte diesmal eine nicht minder
schöne Probe seiner Redlichkeit ab. Er hätte die großen Schätze,
die Gelon ihm anvertraut hatte, behalten können, wollte es
aber nicht, sondern nachdem die Hellenen in der Seeschlacht
gesiegt hatten und Xerxes wieder abgezogen war, kehrte auch

SIEBTES BUCH

er nach Sizilien zurück und lieferte all das Geld wieder ab.
165. Die Einwohner Siziliens erzählen aber auch noch dies,
daß Gelon dennoch, obwohl er zögerte, sich von den Lakedaimoniern befehlen zu lassen, den Hellenen geholfen hätte,
wenn nicht der Tyrann von Himera, Terillos, Krinippos' Sohn,
der von Theron[131], Ainesidemos' Sohn und Herrscher von
Akragas, aus Himera vertrieben worden war, um eben diese
Zeit ein großes Heer aus Phoiniken, Libyern, Iberern, Ligyern,
Elisykern, Sardoniern und Kyrniern[132], dreihunderttausend an
der Zahl, ins Land gerufen hätte. Der Führer dieses Heeres, der
karchedonische König Amilkas, Annons Sohn, war durch Terillos gewonnen worden, nach Sizilien zu kommen, denn er hielt
Gastfreundschaft mit ihm, vor allem aber durch Anaxilaos,
Kretines' Sohn, den Herrscher von Rhegion, der Terillos' Tochter Kydippe zur Frau hatte und so eifrig war, Amilkas Beistand
für seinen Schwiegervater zu gewinnen, daß er ihm seine
eigenen Kinder zu Geiseln gab. So sei es Gelon unmöglich
geworden, den Hellenen zu helfen, und hätte deshalb jenes
Geld nach Delphi geschickt.

166. Ferner erzählt man auch dies, daß an ein und demselben Tage Gelon und Theron in Sizilien über den Karchedonier
Amilkas[133] und die Hellenen bei Salamis über den Perser gesiegt hätten. Dieser Amilkas, der vom Vater her ein Karchedonier, von seiner Mutter her aber ein Syrakusier war und aufgrund seiner Tüchtigkeit zum König der Karchedonier erhoben
worden war, soll nach Beginn der Schlacht, als die Feinde im
Begriff waren, die Oberhand zu gewinnen, verschwunden sein;
Gelon habe ihn überall suchen lassen; aber er sei nirgends
mehr zu finden gewesen, weder lebend noch tot.

167. Bei den Karchedoniern aber geht davon diese Sage, und
sie ist auch wahrscheinlich, daß während all der Zeit, als die
Barbaren gegen die sizilischen Hellenen im Kampfe standen,
von morgens früh bis abends spät – denn so lange, sagt man,
habe die Schlacht sich hingezogen – Amilkas im Lager blieb,
wo er um günstiger Wahrzeichen willen Tieropfer darbrachte
und auf einem großen Scheiterhaufen verbrannte; als er aber

546

sah, wie sich sein Heer zur Flucht wandte, und er eben den Weiheguß auf die Opfer schütten wollte, stürzte er sich selber in die Glut. So sei er verbrannt und verschwunden. Seitdem er nun verschwunden war, sei es nun auf diese Art, die die Phoiniken erzählen, oder anderswie, bringen sie ihm nicht nur Opfer, sondern haben ihm auch Denkmäler errichtet in allen ihren Pflanzstädten, das größte aber in Karchedon selber. Soviel von Sizilien.

168. Die Kerkyraier aber, die von eben jenen Gesandten, die nach Sizilien gingen, mit den gleichen Gründen um Hilfe gebeten wurden wie Gelon, versprachen sofort, Hilfe zu schikken, da sie nicht ruhig zusehen könnten, wie Hellas zugrunde ginge; denn käme dieses zu Fall, so müßten auch sie sich schon am ersten Tage auf die Knechtung gefaßt machen; nein, sie wollten ihnen mit allen Kräften helfen. Diese Antwort klang nun zwar ganz schön. Als es aber Zeit war, zu helfen, da besannen sie sich anders, rüsteten zwar sechzig Schiffe aus, aber als sie endlich damit ausliefen, hielten sie sich nahe an der Peloponnes und blieben an der lakonischen Küste bei Pylos und Tainaron vor Anker liegen, um auch erst zu spähen und zu warten, wie der Krieg ausginge; denn sie dachten niemals, daß die Hellenen siegen würden, sondern glaubten, Xerxes würde sie völlig schlagen und Herr über ganz Hellas werden. Darum handelten sie so mit gutem Bedacht, damit sie zu dem König sagen könnten: »O König! zwar verlangten die Hellenen von uns, wir sollten an diesem Krieg teilnehmen, auch besaßen wir nicht eben die kleinste Streitmacht und hätten, nächst den Athenern, nicht die wenigsten Schiffe, sondern die meisten stellen können; aber wir wollten dir nicht entgegen sein und nichts tun, was deinem Herzen mißfallen würde.« Wenn sie so zu ihm redeten, erhofften sie sich von ihm einen Vorteil vor den anderen, und das wäre ihnen auch, wie ich glaube, gelungen. Gegen die Hellenen aber hatten sie eine andere Ausrede bereit, die sie denn auch wirklich gebrauchten. Nämlich als ihnen die Hellenen Vorwürfe machten, warum sie ihnen keine Hilfe geschickt hatten, antworteten sie, sie hätten ja sechzig

SIEBTES BUCH

Schiffe bemannt gehabt, aber wegen der etesischen Winde[134] nicht um das Vorgebirge Malea herumfahren können; nur aus diesem Grund seien sie nicht nach Salamis gekommen; böse Absicht sei es gewiß nicht gewesen, daß sie von der Seeschlacht ferngeblieben seien. So täuschten diese die Hoffnung der Hellenen.

169. Die Kreter aber, als sie von den hellenischen Abgesandten zur Hilfe aufgefordert wurden, schickten gemeinsam an den Gott in Delphi und fragten, ob es besser für sie sei, Hellas in seinem Kampf zu unterstützen. Die Pythia antwortete ihnen: »Ihr Toren klagt über all die Tränen, die Minos wegen des Beistands für Menelaos über euch gebracht hat, weil er euch zürnte, daß ihr jenen geholfen habt, Rache zu nehmen für das von einem Barbaren aus Sparta geraubte Weib[135], wo doch jene euch nicht geholfen hatten, seinen Tod, den er in Kamikos erlitten hatte, zu rächen.« Als die Kreter diese Antwort vernahmen, standen sie ab, den Hellenen zu helfen.

170. Von Minos nämlich wird erzählt, daß er auf seiner Suche nach Daidalos nach Sikanien, dem jetzigen Sizilien, gekommen und dort eines gewaltsamen Todes gestorben sei. Danach seien bis auf die Polichniten und Praisier alle Kreter auf Weisung des Gottes mit großer Heeresmacht nach Sikanien gezogen und hätten fünf Jahre die Stadt Kamikos, die zu meiner Zeit im Besitz der Akragantiner war, belagert, bis sie endlich, weil sie ihrer nicht habhaft werden und wegen des Hungers nicht länger vor ihr liegen konnten, wieder abziehen mußten. Als sie nun auf ihrer Fahrt in die Nähe Iapygiens[136] kamen, überfiel sie ein schwerer Sturm und warf sie ans Land, so daß ihre Schiffe zerschlagen wurden und ihnen kein Mittel blieb, nach Kreta zurückzukehren. So blieben sie dort und gründeten die Stadt Hyria[137], und hießen fortan nicht mehr Kreter, sondern iapygische Messapier, und waren auch nicht mehr Inselbewohner, sondern Festlandsbewohner. Von Hyria aus bauten sie die anderen Städte, aus denen lange Zeit danach die Tarentiner sie verdrängen wollten und dabei eine harte Niederlage erlitten, so daß damals mehr Hellenen erschlagen

548

POLYHYMNIA

wurden als je in irgendeiner Schlacht davor, von der wir wissen, nämlich außer einer ungezählten Menge von Tarentinern auch noch dreitausend Bürger von Rhegion, die von Mikythos, Choiros' Sohn, gezwungen wurden, den Tarentinern zu Hilfe zu ziehen, und dabei den Tod fanden. Dieser Mikythos war erst ein Sklave des Anaxilaos gewesen und nach dessen Tod als Statthalter von Rhegion eingesetzt worden. Es ist derselbe, der nach seiner Verbannung aus Rhegion und seiner Niederlassung in Tegea in Arkadien die vielen Bildsäulen[138] in Olympia geweiht hat.

171. Soviel nur nebenbei von den Rheginern und Tarentinern. In das entvölkerte Kreta wanderten, wie die Praisier erzählen, andere Völker ein, vor allem aber Hellenen. Im dritten Menschenalter nach dem Tod des Minos war der troische Krieg, und weil die Kreter sich dabei nicht als die schlechtesten Helfer des Menelaos erwiesen, geschah es nach ihrer Heimkehr von Troia, daß eine Hungersnot und Pest auf sie selber und auf ihre Herden fiel, bis Kreta zum zweitenmal entvölkert wurde, so daß jetzt die Kreter neben denen, die noch übriggeblieben waren, die dritten Bewohner sind. Das war es, woran die Pythia sie erinnerte, sodaß sie von ihrem Vorhaben abließen, den Hellenen beizustehen.

172. Daß aber die Thessaler zu den Medern übergingen, geschah anfänglich, wie sie auch nicht verhehlten, gegen ihren Willen, weil ihnen das Vorgehen der Aleuaden ganz und gar nicht gefiel. Denn als sie erfuhren, daß der Perserkönig nach Europa übersetzen wollte, schickten sie sofort eine Botschaft nach dem Isthmos, wo die Vertreter aus allen Städten, die es mit Hellas gut meinten, zu einem gemeinsamen Rat aller Hellenen versammelt waren. Vor diesen Rat traten die Boten der Thessaler und sprachen: »Hellenen! ihr müßt den Paß am Olympos bewachen lassen, damit Thessalien und zugleich das ganze Hellas vor den Feinden geschützt ist. Wir sind bereit, uns an der Besetzung zu beteiligen, nur müßt auch ihr ein großes Heer schicken; doch wißt, wenn ihr das nicht tut, so machen wir unseren Frieden mit dem Perser. Denn das könnt

549

SIEBTES BUCH

ihr von uns nicht verlangen, daß wir weit draußen auf vorge-
schobener Wache einsam für euch zugrunde gehen sollen.
Wollt ihr uns keine Hilfe schicken, so dürft ihr uns auch nicht
dazu zwingen wollen; denn niemals kann ein Zwang die Un-
möglichkeit besiegen. Wir wollen dann selber sehen, wie wir
uns retten.«

173. So sprachen die Thessaler. Darauf beschlossen die Hellenen, über das Meer ein Landheer nach Thessalien zu schicken,
das den Paß bewachen sollte. Als das Heer versammelt war,
fuhr es durch den Euripos hinauf bis nach Alos in Achaia; dort
ließ es die Schiffe zurück, ging ans Land und zog durch Thessalien bis nach Tempe und zu dem Paß, der das untere Makedonien mit Thessalien verbindet und längs des Peneios zwischen
den Bergen Olympos und Ossa hindurchführt. Dort lagerten
sich die Hellenen, zusammen rund zehntausend Schwergerüstete, und die thessalische Reiterei stieß zu ihnen. Die Lakedaimonier wurden befehligt von Euainetos, Karenos' Sohn, der als
einer der Polemarchen[139] dazu erwählt war, jedoch gehörte er
nicht zum königlichen Hause; die Athener standen unter Themistokles, dem Sohn des Neokles. Sie blieben aber nur wenige
Tage dort; denn es kamen Boten von dem Makedonen Alexandros, dem Sohn des Amyntas, die ihnen zum Abzug rieten. Sie
sollten sich nicht in dem Engpaß von dem anrückenden Heer
erdrücken lassen. Dabei beschrieben sie ihnen die Größe des
Heeres und der Flotte. Die Hellenen folgten dem Rat, weil er
ihnen gut schien und sie des Alexandros gute Gesinnung daraus erkannten. Nach meinem Urteil aber war es Furcht, die sie
dazu bewog, weil sie erfahren hatten, daß es noch einen zweiten Weg nach Thessalien gäbe, nämlich im nördlichen Makedonien durch das Land der Perrhaiber an der Stadt Gonnos
vorbei, wo des Xerxes Heer auch wirklich eingedrungen ist. So
zogen die Hellenen wieder hinab zu ihren Schiffen und kehrten nach dem Isthmos zurück.

174. Dieser Heereszug nach Thessalien ereignete sich zu der
Zeit, als der König sich anschickte, von Asien nach Europa
hinüberzugehen, und bereits in Abydos stand. Die Thessaler

POLYHYMNIA

aber, nachdem sie von den Bundesgenossen verlassen waren, ergriffen jetzt mit allem Ernst und ohne noch zu schwanken die Partei der Perser, so daß sie sich dem König während des Krieges sehr wertvoll und nützlich erwiesen.

175. Als die Hellenen wieder zum Isthmos kamen, berieten sie in Anbetracht dessen, was ihnen Alexandros hatte melden lassen, wo und wie sie den Krieg nun führen sollten. Dabei siegte der Vorschlag, den Paß bei Thermopylai zu besetzen, weil er enger war als der Paß nach Thessalien und zugleich ihrem eigenen Lande näher lag. Von jenem Bergpfad aber, durch den die Hellenen bei Thermopylai ins Verderben fielen, wußten sie damals noch nichts. Sie erfuhren davon erst nach ihrer Ankunft in Thermopylai von den Trachiniern. Diesen Paß beschlossen sie zu verteidigen und dem Barbaren den Eingang nach Hellas zu verwehren, die Flotte aber sollte nach Artemision[140] im Gebiet von Histiaia fahren. Denn diese Orte sind einander so nahe, daß die einen von den anderen leicht Nachricht haben konnten, wie es bei ihnen stünde.

176. Die Lage, zunächst von Artemision, ist folgende. Vom thrakischen Meer her verengt sich die offene See zu einem schmalen Sund zwischen der Insel Skiathos[141] und dem Festland Magnesia. Gleich jenseits dieses Sundes liegt Artemision, ein ebener Küstenstrich auf der Insel Euboia, mit einem Heiligtum der Artemis. Der Weg aber, der durch Trachis nach Hellas führt, ist an seiner engsten Stelle nur ein halbes Plethron [142] breit, doch liegt die schmalste Stelle nicht hier, sondern in andern Teilen jener Gegend, diesseits und jenseits der Thermopylen, und zwar bei Alpenoi, wo nur ein Fahrweg besteht, und diesseits beim Fluß Phoinix, nahe bei der Stadt Anthele, wo ebenfalls nur ein Fahrweg besteht. Auf der Westseite der Thermopylen steht ein unzugänglicher, abschüssiger und hoher Berg, der sich zum Oita hinaufzieht, ostwärts stößt der Weg hart ans Meer und an Sümpfe. In diesem Paß befinden sich warme Quellen; Chytroi (›Kochtöpfe‹)[143] nennen sie die Einwohner; daneben steht ein Altar des Herakles. Auch eine Befestigungsmauer gab es in dem Engpaß, die ursprünglich durch

SIEBTES BUCH

ein Tor geschlossen werden konnte. Die Phoker hatten sie einst erbaut, aus Furcht, als die Thessaler aus dem Land der Thesproter in das aiolische Land[144] einwanderten, wo sie noch heute wohnen, und auch die Phoker zu unterwerfen trachteten. Dagegen suchten sich die Phoker damals durch die Mauer zu schützen, und um auf jede nur denkbare Weise den Zugang in ihr Land zu versperren, leiteten sie damals auch die heißen Quellen über den Paß hin, damit der Boden gespalten und zerklüftet würde. Weil nun aber die alte Mauer schon vor langen Zeiten gebaut und zum größten Teil allmählich verfallen war, beschlossen die Hellenen, sie wieder herzurichten und an dieser Stelle die Barbaren abzuwehren. Ganz nahe am Weg liegt ein Dorf, Alpenoi mit Namen; von dorther wollten sie ihre Lebensmittel nehmen.

177. Diese Orte erschienen den Hellenen wohl geeignet für ihre Absicht. Denn nachdem sie alles und auch das bedacht hatten, daß die Barbaren sich hier weder ihre Überzahl noch ihre Reiterei zunutze machen könnten, beschlossen sie, dort den Angriff abzuwarten. Als sie erfuhren, der Perser stehe in Pierien, verließen sie den Isthmos und zogen ihnen entgegen, die einen zu Lande nach Thermopylai, die anderen zur See nach Artemision.

178. Während nun die Hellenen eilig in dieser Aufteilung ins Feld rückten, befragten mittlerweile die Delpher in ihrer Angst um sich selbst und um ganz Hellas den Gott um Rat und bekamen zur Antwort, sie sollten zu den Winden beten, denn sie würden den Hellenen mächtige Bundesgenossen sein. Die Delpher glaubten dem Wort des Gottes und gaben gleich allen Hellenen, die frei bleiben wollten, Nachricht von diesem Spruch, und gewannen sich bei ihnen einen unvergänglichen Dank, indem sie ihnen in der großen Angst vor den Barbaren solchen Trost verkündeten. Danach stifteten die Delpher den Winden einen Altar in Thyia, da wo Thyia, des Kephisos' Tochter, ihr Heiligtum hat, nach der auch der Ort seinen Namen führt, und feierten sie mit Opferfesten und verehren sie noch bis auf den heutigen Tag.

POLYHYMNIA

179. Als die Flotte des Xerxes von Therma aufbrach, fuhren zehn ihrer schnellsten Schiffe gerade hinüber auf Skiathos zu, wo drei hellenische Schiffe die Vorwacht hielten, ein troizenisches, ein aiginetisches und ein attisches Schiff. Als diese die Schiffe der Barbaren erblickten, wandten sie sich eilends zur Flucht.

180. Die Barbaren aber setzten ihnen nach und nahmen sogleich das troizenische Schiff, dessen Hauptmann Prexinos war. Sie führten von der Mannschaft dieses Schiffes den schönsten Mann nach vorne auf das Schiff und schlachteten[145] ihn dort; sie nahmen es als glückliches Vorzeichen, daß der erste Hellene, den sie gefangen hatten, ein so schöner Mann war. Sein Name war Leon (›Löwe‹); vielleicht hat er also seinen Tod auch seinem Namen zu verdanken.

181. Das aiginetische Schiff aber, das Asonides führte, machte ihnen noch zu schaffen; denn unter seiner Mannschaft war Pythes, Ischenoos' Sohn, der sich an diesem Tage am tapfersten hielt, denn als das Schiff genommen wurde, focht und wehrte er sich so lange, bis er ganz zerhauen dalag. Als er aber immer noch atmete, gab sich die persische Besatzung alle Mühe, den tapferen Mann am Leben zu erhalten. Sie legten Myrrhen auf seine Wunden und verbanden sie mit Binden von feiner Leinwand, und als sie zur Flotte zurückkehrten, zeigten sie ihn mit Erstaunen dem ganzen Heer und pflegten ihn aufs beste. Die anderen aber, die sie auf dem Schiff gefangen hatten, hielten sie als Sklaven.

182. So wurden zwei der Schiffe genommen. Das dritte unter dem Athener Phormos flüchtete sich in die Mündung des Peneios und fuhr fest. So fiel das leere Schiff in die Hand der Barbaren, nicht aber die Mannschaft. Denn kaum saß das Schiff fest, sprangen die Athener ans Land, nahmen ihren Weg durch Thessalien und gelangten wieder heim nach Athen.

183. Als die Hellenen bei Artemision durch Feuerzeichen von der Insel Skiathos diese Nachricht erhielten, erschraken sie und verlegten ihre Schiffe von Artemision weg nach Chalkis, um den Euripos zu bewachen, ließen aber Späher rings auf den

553

SIEBTES BUCH

Höhen von Euboia zurück. Drei von den zehn feindlichen
Schiffen gingen bei der zwischen Skiathos und Magnesia gelegenen Felsbank namens »Ameise« vor Anker und errichteten
dort eine mitgebrachte steinerne Säule.[146] Nachdem also die
Fahrt frei war, lief die Flotte mit allen Schiffen von Therma aus,
elf Tage nach dem Aufbruch des Königs. Pammon aus Skyros
hatte ihnen die Felsbank, die gerade mitten in der Fahrstraße
liegt, gezeigt. Sie fuhren den ganzen Tag und gelangten bis
Sepias im magnesischen Land und zu dem Strand zwischen der
Stadt Kasthanaia und dem Vorgebirge Sepias.

184. Bis hierher und bis Thermopylai war das Heer noch
unversehrt geblieben. Die Stärke der gesamten persischen Streitmacht belief sich nach meiner Schätzung auf folgende Zahl:
auf den tausendzweihundertsieben asiatischen Schiffen befanden sich an Mannschaft aus den einzelnen Stämmen zusammen zweihundertundvierzigtausendvierhundert Mann, wenn
man auf jedes Schiff zweihundert Mann rechnet. Ferner waren
auf allen diesen Schiffen, außer ihrer einheimischen Besatzung, von den Persern, Medern und Saken jeweils noch einmal
dreißig Mann. Das macht sechsunddreißigtausendzweihun-
dertundzehn Mann. Zu dieser und der obigen Zahl rechne ich
ferner noch die Besatzungen auf den Fünfzigruderern, wobei
ich auf jedes Schiff durchschnittlich achtzig Mann ansetze. An
Fünfzigruderern befanden sich, wie früher erwähnt, dreitausend in der Flotte, das macht etwa zweihundertundvierzigtau-
send Mann. Mithin betrug das gesamte Schiffsvolk aus Asien
fünfhundertsiebzehntausendsechshundertundzehn Mann. Das
Landheer zählte eine Million und siebenhunderttausend Mann,
die Reiterei achtzigtausend. Dazu kommen noch die arabischen Kamelreiter und die libyschen Wagenkämpfer, die ich
im ganzen auf zwanzigtausend veranschlage. Rechnet man
dies alles zusammen, die Flotte und das Landheer, so belief sich
die ganze Menge auf zwei Millionen dreihundertsiebzehn-
tausendsechshundertundzehn Mann. So groß war die Heeresmacht[147], die aus Asien heraufgeführt wurde, nicht gerechnet
der Troß, die Versorgungsschiffe und ihre Mannschaften.

POLYHYMNIA

185. Zu dieser ganzen Zahl muß aber auch noch die aus Europa mitgeführte Heeresmacht hinzugerechnet werden, jedoch nur schätzungsweise. Die Hellenen in Thrakien und auf den Inseln bei Thrakien stellten hundertzwanzig Schiffe, darauf rechne ich vierundzwanzigtausend Mann. Das Fußvolk, das die Thraken, die Paionen, Eorder[148], Bottiaier[149], das chalkidische Volk, die Bryger, Pieren und Makedonen, die Perrhaiber, Enianen, Doloper, Magneten, Achaier und die Bewohner der thrakischen Küsten stellten, schätze ich auf insgesamt dreihunderttausend Mann. Diese Zahlen, zu denen aus Asien gerechnet, ergeben alles in allem zwei Millionen sechshunderteinundvierzigtausendsechshundertundzehn   streitbare Männer.

186. So groß also war die gesamte persische Heeresmacht. Aber die Dienerschaft, die es begleitete, die Mannschaft auf den Versorgungsschiffen und die auf den anderen Fahrzeugen, die dem Heere folgten, schlage ich zahlenmäßig nicht geringer[150] an als die streitbaren Männer, sondern höher. Nehme ich jedoch an, ihre Menge sei nur gleich groß gewesen wie jene, nicht mehr und auch nicht weniger, so ergeben sie ganz dieselben Zahlen wie die Kämpfer. Folglich hat Xerxes, Dareios' Sohn, bis nach Sepias und Thermopylai fünf Millionen zweihundertdreiundachtzigtausendzweihundertundzwanzig Mann gebracht.

187. Dies also war die Zahl seines gesamten Heeres, aber von den Köchinnen, den Kebsweibern und den Verschnittenen kann keiner die genaue Zahl nennen; ebensowenig von den Zugtieren und dem übrigen Lastvieh, noch von den indischen Hunden, die mit im Zuge waren; so groß war ihre Menge. Daher finde ich es gar nicht erstaunlich, daß in einigen Flüssen das Wasser versiegte; vielmehr wundere ich mich, wie die Vorräte für so viele Tausende von Menschen ausreichen sollten. Denn ich berechne, wenn jeder von diesen täglich nur eine Choinix[151] Weizen bekam und nichts dazu, dann wurden auf jeden Tag hundertzehntausenddreihundertvierzig Medimnen verbraucht, wobei ich die Weiber, die Verschnittenen, die Zug-

555

SIEBTES BUCH

tiere und die Hunde nicht einrechne. Unter all diesen Tausenden erschien aber kein einziger an Größe und Schönheit dem Xerxes vergleichbar und würdig, über sie zu herrschen.

188. Die Flotte war also ausgefahren und nach dem magnesischen Land gekommen, nach dem Strand zwischen der Stadt Kasthanaia und dem Küstenvorsprung Sepias. Dort wurden die vordersten Schiffe nahe am Land befestigt, die anderen aber gingen hinter ihnen vor Anker. Denn weil der Strand dort nicht breit ist, mußten sie staffelweise, wohl je acht Schiffe hintereinander, ins Meer hinaus ankern. So verbrachten sie dort die folgende Nacht. Früh am Morgen aber, bei heiterem Himmel und stiller Luft, fing plötzlich das Meer an zu wogen und zu schäumen, und es erhob sich ein gewaltiger Sturm und ein heftiger Wind von Sonnenaufgang her, den die Einwohner jener Gegend den hellesponstischen Wind[152] nennen. Diejenigen nun, die merkten, daß der Wind immer heftiger wurde, und deren Ankerplatz es zuließ, zogen noch vor dem Sturm ihre Schiffe aufs Land und retteten sich und ihre Schiffe. Diejenigen aber, die er draußen auf See erfaßte, trieb er auf die sogenannten ›Öfen‹ am Berge Pelion oder auf den Strand; einige scheiterten am Vorgebirge Sepias selbst; andere wurden bei der Stadt Meliboia oder bei Kasthanaia auf die Küste geschleudert. So unwiderstehlich war des Sturmes Gewalt.

189. Die Sage geht, der Boreas[153] sei von den Athenern nach einem Götterspruch zu Hilfe aufgerufen worden. Sie hätten nämlich noch einen anderen Spruch bekommen, wonach sie ihren Schwager um Beistand anrufen sollten. Weil nun Boreas nach hellenischer Sage eine Athenerin, die Oreithyia, Erechtheus'[154] Tochter, zur Gattin hat, schlossen die Athener, wie erzählt wird, aus dieser Verwandtschaft, daß der Boreas ihr Schwager sei; darum brachten sie, als sie mit ihren Schiffen bei Chalkis in Euboia lagen und das Wachsen des Sturmes bemerkten, oder auch schon früher, dem Boreas und der Oreithyia[155] Opfer dar und flehten sie an, ihnen beizustehen und die Schiffe der Barbaren, wie damals am Athos, zu verderben. Ob nun aus diesem Grund der Boreas die Barbaren, während sie vor Anker

lagen, überfallen hat, weiß ich nicht zu sagen; aber die Athener behaupten, er habe ihnen schon früher beigestanden und sie auch damals erhört, und haben ihm deshalb nach ihrer Rückkehr ein Heiligtum am Fluß Ilissos geweiht.

190. In diesem Sturm sind, nach der geringsten Angabe, nicht weniger als vierhundert Schiffe zugrunde gegangen, und mit ihnen unzählige Menschen und Schätze in großer Menge, so daß Ameinokles, Kretines' Sohn, ein Magneter, der bei Sepias ein Landgut besaß, durch diesen Schiffbruch zu großem Reichtum kam. Denn er sammelte nachher viele goldene und silberne Trinkgefäße auf, die der Sturm ans Land geworfen hatte, fand Geldladen der Perser und gewann auch sonst noch unsägliche Schätze. So wurde er zwar durch diese Funde ein sehr reicher Mann, aber im übrigen war ihm das Glück nicht hold; denn auch ihn traf ein schweres Schicksal, der Tod seiner Söhne.

191. Die Getreideschiffe aber und die anderen Fahrzeuge, die dabei zugrunde gingen, waren gar nicht zu zählen. Aus Angst, die Thessaler könnten sich ihr Unglück zunutze machen und über sie herfallen, ließen die Führer der Flotte aus den Trümmern eine hohe Wehr errichten. Denn drei Tage lang hielt der Sturm an. Am vierten Tag endlich gelang es den Magern, indem sie Blutopfer darbrachten und den Wind mit Zaubersprüchen beschworen und außerdem auch der Thetis und den Nereiden opferten, den Sturm zu beschwichtigen, oder er legte sich auch wohl von selbst. Der Thetis opferten sie deshalb, weil sie von den Ionern die Sage vernommen hatten, daß sie aus dieser Gegend von Peleus geraubt worden und diese ganze Küste Sepias ihr und den anderen Töchtern des Nereus heilig sie.

192. Am vierten Tage hatte der Sturm also aufgehört. Am zweiten Tag nach Beginn des Sturmes kamen die Späher von den Bergen Euboias herabgeeilt und meldeten den Hellenen alles, was sich bei dem Schiffbruch zugetragen hatte. Da beteten sie zu ihrem Retter Poseidon, brachten ihm Trankopfer dar und kehrten dann eiligst nach Artemision zurück; denn sie

SIEBTES BUCH

hofften, daß nur noch wenige Schiffe ihnen begegnen würden. So kamen sie zum zweitenmal nach Artemision und stellten ihre Flotte dort auf, und bis auf den heutigen Tag hat Poseidon bei ihnen den Beinamen ›der Retter‹.

193. Die Barbaren aber zogen, sobald sich der Wind gelegt und das Meer beruhigt hatte, ihre Schiffe wieder in See und fuhren an der Küste entlang. Nachdem sie das Vorgebirge von Magnesia umschifft hatten, fuhren sie geradeaus in den Meerbusen[156] hinein, der nach Pagasai führt. An diesem Busen, an der Küste von Magnesia, liegt ein Ort, wo Herakles von Jason und seinen Gefährten aus der Argo nach Wasser ausgeschickt und zurückgelassen worden sein soll. Das war damals, als sie nach Aia in Kolchis fuhren, um das Vlies zu holen. Hier wollten sie nämlich frisches Wasser holen und dann in die hohe See hinausfahren; davon hat der Ort den Namen Aphetai (›Abfahrt‹). An diesem Ort legte sich die Flotte des Xerxes vor Anker.

194. Nun begab es sich, daß fünfzehn dieser Schiffe bei Artemision meinten, es wären die ihrigen, auf sie zuhielten und unter die Feinde gerieten. Ihr Anführer war der Statthalter von Kyme in Aiolis, Sandokes, Thamasios' Sohn. Den hatte König Dareios früher einmal an den Pfahl schlagen lassen, weil er als einer der königlichen Richter Geld genommen und ein falsches Urteil gesprochen hatte. Als er schon am Pfahl hing, überlegte es sich der König noch einmal, und weil er fand, daß seine Verdienste um das königliche Haus größer waren als seine Übeltaten, und einsah, daß er mehr hastig als klug gehandelt hatte, ließ er ihn wieder lösen. So entging er damals dem Tod durch Dareios und blieb am Leben. Diesmal aber, als er auf die Hellenen losfuhr, sollte er nicht zum zweitenmale entrinnen. Denn als die Hellenen sie heranfahren sahen und ihren Irrtum merkten, fuhren sie heraus und fingen sie mit leichter Mühe.

195. Auf einem der Schiffe wurde Aridolis gefangen, der Tyrann von Alabanda[157] in Karien, auf einem anderen der Führer der Paphier, Penthylos, Demonoos' Sohn, der mit zwölf

558

POLYHYMNIA

Schiffen von Paphos ausgefahren war, aber elf durch den Sturm
bei Sepias verloren hatte und jetzt mit dem einen noch übrigen
bei Artemision gefangen wurde. Die Hellenen forschten von
diesen aus, was sie von dem Heer des Xerxes wissen wollten,
und schickten sie dann gefesselt nach der Landenge von
Korinth.

196. So kam die Flotte der Barbaren, ohne die fünfzehn
Schiffe unter Sandokes, nach Aphetai. Xerxes aber war mit
dem Heer durch Thessalien und Achaia gezogen und schon
seit drei Tagen in das Gebiet der Malier eingerückt. In Thessalien hatte er ein Wettrennen unter seinen eigenen Pferden
veranstaltet und dabei auch die thessalische Reiterei erprobt,
weil er erfahren hatte, daß sie die beste in Hellas sei; da wurden
aber die hellenischen Pferde weit überholt. Von den Flüssen in
Thessalien hatte nur der Onochonos nicht genug Wasser, um
das Heer zu tränken; aber von denen in Achaia hatte auch der
größte, der Apidanos, nur spärlich Wasser.

197. Als Xerxes nach Alos in Achaia kam, erzählten ihm
seine Wegführer, die ihn von allem zu unterrichten hatten,
auch eine dort heimische Sage über das Heiligtum des Zeus
Laphystios[158], wie einstmals Athamas, Aiolos' Sohn, zusammen mit der Ino dem Phrixos nach dem Leben getrachtet habe
und wie später auf einen Götterspruch die Achaier den Nachkommen des Athamas folgende Bußen auferlegt hätten. Dem
jeweils Erstgeborenen ist es verboten, das Rathaus zu betreten,
und sie halten selber Wache, um ihn nicht hereinzulassen.
Geht er aber doch hinein, darf er es nicht wieder verlassen bis
zu der Zeit, da er geopfert werden soll, weshalb auch schon
viele von denen, die zum Opfer bestimmt waren, aus Angst in
die Fremde geflohen sind. Kehrten sie aber wieder heim und
wurden dabei ergriffen, wurden sie ins Rathaus zurückgebracht. Derjenige aber, der geopfert werden soll, erzählten sie,
wird ganz und gar mit Kränzen behängt und in feierlichem
Aufzug hinausgeführt. Der Grund, warum den Nachkommen
des Kytissoros, Phrixos' Sohn, dies geschieht, ist folgender. Als
die Achaier auf einen Götterspruch hin den Athamas, Aiolos'

559

SIEBTES BUCH

Sohn, für ihr Land zum Sühnopfer darbringen wollten und sich eben anschickten, ihn zu töten, rettete ihn Kytissoros, der aus Aia in Kolchis herzugekommen war, und brachte durch diese Tat den Zorn des Gottes über sein nachkommendes Geschlecht. Als Xerxes dies vernahm, machte er einen Bogen um den heiligen Hain, ohne ihn zu betreten, verbot auch den anderen, ihn zu betreten, und erwies dem Hause der Nachkommen des Athamas und dem Heiligtum seine Ehrfurcht.

198. Von Thessalien und Achaia zog er weiter ins malische Land, an dem Meerbusen[159] entlang, in dem jeden Tag Ebbe und Flut ist. Um diesen Meerbusen zieht sich ebenes Land; das ist an einigen Stellen breit, an anderen hingegen sehr schmal. Um diese Ebene erheben sich hohe unzugängliche Berge; man nennt sie die trachinischen Felsen. Diese umschließen das ganze malische Land. Die erste Stadt an dem Meerbusen, wenn man von Achaia kommt, ist Antikyra; dort mündet der Spercheios, der aus dem Land der Enianen kommt, ins Meer. Auf den Spercheios folgt zwanzig Stadien weiter ein zweiter Fluß, der Dyras, von dem die Sage geht, er sei hervorgebrochen, um dem brennenden Herakles zu helfen. Wieder zwanzig Stadien weiter ist abermals ein Fluß, der heißt Melas (›Schwarz‹).

199. Fünf Stadien von diesem Melas entfernt liegt die Stadt Trachis. Dort, nach Trachis zu, ist die breiteste Stelle der Ebene von den Bergen bis zum Meer, denn sie ist zweiundzwanzigtausend Plethren[159a] groß. In dem Gebirge, das das trachinische Land umschließt, befindet sich südwärts von Trachis eine Schlucht; durch diese Schlucht strömt der Asopos am Fuße des Gebirges hin.

200. Südwärts vom Asopos folgt noch ein anderer nicht großer Fluß, der Phoinix; der kommt von dem Gebirge herab und mündet in den Asopos. An diesem Fluß Phoinix ist die schmalste Stelle; die Straße, die dort angelegt ist, gibt nur Raum für einen Wagen. Vom Phoinix bis nach Thermopylai sind es fünfzehn Stadien. Zwischen dem Phoinix und Thermopylai liegt ein Dorf, das heißt Anthele; in seiner Nähe fließt der Asopos ins Meer. Hinter dem Dorf liegt ein breites Feld; darin

560

POLYHYMNIA

steht ein Heiligtum der amphiktyonischen Demeter, Sitze der Amphiktyonen und ein Heiligtum des Amphiktyon[160] selbst.

201. König Xerxes also lagerte in der Landschaft Trachis in Malis, die Hellenen aber an dem Engpaß. Die meisten Hellenen nennen den Ort Thermopylai, die Einwohner aber und die Nachbarn nennen ihn Pylai. So lagerten die beiden Heere; Xerxes beherrschte alles Land, das nach Norden zu liegt bis Trachis, die Hellenen aber das ganze Gebiet südlich des Passes auf dem Festland.

202. Folgende Hellenen standen dort dem Perserkönig gegenüber: aus Sparta dreihundert Schwergerüstete, aus Tegea und Mantinea tausend, nämlich fünfhundert aus jeder Stadt, aus Orchomenos in Arkadien hundertundzwanzig, aus dem übrigen Arkadien tausend, aus Korinth vierhundert, aus Phlius zweihundert und aus Mykene achtzig.[161] Das waren die Peloponnesier, von den Boiotern aber siebenhundert aus Thespiai und vierhundert aus Theben.

203. Außer diesen waren noch zur Hilfe aufgeboten die opuntischen Lokrer mit ihrem ganzen Heer und tausend Phoker[162]. Diese hatten die Hellenen selber aufgeboten und ihnen sagen lassen, sie kämen nur als Vorläufer der anderen, die Ankunft der übrigen Bundesgenossen sei täglich zu erwarten; vom Meer her stünden sie gedeckt, da hielten die Athener Wacht und die Aigineten und alle die anderen, die zur Flotte gehörten. So hätten sie nichts zu befürchten. Denn der anrückende Feind sei kein Gott, sondern ein Mensch; nun gäbe es aber keinen Sterblichen und würde auch niemals einen geben, dem nicht von der Stunde seiner Geburt an neben allem Glück auch Unglück beschieden sei, und den Größten treffe das größte; infolgedessen müsse wohl auch dieser Feind, weil er ja sterblich sei, in seiner Hoffart noch zu Fall kommen. Auf diese Botschaft hin eilten die Lokrer und Phoker nach Trachis zu Hilfe.

204. Diese alle hatten je nach ihrer Stadt ihre besonderen Feldherrn; derjenige aber, der am meisten die Augen auf sich zog und Feldherr war über das ganze Heer, war ein Lakedaimo-

SIEBTES BUCH

nier, nämlich Leonidas, der Sohn des Anaxandrides, des Sohnes des Leon, des Sohnes des Eurykratides, des Sohnes des Anaxandros, des Sohnes des Eurykrates, des Sohnes des Polydoros, des Sohnes des Alkamenes, des Sohnes des Teleklos, des Sohnes des Archelaos, des Sohnes des Hegesilaos, des Sohnes des Doryssos, des Sohnes des Leobotes, des Sohnes des Echestratos, des Sohnes des Agis, des Sohnes des Eurysthenes, des Sohnes des Aristodemos, des Sohnes des Aristomachos, des Sohnes des Kleodaios, des Sohnes des Hyllos, des Sohnes des Herakles, und war wider Erwarten in Sparta zur Königswürde gelangt.

205. Denn weil er noch zwei ältere Brüder hatte, Kleomenes und Dorieus, hatte er sich jeden Gedanken an das Königtum verbieten müssen. Da aber Kleomenes starb und keinen männlichen Sproß hinterließ, und Dorieus nicht mehr lebte, sondern auch schon gestorben war, nämlich in Sizilien, mußte das Königtum an Leonidas fallen, weil er früher geboren war als Kleombrotos, der Anaxandrides' jüngster Sohn war und Kleomenes' Tochter zur Frau hatte. Dieser Leonidas zog also mit der üblichen Schar von dreihundert Männern, die bereits Kinder hatten, nach Thermopylai. Unterwegs nahm er auch die Thebaner mit, die ich oben schon in die Zahl mit eingerechnet habe, deren Führer Leontiades war, Eurymachos' Sohn. Denn gerade um deren Aufgebot war es ihm besonders zu tun gewesen, weil sie heftig verschrieen waren, sie hielten es mit den Medern. Darum rief er sie zum Krieg auf, um zu erfahren, ob sie Gefolgschaft leisten oder sich offen von dem hellenischen Bund lossagen würden. Sie schickten zwar ihr Aufgebot, dachten jedoch ganz anders.

206. Die Spartiaten hatten diese Männer unter Leonidas deshalb vorausgeschickt, um die anderen Bundesgenossen zum Anschluß zu ermuntern und zu verhindern, daß sie etwa auch zu den Medern abfielen, wenn sie die Spartiaten zögern sähen. Denn das Fest der Karneen [163] hielt sie noch zurück; das wollten sie erst noch begehen, danach aber in Sparta nur Wachen zurücklassen und schnell mit dem ganzen Heer ins Feld ziehen. Dasselbe gedachten auch die andern Bundesgenossen zu

POLYHYMNIA

tun; denn es traf sich, daß auch die olympische Feier in eben diese Zeit fiel.[164] Weil sie nun nicht glaubten, daß der Kampf bei Thermopylai sich so schnell entscheiden würde, schickten sie nur erst diesen Vortrab.

207. In Thermopylai aber, als der Perser nahe zu dem Paß herangerückt war, gerieten unterdessen die Hellenen in Furcht, und sie gingen mit sich zu Rate, ob sie nicht abziehen sollten. Die übrigen Peloponnesier wollten auf die Peloponnes umkehren und den Isthmos besetzen; als aber die Phoker und Lokrer sich diesem Vorschlag heftig widersetzten, entschied sich Leonidas dafür, zu bleiben und Boten in die Städte zu senden, daß sie ihnen zu Hilfe kommen sollten, weil sie zu wenig seien, um sich gegen das Heer der Meder zu behaupten.

208. Während sie darüber Rat hielten, schickte Xerxes einen berittenen Kundschafter, um ihre Zahl und ihre Absichten auszuspähen. Denn er hatte schon in Thessalien gehört, daß hier eine kleine Heeresmacht unter Führung der Lakedaimonier und ihres Königs Leonidas, eines Herakliden, versammelt sei. Als nun der Reiter nahe genug herangeritten war, überschaute und erspähte er ihr Heerlager, jedoch nicht das ganze; denn die Soldaten hinter der Mauer, die sie wiederhergestellt hatten und besetzt hielten, konnte er nicht sehen, sondern nur diejenigen, die außerhalb der Mauer aufgestellt waren. Weil es sich nun traf, daß zu dieser Zeit die Lakedaimonier draußen Wache hielten, sah er, wie die einen sich übten, andere aber ihr langes Haupthaar strälten, schaute ihnen dabei verwundert zu und zählte ihre geringe Stärke. Nachdem er sich alles genau gemerkt hatte, ritt er unbehindert zurück, denn keiner setzte ihm nach, da ihn niemand beachtet hatte. So kam er wieder zu Xerxes und erzählte ihm alles, was er gesehen hatte.

209. Als Xerxes dies hörte, konnte er den Sinn des Vorgangs nicht begreifen und nicht verstehen, daß sie sich nach Kräften darauf vorbereiten, zu sterben oder zu siegen, sondern hielt es für eine Posse. Darum sandte er nach Demaratos, Aristons Sohn, der mit im Heere war, und fragte ihn nach jeder Einzelheit, was das Verhalten der Lakedaimonier bedeuten solle. Der

SIEBTES BUCH

aber sprach: »Schon zuvor, als wir nach Hellas aufbrachen, hast du von mir über diese Männer gehört. Damals verlachtest du mich, da ich dir alles dies, wie ich es voraussah, verkündete. Denn darauf steht all mein Trachten, daß ich vor dir, o König, mich aufrichtig und ehrlich erweise. So höre denn auch jetzt. Diese Männer sind gekommen, um mit dir um den Engpaß zu kämpfen, und zu diesem Kampf machen sie sich bereit. Denn das ist ihr Brauch: Wenn es gilt, das Leben einzusetzen, so schmücken sie zuvor ihr Haupt. Dessen aber sei gewiß, wenn du diese überwindest und die anderen, die noch in Sparta zurückgeblieben sind, dann wird kein anderes Volk auf Erden sich erkühnen, dir Widerstand zu leisten. Denn jetzt trittst du in Kampf gegen das ruhmvollste Königtum, gegen die ruhmvollste Stadt und gegen die tapfersten Männer von Hellas.«[165] Diese Rede erschien Xerxes unglaublich, weshalb er zum zweitenmal fragte, wie denn so wenig Leute gegen sein Heer den Kampf bestehen sollten? Worauf jener erwiderte: »O König! strafe mich als einen Lügner, wenn es nicht so kommt, wie ich dir sage.«

210. Doch Xerxes wollte es nicht glauben. Vier Tage ließ er verstreichen und hoffte immer noch, sie würden davonlaufen. Als sie aber nicht abzogen, sondern in ihrer Stellung ausharrten, offenbar nur aus Trotz und Torheit, da ergrimmte er und schickte am fünften Tage die Meder und Kissier gegen sie aus, sie sollten sie lebendig fangen und vor sein Angesicht bringen. Die Meder warfen sich mit Ungestüm auf die Hellenen, und so viele von ihnen auch fielen, drängten doch immer neue nach und sie wichen nicht, so hart auch ihr Verlust war. Da offenbarten sie jedermann und zumal dem König selbst, daß auf ihrer Seite wohl viele Menschen, aber wenig Männer waren. Der Kampf dauerte den ganzen Tag hindurch.

211. Als aber die Meder gar zu hart mitgenommen wurden, zogen sie sich zurück. An ihre Stelle traten nun die Perser, die ›Unsterblichen‹, wie sie der König nannte, unter Hydarnes; sie sollten ihrer wohl leicht Herr werden. Als sie aber mit den Hellenen ins Gefecht kamen, richteten sie nicht mehr aus als

die Meder, sondern es erging ihnen ganz genauso, weil sie auf engem Raume kämpfen mußten und kürzere Speere führten als die Hellenen und daher ihre Überzahl nicht nutzen konnten; die Lakedaimonier aber fochten auf rühmliche Weise und zeigten, daß sie das Kriegshandwerk verstanden, die Feinde aber nicht. So taten sie oftmals, als ergriffen sie die Flucht; wenn dann die Barbaren schreiend und lärmend hinter ihnen herrannten, ließen jene sie nahe an sich herankommen, machten dann plötzlich kehrt und hieben unzählige Perser nieder. Dabei fielen aber auch von den Spartiaten einige wenige. Weil also die Perser nicht in den Paß vordringen konnten, obwohl sie es in ganzen Scharen und auf mancherlei Weise versuchten, zogen sie sich schließlich doch zurück.

212. Bei diesen Angriffen soll der König, der dem Kampf zusah, dreimal von seinem Sitz aufgefahren sein in Angst um sein Heer. So endete für diesmal der Kampf. Aber auch an dem folgenden Tage fochten die Barbaren nicht erfolgreicher. Denn wiederum griffen sie an und meinten, weil die Hellenen nur wenige waren, ihnen so viele Wunden beibringen können, daß sie keinen Widerstand mehr leisten könnten. Aber die Hellenen kämpften, geordnet nach Haufen und Stämmen, und jeder hatte seinen bestimmten Platz, außer den Phokern, die oben in den Bergen standen, um den Fußpfad zu bewachen. Als nun die Perser erkannten, daß die Sache noch ebenso stand wie tags zuvor, zogen sie wieder ab.

213. Als der König schon völlig ratlos war, wie er der Sache beikommen sollte, begab es sich, daß ein malischer Mann, Epialtes, Eurydemos' Sohn, der sich dafür einen großen Lohn vom König erhoffte, zu ihm herantrat und ihm den Fußpfad verriet, der durch das Gebirge nach Thermopylai führt, und damit alle Hellenen, die dort ausharrten, ins Verderben stürzte. Später floh er aus Furcht vor den Lakedaimoniern nach Thessalien, aber von den Pylagoren[166] in der Versammlung der Amphiktyonen bei Pylai wurde ein Preis auf seinen Kopf gesetzt, und als er später nach Antikyra zurückkehrte, wurde er von Athenades, einem Mann aus Trachis, erschlagen, zwar aus

SIEBTES BUCH

einem anderen Grund, den ich in den nachfolgenden Geschichten anzeigen will, doch wurde er gleichwohl von den Lakedaimoniern dafür belohnt. So fand dieser Epialtes nachmals seinen Tod.

214. Es gibt aber auch noch eine andere Erzählung, daß nämlich Onetes, Phanagoras' Sohn aus Karystos, und Korydallos aus Antikyra dem König jenen Fußpfad verraten und den Persern den Weg durch das Gebirge gezeigt hätten. Doch scheint mir dies wenig wahrscheinlich. Denn einmal muß man dabei bedenken, daß die hellenischen Pylagoren – und die mußten es doch am sichersten wissen – nicht auf Onetes' und Korydallos' Leben einen Preis gesetzt haben, sondern auf das des Epialtes aus Trachis. Und zum anderen wissen wir, daß Epialtes aus diesem Grund geflohen ist. Onetes, obwohl er kein Malier war, mag freilich auch von dem Fußpfad gewußt haben, sofern er sich in der Gegend viel umgetan hatte; aber Epialtes ist der Mann, der sie auf dem Pfad durch das Gebirge geführt hat, und darum nenne ich diesen als den Schuldigen.

215. König Xerxes aber ging gern auf Epialtes' Anerbieten ein und schickte sofort Hydarnes mit seinen Leuten los. Mit Einbruch der Nacht brachen sie aus dem Lager auf. Dieser Fußpfad wurde einst von den Maliern, die dort wohnen, entdeckt, die ihn später den Thessalern gezeigt hatten, als diese im Krieg mit den Phokern lagen und die Phoker den Engpaß mit einer Mauer abgesperrt hatten, um sich dadurch gegen einen Angriff zu schützen. Seit so früher Zeit hatten die Malier keinen Nutzen mehr davon gehabt.

216. Der Fußpfad ist folgendermaßen beschaffen. Er beginnt beim Fluß Asopos, der durch die Schlucht des Berges herabströmt. Dieser Berg hat den gleichen Namen wie der Fußpfad, nämlich Anopaia (›Jähauf‹). Dieser Anopaia zieht sich auf dem Kamm des Gebirges entlang und endet bei Alpenos, der ersten lokrischen Stadt, wenn man von Malis kommt, und bei dem sogenannnten Melampygosstein[167] und den Sitzen der Kerkopen[168] an der engsten Stelle des Passes.

217. Auf diesem Pfad zogen die Perser, nachdem sie den

POLYHYMNIA

Asopos durchschritten hatten, die ganze Nacht hindurch zwischen den oitaiischen Bergen zur Rechten und den trachinischen zur Linken. Als der Morgen dämmerte, waren sie auf der Höhe des Gebirges angelangt. Hier standen, wie ich schon zuvor gesagt habe, tausend schwergerüstete Phoker auf Wache, um ihr Land zu schützen und den Fußpfad zu sichern. Denn unten war die Straße von denen bewacht, die ich oben aufgezählt habe, aber die Sicherung des Gebirgsweges hatten die Phoker übernommen, die sich dazu aus freien Stücken dem Leonidas erboten.

218. Diese nahmen die Feinde erst wahr, als sie schon oben waren, weil der Berg, mit einem dichten Eichenwald bedeckt, die Perser verbarg. Da es aber windstill war, verursachten sie in dem tiefen Laub am Boden ein starkes Geräusch. Da sprangen die Phoker auf und beeilten sich, ihre Rüstung anzulegen, doch in diesem Augenblick waren auch schon die Feinde da. Sie stutzten bei dem Anblick der sich rüstenden Männer; denn sie hatten gehofft, es würde ihnen kein Widerstand begegnen, und stießen nun doch auf einen Heerhaufen. Da fragte Hydarnes, der schon fürchtete, es würden Lakedaimonier sein, den Epialtes, zu welchem Volk der Haufe gehöre, und wie er ihren wahren Namen erfuhr, ordnete er seine Perser zum Kampf. Als die Phoker aber von einem Regen von Pfeilen überschüttet wurden, flohen sie vor ihnen auf den Gipfel des Berges, denn sie glaubten, die Perser seien in erster Linie gegen sie ausgezogen, und machten sich schon auf den Tod gefaßt. Aber die Perser unter Epialtes und Hydarnes kümmerten sich nicht weiter um sie, sondern stiegen in Eile den Berg hinab.

219. Nun hatte den Hellenen bei Thermopylai zuerst der Seher Megistias aus den Opferzeichen vorausgesagt, daß sie am nächsten Morgen den Tod finden würden, und später hatten auch Überläufer die Nachricht gebracht, daß die Perser den Weg um das Gebirge herum genommen hätten. Diese beiden meldeten es noch in der Nacht, danach auch die Späher, die von den Höhen herabliefen, als schon der Tag anbrach. Nun hielten die Hellenen Rat, aber ihre Meinungen waren geteilt.

SIEBTES BUCH

Die einen verlangten, man solle den angewiesenen Ort nicht verlassen, die anderen stritten dagegen. Daraufhin trennten sie sich, ein Teil zog ab und ging auseinander, ein jeder in seine Stadt, die anderen aber waren bereit, mit Leonidas auszuharren.

220. Man erzählt, Leonidas selber habe sie fortgeschickt aus Sorge um ihre Erhaltung; für ihn selber aber und seine Spartiaten habe es sich jedoch nicht geziemt, den Ort zu verlassen, zu dessen Bewachung sie nun einmal ausgezogen seien, und dieser Meinung bin auch ich, daß Leonidas ihnen den Befehl gegeben hatte, sich zu entfernen, als er sah, wie lustlos sie waren und unwillig, bei ihm auszuhalten, daß er es aber nicht für anständig gehalten habe, abzuziehen. Dadurch jedoch, daß er aushielt, kam sein Name zu großem Ruhm, und Spartas Herrlichkeit wurde nicht getrübt. Die Spartiaten nämlich hatten gleich anfangs, als der Krieg erst im Entstehen war, den Gott darum befragt und waren von der Pythia beschieden worden, entweder würde Sparta durch die Barbaren zerstört werden, oder ihr König würde zu Tode kommen. Diesen Spruch gab sie ihnen in folgenden Hexametern:

Euch aber, Spartas Bewohner, der räumigen, wird von des Perseus
Söhnen entweder zerstöret die große, die herrliche Heimat,
Oder es fügt sich ein andres: es klagt der Hort Lakedaimons
Einen gefallenen König aus Herakles rühmlichem Stamme.
Denn ihm wird nicht des Stieres Gewalt noch die Stärke des Leuen
Hemmen den Lauf; er ist mächtig wie Zeus, und eher fürwahr nicht
Lässet er ab, er vertilgt zuvor erst den einen von beiden.

Weil also Leonidas an diesen Spruch dachte, und weil er den Spartiaten allein den Ruhm zuwenden wollte, darum, glaube ich, hat er die Bundesgenossen weggeschickt, nicht aber, weil sie uneins geworden seien und der eine Teil so ohne jede Ordnung davongelaufen sei.

221. Das beweist mir auch besonders der nicht gering zu

POLYHYMNIA

schätzende Umstand, daß Leonidas jenen Seher Megistias, dessen Geschlecht von Melampus abstammen soll, nachdem er aus dem Opferzeichen ihr nahes Verderben vorausgesagt hatte, aufforderte, sich zu entfernen, damit er nicht zusammen mit ihnen umkäme. Jener verließ sie zwar trotz des Befehles nicht, aber seinen einzigen Sohn, der mit im Heere war, sandte er fort.

222. So zogen also die Bundesgenossen, soviele ihrer entlassen wurden, fort und befolgten den Willen des Leonidas; nur die Thespiaier und Thebaner blieben bei den Lakedaimoniern zurück, die Thebaner gegen ihren Wunsch und Willen, weil Leonidas sie als Geiseln zurückhielt, die Thespiaier aber ganz aus eigenem Willen; denn sie sagten, sie wollten Leonidas und die Seinigen nicht verlassen. So blieben und fielen sie mit den Spartiaten. Ihr Anführer war Demophilos, Diadromas' Sohn.

223. Als die Sonne aufging, brachte Xerxes ein Spendopfer dar, wartete dann noch eine Zeit, bis etwa zur Stunde, wenn der Markt voll ist[168a], und ließ dann angreifen; denn so war es von Epialtes angegeben, weil der Weg vom Gebirge herab um vieles gerader und kürzer ist als der Weg um das Gebirge herum und an ihm hinauf. Als nun die Barbaren unter Xerxes heranrückten, fielen auch die Hellenen unter Leonidas in der Gewißheit des sicheren Todes viel weiter als anfänglich an die breitere Stelle des Engpasses gegen sie heraus. Denn an den Tagen vorher, solange nur die Schutzmauer verteidigt wurde, wichen sie an die engeren Stellen zurück und fochten dort. Jetzt aber, als sie jenseits der Enge aufeinandertrafen, fiel eine Menge Barbaren. Denn hinter den Haufen standen die Führer mit Geiseln in den Händen; damit schlugen sie auf die Soldaten ein und trieben sie immer wieder vorwärts. Da stürzten viele hinab ins Meer und ertranken, noch viel mehr aber wurden lebendig von den anderen zertreten. Aber wer fiel, der fiel, niemand achtete auf ihn. Weil die Lakedaimonier wußten, daß sie doch durch die, die um den Berg her in ihren Rücken fielen, sterben mußten, schlugen sie auf die Barbaren los wie Rasende und in Todesverachtung.

SIEBTES BUCH

224. Schon waren den meisten die Speere zerbrochen; da stießen sie die Perser mit den Schwertern nieder. In diesem Gedränge fiel Leonidas, nachdem er wie ein Held gekämpft hatte, und mit ihm andere namhafte Spartiaten. Ich kenne die Namen dieser braven Männer, doch nicht nur von diesen, sondern von allen dreihundert.[169] Auch von den Persern fiel eine große Zahl angesehener Männer, unter ihnen zwei Söhne des Dareios, Abrokomes und Hyperanthes, die ihm Artanes' Tochter Phratagune geboren hatte. Dieser Artanes war ein Bruder des Königs Dareios, ein Sohn des Hystaspes und Enkel des Arsames, und hatte dem Dareios mit seiner Tochter zugleich auch sein ganzes Haus und Gut gegeben, denn sie war sein einziges Kind.

225. So fielen also dort zwei Brüder des Xerxes im Kampf. Auch um den Leichnam des Leonidas entstand ein hartes Gedränge von Persern und Lakedaimoniern, viermal schlugen die Hellenen die Feinde zurück und rissen durch ihre Tapferkeit den Toten heraus. Und so währte der Kampf, bis die Perser mit Epialtes herzukamen. Erst als die Hellenen von deren Ankunft erfuhren, begann der Kampf sich zu wenden. Sie wichen in die Enge des Weges hinter die Mauer zurück und setzten sich auf einem Hügel fest. Nur die Thebaner hielten sich fern. Der Hügel liegt an der Stelle des Passes, wo jetzt der steinerne Löwe zu Ehren des Leonidas steht. Hier verteidigten sie sich mit Schwertern, wenn einer noch eines hatte, oder mit Händen und Zähnen, bis die Barbaren, die teils von vorn her ihnen nachgedrängt waren und die Schutzmauer niedergerissen hatten, teils ihnen in den Rücken gefallen waren und sie auf allen Seiten umstellten, sie unter ihren Geschossen begruben.

226. So rühmlich sich also die Lakedaimonier und die Thespiaier gehalten haben, so soll gleichwohl der tapferste von allen der Spartiate Diënekes gewesen sein. Von ihm wird auch ein Wort berichtet, daß er noch vor dem Kampf mit den Medern gesprochen hatte. Ein Trachinier nämlich erzählte ihm, wenn die Barbaren ihre Bogen abschössen, so verdunkelten sie die Sonne durch die Menge ihrer Pfeile, so groß sei ihre Zahl. Er

570

aber, dadurch nicht erschreckt und unbekümmert um die große Zahl der Meder erwiderte, das sei ja eine recht schöne Nachricht für sie; denn wenn die Meder die Sonne verdunkelten, so würden sie im Schatten mit ihnen fechten und nicht im Sonnenlicht.

227. Dieser Ausspruch und noch andere der Art werden von Diënekes erzählt, die sein Andenken unter den Menschen erhalten. Nach ihm werden als die tapfersten genannt zwei Brüder aus Lakedaimon, Alpheos und Maron, die Söhne des Orsiphantos. Von den Thespiaiern gewann den größten Ruhm ein Mann namens Dithyrambos, Harmatides' Sohn.

228. Als man sie nachher an der Stelle, wo sie gefallen waren, bestattete, wurde ihnen und zugleich auch denen, die schon vorher gefallen waren, noch ehe Leonidas die anderen Bundesgenossen nach Hause entlassen hatte, auf das Grabmahl eine Inschrift gesetzt, die folgendermaßen lautete:

Allhier haben im Kampfe mit dreihunderttausend gestanden
Einst vier Tausende nur peloponnesischen Volks.

Dies ist die gemeinsame Inschrift für alle. Die Spartiaten aber haben noch ihre besondere:

Wanderer, kommst du nach Sparta, verkündige dorten, du habest
Uns hier liegen gesehen, wie das Gesetz es befahl. *(Schiller)*

Der Seher aber hat folgende Inschrift.

Siehe Megistias' Mal, des gepriesenen, welchen die Meder
Am Spercheiosfluß vormals erschlugen im Kampf.
Deutlich erkannte der Seher des nahenden Todes Verhängnis,
Aber mit Spartas Fürst litt er getreulich den Tod.

Diese Inschriften und Tafeln sind von den Amphiktyonen zu ihren Ehren gesetzt worden[170], außer der Inschrift für den Seher, die Simonides, Leoprepes' Sohn, ihm gewidmet hat, weil er sein Gastfreund war.

SIEBTES BUCH

229. Von zwei der Dreihundert, Eurytos und Aristodemos, erzählt man, sie hätten sich, wenn sie nur beide gemeinsamen Sinnes gewesen wären, entweder zusammen nach Sparta retten können – denn wegen einer schweren Augenkrankheit waren sie von Leonidas aus dem Heer entlassen und lagen in Alpenos darnieder –, oder aber, wenn sie nicht zurückkehren wollten, gemeinsam mit den übrigen sterben. Zwischen diesen beiden Wegen hatten sie die Wahl. Doch sie wollten sich nicht einigen, sondern gingen ein jeder seinen Weg. Als Eurytos vernahm, daß die Perser den Berg umgangen hätten, forderte er seine Waffen, legte sie an und ließ sich von seinem Heloten unter die Kämpfenden führen; dort entfloh der Knecht, er selbst aber stürzte sich in das Gedränge und fand seinen Tod. Aristodemos aber verzagte und blieb zurück. Wäre nun Aristodemos als einziger krank gewesen und nach Sparta zurückgekehrt, oder hätten sich beide zusammen nach Sparta zurückbegeben, hätten die Spartiaten, so meine ich, keinerlei Zorn auf sie geworfen. Nun war aber der eine gefallen, der andere, der aber auch nur denselben Grund vorweisen konnte, hatte nicht sterben wollen; so mußten die Spartiaten zwangsläufig gegen Aristodemos in heftigen Zorn geraten.

230. Auf diese Weise und unter solchem Vorwand rettete sich, wie die einen erzählen, Aristodemos nach Sparta. Andere aber sagen, er sei als Bote aus dem Heerlager ausgeschickt worden und hätte, wenn er nur gewollt, noch rechtzeitig zur Schlacht zurück sein können; er habe aber unterwegs noch gewartet und sein Leben gerettet, wohingegen sein Mitbote die Schlacht noch erreichte und den Tod fand.

231. Als Aristodemos nach Sparta heimkam, fiel er in Schimpf und Unehre. Die Unehre sah so aus, daß keiner in Sparta ihm von seinem Feuer gab, keiner mit ihm redete, der Schimpf aber, daß er Aristodemos der Verzagte genannt wurde.

232. In der Schlacht bei Plataiai hat er jedoch alle seine Schuld wieder ausgetilgt. Es wird auch noch von einem anderen der Dreihundert erzählt, der als Bote nach Thessalien gesandt worden sei und so sein Leben erhalten habe; Panites

572

hieß der Mann. Als dieser nach Sparta heimkehrte und in Unehre fiel, soll er sich erhängt haben.

233. Die Thebaner unter Leontiades kämpften anfänglich, weil sie dazu gewungen waren, auf Seiten der Hellenen gegen das Heer des Königs. Als sie aber erkannten, daß der Sieg sich zu den Persern neigte und die Hellenen unter Leonidas sich auf den Hügel warfen, trennten sie sich von ihnen, gingen mit ausgestreckten Händen auf die Feinde zu und sagten, was auch ganz der Wahrheit entsprach, daß sie in ihrem Herzen zu den Medern hielten und gleich unter den ersten dem König Erde und Wasser gegeben hätten, daß man sie aber gezwungen hätte, mit nach Thermopylai zu ziehen, und daß sie unschuldig seien an dem Verlust, den der König erlitten habe. Damit retteten sie sich das Leben, zumal auch die Thessaler die Wahrheit ihrer Rede bezeugen konnten. Dennoch kamen sie nicht ganz ungeschoren davon. Denn als sie herankamen und sich gefangen gaben, wurden einige von ihnen gleich auf der Stelle von den Feinden getötet, den meisten aber wurden auf Xerxes' Befehl die königlichen Zeichen eingebrannt[171], von allen zuerst ihrem Obersten Leontiades, dessen Sohn Eurymachos nach dieser Zeit von den Plataiern hingerichtet wurde, als er mit vierhundert Thebanern ausgezogen war und die Stadt der Plataier besetzt hatte.

234. Das war der Kampf der Hellenen bei Thermopylai. Xerxes aber rief den Demaratos, um ihn zu befragen, und begann folgendermaßen mit ihm zu reden: »Demaratos, du bist ein braver Mann. Das erkenne ich aus deiner Wahrhaftigkeit. Denn was du gesagt hast, hat sich alles erfüllt. Nun sage mir: Wie groß ist die Zahl der noch übrigen Lakedaimonier, und wie viele davon sind ebenso tapfere Krieger, oder sind alle so tapfer?« Demaratos erwiderte: »O König! groß ist die Zahl aller Lakedaimonier und zahlreich sind ihre Städte. Was du aber zu wissen verlangst, das sollst du erfahren. Es ist in Lakedaimon eine Stadt, die heißt Sparta und hat etwa achttausend Männer; die sind alle so tapfer wie die, die hier gekämpft haben. Die übrigen Lakedaimonier sind diesen zwar nicht

SIEBTES BUCH

gleich, aber tapfer sind sie auch.« Darauf fragte Xerxes: »Sage
an, Demaratos, welches ist der leichteste Weg, diese Männer zu
bezwingen? Gib mir deinen Rat. Du bist ja ihr König gewesen
und kennst gewiß alle ihre Mittel und Wege.«

235. Demaratos antwortete: »O König, wenn du allen Ernstes meinen Rat verlangst, so geziemt es mir, dir den besten
Weg zu weisen. So rate ich, laß von der Flotte dreihundert
Schiffe nach dem lakonischen Lande fahren. Nahe davon liegt
eine Insel, die Kythera[172] heißt. Von dieser Insel hat einst Chilon[173], ein sehr kluger Mann bei uns, gesagt, es sei für die
Spartiaten viel besser, sie läge unter das Meer versenkt, als daß
sie daraus hervorrage; denn immer besorgte er von ihr etwas in
der Art, wie ich es dir jetzt vorschlage. Nicht, daß er etwa
deinen Heereszug vorausgewußt hätte, sondern seine Furcht
betraf jeden feindlichen Angriff. Von dieser Insel aus sollten
deine Truppen die Lakedaimonier in Schrecken setzen. Sobald
sie erst selber den Krieg im eigenen Lande haben, brauchst du
nicht mehr zu fürchten, daß sie dem übrigen Land der Hellenen zu Hilfe kommen, wenn dein Fußvolk sie erobert. Sind
diese unterworfen, so ist das lakonische Volk, das dann allein
noch übrig bleibt, nur noch schwach. Tust du dies aber nicht,
so hast du folgendes zu erwarten. Auf der Peloponnes liegt eine
schmale Landenge; da wirst du mit allen Peloponnesiern, die
gegen dich einen Eidbund geschlossen haben, neue Kämpfe zu
bestehen haben, härtere als bisher. Tust du aber das andere,
dann werden diese Landenge sowie die Städte ohne Kampf in
deine Hand fallen.«

236. Nach ihm sprach Achaimenes[174], des Xerxes Bruder
und Führer der Flotte, der die Rede mit angehört hatte und in
Sorge geriet, der König möchte sich dazu bewegen lassen: »O
König«, sagte er, »ich sehe, daß du dein Ohr einem Manne
leihst, der dir dein Glück neidet oder gar ein Verräter ist. Denn
gerade daran haben die Hellenen ihre Freude, wenn sie so
handeln können. Sie neiden das Glück und verfolgen den
Mächtigeren mit Haß. Wenn du zu dem Mißgeschick, das uns
betroffen hat, als wir vierhundert Schiffe durch Schiffbruch

verloren, noch andere dreihundert von der Flotte entfernen
willst, damit sie die Peloponnes umfahren, so können die Feinde
dich im Kampf bestehen. Bleibt aber die Flotte beisammen, so
ist sie unangreifbar, und sie können den Kampf schon gar nicht
wagen; dann werden die Flotte und das Heer zusammen vorgehen, und die ganze Flotte wird dem Heer eine Hilfe sein und
das Heer der Flotte. Zerstreust du sie aber, so kannst du nicht
der Flotte und kann die Flotte dir nicht nützen. Ich meine
deshalb, du solltest deine eigenen Dinge in Ordnung halten
und dich nicht darum kümmern, wie es bei den Feinden steht,
wie sie den Krieg zu führen gedenken, was sie tun werden und
wie groß ihre Zahl ist. Jene werden verstehen, für sich selbst zu
sorgen, und wir desgleichen für uns. Stellen sich die Lakedaimonier uns Persern zur Schlacht entgegen, so werden sie die
Schlappe, die sie jetzt erlitten haben, gewiß nicht wiedergut-
machen.

237. Darauf erwiderte Xerxes: »Du hast wohl Recht, Achaimenes, und das will ich auch tun. Demaratos rät mir zwar, was
er für das Beste hält, aber er erkennt die Sache nicht so richtig
wie du. Denn das werde ich gewiß nicht glauben, daß er es
nicht gut mit mir meint. Dafür sind mir seine früheren Reden
ein Beweis und auch die Ereignisse selber. Man beneidet wohl
seinen Mitbürger um sein Glück und ist ihm im Stillen feind-
lich gesinnt; denn nicht leicht wird ein Bürger seinem Nachbarn, der ihn um seine Meinung fragt, aufrichtig zum Besten
raten, es müßte denn ein Mann von hoher Tugend sein, und
dergleichen gibt es nicht viele. Aber seinem Gastfreund gönnt
jedermann von Herzen sein Glück und gibt ihm seinen besten
Rat, sooft er dessen begehrt. Darum will ich von solcher Schmä-
hung gegen Demaratos, der mein Gastfreund ist, fortan nichts
mehr hören.«

238. Nach diesen Worten schritt Xerxes durch die Reihen
der Gefallenen, und als er von Leonidas hörte, daß er der König
und Führer der Lakedaimonier gewesen sei, ließ er ihm den
Kopf abschneiden und an den Pfahl schlagen. Aus vielen Umständen, und zumal auch aus diesem, ist es mir deutlich gewor-

SIEBTES BUCH

den, daß König Xerxes keinen Menschen auf der Welt so
gehaßt hat wie Leonidas, solange er lebte, sonst hätte er dem
Leichnam keine solche Schmach zugefügt. Kenne ich doch
kein Volk, das tapfere Krieger so hoch in Ehren hält wie die
Perser. Aber des Königs Befehl wurde von seinen Beauftragten
ausgeführt.

239. Nun will ich aber wieder auf jenen Teil meiner Erzählung zurückkommen, wo ich sie abgebrochen habe. Die Lakedaimonier waren also die ersten, die von dem Heerzug des
Königs gegen Hellas Kunde erhalten und deshalb nach Delphi
an das Orakel gesandt hatten, wo sie den Spruch erhielten, den
ich kurz zuvor wiedergegeben habe. Jene Kunde aber war
ihnen auf eine wundersame Weise zugetragen worden. Demaratos war nämlich nach meiner Meinung – und für diese
spricht auch die Wahrscheinlichkeit – nach seiner Flucht zu
den Persern den Lakedaimoniern nicht freundlich gesinnt;
man mag jedoch entscheiden, ob es Wohlwollen war oder
Schadenfreude, daß er tat, was ich erzählen will. Sobald Xerxes
sich entschlossen hatte, die Hellenen mit Krieg zu überziehen,
trachtete Demaratos, der in Susa war und es dort erfahren
hatte, den Lakedaimoniern davon Kunde zu geben. Weil er
nun keinen anderen Weg hatte, um es ihnen mitzuteilen, und
sich vor Entdeckung hüten mußte, erfand er eine List. Er nahm
ein zweiseitiges Schreibtäfelchen, kratzte das Wachs heraus,
schrieb auf dem Holz des Täfelchens die Absicht des Königs
auf und goß dann wieder Wachs über die Schrift, damit so das
Täfelchen, wenn es einer unbeschrieben mit sich trug, bei den
Wächtern der Straßen keinen Anstoß errege. Es gelangte denn
auch nach Lakedaimon, aber die Lakedaimonier wußten sich
die Sache nicht zu deuten, bis endlich, wie mir erzählt wurde,
Gorgo[175], Kleomenes' Tochter, die Gattin des Leonidas, es traf
und ihnen den Rat gab, sie sollten das Wachs herauskratzen,
dann würden sie eine Schrift auf dem Holz finden. Sie taten so,
fanden die Schrift, lasen sie und ließen es danach auch die
anderen Hellenen wissen. So soll also die Kunde zu ihnen
gedrungen sein.

576

ACHTES BUCH
Urania

1. Die hellenische Flotte setzte sich aus folgenden Kontingenten zusammen. Zunächst die Athener, die einhundertsiebenundzwanzig[1] Schiffe stellten. Aus Tapferkeit und Bereitwilligkeit bemannten die Plataier, obwohl der Seefahrt unkundig, zusammen mit den Athenern die Schiffe. Ferner stellten die Korinthier vierzig Schiffe, die Megarer zwanzig. Die Chalkider bemannten zwanzig Schiffe, die ihnen die Athener stellten. Die Aigineten stellten achtzehn, die Sikyonier zwölf, die Lakedaimonier zehn, die Epidaurier acht, die Eretrier sieben, die Troizenier fünf, die Styrer[2] zwei, die Kreier zwei Vollschiffe und zwei Fünfzigruderer. Dazu kamen noch die opuntischen Lokrer mit sieben Fünfzigruderern.

2. So groß also war die Zahl der von den einzelnen Städten gelieferten Schiffe, die nach Artemision hinauffuhren. Die Gesamtzahl der in Artemision versammelten Schiffe betrug ohne die Fünfzigruderer zweihunderteinundsiebzig. Den obersten Führer dieser Flotte stellten die Spartiaten: Eurybiades, Eurykleides' Sohn. Denn die Bundesgenossen sagten, wenn der Lakone nicht die Führung bekäme, würden sie nicht an dem Zug teilnehmen, sondern wieder heimkehren, denn dem Befehl der Athener wollten sie nicht folgen.

3. Es war nämlich gleich anfangs, noch bevor sie nach Sikelien um Hilfe schickten, davon gesprochen worden, daß sie den Athenern die Führung der Flotte überlassen sollten. Weil aber die Bundesgenossen hiergegen Einspruch erhoben, gaben die Athener nach; denn Hellas zu retten war ihre hauptsächliche

ACHTES BUCH

Sorge, und sie erkannten wohl, daß es verloren wäre, wenn sie sich um der Führung willen miteinander zerstritten.[3] Und das war auch richtig. Denn Zwietracht im Innern ist um ebenso viel schlimmer als ein einträchtig geführter Krieg, wie der Krieg schlimmer ist als Friede. Und eben weil sie das wußten, stritten sie nicht weiter, sondern gaben nach, aber nur solange, bis sie die Hilfe der Peleponnesier brauchten, was sich nachher auch zeigte. Denn nachdem sie den Perser geschlagen hatten und schon um sein eigenes Land mit ihm kämpften, nahmen sie des Pausanias Stolz und Übermut zum Vorwand und entrissen den Lakedaimoniern die Führung. Dies geschah jedoch erst später.[4]

4. Als nun damals die Hellenen, die sich in Artemision eingefunden hatten, die große Zahl von Schiffen sahen[5], die bei Aphetai vor Anker lagen, und wie alles von Kriegsvolk wimmelte, und als sie erkannten, daß die Unternehmungen der Feinde ganz anders verliefen, als sie vermutet hatten, verloren sie den Mut und beschlossen, sich in das Landesinnere zurückzuziehen. Als die Euboier aber von dieser Absicht erfuhren, baten sie Eurybiades, noch eine Weile zu warten, bis sie ihre Kinder und ihre Hausleute in Sicherheit gebracht hätten. Da er nicht darauf einging, wandten sie sich an Themistokles[6] und erreichten bei ihm um einen Lohn von dreißig Talenten, daß die Hellenen bleiben und vor Euboia die Seeschlacht bestehen sollten.

5. Und Themistokles brachte sie zum Bleiben. Er gab Eurybiades von dem Geld fünf Talente ab, tat aber, als gäbe er sie aus seinem eigenen. Damit hatte er diesen gewonnen. Nun war von den anderen Anführern nur noch einer, der sich dagegen sperrte, der Korinthier Adeimantos, Okytos' Sohn, der nicht bei Artemision bleiben, sondern wegfahren wollte. Da rief ihm Themistokles zu und beschwor es feierlich: »Ich sage dir, du wirst uns nicht verlassen, denn ich gebe dir mehr, als dir der Perserkönig für den Verrat an deinen Kampfgenossen geben könnte.« So sprach er und schickte ihm drei Talente Silber auf sein Schiff. Somit waren sie alle mit Geschenken gewonnen,

und die Euboier hatten, was sie wünschten; Themistokles selbst aber machte dabei seinen Gewinn, indem er das übrige Geld heimlich für sich behielt. Die Empfänger des Geldes glaubten, das Geld sei eigens zu diesem Zweck von Athen gekommen.

6. So blieben sie bei Euboia und lieferten die Seeschlacht, die folgendermaßen verlief.[7] Die Barbaren waren nach Aphetai gekommen, als eben der Tag sich zu neigen begann. Nun hatten sie schon vorher gehört, daß bei Artemision hellenische Schiffe in geringer Zahl vor Anker lägen, und als sie ihrer jetzt ansichtig wurden, wollten sie versuchen, sie wegzunehmen. Es erschien ihnen jedoch nicht ratsam, geradewegs auf sie loszufahren, weil sie besorgten, die Hellenen würden dann gleich die Flucht ergreifen und im Schutz der Nacht entkommen. Denn natürlich würden sie ja von dort zu entweichen versuchen, wo doch aber nicht einmal ein Feuerträger[8], wie die Perser prahlten, mit dem Leben davon kommen sollte.

7. Darum gebrauchten sie eine List. Sie wählten aus ihrer ganzen Flotte zweihundert Schiffe aus, die um Euboia herum bei Kaphereus und Geraistos in den Euripos hinauffahren und, damit sie von den Hellenen nicht bemerkt würden, ihren Weg über Skiathos hinaus nehmen sollten. So gedachten sie die Hellenen von allen Seiten zu fassen, indem jene in den Euripos hinauffuhren und ihnen den Rückweg versperrten, sie selber sie aber von vorn angriffen. Nachdem sie die Schiffe in dieser Absicht ausgeschickt hatten, ließen sie selbst für diesen Tag von einem Angriff auf die Hellenen ab und wollten abwarten, daß ihnen von den Umfahrenden das Zeichen ihrer Ankunft gegeben würde. In der Zwischenzeit, als jene um die Insel fuhren, hielten sie bei Aphetai eine Musterung[9] der übrigen Schiffe ab.

8. Nun war bei ihnen auf der Flotte ein Mann aus Skione, Skyllias, der beste Taucher seiner Zeit, der schon bei dem Schiffbruch am Pelion den Persern viele Schätze geborgen, viele auch sich selber angeeignet hatte. Dieser Skyllias hatte schon früher im Sinn gehabt, zu den Hellenen überzulaufen,

ACHTES BUCH

fand dazu aber bisher keine Gelegenheit bis zu dem Tag, als die Perser die Schiffe musterten. Auch kann ich nicht mit Gewißheit sagen, auf welche Weise er dann zu den Hellenen gelangt ist; denn das, was davon erzählt wird, erscheint mir sehr verwunderlich. Man erzählt nämlich, daß er bei Aphetai ins Meer tauchte und nicht eher hochkam, als bis er nach Artemision kam, nachdem er diese achtzig Stadien durch das Meer zurückgelegt habe. Auch noch andere Geschichten werden von dem Mann erzählt, die wie Lügen klingen, darunter auch einige wahre. Was aber diese Sache betrifft, so sei als meine Meinung hingestellt, daß er auf einem Fahrzeug nach Artemision gelangt ist. Als er dort ankam, gab er sogleich den Führern der Flotte Nachricht über den Schiffbruch und von den Schiffen, die um Euboia geschickt worden waren.

9. Da hielten nun die Hellenen eine Beratung ab. Nach langem Hin und Her drang der Vorschlag durch, daß sie diesen Tag noch dort bleiben und lagern, nach Mitternacht aber aufbrechen und den umfahrenden Schiffen entgegengehen wollten. Danach aber, als kein Angriff auf sie erfolgte, warteten sie bis spät am Nachmittag und fuhren dann selber gegen die Feinde aus, um ihre Kampfesweise, namentlich beim Durchbruch durch die Reihen, zu erproben.

10. Als die Mannschaft und die Führer des Xerxes die kleine Flotte auf sich zukommen sahen, hielten sie die Hellenen für vollständig verrückt und stachen auch mit ihren Schiffen in See. Denn sie hofften, sie ohne große Mühe zu fangen, und hatten dazu auch Grund; sahen sie doch auf Seiten der Hellenen nur wenige Schiffe, während ihre eigenen ihnen zahlenmäßig weit überlegen waren und auch besser fuhren. In dieser Absicht suchten sie die Hellenen zu umfassen und einzuschließen. Da zeigte es sich nun, daß diejenigen Ioner, die es gut mit den Hellenen meinten, nur ungern in den Kampf gingen und recht bekümmert waren, als sie ihre Einschließung sahen, weil sie meinten, es würde kein einziger von ihnen wieder heimkommen. So schwach erschien ihnen die Streitmacht der Hellenen. Alle diejenigen aber, die ihre Freude daran hatten, wettei-

580

ferten miteinander und wollten jeder zuerst ein athenisches
Schiff erobern, um vom König dafür belohnt zu werden; denn
auf der Flotte redete man fast nur von den Athenern.

11. Als die Hellenen aber das Zeichen bekamen, wandten sie
zunächst ihre Schiffe gegen die Feinde, doch so, daß die Hecks
in der Mitte zusammentrafen, und griffen auf das zweite Zeichen hin an, wenngleich auf engem Raum und nur nach vorne.
Sie eroberten dreißig Barbarenschiffe und fingen einen angesehenen Mann, Philaon, Bruder des Salaminierkönigs Gorgos,
Chersis' Sohn. Der erste Hellene, der ein feindliches Schiff
nahm, war ein Athener, Lykomedes, Aischraios' Sohn; er gewann den ersten Preis. Die anderen aber kämpften in dieser
Schlacht, ohne daß der Sieg sich entschied, bis die Nacht
hereinbrach und sie trennte. Da fuhren die Hellenen nach
Artemision zurück, die Barbaren aber nach Aphetai, nachdem
der Kampf ganz anders verlaufen war, als sie gedacht hatten.
Von den Hellenen, die im Heer des Königs waren, ging in
dieser Seeschlacht nur einer zu den Hellenen über; das war
Antidoros aus Lemnos. Die Athener gaben ihm dafür zum
Lohn ein Stück Land auf Salamis.

12. Nach Einbruch der Nacht ergoß sich, obwohl mitten in
der Sommerszeit, ein unermeßlicher Regen und dauerte die
ganze Nacht, und dabei donnerte es vom Pelion mit gewaltigen
Schlägen. Das Meer trieb die Leichen und Trümmer nach
Aphetai ans Land, wo sie sich vor den Schiffen stauten und an
die Ruderblätter schlugen. Als die Soldaten dies hörten, gerieten sie in Angst und glaubten fest, sie müßten in dem Unglück,
in das sie geraten waren, vollends umkommen. Denn noch ehe
sie sich von dem Schiffbruch und dem Sturm am Pelion erholt
hatten, folgte gleich darauf eine schwere Seeschlacht, und nach
der Seeschlacht die Regenflut und die wilden Gewässer, die
sich ins Meer hinabwälzten, und die furchtbaren Donner-
schläge.

13. Noch viel schrecklicher aber war diese Nacht für diejenigen, die um Euboia fahren mußten, denn das Unwetter überfiel sie mitten auf der See und bereitete ihnen ein schlimmes

ACHTES BUCH

Ende. Sie befanden sich eben auf ihrer Fahrt nahe bei den
›Höhlen‹ an der euboischen Küste, als der Sturm und der
Regen sie traf; da jagte sie der Wind vor sich her, und ehe sie
wußten, wohin sie trieben, warf er sie auf die Klippen.[10] Dies
alles war das Werk der Gottheit, damit die persische Flotte der
hellenischen gleich würde und nicht gar zu unterlegen bliebe.
Diese also fanden ihren Untergang an den ›Höhlen‹ Euboias.

14. Als aber den Barbaren in Aphetai zu ihrer Freude der Tag
anbrach, hielten sie ihre Schiffe still und waren froh, in ihrem
Unglück erst einmal Ruhe zu haben. Zu den Hellenen aber
stießen noch dreiundfünfzig attische Schiffe. Ihre Ankunft
sowie die gleichzeitig eintreffende Nachricht, daß die Feinde
bei der Fahrt um Euboia alle in dem Sturm umgekommen
seien, hob die Stimmung der Hellenen. Sie warteten wieder bis
zur selben Tageszeit; dann fuhren sie aus, fielen auf kilikische
Schiffe, stießen sie in den Grund und kehrten, als die Nacht
kam, nach Artemision zurück.

15. Am dritten Tag aber gerieten die Führer der feindlichen
Flotte in Zorn darüber, daß die wenigen Schiffe ihnen so übel
zusetzten, fürchteten auch den Groll des Königs und wollten
deshalb nicht warten, bis die Hellenen den Kampf wieder
aufnahmen, sondern faßten Mut und stachen mit den Schiffen
um die Mitte des Tages in See. Nun fügte es sich, daß diese
Kämpfe zur See in eben denselben Tagen geführt wurden wie
die Kämpfe zu Lande bei Thermopylai; und wie Leonidas mit
den Seinigen nur darum kämpfte, den Paß zu sichern, so fochten diese auf dem Meer auch nur um den Euripos.[11] Die
Hellenen waren bestrebt, den Feinden den Zugang ins Hellenenland zu verwehren, die Feinde aber, die hellenische Streitmacht zu vernichten und sich die Meerstraße zu gewinnen.

16. Die Perser fuhren in Schlachtordnung heran, die Hellenen aber lagen bei Artemision und rührten sich nicht. Als aber
die Barbaren mit ihren Schiffen einen Halbmond bildeten und
anfingen, sie rings zu umschließen, daß stachen auch die Hellenen in See und griffen an. In diesem Kampf waren die beiden
Teile einander gleich. Denn bei ihrer Größe und Menge stand

582

URANIA

sich des Königs Streitmacht selbst im Wege, die Schiffe gerieten in Verwirrung und stießen gegeneinander. Dennoch hielten sie stand und wichen nicht, denn es schien ihnen doch als eine große Schande, vor so wenigen Schiffen die Flucht zu ergreifen. Dabei verloren die Hellenen viele Schiffe und viele Leute, die Verluste der Barbaren aber waren noch um vieles größer. So kämpften sie miteinander; dann trennten sie sich, und jeder kehrte an seinen Platz zurück.

17. In dieser Seeschlacht hielten sich von des Königs Kriegern die Ägyptier am besten, die manche tapfere Tat vollbrachten und fünf hellenische Schiffe mitsamt der Mannschaft nahmen. Bei den Hellenen fochten an diesem Tage die Athener am rühmlichsten und von den Athenern Kleinias[12], Alkibiades' Sohn, der auf eigene Kosten mit zweihundert Mann auf eigenem Schiff bei der Flotte war.[13]

18. Da waren beide Teile froh, wieder zu ihrem Ankerplatz zu kommen. Die Hellenen waren zwar nach Beendigung der Schlacht im Besitz der Toten und der Trümmer geblieben; weil sie aber hart mitgenommen waren, besonders die Athener, von deren Schiffen die Hälfte beschädigt war, beschlossen sie nun doch die Flucht nach Hellas hinein.

19. Themistokles aber glaubte, daß man den Barbaren wohl Herr werden könnte, wenn es gelänge, das ionische und karische Volk loszureißen. Daher ließ er, während die Einwohner von Euboia ihre Herden dort an die Küste trieben, die Anführer zusammenkommen und sagte ihnen, er glaube ein Mittel zu wissen, womit er hoffe, dem König seine Kampfgenossen abtrünnig zu machen. Mehr entdeckte er ihnen von seinem Anschlag nicht, aber er riet ihnen in Anbetracht der Situation, daß jeder von dem euboiischen Vieh so viel schlachten solle, wie er wolle, denn besser, es fiele in ihre Hand als in die der Barbaren; ferner sollten sie bei sich im Lager Feuer anzünden lassen; wegen der Rückfahrt wolle er selber auf die rechte Zeit Acht haben, damit sie ohne Schaden nach Hellas gelangten. Der Rat gefiel ihnen, sie ließen die Feuer anzünden und machten sich an die Viehherden.

ACHTES BUCH

20. Die Euboier hatten nämlich jenen Spruch des Bakis von der Hand gewiesen, als bedeutete er nichts, und hatten weder etwas von ihrer Habe in Sicherheit geschafft, noch Vorrat eingebracht für den nahenden Krieg, sondern sich selber das Unglück auf den Hals gezogen. Denn Bakis[14] hat ihnen über den Krieg folgendes verkündet:

Sorge, wann jochen das Meer fremdredende Männer mit Byblos,
Daß von euboiischem Lande du bergest die meckernden Ziegen.

Sie aber hatten sich um diese Worte nicht im geringsten gekümmert, weder bei der damals gegenwärtigen noch bei der ihnen drohenden Not, und mochten nun klagen um ihren besten Besitz.

21. Währenddessen kam aus Trachis der Kundschafter an. Denn wie bei Artemision Polyas aus Antikyra[15] als Kundschafter bestellt war und ein seefertiges Boot zur Hand hatte, um denen bei Thermopylai gleich Nachricht über die Kämpfe der Flotte zu bringen, ebenso stand auch bei Leonidas der Athener Abronichos, Lysikles' Sohn, mit einem Dreißigruderer bereit, denen bei Artemision Nachricht zu geben, wenn etwa dem Landheer ein Unglück zustieße. Dieser Abronichos kam also an und erzählte, wie es Leonidas und seinem Heer ergangen war. Als die Hellenen das vernahmen, begannen sie sofort den Rückzug und fuhren in der Ordnung davon, wie sie gerade lagen: die Korinthier zuerst und die Athener zuletzt.

22. Da nahm Themistokles die besten athenischen Schiffe, fuhr mit ihnen zu den Trinkwasserstellen und ritzte überall in die Felsen eine Inschrift, die von den Ionern, als sie tags darauf nach Artemision kamen, gelesen wurde und folgendermaßen lautete: »Ioner, ihr tut nicht recht, daß ihr gegen eure Väter in den Krieg zieht und das Land der Hellenen in Knechtschaft bringt. Am besten, ihr schlagt euch zu uns; könnt ihr das aber nicht, so beteiligt euch wenigstens nicht mehr am Kampf und bittet auch die Karer, dasselbe zu tun. Ist euch aber das eine und

das andere unmöglich, ist das Joch, das auf euch liegt, zu schwer, und könnt ihr nicht zu uns abfallen, so kämpft wie Feiglinge, wenn es zur Schlacht kommt. Vergeßt nicht, daß ihr unseres Stammes seid und daß unsere Feindschaft mit dem Barbaren zuerst von euch entsprungen ist.« Das schrieb Themistokles, wie ich meine, mit doppelter Absicht: entweder die Inschrift bliebe dem Könige unbekannt und brächte die Ioner zum Abfall und Übertritt, oder sie würde ihm hinterbracht und übel gedeutet, so machte sie die Ioner bei ihm verdächtig und hielte sie von den Kämpfen fern.

23. Zu den Persern aber kam gleich darauf ein Mann aus Histiaia auf einem Boot gefahren und meldete ihnen die Flucht der Hellenen aus Artemision. Das erschien ihnen so unglaublich, daß sie den Boten in Gewahrsam hielten und erst schnell einige Schiffe auf Kundschaft aussandten. Als diese meldeten, wie die Sache stand, versammelte sich die ganze Flotte und fuhr, eben als die Sonne heraufstieg, hinüber nach Artemision. Dort blieben sie bis zur Mittagszeit, dann fuhren sie weiter nach Histiaia und besetzten die Stadt und überfielen alle Dörfer an der Meeresküste in der Landschaft Ellopia[16] im Gebiet der Histiaier.

24. Während sie dort lagen, schickte Xerxes einen Boten zur Flotte, nachdem er zuvor die Vorbereitungen zur Totenbestattung getroffen hatte. Von all denen, die aus seinem eigenen Heer bei Thermopylai gefallen waren – ihre Zahl betrug wohl an die zwanzigtausend –, ließ er nur etwa tausend liegen, für die übrigen ließ er Gräber ausheben und sie darin bestatten, und darüber Laub schütten und Erde aufhäufen, damit die Leute von der Flotte sie nicht zu Gesicht bekämen. Als nun sein Bote nach Histiaia hinüberkam, rief er alles Volk von den Schiffen zusammen und sprach zu ihnen: »Ihr Bundesgenossen! König Xerxes gestattet jedem von euch, wenn er will, seinen Platz zu verlassen und herüberzukommen, um zu sehen, wie er gegen diese törichten Menschen kämpft, die glauben, sie könnten die Macht des Königs überwinden.«

25. Als diese Aufforderung an sie ergangen war, gab es nicht

ACHTES BUCH

Fahrzeuge genug; so viele wollten hin und sehen. Und sie fuhren hinüber, gingen durch die Reihen der Leichen und beschauten sie. Sie glaubten nämlich, daß alle, die da lagen, Lakedaimonier und Thespiaier seien; es waren aber auch Heloten dabei. Die Vorkehrungen, die Xerxes mit seinen eigenen Toten getroffen hatte, konnten jedoch keinem der Vorübergehenden verborgen bleiben. Es war auch wirklich lächerlich. Von dem einen Teil sah man nur tausend Tote daliegen, die anderen aber lagen alle an einem Ort aufgehäuft zusammen, viertausend an Zahl.[17] Dieser Tag verging mit der Totenschau. Am nächsten Tag kehrten die einen nach Histiaia zu ihren Schiffen zurück, die anderen brachen mit Xerxes zum Weitermarsch auf.

26. Es kamen aber zu ihnen Überläufer aus Arkadien, einige wenige, notleidende Menschen, die sich einen Dienst suchten. Die Perser führten sie vor das Angesicht des Königs und fragten sie nach den Hellenen, was sie trieben. Einer der Perser führte das Wort für alle und stellte die Fragen. Jene antworteten, daß sie das olympische Fest feierten[18] und dem Kampfspiel der Männer und Pferde zuschauten. Er fragte sie weiter nach dem ausgesetzten Kampfpreis, und sie nannten den Kranz von Ölbaumzweigen, der dem Sieger verliehen wird. Da sprach Tigranes, Artabanos' Sohn, ein edles Wort, um das er vom König ein Feigling gescholten wurde. Denn als er hörte, daß der Preis nicht Geld und Gut, sondern nur ein Kranz sei, konnte er nicht an sich halten, sondern rief vor allen Anwesenden aus: »Weh, Mardonios, gegen was für Männer hast du uns in den Krieg geführt, die nicht um Besitztum wetteifern, sondern um den Preis der Tapferkeit!«

27. Es begab sich aber während dieser Zeit, daß die Thessaler sogleich nach dem Unglück bei Thermopylai einen Herold zu den Phokern sandten, gegen die sie schon immer einen Groll trugen, besonders aber seit ihrer letzten Niederlage. Die Thessaler und ihre Bundesgenossen hatten nämlich wenige Jahre vor dem Kriegszug des Königs einen Einfall in das Land der Phoker gemacht, waren aber von den Phokern geschlagen und

übel zugerichtet worden. Denn die Phoker hatten sich vor ihnen auf den Parnassos zurückziehen müssen und mit ihnen ein Seher, Tellias aus Elis. Dieser Tellias ersann folgende Kriegslist. Er nahm die Tapfersten von den Phokern, sechshundert Mann, überstrich sie mit Gips, die Männer mitsamt ihren Waffen, fiel mit ihnen nachts auf die Thessaler und befahl ihnen, alles niederstoßen, was nicht weiße Farbe trüge. Die Wachen der Thessaler, die zuerst ihrer ansichtig wurden, erschraken und meinten, es seien Gespenster, und von den Wachen ging der Schreck auf das ganze Heer über, so daß den Phokern viertausend Tote in die Hände fielen und ebenso viele Schilde, von denen sie die eine Hälfte nach Abai und die andere nach Delphi weihten. Aus dem Zehntel der Schätze, die sie in dieser Schlacht erbeuteten, sind die großen Standbilder, die in Delphi vor dem Tempel um den Dreifuß stehen[19], und ebensolche stehen auch in Abai.

28. Das hatten die Phoker dem Fußvolk der Thessaler angetan, als es sie belagerte, der Reiterei aber hatten sie schon bei ihrem Einfall ins Land heillos mitgespielt. In dem Engpaß bei Hyampolis[20] hatten sie einen großen Graben gezogen, leere Krüge hineingetan, darauf den Graben wieder zugeschüttet und dem übrigen Boden gleich gemacht. So erwarteten sie den Einbruch der Thessaler. Diese flogen heran, als wollten sie die Phoker hinwegfegen, stürzten aber in die Krüge, so daß ihren Pferden die Beine zerbrachen.

29. Das waren die beiden Niederlagen, um derentwillen sie ihnen grollten; darum schickten sie jetzt einen Herold und ließen ihnen folgendes sagen: »Jetzt endlich, Phoker, solltet ihr doch erkennen, daß ihr uns nicht gewachsen seid. Schon früher, als wir noch auf seiten der Hellenen standen, galten wir mehr als ihr, und jetzt, bei dem König, vermögen wir so viel, daß es ganz bei uns liegt, euch aus eurem Land zu verjagen oder euch in die Sklaverei zu verkaufen. Dennoch wollen wir, so leicht es uns auch fiele, keine Rache an euch nehmen. Zahlt uns statt dessen fünfzig Talente Silber, und wir versprechen, von euch abzuwenden, was eurem Lande droht.«

ACHTES BUCH

30. Dieses Angebot machten ihnen die Thessaler. Denn die Phoker waren die einzigen in jener Gegend, die nicht zu den Medern hielten. Das hatte aber, wie ich finde, keine andere Ursache als ihre Feindschaft mit den Thessalern. Denn hätten die Thessaler auf hellenischer Seite gestanden, wären die Phoker, so glaube ich, medisch gewesen. Darum erklärten sie auf das Angebot der Thessaler, sie würden ihnen nichts zahlen, sie könnten ebensogut wie die Thessaler es mit den Medern halten, wenn sie nur wollten, aber ohne Not würden sie nie an Hellas zu Verrätern werden.

31. Über diese Antwort entbrannten die Thessaler in Zorn gegen die Phoker. Darum wiesen sie den Feinden den Weg in ihr Land. Aus dem Gebiet von Trachis zogen sie zunächst hinüber nach Doris. Denn dort erstreckt sich ein schmaler Streifen dorischen Landes, etwa dreißig Stadien breit, zwischen dem malischen und dem phokischen Gebiet. Diese Landschaft hieß in früheren Zeiten Dryopis und ist die alte Heimat der Dorier in der Peloponnes. Dieses dorische Land verwüsteten die Barbaren nicht, als sie hindurchzogen; denn die Einwohner hielten zu den Medern und die Thessaler waren ebenfalls dagegen.

32. Von da drangen sie weiter ins phokische Land, bekamen aber die Phoker selbst nicht zu fassen. Ein Teil von ihnen war auf die Höhen des Parnassos gestiegen. Der Gipfel dieses Gebirges, der ganz abgesondert für sich bei der Stadt Neon liegt, ist auch gut geeignet, einen Heerhaufen aufzunehmen; Tithorea ist sein Name. Dort hinauf hatten sie ihre Habe geschafft und sich selber geflüchtet. Die meisten fanden ihre Zuflucht bei den ozolischen Lokrern in der Stadt Amphissa, oberhalb der krisaiischen Ebene[21]. Die Feinde aber überzogen ganz Phokis, geführt von den Thessalern, verbrannten und verwüsteten alle Ortschaften, wohin sie kamen, und warfen das Feuer in Städte und Tempel.

33. Am Kephisos hinunter nahmen sie ihren Weg und verheerten dort alles Land und verbrannten folgende Städte: Drymos, Charadra, Erochos, Tethronion, Amphikaia, Neon, Pe-

588

URANIA

dieia, Triteia, Elateia, Hyampolis, Parapotamioi und Abai, wo
ein reicher Tempel des Apollon stand, ausgestattet mit vielen
Schatzhäusern und Weihgaben. Es befand sich dort eine Orakelstätte, die noch jetzt besteht. Dieses Heiligtum raubten sie
aus und steckten es in Brand. Auch fingen sie auf den Bergen
einige fliehende Phoker und brachten einige Frauen um, indem Massen von Soldaten sie vergewaltigten.

34. Jenseits von Parapotamioi[22] kamen sie nach Panopeus.
Da teilte sich das Heer und bildete zwei Haufen. Der größte
und stärkste zog unter Xerxes weiter nach Athen und kam
nach Boiotien ins Gebiet von Orchomenos. Bei den Boiotern
aber hielt alles Volk zu den Medern. Ihre Städte wurden von
makedonischen Männern behütet, die von Alexandros geschickt
und überall verteilt waren; die sollten Xerxes damit beweisen,
daß die Boioter auf seiten der Meder ständen, und bewahrten
sie auf diese Weise vor Schaden.

35. Ein anderer Teil der Barbaren hatte sich mit Wegführern
auf die Straße zum Heiligtum in Delphi gewandt und ließ den
Parnassos zur Rechten liegen. Auch diese verwüsteten alles
phokische Land, das sie erreichten, legten die Stadt Panopeus
in Asche und ebenso auch Daulis und Aiolidai. Sie zogen aber
diesen Weg, abgesondert von dem übrigen Heer, nur deshalb,
um das Heiligtum in Delphi auszurauben und seine Schätze
dem König darzubringen. Denn, wie ich höre, wußte Xerxes
über die Schätze in Delphi besser Bescheid als über seine
eigenen Schätze, die er zu Hause hatte. Denn jeder sprach von
Delphi, besonders von den Geschenken, die Kroisos, Alyattes'
Sohn, dorthin gestiftet hatte.

36. Die Delpher gerieten als sie davon hörten, in größte
Angst und befragten in dieser Not den Gott um den heiligen
Schatz, ob sie ihn in die Erde vergraben oder in ein anderes
Land wegbringen sollten. Der Gott aber verbot, ihn anzurüh-
ren, und sagte, er sei selber schon imstande, sein Eigentum zu
beschützen. Nach dieser Antwort sorgten die Delpher nur um
sich selber. Die Kinder und Weiber schickten sie hinüber nach
Achaia, von ihnen selber stiegen die meisten auf die Gipfel des

ACHTES BUCH

Parnassos und schafften ihre Habe hinauf in die korykische Höhle, die anderen entwichen nach der lokrischen Stadt Amphissa. Kurz, alle Delpher verließen ihre Stadt, bis auf sechzig Männer und den Propheten.

37. Schon waren die Barbaren in der Nähe und konnten aus der Ferne bereits den Tempel erblicken, da sah der Prophet, Akeratos war sein Name, daß die heiligen Waffen aus dem inneren Gemach, die sonst kein Mensch berühren durfte, herausgeholt waren und draußen vor dem Tempel lagen. Er ging, um den zurückgebliebenen Delphern das Wunder zu verkünden. Als aber die Barbaren eilends näherrückten und bereits am Tempel der Athene Pronaia standen, da widerfuhren ihnen Wunderzeichen, die noch viel größer waren als jenes erste. Denn freilich ist auch das schon höchst wunderbar, daß Kriegswaffen offensichtlich von selber vor den Tempel hinausgekommen waren; aber das, was danach geschah, ist mit Sicherheit von allen Wundererscheinungen die erstaunlichste. Die Barbaren waren, wie gesagt, bis in die Nähe des Tempels der Athena Pronaia gelangt, da fuhren mit einemmal Blitze vom Himmel auf sie herab, und vom Parnassos brachen zwei Felsgipfel los, stürzten mit gewaltigem Krach auf sie herab und begruben sie unter sich; zugleich erscholl aus dem Tempel der Pronaia eine laute Stimme und Kampfesruf.

38. Als dies alles gleichzeitig über sie hereinbrach, erfaßte die Barbaren ein Entsetzen, und als die Delpher ihre Flucht bemerkten, kamen sie von den Bergen herab und töteten eine große Menge; die übrigen flohen geradewegs nach Boiotien. Diese Geretteten erzählten, wie ich höre, daß sie außer diesen noch andere Wunder gesehen hätten: zwei gewappnete Männer von übermenschlicher Größe seien hinter ihnen her gewesen mit Tod und Verfolgung.

39. Die Delpher sagen, es wären zwei Heroen des Landes gewesen, Phylakos und Autonoos, die zwei Heiligtümer in der Nähe des Tempels haben, nämlich Phylakos gleich am Weg oberhalb des Tempels der Pronaia, Autonoos aber nahe bei der Quelle Kastalia unter dem Gipfel Hyampeia. Jene Steine, die

vom Parnassos herabgestürzt sind, waren noch zu meiner Zeit
vorhanden; sie lagen im heiligen Bezirk der Athena Pronaia,
wo sie nach ihrem Weg durch die Barbaren liegen geblieben
waren. So also hatten diese Leute aus dem Heiligtum weichen
müssen.

40. Die hellenische Flotte fuhr unterdessen auf Bitten der
Athener von Artemision nach Salamis, da sie erst ihre Kinder
und Frauen aus Attika weg in Sicherheit bringen und zudem
auch Rat halten wollten, was sie nun weiter zu tun hätten.
Denn wie die Dinge standen, waren sie in ihrer Erwartung
getäuscht. Sie hatten gehofft, die Peloponnesier mit ihrer gesamten Heeresmacht in Boiotien in Erwartung der Barbaren
zu finden, und fanden nun von alldem nichts, sondern hörten,
daß jene dabei seien, den Isthmos zu verschanzen, weil sie vor
allem den Peloponnes zu retten bestrebt seien und darauf all
ihre Verteidigungsanstrengungen richteten, alles übrige aber
preisgegeben hätten. Dies war der Grund, warum die Athener
baten, die Flotte nach Salamis zu verlegen.

41. So taten denn auch die anderen, die Athener aber landeten an ihrer eigenen Küste und ließen dort durch die Herolde
ausrufen, jeder Athener solle seine Kinder und Hausgenossen,
so gut er könne, in Sicherheit bringen. Da schickten die meisten die Ihrigen hinüber nach Troizen, andere auch nach Aigina oder nach Salamis, und beeilten sich, sie fortzuschaffen,
zum einen aus Gehorsam gegen den Orakelspruch[23] und außerdem noch aus einem besonderen Grund. Die Athener behaupten nämlich, eine große Schlange hause als Wächterin der
Akropolis im Heiligtum, und dies behaupten sie nicht nur,
sondern sie bringen ihr auch, als gäbe es sie wirklich, an jedem
Neumond ein Opfer dar, einen Honigkuchen, den sie ihr
hinlegen. Nun war der Honigkuchen, der sonst immer aufgezehrt wurde, diesmal unberührt geblieben. Als die Priesterin
der Göttin[24] dies verkündete, verließen die Athener deshalb
um so williger und getroster ihre Stadt, weil ja auch ihre Göttin
schon die Burg verlassen hatte. Nachdem sie alles in Sicherheit
gebracht hatten, fuhren sie wieder zur Flotte zurück.

ACHTES BUCH

42. Nachdem nun die, die von Artemision mit ihren Schiffen nach Salamis gefahren waren, dort Anker geworfen hatten, sammelte sich auch die übrige Seemacht der Hellenen, als sie es erfuhr, von Troizen her bei ihnen; denn nach Pogon[25], dem Hafen von Troizen, hatten sie sich alle einfinden sollen. So kamen bei Salamis weit mehr Schiffe aus weit mehr Städten zusammen als in den Kämpfen bei Artemision. Der oberste Führer war noch derselbe wie bei Artemision, Eurybiades, Eurykleides' Sohn, ein Spartiate, aber nicht aus königlichem Geschlecht; die meisten und am besten segelnden Schiffe aber wurden von den Athenern gestellt. Zu dieser Flotte gehörten folgende Stämme: aus der Peloponnes die Lakedaimonier mit sechzehn Schiffen, die Korinthier[26] mit derselben vollen Zahl wie bei Artemision, die Skyonier mit fünfzehn, die Epidaurier mit zehn, die Troizenier mit fünf, die Hermioner mit drei Schiffen. Alle diese, ohne die Hermioner, sind dorischen und makedonischen Stammes und sind zuletzt aus Erineos, Pindos und aus der Dryopis her eingewandert. Die Hermioner sind Dryoper, die vor Herakles und den Maliern aus dem sogenannten dorischen Land hatten weichen müssen.

44. Das waren die Schiffe aus den peloponnesischen Städten. Folgende aber kamen aus dem außerhalb davon liegenden Festland: Die Athener, die allein fast so viele Schiffe stellten wie alle anderen zusammen, nämlich hundertachtzig; denn bei Salamis fochten die Plataier nicht mit auf den Schiffen der Athener, weil sie auf dem Rückzug der Hellenen von Artemision in der Nähe von Chalkis jenseits von Boiotien an Land gegangen waren, um ihre Familien in Sicherheit zu bringen. So kam es, daß sie nicht mehr rechtzeitig eintrafen. Die Athener waren übrigens zu der Zeit, als noch die Pelasger das jetzige Hellenenland innehatten, Pelasger und hießen Kranaer. Zur Zeit ihres Königs Kekrops wurden sie dann Kekropiden genannt. Als aber Erechtheus die Herrschaft übernahm, erhielten sie den Namen Athener, und seit ihrem Feldherrn Ion, Xuthos' Sohn, nannte man sie nach seinem Namen Ioner.

45. Die Megarer stellten dieselbe volle Zahl wie bei Artemi-

sion. Die Amprakioten waren mit sieben Schiffen gekommen, die Leukadier[27] mit drei Schiffen. Diese beiden waren dorischen Stammes aus Korinth.

46. Von den Inseln waren die Aigineten mit dreißig Schiffen zur Stelle. Sie hatten zwar außer diesen noch andere zwölf ausgerüstet, aber die behielten sie zur Verteidigung ihrer Insel; mit den dreißig besten jedoch kämpften sie mit bei Salamis. Die Aigineten sind Dorier aus Epidauros; ihre Insel hieß vordem Oinone. Auf die Aigineten folgten die Chalkider mit den zwanzig Schiffen, die sie schon bei Artemision gestellt hatten, und die Eretrier mit ihren sieben. Diese sind Ioner. Danach die Keïer mit denselben Schiffen; sie sind ionischen Stammes aus Athen. Ferner die Naxier auf vier Schiffen, die zwar von ihren Mitbürgern zu den Medern entsandt waren, ebenso wie die von den anderen Inseln, aber sich nicht an diesen Befehl gehalten, sondern sich zu den Hellenen begeben hatten, und zwar auf Betreiben des Demokritos, eines angesehenen Mannes auf Naxos, der zu jener Zeit ein Schiff befehligte. Die Naxier sind Ioner und stammen von den Athenern ab. Die Styrer stellten wieder dieselben Schiffe wie bei Artemision, die Kythnier ein Vollschiff und einen Fünfzigruderer; sie sind alle beide Dryoper. Auch die Seriphier, die Siphnier und die Melier[28] waren dabei; sie waren die einzigen von den Inseln, die den Barbaren nicht Erde und Wasser gegeben hatten.

47. Alle diese, die in den Kampf zogen, wohnen diesseits der Thesproter und des Flusses Acheron; denn an den Grenzen der Thesproter sitzen die Amprakioten und Leukadier, und diese waren die entferntesten Stämme, von denen Schiffe herzukamen. Von denen aber, die jenseits wohnen, waren die Krotoniaten[29] die einzigen, die dem Hellenenlande in dieser Kriegsnot mit einem Schiff zu Hilfe kamen, das Phayllos befehligte, ein Mann, der dreimal im isthmischen Kampfspiel gesiegt hatte. Die Krotoniaten sind ihrem Stamm nach Achaier.

48. Alle anderen stellten Trieren, nur die Melier, Siphnier und Seriphier Fünfzigruderer. Die Melier, ihrer Herkunft nach aus Lakedaimon, stellten davon zwei, die Siphnier und Seri-

ACHTES BUCH

phier, die Ioner aus Athen sind, je eins. Die ganze Zahl der
Schiffe, ohne die Fünfzigruderer, betrug dreihundertachtund-
siebzig.

49. Als die Feldherrn aus allen den genannten Städten sich
bei Salamis versammelt hatten, hielten sie einen Rat, und Eurybiades forderte sie auf, es solle jeder, der wollte, seine Meinung
darüber sagen, welchen unter den Orten, die noch im Besitz
der Hellenen waren, er für die Seeschlacht als am geeignetsten
ansehen würde. Denn Attika war schon aufgegeben; darum
sollten sie von den anderen Landschaften einen Ort vorschlagen. Die meisten Redner waren derselben Meinung: sie wollten zum Isthmos fahren und die Schlacht vor der Peloponnes
führen; denn, so sagten sie, ginge die Schlacht verloren, so
müßten sie, wenn sie bei Salamis stünden, mit einer Belagerung auf der Insel rechnen, von der keine Hilfe zu erhoffen sei,
beim Isthmos hingegen könnten sie sich zu den Ihren ans Land
retten.

50. Während die Feldherrn aus der Peloponnes diesen Vorschlag machten, kam ein athenischer Mann und meldete, daß
der Perser schon in Attika stünde und alles mit Feuer verwüste.
Das Heer, das unter Xerxes seinen Weg durch Boiotien genommen hatte, hatte nämlich die Stadt Thespiai verbrannt, deren
Einwohner auf die Peloponnes geflohen waren, und desgleichen auch Plataiai, und kam nun nach Attika und verheerte
auch dort alles. Jene Städte aber hatten sie deshalb verbrannt,
weil sie von den Thebanern hörten, daß sie nicht medisch
gesinnt seien.

51. So waren sie seit dem Übergang über den Hellespont,
von wo sie den Marsch begonnen und bei dem sie sich einen
Monat verweilt hatten, um nach Europa hinüberzugehen, in
weiteren drei Monaten in Attika angelangt, in dem Jahr, als
Kalliades Archon in Athen war.[30] Da nahmen sie die untere
Stadt in Besitz, die von den Einwohnern verlassen war, und
fanden nur einige wenige Athener in dem Tempel, Aufseher
im Heiligtum oder arme Leute, die die Akropolis mit Brettern
und Balken verrammelt hatten und die Feinde abwehren woll-

594

ten und teils ihrer Armut wegen nicht nach Salamis ausgewandert waren, teils auch weil sie glaubten, sie allein hätten den Sinn des Spruches recht begriffen, den ihnen die Pythia gegeben hatte, als sie sagte, daß die hölzerne Mauer unnehmbar sein würde. Eben diese sei nach dem Seherspruch die Zuflucht, die sie retten sollte, nicht aber die Schiffe.

52. Die Perser aber setzten sich auf der Anhöhe, die der Burg gegenüberliegt und von den Athenern Areshügel[31] genannt wird, fest und belagerten sie, indem sie Werg um die Pfeile wickelten, es anzündeten und in die Schanzwehr schossen. Da waren die Belagerten in übler Not; ihre Schutzwehr war dahin, aber gleichwohl fuhren sie fort, sich zu wehren, und als die Peisistratiden ihnen Übergabevorschläge machten, wollten sie von nichts hören, sondern sannen auf neue Verteidigungsmittel. Sie rollten den gegen das Tor andrängenden Barbaren große Steinwalzen entgegen, so daß Xerxes eine geraume Zeit in Nöten war, weil er sie nicht bezwingen konnte.

53. Am Ende aber fanden sie doch einen Zugang zur Burg. Denn es mußte ja nach dem Gottesspruch alles attische Land, so viel davon auf dem Festland lag, unter die Gewalt der Perser fallen. So stiegen auf der Vorderseite der Burg, aber hinter den Toren und dem zur Burg hinaufführenden Weg, wo keine Wache stand und niemand glaubte, daß da jemals ein Mensch hinaufsteigen würde, einige Perser hinauf. Es war in der Nähe des Tempels der Aglauros, Kekrops' Tochter, wo die Felsen steil abfallen. Sobald die Athener bemerkten, daß die Burg erstiegen war, stürzte sich ein Teil von der Mauer hinab und fand den Tod, die anderen flüchteten sich ins Tempelgemach. Die hinaufgestiegenen Perser aber wandten sich zuerst zum Tor und öffneten es, darauf erschlugen sie die, die im Heiligtum Schutz gesucht hatten, und nachdem sie alle niedergehauen hatten, raubten sie den Tempel aus und steckten die ganze Burg in Brand.[32]

54. So hatte nun Xerxes die Stadt Athen völlig in seiner Gewalt. Da schickte er einen Reitboten zu Artabanos, um ihm den errungenen Sieg zu melden. Am zweiten Tag nach Absen-

ACHTES BUCH

dung des Herolds ließ er die athenischen Verbannten, die mit ihm gekommen waren, zusammenrufen und befahl ihnen, zur Burg hinaufzugehen und ihren Bräuchen gemäß zu opfern, sei es weil er ein Traumgesicht gehabt hatte, oder weil es ihm aufs Herz gefallen war, daß er das Heiligtum in Brand gesteckt hatte. Die Verbannten taten nach seinem Befehl.

55. Ich will aber sagen, weshalb ich diese Sache erwähne. Auf der Akropolis[33] in Athen steht ein Tempel des Erechtheus, des Erdgeborenen, wie man ihn nennt, mit einem Ölbaum und einem Brunnen mit Meerwasser, von denen die Athener erzählen, daß Poseidon und Athene sich einst bei ihrem Streit um das Land[34] auf sie berufen hätten. Diesen Ölbaum hatte es betroffen, daß er zugleich mit dem übrigen Heiligtum von den Barbaren verbrannt wurde. Als nun am Tag nach dem Brand die Athener gemäß dem Befehl des Königs in das Heiligtum hinaufgingen, um zu opfern, siehe, da hatte der Baumstumpf schon wieder einen Sproß getrieben, eine Elle lang, und sie gingen und erzählten es.

56. Als die Hellenen bei Salamis von der Einnahme der Akropolis erfuhren, war ihre Bestürzung so groß, daß einige der Führer die Entscheidung über den ferneren Kriegsplan gar nicht erst abwarteten, sondern sich in die Schiffe warfen und die Segel aufzogen zur Flucht. Die übrigen aber beschlossen, vor dem Isthmos zu kämpfen. Darüber war es Nacht geworden; die Versammlung trennte sich, und sie gingen auf die Schiffe.

57. Da begab es sich, als Themistokles zu seinem Schiff kam, daß ihn der Athener Mnesiphilos[35] fragte, welchen Rat sie gefaßt hätten, und wie er hörte, daß sie beschlossen hätten, mit der Flotte nach dem Isthmos zu gehen und vor der Peloponnes zu kämpfen, sagte er: »Wenn sie das wirklich tun und die Schiffe von Salamis wegführen, wird es überhaupt nicht zur Schlacht um unser Vaterland kommen. Denn sie werden sich hierhin und dorthin wenden, jeder in seine Heimat, und weder Eurybiades noch sonst ein Mensch wird verhindern können, daß die Flotte sich auflöst. So wird Hellas durch Unverstand

zugrunde gehen. Aber wenn es noch einen Weg gibt, dann geh und suche den Beschluß zu vereiteln. Vielleicht kannst du den Eurybiades noch gewinnen, daß er seine Meinung ändert und zu bleiben beschließt.«

58. Dieser Vorschlag gefiel dem Themistokles sehr, und ohne etwas darauf zu antworten, begab er sich zum Schiff des Eurybiades und sagte ihm, er habe wegen einer allgemeinen Angelegenheit mit ihm zu sprechen. Eurybiades erwiderte, er solle zu ihm aufs Schiff kommen und seine Sache vorbringen. Da setzte sich Themistokles zu ihm und wiederholte alles, was er von Mnesiphilos gehört hatte, als käme es von ihm selber, und fügte noch vieles andere hinzu, bis Eurybiades seinen Bitten nachgab, wieder ans Land ging und die Führer zur Versammlung berufen ließ.

59. Vor den Versammelten hielt nun Themistokles, noch bevor Eurybiades den Grund nennen konnte, weshalb er die Feldherrn zusammengerufen hatte, eine lange Rede, wie sie die Not ihm eingab. Und wie er so sprach, rief Adeimantos, der korinthische Anführer, Okytos' Sohn, ihm zu: »Höre, Themistokles, bei den Wettspielen bekommt Stockschläge, wer sich zu früh erhebt.« Und jener sich rechtfertigend: »Ja, aber wer zurückbleibt, gewinnt keinen Kranz.«

60. So antwortete er dem Korinthier freundlich. Darauf wandte er sich zu Eurybiades, sagte aber nichts mehr von dem, was er vorher zu ihm gesprochen hatte, daß sie auseinanderlaufen würden, wenn sie von Salamis wegführen; denn in Gegenwart der Bundesgenossen schien es ihm nicht anständig, sie zu verklagen. Er begründete es vielmehr auf andere Weise, indem er folgendes sprach: »In deiner Hand liegt jetzt die Rettung von Hellas, sofern du meinem Rat folgst und du hier die Schlacht lieferst und nicht, wie die anderen wollen, die Flotte zum Isthmos hinüberführst. Denn höre und stelle das eine gegen das andere. Am Isthmos mußt du die Schlacht im weiten offenen Meer liefern, was für uns wenig ratsam ist, weil unsere Schiffe langsamer sind und geringer an Zahl. Und überdies, wenn es uns auch im übrigen glücken sollte, so verlierst du

ACHTES BUCH

noch Salamis, Megara und Aigina. Denn ihrer Flotte wird
zugleich auch das Landheer folgen, und so ziehst du sie selber
auf die Peloponnes und setzt auf einen Schlag ganz Hellas aufs
Spiel. Tust du dagegen, wie ich dir rate, ersteht dir mancherlei
Vorteil. Zum ersten, wir kämpfen auf engem Raum mit wenig
Schiffen gegen viele, und wenn der Kampf so ausgeht, wie zu
erwarten steht, so gewinnen wir einen großen Sieg; denn für
uns ist ein enger Raum zum Seekampf günstig, für jene hingegen ein weiter.[36] Außerdem geht so auch Salamis nicht verloren, wohin wir unsere Kinder und Frauen gebracht haben. Ja,
auch das erlangst du auf diesem Wege, was euch ja vor allem
am Herzen liegt: du wirst hier nicht weniger für die Peloponnes fechten als bei dem Isthmos, und die Perser nicht auf die
Peloponnes ziehen, sofern du dich wohl beraten lässt. Denn
geschieht, was ich hoffe, und siegen wir mit unseren Schiffen,
so werden die Feinde euch nicht bis zum Isthmos kommen,
noch auch über Attika hinausdringen, sondern in wilder Flucht
das Weite suchen. Zugleich aber retten wir auch Megara, Aigina und Salamis, von welch letzterer wir auch einen Seherspruch haben, daß wir unsere Feinde dort besiegen werden.
Wer einen wohlbedachten Rat faßt, dem pflegt es auch im
allgemeinen zu gelingen; aber bei unbedachtem Rat pflegt
auch die Gottheit des Menschen Vorhaben keinen Beistand zu
leihen.«

61. Als Themistokles so gesprochen hatte, fuhr abermals der
Korinthier Adeimantos gegen ihn heraus und sagte, wer kein
Vaterland habe, der müsse schweigen, und Eurybiades dürfe
einem heimatlosen Mann keine Stimme im Rat erteilen; erst
solle Themistokles nachweisen, daß er eine Stadt vertrete,
dann dürfte er mitreden. Das warf er Themistokles vor, weil
Athen eingenommen und in der Gewalt der Feinde war. Da
schalt aber Themistokles ihn und die Korinthier mit vielen
harten Worten und legte dar, daß Athen und das Land Attika
größer seien als Korinth, solange Athen noch zweihundert
Schiffe bemannt habe; denn kein hellenischer Staat würde sich
ihres Angriffes erwehren können.

62. Und indem er solches zu bedenken gab, richtete er seine
Rede wieder an Eurybiades und rief lebhafter als zuvor: »Wenn
du aber hier bleibst und dich als tapferer Mann erweist, dann
ist es gut; wenn nicht, dann stürzt du Hellas ins Verderben.
Denn die Entscheidung dieses Krieges liegt bei unseren Schiffen. Drum folge meinem Rat. Wo nicht, so nehmen wir unver-
weilt die Unsrigen in die Schiffe und fahren mit ihnen nach der
Stadt Siris[37] in Italien, die schon seit alter Zeit uns gehört und
von der die Sprüche sagen, daß sie uns zur Besiedlung bestimmt sei. Ihr aber werdet meiner Worte gedenken, wenn ihr
euch von so starker Hilfe verlassen seht.«

63. Aufgrund dieser Rede des Themistokles änderte Eurybiades seinen Sinn, vor allem deshalb, wie mir scheint, weil er
fürchtete, die Athener könnten sie verlassen, wenn er mit der
Flotte zum Isthmos hinüberginge; denn ohne die Athener
konnten die übrigen den Kampf nicht mehr wagen. So beschloß er, sie sollten bleiben und hier Schlacht bestehen.

64. Nun endlich, nach solchen Wortgefechten, machten
sich die Hellenen nach der Entscheidung des Eurybiades bei
Salamis bereit zur Schlacht. Und als der Tag kam und eben die
Sonne aufstieg, geschah ein Beben auf dem Land und im Meer,
und sie beschlossen, zu den Göttern zu beten und den Schutz
der Aiakiden[38] anzurufen. Und so taten sie. Erst beteten sie zu
den Göttern, dann riefen sie an Ort und Stelle von Salamis den
Aias und den Telamon herbei. Zu Aiakos aber und den anderen
Aiakiden entsandten sie ein Schiff nach Aigina.

65. Dikaios, Theokydes' Sohn, ein Athener, der zu dieser
Zeit landesflüchtig und bei den Medern zu Ansehen gekommen war, hat erzählt, er sei damals, als das attische Land von
dem Heer des Xerxes verwüstet wurde und von den Einwohnern verlassen war, mit dem Lakedaimonier Demaratos in der
thriasischen Ebene[39] gewesen. Da hätten sie gesehen, wie von
Eleusis eine Staubwolke ausging, als nahe eine Schar von dreißigtausend Menschen[40], und als sie sich darüber verwunderten, welche Menschen wohl die Ursache solchen Staubes sein
könnten, hätten sie gleich darauf auch Stimmen vernommen,

und die Stimmen seien ihm vorgekommen wie der Weihege-
sang des Iakchos. Demaratos, der von den heiligen Mysterien
in Eleusis nichts wußte, habe ihn gefragt, was das für ein
Gesang sei, worauf er ihm geantwortet habe: »O Demaratos,
dem Heer des Königs steht gewiß ein großes Unglück bevor.
Denn das ist ja ganz klar, da Attika von den Einwohnern
verlassen ist, ist dieser Ruf ein Gotteswunder, das von Eleusis
zum Beistand für die Athener und ihre Kampfgenossen ausgeht. Wenn die Staubwolke nach der Peloponnes zu zieht, so
kommt der König selber und sein Landheer in Not, wenn sie
sich aber zu den Schiffen wendet, die bei Salamis stehen, so
gerät der König in Gefahr, seine Flotte zu verlieren. Das eleusi-
sche Fest feiern die Athener jedes Jahr zu Ehren der Meter und
der Kore, und jeder von ihnen und den anderen Hellenen darf
sich dazu weihen lassen; der Gesang aber, den du hörst, ist der
Iakchos, den sie an diesem Feste erklingen lassen.« Darauf habe
ihm Demaratos erwidert: »Schweig und sprich zu keinem
Menschen davon. Denn wenn deine Worte zu den Ohren des
Königs kommen, verlierst du den Kopf, und keiner kann dich
erretten, weder ich noch irgendein anderer Mensch. Darum
halte dich still. Für dieses Heer aber werden die Götter sorgen.«
So habe ihm Demaratos geraten. Aus dem Staub und dem
Gesang aber habe sich eine Wolke emporgehoben und sei nach
Salamis zu der hellenischen Flotte geflogen. Daraus hätten sie
erkannt, daß des Königs Seemacht zugrunde gehen sollte. Das
erzählte Dikaios, Theokydes' Sohn, und berief sich dabei auf
Demaratos und andere Zeugen.

66. Die Völker aber von der Flotte des Xerxes, die sich die
Niederlage der Lakedaimonier angesehen hatten und wieder
nach Histiaia übergesetzt waren, hatten dort noch drei Tage
gewartet, worauf sie durch den Europos fuhren und in abermals drei Tagen bei Phaleron anlangten. Sie waren aber nach
meiner Rechnung bei ihrer Ankunft in Attika nicht geringer
an Zahl, sowohl zu Lande als auf den Schiffen, als damals, als sie
nach Sepias und Thermopylai kamen. Denn gegen die, die
durch den Sturm umgekommen und bei Thermopylai und in

den Seekämpfen bei Artemision gefallen waren, bringe ich die folgenden in Rechnung, die damals dem König noch nicht folgten: die Malier, Dorier, Lokrer und die Boioter, die mit ihrer ganzen Heeresmacht mitzogen, außer den Thespiaiern und Plataiern, und außerdem die Karystier, Andrier, Tenier und alle übrigen von den Inseln, ohne die fünf Städte, deren Namen ich früher erwähnt habe. Denn je weiter der König nach Hellas hinein vordrang, umso mehr Völkerschaften mußten ihm folgen.

67. Als nun diese alle nach Attika gekommen waren, außer den Pariern – diese waren bei der Insel Kythnos zurückgeblieben und wollten abwarten, wie der Krieg verlaufen würde –, die übrigen aber bereits bei Phaleron lagen, kam Xerxes selbst zu ihnen hinab ans Meer, um sich mit ihnen zu beraten und die Meinung derer auf der Flotte zu vernehmen. Nachdem er den Vorsitz übernommen hatte, erschienen vor ihm die zum Rate Berufenen, die Fürsten der einzelnen Völker und die Befehlshaber von den Schiffen, und setzten sich entsprechend ihrem Rang, den ihnen der König zugewiesen hatte, nieder, zuerst der König von Sidon, danach der König von Tyros, und so die übrigen. Und wie sie alle nach Rang und Würde geordnet dasaßen, schickte Xerxes den Mardonios herum und ließ alle nacheinander fragen, ob er die Seeschlacht liefern solle oder nicht.

68. Als nun Mardonios von einem zum anderen ging und sie befragte, nachdem er bei dem Sidonier den Anfang gemacht hatte, waren alle derselben Meinung und rieten zur Schlacht; nur Artemisia sprach folgende Worte: »Mardonios, sage dem König, daß ich ihm folgendes entbiete, ich, die ich bei den Seeschlachten bei Euboia nicht die Schlechteste war und auch nicht die schlechtesten Taten vollbracht habe: O Herr! Es ist meine Pflicht, dir offen und wahr meine Meinung zu sagen, was dir in dieser Sache am meisten nützt. Und so sage ich dir: Schone die Schiffe, liefere keine Seeschlacht! Diese Kämpfer sind deinen Völkern zur See so überlegen wie Männer den Frauen. Warum mußt du dich denn durchaus immer wieder

ACHTES BUCH

mit Seeschlachten in Gefahren stürzen. Hast du nicht Athen, um dessentwillen du die Heerfahrt begonnen hast? Hast du nicht das übrige Hellas? Keiner tritt dir in den Weg, und die, welche sich dir entgegengestellt haben, haben bekommen, was ihnen gebührte. Ich will dir sagen, welchen Asugang es nach meiner Meinung mit den Feinden nehmen wird. Wenn du dich nicht auf eine Seeschlacht einläßt, sondern die Schiffe hier liegen bleiben und du in Attika bleibst oder auf die Peloponnes vorrückst, so wird dir, o Herr, dein Vorhaben mit leichter Mühe gelingen. Denn die Hellenen können sich nicht lange Zeit gegen dich behaupten, sondern du wirst sie zwingen, sich zu trennen, und sie werden entweichen, jede nach ihrer Stadt. Sie haben, wie ich höre, keinen Vorrat auf dieser Insel, und ich denke, wenn du mit dem Landheer nach der Peloponnes aufbrichst, so werden die, die von dort kommen, nicht ruhig stehenbleiben und es wird ihnen nicht einfallen, um Attika eine Schlacht zu wagen. Wenn du aber jetzt gleich auf einer Seeschlacht bestehst, dann fürchte ich, wenn der Flotte ein Unglück begegnet, daß auch das Landeer ins Verderben gezogen wird. Und endlich, o König, nimm dir auch das zu Herzen: Wackere brave Männer haben gewöhnlich schlechte Diener, schlechte Männer aber brave Diener. So bist du zwar der beste aller Männer, hast aber schlechte Diener an denen, die als deine Bundesgenossen gerechnet werden, diesen Ägyptiern, Kypriern, Kiliken und Pamphylern, die zu gar nichts nütze sind.«

69. Als Artemisia so zu Mardonios sprach, wurden alle, die ihr freundlich gesinnt waren, über diese Rede bekümmert, weil sie glaubten, es würde ihr übel beim König ergehen, daß sie ihm widerriet, eine Seeschlacht zu liefern; andere aber, die voll Mißgunst und Neid gegen sie waren, weil ihr vor allen Bundesgenossen hohe Ehre widerfahren war, hatten ihre Freude an ihrem Widerspruch und meinten, das würde ihr Verderben sein. Aber als die Ratschläge vor den König kamen, gefiel ihm der Rat der Artemisia sehr gut. Er hatte sie schon vorher für eine tapfere Frau gehalten, und so rühmte er sie jetzt noch viel

mehr. Dennoch befahl er, dem Rat der Mehrheit zu folgen, denn er war der festen Überzeugung, daß die Flotte bei Euboia nur feige gekämpft habe, weil er selber nicht dabei gewesen sei; jetzt aber war er bereit, selbst dem Kampfe zuzuschauen.

70. Als daraufhin der Befehl erging, fuhren sie mit den Schiffen hinauf nach Salamis und stellten sich dort in aller Ruhe in Schlachtordnung auf. Weil aber dieser Tag nicht mehr zur Schlacht reichte, denn die Nacht brach schon herein, hielten sie sich für den nächsten Tag bereit. Die Hellenen aber waren in Furcht und Angst, besonders die aus der Peloponnes, weil sie selber bei Salamis still liegen und sich für das Land der Athener schlagen sollten, und wenn sie besiegt würden, Gefahr liefen, auf der Insel abgeschnitten und eingeschlossen zu werden, während sie ihr eigenes Land ohne Schutz den Feinden preisgegeben hätten. Denn das Landheer der Barbaren setzte sich in derselben Nacht auf die Peloponnes in Marsch.

71. Gleichwohl hatten die Peloponnesier alle Vorkehrungen getroffen, um dem Feind zu Lande das Eindringen zu verwehren. Denn gleich nachdem sie den Untergang des Leonidas und seiner Schar bei Thermopylai erfahren hatten, kamen sie eilends aus den Städten herbei und lagerten sich am Isthmos. Ihr Anführer war Kleombrotos, des Anaxandrides Sohn, der Bruder des Leonidas. Zunächst machten sie den skironischen Weg[41] unpassierbar, danach gingen sie mit sich zu Rate und beschlossen, eine Mauer über den Isthmos hin zu errichten. Weil es ein Heer von vielen Tausenden war und jeder Mann mit Hand anlegte, ging das Werk rasch vonstatten. Da wurden Steine, Ziegeln, Balken und Körbe mit Sand herbeigetragen, und sie rasteten keinen Augenblick von der Arbeit, weder bei Nacht noch bei Tag.

72. Unter den Hellenen, die mit all ihrem Volk zur Verteidigung des Isthmos ausgezogen waren, befanden sich folgende Stämme: die Lakedaimonier und alle Arkader, die Eleier, Korinthier, Sikyonier, Epidaurier, Phliasier, Troizenier und Hermioner. Diese waren es, die zur Verteidigung des in Gefahr geratenen Hellas herbeigeeilt waren; die übrigen Peloponne-

ACHTES BUCH

sier bekümmerte es jedoch gar nicht. Auch war das olympische
und das karneiische Fest schon vorüber.

73. Es wohnen in der Peloponnes sieben Volksstämme. Davon sind zwei im Lande eingeboren und sitzen noch immer da,
wo sie vor alters wohnten, das sind die Arkader und die Kynurier.[42] Ein anderer Stamm, der achaiische, hat zwar nicht die
Peloponnes, aber seine Heimat verlassen, und sitzt jetzt in
fremdem Lande. Die übrigen vier Volksstämme sind zugewan-
dert: die Dorier, Aitoler, Dryoper und Lemnier. Davon haben
die Dorier viele ansehnliche Städte, die Aitoler nur eine, nämlich Elis; den Dryopern gehört Hermion und Asine[43], die nicht
weit von der lakonischen Stadt Kardamyle[44] liegt. Alle Paroreaten[45] aber sind Lemnier.[46]. Die Kynurier, die im Lande eingeboren sind, scheinen Ioner zu sein, die einzigen auf dieser Halbinsel; aber unter der Herrschaft der Argeier und im Laufe der
Zeit sind sie zu Doriern geworden. Sie sind Orneaten[47] wie ihre
Nachbarn von Argos. Von diesen sieben Völkerschaften hielten sich, außer den genannten, alle übrigen Städte abseits, oder,
wenn ich es frei heraus sagen darf, sie hielten es mit den
Medern, indem sie beiseite blieben.

74. So waren nun die Hellenen am Isthmos mit einem Eifer
am Werk, als hinge das ganze Heil nur von ihnen ab; denn von
ihren Schiffen erhofften sie sich nichts Großes. Die Peloponnesier bei Salamis waren gleichwohl in Angst, als sie dies hörten,
doch nicht so sehr um ihrer selbst willen als um die Peloponnes.
Sie traten heimlich einer zum anderen und besprachen
sich über die Sache und schüttelten die Köpfe über des Eurybiades Verblendung. Das ging so eine Weile. Endlich aber brach
der Unmut offen aus. Nun hielten sie eine Versammlung ab,
auf der viel über dieses Thema gesprochen wurde. Die einen
wollten nach der Peloponnes absegeln und für sie kämpfen,
nicht aber bleiben und sich für bereits unterworfenes Land
schlagen. Die Athener, die Aigineten und die Megarer meinten
dagegen, man solle hier bleiben und den Feind abwehren.

75. Wie nun Themistokles sah, daß er von den Peloponnesiern überstimmt wurde, ging er still aus der Versammlung

604

hinaus, und als er draußen war, schickte er einen Mann auf einem Boot zur Flotte der Meder und trug ihm auf, was er dort sagen sollte. Der Mann hieß Sikinnos und war ein Sklave des Themistokles und der Erzieher seiner Kinder. Später, nach diesen Ereignissen, hatte ihm Themistokles zum Bürgerrecht in Thespiai verholfen, als die Thespiaier neue Bürger aufnahmen[48], und ihn mit Gütern reich versorgt. Dieser fuhr also damals zu den Führern der feindlichen Flotte und richtete ihnen folgendes aus: »Mich sendet der Führer der Athener ohne Wissen der anderen Hellenen; denn er hält es in seinem Herzen mit dem König und will lieber, daß ihr den Sieg erringt als die Hellenen. Ich soll euch kundtun, daß die Hellenen verzagt sind und auf Flucht denken, und so könnt ihr jetzt den allerherrlichsten Sieg gewinnen, wenn ihr sie nur nicht entrinnen lasset. Denn sie sind in Zwietracht untereinander und werden euch keinen Widerstand leisten, sondern ihr werdet sehen, daß die einen, die es mit euch halten, und die anderen, die gegen euch sind, sich untereinander bekämpfen.« So sprach er und machte sich eilig wieder davon.

76. Die Feinde glaubten der Botschaft und ließen zunächst eine große Anzahl Perser auf der kleinen Insel Psyttaleia[49], die zwischen Salamis und dem Festland liegt, an Land gehen, und zum andern, um die Zeit der Mitternacht, fuhren diejenigen auf dem linken Flügel in einem Bogen an Salamis heran, und ebenso auch die anderen Schiffe, die bei Keos und Kynosura aufgestellt waren, und besetzten mit ihren Schiffen den ganzen Sund bis nach Munychia hin. Der Grund für ihre Ausfahrt war, den Hellenen die Flucht zu versperren und sie bei Salamis abzuschneiden und für die Kämpfe bei Artemision zu bestrafen. Daß sie aber von den Persern einen Teil auf jenem kleinen Eiland Psyttaleia ans Land setzten, hatte folgenden Zweck. Sie dachten, wenn es zur Schlacht käme, so würden am ehesten dorthin die Menschen und die Trümmer ans Land treiben, weil die Insel gerade inmitten der Meerenge lag, wo die Schlacht stattfinden mußte. Da sollten die Perser die einen retten, die andern aber vernichten. Dies taten sie in aller Stille während

ACHTES BUCH

der Nacht, damit die Feinde nichts merkten und ließen sich keine Zeit zur Ruhe.

77. Göttersprüchen kann ich nicht widersprechen und sagen, daß sie nicht wahr sind, und ich will auch nicht versuchen, sie zu bezweifeln, wenn sie eine so deutliche Sprache sprechen und ich solche Beweise vor Augen habe wie bei diesem:

Aber sobald sie dereinst von der Artemis heiligen Küste
Spannen von Schiffen das Joch durch die Meerflut bis Kynosura,
Törichter Hoffnung voll, weil Athenas Stadt sie zerstöret,
Dann wird göttliche Strafe den Hochmut dämpfen, der Hoffart
Sohn, so gewaltig er rast und sich dünket, der Welt zu gebieten.
Erz wird treffen auf Erz, und purpurn färbet die Meerflut
Blutiger Kampf. Dann führt den Hellenen den Tag der Befreiung
Zeus Allvater herauf und die Göttin, die herrliche Nike.

Wo ich solches vor Augen habe und Bakis so deutliche Worte verkündet, da wage ich selber keinen Widerspruch gegen die Sehersprüche und lasse ihn auch von anderen nicht gelten.

78. Inzwischen aber lieferten sich die Feldherrn auf Salamis heftige Wortgefechte; denn sie wußten noch nicht, daß der Feind sie mit seinen Schiffen rundum einschloß, sondern meinten, er stünde noch ebenso da, wie sie ihn am Tage hatten stehen sehen.

79. Während sie noch miteinander stritten, kam aus Aigina der Athener Aristeides[50] herüber, Lysimachos' Sohn, der zwar vom Volk durch das Scherbengericht [51]verbannt worden war, den ich aber nach allem, was ich von ihm weiß, für den besten und gerechtesten Mann von Athen halte. Dieser trat nun vor die Versammlung und rief den Themistokles zu sich heraus, obwohl dieser nicht sein Freund war, sondern sein heftigster Feind; aber wegen der großen drängenden Not vergaß er das

606

alles, als er ihn herausrief, um mit ihm zu reden. Denn er hatte schon zuvor gehört, daß die Peloponnesier sich bemühten, die Schiffe nach dem Isthmos zu bringen. Als Themistokles zu ihm heraustrat, sagte er zu ihm: »Wir beide sollten, wenn es schon sein muß, dann in diesem Augenblick nur darum miteinander streiten, wer von uns dem Vaterland mehr Gutes zu erweisen vermöge. Ich sage dir aber, daß es ganz einerlei ist, ob über die Abfahrt der Peloponnesier viel oder wenig geredet wird. Denn ich sage dir, was ich mit meinen eigenen Augen gesehen habe: wenn auch die Korinthier und selbst Eurybiades es wollten, sie können jetzt nicht mehr fort; denn wir sind von den Feinden ringsum eingeschlossen. So geh denn hinein und tue es ihnen kund.«

80. Themistokles antwortete: »Trefflich ist deine Mahnung und gut deine Botschaft. Denn was ich selber gewünscht habe, das hast du mit Augen gesehen und kommst, es zu melden. Denn wisse, was die Meder da tun, das ist mein Werk. Die Hellenen wollten sich ja nicht aus freien Stücken zur Schlacht stellen; so mußte ich sie auch gegen ihren Willen dazu bringen. Du aber, der du die gute Nachricht gebracht hast, magst sie ihnen auch selbst verkünden. Denn wenn ich es sage, werden sie meinen, ich hätte es erdichtet, und denken, es sei nicht wahr, und werden mir nicht folgen. So gehe du selbst zu ihnen hinein und melde wie es steht. Glauben sie deinen Worten, um so besser. Wollen sie es aber nicht glauben, so ist es uns gleich; denn entrinnen werden sie nicht mehr, wenn wir, wie du sagst, auf allen Seiten eingeschlossen sind.«

81. Da ging Aristeides zu ihnen hinein und erzählte, daß er eben von Aigina käme und kaum noch durch die Reihen der feindlichen Schiffe hätte durchschlüpfen können, denn die ganze hellenische Flotte sei von den Schiffen des Königs ringsum eingeschlossen; darum riete er ihnen, sich zur Abwehr bereit zu machen. Daraufhin ging er wieder hinaus, drinnen aber begannen sie von neuem wieder mit Zank und Streit, weil die meisten Führer der Nachricht nicht glauben wollten.

ACHTES BUCH

82. Aber während sie noch zweifelten, kam eine Triere mit Männern aus Tenos, die zu ihnen überging; Panaitios, Sosimemes' Sohn, war ihr Hauptmann; sie brachte die ganze Wahrheit. Für diese Tat wurden die Tenier auf dem bekannten Dreifuß in Delphi mit unter denjenigen verzeichnet, die den Barbaren niedergeworfen haben. Mit diesem Schiff, das bei Salamis, und mit dem lemnischen, das vorher bei Artemision zu den Hellenen übergelaufen war, kam ihre Flotte auf die volle Zahl von dreihundertachtzig Schiffen; denn damals hatten noch zwei zu dieser Zahl gefehlt.

83. Nun endlich, nachdem sie an der Nachricht der Tenier nicht mehr zweifeln konnten, machten sich die Hellenen bereit zur Schlacht. Bei Tagesanbruch beriefen sie alles Kriegsvolk von den Schiffen zusammen, und da war es vor allem Themistokles, der treffliche Worte zu ihnen sprach. Er stellte alle guten und schlechten Regungen, zu denen die Natur des Menschen fähig ist, einander gegenüber und ermahnte sie, immer das gute Teil zu wählen. Er endete mit dem Befehl, die Schiffe zu besteigen, was sie auch taten. In diesem Augenblick traf auch das Schiff aus Aigina ein, das zu den Aiakiden gefahren war. Dann stachen die Hellenen mit allen ihren Schiffen in See, und sofort griffen die Barbaren sie an.

84. Die Hellenen wollten schon rückwärts rudern und an Land gehen, aber Ameinias, ein Athener aus Pallene, lief zu weit vor und stieß auf ein feindliches Schiff, und wie sein Schiff sich darin verfing und sie nicht wieder loskommen konnten, eilten die anderen herbei, um dem Ameinias zu helfen, und trafen auf die Feinde. So erzählten die Athener den Anfang der Schlacht, die Aigineten aber sagen, jenes Schiff, das wegen der Aiakiden nach Aigina geschickt worden sei, habe den Anfang gemacht. Auch wird erzählt, die Gestalt einer Frau sei ihnen erschienen und habe sie zum Kampf ermuntert und zwar so laut, daß die ganze hellenische Flotte es hörte; zuvor aber habe sie mit den Worten gescholten: »Ihr Toren, wie weit wollt ihr noch zurück?«

85. Da standen nun gegen die Athener die Phoiniken, denn

diese hatten den westlichen Flügel nach Eleusis zu; gegen die Lakedaimonier standen die Ioner, die den östlichen Flügel nach dem Peiraieus hatten. Doch nur wenige von ihnen hielten sich im Kampf mit Absicht schlecht, wie Themistokles sie ermahnt hatte; die meisten taten es nicht. Ich könnte die Namen vieler Hauptleute nennen, die hellenische Schiffe erobert haben, ich verschweige sie aber, bis auf zwei, Theomestor, Androdamas', Sohn, und Phylakos, Histiaios' Sohn, die beide Samier waren. Diese aber nenne ich nur, weil Theomestor für diese Tat von den Persern zum Tyrannen von Samos gemacht wurde, und Phylakos unter den königlichen Wohltätern verzeichnet und mit vielen Ländereien beschenkt wurde. Solche Wohltäter des Königs heißen in persischer Sprache Orosangen.

86. Soviel von diesen Ionern. Aber die meisten Schiffe wurden zerstört, teils von den Athenern, teils von den Aigineten. Denn weil die Hellenen in guter Ordnung und in geschlossener Front kämpften, die Barbaren aber schon durcheinander geraten waren und völlig den Überblick verloren, mußte es so kommen, wie es kam. Dennoch hielten sie sich an diesem Tag um vieles besser als bei Euboia und übertrafen sich selber, weil alle aus Furcht vor Xerxes ihr bestes gaben; denn jeder glaubtes, daß der König gerade auf ihn schaue.

87. Von den übrigen, Barbaren wie Hellenen, kann ich nicht mit Sicherheit angeben, wie sie sich einzeln im Kampf gehalten haben; von der Artemisia aber habe ich diese Tat zu berichten, die ihr Ansehen beim König noch erhöhte. Gerade zu der Zeit, als es mit der Sache des Königs schon sehr übel stand, wurde Artemisias Schiff von einem attischen Schiff verfolgt, und als sie sah, daß sie nicht mehr entrinnen konnte – denn hinter ihr standen andere befreundete Schiffe, ihr eigenes aber war den Feinden am allernächsten –, entschloß sie sich, etwas zu tun, was ihr nachher noch zum Glück geriet. Auf ihrer Flucht vor dem attischen ließ sie ihr eigenes Schiff gegen ein befreundetes anrennen, das ein kalyndisches Schiff war, auf

ACHTES BUCH

dem sich der König der Kalynder, Damasithymos, selber befand. Mag sie nun auch mit diesem schon vorher, als sie noch am Hellespont waren, einen Streit gehabt haben, so kann ich doch nicht sagen, ob sie es mit Vorbedacht getan hatte, oder ob es nur ein Zufall so fügte, daß ihr gerade das kalyndische Schiff in die Quere kam. Es war aber ihr Glück, daß sie es anrannte und in den Grund stieß, denn es brachte ihr doppelten Gewinn. Denn als der Hauptmann des attischen Schiffs sie gegen ein Schiff der Barbaren anlaufen sah, meinte er, es sei ein hellenisches Schiff oder es verließe die Barbaren und schlüge sich zu ihnen, und wandte sich von ihr weg gegen andere.

88. So gelang es ihr einerseits, zu entkommen und ihr Leben zu retten, und zum andern hatte sie das Glück, daß diese schlimme Tat ihr die höchste Ehre beim König eintrug. Denn wie man erzählt, hatte der König, der dem Kampf zuschaute, den Stoß des Schiffes bemerkt, und als einer der Umstehenden rief: »Herr, siehst du die Artemisia, wie wacker sie kämpft? Eben hat sie ein Schiff der Feinde in den Grund gestoßen!« fragte er, ob das wirklich Artemisia getan habe; jene bejahten es, weil sie das Zeichen ihres Schiffes genau kannten, das zerstörte aber für ein feindliches hielten. Denn, wie gesagt, alle Umstände fügten sich zu ihrem Glück; so auch der, daß von dem kalyndischen Schiff keiner mit dem Leben davon kam, der Klage gegen sie hätte erheben können. Xerxes aber soll darauf gesagt haben: »Ja, die Männer sind mir zu Weibern geworden, und die Weiber zu Männern.«

89. In diesem Kampf fiel der Feldherr Ariabignes, ein Sohn des Dareios und Bruder des Xerxes, und noch viele andere namhafte Männer von den Persern, den Medern und den übrigen Bundesgenossen, von den Hellenen aber nur einige wenige. Denn weil sie sich aufs Schwimmen verstanden, schwammen sie, wenn ihre Schiffe zerstört wurden und sie nicht im Handgemenge den Tod fanden, nach Salamis an Land. Von den Barbaren aber ertranken die meisten im Meer, weil sie nicht schwimmen konnten. Sobald aber die erste Reihe ihrer Schiffe sich zur Flucht wandte, wurden die meisten zer-

stört. Denn die, die hinter ihnen standen, drängten mit ihren
Schiffen nach vorn, um sich selbst auch vor dem König mit
einer Tat auszuzeichnen, und stießen so mit ihren eigenen
flüchtenden Schiffen zusammen.

90. In diesem Gedränge geschah auch folgendes. Einige der
Phoiniken, deren Schiffe zerstört waren, gingen zum König
und verklagten die Ioner als Verräter, durch deren Schuld sie
ihre Schiffe verloren hätten. Doch nicht etwa die ionischen
Führer wurden mit dem Tode bestraft, sondern ihre Ankläger,
die Phoiniken, bekamen ihren Lohn. Denn während sie noch
redeten, stieß ein samothrakisches[52] Schiff auf ein attisches,
und wie das attische Schiff versank, da schoß ein aiginaiisches
herbei und stieß das samothrakische in den Grund. Aber die
Samothraken, geübt im Speerkampf, warfen ihre Speere und
verjagten die Männer von dem Schiff, das sie gerammt hatten,
sprangen dann auch selbst hinüber und nahmen es ein. Dieser
Vorfall rettete die Ioner. Denn Xerxes, der die rühmliche Tat
mit angesehen hatte, wandte sich voller Zorn zu den Phoiniken, schob ihnen alle Schuld zu und befahl, ihnen die Köpfe
abzuschlagen, weil sie, die sich selber feige gehalten hatten,
nicht andere verklagen sollten, die sich als tapferer erwiesen.
Xerxes saß nämlich unten an dem Berg namens Aigaleos[53],
gegenüber von Salamis, und so oft er sah, daß einer aus seiner
Flotte sich in der Seeschlacht hervortat, fragte er nach seinem
Namen, und die Schreiber mußten den Mann, der das Schiff
befehligte, samt dem Namen seines Vaters und seiner Stadt
aufschreiben. Daß es aber den Phoiniken so erging, dazu half
auch Ariaramnes, ein Perser und Freund der Ioner, der dabei
zugegen war. Und es geschah ihnen nach des Königs Befehl.

91. Als nun die Barbaren sich zur Flucht wandten und nach
Phaleron entwichen, verlegten ihnen die Aigineten in dem
Sund den Weg und vollbrachten rühmenswerte Taten. Denn
während die Athener in dem Getümmel alle Schiffe zerstörten, die noch widerstanden oder die Flucht ergriffen, vernichte-
ten die Aigineten die übrigen, die den Athenern entkamen und
ihnen in die Hände liefen.

ACHTES BUCH

92. Dabei trafen auch das Schiff des Themistokles und des Aigineten Polykritos, Sohn des Krios, zusammen. Beide waren auf der Verfolgung. Polykritos griff gerade ein sidonisches Schiff an, das damals das aiginaiische Schiff auf der Vorwacht bei Skiathos erobert hatte, auf dem sich jener Pytheas[54] befand, Ischenoos' Sohn, den die Perser zerhauen hatten und danach aufgrund seiner Tapferkeit auf ihrem Schiff behielten und anstaunten. Und eben dies sidonische Schiff, das ihn mitführte, wurde jetzt mitsamt den Persern genommen, so daß Pytheas wieder glücklich nach Aigina heimkehren konnte. Als nun Polykritos das attische Schiff erblickte und an dem Zeichen erkannte, daß es das Feldherrnschiff war, da rief er den Themistokles an und erinnerte ihn spöttisch an den Vorwurf der persischen Gesinnung[55] der Aigineten. So spottete Polykritos, während er auf das feindliche Schiff losging. Die Feinde aber, die ihre Schiffe hatten retten können, entflohen nach Phaleron unter den Schutz des Landheeres.

93. In dieser Seeschlacht gewannen von den Hellenen das größte Lob die Aigineten, nach diesen die Athener, und von einzelnen Männern Polykritos aus Aigina und zwei aus Athen, Eumenes aus dem Demos Anagyros und Ameinias aus Pallene, eben der, der die Artemisia verfolgte. Hätte er freilich gewußt, daß Artemisia auf dem Schiff war, würde er wohl nicht eher abgelassen haben, als bis er sie gefangen hätte oder selber gefangen worden wäre. Denn es war den Führern der athenischen Schiffe befohlen und ihnen überdies auch noch ein Preis von zehntausend Drachmen versprochen worden, sie lebendig zu fangen, weil sie es als Kränkung empfanden, daß ein Weib gegen Athen zu Felde zog. Aber, wie schon gesagt, sie rettete sich noch und war mit den anderen, die ihre Schiffe heil davon gebracht hatten, in Phaleron.

94. Von dem korinthischen Feldherrn Adeimantos erzählen die Athener, er habe gleich zu Anfang, als die Schiffe aufeinander trafen, in Schrecken und Angst die Segel aufgezogen und sich auf die Flucht begeben, und ebenso auch die Korinthier, als sie das Schiff ihres Feldherrn entfliehen sahen. Als sie aber

612

auf der Flucht an der Küste von Salamis vorüberkamen, wo ein Tempel der Athena Skiras[56] steht, begegnete ihnen durch göttliche Fügung ein Schnellsegler. Es fand sich keiner, der es abgeschickt haben könnte, und als es den Korinthiern begegnete, wußten sie noch nicht, wie es mit der Flotte stand. Sie schlußfolgern aber aus folgendem Umstand, daß es dabei mit göttlichen Dingen zuging. Als das Boot nahe zu ihren Schiffen herangefahren sei, hätten die Leute auf dem Boot gerufen: »Adeimantos, du hast deine Schiffe zur Flucht gewendet und die Hellenen schmählich verraten; sie aber siegen bereits und werden der Feinde Herr, wie sie es erfleht haben!« Weil aber Adeimantos ihren Worten nicht glauben wollte, hätten sie weiter gesagt, er solle sie nur als Geiseln mitnehmen und töten, wenn er die Hellenen nicht siegreich fände. Da endlich habe er sein Schiff gewendet und desgleichen auch die anderen, als sie aber die Flotte wieder erreicht hätten, sei schon alles vorüber gewesen. Dieses Gerücht haben die Athener über sie verbreitet. Aber die Korinthier selber lassen es nicht gelten, sondern behaupten, bei der Schlacht mit unter den ersten gewesen zu sein, und das wird ihnen auch von den anderen Hellenen bezeugt.

95. Der Athener Aristeides, Lysimachos' Sohn, den ich vorher als einen wackeren Mann beschrieben habe, vollbrachte während der Schlacht bei Salamis folgende Tat. Er nahm eine starke Schar von den Schwergerüsteten, die an der Küste von Salamis entlang aufgestellt waren, alles athenische Männer, und führte sie auf Schiffen nach der Insel Psyttaleia hinüber. Dort erschlugen sie alle Perser, die auf diesem Eiland waren.

96. Als nun der Kampf zu Ende war, zogen die Hellenen alle Schiffstrümmer, die dort noch lagen, nach Salamis ans Land, und hielten sich zu einer neuen Schlacht bereit, weil sie glaubten, der König würde es mit den übrigen Schiffen noch einmal versuchen. Viele von den zertrümmerten Schiffen aber trieb der Westwind an die attische Küste nach dem sogenannten Kolias hinüber, so daß sich nicht nur die Weissagungen des Bakis und Musaios erfüllt haben, sondern auch das, was über

ACHTES BUCH

die hier angetriebenen Schiffstrümmer viele Jahre zuvor von Lysistratos, einem Weissager aus Athen, in einem Spruch vorhergesagt worden ist, aber allen Hellenen unverstanden geblieben war:

Kolias' Weiber rösten dereinst mit Rudern die Gerste.[57]

Dies aber sollte erst nach dem Abzug des Königs geschehen.

97. Als Xerxes sein ganzes Unglück erkannte, fürchtete er, einer von den Ionern könnte den Hellenen raten oder sie konnten selbst auf den Gedanken kommen, nach dem Hellespont zu fahren und die Brücken abzubrechen und ihn so in Gefahr bringen, abgeschnitten zu werden und in Europa den Untergang zu finden. Darum fing er an, auf Flucht zu denken. Weil er aber weder die Hellenen noch seine eigenen Leute dieses Vorhaben merken lassen wollte, begann er einen Damm bis nach Salamis hinüber aufzuschütten und ließ phoinikische Lastschiffe zusammenbinden, die als Brücke und zugleich als Mauer dienen sollten, und rüstete sich zum Kampf, als wolle er eine neue Seeschlacht liefern. Alle anderen, die sein Treiben gewahrten, glaubten, daß er allen Ernstes entschlossen sei, zu bleiben und weiter zu kämpfen. Nur Mardonios ließ sich nicht täuschen; denn er kannte seine Sinnesart zu genau.

98. Zur selben Zeit schickte Xerxes auch einen Boten nach Persien, um sein Mißgeschick zu melden. Es gibt nichts auf Erden, was geschwinder wäre, sein Ziel zu erreichen, als diese Boten, so geschickt haben die Perser ihren Botendienst eingerichtet. Es heißt nämlich, so viele Tagereisen der ganze Weg beträgt, ebensoviele Rosse und Reiter sind bestellt, je ein Roß und ein Reiter auf jede Tagesstrecke; weder Schnee noch Regen, noch Hitze und Dunkelheit hält sie ab, sondern jeder Bote legt seine vorgeschriebene Wegstrecke in schnellstem Lauf zurück. Der erste Reiter überbringt die Botschaft dem zweiten, der zweite dem dritten, und so wird sie immer von einem zum anderen weitergereicht, ähnlich wie bei den Hellenen das Fakkeltragen am Fest des Hephaistos.[58] Angareion nennen die Perser diese Pferdepost.[59]

URANIA

99. Die erste Nachricht, die nach Susa kam, daß Athen in der
Hand des Königs sei, hatte die zurückgebliebenen Perser mit
solcher Freude erfüllt, daß sie alle Straßen mit Myrrhen bestreuten und Räucherwerk anzündeten, Opfer brachten und Gast-
mahle veranstalteten. Als aber nachher die zweite Botschaft
kam, war ihre Bestürzung so groß, daß sie alle ihre Kleider
zerrissen und ein endloses Wehklagen und Heulen erhoben,
indem sie die Schuld an all dem Unglück auf Mardonios
schoben. Dies taten die Perser nicht so sehr aus Schmerz über
die Schiffe, als vielmehr aus Furcht um ihren König.

100. Diese Stimmung hielt so lange an, bis Xerxes selber
wieder kam und sie beruhigte. Als aber Mardonios den König
nach der Seeschlacht so niedergeschlagen fand und seine Absicht erkannte, aus Athen zu fliehen, überlegte er bei sich, daß
er es würde büßen müssen, den König zur Kriegsfahrt nach
Hellas überredet zu haben, und daß es für ihn ratsamer sei, den
Kampf noch einmal zu wagen, ob es ihm gelänge, Hellas zu
bezwingen, oder selber sein Leben in einem kühnen Unternehmen ruhmvoll zu beenden. Doch hoffte er, es würde ihm noch
gelingen. Darum wandte er sich an den König und sprach zu
ihm: »O Herr! sei nicht betrübt, und trage nicht so großes Leid
um diese Sache, die dich betroffen hat. Denn der Kampf, der
diesen Krieg entscheiden muß, wird nicht mit Holz gekämpft,
sondern mit Männern und Rossen. Keiner von diesen, die da
glauben, sie hätten schon alles gewonnen, wird sich erkühnen,
von den Schiffen ans Land zu kommen und sich dir entgegen-
zustellen, noch werden die auf dem Festland es wagen. Denn
die, die es bisher gewagt haben, haben es büßen müssen. Wenn
es nun dein Wille ist, so laß uns jetzt gleich den Angriff auf die
Peloponnes machen, willst du aber noch warten, so kann auch
das geschehen. Nur verliere den Mut nicht. Für die Hellenen
gibt es kein Entrinnen mehr, sie müssen dir büßen für alles, was
sie jetzt und was sie zuvor getan haben, und deine Knechte
werden. Darum kann ich dir nur raten, so zu tun. Bist du aber
entschlossen, selber wieder mit dem Heer zurückzukehren,
weiß ich auch dazu einen Rat. Lasse ja nicht zu, o König, daß

die Perser zum Gespött der Hellenen werden. Von den Persern nämlich ist noch keine deiner Unternehmungen verdorben worden, und du kannst nicht sagen, daß wir je feige gewesen seien. Wenn aber die Phoiniken und Ägyptier, die Kyprier und Kiliken feige gewesen sind, so können doch die Perser nichts dafür. Weil also nun die Perser ohne Schuld vor dir sind, so höre auf meinen Rat. Ist es dein Wille, nicht länger hier zu bleiben, so kehre heim in deine Lande und führe von dem Heer den größten Teil mit dir zurück. Mich aber lasse dreihunderttausend Mann aus dem Heer auswählen, so will ich dir Hellas untertänig machen und in deine Hand liefern.«

101. Solche Worte waren dem König nach so großem Leid ein Trost und eine Freude. Er sagte zu Mardonios, er wolle die Sache beraten und ihm dann Antwort geben, ob er das eine oder das andere tun werde. Und nachdem er mit den Persern, die er dazu gerufen, Rat gehalten hatte, beschloß er, auch die Artemisia zur Beratung zu fordern, weil er sah, daß sie früher als einzige das Richtige erkannt hatte. Als Artemisia kam, ließ der König die persischen Räte und die Speerträger wegtreten[60], und sprach zu ihr: »Mardonios rät mir, ich solle hier bleiben und die Peloponnes angreifen, und sagt, daß die Perser und das Landheer an dem ganzen Mißgeschick unschuldig seien und sich nur eine Gelegenheit wünschten, dies zu beweisen. Auch sei er selber bereit, mit dreihunderttausend Auserlesenen des Heeres Hellas zu unterwerfen und in meine Hand zu bringen, ich aber solle mit dem übrigen Heer heimziehen in meine Lande. Gib du mir nun einen Rat; denn du hast mir ja bei der geschlagenen Seeschlacht recht geraten und gemeint, daß ich sie nicht liefern solle. So sage mir auch jetzt, was ich tun soll, um gut beraten zu sein.«

102. Sie aber antwortete ihm und sprach: »O Herr! es ist wohl schwer, auf deine Frage so zu antworten daß ich gerade den besten Rat treffe. Jedoch, wie die Dinge nun einmal liegen, meine ich, du selber solltest heimziehen, den Mardonios aber, wenn es sein Wille ist und er sich dazu erbietet, solltest du hier lassen mit dem Kriegsvolk, das er verlangt. Denn wenn er

wirklich unterwirft, was er zu unterwerfen verspricht, so fällt
das Verdienst auf dich, denn deine Knechte haben es vollbracht. Wenn es ihm aber mißlingt und es tritt das Gegenteil
ein, so ist das Unglück nicht groß, da du doch erhalten bleibst
und mit dir deine Macht in Asien. Denn solange du und dein
Haus bestehen bleiben, werden die Hellenen noch oft um ihre
Freiheit kämpfen müssen. Widerfährt dem Mardonios ein
Mißgeschick, was liegt daran? Wenn auch die Hellenen über
ihn siegen, so ist das noch kein Sieg, wenn sie deinen Knecht
erschlagen haben. Du aber wirst heimziehen, nachdem du
Athen verbrannt und den Zweck deiner Heerfahrt erfüllt
hast.«

103. Dieser Rat gefiel dem Xerxes gut, denn er sprach genau
aus, was er in seinem Herzen dachte. Ich glaube nämlich, er
wäre nicht geblieben, selbst wenn ihm alle Männer und Frauen
dazu geraten hätten; so groß war seine Furcht. Darum bezeigte
er der Artemisia sein Wohlgefallen und entsandte sie, um seine
Söhne nach Ephesos[61] zu führen. Denn es waren einige Söhne
seiner Nebenfrauen mit ihm gezogen.

104. Als Hüter der Knaben schickte er noch einen gewissen
Hermotimos mit, der aus Pedasos gebürtig war und unter den
Eunuchen des Königs den ersten Rang einnahm. Die Pedaser
wohnen oberhalb von Halikarnassos. Bei diesen Pedasern trägt
sich mitunter folgendes zu. Immer wenn den Umwohnern der
Stadt innerhalb einer gewissen Zeit etwas Schweres widerfahren soll, bekommt die dortige Priesterin der Athena einen
großen Bart. Das ist ihnen schon zweimal geschehen.

105. Aus diesem Pedasos also stammte Hermotimos. Wohl
niemals hat ein Mensch so schwere Rache nehmen können für
ein angetanes Leid, wie dieser Hermotimos. Feinde hatten ihn
gefangen und an Panionios, einen Mann aus Chios, verkauft,
der sich von dem schändlichsten Gewerbe ernährte. Er kaufte
Knaben auf von schöner Gestalt, verschnitt sie und brachte sie
nach Sardis und Ephesos, wo er sie um viel Geld verkaufte.
Denn bei den Barbaren werden die Verschnittenen wegen
ihrer Treue in jeder Hinsicht höher geschätzt als andere Män-

ner. So hatte Panionios schon viele Knaben verschnitten, denn er lebte davon, und tat nun das gleiche auch an diesem. Aber Hermotimos hatte noch das Glück, daß er von Sardis aus mit anderen Geschenken zum König geschickt wurde, und mit der Zeit übertraf er alle anderen Eunuchen in des Königs Gnade und Gunst.

106. Als nun der König mit dem Heer der Perser nach Athen aufbrach und in Sardis stand, reiste Hermotimos in Geschäften nach Mysien in die Landschaft Atarneus, die von Chiern bewohnt wird, und stieß dort auf Panionios. Als er ihn erkannte, redete er zu ihm viele freundliche Worte, beschrieb ihm erst sein Glück und wie er das alles nur ihm zu verdanken habe, und versprach dann, wieviel Gutes er ihm zum Dank dafür erweisen würde, wenn er die Seinen herbeiholen und in Atarneus wohnen wollte. Panionios ging darauf mit Freuden ein und holte Weib und Kind. Als nun Hermotimos ihn und die ganze Familie in seiner Gewalt hatte, sprach er zu ihm. »Mensch, der du mit dem allerschändlichsten Gewerbe dein Brot gesucht hast, was tat ich dir zuleide und was hat dir je einer meiner Vorfahren zuleide getan, dir oder einem der Deinen, daß du mich von einem Manne zu einem Nichts gemacht hast. Du glaubtest wohl, es sei den Göttern verborgen geblieben, was du damals getan hast? Sie aber haben dich nach gutem Recht für deinen Frevel in meine Hand geliefert, und so sollst du dich nicht beklagen können über die Strafe, die ich dir auferlegen werde.« Nach dieser Scheltrede ließ er seine Söhne herbeirufen und wurde Panionios gezwungen, daß er seine eigenen Söhne verschneiden mußte, vier an der Zahl, und danach, wie er damit fertig war, mußten die Söhne desgleichen an ihm selber tun. So fiel Panionios der Vergeltung durch Hermotimos anheim.

107. Nachdem Xerxes seine Söhne der Artemisia anvertraut hatte, um sie nach Ephesos zu führen, ließ er Mardonios rufen und befahl ihm, die Leute aus dem Heer auszuwählen, die er haben wollte, und sich zu bemühen, daß seine Taten den Worten entsprächen. Weiter tat er nichts an dem Tag. In der

URANIA

Nacht aber fuhren die Führer der Flotte in aller Eile auf des Königs Geheiß mit den Schiffen von Phaleron zurück nach dem Hellespont, um dem König die Brücke für den Übergang zu schützen. Als sie auf dieser Fahrt in die Nähe von Zoster[62] kamen, wo an der Küste kleine Klippen aufragten, glaubten sie, es seien Schiffe und suchten das Weite, bis sie erkannten, daß es nicht Schiffe, sondern Riffe waren. Da sammelten sie sich wieder und fuhren weiter.

108. Früh morgens, als die Hellenen sahen, daß das Landheer noch immer am selben Ort stand, meinten sie, daß auch die Flotte noch bei Phaleron liegen würde, und machten sich bereit in Erwartung einer neuen Schlacht. Als sie aber hörten, daß die Schiffe abgefahren seien, beschlossen sie sofort, die Verfolgung aufzunehmen, und fuhren bis Andros, ohne die Flotte des Königs zu finden. In Andros hielten sie Rat. Themistokles schlug vor, sie sollten mitten durch die Inseln hindurch den Feinden nachsetzen und dann rasch nach dem Hellespont fahren, um die Brücken zu zerstören. Eurybiades aber war ganz anderer Meinung und sagte, wenn sie die Brücke zerstörten, geschähe dadurch den Hellenen der allergrößte Schaden. Denn wenn der Perser abgeschnitten und gezwungen würde, in Europa zu bleiben, würde er dort nicht einfach still sitzen bleiben, denn damit sei seiner Sache nicht gedient. Auch hätte er dann keine Rückzugsmöglichkeit mehr und sein Heer würde an Hunger zugrundegehen. Wenn er dagegen alle seine Kräfte mobilisiere, sei es wohl möglich, daß ihm alles in Europa zufiele, Städte und Völkerschaften, eine nach der anderen, mit Gewalt oder durch friedlichen Vertrag, und ernähren würden sie sich von der jährlichen Ernte der Hellenen. Er glaube jedoch nicht, daß der Perserkönig, nachdem er die Seeschlacht verloren hat, noch länger in Europa bleiben wolle, deshalb müßten sie ihn fliehen lassen, bis er wieder in sein Land zurückgekehrt sei. Danach aber sollten sie um sein eigenes Land mit ihm den Kampf beginnen. Dieser Meinung des Eurybiades traten auch die anderen Führer der Peloponnesier bei.

109. Als nun Themistokles erkannte, daß er die Mehrzahl

619

ACHTES BUCH

doch nicht dazu überreden konnte, nach dem Hellespont zu fahren, wandte er sich an die Athener, die besonders darüber entrüstet waren, daß die Feinde entkommen waren, und segeln wollten, sogar auf eigene Faust, sofern die anderen nicht mitmachten, und sprach: »Ich habe selber schon oft solche Fälle erlebt und noch viel öfter davon erzählen hören, daß Besiegte, wenn sie in die Enge gedrängt wurden, von neuem gekämpft und frühere Niederlagen wieder gut gemacht haben. Wir aber können von Glück sagen, daß wir uns selbst und das Land der Hellenen gerettet und diesen ungeheueren Menschenstrom von uns abgewehrt haben. Lassen wir sie also fliehen! Denn nicht wir haben dies vollbracht, sondern die Götter und die Heroen, die es nicht dulden wollten, daß Asien und Europa einen einzigen Herrscher haben, zumal einen solch gottlosen Frevler, der heilige Tempel genauso gering achtete wie die Wohnungen der Menschen, der die Bilder der Götter verbrannte und niederwarf , der selbst das Meer mit Geiseln schlug und in Fesseln legte. In unserer gegenwärtigen guten Lage halte ich es für ratsam, daß wir jetzt in Hellas bleiben und für uns selbst und unsere Angehörigen sorgen. Deshalb soll nun jeder sein Haus wieder aufbauen und seine Felder bestellen, wenn wir erst den Feind völlig vertrieben haben. Wenn aber der Frühling kommt, dann wollen wir nach dem Hellespont und nach Ionien fahren.« So sprach er, weil er die Absicht hatte, sich beim Perserkönig beliebt zu machen für den Fall, daß er dorthin seine Zuflucht nehmen müsste, wenn ihm von den Athenern etwas Böses widerfahren sollte, was ja später auch wirklich so geschah.[63]

110. Die Athener glaubten seiner trügerischen Rede; denn sie hatten ihn schon immer für einen klugen Mann gehalten, jetzt aber hatte er sich wahrlich als ein verständiger und einsichtiger Mann erwiesen. Darum waren sie auch alle bereit, seinem Rat zu folgen. Als Themistokles diese für sich gewonnen hatte, schickte er sofort ein Schiff mit einigen Leuten aus, denen er vertrauen konnte, daß sie auch in der größten Folterqual nicht seine Aufträge an den König verraten würden. Un-

ter ihnen befand sich auch sein Diener Sikinnos. Als sie nach Attika kamen, blieben die übrigen auf dem Schiff, Sikinnos aber ging hinauf zu Xerxes und sprach zu ihm: »Mich sendet Themistokles, Neokles' Sohn, der Führer der Athener, der tapferste und weiseste Mann im ganzen Heer, damit ich dir melde, daß Themistokles aus Athen in dem Wunsch, dir einen Dienst zu erweisen, die Hellenen davon abgehalten hat, deine Schiffe zu verfolgen und die Brücken am Hellespont zu zerstören. So magst du jetzt in aller Ruhe heimkehren.«

111. Nach diesen Worten fuhren die Boten wieder zurück. Nachdem die Hellenen aber beschlossen hatten, die Schiffe der Feinde nicht weiter zu verfolgen, noch auch in den Hellespont zu fahren und die Brücken zu zerstören, lagerten sie sich um die Stadt Andros in der Absicht, sie zu erobern. Denn die Andrier waren die ersten Inselbewohner gewesen, von denen Themistokles Geld verlangt, aber nichts erhalten hatte. Denn als Themistokles ihnen vorhielt, daß die Athener im Geleit von zwei mächtigen Gottheiten gekommen seien, den Göttern »Güte« und »Gewalt«, so daß jene unbedingt zahlen müßten, antworteten sie darauf und sagten: eben deshalb sei Athen auch so groß und reich, weil es mit glücksbringenden Göttern so gut versehen sei; Andros dagegen sei unvorstellbar arm, und sie hätten ebenfalls zwei allerdings schlimme Götter, die nicht von ihrer Insel weichen wollten, sondern dort am liebsten wohnten, nämlich »Armut« und »Not«. Und weil die Andrier nun einmal diesen Göttern unterworfen seien, könnten sie kein Geld geben, denn die Macht der Athener könnte niemals stärker sein als ihre Ohnmacht. Das war die Antwort der Andrier, die die Geldzahlung verweigert hatten und deshalb nun belagert wurden.

112. Themistokles aber, der nicht abließ in seiner Habgier, schickte auch zu den anderen Inseln drohende Worte und forderte Geld durch dieselben Boten, die er an den König gesandt hatte. Er ließ ihnen sagen, wenn sie nicht gäben, was er verlangte, würde er die Flotte der Hellenen gegen sie heranführen und sie belagern und erobern. Durch solche Drohungen

ACHTES BUCH

erpreßte er große Summen von den Karystiern und Pariern. Denn als diese hörten, daß die Andrier belagert wurden, weil sie es mit den Medern gehalten hatten, und daß Themistokles unter den Feldherrn größtes Ansehen genieße, erschraken sie und schickten Geld. Ob auch noch andere Inseln Geld gegeben haben, weiß ich nicht zu sagen, ich vermute aber, daß es auch noch andere getan haben und nicht nur diese. Die Karystier freilich gewannen damit keinen Aufschub ihres Schicksals, die Parier aber versöhnten den Themistokles mit ihrem Geld und blieben von der Kriegsnot verschont. So schickte Themistokles von Andros aus umher und ließ sich von den Inseln Geld zahlen, ohne daß die anderen Feldherrn davon wußten.

113. Xerxes aber wartete mit seinem Heer noch einige Tage nach der Seeschlacht und zog dann denselben Weg nach Boiotien zurück. Mardonios meinte nämlich, er müße dem König das Geleit geben, und außerdem sei es schon zu spät im Jahr, um noch Krieg zu führen; es sei also besser, den Winter über in Thessalien zu bleiben und nachher mit dem Anfang des Frühjahrs den Peloponnes anzugreifen. Nach ihrer Ankunft in Thessalien wählte Mardonios seine Truppen aus, vor allem die sogenannten Unsterblichen, allerdings ohne ihren Führer Hydarnes, der den König nicht verlassen wollte, und ferner von den anderen Persern die gepanzerten und die tausend Reiter, dann noch die Meder, Saken, Baktrier und Inder, Fußvolk und Reiter. Diese Völker nahm er ganz, aus den anderen Hilfsvölkern wählte er aber nur die, die ein stattliches Aussehen hatten oder von denen ihm eine rühmliche Tat bekannt war. Von keinem Volk aber nahm er so viele wie von den Persern, alles Leute mit Halsbändern und Armringen, und nach diesen die meisten von den Medern. Zahlenmäßig waren diese nicht geringer als die Perser, aber an Stärke kamen sie ihnen nicht gleich. Es waren zusammen, mit den Reitern, dreihunderttausend Mann.

114. In dieser Zeit, während Mardonios das Heer aussonderte und Xerxes in Thessalien stand, erhielten die Lakedaimo-

URANIA

nier aus Delphi einen Orakelspruch, sie sollten für das Blut des
Leonidas von Xerxes Buße fordern, und was er ihnen böte,
sollten sie annehmen. Da schickten die Spartiaten in Eile einen
Herold. Und der Herold, der noch das ganze Heer in Thessalien antraf, trat vor Xerxes und sprach zu ihm: »O Herr der
Meder! die Lakedaimonier und die Herkliden in Sparta fordern
von dir Blutbuße, daß du ihren König im Kampf um Hellas
erschlagen hast.« Der König aber lachte und schwieg lange
Zeit, endlich zeigte er auf Mardonios, der gerade an seiner Seite
stand und sagte: »Nun wohl, Mardonios hier wird ihnen Buße
zahlen, wie es ihnen gebührt.« Der Herold nahm dieses Wort
an und kehrte zurück.

115. Xerxes aber ließ Mardonios in Thessalien zurück und
zog in Eile zum Hellespont. In fünfundvierzig Tagen erreichte
er die Stelle des Übergangs, brachte aber von dem Heere fast
gar nichts zurück. Es nährte sich von der Feldfrucht der Länder
und Völker, durch die es auf seinem Marsch gelangte, und wo
sich keine Feldfrucht fand, nahmen sie das Gras, das aus der
Erde sprießt, schälten die Rinde und rupften die Blätter von
edlen und wilden Bäumen, aßen sie und ließen nichts übrig. So
groß war ihr Hunger. Unterwegs befielen Pest und Ruhr das
Heer und rieben es auf. Etliche ließ er auch krank zurück in
den Städten, durch die er kam, und gebot den Bewohnern, sie
zu pflegen und zu nähren, in Thessalien, in Siris[64] im Paionenland und in Makedonien. Dort hatte er auch den heiligen
Wagen des Zeus zurückgelassen, als er nach Hellas zog, und
bekam ihn nun auf dem Rückweg nicht wieder, denn die
Paionen hatten ihn den Thraken gegeben, und als Xerxes ihn
zurückverlangte, sagten sie, die Rosse seien auf der Weide von
den Thraken geraubt worden, die oberhalb an den Quellen des
Strymon wohnen.

116. Dort hatte auch der König der Bisalten und des kresto-
naiischen Landes, der ein Thrake war, eine unglaubliche Tat
begangen. Er hatte erklärt, daß er niemals freiwillig dem Xerxes dienen würde, und war auf das Gebirge Rhodope geflohen,
verbot aber zugleich auch seinen Söhnen, gegen Hellas mitzu-

ACHTES BUCH

ziehen. Die aber kümmerten sich nicht um sein Verbot, oder
es trieb sie die Lust, den Krieg mit anzusehen – jedenfalls zogen
sie mit dem Perser fort. Als sie nun alle sechs wohlbehalten
heimkehrten, stach ihnen der Vater zur Strafe die Augen aus.
117. So hatten sie ihren Lohn. Als die Perser aus Thrakien
weiterzogen und an die Meerenge kamen, setzten sie eilends
mit ihren Schiffen über den Hellespont nach Abydos. Denn
die Brücken fanden sie nicht mehr stehen; ein Sturm hatte sie
zerrissen. Weil sie dort aber warten mußten und mehr zu essen
fanden als unterwegs und sich ohne Maß damit vollfüllten und
auch anderes Wasser zu trinken bekamen, starben noch viele
von dem Rest des Heeres. Die übrigen aber kamen mit Xerxes
nach Sardis.

118. Es gibt aber auch noch eine andere Erzählung, die
folgendermaßen lautet. Als Xerxes auf dem Rückweg von
Athen nach Eion am Strymon kam, wollte er nicht weiter zu
Lande ziehen, sondern übergab das Heer dem Hydarnes, der es
zum Hellespont führen sollte; er selbst bestieg ein phoiniki-
sches Schiff und fuhr nach Asien. Während der Überfahrt aber
erhob sich plötzlich ein starker Wind vom Strymon her, der
große Wellen vor sich hertrieb, so daß der König in große Not
geriet, zumal auch das ganze Schiff mit Menschen vollbesetzt
war; denn es standen auf dem Verdeck viele Perser, die mit dem
König fuhren. Da wurde dem König bange, und er schrie den
Steuermann an und fragte ihn, ob er noch eine Rettung für sie
wüßte. Der antwortete: »O Herr, es ist keine Rettung, sofern
nicht das Schiff von den vielen Menschen auf dem Verdeck
erleichtert wird.« Daraufhin habe der König ausgerufen: »Jetzt
beweist, Perser, ob ihr euren König liebt, denn in eurer Hand,
so scheint es, liegt meine Rettung.« So sprach er. Da neigten
sich jene vor ihm in Ehrfurcht und sprangen hinaus ins Meer,
und das Schiff wurde leicht und gelangte glücklich nach Asien.
Sobald der König aber ans Land gestiegen war, schenkte er dem
Steuermann dafür, daß er des Königs Leben gerettet hatte,
einen goldenen Kranz, weil er dafür aber so viele Perser um ihr
Leben gebracht hatte, ließ er ihm den Kopf abschneiden.

624

URANIA

119. So lautet die andere Erzählung von der Rückfahrt des Königs; doch kann ich nichts davon glauben, zumal nicht diesen Ausgang der Perser. Denn angenommen, der Steuermann hätte das wirklich zu Xerxes gesagt, so wird mir doch unter zehntausend auch nicht einer widersprechen, wenn ich behaupte, der König hätte dann folgendermaßen gehandelt: er hätte die Männer, die auf dem Verdeck standen und Perser waren und zwar die vornehmsten der Perser, ins Schiff hinunter geschickt, dagegen von den Ruderknechten, die Phoiniken waren, eine gleiche Anzahl ins Meer werfen lassen. Aber wie schon gesagt, er nahm den Landweg und kehrte zusammen mit dem anderen Heer nach Asien zurück.

120. Dafür ist auch folgendes noch ein starker Beweis. Es ist bekannt, daß Xerxes auf dem Rückweg nach Abdera gekommen ist und mit den Bürgern dieser Stadt Gastfreundschaft geschlossen und sie mit einem goldenen Perserschwert und eine goldgestickten Tiara beschenkt hat. Und wie die Abderiten selber erzählen, was ich jedoch gar nicht glaubhaft finde, hat er dort seit seiner Flucht aus Athen zum erstenmal den Gürtel gelöst, weil er da erst außer Gefahr gewesen sei. Nun liegt aber die Stadt Abdera näher am Hellespont als der Strymon und die Stadt Eion, wo Xerxes doch, wie sie behaupten, das Schiff bestiegen haben soll.

121. Als die Hellenen Andros nicht erobern konnten, wandten sie sich von da gegen die Stadt Karystos, verwüsteten ihr Land und kehrten danach zurück nach Salamis. Zunächst wählten sie einige Erstlingsgaben für die Götter aus, darunter auch drei phoinikische Trieren, um davon die eine nach dem Isthmos zu weihen, wo sie noch zu meiner Zeit war, die andere nach Sunion, die dritte aber blieb in Salamis und wurde dem Aias[65] geweiht. Danach verteilten sie die Beute unter sich und sandten die besten Stücke davon nach Delphi, aus denen ein Bild gefertigt wurde, das auf der Hand einen Schiffsschnabel hält und zwölf Ellen hoch ist. Es steht dort, wo der goldene Alexandros von Makedonien steht.

122. Als die Hellenen diese Gaben nach Delphi schickten,

625

ACHTES BUCH

fragten sie den Gott gemeinsam, ob ihm diese Gaben genügend und wohlgefällig seien. Darauf antwortete der Gott, daß er von den übrigen Hellenen genug bekommen habe, aber nicht von den Aigineten, und forderte von ihnen seinen Siegeslohn für die Schlacht bei Salamis. Als die Aigineten dies hörten, weihten sie ihm drei goldene Sterne[66], die auf einem ehernen Mast befestigt sind und in der Ecke ganz nahe bei dem Mischkrug des Kroisos stehen.

123. Nach der Verteilung der Beute fuhren die Hellenen nach dem Isthmos, wo sie demjenigen den Ehrenpreis geben wollten, der sich unter den Hellenen als der würdigste in diesem Krieg erwiesen hatte. Als aber die Feldherrn dorthin kamen und am Altar des Poseidon ihre Stimmen abgaben, wen von allen sie für den ersten und wen für den zweiten erklärten, da gab jeder sich selbst seine Stimme, weil er meinte, er sei der beste gewesen; den zweiten Preis aber sprachen die meisten dem Themistokles zu. So hatten die ersten nur je eine Stimme, aber für den zweiten Preis vereinigte Themistokles die meisten Stimmen auf sich.

124. Obwohl nun die Hellenen diese Sache aus Mißgunst nicht entscheiden wollten, sondern jeder ohne Entscheidung in seine Heimat zurückfuhr, wurde doch der Name des Themistokles überall im Hellenenland als der des klügsten Mannes von allen Hellenen gepriesen. Weil er aber trotz seines Sieges nicht von denen, die bei Salamis gekämpft hatten, den Preis zugesprochen bekam, machte er gleich danach eine Reise nach Lakedaimon, um sich dort den Preis zu holen. Die Lakedaimonier nahmen ihn auch würdig auf und erwiesen ihm große Ehre. Eurybiades verliehen sie den Ehrenpreis der Tapferkeit, nämlich einen Olivenkranz, den Preis der Klugheit und Geschicklichkeit aber gaben sie Themistokles, gleichfalls einen Olivenkranz, und beschenkten ihn mit dem schönsten Wagen, der in Sparta zu finden war. Und nachdem sie ihn mit vielen Ehren überhäuft hatten, mußten ihm dreihundert auserlesene Spartiaten, die sogenannten Ritter, das Geleit geben bis an die Grenze von Tegea. Er ist der einzige Mensch, so viel wir

wissen, dem die Spartiaten jemals das Geleit gegeben haben.

125. Als er aber aus Lakedaimon nach Athen heimkam, trat Timodemos aus Aphidnai, einer von seinen Feinden, aber sonst keiner von den angesehenen Männer, ganz toll vor Neid gegen ihn auf und schmähte ihn wegen seiner Reise nach Lakedaimon, daß er die Ehren, die ihm dort zuteil geworden waren, nur Athen und nicht sich selbst zu verdanken habe, und hörte nicht auf, so zu reden, bis endlich Themistokles ihm erwiderte: »Laß dir sagen, Mensch! Mich hätte man in Sparta nicht geehrt, wenn ich aus Belbina[67] wäre, aber gewiß auch dich nicht, obgleich du aus Athen bist.«

126. Artabazos aber, Pharnakes' Sohn, der schon vorher bei den Persern in Ansehen stand, aber seit der Schlacht bei Plataiai noch mehr an Ansehen gewann, hatte mit sechzigtausend Mann von dem Heer, das sich Mardonios auserlesen hatte, den König bis zur Meerenge geleitet. Als Xerxes nach Asien übergesetzt war und Artabazos auf dem Rückweg in die Nähe von Pallene[68] kam, da Mardonios in Thessalien und Makedonien das Winterlager hielt und ihn nicht drängte, zu dem übrigen Heer zu stoßen, wollte er sich die Gelegenheit nicht entgehen lassen, die abgefallene Stadt Poteidaia zu unterwerfen. Denn die Bewohner der Stadt hatten sich, als der König auf seinem Rückzug an ihnen vorüberzog und nachdem die persische Flotte von Salamis geflohen war, ganz offen gegen die Barbaren empört und ebenso auch die anderen Städte auf Pallene.

127. Darum belagerte Artabazos die Stadt Poteidaia, und da er auch auf die Olynthier einen Verdacht hatte, daß sie vom König abfallen wollten, belagerte er auch sie. Hier wohnten nämlich Bottiaier, die von den Makedonen aus dem thermaiischen Meerbusen vertrieben worden waren. Nachdem er sie endlich erobert hatte, führte er die Bottiaier an einen See und ließ sie dort ermorden; ihre Stadt aber gab er Kritobulos aus Torone und der Bevölkerung von Chalkidike zur Verwaltung. So kam Olynthos in die Hände der Chalkider.

128. Danach richtete Artabazos seine ganze Kraft gegen Poteidaia. Dabei kam es zwischen ihm und Timoxeinos, dem

ACHTES BUCH

Hauptmann der Skionaier, der ihm die Stadt verraten wollte, zu einer Absprache. Wie er das zuerst mit ihm angezettelt hatte, kann ich nicht sagen, denn es wird nicht erzählt; am Ende aber machten sie es so. Wenn Timoxeinos einen Brief geschrieben und ihn an Artabazos schicken wollte, oder Artabazos an Timoxeinos, wickelten sie den Brief um den Pfeil nahe bei den Kerben, besteckten ihn mit Federn und schossen ihn an einen bestimmten Ort. Es wurde aber entdeckt, daß Timoxeinos die Stadt verraten wollte. Denn als Artabazos einmal nach der bestimmten Stelle schoß, aber den Ort verfehlte und einen Poteidaiaten in die Schulter traf, liefen viele Leute zu dem Getroffenen herbei, wie das so im Krieg zu geschehen pflegt; sie nahmen den Pfeil, und als sie den Brief bemerkten, trugen sie ihn zu den Feldherrn; denn es lagen auch von den übrigen Pallenaiern Mannschaften in der Stadt. Als die Feldherrn den Brief gelesen und den Urheber des Verrates erkannt hatten, beschlossen sie, Timoxeinos um der Skionaier willen nicht mit dem Verrat zu belasten, damit sie nicht auf alle folgende Zeit für Verräter gehalten würden. Auf diese Weise wurde der Verrat entdeckt.

129. Nun hatte Artabazos schon drei Monate vor der Stadt gelegen. Da trat eines Tages eine tiefe Ebbe des Meeres ein, die lange Zeit anhielt. Als die Barbaren sahen, daß das Wasser abgelaufen war, wollten sie an der Küste entlang auf die Halbinsel Pallene gehen.[69] Schon hatten sie zwei Fünftel des Weges zurückgelegt und lagen noch drei Fünftel vor ihnen, um jenseits der Stadt nach Pallene zu gelangen, als plötzlich eine gewaltige Flut kam, dergleichen noch nie gewesen war, wie die Leute dort sagen, obgleich sie sonst öfter Fluten haben. Da ertranken alle, die nicht schwimmen konnten, und die es konnten, wurden von den Poteidaiaten erschlagen, die auf Schiffen herbeikamen. Die Ursache der Ebbe und der Flut und damit des Unterganges der Perser aber sei nach Aussage der Poteidaiaten gewesen, daß dieselben Perser, die durch das Meer umkamen, gegen den Tempel und das Bild des Poseidon in der Vorstadt einen Frevel verübt hätten. Und ich meine, sie haben

URANIA

ganz Recht, daß sie darin die Ursache finden. Die anderen, die nicht umgekommen waren, führte Artabazos nach Thessalien zu Mardonios. So war es denen ergangen, die dem König das Geleit gaben.

130. Nachdem die persische Flotte soweit sie noch übrig war, auf der Flucht von Salamis nach Asien gelangt war und den König mit seinem Heer von der Chersones nach Abydos übergesetzt hatte, überwinterte sie bei Kyme. Wie aber der Frühling[70] kam, sammelte sie sich zeitig bei Samos, wo ebenfalls ein Teil der Schiffe überwintert hatte. Die Besatzung bestand größtenteils aus Persern und Medern, als Befehlshaber aber kamen Mardontes, Bagaios' Sohn, und Artayntes, Artachaies' Sohn; als dritter neben ihnen teilte der Neffe von Artayntes, Ithamitres, den dieser sich selbst beigesellt hatte, mit ihnen den Oberbefehl. Da sie jedoch schwer angeschlagen waren, wagten sie sich nicht weiter nach Westen vor, zumal sie keiner dazu drängte, sondern blieben bei Samos liegen und bewachten Ionien, damit es nicht abfalle. Zusammen mit den ionischen Schiffen waren es dreihundert Schiffe. Sie erwarteten allerdings auch nicht, daß die Hellenen nach Ionien kommen würden, sondern meinten, sie würden sich damit begnügen, ihr eigenes Land zu beschützen. Das schlossen sie daraus, daß die Hellenen sie auf der Flucht von Salamis nicht weiter verfolgt, sondern sich zufrieden zurückgezogen hatten. So war zwar zur See ihr Mut gebrochen, aber zu Lande, hofften sie, würde Mardonios ihnen weitaus überlegen sein. Noch während sie bei Samos lagen, berieten sie, wie sie den Feinden schaden könnten, warteten aber zugleich gespannt darauf, welchen Ausgang es mit Mardonios nehmen würde.

131. Aber auch die Hellenen wurden wieder rührig, nicht bloß weil der Frühling kam, sondern weil Mardonios in Thessalien stand. Ihr Landheer sammelte sich noch nicht, nur ihre Flotte kam mit hundertzehn Schiffen nach Aigina. Ihr Heerführer und Befehlshaber war Leutychides. Dieser stammte aus dem anderen Königshaus, und seine Vorfahren waren Mena-

629

ACHTES BUCH

res, sein Vater, und noch weiter zurück Hegesilaos, Hippokratides, Leutychides, Anaxilaos, Archidemos, Anaxandrides, Theopompos, Nikandros, Charilaos, Eunomos, Polydektes, Prytanis, Euryphon, Prokles, Aristodemos, Aristomachos, Kleodaios, Hyllos und Herakles. Sie alle, ohne die sieben ersten, die gleich hinter Leutychides genannt wurden, waren Könige von Sparta gewesen. Der Heerführer der Athener war Xanthippos, Ariphron's Sohn.

132. Als sich nun diese Schiffe alle bei Aigina versammelt hatten, kamen von den Ionern Boten ins Lager der Hellenen, die kurz zuvor auch schon in Sparta gewesen waren und die Lakedaimonier gebeten hatten, Ionien zu befreien. Unter ihnen war auch Herodotos, Basileides' Sohn. Sie hatten untereinander eine Verschwörung angezettelt und einen Plan zur Ermordung des Strattis, des Tyrannen von Chios, gefaßt. Anfänglich waren es sieben gewesen. Als aber einer von den Mitwissern die Sache verriet und ihr Anschlag entdeckt wurde, entflohen die übrigen sechs aus Chios und wandten sich erst nach Sparta und darauf nach Aigina und drangen in die Hellenen, sie sollten nach Ionien fahren. Sie brachten sie aber kaum bis Delos. Denn weiter hinaus war den Hellenen alles unheimlich, weil sie mit der Gegend nicht vertraut waren, und weil sie glaubten, es wimmele dort von Feinden; Samos aber kannten sie nur vom Hörensagen und glaubten, daß es nicht weniger weit entfernt sei als die Säulen des Herakles. So traf es sich also, daß die Barbaren in ihrer Furcht sich nicht getrauten, westwärts über Samos hinaus zu fahren, und die Hellenen, trotz aller Bitten der Chier, nicht ostwärts über Chios. Die Furcht nur war es, die zwischen ihnen die Wache hielt.

133. Die Hellenen also fuhren nach Delos. Mardonios aber sandte aus seinem Winterlager in Thessalien einen Mann mit Namen Mys, der aus Europos stammte, bei den Orakeln umher; der sollte hingehen und sie überall dort befragen, wo ihm der Zutritt gestattet wurde. Was er von den Orakeln erfahren wollte und weshalb er dem Mann diesen Auftrag erteilte, kann ich nicht sagen, denn es wird nicht berichtet; ich glaube aber, es

wird sich auf sein damaliges Vorhaben bezogen haben und auf nichts anderes.

134. Sicher ist, daß dieser Mys nach Lebadeia gekommen ist und einen Einwohner des Landes für Geld gewonnen hat, zu Trophonios[71] hinabzusteigen, und ebenso auch, daß er nach Abai[72] zum Orakel gekommen ist. Zuerst aber kam er nach Theben und befragte dort den ismenischen Apollon[73], bei dem die Befragung mittels Brandopfer geschieht wie in Olympia, dann bestach er einen Fremden, keine Thebaner, sich im Tempel des Amphiaraos schlafen zu legen. Denn kein Thebaner darf sich hier Weissagung holen; denn Amphiaraos hatte ihnen durch einen Orakelspruch geboten, sie dürften sich eines von beiden wählen, entweder daß sie ihn zum Weissager oder aber zum Mitkämpfer hätten; auf eines davon müßten sie verzichten. Und sie wählten ihn zum Mitkämpfer. Darum darf kein Thebaner sich dort schlafen legen.

135. Damals soll sich nun, wie die Thebaner erzählen, etwas begeben haben, was mir höchst wunderbar erscheint. Dieser Mys aus Europos soll nämlich bei seiner Umfahrt bei allen Orakelstätten auch in das Heiligtum des Apollon Ptoos gekommen sein. Dies Heiligtum, Ptoon genannt, gehört den Thebanern und liegt oberhalb des kopaischen Sees am Gebirge, ganz nahe bei der Stadt Akraiphia.[74] Als nun dieser Mys (›Maus‹), wie er genannt war, in den Tempel eintrat, gefolgt von drei Bürgern der Stadt, die die Gemeinde dazu bestellt hatte, um aufzuschreiben, was der Gott weissagen würde, fing der Priester mit einemmal an, in barbarischer Zunge zu sprechen.[75] Die thebaiischen Begleiter verwunderten sich, als sie die barbarische Sprache hörten anstatt der hellenischen, und wußten nicht, was sie tun sollten. Da riß ihnen jener Mys aus Europos die Schreibtafel, die sie mitgebracht hatten, aus der Hand und schrieb darauf die Worte des Propheten und sagte, er spräche in karischer Sprache. Nachdem er sie aufgeschrieben hatte, kehrte er wieder nach Thessalien zurück.

136. Als Mardonios die Orakel gelesen hatte, schickte er den Makedonen Alexandros, Amyntas' Sohn, als Gesandten nach

ACHTES BUCH

Athen. Er wählte ihn, weil die Perser mit ihm verwandt waren; denn Gygaia, Alexandros' Schwester und Amyntas' Tochter, war vermählt mit dem Perser Bubares und hatte ihm einen Sohn geboren, den Amyntas, der in Asien lebte und nach dem Vater seiner Mutter hieß; er hatte vom König die große Stadt Alabanda[76] in Phrygien zum Geschenk bekommen. Mardonios schickte ihn aber auch deshalb zu ihnen, weil er gehört hatte, daß Alexandros ihr Gastfreund und Wohltäter sei. Denn er hoffte, auf diese Weise die Athener am ehesten für sich zu gewinnen, von denen er hörte, daß sie ein zahlreiches und streitbares Volk seien. Auch wußte er, daß ihre Niederlage zur See vor allem das Werk der Athener gewesen war. Träten nun diese zu ihm über, so hoffte er, sich leicht zum Herrn des Meeres machen zu können, und sicher wäre er dies auch geworden; da er außerdem zu Lande um vieles stärker zu sein glaubte, gedachte er auf diese Weise die Hellenen doch noch zu besiegen. Vielleicht auch, daß die Orakel ihm vorausgesagt und geraten hatten, er solle die Athener für sich gewinnen, und daß er darum zu ihnen sandte.

137. Der siebte Vorfahr dieses Alexandros, Perdikkas, hat zuerst die Königsherrschaft über die Makedonen gewonnen. Dies geschah auf folgende Weise. Aus Argos flohen von den Nachkommen des Temenos drei Brüder, Gauanes, Aëropos und Perdikkas, ins Land der Illyrier. Von dort gingen sie hinüber ins obere Makedonien und kamen zur Stadt Lebaia. Da dienten sie um Lohn bei dem König; der eine hütete die Pferde, der andere die Rinder und der jüngste, Perdikkas, das Kleinvieh. Aber die Frau des Königs buk selbst das Brot für sie; denn in der alten Zeit waren unter den Menschen auch die Fürsten noch arm an Geld, und nicht bloß das gemeine Volk. Nun geschah es, so oft sie buk, daß das Brot des Knaben, ihres Knechtes Perdikkas, jedesmal doppelt so groß wurde wie der Teig, und weil das immer wieder geschah, sagte sie es ihrem Mann. Als der das hörte, kam ihm gleich der Gedanke, das wäre wohl ein Vorzeichen und bedeutete etwas Großes. Er ließ also die Knechte rufen und befahl ihnen, sein Land zu verlas-

URANIA

sen. Sie antworteten, erst müßten sie ihren Lohn haben, dann
wollten sie gehen. Wie der König von dem Lohn hörte, rief er,
weil eben die Sonne durch den Rauchfang ins Haus hinein
schien, in seiner Verblendung: »Nehmt hin, dies sei der Lohn,
der euch gebührt.« und wies auf die Sonne. Darüber standen
die beiden älteren, Gauanes und Aëropos, ganz verdutzt da,
aber der jüngste, der eben ein Messer hielt, versetzte: »Wir
nehmen an, o König, was du uns gibst!« und umschrieb mit
seinem Messer den Sonnenschein auf dem Estrich des Hauses,
schöpfte darauf dreimal von der Sonne in sein Gewand[77] und
ging mit seinen Brüdern davon.

138. Als sie fort waren, erklärte dem König einer seiner
Vertrauten, welche Bedeutung das Verhalten des Knaben habe,
und daß der jüngste von ihnen mit gutem Bedacht die Gabe
annahm. Da ergrimmte der König und schickte Reiter aus, um
sie zu verfolgen und zu töten. Nun ist in dieser Gegend ein
Fluß[78], dem die Nachkommen dieser Männer von Argos als
ihrem Erretter Opfer darbringen. Der schwoll, als die Temeniden hinüber waren, so gewaltig an, daß die Reiter nicht hinüber konnten. Jene aber gelangten in eine andere Gegend
Makedoniens[79] und ließen sich dort nahe bei den sogenannten
Midasgärten nieder. Midas[80] war der Sohn des Gordias. In
diesen Gärten wachsen wilde Rosen, die sechzig Blätter haben
und an Wohlgeruch die anderen Rosen übertreffen. In diesem
Garten wurde einst auch Silenos[81] gefangen, wie die Makedonen erzählen. Und oberhalb der Gärten liegt ein Gebirge, das
heißt Bermion[82] und ist wegen seiner Kälte nicht ersteigbar.
Nachdem sie dies Land eingenommen hatten, drangen sie von
dort her weiter vor und unterwarfen sich auch das übrige
Makedonien.

139. Von diesem Perdikkas also stammte Alexandros ab.
Denn Alexandros war der Sohn des Amyntas, Amyntas war ein
Sohn des Alketas, des Alketas Vater war Aëropos, dessen Vater
war Philippos, und Philippos Vater war Argaios, Argaios' Vater
aber war Perdikkas, der Gründer der Herrschaft. Das ist das
Geschlecht des Alexandros, des Sohnes des Amyntas.

ACHTES BUCH

140. Als Alexandros nach Athen kam, gesandt von Mardonios, redete er zu ihnen und sprach: »Ihr Männer von Athen! Also sprich Mardonios: ›Eine Botschaft ist an mich gekommen vom König, die sagt: Den Athenern verzeihe ich alle ihre Schuld, die sie gegen mich begangen haben. So handle nun so, Mardonios. Gib ihnen zunächst ihr Land wieder zurück und laß sie noch ein anderes Land dazu aussuchen, das ihnen gefällt und in dem sie ihre eigenen Herren sein sollen. Und wenn sie bereit sind, mit mir Frieden zu schließen, sollst du ihnen alle Tempel wieder aufrichten, die ich verbrannt habe. Da nun dieses Gebot an mich ergangen ist, bin ich gehalten, danach zu handeln, sofern ihr nicht selber es verhindert. Und so sage ich euch dieses. Was soll es, daß ihr jetzt noch so unvernünftig seid und gegen den König Krieg führen wollt, wo ihr ihn doch nicht besiegen, noch ihm auf die Dauer Widerstand leisten könnt. Ihr habt ja Xerxes' Kriegsheer gesehen, seine Größe und seine Tapferkeit, und hört wohl auch von der Heeresmacht, die ich jetzt mit mir führe. Wenn es euch also auch gelänge, daß ihr uns schlüget und besiegtet, was ihr doch nie und nimmer hoffen könnt, wenn ihr es vernünftig überlegt, so würde ein anderes Heer herzukommen, das noch viel größer wäre als dieses. Darum wollet euch nicht gleichstellen mit dem König, damit ihr euer Land nicht verliert und nicht ewig um euer Leben rennen müßt, sondern macht Frieden. Dazu habt ihr jetzt die allerehrenvollste Gelegenheit, weil der König euch die Hand bietet. Ihr sollt freie Männer sein und mit uns einen Waffenbund schließen, doch ohne Trug und Hinterhalt.‹ Das hat mir Mardonios aufgetragen, euch zu sagen. Ich aber will nicht von meiner Liebe zu euch reden, denn dies wäre ja nicht das erstemal, daß ihr sie erfahret; ich rate euch aber, folgt dem Mardonios. Denn ich sehe nicht ab, wie ihr imstande sein solltet, auf alle Zeit mit Xerxes Krieg zu führen. Denn wenn ich das für möglich hielte, wäre ich nicht mit diesem Vorschlag zu euch gekommen. Ist doch die Macht des Königs übermenschlich groß und sein Arm über die Maßen lang! Wenn ihr jetzt nicht gleich mit ihm Frieden schließt, solange sie euch so

gute Bedingungen anbieten, habe ich große Sorge um euch; denn ihr wohnt der Heerstraße näher als alle eure Bundesgenossen und habt immer allein den Schaden, da euer Land zum Kampfplatz wie geschaffen ist. So lasset euch denn raten. Denn das müßt ihr hoch anschlagen, daß der große König euch allein von den Hellenen die Schuld vergibt und euer Freund werden will.«

141. So redete Alexandros zu ihnen. Die Lakedaimonier aber, die von des Alexandros Ankunft in Athen gehört hatten und daß er die Athener zu einem Vertrag mit dem Barbaren bewegen wollte, erinnerten sich der Weissagungen, daß die Meder und Athener einst sie und die Dorier aus der Peloponnes vertreiben würden, und gerieten in große Angst, die Athener könnten sich mit dem Perser vergleichen. Darum beschlossen sie, sofort eine Gesandtschaft an sie zu schicken. Und es fügte sich, daß ihre Gesandten zur selben Zeit vor dem Volk auftraten. Denn die Athener, die wohl wußten, daß es den Lakedaimoniern kund werden würde, daß vom Barbaren ein Friedensbote gekommen sei, und daß sie dann in Eile Gesandte schicken würden, hatten mit Fleiß so lange gewartet und die Sache hingehalten, weil sie den Lakedaimoniern zeigen wollten, wie sie gesinnt waren.

142. Als nun Alexandros aufgehört hatte zu reden, ergriffen nach ihm die Lakedaimonier das Wort und sprachen: »Wir aber sind von den Lakedaimoniern gesandt, euch zu bitten, daß ihr nichts Böses gegen Hellas beginnt und nicht annehmt, was euch der König entbieten läßt. Denn das wäre höchst ungerecht und brächte auch anderen Hellenen keine Ehre, euch aber gewiß am wenigsten von allen, und das aus vielen Gründen. Denn diesen Krieg habt ihr verursacht, wir wollten ihn nicht, und um eure Herrschaft hat sich der Streit erhoben, der jetzt ganz Hellas angeht. Daß gerade die Athener, die alle diese Not verschuldet haben, nun an der Knechtschaft der Hellenen schuld werden sollten, wäre ja unerträglich, zumal ihr auch schon seit Alters immer dafür bekannt seid, vielen Menschen zur Freiheit verholfen zu haben. Eure Bedrängnis tut uns leid,

ACHTES BUCH

zweimal schon seid ihr um eure Ernte gekommen[83] und euer Hab und Gut habt ihr schon lange verloren. Darum lassen euch die Lakedaimonier mit den Bundesgenossen entbieten, daß sie eure Frauen und alle eure Kinder und Leute, die nicht kriegstauglich sind, solange unterhalten wollen, wie dieser Krieg noch dauert. Laßt euch auch nicht durch Alexandros von Makedonien überreden, der euch Mardinios' Vorschlag angenehm zu machen sucht. Er muß ja freilich so tun, als König hilft er einem König. Anders aber ihr, wenn ihr euch wohl beratet, denn ihr wisst, daß bei Barbaren weder Treue noch Glauben gilt.«

143. Die Athener aber antworteten zuerst Alexandros. »Das wußten wir schon selber, daß der Meder viel größere Macht hat als wir, und es war nicht nötig, uns das vorzuhalten. Aber gleichwohl werden wir festhalten an der Freiheit und um sie kämpfen, so gut wir können. Zu einem Frieden mit dem Barbaren suche uns nicht zu überreden; es wird dir auch nicht gelingen. Geh nun und melde dem Mardonios die Antwort der Athener: Solange die Sonne ihre Bahn wandelt wie bisher, werden wir niemals mit Xerxes unseren Frieden machen, sondern wollen ihn bekämpfen, vertrauend auf die Hilfe der Götter und der Heroen, die er mißachtet und deren Häuser und Bilder er verbrannt hat. Du aber komme uns künftig nicht wieder mit solchen Anträgen vor unser Angesicht und rate uns nicht, etwas derart Schimpfliches zu tun, indem du meinst, uns einen guten Dienst zu erweisen. Denn wir möchten nicht, daß dir von den Athenern ein Leid zugefügt wird, da du unser Ehrenwirt und unser Freund bist.«

144. Das war ihre Antwort an Alexandros. Aber den Boten aus Sparta antworteten sie folgendermaßen: »Daß die Lakedaimonier in Angst gekommen sind, wir könnten uns mit den Barbaren vergleichen, war wohl sehr menschlich. Wir glauben jedoch, daß euch solche Furcht nicht gut anstand, denn ihr wußtet wohl, wie die Athener gesinnt sind, und daß nirgends auf Erden so viel Gold ist und kein Land so schön und fruchtbar, daß wir um diesen Preis persisch werden und Hellas in

636

URANIA

Knechtschaft bringen wollten. Denn viele und schwere Gründe verbieten uns, so etwas zu tun, auch wenn wir dazu bereit wären. In erster Linie sind es die verbrannten und zerstörten Bilder und Wohnungen der Götter, für die wir blutigste Rache nehmen müssen, bevor wir uns mit dem vergleichen, der solche Frevel verübt hat. Zum anderen sind wir mit den Hellenen eines Blutes und einer Zunge und haben dieselben Heiligtümer und Feste der Götter und die gleichen Sitten. Dies alles sollten die Athener vergessen und verraten? Das wäre nicht fein. Nein, wißt nun, sofern ihr es wirklich bisher noch nicht gewußt habt: niemals, so lange auch nur ein einziger Athener übrig ist, werden wir uns mit Xerxes vergleichen. Eure Sorge aber für uns, daß ihr an unsere zerstörten Wohnungen und Felder denkt und sogar bereit seid, unsere Familien zu unterhalten, die müssen wir rühmen, und euer freundliches Angebot verdient allen Dank. Wir aber wollen so bleiben, wie wir sind, und euch nicht damit belasten. Weil die Dinge jedoch nun einmal so stehen, beeilt euch, daß ihr so rasch wie möglich ein Heer aussendet. Denn wir vermuten, daß der Feind nicht lange säumen, sondern in unser Land einfallen wird, sobald er die Botschaft vernimmt, daß wir ihm alles verweigern, was er von uns begehrt. Daher ist es an der Zeit, daß wir in Boiotien einrücken, noch bevor er in Attika erscheint.« Auf diese Antwort der Athener kehrten die Boten nach Sparta zurück.

NEUNTES BUCH
Kalliope

1. Als aber Mardonios von dem zurückkehrenden Alexandros vernahm, was die Athener geantwortet hatten, brach er aus Thessalien auf[1] und führte sein Heer in Eile gegen Athen, und alle Bewohner der Gegenden, durch die er kam, mußten mit ihm ziehen. Die thessalischen Oberhäupter[2] bereuten ihr früheres Verhalten keineswegs, sondern reizten den Perser noch viel mehr auf. Thorax von Lausa, der Xerxes auf seiner Flucht begleitet hatte, öffnete nun auch Mardonios unverhohlen den Weg nach Hellas.

2. Als das Heer durch Boiotien zog, suchten die Thebaner Mardonios aufzuhalten und rieten ihm, nicht weiterzuziehen, sondern sich hier zu lagern. Es gäbe kein geeigneteres Land für ein Heerlager. Er solle vielmehr sehen, daß er ohne Kampf ganz Hellas unter seine Hand brächte. Denn mit Gewalt die Hellenen zu bezwingen, solange sie eines Sinnes wären, so wie bisher, sei eine schwierige Sache, wenn auch alle Welt sich gegen sie verbände. »Wenn du aber«, sagten sie, »unserem Rat folgst, wirst du ohne Mühe ihre kriegerischen Pläne in Erfahrung bringen. Schicke Geld in die Städte an die mächtigen Männer, dann wirst du Hellas entzweien; danach kannst du deine Gegner leicht mit Hilfe der gewonnenen Parteigänger bezwingen.«

3. Das war ihr Rat. Er aber folgte ihnen nicht, sondern brannte vor Verlangen, die Stadt Athen zum zweitenmal einzunehmen, zum einen aus eitlem Stolz, und zum anderen, weil er dem König in Sardis mit Feuerzeichen[3] über die Inseln hinweg

verkünden wollte, daß Athen in seiner Gewalt sei. So zog er nach Attika, fand aber auch diesmal die Athener nicht dort, sondern erfuhr, daß sich die meisten wieder in Salamis und auf den Schiffen befänden, und besetzte die verlassene Stadt. Zehn Monate waren seit der Einnahme durch den König bis zu diesem zweiten Einfall des Mardonios verflossen.[4]

4. Nach seiner Ankunft in Athen schickte Mardonios den Murychides, einen Hellespontier, erneut mit demselben Angebot nach Salamis, das schon Alexandros von Makedonien an die Athener überbracht hatte, obgleich er schon zuvor wußte, daß sie ihm nicht freundlich gesinnt waren; er hoffte aber, sie würden jetzt von ihrem Trotz ablassen, nachdem das attische Land erobert und in seine Gewalt gefallen war. Darum schickte er Murychides nach Salamis.

5. Der ging vor den Rat und sagte, was ihm Mardonios aufgetragen hatte. Daraufhin trat Lykides, einer von den Männern im Rate, auf und sagte, er hielte es doch für ratsam, den Vorschlag anzunehmen, den ihnen Murychides melde, und ihn vor die Versammlung des Volkes zu bringen. Dies war sein Rat, sei es nun, daß er von Mardonios bestochen worden war oder daß dies seine aufrichtige Meinung war. Als aber die Athener, sowohl die im Rat als die anderen, die draußen standen, davon hörten, gerieten sie in Wut, umringten ihn und steinigten ihn zu Tode; Murychides aber, den Hellespontier, ließen sie unversehrt ziehen. Da sich in Salamis großer Lärm um Lykides erhob, erfuhren auch die Frauen der Athener davon. Sie stachelten einander auf, taten sich zusammen, zogen zum Hause des Lykides und steinigten sein Weib mitsamt seinen Kindern.

6. Daß aber die Athener nach Salamis hinübergingen, war folgendermaßen gekommen. Solange sie noch erwarteten, daß ihnen aus der Peloponnes ein Heer zu Hilfe kommen würde, blieben sie in Attika. Da aber jene es immer hinhielten und verzögerten und vom Feind gemeldet wurde, daß er schon in Boiotien stünde, schafften sie alle ihre Habe nach Salamis und gingen selber hinüber; nach Lakedaimon aber schickten sie

NEUNTES BUCH

Gesandte, die Klage führen sollten, daß die Lakedaimonier den Einfall des Barbaren in Attika ruhig mit angesehen und ihm nicht zusammen mit den Athenern nach Boiotien entgegengezogen seien; zugleich aber sollten sie die Lakedaimonier auch an alles erinnern, was ihnen der Perser versprochen habe, wenn sie zu ihm abfielen, und ihnen ankündigen, wenn sie den Athenern nicht beistehen wollten, so würden diese schon selber einen Ausweg finden.

7. Denn die Lakedaimonier feierten zu dieser Zeit gerade das Fest der Hyakinthien[5], und waren deshalb mit nichts anderem beschäftigt als mit dem Dienst für diesen Gott; zugleich aber war auch die Mauer, die sie am Isthmos bauten, schon bis zu den Zinnen fertig. Als nun die Gesandten der Athener nach Lakedaimon kamen, begleitet von Gesandten aus Megara und Plataiai, traten sie vor die Ephoren und sprachen: »Es sandten uns die Athener, um euch folgendes zu sagen: Der König der Meder will uns unser Land wiedergeben und ist außerdem bereit, mit uns ein Bündnis nach gleichem Recht zu schließen, ja er will uns noch ein anderes Land nach unserer eigenen Wahl zu dem unsrigen geben. Wir aber, aus Ehrfurcht vor dem hellenischen Zeus und aus Abscheu davor, an Hellas zum Verräter zu werden, haben diesem Anerbieten nicht zugestimmt, sondern es von uns gewiesen, obgleich wir von den Hellenen hintergangen und preisgegeben werden und wohl wissen, daß es uns mehr Gewinn brächte, mit dem Perser Frieden zu schließen, als Krieg zu führen. Aber wahrlich! wir werden keinen Frieden machen, solange es bei uns steht, und erweisen uns damit den Hellenen aufrichtig und ehrlich. Ihr aber wart damals voller Angst, wir könnten uns mit dem Perser vertragen; nachdem ihr nun aber unsere Gesinnung kennt, daß wir die Hellenen niemals verraten werden, und nachdem nun euer Mauerbau über den Istmos fast fertiggestellt ist, sind euch die Athener gleichgültig geworden. Obgleich ihr mit uns verabredet habt, dem Perser nach Boiotien entgegenzuziehen, habt ihr uns dennoch preisgegeben und es geschehen lassen, daß der Feind in Attika einfiel. Darum sind jetzt die Athener entrüstet

über euer bisheriges Tun, denn ihr habt nicht recht gehandelt. Jetzt aber verlangen sie, ihr sollt in Eile ein Heer aussenden zugleich mit uns, damit wir dem Feind in Attika entgegentreten. Da uns Boiotien verlorengegangen ist, so bleibt uns wenigstens von unserem Land als geeignetes Schlachtfeld die thriasische Ebene.«

8. Nachdem die Ephoren diese Rede gehört hatten, verschoben sie ihre Antwort auf den folgenden Tag, und an diesem Tage wieder auf den nächsten, und so verzogen sie die Sache immer von neuem, zehn Tage lang. Währenddessen aber bauten alle Peloponnesier an der Isthmosmauer und kamen damit glücklich zu Ende. Ich weiß dafür, daß sie bei der Ankunft des Alexandros in Athen alles daransetzten, um die Athener von einer Verständigung mit den Medern abzuhalten, sich nun aber gleichgültig zeigten, keinen anderen Grund, als daß die Mauer des Isthmos nun fertig stand und sie der Athener nicht mehr zu bedürfen glaubten. Denn damals, als Alexandros nach Athen kam, waren sie mit der Mauer noch nicht fertig, sondern arbeiteten noch daran und lebten in großer Angst vor dem Perser.

9. Zuletzt aber kam es doch noch zur Antwort und zum Ausmarsch der Spartiaten, nämlich aus folgendem Grund. Am Tag bevor die Gesandten zum letztenmal vor die Ephoren treten wollten, erfuhr Chileos, ein Mann aus Tegea[6], der unter allen Fremden in Sparta den größten Einfluß besaß, von den Ephoren alles, was die Athener vorgebracht hatten. Da sprach er zu ihnen: »Ihr Ephoren, laßt euch sagen: sind die Athener nicht in Frieden mit uns, sondern im Bund mit dem Feinde, so könnt ihr eine noch so starke Mauer über den Isthmos gezogen haben, dennoch stehen dem Perser die Tore zur Peloponnes sperrangelweit auf. Darum hört auf ihre Worte, ehe die Athener etwas anderes beschließen, was den Hellenen Unheil bringt.«

10. Diesen Rat nahmen sich die Ephoren zu Herzen, und sofort, ohne den Gesandten aus den Städten etwas zu sagen, schickten sie noch in derselben Nacht fünftausend Spartiaten

NEUNTES BUCH

aus, von denen sie jedem noch sieben Heloten zuordneten.[7]
Die Führung übertrugen sie dem Pausanias, Kleombrotos'
Sohn. Eigentlich gebührte die Führung zwar dem Pleistarchos,
dem Sohn des Leonidas, aber dieser war noch ein Kind, und
Pausanias war sein Vormund und sein Vetter.[7a] Denn Kleombrotos, Pausanias' Vater und Anaxandrikes Sohn, lebte nicht
mehr, sondern war gestorben, gar nicht lange Zeit, nachdem er
das Heer vom Isthmos, das die Mauer baute, nach Hause
zurückgeführt hatte. Der Grund für die Rückführung des Heeres war nämlich eine Sonnenfinsternis[8], die während eines
Opfers für den Kampf gegen die Perser eintrat. Als zweiten
Feldherrn wählte sich Pausanias den Euryanax, Dorieus' Sohn,
der aus demselben Hause war.

11. So waren die Spartiaten unter Pausanias schon ausgezogen, als am anderen Tag die Gesandten, die nichts von dem
Abmarsch wußten, vor die Ephoren traten in der Absicht,
Sparta zu verlassen und nach Hause zurückzukehren. Als sie
vor die Ephoren kamen, sprachen sie folgendermaßen: »Ihr
Lakedaimonier sitzt still zu Hause, feiert die Hyakinthien,
treibt Kurzweil und habt eure Bundesgenossen betrogen. So
werden die Athener, weil sie hintergangen worden sind und
sich vergeblich nach Bundesgenossen umsehen, sich mit dem
Perser vergleichen, wie sie können. Haben wir uns aber verglichen, so werden wir ja Bundesgenossen des Königs und
werden mit ihnen ausziehen, wohin sie uns führen. Ihr aber
werdet dann erfahren, was euch daraus entsteht.« Als die Gesandten so sprachen, antworteten die Ephoren unter Eidesbe-
teuerungen, das Heer müsse bereits bei dem Orestheion[8a] auf
dem Wege gegen die Fremden sein (so nannten sie die Barbaren). Jene verstanden diese Antwort nicht, doch als sie nach
dem Sinn der Worte fragten und alles erfuhren, verwunderten
sie sich und machten sich eilends auf, um dem Heer zu folgen,
und mit ihnen zugleich fünftausend Auserlesene aus den lakonischen Umsassen.

12. Als die Argeier erfuhren, daß Pausanias mit dem Heer
von Sparta aufgebrochen war, schickten sie in Eile den besten

ihrer Tagläufer als Boten nach Attika, weil sie dem Mardonios
zuvor versprochen hatten, die Spartiaten am Auszug zu hindern. Als der Bote nach Athen kam, meldete er: ›Mardonios,
mich senden die Argeier, um dir zu berichten, daß aus Lakedaimon die junge Mannschaft ausgezogen ist und daß die Argeier
nicht imstande sind, ihnen zu wehren. Nun sieh, daß du dich
gut berätst.‹

13. So sprach der Bote und ging wieder heim. Nach dieser
Nachricht aber hatte Mardonios keine Lust mehr, noch länger
in Attika zu bleiben. Denn bis zu dieser Nachricht hatte er sich
ruhig verhalten, weil er erst sehen wollte, wie sich die Athener
benehmen würden, und fügte ihrem Land keinerlei Leid noch
Schaden zu, denn er hoffte all die Zeit über, sie würden sich
noch ergeben. Da er aber nichts bei ihnen ausrichtete und
erfuhr, wie die ganze Sache stand, zog er sich aus dem Land
zurück, ehe noch Pausanias mit seinem Heer zum Isthmos
kam, verbrannte aber vorher die Stadt Athen[9] und riß alles, was
noch von den Mauern, Häusern und Tempeln aufrecht stand,
nieder und machte es dem Boden gleich. Der Grund für seinen
Abzug aber war, daß sich das attische Land nicht für die Reiterei eignete, und weil er für den Fall einer Niederlage keine
andere Rückzugsmöglichkeit hatte als durch Engpässe[10], wo
ein kleiner Haufen ihnen den Weg verlegen konnte. Darum
beschloß er, sich nach Theben zurückzuziehen und die
Schlacht nahe einer befreundeten Stadt und in einem für Reiter günstigen Terrain zu liefern.

14. Schon befand sich Mardonios auf dem Rückweg, als
ihm die Nachricht kam, daß ein anderes Heer von tausend
Lakedaimoniern dem übrigen Heer voraus nach Megara gezogen sei. Er überlegte, ob er diese nicht zuerst abfangen solle,
kehrte um und zog auf Megara, vor ihm her die Reiterei, die das
megarische Land durchstreifte. Das ist das westlichste Land in
Europa, das dieser persische Heereszug erreicht hat.

15. Als danach Mardonios gemeldet wurde, daß die Hellenen auf dem Isthmos versammelt seien, zog er sich wieder über
Dekeleia zurück; denn die Boiotarchen[11] hatten die nächsten

Anwohner des Flusses Asopos aufgeboten, die ihm den Weg nach Sphendale und von da weiter nach Tanagra zeigten. Hier blieb er eine Nacht und wandte sich am folgenden Tag nach Skolos im Lande der Thebaner. Dort ließ er auf den Äckern der Thebaner, ungeachtet ihrer persischen Gesinnung, die Bäume niederschlagen, und dies nicht etwa aus Feindschaft gegen sie, sondern weil die Not sie zwang, eine Schanzwehr für das Heer zu bauen, die zugleich eine Zuflucht sein sollte für den Fall, daß die Schlacht nicht nach seinem Wunsch verliefe. Sein Lager erstreckte sich von Erythrai an Hysiai vorbei am Fluß Asopos entlang bis hinein ins plataiische Gebiet. Jedoch die Schanzwehr war nicht so lang, sondern nur ungefähr zehn Stadien auf jeder Seite.

16. Während die Barbaren mit den Verschanzungsarbeiten beschäftigt waren, rüstete ein Mann aus Theben, Attaginos[12], Phrynons Sohn, ein großes Gastmahl und lud dazu Mardonios mit fünfzig der vornehmsten Perser ein. Sie folgten der Einladung, und das Mahl wurde in Theben gehalten. Was ich aber davon erzählen will, weiß ich von Thersandros, einem Mann aus Orchomenos, der dort in hohem Ansehen stand. Dieser Thersandros erzählte mir, daß er auch zusammen mit fünfzig Thebanern von Attaginos zu jenem Mahle geladen worden sei und daß sie nicht getrennt voneinander gesessen hätten, sondern je ein Perser und ein Thebaner auf einer Polsterbank[13] zusammen. Nach dem Mahl, beim Trinken, habe sein persischer Nachbar ihn in hellenischer Sprache nach seiner Heimat gefragt, und nachdem er ihm erwidert habe, daß er aus Orchomenos sei, ihm folgendes gesagt: »Da du jetzt mein Tisch- und Trinkgenosse geworden bist, so will ich dir ein Andenken an meine freundschaftliche Gesinnung hinterlassen, damit du zuvor gewarnt seist und an deine eigene Sicherheit denken kannst. Siehst du diese Perser, die hier schmausen, und das Heer, das wir im Lager am Fluß gelassen haben: von allen diesen wirst du über ganz kurze Zeit nur noch wenige am Leben sehen.« Bei diesen Worten habe der Perser viele Tränen vergossen. Er aber, verwundert über diese Rede, habe ihm erwidert: »Dies solltest

du doch dem Mardonios sagen und den anderen Persern, die
nächst ihm in Ansehen stehen.« Jener aber versetzte: »O Gastfreund, was einmal beschieden ist von Gott, das vermag ein
Mensch nicht abzuwenden. Denn mag auch seine Rede glaubhaft klingen, so will doch keiner auf ihn hören. Vielen unter
uns Persern ist dies wohl bekannt[14], dennoch folgen wir, denn
es bleibt uns keine Wahl. Das aber ist für Menschen die bitterste Pein, viel Einsicht haben und keine Macht.« Das hat mir der
Orchomenier Thersandros erzählt und dazu noch dies, daß er
es den Leuten mitgeteilt habe, bevor noch die Schlacht bei
Plataiai begann.

17. Als nun Mardonios mit seinem Heer in Boiotien lag,
waren alle Hellenen aus jenen Ländern, die es mit den Medern
hielten, mit ihrem Kriegsvolk zur Stelle; sie hatten auch schon
den Einfall in Attika mitgemacht, mit Ausnahme der Phoker,
die zwar auch zu den Medern hielten, doch nur gezwungener-
maßen. Wenige Tage nach der Ankunft des Heeres im thebaiischen Land kamen tausend phokische Schwergerüstete, geführt von Harmokydes, einem sehr angesehenen Mann ihres
Volkes, und zogen auch ins thebaiische Land. Da schickte
Mardonios Reiter und befahl ihnen, sie sollten sich abseits
lagern auf der Ebene. Kaum aber hatten sie das getan, da war
auch schon die ganze Reiterei zur Stelle. Sogleich lief durch das
hellenische Heer, das mit den Medern war, ein Gerücht, er
würde sie niederschießen lassen, und dasselbe Gerücht kam
auch zu den Phokern. Da sprach ihr Anführer Harmokydes zu
ihnen und ermahnte sie: »Phoker!« sagte er, »ganz offenkundig
sollen uns diese Leute einen längst beschlossenen Tod bereiten,
weil ich vermute, daß die Thessaler uns verleumdet haben.
Nun gilt es, daß wir uns tapfer zeigen, Mann für Mann. Denn
besser in Kampf und Abwehr das Leben enden, als geduldig
den schmählichsten Tod zu erleiden. Sie sollen erfahren, daß es
hellenische Männer sind, denen sie, die Barbaren, den heimtük-
kischen Tod bereitet haben!«

18. So ermahnte er sie. Die Reiter aber schlossen einen
Kreis um sie, sprengten heran, wie um sie zu vernichten, und

NEUNTES BUCH

legten schon die Pfeile auf zum Schuß. Einige schossen auch wirklich. Jene aber stellten sich dichtgeschlossen zusammen. Da wandten sich die Reiter um und zogen wieder ab. Nun weiß ich nicht genau zu sagen, ob sie wirklich auf Verlangen der Thessaler gekommen waren, um die Phoker zu töten, danach aber, als sie ihre Bereitschaft zur Gegenwehr gewahrten, um ihre eigene Haut besorgt wurden und darum wieder fortritten, weil Mardonios es ihnen so befohlen hatte, oder ob er sie nur auf die Probe stellen wollte, ob sie auch Mut hätten. Nach dem Abzug der Reiter schickte Mardonios einen Herold an sie und ließ ihnen entbieten: ›Seid getrosten Mutes, Phoker! Ihr habt euch als tapfere Männer erwiesen, ganz anders, als mir berichtet war. So haltet nur getreulich aus in diesem Krieg; denn so viel ihr auch für uns tut, so werden wir doch, ich und der König, noch mehr tun für euch.‹ Soviel von den Phokern.

19. Als die Lakedaimonier zum Isthmos kamen, schlugen sie dort ein Lager auf. Sobald dies die übrigen Peloponnesier erfuhren, wollten sie, sofern sie zu der besseren Sache hielten, dem Auszug nicht fernbleiben. Da zogen sie vom Isthmos, nachdem die Opferzeichen günstig ausgefallen waren, allesamt weiter und kamen bis Eleusis. Hier operten sie von neuem, und als die Zeichen günstig ausfielen, rückten sie weiter vor und mit ihnen die Athener, die von Salamis übergesetzt und in Eleusis zu ihnen gestoßen waren. Als sie nach Erythrai in Boiotien kamen, sahen sie die Barbaren am Fluß Asopos gelagert; da nahmen sie ihnen gegenüber am Fuße des Kithairon Aufstellung.

20. Weil sie aber nicht in die Ebene hinabstiegen, schickte Mardonios alle seine Reiter unter der Führung des Masistios gegen sie, der einen großen Namen bei den Persern hatte; die Hellenen aber heißen ihn Makistios. Dieser ritt auf einem nesaiischen Roß mit goldenen Zügeln und prächtiger Rüstung. Die Reiter sprengten gegen die Hellenen heran und warfen sich auf sie, immer je ein Geschwader, fügten ihnen großen Schaden zu und schalten sie Weiber.

21. Nun traf es sich zufällig, daß die Megarer an der gefähr-

lichsten Stelle aufgestellt waren, wo die Reiterei am leichtesten angreifen konnte. Weil sie nun durch ihre Angriffe hart bedrängt wurden, schickten sie einen Herold zu den Heerführern der Hellenen. Dieser Herold sprach zu ihnen: »Die Megarer lassen euch sagen: Wisset, ihr Bundesgenossen, wir sind nicht stark genug, der persischen Reiterei allein standzuhalten, solange wir da stehen, wohin wir anfänglich gestellt wurden. Dennoch halten wir bis jetzt tapfer und standhaft aus, so sehr wir auch bedrängt werden. Wenn ihr aber nicht andere Truppen zur Ablösung schickt, so wisset, daß wir den Posten verlassen werden.« Das meldete der Bote. Da wollte Pausanias die Griechen auf die Probe stellen, ob etwa andere freiwillig bereit seien, dorthin zu gehen und die Megarer abzulösen. Als sich niemand bereitfand, erboten sich die Athener, nämlich die dreihundert Auserlesenen[15], deren Hauptmann Olympiodoros[16] war, der Sohn des Lampon.

22. Diese also nahmen vor dem bei Erythrai versammelten Hellenenheer zusammen mit ihren Bogenschützen Aufstellung. Nachdem sie dort eine Zeitlang gekämpft hatten, nahm es zuletzt diesen Ausgang. Während die Geschwader der Reiterei ihre Angriffe machten, wurde das Roß des Masistios, das den anderen voraus war, von einem Pfeil in die Seite getroffen, so daß es sich vor Schmerz hoch aufbäumte und den Masistios aus dem Sattel warf. Sofort fielen die Athener über den am Boden liegenden her, ergriffen das Pferd und töteten ihn nach vieler Mühe und tapferer Gegenwehr. Zunächst wollte es ihnen gar nicht gelingen, denn sein Leib war bedeckt mit einem goldenen Schuppenpanzer, und über dem Panzer trug er einen purpurnen Rock. So stießen sie immer nur auf den Panzer, konnten ihn selber aber nicht treffen, bis endlich einer die Sache merkte und ihm einen Stoß ins Auge gab; da fiel er und starb. Es fügte sich aber, daß die anderen Reiter nichts davon wußten; sie hatten weder seinen Sturz vom Pferd noch seinen Tod gesehen, und auch als sie sich zurückwandten und umkehrten, merkten sie noch nichts davon.

23. Als sie aber haltmachten, vermißten sie ihn sofort, weil

keiner war, der sie befehligte. Sofort sprachen sie einander Mut zu und sprengten heran, um den Leichnam zu retten. Als aber die Athener sahen, daß die Reiter nicht mehr in einzelnen Geschwadern heransprengten, sondern alle auf einmal, riefen sie das übrige Heer zu Hilfe. Während das ganze Fußvolk herbeikam, entbrannte ein hitziger Kampf um den Leichnam. Da wurden die Dreihundert, solange sie allein standen, hart bedrängt und mußten von dem Leichnam lassen; als aber das Heer ihnen zu Hilfe kam, hielten die Reiter nicht länger stand und konnten auch den Leichnam nicht bergen. Sie verloren sogar noch weitere Reiter. Etwa zwei Stadien weit davon entfernt machten sie halt und berieten, was sie nun tun sollten. Weil sie aber ohne Führer waren, beschlossen sie, zu Mardonios zurückzukehren.

24. Als die Reiterei in das Lager kam, trauerte das ganze Heer um Masistios, vor allem Mardonios. Sie schoren sich und den Pferden und Zugtieren die Haare ab und erhoben eine große Wehklage, daß ganz Boiotien erfüllt war von dem Widerhall, da sie einen solchen Mann verloren hatten, der, nächst dem Mardonios, der angesehenste bei den Persern und bei dem König war.

25. So also ehrten die Barbaren den toten Masistios nach ihrer Weise. Die Hellenen aber, seitdem sie den Angriff der Reiterei bestanden und zuletzt auch abgeschlagen hatten, bekamen einen viel größern Mut. Das erste, was sie taten, war, daß sie den Toten auf einen Wagen legten und an den Heerhaufen entlang führten. Der Tote aber war wegen seiner Größe und Schönheit wirklich sehenswert, so daß die Krieger ihre Standorte verließen und herbeikamen, um den Masistios zu sehen. Danach beschlossen sie, nach Plataiai hinabzuziehen, da sie fanden, daß das plataiische Land sich besser für ein Lager eigne als das erythraiische, vor allem weil es reicher war an Wasser. Dahin also beschlossen sie zu ziehen, zur Quelle Gargaphia[17], die dort fließt, und sich dort aufzustellen und zu lagern. So brachen sie auf und zogen am Fuß des Kithairon bei Hysiai vorbei in die plataiische Landschaft und ordneten sich dort je

nach ihren Stämmen nahe der Quelle Gargaphia und dem Heiligtum des Heros Androkrates, über niedrige Hügel hin und im ebenen Felde.

26. Da entspann sich bei der Aufstellung ein heftiger Streit mit vielen Worten zwischen den Tegeaten und den Athenern, denn beide erhoben Anspruch auf den einen Flügel[18], und beriefen sich auf neue und alte Taten. Die Tegeaten sagten: »Wir sind zu allen Zeiten von allen unseren Bundesgenossen dieses Ehrenplatzes in der Schlachtordnung für würdig erachtet worden, sooft noch die Peloponnesier zusammen ausgezogen sind, in alten und in neuen Tagen, von jener Zeit an, als die Herakliden nach dem Tode des Eurystheus die Rückkehr in die Peloponnes erzwingen wollten. Damals nämlich gewannen wir diesen Vorzug durch folgende Tat. Wir waren mit den Achaiern und den Ionern, die damals noch in der Peloponnes saßen, an den Isthmos ausgezogen und lagerten gegenüber den Heimkehrenden. Damals, so ist die Sage, sprach Hyllos, es sei nicht nötig, beide Heere in Kampf und Gefahr zu bringen; sie sollten den Tapfersten aus ihrer Zahl erwählen und gegen ihn nach bestimmten Vereinbarungen zum Zweikampf fordern. Dieser Vorschlag gefiel den Peloponnesiern, und sie schwuren einen heiligen Eid: wenn Hyllos den Sieg über den Führer der Peloponnesier gewänne, sollten die Herakliden in ihr väterliches Erbe zurückkehren; wenn er aber besiegt würde, sollten dagegen die Herkliden abziehen und ihr Heer aus dem Lande führen und auf hundert Jahre von der Heimkehr in die Peloponnes abstehen. Da wurde aus allen Bundesgenossen auf sein eigenes Erbieten Echemos erwählt, Eeropos' Sohn und Enkel des Phegeus, der unser Heerführer und König war; er kämpfte gegen Hyllos und erlegte ihn. Durch diese Tat gewannen wir unter den damaligen Peloponnesiern manch große Ehren, die wir bis auf diesen Tag innehaben, darunter auch das, daß wir bei einem gemeinsamen Auszug den ersten Flügel befeligen. Mit euch, Lakedaimonier, streiten wir nicht, sondern lassen euch die freie Wahl, welchen Flügel ihr befeligen wollt. Aber über den anderen Flügel, behaupten wir, kommt uns der Be-

NEUNTES BUCH

fehl zu, wie in früherer Zeit. Auch abgesehen von der geschilderten Tat haben wir diese Stellung mehr als die Athener verdient, denn viele rühmliche Kämpfe haben wir schon gegen euch, ihr Männer aus Sparta, gekämpft und desgleichen auch viele gegen andere. So ist es nur recht und billig, daß nur wir den einen Flügel haben und nicht die Athener. Denn sie haben nicht solche Taten vollbracht wie wir, weder in neuer noch in alter Zeit.«

27. So sprachen sie. Aber die Atehner antworteten darauf und sagten: »Wir wissen zwar, daß wir hier nicht zum Reden, sondern zum Kampf gegen die Barbaren versammelt sind. Da uns nun aber der Tegeate aufgefordert hat, wackere Taten aufzuzählen, die jeder von uns seit Alters her vollbracht hat, sind wir gezwungen, euch darzutun, warum wir seit unseren Vätern her gewohnt sind, als tapfere Männer die ersten zu sein, viel mehr als die Arkader. Jene Herakliden, deren Häuptling sie am Isthmos erlegt zu haben sich rühmen, hatten wir schon zuvor, als sie der Knechtschaft der Mykenaier zu entfliehen suchten und dabei von allen Hellenen, zu denen sie kamen, verstoßen wurden, allein bei uns aufgenommen und des Eurystheus Übermut gedämpft, indem wir mit ihnen zusammen die damaligen Bewohner der Peloponnes besiegten. Noch eines andern rühmen wir uns: Als die Argeier mit dem Polyneikes gegen Theben gezogen waren und dort ihr Leben gelassen hatten und unbestattet lagen, sind wir gegen die Kadmeier ausgezogen und haben die Toten genommen und sie in unserem Lande in Eleusis begraben. Auch haben wir einen rühmlichen Kampf aufzuweisen gegen die Amazonen, die einst vom Fluß Thermodon her ins attische Land einfielen. Und in den Kämpfen bei Troia standen wir hinter keinem zurück. Allein was nützt es, dieser Dinge zu gedenken? Denn dieselben, die damals tüchtig waren, sind jetzt vielleicht weniger wert, und die damals untüchtig waren, sind jetzt vielleicht besser. Genug also von jenen alten Taten. Wenn wir aber auch sonst nichts getan hätten, obwohl wir doch viel Rühmliches vollbracht haben, ebensogut wie irgendein anderes hellenisches Volk, so

KALLIOPE

verdienen wir doch schon des Kampfes bei Marathon wegen
diese Ehre zu genießen und noch andre dazu, weil wir die
einzigen von allen Hellenen sind, die allein den Kampf gegen
die Perser bestanden und aus diesem Wagnis als Sieger über
sechsundvierzig Völkerschaften hervorgingen. Gibt uns nicht
schon diese eine Tat allein ein Anrecht auf diesen Platz? Doch
es ziemt sich nicht, in solcher Zeit um einen Platz zu streiten,
darum sind wir bereit, nach eurem Willen zu tun, Lakedaimonier, und dort zu stehen, wo und gegen wen es euch am besten
dünkt. Denn wohin ihr uns auch stellt, überall wollen wir uns
bemühen, unsere Pflicht zu tun. Befehlt nur, wir werden
gehorchen.«

Das war die Antwort der Athener. Da erhob das ganze Heer
der Lakedaimonier seine Stimme und rief, die Athener hätten
ein besseres Recht auf den Flügel als die Arkader. So bekamen
ihn die Athener und gewannen den Vorrang über die Tegeaten.

28. Hierauf nahmen die Hellenen ihre Aufstellung, sowohl
die, die noch hinzukamen, als auch die, die gleich zu Anfang
gekommen waren. Den rechten Flügel nahmen zehntausend
Lakedaimonier ein, von denen fünftausend aus Sparta waren,
die fünfunddreißigtausend leichtbewaffnete Heloten als Knap-
pen bei sich hatten, nämlich je ein Spartiate sieben Heloten.
Als ihre nächsten Nachbarn hatten die Spartiaten die Tegeaten
gewählt, zu ihrer Ehre und um ihrer Tapferkeit willen; sie
waren tausendfünfhundert Schwergerüstete. Neben diese stellten sich fünftausend Korinthier, und es war ihnen von Pausanias gestattet worden, daß gleich neben ihnen die dreihundert
Potidaiaten aus Pallene ihre Stellung einnahmen. Auf diese
folgten sechshundert Arkader aus Orchomenos. Auf diese dreihundert Sikyonier und weiter auf diese achthundert Epidaurier.
Neben diesen standen tausend Troizenier, neben den Troize-
niern zweihundert Lepreaten, neben diesen vierhundert aus
Mykenai und Tiryns.[19] Auf diese folgten tausend aus Phlius.
Neben diese stellten sich dreihundert Hermioner. Auf die
Hermioner folgten sechshundert aus Eretria und Styra, nach
diesen vierhundert aus Chalkis, nach diesen fünfhundert Am-

651

prakioten. Neben diese stellten sich achthundert Leukadier und Anaktorier, auf die zweihundert Paler aus Kephallenia folgten. Neben diesen standen fünfhundert Aigineten, auf die dreitausend Megarer und sechshundert Plataier folgten. Die letzten und zugleich auch die ersten waren die Athener, die den linken Flügel hatten, achttausend Mann; ihr Feldherr war Aristeides, Lysimachos' Sohn.

29. Alle diese, ausgenommen die sieben, die jeder Spartiate um sich hatte, waren schwergerüstet, zusammen achtunddreißigtausendsiebenhundert. So groß war die Zahl der Schwergerüsteten, die sich gegen den Barbaren gesammelt hatten; Leichtbewaffnete aber waren bei der Aufstellung der Spartiaten fünfunddreißigtausend, nämlich sieben auf jeden Mann, und alle waren zum Krieg gerüstet. Die Leichtbewaffneten bei den übrigen Lakedaimoniern und Hellenen, je einer auf den Mann gerechnet, machten vierunddreißigtausendfünfhundert Mann aus.[20]

30. So betrug die Zahl aller streitbaren leichtbewaffneten Männer neunundsechzigtausendfünfhundert Mann, aber die ganze hellenische Macht bei Plataiai, das schwere Fußvolk und das kampfbereite leichte zusammen hundertundzehntausend Mann weniger tausend achthundert. Mit den Thespiaiern aber, die noch hinzukamen, wurden die hundertundzehntausend voll. Es befanden sich nämlich auch von den Thespiaiern alle, die noch übriggeblieben waren, im Lager, eintausendachthundert Mann, doch auch diese ohne schwere Rüstung. So geordnet, lagerten sich die Hellenen am Asopos.

31. Als die Barbaren unter Mardonios ihre Klage um Masistios beendet hatten und erfuhren, daß die Hellenen bei Plataiai stünden, rückten sie nun auch an den Asopos, der dort fließt, und wurden gleich nach ihrer Ankunft von Mardonios folgendermaßen aufgestellt: Den Lakedaimoniern gegenüber stellte er die Perser auf. Weil aber die Zahl der Perser um vieles größer war, standen sie in mehreren Haufen hintereinander gestaffelt und reichten auch noch hinaus bis zu den Tegeaten. Er hatte sie aber so gestellt daß er die stärkste Mannschaft

KALLIOPE

gegen die Lakedaimonier stellte, die schwächere aber gegen die
Tegeaten, denn so hatten es ihm die Thebaner gewiesen und
geraten. Neben die Perser stellte er die Meder, die gegen die
Korinthier, Potidaiaten, Orchomenier und Sikyonier standen.
Neben die Meder stellte er die Baktrier; diese standen gegen
die Epidaurier, Troizenier, Lepreaten, Tirynthier, Mykenaier
und Phliasier. Auf die Baktrier folgten die Inder gegen die
Hermioner, Eretrier, Styrer und Chalkider. Auf die Inder ließ
er die Saken folgen, die gegen die Amprakioten, Anaktorier,
Leukadier, Paler und Aigineten standen. Neben die Saken stellte
er gegenüber den Athenern, Plataiern und Megarern die Boioter, Lokrer, Malier, Thessaler und die tausend Phoker. Denn
nicht alle Phoker waren medisch, sondern einige hielten auch
zu den Hellenen und hatten vor dem Andrang der Feinde auf
den Parnaß zurückweichen müssen, von wo sie zu Raub und
Plünderung gegen das Heer des Mardonios und gegen die
Hellenen, die mit ihm waren, auszogen. Ferner stellte er gegen
die Athener auch die Makedonen und die anderen Völkerschaften um Thessalien.

32. Das waren die Namen der größten, angesehensten und
berühmtesten Völker von denen, die Mardonios in Schlachtordnung aufstellte. Es waren ihnen aber auch Männer aus
anderen Völkerschaften beigemischt, von den Phrygen, Thraken, Mysern, Paionen und den übrigen, ja auch von den Aithiopen sowie von den Ägyptern die sogenannten Hermothybier
und Kalasirier, die kurze Schwerter tragen und die einzigen
Kriegsmänner unter den Ägyptern sind. Er hatte sie schon in
Phaleron von den Schiffen, deren Besatzung sie waren, ans
Land genommen, denn sie gehörten nicht zu dem Landheer,
das mit Xerxes nach Attika gekommen war. Dreihunderttausend war die Zahl der Barbaren, wie ich schon früher angezeigt
habe. Von den Hellenen aber, die mit Mardonios waren, weiß
niemand die Zahl, denn sie sind nicht gezählt worden; soweit
man aber vermuten kann, schätze ich ihre Zahl auf fünfzigtausend. Das war nur das Fußvolk, das so aufgestellt war, die
Reiterei aber stand gesondert für sich.

33. Am folgenden Tag, nachdem Mardonios sie alle geordnet und nach Völkern und Gliedern aufgestellt hatte, wurde auf beiden Seiten Opferschau gehalten. Für die Hellenen opferte Tisamenos, Antiochos' Sohn, der das Heer als Seher begleitete. Er war ein Eleier aus dem Geschlecht der Iamiden[21], aber die Lakedaimonier hatten ihn zu einem ihres Volkes gemacht. Als nämlich Tisamenos einstmals in Delphi das Orakel wegen seiner Nachkommenschaft befragte, verkündete ihm die Pythia, daß er in den größten Kämpfen fünfmal den Sieg gewinnen würde. Weil er nun den Sinn des Spruches nicht verstand, wandte er sich zu den Ringschulen, denn er meinte, er solle die Siege in den Kampfspielen gewinnen, und nachdem er sich im Fünfkampf geübt hatte, gewann er im olympischen Wettstreit mit dem Andrier Hieronymos alle Kämpfe bis auf einen, den er verlor. Die Lakedaimonier aber merkten, daß der Spruch des Tisamenos nicht auf Spielkämpfe ziele, sondern auf Kriegskämpfe; darum suchten sie ihn um Lohn zu gewinnen und wollten ihn in ihren Kriegszügen zusammen mit den Königen aus dem Geschlecht der Herakliden zum Führer machen. Als Tisamenos sah, daß den Spartiaten so viel daran lag, ihn zum Freund zu gewinnen, erhöhte er seinen Preis und gab ihnen zu wissen, wenn sie ihn zu ihrem Bürger machten und an allen Rechten teilhaben ließen, sei er dazu bereit; um einen anderen Preis täte er es nicht. Anfangs waren die Spartiaten über dieses Ansinnen entrüstet und standen ab von ihrem Verlangen; zuletzt aber, als die Angst vor diesem persischen Kriegszug auf ihnen lag, gaben sie doch nach und wollten ihm seine Forderung bewilligen. Als er jedoch erkannt hatte, daß sie ihren Sinn geändert hatten, erklärte er, daß ihm dies allein nicht mehr genüge, sie müßten auch seinen Bruder Hegias zum Bürger von Sparta machen, und zwar mit denselben Rechten wie ihn selbst.

34. Er ist darin dem Beispiel des Melampus gefolgt, sofern man die Forderung des Königtums in Vergleich stellen darf mit der Forderung des Bürgerrechts. Denn als in Argos die Weiber in Raserei gefallen waren[22], und die Argeier den Melampus aus

KALLIOPE

Pylos um Lohn bewegen wollten, daß er ihre Weiber von der Krankheit heilen solle, forderte er als Lohn die Hälfte ihres Königtums; als aber die Argeier ihm das verweigerten und wieder heimgingen und darauf noch mehr der Weiber rasend wurden, so daß sie auf seine Forderung eingehen mußten und kamen, sie ihm zu gewähren, da stellte er, weil er ihren Sinn geändert sah, sein Begehren noch höher und sagte, wenn sie nicht auch seinem Bruder ein Dritteil ihres Königtums gäben, würde er ihnen nicht zu Willen sein. Und die Argeier willigten in ihrer Bedrängnis auch darauf ein.

35. Ebenso willigten auch die Spartiaten, die ihn so dringend benötigten, in alle seine Forderungen ein. Nachdem ihm dies alles von den Spartiaten zugestanden worden war, hat dieser Tisamenos aus Elis, nun ein Spartiate, ihnen auch wirklich durch seine Seherkunst fünfmal in den größten Kämpfen den Sieg gewinnen helfen. Diese zwei Männer sind die einzigen, die jemals das Bürgerrecht in Sparta erlangt haben. Die fünf Kämpfe aber waren folgende: der erste war der bei Plataiai, der zweite bei Tegea gegen die Tegeaten und Argeier, der dritte[23] bei Dipaia[24] gegen alle Arkader mit Ausnahme der Mantiner, der vierte gegen die Messenier bei Isthmos[25] und der letzte bei Tanagra[26] gegen die Athener und Argeier. Dies war der letzte von den fünf Kämpfen, die er gewann.

36. Dieser Tisamenos also war es, der damals unter der Führung der Spartiaten bei Plataiai die Opferschau für die Hellenen abhielt. Die Zeichen fielen günstig aus für die Hellenen, sofern sie sich in der Abwehr hielten, aber nicht, wenn sie über den Asopos gingen und die Schlacht begännen.

37. Dem Mardonios aber, der begierig war, zu kämpfen, waren die Zeichen nicht nach Wunsch; wenn er sich dagegen auf Abwehr beschränkte, waren sie auch für ihn günstig. Denn auch Mardonios ließ eine Opferschau nach hellenischer Weise durch den Seher Hegesistratos aus Elis anstellen, den angesehensten Mann aus dem Geschlecht der Telliaden.[27] Den hatten vordem einmal die Spartiaten gefangen und in Fesseln gelegt, um ihn hinzurichten, weil er ihnen viel Unglimpf angetan

655

NEUNTES BUCH

hatte. Aber in dieser Not, da sein Leben auf dem Spiele stand
und er vor dem Tode noch viele Qualen erdulden sollte, vollbrachte er eine geradezu unglaubliche Tat. Denn als er mit
seinen Füßen in einem eisenbeschlagenen Block gefangen saß
und eines Stück Eisens, das man irgendwie zu ihm herein-
brachte, habhaft wurde, unternahm er sogleich eine Tat von
solcher Tapferkeit, wie ich keine andere weiß. Er maß ab, wie
weit er den übrigen Teil des Fußes aus dem Block herausziehen
könnte, und schlug ihn zwischen Ferse und Zehen ab. Danach
brach er, weil er von Wächtern bewacht wurde, ein Loch durch
die Mauer und entfloh nach Tegea, indem er des Nachts weiter-
ging, bei Tage sich aber ins Gehölz verkroch und darin aus-
ruhte, und gelangte auf diese Weise, obwohl alles Volk der
Lakedaimonier ihm nachspürte, in der dritten Nacht nach
Tegea. Die Lakedaimonier waren voll Bewunderung über seine
Kühnheit, als sie die Hälfte seines Fußes daliegen sahen, und
darüber, daß sie ihn selber gar nicht finden konnten. So entkam
er damals und rettete sich nach der Stadt Tegea, die zu jener
Zeit mit Lakedaimon nicht in Frieden stand. Nachdem er
geheilt war, ließ er sich einen hölzernen Fuß fertigen und war
fortan ein offener Feind der Lakedaimonier. Doch ist ihm diese
Feindschaft gegen Lakedaimon nicht bis zum Ende glücklich
verlaufen; denn als er einst auf Zakynthos[28] Opferschau hielt,
fingen und töteten sie ihn. Doch das geschah erst nach der
Schlacht bei Plataiai.

38. Damals aber am Asopos hielt er Opferschau für Mardo-
nios, dem er sich um nicht geringen Lohn verdungen hatte,
und erwies sich überaus eifrig, sowohl aus Haß gegen die
Lakedaimonier, wie um des Gewinnes wegen. Als nun aber die
Zeichen für die Schlacht nicht günstig ausfielen, weder für die
Perser selbst, noch auch für ihre hellenischen Bundesgenossen,
die noch ihren besonderen Seher hatten, den Leukadier Hippo-
machos, und als immer mehr Hellenen zuströmten und ihre
Zahl immer größer wurde, riet der Thebaner Timegenides,
Herpys' Sohn, dem Mardonios, er solle an den Pässen des
Kithairon Wachen aufstellen. Dort strömten die Hellenen den

ganzen Tag lang ständig herbei, und er könne eine Menge von ihnen fangen.

39. Sie hatten aber schon acht Tage lang einander gegenüber gestanden, als jener dem Mardonios diesen Rat gab. Weil er den Rat für gut befand, schickte er, als die Nacht hereinbrach, die Reiterei zu dem Paß des Kithairon, der nach Plataiai führt und von den Boiotern ›Dreiköpfe‹, von den Athenern aber ›Eichenköpfe‹ genannt wird. Die Entsendung der Reiter war nicht vergeblich; denn sie fingen dort fünfhundert Stück Zugvieh, die aus der Peloponnes dem Heer Vorrat zuführten, als sie gerade in die Ebene hinunterstiegen, samt den Menschen, die die Gespanne begleiteten. Als die Perser diese Beute gefangen hatten, fingen sie erbarmungslos an zu morden und schonten weder das Vieh noch die Menschen, bis sie des Mordens satt waren; da nahmen sie, was noch übrig war, in die Mitte und trieben es zu Mardonios ins Lager.

40. Daraufhin verstrichen wieder zwei Tage, weil keine Seite den Kampf beginnen wollte. Die Barbaren gingen zwar bis zum Asopos vor und suchten die Hellenen heranzulocken, aber von keiner Seite kam einer hinüber. Nur die Reiterei des Mardonios überfiel und bedrängte die Hellenen ständig. Die Thebaner zeigten sich nämlich bei ihrem großen Eifer für die medische Sache höchst kampfeslustig und zogen stets an der Spitze den Reitern voraus, um ihnen den Weg zur Schlacht zu zeigen, machten dann aber, wenn es so weit war, den Persern und Medern Platz und ließen nun diese die tapferen Taten vollbringen.

41. So vergingen zehn Tage, und es stand noch genauso wie bisher. Als am elften Tag die Heere immer noch einander gegenüberlagen, auch die Zahl der Hellenen um vieles größer geworden war und Mardonios sich über das Stilliegen entrüstete, kam es zu einer Beratung zwischen Mardonios, Gobryas' Sohn, und Artabazos, Pharnakes' Sohn, einem Mann, der bei König Xerxes angesehen war wie wenig andere Perser. Artabazos meinte, sie sollten eilends mit dem ganzen Heer aufbrechen und nach der festen Stadt der Thebaner ziehen, wo

reichlicher Vorrat für sie aufgeschüttet läge und Futter für die Pferde; dort sollten sie ruhig liegen bleiben und die Sache mit anderen Mitteln zu einem Ende bringen. Sie besäßen ja eine Menge Gold, gemünztes und ungemünztes, und desgleichen auch viel Silbergeld und Trinkgeschirr. Das sollten sie nicht schonen, sondern davon umherschicken und an die Hellenen verteilen, vor allem an die, welche das Regiment in den einzelnen Städten hätten; dann würden sie bald ihre Freiheit preisgeben und keinen Kampf darum wagen. Dieser Mann war also derselben Meinung wie die Thebaner, weil er eben genau wie sie viel besser wußte, wie die Sache stand. Mardonios' Meinung hingegen war allzu heftig und eigensinnig und ganz ohne Bedacht: Er fände ihr Heer dem hellenischen um vieles überlegen, darum müßten sie so bald als möglich die Schlacht liefern und nicht länger mit ansehen, wie sich immer noch mehr Feinde versammelten; mit den Opferzeichen des Hegesistratos sollte man es gut sein lassen und sie nicht erzwingen wollen, sondern lieber getreu dem persischen Brauch die Feinde angreifen.

42. Dieser Forderung wagte nun keiner zu widersprechen, und so behielt er mit seiner Meinung die Oberhand; denn ihm hatte der König den Oberbefehl im Heer gegeben und nicht dem Artabazos. Er ließ also die Hauptleute der einzelnen Truppenteile zusammenrufen und ebenso auch die hellenischen Feldherren und fragte sie, ob ihnen eine Weissagung über die Perser bekannt sei, daß sie in Hellas zugrunde gehen würden. Und da jene schwiegen, die einen, weil sie der Sprüche nicht kundig waren, die anderen, weil sie ihrer wohl kundig waren, es aber nicht für ungefährlich hielten, davon zu sprechen, sagte Mardonios: »Da ihr offensichtlich nichts davon wißt oder nicht den Mut habt, davon zu reden, will ich es euch sagen, denn ich weiß es recht gut. Es gibt eine Weissagung, daß die Perser nach Hellas kommen und das Heiligtum in Delphi plündern, danach aber alle zugrunde gehen sollen. Da wir das nun wissen, wollen wir nicht nach diesem Heiligtum ziehen und gedenken auch nicht, es zu plündern. Also können wir

auch nicht zugrunde gehen. Darum seid alle, die ihr getreulich zu den Persern haltet, frohen Mutes, weil wir die Hellenen überwinden werden.« Nach diesen Worten befahl er ihm aufs neue, alles fertig und klar zu machen, denn am nächsten Morgen sollte der Angriff geschehen.

43. Was diesen Spruch angeht, den Mardonios auf die Perser bezog, so weiß ich, daß er für die Illyrier und den Heereszug der Encheleer[29] galt, und nicht für die Perser. Dagegen weiß ich, daß sich die Weissagung des Bakis auf diese Schlacht bezieht:

Aber dereinst am Thermodon, in der Au des Asopos
Kampf hellenischen Volks und Schrei fremdredender Männer!
Zahlreich fallen daselbst, noch über ihr Los und Verhängnis,
Meder, mit Bogen bewehrt, wenn der Tag sich erfüllet des Schicksals.

Von dieser Weissagung und anderen ihr ähnlichen des Musaios bin ich gewiß, daß sie auf die Perser zielen. Der Fluß Thermodon aber fließt zwischen Tanagra und Glisas.[30]

44. Nachdem Mardonios sie wegen der Sprüche befragt und sie ermahnt hatte, brach die Nacht herein und sie stellten die Wachen auf. Tief in der Nacht, als er glaubte, daß in den Lagern Ruhe herrschen und die Menschen schlafen würden, kam zu den athenischen Wachen Alexandros geritten, Amyntas' Sohn, der Feldherr und König der Makedonen[31], und begehrte, mit ihren Heerführern zu sprechen. Die meisten Wachen blieben auf ihrem Posten, einige aber liefen zu den Führern und meldeten, ein Mann zu Pferde sei aus dem medischen Lager gekommen. Er habe nichts gesagt, sondern wolle nur mit den Feldherrn reden, die er beim Namen nenne.

45. Als sie dies hörten, gingen sie gleich mit zu den Wachen, und als sie dorthin kamen, redete Alexandros sie folgendermaßen an: »Ihr Männer von Athen, die Nachricht, die ich zu euch bringe, soll euch wie ein anvertrautes Gut sein, und ihr sollt sie geheim halten und sie keinem anderen sagen als dem Pausa-

nias, damit ihr mich nicht selbst noch ins Verderben bringt. Denn ich würde davon schweigen, wenn mir nicht die Not von ganz Hellas so nahe zu Herzen ginge. Bin ich doch selbst ein Hellene. So kann ich nicht zulassen, daß Hellas aus der Freiheit in die Knechtschaft kommt. So wißt denn, daß dem Mardonios und seinem Heer die Opfer nicht nach ihrem Wunsche ausfallen, sonst stündet ihr längst im Kampf. Jetzt aber hat er beschlossen, die Opferzeichen zu lassen und morgen mit Anbruch des Tages euch anzugreifen; denn er fürchtet, wie ich vermute, daß ihr euch in noch größerer Zahl versammelt. Macht euch also bereit! Sollte es aber geschehen, daß Mardonios den Angriff noch aufschiebt und ihn nicht beginnt, so bleibt stehen und harret aus. Denn ihre Vorräte reichen nur noch wenige Tage. Wenn aber dieser Krieg nach eurem Wunsch ausgegangen ist, so sollt ihr auch meiner und meiner Befreiung gedenken, da ich den Hellenen zuliebe ein so gefährliches Wagnis auf mich genommen habe, um ihnen des Mardonios Absicht zu offenbaren, damit euch die Barbaren nicht plötzlich und unvermutet überfallen. Ich aber bin Alexandros von Makedonien.« Nach diesen Worten ritt er ins Lager und in seine Stellung zurück.

46. Die Heerführer der Athener gingen zum rechten Flügel und berichteten Pausanias, was sie von Alexandros gehört hatten. Der aber geriet darüber in Furcht vor den Persern und sagte zu ihnen: »Wenn also morgen früh der Angriff geschieht, müßt ihr Athener euch gegen die Perser aufstellen, wir aber gegen die Boioter und die anderen Hellenen, die jetzt gegen euch gestellt sind, und zwar aus folgendem Grund. Ihr kennt die Meder und ihre Kampfesweise von eurem Kampf bei Marathon her, wir aber sind ihrer unkundig und unerfahren, denn noch hat es kein Spartiate mit den Medern versucht, die Boioter aber und die Thessaler kennen wir. So laßt uns aufbrechen und kommt ihr auf diesen Flügel, wir aber wollen auf den linken gehen.« Darauf antworteten die Athener: »Auch uns kam es gleich anfangs in den Sinn, als wir euch die Stellung gegen die Perser einnehmen sahen, euch denselben Vorschlag zu machen, mit dem ihr uns jetzt zuvorkommt. Wir befürchte-

ten aber, es möchte euch kränken. Da ihr nun aber selber davon anfangt, sind wir damit einverstanden und bereit, es zu tun.«

47. Weil sie nun beide darin einig waren, tauschten sie, eben als der Morgen dämmerte, ihre Stellungen. Aber die Boioter merkten es gleich und meldeten es dem Mardonios. Daraufhin nahm auch er sogleich einen Wechsel vor, indem er die Perser gegen die Lakedaimonier stellte. Als aber Pausanias dies sah und erkannte, daß sein Vorhaben entdeckt war, führte er die Spartiaten wieder hinüber auf den rechten Flügel, und dasselbe tat auch Mardonios auf seinem linken.

48. Als sie nun wieder ihre alten Stellungen bezogen hatten, schickte Mardonios einen Herold an die Spartiaten und ließ ihnen sagen: »Lakedaimonier! ihr sollt ja die tapfersten Leute sein, wie das Volk in diesem Lande von euch erzählt. Denn es prahlt über euch, daß ihr nicht aus der Schlacht flieht und nicht von eurem Platz weicht, sondern ausharret, bis ihr eure Gegner erlegt habt oder selbst erlegt werdet. Nun hat sich aber gezeigt, daß dies alles nicht wahr ist. Denn noch ehe wir auf euch stießen und mit euch handgemein wurden, sahen wir euch schon fliehen und aus eurer Stellung weichen, damit erst die Athener es zuvor einmal gegen uns versuchen, während ihr selber euch gegen unsere Knechte stellt. So handeln keine tapferen Männer; wir haben uns sehr in euch getäuscht. Wir erwarteten nach dem Gerücht, das von euch geht, ihr würdet einen Herold mit einer Herausforderung und dem Verlangen zu uns schicken, allein mit uns Persern zu kämpfen, und hielten uns dazu bereit, aber nichts der Art ließet ihr uns vernehmen, sondern vielmehr, daß ihr euch wegzuducken suchet. Weil aber dieser Vorschlag nicht zuerst von euch kam, machen wir ihn jetzt. Kämpfen wir miteinander, beide gleich an Zahl, für die Hellenen ihr, die ihr im Rufe steht, die tapfersten zu sein, wir für die Barbaren! Meint ihr, es sollen auch die anderen kämpfen, so mögen sie es später tun nach uns. Wollt ihr das aber nicht, sondern ist es euch an uns genug, so laßt uns die Sache ausfechten: diejenige Partei von uns, die siegt, soll Sieger sein für das ganze Heer.«

NEUNTES BUCH

49. So sprach der Herold und wartete dann eine Weile. Als ihm aber niemand antwortete, machte er sich wieder auf den Weg und erzählte dem Mardonios, was sich begeben hatte. Der aber freute sich und ließ voll Stolz auf seinen billigen Sieg die Reiterei gegen die Hellenen vorrücken. Die Reiter warfen sich auf die Hellenen und brachten ihr ganzes Heer in Bedrängnis, denn sie schossen mit Speeren und Pfeilen hinein, und es war schwer, ihnen beizukommen, weil sie vom Pferde aus schossen. Sie zerstörten und verschütteten auch die Quelle Gargaphia, aus der das ganze hellenische Heer sein Wasser holte. Ursprünglich standen zwar nur die Lakedaimonier allein in der Nähe dieser Quelle; für die übrigen Hellenen, je nach ihrer Stellung, war sie weiter entlegen, der Asopos aber nahe. Weil sie aber an den Asopos nicht herankonnten, mußten auch sie zu der Quelle gehen; denn aus dem Fluß konnten sie wegen der Reiter und ihrer Geschosse kein Wasser holen.

50. Unter diesen Umständen, da das Heer kein Wasser mehr hatte und von der Reiterei bedrängt wurde, versammelten sich die Heerführer der Hellenen bei Pausanias auf dem rechten Flügel zu einem Rat über diese und andere Dinge. Denn so übel dies alles war, so war doch eine andere Sorge noch schlimmer; denn sie hatten keinen Vorrat mehr, und ihre Knechte, die sie nach der Peloponnes geschickt hatten, um neue Vorräte zu holen, waren durch die Reiterei abgeschnitten und konnten nicht zu dem Heer zurück.

51. Darum beschlossen die Feldherrn in ihrem Rat, falls die Perser den Angriff noch einen Tag hinausschieben würden, auf die Insel zu gehen. Diese Insel ist von dem Asopos und der Quelle Gargaphia, wo sie damals lagerten, zehn Stadien entfernt und liegt vor der Stadt der Plataier. Mit dieser Insel mitten im Festland hat es folgende Bewandtnis. Vom Kithairon herab teilt sich der Fluß in seinem Verlauf in zwei Arme, die etwa drei Stadien von einander entfernt sind, bis sie sich wieder vereinigen. Der Fluß heißt jetzt Oëroë und soll, wie die Leute des Landes sagen, eine Tochter des Asopos sein. An diesen Ort beschlossen sie, das Heer zu verlegen, wo sie reichliches Was-

ser fanden und ihnen die Reiter nicht mehr so lästig fallen konnten wie bisher, als sie sich genau gegenüberstanden. Der Aufbruch sollte aber erst zur zweiten Nachtwache geschehen, damit die Perser ihren Abzug nicht bemerkten und die Reiter und die Reisigen ihnen nicht nachsetzen und lästig werden konnten. Wenn sie an jenen Ort gekommen wären, den die Asopostochter Oëroë vom Kithairon herab in zwei Armen umfließt, sollte noch in derselben Nacht die Hälfte des Heeres zum Kithairon hinaufziehen, um die Knechte mit den Vorräten in Empfang zu nehmen, die im Kithairon abgeschnitten waren.

52. Nach diesem Beschluß hatten sie noch während dieses ganzen Tages ihre Mühe, die Angriffe der Reiterei auszuhalten. Als aber der Tag sich neigte und die Reiter abließen, da es Nacht geworden war, und als die Stunde kam, wo sie beschlossen hatten, abzuziehen, erhoben sich die meisten und zogen ab, aber nicht an den bestimmten Ort, sondern als sie erst einmal in Bewegung waren, flohen sie zur Stadt Plataiai, froh darüber, der Reiterei zu entkommen, und ihre Flucht führte sie bis zum Heratempel, der vor der Stadt der Plataier liegt, zwanzig Stadien von der Quelle Gargaphia entfernt. Dort machten sie halt und lagerten sich vor dem Heiligtum.

53. Als aber Pausanias ihren Abzug aus dem Lager bemerkte, befahl er auch den Lakedaimoniern, aufzubrechen und den anderen nachzufolgen, denn er glaubte, sie zögen an den verabredeten Ort. Da waren die übrigen Hauptleute bereit, seinem Befehl zu gehorchen. Nur Amompharetos, Poliades' Sohn, der die Rotte der Pitanaten[32] befehligte, erklärte, er wolle nicht vor den Fremden fliehen und freiwillig Schande über Sparta bringen, und wunderte sich darüber, weil er bei der früheren Beratung nicht zugegen gewesen war. Pausanias und Euryanax waren empört über seinen Ungehorsam, aber noch mehr ärgerte sie seine Weigerung deshalb, weil sie seine pitanatische Rotte nicht zurücklassen wollten. Sie befürchteten nämlich, wenn sie der Verabredung mit den anderen Hellenen folgten, mußte der verlassene Amompharetos samt seinen Leuten zugrunde

gehen. In dieser Erwägung hielten sie das lakonische Lager noch ruhig beieinander und versuchten ihm klarzumachen, daß für ihn keine Notwendigkeit bestehe, dies zu tun.

54. Sie redeten also auf Amompharetos ein, der als einziger den Lakedaimoniern und Tegeaten nicht hatte folgen wollen. Währenddessen hielten sich die Athener ruhig an dem Ort, wo sie standen, denn sie kannten die Sinnesart der Lakedaimonier, daß sie immer anderes denken als sie sprechen. Als sich das Heer in Bewegung setzte, schickten sie einen Reiter, der sehen sollte, ob die Spartiaten schon Anstalten zum Aufbruch träfen oder gar nicht daran dächten, abzuziehen. Außerdem sollte er Pausanias fragen, was zu tun sei.

55. Als der Bote zu den Lakedaimoniern kam, fand er sie noch unverändert in ihrem Lager vor und ihre Führer miteinander im Streit. Denn so sehr die beiden, Euryanax und Pausanias, den Amompharetos davon abzubringen suchten, daß er mit den Seinigen doch nicht als einziger von den Lakedaimoniern stehenbleiben und sich in Gefahr bringen sollte, konnten sie ihn doch nicht dazu bewegen, bis sie zuletzt heftig aneinander gerieten, eben als der Bote hinzukam. Da, in der Hitze des Streites, ergriff Amompharetos mit beiden Händen einen Stein, legte ihn Pausanias vor die Füße und rief: Mit diesem Stimmstein stimme er dafür, nicht vor den Fremden zu fliehen, womit er nämlich die Barbaren meinte. Pausanias schalt ihn einen Rasenden, der nicht bei Verstand sei; daraufhin wandte er sich zu dem Boten der Athener, der ihm seinen Auftrag ausrichtete, und befahl ihm, zu berichten, wie es bei ihnen stünde; ferner ließ er die Athener bitten, sie möchten zu ihnen heranrücken und es mit dem Abzug halten wie sie selber.

56. So kehrte der Bote zu den Athenern zurück, jene aber haderten noch miteinander, bis die Morgenröte heraufkam. Da endlich, nachdem er so lange gewartet hatte und weil er glaubte, Amompharetos würde bei dem Abmarsch der übrigen Lakedaimonier nicht zurückbleiben, worin er sich auch nicht irrte, gab Pausanias das Zeichen und zog mit allen übrigen über die Hügel fort. Die Tegeaten folgten ihm nach. Die Athener aber

KALLIOPE

zogen, entsprechend ihrem Befehl, einen ganz anderen Weg
als die Lakedaimonier. Jene nämlich hielten sich aus Furcht vor
der Reiterei nahe an den Abhängen und am Fuß des Kithairon,
die Athener aber wandten sich abwärts in das ebene Feld.

57. Amompharetos aber, der anfangs gar nicht hatte glauben wollen, daß Pausanias es wagen würde, sie allein zurückzu-
lassen, beharrte dabei, sie sollten bleiben und nicht von ihrem
Posten weichen; als aber Pausanias mit den anderen schon
vorausgezogen war und er erkennen mußte, daß jene ihn wirklich und wahrhaftig im Stich ließen, ließ er seine Rotte antre-
ten und führte sie langsamen Schrittes dem übrigen Heer nach.
Dieses war nur etwa zehn Stadien weit vorgerückt und wartete
auf ihn am Bach Moloeis in der Gegend Argiopios, wo auch ein
Tempel der eleusinischen Demeter steht. Pausanias tat dies,
um Amompharetos und seiner Rotte zu Hilfe eilen zu können,
wenn sie etwa ihren Ort nicht verlassen, sondern dort bleiben
wollten. Kaum war Amompharetos mit seinen Leuten zu ihnen
gestoßen, fuhr auch schon die Reiterei der Feinde mit aller
Macht heran. Die Reiter hatten nämlich dasselbe gemacht, was
sie auch sonst immer zu tun gewohnt waren. Als sie aber die
Stellung leer fanden, wo die Hellenen die Tage vorher gestanden hatten, eilten sie ihnen rasch nach, holten sie ein und
griffen sie an.

58. Als Mardonios erfuhr, daß die Hellenen sich bei Nacht
davongemacht hatten, und ihre Stellung leer sah, rief er Thorax
aus Larisa mit seinen Brüdern Eurypylos und Thrasydeios zu
sich und sprach zu ihnen: »Ihr Söhne des Aleuas[33], was sagt ihr
nun, wo ihr hier alles verlassen findet? Ihr sagtet doch als ihre
Nachbarn von den Lakedaimoniern, daß sie nicht aus der
Schlacht fliehen würden sondern die tapfersten Krieger seien.
Und doch saht ihr sie erst aus ihrer Stellung fort in eine andere
weichen, und jetzt sehen wir alle, daß sie in dieser Nacht
vollends davongerannt sind. Jetzt, wo es galt, sich mit den
fraglos tapfersten Männern zu messen, haben sie bewiesen, daß
sie nichts taugen und sich nur im Kampf mit Hellenen hervorgetan haben, die auch nichts wert sind. Euch zwar entschuldige

ich noch, daß ihr diejenigen rühmtet, von denen euch wenigstens etwas bekannt war, denn ihr kanntet die Perser noch nicht; desto mehr muß ich mich über Artabazos wundern, wie er sich sogar vor den Lakedaimoniern hat fürchten und in seiner Furcht den feigen Rat hat geben können, wir sollten mit dem Heer aufbrechen und uns in der Stadt Theben belagern lassen. Den Rat soll der König noch durch mich erfahren! Doch davon ein andermal! Jetzt aber dürfen wir jene nicht gewähren lassen, sondern müssen ihnen nachsetzen, bis wir sie fassen und bestrafen für alles, was sie den Persern angetan haben.

59. Nach diesen Worten führte er die Perser im Eilmarsch über den Asopos den Spuren der Hellenen nach, als wären es Flüchtlinge. Er richtete seinen Marsch aber nur gegen die Spartiaten und Tegeaten; denn die Athener, die sich zur Ebene hinab wandten, konnte er wegen der Höhen nicht sehen. Als die anderen Befehlshaber der barbarischen Heerhaufen die Perser zur Verfolgung der Hellenen aufbrechen sahen, gaben auch sie sofort das Zeichen zum Aufbruch und eilten den Hellenen so schnell sie konnten nach, ohne jegliche Ordnung und Disziplin.

60. So stürmten sie mit Geschrei und in wilden Scharen heran, als wollten sie die Hellenen niederrennen. Pausanias aber, von der Reiterei bedrängt, sandte einen Reiter zu den Athenern und ließ ihnen sagen: »Ihr Männer von Athen! Nun, da wir den großen Kampf zu bestehen haben, ob Hellas frei sein soll oder in Knechtschaft, haben uns die Bundesgenossen allein gelassen, uns Lakedaimonier und euch Athener, und sind in dieser Nacht auf und davon gegangen. So wissen wir nun, was wir zu tun haben: Wir wollen uns wehren und einander beistehen, so gut wir können. Hätte sich die Reiterei zuerst gegen euch gewandt, so hätten wir und die Tegeaten, unsere Genossen, die der hellenischen Sache nicht untreu werden, euch zu Hilfe eilen müssen. Da sie sich aber mit aller Macht auf uns geworfen hat, ist es eure Pflicht, dem am meisten bedrängten Teil Beistand zu bringen. Sollte es aber euch selber unmög-

lich sein, zu helfen, so erweist uns die Liebe und schickt uns eure Bogenschützen her. Wir wissen ja, daß ihr in diesem ganzen Krieg weitaus den größten Eifer bewiesen habt; so werdet ihr uns auch diese Bitte gewähren.«

61. Als die Athener dies vernahmen, eilten sie, um ihnen nach Kräften beizustehen, und waren schon auf dem Weg, als sie von den Hellenen angegriffen wurden, die ihnen auf seiten des Königs gegenüberstanden, so daß sie ihnen nicht zu Hilfe kommen konnten. Denn der Angriff machte ihnen schwer zu schaffen. So blieben die Lakedaimonier und Tegeaten allein, jene mit dem leichten Volk fünfzigtausend an der Zahl, diese, die sich durchaus nicht von den Lakedaimoniern trennen wollten, dreitausend Mann. Sie hielten eine Opferschau für den Kampf gegen Mardonios und seine andringende Heeresmacht. Aber das Opfer war ihnen nicht günstig, und währenddessen fiel eine große Zahl von ihnen und wurden noch viel mehr verwundet. Denn die Perser bildeten eine Brustwehr aus ihren Schildhorden und warfen eine solche Menge von Geschossen, daß die Spartiaten hart bedrängt wurden und Pausanias, da das Opfer nicht günstig ausfiel, seinen Blick auf den plataiischen Heratempel richtete und flehend die Göttin anrief, daß sie doch ja ihre Hoffnung nicht möchte zuschanden werden lassen.

62. Während er noch so betete, erhoben sich vor den anderen zuerst die Tegeaten und stießen gegen die Feinde vor, und als er sein Gebet beendet hatte, gaben endlich auch bei den Lakedaimoniern die Opfer gute Zeichen. Nun rückten auch sie gegen die Perser, die nun ihrerseits mit dem Schießen aufgehört hatten. Zuerst entstand ein Kampf um die Schildwehr. Als diese niedergerissen war, entbrannte er heftig und über längere Zeit nahe am Tempel der Demeter, bis sie dicht aneinander waren, Mann gegen Mann. Denn die Barbaren ergriffen die Speere und zerbrachen sie. Zwar standen die Perser den Hellenen an Mut und Stärke nicht nach, nur waren sie nicht ausreichend gerüstet und außerdem ihren Gegnern an Geschicklichkeit und Klugheit unterlegen. Einzeln oder in Haufen bis

zu zehn Mann, mal größer mal kleiner, stürzten sie hervor, warfen sich auf die Spartiaten und fanden dort ihren Tod.

63. Wo aber Mardonios selber focht, auf weißem Roß inmitten einer erlesenen Schar von tausend der tapfersten Perser, da bereiteten sie ihren Gegnern am meisten Mühe. Und solange Mardonios noch am Leben war, hielten sie stand, erwehrten sich der Lakedaimonier und töteten viele von ihnen. Als aber Mardonios und seine Schar der Tapfersten gefallen war, da endlich wandten sich auch die anderen und wichen vor den Lakedaimoniern zurück. Denn am meisten schadete ihnen ihre Kleidung, die ohne Harnisch war, und daß sie als Leichtbewaffnete gegen Schwerbewaffnete kämpfen mußten.[34]

64. So wurde, gemäß dem Orakelspruch, die Rache für Leonidas' Tod an Mardonios vollzogen, und Pausanias, Kleombrotos' Sohn und Enkel des Anaxandrides, hatte den schönsten Sieg errungen, von dem wir je gehört haben. Seine früheren Ahnen bis auf Leonidas habe ich schon genannt, denn sie haben beide dieselben. Mardonios aber fiel von der Hand des Arimnestos, eines angesehenen Spartiaten, der später nach dem Mederkrieg, als zwischen Sparta und Messenien Krieg war, mit nur dreihundert Mann bei Stenykleros[35] sich gegen die ganze Macht der Messenier warf und samt seinen Dreihundert erschlagen wurde.

65. Als die Perser bei Plataiai vor den Lakedaimoniern weichen mußten, flohen sie in großer Unordnung in ihr Lager und in das hölzerne Schanzwerk, das sie auf thebaiischem Gebiet errichtet hatten. Dabei ist es mir ein Wunder, daß in diesem Kampf bei dem Hain der Demeter sich kein einziger Perser gefunden hat, der den heiligen Boden betreten oder darauf gestorben wäre, sondern die meisten sind zwar nahe dem Heiligtum, aber auf ungeweihter Stätte gefallen. Ich meine aber, wenn man über göttliche Dinge überhaupt eine Meinung haben darf, daß die Göttin sie selber ferngehalten hat, weil die Perser das Gotteshaus in Eleusis verbrannt hatten.

66. Diesen Ausgang also hat die Schlacht bei Plataiai genommen. Artabazos indes, Pharnakes' Sohn, der gleich anfangs

damit unzufrieden war, daß der König Mardonios zurückgelassen hatte, und damals auch dringend, doch vergeblich von einem Angriff abgeraten hatte, tat nun aus Verdruß über die Anordnungen des Mardonios folgendes. Er führte alle, die unter seinem Befehl standen – und das war keine geringe Menge, sondern wohl an die vierzigtausend Mann –, sobald der Kampf begann, nach wohlerdachtem Plan heraus, denn er sah genau, welchen Ausgang die Schlacht nehmen würde, und hatte den Befehl ergehen lassen, daß sie alle eiligst denselben Weg einschlagen sollten, den er sie führen würde. So setzte er das Heer in Marsch, als ob er es in die Schlacht führen wollte. Als er aber ein Stück Weges vorausgezogen war, sah er schon die Perser in heller Flucht. Daraufhin führte er sie nicht mehr in derselben Ordnung, sondern floh in großer Eile, doch nicht etwa hinter die hölzerne Mauer und auch nicht in das befestigte Theben, sondern nach dem Land der Phoker, um nur so schnell wie möglich nach dem Hellespont zu kommen. Dorthin also nahmen sie ihren Weg.

67. Von den Hellenen aber, die auf Seiten des Königs standen, kämpften die meisten absichtlich feige, nur die Boioter stritten gegen die Athener eine lange Zeit. Denn diejenigen Thebaner, die in ihrem Herzen zu den Medern hielten, waren voller Eifer und keineswegs feige, so daß dreihundert der Edelsten und Tapfersten von den Athenern erschlagen wurden. Als aber auch sie die Flucht ergreifen mußten, wandten sie sich nach Theben und flohen nicht auf demselben Weg wie die Perser und der ganze Haufen der übrigen Bundesgenossen, die nirgends gekämpft und nichts geleistet hatten.

68. So ist mir klar, daß alle Macht der Barbaren auf den Persern beruhte, was sich darin zeigt, daß sie damals, noch ehe sie mit dem Feind auf Tuchfühlung gekommen waren, die Flucht ergriffen, bloß weil sie die Perser fliehen sahen. Dergestalt flohen sie nun alle, außer der Reiterei, vor allem der boiotischen, die den Flüchtigen große Dienste leistete, indem sie den Feinden immer ganz nahe blieb und sie nicht an ihre fliehenden Freunde herankommen ließ.

NEUNTES BUCH

69. Die Sieger aber folgten den Königlichen nach, erjagten sie und machten sie nieder. Als aber diese Flucht und Verfolgung begann, kam zu den anderen Hellenen am Tempel der Hera, die dem Kampf fern geblieben waren, die Nachricht von der Schlacht und dem Sieg von Pausanias' Heer. Als sie das hörten, stürmten sie in wirren Haufen heran: die Korinthier mit ihren Nachbarn wandten sich am Fuß des Gebirges hin und über die Hügel auf die Straße geradeaus zum Tempel der Demeter, die Megarer aber, Phliasier und die anderen durch die Niederung auf dem ebensten Wege. Da geschah es, als die Megarer und Phliasier dem Feind schon nahe waren, daß die thebanischen Reiter unter der Führung des Asopodoros, des Sohnes des Timandros, sie erblickten, wie sie so ohne Ordnung daherrannten; sie warfen sich rasch über sie her, machten sechshundert von ihnen nieder und verfolgten die übrigen bis in den Kithairon hinauf. So gingen diese zugrunde, ohne daß einer ihrer achtete.

70. Die Perser und die andere Menge aber flüchteten sich hinter die hölzerne Mauer, und bevor noch die Lakedaimonier heran waren, bestiegen sie die Türme und verteidigten von dort her die Mauer so gut sie konnten. Als nun auch die Athener heranrückten, entbrannte ein heftiger Kampf um die Mauer. Denn solange die Athener noch nicht da waren, hielten die Feinde stand und waren sogar in großem Vorteil gegen die Lakedaimonier, die sich auf solchen Kampf nicht verstanden. Als aber die Athener zu Hilfe kamen, wurde der Kampf um die Mauer erst richtig heiß und währte lange Zeit, bis die Athener mit Mut und Ausdauer die Mauer an einer Stelle erstiegen und niederrissen, damit die Hellenen hineindringen konnten. Die ersten, die eindrangen, waren die Tegeaten, und sie waren es auch, die das Zelt des Mardonios plünderten und darin neben anderen Dingen die Krippe für seine Pferde erbeuteten, die ganz aus Erz und sehr sehenswert war. Diese Krippe des Mardonios weihten die Tegeaten in den Tempel der Athena Alea, alles andere aber, was sie fanden, legten sie zu der gemeinsamen Beute der Hellenen. Nachdem nun die Mauer gefallen

war, hielten die Barbaren keine Ordnung mehr, und keiner wehrte sich mehr. Sie schwebten in banger Furcht und fuhren hin und her in Angst, viele tausend Menschen auf engem Raum zusammengescheucht und eingepfercht, und ließen sich von den Hellenen erschlagen, so daß von den dreihunderttausend Mann des Heeres, ohne die vierzigtausend, mit welchen Artabazos entkam, kaum dreitausend am Leben blieben.[36] Aber von den Lakedaimoniern aus Sparta waren in dem Kampf zusammen einundneunzig gefallen, von den Tegeaten sechzehn, von den Athenern zweiundfünfzig.[37]

71. In diesem Kampf hatten sich vom Fußvolk die Perser am besten gehalten, von den Reitern die Saken, und von den Männern wird Mardonios genannt. Von den Hellenen aber hatten sich die Lakedaimonier, obwohl sich auch die Tegeaten und Athener rühmlich gezeigt hatten, doch als am tapfersten erwiesen. Ich kann dies allerdings nur einem einzigen Umstand entnehmen – denn besiegt haben ja alle ihre Gegner –, daß sie den stärksten Teil zum Gegner hatten und Sieger wurden. Der weitaus Tapferste jedoch von ihnen war, nach meinem Urteil, Aristodemos gewesen, jener Mann, der sich allein von den Dreihundert bei Thermopylai gerettet hatte und darum in Schimpf und Unehre gefallen war. Nach diesem hatten sich am meisten hervorgetan Poseidonios, Philokyon und Amompharetos aus Sparta. Als jedoch darüber gesprochen wurde, wer von ihnen am tapfersten gekämpft habe, meinten die Spartiaten, die es gesehen hatten, Aristodemos habe ganz offensichtlich den Tod gesucht wegen des Makels, der auf ihm lag, und blindwütig die Schlachtordnung verlassen und große Taten vollbracht. Poseidonios aber habe sich tapfer erwiesen, ohne den Tod zu suchen, und verdiene insoweit den Vorzug. Es mag aber auch wohl Mißgunst gewesen sein, daß sie so urteilten. Alle diese, die ich erwähnt habe, wurden mit besonderen Ehrungen bedacht, nur nicht Aristodemos; der erhielt keine Ehren, weil er um des erwähnten Makels willen den Tod gesucht habe.

72. Diese also erwarben sich bei Plataiai den größten Namen.

NEUNTES BUCH

Denn Kallikrates starb nicht in der Schlacht. Er war zu seiner Zeit von allen Hellenen der schönste Mann im Heer und zwar nicht bloß von seinen Landsleuten, den Lakedaimoniern, sondern auch von den übrigen Hellenen. Er wurde, während Pausanias opferte, in der Schlachtreihe stehend, von einem Pfeil in die Seite getroffen. Darauf begannen die übrigen den Kampf, er aber mußte weggetragen werden, und während er mit dem Tode rang, sagte er zu Arimnestos, einem Bürger aus Plataiai, nicht das schmerze ihn, daß er für Hellas den Tod erleide, aber er hätte so gern eine Tat vollbracht, die seiner würdig gewesen wäre, und müsse nun sterben, ohne seinen Arm erprobt zu haben, und habe nichts vollbracht.

73. Bei den Athenern soll sich den meisten Ruhm Sophanes, Eutychides' Sohn, aus dem Demos Dekelea erworben haben, einer jener Dekeleer, die einstmals, wie die Athener sagen, eine Tat vollbracht hatten, die für ewige Zeit Gewinn brachte. Als nämlich vor alters die Tyndariden, um die Helena[38] heimzuholen, mit großer Heeresmacht ins attische Land fielen und die Gaue verheerten, weil sie nicht wußten, wo die Helena verborgen war, sollen nach den einen die Dekeleer, nach anderen Dekelos selber, entrüstet über den Übermut des Theseus und in Sorge um das ganze attische Land, ihnen alles offenbart und den Weg nach Aphidnai gewiesen haben, welcher Ort dann von Titakos, einem Landesbewohner, an die Tyndariden verraten wurde. Von diesem Dienste her genießen die Dekeleer in Sparta Freiheit von Steuern und einen Ehrensitz bei den Spielen[39] noch bis auf diesen Tag; ja selbst noch in dem Krieg, der viele Jahre später zwischen den Athenern und Peloponnesiern geführt wurde, verschonten die Lakedaimonier allein Dekelea[40], während sie das übrige attische Land verwüsteten.

74. Aus diesem Demos war jener Sophanes, der sich damals unter den Athenern am rühmlichsten hervortat. Es gibt davon zwei verschiedene Erzählungen. Nach der einen Erzählung trug er einen eisernen Anker, den er sich mit eherner Kette an den Panzergürtel gebunden hatte; den warf er jedesmal aus, wenn er nahe zu den Feinden herankam, damit die Feinde,

wenn sie gegen ihn ausfielen, ihn nicht von seinem Standort wegdrängen konnten; ergriffen sie aber die Flucht, nahm er seinen Anker wieder auf und verfolgte sie. So lautet die eine Sage. Nach der anderen aber, die mit jener nicht übereinstimmt, führte er einen Anker nur als Wappen auf seinem Schild, den er unaufhörlich hin und herbewegte, nicht aber einen eisernen am Gürtel.

75. Dieser Sophanes hat noch eine andere glänzende Tat verrichtet zu der Zeit, als die Athener vor Aigina lagen; da forderte er den Eurybates zum Kampf, einen Argeier, der im Fünfkampf geübt war, und erschlug ihn. Er selber aber fand später, als er mit Leagros, Glaukos' Sohn, die Athener befehligte und mit den Edonern bei Daton um die Goldgruben[41] stritt, nach wackerem Kampf den Tod.

76. Als nun die Barbaren bei Plataiai von den Hellenen niedergemacht worden waren, kam zu ihnen von den Feinden herüber eine Frau gelaufen, ein Kebsweib des Persers Pharandates[42], des Sohnes des Teaspis. Die hatte sich, nachdem sie den Untergang der Perser und den Sieg der Hellenen gesehen hatte, mit viel Gold geschmückt und ihr schönstes Gewand angelegt, und desgleichen auch ihre Mägde, und war herabgestiegen von ihrem Wagen und ging zu den Lakedaimoniern, die noch bei dem Gemetzel waren. Da sie sah, daß Pausanias das Ganze befehligte, und auch schon vorher seinen Namen und sein Geschlecht erfahren und oft davon gehört hatte, erkannte sie ihn und sprach zu ihm, indem sie seine Knie umfaßte. »O König von Sparta[43], ich flehe dich an, erlöse mich aus Kriegsgefangenschaft und Sklaverei! Du bist ja schon mein Retter gewesen, als du diese Menschen vernichtet hast, die weder vor Heroen, noch vor Göttern eine Scheu hatten. Ich bin gebürtig von Kos; mein Vater ist Hegetorides, Antagoras' Sohn. Mit Gewalt hat mich der Perser von Kos entführt.« Er aber antwortete ihr: »Sei gutes Mutes, Weib, denn du stehst in meinem Schutz, zumal wenn du die Wahrheit redest und des Koërs Hegetorides Tochter bist, der mir der liebste Gastfreund ist von allen, die in jenen Landen wohnen.« So sprach er zu ihr

NEUNTES BUCH

und übergab sie in die Obhut der anwesenden Ephoren; später aber schickte er sie nach Aigina, wohin sie selber verlangte.

77. Gleich nach der Ankunft dieses Weibes kamen auch die Mantineer an, als schon alles getan war. Als sie erfuhren, daß sie die Schlacht versäumt hatten, waren sie sehr betrübt und sagten, sie verdienten eine Strafe. Als sie aber von der Flucht der Meder unter Artabazos hörten, wollten sie ihnen bis nach Thessalien nachsetzen, allein die Lakedaimonier verwehrten es ihnen, die Flüchtigen zu verfolgen. Da zogen sie heim in ihre Stadt und verwiesen ihre Heerführer des Landes. Nach den Mantineern kamen die Eleier und zogen ebenso wie die Mantineer ganz enttäuscht nach Hause, und als sie heimkamen, verbannten auch sie ihre Anführer. So viel von den Mantineern und Eleiern.

78. Nun war bei Plataiai in der Heerschar der Aigineten ein Mann namens Lampon[44], Pytheas' Sohn, einer der vornehmsten Bürger von Aigina. Der kam in Eile zu Pausanias gelaufen mit einem ganz gottlosen Vorschlag und sprach zu ihm: »O Sohn des Kleombrotos! Du hast eine überaus große und herrliche Tat vollbracht, und es ist dir eine Gnade Gottes, daß du Hellas hast errettet und dir einen Ruhm gründen sollen, wie nie ein Hellene, so viel wir wissen, ihn sich erworben hat. So tu du nun auch, was noch dazu gehört, auf daß dein Name noch größer werde und die Barbaren künftig sich hüten, die Hellenen mit ruchlosen Taten zu kränken. Als Leonidas bei Thermopylai gefallen war, haben ihm Mardonios und Xerxes den Kopf abgeschnitten und auf einen Pfahl gespießt. So tu du nun dasselbe mit Mardonios. Dafür werden dich nicht nur alle Spartiaten, sondern auch die anderen Hellenen preisen. Denn wenn du den Mardonios an den Pfahl hängst, übst du an ihm Rache für Leonidas, deinen Oheim!«

79. So sprach er und meinte, es würde Pausanias gefallen. Jener aber erwiderte ihm: »O Freund, deine gute Absicht und Fürsorge weiß ich wohl zu schätzen, aber dein Rat trifft nicht das Richtige. Erst erhebst du mich hoch, mein Geschlecht und meinen Sieg, und dann wieder setzt du mich völlig herab,

indem du mir rätst, ich solle einen Toten entehren, und mir davon einen größeren Ruhm versprichst. Das mag sich für Barbaren ziemen, aber nicht für Hellenen; und doch tadeln wir es auch an jenen. Ich will um solchen Preis nicht der Aigineten Lob gewinnen, noch das der anderen, denen solches gefällt. Zufrieden, wenn ich den Beifall der Spartiaten finde, will ich mich begnügen, in Gottesfurcht zu handeln und zu reden. Leonidas aber, den ich rächen soll, der, meine ich, hat schon seine volle Rache. Ihm und allen, die mit ihm zugleich bei Thermopylai gefallen sind, ist durch die zahllosen Seelen dieser Erschlagenen Gerechtigkeit und Sühne widerfahren. Du aber komm mir künftig nicht wieder mit einem solchen Ansinnen und Rat und sei froh, daß dir nichts Schlimmes dafür geschieht.« Als jener dies hörte, ging er seiner Wege.

80. Pausanias aber ließ ausrufen, keiner solle die Beute berühren, und befahl den Heloten, die Schätze zusammenzutragen. Die Heloten gingen durch das persische Lager und fanden Zelte, ausgestattet mit Gerät von Gold und Silber, Ruhelager mit Gold und Silber überzogen, goldene Mischkrüge, Schalen und sonstiges Trinkgerät; auf den Wagen fanden sie Säcke mit goldenen und silbernen Becken. Von den Toten nahmen sie Armringe, Halsbänder und die persischen Schwerter, so viele golden waren; denn die bunten Gewänder wurden gar nicht beachtet. Dabei wurde von den Heloten vieles gestohlen und an die Aigineten verkauft, vieles aber, was sich nicht verbergen ließ, lieferten sie ab. Daher stammt der große Reichtum der Aigineten, die den Heloten das Gold für Erz abkauften.

81. Nachdem sie nun alle Beute zusammengebracht hatten, nahmen sie davon zunächst ein Zehntel für den Gott in Delphi, aus dem der goldene Dreifuß[45] gestiftet wurde, der auf der dreiköpfigen ehernen Schlange steht, ganz nahe am Altar; desgleichen ein Zehntel für den olympischen Gott, aus dem sie einen zehn Ellen hohen Zeus aus Erz weihten, und endlich ein Zehntel für den isthmischen Gott, aus dem ein sieben Ellen hoher Poseidon aus Erz gefertigt wurde. Alles übrige aber teilten sie unter sich: die Kebsweiber der Perser, das Gold und

das Silber und alles andere Gerät und Lastvieh, und jeder bekam seinen gebührenden Anteil. Was aber diejenigen noch zusätzlich bekamen, die sich im Kampf bei Plataiai besonders ausgezeichnet hatten, wird nicht berichtet; ich glaube aber, daß sie besonders bedacht wurden. Pausanias aber erhielt alle Ehrengaben in zehnfacher Weise: Weiber, Rosse, Geld und Kamele, und ebenso auch von der übrigen Beute.

82. Es wird auch noch folgendes erzählt. Bei seiner Flucht aus Hellas habe Xerxes all sein Gerät dem Mardonios hinterlassen. Als nun Pausanias das Zelt des Mardonios mit Gold und Silber und bunten Teppichen ausgestattet sah, befahl er den Bäckern und Köchen, daß sie ein ebensolches Mahl anrichten sollten wie für Mardonios. Als jene taten, wie ihnen geboten war, und Mardonios die schön gepolsterten Ruhelager aus Gold und Silber erblickte und die Tische aus Gold und Silber und all die Pracht des Mahles, da soll er, erstaunt über alle die herrlichen Dinge, die vor seinen Augen standen, seine Diener herbeigerufen und ihnen scherzeshalber befohlen haben, ein lakonisches Mahl herzurichten. Als dann die Speise bereitet war und sich der Unterschied als doch recht groß erwies, fing Pausanias an zu lachen und befahl, die Führer der Hellenen herbeizurufen. Als sie beisammen waren, wies er auf die Zurüstung der beiden Mahle und sprach zu ihnen: »Ihr Hellenen, ich habe euch versammeln lassen, weil ich euch den Unverstand des medischen Feldherrn zeigen wollte, der ein so herrliches Leben führte und doch zu uns kam, um uns bei unserem armseligen Leben auch noch zu berauben.«

83. So soll damals Pausanias zu den hellenischen Heerführern geredet haben. Später haben noch viele Plataier Truhen gefunden, voll von Gold und Silber und anderen Kostbarkeiten. Auch kam später bei diesen Leichnamen, als die Knochen vom Fleisch entblößt waren und die Plataier sie auf einen Ort zusammentrugen, ein Schädel zutage, der ohne jegliche Naht war und nur aus einem einzigen Knochen bestand, und ferner ein Kinnbacken, an dem die Zähne aus einem Stück waren, alle aus ein und demselben Knochen, die Vorderzähne und die

Backenzähne. Auch fand man die Gebeine eines Mannes, der fünf Ellen maß.

84. Die Leiche des Mardonios aber war schon am folgenden Tage heimlich verscharrt worden; von wem, das kann ich nicht genau sagen, denn ich habe von zu vielen Leuten aus den verschiedensten Ländern erzählen hören, daß sie den Mardonios begraben haben wollen, und weiß, daß viele dafür von Artontes, dem Sohn des Mardonios, eine große Belohnung bekommen haben. Wer von diesen es aber nun gewesen war, der seine Leiche beiseite gebracht und begraben hat, darüber kann ich nichts Genaues erfahren. Etliche sagen auch, Dionysophanes aus Ephesos habe es getan. Genug, er wurde auf solche Art begraben.

85. Die Hellenen aber, nachdem sie die Beute unter sich verteilt hatten, begruben ihre Toten jeweils an einem besonderen Ort. Die Lakedaimonier machten ein dreifaches Grab. In dem einen Grab begruben sie die Irenen[46], zu denen Poseidonios und Amompharetos, Philokyon und Kallikrates gehörten; in dem zweiten Grab lagen die anderen Lakedaimonier, in dem dritten die Heloten. Auch die Tegeaten begruben die Ihrigen an einem besonderen Ort, aber alle in einem Grab zusammen, und ebenso begruben die Athener sowie auch die Megareer und Phliasier ihre von der Reiterei Erschlagenen. Alle diese Gräber waren wirklich mit Toten angefüllt, während die Gräber der anderen, so viele man deren bei Plataiai sieht, wie mir erzählt wurde, nur leere Erdhaufen sind, die sie aufgeschüttet haben, weil sie sich vor der Nachwelt wegen ihrer Abwesenheit bei der Schlacht schämten. So gibt es dort ein sogenanntes Aiginetengrab, das, wie ich höre, erst zehn Jahre später auf Bitten der Aigineten von dem Plataier Kleades, dem Sohn des Autodikos, ihrem Gastfreund, aufgeschüttet worden war.

86. Nachdem die Hellenen ihre Toten bei Plataiai bestattet hatten, hielten sie Rat und beschlossen, auf Theben zu ziehen und die Auslieferung derjenigen zu fordern, die es mit den Medern gehalten hatten, darunter vor allem Timegenides und Attaginos, die die vornehmsten Häupter der persischen Partei

waren. Sollten ihnen diese Männer nicht ausgeliefert werden, wollten sie nicht eher abziehen, als bis sie die Stadt erobert hätten. So kamen sie am elften Tage nach der Schlacht vor Theben an, lagerten sich um die Stadt und verlangten, die Thebaner sollten ihnen die Männer herausgeben. Als aber die Thebaner dies verweigerten, fingen sie an, das Land zu verwüsten und die Mauer zu berennen.

87. Als sie am zwanzigsten Tag immer noch nicht von der Verwüstung abließen, sprach Timegenides zu den Thebanern: »Ihr Männer von Theben! Da die Hellenen entschlossen sind, nicht eher von der Belagerung ablassen zu wollen, als bis sie unsere Stadt erobert oder ihr uns ihnen ausgeliefert habt, so soll das boiotische Land um unseretwillen nicht noch länger leiden. Wenn es ihnen nur um Geld zu tun ist und sie unsere Auslieferung nur als Vorwand benützen, so wollen wir ihnen aus dem öffentlichen Schatz Geld geben; denn wir haben alle zusammen zu den Medern gehalten, und nicht nur für uns allein. Begehren sie aber unsere Auslieferung wirklich und liegen sie darum vor der Stadt, so wollen wir uns ihnen selber zur Verantwortung stellen.« Das schien den Thebanern trefflich gesprochen und zur rechten Zeit, und sie ließen dem Pausanias unverzüglich melden, daß sie bereit seien, die Männer auszuliefern.

88. Nachdem man sich auf diese Bedingung hin geeinigt hatte, entwich Attaginos aus der Stadt, seine Söhne aber sprach Pausanias, als man sie vor ihn brachte, von der Schuld los, denn an der Freundschaft für die Meder, sagte er, hätten die Kinder keinen Teil. Was aber die anderen Männer anbelangt, die die Thebaner ausliefern mußten, so hofften sie, man würde ihnen erlauben, sich zu rechtfertigen, und vertrauten darauf, sich mit Geld freizukaufen. Darum entließ Pausanias, der so etwas vermutete, sobald er sie in seiner Gewalt hatte, das ganze Heer der Bundesgenossen nach Hause, brachte sie nach Korinth und ließ sie hinrichten.

89. Dies geschah bei Plataiai und Theben. Indessen war Artabazos, Pharnakes' Sohn, auf seiner Flucht von Plataiai

678

schon in weiter Ferne. Als er aber nach Thessalien kam, luden ihn die Thessaler in ihre Häuser zu Gast und fragten ihn nach dem übrigen Heer; denn sie wußten noch nichts von dem, was bei Plataiai geschehen war. Artabazos aber erkannte wohl, daß er selbst und sein Heer in Lebensgefahr geraten würden, wenn er ihnen die volle Wahrheit über die Kämpfe sagte; denn es würde alles Volk über ihn herfallen, wenn das Geschehene bekannt würde. Darum hatte er auch den Phokern nichts davon verraten, zu den Thessalern aber sprach er folgendermaßen: »Wie ihr seht, bin ich in Eile, um nach Thrakien zu ziehen, und darf mich nicht lange aufhalten; denn ich habe dort ein Geschäft, und bin dazu aus dem Heerlager mit diesem Haufen entsandt worden. Mardonios aber und sein Heer habt ihr in Kürze hier zu erwarten, denn sie folgen mir auf dem Fuße. Erweist euch ihm gastlich und gefällig; es wird euch dereinst nicht gereuen.« So sprach er und zog in Eile durch Thessalien und Makedonien geradeaus nach Thrakien, denn er durfte in der Tat nicht säumen, sondern nahm den kürzesten Weg mitten durchs Land. So kam er zwar nach Byzantion, verlor aber viele Leute seines Heeres, die unterwegs von den Thraken niedergehauen wurden oder dem Hunger und der Ermattung erlagen. Von Byzantion setzte er selber auf Schiffen nach Asien über, und war also glücklich daheim.

90. Es fügte sich aber, daß am gleichen Tage wie bei Plataiai auch die Schlacht bei Mykale in Ionien stattfand. Als nämlich die Hellenen unter dem Lakedaimonier Leutychides mit ihren Schiffen noch bei Delos vor Anker lagen, kam eine Gesandtschaft aus Samos zu ihnen: Lampon, Thrasykles' Sohn, Athenagoras, Archestratides' Sohn, und Hegesistratos, Aristagoras' Sohn. Diese hatten die Samier heimlich abgesandt, ohne daß weder die Perser noch Theomnestor, Androdamas' Sohn, den die Perser zum Tyrannen von Samos eingesetzt hatten, davon wußten. Als diese vor die Heerführer kamen, hielt Hegesistratos eine lange und ausführliche Rede: daß die Ioner, wenn sie die Hellenen nur sähen, sogleich von den Persern abfallen würden, und daß die Barbaren nicht vor ihnen standhalten

würden, und wenn sie es doch täten, so wäre das ein Fang, wie sie nicht leicht wieder einen tun könnten.[47] Dann beschwor er sie bei den gemeinsamen Göttern, sie möchten ihnen, da sie doch Hellenen seien, aus der Knechtschaft helfen und gegen den Barbaren beistehen, und versicherte, daß ihnen dies mit leichter Mühe gelingen könne; denn die Schiffe der Feinde führen nur schlecht und dürften sich nicht gegen die Hellenen wagen. Wenn sie aber etwa besorgten, daß man sie aus Arglist hinauslocken wollte, so wären sie selber bereit, als Geiseln auf ihren Schiffen mitzugehen.

91. Als der fremde Mann aus Samos so dringlich bat, stellte Leutychides an ihn die Frage, sei es mit Fleiß um eines Vorzeichens willen, oder weil ein Gott es gerade so fügte: »Du Mann aus Samos, wie ist dein Name?« Und jener antwortete: »Hegesistratos«, was so viel wie Herzog heißt. Da schnitt ihm jener schnell die Rede ab, die Hegesistratos vielleicht noch weiter ausführen wollte, und rief: »Das Vorzeichen, o Samier, nehme ich an, das mir der Herzog bringt. So gelobt uns zuerst, du und deine Gefährten, daß die Samier uns gewißlich treue Bundesgenossen sein wollen[48], und dann eile, daß du heimkommst.«

92. So sprach er und setzte es gleich ins Werk. Denn auf der Stelle gelobten und beschworen die Samier ihre Bundesgenossenschaft mit den Hellenen. Darauf fuhren die anderen ab; Hegesistratos aber blieb auf Verlangen des Leutychides bei der Flotte, der seinen Namen zum guten Vorzeichen nahm. Die Hellenen warteten noch diesen Tag und veranstalteten am anderen Tag ein Opfer um eines guten Wahrzeichens willen. Ihr Opferschauer war Deiphonos, Euenios' Sohn, aus der Stadt Apollonia[49] am ionischen Meerbusen.

93. Dem Vater dieses Mannes, Euenios, war einstmals folgende Sache begegnet. Bei jener Stadt Apollonia gibt es eine Herde Schafe, die dem Sonnengott heilig sind; diese weidet tagsüber am Fluß Chon, der vom Berge Lakmon herab durch das Gebiet von Apollonia bei dem Hafen Orikos ins Meer fließt; nachts aber wird sie in einer Höhle gehütet, fernab von der Stadt, von jeweils einem der reichsten und vornehmsten

Bürger, der dazu erwählt ist und zwar immer auf ein Jahr, denn die Apolloniaten halten zufolge einem Götterspruch viel auf diese Herde. Wie nun einmal Euenios dazu erwählt war und bei der Herde die Wacht hatte, geschah es ihm in einer Nacht, daß er über seinem Wächterdienst einschlief und Wölfe in die Höhle schlichen und ungefähr sechzig Schafe zerrissen. Als er es entdeckte, schwieg er still und sagte keinem etwas davon, denn er beabsichtigte, andere an ihrer Stelle zu kaufen. Doch die Sache blieb den Leuten in Apollonia nicht verborgen. Sie stellten ihn vor Gericht und verurteilten ihn zum Verlust seines Augenlichts, weil er die Wacht verschlafen hatte. Aber bald nachdem sie ihn geblendet hatten, wurden ihre Herden unfruchtbar, und die Erde wollte nicht mehr tragen wie zuvor. Als sie bei den Göttern in Dodona und in Delphi wegen der Ursache dieser Heimsuchung anfragten, bekamen sie die Antwort, daß sie den Wächter der heiligen Schafe, den Euenios, zu Unrecht seines Augenlichts beraubt hätten, denn sie selber, die Götter, hätten die Wölfe über die Schafe geschickt und würden nicht aufhören, sie dafür zu strafen, bis sie dem Euenios für ihre Tat nach seiner eigenen Wahl und Forderung Genüge getan hätten. Danach würden sie selber ihm eine Gabe verleihen, um die ihn viele Menschen glücklich preisen sollten.

94. So lauteten die Sprüche der Orakel. Die Apolloniaten aber geboten, davon zu schweigen, und bestellten einige Bürger der Stadt, die Sache zu besorgen. Diese gingen nun folgendermaßen zu Werke. Eines Tages, als Euenios auf dem Markt saß, kamen sie, setzten sich zu ihm und redeten mit ihm erst von anderen Sachen; zuletzt aber kamen sie auf sein Unglück zu sprechen und bezeigten ihm ihr Mitleid. Dann fuhren sie sachte fort und stellten ihm die Frage, mit welcher Buße er sich begnügen würde für den Fall, daß die Apolloniaten ihm eine Genugtuung geben wollten für das, was sie ihm angetan hätten. Weil er nun von dem Gottesspruch nichts gehört hatte, erklärte er sich zufrieden, wenn man ihm die Äcker gäbe von dem und dem, und nannte dabei zwei Bürger, von denen er wußte, daß sie die zwei schönsten Hufen Landes bei Apollonia

hatten, und außerdem das schönste Wohnhaus in der Stadt, das er kannte. Wenn er das bekäme, sagte er, wolle er von seinem Groll ablassen und sich mit solcher Buße begnügen. So war seine Antwort. Jene aber erwiderten sofort und sprachen: »Nun wohl, Euenios, diese Buße zahlen dir die Apolloniaten gern als Sühne für deine Blendung, gemäß den Göttersprüchen, die sie bekommen haben.« Da geriet er in großen Zorn, denn nun erfuhr er erst die ganze Sache und glaubte, man habe ihn betrogen. Sie aber kauften von den Besitzern, was er gefordert hatte, und gaben es ihm. Bald darauf wurde Euenios von der Gabe der Weissagung erfüllt[50], und sein Name erlangte große Berühmtheit.

95. Der Sohn dieses Euenios war also jener Deiphonos, der von den Korinthiern mitgeführt wurde und die Opfer für das Heer veranstaltete. Doch habe ich auch erzählen hören, daß Deiphonos gar kein Sohn des Euenios gewesen sei, sondern sich dieses Namens nur bedient und sich damit in Hellas gegen gute Bezahlung als Wahrsager verdungen habe.

96. Weil nun die Opfer günstig ausfielen, stachen die Hellenen von Delos aus in See und fuhren nach Samos zu dem Ort Kalamisa; dort gingen sie bei dem Heratempel vor Anker und machten sich fertig zur Seeschlacht. Als die Perser von ihrer Anfahrt hörten, stachen auch sie zum Festland hinüber in See, aber nur mit den noch übrigen Schiffen, denn die phoinikischen hatten sie nach Hause entlassen; sie fanden es nicht ratsam, eine Seeschlacht zu liefern, weil sie sich für zu schwach hielten. Nach dem Festland aber fuhren sie, um unter den Schutz ihres Landheeres bei Mykale zu kommen, das auf Geheiß des Xerxes von dem übrigen Heer zurückgeblieben war und Ionien bewachte, sechzigtausend Mann an der Zahl; sein Befehlshaber war Tigranes, der schönste und größte Mann unter den Persern. Unter den Schutz dieses Heeres gedachten sich die Führer der Flotte zu begeben und beschlossen, die Schiffe dort an Land zu ziehen und darum herum eine Schanzwehr als Schutz für die Schiffe und als Zuflucht für sie selbst aufzurichten.

KALLIOPE

97. In dieser Absicht stachen sie in See. Als sie an dem
Heiligtum der ›Erhabenen Göttinnen‹ vorbei nach Mykale zu
dem Bach Gaison und dem Ort Skolopoeis gekommen waren,
wo ein Heiligtum der eleusinischen Demeter liegt, gegründet
von Philistos, Pasikles' Sohn, als er mit Neileos, Kodros' Sohn,
zur Gründung Milets ausgefahren war, zogen sie dort die Schiffe
aufs Land und bauten eine Schanze von Stein und Holz. Sie
fällten sogar Fruchtbäume und rammten rings um die Schanze
Pfähle ein. So rüsteten sie sich sowohl für eine Belagerung wie
für einen Sieg.

98. Als die Hellenen vernahmen, daß die Barbaren zum
Festland gefahren waren, waren sie verärgert, daß sie ihnen
entronnen seien, und schwankten, was sie nun tun sollten, ob
sie wieder heimkehren sollten oder nach dem Hellespont fahren. Am Ende beschlossen sie, keines von beidem zu tun,
sondern zum Festland hinüberzufahren. Sie setzten ihre Enter-
brücken und was sonst zu einer Seeschlacht notwendig ist, in
Bereitschaft und fuhren nach Mykale. Als sie aber in die Nähe
des Heerlagers kamen und niemand entdecken konnten, der
ihnen entgegenfuhr, sondern sahen, daß die Schiffe innerhalb
der Schanzwehr ans Land gezogen waren und zahlreiches Fußvolk am Strand entlang aufgestellt war, fuhr nun zunächst
Leutychides auf seinem Schiff so nahe wie möglich ans Ufer
hin und ließ den Ionern durch einen Herold folgendes verkünden: »Ihr Ioner, die ihr meine Stimme hört, vernehmt, was ich
euch sage; denn die Perser werden gewiß kein Wort verstehen
von dem, was ich euch entbiete. Wenn der Kampf beginnt, so
denkt vor allem zuerst an die Freiheit, dann aber an unser
Losungswort; das ist ›Hebe‹. Wer dies aber nicht gehört hat, der
erfahre es von dem, der es gehört hat.« Dabei verfolgte er
dieselbe Absicht wie Themistokles bei Artemision: entweder
blieben seine Worte den Feinden verborgen und die Ioner
ließen sich dadurch gewinnen, oder sie würden den Barbaren
hinterbracht und machten sie mißtrauisch gegen die Ioner.

99. Nach dieser Mahnung taten die Hellenen noch ein weiteres. Sie fuhren an die Küste heran, stiegen ans Land und stellten

683

sich dort zur Schlacht auf. Als die Perser sahen, daß sich die Hellenen zur Schlacht rüsteten und die Ioner ermahnt hatten, faßten sie zunächst einen Argwohn gegen die Samier, daß sie mit den Hellenen hielten, und nahmen ihnen darum ihre Waffen weg. Damals nämlich, als jene gefangenen Athener, die in Attika zurückgeblieben und von Xerxes' Heer ergriffen worden waren, von der Barbarenflotte nach Samos gebracht wurden, hatten die Samier sie alle freigekauft, mit Reiseproviant versehen und nach Athen zurückgeschickt. Das war Hauptursache dafür, daß man sie in Verdacht hielt, denn fünfhundert Mann von den Feinden des Königs hatten sie auf diese Weise frei gemacht. Zum andern beauftragten sie die Milesier mit der Bewachung der Paßwege, die auf die Höhen von Mykale führen, vorgeblich, weil sie die Gegend am besten kennen würden, in Wahrheit aber, um sie aus dem Lager zu entfernen. Auf diese Weise suchten sich die Perser gegen diejenigen Ioner zu verwahren, denen sie etwas Schlimmes zutrauten, sobald sich nur eine Gelegenheit dazu böte. Sie selber aber schichteten aus ihren Schildhorden eine Schutzwehr vor sich auf.

100. Als nun die Hellenen zur Schlacht bereit waren, rückten sie gegen die Barbaren vor. Als sie sich eben in Marsch gesetzt hatten, lief ein Gerücht durch das ganze Heer und zugleich sah man einen Heroldstab am Strand liegen. Das Gerücht aber besagte, daß die Hellenen in Boiotien das Heer des Mardonios im Kampf besiegt hätten. Nun ist ja die göttliche Fügung in den Dingen der Welt aus vielerlei Zeichen offenbar, besonders aber daraus, daß damals, als sich an ein und demselben Tage sowohl bei Plataiai wie bei Mykale eine Niederlage ereignen sollte, ein Gerücht davon zu den Hellenen bei Mykale kommen mußte, damit sie dadurch einen noch größeren Mut faßten und um so freudiger in den Kampf gingen.

101. Und noch ein anderes traf zusammen, nämlich daß nahe bei den beiden Schlachtfeldern Heiligtümer der eleusinischen Demeter lagen. Denn bei Plataiai fand die Schlacht, wie ich schon zuvor berichtet habe, nahe dem Tempel der Demeter statt, und bei Mykale sollte es nun ebenso sein. Daß aber der

Sieg der Hellenen unter Pausanias schon gewonnen sei, meldete ihnen das Gerücht durchaus wahrheitsgemäß. Denn der
Kampf bei Plataiai geschah, als es noch früh am Tage war, der
aber bei Mykale gegen die Abendzeit. Daß wirklich die beiden
Schlachten auf denselben Tag desselben Monats gefallen sind,
erfuhren sie nach einiger Zeit, als sie danach forschten. Vorher,
ehe das Gerücht zu ihnen gelangte, waren sie in Angst gewesen, nicht so sehr um sich selber, als vielmehr um die Hellenen,
weil sie fürchteten, gegen Mardonios würde Hellas zu Fall
kommen. Wie nun aber plötzlich jener Ruf unter ihnen erscholl,
eilten sie um so mehr und um so geschwinder zum Angriff. So
waren sowohl die Hellenen als auch die Barbaren begierig zur
Schlacht, denn die Sieger gewannen die Inseln und den Hellespont zugleich.[51]

102. Die Athener und ihre Nachbarn bis zur Mitte der
Schlachtlinie konnten am Strand entlang auf ebenem Boden
marschieren, die Lakedaimonier aber mußten auf dem anderen
Flügel ihren Weg durch eine Schlucht hinauf und über Berge
nehmen und befanden sich noch auf dem Marsch, als der
andere Flügel schon im Gefecht stand. Solange noch ihre Schildwehr aufrecht stand, hielten sich die Perser tapfer und wichen
keinen Schritt zurück, bis endlich die Athener und die anderen
neben ihnen einander aufmunternd zuriefen und herzhafter
zugriffen, damit der Sieg ihnen zufiele und nicht den Lakedaimoniern: da wandte sich die Sache. Sie brachen durch die
Schildwehr, drangen ein und stürzten sich in vollen Scharen
auf die Perser. Diese hielten zwar noch stand und wehrten sich
eine lange Zeit, doch zuletzt flohen sie in die Schanze. Aber die
Athener, Korinthier, Sikyonier und Troizenier (so standen sie
nämlich nebeneinander) drangen ihnen nach und fielen mit
ihnen zugleich in die Schanze. Als nun auch diese genommen
war, ließen die Barbaren vom Kampf ab und warfen sich in die
Flucht. Nur die Perser fochten noch hier und da in kleinen
Haufen gegen die unaufhörlich eindringenden Hellenen. Zwei
ihrer Heerführer entrannen, die anderen beiden fielen: Artayntes und Ithamitres, die Führer der Flotte, entkamen, aber Mar-

NEUNTES BUCH

dontes und der Befehlshaber des Fußvolkes, Tigranes, fielen im Kampf.

103. Noch fochten die Perser, als die Lakedaimonier und die anderen herbeikamen und der Sache ein Ende bereiteten. Es fielen aber auch von den Hellenen eine große Zahl, unter ihnen Perileos, der Feldherr der Sikyonier. Die Samier im persischen Lager aber, die man entwaffnet hatte, taten alles, was sie konnten, um den Hellenen zu helfen, als sie gleich zu Beginn die Schlacht unentschieden hin und her schwanken sahen. Auf ihr Beispiel erhoben sich auch die anderen Ioner und warfen sich auf die Perser.

104. Die Milesier hatten von den Persern den Auftrag erhalten, die Paßwege zu bewachen, damit ihnen im Falle einer Niederlage, wie sie nun eintraf, die Milesier die Wege zur Flucht auf die Höhen von Mykale weisen sollten. Deswegen also hatten sie die Milesier dorthin gestellt, und damit sie nicht etwa, wenn sie im Lager stünden, einen Verrat begingen. Jene taten aber gerade das Gegenteil: sie führten die Fliehenden auf andere Wege, wo sie den Feinden in die Hände liefen. Am Ende schlugen sie selber auf sie ein und erwiesen sich als ihre schlimmsten Feinde. So fiel Ionien zum zweitenmal von den Persern ab.[52]

105. In dieser Schlacht hielten sich von den Hellenen die Athener am rühmlichsten, und von den Athenern Hermolykos, Euthoinos' Sohn, ein im Ringkampf wohlgeübter Mann. Dieser Hermolykos fand später, als die Athener mit den Karystiern in Fehde lagen, in einer Schlacht bei Kyrnos im karystischen Land seinen Tod und liegt bei Geraistos begraben. Nach den Athenern hielten sich am rühmlichsten die Korinthier, Troizenier und Sikyonier.

106. Nachdem nun die Hellenen den größten Teil der Feinde niedergemacht hatten, die einen in der Schlacht, die anderen noch auf der Flucht, steckten sie die Schiffe und das Schanzwerk in Brand; zuvor aber hatten sie die Beute an den Strand herausgebracht, darunter auch einige Truhen mit Gold. Danach fuhren sie fort, und als sie nach Samos kamen, hielten sie einen

Rat über die Ioner, ob sie ihr Land verlassen und in welchem Teil von Hellas, den sie beherrschten, sie angesiedelt werden sollten; Ionien aber müsse man den Barbaren überlassen. Denn sie hielten es für unmöglich, selber alle Zeit für die Ioner draußen auf der Wacht zu stehen, und ohne diese Wacht, meinten sie, würden die Ioner niemals der Rache der Perser entrinnen. Darum wollten die Führer der Peloponnesier diejenigen Hellenen, die zu den Persern gehalten hatten, aus ihren Handelsstädten vertreiben und ihr Land den Ionern geben. Die Athener dagegen waren grundsätzlich gegen eine Räumung Ioniens und wollten nicht dulden, daß die Peloponnesier über ihre eigenen Kolonien bestimmten. Da sie sich hartnäckig weigerten, standen die Peloponnesier davon ab. So nahmen sie die Samier, die Chier, die Lesbier und die Bewohner der anderen Inseln, so viele mit ihnen gegen die Perser im Felde standen, in ihr Bündnis auf und banden sie mit Pflicht und Eid, daß sie getreulich zu ihnen halten und sich niemals von ihnen trennen wollten. Daraufhin fuhren sie nach dem Hellespont, um die Brücken zu zerstören, denn sie meinten, sie würden sie noch unversehrt finden.

107. Inzwischen begaben sich die Barbaren, die noch entronnen und auf die Höhen von Mykale geflohen waren – es waren aber nicht viele – , auf den Rückzug nach Sardis. Da geschah es, während sie des Weges einherzogen, daß Masistes, Dareios' Sohn, der die unglückliche Schlacht mitgemacht hatte, dem Führer des Heeres, Artayntes, viele kränkende Worte sagte und ihm vorwarf, er sei noch feiger als ein Weib, weil er das Heer so schlecht geführt habe; auch verdiene er die höchste Strafe dafür, daß er dem Hause des Königs so schweren Schaden zugefügt habe. Nun muß man wissen, daß es bei den Persern keine größere Beleidigung gibt, als wenn einer feiger als ein Weib genannt wird. Darüber geriet nun jener, nachdem er so vieles hatte anhören müssen, in Zorn, zog sein Schwert und wollte den Masistes niederstoßen. Aber indem er auf ihn losfuhr, faßte ihn ein Mann aus Halikarnaß, Xeinagoras, Praxilaos' Sohn, der gerade hinter ihm stand und seine Absicht

NEUNTES BUCH

erkannte, mitten um den Leib, hob ihn empor und warf ihn zu Boden; unterdessen kamen auch Masistes' Leibwächter und traten vor ihn hin. Xeinagoras aber erwarb sich mit dieser Tat großen Dank, doch nicht bloß bei Masistes selbst, sondern auch bei Xerxes, weil er ihm seinen Bruder aus dieser Lebensgefahr gerettet hatte. Der König gab ihm zum Lohn die Herrschaft über ganz Kilikien. Sonst widerfuhr ihnen nichts weiter auf diesem Marsch, und sie gelangten nach Sardis.

108. Der König befand sich seit der Zeit, als er jene Seeschlacht verloren hatte und aus Athen geflüchtet war, immer noch in Sardis. Dort in Sardis begab es sich, daß er in Liebe zu der Frau des Masistes entbrannte, die ebenfalls dort war. Weil sie aber auf seine Werbung nicht hören wollte und ihm nicht zu Willen war, er auch keine Gewalt gegen sie üben mochte aus Scheu vor seinem Bruder, weshalb ihn auch die Frau zurückwies, weil sie sich vor Gewalt sicher wußte, und als er kein anderes Mittel fand, beschloß er, seinen Sohn Dareios[53] mit einer Tochter jener Frau und des Masistes zu vermählen in der Hoffnung, sie auf diese Weise um so leichter zu gewinnen. Nachdem er die beiden in der landesüblichen Weise miteinander verlobt hatte, kehrte Xerxes nach Susa zurück. Kaum aber war er dort angelangt und hatte dem Sohn die Gattin zugeführt, trug er kein Verlangen mehr nach der Frau des Masistes, sondern liebte an ihrer Stelle die Gattin seines Sohnes Dareios, die Tochter des Masistes; Artaynte war ihr Name, und sie war ihm zu Willen.

109. Es dauerte nicht lange, bis die Sache auf folgende Weise an den Tag kam: Amestris, die Gemahlin des Xerxes, hatte einen großen, kunstvollen und wunderschönen Mantel gewebt und beschenkte damit ihren Gatten. Der, voll Freude, legt ihn um und geht damit zu Artaynte. Nachdem er an ihr seine Freude genossen hat, fordert er sie auf, sie solle sich eine Gunst erbitten dafür, daß sie ihm so freundlich zu Willen gewesen sei, er wolle ihr jegliche Bitte gewähren. Sie aber – denn es war ihr beschieden, unglücklich zu werden, ihr und ihrem ganzen Hause – antwortete dem Xerxes: »Wirst du mir auch geben,

was ich begehre?« Und der König, der an alles andere dachte, nur nicht an das, worum sie ihn bat, versprach und beteuerte es ihr mit einem Schwur. Da begehrte sie ohne Scheu den Mantel. Den aber wollte nun Xerxes um keinen Preis hergeben, und zwar aus keinem anderen Grund als aus Angst vor Amestris; denn da sie schon länger einen Argwohn wegen dieser Sache hegte, befürchtete er, vollends von ihr ertappt zu sein. Er bot ihr Städte und eine Menge Gold und ein Heer, das kein anderer befehligen sollte als sie allein. Das ist nämlich eine echt persische Sitte, einem ein Heer zu schenken. Aber es half ihm alles nichts, er mußte ihr den Mantel geben. Und sie, vergnügt über das Geschenk, trug den Mantel und prahlte damit.

110. Als Amestris erfuhr, daß Artaynte den Mantel besaß, merkte sie wohl, was vorging. Aber sie wandte ihren Groll nicht gegen diese Frau, sondern weil sie glaubte, ihre Mutter, die Frau des Masistes, sei schuld daran und habe die Sache angestiftet, beschloß sie, diese zu verderben. Sie wartete, bis ihr Gemahl, der König, einmal ein königliches Gastmahl gab. Dieses Mahl wird nur einmal im Jahr am Geburtstag des Königs veranstaltet; der Name dieses Mahles ist auf persisch ›Tykta‹, was in unserer Sprache ›vollkommen‹ bedeutet. Es ist das einzige Mal, daß sich der König das Haupt salbt und den Persern Geschenke verleiht. Als nun der Tag kam, erbat sich Amestris vom König als Geschenk die Frau des Masistes. Der König aber fand dies hart und ungerecht, daß er seines Bruders Weib hingeben sollte, zumal sie ja doch unschuldig war an dieser Sache; denn er hatte wohl gemerkt, weshalb sie diese Bitte tat.

111. Weil sie aber nicht abließ und weil das Gesetz ihn dazu zwang – wenn der König ein Gastmahl gibt, darf er keinem seine Bitte versagen –, mußte er am Ende, so schwer es ihm fiel, ihr Verlangen gewähren. Er gab die Frau in ihre Gewalt und erlaubte ihr, ganz nach ihrem Gefallen mit ihr zu verfahren. Darauf ließ er seinen Bruder rufen und sprach zu ihm: »Masistes! du bist des Dareios Sohn und mein Bruder und außerdem ein wackerer Mann. Darum sollst du dieses Weib, dein Ehege-

mahl, nicht ferner zur Gattin haben, sondern ich gebe dir an ihrer Statt meine eigene Tochter. Die soll dein Ehegemahl sein. Deine jetzige aber sollst du nicht behalten; denn ich will es nicht.« Masistes aber, verwundert über diese Rede, antwortete ihm: »O Herr! Was ist das für eine törichte Rede, daß ich die Frau, von der ich erwachsene Söhne habe und Töchter, von denen du selber eine deinem eigenen Sohne zur Frau gegeben hast, und die mir herzlich lieb ist, verstoßen und deine Tochter freien soll? Nein, o König! Ich schätze es mir ja als eine große Ehre an, daß du mich deiner Tochter wert findest. Ich beabsichtige aber weder dies noch jenes zu tun. Wolle mich auch nicht zwingen zu dem, was du begehrst. Für deine Tochter wird sich noch ein anderer Mann finden, der nicht geringer ist als ich, mir aber laß mein eheliches Weib.« Diese Antwort brachte den König in heftigen Zorn, so daß er rief: »Gut denn, Masistes, es ist entschieden. Ich gebe dir weder meine Tochter zur Frau, noch wirst du jene länger behalten, auf daß du lernst, anzunehmen, was man dir bietet.« Darauf versetzte jener nur das eine Wort: »O Herr, was hast du mir angetan!« und lief hinaus.

112. Während Xerxes diese Unterredung mit seinem Bruder hatte, ließ Amestris die Leibwächter des Königs rufen und richtete die Frau des Masistes grausam zu. Sie schnitt ihr die Brüste ab und warf sie den Hunden vor, dann schnitt sie ihr auch die Nase ab, die Ohren, die Lippen und die Zunge, und schickte sie so verstümmelt nach Hause.

113. Masistes hatte noch nichts davon gehört. Weil ihm aber etwas Böses ahnte, stürzte er eiligst nach Hause. Als er sein Weib so grausam zugerichtet fand, beriet er sich auf der Stelle mit seinen Söhnen und machte sich sogleich auf den Weg nach Baktrien[54], begleitet von seinen Söhnen und wohl noch einigen anderen. Seine Absicht war, das baktrische Land in Aufruhr zu bringen und sich auf diese Weise an dem König zu rächen. Und ich glaube, es wäre ihm auch gelungen, wenn er eher zu den Baktriern und Saken gekommen wäre. Denn sie liebten ihn, und er war Statthalter über die Baktrier. Weil aber Xerxes seine Absicht erfuhr, sandte er ihm eine Heerschar

KALLIOPE

nach und ließ ihn auf dem Wege erschlagen, ihn und seine
Söhne und den Haufen, der mit ihm zog. Dies ist die Geschichte
von Xerxes' Liebe und dem Tod des Masistes.

114. Die Hellenen aber, die von Mykale nach dem Hellespont gefahren waren, mußten anfänglich wegen der widrigen
Winde bei Lekton[55] liegen bleiben. Als sie von dort nach
Abydos kamen, fanden sie die Brücken schon zerstört, wo sie
doch gehofft hatten, sie noch unversehrt vorzufinden und
eigens ihretwegen dorthin gefahren waren. Da beschlossen die
Peloponnesier unter Leutychides, nach Hellas heimzufahren,
die Athener aber und Xanthippos, ihr Heerführer, wollten dort
bleiben und einen Angriff auf die Chersones unternehmen. So
segelten jene fort, die Athener aber gingen von Abydos hinüber nach der Chersones und belagerten Sestos.[56]

115. Weil nämlich Sestos von allen Städten jener Gegend
der stärkste Platz war, hatten sich auf die Kunde von der
Ankunft der Hellenen im Hellespont viele aus den benachbarten Städten dorthin zusammengefunden, unter ihnen auch der
Perser Oiobazos aus der Stadt Kardia, der das Tauwerk von den
Brücken nach dort mitgebracht hatte. Die Einwohner der Stadt
waren Aioler, die Zugeströmten aber waren vor allem Perser
und ein zahlreiches Volk ihrer Bundesgenossen.

116. Statthalter über die Gegend war der Perser Artayktes,
ein böser und gottloser Mensch, derselbe, der auch den König
bei seinem Zug gegen Athen betrogen hatte, indem er den
Schatz des Protesilaos[57], des Sohnes des Iphiklos, in Elaius
hinterlistig fortnahm. Denn in der Stadt Elaius auf der Chersones liegt das Grab des Protesilaos, umgeben von einem Heiligtum, in dem sich viele Kostbarkeiten befanden, goldene und
silberne Schalen, Erzgerät, Gewänder und sonstige Weihgeschenke. Das alles stahl Artayktes mit Erlaubnis des Königs. Er
täuschte ihn nämlich, als er zu ihm sprach: »O Herr, es steht
hier das Haus eines Hellenen, der in dein Land eingefallen ist
und es mit dem Tode gebüßt hat. Schenke mir dieses Mannes
Haus, auf daß jeder daraus lerne, nicht einzufallen in dein
Land.« Mit solchen Worten konnte er den König wohl leicht

überreden, ihm das Haus eines Mannes zu schenken, da jener nicht ahnte, was er dabei im Sinn hatte.[58] Artayktes hatte aber die Worte, Protesilaos sei in des Königs Land eingefallen, so gemeint: Ganz Asien, glauben die Perser, gehöre ihnen und dem König, der gerade über sie herrscht. Nachdem ihm die Erlaubnis erteilt worden war, ließ er die Tempelschätze von Elaius nach Sestos schaffen, das heilige Feld aber ließ er mit Frucht bestellen und erntete davon, und so oft er nach Elaius kam, pflegte er im Innern des Tempels Umgang mit Weibern. Jetzt wurde er von den Athenern belagert, ohne daß er auf eine Belagerung vorbereitet war, denn er hatte die Ankunft der Hellenen keineswegs erwartet. Sie überfielen ihn so plötzlich, daß er nicht mehr entrinnen konnte.

117. Als sich aber die Belagerung bis zum Spätherbst hinzog[59] und die Athener ungeduldig wurden, weil sie fern von ihrer Heimat waren und die Festung nicht bezwingen konnten, baten sie ihre Heerführer, sie zurückzuführen. Diese aber erklärten, nicht eher abzufahren, als bis sie die Stadt bezwungen hätten oder das Volk von Athen sie zurückriefe. So mußten sie sich darein fügen.

118. Inzwischen waren die in der Stadt Eingeschlossenen schon in höchste Not geraten, so daß sie sogar die Gurten von den Bettladen kochten und aßen. Als sie auch die nicht mehr hatten, stiegen in einer Nacht die Perser mit Artayktes und Oiobazos an der hinteren Seite der Burg, wo keine Feinde standen, hinunter und machten sich davon. Als es Tag wurde, gaben die Chersonesiten von den Türmen herab den Athenern durch Zeichen kund, was vorgefallen war, und öffneten ihnen die Tore. Da jagten die meisten den Flüchtigen nach, die anderen besetzten die Stadt.

119. Oiobazos entkam zwar nach Thrakien, wurde aber von den thrakischen Absinthiern ergriffen. Die opferten ihn nach ihrer Weise dem Pleistoros, ihrem Landesgott, seine Begleiter aber brachten sie auf andere Weise um. Artayktes und seine Leute, die sich später als jene auf die Flucht begeben hatten, verteidigten sich noch eine geraume Zeit, als sie wenig ober-

KALLIOPE

halb von Aigospotamoi gefaßt wurden. Ein Teil wurde erschlagen, die anderen wurden lebendig gefangen und von den Hellenen nach Sestos gebracht, unter ihnen Artayktes gefesselt, samt seinem Sohne.

120. Da begab es sich, wie von den Leuten auf der Chersones erzählt wird, daß einem seiner Wächter, der sich gerade eingelegte Fische briet, ein Wunderzeichen geschah; denn während diese Fische auf dem Feuer lagen, fingen sie plötzlich an zu springen und zu zappeln, wie Fische tun, die eben erst gefangen sind. Da liefen die anderen herzu und wunderten sich. Artayktes aber, der auch das Zeichen gewahrte, rief dem Mann, der die Fische briet, zu und sprach zu ihm: »Du Mann aus Athen, fürchte dich nicht wegen dieses Zeichens, denn nicht für dich ist es erschienen, sondern mir gibt Protesilaos in Elaius dadurch zu erkennen, daß er, obschon tot und eingelegt, doch noch Macht hat von den Göttern, seinen Übeltäter zu bestrafen. So will ich mir denn folgendes Bußgeld auferlegen: Für die Schätze, die ich aus dem Tempel nahm, will ich der Gottheit hundert Talente weihen; für mich selber aber und für meinen Sohn will ich den Athenern zweihundert Talente zahlen, wenn sie mir das Leben lassen.« Aber Xanthippos, der Führer des Heeres, ließ sich durch dieses Versprechen nicht bewegen; denn die Einwohner von Elaius forderten seinen Tod als Rache für Protesilaos, und derselben Meinung war auch der Heerführer selbst. So führten sie ihn hinaus auf die Küste an die Stelle, wo Xerxes die Brücke hinübergelegt hatte, oder, wie andere sagen, auf den Hügel oberhalb der Stadt Madytos, nagelten ihn auf Bretter und hingen ihn auf, seinen Sohn aber steinigten sie vor seinen Augen.

121. Daraufhin segelten sie nach Hellas und nahmen alles mit, was sie erbeutet hatten; darunter auch die Taue von den Brücken, um sie in ihren Tempeln niederzulegen. In diesem Jahr geschah sonst nichts mehr.

122. Ein Vorfahr dieses Artayktes, der damals an das Holz genagelt wurde, ist jener Artembares, der den Persern einen Rat gab, den sie annahmen und vor Kyros brachten. Er lautete

NEUNTES BUCH

folgendermaßen[60]: »Da Zeus den Astyages gestürzt hat und seine Herrschaft den Persern verleiht, vor allem aber dir, o Kyros, wohlan, so laß uns dies Land, das wir besitzen, weil es nur klein und dazu auch rauh ist, verlassen und ein anderes bewohnen, das besser ist. Es sind ihrer ja viele hier in unserer Nähe, viele auch weiter von uns ab. Wenn wir davon eines für uns in Besitz nehmen, so wird unser Ansehen und unsere Ehre um vieles größer werden. So ziemt es sich für ein Herrenvolk! Wann sollte es uns besser gelingen als jetzt, wo wir Herren sind über so viele Völker und über ganz Asien?« Als Kyros diese Rede vernahm, wollte er sie zwar nicht preisen, gleichwohl gestattete er ihnen, danach zu handeln; nur sollten sie darauf gefaßt sein, eines Tages aus Herren zu Knechten zu werden. Denn weichliche Länder pflegten auch weichliche Männer hervorzubringen; es könne nicht dasselbe Land zugleich köstliche Frucht tragen und tapfere Krieger. Da erkannten die Perser ihren Irrtum und gingen davon, denn sie mußten dem Kyros Recht geben. Sie wollten fortan lieber Herren sein und in einem ärmlichen Lande wohnen, als ein fruchtbares Land bestellen und anderer Leute Knechte sein.

ANHANG

Anmerkungen

Erstes Buch

1 Gemeint ist der Persische Golf.

2 Die Sage von der Io, der schönen Jungfrau, die Jupiter in eine Kuh verwandelt, um sie den Nachstellungen der eifersüchtigen Hera zu entziehen, die Erzählungen von ihrem Umherirren, von dem hundertäugigen Wächter etc. hängen mit älteren religiösen Vorstellungen der Griechen zusammen, die in dieser Io (d.i. die Wanderin) eine Personifikation des am Himmel wandelnden Mondes, also eine Mondgöttin sahen, ebenso wie in der, der Sage nach von Jupiter, entführten Europa, die gleichfalls als eine aus dem Orient nach Hellas gebrachte Mondgöttin erscheint. Hier zeigen sich Spuren des aus dem Orient nach Hellas gekommenen Sterndienstes.

3 So urteilt Herodot hinsichtlich der Bedeutung Kretas als Seemacht in ältester Zeit und der von den Bewohnern der Inseln praktizierten Seeräuberei.

4 Langschiffe sind Kriegsschiffe im Gegensatz zu den runden, zur Aufnahme von Waren bestimmten Schiffen, den Handelsschiffen.

5 Gemeint ist die Ostküste des Schwarzen Meeres bei dem heutigen Fluß Rioni oder Rion.

6 Nach Herodot (Buch II, 142) füllen drei Geschlechter ein Jahrhundert aus, so daß die Zeit zwischen dem Argonautenzug und dem troianischen Zug auf etwa 40 bis 50 Jahre zu veranschlagen sein wird; nach Eratosthenes fällt demnach der Argonautenzug in die Zeit um 1225 v.Chr., der troianische in die Zeit um 1183.

7 Kroisos regierte von 560 bis 546 v.Chr.

8 Pontos Euxeinos, das heutige Schwarze Meer, in das der Fluß Halys, heute Kisil Irmak, mündet. Die neben den Paphlagonen genannten Syrier sind die Bewohner Kappadokiens; vgl. Buch I, 72.

9 Der Kimmeriereinfall fällt etwa in die Zeit der ersten Hälfte des 7. Jahrhunderts.

10 In Herodots Genealogie sind Kultusmythen und Historie, Früheres und Späteres seltsam vermischt. Der Name Kandaules bezeichnet daher nicht unbedingt eine einzelne Herrschergestalt, sondern steht auch für die Würde eines Herrschers schlechthin.

11 Ninos, des Belos Sohn, steht als Gründer des assyrischen Reiches und der Stadt Ninos an der Spitze der assyrischen Geschichte. Alkaios dagegen, der Stifter des lydischen Heraklidenhauses, ist der Sohn des Herakles und der

ANMERKUNGEN

lydischen Omphale. Hier sind beide seltsamerweise in ein verwandtschaftliches Verhältnis zueinander gebracht worden, da der assyrische Gott und der assyrische Reichsgründer zu Nachkommen der lykischen Herakliden gemacht werden, wahrscheinlich um damit einen historischen Zusammenhang zwischen dieser zweiten lydischen Dynastie und dem assyrischen Reich genealogisch anzudeuten. Sie ist jedoch auch bei Herodot nicht ganz widerspruchsfrei; vgl. Buch VII, 61.

12 Nikolaos aus Damaskus, ein Zeitgenosse des Augustus und Kompilator einer Universalgeschichte, hat über die Geschichte dieses Hauses ausführliche und glaubwürdige Nachrichten, wahrscheinlich aus Xanthos' Lydiaka. Schon bei dem fünftletzten Herakliden Ardes war Daskylos, Gyges' Sohn, ein einflußreicher Günstling, eine Art von Majordomus. Alyattes, der Sohn des Königs, läßt ihn deshalb töten. Seine Frau flieht nach Phrygien, wo sie den hier genannten Daskylos gebiert. Dieser schlägt später ein Angebot zur Rückkehr aus, flieht vielmehr weiter ostwärts zu den syrischen Kappadoken, wo er eine Eingeborene zur Frau nimmt und mit ihr einen Sohn Gyges zeugt. Währenddessen war ein kinderloser Onkel des Ermordeten, Ardys, in Lydien zurückgeblieben. Dieser vermittelt eine Aussöhnung. Daskylos selber kehrt nicht zurück, schickt aber seinen 18jährigen Sohn Gyges, der von Ardys adoptiert wird und beim König Sadyattes (= Kandaules) wegen seines ritterlichen Wesens große Gunst und Vertrauen genießt. Der König will die Tochter Tudo des Myserkönigs Arnosso heiraten. Gyges führt sie dem König zu, verliebt sich aber selbst in sie, und da die Königin seine Anträge ihrem Gemahl verrät, kommt Gyges der ihm drohenden Rache zuvor, sammelt seine Anhänger und tötet den jungen König nach dessen nur dreijährigen Regierung. Darauf bemächtigt er sich selber des Thrones und heiratet die Königin, nachdem das delphische Orakel sich zu seinen Gunsten erklärt und die Gegner beschwichtigt hat.

13 Dieser lyrische Dichter, der Erfinder des Jambus, lebte etwa um 650 v. Chr. Der erwähnte Vers lautet: »Ich kümmere mich nicht um Gyges, den Goldreichen.«

14 Dieser fünfte Abkömmling des Gyges war Kroisos; siehe Buch I, 91.

15 Mischkrüge sind Gefäße, in denen der Wein bei Opferhandlungen mit Wasser gemischt wurde.

16 Ein attisches Talent (= 60 Minen) hat ein Gewicht von 26,196 kg; demnach entsprechen 30 Talente = 785,88 kg.

17 Genauer 37 Jahre, d. i. von 689 bis 652 v. Chr.

18 Genauer 42 Jahre, d. i. von 652 bis 610 v. Chr.

19 Genauer 5 Jahre, d. i. von 610 bis 605 v. Chr.

20 Die weiblichen Flöten sind Blasinstrumente, die einen weicheren, sopranartigen Ton machen, die männlichen dagegen sind tiefer, baßartig gestimmt.

21 Die Bewohner der nahen, Erytrai gegenüberliegenden Insel Chios, heute Scio.

22 Periandros regierte etwa von 635 bis 585 v. Chr.

23 Sieben Stadien entsprechen etwa 1,25 km.

24 Die Verbindung der Gesetzgebung des Solon (640–560 v. Chr.), seiner zehnjährigen Reise, seines Besuches bei Amasis und seines Gespräches mit Kroisos ergibt einen chronologischen Widerspruch. Solon gab seine Gesetze im Jahr 594, reiste also von 593 bis 583. Amasis aber kam 570, Kroisos erst 560 zur Regierung. Wahrscheinlich ist die Zusammenkunft und das

698

ERSTES BUCH

Gespräch mit Kroisos nichts anderes als eine von den vielen moralisierenden Legenden, die sich schon frühzeitig an die Person und die seltsamen Schicksale des Kroisos geknüpft haben und von Herodot in freier Weise ausgestaltet worden sind.

25 Dieser Reinigungsbrauch fand folgendermaßen statt: Der sühnebedürftige Mörder setzte sich, ohne zu reden, auf den Herd, streckte das Schwert in den Boden und verbarg sein Gesicht in den Händen. Aus dieser Haltung erkennt der Hausherr sein Anliegen, opfert ein Ferkel und gießt dessen Blut dem Mörder über die Hand, während er den reinigenden Zeus anrief. Darauf wurde die Hand wieder gereinigt und gleichzeitig unter Anrufung der Erinnyen und des entsühnenden Zeus um Gnade gefleht. Erst danach wurde nach dem Namen und der Tat des Mörders gefragt.

26 Delphi lag im südwestlichen Teil des alten Phokis am Parnassos. Das Allerheiligste des Tempels war der Erdspalt, über dem der Dreifuß der Pythia stand. Aus diesem Erdspalt drangen Schwefeldämpfe.

27 Abai lag im östlichen Phokis in der Nähe des Kephissostals. Dieser Ort enthielt neben Delphi das älteste und berühmteste Heiligtum und Orakel des Apollon.

28 Dodona in Epirus besaß ein Heiligtum des pelasgischen Zeus.

29 Das Traumorakel des Amphiaraos befand sich bei Theben, das Höhlenorakel des Trophonios bei Lebadeia, beide in Boiotien.

30 Die Branchiden, ein nichthellenisches, vorionisches Priestergeschlecht, stand dem Tempel und Orakel des Apollon von Didyma bei Miletos vor.

31 Der Brand des delphischen Tempels ereignete sich 548 v. Chr. Sein Wiederaufbau wurde auf Befehl der Amphiktyonen durch das attische Geschlecht der Alkmaioniden betrieben.

32 Eine Bäckerin soll Kroisos vor einem Mordanschlag seitens seiner Stiefmutter bewahrt haben, die ihn mit einem Brot vergiften wollte.

33 Amphiaraos, Oikles' Sohn, aus dem Geschlecht der Amytheoniden oder Melampodiden in Argos, der in Sage und Dichtung als ein tapferer und frommer Held gepriesen wurde, wurde von seiner Frau Eriphyle dazu angestiftet, am Zug der Sieben gegen Theben teilzunehmen. Auf seiner Flucht wurde er samt Wagen und Pferden von der durch Zeus' Blitz gespaltenen Erde verschlungen und gab von da an in Gestalt von Träumen seine Orakel bekannt. Außer bei Theben waren ihm auch bei Mykalettos und Oropos in Boiotien und bei Harma in Attika Heiligtümer geweiht.

34 Hermos, Hauptfluß Lydiens, heute Gedis Tschai.

35 Aus dem, was Herodot hier über die beiden Hauptbestandteile der griechischen Bevölkerung, insbesondere über die Pelasger, angibt, geht hervor, daß er die Pelasger, von denen er die Ionier – Athener – herleitet, als einen fremdländischen Stamm betrachtet und in dieser Beziehung den eigentlichen Hellenen, in denen sie später nach und nach aufgegangen sind, entgegenstellt. Während die Pelasger nach ihrer ursprünglichen Einwanderung auf dem Boden des späteren Hellas als erste Ansiedler erscheinen, die die einmal eingenommenen Wohnsitze nicht verändert haben, werden die vom Norden her eindringenden Hellenen (Dorer) als ein Wandervolk bezeichnet, das erst nach mehrfachem Umherziehen und Wanderzügen endlich zu den festen Wohnsitzen, v. a. in der Peloponnes, gelangte, wo man sie in späterer Zeit antrifft.

36 Herodot erwähnt hier die drei Parteien der attischen Bevölkerung aus

ANMERKUNGEN

früherer Zeit: die Pediaier oder die Leute aus der Ebene, d. h. die reichen Grundbesitzer, die darum auch einer mehr aristokratischen Regierungsform zuneigten; die Paraler, die an der Küste wohnten, See- und Handelsleute, die eine mehr gemischte Regierungsform aus aristokratischen und demokratischen Elementen vorzogen, und die Diakrier oder Hyperakrier, die ärmere Bevölkerung der unfruchtbaren Gebirgsstriche, Hirten u. ä., die als Anhänger einer demokratischen Regierungsform erscheinen.

37 Die Alkmeoniden sind die Nachkommen des Alkmeon, Sohn des Megakles. Sie gehörten zu den bedeutendsten Geschlechtern in der politischen Geschichte Athens unter anderem durch die Vertreibung der Peisitratiden und durch ihre Verfassungsgebung.

38 Im Aufbau der spartanischen Heeresordnung sind die Enomotien die kleinsten Einheiten zu etwa 25 Mann; Triekaden sind Geschlechterverbände zu etwa 30 Mann; Syssitien ist der Name für die gemeinsamen Mahlzeiten der Spartiaten. Die Ephoren sind fünf Aufsichtsbeamte über Könige, Beamte und Bürger; die Gerusie, der Rat der Alten, bestand aus 28 Männern, die über 60 Jahre alt waren und auf Lebenszeit gewählt werden; sie war die oberste Staatsbehörde.

39 Die Athena Alea war die Stadtgöttin Tegeas. Nach dem Brand des Tempels galt der von Skopas geleitete Neubau als der größte und prächtigste Tempel der Halbinsel.

40 Es handelt sich um Ornamente und Figuren aller Art: Tiere, Pflanzen, Früchte usw., die als Relief die obere Außenwand, wahrscheinlich in Form einer Girlande, umgeben. Herodot hatte den Kessel im Heraion zu Samos gesehen; daher die genaue Beschreibung. – 300 Amphoren = 11 640 l.

41 Der Name Kappadokien stammt ursprünglich aus dem Altpersischen. Er bezeichnet die Stämme zwischen dem Pontos Euxenios im Norden, dem Taurosgebirge im Süden, dem Halys im Westen und Armenien im Osten.

42 Hier hat sich Herodot geirrt; denn die Entfernung zwischen den beiden Meeren beträgt ca. 500 km und konnte keinesfalls in fünf Tagen bewältigt werden.

43 Die Sonnenfinsternis ereignete sich am 28. Mai 585 v. Chr.

44 Syennesis war der gebräuchliche Titel der kilikischen Fürsten, auch unter den Persern. Kilikien hatte seit Sanherib (um 700 v. Chr.) unter assyrischer Herrschaft gestanden; aber seit der Auflösung dieses Reiches hatten sich die einheimischen Fürsten wieder unabhängig gemacht.

45 Labynetos, richtiger Nabunit; gemeint ist der Vater des letzten Königs, also Nebukadnezar, der 604–562 regierte.

46 Telmessos, heute Makri, war ein Traumorakel des Apollon in Lykien.

47 Von den beiden Quellflüssen des Hermos entspringt der östliche auf dem Dindymon, wo die phrygisch-lydische Göttin Kybele als Göttermutter verehrt wurde.

48 Das Abschneiden der Haare war ein Zeichen der Trauer. Die Griechen waren dafür bekannt, daß sie ihr Haar stets lang trugen.

49 Die Kämpfe beziehen sich nur auf die Burg von Sardis, das selbst unbefestigt war und im Laufe der Geschichte öfters eingenommen wurde.

50 Die Marder waren ein persischer Nomadenstamm.

51 Der Löwe war sowohl dem Sanon als auch der Kybele heilig, die beide vor allem in Sardis verehrt wurden. Er erscheint auf sardischen Münzen als Stadtwappen.

ERSTES BUCH

52 Tmolos, ein größerer Gebirgszug in Lydien, dessen nordöstliche Spitze auf Sardis stößt. Er heißt heute Boz Dagh, d.i. Berg der Freude; die ihm entspringenden Gewässer sind goldsandhaltig.

53 Wie in die Geschichte seines Sohnes haben sich in die des Kroisos selbst Züge aus dem Landeskult und der Landessage gemischt. So wird die Verbrennung des Königs ursprünglich als freiwillige Selbstverbrennung gemeint sein, als frommes Selbstopfer im Sinne des asiatischen Sonnenkultes. Darum begleiten ihn vierzehn lydische Knaben, um den Tod ihres Herrn zu teilen.

54 Kroisos ist hier selbst mitgerechnet: Gyges, Ardys, Sadyattes, Alyattes, Kroisos.

55 Loxias = der Leuchtende; Apollon ist ursprünglich der Sonnengott.

56 Den durch Inschriften bezeugten Beinamen »Pronaia« soll die Göttin davon erhalten haben, daß ihr kleiner Tempel für die auf der Straße von Daulis nach Delphi Kommenden vor dem Peribolos des Apollontempels lag, also gewissermaßen dessen Vorhaus bildete. Denselben Namen hatten die Bilder der Athena und des Hermes, die am Eingang des ismenischen Apollontempels bei Theben standen.

57 Das Stadion in Athen beträgt 184,96 m. Das Plethron war der sechste Teil des Stadions = 30,83 m.

58 Herodot gibt hier den ältesten uns erhaltenen Bericht über die Einwanderung der Etrusker in Italien. Demzufolge wären die Etrusker Lyder gewesen und von Smyrna aus nach Italien gewandert, wo sie das Land der Umbriker, die in Mittelitalien wohnten, besetzten.

59 Man kann hier, abgesehen von der späteren und neupersischen Sage, wie sie im *Schahname* vorliegt und den Helden Khosro und Khusru verherrlicht, zunächst an die abweichende Erzählung des Ktesias und des Nicolaus Damascenus, neben denen wohl noch ähnliche Berichte im Altertum existiert haben mögen, denken, sowie an die freiere Behandlung der ganzen, den Kyros betreffenden Überlieferung, wie sie in Xenophons »Cyropädie« vorliegt.

60 Da Deïokes nach Herodots Angaben im Jahr 709 v.Chr. König der Meder wurde, begann die Herrschaft der Assyrier folglich vor 1229 v.Chr.

61 Agbatana, in den altpersischen Inschriften Hangmatâna (»Ort der Versammlung«), heute Hamadân, in einer Ebene am nordöstlichen Abhang des Orontes.

62 Deïokes regierte 709–656, sein Sohn Phraortes 656–634 v.Chr. Bedenkt man jedoch, daß erst dieser die Hegemonie Mediens über das obere Asien begründet hat, die von 687 bis 559 dauerte, und daß eine 53jährige Regierungszeit für Deïokes, der im Mannesalter zur Regierung gekommen war, übermäßig lang ist, so liegt die Vermutung nahe, daß die Regierungszeiten der beiden Könige von Herodot oder dessen Quelle verwechselt wurden, und Deïokes 22 Jahre (709–687), Phraortes aber 53 Jahre (687–634) regiert hat, wobei das erste Regierungsjahr des Phraortes mit dem ersten Jahr der Hegemonie zusammentrifft.

63 Kyaxares regierte von 634 bis 585 v.Chr.

64 Psammetich regierte zwischen 663 und 609 v.Chr.

65 Eine von den fünf Städten der Philister, nahe am Meer zwischen Azotus und Gaza gelegen, im Altertum sehr bedeutend, heute der kleine, unbedeutende Ort Askalon.

66 Die griechische Bezeichnung der Gottheit, die bei den syrisch-phönizischen

ANMERKUNGEN

Völkern unter den Namen Astarte und Astaroth bekannt war, eine Mondgöttin.

67 Kythera, Insel in der Nähe des Vorgebirges Malea bei Lakonien, heute Cerigo.

68 Die Enareer wurden als Angehörige des Ischtar (Aphrodite)-Kultes verschnitten. Sie galten, nach Herodot, als Seher.

69 Astyages regierte von 585 bis 550 v. Chr.

70 Dieser sonst nicht bekannte Abfall der Meder ereignete sich bei der Thronbesteigung des ersten Dareios um 520 v. Chr. und wird von diesem selbst in der großen dreisprachigen und mit Relieffiguren veranschaulichten Keilschrift am Felsberg Behistân folgendermaßen erzählt: »Es spricht Dârayavaus der König. Es war ein Mann, Fravartish mit Namen, ein Meder. Dieser lehnte sich auf in Medien. Also sagte er zu den Leuten: ich bin Khshathrita aus der Familie des Uvakhshatara. Darauf wurde das Volk, das in den Clanen war, von mir abtrünnig; es ging zu jenem Fravartish über; er war König in Medien. Das persische und medische Heer, das bei mir war, war klein. Darauf entsandte ich ein Heer. Ein Perser, Vidarna mit Namen, mein Diener, den machte ich zu meinem Feldherrn. Also sagte ich ihnen: Ziehet hin und schlaget jenes medische Heer, das sich nicht mein nennt. Darauf zog Vidarna mit dem Heer fort. Als er nach Medien kam, da ist eine Stadt, Ma(rus) mit Namen, in Medien, dort lieferte er eine Schlacht mit den Medern. Der, welcher der Feldherr bei den Medern war, hielt nicht aus, Auramazda (Zeus) brachte mir Beistand; durch die Gnade des Auramazda schlug das Heer des Vidarna jenes aufrührerische Heer gar sehr. Am sechsten Tage des Monats Anâmaka, da war es, da wurde ihnen die Schlacht geliefert. Es ist eine Gegend in Medien mit Namen Kampada, da erwartete mich mein Heer so lange, bis ich nach Medien kam ... Darauf ging ich von Babylon heraus und zog nach Medien. Als ich nach Medien kam, da ist eine Stadt mit Namen Kudurush in Medien, dahin war jener Fravartish, der sich König in Medien nannte, gegen mich mit dem Heere gezogen, um eine Schlacht zu liefern. Darauf lieferten wir eine Schlacht, Auramazda brachte mir Beistand; durch die Gnade des Auramazda schlug ich das Heer des Fravartish gar sehr. Am 26. Tage des Monats Adukani, da war es, da lieferten wir die Schlacht. Darauf zog jener Fravartish mit wenigen Reitern dahin, wo eine Gegend mit Namen Ragâ in Medien ist. Darauf sandte ich ein Heer gegen diese; Fravartish wurde ergriffen und zu mir geführt. Ich schnitt ihm Nase, Ohren und Zunge ab, ich stach ihm die Augen aus; an meinem Hofe wurde er gefesselt gehalten; alles Volk sah ihn. Dann ließ ich ihn in Hangmatâna (Agbatana) kreuzigen; die Männer, die seine vorzüglichsten Anhänger waren, setzte ich in Hangmatâna in die Feste gefangen.«

71 Die Perser wie die übrigen der Lehre des Zarathustra anhängenden iranischen Völker verehrten den höchsten Gott unter dem Namen Ahuramazdâ, später Ohar-mazd, Or-mazd, ›der weise Herr‹, und mit Vorstellungen, deren Reinheit an den Jehovadienst des Alten Testamentes erinnert. In einem Gebet ihres in der Sassanidenzeit (seit dem 3. Jahrhundert n. Chr.) aus alten und späteren Stücken zusammengestellten Religionsbuches, des *Avesta,* heißt es: »Ich lade ein und tue es kund dem Schöpfer Ahuramazdâ, dem glänzenden, majestätischen, großen, besten, schönsten, dem stärksten, verständigsten, mit dem besten Körper versehenen, der sehr weise ist, der weithin erfreut, der uns schuf, der uns bildete, der uns erhielt, der heiligste

702

ERSTES BUCH

unter den Himmlischen.« Aber sie identifizierten ihn nicht mit dem Himmel, der vielmehr sein Werk ist. »Ich (Ahuramazdâ) erhalte jenen Himmel, der nach oben glänzt und schön ist, der diese Erde rings umgibt, einem Vogel (?) vergleichbar, der dasteht fest, mit fernen Grenzen, mit einem Körper von glänzendem Erz, den Ahuramazdâ mit einem sternbesäten Kleide bekleidet.«

72 »Die Sonne, die unsterbliche, glänzende, schnellrossige, preisen wir, den Mithra, der viele Triften besitzt, den rechtsprechenden Versammler, den tausendohrigen, wohlgebildeten, mit 10 000 Augen versehenen, großen, den mit weiten Warten versehenen, starken, nicht schlafenden, wachsamen, den Mithra, den Herrn aller Gegenden, preisen wir, den Ahuramazdâ geschaffen hat als den glänzendsten der himmlischen Yazatas. Deswegen kommt uns zu Hilfe, Mithra und Ahura, die großen. Die Sonne, die unsterbliche, glänzende, die schnellrossige, preisen wir.«

73 »Ich will preisen den Mond, der den Stiersamen enthält, wegen seines Glanzes, wegen seiner Majestät. Wenn der Mond im hellen Raume leuchtet, da gießt er herab grüne Bäume; im Frühling wachsen sie aus der Erde hervor.«

74 Die Erde pries man als die »heilige Unterwürfige, die schöne Tochter Ahuramazdâs, die Trägerin des Viehs, der Zugtiere und der Menschen«. – Das Feuer als »Herrn des Reinen, den Sohn des Ahuramazdâ, den Geber des Guten, das Heilige, das Starke«. – Das Wasser, das sich in Quellen, Flüssen, Wolken als lebensspendendes und förderndes Element bewährt, wurde als weibliche Gottheit verehrt, der Wind, »der reine, starke, heilige, der in die Höhe wirkt«. – Außer diesen wird in den überlieferten, zahlreichen Gebeten noch eine große Anzahl natürlicher und dämonischer Wesen angerufen.

75 Der Name Mitra ist wohl nur durch eine Verwechslung mit dem Namen des arischen Licht- und Sonnengottes Mithra in diese Reihe gekommen. Denn die hier gemeinte Göttin heißt im *Avesta* Ardvîcûra mit dem Beinamen Anâhita (»Fleckenlose«). In einer Inschrift des Artaxerxes II. Mnemon wird sie als Anahata neben Ahuramazdâ und Mithra genannt. Ihr Dienst war bis nach Armenien, Kappadokien und Syrien verbreitet. Sie heißt »die Reine, voll Fließende, Heilsame, rein für die, welche das Leben fördern, rein für die, welche das Vieh fördern, welche den Samen aller Männer reinigt, die den Leib aller Frauen zur Geburt reinigt und ihnen leichte Geburten verleiht, die Große, weithin Berühmte, deren fließende Wasser bei Tag und bei Nacht herbeikommen«. Den Männern verleiht sie kräftige Rosse, starke Genossen, hilft ihnen im Kampf und mehrt ihre Macht »in Gestalt eines schönen Mädchens, eines sehr kräftigen, wohlgewachsenen, aufgeschürzten, reinen, mit glänzendem Gesicht, die Füße mit goldenen Schuhen bekleidet, auf dem Scheitel ein goldenes Diadem«.

76 Nach Zarathustras Lehre durften Leichname weder dem Feuer, noch dem Wasser, noch auch sofort der Erde übergeben werden, um nicht die heiligen Elemente zu verunreinigen.

77 Das *Avesta* gebietet allen Menschen, besonders aber den Priestern, die Tiere des *Angra mainju* (»der böse Geist«, Ahriman), des »Schöpfers der schlechten Geschöpfe«, wie Schlangen, Ungeziefer, Raubtiere und dergleichen, zu vertilgen; dagegen die Tiere des Ahuramazdâ, namentlich Hunde, Pferde, Rinder und Hasen, zu schützen und zu pflegen.

703

ANMERKUNGEN

78 Panionion (das »All-Jonische«) ist die Bezeichnung für den Tempel des Poseidon auf der Halbinsel Mykale; gemeinsame Kultstätte der Zwölfstädte.

79 Herodots Bemerkung zielt nicht auf die Unterschiede in der Schriftsprache, sondern allein auf die zu seiner Zeit noch lebendigen mundartlichen Unterschiede.

80 Krathis, heute Krati, Fluß in Kalabrien, an dem Thurioi lag. Dort verbrachte Herodot seine letzten Lebensjahre.

81 Das Fest der Apaturien, ein dreitägiges Fest, das die Mitglieder je einer Phratrie (Sippe, Unterabteilung der Stammesverbände) im November für Zeus und Athene gemeinsam begingen, und bei dem die durch Geburt und Adoption hinzugekommenen Bürger für würdig befunden und aufgenommen wurden.

82 Die fünf lesbischen Städte waren: Mytilene, Antissa, Pyrrha, Eresos, Methymna.

83 Die Hundertinseln lagen zwischen Lesbos und dem Festland.

84 Purpurmäntel waren damals im Mutterland noch eine kostbare Seltenheit. Herodot erscheint dieser Mantel als ein Zeichen ionischer Üppigkeit.

85 Tartessos nannten die älteren Griechen sowohl den Fluß Bätis (Guadalquivir) als auch das Land auf beiden Seiten seines unteren Laufes.

86 Die Phokaier bedienten sich nicht der runden Handelsschiffe, sondern der länglichen, schnelleren Kriegsschiffe, weil ihnen auf ihrer Fahrt stets Gefahr von Seiten der Phoiniken und Karthager drohte.

87 Diese Stelle ist so zu verstehen, daß sie als Zeichen ihrer Unterwerfung feierlich ein Haus zum Eigentum des Königs erklären sollten. Das Einreißen einer Zinne war in diesem Sinne als Merkmal der Eroberung aufzufassen.

88 Die Oinussen lagen zwischen Chios und dem Festland.

89 Kyrnos war der frühere Name für Korsika; Alalia ist das heutige Aleria auf der Ostküste der Insel.

90 Kadmeiischer Sieg: Die Söhne des Ödipus, Polyneikes und Eteokles aus dem Geschlecht des Kadmos, töteten sich gegenseitig im Zweikampf um die Herrschaft, so daß der Sieger zugleich Besieger war; davon nannte man im sprichwörtlichen Sinne einen solchen Sieg einen kadmeiischen.

91 Rhegion ist das heutige Reggio di Calabria an der Straße von Messina.

92 Die Karthager (Karchedonier) besaßen damals Handelsniederlassungen auf Sardinien und Korsika.

93 Das Töten der Gefangenen scheint bei den Etruskern (Tyrrhenern) Sitte gewesen zu sein. Auch Livius berichtet in seiner römischen Geschichte darüber (Buch VII, 15).

94 Die Schuld ist wie eine auf den Schuldigen lastende Krankheit, die nur durch Sühne geheilt werden kann.

95 Hyele, Stadt in Süditalien, später Elea.

96 Kyrnos, Sohn des Herakles.

97 Phoiniken hießen die Theliden und Thales als Abkömmlinge des Kadmos, der aus Phoinikien nach Boiotien gekommen sein soll, von wo sie nach Milet auswanderten. So war also nicht einmal Thales, der Stolz von Milet, ein vollgebürtiger Ioner und Hellene, so wenig wie Herodot selbst.

98 Thales schlug für den ionischen Städtebund eine Bundesverfassung vor, nach der sich die einzelnen Städte einem Bundestag mit Sitz in Teos unterordnen und dafür ihre Selbständigkeit opfern sollten.

704

ZWEITES BUCH

99 Assyrien nennt Herodot das Stufen- und Tiefland zwischen der Hochebene des Iran, Armenien und der syrisch-arabischen Wüste. Daher nennt er die Babylonier auch Assyrier und kennt zwei assyrische Reiche, das eine ältere und nördlichere mit der Hauptstadt Ninive, das andere jüngere und südlichere mit der Hauptstadt Babylon.

100 Der von Herodot angegebene Umfang der Stadt würde 84 km betragen. Auf Grund der Ausgrabungen läßt sich der Gesamtumfang der Stadt nur auf etwa 18 km schätzen. Herodot hat hier also reichlich übertrieben.

101 Die königliche persische Elle betrug 53 cm und entsprach der babylonischen; die griechische Elle, mit der Herodot mißt, betrug nur 47 cm.

102 Mit dem »Roten Meer« ist hier nur der Persische Golf gemeint.

103 Der Sage zufolge erteilte der Gott in Patara nur während der sechs Wintermonate Orakel, während der sechs Sommermonate dagegen hielt er sich in Delos auf.

104 Semiramis, Königin von Assyrien, historisch Sammuramat, Mutter des Adadnirari III. (810–772).

105 Nitokris, Tochter Nebukadnezars, Mutter des Labynetos – Nabunid, des letzten Königs von Babylon.

106 Gyndes, heute der Fluß Diala.

107 Ein Medimnos besteht aus 48 Choiniken und entspricht dem Gewicht von 52 Pfund; eine persische Artabe wiegt also etwa 55 Pfund.

108 Die Eneter (Veneter) wohnten an der Nordküste der Adria, östlich und nördlich des Po und der Etsch. Der Hauptort der Eneter war Patavium, heute Padova.

109 Bei dem Berauschungsmittel handelt es sich wohl um die Zweigspitzen der Hanfpflanze, deren Harz auch zur Haschischgewinnung benutzt wird.

110 Nach Herodots Beschreibung kann hier nur der Iaxartes (Syr Darja) gemeint sein.

111 Mit den »Säulen« ist die Straße von Gibraltar gemeint. Herodots geographisches Verständnis zeigt, daß die von den Phoinikern unter dem König Necho durchgeführte Umsegelung Afrikas bereits das geographische Weltbild Herodots bestimmt hat.

Zweites Buch

1 Das Heiligtum des Hephaistos gehörte zu den ältesten und berühmtesten Tempelanlagen Ägyptens. Der ägyptische Name des Gottes lautet Ptah, eig. »der Eröffner«, wonach auch die Stadt Ha-ka-ptah (»Kultstätte des Ptah«) ihren Namen hat. Der Name Memphis ist zusammengezogen aus der profanen Namensform der Stadt Men-nofer (»Gutort«). Die ägyptischen Städte führen nämlich durchweg zwei Namen, einen heiligen und einen profanen; die Autoren nennen bald diesen, bald jenen.

2 Memphis, Heliopolis und Theben vertraten entsprechend ihren heiligen Denkmälern die drei Hauptformen des religiösen Kultes der alten Ägypter. In Memphis stand Ptah, in Heliopolis Atum und in Theben Amon an der Spitze einer »Neungötterreihe«.

3 Das für die bürgerlichen und sakralen Ordnungen überaus wichtige Kalenderwesen der Hellenen und fast aller anderen alten Völker litt an dem

ANMERKUNGEN

entscheidenden Fehler, daß man als kleinere Zeiteinheit den Mondumlauf zugrunde legte, während man für die Jahreszählung an das natürliche oder Sonnenjahr gebunden war. Da nun zwischen Mondmonat und Sonnenjahr kein einfaches Bruchverhältnis stattfindet, sondern zwölf Mondmonate hinter dem natürlichen Jahr um mehr als elf Tage zurückbleiben, dreizehn Monate es aber um mehr als achtzehn Tage überholen, basierte man den Kalender zwar auf ein Mondjahr von zwölf Monaten oder 354 Tagen, suchte aber die Differenz zum natürlichen Jahr durch periodisch wiederholte Einschaltungen von je einem Monat auszufüllen.

Die Ägypter dagegen basierten ihren Kalender ausschließlich auf das Sonnenjahr, das sie, ohne Rücksicht auf den Mondumlauf, in drei Jahreszeiten und zwölf an Tageszahl gleiche Teile oder »Monate« zerlegten. Die Namen dieser »Monate« sind: 1. Thoth, Phaophi, Athyr, Choiak; 2. Tybi, Mechir, Phamenoth, Pharmuthi; 3. Pachon, Payni, Epiphi, Mesori. Am Ende dieses schon auf den ältesten Denkmälern erscheinenden Jahres von zusammen 360 Tagen fügte man 5 Schalttage an, die als Geburtstage der Götter Osiris, Horos, Seth, Isis und Nephthys heilig gehalten wurden.

4 Die Schaltmethode, die Herodot hier allem Anschein nach als allgemein hellenische und noch zu seiner Zeit übliche erwähnt, nennt man die trieterische Methode, weil sie in jedem dritten Jahr oder ein Jahr ums andere einen 30tägigen Monat einschob, um die zur Übereinstimmung mit dem tropischen Jahr fehlenden Tage einzubringen. Wegen des Berichts in Buch I, 32 und weil Solon den Mondkalender in Athen ordnete, nennt man diesen Schaltzyklus den solonischen. Es ist aber zweifelhaft, ob ihn Solon tatsächlich eingeführt hat und ob er wirklich jemals in Gebrauch gewesen ist. Denn 25 Mondmonate (708 + 30 Tage) sind um 7,5 Tage länger als zwei tropische Jahre (730,5 Tage), was man durch Beobachtung der Mittagschatten am Gnomon und der Auf- und Untergänge der Gestirne bald erkennen mußte. Dagegen ist der frühe Gebrauch einer achtjährigen Schaltperiode mit je drei Schaltmonaten zu 30 Tagen ausreichend bezeugt und wahrscheinlich eben von Solon bei seiner Kalenderreform angewendet worden.

5 Die Wassertiefe betrug hier also 19,54 m.

6 1 Schoinos = 60 Stadien = 10,66 km; 1 Parasange = 5,33 km. Die ägyptische Küste ist also nach Herodot 639 km lang.

7 1 Stadion = 177,5 m; 1500 Stadien = 266,25 km.

8 Die Zahl 900 stammt nicht aus ägyptischer Überlieferung, sondern aus einer Schlußfolgerung Herodots. Nach Maßgabe der Angaben auf den noch vorhandenen Nilmessern erhöht sich das Nilufer in 100 Jahren um etwa 12,5 cm. Eine Zunahme um 7 bis 8 Ellen = 3,5 m führt auf einen Zeitraum von 2800 Jahren. Der Irrtum Herodots beruht auf einer falschen zeitlichen Ansetzung des Königs Moiris (= Amenemhêt III., 1841–1792 v. Chr.).

9 Obgleich die Schweine, wenn man den Abbildungen auf Denkmälern folgt, wirklich von ägyptischen Bauern gezüchtet wurden, so erscheinen sie dennoch niemals in der Verwendung zum Einstampfen der Saat. Zum Eindrükken der Saatkörner in den zähen Schlamm werden auf den alten Darstellungen Schafe dichtgedrängt über das Feld hin- und hergetrieben, zum Ausdreschen Esel und Rinder.

10 Die Perseuswarte lag in der Gegend des heutigen Abukir, die pelusischen Taricheiai – Anstalten zum Dörren und Pökeln von Fischen – am östlichen Hauptarm des Nils.

ZWEITES BUCH

11 Herodot unterscheidet die Ansicht der Hellenen von derjenigen der Ioner. Nach der hellenischen Ansicht beginnt Ägypten zwar von Elephantine ab, zerfällt aber durch den Nil in zwei Teile, von denen der östliche zu Asien, der westliche zu Libyen gehört. Nach ionischer Ansicht ist Ägypten nur das Delta, dessen Umfang durch drei Punkte: die Nilspalte bei Kerkasoros, die Perseuswarte und die pelusischen Taricheiai bestimmt wird, während das übrige Niltal teils zu Asien, teils zu Libyen gehört. Gegen beide aber erhebt Herodot den Einwand, daß ihnen zufolge das Delta für sich einen vierten Erdteil bilden würde.

12 Die Nilschwelle, hauptsächlich eine Folge der reichen Frühlings- und Sommerregen in Habesch, beginnt bei Khartum Anfang April, in Mittelägypten gegen Ende Juni (Zeit der Sommersonnenwende), erreicht hier ihren höchsten Stand in der ersten Hälfte des Oktober und sinkt bis Ende März auf den niedrigsten Stand.

13 Von Thales von Milet stammt die hier erwähnte Theorie. Etesien hießen die im Sommer regelmäßig von der nördlichen Hemisphäre her wehenden Winde.

14 Vertreter dieser Ansicht sind Hekataios von Milet und Homer.

15 Die dritte Erklärung wird dem Philosophen Anaxagoras zugeschrieben. Herodot schenkte ihr deshalb keinen Glauben, weil er, der damals im Altertum gebräuchlichen Ansicht folgend, daß die Hitze nach Süden immer mehr zunimmt, sich nicht vorstellen konnte, daß es im südlichen Quellgebiet des Nils Gebirge geben könnte, die Schnee tragen.

16 Herodot betrachtet die Erde als horizontale Fläche, auf der die tägliche Sonnenbahn als Halbkreis senkrecht steht. Diese Bahn ist für ihn die normale und ursprüngliche, wenn die Sonne am höchsten steht, d.h. im Sommer. Durch die Gewalt der Nordwinde aber wird sie von dieser Bahn nach Süden abgelenkt; dann herrscht in Griechenland und Ägypten Winter, in Äthiopien aber eine besonders große Hitze; läßt der Winter nach, kehrt sie wieder in ihre alte Bahn zurück.

17 Die meisten hellenischen Physiker vor Aristoteles dachten sich das Feuer als eine feinere, flüchtigere Erscheinungsform des Wassers und lehrten in diesem Sinne, daß die Sonne und die übrigen Gestirne als Feuerkörper aus den von der Erde aufsteigenden Wasserdünsten ihre Nahrung ziehen würden.

18 In Sais im westlichen Delta befand sich ein berühmtes Heiligtum der Göttin Neith, der »Urmutter der Sonne«, die von den Griechen stets mit der Athene verglichen wurde. Der Tempelschreiber war eines der angehendsten Mitglieder der ägyptischen Priesterschaften. Er hatte die Hieroglyphenschriften zu betreuen, Tempelbauten und Landvermessungen zu besorgen.

19 Meroë, die Hauptstadt Äthiopiens, lag etwa 200 km nördlich von Karthum. Äthiopisch bedeutet der Name »Weißstadt«.

20 Die einzelnen angegebenen Distanzen von Elephantine bis zu den »Überläufern« betragen zusammen 112 Tagesfahrten und Tagesmärsche.

21 Die Angabe Herodots kann nur dahingehend verstanden werden, daß keine Frau Mitglied der *erblichen* Priesterkollegien oder Vorsteherin eines Tempelkultes (wie die Herapriesterin in Argos) sein konnte. Priesterliche, dem Dienst der Gottheit sich widmende Frauen dagegen erwähnt Herodot selbst im Amontempel in Theben (II, 54 und I, 182) und werden auch durch die schriftlichen Überlieferungen vielfach bezeugt.

ANMERKUNGEN

22 Priester und Könige mußten sich das Haar kahl scheren lassen, bedienten sich aber bei ihren öffentlichen Auftritten großer, lockiger Perücken, die selbst bei ihren Abbildungen und an ihren Statuen selten fehlen. Auch der lange, strähnenartige Kinnbart der Ägypter war nur ein künstlicher Haaransatz.

23 Die beiden Gewänder sind ein leinenes Unterkleid und ein wollenes Oberkleid. Auf den Denkmälern erscheinen nur die höheren Stände in Oberkleidern, die unteren meist in einfachen, schurzähnlichen Gewändern.

24 In der demotischen Schrift wurde die Volkssprache geschrieben, mit der heiligen Schrift sind die Hieroglyphen (deutlich erkennbare Bildzeichen im Unterschied zu der volkstümlichen hieratischen Schriften, die stenographisch gekürzt erscheinen) gemeint.

25 Die altägyptische Opferformel führt als Geschenke der opfernden Personen folgendes auf: Brot, Bier, Stiere, Gänse, Wein, Milch und alles andere, von dem das Göttliche lebt, niemals aber Fische.

26 Das ägyptische Priesterkollegium war, von unten nach oben, folgendermaßen zusammengesetzt: der Sänger, der Horoskop als Ordner des Kalenders, den Hierogrammaten (s. Anm. 18), den Stolisten oder Aufseher über das Opferwesen und Ritual, schließlich den Oberpriester oder Propheten. Hinzu kommen noch zahlreiche niedere Beamte wie die Schaubrot- und Schreinträger, Einbalsamierer, Wärter der heiligen Tiere u. a.

27 Epaphos ist die griechische Bezeichnung für den heiligen Stier Apis, ägyptisch Hapi, der als das immer wieder auflebende irdische Bild des memphitischen Gottes Ptah-Sokar-Osiris angesehen wurde. Diesem Stiergott waren diejenigen Stiere heilig, die ähnliche Farben und Zeichen hatten. Sie durften nicht getötet werden, weshalb man die Opferstiere untersuchte, ob sie auch keine solche Merkmale trügen. Der Apis-Stier war weiß mit schwarzen Flecken.

28 Der Priester versieht ihn mit einer Kontrollmarke aus Papyros, die er um die Hörner wickelt und daran versiegelt. Auf dem Siegel war das Bild eines knienden Mannes eingeschnitten, dem die Hände auf dem Rücken zusammengebunden sind und ein Schwert an der Kehle steht.

29 Altäre im griechischen Sinne hatten die Ägypter nicht. Die Denkmäler zeigen schlanke und zierliche Opfertische.

30 Die Kuh war das lebendige Symbol der Isis als Hathor. Die Monumente zeigen das Bild der Isis mit dem Kuhhörnerschmuck und der Mondscheibe zwischen den Hörnern in unzähligen Wiederholungen.

31 Auf Bilddarstellungen erscheint Io bald als Kuh, z. B. auf den Münzen von Byzanz, auf Gemmen und antiken Vasenbildern, bald als gehörnte Jungfrau mit menschlichem Oberleib.

32 Zeus Thebaieus bezeichnen die ägyptischen Inschriften als Amon-Api, d. h. »Amon von Api«. Api hieß das älteste und vornehmste Tempelquartier des Gottes Amon in der östlichen Hälfte der Stadt.

33 Mendes lag im nordöstlichen Delta und besaß eine berühmte Kultstätte des Osiris, der in Gestalt eines Widders verehrt wurde. Die Inschriften bezeichnen ihn als den die Weiber befruchtenden Gott.

34 Es handelt sich hier um ein Fest, bei dem man dem Sonnengott seinen Sohn, den Mondgott Chons, gegenüberstellte und hierbei ein heiliges Tier, den Widder, opferte.

35 Amphitryon und Alkmene waren beide Enkel des Perseus, dieser durch

708

ZWEITES BUCH

seinen Vater Alkaios, jene durch ihren Vater Elektryon; Perseus Abkunft wurde auf Aigyptos zurückgeführt.

36 Herakles ist der syrische Baal, der in Tyros unter dem Namen Melkart verehrt wurde.

37 Durch den Beinamen Olympios wird Herakles als nicht zu den Heroen gehörig bezeichnet.

38 Auf den Denkmälern befinden sich allerdings keine Darstellungen von Menschenopfern; daß sie aber stattfanden, bezeugt unter anderem Manethos: In der Stadt Eileithyia in der Thebais habe man in den Hundstagen sogenannte Typhonier (d.i. Ausländer) bei lebendigem Leib öffentlich verbrannt und ihre Asche in alle Winde gestreut.

39 Melampus, Sohn des Amytheon (von ihm das Geschlecht der Amytheoniden) war unter den mythischen Sehern der älteste und berühmteste. Er heilte die Töchter des argeiischen Königs vom bakchischen Wahnsinn und erhielt dafür den dritten Teil des Reiches; s. IX, 34.

40 In Dodona war das alte Orakel des pelasgischen Zeus. Hier suchte daher Herodot Auskunft über die älteste Verehrung.

40a Gemeint sind Orpheus, Musaios, Linos und Olympos.

41 Jeder Nomos und jede Stadt Ägyptens hatten ihren besonderen Festkalender. Die von Herodot angegebenen Panegyrien beziehen sich auf solche Feste, die in allen Gemeinden Ägyptens an demselben Tag gefeiert wurden.

42 Bubastis, ägyptisch Pa-Bast (Stadt der Göttin Bast), beim heutigen Tell Basta bei Zagazig. Die Göttin, eine lokale Form der löwenköpfigen Isis von Memphis, wurde als ein schlankes Weib mit einem Katzenkopf dargestellt. Herodot nennt die Göttin bald Artemis, bald nach ihrer Stadt Bubastis. Die Katzen waren ihr heilig und wurden dort begraben.

43 Busiris war der Name mehrerer Städte in Unterägypten, die nach dem Osiris als Pi-Osiri (»Stadt des Osiris«) benannt wurden. Wahrscheinlich ist hier die mitten im Delta auf dem linken Ufer des sebennytischen Nilarmes gelegene Metropolis des busiritischen Nomos gemeint. In allen Kultstätten des Osiris hatte Isis eine große Bedeutung als Schwester und Frau des ermordeten Gottes.

44 Das Klatschen mit den Händen ist ein echt ägyptischer Zug. Die Denkmäler zeigen musikalische Szenen, in denen Frauen die Hände zusammenschlagen. Die Inschriften bezeichnen diese Handlung als das »Singen mit der Hand«.

45 Es war ein Trauerfest um den verlorenen Osiris – dies ist der Gott, dessen Namen Herodot zuweilen aus religiösen Bedenken nicht auszusprechen wagt –, das vom 13. bis 16. November gefeiert wird. Am 17. dieses Monats, in dem die Sonne (= Osiris) das Sternbild des Skorpions durchläuft und der Nil (ebenfalls der Osiris) zu fallen beginnt, soll Osiris der Sage nach von Typhon getötet worden sein. Um die Trauer der Isis um den verschwundenen Gemahl anzudeuten, wurde ihr Bild, eine vergoldete Kuh, vier Tage lang mit einem schwarzen Byssosgewand umhüllt ausgestellt. In der Nacht des 19. November feierte man dann die Wiederauffindung des Gottes.

45a Sais, ägyptisch Saj, heute Sa-el-Hagar am Nilarm von Rosette. Hauptgöttin war die Kriegsgöttin Neith.

46 Diese heilige Sage, als Kern der ägyptischen Mythologie, lautete nach der hellenistischen Version folgendermaßen: Keb, der Erdgott, und Nut, die Himmelsgöttin, zeugten fünf Kinder: Osiris, Arueris, Seth, Isis und Neph-

ANMERKUNGEN

thys. Osiris verband sich mit Isis und herrschte segensreich über Ägypten. Seth aber schloß ihn zusammen mit zweiundsiebzig Genossen mit Hilfe einer List in eine Truhe und warf ihn ins Meer (am 17. des Monats Athyr = November). Nun irrte Isis lange Zeit auf der Suche nach der Leiche umher, bis sie endlich nach Byblos in Phoinikien kam, wo sie die Truhe vom Meer ans Land gespült und von einer Tamariske umwachsen fand. So kam die Leiche durch Isis zurück nach Ägypten. Seth aber fand sie bei Mondschein auf der Jagd, zerriß sie in vierzehn Teile und streute sie umher. Isis suchte die Teile wieder zusammen und errichtete jeweils dort, wo sie ein Teil fand, ein Osiris-Grab, bis auf die Schamteile, die Seth in den Fluß geworfen hatte.

47 Heliopolis, ägyptisch *Junu,* nordöstlich von Kairo. Hauptgott war der Sonnengott Amon-Re.

48 Buto, ägyptisch *Pi-uto* und *Per Udjojet,* am Nilarm von Rosette südlich des Burlus-Sees. Hauptgöttin war die Schlangengöttin Udjojet. Der Tempel war für seine Weissagungen berühmt.

49 Papremis lag im Osten des Nildeltas. Der hier verehrte Gott war vielleicht Seth, der Schutzgott der Fremden in Ägypten.

50 Nach hellenischen Berichten führten die Ägypter verschiedene Gründe für den Tierdienst an. Nach priesterlicher Lehre hatte ihn Isis bei ihrer Einsetzung des Osiris-Kultes gestiftet. Andere erzählten, die Götter hätten sich einst aus Furcht vor Typhon in Tierleiber versteckt, oder Osiris habe den einzelnen Militärkolonien und Heeresteilen tierförmige Feldzeichen gegeben, woraufhin jeder Teil fortan sein Tier für heilig angesehen habe. Auch die Lehre von der Seelenwanderung wurde zur Erklärung herbeigezogen. – Die Inschriften reden jedoch offener als Herodot. Die heiligen Tiere führen durchweg das Beiwort *nem-anch-neter* (»die wiederauflebende Gottheit«), auf das der Name der betreffenden Gottheit folgt. Man hatte die Vorstellung, als ob die unsichtbare Gottheit, von einem Tier in das andere wandernd, verborgen in dem Tierleib sich dem Menschen offenbare.

51 In Bubastis hatte man einen Katzenfriedhof von ungeheurer Ausdehnung gefunden; dabei entdeckte man unzählige Bronzestatuetten von Katzen in sitzender, liegender und laufender Stellung. – Die Hunde waren dem Anubis, dem Wächter und Hüter der Totenstätten, geheiligt. Seine Hauptkultusstätte war in Kynopolis, wo weitläufige Katakomben mit Hunde- und Schakalmumien gefunden worden sind.

52 Diese auffallende Erscheinung veranlaßte die Ägypter zu der frühen Benennung des Krokodils *em-suh,* »das aus dem Ei (hervorgehende Tier)«.

53 Das Krokodil war dem krokodilköpfig dargestellten Gott Sebek heilig. Mumien des Krokodils finden sich an verschiedenen Orten des Niltals, besonders zahlreich und wohlerhalten bei Maabde gegenüber von Montfalut in ausgedehnten Höhlen, die weit in das Kalksteingebirge hineingehauen sind.

54 Der Nilgott hieß Hapi und wurde als fetter Mann mit Wasserpflanzen auf dem Kopf und in den Händen dargestellt.

55 Die Zahl der heiligen Vögel und Fische war nicht auf die hier genannten beschränkt. Herodot selber nennt noch Ibis und Sperber.

56 Der Phoinix heißt, wie die Palme, ägyptisch *bennu.* Der *bennu* ist ein Symbol der Morgensonne, die täglich von Osten her wiederkehrt und als eine Inkarnation des Sonnengottes Amon-Re angesehen wurde. Er verkörperte für die Ägypter die Auferstehung.

710

ZWEITES BUCH

57 Der Mythos des Phoinix hat manche Umbildungen erfahren. Der Phoinix wurde später vom Christentum als Symbol für die Hingabe an Tod und Auferstehung Christi in Anspruch genommen.

58 Es handelt sich um die Hornviper, die über jedem Auge ein Horn trägt und als äußerst gefährlich gilt.

59 Diese Schlangen wurden in Tontöpfen als Mumien gefunden. Sie waren dem Amon-Re heilig. Zugleich waren sie auch ein Symbol der Macht, als welches sie die ägyptische Königskrone zierte.

60 Welche Tiere Herodot mit den »geflügelten Schlangen« gemeint hat, läßt sich nicht genau identifizieren. Am ehesten gilt die Vermutung, daß es sich dabei um Heuschrecken handelte, die allerdings keine Knochen besitzen.

61 Der Ibis ist der heilige Vogel des Toth (Hermes). Herodot beschrieb irrtümlich den schwarzen Ibis als den heiligen Vogel; heilig dagegen ist der weiße Storchibis, dessen Schnabel, Kopf, Hals, Füße und Hinterteil schwarz sind.

62 Zeugnisse anderer Autoren sowie zahlreiche Denkmäler beweisen, daß der Weinbau in Ägypten keineswegs so unbekannt war. Allerdings bestand neben der eigenen Erzeugung ein starker Weinimport aus Phoinikien; s. III, 6.

63 Das umhergetragene Totenbild, wahrscheinlich in Form eines menschenförmigen Mumienkastens, stellte den Osiris als König der Toten dar.

64 In Syrien, Phoinikien und auf der Insel Kypros feierte man zur Zeit der Sommerhitze oder im Herbst das Trauerfest um den Liebling der Aphrodite, den von Eber getöteten Adonis. Es war eine siebentägige Totenfeier, die das Verschwinden, das Suchen des Gottes und das endliche Auffinden seiner Leiche darstellte. Besonders die Frauen beteiligten sich daran.

65 Mit den Orphikern sind die Vertreter der etwa seit dem 7. Jahrhundert aufgekommenen Geheimlehren, wie z.B. der Glaube an eine Seelenwanderung, gemeint. Sie tragen ihren Namen nach dem angeblichen Stifter Orpheus. Durch ihre Reinigungsvorschriften und Gebote für die Lebensführung erinnern sie an die Pythagoraier, die ebenfalls als religiöse Sekte auftreten. Ebenso wie sie waren auch die Teilnehmer an den bakchischen Mysterien, die an den Kult des Dionysos anknüpften, zur Geheimhaltung verpflichtet.

66 Jeder Monat hatte seine namensstiftende Schutzgottheit oder war einer Gottheit zugeteilt. Ebenso hatten auch die 30 Tage eines Monats jeweils ihre besonderen Schutzgottheiten, so daß z.B. der erste Tag dem Toth, der zweite dem Horus, der dritte dem Osiris usw. geweiht war. Je nachdem nun einer an diesem oder jenem Tag geboren worden ist, läßt sich danach sein Schicksal bestimmen. Die aufgefundenen Kalender enthalten darüber genaue Aufzeichnungen. Wer z.B. am 9. Phaophi (= Oktober) geboren wurde, hatte die Aussicht, hochbetagt zu sterben; die am 23. Phaophi Geborenen wurden durch ein Krokodil getötet; die am 27. durch eine Schlange; die Geburt am 14. Athyr (= November) hatte die Ermordung zur Folge, die am 23. den Tod durch Schiffbruch.

67 Herodots Bericht vom Einbalsamieren ist im ganzen sehr genau. Die heutigen Funde bestätigen die von Herodot beschriebene Technik. – Die Eingeweide, die außerhalb des Sarges in besonderen Gefäßen aufbewahrt wurden und unter dem Schutz der vier sogenannten Totengenien standen, waren den Inschriften zufolge: 1. der Magen und das große Eingeweide, unter dem Schutz des menschenköpfigen Amset; 2. die kleinen Eingeweide, beschützt

711

ANMERKUNGEN

von Hapi mit dem Hundsaffenkopf; 3. die Lunge und das Herz, unter dem Schutz des schakalköpfigen Tuamutef; und 4. die Leber und die Gallenblase unter dem sperberköpfigen Kebhsenuf. Die Deckel der vier Kanopen, in denen die beschriebenen Eingeweide aufbewahrt wurden, haben die Gestalt der Köpfe der vier Totengenien.

68 Das Natron zerstört die Fetteile und das Muskelgewebe, weshalb alle Mumien nur aus Haut und Knochen bestehen. Siebzig Tage war das Maximum der Einlegezeit; sonst würde das Natron auch die Haut zerstört haben. Herodot übergeht das Haupteinbalsamierungsmittel, den Teer, der seit den ältesten Zeiten zur Füllung der Mumien und zur Tränkung des mit Natron behandelten Körpers und seiner Binden regelmäßig verwendet wurde.

69 Der Leichnam wurde in einen ziemlich eng abschließenden, aus Papyros oder Leinwand gefertigten Behälter gelegt, der aus zwei genau aufeinander passenden Teilen bestand und die Form einer rings umwickelten Mumie hatte, außerdem am Kopfende mit einer sauber gearbeiteten Porträtmaske des Verstorbenen und mit sonstiger Bemalung und Inschriften geschmückt war, so daß das Ganze ungefähr einer menschlichen Figur glich. Dieser kartonierte Sarg wurde dann schachtelartig in einem oder mehreren hölzernen oder steinernen Sarkophagen verschlossen.

70 Jedoch nur solange, wie die Totenopfer und sonstigen Zeremonien vor der Leiche dauerten. Später wurde die Mumie aus der oberen Grabkammer in eine tiefer darunter liegende gebracht, wo sie in der Regel liegend gefunden wurde.

71 Was die Natronlauge nicht entfernt hatte, desinfizierte das Zedernöl.

72 Es handelt sich hier nicht um Kampfspiele griechischer Art, die in Ägypten nicht aufkommen konnten. Die Denkmäler zeigen Unterhaltungs- und Gesellschaftsspiele.

73 Genealogie des Perseus:

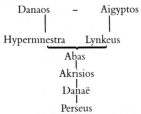

74 Die Byblosstaude, auch unter dem Namen Papyros bekannt, wird über vier Meter hoch. Die Wurzeln der älteren Pflanzen wurden zu Brenn- und Nutzholz verwendet, das Mark als Nahrungsmittel, und aus dem Bast wurden je nach Beschaffenheit Papier, Schuhe, Matten, Taue, Segel usw. gefertigt.

75 Nur die ärmeren Sumpfbewohner benutzten das dickflüssige Rizinusöl als Salböl, die übrigen Ägypter nahmen es als Brennöl.

76 Akanthus ist das Holz einer dunklen Akazienart, die noch heute zum Schiffsbau benutzt wird.

77 Schon in den Texten der 18. Dynastie wird das Wort Bâri zur Bezeichnung der Niltransportschiffe gebraucht.

78 Ein Schiff, das sich nur von der Strömung treiben läßt, gehorcht dem Steuer

ZWEITES BUCH

nicht. Aus diesem Grund und weil sie die Fahrtgeschwindigkeit auf dem ohnehin schnellfließenden Strom nicht noch erhöhen konnten, verlangsamten die ägyptischen Schiffer die Fahrt durch den angehängten Stein und machten das Schiff manövrierfähig.

79 An dem Ausbau und der Ausschmückung des Ptah-Tempels beteiligten sich viele der späteren Könige, bzw. waren die meisten der von Herodot namhaft gemachten Könige mit der Geschichte dieses Tempels in irgendeiner Weise verknüpft.

80 Herodot hat keine der großen ägyptischen Königslisten einsehen können, wie sie der ägyptische Priester Manethos (280 v.Chr.) für seine Arbeit benutzen konnte oder wie sie uns heute in verschiedenen Fragmenten sowohl auf Papyros (»Turiner Königspapyros«) wie auf Stein (»Palermostein«) vorliegen. Vielmehr läßt Herodots Darstellung vermuten, daß er die Namen sowie die Geschichte der älteren Könige im wesentlichen nicht den gelehrten Priestern, sondern den populären Erzählungen einfacher Tempeldiener und seiner hellenisierten Reiseführer und Dolmetscher verdankte. So erklärt sich die unrichtige und lückenhafte Reihenfolge, in der er die Könige aufzählt, die eingestreuten hellenischen Elemente, die märchenhaften Züge und andererseits der nachweisbare Kern von Wahrheit, den seine Berichte dennoch enthalten.

81 Moiris pflegt man mit Amenemhêt III. (1841–1792; 12. Dynastie) gleichzusetzen.

82 Die 12. Dynastie weist mehrere Könige dieses Namens auf. Man denkt hier vor allem an Sesostris III. (1878–1841); einige Züge weisen auch auf Ramses II. (1301–1234; 19. Dynastie).

83 Mit dem Roten Meer ist hier der Indische Ozean gemeint, den der ägyptische König bei seiner Expedition nach dem Weihrauchland Punt (= Somaliküste) erreichte.

84 Ausführliche Listen und Darstellungen dieser Eroberungszüge finden sich noch auf den Tempelwänden zu Theben, Abydos u.a.

85 Herodot unterscheidet hier nicht zwischen Philistern und Juden.

86 Gemeint sind die Felsreliefs von Sipylos und Kara Bel im Hinterland von Smyrna, die aber nicht von den Ägyptern, sondern von den Hethitern geschaffen wurden. Die Darstellung zeigt einen Gott in der Gestalt eines Kriegers. Die Figur von Kara Bel ist 2,25 m hoch.

87 Nicht des ägyptischen Königs dieses Namens, sondern eines sagenhaften asiatischen, wahrscheinlich assyrischen Königs, den Homer den Troiern zu Hilfe kommen und von Achilleus töten läßt.

88 Die Ägypter gelten als die Erfinder der Geometrie. Thales soll diese Kunst nach Griechenland gebracht haben. – Die Alten teilten den Sonnentag in zwölf Stunden, deren Dauer je nach der Dauer des Tages wechselte.

89 Welchem König Perhos gleichgesetzt werden darf, ist nicht eindeutig klar. Wahrscheinlich handelt es sich dabei auch nicht um einen historischen Namen, sondern um einen Titel (= Phero, Pharao). Am ehesten ist dabei an Mernephtah (1234–1220), den Nachfolger von Ramses II., zu denken.

90 Noch schwieriger als bei Pheros ist es, Proteus genau zu identifizieren. Bei Herodots Ansatz würde für Proteus nur Ramses III. in Frage kommen.

91 Die »fremde«, von der einheimischen ägyptischen verschiedene Aphrodite war die phoinikische Astarte.

91a Paris.

ANMERKUNGEN

92 Ilias IV, 289 ff.

92a Die Kyprien behandelten die Vorgeschichte des Troischen Krieges und die ersten Kämpfe. Sie sind nur in Fragmenten erhalten. Offenbar hat die literarische Kritik, die sie schon früh, wie hier Herodot, Homer absprach, auch damit über ihre Überlieferung entschieden.

93 Auch der himeraische Dichter Teisias Stesichoros hatte in seiner sogenannten Palinodie die wirkliche Anwesenheit der Helena in Ilion geleugnet. Paris habe nur ein untergeschobenes Scheinbild nach Troia geführt, Helena selbst aber sei durch eine Gottheit nach der pontischen Insel Leuke entführt und dort später die Gemahlin des Achill geworden.

94 Gemeint sind die von Ramses III. errichteten Bauten am Tempel des Ptah in Memphis. Dort liegen auch die beiden Kolossalstatuen des Königs, die Herodot noch aufrecht stehend vorfand (II, 110).

95 Der Verlust des Bartes galt und gilt im Orient als große Schande, noch größer aber das halbseitige Abscheren.

96 Den Hades, den »Unsichtbaren«, dachten sich die Ägypter nach Westen in der Region der Dunkelheit gelegen und begruben ihre Toten deshalb meist an der westlichen Seite des Niltals.

97 Hier sind Isis und Osiris gemeint.

98 Damit verweist er auf die Orphiker und Pythagoraier.

99 Es handelt sich um die große Pyramide von Gizeh, die größte unter allen erhaltenen Pyramiden. Sie ist 137 m hoch und ihre quadratische Grundseite mißt 232 m. Das Wort Pyramide ist ägyptisch und bedeutet ein Gebäude mit einer abfallenden Seite.

100 Außer den beiden großen oberirdischen Grabkammern hat man noch eine unterirdische gefunden, die über 30 m unter der Grundfläche der Pyramide in den Felsen gehauen ist. Da sie aber noch 11 Meter über dem Nilspiegel liegt, erweist sich der angeblich in sie hineingeleitete Nilkanal als eine Erfindung.

101 1 Plethron entspricht etwa 29,6 m. Die Seitenlänge der erwähnten Pyramide beträgt also 44,5 m.

102 Auch unter diesen Pyramiden hatte man zwei in den Felsen gehauene Kammern entdeckt, von denen die obere einen Sakophag enthielt.

103 Bei Chephren handelt es sich um Chafra (2214–2194 v. Chr.)

104 Mykerinos = Menkara (Menkaure; 2194–2184 v. Chr.).

105 Es ist ganz gegen ägyptische Sitte, erwachsene Frauen nackt darzustellen. Ihre Gewänder lagen aber so eng an, daß sie sie Fremden leicht als nackt erscheinen konnten, besonders wenn die Farben, wodurch der Saum der Kleider ausschließlich angedeutet wurde, verblichen waren.

106 Die Kuh war das heilige Tier und Symbol der Isis, die in Sais unter dem Namen Neith verehrt wurde. Auf sie und ihren Kult also, nicht aber auf die Legende von Mykerinos' Tochter, ist all das zurückzuführen.

107 Gemeint ist das Lampenfest (II, 62), das man jährlich zu Ehren des Osiris in Sais feiert.

108 D. H. nach der Stadt Naukratis, die König Amasis den Hellenen zur Ansiedlung eingeräumt hatte und wo besonders Samier so zahlreich vertreten waren, daß sie sich dort ein Heraion bauen konnten.

109 In dieser Form wurden damals die als Zahlungsmittel benutzten Metallbarren gegossen.

109a Wahrscheinlich Scheschonk I. (Sesonchosis; 945–929; 22. Dynastie).

ZWEITES BUCH

110 Zwei solche Ziegelpyramiden stehen noch beim Dorf Daschur südlich von Gizeh.

110a Anysis war ein unbekannter Gaufürst im Deltagebiet. Herodot macht hier also einen Sprung vom Ende der 4. Dynastie (2480 v. Chr.) bis zum Beginn der aithiopischen Herrschaft in Ägypten (715 v. Chr.)

110b Schabaka (715–700 v. Chr.).

110c Die aithiopischen Könige regierten offiziell von 716–655 v. Chr.

111 Die Maus ist bei den Phoiniken das Symbol für die Pest (vgl. 1. Samuel 6,4). – Die jüdischen Quellen (2. Könige 19,35) verlegen das genannte Ereignis von Ägypten in das Lager des Sanherib (704–681) vor Jerusalem, der die Stadt vergeblich belagerte, und schreiben die Niederlage der Pest zu.

112 Herodot will das überaus hohe Alter der ägyptischen Menschengeschichte darlegen (II, 142–144), um die irrigen Vorstellungen seiner Landsleute zu berichtigen, die glaubten, einige ihrer Götter hätten vor nicht allzu langer Zeit als Menschen unter Menschen gelebt (II, 145). Er glaubte zu diesem Zweck ein doppeltes Beweismittel zu besitzen. Erstens die Liste ägyptischer Könige von Min bis Moiris (zusammen 331), die ihm die Priester in Memphis aus einem Buch vorgelesen hatten (II, 101), zu denen er selbst noch zehn weitere Könige bis auf Sethos hinzufügte, so daß er auf eine Gesamtzahl von 341 Königen kam. Zweitens eine Angabe bei seinem Vorgänger Hekataios, daß im Amontempel zu Theben die Statuen aller Oberpriester bis auf seine Zeit herab – zusammen 345 – aufgestellt seien und von den Priestern als Zeugnis für das Alter ihres Tempels und ihrer Geschichte vorgewiesen würden. Dies alles fand Herodot während seiner Anwesenheit dort bestätigt. Von den Oberpriestern hatte er erfahren, daß bei ihnen jeweils der Sohn auf den Vater folge und daß in diesem Sinne auch die Statuen eine fortlaufende Reihe von jeweils Vater und Sohn darstellten. Da Herodot sich die Abfolge der Könige im ganzen ähnlich, d. h. jeden König als Repräsentanten eines Geschlechtes vorstellte, meinte er, diese beiden Reihen als identisch behandeln und danach die Dauer der ägyptischen Geschichte berechnen zu dürfen. Daß die Königsreihe um vier Könige oder Geschlechter kürzer war als die Priesterreihe, kümmerte ihn umso weniger, als von Sethos bis zur Zeit des Hekataios (um 520 v. Chr.) noch fünf ägyptische Könige regiert hatten. Seine Rechnung enthält aber zwei wesentliche Irrtümer. Die 341 Könige stellen keine Reihe von Geschlechtern dar; denn unter den 25 Dynastien, denen sie angehören, waren ohne Zweifel mehrere gleichzeitige oder Nebendynastien, während andere (wie die 25. und 26.) wenigstens eine Zeitlang nebeneinander regiert hatten. Ebensowenig überzeugend ist es, daß die Würde des Oberpriesters rechtlich und faktisch in derselben Familie blieb. Die Priester scheinen hierin wie in manchen anderen Angaben, um den Fremden zu imponieren, als Regel bezeichnet zu haben, was allenfalls nur zuweilen vorkam. Mit dem gleichen Recht wäre aus der Bilderreihe der Päpste in S. Paolo in Rom das Alter des Papsttums zu berechnen.

113 Hekataios bereiste Ägypten während der Regierungszeit Amasis' II. (569–526).

114 Piromi heißt Mensch.

115 Vor der Zeit der menschlichen Könige, also vor Min, läßt Herodot drei aufeinanderfolgende Götterdynastien regieren, von denen die erste aus acht, die zweite aus zwölf Göttern besteht, während die Götterzahl der

ANMERKUNGEN

dritten von ihm nicht angegeben wird. Den Eintritt der zweiten setzen die Ägypter 17000, den der dritten 15000 Jahre vor Amasis (II, 43; II, 145) an.

116 Dionysos und Pan.

117 Mit dieser Erzählung der Dodekarchie will die ägyptische Überlieferung über die peinliche assyrische Invasion, etwa zwischen 676–663, hinwegkommen.

118 Gemeint sind die Gaufürsten des Deltagebietes. Die Zahl zwölf ist unhistorisch, scheint aber aus der Zahl der Hallen des Labyrinthes herzurühren.

119 Labyrinth nannte man ursprünglich die in vielfachen Gängen und Windungen sich verzweigenden Höhlen und Bergwerke. Der ägyptische Bau, der in seinem Hauptteil (dabei handelt es sich wohl um den berühmten Totentempel des Königs Amenemhêt III., 1841–1792) ganz regelmäßig angelegt war und erst durch die verschiedenen An- und Durchbauten aus der Zeit der saiitischen Könige (663–525) einen so verwinkelten Charakter erhalten hatte, wurde aber nur von den Hellenen so genannt. Jetzt sind von den kolossalen Gebäuden nur noch Schutthaufen und eine Anzahl von Grundmauern und Säulenresten übrig.

120 Die Stadt der Krokodile lag etwa 18 km östlich des Labyrinthes am Moiriskanal. Später hieß sie Arsinoë, nach der Schwester des Ptolemaios Philadelphos. Die Trümmerhügel, die einstige Nekropolis, die Fundstätte zahlreicher Papyri aus allen Zeiten und Sprachen des Landes, liegen nördlich der heutigen Stadt Medinat-el-Fayûm.

121 Der Tempel der Artemis in Ephesos. Er galt im Altertum als eines der sieben Weltwunder; s. I, 92.

122 Der Heratempel in Samos; s. III, 60.

123 Die Ziegelpyramide von Hawâra, deren Totentempel das von Herodot als Labyrinth bezeichnete Bauwerk war.

124 Heute Birket el Karun.

125 Das wären 640 km, etwa 100 km Durchmesser und 86 m Tiefe; nach dem heute noch Erkennbaren schätzt man den Umfang des ganzen Beckens auf 180 km. Herodot hat auch hier der prahlerischen Angabe seines Reiseführers zu leicht geglaubt.

126 Es handelt sich um die Statuen des Königs Amenemhêt, deren Fundamente heute noch sichtbar sind.

127 Die assyrischen Inschriften aus dieser Zeit haben das Dunkel über den Ausgang der 25. (aithiopischen) und die Anfänge der 26. (saiitischen) Dynastie beseitigt. Der assyrische König Assarhaddon (681–668), Sanheribs Sohn, eroberte um 670 Ägypten; der Aithiopenkönig Taharka mußte in das Südland zurückweichen, während von Theben abwärts das Land unter zwanzig tributpflichtigen Kleinkönigen blieb, von denen Nekos als König von Memphis und Sais der mächtigste war. Unter Assurbanipal (seit 668) erneuerte Taharka seine Herrschaft, aber nur für kurze Zeit. Nach seinem Tode (664) erneuerte sein Stiefsohn Tanutamon die Eroberung, wobei wahrscheinlich Nekos den Tod fand, mußte sie aber bald wieder aufgeben, worauf unter Nekos Sohn Psammetichos die Befreiung des Landes auch von Assyrien und die Beseitigung der anderen Kleinkönige mit Hilfe ionisch-karischer Söldner gelang.

128 Psammetichos regierte 663–609 (26. Dynastie).

129 Griechische Militärkolonisten, die aus dem lydischen Reich kamen, wurden mit ihren Familien in besonderen Militärbezirken angesiedelt. In die-

DRITTES BUCH

sem Fall ist wohl die Gründung der griechischen Kolonie Naukratis 610 v. Chr. gemeint.

130 Nekos regierte 609–594 v. Chr.

131 Dareios führte den Kanal von den Bitterseen bis zum arabischen Meerbusen (s. IV, 39). Auf dieser Strecke sind Granitblöcke einer persischen Königsstatue mit dem Namen jenes Königs in Keilschrift gefunden worden. In einer dreisprachigen Inschrift heißt es: »Es spricht König Darjavaus. Ich bin Perser, mit Hilfe Auramazdas besitze ich Ägypten. Ich befahl, diesen Kanal zu graben an dem Fluß Pirâva (= Nil), der in Ägypten fließt, bis zu dem Meer, das mit Persien in Verbindung steht. So wurde dieser Kanal gegraben, wie ich befohlen hatte. Aber ich sprach: Gehet von der Stadt Bira bis zum Meeresufer, schüttet die Hälfte des Kanals wieder zu, denn solches ist mein Wille.«

132 Das wäre nach II, 9 eine Strecke von 384 km.

133 Psammetichos II. regierte von 594–588.

134 Apries (der Hophra des Alten Testamentes) regierte von 588–569. Er, der selbst einer lybischen Familie angehörte, hatte den von den Griechen angegriffenen lybischen König Adikran unterstützt; s. IV, 159.

135 Amasis war ein ägyptischer Offizier aus Siuth. Er regierte von 569–525.

136 Momemphis, heute Menuph.

137 Die »samische« Elle = 52,5 cm; die attische Mine wog 436 g; 1 Kotyle sind 0,27 l.

138 Gemeint ist das Grab des Osiris im Tempel der Neith.

139 Die Thesmophorien zu Ehren der Demeter und Kore fanden in Athen vom 10.–14. Pyanepsion (Oktober) statt und war im Gegensatz zu den ägyptischen Feiern streng auf Frauen beschränkt.

140 Herodot ist überrascht, männliche Sphinxe anzutreffen, da man in Griechenland nur weibliche Sphinxe kennt. Die ägyptischen Sphinxe bestehen in der Regel aus einem Löwenleib mit dem Kopf eines Mannes und gelten als Symbol der vereinigten geistigen und körperlichen Kraft.

141 Der Wiederaufbau des Tempels, der 548 abgebrannt war, erfolgte etwa 512.

142 Es handelt sich um Battos II., den Glücklichen, oder seinen Sohn Arkesilaos. Battos war der Enkel des gleichnamigen Gründers von Kyrene.

143 Amasis war der erste *Ägypter,* der Kypros eroberte; denn Kypros war 709 v. Chr. schon von dem Assyrer Sargon erobert worden.

Drittes Buch

1 Von den ägyptischen Ärzten s. II, 84. Auch Dareios hielt sie an seinem Hof, bis hellenische den Vorzug gewannen.

2 Als rechtmäßige Frauen galten in Persien nur die einheimischen. Unter Dareios war es sogar Gesetz, daß der König nur aus den Familien der »Sieben« seine legitimen Frauen wählen sollte.

3 Gegen die persische Überlieferung spricht die Chronologie. Seit dem Tod des Apries, des Vorgängers des Amasis, bis zum Regierungsantritt des Kambyses waren mindestens 40 Jahre vergangen, und doch wird diesem die Tochter des Apries als jugendschöne Braut zugeschickt! Wahrscheinlicher ist daher, daß nicht Kambyses, sondern Kyros der Bewerber war.

ANMERKUNGEN

4 Kadytis ist die Stadt Gaza, die südlichste und bedeutendste der fünf philistai-
schen Bundesstädte Ekron, Gath, Askalon, Asdod und Gaza. Sie ist bereits
seit alters her eine Hauptstation für die von Ägypten und dem Roten Meer
nach Syrien ziehenden Karawanenzüge. Schon 1. Mose 10,19 wird sie als
Grenzstadt der Kanaaniter gegen den Süden erwähnt.

5 Mit den Palästinern meint Herodot die Philister, die zu jener Zeit das
beherrschende Volk waren.

6 Typhon war nach dem hellenischen Naturmythos ein riesiges, flammen-
speiendes Ungeheuer, ein Sohn der Gaia und des Tartaros, der nach einem
schrecklichen Kampf von Zeus mit dem Blitzstrahl besiegt und in den
Tartaros geschleudert wurde. Den Ort, wo er gebändigt lag, suchte man, je
nachdem man sein Wesen aus dem Wirken vulkanischer Kräfte oder sen-
gender Glutwinde erklärte, mal in Lydien, mal in Kilikien oder Syrien, mal
auch in Sizilien und Italien, wo immer die Natur ein solch zerstörerisches
Phänomen aufwies. Als man dann begann, den Typhon mit dem ägyptischen Gott Seth, dem Gott der sengenden Hitze, gleichzusetzen, entstand
die Sage, er liege im Serbonis-See (heute Sebscha Bardawil) begraben.

7 Den rundlichen Haarschnitt hatten auch die Griechen; die Araber schoren
dazuhin auch noch die Schläfenhaare ab. In 3. Mose 19,27 werden die
Israeliten gewarnt, nicht die Ecken des Hauptes rund abzuschneiden und
die Ecken des Bartes zu zerstören; und Jeremia 9,25 spricht von denen mit
beschorenen Haarecken, die in der Wüste wohnen.

8 Auch in den manethonischen Listen hat Amasis eine Regierungsdauer von
44 Jahren, 569–525 v. Chr.

9 Die Schlacht bei Pelusion, 525 v. Chr.

10 Achaimenes, Sohn des Dareios und der Atossa, Vollbruder des Xerxes,
Satrap von Ägypten bis 460 v. Chr., dem Jahr von Herodots Aufenthalt in
Ägypten. Über seinen Tod und den Aufstand des Inaros s. III, 15 und
Anm. 12.

11 Die Stadt Memphis war durch ihre strategisch günstige und stark befestigte
Lage der Schlüssel zu Mittel- und Oberägypten. Auf der Ostseite vom Nil,
auf der West- und Nordseite durch künstliche Seen eingeschlossen, wurde
sie vom Süden her durch die hier auf einem gegen den Nil aufgeschütteten
Damm erbaute alte Königsburg beschützt.

12 Der Aufstand dauerte 460–455 v. Chr. Inaros schlug, wahrscheinlich zusammen mit dem unterägyptischen Kronprätendenten Amyrtaios und mit den
von Kypros aus zu Hilfe gekommenen Athenern, den persischen Statthalter
und Bruder des Xerxes, Achaimenes, bei der Stadt Pampremis (s. III, 12; VII,
7). Als zuletzt Megabyzos mit überlegener Macht die Verbündeten besiegte
und die athenische Flotte auf der Insel Prosopitis überwältigte, wurde
Inaros gefangen nach Persien geführt und später gekreuzigt. Der Ägypter
Amyrtaios aber behauptete sich als König in den schwer zugänglichen
Deltasümpfen und konnte im Jahr 449 noch einmal eine athenische Flotte
herberufen. Sein späteres Schicksal ist unbekannt. Er ist jedoch zu unterscheiden vom gleichnamigen König der 28. Dynastie (nach Manethos),
der 405–404 v. Chr. Ägypten gegen Artaxerxes Mnemon behauptete. Wahrscheinlich war dieser letztere Amyrtaios ein Urenkel jenes älteren, beides
aber Abkömmlinge der letzten Dynastie und die legitimen Erbfolger.

13 Der Tod wird wahrscheinlich durch Beifügung von Gift in das Blut herbeigeführt worden sein.

DRITTES BUCH

14 Die Grabstätten der saïitischen Könige befanden sich im Tempel der Neith zu Sais; die des Amasis, die er sich selbst hatte erbauen lassen, wird in II, 169 beschrieben (vgl. auch III, 10). Hier aber spricht Herodot so, als wenn das Grabmahl sich im Königshaus selber befunden hätte.

15 In der hieroglyphischen Inschrift einer Bildsäule des Oberarztes Uzahorenpiris, Sohn des Oberpriesters der Göttin Neith in Saïs, wird von diesem angeblichen Frevel nichts erzählt. Sie berichtet vielmehr von der Eroberung Ägyptens durch Kambyses, seiner Reise nach Saïs, von seinen Verdiensten um Wiederherstellung und Reinigung des Neith-Tempels und der alten Kulte sowie des Tempelvermögens, und läßt ihn überhaupt in einem viel günstigeren Licht erscheinen, als ihn die Autoren nach populärer Erzählweise darstellen. Der Grund dafür liegt wahrscheinlich in der drakonischen Einschränkung der Tempeleinnahmen, die durch einen Erlaß des Kambyses um die Hälfte reduziert wurden. Dadurch zog er den Zorn der ägyptischen Priester auf sich, die ihn deshalb in der Überlieferung als Religionsfrevler erscheinen lassen.

16 Herodot unterscheidet westliche und östliche oder lybische und asiatische Aithiopen (VII, 69f.). Diejenigen, die den Südteil Lybiens bewohnen (IV, 197), das er sich nur etwa bis zum Äquator reichend vorstellt, umfassen sehr verschiedene Volksstämme, deren Gemeinsamkeit in der schwarzen Hautfarbe besteht. Von ihnen wohnen die sogenannten »Wander-Aithiopen« im Niltal oberhalb Ägyptens; südlicher die ägyptisierten Aithiopen von Meroë (II, 29f.); westlich vom Nil sitzen die kleinwüchsigen Negervölker (II, 32). So bleibt für die halbmythischen »langlebigen« Aithiopen nur der südliche und südwestliche Teil auf der angeblichen Südküste übrig. Herodot hatte aber weder über ihre geographischen noch über ihre sonstigen Verhältnisse eine bestimmte Vorstellung.

17 Vom »Sonnentisch« oder auch »Sonnenmahl« der Aithiopen wissen wir nur durch Herodot. In seiner Beschreibung ist aber schon rationalistisch umgedeutet, was ursprünglich eine mythisch-poetische Vorstellung war. Schon bei Homer wandern die Götter zeitweise ins Schlaraffenland der fern am Okeanos wohnenden »untadeligen« Aithiopen, um sich an den fetten Opferschmäusen zu laben. Dort, wo die nähere Sonne ihre befruchtende Kraft in vollstem Maße zu spenden schien, gediehen Menschen und Dinge am besten (s. III, 114). Nachts »labt dort im allnährenden See der Aithiopen der allschauende Helios seinen unsterblichen Leib und die ermüdeten Rosse in warmen Strömen erquickenden Wassers«, sagt Aischylos, und da Helios auch der stärkenden Nahrung bedarf, entsteigt bei nächtlichem Dunkel ein reiches Mahl dem Schoß der Erde. Dieses »Sonnenmahl« nun deutete ein nüchterneres Zeitalter zu einer fleischbedeckten Wiese um, auf der die Aithiopen dank einem frommen Betrug täglich offene Tafel hielten. Die Beziehung zur Sonne, die doch der Name fordert, blieb dabei unbeachtet. Für die Griechen wurde es zur sprichwörtlichen Bezeichnung eines kostbaren Besitzes.

18 Unter dem Namen Ichthyophagen (= Fischfresser) verstand man die vom Fischfang lebenden Küstenvölker vom arabischen Meerbusen bis zum Indusdelta.

19 Kolonien standen, nach hellenischer und allgemeiner antiker Auffassung, zur Mutterstadt im Verhältnis der Pietät, durften gegen sie daher nur unter außerordentlichen Bedingungen Krieg führen. Umgekehrt beobachtete

ANMERKUNGEN

auch die Metropole die Rücksichten der Blutsverwandtschaft gegen ihre Kolonien.

20 Wasser galt für umso gesünder, je leichter es war.

21 Das Wort Oasis ist ägyptischen Ursprungs und bezeichnet zunächst nichts weiter als eine Anpflanzung, eine mit Pflanzenwuchs bedeckte Gegend. Nach den Denkmälern gab es sieben Oasen, die als zu den Ägyptern gehörig betrachtet wurden. Hier ist die Oase Khargeh gemeint, die ungefähr in der Breite des alten Theben liegt. Die gleichnamige Stadt muß in der Nähe jenes Hauptortes el Khargeh gelegen haben, wo sich noch Trümmer einer altägyptischen Stadt und eines von König Dareios erbauten Amontempels befanden.

22 Hier ist Herodot der falschen »offiziellen« Version dieses Brudermordes aufgesessen; denn Smerdis, der in der Felseninschrift von Behistân den Namen Bardiya trägt, ist nach dieser schon vor dem ägyptischen Feldzug von Kambyses getötet worden.

23 Herodot kennt drei Schwestern des Kambyses: Atossa, Roxane und Arystone.

24 Atossa, die nacheinander die Gemahlin von Kambyses, des Pseudo-Smerdis und von Dareios wurde.

25 Epilepsie; ihre Erscheinungsformen ähnelten denen der Ekstasen der Seher.

26 Der Gott ist Mithras. Die Vorstellung von der Sonne als einem Bogenschützen, deren Strahlen Pfeile sind, ist im ganzen Altertum verbreitet.

27 Im Westen der Stadt, zu beiden Seiten der zu dem Sarapeion führenden Sphinxallee bis auf das Pyramidenplateau von Gizeh, zog sich die Nekropole von Memphis hin, zu der auch die Riesengräber der Pyramiden selber gehörten. Hier findet man eine unübersehbare Anzahl unterirdischer oder in den Kalkfelsen gehauener Grabkammern, großenteils desselben Alters wie die Pyramiden, mit Skulpturen reich verziert und an den Wänden mit Inschriften und farbigen Darstellungen aus dem Leben der Verstorbenen.

28 Der zwergförmige Ptah (= Hephaistos) ist der Gott von Memphis in Fötusgestalt und führte als solcher den Namen Patah, d. h. »der Former, Bildner«. Daraus entstand das phoinikische Pataikos.

29 Der Name Kallatier bedeutet »Schwarze«; so nennt Herodot alle nichtarischen Inder.

30 Er stürzte das bisherige Regiment der Oligarchen gelegentlich eines großen Festzuges zu dem außerhalb der Stadt gelegenen Heraion, zu dem die Bürgerschaft in voller Rüstung erschien, während des Opfers aber die Waffen niederlegte. Während die Wehrlosen von Polykrates' Brüdern Syloson und Pantagnotos überrumpelt und niedergemacht wurden, besetzte dieser selbst die Stadt. Lygdamis, der Tyrann von Naxos, half ihm, wie früher dem Peisistratos (I, 61), seine Herrschaft abzusichern.

31 Dreiruderer (Trieren) sind Schiffe, bei denen die Ruderer auf drei übereinander angeordneten Ruderbänken saßen. Die Besatzung bestand aus 170 Ruderern, 20 Mann für die Bedienung der Segel, 6 Offizieren und 12 Schiffsoldaten.

32 Karpathos, jetzt Scarpanto, eine kleine Insel zwischen Rhodos und Kreta, die das ägäische Meer mit dem südöstlichen Mittelmeer verbindet.

33 Gemeint sind hier die Ephoren, die die auswärtigen Angelegenheiten leiteten und in der Regel die fremden Gesandten empfingen; s. a. IX, 7 ff.

34 Eine Beschreibung des Mischkruges in I, 70.

DRITTES BUCH

35 Hier handelt es sich um einen Irrtum Herodots hinsichtlich der Zeitbestimmung. Die Sendung der Knaben erfolgte etwa 590 v. Chr., der gegenwärtige Zug dagegen um 525.

36 Periandros war von 627 bis 586/585 v. Chr. Tyrann von Korinth.

37 Die Sklavenmärkte in Sardis und Ephesos verkauften junge Verschnittene als Sklaven; s. auch VIII, 105.

38 Die beiden Söhne waren Kypselos und Lykophron.

39 Für den Gold- und Silberreichtum der Insel zeugt auch, daß sie noch hundert Jahre später einen das Verhältnis zu ihrer Größe weit übersteigenden jährlichen Tribut an Athen zu zahlen hatte.

40 Parischer Marmor ist glänzend weiß.

41 Hydrea, heute die Insel Hydra; Troizen, Stadt in Argolis, heute nur noch Ruinen; Kydonia, heute Kandia.

42 Diktynna war der kretische Beiname der Artemis.

43 Diese Wasserversorgungsanlage war bis in christliche Zeit in Betrieb und ist in römischer Zeit durch eine offene Leitung ergänzt worden. Die Tunnelausgrabungen bestätigten Herodots Genauigkeit.

44 Der Tempel war der Göttin Hera, der Hauptgöttin der Insel, geweiht. Den Grund zu dem später so berühmt gewordenen Heraion legte der Samier Rhoikos; andere nicht gekannte Künstler, wahrscheinlich aus Rhoikos' Schule, setzten den Bau fort, der unter Polykrates beendet worden zu sein scheint. Er war etwa 56 m breit und 120 m lang mit drei Säulen in der Front und war außer dem Artemis-Tempel in Ephesos das größte damals bekannte griechische Tempelbauwerk.

45 So berichtet es auch Dareios in seiner Behistân-Inschrift: »Als Kambujiya (Kambyses) den Bardiya (Smerdis) getötet hatte, wußte das Heer nicht, daß Bardiya getötet worden, daß Bardiya tot war. Daraufhin ging Kambujiya nach Ägypten. Als Kambujiya nach Ägypten gezogen war, wurde das Heer aufrührerisch; daraufhin nahm die Lüge in den Provinzen zu, sowohl in Persien als auch in Medien wie in den übrigen Provinzen. Da war ein Mager namens Gaumâta... Dieser lehnte sich am 14. Tage des Monats Viyakhna auf. So log er die Leute an: Ich bin Bardiya, Sohn des Kuru (Kyros), Bruder des Kambujiya. Darauf wurde das ganze Reich gegen Kambujiya aufrührerisch. Es traten Persien, Medien und die übrigen Provinzen zu ihm über. Er ergriff die Herrschaft. Im Monat Garmapada am 9. Tage war es, da ergriff er die Herrschaft. Darauf starb Kambujiya, indem er sich selbst tötete.«

46 Gemeint ist der ursprünglich pilzförmige Knauf, der als Griff und Deckel der Scheide die obere Spitze der Klinge umschloß; fiel er ab, war eine Selbstverwundung leicht möglich.

47 Kambyses regierte von 529–522 v. Chr. Manethos berechnete zwar seine Regierungszeit auf 10 Jahre; aber die herodotische Angabe wird durch den astronomischen Kanon und ihr Verhältnis zu den Regierungen des Kyros (558–529) und Dareios (521–485) bestätigt.

48 Otanes gehörte zur regierenden Familie der Achaimeniden und war der Schwager des Kyros, Oheim und Schwiegervater des Kambyses.

49 Auch Dareios übernimmt die Frauen seines Vorgängers (III, 88). Der Harem ist gleichsam ein Teil des Kroninventars, das auf den neuen Herrscher übergeht und die Rechtmäßigkeit seiner Würde bekräftigt.

50 Nach Herodots Erzählung gab Otanes den ersten Anstoß zum Sturz der Mager. In seiner Inschrift zu Behistân aber beansprucht Dareios das Ver-

721

ANMERKUNGEN

dienst für sich allein: »Es war niemand, weder ein Perser noch ein Meder noch jemand von unserer Familie, der dem Mager Gaumâta das Reich entrissen hätte. Das Volk fürchtete ihn wegen seiner Grausamkeit; er könnte viele Leute töten, die den früheren Bardiya gekannt hatten; deswegen würde er die Leute töten, ›damit man nicht erkenne, daß ich nicht der Bardiya, der Sohn des Kuru, bin‹. Niemand wagte es, etwas über den Mager Gaumâta zu reden, bis ich kam.«

51 Gobryas, Vater des Mardonios (VI, 43), Schwiegervater und Schwager des Dareios (VII, 2, 5).

52 Hystaspes war das Haupt der jüngeren Linie der Achaimeniden, dem noch Kyros die Verwaltung Persiens anvertraut zu haben scheint (vgl. I, 209). Sein ältester Sohn Dareios muß nach Herodot damals etwa 28 Jahre alt gewesen sein. Nach dem Aussterben der älteren Linie war sein Vater der rechtmäßige Thronerbe, trat aber wohl seine Rechte an den rüstigeren Sohn ab.

53 Bei den Persern galt die Lüge als schwerer Charakterfehler. Die Haltung des Dareios soll zur Kennzeichnung seines Charakters dienen.

54 Diese merkwürdige Gleichzeitigkeit der beiden Ereignisse gehörte wohl nicht der Überlieferung an, sondern beruht auf der Absicht des Verfassers, die nun folgende Episode in den Zusammenhang der Begebenheiten einzureihen. Es gab offenbar drei Versionen für die Entlarvung des Magers. Nach der einen geschah sie durch Dareios selbst, nach der anderen durch Otanes und seine Tochter, nach der dritten durch Prexaspes. Herodot hat alle drei in seiner Darstellung miteinander verbunden.

55 Habichte und Adler sind Sinnbilder der Königswürde, Geier solche der Mager.

56 Die sieben Perser, die hier zum erstenmal als festumrissene Gruppe auftreten, sind Angehörige der sieben vornehmsten persischen Familien. Ihre jeweiligen Führer bekleideten unter Dareios die höchsten Staatsämter.

57 Medisch hieß die Tracht deshalb, weil sie, wie das übrige Hofzeremoniel, von den Medern entlehnt war. Sie bestand aus einem weiten, schwerwollenen Ärmelrock, der bis auf die Knöchel reichte, und einem leichten farbigen, wahrscheinlich seidenen Obergewand. Sie war die Amtstracht der obersten Würdenträger und konnte nur vom König verliehen werden, der damit bisweilen auch Ausländer dekorierte. Die Hellenen nannten sie später die persische Tracht.

58 Das Pferd war dem Sonnengott Mithras heilig; sein Wiehern galt als ein göttliches Zeichen, Blitz und Donner als das des Himmelsgottes Auramazda. Beide Götter schienen sich gleichsam verabredet zu haben, um Dareios für den rechtmäßigen König zu erklären.

59 Herodot und die übrigen Autoren lassen Dareios sich ohne weitere Schwierigkeiten des ganzen Reiches bemächtigen; nur in Medien, Babylonien und in Lydien durch den Satrapen Oroites soll er Widerstand gefunden haben. Doch deutet Herodot (III, 127) wenigstens an, daß Dareios das Reich in einem bedenklichen Zustand übernahm. In seiner Behistân-Inschrift berichtet dieser selbst von zahlreichen Aufständen, an deren Spitze meist wirkliche oder angebliche Nachkommen einheimischer Fürstengeschlechter standen.

60 Atossa: ihre Söhne waren Xerxes, Masistes (VII, 82), Achaimenes (VII, 97) und Hystaspes (VII, 64). Unter den königlichen Frauen behauptete sie den ersten Rang (VII, 3).

DRITTES BUCH

61 Artystone: als ihre Söhne werden Arsames und Gobryas genannt (VII, 69, 72).

62 Ein Sohn der Parmys hieß Ariomardos (VII, 78).

63 Phaidyme. – Eine sechste Frau Phradune erwähnt Herodot VII, 224.

64 Die Nomenliste des persischen Reiches, die in den folgenden Kapiteln enthalten ist, war lange Zeit die einzige aus dem Altertum überlieferte. Durch die Entzifferung der Keilinschriften sind später jedoch drei ähnliche Listen hinzugekommen, die alle von Dareios herrühren, von denen eine in der Inschrift von Behistân, die beiden anderen in Inschriften von Persepolis und Nakschi Rustam (Grab des Dareios) enthalten sind. Während aber in diesen die Hauptländer und Völker des Reiches in geographischen Reihen aufgezählt werden, gibt die herodotische Liste eine Übersicht der Steuerbezirke, in denen ohne Rücksicht auf den historischen oder ethnischen Zusammenhang benachbarte Stämme und Staaten gruppenweise so zusammengestellt sind, daß die Steuerquoten jeder Gruppe eine runde Summe ausmachen. Ob aber, wie Herodot andeutet, diese Steuerbezirke umfang- und zahlenmäßig mit den Verwaltungsbezirken (Satrapien) zusammenfielen, bleibt ungewiß. – Von den Völkern des Reiches zählt diese Liste zusammen 66 auf, die beiden ältesten jener anderen Inschriften dagegen nur 22 und 24, die dritte, die auch die Eroberungen des Dareios miteinschließt, 29 Völkernamen, die nur teilweise mit den herodotischen übereinstimmen.

65 Nicht erst unter Dareios, sondern bereits schon unter Kyros und Kambyses gab es Satrapen (I, 153; III, 70, 120; IV, 166), und Dareios erwähnt in der Behistân-Inschrift (aus den ersten Jahren seiner Regierung) Satrapen von Arachosien und Baktrien. Seine Neuerung bestand darin, daß die Landschaften durchgängig nicht mehr als Lehensreiche von einheimischen Fürsten, sondern als eigentliche Provinzen von medopersischen Beamten verwaltet wurden.

66 Dabei handelt es sich in der Hauptsache um Grundsteuern, weshalb der Grundbesitz nach Parasangen vermessen wurde (VI, 42). Außerdem gab es noch indirekte Steuern (z.B. Zoll- und Wegegeld), Regale (III, 91, 117) und Leistungen für den Unterhalt des königlichen Hofes, der Satrapen und des Heeres. Die aufgeführten Summen bezeichnen daher bei weitem nicht die Höhe der wirklichen Abgaben, sondern nur den in den Staatsschatz einfließenden Teil. Ihre Eintreibung und Abführung oblag den Satrapen.

67 Das euboiische (d.h. seit Solon auch attische) Talent entsprach dem persischen Goldtalent. Das persische Goldstück, der Dareikos, wog 8,36 g, das entsprechende Silberstück (Silberstater) 11,14 g. Ein Dareikos hatte zwanzig persische Seckel (hebräisch: schékel, babylonisch: schiklu, griechisch: schiglos) zu 5,6 g Silber, hundert Seckel (5 Dareiken) waren eine Silbermine, sechzig Silberminen ein Silbertalent und zehn Silbertalente ein Goldtalent.

68 Der erste Nomos (Steuer- und Verwaltungsbezirk, Satrapie) umfaßte einen großen Teil der Landschaften an der West- und Südküste Kleinasiens. Ionien bildete den Hauptbestandteil.

69 Den Kern des zweiten Nomos bildeten die Lyder. In den Inschriften wird ihr Land immer neben Ionien genannt. Sardis war der Sitz der Satrapen.

70 Die Hauptbevölkerung des dritten Nomos waren die Phrygen. Ihre Hauptstadt war Daskyleion im hellespontischen Phrygien.

71 Weiße Pferde waren dem Sonnengott Mithras geweiht; daher die den Tagen des Sonnenjahres entsprechende Zahl.

ANMERKUNGEN

72 Der fünfte Nomos: der heutige Libanon, Syrien und Palästina.

73 Vgl. III, 13.

74 Der sechste Nomos: außer Ägypten die Oase Charga und das Küstenland bis zu dem heutigen Benghasi.

75 Der siebte Nomos: der Bezirk von Peschawar und der südliche Teil von Afghanistan mit dem Kabultal.

76 Der achte Nomos: das alte Elam mit der Hauptstadt Susa, heute Kusistan.

77 Der neunte Nomos: Heute der Irak.

78 Der zehnte Nomos: Nordwestpersien mit Teheran.

79 Der elfte Nomos: Aserbeidschan mit Gilan.

80 Der zwölfte Nomos: Nordafghanistan und das Tal des oberen Amu darja.

81 Der dreizehnte Nomos: die Gebirgsvölker zwischen Erzerum und Trapezunt.

82 Der vierzehnte Nomos: die Völker zwischen der Linie Isfahan – Hanum i Hilmend und der Küste des persischen Golfes bis zur Straße von Ormus.

83 Der fünfzehnte Nomos: die Nomadenstämme an der Süd- und Ostküste des Kaspischen Meeres bis zur Mündung des heute ausgetrockneten Usboi.

84 Der sechzehnte Nomos: das Gebiet vom Unterlauf des Syr darja bis zum Tal des Heri-rud im heutigen Afghanistan.

85 Der siebzehnte Nomos: die persische Küste von der Straße von Ormus bis etwa in die Gegend von Karatschi; später Gedrosia, heute Belutschistan.

86 Der achtzehnte Nomos setzte sich aus den Matienern zwischen dem Urmia-, dem Vansee und dem Oberlauf des Tigris, den Saspeiren aus dem Tal des oberen Tschoroch und den Alarodiern aus dem Dreieck zwischen Van-, Urmia- und Göktscha-See zusammen.

87 Der neunzehnte Nomos lag zwischen Poti und Trapezunt am Schwarzen Meer.

88 Der zwanzigste Nomos: Bei den unterworfenen Indern handelt es sich um die Bewohner des unteren Industals im heutigen Pakistan.

89 Das Wertverhältnis des Goldes zum Silber schwankte im Altertum je nach der im Umlauf befindlichen Menge des einen oder des anderen. Für gewöhnlich aber berechnete man den Kurswert des Goldes auf das Zehnfache des Silbers. Wenn Herodot hier davon abweicht, lag dies daran, daß die damals im Umlauf befindlichen Goldstateren oder Golddidrachmen, die für zwanzig Silberdrachmen bzw. zum zehnfachen Silberwert gehandelt wurden, in der Regel stark mit Silber versetzt waren. Sie hatten durchschnittlich nur 75% Feingehalt. Der Goldstater des Dareios, der Dareikos, hatte dagegen einen Feingehalt von bis zu 97%. Dadurch erhielt dieses Gold bei den Hellenen einen höheren Wert als ihre eigenen Prägemünzen. Nimmt man als durchschnittlichen Silberzusatz 25% oder $\frac{1}{4}$ an, so ergibt sich aus der Gleichung $\frac{3}{4}$ Gold + $\frac{1}{4}$ Silber = 10 Silber, daß reines Gold den 13fachen Silberwert haben mußte.

90 Die Sandwüste Thar östlich vom unteren Indus.

91 Nicht der gewöhnliche Bambus, sondern eine ähnliche Rohrart namens Kana, die am Ufer des Indus wächst und dem Bambus an Wuchs und Holz gleicht. Sie wird über 15 m hoch.

92 Die »großen Ameisen« sind Murmeltiere mit geflecktem Fell.

93 Die Myrrhe ist ein aus einem Baum herausquellendes Harz. – Kasia ist eine Zimtart, die sich heute nur noch in Ceylon findet. – Ledanon ist ein wohlriechendes Harz, das von der Cistuspflanze stammt.

DRITTES BUCH

94 Storax verbreitet beim Verbrennen einen herben Geruch und diente zur Reinigung der Luft. Die Staude findet sich in Syrien und den angrenzenden Ländern.

95 Weihrauch kommt aus der Landschaft Hadramaut in Südarabien. Auch in Indien war der Weihrauchbaum bekannt, weshalb man zwischen dem arabischen und dem indischen Weihrauch unterschied.

96 Wahrscheinlich eine Heuschreckenart.

97 Kinamomon ist ebenfalls eine zimtartige Rinde, doch kostbarer als Kasia. Seine Heimat ist Indien, das südliche Arabien oder der Südostteil von Äthiopien, wohin die Sage die Jugend des Dionysos verlegte.

98 In der altepischen Sage von der Sonnenfahrt des Phaëton fanden die Heliaden ihren verunglückten Bruder in dem Fluß Eridanos und wurden vor Gram in Schwarzpappeln verwandelt, deren Tränen die untergehende Sonne in Bernstein verhärtete. – Schon der Logograph Pherekydes, ein Zeitgenosse Herodots, hatte ihn auf den Po gedeutet, andere auf die Rhône, neuere auf den Rhein oder die Weichsel.

99 Herodot bezweifelt nicht die nördliche Lage des Zinnlandes, sondern seine Insellage. Es waren die kleinen Scilly-Inseln an der Südwestküste Englands, die, von den Phoiniken aus Handelsneid lange verheimlicht, zu Caesars Zeit von P. Licinius Crassus neu entdeckt wurden.

100 Der von der Ostsee kommende Bernstein wurde wahrscheinlich von illyrischen Fernhändlern bis nach Norditalien zur Mündung des Po und der Etsch, dem Eridanos der Griechen, gebracht. Hier wurde die Ware von griechischen Kaufleuten übernommen und auf dem Weg durch das Adriatische Meer nach Griechenland transportiert.

101 Diese Hochebene ist nicht festzustellen, weil wahrscheinlich Charakteristika verschiedener Landschaften hier zusammengeflossen sind.

102 Der »Einmelder« oder »Überbringer der Meldungen« bekleidete ein hohes Hofamt, denn der persische König verkehrte fast nur durch ihn mit der Außenwelt.

103 Anakreon aus Teos war ein lyrischer Dichter. Nach dem Sturz des Polykrates lebte er längere Zeit in Athen bei Hipparch, dem Sohn des Peisistratos, wo er mit Xanthippos, dem Vater des Perikles, befreundet war. Typischer Hofpoet, liebenswürdig, anzüglich und geschliffen. Er starb mit 85 Jahren, um 495 v. Chr. Anakreon war so berühmt, daß die Vasenmaler ihn gelegentlich wie Alkaios und Sappho abbildeten.

104 Herodot denkt an Gelon (gest. 478 v. Chr.) und Hieron (gest. 467 v. Chr.); s. VII, 153 ff.

105 Die Ansicht des Demokedes und der alten Physiker, daß das Wachsen und Abnehmen des Seelenlebens und der Geisteskraft vom Wachsen und Abnehmen des Leibes abhänge, ergab sich aus der Überzeugung, daß die Seele entweder selbst materieller Natur oder doch an Leibesorgane gebunden sei.

106 Milon war ein berühmter Athlet, der sechs olympische und sieben pythische Siege errungen hatte.

107 Das Tor des Palastes war noch lange Zeit im Orient die Bezeichnung für den Sitz der Regierung. So wurde die osmanische Regierung stets als »Hohe Pforte« bezeichnet. »Türhüter« ist folglich die Bezeichnung für den Präfekten des Palastes und Chef der Leibwache.

108 Die Wohltäter des Königs, d. h. Leute, die sich um den Staat verdient gemacht hatten, hießen Orosangen und wurden laut Herodot (VIII, 85) in

ANMERKUNGEN

ein besonderes Buch eingetragen und durch reiche Landschenkungen ausgezeichnet.

109 Etwa 520/519 v. Chr.

110 Herodots Darstellung folgt hier der weit verbreiteten Zopyros-Sage. Sie ist historisch nicht richtig. Die altpersischen und jüdischen Quellen berichten von zwei babylonischen Aufständen. Unmittelbar nach der Thronbesteigung des Dareios empörte sich Niditunbel, der sich für Nebukadnezar III., einen Sohn des Nabonid, ausgab. Am 26. Dezember 521 kam es dann am Tigris zur Schlacht, bald darauf am Euphrat zu einer zweiten (Ende 521). Beide Male siegte Dareios. Nebukadnezar flüchtete nach Babylon, aber die Stadt leistete ebensowenig Widerstand wie zur Zeit des Kyros. Etwa Ende 520 war der Aufstand besiegt. Nebukadnezar III. wurde hingerichtet. Doch während sich Dareios der Niederschlagung der Aufstände in den anderen Provinzen zuwandte, war in Babylonien noch einmal ein Prätendent, der Armenier Aracha, als Nebukadnezar III. aufgetreten und hatte das Volk hinter sich gebracht. Indessen auch dieser Aufstand wurde, vermutlich im Januar 519, von Intaphernes (Vindaparna) niedergeworfen, Babylon zum zweiten Mal erobert und der falsche Nebukadnezar mit seinen Anhängern hingerichtet. Um dieselbe Zeit etwa wurde der Satrap Oroites in Sardis auf Befehl des Königs durch Bagaios aus dem Wege geräumt (s. III, 128). Damit war das gesamte Reich endgültig der Herrschaft des Dareios untertan.

111 Von den hundert Toren der Stadt lag das Tor der Semiramis im Westen der Stadt, das Tor des Ninos im Norden, das kissische und belische Tor im Osten und das chaldäische im Süden.

112 Kyros galt den Persern nicht nur als der Begründer ihrer Nationalgröße, sondern auch als das Ideal menschlicher und fürstlicher Vollkommenheit.

113 Zopyros brauchte in diesem Fall von den Einkünften, die er aus der Provinz zog, die auf sie fallende Steuerquote – in Babylon 1000 Talente – nicht an den königlichen Fiskus abzuführen, sondern konnte sie für sich behalten.

Viertes Buch

1 Dareios will auf diesem 515 v. Chr. unternommenen Kriegszug Rache nehmen für die zur Zeit des Kyaxares (634–584) gemachten Einfälle und für die 28jährige Besetzung Vorderasiens (I, 103 ff.). Kyros hatte 529 bei dem gleichen Unternehmen den Tod gefunden (I, 214).

2 Hinsichtlich der »Blendung« der Sklaven dürfte ein Mißverständnis Herodots vorliegen: Die Skythen hatten wahrscheinlich ihre Sklaven und unterworfenen Stämme mit einem Namen bezeichnet, den die Hellenen fälschlicherweise mit »blind« übersetzten.

3 Die geschilderte Art des Stutenmelkens ist in Afrika und Arabien keine Seltenheit.

4 Zweck und Richtung des Grabens sind nicht eindeutig klar. Nach IV, 20 und 28 verlief er von Norden nach Süden und bildete die Grenze zu den »königlichen Skythen«. Er soll acht Wegstunden lang gewesen sein. Wahrscheinlich war der »Graben« eine einheimische Bezeichnung des »Faulen Meeres« (Siwasch).

5 Dort, wo die Landzunge von Arabat sich dem Festland nähert und der

VIERTES BUCH

Siwasch in das Asowsche Meer mündet, an der Straße von Genitschi. Hier hat der der Maiotis-See (= Asowsches Meer) seine größte Breite.

6 Nämlich erst tausend Jahre alt (IV, 7). Die skythische Ansicht von ihrem jungen Ursprung ging wohl auf die Geschlechterlisten ihrer Könige zurück.

7 Auch in der Überlieferung der pontischen Hellenen ist es der jüngste der drei Brüder, der den Preis davonträgt (IV, 10). Vgl. dazu auch die makedonische Königssage in VIII, 137 ff.

8 Die Berechnung der Jahre beruht wohl auf einer traditionellen Stammliste der Könige von Targitaos bis auf den König Idanthyros, gegen den Dareios zog. Dreißig aufeinanderfolgende Könige repräsentierten nach Herodots Schätzung (II, 142) ebensoviele Geschlechter und tausend Jahre.

9 Die Art der Belohnung ist etwas ungewöhnlich bei einem nomadisierenden Volk, das keinen festen Grundbesitz kennt.

10 Mit den ausgeschütteten Federn sind natürlich Schneeflocken gemeint.

11 Die Sage von der Fahrt des Herakles zu den Sonnenrindern des Geryones findet sich in einfachster Gestalt bei Hesiod. Theog. 287. Die folgenden Dichter (Peisandros, Stesichoros, Panyasis) und Logographen (Pheredykes, Hekataios) bildeten sie weiter aus und suchten insbesondere die Lage der Insel sowie Hin- und Rückfahrt näher zu bestimmen. Bei den älteren setzt Herakles die erbeuteten Rinder auf dem ihm von Helios geliehenen Sonnenbecher über den Okeanos und kehrt durch Iberien, Gallien, Italien, Sikelien und das adriatische Meer nach vielen Abenteuern und Kämpfen nach Mykene zurück. Indem die pontischen Hellenen ihn auch nach Skythien gelangen und Stammvater der Könige der Agathyrsen, Gelonen und Skythen werden ließen (IV, 10), wußten sie die Urgeschichte jener Völker, mit denen sie in enger Verbindung standen, auf eine geschickte Weise mit ihrer eigenen zu verknüpfen.

12 Diese dritte Sage, die gegenüber den beiden ersten die Skythen für asiatische Einwanderer erklärt, ist nicht eine einfache nationale Überlieferung, sondern aus verschiedenen Traditionen und geschichtlichen Tatsachen kombiniert, eine historische Hypothese, die sich als solche daran zu erkennen gibt, daß sie sich zu begründen sucht (IV, 12). Als seine ursprünglichen selbständigen Bestandteile lassen sich sechs herausdestillieren: 1. Nomadische Skythen ziehen, von den Massageten bedrängt, über den Fluß Araxes aus Asien in ihre späteren nordpontischen Wohnsitze; 2. Grabmal angeblich kimmerischer Könige am Tyras (Dnjestr); 3. Denkmäler einer einstigen kimmerischen Bevölkerung zu beiden Seiten des gleichnamigen Bosporos; 4. Einfall von Kimmeriern in Kleinasien; 5. Kimmerier auf der Halbinsel von Sinope; 6. Einfall der sogenannten Skythen in Vorderasien. – Alles übrige ist dazugedichtet, um zwischen diesen Teilen einen pragmatischen Zusammenhang herzustellen, und verrät sich durch auffallende Widersprüche.

13 Bei diesen »nomadischen Skythen« wird es sich um Saken, turanische Reiterschwärme, gehandelt haben, die in das Reich ihrer uralt verfeindeten iranischen Meder einbrachen. Was ihnen die Meder und Perser von den Saken erzählten, übertrugen die Hellenen nach einer geläufigen Verwechslung unbedenklich auf die Skythen am Pontus.

14 Sinope, ursprünglich von Syriern gegründet, war schon vor den Kimmeriern durch Milesier besiedelt und, wie es scheint, nach deren Abzug zum zweiten Mal besetzt worden.

ANMERKUNGEN

15 Um die geschichtliche Person des Aristeas, der ein Epos »Arimaspeia« in drei Büchern geschrieben hat, hat sich früh ein Kranz von Legenden gelegt. Da Prokonnesos um 700 v.Chr. von Milesiern besetzt wurde, darf auch die Zeit des Aristeas nicht früher angesetzt werden.

16 Für die Skythen war das Schwarze Meer das Südmeer.

17 Kyzikos, Kolonie von Milet an der Propontis.

18 Artake, Hafenstadt von Kyzikos, später infolge des ionischen Aufstandes zerstört (VI, 33).

19 Italien, im älteren, engeren Sinn das Land der Lukaner und Bruttier.

20 Die Fabel erinnert an die Seelenwanderungslehre der Pythagoreer; vgl. II, 123. Von Pythagoras selber, einem ebenfalls eifrigen Verehrer des Apollon, heißt es, er habe zu verschiedenen Zeiten in verschiedenen Personen gelebt.

21 Herodot führt die ihm bekannt gewordenen Völker des skythischen Nordens in vier meist von Süden nach Norden verlaufenden Reihen vor.

22 Der Hypanis ist der südliche Bug.

23 Hylaia ist das Waldgebiet bei Aleschki am Dnjepr.

24 Pantikapes ist heute der Ingulez.

25 Androphagen (»Menschenfresser«) ist wahrscheinlich die Übersetzung eines einheimischen Volksnamens. Zusammen mit den Melanchlainern auf der Ost- und den Neuren und Agathyrsen auf der Westseite gehören sie zu der Völkerreihe, die Skythien gegen Norden begrenzt.

26 Der Gerrhos heißt heute Konskaja.

27 Melanchlainer = »Schwarzmäntel«.

28 Tanais ist der Donez.

29 Sauromaten = Sarmaten; das Land der Donkosaken.

30 Gemeint ist der südliche Ural.

31 Bei diesen »Bäumen« wird an Jurten zu denken sein, die aus Holzstäben zusammengesetzt sind und im Winter noch mit weißem Filz bedeckt wurden.

32 D.i. der Ural.

33 Die Sinder, ein kleines Handelsvolk auf der Halbinsel Taman und an der kaukasischen Küste bis zur Stadt Sinde (jetzt Anapa), sind nicht skythischer, sondern arischer Herkunft.

34 Vielleicht liegt hier ein Versehen Herodots vor, und es wäre »Hitze« zu lesen, wie sie richtig Aristoteles und Strabon für den Steppensommer angeben.

35 Der Mythos von den Hyperboreern steht in engem Zusammenhang mit dem hellenischen Apollonkult. Wie im äußersten Süden das glückselige Volk der Äthiopen, so sollte hoch im Norden, jenseits des Boreas und des ripäischen Gebirges, den Stürmen und der Kälte des Winters entrückt, ein Volk in seligem Frieden und Glück einzig dem Dienst und der Verherrlichung des segenspendenden Lichtgottes leben. – Außer in Delos als der Hauptstätte des ionischen Apollonkultes war die Sage auch in Delphi heimisch.

36 Wahrscheinlich bestand unter diesem Namen in Delos ein Priesterkollegium, dessen Ursprung durch die Sage erklärt werden sollte.

37 Das Haaropfer der Mädchen vor der Vermählung und der Knaben beim Eintritt in die Ephebie, den Jünglingsstatus, war eine auch in anderen Kulten eine verbreitete Sitte.

38 Olen, ein sagenhafter griechischer Hymnendichter.

VIERTES BUCH

39 Eigentlich »Speisehaus, Gastsaal«, wo sich die fremden Opferteilnehmer zum Festmahl vereinigten, allgemein auch die Herberge für sie.

40 Über Abaris erzählten sich die Hellenen ebenso fabelhafte Dinge wie über Aristeas. Er gehört wie jener in den Kreis der apollinischen Wanderpriester.

41 Mit seinem Spott zielt Herodot besonders auf seinen Vorgänger Hekataios von Milet.

42 Das Rote Meer meint den Persischen Golf.

43 Der Fluß Phasis (Rion) galt als Grenzscheide Asiens und Europas zwischen dem Kaspischen Meer und dem Pontos Euxenios.

44 D. i. Kleinasien.

44a D. i. Vorderasien einschließlich Afrika.

45 Der »Arabische Meerbusen« ist das heutige Rote Meer.

46 Der Verbindungskanal, den Dareios durch den Wadi Tumilat und die Bitterseen führen und beim heutigen Suez in das Rote Meer münden ließ.

47 Der Araxes ist die Kura.

48 Mit Libyen ist hier Afrika gemeint.

49 Die im Auftrag des ägyptischen Königs Necho (609–593 v. Chr.) unternommene Umsegelung Afrikas durch die Phoiniker ist erfolgreich gewesen. Die Fahrt, die im Roten Meer begann, führte an der Ostküste Afrikas entlang bis zum Kap der Guten Hoffnung. Nach der Umsegelung dieses Kaps hatten die Seefahrer tatsächlich, wie sie hier berichtet hatten, die Sonne zur Rechten. Erst im dritten Jahr der Fahrt wurde die Meerenge von Gibraltar (Säulen des Herakles) und damit das Mittelmeer wieder von ihnen erreicht.

50 Der Karthager Hanno hat um 520 v. Chr. Afrika umsegelt. Über seine Reise gab es auch einen schriftlich niedergelegten Bericht, dessen griechische Bearbeitung erhalten ist.

51 Im Altertum herrschte der Glaube, daß es im Ozean einen Punkt gebe, über den hinaus man wegen Schlamm, Untiefen, Nebel und Anhäufung von Seegras nicht segeln könne (vgl. II, 102). Hier handelt es wahrscheinlich um den Südostpassat, der die Schiffe festhielt.

52 Die Fahrt des Skylax war kein mutwilliges Einzelunternehmen, sondern stand im Zusammenhang mit den Eroberungszügen des Dareios in Indien. Daß von Indien nach Arabien alte Handelswege befahren wurden, beweist die Tatsache, daß die Königin von Saba (Südarabien) dem König Salomo indisches Sandelholz brachte. Indische Baumwolle kam schon früh nach Babylon (I, 200).

53 Insel und Stadt vor der Karischen Küste.

54 Herodot hat nur die damals gut bewässerten Gegenden am unteren Dnjepr und auch die nur im Frühjahr gesehen.

55 Istros = Donau, Tyras = Dnjestr, Hypanis = südlicher Bug, Borysthenes = Dnjepr, Pantikapes = Ingulez, Hypakyris = Kalančak, Gerrhos = Moločnaja und Konskaja (beide Flüsse entspringen auf den Höhen von Bol Tomak; da sie beide zusammen zeitweise die Grenze der Gebiete des führenden Stammes der Skythen nach Norden bildeten, haben sie den gleichen Namen erhalten); Tanais = Donez.

56 Die Zuflüsse des Istros: Pyretos = Pruth, Tiarantos = Alt, Araros = Sereth, Naparis = Jalomita, Ordessos = Ardes, Maris = Theiß; die drei im Haimos (Balkan) entspringenden Flüsse: Athrys = Jantra, Noës = Osma, Artanes = Vid; Kios = Isker; Brongos = Morawa, Angros = serbische Morawa; Karpis = Drau, Alpis = Save, die aus den Alpen kommen.

729

ANMERKUNGEN

57 Die Ursache für den bitteren Geschmack ist das Meerwasser, das noch heute durch die Südwinde bis Nikolajew den Strom aufwärts getrieben wird.

58 Das Land Gerrhos, die Gegend um Nikopol, wo auch der »Gerrhos« genannte Fluß, die Konskaja, in den Dnjepr mündet.

59 Die Stadt der Borystheneïten ist das heutige Nikolajew.

60 Achillesbahn hieß die Landzunge westlich von Karkinitis (jetzt Tendra), die in jüngerer Zeit zu einer Reihe von Inseln geworden ist. Auf der Westspitze stand ein heiliger Hain des Achilleus.

61 Die Griechen betrachteten das Skalpieren als eine eigentümlich skythische Sitte, die später, wie Funde zeigen, von den Altaiern (Hunnen) übernommen worden ist.

62 Man befestigte die Hälfte eines Rades derart auf zwei Pfählen, daß es zwischen diesen nach unten hing, und so hoch, daß ein darauf ruhendes Pferd mit den Beinen die Erde nicht berührte. Die Zügel legten sie nicht, wie sonst, über den Nacken, sondern zogen ihn nach vorn und befestigten ihn an Pflöcken, um dem Gerüst auch hier einen Halt zu geben.

63 Hier ist Reinigung im religiösen Sinn gemeint.

64 Anacharsis galt als Zeitgenosse und Freund des Solon und soll um 620 v.Chr. nach Athen gekommen sein.

65 Kyzikos war eine uralte, berühmte Kultstätte der Göttermutter Kybele = Dindymene.

66 Tymnes war ein Olbiopolite und Geschäftsträger des Königs Ariapeithes in Olbia. Ariapeithes ist der Vater des Skyles, dessen unglückliches Ende etwa zu Anfang des peloponnesischen Krieges in IV, 80 erzählt wird.

67 Pausanias, der spartanische König, der die Perser bei Plataiai besiegt und 478 Byzantion erobert hat.

68 Eine Amphore faßte 38,81 (vgl. I, 51); 600 Amphoren fassen demnach 23280 l.

69 Die Gefäßwand war 11,1 cm stark.

70 Artabanos, der auch später seinen Brudersohn Xerxes vom Zug nach Hellas abhalten wollte (VII, 10 ff.). Er erscheint bei Herodot überall als der gute Geist des Achaimenidenhauses, voll Vorsicht und Mäßigung und gleichsam ein Verzögerer des über seine Familie verhängten Geschickes.

71 Die Kyaneen (d.h. die Dunklen), zwei Felsen, die an der nördlichen Mündung des Bosporos auf beiden Seiten der Ausfahrt aus dem Meer aufragten. Nur etwa 500 m voneinander entfernt, bildeten sie das Tor zum Pontos. Nach der Sage waren sie beweglich und sollen durch Zusammenprallen die Durchfahrt verhindert haben. Die nachhomerische Sagendichtung sah sie als unbeweglich an, nachdem die Argo glücklich hindurchgesegelt war.

72 Die Zahlen sind bei weitem übertrieben und lassen sich mit antiken Entfernungsangaben auch nicht annähernd in Übereinstimmung bringen.

73 Propontis, das heutige Marmara-Meer (88,8 km breit und 248,6 km lang).

74 Hellespont, heute die Dardanellen (1,243 km breit und 71 km lang).

75 Tagfahrt = 124,6 km; Nachtfahrt = 106,8 km.

76 Maiotis-See, heute Asowsches Meer.

77 Hier wahrscheinlich Keilschrift, die die eigentliche Monumentalschrift war.

77a 1 Myriade = 10000; 70 Myriaden = 700000.

78 Der Kult der Artemis Orthosia war besonders bei den Doriern verbreitet.

VIERTES BUCH

Nach Byzantion kam er von der Mutterstadt Megara. Ursprünglich waren Menschenopfer damit verknüpft, die in Sparta später in blutige Geiselungen der Knaben am Altar der Göttin gemildert wurden.

79 Die Brücke ging von Rumili-Karak (auf asiatischer Seite) nach Anadoli-Karak (auf europäischer Seite) hinüber, wo das Gelände besonders geeignet war.

80 Ein Nebenfluß des Böjük dere (Kontadesdos), der in den Agrianes (Ergene) mündet. Der Agrianes ist ein Nebenfluß des Hebros (Maritza). – Perinthos (heute Eregli), Apollonia (Sazopoli) am Golf von Burgas.

81 Arteskos, die heutige Tundja.

82 Salmydessos, heute Midja; Apollonia, heute Sazopoli; Mesambria, heute Misivri.

83 Salmoxis, ein thrakischer Gott der Heilkunst.

84 Karkinitis, heute Kalantschak an der Karkenit Bai.

85 Die »rauhe Chersones« bezeichnet die Küste der Krim bis zur Straße von Kertsch.

86 In der Nähe von Anaphlystos an der westlichen wie bei Thorikos an der östlichen Seite zieht sich die Küste busenförmig ein, so daß sich die Spitze der Halbinsel gewissermaßen wie eine abgesonderte Landschaft betrachten läßt.

87 Brindisi und Tarent.

88 Eine Tagereise = 35,5 km.

89 Die Darstellung Herodots setzte die Verhältnisse an der Südküste der Krim voraus, wo die Küste steil ins Meer abfällt.

90 Die Agathyrsen müssen nach Herodots Andeutungen (IV, 100 und 125) zwischen dem Istros und Tyras, westlich von den Neuren, also in Siebenbürgen gesessen haben, worauf auch der bei ihnen entspringende Fluß Maris (Theiß) sowie ihr Goldreichtum hinweisen.

91 Bei den germanischen Völkern ist diese Sage als Werwolfsage bekannt.

92 Ein alter Abschreibefehler: statt *tetragonos* (viereckig) müßte es *tarandos* (Elch) heißen. Die Elche und Biber lebten in den Sümpfen und Waldgebieten am Don, wo das Gebiet der Budiner lag.

93 Aufgrund eines alten Irrtums hielt man die Hodensäcke des Bibers statt der unmittelbar daneben sitzenden sogenannten Bibergeildrüsen für den Sitz des als Heilmittel vielgeschätzten »Bibergeiles«. Hippokrates, Aretaios und andere alte Ärzte empfehlen es als krampfstillendes Mittel.

94 Die Amazonen sind die Frauen der Sauromaten. Die epische Sage erzählt von vier Kämpfen hellenischer Helden gegen das männerhassende Volk der Amazonen: des Bellerophontes, Herakles, Theseus und Achilles. Hier ist der zweite gemeint.

95 Die gewöhnliche Sage weiß nur von einem Schiff, in dem Herakles und seine Genossen die Fahrt machten und heil nach Hause zurückkehrten.

96 In der Steppe zwischen dem Istros und Tyras.

97 Unter dem Namen Maioten faßte man die Stämme am Ostufer des Maiotis-Sees zwischen den Sarmaten und Sindren zusammen.

98 Der Lykos ist wahrscheinlich der Manytsch.

99 Der Oaros ist vermutlich der Sal.

100 Der Syrgis (falsche Schreibweise für Hyrgis) ist der Don.

101 Über Miltiades VI, 39 ff.

102 Histiaios, 514 Tyrann von Milet, wird bald nach diesem Jahr durch Aristago-

ANMERKUNGEN

ras abgelöst, kehrt dann jedoch nach einem Aufenthalt von über 10 Jahren in Susa etwa 497 nach Ionien zurück.

103 In der Aufstellung fehlt Koes von Lesbos.

104 Das persische Heer kehrte aus dem Norden, nämlich aus dem Lande der Neuren und von den Grenzen der Agathyrsen zurück (IV, 125); es war aber ostwärts auf den Tanais zu einmarschiert. Dennoch soll es auf dem Rückmarsch der Spur des Einmarsches gefolgt und so wieder an die Mündung des Istros gelangt sein. Zur Lösung dieses Widerspruches reicht es nicht aus, daß Herodot das Heer zuletzt noch eine Zeitlang im eigentlichen Skythien hin- und herziehen läßt (IV, 128 ff.).

105 Byzantion und Kalchedon waren in der Zwischenzeit abgefallen und hatten wahrscheinlich die Schiffsbrücke zerstört. Die Skythen verfolgten den König bis zum Hellespont (VI, 40).

106 Als König Otto von Griechenland 1834 an den Thermopylen war, brachte ein altes Mütterchen einen stattlichen Granatapfel und wünschte dem König so viele glückliche Jahre als Kerne sich darin befänden (Fiedler, Reise in Griechenland, I, 625).

107 Beide Städte waren Kolonien von Megara: Kalchedon wurde 675, Byzantion 658 v. Chr. gegründet.

108 Der erwähnte Feldzug wurde 510 v. Chr. unternommen. Libyen war schon seit Kambyses unter persischer Herrschaft.

109 In Wahrheit galt der Zug nur der Stadt Barke, die für den Tod des Arkesilaos III. bestraft werden sollte.

110 Der Feldzug gegen Barke ist nur der Anlaß für die folgende Gründungsgeschichte von Thera und Kyrene sowie der Beschreibung Nordlibyens und seiner Bevölkerung.

111 In Brauron in Attika befand sich ein altes Heiligtum der Taurischen Artemis, bei deren Fest die am Hymettos wohnenden Pelasger den Raub der athenischen Frauen begangen haben sollen, mit denen sie nach Lemnos gingen. Dort mußten die von der Argonautenfahrt her angesiedelten Minyer ihnen weichen und gingen nach dem Taygetos. – Zwischen den Argonauten auf Lemnos und der Ankunft ihrer Nachkommen auf Lakedaimon lagen vier Geschlechter: Herakles, Begleiter des Iason – Hyllos – Kleodaios – Aristomachos – Prokles und Eurysthenes (s. VI, 52).

112 Die Tyndariden Kastor und Polydeukes hatten nach späterer Sagendichtung allerdings an der Argofahrt teilgenommen und insoweit durften einige der Minyer die Lakonen ihre »Stammväter« nennen.

113 Das »ius connubii« zwischen den Spartiaten und den Ankömmlingen setzte eine Aufnahme in die drei Phylen der Hylleer, Dymanen und Pamphiler voraus. Diese aber konnte nach dorischer Rechtsauffassung nur dann stattfinden, wenn sich die Ankömmlinge als wirkliche Verwandte des dorischen Stammes oder auch vielleicht alter, allgemein verehrter Priester- oder Heldengeschlechter ausweisen konnten.

114 Das Geschlecht des Theras war ursprünglich in Theben heimisch; sein Vater Autesion war aber nach Sparta gezogen; seine Tochter Argeia vermählte er mit dem Herakliden Aristodemos, wodurch die Sage eine enge verwandtschaftliche Beziehung zwischen dem Führer der Kolonie und dem dorischen Fürstenhaus herstellt.

115 Die Insel Thera, heute Santorin.

116 Phoinikische Ansiedlungen fanden sich auf vielen Inseln des ägäischen

VIERTES BUCH

Meeres. Ihre Entstehung verband die mythische Geschichtsüberlieferung mit der berühmten Ausfahrt des Kadmos, als er seine Schwester suchte. Auf ihn führte man in Thera die Gründung zweier Heiligtümer, der Athena und des Poseidon, zurück.

117 Diese Berechnung beruht auf dem Stammbaum des kadmeiischen Hauses: Kadmos – Polydoros – Labdakos – Laios – Ödipus – Polyneikes – Thersandros – Teisamenos – Autesion.

118 Paroreater ist die landes-, Kaukoner die völkerkundliche Bezeichnung des in Triphylien ansässigen Volksstammes. Triphylien ist der südliche Teil von Elis. Dort liegen die genannten sechs Städte, die nach dem Herakliidenzug gegründet worden waren.

119 Wahrscheinlich nach dem dritten messenischen Krieg, in dem sie auf Seiten der Spartiaten gestanden hatten, gelang es den Eleiern mit Hilfe der Spartiaten, die Triphylier, ihre alten Feinde, zu besiegen und ihre Städte zu zerstören (um 460 v.Chr.). Nur Lepreon wurde im peloponnesischen Krieg, als sich Elis und Sparta verfeindeten, wieder selbständig.

120 Oiolykos, d.i. der Schafswolf.

120a Erinyen sind hier eigentlich die Flüche, die die Verfolgung der Strafgeister nach sich ziehen. Die Erinyen bestraften mit Mangel oder Verlust der Nachkommen insbesondere die Vergehen gegen Eltern.

121 Eigentlich ein Opfer von 100 Rindern, hier jedoch nur ein großes Festopfer.

122 Nachkommen des Euphemos, eines Helden des minyeischen Argos-Mythos aus Tainaros. An ihn knüpft die von Pindar behandelte Sage das alterworbene Anrecht der thebanischen Ansiedler auf den Besitz des libyschen Landes.

123 Die Kreter galten als unternehmungsfreudiges, weitgereistes Handelsvolk.

124 Die Purpurschnecke wurde zum Teil an der libyschen Küste gefischt.

125 Platea, heute Bomba, vor dem gleichnamigen Golf an der Grenze zwischen Marmarike und Kyrenaike.

126 Tartessos in der Gegend des heutigen Cadiz. Unberührt heißt hier soviel wie unversehrt, noch nicht ausgebeutet von den Hellenen, insbesondere von den Phokaiern, die zuerst einen regelmäßigen Verkehr mit dem seiner reichen Silberlager und anderer Metalle wegen vielgerühmten Handelsplatz eröffneten, nachdem die Phoiniken ihn schon Jahrhunderte lang besucht und besetzt gehalten hatten.

127 Durch Zurücklassung des Korobios hatten sie sich ihr Recht auf die Insel gewahrt.

128 Danach waren etwa 160 Theraier ausgewandert.

129 Die Stadt Oaxos lag etwa in der Mitte der Insel Kreta in der Nähe des heutigen Axos.

130 Die ganze Fabel von dem Stammeln folgt aus einer aus dem Gleichklang von Battos mit dem Verbum Stammeln hervorgegangenen Deutung.

131 In dem feindseligen Benehmen der Mutterstadt verrät sich die wahre Ursache der Auswanderung.

132 Irasa, heute das Tal Irsema, nahe dem Golf von Bomba.

133 Gemeint ist die Quelle Kyre, heute Ain Schahat.

134 Battos I. 631–591 (davon 2 Jahre auf Platea, 6 in Aziris, 32 in Kyrene).

135 Arkesilaos I. 591–575 v.Chr.

136 Battos II. etwa 575–560 v.Chr.

733

ANMERKUNGEN

137 Von dem außerordentlichen Zuwachs der Bevölkerung zeugen die 7000 Hopliten, die bald darauf gegen die Libyer zogen.

138 Der ägyptische Pharao Apries (588–570) stammte selbst aus einer libyschen Familie. Die Entscheidungsschlacht fand um 570 v. Chr. statt.

139 Arkesilaos II., etwa 560–550.

140 Barke, gegründet um 550 v. Chr., lag etwa 15 km von der Küste entfernt bei dem heutigen Medinet el Merdj.

141 Er folgte hier wohl dem Beispiel der übrigen dorischen Staaten. Wahrscheinlich waren in der Schlacht bei Leukon viele der alteingesessenen Vollbürger theraischen Ursprungs gefallen, und der Rest, an ihrer Spitze der König, vermochte nicht länger den Ansprüchen der neu eingewanderten Bürger (IV, 159), die wohl freie Ackerlose, aber nicht Anteil an der Staatsgemeinde besaßen, auf politische Gleichstellung zu widerstehen. Demonax gestaltete daher die gesamte Bürgerschaft zu einer neuen Gemeinde, in der die alten Familien in Anerkennung ihrer hergebrachten Vorrechte nebst ihren libyschen Hintersassen eine Phyle für sich bildeten.

142 Der König war zugleich oberster Priester.

143 In Samos herrschte zu jener Zeit Polykrates.

144 Um 530 v. Chr.

145 Nach Arkesilaos III. regierten noch Battos IV., der Schöne, und Arkesilaos IV. Dessen Sohn entwich, nachdem in Kyrene die Demokratie eingeführt worden war, nach Euhesperidai, wo er umkam.

146 Loxias, d. i. Apollon.

147 Vgl. Buch III, Anm. 89.

148 Abgesehen von der Anmaßung des Münzrechts, störte der feinere Gehalt dieses Silbergeldes die von Dareios eingeführte Münzordnung, die ein verhältnismäßig grobes Silbergeld zur Voraussetzung hatte. Dieser Umstand kam zunächst den mit Ägypten verkehrenden Kaufleuten zugute, die ihren Handelsverkehr auf dem Aryandikon aufbauten.

149 Maraphier und Pasargaden waren persische Stämme.

150 Aphrodisias, in der Nähe von Derne.

151 Silphion, eine große, gelb blühende Staude. Mit Hilfe von Einschnitten in Wurzel und Stengel gewann man jenen Milchsaft, der als hochgeschätzte Würze für Fisch- und Fleischgerichte benutzt wurde. Die Blätter wurden als hochwertiges Schaffutter exportiert. Blätter und Saft dieser Pflanze bildeten den Hauptexportartikel von Kyrene. Die Kyrenaier führten deshalb auch die Pflanze auf ihren Münzen.

152 Kyrene war berühmt wegen seiner Pferdezucht und der von den Libyern erlernten (IV, 189) Kunst des Wagenlenkens, die sich häufig in den hellenischen Spielen bewährte und von den Dichtern gefeiert wurde.

153 Euhesperidai, heute Benghasi; es wurde unter dem letzten Battiaden, Arkesilaos IV., gegründet.

154 Taucheira, heute Tokra.

155 Kinyps, heute Wadi Kaan, in der gleichnamigen, äußerst fruchtbaren Gegend in der Nähe der Syrtenküste.

156 Gemeint ist die Lotos-Jujube; sie wächst noch heute an den Küsten der beiden Syrten. Schon Homer kannte die libyschen Lotosesser (Lotophagen).

157 Tritonfluß und Tritonsee sind heute nicht mehr genau festzustellen.

158 Den tierreichen und den sandigen Teil Libyens denkt sich Herodot als zwei

VIERTES BUCH

parallel von Osten nach Westen quer durch den ganzen Erdteil verlaufende Zonen, denen ein anbaufähiger Küstenrand vorliegt. Dabei wird dem tierreichen Teil eine zu große Ausdehnung nach Osten zugemessen. In Wirklichkeit erstreckt er sich nicht über den 30. Breitengrad hinaus.

159 Herodot nennt Theben als Ausgangspunkt, weil von hier aus die Karawanenstraße durch die Sandwüste nach Westen verlief. Ihre Stationen beschreibt er im folgenden.

160 Säulen des Herakles = Gibraltar.

161 Der Fabel von den Süßwasserquellen liegt eine richtige Beobachtung zugrunde. Falsch ist lediglich die Behauptung, sie entsprängen auf Salzhügeln. Vielmehr finden sie sich ausschließlich in Niederungen, die teilweise noch unterhalb des Meeresspiegels liegen.

162 Die Oase Ammon heißt heute Siwah, so genannt nach ihrem berühmten Heiligtum und Orakel des Ammon, das seit dem Aufblühen Kyrenes auch bei den Hellenen zu hohem Ansehen gelangte.

163 Die dattelreiche Oase Augila (heute Audschila) ist noch heute ein Rastplatz für die aus dem westlichen Afrika nach Kahira ziehenden Karawanen. Sie liegt etwa zehn Tage von Siwah entfernt.

164 Es handelt sich um die von den Garamanten bewohnten Oasen in den Tälern des Hochlandes von Fessan. Wahrscheinlich erinnert der heutige Name der Oase Germa (Garama) noch an die Garamanten.

165 Ataranten ist ein Sammelname für die Stämme der Tuareg, in deren Sprache das Wort *ataram* für Westen steht. Ihr Gebiet grenzte nach Herodot an den Sahara-Atlas.

166 Der Araber Ibn Batuto, der im 14. Jahrhundert dort reiste, fand sämtliche Häuser der Stadt Teghesa aus Salzquadern gebaut und mit Kamelfellen gedeckt. In Mursuk (Fezzan) bestehen die Häuser aus Erdziegeln von so hohem Salzgehalt, daß sie bei starkem Regen zerfallen.

167 Von Marsa Matruch bis zum Golf von Gabes.

168 Gemeint ist hier die schmutzige Wolle am After.

169 Von den vier im menschlichen Körper zirkulierenden Flüssigkeiten (Wasser, Blut, Galle, Phlegma = Schleim) hat letztere ihren Hauptsitz im Kopf. Ihr Ausfließen galt als Ursache aller katarrhalischen Beschwerden. Durch das Ausbrennen der Kopfadern wollte man den Abfluß hemmen.

170 Pallasbilder hießen die alten Kultbilder der Athena, die die Göttin meist als Kämpferin darstellten.

171 Die Maxyer wohnten im Gebiet von Karthago. Noch bis in die jüngste Zeit nannten sich die Berber Mazigh.

172 Gemeint ist Tunesien und Algerien.

173 Riesenschlangen, Elefanten und Bären kommen jetzt nördlich der Sahara nicht mehr vor; die Elefanten sind von Karthagern und Römern zu Kriegszwecken verwendet und dadurch ausgerottet worden.

174 Bei den gehörnten Eseln wird es sich um eine Antilopenart gehandelt haben.

175 Die hundsköpfigen Menschen werden Dämonenbilder gewesen sein.

176 Bei den wilden Männern und Weibern hat man eine ausgestorbene Menschenaffenart zu denken.

177 Pygargen = Gazellenart mit weißem Hinterteil; Zorkaden = Dorkasgazelle mit sandfarbener Oberseite und weißem Bauch; Büffel = Kuhantilope; Orygen = Oryx, die Säbelantilope, deren Hörner für ein ursprünglich von

735

ANMERKUNGEN

den Phoiniken erfundenes Saiteninstrument verwandt wurden; Hystrichen = Erdstachelschwein; Diktyen = Giraffen; Zweifüßer = Erd- oder Springhase; Zegerien = vielleicht Berbermaus.

178 Zakynthos, heute die Insel Zante im ionischen Meer mit Asphaltquellen.
179 Pierien am Olympos.
180 Kyrene lag auf einer Hochfläche von etwa 600–700 m ü. d. M.
181 Die drei Erntezeiten entsprechen den drei vom Meer aufsteigenden stufenförmigen Geländeformationen.
182 Sie starb 512 v. Chr.

Fünftes Buch

1 Perinthos, heute Eregli.
2 Die Paionen saßen einst in den Berglandschaften von den illyrischen Gebirgen im Westen bis zur Rhodope im Osten sowie in den Tälern des Axios und Strymon. Von thrakischen Stämmen im Osten und makedonischen im Westen zurückgedrängt, waren sie zur Zeit des Herodot auf das Quellgebiet dieser Flüsse und den unteren Strymon beschränkt.
3 Der Paian war ein Chorgesang, der zum Dank für einen Sieg wie auch zur Abwendung eines Unheils gesungen wurde.
4 Gemeint sind nur die Küstenstriche Thrakiens.
5 In IV, 93 ff.
6 Die Sitte beruht auf dem Glauben an ein seliges Leben nach dem Tode, gerade wie bei den stammverwandten Geten.
7 Gemeint sind Tätowierungen.
8 Während die geringen Preise für solche Kämpfe bestimmt sind, woran sich mehrere beteiligen (Rennen, Lauf, Sprung, Wurf), erhalten die Einzelkämpfer (im Ringkampf, Schwertkampf) je nach der Schwierigkeit der Kampfesart die größten Preise.
9 Die Sigynner erinnern in manchem an die heutigen Zigeuner, ohne daß jedoch eine gemeinsame Herkunft historisch rekonstruierbar wäre.
10 Man hat hier eher an einen Volksstamm zu denken, dessen Name nur auf griechisch die Bedeutung »Biene« hat.
11 Es war die Gegend zwischen dem Prasias-See und dem Pangaion-Gebirge, die sich durch ihren Reichtum an Schiffshölzern und Silberminen auszeichnete.
12 Die paionische Überlieferung knüpft nicht an der Zerstörung Troias an, sondern an dem vortroischen Zug der Teukrer und Myser nach Europa (VII, 20), die eine Kolonie am Strymon zurückließen, während die bis dahin dort ansässigen Thraken nach Asien zogen.
13 Von Abdera westwärts ging die Straße der Küste entlang bis zur Mündung des Strymon; von ihm zweigte aber nach Norden eine Straße über das Symbolongebirge ab. Die Küstenstraße war durch Kastelle geschützt, die Bergstraße durch ihre Lage.
14 Die Siriopaionen, nach ihrer Hauptstadt Siris benannt (VIII, 115), wohnten am Ostufer des unteren Strymon oberhalb des Prasias-Sees.
15 Die Paiopler wohnten nördlich vom Pangaion bis zum Strymon.
16 Das Pangiongebirge, heute das Kruschniza-Gebirge.

736

FÜNFTES BUCH

17 Der Orbelos sind die zwischen Strymon und Nestos südwärts ziehenden Abzweigungen des Skomios-Gebirges.

18 Makedonien ist hier das Temenidenreich, das schon unter Alexandros I. Mygdonien und Bisaltien östlich des Axios umfaßte und bis zum Prasias-See reichte.

19 Zu Amyntas, dem 6. König der Temeniden-Dynastie, siehe VIII, 139.

20 Die Gegend lag in Bisaltien und muß von Alexandros nach 480 v.Chr. erobert worden sein, was durch Münzenfunde bestätigt wird.

21 Als Abkömmling des Temenos, der bei der Dreiteilung der Peloponnes Argos erhalten hatte, war er hellenischer Abstammung.

22 Byzantion und Kalchedon müssen nach dem Skythenzug des Dareios wieder abgefallen sein (vgl. IV, 144).

23 Nach dem Sturz der Neleiden (I, 147) empörte sich in Milet die alte karische Bevölkerung, die arm und machtlos war, gegen die reichen und nach der ganzen Macht strebenden Griechen.

24 Die »Dicken«, d.h. die reichen Aristokraten, die nach der Vertreibung von Lygdamis (I, 61, 64) durch die Spartaner um 522 die Herrschaft über Naxos an sich rissen.

25 Aristagoras, bald nach 514 (Skythenzug des Dareios) als Tyrann von Milet Nachfolger des Histiaios (IV, 137), veranlaßte im Jahr 500 die Perser zum Zug gegen Naxos und ist Urheber des ionischen Aufstandes. Gestorben 497 v.Chr.

26 Kykladen, eine Inselreihe zwischen Naxos und Euboia.

27 Megabates war Satrap von Phrygien, als Pausanias nach der Einnahme von Byzantion sich mit dem Perserkönig auf hochverräterische Beziehungen einließ (Thuk. I, 128). In seinem von Thukydides mitgeteilten Brief hält er um die Tochter des Königs selber an. Bemerkenswert ist die unterschiedliche Meinung der beiden Historiker über Pausanias, dessen Schuld Thukydides ausführlich und schonungslos darlegt, während Herodot sie nicht ohne Zweifel erwähnt, dagegen seinen Edelmut hervorhebt und negativ nur seinen Stolz und seine Prachtliebe anführt (VIII, 3; IX, 82). Zur Heirat kam es nicht.

28 Die Ereignisse von dem Zug gegen Naxos, aus dem sich der ionische und hellenische Freiheitskampf entwickelte, bis zur Schlacht bei Marathon füllen in Herodots Darstellung einen Zeitraum von 10 Jahren, 499–490. Feste chronologische Punkte finden sich aber nur in gelegentlichen Angaben: 499 (Frühjahr) Zug gegen Naxos; viermonatige Belagerung; im Spätherbst Abfall des Aristagoras; Reise nach Sparta und Athen. Zug gegen Sardis; Beitritt von Karien und Kypros. 497 Kypros wiedererobert; Aristagoras' Flucht und Tod; Histiaios Rückkehr. 496 Milet belagert; Schlacht bei Lade. 495 zweites Jahr der Belagerung. 494 Milet im sechsten Jahr seit dem Abfall des Aristagoras erobert. 493 Eroberung der Inseln. 492 Zug des Mardonios. 491 Thasos erobert; Sendung der Herolde; neue Rüstungen. 490 Zug des Datis; Schlacht bei Marathon.

29 Kaukasa, Hafen an der Südküste von Chios.

30 Myndos, Hafenstadt in der Nähe von Halikarnass.

31 Spätherbst 499 v.Chr.

32 Hier zitiert Herodot wohl seinen Vorgänger, den Geschichtsschreiber Hekataios, der über seine eigene Rolle bei dem Ausbruch des Aufstandes berichtet hatte. Sein Werk ist verlorengegangen.

ANMERKUNGEN

33 Myus lag damals noch an einem Meerbusen, der später durch die Ablagerungen des Maiandros (Menderes) zu einem Binnensee wurde.

34 Mylasa, Stadt in Karien.

35 Termera, ein unbedeutender Ort gegenüber Kos.

36 Kyme, Stadt am Ausgang des Golfs von Tschandarly vor Kap Arslan.

37 Dabei handelt es sich um oberste Beamte, die, wie in Rom die Konsuln, an die Stelle der Tyrannen traten, auf eine bestimmte Zeit gewählt wurden und verantwortlich waren. Erst nach Alexander dem Großen wird diese Bezeichnung für städtische Zivilbeamte häufiger.

38 Anaxandrides muß vor 520 gestorben sein.

39 Eleon, Ort in Boiotien, nahe Tanagra.

40 Offensichtlich eine jener apokryphen Orakelsammlungen, die besonders im 6. vorchristlichen Jahrhundert unter alten mythischen Namen wie Orpheus, Musaios, Bakis usw. in Umlauf gebracht wurden und gewitzten Orakeldeutern dazu dienten, den Aberglauben des Volkes auszubeuten.

41 Um 510 v.Chr. Troizener und Achaier hatten die Stadt Sybaris gegründet. Die Achaier, durch zugewanderte Stammesgenossen übermächtig geworden, vertrieben auf Telys' Betreiben die Troizener, die bei den Krotoniaten Schutz fanden. Im anschließenden Krieg wurden die Sybariten völlig besiegt und ihre Stadt zerstört (510 v.Chr.)

42 Krathis, heute der Fluß Crati; er mündet bei Sibari (Sybaris) in den Golf von Tarent.

43 Minoa, alte Stadt phoinikischen Ursprungs zwischen Selinus und Akragas; später Herakleia.

44 Kleomenes regierte zwar bis 491 v.Chr., also mindestens 30 Jahre; er war aber als Sohn aus zweiter Ehe ziemlich jung zur Herrschaft gekommen und starb vorzeitig eines gewaltsamen Todes (VI, 75); ihm folgte sein Bruder Leonidas nach, der Gorgo heiratete.

45 Die älteste Erwähnung einer Erdkarte, als deren Erfinder der ionische Philosoph Anaximandros gilt.

46 Die persische Bewaffnung entsprach ungefähr derjenigen der leichten griechischen Truppen. Der dorische Hoplit dagegen trug einen großen ovalen Schild, einen eisernen Panzer, Helm und Beinschienen, einen Stoßspeer und ein kurzes Schwert.

47 So lange brauchte eine Heeresabteilung. Die persische Kurierpost (Stafetten) brachte einen Brief in sieben Tagen von Sardis nach Susa.

48 Die allgemeine Skizze dieser »Königsstraße«, deren größere östliche Hälfte wohl noch assyrischen Ursprungs war, scheint derselben Karte, die der Erztafel des Aristagoras zugrunde lag, die Entfernungsmaße aber einer offiziellen persischen Quelle entnommen zu sein. Straßen dieser Art, mehr von militärischer und politischer als kommerzieller Bedeutung, an den wichtigsten Punkten durch Kastelle und Besatzungen gedeckt und in regelmäßigen Stationen von 3–5 Parasangen (1 Parasange = 5,328 km) mit Proviant für Heere und Beamte versehen, verbanden alle Provinzen des Reiches mit seinem Mittelpunkt Susa. Eine spezielle Beschreibung solcher Straßen mit genauen Entfernungsangaben gibt noch Xenophons Anabasis; die umfassende des Ktesias sowie die des Amyntas sind verloren.

49 Der Halys, heute Kisil Irmak.

50 Die vier schiffbaren Flüsse sind der Tigres, Großer und Kleiner Zab und Diala (Gyndes).

FÜNFTES BUCH

51 Kissia ist das alte Elam mit der Hauptstadt Susa.

52 Der Choaspes ist der heutige Kercha.

53 Memnonstadt = Susa, benannt nach dem sagenhaften König der östlichen Aithiopen (Assyrier), dessen Leichnam nach homerischer Überlieferung, nachdem ihn Achill in der Schlacht von Troia getötet hatte, von seiner Mutter Eos nach Susa zurückgebracht worden war. ›Memnon‹ war der griechische Name des assyrischen Königs, mit dem man später auch seinen Nachfolger, den persischen König, bezeichnete.

54 Ephesos war der gewöhnliche Ausgangspunkt für die Reise durch Vorderasien (vgl. V, 100).

55 Hippias hatte nach dem Bericht des Thukydides die Schwester des Harmodios von der Teilnahme am Festzug ausgeschlossen. Um diese Schande zu rächen, hatten Harmodios und Aristogeiton Hipparchos im August 514 ermordet.

56 Die Panathenaien waren ein in jedem dritten Olympiadenjahr, also alle vier Jahre wiederkehrendes viertägiges Fest zu Ehren der Schutzgöttin Athene. Gleichzeitig war es auch eine Erinnerung an die politische Vereinigung aller attischen Stämme. Es galt als das größte und prunkreichste attische Fest.

57 Eine einleuchtende Erklärung ist die, wonach die Gephyraier nicht als Vollbürger angesehen und daher auch nicht, wie der Fall der Schwester des Harmodios zeigt, zu den Panathenaien zugelassen wurden. Ursache des Mordes an Hipparchos war also der politische Benachteiligung der später zugewanderten Bürger, denen Athen den großen wirtschaftlichen Aufschwung im 6. Jahrhundert verdankte.

58 Herodot hat zutreffend den historischen Zusammenhang zwischen der phoinikischen und der griechischen Schrift erkannt.

59 Amphitryon, Sohn des Königs Alkaios von Tiryns, Enkel des Perseus, unternahm von Theben aus, wo er Alkmene, die Tochter seines von ihm erschlagenen Oheims Elektryon geheiratet hatte, einen Zug gegen die in Akarnanien seßhaften Taphier, auch Teleboier genannt. Alkmene hatte von ihm verlangt, den Tod ihrer Brüder durch die Taphier zu rächen.

60 Das Fürstenhaus der Enchileer, eines Stammes im südlichen Illyrien, leitete seine Herkunft von Kadmos und Harmonia ab.

61 Es handelt sich um einen Geschlechterkult der Gephyraier, an dem nur Frauen teilnehmen durften. Er galt der Demeter als der Göttin der Fruchtbarkeit und ihrer Tochter Persephone.

62 Der Bau des Tempels begann schon vor 526 v. Chr. Der ins Stocken geratene Ausbau erfolgte zwischen 513 und 511.

63 Porosstein, ein leichter, marmorähnlicher Kalktuff, aus dem auch der Tempel in Olympia gebaut war.

64 Phaleron war der Hafen von Athen.

65 Kynosarges war ein öffentlicher Platz in der östlichen Umgebung der Stadt Alopekai (südöstlich von Athen), angeblich benannt nach dem von Herakles heraufgeholten Kerberus.

66 Die pelasgische Burg war eine alte Burganlage am nordwestlichen Abhang der Akropolis, in der die Peisistratiden residierten.

67 Nach Thukydides VI, 55 hatte von den drei rechtmäßigen Söhnen des Peisistratos nur Hippias aus seiner Ehe mit Myrrhine, der Tochter des Kallias, fünf Söhne. Hipparchos und Thessalos waren kinderlos. Der älteste Sohn des Hippias hieß wohl Peisistratos.

ANMERKUNGEN

68 Sigeion nahe dem alten Troia. Die Vertreibung fand im Frühjahr 510 statt.

69 Melanthos, Kodros' Vater, war Nestors Nachkomme im fünften Geschlecht: Nestor – Periklymenos – Penthilos – Boros – Andropompos – Melanthos. Beide Linien des Neleidengeschlechtes gelangten in Athen zur Herrschaft; die Melanthiden gleich nach ihrer Einwanderung, die Peisistratiden erst viel später.

70 Herodot deutet damit an, daß die Familie vielleicht karischen Ursprungs sei. Die Karer hielten sich für Nachkommen der alten Kreter.

71 Die Abschaffung der vier alten und die Einrichtung zehn neuer Phylen war eine tief eingreifende Neuerung. Kleisthenes löste damit die alten, politisch allgewaltigen Sippenverbände auf und beschränkte sie allein auf ihren religiösen Charakter, während er nun das ganze Volk an der politischen Gestaltung beteiligte.

72 Jener Kleisthenes war etwa 600–570 v. Chr. Tyrann von Sikyon. Seine Tochter Agariste heiratete Megakles, Sohn des Alkmaion; die Tochter aus beider Ehe heiratete Peisistratos.

73 Melanippos hatte den Tydeus, der am Zug der Sieben gegen Theben teilnahm, getötet.

74 Kylon, der im Jahr 640 in Olympia im Doppellauf gesiegt hatte, heiratete die Tochter des Theagenes aus Megara. Von ihm ging die erste Erschütterung des athenischen Staatswesens aus, von dem wir Kunde haben. Sein Reichtum, sein Ansehen bei den Altersgenossen und seine Verbindungen verführten ihn zu dem Versuch, sich zum Tyrannen zu machen; er mochte hoffen, in der beginnenden Unzufriedenheit eine Stütze zu finden. Sein Schwiegervater gab ihm Truppen, mit seinem Anhang besetzte er die Burg. Aber der Anschlag mißlang. Die Regierung, an der Spitze der Archon Megakles aus dem Alkmeonidenhaus, raffte sich auf, die Bauernschaft, damals der Adelsherrschaft noch treu ergeben, strömte vom Lande herein und belagerte ihn auf der Burg. Kylon und sein Bruder entkamen, seine Anhänger mußten kapitulieren; doch wurde ihnen, da sie an die Altäre geflüchtet waren, das Leben zugesichert. Aber das Versprechen wurde nicht gehalten; Megakles ließ die Gefangenen überfallen und niedermachen, seine Familie befleckte sich mit ihrem Blut. Über die Anhänger des Usurpators sprachen die Prytanen als politischer Gerichtshof das Urteil: es lautete auf ewige Verbannung (etwa 636 oder 632). (Nach Eduard Meyer, Gesch. d. Alt. III, 590 f.)

75 Nach der von Solon 594 eingeführten Verfassung war jede der vier Phylen in 12 Naukrarien untergeteilt, deren Bezirksvorsteher eine beratende Funktion hatten. Die Einteilung in Naukrarien erfolgte zum Zweck der Erhebung von Steuer- und Kriegsleistungen. Die Bezeichnung kommt von *naukraros* = Schiffsherr; so hieß derjenige begüterte Bürger eines Bezirkes, der allein oder von anderen unterstützt die Ausrüstung und Bemannung eines Kriegsschiffes übernahm und deshalb als der jeweilige Vorsteher eines Bezirkes galt; daneben verwaltete er auch die militärischen und finanziellen Angelegenheiten seines Bezirkes.

76 Gemeint ist der »Rat der 500«, der sich aus 50 Vertretern je einer der zehn von Kleisthenes eingerichteten Phylen zusammensetzte. Er führte für eine Ratsperiode von 36 Tagen die Geschäfte der Stadt unter einem von ihnen gewählten, täglich wechselnden Vorsitzenden.

77 Im Tempel der Stadtgöttin Athene im Erechtheion.

FÜNFTES BUCH

78 *Achaier* meint hier als Nachkomme des achaischen Herakles.

79 Oinoë in Eleutherai am Fluß Kephisos und Hysiai am Moloeis im Kithairon-Gebirge, beide an der Grenze zu Boiotien.

80 *Tyndariden* ist ein anderer Name für die Dioskuren Kastor und Polydeukes. Das Mitziehen und Daheimbleiben der Dioskuren ist nicht etwa auf die Bilder dieser Heroen zu beziehen, sondern beruht auf dem Glauben, daß sie, von den berechtigten Personen und in der gültigen Form als Bundesgenossen und Helfer aufgeboten, wirklich in Person mit auszogen und ihre Anwesenheit bisweilen durch sichtbare Erscheinung bewiesen.

81 Euripos, Meerenge zwischen Euboia und Boiotien.

82 Diese Ansiedler waren Inhaber von zugeteilten Äckern und rekrutierten sich aus der armen, gewöhnlich ackerlosen Klasse der Bevölkerung. Dies hier ist das erste Beispiel für eine Maßnahme, die später oft in Athen wiederholt wurde, um abgefallene oder widerspenstige Staaten zu bestrafen, auswärtige Besitzungen dauerhaft zu behaupten, besonders aber, um der Armut und Übervölkerung abzuhelfen.

83 »Rossezüchter« hießen die reichen oligarchischen Grundbesitzer, weil sie als Reiter in den Krieg zogen und weil ihnen Vermögen und Stellung den Luxus der Pferdezucht erlaubten.

84 Hier ist die westliche Cella des auf der Nordseite der Burg gelegenen Polias-Tempels oder Erechtheions, das sogenannte Pandroseion, bezeichnet.

85 Mnesikles errichtete 436–431 die nachmals berühmten Propyläen (Vorhallen); diese kann Herodot nicht gekannt haben, sondern wahrscheinlich einen älteren Bau an dieser Stelle.

86 Tanagra, Koronea und Thespiai gehörten zum boiotischen Bund, dessen Haupt Theben war.

87 In der älteren Sage war Aigina, Aiakos' Mutter, die Tochter des peloponnesischen Flusses Asopos gewesen; erst später ist der boiotische Asopos an dessen Stelle getreten und wurde so Aigina zur Schwester der Thebe gemacht.

88 Hier sind wohl die Bilder des Aiakos und seiner Nachkommen gemeint.

89 Epidauros, Stadt an der Ostküste von Argolis in der Peloponnes.

90 Damia und Auxesia, beides Göttinnen des Ackerbaues und des Ackersegens, also Fruchtbarkeitsgöttinnen, die in Wahrheit nur getrennte Personifikationen der beiden Seiten im Wesen der Demeter sind.

91 Der heilige Ölbaum wurde auf der Akropolis verehrt. Er galt als Geschenk der Athene an Attika.

92 Der Athena Polias und Erechtheus war der nach letzterem benannte uralte Tempel auf der Akropolis geweiht. Das Opfer an diese beiden Landesgottheiten sollte eine symbolische Anerkennung der politischen Abhängigkeit der Epidaurier von Athen sein. Beide waren ihrem Wesen nach ebenfalls agrarische Götter wie Damia und Auxesia.

93 Bei diesen Mysterien waren, ähnlich den Thesmophorien, nur Frauen zugelassen, sowohl als Teilnehmerinnen wie auch als Zuschauerinnen.

94 Die attische Sage will, um die Schande der Niederlage zu verdecken, gegenüber der aiginetischen nicht zugeben, daß die Aussendung einen kriegerischen Charakter hatte, sondern behandelt die Sache wie eine gewöhnliche Strafexpedition.

95 Die dorische Frauenkleidung bestand aus einem einfachen, nicht sehr langen wollenen Tuch ohne Ärmel, das auf einer Schulter durch Spangen festgehalten wurde, die ionische aus einem langen, eng anliegenden Leinen-

ANMERKUNGEN

gewand mit Ärmeln; es war auf beiden Seiten genäht und erforderte keine Spangen.

96 Das attische Tongeschirr war wegen seiner hohen Qualität ein beliebter Handelsartikel; ihm stand jedoch das aiginetische nicht nach. Die Sage will wohl nur eine alte Rivalität erklären.

97 Aigina ergab sich 456 v.Chr., also etwa 50 Jahre nach dieser Fehde.

98 Das Unternehmen fand nicht lange vor Aristagoras' Ankunft in Athen (499 v.Chr.) statt.

99 Vgl. V, 43, Anm. 40.

100 Nach Einwanderung der Dorier und Vertreibung der Sisyphiden hatte der Heraklide Aletes die Königsherrschaft erworben. Nach ihm regierten noch zehn Könige, darunter als fünfter Bakchis. Ihm zu Ehren nannten sich alle dem Geschlecht angehörenden Familien Bakchiaden. Nach dem Tod des letzten Königs Telestes wurde die Würde abgeschafft und jährlich ein Prytanis als Inhaber der königlichen Macht aus jenen Familien gewählt. Diese Oligarchie dauerte 90 Jahre, bis 655 v.Chr.

101 Eine Ehe mit einer dieser Familie nicht angehörenden Person war an sich nicht verboten; aber die Kinder waren nur dann legitim und vollberechtigt, wenn beide Eltern Bakchiaden waren.

102 Kaineus hieß ein berühmter Lapithe, der auf der Hochzeit des Peirithoos im Kampf mit den Kentauren getötet wurde. Demnach stammte also das Geschlecht aus Thessalien.

103 Löwe ist ein gern gebrauchter symbolischer Ausdruck für König.

104 Die Quelle Peirene als Lebensader Korinths. Ihr Wasser galt als das leichteste und gesündeste von ganz Hellas.

105 Der naheliegende Hinweis auf die Kypseloslade im Heraion in Olympia fehlt hier. Diese Lade aus Zedernholz, deren Seiten reich verziert waren, war eine Weihgabe des reichen Kypselidenhauses. Wahrscheinlich entstand die Sage aus der Verwandtschaft des griechischen Wortes *kypselos* für Lade mit dem Namen der Stifterfamilie.

106 Vgl. IV, 163. Da Periandros kinderlos starb, folgte ihm der Sohn seines Bruders Gorgos oder Gorgias mit Namen Psammetichos nach, der aber schon im vierten Jahr gestürzt wurde.

107 Periandros regierte wahrscheinlich 615–585; die Daten sind historisch nur unzureichend verbürgt. Siehe dazu Ed. Meyer, Gesch. d. Alt. III, S. 573–580.

108 Er hatte Melissa ermorden lassen (III, 50).

109 Der Acheron galt als Eingang zur Unterwelt.

110 Anthemus auf der Halbinsel Chalkidike.

111 Iolkos in Thessalien.

112 Noch im Jahr 499.

113 Diese Zahl ist viel zu hoch gegriffen. Gewöhnlich waren in Athen etwa zehntausend Bürger abstimmungsberechtigt. Nur wenn Herodot mit dieser Zahl sämtliche waffenfähigen Männer meint, die Schutzverwandten inbegriffen, könnte sie zutreffen; vgl. Thukydides II, 13.

114 Doriskos an der Mündung des Hebros (Maritza oder Evros) ins Meer.

115 Gegenstand dieses langwierigen Kampfes etwa im 7. Jahrhundert war die fruchtbare und metallreiche lelantische Ebene. Thukydides I, 13 nennt ihn den einzigen allgemein-hellenischen Kampf zwischen dem troischen und peloponnesischen Krieg. Chalkis blieb schließlich Siegerin.

116 Sie zogen also nicht auf der persischen »Königsstraße«, sondern auf Schleich-

FÜNFTES BUCH

pfaden, um den Feind zu überraschen. – Kaystrios = Kücük Menderes, d. h. »Kleiner Maiandros«.

117 Die stark befestigte Burg fiel im Jahr 498 v. Chr.

118 Kybebe, die große Göttin der phrygisch-lydischen Stämme, die auf Bergen und Waldhöhen mit orgiastischen Diensten und grausam-wollüstigen Bräuchen verehrt wurde. In ihrem Wesen vereinigte sie die Bedeutung der Rhea als Göttermutter, der Aphrodite Urania als gebärende und nährende Naturkraft, der Demeter als Göttin des Ackerbaus und schließlich der Artemis als Herrin von Wald und Tier.

119 Simonides von Keos (um 550–461) galt vor Pindar als der formvollendetste Lyriker. Von ihm ist bekannt, daß er sich seine Verse bisweilen teuer bezahlen ließ.

120 Amathus an der Südküste von Zypern.

121 Hier ist natürlich der persische Ahuramazda gemeint.

122 Sardinien galt noch bis in das 3. Jahrhundert v. Chr. als die größte Mittelmeerinsel und deshalb als Wunschziel aller Eroberungsträume.

123 Ein Vorgebirge an der Ostküste der Insel.

124 Es waren neun Könige nach den Städten Salamis, Kition, Amathus, Kurion, Marion, Soloi, Lapethos, Keryneia und Chytroi. Von ihnen hielten nur die Amathusier zu den Persern.

125 Die Reihenfolge der Städte entspricht ihrer Lage am rechten Ufer des Hellesponts hinauf.

126 Die »Weißen Säulen«, Versammlungsorte der Karer, lagen am heutigen Tschin-Tschai, der in den Großen Maiandros (Büyük Menderes) mündet.

127 Mausolos, Vorfahr des durch sein Grabmal berühmten Königs in Halikarnass, der 352 v. Chr. starb. Das von seiner Frau errichtete Grabmal gehörte im Altertum zu den sieben Weltwundern.

128 Die Schlacht muß in der Nähe von Alabanda geschlagen worden sein.

129 Das Bild des Zeus Statios hält auf den karischen Münzen in der Linken eine Lanze, in der Rechten eine Doppelaxt. Die Bezeichnung *Labraunda* knüpft an die *Labrys* (Doppelaxt) an.

130 Mylasa ist das heutige Milâs zwischen Halikarnassos und Herakleia.

131 Propontis, heute das Marmarameer zwischen dem Hellespont (Dardanellen) im Süden und dem Bosporos im Norden.

132 Kios, heute Gemlik an der Südküste des Marmarameeres, nördlich von Bursa.

133 Klazomenai, ionische Stadt am hermäischen Meerbusen, westlich von Smyrna (Izmir); Kyme, Seestadt in Aiolis, südöstlich von Lesbos.

134 Myrkinos, thrakische Stadt östlich von Struma.

135 Leros, Insel der Sporaden, westlich von Halikarnassos.

136 Aristagoras fiel noch im gleichen Jahr, in dem er nach Myrkinos gekommen war, also 497 v. Chr.

Sechstes Buch

1 Histiaios konnte sich auf eine persische Opposition gegen die Regierung des Dareios stützen. Wahrscheinlich bestand sie aus Anhängern des vom König beseitigten Oroites; vgl. III, 120; 126; 128.

ANMERKUNGEN

2 Am meisten mußte Miletos unter der Blockade leiden, dessen zahlreiche Kolonien und Handelsstationen am Pontos lagen.

3 Es handelte sich um Hymaias und die Satrapen von Lydien (Artaphernes) und Phrygien (Otanes); vgl. V, 122; 123.

4 Es sind die Vertreter der einzelnen Städte am Bundestag, deren Gesamtheit den in Bundessachen entscheidenden Bundesrat bildete. Sie fanden sich in dem Panionion, dem Tempel des Poseidon auf der Halbinsel Mykale gegenüber der Insel Samos, ein.

5 Die Insel Lade deckte den Eingang zum Hafen von Milet. Ihre strategische Bedeutung erwies sich wiederholt im Jahr 334 v. Chr. bei der Belagerung durch Alexander den Großen. Jetzt ist sie durch Anschwemmungen des Maiandros mit dem Festland verbunden.

6 Priene lag etwa 14 km nördlich von Milet.

7 Myus lag etwa 30 km nordöstlich von Milet.

8 Teos, heute Sighdjik, nördlich von Samos.

9 Von den dreizehn Bundesstädten fehlten also Ephesos, Kolophon, Lebedos, Klazomenai und Smyrna.

10 Baktra, das heutige Wasirabad im nördlichen Afghanistan, galt den Griechen als die östlichste Stadt des Perserreiches.

11 Herodot tadelt das Verhalten der Ioner, sucht jedoch gleichzeitig nach Entschuldigungsgründen für den Verrat der ihm befreundeten Samier, deren Motive er in Kap. 13 deshalb auch auffallend breit darlegt.

12 Bei dem hier beschriebenen Manöver handelt es sich um das wichtigste Manöver der antiken Seetaktik. Dionysios ließ die Schiffe in zwei langen Linien auffahren, die dann gegenseitig Front machten. Nun mußten die Schiffe der einen Linie die Linie der anderen Schiffe durchbrechen, indem sie in voller Fahrt durch die Lücke zwischen jeweils zwei feindlichen Schiffen hindurchstießen, dabei die Ruder der feindlichen Schiffe abbrachen und sie somit manövrierunfähig machten. Gleichzeitig hatten die Schiffssoldaten während des Vorbeifahrens die gegnerischen Schiffe mit einem Geschoßhagel einzudecken. Wenn ihnen auf diese Weise der Durchbruch gelungen war und sie sich im Rücken der Feinde befanden, war in der Regel der Sieg entschieden. Es versteht sich von selbst, daß dieses Manöver ein langes Üben voraussetzte, wogegen die Schiffsbesatzungen wohl protestierten.

13 Aiakes war ein Neffe des Tyrannen Polykrates. Er hatte die Nachfolge seines Vaters Syloson in Samos angetreten.

14 Herodot versucht hier umständlich, die ihm befreundeten Samier von der Schuld des Verrates reinzuwaschen.

15 Ephesos hatte an dem Aufstand nicht teilgenommen. Um so beschämender wirkt auf diesem Hintergrund ihr katastrophaler Irrtum, dem die überlebenden Chier zum Opfer fielen.

16 Aristagoras fiel 499 ab, folglich wurde die Stadt 494 v. Chr. erobert.

17 Der Apollon-Tempel von Didyma lag in der Nähe des heutigen Altinkum plaji. Er besaß eine berühmte Orakelstätte.

18 Sybaris, heute Sibari, im Golf von Tarent. – Laos und Skidros, zwei Städte im Golf von Policastro an der Westküste Kalabriens.

19 Phrynichos (um 540–470), bedeutender Lyriker und Dramatiker, Zeitgenosse des bekannteren Aischylos. Das Stück »Die Einnahme von Milet«, uraufgeführt im Jahr 492, ist das früheste Beispiel einer Verarbeitung zeitge-

SECHSTES BUCH

nössischer Geschichte in der Tragödie. Nach der Einnahme von Milet 494 meldete Phrynichos 493/2 die Tragödie bei dem zuständigen Archon Themistokles, dem späteren Sieger von Salamis, zur Aufführung an und erhielt, gewiß aus politischen Gründen, trotz der kühnen thematischen Neuheit die Genehmigung. Zuvor und danach waren es in der Regel stets mythisch-heroische Stoffe, die von den Tragikern gestaltet wurden; die *Phoinissai (Die Phönizierinnen)* des Phrynichos und die *Persai (Die Perser)* des Aischylos sind die einzigen außerdem bekannten historisch-aktuellen Stücke. Herodot ist der einzige, der dieses Stück erwähnt.

20 Gemeint sind hier die Angehörigen der sogenannten Volkspartei, die in Samos die Tyrannen vertrieben hatten und jetzt nach Sizilien auswandern wollen.

21 Zankle lag an der Stelle des heutigen Messina.

22 Rhegion, heute Reggio in Kalabrien.

23 Die Gründung der Stadt Calacta (»Schöne Küste«) erfolgte erst 446 v. Chr.

24 Inykos, eine Stadt südöstlich von Akragas.

25 Himera, heute Termini Imerese, an der Nordküste Siziliens.

26 Polichne hieß »Kleinstadt«; in Lakonien, Messenien, Kreta, Ionien, Troas und Sizilien gab es viele Orte dieses Namens.

27 Thasos, Insel und Stadt, im Nordteil des Ägäischen Meeres gegenüber dem griechischen Hafen Kavala.

28 Atarneus, ein Landstrich in Mysien mit gleichnamiger Hauptstadt, jetzt Dikeli-Köi, gehörte damals den Chiern.

29 Tod des Histiaios etwa Frühjahr 493. Harpagos hatte ihn zu Artaphrenes nach Sardis gebracht, auf dessen Befehl er gepfählt und sein Haupt nach Susa geschickt wurde.

30 Tenedos, heute Bozcaada, kleine Insel in strategisch wichtiger Lage vor der Dardanelleneinfahrt.

31 Auf den gebirgigen und schluchtenreichen Inseln des Ägäischen Meeres war diese Art des Menschenfangs praktisch unmöglich.

32 Das erste Mal unter Kroisos (I, 6), dann unter Kyros (I,157–171) und schließlich unter Dareios.

33 Selymbria, heute Silivri an der Nordostküste des Marmarameeres.

34 Mesambria, ebenso wie Byzantion und Kalchedon eine Gründung von Megara, heute Mesemwria an der bulgarischen Schwarzmeerküste.

35 Prokonnesos ist die heutige Insel Marmara im Marmarameer. Artake war ein Hafen der damaligen Insel Artonesos, die schon im Ausgang der Antike zur Halbinsel Kapudag geworden ist.

36 Oibares war wohl der Nachfolger des Daurises.

37 Die Apsinthier sind ein früh verschollener thrakischer Stamm nördlich der Chersonesos bis zum Hebros und der Stadt Ainos, die vorher Apsinthia hieß.

38 Die »heilige Straße« führte von Delphi in Phokis über Koroneia und Theben in Boiotien nach Attika, wo sie auf die Prozessionsstraße von Athen und Eleusis traf. Wallfahrer und Fremde standen auf ihr unter dem Schutz und Geleit des Gottes, zu dessen Heiligtum er führte.

39 Die Mauer wurde später mehrmals erneuert, zunächst unter Perikles, dann unter Derkyllidas und schließlich unter Kaiser Justinian.

40 Lampsakos, Stadt am asiatischen Ufer des Hellespont; ihr alter Name lautete Pityusa, d.i. »Fichtenstadt«.

ANMERKUNGEN

41 Miltiades und Kimon waren Söhne derselben Mutter, aber verschiedener Väter, nämlich Kypselos und Stesagoras I.

42 Ein Sproß aus dieser oder einer späteren Ehe scheint Oloros, der Vater des Geschichtsschreibers Thukydides, gewesen zu sein.

43 Miltiades II.

44 Die phoinikischen Schiffe hatten Miltiades wahrscheinlich am Ausgang des Sardonischen Meerbusens aufgelauert.

45 Herodot sagt nur, daß der Steueransatz zu seiner Zeit noch immer derselbe sei, nicht aber, daß er von allen Städten wirklich und regelmäßig bezahlt wurde. Seit der Schlacht von Mykale 479 bestand die persische Herrschaft über die meisten von ihnen nur noch dem Namen und Anspruch nach; tatsächlich aber standen sie unter der Herrschaft Athens und leisteten dahin ihre Beiträge zur Bundeskasse. Die persischen Steuerverwalter mußten trotzdem die einmal festgesetzten Steuern abführen, was nur durch eine Erhöhung der von den übrigen abzuführenden Steuern möglich war.

46 Das Frühjahr 492.

47 Akanthos auf der Chalkidike, wo Xerxes später die Landzunge durchstechen ließ.

48 Der Berg Athos (2033 m hoch) auf der Halbinsel Athos, heute bekannt durch seine Mönchsrepublik.

49 Bryger, thrakischer Volksstamm nördlich der Chersones.

50 Auf der gegenüberliegenden thrakischen Küste besaßen die Thasier die Kolonien und Handelsplätze Stryme, Galepsos, Oisyme, Datas und Skaptesyle, in welch letzterem Thukydides später Bergwerke besaß.

51 Die Insel wurde um die Mitte des 7. Jahrhunderts von Ioniern aus Paros besetzt, unter denen sich auch der Dichter Archilochos, Sohn des Kolonistenführers Telesikles, befand.

52 *Krios* bedeutet *Widder.*

53 D.i. Zeus, der mit Danaë Perseus gezeugt haben soll.

53a Über die ägyptische Herkunft des Perseus hat sich Herodot schon vorher geäußert; vgl. II,91.

54 Die »Vorväter« des Akrisios sind sein Vater Abas und sein Großvater Danaos, der aus Ägypten nach Argos floh.

55 Gemeint ist die Adoption des Hyllos durch den Dorierkönig Aigimios und das Erbrecht der Herakleiden in der Peloponnes.

56 Gemeint sind die Taten der die Rückkehr leitenden Herakleiden; vgl. IX, 26 f.

57 Die Geschichtsschreiber Hekataios, Pherekydes und Charon aus Lampsakos.

58 Gewöhnlich sind es dreihundert; vgl. VII,205 und VIII,124.

59 Erbtochter hieß diejenige Tochter eines Hauses, auf die bei Fehlen eines männlichen Nachkommen das Familiengut überging und deren Besitz mit dem der Erbschaft notwendig verbunden war.

60 Der »nächstverwandte« Geront gab also zwei Stimmen im Namen der beiden Könige ab, wobei Herodot allerdings übersieht, daß ein Geront nicht mit beiden Königen zugleich verwandt sein konnte.

61 Die Bräuche bestanden darin, daß man die Kleider zerriß, das Haar abschnitt und Staub auf Kopf und Kleider warf.

62 Perioiken sind die Angehörigen dorischer und vordorischer Stämme, die im Gegensatz zu den politisch rechtlosen Heloten (Teile der vordorischen Bevöl-

SECHSTES BUCH

kerung) im spartanischen Staat einige politische Rechte besaßen. Sie wohnten in von ihnen selbst verwalteten Landstädten. Neben der Pflicht zur Heeresfolge gehörte es auch zu ihren Obliegenheiten, das Trauergefolge für den toten König zu stellen.

63 Südöstlich von Sparta treten die jenseits des Eurotas sich hinziehenden Hügel dicht an das Ufer heran und bilden eine steile Hochfläche, die den Namen Therapne trägt. Hier war einst der Sitz der achaischen Landesfürsten. Nach der Sage waren hier auch Menelaos und Helena begraben und wurden gemeinsam in einem Tempel, dem Menelaon, verehrt.

64 Seit Theopompos gab es eine ältere regierende Linie der Eurypontiden (Theopompos – Archidamos – Zeuxidamos – Anaxidamos – Archidamos – Agasikles – Ariston – Demaratos) und eine jüngere Nebenlinie (s.VIII,131), die im achten Geschlecht durch Leutychides zur Regierung kam.

65 Chilon, wahrscheinlich ein Enkel des berühmten Weisen.

66 Es war alte Sitte in Sparta, daß der Bräutigam die Verlobte vor der Hochzeitsfeier aus dem elterlichen Haus zu einer Verwandten entführte. In diesem Falle raubte Demaratos die fremde Braut.

67 Der Kläger mußte vor Eröffnung des Verfahrens einen Eid leisten, den sogenannten Klageeid. Der Beklagte leistete seinerseits einen Gegeneid, daß die Behauptungen des Klägers falsch seien. Erst danach begann die eigentliche Verhandlung mit Beweisen und Gegenbeweisen.

68 Die Gymnopaidien wurden im Hochsommer gefeiert. Chorzüge von nackten Knaben, von Jünglingen und Männern, verbunden mit patriotischen Gesängen und gymnastisch-orchestrischen Aufführungen, mehr um die Kraft und Gewandtheit der Jugend zur Schau zu stellen als aus religiösem Anlaß, bildeten den Hauptinhalt.

69 Demaratos verlangt von der Mutter eine eidliche Aussage; daher diese Zeremonie.

70 Der vom Ehemann der jungvermählten Frau überreichte Kranz deutete den Vollzug der Ehe an.

71 Das Heroon lag an der Straße, neben dem Eingang zum Hofraum, in dem Aristons Wohnung stand, ohne jedoch zu diesem und seiner Familie irgendeine besondere Beziehung zu haben. Denn Astrobakos, ein alter Landesheros, dem Mythos nach aber ein Zeitgenosse des Lykurg, war angeblich ein Nachkomme des Königs Agis I. im fünften Geschlecht, gehörte also der anderen Königsfamilie, den Agiaden, an. Er und sein Bruder Alopekos hatten das einst von Orestes aus Tauris heimgebrachte Holzbild der Artemis Orthia wiedergefunden, waren aber bei seinem Anblick wahnsinnig geworden. Dafür weihten ihnen die Lakedaimonier jenes Heiligtum, das nach Pausanias (III,16) in der Nähe des Tempels des Lykurgos und wahrscheinlich auch des der Artemis lag.

72 Ein Gesetz verbot bei Todesstrafe, daß kein Heraklide sich im Ausland niederlassen sollte.

73 Zakynthos, heute die Insel Sakynthos vor der Nordwestküste der Peloponnes.

74 Der König gab ihm die Städte Pergamon, Teuthrania und Halisarna, die auch seinen Nachkommen verblieben; einer von diesen, Prokles, war der Schwiegersohn des Aristoteles.

75 Leutychides, der Sieger von Mykale, regierte 490/89–469/68.

76 Der Feldzug fand nach der Schlacht von Plataiai und der Bestrafung The-

ANMERKUNGEN

bens (IX,86 ff.) um 478 v. Chr. statt und galt den Aleuaden in Larissa, die sich den Persern freiwillig angeschlossen hatten.

77 Styx wurde der vom Chelmosgebirge in Arkadien fast 200 m hinabstürzende Wasserfall genannt, der jetzt wegen der Farbe des Gesteins, soweit es vom Wasser besprengt wird, Schwarzwasser (Mauroneria) heißt. Schon Homer und Hesiod erwähnen ihn. Er galt als der stärkste Eideshelfer, bei dem auch die Götter ihre Eide leisteten. Der Styx war seit alter Zeit ein religiöser Mittelpunkt der arkadischen Stämme.

78 Nonakris im nördlichen Arkadien, unweit des Flußes Krathis, im Nordwesten der Stadt Pheneos.

79 Stymphalis-See nordwestlich von Argos.

80 Nauplia, heute Nafplion am Golf von Argos.

81 Der argeische Krieg läßt sich durch die Gemeinsamkeit der beiden Orakel auf etwa 494/93 datieren; vgl. VI,19.

82 Der Drache war das Feldzeichen der Argeier.

83 Argos hieß der Sohn des Zeus und der Niobe, der in dem nach ihm benannten Land als Heros verehrt wurde.

84 Gemeint sind die sogen. Hörigen (Gymnesioi), die zu den Vollbürgern in einem ähnlichen Verhältnis standen wie die Heloten zu den Spartiaten.

85 Phigalia, heute Kato Figalia, südwestlich von Olympia in Arkadien.

86 Es handelt sich um den Araxes, den heutigen Arax, in Aserbeidschan. Die Skythen zogen über den Paß von Derbent nach Medien, dem nordwestlichen Teil des heutigen Iran.

87 Dieses Erkennungszeichen bestand darin, daß der Sachverhalt des Geschäftes zweimal auf ein Stück Leder geschrieben wurde, das man in der Mitte durchschnitt. Bei der Aushändigung mußten beide Teile zusammenpassen.

88 Für die Griechen der damaligen Zeit gab es keine fürchterlichere Strafe als das Aussterben der Familie, die Verödung des Hauses, durch die der Tote seine religiöse Ehre, die Götter des Geschlechtes ihre Opfer, der Herd seine Flamme und die Vorfahren ihren Namen unter den Lebenden verloren.

89 Ein Fest zu Ehren des Poseidon, zu dem man sich von Athen nach Sunion am südlichsten Zipfel Attikas im dortigen Heiligtum des Poseidon einfand. Es wurde alle fünf Jahre in Form eines Schiffswettkampfes begangen.

90 Athen besaß damals nur 50, Aigina dagegen 70 Schiffe.

91 Herodot versucht in seiner Sympathie für die Athener das spätere Schicksal der Aigineten als selbstverschuldete Folge alten Gottesfrevels darzustellen.

92 Der griechische Fünfkampf bestand aus Springen (Halma), Schnellauf (Podokia), Diskuswerfen (Diskos), Speerwerfen (Akon) und Ringen (Pale).

93 Von den beiden erscheint der Meder Datis bei Herodot und anderen Autoren als der eigentliche Heerführer, dem der noch jugendliche Artaphernes nur ehrenhalber und aus Gründen der Vorsicht beigesellt wurde.

94 Die aleïsche Ebene am Unterlauf des Seyhan zwischen Adana und Tarsus nördlich von Cypern.

95 Ikaros, heute Ikaria, westlich von Samos.

96 Tenos, heute Tinos, nördlich von Delos.

97 Delos galt als Geburtsstätte von Apollon und Artemis.

98 300 Talenten wären 7858 kg; hier kann also nur der Wert des Weihrauches gemeint sein.

99 Damit meint Herodot Athen und Sparta.

100 Die Deutung der Königsnamen ist nicht korrekt und beweist Herodots

Unkenntnis der persischen Sprache. Dareios hat die Bedeutung: »derjenige, der das Gute aufrechterhält«; die Bedeutung der anderen ist unklar, entspricht jedoch keinesfalls der Herodotschen Deutung.
101 Karystos, Stadt an der Südspitze von Euboia, heißt auch heute so.
102 Die drei Ortschaften lagen in den Küstenebenen östlich von Eretria, sind aber sonst nicht bekannt.
103 Jede der zehn Phylen stellte ein militärisches Kontingent mit einem Strategen an der Spitze. Die Rangordnung der Phylen wurde anscheinend jährlich neu festgesetzt. In diesem Jahr war also die oinoische Phyle, zu der Miltiades mit seinem Demos Lakiadai gehörte, die zehnte.
104 Da Peisistratos im Jahr 527 v. Chr. starb, fiel dieser Sieg in die nächste, die 64. Olympiade im Jahr 524.
105 Im Monat Karneios (September) wurden vom 7.–15. die Karneien zu Ehren von Apollon gefeiert; an diesen Tagen herrschte Waffenruhe. Die Schlacht bei Marathon wurde aber bereits am 12. September 490 geschlagen.
106 Aigileia, kleine Insel zwischen Styra auf Euboia und Marathon in Attika.
107 Der Altar der Zwölfgötter auf der Agora war das Zentrum der von den Peisistratiden neu geordneten Stadt, von wo nach allen Seiten die Straßen ausgingen und den attischen Markt mit allen Orten des Landes verbanden.
108 Der Archon Polemarchos hatte zur Zeit Herodots kaum noch eine große Bedeutung; sie wurde durch die Einrichtung der Strategen nach der neuen Verfassung von Kleisthenes weitgehend abgelöst. Er trat nur noch bei Uneinigkeit der Strategen auf. Bei der Wahl durch das Bohnenlos mußte unter schwarzen Bohnen die weiße gezogen werden.
109 Die Führung wechselte täglich und kam schließlich am zehnten Tag an Miltiades.
110 Früher hatte der König die Stelle am rechten Flügel als Ehrenvorrecht.
111 Reiterei und Bogenschützen pflegten den Kampf einzuleiten und den Anmarsch des Schlachtheeres zu decken.
112 Im Gegensatz zur griechischen Schlachtordnung stand der Oberbefehlshaber der Perser zusammen mit seiner Leibgarde und den besonders kampfstarken Saken in der Mitte seiner Schlachtreihe.
113 Kynegeiros war ein Bruder des Aischylos.
114 Kynosarges lag südöstlich von Athen.
115 Mykonos, Insel der Kykladen zwischen Tinos und Naxos.
116 Es handelt sich dabei um eine frühe Methode der Erdöldestillierung.
117 Stammtafel der Alkmeoniden:

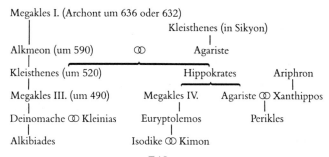

ANMERKUNGEN

118 Kroisos regierte 560–546 v. Chr. und seine Sendungen nach Delphi fanden um 556 statt. Alkmeon aber, der Anführer der Athener im kirrhaischen Krieg (595–586), ist, wie schon der Stammbaum zeigt, um ein ganzes Geschlecht höher anzusetzen. Er war der Zeitgenosse des Alyattes, des Solon und des Tyrannen Kleisthenes. Herodot irrt sich also um 30–40 Jahre, wenn er ihn mit Kroisos zusammenbringt und in VI,126 den Zeitgenossen Kleisthenes in das folgende Geschlecht einrückt.

119 Der Sieg in Olympia fällt wahrscheinlich in die 47. Olympiade im Jahr 592.

120 Siris, heute Sinno, an der Mündung des heutigen Agri in den Golf von Tarent.

121 Epidamnos, heute Durrès an der albanischen Küste.

122 Titormos, der Milon, den größten Athleten seiner Zeit, besiegte (um 520) und von ihm als zweiter Herakles bezeichnet wurde.

123 Wahrscheinlich wirft hier Herodot zwei Männer namens Pheidon durcheinander: einmal der verschollene Urheber des alten und veralteten Maß- und Gewichtssystems, und zum anderen den Tyrannen von Argos aus dem 7. Jahrhundert.

124 Trapezus im südwestlichen Arkadien.

125 Paios im westlichen Arkadien in der Landschaft Azania.

126 Aus der von dem Geschichtsschreiber Pherekydes aufgestellten Genealogie läßt sich soviel mit Sicherheit erkennen, daß Hippokleides vom Aiantiden Philaios abstammte, dessen Mutter Lysidike als Enkelin des Laphiten Kaineus galt, auf den andererseits auch die Kypseliden ihre Abstammung zurückführten. Wahrscheinlich ist auch Hippokleides ein Bruder des in VI,34 erwähnten Kypselos und Oheim des älteren Miltiades.

127 Die Molosser wohnten in der Landschaft Epirus in der Gegend des heutigen Jannina.

128 Es handelte sich dabei um Tänze von derb-komischem, bisweilen auch obszönem Charakter mit Szenen aus dem lakonischen und attischen Volksleben.

129 Hier ist Perikles, der große athenische Staatsmann, gemeint, dessen Tod im Jahr 429 Herodot noch erlebt hat.

130 Der Zug gegen Paros war 489 v. Chr.

131 Demeter und Persephone.

132 Im attischen Gerichtsverfahren wurde zunächst über die Schuldfrage verhandelt; war ein Schuldspruch gefällt, hatte die Verteidigung das Recht, auf ein milderes Strafmaß zu plädieren. Das Gericht war im Falle des Miltiades dem Antrag der Verteidigung gefolgt, während die Anklage die Todesstrafe beantragt hatte.

133 Die Eroberung von Lemnos muß durch einen älteren Miltiades, ebenfalls Kimons Sohn, erfolgt sein.

134 Die sogenannte pelasgische Burgmauer stammte schon aus mykenischer Zeit (1600–1200 v. Chr.).

135 Die Quelle Enneakrunos (Neunbrunnen) lag an der Südostseite der Stadt, nahe dem Ilissos. »Neunbrunnen« hieß sie erst, seitdem die Peisistratiden sie hatten einfassen und mit neun Öffnungen versehen lassen. Ihr eigentlicher Name hieß nach ihrem klar und reich sprudelnden Wasser Kallirrhoe (heute noch Kallirhoi) und wurde im Altertum zu vielen heiligen Handlungen benutzt.

136 In Brauron befand sich ein Tempel mit dem Bild der taurischen Artemis.

SIEBTES BUCH

Das Götterbild genoß außerordentliche Verehrung und war das Ziel von Wallfahrten. Brauron ist das heutige Vraona.

137 Etwa 500 Jahre später.

138 Miltiades segelte unter Ausnutzung des von Südrußland her wehenden Nordostwindes von Elaius am Westausgang der Chersonesos nach Lemnos. Es handelt sich hier um Ereignisse aus dem Krieg Athens gegen Thasos im Jahr 466 v. Chr., in dem Kimon, der Vater des hier erwähnten Miltiades, den Oberbefehl führte.

139 Die Insel hatte nur zwei Städte, von denen Hephaistia auf der Ostseite und Myrina auf der Westseite lag.

Siebtes Buch

1 Buch V, 105.

2 Im vierten Jahr: 486 v. Chr.

3 Die Regelung der Thronfolge hat mit dem Feldzug nichts zu tun. Xerxes war schon um 498 als Kronprinz anerkannt.

4 Gobryas gehörte zu den Verschwörern gegen den »falschen Smerdis« (Bardija) und stammte aus einer der sieben großen persischen Familien.

5 Dareios regierte 521–485 v. Chr.

6 Die Perser hegten eine besondere Vorliebe für die Baumzucht, die schon in dem persischen Gesetzbuch *Vendidad* unter die vornehmsten Pflichten gezählt wird.

7 Die mächtige Familie der Aleuaden, die ihre Abstammung auf Herakles zurückführt, hatte ihren Sitz in Larissa in Thessalien; sie hofften, mit persischer Hilfe Alleinherrscher über das ganze Land zu werden. Dies gelang ihnen auch zunächst, bis sie im Jahr 470 vom spartanischen König Leutychides auf ihre frühere Stellung beschränkt wurden (VI,72).

8 Onomakritos war bereits unter Peisistratos damit beschäftigt, die unter dem Namen des legendären, historisch nicht nachgewiesenen Musaios umlaufenden Sprüche zu überarbeiten, zu ergänzen und sie als ein zusammenhängendes Werk zu ordnen. Daneben hatte er auch die Aufgabe, zusammen mit drei anderen in epischer Dichtung bewanderten Männern die bislang zerstreuten Glieder der Homerischen Epen wieder zu einem Ganzen zusammenzufügen. Er muß 485 bereits ein hochbetagter Mann gewesen sein.

9 Vor der Ostküste von Lemnos lagen die sogenannten »Neuen Inseln«, die vulkanischen Ursprungs waren. Die Fälschung konnte durch die junge Entstehungsgeschichte dieser Inseln nachgewiesen werden.

10 Im zweiten Jahr: 484 v. Chr.

11 An dem Reichsrat nahmen die Satrapen und die Vertreter der sieben reichsaristokratischen Familien teil.

12 Gemeint ist der Tempel der Kybele, der beim Fall von Sardis eingeäschert wurde; vgl. V,102.

13 Das Land des Pelops ist die nach ihm benannte Peloponnes.

14 Verleumdung gilt auch im *Avesta* als große Sünde: »Die erste dieser Sünden, die die Menschen begehen, ist es, wenn jemand einen reinen Mann bei einem Manne von anderem Glauben und Ansichten verkleinert; mit Wissen sündigt er durch seinen eigenen Verstand.«

ANMERKUNGEN

15 Diese Todesart mußte dem Perser nach der Lehre des *Avesta* gerade besonders willkommen sein; Herodot urteilt hier ausgesprochen griechisch; vgl. I,104.
16 Der korrigierte Stammbaum der Achaimeniden stellt sich folgendermaßen dar:

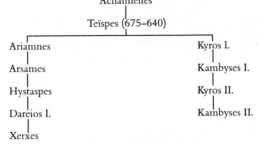

17 Xerxes, um 521 geboren (VII,3), muß damals etwa 35 Jahre alt gewesen sein.
18 Es galt sonst als Hochverrat, sich auf den Thron zu setzen, und wurde mit dem Tode bestraft.
19 Mager hieß ursprünglich ein besonderer medischer Stamm, aus dessen Angehörigen sich die Priesterkaste der Perser zusammensetzte.
20 Griechische Leser mußten den Ölbaum auf den heiligen Baum der Athena auf der Akropolis deuten (V,82), nach deren Einnahme das Glück des Königs sich wendete.
21 Die Rüstung dauerte von 484–481 v. Chr. Der Heerzug brach im Frühjahr 480 von Sardis auf; von Susa nach Sardis war Xerxes bereits im Jahr 481 gezogen.
22 Es handelt sich hier um eine entfernte Erinnerung an Kämpfe zwischen kleinasiatischen, thrakischen und griechischen Völkern. Dazu gehörte auch die Belagerung von Troia. Peneios hieß ein Fluß in der Landschaft Elis in der Peloponnes.
23 Durch die Sperrung des Hellesponts von Elaius aus für die aus dem Pontos kommenden Getreideschiffe konnte man die Getreidezufuhr Griechenlands gefährden.
24 Xerxes wollte seinem Vater Dareios, der den Nilkanal zum Roten Meer aus militärischen Gründen bauen ließ, auch darin nicht nachstehen.
25 Der Weißflachs ist die Faser des besonders in Spanien wachsenden Spartgrases, das die Karthager damals für ihre Schiffstaue benutzten. Sie haben wahrscheinlich die Pflanze nach Phoinikien gebracht.
26 Leuke Akte, Hafenstadt in der Nähe des heutigen Silivri an der thrakischen Marmaraküste.
27 Perinthos (heute Eregli) an der thrakischen Küste des Marmarameeres; Doriskos an der Mündung der Maritza (Evros); Eion an der Mündung des Strymon.
28 Kelainai, die alte Hauptstadt Phrygiens, lag nicht an der Reichsstraße, sondern weiter südlich, und erforderte deshalb einen ziemlichen Umweg.
29 Marsyas, eine Gestalt der phrygischen Sage, mythischer Erfinder, Meister und Lehrer der Flötenmusik, soll nach der Sage im Wettstreit mit Apollon,

SIEBTES BUCH

dem Meister der Saitenmusik, unterlegen und zur Strafe enthäutet worden sein.

30 Pythios, ein Enkel des Kroisos, war der Sohn jenes Atys, der bei der Eberjagd getötet wurde; vgl. I,34 und 35.

31 Platane und Weinstock sind Werke des Samiers Theodoros; sie waren wegen der kunstvollen Arbeit und der kostbaren Steine berühmt, vor allem der an einem Baumstamm aufgerankte Weinstock mit seinen aus Smaragden gefertigten Trauben.

32 Anaua, südlich des Maiandros am Nordufer des Salzsees.

33 Kolossai, eine Stadt in Phrygien am Lykos (heute Chonas), an deren christliche Gemeinde der Apostel Paulus später seinen Kolosserbrief gerichtet hat. Heute gibt es noch zahlreiche Ruinen von dieser Stadt.

34 Es ist ein hügeliger, bewaldeter Küstenvorsprung, der durch die Buchten von Sestos (heute Zemenik) und Koila (heute Kilia) von der übrigen Küste abgetrennt ist. Madytos (heute Maito) liegt etwas südlicher.

35 Artayktes starb 478 v.Chr.; die Vorgänge werden in IX,116–120 geschildert.

36 Es sind zwei Sonnenfinsternisse, die von Sardis aus zu beobachten waren, bekannt: die erste, partiale, ereignete sich am 2. Oktober 480 v.Chr. in Korinth; die zweite, ringförmige, am 17. Februar 478. Es muß sich hier um die erste gehandelt haben, da eine Sonnenfinsternis im Frühjahr 480 nicht nachgewiesen werden kann. Herodot verwechselt hier die Ereignisse.

37 Pythios muß damals etwa um die 80 Jahre alt gewesen sein.

38 Die Zahl tausend gilt hier nicht als Zahlenangabe, sondern als Bezeichnung für die Leibgarde des Königs.

39 Zeus ist hier der Sonnengott Ahuramazda.

40 Kaikos, heute Bakir Tschai. Das Heer zog also durch die fruchtbare Ebene vom heutigen Bergama an die Küste und folgte dann der Küstenstraße bis zur Ebene von Troia.

41 Die Athena Ilias war die Stadtgöttin von Troia. Nach der Zerstörung der Stadt wurde ihr Kult in der neuen Stadt weiterbetrieben. Von tausend Rindern kann hier natürlich keine Rede sein; die Zahl will auf ein besonders festliches Opfer hinweisen.

42 Die Gergithen leiten ihren Ursprung von den vordem in diesen Landschaften seßhaften Teukren her.

43 Es kann sich hier nur um den ideal gelegenen Hügel Maltepe handeln.

44 Die Sidonier besaßen die besten Schiffe mit den geschicktesten Schiffsführern der ganzen Flotte.

45 Das Vorgebirge Sarpedon (heute Kap Paxi) bildet den nördlichen Endpunkt des Golfes von Saros.

46 Helle war hier, als sie vor ihrer Stiefmutter Ino auf einem goldenen Widder nach Kolchis floh, ins Meer gestürzt; das Grabmal liegt bei der Stadt Paktye.

47 Bei Doriskos muß es sich um Enez handeln, an der Mündung des Evros (Hebros) in das Thrakische Meer.

48 Serreion, heute Kap Makri.

49 Alter thrakischer Stamm, dessen Frauen hier der Sage nach Orpheus zerrissen haben sollen.

50 Der gleichen Zahl 1700000 begegnet man auch wieder in VII, 184; dazu kamen noch 80000 Reiter, 20000 Araber, 517600 Mann Schiffsbesatzung. Zusammen ergibt dies eine Zahl von 2317600 Mann.

51 Die Aufzählung der Völker geht von den Waffengattungen aus. Das persi-

ANMERKUNGEN

sche Heer ist demnach in Infanterie, Kavallerie und Flotte eingeteilt. Die Infanterie in Bogenschützen, Speer- und Lanzenträger; die Kavallerie in Kamelreiter, reine Kavallerie und Verbände, bei denen Streitwagen und Reiter gemischt waren. Bei den Persern ist also das regionale Prinzip bei der Aufstellung einer Armee zugunsten einer Gruppierung nach Waffengattungen aufgegeben worden.

52 Die Tiara ist ein spitz zulaufender weicher Filzhut von mehr zufälliger Form.

53 Hier ist zum erstenmal in der Literatur von einem Schuppenpanzer die Rede.

54 Wenn Herodot behauptet, die Hellenen hätten die Perser früher Kephener genannt, so beruht dies auf der genealogischen Kombination, daß Perseus der Enkel des Kepheus sei.

55 Das Wort *Artaioi,* abgeleitet von dem noch in vielen Eigennamen enthaltenen Adjektiv *arta,* bedeutet »hoch, erhaben, edel, mächtig«.

56 Altpersisch *Arija* hat etwa die Bedeutung von »Herren«. *Arier* ist offenbar, ähnlich wie *Hellenen* im Vergleich mit den *Spartanern* der umfassendere Begriff, der Meder und Perser einschließt.

56a Eine Binde, die um die Stirn gebunden wurde und deren Enden zu beiden Seiten des Gesichts herunterhingen.

57 Das Land der Hyrkanier zog sich um den südöstlichen Rand des Kaspischen Meeres bis an den Unterlauf des Oxus (Amu); vgl. III, 92.

58 Sie hatten kegel- oder birnenförmige und runde, auch mit Kämmen und Büschen geschmückte Helme aus Bronze und Eisen.

59 Gemeint sind die nomadischen Hirten- und Reitervölker in den weiten Steppenländern zwischen Don und Wolga.

60 Artabazos, nach Herodot der einsichtigste unter den persischen Feldherrn, führte später als Satrap von Daskyleion die Verhandlungen mit Pausanias. Seinen Sohn Tritantaichmes fand Herodot als Satrapen von Babylon.

61 Schon Homer unterschied Aithiopier des Ostens und des Westens. Herodot nennt die westlichen Libyer, die östlichen wohnten in Gedrosien; vgl. III, 94.

62 Inselgruppe am Ausgang des Persischen Golfes in der Straße von Ormus.

63 Neben der Gliederung nach Waffengattungen bestand auch eine Einteilung in Zehntausend- und Tausendschaften und noch kleinere Einheiten, was für die damalige Zeit einen großen Fortschritt bedeutete.

64 Das ganze Heer zerfiel also, außer der Garde der Zehntausend (diese Zahl ist ebenfalls nur sinnbildlich zu nehmen), in sechs Hauptcorps.

65 Hier handelt es sich um eine Art Lasso.

66 Aus Salamis: Die zufällige Namensähnlichkeit der hellenischen Insel und der kyprischen Stadt gab auch hier Anlaß, einen historischen Zusammenhang zu erdichten, der von den Einwohnern um so bereitwilliger geglaubt wurde, als es wie ein Adelstitel galt, einen hellenischen Heros zum Urvater zu haben. Der Aiakide Teukros, Aisas' Bruder, soll auf der Flucht von zu Hause mit gefangenen Troiern nach Kypros gelangt sein und dort Salamis gegründet haben.

67 Bei dem von Herodot als »Aithiopier« (»Brandgesichter«) bezeichneten dritten Bevölkerungselement handelt es sich um die einheimische Bevölkerung der Insel, nicht um Einwohner aus dem wirklichen Aithiopien südlich von Ägypten.

SIEBTES BUCH

68 Kilix ist hier, wie Thasos (VI,47), nur der mythische Repräsentant einer phoinikischen Ansiedlung in dem nach ihm benannten Land. Agenor, Vater des Kadmos, des Phoinix und der Europe, ist die hellenische Bezeichnung des phoinikischen Bal. Die Kiliken scheinen nicht nur selber semitischen Ursprungs gewesen zu sein, sondern mehrere ihrer Städte (Tarsos, Myriandros, Aigai, Mallos) waren phoinikische Gründungen. Ihre Münzen und Kulte sowie viele Ortsnamen beweisen, daß auch phoinikische Sprache und Bildung in Kilikien verbreitet waren.

69 In Buch I, 171 f.

70 *Pelasger* ist bei Herodot die Bezeichnung für die Urbevölkerung der Peloponnes (I,146; II,171).

71 Es sind hier, mit Ausnahme der zur Dodekapolis gehörenden Inseln Samos und Chios, die Bewohner der meisten ägäischen Inseln, besonders der Kykladen, gemeint; vgl. VIII,46; 66. Die geringe Schiffszahl erklärt sich durch die zweifelhafte Treue der nur wenige Jahre zuvor Unterworfenen (VI,31; 49; 98).

72 Ionische (milesische) Kolonien waren Abydos, Lampsakos, Paisos, Priapos, Kyzikos, Artake, Prokonnesos, Perinthos; dorische (megarische) Kolonien waren Selybria, Byzanthion, Kalchedon.

73 Über Demaratos in Buch VI,61–70.

74 Xerxes bezieht sich hier auf die spartanische Sitte, wonach den Königen bei öffentlichen Mahlzeiten doppelt gereicht werden muß; folglich sollte er auch doppelt so viel leisten.

75 Der König, der immer nur das Zahlenverhältnis der beiden Heere im Auge hat und in den Lakedaimonen nur eine Reihe von Einzelkriegern erwartet, stellt sich die Schlacht in lauter Einzelkämpfe aufgelöst vor, wobei je einen Spartiaten mehr als tausend Perser umzingeln würden.

76 Eion an der Mündung des Strymon.

77 Dies war die erste Unternehmung der seit 476 v.Chr. unter Kimons Führung gestellten Seemacht der Athener und ihrer Bundesgenossen, veranlaßt durch den Hilferuf der zahlreichen an jener Küste liegenden hellenischen Städte, aber ausgeführt zur Ausbreitung der athenischen Herrschaft.

78 Maroneia, westlich von Stryma, heute Maronia.

79 Abdera, nahe bei der Mündung des Nestos (Karasu).

80 Beide Flüßchen kommen vom Rhodope-Gebirge.

81 Die Paiter südlich des Hebros.

82 Die Kikonen saßen einst am Hebros bis über den Nestos hinaus.

83 Die Sapaier gegenüber von Thasos.

84 Die Dersaier saßen oberhalb der Sapaier im Binnenland.

85 Die Wohnsitze der Edoner reichten bis an den Strymon.

86 Die Satrer saßen in den Gebirgen zwischen Strymon und Nestos.

87 Die Besser waren einer der größten thrakischen Stämme. Die Priester des Heiligtums scheinen bei den Thraken ein fast göttliches Ansehen und großen politischen Einfluß besessen zu haben.

88 Die Pierer waren wie die Edoner und Bottiaier aus ihren Sitzen in Makedonien durch die Temeniden vertrieben worden.

89 Die weißen Pferde waren dem Sonnengott Mithra heilig, der zugleich auch als Siegesgott galt.

90 »Neunwege« (Ennea-Hodoi) lag bei dem späteren Amphipolis, wo in der römischen Zeit die Straße nach Byzanz den Strymon überschritt.

ANMERKUNGEN

91 Dem griechischen Hades ist der iranische Angramainjus, der Fürst der bösen Geister und Widersacher des Ahuramazda, nur insofern vergleichbar, als er der Todbringende ist und seine Scharen »im Grunde der Hölle« wohnen.

92 Die griechische Stadt Akanthos am Golf von Hierisos hatte durch den Kanalbau große Gewinne erzielt und unterstützte daher das Unternehmen des Xerxes, dem sie ihren Wohlstand verdankte.

93 Das sind 2,15 m.

94 Die jährlichen Staatseinnahmen der Stadt betrugen damals etwa 2–300 Talente.

95 Therma lag bei dem heutigen Saloniki.

96 Es sind Städte an der Ostküste der Halbinsel Sithonia (heute Longos).

97 Diese Städte liegen an der Westseite der Halbinsel.

98 Die Halbinsel Pallene, heute Kassandra.

99 Der Olymp ist 2911 m hoch, der Ossa 1978 m, zwischen denen der Peneios (heute Pinies) fließt.

100 Herodot nennt die vier wichtigsten Nebenflüsse des Peneios.

101 Der Boibeis-See, heute Karlas-See.

102 In Thessalien als einem Agrarland wurde die Macht vom Großgrundbesitz gehalten, der seinem Wesen nach konservativ war. Deshalb sahen die Thessaler in den Persern, die als Gegner der griechischen Demokratien auftraten, ihre natürlichen Verbündeten.

103 Demnach hatten sich die griechischen Staaten von der thessalischen Grenze bis zum Golf von Patras, mit Ausnahme der im Westen liegenden Landschaften Epirus, Aitolien und Akarnanien, den Persern unterworfen. Lediglich Attika mit Plataiai, Euboia, Korinth, einige Inseln und der größere Teil der Peloponnes verteidigten ihre Unabhängigkeit.

104 Der hier erwähnte Bund stand unter spartanischer Führung.

105 Fielen die Opfer ungünstig aus, mußten alle öffentlichen Geschäfte, die an ihren günstigen Ausgang gebunden waren, unterbleiben.

106 Hydarnes war Satrap der ersten Satrapie an der kleinasiatischen Küste.

107 Halieis, kleine Seestadt an der südlichsten Spitze der argolischen Küste, im Gebiet von Hermione gegenüber der heutigen Insel Spetsä, die von den ehemaligen Einwohnern der 468 zerstörten Stadt Tiryns gegründet worden war.

108 Dieses Kapitel wurde etwa um 431 v. Chr. geschrieben; man hält es für den Schlüssel zum Verständnis von Herodots Werk.

109 Hier ist der gesamte innere Tempelbezirk gemeint, innerhalb dessen die Frager die üblichen vorbereitenden Opfer, Reinigungen und sonstigen Bräuche vollzogen und dann warten mußten, bis die durch das Los bestimmte Reihe der Wartenden sie in den Tempel selbst und in das Allerheiligste eintreten ließ, in dessen dunklem, höhlenartigem Hintergrund der Dreifuß stand.

110 Der »Berg des Kekrop« heißt die heutige Akropolis, weil Kekrop als ihr erster Ansiedler galt und im Erechtheion begraben lag.

111 Themistokles gehörte zu dem alten in Phlya ansässigen Geschlecht der Lykomiden; seine Mutter aber war nicht attischer Herkunft. Er war 493 Archon Eponymos gewesen, hatte als solcher den Ausbau des Peiraieus begonnen, dann bei Marathon mit Auszeichnung gekämpft, im Krieg gegen Aigina den Bau einer Flotte durchgesetzt (VII,144) und, seit es ihm gelun-

SIEBTES BUCH

gen war (484/83), seinen vieljährigen Gegner Aristeides zu verdrängen (VIII,79), sich zum einflußreichsten Mann des Staates gemacht.

112 Laureion, heute Lavrion, an der Südspitze von Attika.

113 Die fragliche Summe hätte niemals ausgereicht, um eine Flotte von 200 Schiffen zu bauen.

114 Kerkyra, heute Korfu mit der Hafenstadt Kerkira.

115 Argos (Mykene) war in den troischen Kriegen der führende Staat Griechenlands. Also erhob es von Rechts wegen Anspruch mindestens auf die Teilung der Führung im peloponnesischen Bund, wenn nicht auf die ganze Führung.

116 In Wirklichkeit waren schon die nächsten Nachfolger des berühmten Pheidon (VI,127) der Regierungsmacht enthoben worden.

117 Herodot ist offensichtlich der Widerspruch dieser Behauptung mit dem in V,75 erwähnten Gesetz entgangen; tatsächlich erschien nachher auch nur ein spartanischer König im Feld.

118 Diese Anfrage hat nur Sinn, wenn sie nicht lange nach Xerxes' Tod (465) gestellt wurde.

119 Telos (heute Tilos), eine Insel zwischen Knidos auf der Halbinsel Resadiye und der Insel Rhodos.

120 Gela war 689 v.Chr. unter der Führung des Antiphemos von Bürgern von Lindos auf Rhodos und Einwohnern von Kreta an der Südküste Siziliens gegründet worden; heißt auch heute noch Gela.

121 Demeter und Persephone.

122 Kallipolis, Kolonie der Naxier am Ätna; Naxos, 736 v.Chr. von den Chalkidern als älteste griechische Kolonie auf Sizilien gegründet, an der Ostküste; Zankle, heute Messina; Leontinoi, Kolonie von Naxos, heute Lentini, südlich von Catania.

123 Eloros, Küstenfluß im Südosten von Sizilien, heute Abiso.

124 Syrakus und Kerkyra waren Tochterstädte von Korinth.

125 Kamarina, südöstlich von Gela; die Übergabe fand 495 v.Chr. statt.

126 Den Namen Hyble tragen viele Städte der Sikeler.

127 Kyllyrier, Zinsbauern, wahrscheinlich Reste der ältesten sizilischen Bevölkerung (aus Illyrien?), ähnlich den Heloten in Sparta.

128 Buch V, 41–46.

129 Die Spartaner hielten sich für die legitimen Nachfolger des Agamemnon, dessen Grab sie in Amyklai zeigten; so begründeten sie ihren Anspruch auf die Führung in ganz Hellas.

130 Skythes ist der durch Hippokrates vertriebene Tyrann von Zankle (VI,23 f.).

131 Theron regierte 488–473 v.Chr. in Akragas.

132 Ligyer = Ligurer; Helisyker, Volksstamm an der französischen Küste zwischen Rhône und Pyrenäen; Kyrnier, Bewohner von Korsika (Kyrnos).

133 Die Schlacht fand am Himerafluß statt, etwa am 20. September 480.

134 Die Etesien wehen von Ende Juli bis Ende September.

135 Gemeint ist der Raub der Helena durch Paris.

136 Iapygia, der Stiefelabsatz Italiens.

137 Hyria ist das heutige Oria zwischen Tarent und Brindisi.

138 Die meisten von den insgesamt 15 Standbildern waren noch bis ins zweite nachchristliche Jahrhundert zu sehen; einige hatte Kaiser Nero nach Rom bringen lassen. Es waren Werke der Argeier Glaukos und Dionysios.

139 Ein Polemarchos stand an der Spitze einer Abteilung (More) des spartani-

ANMERKUNGEN

schen Heeres. Es gab sechs Moren. Die Führung des Heeres hatte einer der beiden Könige.

140 Das Kap Artemision an der Nordspitze von Euboia. Bei Artemision sperrte die Flotte die Einfahrt in den Euripos und verhinderte eine feindliche Landung im Rücken der Thermopylen.

141 Die Insel Skiathos liegt nördlich von Euboia; Magnesia, Landschaft südlich des Peneios am Meer, heute Pelion.

142 1 Plethron = 26,9 m, hier also etwa 13,5 m.

143 Die Bezeichnung Chytroi (»Kochtöpfe«) bezieht sich weniger auf die warmen Quellen als auf die natürlichen Becken, in denen das Wasser aufgefangen wurde.

144 Aiolis ist die älteste Bezeichnung Thessaliens.

145 Opferung von Kriegsgefangenen war gerade bei den Phoiniken häufig.

146 Bei der steinernen Säule wird es sich wohl um ein Warnzeichen für Schiffe gehandelt haben.

147 »Das Problem der Stärke des persischen Heeres ist praktisch unlösbar. Daß Herodots phantastische Zahlen keinen Glauben verdienen, ist längst Allgemeingut der Forschung. In einer eindringlichen Studie ist General E.v. Fischer ... zu dem Schluß gekommen, daß das Heer des Xerxes nicht über 50000 Kombattanten gezählt haben kann; ... wesentlich höhere Zahlen haben sich dem britischen General Sir Frederic Maurice ergeben (175000).« Bengtson, Griech. Geschichte (1950), S. 155. B.L. Viscount Montgomery of Alamein hat in seiner »Weltgeschichte der Schlachten und Kriegszüge« die zahlenmäßige Stärke der Perser auf 160000 Mann, 1700 Kriegsschiffe und 3000 Transportschiffe veranschlagt. (München 1975, S. 67).

148 Die Eorder saßen damals zwischen Axios und Strymon.

149 Die Bottiaier saßen auf der westlichen Chalkidike um Olynthos.

150 Der hellenische Hoplite (Schwerbewaffnete) hatte in der Regel einen Diener, der ihm Gepäck und Proviant, auch Schild und andere Waffen trug; der Reiter einen Knecht, der das Pferd versorgte. Daher zählt ein hellenisches Heer immer doppelt so viel Menschen wie Soldaten. Das persische Heer bestand zum großen Teil nur aus Leichtbewaffneten; wenn auch die Anführer ein großes Gefolge mit sich führen mochten, so erscheint es doch als ganz unwahrscheinlich, daß auch jeder gemeine Soldat einen Diener mit sich führte. Von der Flottenmannschaft nimmt dies auch Herodot selbst nicht an.

151 1 Choinix = 1,09 Liter; 1 Medimnos = 52 Liter; Herodots Rechnung stimmt hier nicht.

152 Es ist der aus den russischen Steppen über den Pontos und Thrakien hinwegstreichende eisige, mit kalten Regenschauern verbundene Nordostwind.

153 Boreas hatte Oreithyia, während sie am Ilissos Blumen pflückte, geraubt und nach Thrakien entführt, wo sie das Argonautenpaar Zetes und Kalais gebar.

154 Erechtheus, der Vater der Oreithyia, war zugleich Stammvater aller Attiker.

155 Oreithyia war selbst zur Windgöttin geworden.

156 Heute der Pagasäische Golf mit der Küstenstadt Volos.

157 Alabanda, das heutige Arabhissar, war eine Stadt in Karien.

158 Der Zeus Laphystios, der Würgegott, hatte, wie der Jahwe des Alten Testamentes, der Moloch und Melkart der Phoiniken, Anrecht auf alle Erstgebur-

758

SIEBTES BUCH

ten. Und so lastete die Pflicht, den jeweiligen Erstgeborenen zu opfern, noch fortwährend auf dem Haus der Athamantiden. Man hatte jedoch Mittel und Wege gefunden, die Vollziehung zu umgehen und durch ein symbolisches Widderopfer zu ersetzen; nur mußte der Betroffene wie im Gottesbann von da an die Heimat verlassen.

159 Der Golf von Lamia; hier sind die Gezeitenunterschiede in dem sonst gezeitenschwachen Mittelmeer auffallend groß.

159a Das Plethron ist der fünfte Teil des Stadion, etwa 30,8 m.

160 Der Amphiktyonenbund wurde auf Amphiktyon, den Sohn des Deukalion und der Pyrrha, zurückgeführt. Die Gesandten der Staaten, die ihn bildeten, kamen zweimal jährlich zusammen, im Herbst in Delphi, im Frühjahr an der hier beschriebenen Stelle.

161 Herodot zählt nur 3100 Peloponnesier auf; das Epigramm in VII, 228 spricht von 4000. Offenbar hat Herodot die 1000 lakedaimonischen Peroiken vergessen, die Diodor XI,4 nachträgt.

162 Die opuntischen Lokrer wohnten in der Küstenlandschaft des Festlandes am Kanal von Atalanti gegenüber von Euboia. Phokis liegt zwischen dem Golf von Lamia und dem Golf von Patras. In Phokis am Parnassos befand sich das delphische Orakel.

163 Die Karneen waren ein großes Volksfest, das in Sparta zu Ehren des Apollon gleichzeitig mit der Olympiade im August bzw. September gefeiert wurde. Während dieser Zeit hatten die Waffen zu ruhen.

164 Der letzte Tag der hier erwähnten Olympiade fiel auf den 19. August 480.

165 Die lakedaimonischen Herakleiden waren hinsichtlich ihres Alters und Ruhmes das erlauchteste Fürstenhaus in ganz Hellas.

166 Als Pylagoren wurden die jedes Frühjahr bei Thermopylai und im Herbst in Delphi zusammenkommenden Gesandten der in der delphischen Amphiktyonie vertretenen Staaten bezeichnet.

167 Melampygos (»Schwarzarsch«), derbe Bezeichnung des Herakles.

168 Kerkopen (»Schwänzlinge«), zwei diebische, schadenfrohe, zwergenhafte Kobolde, die je nach dem Land, in das sie versetzt werden, verschieden benannt werden, doch immer im Zusammenhang mit Herakles, den sie als die listigen boshaften Kleinen neben dem gutmütigen derben Riesen begleiten.

168a Etwa 10–11 Uhr vormittags.

169 Noch Pausanias las die Namen der Pylenkämpfer auf einer Säule in Sparta, die man 440 v.Chr. errichtet hatte, als man die Gebeine des toten Königs nach Sparta geholt hatte. (Paus. III,14)

170 Demnach hat jede Stadt für ihre Toten besondere Grabinschriften gesetzt.

171 Das Aufdrücken des Brandzeichens wurde sonst nur bei Sklaven gemacht.

172 Kythera, heute Kythira, Insel vor dem Kap Maleas an der Südspitze der Peloponnes.

173 Chilon war einer der Sieben Weisen des Altertums. Am bekanntesten von ihm sind seine Merksprüche wie »Erkenne dich selbst« und »Alles mit Maß«.

174 Achaimenes war Satrap von Ägypten, der 463 im Kampf gegen den Libyer Inaros gefallen ist; vgl. III, 12.

175 Gorgo hatte schon als Kind einen außergewöhnlichen Verstand bewiesen; vgl. V, 51.

ANMERKUNGEN

Achtes Buch

1 Zu den 127 Schiffen der Athener kommen noch die 20 von den Chaldikern bemannten Schiffe und die 53 später abgeschickten (VIII,15) Schiffe hinzu; somit sind es 200 athenische Schiffe.

2 Bewohner von Styra, Stadt im südlichen Teil von Euboia.

3 Da die Athener zunächst mehr auf die Hilfe der Peloponnesier angewiesen waren als umgekehrt, verzichteten sie vorläufig auf die Führung, um diese nicht zu verlieren.

4 Es handelt sich hier um Vorgänge nach der Eroberung von Byzanz 477/76; vgl. Thuk. I,95.

5 Offensichtlich haben die hellenischen Führer angenommen, daß in dem Sturm bei Kap Sepia (VII, 188–192) mehr Schiffe zugrunde gegangen seien, als tatsächlich der Fall war.

6 Themistokles ist die einzige geschichtliche Person, die der sonst eher ausgeglichen und nachsichtig urteilende Herodot mit entschiedener Parteilichkeit behandelt. Von seinen unleugbaren Verdiensten spricht er überall mit auffallender Kühle, manche verschweigt er ganz oder rechnet sie nicht ausdrücklich ihm zu. Dagegen erzählt er wiederholt von seiner unlauteren Gewinnsucht und seiner Bestechlichkeit und zeichnet eher mißgünstig das Bild eines zweideutigen, unredlichen selbstsüchtigen und eitlen Charakters; vgl. VIII, 5, 19, 22, 58, 108 f., 112, 124.

7 Die Reihenfolge der Ereignisse war nach Herodot folgende: Ankerung bei Sepias, dreitägiger Sturm (VII,188–191). Am 4. Tag (VII,192 f.) nach Mittag Ankerung bei Aphetai; Entsendung einer Abteilung um Euboia; Schlacht am späten Nachmittag; nachts wieder Sturm. Am 5. Tag Waffenruhe (VIII,14). Am 6. Tag zweite Schlacht; nachts Rückzug der Hellenen (VIII, 15 ff.). Gegenüber dieser Reihenfolge ist kritisch einzuwenden, daß am 4. Tag die persische Flotte schwerlich in der Lage gewesen sein konnte, in den Kampf zu ziehen, und daß das in der Nacht nach dem ersten Gefecht vom Sturm überraschte Geschwader seit seiner Abfahrt am Nachmittag nicht schon bis zur Südwestküste Euboias gelangt sein konnte. Deshalb wird der erste Kampf erst am 5. Tag und der Sturm in der Nacht darauf stattgefunden haben.

8 Der Feuerträger hatte das von zu Hause mitgenommene heilige Feuer in Obhut und half bei den Opfern; er war persönlich unverletzlich. Von einer vernichtenden Niederlage sagte das Sprichwort: »Auch nicht einmal der Feuerträger blieb übrig«.

9 Sturm und Feinde hatten schon so starke Lücken gerissen, daß eine neue Einteilung und Organisation nötig war.

10 Westlich von Geraistos weist die Küste von Euboia zahlreiche schroffe Abstürze, steile Buchten und verborgene Klippen auf.

11 Euripos, die Meerenge zwischen Chalkis auf Euboia und der Küste von Boiotien.

12 Kleinias war mit Deinomache, einer Tochter des Alkmeoniden Megakles, vermählt; sein Sohn war der berühmte athenische Feldherr Alkibiades, der in der Schlacht bei Koroneia 447 fiel.

13 Für gewöhnlich stellte der Staat dem Schiffsführer (Trierarchos) das Schiff zur Verfügung und zahlte für die Mannschaft Sold und Verpflegung; der

ACHTES BUCH

Schiffsführer besorgte nur die Takelage, Ruder und sonstige Ausrüstung des Schiffes.

14 Bakis ist der fingierte Verfasser einer Sammlung von Orakelsprüchen, ähnlich denen, die unter dem Namen des Orpheus, Musaios, Lysistratos, der Sybille u.a. etwa seit dem 7. Jahrhundert v.Chr. in Umlauf gekommen waren und einigen Einfluß auf die Entscheidungen der Staaten erlangt hatten.

15 Antikyra an der Mündung des Spercheios in den Golf von Lamia.

16 Ellopia war der alte Name der nördlichen Hälfte der Insel Euboia; davon war das Gebiet der Histiaier, der fruchtbare Küstenstrich im Norden, ein Teil.

17 Es sollte der Anschein erweckt werden, als seien hier viertausend Hellenen von nur tausend Persern getötet worden.

18 Wenn die Erzählung stimmt, muß die Zeit ihrer Ankunft bei Xerxes mindestens um einen Monat, und zwar in die Zeit von Xerxes' Aufenthalt in Therma (VII,131) zurückverlegt werden. Denn der letzte Tag der fünftägigen olympischen Spiele fiel auf den Vollmond nach der Sommerwende, d.i. für das Jahr 480 auf den 25. Juni. Zwischen dem Ausmarsch von Therma aber und der Schlacht bei Salamis (gegen Ende September) liegen, nach Herodots Angaben (VII, 183, 192; VIII,15, 23, 66) 27 Tage, so daß jener Ausmarsch erst um Ende August anzusetzen ist.

19 Die Gruppe stellte den von Bildhauern und Malern häufig behandelten Streit um den delphischen Dreifuß dar, den Herakles davontragen will, Apollon aber als rechtmäßiger Besitzer verteidigt.

20 Hyampolis, eine Gründung der vorhellenischen Hyanten im östlichen Phokis, nahe bei Abai. Dort feierten später die Phoker alljährlich ihre Befreiung von der thessalischen Herrschaft.

21 Die krisaiische Ebene erstreckt sich von Delphi aus zwischen dem Parnass und dem Kirphis nach dem Meer hin.

22 Bei Parapotamioi verengt sich die Ebene des oberen Kephisos zu einem schmalen Tal; südlich davon tritt er in eine andere Ebene, an deren Südrand die Stadt Panopeus (in der Nähe des heutigen Agio Vlasi bei Dhavlia) lag.

23 Das Orakel in VII, 140.

24 Bei der Göttin handelt es sich um Athena Polias; ihr war die Schlange heilig. Zugleich ist sie eine symbolische Erinnerung an die schlangenleibigen altattischen Heroen Erechtheus, den Zögling der Göttin, und Kekrops, den Gründer der Akropolis.

25 Der Hafen Pogon erstreckt sich zwischen der Insel Kalauria und der Küste von Troizen als eine tiefe, geschützte Meeresbucht.

26 Die Korinthier hatten wieder 40, die Megarer 20 Schiffe gestellt. In den Kämpfen bei Artemision werden sie Verluste erlitten haben, während die anderen Staaten fast durchgängig mit inzwischen verstärkten Kontingenten erschienen.

27 Megara war nach der dorischen Eroberung lange Zeit von Korinth abhängig; Leukas, Ambrakia (und Anaktorion) waren von Söhnen des korinthischen Fürsten Kypselos um 650–600 angelegt worden.

28 Kythnos, Keos, Seriphos, Siphnos und Melos bilden die westliche Reihe der Kykladen.

29 Kroton, 710 v.Chr. von den Achaiern gegründet, heute Crotone in Kalabrien.

ANMERKUNGEN

30 Kalliades war 480 v. Chr. Archon von Athen; dies ist die einzige exakte chronologische Angabe Herodots in der hellenischen Geschichte.

31 Der Areshügel (= Areios-Pagos), der Areopag, lag westlich der Akropolis und war Sitz des höchsten athenischen Gerichtshofes, gegen dessen Urteile eine Berufung unmöglich war.

32 Die Zerstörung der Akropolis durch die Perser hat besonders die von Peisistratos errichteten Bauten betroffen. Wesentliche Gebäudeteile und vor allem große Stücke des Skulpturenschmuckes sind bei der unmittelbar nach der Zerstörung unter dem Druck eines neuen persischen Angriffs begonnenen Wiederbefestigung in die Mauern verbaut worden und uns so erhalten geblieben.

33 Herodot denkt hier noch an den alten Bau, nicht an den späteren Prachtbau, der erst unter Perikles begonnen wurde.

34 Die westliche Giebelgruppe des Parthenon stellte den Rechtsstreit der beiden Götter, und zwar den Moment des Sieges der Göttin, dar. Die Götter beriefen sich vor dem versammelten Göttergericht, Athene auf den Ölbaum, Poseidon auf das Meer, als Zeichen und Zeugnisse ihrer frühen Besitznahme des Landes.

35 Plutarch (Themistokles 2) zeichnet Mnesiphilos als einen Politiker der Solonischen Richtung. Den viel jüngeren Themistokles, der aus dem gleichen Demos stammte, sah man darum als seinen Schüler an.

36 Auf dem offenen Meer hätte sich die weit stärkere Flotte der Perser bequem entwickeln und die griechische umzingeln können; in der engen Meerstraße dagegen konnte sie nur in kleinen Abteilungen vorgehen und sich in Anbetracht des klippenreichen Fahrwassers nur mit größter Vorsicht bewegen.

37 Siris, das heutige Sinno, war die Hafenstadt von Herakleia im Golf von Tarent, südlich von Metapont. Sie war, wie das nahe Sybaris (Sibari), durch Wohlstand und Prunkliebe ihrer Bürger bekannt.

38 Die Aiakiden im engeren Sinn sind Aiakos und seine Söhne Peleus und Telamon, im weiteren Sinn auch Phokos und die Nachkommen der Genannten, die zwar nicht mehr als Einwohner von Salamis galten, aber als Aiakiden Heroenkult genossen; vgl. V, 80.

39 Thriasische Ebene, nördlich des Kithairon und östlich vom Parnassos zur Küste hin auslaufend, benannt nach dem Demos Thria.

40 Diese Zahl meint nur eine bildlich gesteigerte Mengenangabe.

41 Der Weg am Saronischen Meerbusen entlang, der sogenannte Skironische Weg, war kurz und viel benutzt, aber gefährlich. Der Sage nach war dieser Weg von dem Räuber Skiron angelegt worden, der von seiner höchsten Stelle die Wanderer ins Meer stürzte.

42 Die Kynurier wohnten zwischen der Ostgrenze von Arkadien und dem Golf von Argolis.

43 Unter Asine ist die von Sparta veranlaßte Neugründung an der Südwestecke des Koronaiischen Meerbusens gemeint.

44 Kardamyle lag gegenüber an der lakonischen Küste.

45 Paroreaten, d. h. Gebirgsanwohner, in Triphylien im Südelis (IV, 145; 148).

46 Lemnier, d. s. aus Lemnos eingewanderte Minyer; vgl. IV, 145 ff.

47 Die Einwohner der Stadt Orneai, nordwestlich von Argos, waren von den Argeiern unterworfen und in ein ähnliches Verhältnis zu der regierenden Hauptstadt gebracht worden wie die lakonischen Städte zu Sparta; d. h. sie

ACHTES BUCH

waren aus einer autonomen Polis zu einer abhängigen Landgemeinde von Perioiken erniedrigt worden. Nach ihnen hießen auch die übrigen Peroiken in Argolis Orneaten. Für die Kynurier galt jedoch damals die Bezeichnung schon nicht mehr; denn seit 550 v. Chr. standen sie in demselben Verhältnis unter Sparta (vgl. I,82). Zu Herodots Zeiten hatte dann in Argos selber das Perioikentum ganz aufgehört, da man nach den Perserkriegen die Landgemeinden sämtlich mit der Stadtgemeinde verschmolzen hatte.

48 Durch die Verluste bei Thermopylai und Plataiai war die Stadt so geschwächt, daß sie Einwanderer aufnehmen mußte. Daß auch Sikinnos, trotz nichthellenischer Herkunft und als Sklave, das Bürgerrecht erhielt, verdankte er dem Einfluß seines Patrons Themistokles.

49 Psyttaleia, heute Lipsokutali, zwischen Piraieus und Munychia und dem Vorgebirge Kynosura auf Salamis.

50 Aristeides hatte als einer der zehn Strategen an der Schlacht bei Marathon im Jahr 490 v. Chr. teilgenommen. Wie Themistokles hatte er dann das Amt des Archon Eponymos bekleidet. Als politischer Gegner des Themistokles wurde er 484/83 aus Athen verbannt. Ihm gilt offensichtlich Herodots ganze Sympathie.

51 An dem Scherbengericht (Ostrakismos) waren sämtliche Bürger beteiligt. Die zum Scherbengericht zusammengetretene Volksversammlung war erst bei Anwesenheit von mindestens 6000 Bürgern beschlußfähig. Bei der Abstimmung benutzte man Tonscherben (Ostraka). Die Verbannung wurde in jedem Fall für zehn Jahre ausgesprochen. Sie bedeutete aber keine Aberkennung der politischen Rechte oder eine Beschlagnahme des Vermögens.

52 Samothrake war eine Ansiedlung der ionischen Samier.

53 Das Bergmassiv von Aigaleos (heute Skaramanga) erlaubte einen Überblick über den größten Teil der Straße von Salamis.

54 Vgl. VII, 181.

55 Vgl. VI, 49.

56 Der Tempel der Athena Skiras lag auf dem südlichsten Vorgebirge der Insel Salamis, in der Nähe von Alt-Salamis.

57 Vor dem Mahlen wurde die Gerste, die neben dem Weizen zur täglichen Nahrung gehörte, angefeuchtet und dann in einer Pfanne geröstet, um sie leicht schälbar zu machen.

58 Fackelläufe wurden vor allem zu Ehren solcher Gottheiten veranstaltet, deren Wesen und Wirkung mit Licht und Feuer zusammenhing; in Athen dem Hephaistos, dem Prometheus, der Athene, der thrakischen Bendis als Mondgöttin und schließlich dem Pan (VI, 105). In dem dabei stattfindenden Wettkampf ging es, wie bei den athenischen Prometheen, darum, als erster eine noch brennende Fackel ins Ziel zu bringen, oder aber die einzelnen Reiter der wettstreitenden Parteien wurden, wie hier angedeutet wird, gruppenweise in gewissen Entfernungen aufgestellt, wobei jeder Reiter die übernommene Fackel seiner Partei wie eine Stafette im schnellsten Lauf und ohne sie verlöschen zu lassen, dem nächsten Reiter zu übergeben hat. Siegerin war diejenige Abteilung, deren Fackel zuerst brennend ans Ziel kam.

59 Dieser persische Kurierdienst durch Stafetten markiert den Anfang des Postwesens.

60 Die Tatsache, daß Artemisia eine Frau war, begründet den Umstand, daß Xerxes sich unter vier Augen mit ihr beriet; denn es galt als unschicklich,

ANMERKUNGEN

daß eine Frau neben den hohen persischen Würdenträgern im Kriegsrat saß.

61 Ephesos war der Ausgangspunkt der persischen Heerstraße nach Susa.

62 Zoster, Vorgebirge an der Westküste Attikas, zwischen Salamis und Kap Sunion.

63 Themistokles wurde 470 v. Chr. durch ein Scherbengericht aus Athen verbannt und nahm nach langer Flucht bei König Artaxerxes Zuflucht, der ihm die Statthalterschaft über Magnesia übertrug.

64 Siris, das heutige Serrä, im Tal des Strymon.

65 Aias war einer der Aiakiden, deren Bilder man vor der Schlacht aus Aigina nach Salamis geholt hatte. Dem Beistand des Aiakiden Aias schrieb man den Sieg über die Perser zu und weihte ihm daher ein Teil seiner Siegesbeute.

66 Die drei Sterne repräsentieren die Dioskuren und Apollon Delphinios, die Retter aus Seenot.

67 Belbina, eine kleine Felseninsel 15 km südlich von Sunion, wird hier als sprichwörtliches Beispiel für einen unbedeutenden Ort, ein hellenisches Krähwinkel, genannt.

68 Pallene, heute Kassandra, ist die südlichste Halbinsel der Chalkidike.

69 Die Stadt reichte über den ganzen Isthmos von Meer zu Meer. Die Perser standen nördlich von Poteidaia auf dem Festland. Um die Stadt auch von der unbefestigten Südseite her fassen zu können, mußten sie an der (jetzt trockengelegten) Küste entlang auf die Halbinsel jenseits der Stadt vorzudringen versuchen.

70 Der Frühling im Jahr 479 v. Chr.

71 Das Heiligtum des Zeus Trophonios bei dem heutigen Levadia in Boiotien war durch seine Traumorakel bekannt. Man dachte sich die Gottheit in einer Schlucht der Herkyna wohnend.

72 Zu dem Orakel von Abai siehe I,35 Anm. 27.

73 Ismenios war ein Wahrsager, dessen Grab sich im Bezirk des Apollontempels bei Theben befand.

74 Akraiphia lag im nördlichen Boiotien am Kopais-See.

75 Das Wunderbare lag darin, daß sich die Gottheit in karischer Sprache äußerte und der Seher als Organ des Gottes ihm selbst Unverständliches reden mußte.

76 Alabanda lag in Karien (VII,195). Es dürfte Alabastra in Phrygien gemeint sein.

77 Mit dieser Handlung ergreift Perdikkas Besitz vom Herd und damit vom ganzen Eigentum des Hausherrn und nimmt die Sonne selbst zur Zeugin für das erworbene Recht an Haus und Land.

78 Es handelt sich um den Fluß Erigon, heute Tzerna, oder den Haliakmon. Beide sind Nebenflüsse des Axios (Wardar).

79 Hier handelt es sich um das eigentliche Makedonien, wo Aigai lag, die alte Burg und Totenstadt der Temeniden, heute Vodena.

80 An einen historischen Midas ist hier nicht zu denken, sondern, wie die angeknüpfte Legende zeigt, an den ersten sagenhaften Träger des Namens, den Sohn des Gordias und der Kybele, deren Kult er stiftete, den Richter im Streit zwischen Apoll und Marsyas und eng verflochten mit den Sagen und Figuren des Dionysoskultes.

81 Silenos, ursprünglich Quellendämon bei Phrygern und Lydern.

NEUNTES BUCH

82 Bei dem Bermion-Gebirge handelt es sich um die heutigen Turlaberge.
83 Gemeint sind die Ernte des vorigen Jahres (480), die durch den persischen Einfall in Attika nicht mehr eingebracht werden konnte, und die Ernte dieses Jahres (479), die wegen der im Herbst des Vorjahres unterbliebenen Aussaat nicht stattfinden konnte.

Neuntes Buch

1 Der Aufbruch fand etwa im Mai 479 v. Chr. statt.
2 Mit den thessalischen Oberhäuptern sind die Aleuaden gemeint, die die Perser nach Griechenland riefen (VII,6) und deren Schuld als Anstifter und Aufhetzer zum Krieg Herodot verschiedentlich hervorhebt (VII,130, 172).
3 Die Perser bedienten sich, wie auch später die Byzantiner, des Feuertelegraphen, bei dem die Nachrichtenübermittlung durch eine Kette von Stationen, von denen jede ein Feuer unterhielt, mit Hilfe von Lichtsignalen hergestellt wurde.
4 Die zweite Eroberung Athens fand also Mitte Juli 479 statt.
5 Die Hyakinthien wurden Anfang Juli gefeiert. Das Fest war vordorischen Ursprungs, wurde aber von den Doriern übernommen, wie die Karneen. Es galt dem Gott von Amyklai (Apollon) und dem von ihm durch einen Wurf seines Diskos getöteten Hyakinthos. Dieser Hyakinthos ist unverkennbar eine Personifikation der im Sommer durch die sengende Hitze verdorrenden Vegetation, Apollon der Gott, der diese Hitze sendet; sein Diskos ist die Sonne. Die Hyakinthien waren also ein Naturfest.
6 Tegea war bereits seit der Mitte des 6. Jahrhunderts mit Sparta verbündet. Chileos ist der Stadtherr von Tegea. In dieser Funktion mußte er von den Beschlüssen unterrichtet werden.
7 Nach dieser Rechnung wären 35 000 Mann in den Kampf gezogen. Dies ist jedoch kaum vorstellbar, da das normale Aufgebot Spartas an waffenfähigen Männern 8000 Mann umfaßt (VII, 234) und die früheren Verluste noch nicht ausgeglichen sein konnten. Somit werden die Heloten in den 5000 Spartiaten enthalten und Herodot einem Mißverständnis erlegen sein.
7a Anaxandrides.

Anaxandrides

1. *Kleomenes*	2. Dorieus	3. *Leonidas*	4. Kleombrotos
Gorgo	Euryanax	*Pleistarchos*	Pausanias

8 Die (partiale) Sonnenfinsternis fand am 2. Oktober 480 statt.
8a Das Orestheion lag nordwestlich von Sparta auf dem Weg nach Südwest-Arkadien, wo sich der herkömmliche Sammelplatz für das arkadische Aufgebot befunden zu haben scheint, das sich dem spartanischen Kontingent anzuschließen pflegte.
9 Es kann sich nur um die Unterstadt handeln, da die Burg bereits im Jahr 480 zerstört worden war.
10 Gemeint sind die Engpässe des Kithairon und des Parnassos.
11 Die Boiotarchen bildeten den regierenden Ausschuß des boiotischen Städtebundes.

ANMERKUNGEN

12 Attaginos stand neben Timagenides an der Spitze der medisch gesinnten Oligarchie in Theben; vgl. IX,86.

13 Nach hellenischer Sitte lagen immer zwei Personen nach Anweisung des Gastgebers auf je einer Kline, die etwa einer Couch entspricht.

14 Der Perser wußte wohl von den Umtrieben gegen Mardonios (IX,66).

15 Eine solche Abteilung ist sonst bei den Athenern nicht bekannt.

16 Dieser Olympiodoros ist wahrscheinlich der Vater jenes Lampon, der als Seher, Orakel- und Zeichendeuter, Staatsmann und Freund des Perikles, insbesondere als Mitbegründer von Thurioi, sich einen Namen gemacht hat und wegen seines abergläubischen, scheinheiligen Gebarens von den zeitgenössischen Komikern oft bespöttelt wurde.

17 Die Quelle Gargaphia entsprang am Nordfuß des Kithairon und floß etwa 3,5 km östlich von Plataiai, schon im Gebiet dieser Stadt. Sie ist heute nicht mehr nachzuweisen.

18 Der Streit ging um den linken Flügel; der rechte gehörte als unbestrittenes Vorrecht den Spartiaten (IX, 28).

19 Das war das letzte Mal, daß die berühmten Städte Mykenai und Tiryns als selbständige Gemeinden auftraten; sechzehn Jahre später wurden sie von Argos erobert und zerstört.

20 Das hellenische Heer wird in Wirklichkeit kaum ein Zehntel so groß gewesen sein, wie Herodot angibt. Das läßt sich aus der später genannten Zahl der Gefallenen schließen.

21 Das berühmte Geschlecht der Iamiden, das am Altar des olympischen Zeus aus dem Brandopfer weissagte (VIII,134), leitete seinen Ursprung und Namen von Iamos her, einem Sohn Apollons. Als Staats- und Kriegspriester waren seine Mitglieder in allen Teilen Griechenlands anzutreffen.

22 Die drei Töchter des tirynthischen Königs Proitos hatten sich durch sündhaften Frevel am Zorn des Dionysos, dessen Weihen sie verschmähten, oder die Rache der argeiischen Hera, deren Bild und Heiligtum sie verspotteten, zugezogen und wurden dafür mit Krankheit und Raserei bestraft, mit der sie auch die anderen Frauen des Landes ansteckten. Melampus, in Pylos heimisch, der sich auf dionysische Weihen verstand (II,49), entsühnte und heilte sie. Als Lohn empfing er die eine, sein Bruder Bias die andere Tochter mit den auf sie entfallenden Dritteilen der Herrschaft.

23 Über die Zeit, Anlaß und Folgen der zweiten und dritten Schlacht ist nichts überliefert.

24 Dipaia, Stadt der Arkader.

25 Gemeint ist die Schlacht bei Isthmos in dem dritten Messenischen Krieg (464–460/59).

26 Schlacht bei Tanagra im Jahr 457 v. Chr.

27 Die Telliaden, ein berühmtes Opferpriestergeschlecht, führten ihre Abstammung auf Apollon zurück.

28 Zakynthos, eine der peloponnesischen Landschaft Elis vorgelagerte Insel.

29 Die Enchileer waren ein Fürstenhaus im südlichen Illyrien. Das Orakel weissagte einen Einfall dieser nordgriechischen Stämme in Hellas und besonders in Delphi.

30 Der Thermodon ist ein vom Hypatongebirge kommender Bergstrom; Glisas lag an dessen Westufer nordöstlich von Theben.

31 Die Makedonen standen den Athenern auf dem linken Flügel gegenüber; vgl. IX,31.

NEUNTES BUCH

32 Die Pitanaten waren eine Abteilung des spartanischen Heeres, die sich aus Leuten von Pitane zusammensetzte. Sie hielten die alten spartanischen Traditionen und Tugenden besonders hoch und lehnten daher ein Zurückweichen ab.

33 Söhne des Aleuas: vgl. IX,1 Anm. 2.

34 Die Niederlage der Perser lag nicht am Mangel ihrer Bewaffnung und Rüstung, die Herodot nur als entschuldigende Erklärung für die unerwartete Niederlage der Perser anführt (in dieser Beziehung waren sie den Spartanern durch ihren beweglichen Schuppenpanzer und ihre reitenden Bogenschützen eher noch überlegen), sondern an ihrer Kampfweise. Die einzelnen Truppenteile hatten in dem unübersichtlichen Gelände die Fühlung verloren und wurden durch die darin geübteren Griechen in Einzelkämpfe verwickelt.

35 Die Schlacht bei Stenykleros gehört in den dritten Messenischen Krieg (464–460/59). Das Schlachtfeld lag in der Nähe von Ithome.

36 Abzurechnen waren auch die Reiterei und der Troß, der jenseits des Asopos geblieben war, sowie auch die 20000 Mann, die Artabazos schon früher verloren hatte, und die in den bisherigen Kämpfen Gefallenen. Ktesias (Pers. fr.26) gibt den Verlust der Perser bei Salamis mit 120000 Mann, Diodor IX,32 den bei Plataiai mit über 100000 Mann an.

37 Herodot zählt nicht die gefallenen lakonischen Perioiken, die Megarer und Phleiasier sowie die Leichtbewaffneten mit. Die Namen der 159 Gefallenen waren vermutlich auf den Grabdenkmälern auf dem Schlachtfeld (IX,85) zu lesen.

38 Helena war in ihrer Jugend, noch ehe sie sich mit Menelaos vermählte, von Theseus aus Sparta geraubt und nach Aphidnai gebracht worden.

39 Beides sind die gewöhnlichen offiziellen Auszeichnungen, womit sich Gemeinden gegenseitig ehrten und belohnten.

40 Dekelea lag im nördlichen Attika. Herodot bezieht sich hier wohl auf die Verwüstungszüge des Königs Archidamos während des Archidamischen Krieges 431–421 v.Chr.

41 Um die Goldbergwerke an der thrakischen Küste führte Athen 466–464 einen erfolgreichen Krieg.

42 Pharandates (VII,79), ein Neffe des Dareios.

43 Pausanias war nicht König, sondern nur Vormund des minderjährigen Königs Pleistarchos.

44 Lampon war ein Verwandter und Zeitgenosse jenes Lampon, den Pindar in drei Siegesliedern auf seine Söhne Pytheas und Phylakidas wiederholt rühmend erwähnt, sowie des bei Skiathos gefangenen und bei Salamis befreiten Pytheas, des Sohnes des Ischenoos (VII,181; VIII,92).

45 Dieser sogenannte »delphische Dreifuß« (nicht zu verwechseln mit dem der Pythia) war durch seine geschichtliche Bedeutung, seinen Wert und seinen Standort unmittelbar vor dem Tempel einzigartig. Im phokischen Krieg (355 v.Chr.) raubten ihn die Phoker und ließen nur die bronzene Schlange zurück, die als stützende Säule inmitten der drei bronzenen Tragstäbe stand. Unter Konstantin d.Gr. wurde diese Schlange nach Konstantinopel gebracht und in dem alten Hippodrom, jetzt At-Meidan, aufgestellt. Das Denkmal, 1856 freigelegt, besteht aus drei ineinandergeringelten Schlangenleibern und erhebt sich in je zehnmaliger Spiralwindung 5,35 m hoch. Es sind die Namen sämtlicher griechischer Staaten, die an den Kämpfen von

ANMERKUNGEN

Salamis und Plataiai teilgenommen und sich an dieser Weihegabe beteiligt haben, darin eingemeißelt.

46 Die *Irenen* waren die jungen Spartaner zwischen dem 20. und 30. Lebensjahr; erst mit Vollendung des 30. Lebensjahres wurden sie unter die *Andres,* Vollbürger, aufgenommen. Die jungen Irenen waren zwar noch nicht zur Gründung eines eigenen Hausstandes berechtigt und durften auch nicht an den Gemeindeberatungen teilnehmen, waren aber von der strengen Zucht der Jüngeren befreit und konnten selbst über sich bestimmen. Sie wurden auch bevorzugt zum Heeresdienst einberufen. Die Führer Poseidonios und Amompharetos waren natürlich Vollbürger, aber man bestattete sie zusammen mit ihren jungen Mitkämpfern.

47 Es war ein Überfall im Hafen geplant, der vom Land her unterstützt werden und bei dem die ganze persische Flotte mit einem Schlag vernichtet werden sollte.

48 Sparta stand an der Spitze des hellenischen Bundes; Leutychides konnte deshalb Samos in den Bund aufnehmen.

49 Apollonia lag in der Nähe des heutigen Fier in Albanien, unweit des Flusses Seman.

50 Im Gegensatz zu den berufsmäßigen Opferpriestern, die ihr Gewerbe erlernt hatten, wurde die Sehergabe als eine göttliche Gnade betrachtet.

51 Die Öffnung der blockierten Getreidezufuhren aus dem Norden und die Befreiung der ägäischen Inseln vom Perserjoch waren damals die Kriegsziele des hellenischen Bundes.

52 Der erste Abfall fand unter Aristagoras 500/499 statt (V,35 ff.), der zweite 479 v.Chr.

53 Dareios war der älteste der drei Söhne des Xerxes. Er wurde im Jahr 465 auf Anstiftung des Artabanos, des Mörders seines Vaters, von dem jüngeren Bruder Artaxerxes getötet.

54 Baktrien, als eine der bedeutendsten Provinzen (III,92), war eine gute Basis für Versuche der Statthalter zum Aufstand.

55 Das Vorgebirge Lekton, heute Kap Baba, nördlich der Insel Lesbos.

56 Sestos auf der europäischen und Abydos auf der kleinasiatischen Seite markierten die engste Stelle des Hellespontes.

57 Protesilaos aus Phylake in Phthiotis war auf dem Zug gegen Troia gleich bei der Landung gefallen. Er genoß auch in seiner Heimat Heroenverehrung. In Elaius aber wurde er als Gott verehrt (IX,120) und war hier eine vorhellenische Gottheit, deren Name an den des hellenischen Heros anklingen mochte.

58 Diese Bitte klang so bescheiden, daß sie leicht gewährt wurde. Der König ahnte nicht, daß es sich um ein Gotteshaus handelte.

59 Nach Thukydides I,89 lagen sie noch den ganzen Winter vor der Festung.

60 Diese Worte wurden gesprochen, als Kyros den Astyages gestürzt hatte und sich anschickte, die bisher von den Medern ausgeübte Oberherrschaft als Erbe in Besitz zu nehmen.

Bibliographie

Forschungsberichte

LEIF BERGSON, Herodot, 1937–1960. Lustrum 11, 1966, S. 71–138.
FRANZ HAMPL, Herodot. Ein kritischer Forschungsbericht nach metho-
dischen Gesichtspunkten. In: FRANZ HAMPL, Geschichte als kritische
Wissenschaft, Band 3, Darmstadt 1979, S. 221–266.
WILHELM KRAUSE, Herodot, 1934–1960. Anz. f. d. Altertumswiss. 14,
1961, S. 25–28
WALTER MARG, (Hrsg.), Herodot. Eine Auswahl aus der neueren
Forschung. Dritte, korrigierte und mit einem neubearbeiteten Lite-
raturverzeichnis versehene Auflage, Darmstadt ³1982.

Textausgaben, Kommentare

JOSEF FEIX, Herodot. Historien. Griech.-dt.; hrsg. von JOSEF FEIX.
2 Bände, München 1963.
HEINRICH STEIN, Herodotos. Erklärt von HEINRICH STEIN. Berlin 1856 ff.
(Nachdruck der 4.–6. Auflage 1893–1908 in 5 Bänden; dasselbe
1968–70)
A. D. GODLEY, Herodotus. London 1917–1946.
PH.-E. LEGRAND, Hérodote. Histoires. Paris 1932–1954.

Übersetzungen

THEODOR BRAUN, Das Geschichtswerk des Herodotos von Halikarnassos. Übertragen von Th. B.; bearb. von HANNELORE BARTH.
Berlin ³ 1967.

BIBLIOGRAPHIE

AUGUST HORNEFFER, Herodot. Historien. Übersetzt von A. H.; neu
hrsg. und erl. von HANS WILHELM HAUSSIG. Stuttgart [3] 1963.

FRIEDRICH LANGE, Die Geschichten des Herodotus. Übers. von Fr. L.
Breslau [2] 1824.

WALTER MARG, Herodot. Geschichte und Geschichten. 2 Bände.
Übers. und erl. von W. M. Mit einem Essay von HERMANN STRAS-
BURGER »Herodot als Geschichtsforscher«; bearb. v. GISELA STRAS-
BURGER. Zürich, München 1973 und 1983.

EBERHARD RICHTSTEIG, Herodot, Historien. Übertr. und eingel. von E.
R. 5 Bände, München 1961.

Handbücher

KURT VON FRITZ, Herodot. In: Die Großen der Weltgeschichte; hrsg.
von KURT FASSMANN. Zürich 1971, S. 512–525.

FELIX JACOBY, Herodotos. Realencyklopädie d. klass. Altertumswissenschaft Suppl. 2 (1913).

ALBIN LESKY, Geschichte der griechischen Literatur. Bern, München
[3] 1971, S. 349–374.

WILHELM SCHMID und OTTO STÄHLIN, Geschichte der griechischen
Literatur. (Handbuch der Altertumswissenschaft 7, 1, 2.) München
1934, S. 550–673.

Gesamtdarstellungen und Einzelfragen

WOLF ALY, Volksmärchen, Sage und Novelle bei Herodot und seinen
Zeitgenossen. 2. durchges. Aufl. mit. e. Nachw. von LUDWIG HUBER.
Göttingen 1969.

D. BRANDENBURG, Medizinisches bei Herodot. Eine literaturhistorische
Studie zur antiken Heilkunde. (Medizingeschichtliche Miniaturen,
2.). Berlin 1976.

HANS RUDOLF BREITENBACH, Herodotus Pater Historiae. Schweizer.
Zeitschr. f. Gesch. 16, 1966, S. 465–500.

HANS-FRIEDRICH BORNITZ, Herodot-Studien. Beiträge zum Verständnis
der Einheit des Geschichtswerks. Berlin 1968.

IVO BRUNS, Das literarische Portrait der Griechen im 5. und 4. Jh.
v. Chr. Berlin 1896 (Nachdr. Darmstadt 1961).

MAX CARY und ERIC H. WARMINGTON, Die Entdeckungen der Antike.
Aus dem Engl. übertragen von KURT FASSMANN. Zürich 1966.

BIBLIOGRAPHIE

Justus Cobet, Herodots Exkurse und die Frage nach der Einheit seines Werkes. Wiesbaden 1971.

Hans Joachim Diesner, Die Skythenkönige bei Herodot. In: Griechische Städte und einheimische Völker des Schwarzmeergebietes. Berlin 1961.

Hans Drexler, Herodot-Studien. Hildesheim, New York 1972.

Franz Egermann, Das Geschichtswerk des Herodot. Sein Plan. Neue Jahrb. 1, 1938.

F. Focke, Herodot als Historiker. Tübinger Beiträge zur Altertumswissenschaft I, 1927.

Wolf-Hartmut Friedrich, Der Tod des Tyrannen. Die poetische Gerechtigkeit der alten Geschichtsschreiber – und Herodot. Ant. und Abendl. 18, 1973, S. 97–129 (Otanes, Kambyses, Polykrates, Kandaules).

Peter Frisch, Die Träume bei Herodot. (Beiträge z. Klass. Phil. 27), Meisenheim 1968.

Kurt von Fritz, Die griechische Geschichtsschreibung von den Anfängen bis Thukydides. 2 Bände, Berlin 1967.

Fritz Gschnitzer, Die sieben Perser und das Königtum des Dareios. Ein Beitrag zur Achaimenidengeschichte und zur Herodotanalyse. Heidelberg 1977.

Curt Guratzsch, Der Sieger von Salamis. Klio 39, 1961, S. 48–65.

Fritz Hellmann, Herodots Kroisos-Logos. (Neue Philol. Unters. 9), Berlin 1934.

Rudolf Heni, Die Gespräche bei Herodot. Heilbronn 1977.

Alfred Heuss, Die archaische Zeit Griechenlands als geschichtliche Epoche. Antike und Abendland 2, 1946, S. 26–62

Tonio Hölscher, Griechische Historienbilder des 5. und 4. Jh. v. Chr. (Beiträge zur Archäologie 6), Würzburg 1973.

Ernst Howald, Vom Geist antiker Geschichtsschreibung. Sieben Monographien. München 1944, S. 11–45.

Ludwig Huber, Religiöse und politische Beweggründe des Handelns in der Geschichtsschreibung des Herodot. Tübingen 1965.

Hans Ulrich Instinsky, Herodot und der erste Zug des Mardonios gegen Griechenland. Hermes 84, 1956, S. 477–494.

Josef Keil, Die Schlacht bei Salamis. Hermes 73, 1938, 329–340.

Werner Keller, Da aber staunte Herodot. München 1975.

Hermann Kleinknecht, Herodot und Athen. Hermes 75, 1940, S. 241–264

BIBLIOGRAPHIE

JUTTA KIRCHBERG, Die Funktion der Orakel im Werke Herodots. (Hypomnemata 11), Göttingen 1965.

KURT LATTE, Die Anfänge der griechischen Geschichtsschreibung. In: Entretiens sur la l'antiquité classique 4, 1956. Vandœvres – Genève 1958, S. 1–20.

ERICH LÜDDECKENS, Herodot und Ägypten. Zeitschr. d. dt. Morgenld. Gesellschaft 104, NF 29, 1954, S. 330–346.

CHRISTIAN MEIER, Beobachtungen an Herodot. Zum Problem der Deckungslücken im Haushalt historischer Zusammenhänge. In: Die nicht mehr schönen Künste... hrsg. v. H.R. JAUSS. (Poetik und Hermeneutik III), München 1968, S. 91–110.

CHRISTIAN MEIER, Die Entstehung der Historie. In: Geschichte –Ereignis und Erzählung. Hrsg. v. R. KOSELLECK und W.-D. STEMPEL. (Poetik und Hermeneutik V), München 1973, S. 251–305.

EDUARD MEYER, Herodots Geschichtswerk. Forschungen zur alten Geschichte 2, Halle 1899.

ERNST OBST, Der Feldzug des Xerxes. (Klio, Beiheft 12), Leipzig 1914.

FRIEDRICH OERTEL, Herodots ägyptischer Logos und die Glaubwürdigkeit Herodots. Mit einem metrologischen Beitrag und Anhang. (Antiquitas Reihe 1: Abhandlungen zur Alten Geschichte 18), Bonn 1970.

WALTER F. OTTO, Herodot und Thukydides. In: Große Geschichtsdenker. Ein Zyklus Tübinger Vorlesungen; hrsg. von RUDOLF STADELMANN. Tübingen 1949, S. 11–33.

HEINZ PANITZ, Mythos und Orakel bei Herodot. (Greifswalder Beiträge zur Literatur und Stilforschung 7), Greifswald 1935.

WALTER PÖTSCHER, Götter und Gottheit bei Herodot. Wiener Studien 71, 1958, S. 5–29.

MAX POHLENZ, Herodot, der erste Geschichtsschreiber des Abendlandes. (Neue Wege zur Antike 2, 7/8), Stuttgart [3] 1973.

OTTO REGENBOGEN, Herodot und sein Werk. In: OTTO REGENBOGEN, Kleine Schriften. München 1961, S. 57–100.

KARL REINHARDT, Herodots Persergeschichten. In: KARL REINHARDT, Vermächtnis der Antike. Göttingen 1960, S. 133–174.

KARL-AUGUST RIEMANN, Das herodoteische Geschichtswerk in der Antike. Augsburg 1967.

WOLFGANG SCHADEWALDT, Die Anfänge der Geschichtsschreibung bei den Griechen. In: WOLFGANG SCHADEWALDT, Hellas und Hesperien. Zürich und Stuttgart 1960, S. 395–416.

772

BIBLIOGRAPHIE

ERHARD HEINRICH SCHULTE, Herodots Darstellung der großen griechischen Feldherrn in ihrer Bedeutung für seine Geschichtsauffassung. Clausthal-Zellerfeld 1966.

HANS SCHWABL, Herodot als Historiker und Erzähler. Gymnasium 76, 1969, S. 253–272.

EDUARD SCHWARTZ, Geschichtsschreibung und Geschichte bei den Hellenen. Die Antike 4, 1928, S. 14–30.

BRUNO SNELL, Die Entstehung des geschichtlichen Bewußtseins. In: Die Entdeckung des Geistes. Hamburg ⁴1975, S. 139–150.

WILHELM SPIEGELBERG, Die Glaubwürdigkeit von Herodots Bericht über Ägypten im Lichte der ägyptischen Denkmäler. (Orient und Antike 3), Heidelberg 1926.

HERMANN STRASBURGER, Herodot und das perikleische Athen. Historia 4, 1955, S. 1–25.

HERMANN STRASBURGER, Herodots Zeitrechnung. Historia 5, 1956, S. 129–161.

DIETRICH H. TEUFFEN, Herodot. Sieben und andere Wunder der Welt. Wien 1979.

RENATE TÖLLE-KASTENBEIN, Herodot und Samos. Bochum 1976.

JOSEPH VOGT, Herodot in Ägypten. In: JOSEPH VOGT, Ausgewählte Schriften zur Geschichte des Altertums. Freiburg 1960, S. 11–46.

FRITZ WEHRLI, Die Geschichtsschreibung im Lichte der antiken Theorie. In: Eumusia. Festgabe für Ernst Howald. Zürich 1947, S. 54–71.

Zeittafel

Ägypten	Babylon/Assyrien	Kleinasien/Lydien
um 3000: MIN-MENES vereinigt Ober- und Unterägypten und gründet die Hauptstadt Memphis (»Weiße Mauer«). **Altes Reich (2850–2052)** 2650–2190: 3.–6. Dyn. *(Pyramidenzeit):* 3. Dyn. DJOSER (»Stufenpyramide« von Sakkara); 4. Dyn. 2600–2480: SNOFRU (Pyramiden von Dahschur und Medum), CHEOPS, CHEPHREN u. MYKERINOS (Pyramiden von Gizeh); 5. Dyn.: Die Sonnenreligion wird Staatsreligion (Heliopolis); 6. Dyn. 2350– 2190: NITOKRIS (allmähl. Zusammenbruch des Einheitsstaates). 2190–2052: 7.–12. Dyn. *(Herakleopolitenzeit):* Entstehung wichtiger Kultzentren: RE-ATON von Heliopolis, PTAH von Memphis, THOT von Hermopolis. OSIRIS wird Totenkönig. Hieroglyphenschrift. Einteilung des Landes in Gaue und Gaufürsten. Wachsende Macht der Gaufürsten. **Mittleres Reich (2052– um 1570)** 1991–1786: 12. Dyn. Größte Ausdehnung u. Glanzzeit d. Reiches unter SESOSTRIS III. (1878– 1841) und MOIRIS (AMENEMHÊT III. 1841–1792): Handelswege nach d. Roten Meer, Sinai, Punt, Kreta u. Byblos; Anlage des Moiris-Sees u. Bau von Pyramide u. Totentempel bei Hawara (»Labyrinth«). 1778–1610: 13./14. Dyn.: Einfall der Hyksos aus dem Norden (1650): starke ethnol. u. soz. Veränderungen. **Neues Reich (1570–715)** 1570–1545 Vertreibung der Hyksos durch AHMOSE 1501–1480 Größte Machtentfaltung unter Königin HATSCHEPSUT (Terrassentempel von Deir el Bari) 1480–1448 TUTMOSIS III. 1413–1377 AMENOPHIS III. 1377–1358 AMENOPHIS IV. (später ECHNATON) verh. mit NOFRETETE. Verehrung d. Sonnenscheibe, »Sonnengesang«. 1345–1200: 19. Dyn. SETHOS I. und RAMSES II. (RHAMPSINITOS) kämpfen gegen die Hethiter. 1197–1165 RAMSES III. Angriffe der Seevölker und Libyer. um 950 SCHESCHONK **Die Spätzeit (715–332)** 715–663 Aithiop. Fremdherrschaft 662 Eroberung Ägyptens durch ASSURBANIPAL 663–609 PSAMMETICH I.: Ansiedlung ionischer Söldner u. Gründung von Naukratis. 609–594 NEKOS: Umsegelung Afrikas 594–588 PSAMMETICH II. 588–569 APRIES 569–525 AMASIS 525 AMASIS' Sohn PSAMMETICH III. wird von Kambyses geschlagen. *Ägypten wird persische Provinz.*	um 2500 Ansiedlung der Assyrer am oberen Tigris und Großen Zab. Hauptstadt Assur. **1800–1375 Altassyr. Reich** um 1800 Eroberung d. nordbabylonischen Gebietes. 1749–1717 SCHAMSCHIADAD I. Sein Sohn wird von 1728–1686 HAMMURABI besiegt. **Babylon** wird Zentrum des Reiches (»Codex Hammurabi«, Gilgamesch-Epos) 1530–1160 Kassitenzeit (iran. Volksstamm) **1375–1047 Mittelassyr. Reich** **883–612 Neuassyr. Reich** 883–859 ASSURNASIRPAL II. 858–824 SALMANASSER III. 810–772 SEMIRAMIS (SAMURAMAT) 722–705 SARGON II. 709 Unterwerfung Zyperns 704–681 SANHERIB: Unterwerfung Judas u. Zerstörung Babylons; Ausbau Ninives. 668–626 SADARNAPAL (ASSURBANIPAL): Zerstörung Thebens, Eroberung Babylons. **625–539 Neubabylon. Reich** 604–562 NEBUKADNEZAR II.: Blüte d. Reiches, »Turm zu Babel« 555–539 LABYNETOS (NABUNID) 539 Eroberung Babyloniens durch KYROS II. *Babylonien wird pers. Provinz.*	um 2000 Vorstoß der Hethiter in das von Prottohattiern besiedelte Zentralkleinasien. Nach schweren Kämpfen Gründung eines Reiches (Hauptstadt: Kussar). **1640–1380 Altes Hethiterreich,** gegr. durch LABARNA. Unter seinem Nachfolger HATTUSILIS I. wird Hattusa Hauptstadt. 1531 MURSILIS I. erobert Babylon **1380–1200 Neues Hethiterreich** 1380–1346: Unter SUPPILULIUMA wird das Hethiterreich Großmacht **um 1190 Untergang des hethitischen Großreiches** durch die in Kleinasien einwandernden thrakischen Stämme der Thyner, Bithyner, Phryger und Myser. Beginn der griech. Besiedlung an der kleinasiatischen Westküste. Seit 750 Eindringen der von den Skythen aus Südrußland verdrängten Kimmerier nach Kleinasien. **um 800 Bildung eines Phrygischen Reiches** (Hauptstadt: Gordion); größter Herrscher der wegen seines legendären Goldreichtums bekannte König MIDAS. Nach dem Zusammenbruch des Phrygerreiches **Aufkommen des Lyderreiches** unter den MEMNADEN: 689–652 GYGES (stürzt KANDANLES) 652–610 ARDYS 610–605 SADYATTES 605–560 ALYATTES 560–546 KROISOS (Erfindung des gemünzten Geldes) 546 Niederlage bei Pteria gegen KYROS. *Lydien wird persische Provinz.*

Medien	Persien	Griechenland	Italien/Westen
		um 1900: Griech. Einwanderung auf den Balkan.	
		um 1500: Achaier (Aioler) besetzen Zypern und Pamphylien.	
		um 1200: Dorische Wanderung: Nordwestgriech. Stämme gehen nach Thessalien. Abzug der nichtgriech. Bevölkerung Kretas nach Karien.	
		um 1000: Ioner besiedeln die kleinasiat. Küste und Inseln. Ionischer Städtebund unter Führung von Milet.	
		um 900: Phoiniker besetzen einen Teil Zyperns.	Ab 900: Einwanderung der Etrusker (Tyrrhener, Tyrsener) aus Kleinasien in das Gebiet zwischen Tiber und Arno.
		um 800: Übernahme der phoinikischen Schrift durch die Griechen.	
		Griechen besiedeln Küstenplätze von Spanien.	
		776: Erste griechische Olympiade.	814: Gründung Karthagos durch die Poiniker.
		um 750: HOMERS *Ilias* und *Odyssee*	
		Sparta	
		740–720: 1. Messenischer Krieg. Eroberung Messeniens durch THEOPOMPOS.	Griechische Gründungen auf Sizilien:
		um 700: Verfassungsgebung in Sparta.	734: Syrakus
		680–650: König PHEIDON. Vormachtstellung von Argos.	729: Zankle
		660–640: 2. Messen. Krieg: Aufstand und Niederwerfung der Messenier.	688: Gela
			600: Kamarina
		550 Peloponnesischer Bund unter militärischer Führung von Sparta.	Griechen in Kyrene.
835 Erste Erwähnung von Medien (Mada) und Persien (Parsua) durch den Assyrerkönig SALMANASSER III.		657–580: Tyrannis in Korinth: KYPSELOS, PERIANDROS, PSAMMETICHOS	582: Akragas
			540: Schlacht bei Alalia.
715 Gefangennahme von DEIOKES (DAIAUKUU), dem Gründer des Mederreichs		600–570: Tyrannis des KLEISTHENES von Sikyon.	
		537–522: Tyrannis des POLYKRATES von Samos.	
um 700 ACHAIMENES. Regierungsbeginn der Achaimeniden in Persien unter medischer Oberhoheit.			
	675–640 TEISPES. Eroberung von Anschan nordwestl. d. Pers. Golfes.	**Athen**	
687–634 PHRAORTES		um 624: Gesetzgebung DRAKONS	
634–585 KYAXARES (Begründer der medischen Großmacht)	640–600 KYROS I.	594: Gesetzgebung SOLONS	
	600–558 KAMBYSES I.	560–510: Tyrannis in Athen: PEISISTRATOS, HIPPIAS, HIPPARCH.	
	558–529 KYROS II.	510: Sturz der Tyrannis durch den Alkmaioniden KLEISTHENES.	
585–550 ASTYAGES. Gegen ihn erhebt sich der persische Vasallenkönig KYROS II. (550).	529–522 KAMBYSES II.	509–507: Verfassungsreform des KLEISTHENES	
	522 BARDIJA-SMERDIS		
	521–486 DAREIOS I.	500–494: Ionischer Aufstand gegen die Perser.	
	486–465 XERXES I.	490: Marathon	
		480: Thermopylen; Salamis	
		479: Plataiai	

Inhaltsübersicht über das Werk

ERSTES BUCH

I. Einleitung
Absicht des Verfassers
Älteste Gründe für die Feindschaft zwischen
Hellenen und Barbaren (1–5)

Kyros 558–529 v. Chr.

II. Unterwerfung der Lyder
Älteste Geschichte der Lyder (6–25)
Kroisos und Solon (26–33)
Kroisos und Adrastos (34–45)
Kroisos befragt die Orakel (46–55)
Die politischen Verhältnisse in Athen und Sparta.
Bündnis zwischen Kroisos und Sparta (56–70)
Krieg gegen Kyros (71–92)
Sitten der Lyder (93–94)

III. Geschichte der Meder
Vorgänger des Astyages (95–106)
Jugend des Kyros und Sturz des Astyages (107–130)

IV. Religion und Sitten der Perser (131–140)

INHALTSÜBERSICHT

V. Unterwerfung Kleinasiens

Die hellenischen Städte in Kleinasien (141–153)
Aufstand und neue Unterwerfung der Lyder (154–161)
Unterwerfung Kleinasiens durch Harpagos. Auswanderung
der Phokaier und Schlacht bei Alalia (162–176)

VI. Unterwerfung der Babylonier

Babylon – Die Stadt und ihre Geschichte (177–187)
Eroberung Babylons (188–191)
Beschreibung des Landes (192–194)
Sitten und Religion der Babylonier (195–200)

VII. Feldzug gegen die Massageten

Beschreibung des Landes (201–204)
Feldzug und Tod des Kyros (205–214)
Sitten der Massageten (215–216)

Kambyses 529–522 v. Chr.

ZWEITES BUCH

Ägypten – Land, Bewohner und Geschichte

Regierungsantritt des Kambyses (1)
Alter des ägyptischen Volkes (2–3)
Gestalt und Entstehung des Landes (4–18)
Der Nil (19–34)
Sitten der Ägypter (35–37)
Heilige Tiere (38–76)
Lebensgewohnheiten der Ägypter (77–98)
Geschichte der Ägypter (99–182)

DRITTES BUCH

I. Regierung des Kambyses

Eroberung Ägyptens (1–16)
Feldzug gegen die Aithioper und Ammonier (17–26)
Religionsfrevel und Wahnsinn des Kambyses (27–38)

INHALTSÜBERSICHT

II. Krieg zwischen Sparta und Samos. Polykrates. (39–60)

III. Die Machtergreifung der Mager
Machtergreifung der Mager und Tod des Kambyses (61–67)
Sturz der Mager und Thronbesteigung des Dareios (68–87)

Dareios 522–486 v. Chr.

IV. Regierungsbeginn des Dareios
Einteilung des Landes in Satrapien (88–117)
Intaphernes und Oroites (118–128)
Demokedes – Erforschung der Küsten von Hellas (129–138)
Syloson – Eroberung von Samos (139–149)
Babylonischer Aufstand (150–160)

VIERTES BUCH

I. Der Skythenfeldzug
Kriegsgründe des Dareios (1–4)
Älteste Geschichte der Skythen – Aristeas (5–15)
Die Völker nördlich der Skythen (16–36)
Die Gestalt der Erde (37–45)
Die Flüsse des Skythenlandes (46–58)
Religion und Sitten der Skythen (59–82)
Der Feldzug des Dareios gegen die Skythen (83–144)

II. Zug des Aryandes gegen Libyen und Kyrene
Vorgeschichte (145–156)
Die Gründung Kyrenes (157–167)
Beschreibung Libyens (168–199)
Eroberung Barkas (200–205)

INHALTSÜBERSICHT

FÜNFTES BUCH

I. Feldzug des Megabazos gegen Thrakien und Makedonien
    Sieg der Paioner über die Perinthier (1–2)
    Die Sitten der Thraker (3–10)
    Die Perser in Makedonien (11–22)

II. Beginn des ionischen Aufstandes
    Gründe. Histiaos und Aristagoras (23–38)
    Die Söhne des Anaxandrides (39–48)
    Aristagoras in Sparta (49–51)
    Die Straße von Sardis nach Susa (52–54)

III. Bündnis der Ioner mit Athen
    Ermordung des Hipparchos und Vertreibung
    des Hippias (55–65)
    Phylenneuordnung des Kleisthenes (66–69)
    Kampf gegen Isagoras und Kleomenes (70–76)
    Athen und Aigina (77–89)
    Hippias in Sparta. Die Tyrannis in Korinth (90–93)
    Kämpfe um Sigeion (94–97)

IV. Der ionische Aufstand
    Eroberung und Einäscherung von Sardis (98–103)
    Abfall und Unterwerfung von Kypros (104–115)
    Niederlage der Ioner; Tod des Aristagoras (116–126)

SECHSTES BUCH

I. Zerschlagung des ionischen Aufstandes
    Histiaios in Chios und Byzantion (1–5)
    Sieg der persischen Flotte bei Lade.
    Belagerung Milets (6–25)
    Ende des Histiaios (26–30)
    Unterwerfung der Inseln und der Städte am Hellespont (31–42)

II. Feldzug des Mardonios gegen Hellas (43–45)

779

INHALTSÜBERSICHT

III. Die politischen Verhältnisse in Hellas
Entwaffnung von Thasos. Persische Herolde in Hellas (46–51)
Herkunft und Stellung der spartanischen Könige (52–60)
Demaratos und Kleomenes. Krieg gegen Argos (61–84)
Krieg zwischen Athen und Aigina (85–93)

IV. Feldzug des Datis und Arthaphernes gegen Hellas
Zug der Perser über die Inseln nach Marathon (94–102)
Schlacht bei Marathon (103–120)

V. Die Alkmeoniden – Kleisthenes von Sikyon (121–131)

VI. Feldzug des Miltiades gegen Paros. Eroberung
von Lemnos (132–140)

Xerxes 486–465 v. Chr.

SIEBTES BUCH

I. Beginn des großen Feldzuges gegen Hellas
Tod des Dareios. Nachfolge des Xerxes (1–4)
Reichsrat. Reden des Mardonios und Artabanos (5–19)
Vorbereitungen am Athos und Hellespont (20–25)
Zug der Perser über den Hellespontos bis Doriskos (26–58)
Musterung und Zählung des Heeres (59–100)
Unterredung des Xerxes mit Demaratos (101–105)
Zug des Heeres durch Thrakien und Makedonien
bis Therma (106–127)
Xerxes am Peneios (128–130)

II. Rüstungen der Hellenen (131–170)

III. Xerxes' Zug durch Thessalien (171–200)

IV. Der Feldzug des Xerxes bis Thermopylai (201–239)

INHALTSÜBERSICHT

ACHTES BUCH

I. Ende des großen Feldzuges gegen Hellas
Schlacht bei Artemision (1–18)
Botschaft des Themistokles an die Ioner. Abzug der
hellenischen Flotte. Totenschau bei Thermopylai (19–26)
Zug der Barbaren durch Hellas bis Delphi (27–39)
Die Hellenen vor Salamis. Zerstörung Athens (40–55)
Die Seeschlacht bei Salamis (56–96)
Rückzug der Perser und Niederlage des Artabazos
vor Poteidaia (97–129)

II. Vorbereitung des Feldzuges des Mardonios
Die Rüstungen der Hellenen zur See (130–132)
Verhandlungen des Mardonios mit Athen (133–144)

NEUNTES BUCH

I. Feldzug des Mardonios
Einfall in Attika und Rückzug nach Boiotien (1–19)
Erstes Reitergefecht (20–24)
Größe und Aufstellung des hellenischen Heeres (25–30)
Größe und Aufstellung des persischen Heeres (31–32)
Opferorakel beider Heere (33–38)
Entschluß des Mardonios zur Schlacht (39–43)
Alexandros warnt die Athener (44–45)
Stellungswechsel der beiden Heere (46–57)
Die Schlacht bei Plataiai (58–79)
Verteilung der Beute (80–85)
Bestrafung der Thebaner und Flucht des Artabazos (86–89)

II. Vernichtung der persischen Flotte. Befreiung Ioniens.
Bündnis mit den Samiern (90–98)
Schlacht bei Mykale (99–105)
Aufnahme der Inseln in den hellenischen Bund (106)
Flucht der Perser. Xerxes und die Frau des Masistes (107–113)
Eroberung von Sestos durch die Hellenen (114–121)
Charakterisierung der Perser (122)

781